Rabelais restitué

© **Didier Erudition, Paris 1985**   **Printed in France**

ISBN 2-86460-076-5.

MARC BERLIOZ

Rabelais restitué

II - GARGANTUA
TOME I : DU PROLOGUE AU CHAPITRE XXIV

(...) l'attention redoublée et encore redoublée, qui s'attache religieusement au texte, finit par tirer un auteur hors de lui-même; ce qui ferait dire qu'on l'invente; mais j'ai observé cent fois qu'au moment même où l'on croit s'envoler au-dessus des textes, la page suivante fait écho à ce qu'on disait. Ce jeu du commentateur suppose une lecture dix fois recommencée. (...) Le tout est d'apprendre à lire.

ALAIN, Histoire de mes pensées (Platon).

AVANT-PROPOS

Cet avant-propos, comme le livre qui le suit d'ailleurs, ne s'adresse qu'à ceux qui ont lu le *Rabelais restitué: I-Pantagruel,* ceux-là seuls sachant désormais combien il est illusoire de tenter de mieux comprendre une œuvre en ne se fondant pas sur la chronologie de l'écriture. Je suppose donc connues mes intentions, toutes contenues dans l'avant-propos du *Rabelais restitué: I-Pantagruel,* et je fais le point pour les lecteurs de celui-ci.

Encore que l'improbation soit moins affligeante que la conspiration du silence que je pouvais redouter d'eux, tous les universitaires n'ont pas accueilli avec des marques d'allégresse ce *Rabelais restitué: I-Pantagruel.* D'abord, certains maîtres d'école n'ont pas trop apprécié qu'on vînt secouer leur chaire de bernard-l'ermite et ils ont pris le parti de nier en bloc qu'il y eût quoi que ce soit à prendre dans ce que j'avance. Plus nuancé, l'un d'entre eux s'est demandé, dans un article fielleux, «comment démêler, là-dedans, ce qui est probable, ou possible ou téméraire ou vain», révélant pourtant sa rancœur en parlant d'exégète dernier venu «honoré d'une subvention du CNRS». Un autre m'a écrit mi-figue, mi-raisin au dos d'une carte représentant, tirée de l'Éloge de la Folie, l'illustration se rapportant au: «Ils manipulent à leur gré l'écriture sainte comme de la cire molle». Mais ce sont là façons courantes, et il faudrait être bien naïf pour s'en affliger, d'autant que ces réactions ne sont pas celles du plus grand nombre.

D'autres universitaires ont écrit des articles dont on peut estimer que l'appréciation va du Assez bien au Très bien. Quelques-uns se sont dits prêts à coopérer, se proposant de revoir leur cours tout en demandant à leurs étudiants de contrôler le bien-fondé de mes assertions. Enfin, des universitaires français à l'étranger, des professeurs étrangers de littérature française se sont promis de tenir leurs auditeurs au courant de ce qui venait de leur parvenir. En résumé, la vieille Université, qui aurait pu tout bonnement s'asseoir sur le livre, ne l'a pas fait: qu'elle en soit louée partout.

Cette étude n'était pourtant pas interdite au public; et ce public a su se manifester, avec des sentiments différents de ceux des pédagogues, mais dans des proportions voisines: une petite partie s'est dite scandalisée de la verdeur; une infime partie a prétendu qu'elle avait découvert depuis belle heure ce que je montre; la dernière partie, heureusement la plus grande, m'a remercié de ce que je lui fais voir et m'a encouragé. A noter que, contre toute attente, une louange m'a été constamment faite pour avoir renoncé aux artifices des guillemets, italiques et autres accessoires de ce genre, obligeant ainsi le lecteur à lire avec attention et à se reporter à son Rabelais pour reconnaître exactement les citations. Et nombreux sont ceux qui m'ont avoué avoir découvert un texte qu'ils croyaient connaître. Là encore, hosanna!

Il faudrait donc être d'un naturel fortement dépressif pour vouloir changer quoi que ce soit à sa démarche. Aussi est-ce exactement avec l'état d'esprit que j'avais pour le Pantagruel que j'aborde maintenant le Gargantua.

Pour le *Rabelais restitué: II-Gargantua,* les auteurs des éditions commentées sont en grande partie les mêmes que pour le Pantagruel:

Boulenger (Pléiade); livre I;

Guilbaud (Imprimerie nationale); livre II, car il suit, lui, la chronologie de l'écriture plutôt que la raison des génitoires;

Plattard (Les Belles Lettres); livre premier;

Jourda (Garnier); livre premier;

Michel (Livre de Poche), qui a judicieusement édité ce volume en deuxième position;

Demerson (L'Intégrale); livre premier[1].

S'ajoute pourtant ici, et surtout à titre de curiosité, l'édition d'un certain Albert Demazière qui annote les œuvres complètes dans un grand format (Éditions de Saint-Clair, 1975) où le commentaire fait immédiatement penser à la glose tant salle, tant infame & punaise, que ce nest que ordure & villenie (P. v). Mais je n'ai jamais pu savoir si ce Demazière ne serait pas un pseudonyme, ni de quel temps pourrait être ce commentateur qui serait assez conscient de son insuffisance pour ne pas signer de son nom. Est aussi consultée à l'occasion la vieille édition Garnier Frères, des années 1870, par Louis Barré.

Plus important: le Saulnier de l'édition originale du Pantagruel fait place à l'œuvre du Rabelaisant britannique M. A. Screech: «Gargantua, première édition critique faite sur l'Editio princeps, texte établi par

---

1. Est cité aussi Claude Gaignebet pour le préface de son édition du Gargantua en fac-similé (1971, Quatre Feuilles, Alfortville), qui n'a pas eu de suite.

Ruth Calder» (Droz, 1970). Ce texte est celui de l'édition de 1534 où manquent le feuillet de titre et le feuillet A viij, remplacés par ceux de l'édition suivante, celle de 1535.

Enfin, comme pour le Pantagruel, je me suis procuré à la Bibliothèque nationale le fac-similé de l'édition de 34, le fac-similé des pages de remplacement de 35, et le fac-similé de l'édition dite définitive de 1542.

Rien n'empêche donc d'entrer dans le Gargantua en compagnie des lecteurs qui veulent bien suivre; d'où, comme on sait, l'emploi désormais exclusif (sauf exception justifiée) du «nous» d'association.

N.B. On trouvera répétées assez souvent les références des ouvrages; car est proprement horripilante cette habitude universitaire de citer une première fois l'ouvrage concerné puis de se borner à dire ensuite op. cit. qui paraît alors signifier Cherche et tu trouveras.

Prologe de Lauteur

Avant d'aborder ce Prologue, il nous faut considérer les dix vers du poème liminaire qui se trouve au verso du feuillet de titre: Aux lecteurs. Le dizain invite d'abord ces lecteurs à se dépouiller de toute affection, c'est-à-dire de toute passion, préjugé ou parti pris. Et il continue en leur enjoignant de ne pas se scandaliser.

Ici, Screech renvoie à sa note du chapitre lviij, où il dit que se scandaliser, c'est faire perdre la foi à quelqu'un en le persécutant. Il est seul de son avis, personne ne jugeant utile de préciser le contenu du verbe employé au dizain, tant il apparaît clairement qu'il a déjà le sens atténué de: éprouver une émotion indignée à des propos de mauvais exemple. Mais nous avons là une des manifestations du travers de Screech, qui veut voir dans la sereine spontanéité de Rabelais les affres d'une âme tourmentée. Or cette vision est d'autant plus insolite que Rabelais poursuit en parlant de l'aptitude au rire qu'il choisit de développer chez les gens que le deuil mine et consume.

Tout le monde, en revanche, donne la source du vers final, maxime, dit Michel, devenue le symbole de la gaieté rabelaisienne: Seul parmi les êtres animés, l'homme sait rire (Aristote). Plattard cite cette phrase en grec, sans traduire, et dit qu'on la commentait dans les écoles de médecine du temps. Screech, lui, produit là (sans autre profit que de montrer qu'il a des lectures) vingt-huit lignes de commentaire, dont treize sont en latin qu'il néglige lui aussi de traduire: souvent nous pourrons ainsi vérifier qu'il ne conçoit pas qu'une édition dite savante puisse donner ses raisons en français[1].

---

1. Les commentateurs qui choisissent de traiter en français d'un auteur français se doivent de se défaire de cette désuète coquetterie: elle ne constitue plus aujourd'hui que chicane de cuistre. Car ce n'est pas parce que les Français renoncent de plus en plus souvent à l'étude des langues mortes qu'on doit leur rendre plus ardue la connaissance d'un auteur de leur langue auquel ils s'intéressent. Il n'est d'ailleurs pas prouvé que l'étude approfondie de nos anciens textes, par les recherches d'étymologie qu'elle impose, les rapprochements avec le vocabulaire contemporain qu'elle suscite, les éclaircissements des allusions aux littératures antiques qu'elle implique, ne donne pas une formation aussi bonne que celle qu'on était censé acquérir par raccroc en résolvant gauchement les difficultés que soulève la traduction de Cicéron ou de Platon. En tout cas, la pérennité de nos vieux auteurs est à ce prix.

1

Ces dix vers sont suivis, dans l'édition de 1535, de l'exhortation: VIVEZ IOYEUX, que Michel relie à la conclusion de 1542 du Pantagruel, invitant à vivre en bons Pantagruélistes, c'est-à-dire en paix, joye, santé, faisans tousiours grand chere. Et il rapproche ce dizain de celui de Maistre Hugues Salel, qui ouvre le Pantagruel, trouvant le ton identique. Or il faut noter une différence essentielle: le dizain de Maistre Hugues Salel émane d'un tiers qui s'adresse à l'auteur dans la seule intention de le louer, alors que celui du Gargantua est de Rabelais qui, apostrophant son lecteur, tente de prémunir son œuvre contre une mauvaise interprétation. Là-dessus, nous arrivons au Prologue.

Il s'adresse cette fois aux Beuueurs tresillustres et aux Verolez tresprecieux, et nous pouvons déjà enregistrer que sont abandonnés ici les goutteux du Pantagruel afin de placer d'entrée le Prologue sous le signe du vin, les verolez n'ayant à charge, apparemment, que d'assurer la liaison avec le Pantagruel. Et, résolument philosophique, il évoque aussitôt le Socrate dont Alcibiade fait l'éloge, au Banquet de Platon, en le comparant aux Silènes, sculptures grotesques qui s'ouvrent en laissant voir la figurine d'un dieu. Nous devons garder en l'esprit, d'abord que Silène est le personnage mythologique qui est en perpétuel état d'ivresse; ensuite, qu'un peu avant sa louange de Socrate, l'Alcibiade de Platon, fortement pris de vin, vient de faire une entrée fracassante, et qu'il a avancé qu'à vouloir mettre en parallèle les discours d'un homme ivre avec ceux de gens qui n'ont pas bu, la partie ne lui semble pas égale. C'est pourtant là que Screech voit l'occasion de déclarer sentencieusement que la pensée de Rabelais, dans le Gargantua, est nettement syncrétique, conciliant platonisme et évangélisme.

Rabelais, lui, compare Socrate aux boîtes d'apothicaires dites Silènes; et de le décrire alors, lui attribuant même un surprenant nez pointu, notation qui ne peut qu'avoir dessein de donner le ton burlesque, puisque Rabelais ne peut ignorer que Socrate parle lui-même de son propre nez camus. Screech n'attend que l'inventaire de la boîte: Mais ouurans ceste boyte: eussiez au dedans trouue une celeste & impreciable drogue entendement plus que humain, etc., pour dire que la comparaison est empruntée d'Érasme et déclarer que, pour Rabelais, Socrate est une autorité inspirée qui, parallèlement aux prophètes d'Israël, a préparé le monde pour l'Évangile. Demerson annote aussi: Tous les adjectifs qui désignent le parfum des Silènes ou l'esprit de Socrate soulignent le caractère divin de l'enseignement de ce philosophe: les néo-platoniciens voyaient en lui un prophète inspiré par l'Esprit saint.

Pourtant ce prélude ne tend, Rabelais le dit, qu'à amener les ioyeux tiltres daulcuns liures de nostre inuention (et l'on ne sait ici si ce nostre participe du nous de modestie ou s'il englobe à dessein les auteurs du genre): Gargantua, où tout le monde s'accorde à voir l'évocation du livret populaire; Pantagruel, qui est le livre qu'il vient de publier sous le nom de feu M. Alcofribas; Fessepinte, déjà cité au Prologue et au chapitre vij du Pantagruel; La dignite des braguettes, dont nous avons vu au même chapitre qu'il se pourrait bien que ce fût une œuvre de son cru; Des poys au lard cum commento, qui se trouve déjà sur les rayons de la Librairie de Saint-Victor. Et il ajoute un &c. qui ne laisse aucun doute sur le caractère mystificateur de l'énumération.

Donc Rabelais se plaint que, lisant ces titres, ses propres disciples, et quelques autres éventés désœuvrés, jugent trop facilement ne estre au dedans traicte que mocqueries, folat(r)eries, & menteries ioyeuses: veu que lensigne exterieure (cest le tiltre) sans plus auant enquerir, est communement receu a derision & gaudisserie. Et il préconise d'ouvrir le liure & soigneusement peser ce que y est deduict, pour s'apercevoir que la drogue dedans contenue est bien daultre valeur, que ne promettoit la boite. Cest a dire que les matieres icy traictees ne sont tant folastres, comme le tiltre au dessus pretendoit. Et Screech dit ici: Rabelais, humaniste érudit écrivant, sous le voile d'une anagramme, un livret populaire en langue vulgaire, est sensible aux reproches qu'on pourrait lui adresser. Cf. Pantagruel, XXXIV: Maistre, il sembleroit que ne feussiez grandement saige de nous escrire ces baliuernes & plaisantes mocquettes. Ie vous reponds que vous ne lestes gueres plus, de vous amuser a les lire, etc.

Puis c'est l'exposé du point fondamental qui a toujours permis à la glose de s'envoler: Et pose le cas, qu'au sens literal vous trouuez matieres assez ioyeuses & bien correspondentes au nom, toutesfois pas demourer la ne fault, comme au chant des Sirenes: ains a plus hault sens interpreter ce que par aduenture cuidiez dict en gayete de cueur. Cela donne l'occasion à Screech, qui ne pense pas une seconde que la gayete de cueur puisse être l'intention de faire rire, de commenter avec solennité: Le plus haut sens de Rabelais est l'altior sensus des théologiens scolastiques. Les textes sacrés étaient le sujet d'une exégèse quadruple: littérale, allégorique, tropologique et anagogique[2]. Et il cite encore, sans le traduire, un adage d'Érasme, finissant sur la précision:

---

2. Bien que Screech tienne surtout à montrer qu'il est rompu à ces subtilités, il nous faut nous remémorer au moins que le tropologique est ce qui repose sur l'emploi de figures par lesquelles un mot ou une expression sont détournés de leur sens propre; et que anagogique se dit d'un sens spirituel de l'Écriture fondé sur un type ou un objet figuratif du ciel et de la vie éternelle.

3

Rappelons qu'en latin classique on appelait medulla verborum un sens caché et profond. Ici, Demerson dit: L'allégorisme du Moyen Age distinguait entre le sens littéral des Écritures et le plus haut sens qui révélait de façon occulte quelque mystère théologique ou quelque vérité morale.

Là-dessus, Rabelais entreprend d'expliquer ce qu'il entend par cette interprétation à plus haut sens qu'il vient de préconiser: il demande à son lecteur de se rappeler le comportement qui fut le sien lorsqu'il lui est arrivé de déboucher une bouteille; cela juste avant de l'inviter à se remémorer les efforts du chien (la beste du monde plus philosophe, annote-t-il d'après le Livre II de la République), rencontrant quelque os medulare, pour atteindre et s'approprier un peu de cette moelle qui, dit-il en faisant référence à Galien, est aliment elaboure a perfection de nature. Et Demerson dit ici: Cette image de l'os à moelle avait été employée par Philippe Beroalde, précisément dans un ouvrage consacré à l'exposition morale des symboles de Pythagore. Plattard dit, lui: Cette expression appartient au vocabulaire mystique. Saint Jérôme l'emploie pour désigner les mystères secrets qui se cachent sous la lettre de la Bible.

Rabelais recommande alors à ses lecteurs d'être saiges à l'exemple de ce chien (jeu de mots avec le sens cynégétique de saige: qui a du flair) pour fleurer, sentir & estimer ces beaulx liures de grande venaison, comme de se faire legiers à la poursuite et audacieux à la rencontre. Puis, par attentive lecture et fréquente méditation, il les engage à rompre l'os et sucer la substantielle moelle (c'est-à-dire, précise-t-il, ce qu'il entend par les symboles, dignes de Pythagore, qu'il a utilisés), et tout cela avec la ferme conviction de devenir plus avisés et plus valeureux à ladite lecture.

Et c'est alors la phrase qui, reliée au premier point, a fait les beaux jours de la glose: Car en icelle bien aultre goust trouuerez, & doctrine plus absconce, laquelle vous reuelera de treshaultz sacremens & mysteres horrificques, tant en ce que concerne nostre religion, que aussi lestat politicq & vie oeconomicque.

Screech dit d'abord ici: Le rôle de l'exégèse non littéraliste est justement de dégager du texte les sacrements et les mystères. Puis il croit bon d'affirmer: Rabelais invite le lecteur, encore une fois, à ne pas se laisser tromper par l'aspect grotesque de son livre. Et de citer un adage d'Érasme sur les symboles de Pythagore, adage qu'il a soin de laisser dans son latin originel.

Ainsi, voilà, dès l'abord, Notre Maître de Angleterre (car M. Screech

4

est de Londres)[3] fermement décidé à nous faire rechercher la moelle des mots, c'est-à-dire leur sens couvert, étant bien entendu que ce sens couvert ne peut qu'être profond, c'est-à-dire aller bien au-delà et bien au-dessus des apparences. Et sa volonté de quête s'appuie sur l'exhortation à interpréter à plus haut sens, locution qu'il prend théologiquement pour incitation à s'élever du littéral ou prosaïque jusqu'au spirituel, en passant au besoin par les niveaux qu'il a indiqués. Autrement dit, la loi de la gravité universitaire ne lui a pas permis d'envisager que la locution interpréter à plus haut sens puisse être reprise en facétie par Rabelais, et la moelle représenter peut-être un comique elaboure a perfection de nature. Mais déjà, nous pouvons nous étonner de l'inconséquence qu'il y a à évoquer pour la compréhension du texte une éventuelle quadruple exégèse, tout en prenant de façon strictement littérale cette recommandation d'interpréter à plus haut sens.

Dans la préface qu'il donne à l'édition de Screech, Saulnier introduit toutefois une compréhension moins outrée de ce sens caché, disant: Les livres de Rabelais, en tout cas, ne relèvent pas de l'ésotérisme, jusqu'à plus ample informé. Voyez justement l'apologue des Silènes (le point nous touche), développé dans le Prologue du Gargantua, donc pour ainsi dire en frontispice. Ne lui faisons pas avouer un hermétisme prétendu. Essayons d'insister sur le fait important: Rabelais ne dit pas que, pour comprendre ses ouvrages, il faudrait une initiation prise ailleurs. C'est le point vif. Il conseille seulement: ouvrez la boîte, autrement dit: lisez attentivement, avec exigence. Mais il s'adresse à quiconque voudra lire, à l'œil nu, pourvu qu'il ne se contente pas de s'amuser. C'est inciter à chercher comme le laboureur de La Fontaine (je l'ai déjà dit) invite ses enfants à fouiller pour découvrir un trésor. Et c'est le contraire de l'hermétisme. Secret sans secret.

Bien que ce commentaire sonne un peu comme une déclaration de neutralité, nous y voyons filtrer une opinion (sans nul doute échappée par inadvertance): celle qui présuppose, sinon un sens caché, au moins un enseignement dissimulé derrière le comique, cet enseignement ne pouvant, bien sûr, que se situer au niveau du sérieux puisqu'il est question de ne pas se contenter de s'amuser. Nous relevons là l'indice de la conviction que Rabelais parle austèrement de ce plus haut sens.

---

3. Cela a été dit au moins deux fois au Pantagruel, accompagné, la deuxième fois, du Bis repetita placent (les choses répétées plaisent), avec cette précision: tout au moins à qui les écrit. Nous nous sentons ainsi autorisés à nous réjouir ici de la ressemblance entre M. Screech et le scauant homme nomme Thaumaste (P. xviij).

Demeurent donc posées trois questions. D'abord, celle de savoir si l'invitation à soigneusement peser ce qui est déduit, à interpréter à plus haut sens, à rompre l'os par curieuse leçon et méditation fréquente, à sucer la substantielle moelle a pour fin de trouver bien aultre goust, & doctrine plus absconce. Ensuite, de savoir si ce que révèleront cet autre goût et cette doctrine plus cachée est bien quelque chose qui a trait à de treshaultz sacremens et à des mysteres horrificques. Enfin, si ces très hauts sacrements et horrifiants mystères concernent effectivement tant nostre religion que aussi lestat politicq & vie oeconomicque.

Il semble que, dès maintenant, nous puissions entrevoir deux intentions, et cela par la seule analyse des deux substantifs et des deux épithètes: les sacrements ne sont rien autre que les signes appartenant à un domaine séparé, et les mystères les connaissances réservées aux initiés. Quant aux qualificatifs, l'alliance de chacun d'eux avec son substantif nous paraît contenir un caractère burlesque suffisant pour nous amener à émettre l'hypothèse qu'ils sont antiphrastiques; dans ces conditions, treshaultz serait à entendre comme très bas, horrificques à peu près comme réjouissifs. Tout cela indiquerait assez que les conseils de l'auteur sont à prendre au mode plaisant. Pourtant, l'indice est ténu, et Rabelais semble s'être douté qu'il pouvait échapper à la plupart des lecteurs; aussi va-t-il s'astreindre à une démonstration que nous pouvons, toujours au titre de l'hypothèse, considérer comme une confirmation du signal, mais qui a évidemment pour objet de renseigner exactement ceux qui n'ont pas enregistré ce signal. C'est cette démonstration que nous devons maintenant analyser.

Le premier terme en est clair: les lecteurs croient-ils qu'Homère ait jamais pensé, écrivant l'Iliade et l'Odyssée, aux allégories que Plutarque et d'autres ont voulu y voir? Si les lecteurs le croient, ils n'approchent ni des pieds ni des mains[4] de l'opinion de l'auteur, qui décrète que ces allégories ont été aussi peu dans l'intention d'Homère que les sacrements de l'Évangile dans celle d'Ovide en ses Métamorphoses, contrairement à ce qu'a démontré pour ces sacrements un frère Lubin qui n'écrivait que pour des gens aussi fous que lui[5].

---

4. Demazière dit ici: Jeu de mots fondé sur la locution latine: pedibus ire in sententiam alicujus, se ranger à l'avis de quelqu'un, passer de son côté. Comme personne, même en s'appliquant, ne peut se tromper tout le temps, Demazière paraît être dans le vrai, et rester le premier, semble-t-il, à indiquer cette source.

5. A noter toutefois que tout n'est pas si limpide pour tout le monde: Screech donne ici vingt lignes qui nimbent la question de vapeurs d'encens où l'on distingue que Rabelais inviterait patristiquement ses lecteurs à interpréter, à l'aide de l'alterior sensus, les passages du Gargantua où le sensus litteralis ne leur paraît pas satisfaisant. Simples propos de chaire, dirons-nous.

Pour le deuxième terme, la compréhension des commentateurs est moins sûre, car la première phrase est censée, selon la meilleure tradition universitaire, être obscure et donner lieu, précisément, à interprétation: Si ne le croiez: quelle cause est, pourquoy autant nen ferez de ces ioyeuses nouuelles chronicques? Combien que les dictans ny pensasse en plus que vous qui paraduenture beuiez comme moy. Car a la composition de ce liure seigneurial, ie ne perdiz ne emploiay oncques plus ny aultre temps, que celluy qui estoit estably a prendre ma refection corporelle: scauoir est, beuuant & mangeant.

Guilbaud donne ici pour équivalent de Combien que: quoique véritablement; et il annote: On notera la tournure alambiquée de toute cette phrase; ce passage est manifestement destiné à contrebalancer le paragraphe sur la substantificque moelle. Puis il traduit: pourquoi ne croirez-vous pas de même que je n'ai pas mis dans ce livre les choses qu'on y prétendra découvrir? Il semble donc que Guilbaud comprenne que Rabelais déclare qu'il n'y a pas davantage d'allégories à rechercher dans les joyeuses et nouvelles chroniques que dans Homère.

Mais Claude Gaignebet, dans la préface de son édition en fac-similé, est d'avis qu'en se fondant strictement sur la ponctuation originale, il est en droit d'entendre: Si vous ne le croiez (sic) pas: Je vais vous dire pourquoi vous n'en ferez pas autant de mon livre. (Et non pourquoi vous n'en feriez pas autant), précise-t-il, expliquant alors: Je vais vous dire pourquoi vous ne devez pas renoncer à la méthode allégorique (quand même l'auteur n'avait pas en tête ces allégories). Car il les écrivit aux heures joyeuses et célestes consacrées au vin. Il apparaît donc ici que Gaignebet, qui semble avoir fait un détour par Cumes, résout ainsi les vapeurs de l'antre: Rabelais indique à ceux qui ne sont pas de son avis qu'écrivant sous l'empire du vin, il n'a pu que glisser dans son Gargantua, à son insu, des allégories qui restent à découvrir.

Jourda et Michel se bornent à donner, pour Combien que, l'équivalent: Quoique, ce qui laisserait entendre qu'ils pensent aussi qu'il y a des allégories à rechercher. Demerson, lui, laisse donner de ce passage une translation qui revient à l'avis qu'il n'y a, pour ceux qui ne croient pas qu'il y ait d'allégories dans Homère, rien à rechercher non plus dans les nouvelles chroniques: Si vous ne le croyez pas, pour quelle raison n'adopteriez-vous pas la même attitude vis-à-vis de ces joyeuses nouvelles Chroniques, sachant que quand je les dictais, je n'y pensais pas plus que vous qui, peut-être, étiez, comme moi, en train de boire ?

Les autres commentateurs ne prennent pas parti, sauf Boulenger qui, sans toutefois se prononcer sur la compréhension de la phrase sibylline, a dit à la fin du premier paragraphe: Ces plaisanteries de Rabelais et le prétendu hermétisme de son livre ont été parfois pris au sérieux par ses commentateurs, en dépit des protestations qui suivent. Mais il dit aussi, plus naïvement, après beuuant & mangeant: Ainsi Rabelais aurait dicté son merveilleux livre tout en prenant ses repas. C'est difficile à croire.

Chacun donc a sa façon de jouer les inspirés, car chacun s'en tient à la divination. En fait, il apparaît que l'opacité de cette phrase s'apparente assez à celle d'une pierre de touche que les professeurs se transmettent de génération en génération, se gardant bien de la casser de crainte qu'elle ne perde le pouvoir qu'elle détient: celui de révéler à tout coup dans tout commentateur un pontife qui parle d'or puisque rien ne permet de le contredire. Ne nous reste alors, à l'écart de cette fureur prophétique, qu'à prosaïquement démonter cette phrase pour voir si, dégagée de son aura, elle ne laisserait pas apercevoir quelque transparence. Commençons de désassembler:

Rabelais a dit, dans le premier terme, qu'il ne croit pas à la présence d'allégories chez Homère, et que ceux qui croient à leur existence sont d'un avis radicalement opposé au sien. Il considère ensuite, dans le deuxième terme, le cas de ceux qui, comme lui, croient qu'il n'y en a pas, et il écrit: Si ne le croiez: quelle cause est, pourquoy autant nen ferez de ces ioyeuses et nouuelles chronicques?

Nous remarquons d'abord que les mots quelle cause est ont été ignorés de la glose, et que toutes les versions sont celles d'une période qui serait réduite à: Si ne le croiez: pourquoy autant nen ferez de ces ioyeuses et nouuelles chronicques? Or, depuis le Pantagruel, nous connaissons suffisamment la gent commentatrice pour nous douter que cette exclusion est celle d'une difficulté. En conséquence, nous nous y arrêtons.

Nous relisons, et il nous apparaît alors que, même si nous ne pouvons donner au deux-points de Rabelais l'exacte valeur qu'il a aujourd'hui, il existe, entre Si ne le croiez et quelle cause est, une évidente relation de cause à effet, de conséquence. Nous continuons de relire et nous sommes amenés à concevoir que si la question est toute incluse dans pourquoy autant nen ferez de ces ioyeuses et nouuelles chronicques?, il est patent que le mot quelle, de quelle cause est, ne peut qu'être exclamatif et que la phrase doit être entendue comme quelle cause c'est!

Force nous est, alors, de donner au mot cause le contenu d'avantage moral ou matériel que se propose le contractant (Littré) ; et nous entendons que l'exclamation quelle cause c'est, qui a valeur de charnière reliant la condition Si (vous) ne le croiez à la conséquence pourquoy autant nen ferez?, doit être comprise comme c'est belle raison, formule d'autant plus naturelle que ceux qui ne croient pas se rencontrent avec l'auteur, qui a dit, pour ceux qui croient, qu'ils n'approchent ne de pieds ne de mains a (s)on opinion. Jusque là, l'argumentation est donc celle-ci: Si vous ne croyez pas qu'il y ait d'allégories chez Homère: c'est belle raison! pourquoy autant nen ferez de ces ioyeuses et nouuelles chronicques?

Nous ne pouvons pourtant qu'être étonnés de voir qu'une argumentation commencée avec un sens positif fort Si (vous) ne le croyez; qui continue avec ce même sens positif renforcé c'est belle raison!, se termine étrangement en interrogation qui, même si elle a une intention toute positive, fait tourner court la progression et coupe les ailes de l'envolée, alors que tout laisse attendre une exclamation finale triomphante, à valeur de conclusion irrécusable.

C'est là que notre insatisfaction nous fait nous reporter aux fac-similés; et nous constatons que la phrase se clôt effectivement, aussi bien en 34 et 35 qu'en 42, par le signe que nous tenons depuis toujours pour l'équivalent du point d'interrogation. Mais c'est là aussi que, poursuivant notre lecture, nous rencontrons cette phrase de l'avant-dernier paragraphe du Prologue: Lodeur du vin o combien plus est friant, riant, priant, plus celeste, & delicieux que dhuile, phrase qui se termine, dans le seul fac-similé de 1542 il est vrai, par ce même signe de ponctuation. Or la phrase est sans conteste exclamative.

Tout le monde aura compris: il est en effet évident que rien ne nous interdit désormais de prendre la phrase pourquoy autant nen ferez de ces ioyeuses et nouuelles chronicques, pour une phrase exclamative et non plus interrogative. Tout au moins, rien ne s'y opposerait si ne nous paraissait alors insolite l'adverbe de forme interrogative pourquoy, et plus encore la négation contenue dans nen.

Mais nous continuons de nous adresser aux sources, et nous constatons d'abord que, dans les fac-similés de 34, 35 et 42, le mot pourquoy est curieusement coupé de même façon en pour, à la fin d'une ligne, et quoy, au début de la suivante. Et si, en 34 et 35, le signe de division est fort apparent et indiscutable, il est non moins apparent et indiscutable que peut-être par omission, il ne figure pas en 42. Rien ne s'oppose donc à ce que nous émettions l'hypothèse que ce que nous prenons depuis plus de quatre cents ans pour l'interrogatif pourquoy, soit en fait la locution positive pour quoy. Reste la négation.

Tout ce que nous montrent les fac-similés est que, si en 34 et 35, le mot est n'en, avec l'apostrophe, cette apostrophe disparaît en 1542, et le mot est nen. Apostrophe ou non, la négation a bien l'air de demeurer; et la phrase que nous avions toutes chances de pouvoir lire Si (vous) ne le croyez: c'est belle raison pour quoi en ferez autant de ces joyeuses et nouvelles chroniques!, reste: Si (vous) ne le croyez: c'est belle raison pour quoi n'en ferez pas autant de ces joyeuses et nouvelles chroniques!, ce qui revient à l'avis de ceux qui croient qu'il y a des allégories à trouver dans ces chroniques.

Mais il ne nous faut qu'un peu de temps pour nous apercevoir que nous arrivons ainsi à l'absurdité; et cette absurdité apparaît par deux points.

Le premier est de forme (bien qu'affectant aussi le fond): il est aberrant de penser que Rabelais se soit astreint à présenter son raisonnement sous forme d'alternative, le premier terme considérant ceux qui croient à l'existence d'allégories chez Homère, le deuxième ceux qui ne croient pas à cette existence, pour finalement rattacher l'éventualité de pareilles allégories dans les chroniques au terme de ceux qui ne croient pas, tout en lui donnant le sens qui aurait dû rattacher cette éventualité au terme de ceux qui croient.

Le deuxième est de logique: dire Si vous ne croyez pas qu'il y ait d'allégories chez Homère, c'est la raison pour laquelle vous n'en ferez pas autant de ces chroniques, est une assertion qui contient une contradiction. Elle pourrait à la rigueur avoir valeur de paradoxe si elle était suivie d'une démonstration; or il n'y en a aucune, et sans cette démonstration, la relation qu'établit la proposition reste une incohérence.

Pour nous, donc, la phrase ayant trait aux allégories dans les chroniques ne peut qu'affirmer leur inexistence, et le autant nen ferez, ne peut qu'être exempt de toute idée de négation. Et nous serions placés là devant une impasse si, à bien regarder, nous ne nous apercevions que le n de nen peut être considéré comme explétif, aussi peu négatif qu'on peut l'être puisque, comme son nom l'indique quelque peu abusivement, il est seulement de remplissage.

Chacun sait que les verbes de crainte, d'empêchement, de précaution, de défense, de doute, admettent ce ne explétif. Or nous avons bien affaire, dans cette phrase, à l'expression d'un empêchement, celui de conclure autrement qu'y contraint la condition concédée Si ne le croiez, empêchement clairement révélé par l'interjection quelle cause est, pour laquelle nous avons établi l'équivalence c'est belle raison! Suit alors l'énoncé de la conséquence obligée pour quoy autant nen ferez!, où les mots pour quoy sont évidemment à entendre pour laquelle, et le n de autant nen ferez, à regarder comme la trace de la nuance équivalent à: vous ne pourrez qu'en faire autant, vous n'en ferez qu'autant.

10

Il semble que nous pouvons désormais comprendre la phrase Si ne le croiez: quelle cause est, pour quoy autant nen ferez de ces ioyeuses et nouuelles chronicques! comme: Si vous ne le croyez pas: c'est la raison même pour laquelle vous ne ferez pas autrement pour ces joyeuses et nouvelles chroniques!

Comme toujours, c'est la suite qui va nous dire si nous sommes dans le vrai ou si nous nous sommes abusés. Rabelais va maintenant accumuler les arguments qui doivent soutenir la sorte de syllogisme qu'il vient de développer. Il poursuit en arguant encore d'une impossibilité: celle qu'il puisse y avoir dans son texte des intentions cachées: Combien que les dictans ny pensasse en plus que vous qui par aduenture beuiez comme moy, phrase qui s'entend: D'autant que, les dictant, je n'y pouvais penser plus que vous qui, si cela se trouve, étiez occupés à boire, comme j'étais moi-même en train de faire.

Et il apparaît qu'il y a dans cette phrase trois points sur lesquels on ne s'est jamais soucié d'attirer notre attention: d'abord, le participe: les dictans, qui est manifestement chargé de faire entendre que ce mode de composition, tout superficiel, ne permet en aucune façon de concevoir un texte chargé de sous-entendus élaborés; ensuite, l'emploi dans la relative de l'imparfait du subjonctif: ny pensasse, qui marque l'irréalité de l'action décrite; enfin, le pronom adverbial: y, de ny pensasse, qui, représentatif d'un énoncé, ne peut que se rapporter à ces allégories introduites précisément par ce même verbe: penser, au morceau consacré à ceux qui croient: croiez vous en vostre foy quoncques Homere escriuent Liliade & Odyssee, pensast es allegories. Nul doute, semble-t-il, ne peut subsister: Rabelais se défend ici, puisqu'il ne faisait que dicter, et qu'il le faisait, de plus, en buvant, d'avoir jamais eu la possibilité de penser à la moindre de ces allégories, objet de l'argumentation sur ceux qui croient, puis sur ceux qui ne croient pas qu'il y en ait chez Homère.

Suit l'administration de la preuve, où il faut être bien naïf pour voir une confession, alors qu'il s'agit visiblement d'un argument intermédiaire destiné à étayer l'assertion: Car a la composition de ce liure seigneurial, ie ne perdiz ne emploiay oncques plus ny aultre temps, que celluy qui estoit estably a prendre ma refection corporelle: scauoir est, beuuant & mangeant. Et l'argument final arrive sous la forme d'une antiphrase donnant très habilement pour établie l'innocence du texte: Aussi est ce la (42: cela) iuste heure, descrire ces haultes matieres & sciences profundes.

Finalement, la compréhension hypothétique vérifiée par le démontage que nous avons pratiqué paraît avérée en tous points. Et, du même coup, il semble bien que nous a été donné de retrouver la simplicité originelle de la pensée de Rabelais, obnubilée qu'elle était par des strates d'interprétations. Car nous est avis que nous avons eu affaire à un passage soigneusement enchâssé par l'Université pour conférer à l'ingénue spontanéité de Rabelais une sourde profondeur qui le rende digne des soins des embaumeurs littéraires. Mais suivons.

La fin du paragraphe est le développement de cette assertion touchant le rôle du vin dans la composition: Comme bien faire scauoit Homere paragon de tous Philologes, & Ennie pere des poetes latins, ainsi que tesmoigne Horace, quoy qun malautru ait dict, que ses carmes sentoyent plus le vin que lhuile.

Ici, Boulenger pousse le scrupule jusqu'à donner les vers d'Horace dont parle Rabelais, mais sans les traduire : Laudibus arguitur vini vinosus Homerus; Ennius ipse pater nunquam, nisi potus, ad arma Prosiluit dicenda... (Épîtres, I, livre 1, xix, vers 6-8). Nous prendrons donc cette traduction chez F. Richard (Garnier-Flammarion): L'éloge qu'Homère fait du vin prouve qu'il en buvait volontiers; Ennius lui-même, Ennius le père, n'a jamais chanté qu'après boire les armes romaines[6].

Dans le morceau final, Rabelais va maintenant s'employer à compenser ce que peut contenir de péjoratif l'aveu qu'il a feint de faire sur l'usage du vin dans la composition de son livre; il répond d'avance aux remarques désobligeantes qu'il encourt: Autant en dict un Tirelupin de mes liures, mais bren pour luy. Lodeur du vin o combien plus est friant, riant, priant, plus celeste, & delicieux que dhuile! Il prendra, lui, pour louange qu'on dise de lui le contraire du brocard qu'on adressait à Démosthène: Et prendray autant a gloire quon die de moy, que plus en vin aye despendu que en huyle, que fist Demosthenes, quand de luy on disoit, que plus en huyle que en vin despendoit. Il réitère la protestation qu'il est loin d'être ce délivreur de messages dissimulés que pourraient se plaire à voir en lui certains lecteurs aux idées préconçues, puisqu'il met son point d'honneur à être réputé franc luron: A moy nest que honneur & gloire, destre dict & repute bon gaultier & bon compaignon: & en ce nom suis bien venu en toutes bonnes compaignies de Pantagruelistes. Et l'on ne pourra certes pas lui faire le reproche qu'on fit jadis à celui dont il vient de parler, et qui, devons-nous entendre, passait ses nuits à truffer d'intentions ses écrits: a

---

6. Et il se pourrait que Rabelais, feuilletant son Horace pour retrouver ces vers, et rencontrant la transition de la deuxième Satire: On va me demander: A quoi tend ce propos?, ait trouvé l'idée de la sienne: A quel propos, en vostre aduis, tend ce prélude, & coup dessay?

Demosthenes fut reproche par un chagrin que ses oraisons sentoient comme la serpilliere dun ord & sale huillier.

Puis c'est l'ultime phrase: Pourtant interpretez tous mes faictz & mes dictz en la perfectissime partie, ayez en reuerence le cerueau caseiforme qui vous paist de ces belles billes vezees, & a vostre pouoir tenez moy tousiours ioyeux, phrase qui s'entend tout naturellement: Pour toutes ces raisons (Pourtant égale C'est pourquoi) les lecteurs ont à interpréter ce que fait et dit l'auteur en la part qui lui sera le plus avantageuse; ils se doivent d'honorer le fromage cérébral qui les repaît de ces calembredaines; et que, selon leur pouvoir, ces lecteurs tiennent toujours l'auteur pour quelqu'un qui n'a d'autre dessein que d'engendrer la joie.

Il paraît donc indiscutable que la promesse des révélations touchant la religion, l'état politique et la vie économique sont de ces billes vezees qu'il ne faut pas prendre au sérieux. Ces prétendues révélations ne représentent rien d'autre que ce que pourront déclarer avoir découvert dans le texte les lecteurs malintentionnés, et Rabelais les évoque à seule fin de démontrer ce qu'aurait d'abusif l'interprétation qui aboutirait à de telles trouvailles. Il aurait d'ailleurs été étonnant qu'il en fût autrement et que Rabelais, qui vient de pâtir des attaques de la Sorbonne pour le Pantagruel, eût, dès le début du Gargantua, appelé délibérément l'attention des censeurs sur des sujets si épineux, comme leur donnant les verges avec lesquelles ils auraient à le fouetter. En fait, c'est largement à l'intention de ces censeurs qu'il écrit ce Prologue, prenant les devants et cherchant à prévenir les accusations du genre de celles qu'on a portées contre son premier Livre. C'est là, pensons-nous, un point établi.

Reste qu'il demande qu'on ouvre le livre et qu'on pèse soigneusement ce qui y est déduit; qu'il exhorte à interpréter à plus haut sens, à rompre l'os et sucer la substantielle moelle, et cela par curieuse leçon et fréquente méditation; qu'il assure aux lecteurs qu'ils trouveront ainsi bien autre goût et doctrine plus cachée. Et il nous faut maintenant examiner, et juger de ce qui, dans tout cela, est à prendre au sérieux, puisque certains commentateurs ont l'air de peser ces conseils au poix du Sanctuaire (T.L. XVI).

Remarquons d'abord que toutes ces recommandations se trouvent dans le développement qui aboutit à la promesse de ces révélations des treshaultz sacremens. Or nous venons de nous assurer que ces révélations ne représentent que les illusions auxquelles parviendraient les censeurs qui, théologiens puisque Sorbonistes, appliqueraient au texte du Gargantua leurs principes de lecture des textes sacrés, comme ils ont fait, entendons-nous en sourdine, pour le Pantagruel. Et il apparaît

13

alors, de façon aussi évidente que pour ces révélations, que ces diverses recommandations ne sont que la piquante manière qu'a Rabelais de parler de cette lecture à plusieurs niveaux appliquée abusivement à son innocent texte: l'expérience que lui a donnée le Pantagruel l'a renseigné sur le danger que représente cette lecture non dépouillée de toute affection. Il y a là, enrobée mais patente, une caustique ironie à l'adresse de ceux qui ne veulent concevoir qu'un texte traite d'autre chose que de la préoccupation du moment.

Et si ont raison, pour le plus haut sens, Screech, qui parle de quadruple exégèse, et Demerson qui parle de révéler de façon occulte quelque mystère théologique, ils ont tort de ne pas voir qu'il s'agit d'un sarcasme de Rabelais. Si a raison Screech quand, pour l'autre goût et la doctrine plus cachée, il parle du rôle de l'exégèse non littéraliste qui est de dégager les sacrements et les mystères, il a tort de ne pas voir que Rabelais le dit ici en manière de moquerie. Si ont raison Demerson, qui dit de l'os à moelle que c'est l'image employée dans l'exposition morale des Symboles de Pythagore, et Plattard, qui dit que saint Jérôme use de l'expression pour les mystères secrets qui se cachent sous la lettre de la Bible, ils ont tort de ne pas voir que Rabelais reprend en dérision la formule pour ce qui est de cette intention appliquée à son Livre.

Se trompe encore plus lourdement Screech qui, pour l'injonction d'ouvrir le livre et soigneusement peser ce qui y est déduit, parle de la sensibilité de Rabelais aux reproches qu'on pourrait lui faire d'écrire des balivernes et plaisantes mocquettes (P. xxxiv): si ce scrupule pouvait paraître avoir quelque fondement pour le premier Livre (quoiqu'il nous soit surtout apparu comme un prétexte spécieux permettant d'introduire le couplet vengeur), il n'en a plus aucun ici, alors que l'auteur se remet à cette tâche prétendument humiliante, se proposant de donner un livre de mesme billon (P. Pr.) que le Pantagruel.

Nous paraît ainsi bien établi que ce Prologue, après la préparation que constitue le morceau sur Socrate, est d'abord, jusqu'au couplet sur les révélations, une longue raillerie; puis, de ce couplet aux mots: sentoyent plus le vin que lhuile, un acide persiflage. Et l'intention est bien celle de se gausser de ceux qui se sont avisés, pour le Pantagruel, et de ceux qui s'aviseront, pour le Gargantua, de soigneusement peser ce qui est déduit, d'interpréter à plus haut sens, de rompre l'os et sucer la substantielle moelle par curieuse leçon et fréquente méditation, tout au moins si cette studieuse application a pour dessein de découvrir des allusions à la religion, à lestat politicq ou à la vie oeconomicque.

Et le prouve sûrement, à notre sens, le raisonnement sur les allégo-

14

ries qui n'ont été trouvées dans Homère que par des gens comparés au fol qui a cru voir dans Ovide les sacrements de l'Évangile; comme le prouve encore tout le morceau sur le vin, établissant clairement, le vin étant bien dit rendre la chose impossible, que l'auteur n'a jamais pu songer à charger son texte du moindre sous-entendu à caractère théologique, politique ou économique. Le confirme enfin à l'évidence cette phrase, qui ne peut que nous apparaître comme le propos de qui juge avoir suffisamment mystifié son interlocuteur et remet les choses au point: Pourtant interpretez tous mes faictz & mes dictz en la perfectissime partie, ayez en reuerence le cerueau caseiforme qui vous paist de ces belles billes vezees, & a vostre pouoir tenez moy tousiours ioyeux.

Nous semblent alors bien inconséquents ces commentateurs qui ne veulent pas se souvenir d'avoir ouï parler au Pantagruel de poys au lart cum commento, alors que Rabelais prend soin de rappeler cet ouvrage dans les livres prétendument déjà donnés, le choix de ce seul titre parmi les cent quarante de la Librairie ne pouvant que paraître chargé d'une intention bien précise. Et l'échappatoire de Saulnier, qui conseille de fouiller comme pour découvrir un trésor, devient maintenant totalement vaine; car s'il ne dit rien de l'enrichissement qu'aurait dû lui procurer cette méthode, c'est peut-être bien qu'il s'est aperçu qu'un texte n'est en rien une terre arable que l'on doive retourner pour y planter ses propres conceptions. En fait, l'argument par le laboureur est une vessie gonflée d'air, chargée seulement de quelques pois pour la rendre sonore.

Quelque chose nous dit alors que se trouve peut-être aux champs Elisees du Pantagruel (xxx) un Maître François, soubz une belle ramee auecques force Damoizelles, chopinant théologalement en compagnie d'Épictète, et se rigolant de constater que ce qu'il a écrit en 1534 pour moquer les Sorbonnards continue, quelque quatre cent cinquante ans plus tard, de berner des maîtres, certes nullement acharnés à sa perte, mais toujours aussi solennels et gourmés.

En conséquence, il se pourrait que nous ayons à prendre autrement que ne le font ces agélastes[7] la promesse de Rabelais de trouver aultre goust, c'est-à-dire autre saveur, et doctrine plus absconce, c'est-à-dire contenu dissimulé, faite à ceux qui, pourvus de nez, fleurent, sentent et estiment un livre de grande venaison tel que celui que nous entreprenons de lire. Interprétant donc les faictz et les dictz de l'auteur en la

---

7. Agelastes, poinct ne rians, tristes, fascheux (Quart Livre, Briefve Déclaration). Ce terme agélaste est un de ceux qui manquent le plus à notre vocabulaire, car les mots: morose, morne, sombre, chagrin, avec leur connotation psychologique, n'ont pas la malicieuse compréhension pathologique du vocable qui décrit ces infirmes paralysés des muscles zygomatiques.

perfectissime part, c'est-à-dire en matière de rire, puisque nous nous devons de le tenir toujours joyeux, nous entendrons que la promesse est pour ceux qui se feront perspicaces à la recherche et audacieux au contact (et nous avons idée que ces dispositions valent aussi, rétrospectivement, pour le Pantagruel dont Rabelais a pu constater que certains morceaux écrits en mots couverts n'ont pas été entendus). Et, nous souvenant que nous avons entrevu dans les sacrements les signes appartenant à un domaine séparé, et dans les mystères les connaissances réservées aux initiés, nous penserons, chaque fois que nous rencontrerons quelque chose qui aura apparence d'os medulare à rompre, que la substantificque mouelle, loin d'être constituée de ces graves sujets évoqués par pure antiphrase, est bien plus sûrement matière à rire, peut-être de façon particulière, en tout cas plus élaborée. Nous nous emploierons donc à la découvrir par attentive lecture et méditation répétée.

D'ici là, nous avons à traiter du morceau final: Or esbaudissez vous mes amours, & guayement lisez le reste tout a laise du corps, & au profit des reins. Et nous notons au passage ce lisez le reste, ce reste étant ce qui, d'un abord immédiat, offre à rire sans qu'on ait à procéder à la recherche qu'il vient de nous être conseillé de mener pour le rire plus élaboré. Mais escoutez vietz dazes: l'interpellation, d'injurieuse cordialité, est reprise du cent trente et unième titre de la Librairie: Le vietdazouer des abbés. Tout le monde voit ce qu'elle évoque, étant donné que l'expression désigne encore dans le Midi l'aubergine. Cela n'empêche pas un Demazière de sombrer dans le ridicule en donnant pour équivalent: visages d'ânes.

Nous arrivons au que le maulubec vous trousque; tous les commentateurs parlent évidemment d'ulcère à la jambe qui doit rendre boiteux, mais nous savons, depuis le Pantagruel, de quoi il est question. Puis nous parvenons à ce vous soubuienne de boire a my pour la pareille, pour lequel, à quelque nuance près, se fait l'unanimité des commentateurs; ils disent: Qu'il vous souvienne, souvenez-vous, de boire à moi, à ma santé. Mais les mots pour la pareille sont passés sous silence ou bien rendus par à l'occasion (Demerson), ce qui n'est que du verbiage, ou par en retour (Guilbaud), ce qui est une erreur puisque personne n'étant censé avoir commencé de boire, il ne peut être question pour les lecteurs de boire en retour à la santé de l'auteur.

En fait, si nous devons bien entendre que Rabelais demande à ses lecteurs de se souvenir de boire à lui, à sa santé, la locution pour la pareille apparaît comme l'engagement qu'il prend, lui l'auteur, de boire à eux, à leur santé, par réciprocité d'égards. La phrase est donc à entendre: qu'il vous souvienne de boire à ma santé, à charge de revanche.

Pour la conclusion & ie vous plegeray tout ares metys, tous les commentateurs parlent, tout au moins pour les derniers mots, de locution gasconne, et rendent la phrase par et je vous ferai raison en buvant, ou je vous ferai raison tout à l'heure, ou sur le champ, ou je vous tiendrai tête à tous immédiatement. Mais nous venons de voir que cette idée de boire en retour est déjà exprimée dans la phrase précédente et, persuadés que Rabelais n'a ici aucune raison d'avoir glissé une redondance, nous avons idée que ce ie vous plegeray tout ares metys est très loin de contenir ce qu'on y voit traditionnellement. Examinons.

Le plege est celui qui se porte garant, et plegier c'est garantir, répondre de, se porter garant (Greimas); il semble que ce contenu puisse difficilement arriver à signifier faire raison ou tenir tête un verre à la main. Pour nous, ie vous plegeray ne peut qu'avoir le sens de je me porterai garant de vous, je répondrai de vous.

Et nous vient alors à l'esprit que cette phrase & ie vous plegeray tout ares metys, ne peut qu'être la contrepartie du souhait qui vient d'être exprimé par qu'il vous souvienne de boire à ma santé, à charge de revanche. Tenant ce souhait pour accordé, l'auteur, qui reconnaît alors pour siens ces amicaux lecteurs, s'engage à répondre d'eux, à se porter garant pour eux. Il leur dit donc: et en échange, je répondrai de vous, je me porterai garant pour vous, promesse qui n'est, bien sûr, qu'une facétie puisque Rabelais, lui-même abrité par un protecteur qui a quelquefois fort à faire à répondre de son protégé, n'a certes pas l'envergure l'autorisant à se porter garant de qui que ce soit. Nous avons ici affaire à une bouffonnerie finale que nous pouvons penser écrite dans l'intention de faire rire précisément ce protecteur et tous ceux qui sont au courant de la situation de dépendance qui est celle de l'auteur.

Cela établi, nous reste à découvrir le sens de tout ares metys. Mais nous avons idée que cette locution a de fortes chances de constituer une restriction, un correctif burlesque réduisant de façon à en annuler la portée cette promesse de protection faite au mode plaisant.

Pour metys, que le terme soit ou non gascon, il apparaît à l'évidence que nous avons affaire au mot mete, mette: limite, borne (Greimas), ce qui confirme notre idée de restriction. Quant au terme ares, nous trouvons dans Greimas, issu du latin area, le mot aire, qui a les significations: emplacement, en particulier emplacement non cultivé; situation, position; origine, race; caractère, disposition (bonne ou mauvaise). Ces mots ares metys contiendraient donc l'idée de limite et celle d'empla-

17

cement, c'est-à-dire, vraisemblablement, d'emplacement limité, contenu qui confirmerait encore notre idée d'amoindrissement. Nous sommes alors amenés à distinguer, dans tous ces sens, ceux de situation, position, en les prenant au sens figuré; la locution reviendrait ainsi à une allusion à une situation bornée, à une position étroitement limitée.

Et c'est là que la réflexion nous corrige, et que nous concevons que cette bouffonnerie ne peut qu'être renforcée si tout ares metys est une expression ayant trait, tout bonnement, à la désignation d'une surface agraire, c'est-à-dire si la locution est prise au sens littéral. Nous avons alors idée que tout ares metys peut être une formule gasconne du droit rural concernant le bornage, et dont le contenu est quelque chose comme: tout terrain borné. Sans pouvoir, bien sûr, être certains du sens littéral de l'expression, nous avons licence de penser être tout près de sa substance. Et il semble que nous pouvons désormais entendre ainsi la plaisanterie finale: qu'il vous souvienne de boire à ma santé, à charge de revanche, et je me porterai garant pour vous dans les limites de mes terres.

Arrivés là, nous ne pouvons plus que nous dire que si, dans ce Prologue, les commentateurs revêtent si volontiers Rabelais des affutiaux du mystagogue, il semble que ce soit surtout pour n'avoir pas à entrer dans le texte, dont ils veulent se tenir à la même distance que le fidèle de la châsse aux reliques. Ainsi n'ont-ils jamais eu à se demander si tout ares metys pouvait parler d'autre chose que de boire. Bien sûr, pour douter que la locution ait ce contenu consacré, eût-il fallu auparavant qu'ils aient cessé de regarder comme une redondance les mots: pour la pareille, et qu'ils aient été conduits à en chercher la signification. De même, en ce qui regarde la phrase-clé de l'interprétation, aurait-il été indispensable qu'ils ne voient plus une simple cheville dans la locution: quelle cause est, et qu'ils veuillent comprendre pourquoi Rabelais la place dans une période où, précisément, elle paraît superflue. Mais c'est là beaucoup demander, car la leçon apprise est tenue pour intangible, et les commentaires ne peuvent que s'y accorder. Pourtant, il y a encore autre raison qui contribue à ce figement:

Il est d'antique tradition que l'Université ne s'intéresse à un auteur comique que si elle parvient à extraire de son texte quelque message qu'elle puisse traiter gravement, ou si elle arrive au moins à faire état pour lui de ce qu'il est convenu de nommer des résonances, à condition que ces résonances puissent être infléchies jusqu'à faire sonner comme Dies irae le rire clair et dru de l'auteur. Au cas où celui-ci se prête malaisément à la manœuvre d'appropriation, ladite Université dresse un rapport de non conformité à ses lois, ainsi qu'il apparaît par le texte qu'écrivait un Gustave Lanson (1857-1934) dans son Histoire de la littérature française, qui a sans doute été le manuel de la plupart des commentateurs que nous incriminons. Il enseigne:

Rabelais n'est pas profond, il faut oser le dire. Sa pensée a gagné à s'envelopper de voiles, elle a grandi en se dérobant. Sa philosophie a été celle de Jean de Meung, sera celle de Molière et de Voltaire: celle, remarquons-le, des plus purs représentants de la race, et en effet elle exprime une des plus permanentes dispositions de la race, l'inaptitude métaphysique: une autre encore, la confiance en la vie, la joie invincible de vivre. Au fond, en effet, Rabelais ne philosophe que pour légitimer la souveraine exigence de son tempérament: cet optimisme rationaliste, naturaliste, ou de quelque nom qu'on veuille appeler cette assez superficielle doctrine, lui sert surtout à fonder en raison son amour immense et irrésistible de la vie.

On a depuis belle heure accusé Lanson d'être responsable, avec sa critique tout extérieure et sa méthode historique, d'une certaine sclérose dans les études littéraires; aussi a-t-on inventé en réaction d'autres modes opératoires qui, s'ils obtiennent indiscutablement des coupes nettement colorées, font leurs prélèvements au cours de la dissection du texte mort. Mais ce qui n'a pas changé, bien au contraire, c'est l'inclination à préférer ce qui est austère à ce qui est jovial; à délaisser ce qui est gaillard pour ce qui est chagrin; à rejeter le tonifiant pour le débilitant; en un mot, à rester sourd au ton enjoué, c'est-à-dire inspiré du jeu, pour n'écouter que le prêche de désespérance. Il ne faut que du sérieux, le sérieux seul étant édifiant, c'est-à-dire, devons-nous entendre, qui permet d'édifier à partir du texte les constructions psycho-philosophiques les plus tendancieusement personnelles: les commentateurs universitaires, il faut oser le dire, sont compassés[8].

Pourtant Lanson est apparemment mort moins dogmatique qu'on pouvait s'y attendre, à nous en rapporter à la note qu'il a tenu à ajouter, après sa première phrase, à la onzième édition de son Histoire. Il corrige:

Je n'oserais plus le dire aujourd'hui. Je ne suis pas très persuadé aujourd'hui qu'il faille plus de profondeur d'esprit pour imaginer une métaphysique que pour accepter la vie et se faire une philosophie qui y corresponde. Le refus d'édifier une métaphysique ne dénote pas nécessairement une pensée superficielle. Ni l'idéal ni la raison n'ont besoin de cet intermédiaire. Enfin, l'optimisme courageux, clair et pratique,

---

8. D'aucuns, qui ont perdu tout espoir de voir jamais s'amender ces commentateurs, disent même qu'ils sont compassés, présents et à venir: c'est là se prévaloir indûment du don de prémonition.

qui n'insulte pas la vie et s'applique à l'améliorer, a bien autant de valeur que les croyances pessimistes ou les spéculations subtiles.

Souhaitons donc que chacun, qui s'occupe de parler de Rabelais, ait en tête ce repentir de Lanson; il y a mis quelque temps, mais il a fini par comprendre son auteur; et sa correction constitue encore une des meilleures approches de l'esprit rabelaisien.

Mais ce qu'il faut encore souhaiter, c'est que ceux qui traitent du Gargantua aient en mémoire ce frère Lubin dont la démonstration est à la seule intention de gens aussi folz qu'il l'est, et qu'ils se départent de leur esprit de gravité. Ils auront ainsi toutes chances de perdre leur insensibilité à l'ironie rabelaisienne et d'entendre, au niveau où il a voulu qu'on les entende, les recommandations du cerueau caseiforme qui les paist de ces belles billes vezees.

Et, interprétant tous les faictz et dictz de l'auteur en la perfectissime partie, ils ne pourront que le tenir tousiours ioyeux. En conséquence, ils acquerront la conviction que, si plus hault sens et bien aultre goust sont à trouver en doctrine plus absconce, cette doctrine ne peut qu'être celle qui contient les haultes matieres & sciences profundes d'un comique réservé à l'usage des initiés.

Quant à nous, nous allons de ce pas voir si cette compréhension ne trouve pas quelque confirmation dans le premier chapitre.

De la genealogie & antiquite de Gargantua. Chap j.

Il est pour le moins remarquable que la première phrase du chapitre se borne à renvoyer à la généalogie du premier chapitre du Pantagruel, et que Rabelais souhaite seulement que le lecteur ne soit pas fâché si, pour le présent, il se dispense de redire cette généalogie. Ce pourrait certes n'être là que procédé de conteur tournant l'impossibilité où il est de reprendre un sujet qu'il a déjà traité et dont la forme le satisfait; mais il apparaît bientôt que cette désinvolture est intentionnelle, et qu'elle lui sert à suggérer que la réticence à laquelle il se résout lui est imposée par d'autres raisons que de composition, puisqu'il prend soin d'exposer que la redite est littérairement possible: Combien que la chose soit telle, que tant plus seroit remembree, tant plus elle plairoit a vos seigneuries comme vous auez lautorite de Platon in Philebo & Gorgias, & de Flacce, qui dict estre aulcuns propos telz que ceulx cy sans doubte, qui plus sont delectables, quand plus souuent sont redictz. La facétie assimilant une telle généalogie à ce dont traitent Horace et Platon ne nous masque pas que l'insinuation établit que le motif est tout autre pour lequel Rabelais s'abstient.

Mais, sans s'expliquer davantage, Rabelais continue dans le registre plaisant qu'il vient d'adopter, et entonne le couplet: Pleust a dieu qun chascun sceust aussi certainement sa genealogie, depuis larche de Noe iusques a cest eage, couplet dont Screech croit bon de dire que c'est un lieu commun de la philosophie morale fréquemmente exploité dans les sermons. Nous en sommes bien d'accord, mais nous ne pouvons nous empêcher de voir plutôt dans ce lieu commun une manière de digression qui a dessein de détourner l'attention de la révélation qui vient d'être amorcée.

Le plaisant morceau finit par ce que Rabelais nomme ladmirable transport des regnes & empires, qui va Des Assyriens jusqu'aux Francoys; et cette fois, c'est Michel qui dit fort sérieusement que ce transfert ne semblait pas fantaisiste aux contemporains de Rabelais. Il apparaît pourtant que l'auteur continue de plaisanter, poursuivant avec sa preuve par l'idée qu'il se fait de sa propre ascendance, et finissant sur son souhait destre roy & riche, assurant qu'il se réconforte de la pensée que en laultre monde il le sera, voyre plus grand que de present il ne l'oserait souhaiter. Et ce mode plaisant nous paraît encore mieux établi par l'exhortation au lecteur de se réconforter de même en son malheur en telle ou meilleure pensee (ce comparatif paraissant inviter à toutes les représentations), lui enjoignant toutefois de boire frais si faire se peut, ce qui dénote indiscutablement une considération marquée pour les consolations qui sont immédiatement disponibles.

Puis, la chose lui tenant visiblement à cœur, puisqu'il prétend retourner ainsi aux moutons qui sont les siens et ceux du lecteur, Rabelais revient à cette généalogie de Gargantua, et donc à celle de son premier Livre, et affirme que c'est par don souuerain des cieulx que nous a este reseruee lantiquité & genealogie de Gargantua, plus entiere que nulle aultre, Exceptez celle du messias, phrase qui a manifestement pour rôle d'amener la suivante: dont ie ne parle, car il ne me appartient, aussi les diables (ce sont les calumniateurs & caffars) se y opposent. Le trait acéré a été soigneusement poli, comme nous le voyons par le texte de l'originale: Retournant a nos moutons, ie vous diz que par un don souuerain de dieu nous a esté reseruee lantiquité & genealogie de Gargantua, plus entiere que nulle aultre, de dieu ie ne parle, car il ne me appartient, aussy les diables (ce sont les caffars) se y opposent. Ainsi, en 1534, Rabelais disait s'abstenir de parler de Dieu juste après avoir écrit: par un don souuerain de dieu. Ce don souuerain est donc devenu celui des cieulx; de dieu ie ne parle, est devenu: Exceptez celle du messias, dont ie ne parle, en même temps que la définition des diables ajoutait aux caffars les calumniateurs.

Screech s'abstient inexplicablement de signaler le changement relatif au don souuerain. En revanche, il fait ici le rapprochement avec le texte original du Pantagruel où, aux chroniques des Grecz/des Arabes/et Ethnicques, étaient associés les auteurs de la saincte escripture/comme monseigneur sainct Luc mesmement/& sainct Matthieu, phrase qui a dû être atténuée en: Arabes, Barbares & Latins, mais aussi Gregoys, Gentilz, qui furent buueurs eternelz. Il ajoute que les théologiens conservateurs de la Sorbonne n'aimaient pas que les humanistes chrétiens traitent des problèmes et des contradictions des généalogies du Messie ; il mentionne qu'Érasme rappelle que les deux apôtres se contredisent et que les manuscrits sont corrompus. Il donne aussi cette précision : Les évangéliques justifiaient leur attitude envers ces généalogies à l'aide de saint Paul (I Tim., I,4 ; Tite, III, 9).

Ces textes pauliniens sont, dans la traduction de la Pléiade, pour la première épître à Thimotée: et de ne pas s'adonner à ces mythes et à ces généalogies sans fin, qui prêtent à discussions plutôt qu'à gestion de Dieu dans la foi; et pour l'épître à Tite: Mais les discussions stupides, les généalogies, la querelle, les disputes de légistes, évite-les, car elles sont inutiles et vaines. Et il paraît alors fort vraisemblable que, au moins autant que pour l'évocation des deux apôtres, qui pouvait passer pour allusion à leurs contradictions scripturaires, la phrase équivoque du Pantagruel de 1532 a pu être condamnée pour l'inspiration évangélique décelable par les censeurs.

Mais il semble évident que l'évocation que fait Rabelais avec son dont ie ne parle, car il ne me appartient, n'a pas trait à cette seule phrase que rappelle Screech, mais bien à tout le premier chapitre du Pantagruel, qui a pu être tenu pour irrévérencieux. Et il est dès lors apparent que le début de ce premier chapitre du Gargantua a été agencé de façon à pouvoir évoquer cet interdit qu'on lui a signifié: celui de parler de tout sujet religieux, puisque l'arrêt du Parlement, de 1521, s'opposait toujours à ce qu'on imprimât un écrit relatif à la sainte Écriture sans qu'il eût été examiné par la faculté de théologie.

Cela expliquerait que ce début soit quelque peu laborieux, comme empreint de la crainte d'aller toutefois trop loin dans la remémoration qu'on a résolu de faire. Car il est sensible que nous sommes loin de la pétulance du premier chapitre du Pantagruel, de son abondance stylistique, de son insouciance dans la détermination de railler, tout cela révélant la totale liberté. Quoi qu'on en ait, la plume de Rabelais paraît ici entravée, comme l'outil de qui aurait été vertement tancé pour l'avoir mal employé, et qui serait désormais tenu d'en user selon les consignes imposées. Et peut-être est-ce dans cette impression que nous avons à discerner les éléments de la réponse à la question toujours pendante concernant ce qui a pu amener Rabelais à composer le Gargantua, réécriture du Pantagruel.

Nous voyons, nous, dans cette réécriture, l'accomplissement d'une entreprise décidée après que le protecteur de Rabelais a dû reconnaître ce qu'on lui a désigné comme sacrilège, ou pour le moins irrespectueux, dans le Pantagruel. Et nous pouvons, semble-t-il, tenir l'entreprise pour l'accommodement proposé par ce protecteur, représentant aux censeurs que la nouvelle mouture leur prouverait la résolution d'amendement de l'auteur, en même temps qu'il a représenté à celui-ci qu'elle démontrerait aux amis littéraires qu'il a acquis une plus grande maîtrise et qu'il est à même désormais de se jouer des difficultés éludées dans son premier Livre. Il est probable que la raison littéraire a dû faire passer la raison de contrition, et l'acquiescement a été obtenu. A donc vraisemblablement été conçue en commun (et sans que personne ait à y attacher d'importance particulière puisque personne ne peut alors savoir que trois Livres suivront) l'idée de prendre pour point de départ de ce nouveau Livre le héros qui a nom Gargantua, et qui se trouve être le père du héros du Livre incriminé.

Dès lors, à y bien regarder, le Prologue du Gargantua et le début de son premier chapitre ont bien le caractère de la rédaction d'obligation, dont on se sert pour contester le bien-fondé du jugement qui a imposé cette rédaction. L'avertissement contenu dans le Prologue est alors clair, qui établit nettement qu'il sera vain, cette fois, de chercher quoi que ce soit de semblable à ce qui, par interprétation outrée, a été tenu pour condamnable dans le Pantagruel. Et si la phrase du premier chapitre: du messias, dont ie ne parle, car il ne me appartient, a les apparences d'une déclaration de soumission, le trait qui suit: aussi les diables (ce sont les calumniateurs & caffars) se y opposent, est bien une saillie d'auteur jouant l'ingénuité diffamée. Un discret parti pris de défi peut encore être décelé dans la phrase qui, parlant de réconforter en telle pensée (celle d'être roi et riche dans l'au-delà plus qu'on ne l'oserait souhaiter), ajoute ce: ou meilleure, qui a au moins pour dessein de rendre perplexes les censeurs. Et il semble alors que l'on doive voir dans la forme énigmatique adoptée au Prologue une marque volontairement apposée par un auteur contraint de s'incliner mais qui tient, en bravant, à montrer son désaccord avec la reconnaissance faite en son nom de fautes qu'il ne reconnaît pas.

En fait, nous devons plutôt comprendre qu'il s'agit là de la première mise en pratique du système de défense élaboré par Rabelais, et auquel il se tiendra: jouer l'innocent aussi légitimement indigné qu'il estime être injustement accusé. Et s'il est sûr que cette attitude n'est qu'un travestissement de ce que nous savons être sa mauvaise foi, il est non moins sûr que cette façon de se défendre était la seule possible, la sauvegarde consistant à ne jamais avouer.

Il semble vraisemblable, aussi, que nous avons là un procédé mis au point dans la complicité qui unit Rabelais à son protecteur. Celui-ci, dans l'intention affichée de ramener son protégé à une expression plus orthodoxe, reconnaît les manquements commis et s'engage à les faire cesser; celui-là, feignant de n'être pas d'accord avec cette reconnaissance faite en son nom et jouant la bonne foi outragée, se soumet en faisant preuve d'une certaine mauvaise grâce, gage de sa candeur. Il faut bien croire que la comédie ainsi réglée, si elle n'a pas abusé les censeurs, les a toujours empêchés de sévir trop lourdement.

Partant de cette reconstitution, nous pouvons dès maintenant avancer que le Gargantua ne peut prendre son plein sens que relié au Pantagruel, dont il est issu. Nous pouvons même penser, comme nous nous en sommes aperçus par le seul Prologue et par ce début du chapitre initial, que nous ne pouvons tenter de comprendre le Gargantua qu'en faisant, presque terme à terme, le rapprochement de chaque chapitre avec le chapitre correspondant du Pantagruel. C'est redire, mais nous n'y insisterons jamais assez, combien il est insensé de donner à lire en premier le Gargantua, qui n'existerait pas sans ce qui l'a produit: le Pantagruel. La raison génitale physiologique faisant succéder le fils au père, qui a guidé tous les éditeurs donnant le Gargantua pour premier Livre, doit légitimement devenir raison génitale de composition et donner l'engendreur Pantagruel avant l'engendré Gargantua[1].

Cela dit, ne peut plus qu'apparaître indiscutable le sens que nous avons vu au Prologue, Rabelais se défendant d'avoir glissé dans son nouveau Livre la moindre allusion du genre de ces révélations tant en ce qui concerne nostre religion, que aussi lestat politicq & vie oeconomicque. Il semble même clairement évident que le signe du vin, sous lequel est placé ce Prologue, n'a d'autre dessein que de communiquer l'idée de joie, d'euphorie, d'insouciance, et par conséquent d'une composition sans arrière-pensée.

Il est alors non moins évident pour nous qu'est erronée l'opinion d'un Claude Gaignebet qui croit à l'existence d'allégories à rechercher dans le Gargantua, du seul fait que Rabelais, prétendant dicter en buvant, laisserait entendre qu'il a pu en concevoir à son insu. C'est vouloir comprendre que l'auteur, qui prend soin de réfuter d'avance toutes les interprétations outrées qu'on pourrait lui imputer à crime, accepte toutefois qu'on considère son texte comme plus ou moins allégorique, compréhension qui revient à lui faire dire que, composant sous l'empire du vin, il peut exprimer des idées et former des images qu'il ne maîtrise pas.

Outre qu'un tel artifice s'applique à celui qui parle sans pouvoir effacer plutôt qu'à celui qui produit un imprimé, il aboutirait à annuler la portée de tout le Prologue, qui constitue en fait un plaidoyer préalable. Il le transformerait même en aveu de culpabilité, si l'on se rappelle qu'au chapitre v du Pantagruel, les regens brûlés tout vifz comme harans soretz à Toulouse font allusion à ce Jean de Cahors, professeur de droit, condamné au bûcher en 1532 pour de simples propos de table. L'ivresse, loin de constituer une excuse, est à juste titre tenue

---

1. Roger Lathuillère, qui préparerait, dit-on, avec Mireille Huchon une nouvelle édition de Rabelais dans la Pléiade, aurait averti que le Gargantua serait encore placé en premier, pour ne pas désorienter le lecteur. La sentence de l'abjuration de Galilée disait bien: L'opinion que le soleil est au centre du monde et immobile est absurde, fausse en philosophie, et formellement hérétique, parce qu'elle est expressément contraire à la Sainte Écriture.

pour révélatrice des convictions les mieux cachées; dès lors, il apparaît que Rabelais ne peut alléguer le vin pour refuser la responsabilité d'opinions qu'on jugerait répréhensibles, lui qui ne peut qu'avoir à l'esprit l'antique in vino veritas (dans le vin la vérité). Il semble ne pouvoir subsister aucun doute: la défense de précaution ne peut dire: Vous découvrirez peut-être des allégories qui ne peuvent m'être imputées puisque j'ai composé sous l'empire du vin; mais bien: Il ne peut y avoir la moindre allégorie que j'aie pu écrire, puisque l'empire du vin me procurait un état euphorique fort éloigné d'un souci de ce genre.

Désormais assurés de notre compréhension, nous continuons de lire; et nous nous apercevons que la phrase qui suit les calumniateurs & caffars: Et fut trouuee par Iean Audeau, en un pre quil auoit, etc., est tout uniment rattachée à celle qui précède la saillie contre ces diables: nous a este reseruee lantiquité & genealogie de Gargantua, plus entiere que nulle aultre, dissimulant en incise la phrase vengeresse, preuve évidente de la connaissance du risque qu'elle constitue.

Cette généalogie de Gargantua est donc dite avoir été trouvée en certain lieu d'un grand tombeau de bronze long sans mesure, lieu signalé par l'inscription d'un goubelet, a lentour duquel estoit escript en lettres Ethrusques, Hic bibitur. Demerson dit ici: Cette expression latine (Ici l'on boit), gravée en lettres archaïques comme les mystérieuses inscriptions des Etrusques, a sans doute inspiré le Trinch que prononcera l'oracle à la fin du Livre V.

Ouvert, ce certain lieu a révélé neuf flaccons en tel ordre quon assiet les quilles en Guascoigne, c'est-à-dire en carré de trois lignes de trois, donc celui du milieu couvrant un gros, gras, grand, gris, ioly, petit, moisy, liuret, plus mais non mieulx sentent que roses. Là, le nommé Demaziere dit: Rabelais fait le livret à la fois gros et gras et joli, grand et petit. C'est une manière fine de se moquer d'avance des lecteurs disposés à prendre son conte pour une histoire. Si nous entendons bien, ce Maistre Antitus (P. xj) tranche du haut de sa suffisance et nous enjoint de nous arrêter aux limites de son bornage. Nous n'en ferons évidemment rien, car nous avons idée (nous réservant de voir si la suite le confirme) que ce Hic bibitur peut offrir une compréhension voisine de celle que nous avons avancée, au Pantagruel, pour le Trinch entendu comme Baise; il ne nous semble pas indifférent, en effet, que le flacon du milieu couvre un livret qui peut, tour à tour, être gros, gras, grand, ou bien gris, joli, petit, moisy (ce moisi étant à entendre comme sec selon un des sens du verbe moisir; Greimas).

Quoi qu'il puisse advenir de cette compréhension seconde, nous lisons, au premier niveau, que c'est en ce livret qu'a été trouuee escripte au long, de lettres cancelleresques, ladite généalogie, livret dont les feuilles sont en escorce Dulmeau, c'est-à-dire d'orme. A noter, à tout hasard, que le mot cancelleresque offre la possibilité de contre-pèterie: cancerellesque, où le cancer est évidemment le chancre, et que l'orme est en latin ulmus qui, s'il est antiquement associé à la vigne comme support ou protection, l'est aussi aux verges (baguettes) et au bâton (trique), ce qui ouvre éventuellement la voie aux équivoques traditionnelles.

Ces lettres cancelleresques sont tant toutesfoys usees par vetusté, qu'a poine en pouoit on troys recongnoistre de ranc. L'auteur, pourtant, les a translatées en practicant lart dont on peut lire lettres non apparentes, comme enseigne Aristoteles. Ici Screech dit qu'Aristote n'a rien écrit à ce sujet, et il avance que Rabelais se moque aimablement de quelques aspects de la tradition hermétique, ajoutant que d'autres aspects de cette tradition attirent fortement l'auteur. Si l'on s'en tient à ce que nous a appris le Pantagruel, ce qui dans l'hermétisme attire Rabelais semble bien être la possibilité de donner, par farce, forme ésotérique aux sujets les plus temporels. Mais nous verrons surtout, dans cet art dont on peut lire lettres non apparentes, un signal concernant ce qui va maintenant nous être révélé.

Car si l'on peut voir, en Pantagruelisant, cest a dire beuuans a gre, & lisans les gestes horrificques de Pantagruel, que l'auteur est heureusement venu à bout du déchiffrement, c'est maintenant seulement que Rabelais donne, par reuerence de lantiquaille, ce qui se trouve à la fin du livret qu'il a antérieurement décrypté, et qu'il avait alors passé sous silence: le petit traicte intitule, Les Franfreluches antidotees.

Pour ce titre, les explications de la glose montrent une grande réserve. Boulenger dit: Proprement: bagatelles pourvues d'antidote. Plattard dit: Les bagatelles pourvues d'antidote contre les intoxications. Jourda, interloqué, se tait. Michel dit: Bagatelles pourvues d'antidote. Rabelais emploie parfois fanfreluche dans un sens libre: cf. Pantagruel, chapitre xxiij: Ils fanfreluchoient à chasque bout de champ. Screech, dans son Index verborum, dit: Fanfreluche: bagatelle, chose légère; Antidoter: au sens strict, munir d'un antidote, mais chez Rabelais, s'emploie avec de vagues nuances péjoratives. Demerson, compendieusement suffisant, dit: Titre absurde, d'allure surréaliste avant la lettre. Guilbaud toutefois, sans s'arrêter au mot fanfreluches, apporte une vue originale pour le mot antidotées; il explique: immunisées, ou contenant des antidotes (terme de pharmacie désignant alors tout médicament administré par voie interne), et cela demande examen.

Le terme antidoté est employé au sens de protégé au chapitre xxxx du Gargantua: Quia elle en sort bien, mais poinct ny entre. Car il est bien antidote de pampre. Mais dans deux emplois antérieurs, il comporte effectivement l'idée d'immuniser par ingestion: & tresbien antidote son alaine a force syrop vignolat (G.xxj); & bien antidote lestomac de coudignac de four, & eau beniste de caue (G.xviij). L'idée d'administrer par voie interne semble alors largement étayée; les Fanfreluches antidotees représentent donc quelque chose qui est administré par voie interne pour s'opposer à un mal. Reste à savoir ce que sont ces fanfreluches.

Bien que l'étude du Pantagruel nous ait amenés à entendre que les fanfreluches peuvent quelquefois être comprises comme les labies dont parle Brantôme (P. xij), il semble qu'elles ne peuvent ici que représenter quelque chose d'extérieur que l'on s'approprie. Et, sans nous prononcer, nous retiendrons seulement, à titre d'hypothèse, l'idée contenue dans le fanfreluchoient a chasque bout de champ, que cite Michel, c'est-à-dire le sens libre dont il parle, et par conséquent, dans les bagatelles des commentateurs, l'éventualité que ces bagatelles peuvent être érotiques. Mais nous ne pouvons, pour le moment, aller au-delà, car il nous faut, avant de décider, procéder à l'analyse de ce morceau où la glose n'a jamais trouvé fond ni rive. Nous abordons donc résolument ce deuxième chapitre qui, remarquons-le, n'a pas de correspondance dans le Pantagruel.

Les Fanfreluches antidotees trouuees en un monument antique, Chapitre ij.

La glose définit avec un bel ensemble la pièce de vers ainsi intitulée. Screech dit: Ce genre d'énigme, analogue aux Coq à l'âne, était très goûté au XVIᵉ siècle. Il se prête facilement à la satire. Boulenger dit: Ce qui va suivre correspond à un genre de plaisanterie, qu'on goûtait fort au XVIᵉ siècle, mais qui a perdu beaucoup de son sel aujourd'hui: c'est une énigme, c'est-à-dire une longue série de propos sans suite apparente par lesquels l'auteur désigne ou dépeint plus ou moins exactement un objet ou un événement fort commun, qu'il faut deviner. Guilbaud dit: Ce petit traité est une énigme. On goûtait fort au XVIᵉ siècle ce genre littéraire, dans lequel l'auteur décrivait en métaphores obscures un objet ou un événement connu de tous. Michel dit: Les Fanfreluches sont une énigme, genre littéraire à la mode au XVIᵉ siècle; Thomas Sebillet, dans son Art poétique, définit l'énigme comme une allusion obscure. Le jeu consiste à décrire un sujet banal à grand renfort d'images incohérentes. Le poète de cour Mellin de Saint-Gelais excellait dans ce genre. Le chapitre LVIII du Gargantua, Énigme en prophétie, reproduit un poème de Saint-Gelais, que Gargantua interprète comme le décours et maintien de vérité divine, tandis que Frère Jean n'y voit qu'une description du jeu de paume soubz obscures parolles. L'énigme se prête à l'introduction de coqs-à-l'âne entremêlés d'allusions satiriques.

Nous ne pouvons qu'admirer la sûreté avec laquelle les commentateurs rangent cette pièce dans la catégorie des énigmes, quand on sait que pas un seul d'entre eux n'a jamais entendu un traitre mot de ce que contiennent les cent douze vers. Car ils sont nettement moins péremptoires pour le sens à donner à cette prétendue énigme, leur perplexité ayant paradoxalement pour effet de les rendre prolixes:

Boulenger dit: Ce que Rabelais veut dire ici, personne ne l'a compris. Peut-être n'est-ce rien du tout. Aimant à s'enivrer de mots comme un magnifique écrivain qu'il est, il s'est amusé à diverses reprises, dans son livre, à aligner longuement des propos sans queue ni tête. Il nous a paru tout à fait inutile de commenter ce qui est écrit pour être inintelligible.

Guilbaud dit: La clé des Fanfreluches antidotées n'a pas encore été trouvée. Elle semble devoir être cherchée dans l'histoire du temps.

Plattard dit: On a pu voir des allusions à la Réforme, au pape, aux guerres, dans certains passages des Fanfreluches. Nous n'avons pas le mot de l'énigme et peut-être n'y a-t-il là, comme dans les chapitres XI-XIII de Pantagruel, que des mots et des phrases appelés par la rime ou par de vagues rapports de sens et de sons. Les strophes II et III présentent quelques analogies avec une énigme de Mellin de Saint-Gelais: Le grand vainqueur des hauts monts de Carthage, etc., qui fut publiée pour la première fois en 1547.

Demerson dit: Si ce poème est une Énigme, nous ne savons pas quel mot est désigné par ces métaphores déroutantes; mais il est vraisemblable que Rabelais propose au lecteur une parodie d'Énigme pour la joie de céder au vertige des rimes libérées de la raison et des mots débarrassés de la logique.

Demazière dit: Nous n'essayerons pas d'annoter ce chapitre, où tout, à commencer par le titre, est inintelligible à dessein. Dans ces prophéties, aussi obscures que celles de Merlin et de Nostradamus, on peut à la rigueur soupçonner quelques allusions aux affaires de religion, au pape, au protestantisme; mais vouloir aller plus loin, et préciser, au bout de quatre siècles, ce que l'auteur n'avait pas voulu que l'on comprît de son temps, ce serait tomber dans les aberrations de ces commentateurs qui ont si étrangement abusé du système des interprétations historiques.

Screech, plus ingénument sincère, confesse d'abord: Nous ne prétendons pas comprendre grand-chose à ces vers, qui semblent faire la satire à la fois du pape et de Charles Quint. Et il répète, à la fin du poème: Rappelons au lecteur que nous n'avons presque rien compris à cette énigme. Force est de conseiller aux étudiants de se contenter d'une simple lecture du poème; mais il nous semble probable que l'objet de la satire est la politique, et la personne, de Charles Quint.

Ainsi, une fois encore, les commentateurs font montre de leur traditionnel parti pris de gravité qui les conduit, ici, à la conviction que Rabelais n'a pu employer de mots couverts que pour évoquer des faits politiques. Cette limitation leur interdit évidemment toute possibilité d'investigation et, partant, leur enlève toute chance de deviner ce qu'a voulu faire entendre l'auteur. Toutefois, cette impuissance ne les réduit nullement au désespoir, puisque la plupart d'entre eux se rassurent en émettant doctement l'avis qu'il n'y a probablement rien à comprendre.

Mais nous sommes antidotés: nous avons déjà vu, au Pantagruel, pareille démission pour le procès de Baisecul et Humevesne et pour la dispute entre Thaumaste et Panurge. Nous avons déjà entendu parler de propos sans queue ni tête, de vagues rapports de sens et de sons, de mots débarrassés de la logique. Et surtout, nous avons déjà rencontré l'hypocrite décision de s'abstenir de commenter ce qu'on prétend, parce qu'on n'y entend rien, avoir été écrit pour n'être pas entendu. Aussi, comme pour le Pantagruel, ne ferons-nous que puiser dans les dérobades et faux-fuyants de ces bons apôtres une incitation à rechercher le sens de ces vers énigmatiques, ne serait-ce que dans les grandes lignes. Car nous tenons, là encore, que ni Rabelais ni personne n'avait encore, au XVIᵉ siècle, formé l'absurde dessein d'assembler des mots pour ne rien exprimer.

Quant au jugement qu'il semble y avoir là satire politique et allusions à l'histoire contemporaine, nous le rangerons d'emblée dans les sornettes de maîtres d'école, tant il est vrai, d'une part que la ressemblance avec la facture de Mellin de Saint-Gelais, aumônier de François Iᵉʳ puis de Henri II, renommé pour ses vers licencieux, nous invite à penser que la similitude de forme peut s'étendre au contenu; d'autre part que la simple lecture que recommande Screech à ses étudiants suffit à révéler le caractère non seulement érotique du texte, mais pornographique, c'est-à-dire exactement: qui suscite des représentations d'ordre sexuel.

Et nous n'en voulons pour preuve que l'analyse de la seule quatrième strophe, où ce sens apparaît avec évidence, même si l'on s'est borné à parcourir les trois strophes précédentes, sans rien approfondir, et juste pour prendre le pas:

Leur ppos fut du trou de saict patrice
De Gilbathar, & de mille autre trous:
(34-35: Patrice; aultres[1]).

Pour saint Patrice, les commentateurs qui ne s'abstiennent pas disent qu'il s'agit du trou de saint Patrick, en Irlande, qu'on prenait au moyen âge pour une des entrées du Purgatoire. Pour celui de Gilbathar, Michel dit: Gibraltar, appelé aussi trou de la Sibylle, par confusion entre Séville et Sibylle. Pour les mille autres trous, Screech lui-même dit que ce sont des sexes de femme, ajoutant: Nous avons ici un souvenir d'une énigme de Mellin de Saint-Gelais: l'évêque feist serment que le fons de sa mitre Estoit si froid qu'il en avoit la toux (...) Et devisa du trou de la sybille (sic), De Sainct Patrice et de mille autres troux.

---

1. Les vers sont donnés dans la graphie du fac-similé de 1542 avec les variantes significatives de 1534 et de 1535.

Nous pouvons nous douter que si les mille autres trous sont des sexes de femme, les deux noms géographiques sont à entendre dans le même sens. Le trou de saint Patrice est le trou du Purgatoire, mot qui signifie qui purifie; et nous concevons alors que ce contenu amène avec lui l'idée de purger, donc ici d'évacuer, d'expulser; nous rendrons donc ce nom par le mot à double sens: décharge.

Quant au trou de Gilbathar, nous nous rappelons avoir entendu, au chapitre xxx du Pantagruel, Panurge assurer n'avoir rien à craindre de la vérole dans l'autre monde, attendu qu'il y aura été ici-bas iusques au trou de Gylbathar, & remply les bondes de Hercules. Ces bondes nous sont apparues comme des sexes de femme mais, tenant compte de l'idée de saturation exprimée, nous avons compris alors que ce trou de Gylbathar représentait l'anus et que Panurge disait qu'il avait été contaminé jusqu'au trou du cul. Cette compréhension semble être ici à exclure puisque la lecture des trois strophes qui précèdent laisse entendre avec suffisamment de précision qu'il n'est question que du seul orifice vulvo-vaginal. Nous prendrons donc le trou de Gilbathar, situé entre les colonnes d'Hercules, c'est-à-dire les colonnes du cul que sont les cuisses, pour la désignation du con, les deux vers évoquant d'abord ce con sous deux noms à sous-entendu érotique, puis par une généralisation faussement vague puisque les deux noms qui précèdent ont caractérisé ces trous. Ainsi, sans rien savoir encore de l'identité de ceux qui tiennent le propos, avons-nous au moins la possibilité, ne serait-ce qu'à titre précaire, d'extraire le sens le plus apparent en rendant les deux vers par :

Leur propos fut du trou de la décharge,
Des deux colonnes, et de mille autres trous;

Son les pourroit reduire a cicatrice,
Par tel moien, q plus neussent la tous
(34-35: S'on; n'eussent)

Il n'y a maintenant plus de doute: la question est de savoir si l'on pourrait, non pas fermer hermétiquement ces trous en les réduisant à une cicatrice, c'est-à-dire ce qui reste d'une plaie refermée mais, le mot cicatrice étant le nom traditionnellement donné au sexe de la femme impubère, si l'on pourrait les ramener au calibre virginal, autrement dit les étrécir. Et nous entendons alors que les dénominations trou de saint Patrice et trou de Gilbathar contiennent l'idée de gouffre, d'antre, de trou béant, et qu'il est question de cons trop grands. Ce resserrement souhaité est ici plaisamment censé avoir pour but d'empêcher que ces trous ne soient affectés d'une fâcheuse toux. Et, plutôt qu'une allusion à la bouffonnerie relative à la partenaire qui, en toussant, désarçonne le cavalier mal assuré, devons-nous voir là l'évocation de l'explosion sonore, en pétarade, comparable à une toux, que peut faire entendre une ampoule vaginale pleinement épanouie, lors de l'insertion du membre.

Ce que nous avons en tout cas à remarquer, c'est la similitude avec les termes de l'énigme de Mellin de Saint-Gelais qui, si elle n'a été publiée qu'en 1547, a manifestement circulé bien avant en manuscrit. Et il semble dès lors possible que nous ayons affaire à une parodie de cette énigme (Demerson), encore que nous puissions plutôt penser que la pièce de vers de Saint-Gelais (1491-1558) et celle de Rabelais puissent être le produit d'un de ces jeux poétiques où les participants devaient partir de rimes et même de quelques locutions imposées. Nous rendrons les deux vers par:

Si l'on pourrait les resserrer à fente
Par tel moyen qu'ils n'eussent plus la toux.

Veu ql sembloit impertinent a tous:
Les veoir ainsi a chascun vent baisler.

Ces trous sont dits baisler, c'est-à-dire béer; ils sont donc grands ouverts. Et tout le monde juge impertinente cette manière d'être, l'impertinence étant littéralement ce qui n'est pas pertinent, donc ce qui ne convient pas, ce qui ne s'adapte pas exactement à son objet. Autrement dit, chacun déplore que ces trous soient trop vastes pour accomplir leur mission convenablement. Nous rendrons ces vers par:

Vu qu'il semblait à tous inconvenant
Les voir ainsi à tous les vents bayer.

Si dadueture ilz estoiet a poinct clous,
On les pourroit pour houstage bailler

Le mot hostage a les sens d'hospitalité et de gîte; logement, demeure (Greimas). C'est assurément celui de logement qu'il faut ici retenir, et cela revient à dire que, si par un quelconque moyen on parvenait à étrécir ces trous béants, on pourrait alors les donner pour logement; ce qui laisse entendre que, vastes comme ils sont, et ouverts à tous ces vents qui les font tousser, on est contraint de les déserter. Cela ayant toutes les apparences d'une explication donnée à un comportement qui fut déconcertant, nous devons alors nous attendre à voir les trois strophes qui précèdent décrire ou faire allusion à ce comportement. En attendant de vérifier, nous rendrons ces vers par:

Si l'on pouvait les clore à la mesure,
On pourrait lors dûment les habiter.

Ainsi, en apportant la correction qu'impose la nuance qui nous est apparue après coup, nous pouvons établir clairement le sens du huitain:

Leur propos fut du trou de la décharge,
Des deux colonnes, et de mille autres gouffres;
Si l'on pourrait les resserrer à fente,
Par tel moyen qu'ils n'eussent plus la toux,
Vu qu'il semblait à tous inconvenant
Les voir ainsi à tous les vents bayer.
Si l'on pouvait les clore à la mesure,
On pourrait lors dûment les habiter.

Bien que nous ne puissions encore être certains d'avoir saisi tout ce que peuvent contenir ces huit vers, il est indubitable que leur sens général est désormais fondé. Et il faut que nos glossateurs aient eu le bonnet bien empêché[2] pour n'avoir pas entrevu de quoi traite cette strophe au sens nettement plus apparent que celui des treize autres, comme si elle avait été conçue pour servir, sinon de clé, du moins de révélateur, donnant au lecteur la disposition d'esprit qui doit lui permettre de lire le texte au niveau requis. En tout cas, il est dès maintenant patent que les prétendus propos sans queue ni tête forment un discours parfaitement organisé, comme il est évident que les scolaires allusions à l'histoire du temps ont tout l'air de devoir être des allusions à l'éternelle histoire.

Nous devrions à présent remonter au début pour commencer d'analyser le premier vers, avec la reconstitution du premier mot effacé, que donnent, derrière Lefranc, toutes les éditions: Voici venu le grand dompteur des Cimbres (car il est bien connu qu'il ne suffit pas de ne rien entendre au sens d'un vers tronqué pour s'abstenir de le compléter). Pourtant nous ne devons pas nous cacher que, si nous avons dégagé une strophe de sa gangue, nous n'avons pas la moindre idée de l'intention du poème, ni aucune lueur sur le développement de l'argumentation. Donc, plutôt que d'être stérilement méthodiques, allons-nous chercher si une autre strophe ne présente pas une veine apparente qui nous permettrait de voir dans quel sens est dirigé le filon. Et, tenant pour bonne, par hypothèse, l'opinion qui s'est imposée à nous que les trois premières strophes doivent contenir l'évocation d'un comportement étrange, nous nous arrêtons à la dernière strophe de la pièce, où cette veine affleure le plus visiblement, tout en donnant corps

---

2. Il s'agit, bien sûr, du gros, gras bonnet à quatre braguettes que nous verrons à Homenaz dans le Quart Livre (LIII).

à cette hypothèse. Nous examinons donc cette dernière strophe dans l'intention qui paraît la sous-tendre:

Finablement celluy qui fut de cire
Sera logé au gond du Iacquemart.

(1534: cyre)

Nous pouvons entendre de cire, ou comme qui a l'aspect jaunâtre de la cire, ou comme qui a la consistance de la cire. Mais nous nous doutons bien que le pronom celluy représente le complément naturel des trous dont il est parlé à la quatrième strophe, c'est-à-dire le membre viril; et il semble alors que de cire ne peut avoir trait qu'à la consistance, la teinte du membre n'étant pas un obstacle à son efficacité. Il n'est donc pas besoin de grande imagination pour saisir que cette cire fait allusion à l'état de mollesse de ce membre, la strophe relative aux mille autres trous pouvant alors apparaître comme le rejet de la responsabilité d'une déficience du membre sur l'ampleur du sexe de la femme. Pour Iacquemart, les commentateurs disent: Personnage de fer sonnant les heures sur les horloges des clochers. Mais c'est négliger de voir que ce Jacquemart, représentation de l'être humain, paraît bien être une autre désignation du mannequin dont parlait Panurge au chapitre xxj du Pantagruel, quand il s'adressait à la haute dame de Paris en lui promettant un transon de chere lie, iouans des manequins a basses marches. Il est alors clair que le gond de ce Jaquemart est le centre à partir duquel partent les mouvements animant les deux mannequins accouplés. Nous entendons donc que le mot gond a ici valeur de con, comme nous entendons qu'il est question du retour à la santé du membre qui, par le passé, s'est conduit de façon décevante. Nous rendrons les deux vers par:

Finalement, celui qui fut si terne,
Sera logé au trou de la poupée.

Plus ne sera reclamé, Cyre, Cyre,
Le brimbaleur, q tient le cocquemart.

(1534: cyre, cyre,)

Comme nous avons lu entièrement le poème avant de décider que cette dernière strophe offre une possibilité plus évidente d'investigation, nous nous rappelons avoir entendu quelqu'un, à la première strophe, crier tout haut: hers par grace pesche le. Et le souvenir du calembour du chapitre xij du Pantagruel entre her: monsieur, homme, et haire: le membre (Her, tringue, tringue), nous incite à penser que le mot hers de cette première strophe nous apparaîtra comme l'équivalent de vits. Mais, en attendant, nous nous doutons bien que le présent vers

35

fait allusion à cette prière du début, et nous comprenons du même coup que Cyre, Cyre a toutes chances de représenter la même chose que le mot her-haire, c'est-à-dire le membre viril, puisqu'il est dit qu'il ne sera plus nécessaire de réclamer ce Cyre attendu que celui qui fut si terne sera logé au trou de la poupée. Nous verrons donc dans ce Cyre, Cyre l'équivalent de Seigneur Vit.

Le brimbaleur est celui qui sonne les cloches; mais nous avons vu au chapitre xj du Pantagruel que la buée brimballatoire est la lessive au cours de laquelle la lavandière, possédée par-derrière, se fait secouer. Brimbaler, c'est donc, du bassin, faire le même mouvement que le sonneur de cloches, ce mouvement étant évidemment ici celui du coït. Le coquemart est le pot à anse qui sert à faire bouillir de l'eau, et représente ici, nous nous en doutons, le fessier féminin qu'on s'est approprié; le brimbaleur est donc bien l'homme qui, accouplé à la femme, fait le mouvement du rapport sexuel. Mais nous pourrions croire que ce quatrième vers introduit un raisonnement dont la conclusion va se trouver au vers suivant; pourtant, dans les trois fac-similés, la phrase se termine par un point: il nous faut donc comprendre que ce vers est la conclusion du précédent, et qu'il précise en fait qu'il n'y aura plus à réclamer Seigneur Vit puisque la conjonction aura été effectuée. Nous rendrons les deux vers par:

Plus ne sera imploré Seigneur Vit,
Le secoueur bien planté dans la brèche.

Heu, q pourroit saisir son braquemart?
(34-35: Heû, qui)

Le sens est évident: le mâle ainsi placé, personne, bien sûr, ne pourra s'emparer de son membre. Et cela semble être une allusion à un fait rapporté précédemment, par exemple l'échec donné comme découlant d'un larcin qu'on aurait fait de son membre; ce membre, en place au cocquemart, un tel larcin ne pourra se reproduire. Nous ne pouvons, pour le moment, que conjecturer, mais nous retenons de ce vers qu'il paraît indiquer que le poème pourrait bien être, fiction poétique ou non, une pièce de circonstance adressée à une femme pour se faire pardonner une défaillance ou une infidélité qui a provoqué une brouille, en lui exposant les avantages d'une réconciliation. Nous rendrons ce vers par:

Qui donc pourrait s'emparer de l'engin?

Toust seroiet netz les tintouins cabus
(1534: Tout; 34-35: cabus:)

36

Les tintouins sont les ennuis, les arias, les tracas. Le mot cabus signifie à tête ronde, mais il est apparent qu'il a ici le sens de pommés, qui
s'entend au figuré comme achevé, complet. Guilbaud dit d'ailleurs ici:
Les soucis pommés (comme les choux cabus). Ainsi, il est question de
tintouins achevés, de tracas pommés. Et il est dit que Toust seroient
netz, phrase où le mot Toust, que le seul fac-similé de 1534 orthographie Tout, semble bien être l'adverbe: tôt, régissant le mot netz, ici à
entendre comme balayés, effacés. Le vers exprime donc l'idée que rapidement disparaîtraient ces tracas pommés, et ce que nous venons de
lire indique clairement qu'il est bien question de représenter les heureux effets d'une réconciliation; nous rendrons donc le vers par:
Seraient tôt chassés les tracas pommés:

Et pourroit on a fil de poulemart
Tout baffouer le maguazin dabus.

Nous avons vu au quatre-vingt-cinquième titre de la Librairie (P. vij)
que le poulemart est le palan placé au-dessus d'une porte, qu'une corde
maintient plus ou moins verticalement selon le volume de la charge à
hisser. Le fil de poulemart est donc le fil qui fait dresser plus ou moins
ce poulemart et, par facétieuse assimilation, le poulemart étant donné
pour le membre viril, ce fil devient quelque chose comme le pouvoir
d'érection. Il semble qu'ici la locution ait un sens étendu et que a fil de
poulemart ait valeur de à force de rapprochements sexuels.

Baffouer est ici tourner en dérision, et a le sens visible de mépriser.
Le mot maguazin a apparemment le sens d'entrepôt, et est à entendre
comme amoncellement, accumulation, entassement. Quant aux abus, il
semble qu'il faille voir là le terme qui a charge d'exprimer que les griefs
retenus ont été inconsidérément grossis. Les deux vers sont donc clairs,
et nous les rendrons par:
Et pourrait-on à force de culletis
Tout oublier de ce tas de griefs.
Cette ultime strophe peut donc être, pour le moment, comprise ainsi:
Finalement, celui qui fut si terne
Sera logé au trou de la poupée;
Plus ne sera imploré Seigneur Vit,
Le secoueur bien planté dans la brèche.
Qui donc pourrait s'emparer de l'engin?
Seraient tôt chassés les tracas pommés,
Et pourrait-on à force de culletis
Tout oublier de ce tas de griefs.

Là encore, sans pouvoir être certains d'avoir exactement compris tout ce que contient cette conclusion, nous sommes pourtant assurés, d'une part qu'il s'agit d'une proposition de réconciliation, d'autre part qu'est évoquée l'existence de griefs. Et il semble, par ce que nous a appris la quatrième strophe, que ces griefs proviennent de la défaillance qui, fictive ou réelle, a affecté l'auteur du poème. Mais de plus, l'insistance mise à parler de conjonction sexuelle, et le soin mis à représenter la sécurité que produira cette conjonction, comme l'effet d'oubli qu'obtiendra la reprise des rapprochements, nous laissent penser que le poème, pour arriver à cette conclusion, doit, en bonne rhétorique, avoir fait auparavant le rappel des raisons qui ont provoqué ces griefs. Et comme il s'agit, nous le savons, d'un membre qui fut pour le moins décevant, nous devons nous attendre à voir développés tout au long des strophes qu'il nous reste à déchiffrer les manquements qui furent ceux de ce membre.

D'autre part, il nous est apparu à la quatrième strophe, avec sainct Patrice et Gilbathar, à la dernière avec Iacquemart et Cyre, que les noms propres ou les termes qui s'appliquent à des personnages peuvent en fait être des représentations érotiques. Les évocations historiques ou mythologiques que nous avons enregistrées à la simple lecture ne devront donc pas nous abuser, et seront pour nous le signal du vocable à deviner. C'est donc munis de ces diverses clés (qui valaient bien que l'on sursoie à l'analyse méthodique) que nous allons nous reporter au début pour suivre la progression de l'argumentation.

Auparavant toutefois, nous reviendrons un moment au titre qui, avec ce que nous venons d'apprendre, nous paraîtra peut-être moins sibyllin qu'à la première rencontre. Ce titre est apparu à la fin du chapitre précédent, quand l'auteur parle du petit traicté intitulé Les Fanfreluches antidotees, et nous avons vu ce qu'en dit la glose. Déjà, par ce que contiennent les deux strophes analysées, nous ne pouvons que tenir pour confirmée l'éventualité du sens libre dont parle Michel. Et, bien que nous ne disposions encore que d'une compréhension essentiellement intuitive, il nous semble alors que le terme antidotees ne peut que prendre la spécification de administrées, non par voie orale, mais par voie vaginale. Les fanfreluches pourraient donc être quelque chose comme des médications qui, ayant évidemment mission de soigner un mal, s'opposerait en l'occurrence à celui de vacuité. Et ces fanfreluches ressembleraient assez à des bibelots employés pour combler, ce qui peut s'appliquer, par plaisante assimilation, au membre viril ou, par extension, au membre de substitution qu'est le godemiche. Nous arrêtons là pourtant les conjectures, nous réservant d'être plus précis quand nous nous serons fait, au fil de l'examen, une opinion fondée. Mais il semble que nous pouvons déjà entrevoir un titre exprimant une idée telle que celle de bibelots enconnés, plutôt consolateurs, d'ailleurs, que thérapeutiques.

Et du même coup nous paraît désormais fondée l'idée salace qui nous a traversé l'esprit au chapitre précédent, pour le livret où se trouve le texte de ces Fanfreluches antidotées: avec son odeur plus forte mais non mieulx sentent que roses, il nous paraît avoir une étroite parenté avec le livret intercrural que nous avons vu évoqué au cent vingt-sixième titre de la Librairie: Soixante & neuf breuiaires de haulte gresse (P. vij). Et le fait qu'il est gros, gras, grand en même temps que gris, joli, petit, moisy (c'est-à-dire sec, comme l'atteste Greimas), ne serait alors rien autre qu'allusion aux deux apparences que peut avoir ce livret selon qu'il est en disposition d'appétence ou à l'état de repos. En conséquence, ne peut que nous apparaître comme chargée d'une intention bien particulière l'information qui nous est donnée sur la situation de ce livret au lieu de sa trouvaille: au milieu de neuf flaccons disposés en carré, dont celui du centre le surmonte comme pour le prolonger, ce mot flaccon contenant évidemment la traditionnelle évocation coïtale qu'on a toujours affecté de discerner dans l'assemblage flac-con.

Cela dit, qui donne à penser, nous abordons le texte. Donc Les ratz & blattes ou (...) aultres malignes bestes, ont brousté le commencement des cinq premiers vers; et les commentateurs disent que l'Édition critique, c'est-à-dire celle de Lefranc, qui est leur phare (nous le savons depuis le Pantagruel), a suppléé une fois pour toutes, et qu'elle restitue ainsi:

Voici venu...
Passant par laer...
A sa venue...
De beurre fraiz...
Duquel...

Nous ne nous croirons nullement obligés de suivre docilement, et nous ne conserverons ces restitutions qu'autant que nous n'aurons pas une bonne raison de les modifier. En attendant, nous prenons le premier vers tel qu'on nous le donne:

(Voici v)enu le grad dopteur des Cibres
(34-35: Cimbres)

Guilbaud dit que, plutôt que Caius Marius, vainqueur des Cimbres en 101 avant J.-C., il est vraisemblable qu'il s'agit du pape guerrier Jules II. Michel et Demerson disent à peu près la même chose. Screech, qui dit que le dompteur des Cimbres est Marius, surnommé le Troisième Fondateur de Rome, ajoute: Les Cimbri sont un peuple germanique: il y a probablement une allusion au Saint-Empire (cf. le mot Hers du vers 6).

Cela nous laisse quelque peu ahuris, jusqu'au moment où nous reprenons conscience que ces commentateurs se bornent à piler de l'eau dans un mortier[3]. Et nous nous avisons que le nom du vainqueur des Cimbres, Caius, fait calembour avec le mot latin caia, substantif féminin signifiant bâton; le nom propre suggéré, Caius, nous apparaît alors comme l'attribution du genre masculin à ce mot caia, ce qui est on ne peut plus légitime puisque nous entendons alors que caius représente le membre viril. Nous rendrons donc le vers par:

Il est venu le grand bâton de chair

(Pas)sant par laer, de peur de la rousee,

La suite va nous faire entendre que le membre est censé survoler des sexes de femme, ce qui n'est peut-être rien autre que la traditionnelle image du vit ailé. Pour de peur de la rousee, nous pourrions entendre qu'il y a là reprise d'une plaisante locution contenant l'idée saugrenue de la crainte de se mouiller les pieds. Mais ce qui nous est apparu dans la quatrième strophe, c'est-à-dire le reproche fait aux cons d'être trop vastes, nous conduit à penser plutôt que cette rosée est celle de la sécrétion due à l'appétence. Nous entendons donc que le membre reste à l'écart parce que, cette rosée indiquant assez que les réceptables féminins ont atteint leur plus grande dimension, il craint de ne pouvoir répondre dignement à leur attente. Nous allons d'ailleurs voir que la suite développe l'idée d'inondation. Et nous apparaît dès maintenant confirmé que la relation des faits passés à laquelle nous nous attendions a trait à une déficience ou à une dérobade, en tout cas à une abstention du membre viril. Nous rendrons le vers par:

Sans s'approcher, de crainte de glisser;

(A) sa venue on a reply les Timbres
(34-35: timbres)
Ces timbres, dit Guilbaud, sont les abreuvoirs. Greimas parle aussi d'une cloche sans battant, ainsi que d'un tambour ou d'un tambourin.

---

3. Cette savoureuse expression se trouve dans le Littré de la Grand'Côte, glossaire de la langue lyonnaise, par Nizier du Puitspelu (alias Barthélemy Clair Tisseur), éditions F.E.R.N., librairie Guénégaud, 1968. Jean Honoré, à Lyon, a donné en 1980 une nouvelle édition de cet ouvrage.

Bien que le sens de cloche sans battant, image de l'ampoule vaginale soupirant après son complément, soit séduisante, il paraît mieux fondé d'entendre que remplir les timbres est une locution dont le sens collectif équivaut à remplir (de vin) les abreuvoirs, c'est-à-dire se préparer à se réjouir. Elle est évidemment à prendre ici au sens érotique, le timbre-abreuvoir étant le sexe de la femme qui s'est rempli à la venue du membre. Nous rendrons le vers par:

A sa venue se sont remplis les vases

(De) beure fraiz, tobant par une housee
C'est de beurre frais que se sont remplis les sexes, leur transsudation ayant toujours porté les noms de beurre ou de crème, quand ce n'est pas celui de chrême. Quant à la locution: tombant par une housee, il nous faut probablement voir là l'image de l'averse violente et piquante que nous avons rencontrée au chapitre xxxij du Pantagruel, ici représentation de la mouillure subite accompagnée de la sensation acidulée du désir. Nous rendrons le vers par:

De lubrifiant, venant comme en averse;

(D)uql quad fut la grad mere arrousee
Étant donné que le vers suivant va nous parler de quelqu'un qui lance une interpellation, nous ne pouvons que substituer le pronom Auquel au pronom Duquel. Mais, cela dit, il reste à comprendre ce qu'est cette grand-mère qui n'est pas sans nous rappeler la mer Oceane de la plaidoirie de Baisecul (P. xj). La première idée qui nous vient est celle de la grande mère antique, en d'autres termes la source de vie, c'est-à-dire le sexe de la femme. Mais il nous semble qu'il s'agit plutôt ici d'une équivoque, le mot grand mere évoquant le mot grimouart dont la signification est moue dédaigneuse (Greimas), où nous retrouvons l'idée de grimace que contient par exemple le mot bobelin qui, ainsi que nous le savons depuis le Pantagruel, désigne la vulve. Arroser la grand-mère équivaudrait alors à mouiller le grimouart, ce qui revient à parler d'inondation de la vulve. Le vers est donc:

Auquel, quand fut la fendasse inondée,

Cria tout hault, hers p grace pesche le.
Si l'édition de 1542 donne le singulier pesche le, celles de 1534 et de 1535 donnent le pluriel peschez le, qui s'accorde et avec le pluriel du mot hers, et avec celui du huitième vers: tenez luy. Ainsi que cela nous est apparu dans l'analyse de l'ultime strophe, ce mot hers est pour nous le mot haires, c'est-à-dire vits, membres, le calembour du chapitre xij

du Pantagruel nous ayant renseignés. Donc, nous entendrons que Cria, est mis pour On cria, et ceux qui crient tout hault sont les timbres, autrement dit les cons. Ils incitent les hers-mâles et haires-membres à pescher, au sens de prendre ou chercher à prendre du poisson, ce qui revient, en l'occurrence, à effectuer le rapprochement sexuel. C'est bien là le sous-entendu, mais il est ici masqué par l'image qui va être précisée dans le vers suivant, celle de sauver quelqu'un près de se noyer en lui tendant une gaule. Donc, gardant cette idée de sauver de la noyade, mais le sens du huitième vers nous interdisant, comme on va le voir, de rendre le mot hers par vits ou gaules, nous donnerons ce vers pour:

On cria: mâles, de grâce, repêchez-le.

Car sa barbe est pres q toute embousee.

Embouser, c'est enduire (Greimas); étant donnée la mouillure vulvaire dont il vient d'être parlé, cette barbe ne peut évidemment désigner la toison pubienne mais bien la pilosité du tour de la vulve. Nous rendrons le vers par:

Car sa barbiche en est tout empesée;

Ou pour le mois, tenez luy une eschelle.
(34-35: moins)

Nous entendons que la prière s'infléchit: si les membres répugnent à entrer, que les mâles prennent au moins en pitié ce qui est embousé jusqu'à la barbe; qu'ils lui tiennent donc une échelle, c'est-à-dire qu'ils lui procurent un moyen de revenir au sec. L'image est claire quant à l'intention; elle le serait beaucoup moins quant à ce qu'elle évoque si le premier vers de la strophe suivante ne nous renseignait exactement sur ce qu'est cette manœuvre secourable: nous allons voir qu'il s'agit du cunnilinctus; et c'est là que se révèle la nécessité du calembour entre haires: membres et hers: hommes. Nous rendrons l'idée contenue dans ce tenez luy une eschelle par le vieux verbe langueter: caresser avec la langue (Greimas), et le vers sera:

Ou pour le moins daignez le langueter.

Cette première strophe est donc celle-ci:
Il est venu le grand bâton de chair,
Sans s'approcher, de crainte de glisser;
A sa venue se sont remplis les vases
De lubrifiant, venant comme en averse,
Auquel, quand fut la fendasse inondée,
On cria: mâles, de grâce, repêchez-le,
Car sa barbiche en est tout empesée;
Ou pour le moins daignez le langueter.

42

Si le sens est satisfaisant, il nous faut pourtant remarquer que notre compréhension ne résout pas le déroutant mélange de singulier et de pluriel, où le membre est donné pour solitaire et les timbres nombreux, alors qu'il apparaît ensuite qu'il n'est plus question que d'un seul de ces timbres quand il est parlé de sa barbiche; sans compter qu'à la réflexion, le Cria tout hault, que nous avons rendu par On cria, a tout l'air d'émaner d'un seul représentant de l'espèce. Et nous vient alors à l'esprit que cette incohérence dans le nombre, loin d'être une inadvertance, est chargée d'une intention précise: celle de convaincre la destinataire de la missive en vers de la sincérité de son auteur: s'adressant en fait à une femme déterminée, la pièce commence avec le collectif de civilité; puis, comme si la passion l'emportait sur cette précaution, la suite désigne le seul timbre en cause, celui de la femme en question, rapportant ce qui lui est arrivé personnellement. Et peut-être devrions-nous alors rendre les vers en tenant compte de cette intention et, transposant, donner cette forme à la strophe:

Il est venu ton grand bâton de chair,
Sans s'approcher, de crainte de glisser;
A sa venue tu as rempli ton vase
De lubrifiant, venant comme en averse,
Auquel, quand fut ta fendasse inondée,
Tu crias: mâle, de grâce, repêche-le,
Car sa barbiche en est tout empesée;
Ou pour le moins, daigne le langueter.

Nous attendrons pourtant d'être plus avancés dans le déchiffrement pour décider si nous pouvons légitimement prendre cette liberté. Et nous passerons à la strophe suivante, où le premier vers est, comme nous l'avons dit, à la fois l'explication et le développement du dernier de la strophe précédente:

Aulcuns disoiet q leicher sa pantoufle

Les glossateurs, qui ont vu dans la barbiche toute embousée celle du pape Jules II, ont évidemment beau jeu à confirmer cette compréhension avec le sens de mule du pape qu'ils donnent au mot pantoufle. Mais nous ne pouvons, nous, qu'attribuer à ce mot pantoufle la signification de sexe de la femme, pour l'avoir rencontrée à plusieurs reprises dans le Pantagruel; la pantoufle est exactement ici la vulve, et leicher sa pantoufle revient donc à évoquer le cunnilinctus. C'est ce que vient de demander, au vers précédent, le con embousé jusqu'à la barbiche: qu'à défaut du membre venant le repêcher, lui soit appliquée cette assistance qu'est l'assèchement par les lèvres et la langue. Le vers est donc:

D'aucuns disaient que lécher sa corolle

Estoit meilleur q guaigner les pardos:

La prétention de ces quelques-uns est même que le cunnilinctus est plus savoureux que gagner les pardons. Bien sûr, les commentateurs ne peuvent que voir là le prolongement de l'allusion au pape, ces pardons étant, disent-ils, les indulgences. Mais, suivant l'idée qui nous est apparue, nous voyons, nous, dans guaigner les pardons, une locution faisant intervenir l'image du tronc dans l'orifice duquel on introduit les offrandes. Leicher la pantoufle est donc dit par certains meilleur que de procéder à la conjonction sexuelle, et le vers équivaut à:

Était meilleur que faire l'introduction;

Mais il suruint un affecte marroufle,
(34-35: Marroufle)

Avec ce marroufle entre en scène un nouveau personnage, donné pour affecté. Et vraiment à tout hasard, aveuglé par l'esprit de gravité, Screech pose ici la question: Serait-ce une allusion à Luther? Mais nous avons, nous, l'intuition que ce nouveau venu ne saurait être théologien que par le lyripipion, qui est, comme nous l'a appris le cent neuvième titre de la Librairie (P. vij), à la fois le chaperon des docteurs en théologie et le capuchon du clitoris. Pour marroufle, Dauzat dit: 1534, Rabelais: fripon. Quant au qualificatif: affecté, il est apparent qu'il faut lui voir le sens originel de recherché, aimé (Dauzat). Nous entendons alors qu'il y a dans cette dénomination une nuance de tendresse amusée, et nous prendrons affecté marroufle pour l'équivalent de turbulent bien-aimé ou plutôt pour fieffé garnement, le mot garnement étant étymologiquement ce qui garnit. Le vers sera donc:

Mais apparut un fieffé garnement,

Sorti du creux ou lo pesche aux gardos

Ce garnement est dit sortir d'un creux: c'est donc qu'il s'y dissimulait; et il ne nous en faut pas davantage pour être assurés qu'il s'agit bien ici du gland clitoridien qui, sollicité, vient de se manifester. La locution ou lon pesche aux gardons, est d'ailleurs transparente si l'on sait, d'une part que le mot gardon est synonyme de sexe de la femme (ainsi qu'on le lit par exemple dans Le Moyen de Parvenir, de Beroalde de Verville, XLIII), et si d'autre part on se rapporte à la citation de Froissart que fait Littré: Philippe d'Artevelle n'estoit mie bien subtil à faire la guerre ni sièges; car, de sa jeunesse, il n'y avoit esté point nourri, mais de pescher à la verge aux poissons. Pescher aux gardons est donc l'équivalent de pêcher à la verge dans le trou du sexe féminin, et le vers est alors:

Issu du creux où l'on pêche à la gaule,

Qui dict, messiers por dieu nos egardos
(34-35: en gardos)
Ce garnement qui, s'il est étymologiquement ce qui garnit, est encore
ce qui protège, déconseille ici aux mâles de se ranger à l'avis des d'aulcuns du deuxième vers; et le nous qu'il emploie, l'associant aux messieurs, apparaît comme une habileté destinée à leur faire partager le
sentiment de loyauté qu'il s'astreint à garder pour le logement qui
l'abrite. Nous rendrons le vers par:
Qui dit: messieurs. pour Dieu, prenons-y garde;

Languille y est, & en cest estau musse.
L'anguille est évidemment amenée par l'image du creux où l'on
pêche, mais il est sûr que le sens halieutique n'a rien à faire ici, d'autant qu'il est vraisemblable que ce mot anguille fait équivoque avec le
mot guille. La forme Languille y est pourrait nous induire en erreur si
ce que nous avons déjà entendu ne nous interdisait de comprendre
qu'il est dit que l'anguille, ou la guille, est en place. Nous devons assurément prendre l'affirmation y est, pour la forme elliptique de y est de
rigueur, saisissant que la protestation du gland est en fait l'anguille (ou
la guille) est ce qu'on y doit mettre.
Pour estau, Dauzat dit: Etau, début du XVIe siècle, pluriel figé de
estoc, sous la forme populaire étoc (étocs prononcé etô), confondu plus
tard avec le pluriel de étal. Il s'agit donc bien du mot estal dont Greimas dit: Position, lieu où l'on est, lieu de séjour, demeure[4]. Quant au
verbe musser, c'est mucier: se cacher, s'abriter (Greimas). Nous rendrons le vers par:
Car c'est la guille qui s'enfouit en ce lieu.

La trouuerez (si de pres regardons)
Une grad tare, au fod de son aumusse.
Il est apparent qu'il nous faut voir dans le mot La, non pas le pronom personnel représentant la guille, mais bien l'adverbe de lieu. Donc
le gland du clitoris s'adresse aux messieurs et les engage, toujours avec
le nombre qui l'associe à eux, à regarder de près, preuve, s'il en fallait
une, que quelqu'un est bien en position de cunnilinctus, puisqu'il n'a

---

4. A noter que l'expression du langage érotique: mettre la tête à l'étau, pour évoquer le
cunnilinctus, semble bien provenir de ce mot étal: logement, dont le sens originel n'étant
plus perçu a été remplacé par le mot étau, la représentation de substitution étant alors
renforcée par l'image des deux cuisses données pour les deux mors de la presse.

manifestement ici qu'un regard à glisser pour s'assurer de ce qu'avance le gland: qu'il y a une grand tare au fond de l'aumusse.

Pour aumusse, Guilbaud dit: Chaperon fourré porté par les chanoines et même le pape. Pour tare, le commentaire, qui n'a jamais vu dans tout cela qu'allusion aux grands de l'Église, dit: Jeu de mots: tare et tiare. Nous prendrons naturellement, nous, le mot tare au sens de faute, défaut, manque. Quant à l'aumusse, c'est le bonnet de peau d'agneau avec le poil (Littré), et il est évident qu'il faut voir dans cette coiffe pelue à l'extérieur l'image du sexe de la femme. Nous rendrons les deux vers par:

Là trouverez, si de près regardons,
Un large vide au fond de son manchon.

La deuxième strophe est donc celle-ci, après toutefois que nous avons transformé le pluriel de généralisation: messieurs, en ce singulier qui nous a paru légitime à la première strophe, puisque, selon toute évidence, le poème relate ce qui est arrivé à un couple déterminé:

D'aucuns disaient que lécher sa corolle
Était meilleur que faire l'introduction;
Mais apparut un fieffé garnement,
Issu du creux où l'on pêche à la gaule,
Qui dit: monsieur, pour Dieu, prenons-y garde,
Car c'est la guille qui s'enfouit en ce lieu:
Là trouverez, si de près regardons,
Un large vide au fond de son manchon.

Parvenus à ce point, sans doute atteint en sollicitant le texte à partir du sens général qui nous est apparu, mais en nous gardant, croyons-nous, de le forcer, nous ne pouvons que juger confirmées nos vues initiales: non seulement le sujet de la pièce est le rapprochement sexuel, mais il apparaît qu'il est bien question des aléas qui peuvent survenir lors de ce rapprochement. La gageure de Rabelais est donc de taille, et d'autant plus grand le soin qu'il a mis à dissimuler. Dans ces conditions, si nous remuons entièrement chaque vers (sens étymologique de solliciter), il ne semble pas que nous dépassions les limites permises. Et c'est même pour n'être pas allés jusque-là que les commentateurs ont toujours dû s'arrêter au paravent mis en place pour masquer l'intelligence immédiate du texte: le travestissement en satire politico-religieuse. Nous pouvons donc penser être dans la bonne voie, et aborder la troisième strophe.

Quad fut au poinct de lire le chapitre,
Par ce que nous a fait entendre la strophe précédente, nous comprenons que lire le chapitre est l'équivalent d'en venir au fait. Et en venir

au fait est, bien sûr, suivant le conseil du gland clitoridien, se disposer à combler le grand vide de l'aumusse. Nous rendrons le vers par:

Quant fut au point de faire la conjonction,

On ny trouua q les cornes dun veau.

La locution est claire: les veaux n'ayant pas de cornes, elle s'entend comme on n'y trouva pas grand-chose; mais le contexte érotique nous impose d'étendre la compréhension au sens sexuel: le veau étant l'animal dans sa première année, il est par définition incapable de faire acte de reproducteur; il nous faut donc rendre l'expression avec ce qu'elle sous-entend, d'autant qu'il semble que c'est là que réside le point fondamental de l'affaire:

Ne se trouva qu'un vit inconsistant.

Ie (disoit il) sens le fond de ma mitre
Si froid, q autour me morfod le cerueau

A n'en pas douter, c'est le possesseur de ce vit qui, surpris dans son impuissance, cherche à se justifier. Le fond si froid de la mitre est repris des vers de Saint-Gelais (ou se rencontre avec eux), mais là où cette mitre ne faisait que donner la toux, Rabelais lui fait morfondre le cerveau. Comme il est exclu que nous voyions dans cette mitre la représentation du sexe de la femme puisqu'il a été établi que son fond, loin d'être froid, est en fort bonnes dispositions, il nous faut entendre que le fond de la mitre a ici un sens dévié, et que le cerveau dont parle l'auteur est mis pour la tête, ce qui en l'occurrence signifie le gland. Le fond de la mitre représente donc quelque chose qui est situé à proximité de ce gland, et il semble assez plausible que la formule soit tout simplement un euphémisme ayant valeur de fond de ma couille. Nous rendrons les deux vers par:

Je, disait-il, sens le fond de ma couille
Si froid qu'autour le gland en est transi.

On leschaufa dun parfunct de naueau

Bien que le mot parfunct, s'il n'est pas seulement une fantaisie typographique, semble à première vue faire équivoque avec quelque chose comme pare-fond, il paraît impossible de voir là autre chose que le mot parfum, c'est-à-dire effluve, senteur. D'autre part, c'est dans la défense de Humevesne (P. xij) que nous avons rencontré des naueaux, et que nous avons été amenés à entendre que ces naveaux faisaient, eux, équivoque avec des termes comme nave, navel, navele, qui, se rapportant au navire, représentaient le vaisseau féminin. Ce sens de vaisseau féminin est ici tout à fait en situation, et nous retiendrons donc pour ce naueau la même signification. Reste pourtant à entendre que le parfunct de naueau ne peut être exactement rendu par parfum de conasse, puisque, étant donné que nous avons établi qu'il y a eu cunnilinctus, cette senteur, si elle avait dû avoir un effet tonifiant, aurait déjà produit ce résultat, et le vit n'aurait plus ici à être échauffé. Il nous faut donc, semble-t-il, prendre le mot parfunct au sens étymologique d'exhalaison de vapeur, et le parfunct de naueau est alors ici la fumée du con dont parlait Panurge au chapitre xxvij du Pantagruel; nous rendrons donc le vers par:

On l'échauffa à la fumée du con.

Et fut content de soy tenir es atres,
Pour âtre, le Petit Robert dit: Partie de la cheminée où l'on fait le feu, et, par extension, la cheminée elle-même. Or nous savons pertinemment, pour l'avoir vu dans cette même défense de Humevesne, que le mot cheminée a le sens érotique de conduit vaginal ou rectal; mais il ne peut ici qu'être question du seul conduit vaginal. Pourtant, Greimas et les citations que donne Littré nous montrent que le mot âtre a constamment été confondu avec le mot aître, dont le sens est: parvis de l'église, d'un palais, etc. (Greimas). La préposition es signifiant proprement dans les, nous entendrons donc que ce vers dit que le membre fut content, c'est-à-dire se contenta de se tenir au bord. Mais les deux vers suivants, qui commencent par le mot Pourueu, nous laissent entendre qu'il y a là l'expression d'une hypothèse réalisable seulement si est remplie la condition qui va être exposée. Nous allons donc comprendre que le vers sous-entend que le membre, même échauffé de la façon qui vient d'être décrite, n'a pu se tenir sur le bord, et nous rendrons le fut content par le conditionnel passé, et le vers sera:

Et il eût pu se tenir aux abords,

Pourueu quo feist un limonier noueau
Pourueu introduit donc la condition qui aurait dû être remplie pour que le membre fût capable de se tenir aux abords: qu'on fît un limonnier noueau. Le limon, dit le Petit Robert, est chacun des deux brancards entre lesquels on attelle un cheval; Greimas dit: Limon: brancard; fond, côté (d'un lit, d'un cercueil, etc.). Pour limonnier, Greimas dit: Cheval attaché au limon; et le Petit Robert: Cheval de trait destiné à l'attelage. Il semble ainsi que le substantif limonnier, qui peut être adjectif comme nous l'avons lu au Prologue (cerfz limoniers), soit ici cette limonière que Littré définit: Espèce de brancard formé des deux

limons d'une voiture. Le limonier du texte a donc tout l'air d'évoquer les attelles qui sont les lames servant à maintenir les fragments des os fracturés; autrement dit, ce limonier est une éclisse, et limonier noueau est l'équivalent de éclisse bien nouvelle, la nouveauté venant de ce que cet appareillage serait destiné à être placé sur un membre viril défaillant. Nous retiendrons donc cette idée d'attelle à appliquer de façon originale, et nous rendrons le vers par:

Pourvu qu'on mît éclisse bien nouvelle

A tant de gens qui sont acariatres.
(34-35: gents)

Le sens d'acariâtre est déjà, au XVIᵉ siècle: qui a mauvais caractère (Dauzat). Mais, puisqu'il s'agit ici du membre viril, qui l'est si peu, nous n'avons aucune peine à entendre que le mot caractère est à prendre au sens médical qui exprime l'état plus ou moins grave d'une maladie (Littré), et qu'il est question, en l'occurrence, de la santé des membres virils, c'est-à-dire de leur tonicité. Ces gens sont donc des membres, et ils sont acariâtres, autrement dit, ils sont en mauvaise santé et n'ont point de vigueur. Nous comprendrons que le vers équivaut à:

A tant de vits affligés d'asthénie.

Nous relisons maintenant cette troisième strophe en y ajoutant, sans commentaire supplémentaire, la quatrième, analysée au départ, et dont rien n'est à changer de la compréhension que nous en avons eue pour qu'elle s'inscrive exactement dans le développement. Nous entendrons pourtant avec plus de précision ce que nous ne faisions alors que soupçonner: à savoir que cette quatrième strophe apparaît bien comme l'exposé du point de vue masculin rejetant sur l'élément féminin l'entière responsabilité de la défaillance. Et il apparaît même que le propos en question est en fait celui du seul auteur soucieux de masquer par un discours volontairement outré sa propre humiliation aussi bien que la déconvenue de sa partenaire:

Quand fut au point de faire la conjonction,
Ne se trouva qu'un vit inconsistant.
Je, disait-il, sens le fond de ma couille
Si froid qu'autour le gland en est transi.
On l'échauffa à la fumée du con,
Et il eût pu se tenir aux abords
Pourvu qu'on mît éclisse bien nouvelle
A tant de vits affligés d'asthénie.

49

Leur propos fut du trou de la décharge,
Des deux colonnes, et de mille autres gouffres;
Si l'on pourrait les resserrer à fente,
Par tel moyen qu'ils n'eussent plus la toux,
Vu qu'il semblait à tous inconvenant
Les voir ainsi à tous les vents bayer.
Si l'on pouvait les clore à la mesure,
On pourrait lors dûment les habiter.

Il est prudent, arrivés à ce point, de récapituler. La première strophe nous a montré la venue du vit qui se borne à passer au large du con, effrayé par l'abondante lubrification qui témoigne d'un appétit qu'il craint de ne pouvoir satisfaire. Ce con, proprement inondé, implore alors qu'on le sauve de la noyade soit par la conjonction, soit par le cunnilinctus.

La deuxième strophe a confié que l'avis de certains est que ce cunnilinctus est plus savoureux que la conjonction. Mais le gland clitoridien, dont nous avons compris qu'on est en train de s'occuper, s'est manifesté et, fort altruiste, s'est élevé contre cette opinion, affirmant que c'est le vit qu'on met en ce lieu, invitant à examiner pour constater qu'on trouve effectivement un large vide à combler au fond du logement.

La troisième strophe a révélé qu'au moment d'effectuer la conjonction, le vit s'est trouvé défaillant et qu'il a confessé se sentir glacé du fond des testicules au gland. On a bien tenté de le réchauffer aux ardentes vapeurs du con, mais il est dit qu'il n'aurait pu, malgré cela, que se tenir à l'entrée, et encore seulement s'il était coutume de placer des attelles aux vits qui sont flasques.

La quatrième strophe nous a fait part du propos évoquant l'ampleur des cons, et se demandant si l'on pourrait les resserrer de façon qu'ils ne soient plus affectés d'une fâcheuse toux, attendu que chacun trouve inconvenant de les voir, ainsi béants, exposés à tous les vents. Et il est déclaré que c'est seulement au cas où ils seraient ramenés à de plus raisonnables dimensions qu'on pourrait alors les habiter.

La situation est celle-là quand, dans la cinquième strophe, va se faire entendre une voix qui émane, allons-nous comprendre, de la région fessière, et qui s'appuie sur le fiasco qui s'est produit pour présenter ses doléances et ses revendications:

En cest arrest le courbeau fut pelé
Par Hercules: qui venoit de Libye,
(34-35: corbeau)

D'emblée, nous pouvons penser que le mot corbeau n'est nullement le corvidé mais un substantif issu du verbe corber dont Greimas dit: jouir d'une femme. Il apparaît ainsi que le mot corbeau est encore un des termes désignant le membre viril. Ce corbeau est pelé par Hercules, et l'apparence, là encore, est trompeuse: le membre n'est en fait ni écorché, ni dépouillé par Hercule, mais appelé, interpellé par lui (Greimas) après la sorte d'arrêt qui a clos le propos. De ce nom d'Hercules, nous entendons immédiatement que nous ne devons retenir que la syllabe cul, qui représente ici vraisemblablement la gouttière qui sépare les deux fesses, ou marge de l'anus, la précision: qui vient de Libye ayant visiblement à charge de nous fixer sur la couleur brune de l'endroit. Nous rendrons la désignation de ce lieu par le nom de clous bruneau que frère Jean emploie au Quart Livre (LII), et nous aurons:

A cet arrêt, le panais fut hélé
Par le clos bruneau, à la peau hâlée:

Quoy? dist Minos, q ny suis ie appelle
Minos étant un des juges des Enfers, Michel dit: Cette mythologie de fantaisie a sans doute été appelée par l'idée de Purgatoire évoquée par le trou de saint Patrice. Mais, outre que nous avons pu voir que cette idée de Purgatoire s'est infléchie érotiquement, c'est oublier que ce Minos est aussi mythologiquement tenu pour avoir inventé la sodomie. Quoi qu'il en soit, la clé que nous détenons nous fait distinguer dans ce nom l'idée contenue dans minor: moindre, secondaire, plus petit. Minos est donc le plus petit, le secondaire, celui qui est habituellement délaissé au profit de son voisin, car nous entendons que c'est ici l'anus qui se plaint d'être négligé. Nous rendrons le vers par:

Quoi, dit l'anus, que n'y suis-je employé?

Excepté moy tout le monde on conuie.
Bien que nous puissions discerner ici un calembour sur con et vit, il semble qu'il ne fait que se superposer à l'idée principale: après s'être offusqué de n'être jamais partie prenante, alors que l'orifice vulvo-vaginal a clamé son désir et que le clitoris, auquel on s'est intéressé de près, a pu donner son conseil en faveur de son logement, l'anus déplore qu'on ne fasse de lui aucun cas. Nous rendrons le vers par:

Excepté moi, tous sont considérés.

Et puis lon veult que passe mon enuie,
La mention de cette envie nous fait entendre que, habité lui aussi par le désir, l'anus s'insurge maintenant contre le fait qu'on le croie comblé par le rôle qui lui est assigné. Le vers est à rendre par:

Et puis l'on croit que passe mon désir

51

A les fournir dhuytres & de grenoilles

Le pronom les ne peut que représenter, dans le discours de l'anus, ses voisins du devant; et nous venons de l'entendre dire que ce qu'il fait est loin de le satisfaire. Nous devons donc comprendre que l'anus fait ici allusion au rôle de pourvoyeur que joue le fessier servant d'appât pour attirer les hommages dont profitent exclusivement le vagin et le clitoris. Pour les grenoilles, nous avons vu au Pantagruel, dans la défense de Humevesne (xij), la locution: depiscando grenoillibus, qui décrit le cunnilinctus, plaisir du clitoris; quant à l'image de l'huître, mollusque bivalve dont l'odeur est traditionnellement rapprochée de celle d'un con de bonne venue, elle est suffisamment suggestive pour qu'on voie là l'évocation du coït. Nous rendrons le vers par:

A les fournir de membres et de langues:

Ie done au diable en quas q de ma vie
Preigne a mercy leur vete de qnoilles.
(34-35: cas; vente)

L'anus conclut en s'engageant à s'avouer au diable s'il continue désormais, par l'intermédiaire du fessier, d'approvisionner le marché de quenouilles dont se repaissent égoïstement ses voisins. La quenouille est en latin: conucula, et il est évident que ce mot qui, nous disent les étymologistes, est du bas latin, a toujours dû être du latin du bas, comme il est sûr que la représentation de la quenouille a constamment véhiculé un contenu érotique appuyé sur la forme phallique de l'objet, instrument qui, de plus, ne prend vie que dans les mains féminines. Il nous faut donc voir dans la locution: vente de quenouilles, l'idée de provende, c'est-à-dire de provisions pour la bouche vaginale. Quant à prendre a mercy, c'est le sens de prendre soin, donc ici subvenir aux besoins. Ainsi l'anus dit que le fessier s'abstiendra dorénavant d'amener l'eau au moulin du con. Nous rendrons les deux vers par:

J'avoue le diable si jamais, de ma vie,
Je me dévoue à leurs connasseries.

Cette cinquième strophe est donc celle-ci:

A cet arrêt le panais fut hélé
Par le clos bruneau à la peau hâlée:
Quoi, dit l'anus, que n'y suis-je employé?
Excepté moi, tous sont considérés;
Et puis l'on croit que passe mon désir
A les fournir de membres et de langues:
J'avoue le diable si jamais, de ma vie,
Je me dévoue à leurs connasseries.

52

Il apparaît clairement que nous sommes ainsi devant une version de l'antique querelle du cul au con. Et, en bonne tradition, nous devons donc nous attendre à voir maintenant l'anus péter sur le con. C'est effectivement ce qui va se produire dans la sixième strophe:

Pour les matter suruit.Q.B.q clope
Au sauconduit des mistes Sasonnetz.
(34-35: saufcoduit)

Nous entendons que le pronom les de les matter représente toujours les voisins du devant dont vient de parler l'anus. Et celui qui est dit vouloir matter ses concurrents, c'est-à-dire abattre leur superbe, est ce .Q.B. qui survient. Nous serions bien naïfs de voir dans ces initiales la représentation d'un personnage; nous devons plutôt comprendre que la simple épellation des deux lettres donne un sens: celui de cul bai[5], et ce cul bai est manifestement la forme vengeresse qu'a prise l'anus, celle du sphincter dont parle le Quart Livre quand il évoque la vertus retentrice du nerf qui restrainct le muscle nommé sphincter (c'est le trou du cul) (LXVII). Ici, ce sphincter se relâche volontairement, alors que son rôle est de cloper, verbe où la glose unanime voit le sens de boiter, compréhension qui va se révéler erronée après que nous aurons compris ce que contient le deuxième vers.

Le sauf-conduit est le laissez-passer. Pour mistes, Screech dit: A sans doute le sens de prêtre, moine, initié aux mystères. Et il apparaît qu'il a raison, la majuscule mise au mot Sansonnetz marquant bien qu'il est question de donner ces mistes pour les membres d'un ordre, celui des Sansonnetz. Il y a visiblement dans ce mot Sansonnetz le calembour habituel sur sonnet entendu comme petit son, et ici petit son qui sort du fondement, c'est-à-dire pet. Mais le mot est Sansonnetz, et nous entendons qu'il est question, non pas de sonores petits pets, mais de silencieuses vesses. Or le sphincter, nous a-t-on dit, a pour mission de cloper, et c'est là que nous comprenons que cloper a le sens de garder, veiller à, Dauzat disant du mot cloporte: De cloper, boiter, ou bien de clore, fermer, et de porte. Bloch et Wartburg disent de même: Composé de l'ancien impératif de clore, clo, et de porte; dit ainsi parce que ce crustacé se replie sur lui-même au moindre contact, par comparaison avec un homme qui, en présence d'un danger, ferme sa porte. Quoi qu'on puisse penser de cette explication par le crustacé, alors qu'il n'a pas d'autre réaction que celle de l'escargot ou de l'actinie, nous com-

---

5. Nous ne pouvons employer ici la forme bée, qui n'est attesté qu'au féminin. Mais Greimas donne baif, bai pour adjectif du verbe baer, baier, beer: ouvrir, être ouvert, sens qui se doublent de ceux de: attendre, aspirer ardemment.

prenons pourquoi l'argot nomme cloporte un concierge et du même coup nous comprenons que le verbe cloper s'applique à l'action du portier qui veille à l'issue. Ce cul bai est donc bien le sphincter anal qui agit sur la porte ou guischet du serrail on quel est à temps la matiere fecale retenue (Q.L. LXVII), et qui est donc ici censé examiner les laissez-passer des membres de l'ordre des vesses, qui sortent en fraude puisqu'elles le font sans se signaler par le son. Nous rendrons les deux vers par:

Pour les vexer survint Cul Bai qui veille
Au sauf-conduit de l'ordre des Vessants.

Le tamiseur, cousin du grad Cyclope,
Les massacra. Chascun mousche son nez

Le tamiseur est apparemment un autre nom de ce sphincter qui a pour mission ordinaire de passer au sas les pets et les vesses, à moins que l'anatomiste qu'est Rabelais n'ait voulu ici faire allusion à la différence entre sphincter externe et sphincter interne. Toujours est-il que ce tamiseur est dit cousin du grand Cyclope, et il nous faut encore voir dans ce grand Cyclope l'anus, traditionnellement dénommé le Borgne. Il est non moins sûr que ce ne sont pas ici les mistes, donc les vesses, qui sont massacrées, c'est-à-dire, au sens étymologique, abattues, mais bien toujours les concurrents du devant. Et dans ces conditions, Chascun mousche son nez s'entend comme la représentation du geste de moucher de deux doigts une chandelle, geste appliqué ici au nez à cause de la puanteur. Les deux vers sont donc:

Le guichetier, cousin de l'œil-de-bronze,
Les empesta. Chacun bouche son nez.

En ce gueret peu de bougrins sont nez,
Quon nait berné sus le moulin a tan.

Nous pourrions entendre que ces deux vers sont dits encore par l'anus, ainsi d'ailleurs que les deux suivants. Mais ces quatre vers ont pourtant une apparence de commentaire dit par un tiers, et nous pouvons comprendre qu'ici la parole est reprise par celui qui rapporte les faits. Donc ces deux vers exposent plaisamment une naïveté ayant trait au rapport anal: le gueret est la terre labourée non ensemencée, image on ne peut plus précise de la stérilité de ce genre de rapprochement; les bougrins sont, bien sûr, les petits sodomites, et la phrase est une litote facétieuse disant qu'en ce champ-là peu de ces petits pédés ont été conçus.

Pour le moulin à tan, Demerson dit que l'écorce de chêne broyée dans un moulin donne le tan qui sert au tannage du cuir. Ce tan étant de couleur brune, il nous faut évidemment voir dans ce moulin à tan l'image de l'ampoule rectale transformée en lieu de foulage. Et il nous faut alors prendre le verbe berner à la fois pour vanner, pilonner, et pour dérivé de brener (Dauzat), c'est-à-dire exactement emmerder. Qu'on n'ait berné sur le moulin à tan est donc l'équivalent euphémique de qu'on n'ait pilonné la matière fécale. Nous rendrons les deux vers par:

En ce champ-là peu de pédés sont nés
Sans qu'on ait baratté la terre jaune.

Courrez y tous: & a larme sennez.
(34: son nez) (35: sonnez,)

La première partie de l'exhortation est limpide, engageant tout le monde à se précipiter en ce lieu postérieur. Il en va autrement avec la locution: & a larme sonnez[6], où il faut remonter au sens initial pour arriver à entendre: et faites le bruit de l'arme, c'est-à-dire ici: saisissez-vous de votre arme et servez-vous-en. Peut-être même faut-il entendre que le verbe sonnez joue sur la compréhension: faites dans le sonore. Quoi qu'il en soit, nous rendrons le vers par:

Courez-y tous et prenez du petit;

Plus y aurez, que ny eustes antan.

Le vers est moins clair qu'il y paraît, pouvant s'entendre comme Vous y aurez plus de monde que par le passé, ou comme Vous aurez ainsi plus de satisfaction que vous n'en eûtes antérieurement, cet adverbe antérieurement prenant le sens de par-devant ou par le devant. Là encore nous devons choisir, et nous optons pour un sens composite:

Plus de plaisir aurez que par ailleurs.

La sixième strophe est donc celle-ci:

Pour les vexer survint Cul Bai qui veille
Au sauf-conduit de l'ordre des Vessants.
Le guichetier, cousin de l'œil-de-bronze,
Les empesta. Chacun bouche son nez.
En ce champ-là peu de pédés sont nés
Sans qu'on ait baratté la terre jaune.
Courez-y tous et prenez du petit,
Plus de plaisir aurez que par ailleurs.

---

6. Il semble indiscutable que le verbe sennez, de 1542, est une coquille. A noter en passant qu'il existe, en argot des prisons surtout, le substantif sonnette pour désigner le sodomite passif.

Jusqu'à cette sixième strophe, nous avons pu obtenir un sens suivi relativement facile à extraire. Mais il va maintenant apparaître que, le vit étant appelé à prendre une décision, nous allons devoir choisir entre les diverses compréhensions qui s'offrent. La septième strophe est en effet un carrefour, et les trois strophes qui la suivent n'auront, en particulier, figure d'argumentation cohérente qu'autant que nous aurons pris la bonne voie. Aussi est-ce après avoir longuement erré puis nous être fourvoyés à plusieurs reprises en élaborant des raisonnements qui ont tous fini en impasse, que nous choisissons finalement l'interprétation suivante, en nous guidant de loin en loin sur quelques vers de la suite dont le sens nous paraît concorder avec l'option que nous avons prise:

Bien peu apres, loyseau de Iupiter
Delibera pariser pour le pire.

Pour cet oiseau de Jupiter le commentaire dit: L'aigle; on peut discerner ici une allusion caricaturale à l'aigle héraldique de l'Empire de Charles Quint (Demerson). Mais, plutôt que cette pédagogique interprétation, nous avons toutes raisons de voir derrière cette métaphore la représentation du phénix qui renaît de ses cendres; et ce phénix est évidemment l'image du vit ressuscité, d'autant que le seul mot oiseau est largement attesté au XVI⁰ siècle comme synonyme de pénis. Donc ce phénix est le membre sorti de son atonie, le discours de l'anus lui ayant, semble-t-il, redonné quelque vigueur.

Pour pariser, la glose donne le sens de parier; le vers équivaudrait à parier pour le pire, ce qui est une absurdité. Nous verrons plutôt à ce pariser le sens de pairier: mettre de pair, aller de pair, se comparer, s'associer, s'accoupler. Quoi qu'il en soit, nous entendons que la décision n'a pas été prise en faveur de l'anus, dont le discours n'a fait que piquer l'honneur du vit, ce vit s'étant alors déterminé pour le pire et ce pire ne pouvant qu'être le vagin si l'on tient compte de tout ce qui a été retenu contre lui. Nous rendrons les deux vers par:

Presque aussitôt le vit ressuscité
Se résolut à plonger dans le gouffre.

Mais les voyant tant fort se despiter:
Craignit quo mist ras, ius, bas, mat, lepire

Nous comprenons que le pronom les représente une fois de plus les associés du devant, c'est-à-dire le clitoris et le vagin. Quant au verbe se despiter, nous pourrions l'entendre comme concevoir du dépit, le dépit étant le chagrin mêlé d'un peu de colère, ce qui ne peut être la réaction de qui a été préféré. Mais Littré dit qu'au commencement du XVII⁰ siècle on donnait à dépiter le sens de braver, outrager, accuser; sans nous arrêter à cette date d'apparition, d'ailleurs fort vague, nous retiendrons le sens de braver qui s'inscrit exactement dans l'argument.

Pour le deuxième vers, ras c'est rasé; jus c'est à bas, à terre; bas c'est abattu; mat c'est écrasé, vaincu; et nous pouvons alors voir dans epire le mot espire que donne Greimas: souffle, principe de vie, esprit, ce principe de vie offrant la possibilité du calembour traditionnel avec principe de vit. Cet espire représente donc ce souffle de vie qui anime le membre ressuscité, et nous entendons que l'attitude de défi des associés du devant fait redouter que ne soit réduite à néant cette érection encore mal assurée. Nous rendrons les deux vers par:

Mais les voyant si fort le défier,
Craignit qu'on vînt à bout de sa verdeur.

Ce sont les quatre vers suivants qui constituent le carrefour, et c'est de la direction que nous allons prendre ici que dépend l'intelligence du reste du texte. Il semble toutefois évident que ces quatre vers forment une période: celle de l'exposé d'une alternative où les deux premiers sont le terme du parti qui a été retenu, les deux derniers celui du parti qui a été repoussé. Reste seulement à bien comprendre de quoi sont faits ces deux partis.

Et mieulx ayma le feu du ciel epire.

La locution: Et mieulx ayma est limpide et indique nettement que la résolution finale est revenue sur la première option qui est celle de plonger en vagin. Pour le mot epire, qu'elle a toujours lu empire, ainsi qu'au vers précédent, la glose dit: L'Empyrée, sphère céleste habitée par les dieux (Demerson). Mais nous ne voyons pas du tout la nécessité de cet Empyrée qui est avancé là au petit bonheur, sans que rien le supporte si ce n'est l'idée erronée de départ. Aussi pensons-nous que ce mot empire est plutôt le subjonctif du verbe empirier dont les divers sens sont, selon Greimas, faire aller plus mal, être plus malade; gâter, détériorer, qui ne semblent pas devoir être retenus, et celui de blâmer, qui paraît être le bon, le feu du ciel ayant tout l'air d'être l'évocation d'une punition céleste. Toutefois, nous nous garderons de donner dès maintenant à ce vers un équivalent avant d'avoir traité le suivant.

Au tronc rauir on lon vend les soretz:

Pour la glose, les soretz sont tout bonnement les harengs saurs. Mais il est sûr qu'il nous faut voir ici, étant donné l'esprit du texte établi par les six strophes précédentes, la forme substantivée de l'adjectif soret: roux, châtain, qui rejoint l'idée de couleur brune contenue dans le moulin à tan de la strophe antérieure. La locution a donc tout l'air

57

d'être une allusion à l'endroit où se teinte de roux le membre, c'est-à-dire l'ampoule rectale, compréhension qui détermine le mot tronc, où nous pouvons voir soit le sens de fente, trou, qu'a suggéré le deuxième vers de la deuxième strophe (guaigner les pardons); soit le mot tronçon, qui désignerait alors le membre. C'est le verbe ravir qui va faire la décision puisqu'il décrit avec précision l'action qu'a entraînée le choix final, action dont la nature nous reste encore inconnue.

Et pour ce verbe ravir, nous avons à choisir entre les sens que donne Greimas: Enlever de force, courir impétueusement, être emporté avec rapidité, ravir l'esprit, exalter, encore qu'à ces acceptions s'ajoute celle que donnent Bloch et Wartburg: Pleuvoir violemment, notant que le mot ravage se disait au XVIᵉ siècle de chutes violentes de pluie ou de neige. Mais comme rien ne nous permet encore de décider, nous allons attendre d'avoir analysé les deux vers suivants, qui décrivent ce qui a été repoussé, pour avoir quelque chance de bien nous orienter.

Que aer serain, contre q lon conspire,
(34-35: laer)
Le vers commence par le relatif Que, qui a valeur de Plutôt que, introduisant donc le deuxième parti de l'alternative, celui qui n'a pas été retenu. L'air serein semble n'avoir rien à voir avec l'air par lequel passait le grand dompteur des Cimbres, au deuxième vers de la première strophe. Il est serein, semble-t-il, non parce qu'il est sans nuages, calme ou du soir (Greimas), mais plutôt parce qu'il caractérise la voie habituelle, celle qui est propre, sans tache, par opposition à celle qui vient d'être évoquée par le lieu où l'on vend les soretz, la porte étroite où l'on se salit. C'est donc apparemment de la voie génitale qu'il est question, interprétation confirmée par la précision contre qui l'on conspire, puisque c'est de cette voie que l'on a médit abondamment tout au long des six premières strophes.

Assubiectir es dictz des Massoretz.
Les massorètes sont, nous le savons, les interprètes hébreux de la Bible (Demerson), mais nous entendons bien que ces massorètes ne sont là que pour suggérer une idée de tradition (massore: tradition); et ici la tradition concernerait alors la façon habituelle, biblique (sauf exception coupable) de forniquer, celle de Sodome ou celle de Gomorrhe, scandaleuses, étant punies comme on sait dans cette même Bible. Quant à la locution Assubiectir es dictz, elle paraît contenir un calembour, le premier sens de se conformer aux édits de se doublant du

sens érotique donné à assubiectir: fixer, river une pièce dans la cavité faite pour cette pièce, ce qui revient à entendre le vers comme emmortaiser de façon orthodoxe. Ainsi, les deux derniers vers, qui sont le parti qui n'a pas été retenu, peuvent s'entendre comme:

Plutôt que l'antre duquel on médit tant,
Emmortaiser traditionnellement.

Ils établissent donc que le vit ressuscité ne s'est finalement pas rangé à l'idée du rapprochement courant. Cependant, il est dit, aux vers cinq et six, que le vit a fixé son choix, choix qui ne peut alors qu'être en faveur de l'endroit où l'on vend les soretz, c'est-à-dire le rectum, ce choix ayant été donné pour entraîner avec lui l'idée de blâme, et de blâme accepté, puisque nous commençons à entrevoir que la locution Et mieulx ayma le feu du ciel empire pourrait bien être l'équivalent de Et préféra, dût le ciel l'en blâmer. Pour le moment, les quatre vers semblent pouvoir être rendus par:

Et préféra, dût le ciel l'en blâmer,
Au trou ravir où l'on vend le goudron,
Plutôt que l'antre duquel on médit tant
Emmortaiser traditionnellement.

Reste ce verbe ravir où nous avons pressenti que se trouvent à la fois la difficulté et la clé. Le parti choisi étant celui de ravir au trou où l'on vend le goudron, nous apparaît alors que ce verbe ravir prend ici un contenu évocateur avec l'acception de pleuvoir violemment, évidemment à entendre ici comme éjaculer. Ainsi, le vit, qui a dédaigné la conjonction courante par crainte de n'être pas en mesure de satisfaire le devant qui semble le défier, s'est résolu à éjaculer au trou où l'on vend les Soretz. Le vers est donc à rendre par: Gicler au trou où l'on vend le goudron, et les quatre vers sont alors:

Et préféra, dût le ciel l'en blâmer,
Au trou gicler, où l'on vend le goudron,
Plutôt que l'antre duquel on médit tant,
Emmortaiser traditionnellement.

Cette septième strophe est donc finalement celle-ci:

Presque aussitôt le vit ressuscité
Se résolut à plonger dans le gouffre.
Mais les voyant si fort le défier,
Craignit qu'on vînt à bout de sa verdeur,
Et préféra, dût le ciel l'en blâmer,
Au trou gicler, où l'on vend le goudron,
Plutôt que l'antre duquel on médit tant,
Emmortaiser traditionnellement.

C'est la huitième strophe qui va nous confirmer que cette compréhension est la bonne:

Le tout conclud fut a poincte affilee,

Conclure, dit Greimas, c'est tomber d'accord, régler par un accord; mais nous entendons que ce tout, qui est conclud, représente le parti que vient de prendre le vit. Et celui-ci met immédiatement à exécution sa décision, puisque le verbe affiler est donné, toujours par Greimas, pour couler ou affûter. C'est le verbe affûter que nous retiendrons, au sens étymologique de disposer en vue de l'action, et nous rendrons le vers par:

Le parti pris, fut avancée la pointe,

Maulgre Até, la cuisse heronniere,

Pour cette cuisse héronnière, Michel cite évidemment Marot. Pour Até, Demerson cite la Mythologie de Conti: Homère dit que Jupiter avoit une fille nommée Até, c'est-à-dire Lésion ou Outrance; et Guilbaud dit que cette déesse excitait les querelles. Nous ne voyons pas du tout ce que peut venir faire ici l'opposition de la déesse, ni pourquoi elle est dite avoir la cuisse dont Demerson précise qu'elle est grêle comme celle d'un héron. Mais nous arrivons vite à nous douter que la mention du nom d'Até n'est faite que pour servir de signal, et l'équivalent Lésion, nous éclaire; nous comprenons que Até est mise ici pour cassure, fissure, fente, c'est-à-dire solution de continuité, et que le nom Até est la personnification de la fente vulvaire, fente qui a évidemment toutes les raisons d'être en désaccord avec l'action entreprise. Quant à la cuisse héronnière, nous entendons du même coup qu'il n'y a rien à retenir de l'idée de maigreur et de décharnement, mais que la locution doit nous conduire à la représentation de la femme couchée sur le dos, les genoux contre les épaules, chacune des jambes ayant donc la position qu'a la patte repliée du héron quand il se tient sur un seul membre. Nous rendrons donc ce vers par:

Malgré l'ouvroir aux cuisses haut-levées,

Que la sasist, voyant Pentasilee
Sus ses vieux ans prise por cressoniere

Étant donné le vers précédent, il est sûr qu'il faut donner au verbe s'asseoir le sens de se bien placer (Greimas), c'est-à-dire aller à la rencontre de, s'offrir à pour intercepter. Reste à comprendre ce que vient faire ici cette Pentasilée.

Nous avons déjà rencontré, au chapitre xxx du Pantagruel, cette reine des Amazones exerçant le métier de cressonnière, et il nous apparaît alors clairement que la mention de ce nom n'est ici encore qu'un signal, puisque nous pouvons reprendre le contenu que nous avons décelé au Pantagruel: penta équivalant à cinq, et silée amenant l'idée de sillon (de l'ancien verbe silier: labourer; Greimas), nous entendons que ce nom de Pentasilée représente l'anus et ses plis radiés. Et nous comprenons alors que, la cressonnière ayant dû toujours désigner l'ensemble pelu du pubis et de la fente vulvaire, prendre pour cressonnière est l'équivalent de prendre pour baisoir. Nous sommes ainsi amenés à saisir que sont prises les dispositions découlant de la décision, et cela malgré Até, la fente vulvaire, qui s'offre, les cuisses haut-levées, outrée de voir l'anus, jusque là négligé, pris sur ses vieux ans pour baisoir. Nous rendrons donc les deux vers par:

Qui là s'offrit, voyant le trou plissé,
Sur ses vieux jours transformé en baisoir.

Chascun crioit, vilaine charbonniere
Chascun désigne évidemment les opposants du devant, délaissés au profit de leur concurrent. Il est facile d'entendre que celle qu'ils interpellent est cette Pentasilée que nous savons représenter l'anus. Dès lors, bien que nous sachions que marquer au charbon eut le sens de noircir la réputation, nous entendons que le mot charbonnière a ici trait à la propriété qu'a cet anus de maculer, de souiller qui s'en approche, le mot vilaine ajoutant l'idée de vile, ignoble. Nous rendrons le vers par:

Chacun criait: Immonde barbouilleur

Tapartient il toy trouuer par chemin?
Le texte est clair et nous y voyons une protestation laissant entendre qu'il est question d'une imposture. Le vers est à rendre par:

Te revient-il d'être ainsi sur les rangs?

Tu la tolluz la Romaine baniere,
Quo auoit faict au traict du pchemin.
Le sens, fort contourné, s'éclaire sitôt que nous entendons qu'il s'agit d'évoquer les pèlerins qu'on fait, ce verbe faire ayant traditionnellement le contenu de décider quelqu'un, à force de persuasion, à s'engager à se rendre en pèlerinage. D'autre part, nous avons ici le verbe tolir: enlever, supprimer (Greimas), les substantifs tolage: enlèvement, violence; tolture: rapine; toleor: ravisseur, nous indiquant que tolir a ici valeur de: enlever par la violence, s'attribuer par rapt. Quant au mot baniere, nous ne l'entendons que lorsque nous avons compris

que l'adjectif Romaine a précisément le sens de pèlerin, sens que contient par exemple le mot romipède (Greimas), c'est-à-dire littéralement: qui va à pied à Rome. La Romaine baniere est donc le bâton pèlerin, et le premier vers exprime l'idée qu'on a détourné ce bâton pèlerin, c'est-à-dire le bâton qui pérégrinait, ce qui revient encore à désigner le membre viril parti, au dire du devant, pour le lieu saint.

Reste le traict du parchemin où, derrière l'idée de s'engager à partir en pèlerinage, engagement ratifié par une signature, c'est-à-dire un trait au bas d'un parchemin, il nous faut voir que le parchemin est aussi la peau qui, au sens érotique, désigne la peau humaine pelue, et le trait le sillon vulvaire. Nous rendrons ces deux vers par:

Tu l'as ravi le bâton pèlerin
Parti pour le sanctuaire pelu.

Cette huitième strophe est celle-ci, qui est bien la confirmation de la septième:

Le parti pris, fut avancée la pointe,
Malgré l'ouvroir aux cuisses haut-levées,
Qui là s'offrit, voyant le trou plissé,
Sur ses vieux jours transformé en baisoir.
Chacun criait: Immonde barbouilleur,
Te revient-il d'être ainsi sur les rangs?
Tu l'as ravi le bâton pèlerin
Parti pour le sanctuaire pelu.

Parvenus à ce point, nous ne pouvons, tenant compte de la forme alambiquée que requiert l'intention énigmatique, que trouver naturel le tableau que brosse Rabelais, évidentes les personnifications des diverses parties culières, et tout à fait cohérents les motifs qui font agir ces parties. Aussi est-ce sans appréhension que nous abordons la neuvième strophe, où apparaît encore une déesse:

Ne fust Iuno, que dessoubz larc celeste
Avec son duc tendoit a la pipee:

Pour duc, Demerson dit qu'on employait le grand duc pour chasser les oiseaux à la pipée. La chasse à la pipée se pratique effectivement à l'aide de glu étendue sur les branches et ce duc doit servir de rabatteur plutôt que d'appeau. Mais nous nous doutons que l'évocation de ce mode de chasse demande une transposition car nous nous rappelons avoir rencontré cette pipée dans la défense de Humevesne (P. xij): & quand lon va a la pipee; et nous avons compris alors qu'elle décrit l'action, pour le membre, de se faire engluer dans le conduit vaginal en disposition d'appétence. Il est donc facile de voir dans ce tendoit a la pipee, ce que fait le sexe de la femme aspirant à sa proie. Et, derrière ce mot duc, nous entendons qu'il faut distinguer la dénomination latine du grand duc: bubo, mot qui fait évidemment équivoque avec le grec boubon: aine, parties sexuelles. Dans ces conditions, nous saisissons aisément que l'arc céleste ne peut que représenter l'arc formé par les cuisses ouvertes, et que le nom de Junon ne peut qu'être encore une personnification, celle de la féminité, c'est-à-dire le sexe de la femme. Nous rendrons les deux vers par:

Ne fût le nid qui, en haut de la fourche,
Par son gluau appelait à l'oiseau,

On luy eust faict un tour si tresmoleste
Que de to poicts elle eust este frippee.
(34-35: poincts)

Nous sommes assurés que le pronom elle, de elle eust este frippee, représente encore cette Pentasilée qui personnifie l'anus, puisque nous allons voir que les quatre vers qui vont suivre sous-entendent clairement cette compréhension. Donc, c'est à cet anus qu'on eust faict ce tour si tresmoleste. Moleste signifie désagréable, ennuyeux (Greimas); tresmoleste serait alors l'équivalent de très désagréable, c'est-à-dire pénible, douloureux; et le mot tour ayant visiblement ici le sens de façon d'accommoder, nous entendons qu'il est dit qu'on l'eût accommodé de façon si furieuse qu'en tous ses points il eût été frippé. Fripper c'est, au sens propre, agiter, défraîchir en chiffonnant, en froissant. Quant à de tous poincts, le mot poinct étant à prendre pour endroit déterminé (Greimas), la locution équivaut à en tous endroits, en toutes ses parties. Nous rendrons les deux vers par:

On lui eût fait un tour si forcené
Que de partout il eût été meurtri.

Laccord fut tel, que dicelle lippee
Elle en auroit deux oeufz de proserpine
(34-35: Proserpie)

Nous savons que le pronom elle représente Pentasilée, alias le trou barbouilleur, et que seule cette compréhension est possible; nous allons en avoir la preuve en entendant que la lippe étant la lèvre, la lippée est ce qui est pris entre les deux lèvres; mais il nous faut évidemment bien voir que ces lèvres sont ici les lèvres vulvaires, et que la lippée est alors ce que le vocabulaire érotique dénomme, entre mille autres termes, l'ajustement, l'accointance, c'est-à-dire le coït. En fait, nous entendons que, renonçant au tour si tresmoleste, et cela par égard pour le sexe tout proche qui tend à la pipée aspirant à sa proie, on convient avec l'anus d'un marché: de tout accouplement, celui-ci aura deux œufs de Proserpine. Et ce nom de Proserpine n'est visiblement là à prendre que pour ses deux dernières syllabes: c'est-à-dire que l'anus aura les deux œufs de la pine, autrement dit les deux testicules battant contre lui lors du coït. Dicelle étant compris comme de ce genre, nous rendrons les deux vers en exprimant l'idée de l'accord modérateur proposé de façon autoritaire:

Mais on convint que de tel enconnage
Il obtiendrait les deux œufs de la pine.

Et si iamais elle y estoit grippee,
On la lieroit au mont de Lalbespine.

Gripper, c'est attraper, saisir lestement et avidement, et nous devons, semble-t-il, entendre ici que grippée a le sens de conquise, séduite. Le pronom elle représentant toujours Pentasilée, alias l'anus, le premier vers exprime donc l'idée que cet anus pourrait être mis en goût par le battement des testicules contre lui. Et le deuxième vers lui promet donc, si tel est le cas, de le lier au mont de Lalbespine, locution où nous devons assurément voir d'abord, derrière le dénomination d'apparence géographique, le calembour qui fait lire l'Albespine comme la belle pine. Mais cette albespine est aussi l'aubépine, mot qui se décompose en albe: bois blanc, aubier (Greimas), et pine: membre viril. Et nous apparaît alors que cette albespine pourrait bien être en fait le mot qui évoque le membre de substitution qu'est le godemiche, puisque nous avons vu au Pantagruel (vij) que si la miche est la fente, le gode est le cylindre de bois. Le mont de Lalbespine serait donc à entendre comme le mont du godemiche; mais il paraît évident que le mot mont ne peut avoir ici le sens de monticule, éminence, mais que le terme a charge de transmettre l'idée de monter, au sens érotique, et qu'il renferme la notion de raide, érigé en permanence. Nous verrons d'autre part au verbe lier le sens de lier par obligation, par serment (Greimas), ce qui revient à parler d'allier, et nous rendrons les deux vers par:

Et si jamais il en prenait émoi,
On l'allierait au roide godemiche.

Cette neuvième strophe est donc celle-ci, qui, nous nous en apercevons, laisse entendre clairement que l'exigence de l'anus n'est que l'aspiration d'un inexpérimenté puisqu'on le berne si aisément:

Ne fût le nid qui, en haut de la fourche,
Par son gluau appelait à l'oiseau,
On lui eût fait un tour si forcené
Que de partout il eût été meurtri.

64

Mais on convint que de tel enconnage
Il obtiendrait les deux œufs de la pine.
Et si jamais il en prenait émoi,
On l'allierait au roide godemiche.

La situation est maintenant claire: le rapprochement anal envisagé ne s'est pas effectué, tant ont été fortes les protestations du devant; on va donc revenir à ce devant tout en donnant pour une concession faite à l'anus, qui se révèle ici fort naïf, le battement des testicules contre lui. Nous allons voir immédiatement si le huitain suivant confirme notre compréhension.

La dixième strophe commence par un vers qui est le premier de ceux qui vont maintenant opposer une plus grande résistance au déchiffrement: Sept moys aps, houstez en vigt & deux. Bien que nous entendions que ces sept mois doivent être le temps pendant lequel ont été appliqués les termes de l'accord, nous devons reconnaître que, pour l'heure, nous ne voyons pas du tout comment l'on peut ôter vingt-deux mois de sept. Aussi allons-nous passer outre, attendant que la suite nous ait apporté quelque lueur sur cette hermétique ouverture. Et nous abordons le vers suivant:

Cil qui iadis anihila Carthage,

Celui qui annihila Carthage est Scipion l'Africain. Quoique nous puissions d'abord penser à retenir de ce Scipion l'idée de bronzage contenue dans l'Africain, invités à le faire par la précision que nous a donnée la cinquième strophe: qui venoit de Libye, et que nous soyons donc enclins à voir là encore la représentation de l'anus, nous nous avisons qu'il ne peut s'agir que de quelque chose de mobile puisque le vers qui suit indique que ce qui est ici évoqué va venir se placer en mylieu deux. Et nous entendons alors que la notion de bronzage n'est nullement en cause, et que ce qu'il nous faut distinguer dans ce Scipion l'Africain suggéré, c'est, comme pour celui du vainqueur des Cimbres, le nom Scipion mis pour le latin scipio: bâton, et particulièrement le bâton triomphal; et nous voyons là une autre désignation de ce qui a été nommé plus haut Lalbespine, c'est-à-dire le godemiche. Nous rendrons alors le vers par:

Celui qu'on nomme le bondon lieutenant

Courtoysemet se mist en mylieu deux

Nous entendons que, cette fois, le pronom eux représente les deux concurrents, c'est-à-dire le con et l'anus; et se tenir au milieu d'eux équivaut donc, pour le godemiche, à se tenir à égale distance de l'un et de l'autre. Nous rendrons le vers par:

Très poliment se mit au périnée

Les requerent dauoir son heritage.

Hériter, c'est recueillir la possession, l'usage, la jouissance; nous entendons que le godemiche demande, à la fin de la période de probation qu'ont été les sept mois du premier vers, à prendre la succession du vit dans le rôle vaginal que celui-ci a assuré pendant ce temps. Le vers est à rendre par:

Les requérant d'avoir la succession

Ou bien quon feist iustement le partage
Selon la loy que lon tire au riuet,

Nous avons là, à n'en pas douter, le deuxième terme d'une offre: après avoir demandé à se substituer définitivement au vit, le godemiche modère son exigence et propose qu'on fasse le départ entre ce qui reviendra au vit et ce qui sera à lui dévolu. Et il demande qu'on les départage objectivement, c'est-à-dire selon la loy que lon tire au riuet. Pour Littré, tirer au rivet, c'est tirer à la courte paille. Mais le mot rivet est attesté au XVIe siècle au sens de sexe de la femme, et la locution tirer au rivet au sens de coïter. Il nous faut donc entendre que ce partage, loin d'être décidé par le sort, est à fonder sur un essai d'efficacité. La locution selon la loy que lon tire au riuet est donc à comprendre comme: selon la preuve établie sur pièce, et nous rendrons les deux vers par:

Ou qu'on fixât à chacun d'eux son lot,
Selon la preuve établie par déduit,

Distribuent un tatin du potage

La glose donne le mot tatin pour l'équivalent d'un petit coup, un peu, une lampée, ce dernier terme étant visiblement amené par le mot potage. Pour Greimas, c'est un mot expressif d'origine obscure qui signifie tape, coup, gifle. Nous nous référerons au terme familier: tapée, qui désigne une grande quantité, et nous verrons, nous, dans ce tatin l'équivalent d'une bonne portion, une belle part, et nous entendrons que distribuer un tatin revient à parler d'attribuer la part qui revient. Quant au mot potage, il désigne bien sûr ce qui est cuit dans un pot, et aussi la pitance, la subsistance (Greimas). Là encore, sachant que le pot peut-être, en langage érotique, aussi bien le sexe de la femme que l'anus, et que le mot potage se double donc de l'acception de conjonction sexuelle, nous rendrons le vers par:

Accordant leur ration de foulage

A ses facquins qui firent le breuet.

(34: A ses amis)

Le mot brevet fait évidemment allusion à l'accord qui a été imposé plutôt que conclu à la strophe précédente. Le mot facquin est attesté au XVIIe siècle au sens de sexe de la femme, sens qui paraît fort plausible puisqu'on nous dit que le terme vient du néerlandais fak: poche (Petit Robert) ou de vak: compartiment, casse (Bloch et Wartburg), ceux-ci ajoutant: Cf. en outre fasque: poche, sac, chez Rabelais, nous donnant ainsi l'occasion de penser que le facquin est celui qui porte sur l'épaule une poche analogue à celle où le bonhomme du bissac transporte les deux fillettes au chapitre xv du Pantagruel. Mais il semble qu'ici, plutôt qu'au sens de sexe de la femme, le mot facquin est bien à prendre à celui de coquin, maraud, pendard, et que ce mot qualifie les deux associés du devant: le clitoris et le vagin; le terme est en effet employé par le godemiche qui, au vers précédent, a tenu pour assuré que ces associés n'ont pas eu, avec le membre de chair, la satisfaction qu'ils auraient obtenue avec lui; et il exprime maintenant le ressentiment qu'il garde contre ceux qui ont d'abord remis son utilisation à la fin de la période de probation tout en lui attribuant, au cas où l'anus serait mis en goût par le battement des testicules contre lui, le seul domaine postérieur.

Reste que le possessif ses, de ses facquins, qui figure dans les trois éditions, nous déroute quelque peu. Peut-être nous faut-il entendre que ce possessif est un signe de la suffisance du godemiche qui considère que lui reviennent d'office les associés du devant: cela s'inscrit bien dans l'arrogance de tout son discours, qui n'est d'ailleurs pas direct mais relaté. Pourtant, nous avons quelque scrupule à rendre ce vers par: A ses vauriens qui conclurent l'accord, ou plutôt qui imposèrent leur loi, voyant une contradiction manifeste entre la marque de possession et le qualificatif dépréciatif. Il semble indéniable que, dans l'expression qu'emploie le godemiche, l'intention péjorative est la plus forte, et qu'elle annule l'idée de possession. Aussi nous résoudrons-nous à voir dans le possessif ses, une coquille d'une lettre, et à le remplacer par le démonstratif qui cadre infiniment mieux avec le ton adopté par le godemiche, méprisant ceux qui, ignorants de son efficacité, l'ont relégué au rôle subalterne. Nous rendrons le vers par:

A ces pendards qui dictèrent leur loi.

Et c'est alors que nous vient à l'esprit que le premier vers, qui fait allusion à la durée du temps de probation, ne peut qu'évoquer le temps de la conjonction sexuelle orthodoxe. Nous pouvons dès lors facilement entendre que le nombre vingt & deux, qui est à retrancher de sept mois, est mis non pour vingt-deux mois, ce qui est absurde, mais bien pour vingt-deux jours, ces jours étant ceux des règles pendant lesquels il y a eu abstinence. Ce premier vers où le godemiche évoque le temps exact pendant lequel a été fait l'essai, et qui veut peut-être laisser entendre que, pour lui, ce temps aurait été mis à profit, est donc à rendre par:

Sept mois après, ôtez les jours des règles,

Cette dixième strophe est donc finalement celle-ci:

Sept mois après, ôtez les jours des règles,
Celui qu'on nomme le bondon lieutenant,
Très poliment se mit au périnée,
Les requérant d'avoir la succession;
Ou qu'on fixât à chacun d'eux son lot,
Selon la preuve établie par déduit,
Accordant leur ration de foulage
A ces pendards qui dictèrent leur loi.

Les quatre premiers vers de la strophe suivante opposent une tenace résistance au déchiffrement, introduisant une idée qui paraît fort étrangère au développement. Aussi, là encore, allons-nous commencer par dégager le sens en prenant les vers où affleure une veine, c'est-à-dire ici les deux derniers, qui constituent visiblement la réponse faite au godemiche:

Cessez, Cessez, ce masque nul n'imite,
Retirez vous au frere des serpens.

(34-35: même apostrophe pour n'imite)

Nous entendons que l'invitation à ne pas poursuivre s'adresse au membre de remplacement qui vient de présenter ses prétentions, ce qui signifie que sa proposition de substitution est rejetée. Et on lui en donne la raison: ce masque nul n'imite. Le sens du mot masque n'est apparemment ici nullement celui de déguisement mais de caractère de la physionomie (Littré), la notion de fausse apparence étant contenue dans le verbe imiter. Le masque est alors à entendre comme la personnalité, l'individualité. Nous devons donc comprendre qu'on répond au godemiche que nul ne peut se targuer d'égaler le vit. On lui intime donc l'ordre de se retirer de la compétition, et on l'envoie au frere des serpens. La glose comprend cette locution comme: Au diable (le serpent d'Eden); mais il semble que cette biblique interprétation ne repose que sur l'apparence. Nous entendrons, nous, qu'il y a ici calembour, assez visible si l'on a présent à l'esprit que le godemiche est un cylindre de bois: le mot frère étant entendu comme de votre espèce, on enjoint donc au godemiche de se retirer et d'aller retrouver les gens de sa famille, autrement dit les objets qui ont forme de serpent tels que les guilles ou les faussets, le mot serpent retenant et l'assimilation de la forme et l'idée de fausseté, de tromperie. Les deux vers sont donc à rendre par:

Cessez, cessez, nul n'égale le vit,
Allez rejoindre vos frères les faussets.

Munis de cette clé, il nous faut maintenant remonter aux vers les plus proches:

O la pitié. Pour une chattemite
Laisserez vous engouffrer tat darpes?

O la pitié, est évidemment une interjection qui marque l'affliction, la désolation. Et nous entendons que la raison de cette désolation ne peut qu'être le risque que renferme la proposition du godemiche: engouffrer un grand nombre d'arpents pour une chattemite. Reste à comprendre en quoi consiste ce risque.

Il est apparent que le mot chattemite ne peut ici que désigner le sexe de la femme. Greimas donne le mot pour affectation de manières humbles et flatteuses, ce qui est manifestement une dérivation euphémique; il donne en outre le mot mite pour chatte (celle des félidés), ce qui équivaut à rendre chattemite par chatte-chatte. Mais il semble évident que ce mot chattemite est dans ces vers employé par calembour: le mot chat (pour chas), et conséquemment chatte, étant largement attesté au sens de sexe de la femme, il s'agit alors de voir dans mitte le mot mitan: milieu; la chattemite est en fait la chatte du milieu du corps, du milieu des cuisses, la chatte de l'enfourchure.

Quant aux arpens, puisqu'il est question du cylindre de bois dont est fait le godemiche, il semble apparent qu'il y a ici plaisanterie sur le fait qu'on serait amené, si l'on accédait à la demande du godemiche, à sacrifier des arpents et des arpents de forêt pour tailler tous les godemiches nécessaires à la foule des chattemites. Et peut-être même y a-t-il une deuxième détente à la plaisanterie, attendu que le mot arpent est en latin arepennis, et ce pennis donne à penser, d'autant que l'arpent est une mesure agraire qui contient cent perches. Quoi qu'il en soit, nous entendrons ainsi ces deux vers:

Miséricorde! Pour un nid d'enfourchure,
Laisserez-vous sacrifier tant de bois?

Les quatre derniers vers de la strophe apparaissent donc comme un fin de non-recevoir:

Miséricorde! Pour un nid d'enfourchure,
Laisserez-vous sacrifier tant de bois?
Cessez, cessez, nul n'égale le vit;

Allez rejoindre vos frères les faussets.

Mais il nous faut maintenant tenter de comprendre les vers qui amènent cette conclusion; et pour ce faire, nous remontons au début:

Mais la viedra signe du arc turquoys
De v.fuseaulx, & troys culz de marmite
Onql le dos du roy trop peu courtoys
Poyuré sera soubz un habit dhermite.
(34-35: lan; signé; ciq; dun roy)

Ces quatre vers sont sans doute les plus obscurs de tout le poème, l'unique lumière que nous en pouvons avoir nous venant du seul mot Poyuré, que nous entendons d'emblée comme vérolé. Ce mince fil d'Ariane nous donne cependant l'idée de ce que peut exprimer le quatrain: la supposition d'une atteinte vénérienne, supposition avancée pour motiver le délai imposé au godemiche, cela n'excluant pas que l'aveu puisse aussi servir d'explication à l'abstention où s'est complu le vit, tant il est vrai qu'il est moins humiliant de donner à croire qu'on a renoncé par scrupule à transmettre un mal que par impuissance. Bien qu'inattendue, cette notion de mal vénérien s'inscrit fort bien dans le développement, les quatre vers qui suivent, et que nous venons d'entendre, formant une suite logique puisqu'il y est question d'un nid d'enfourchure supposé devoir recourir au substitut de bois, et la strophe qui suit commençant par Cest an passé, locution qui nous paraît faire allusion à la durée pendant laquelle la maladie pouvait être tenue pour contagieuse. C'est donc de ce côté que nous allons chercher, tâchant de comprendre ce que représentent les termes qui nous apparaissent comme des métaphores élaborées pour les besoins de la cause plutôt que la reprise d'expressions existantes, dont nous n'avons nulle trace ailleurs.

Nous apercevons donc dans le premier vers comme une parodie de l'horoscope distinguant une année par les signes qui président à son cours. Encore faut-il entendre ce que contiennent ces termes, et en premier ce que peut représenter ici un arc turquoys. Greimas donne pour turcois, le sens de Turc, fait à la façon des Turcs, appliqué à arc, selle, tapis, etc. Mais il donne aussi Turcois: carquois. Ce carquois nous semble évidemment très bien pouvoir s'appliquer à l'idée du signe représentant alors les flèches de l'Amour dont, en l'occurrence, certaines peuvent être vénéneuses. Mais l'association des mots arc et turquoys nous interdit de retenir ce sens: turquoys est bien une épithète et doit s'entendre comme à la manière turque. Or cet arc turquois ne nous mène à rien, les arcs turcs n'ayant de particulier que leur forme en G, mais leur fonctionnement ne pouvant qu'être le même que celui des arcs traditionnels. Et c'est alors que nous entendons que arc turquoys fait probablement allusion aux flèches empoisonnées que lançaient ces arcs, les Turcs ayant été parmi les premiers à employer au combat de telles flèches, jusque là réservées à la chasse. L'idée de flèches vénéneuses qui nous est apparue pour le mot turquoys compris comme carquois, reste donc bonne, et nous rendrons le vers par:

Mais l'an viendra signé du trait punais.

Voyons maintenant les fuseaulx. Le fuseau, dit le Petit Robert, est un petit instrument en bois tourné, renflé au milieu et se terminant en pointe aux deux extrémités, qui sert à tordre et à enrouler le fil lorsqu'on file à la quenouille. Rien dans ce fuseau ne semble contenir quoi que ce soit qui prolonge l'idée amorcée, et nous n'entrevoyons pas la moindre lueur dans le fait qu'il y a cinq exemplaires de ce fuseau. Et c'est là que nous saisissons qu'il doit y avoir calembour, le chiffre v étant à entendre comme sainct, et fuseau comme un dérivé du verbe fuser: couler, se répandre en fondant. Nous comprenons donc De v fuseaulx comme De saint Coulant. Reste les troys culz de marmite.

Greimas donne pour marmite: affligé, souffreteux; et pour marmiteus: soucieux, affligé. Il semble qu'il nous faut donc entendre de marmite comme de douleur. Le cul est évidemment, toujours selon Greimas, la partie inférieure de l'individu, et nous apparaît alors qu'il est question ici du fondement douloureux, le cul de la marmite étant, au sens propre, la partie qui est exposée à la flamme. Quant au nombre troys, nous n'y verrons qu'une obligation, purement explétive, amenée par le nombre cinq relatif aux fuseaux, et nous rendrons le vers par:

De saint Coulant et du derrière en feu

Les deux premiers vers sont donc:

Mais l'an viendra signé du trait punais,

De saint Coulant et du derrière en feu

Pour les deux vers suivants, c'est après bien des hésitations et nombre de pas de clerc que nous finissons par saisir qu'il ne peut être question ni de roi ni de dos, et que les deux mots sont manifestement à transposer. Greimas donne l'adjectif roi, roit: ferme, dur, raide; cet adjectif, substantivé, est bien sûr l'image du membre viril, et nous le rendrons par le mot dard. Quant au mot dos, il ne semble pas possible d'y voir une forme du mot dossée: coup, dans le sens obscène (Greimas); mais nous attendrons d'avoir compris ce que contient le reste des deux vers pour décider de ce que représente ce dos d'un dard trop peu empressé.

Le mot Poyuré, du vers suivant, ne peut qu'être l'équivalent de contaminé par une maladie vénérienne; poivré signifie ici sans nul doute vérolé. Or il est dit que ce dos d'un dard trop peu empressé sera vérolé soubz un habit dhermite. Cet habit d'ermite pourrait nous apparaître comme la métaphore de sous une robe de bure, mais le contexte nous oblige à retenir de cet habit le seul sens érotique. Et nous vient alors à l'esprit que, de cet habit, nous ne devons vraisemblablement conserver que la cuculle, c'est-à-dire le capuchon, ce capuchon n'étant alors rien autre que le prépuce donné, lui, comme exempt de toute marque de maladie. Le dos d'un dard trop peu empressé sera donc vérolé sous son prépuce immaculé. Et il nous paraît alors évident que le dos de ce dard ne peut qu'être le gland, bien qu'à vrai dire le mot dos nous semble fort éloigné de cet équivalent balanique. Mais c'est alors que nous découvrons chez Littré le mot dosse défini comme le côté de l'osselet qui est bombé, par opposition à celui où il y a un creux, et que nous rencontrons chez Greimas le mot dosse, dolse dont un des sens est gousse. Nous entendons alors que la locution le dos dun roy, où le mot dos est à comprendre comme dosse, a tout l'air d'être ici la métaphore de le renflé d'un dard. Quoi qu'il en soit, nous nous sentons autorisés à rendre les deux vers par:

Ou le bulbe d'un dard peu empressé
Sera poivré sous son beau capuchon.

Cette strophe, des plus sibyllines, est alors:

Mais l'an viendra signé du trait punais,
De saint Coulant et du derrière en feu,
Où le bulbe d'un dard peu empressé
Sera poivré sous son beau capuchon:
Miséricorde! Pour un nid d'enfourchure,
Laisserez-vous sacrifier tant de bois?
Cessez, cessez, nul n'égale le vit;
Allez rejoindre vos frères les faussets.

Donc, si nous avons bien compris, la réponse faite à la proposition du godemiche évoque dans les quatre premiers vers l'éventualité d'une atteinte de la vérole empêchant pendant un an le membre de remplir son office. Et cette évocation amène immédiatement, sous-entendue, l'allusion à la traditionnelle fringale des sexes de femmes qui, devant la carence des membres déficients, supposés nombreux, sont censés se rabattre sur tant et tant de substituts en bois que des arpents de forêt risqueraient d'y périr. Et il semble que nous ne nous soyons pas fourvoyés puisque, nous l'avons vu, la strophe suivante commence en reprenant cette année donnée pour le temps d'invalidité dû à la maladie:

Cest an pessé, cil qui est, regnera
Paisiblement auec ses bons amis.
(34-35: passé)

Pour le premier vers, la glose n'y va pas par quatre chemins et décide que cil qui est, c'est Dieu ou Iahvé. Or nous comprenons aisément que l'an passé étant l'année d'abstention du vit, cil qui est c'est ce vit qui, guéri, va reprendre sa fonction; et il est, par opposition à celui qui voudrait être, c'est-à-dire le godemiche qui aspire à régner à sa place. La locution auec ses bons amis, du deuxième vers, assortie de l'adverbe paisiblement, ne peut désigner les associés du devant, qui n'ont jamais été en lutte, mais bien les concurrents du devant et du derrière ayant mis fin à leur rivalité. Nous rendrons les deux vers par:

Ce mal passé, le seul vit règnera
Paisiblement sur les deux orifices.

Ny brusq, ny Smach lors ne dominera
(34: Brusq)

La glose dit ici: Ni brusquerie ni outrage. Le brusq est, pouvons-nous penser en suivant Screech, mot italien qui contient l'idée de comportement brutal; quant au mot Smach, sa majuscule aidant, nous pouvons y voir le mot anglais, probablement du vocabulaire des archers écossais, qui signifie coup violent donné en écrasant (plutôt que ce que dit Screech: mot italien, smacco: affront). Le vers qui suit nous inviterait à voir dans ce Ny brusq, ny Smach deux termes qui décrivent les criailleries et les démêlés d'une mésentente; mais peut-être, plus près de la salacité qui imprègne cette strophe, devons-nous plutôt comprendre qu'il s'agit en fait de deux onomatopées formées pour représenter le son produit l'un par l'insertion du membre dans l'anus: brusq; l'autre dans le vagin: Smach. Quoi qu'il en soit, nous donnerons le vers pour:

Ni cul ni con lors ne dominera

Tout bon vouloir aura son copromis.

Il semble qu'il ne nous faut pas prendre ici le mot compromis pour la convention par laquelle des parties, dans un litige, recourent à l'arbitrage d'un tiers (Petit Robert), mais bien pour l'arrangement dans lequel on se fait des concessions mutuelles. Quant au bon vouloir, il paraît évident après les trois premiers vers, qu'il y faut voir la bonne volonté, les bonnes intentions, et nous rendrons le vers par:

Tout bon désir sera considéré.

Et le solas qui iadis fut promis.
Es gens du ciel, viendra en son befroy.
(34-35: soulas)

Le solas est le plaisir, et il est dit que c'est le plaisir jadis promis aux gens du ciel: nous croyons devoir entendre que ce ciel a tout l'air d'être le septième, et que ce plaisir est ici la volupté. Le befroy n'est certes pas ici l'ouvrage militaire, mais bien le mot que donne Greimas: berfroi, befroy: bruit, tumulte. Et ce tumulte étant évidemment celui que vont faire les parties assemblées de la façon qui a été suggérée, c'est-à-dire le culletis, nous comprenons qu'il s'agit d'entendre que en son befroy équivaut à en sa conjonction. Nous rendrons les deux vers par:

Et le plaisir de longtemps dévolu
Au septième ciel viendra en la besogne.

Lors les haratz qui estoient estommis
Triumpheront en royal palefroy.

Pour le mot estommis, la glose donne le sens de étonnés, en ajoutant: Cette strophe évoque le bonheur paradisiaque retrouvé. Pourtant, nous aurions au moins autant de raisons de voir là le mot: estor, estorm, dont Greimas dit, entre autres sens: charge, mêlée; lutte, émeute; estormir: se soulever, s'agiter, combattre. Mais nous attendrons de savoir ce que peuvent être les haratz pour décider.

Ces haratz n'ont visiblement rien à voir avec les troupeaux de juments et d'étalons destinés à la reproduction dont parle Greimas. Mais l'étymologie qu'il donne, celle de: qui a le poil gris, pourrait peut-être nous conduire à une compréhension satisfaisante, d'autant que le dernier vers prendrait alors, avec ce poil gris, une signification qui découlerait naturellement.

Le palefroy est ici, à n'en pas douter, la monture de parade, et l'idée, amenée par ce qu'expriment les sept vers précédents, est alors celle de la monture qui se pavane, heureuse des égards qu'a pour elle son cavalier. Nous entendons que cette monture est évidemment la partenaire, et le poil gris paraît alors introduire une notation particulière concernant l'âge de cette monture, dont nous ne pourrons voir qu'en finale si elle est confirmée. Nous retiendrons néanmoins, ne serait-ce qu'à titre précaire, cette idée qui nous amène à voir dans le mot estommis un sens tout autre que celui du vocabulaire courant: il nous faut, semble-t-il, entendre estommis comme un mot du langage familier fait sur estuier, estoier: tenir en réserve, épargner, ménager, et qui aurait le sens de mis à l'écart. Les deux vers seraient donc:

Lors les poils gris qui étaient au rancart

Triompheront, superbement montés.
Cette douzième strophe serait alors:
Ce mal passé, le seul vit règnera
Paisiblement sur les deux orifices;
Ni cul ni con lors ne dominera;
Tout bon désir sera considéré.
Et le plaisir de longtemps dévolu
Au septième ciel viendra en la besogne.
Lors les poils gris qui étaient au rancart
Triompheront, superbement montés.

S'il est indéniable que le sens devient, dans les deux derniers vers, fort surprenant, il semble non moins certain que cette étrangeté vient du fait que l'auteur paraît, à mesure qu'il approche de la conclusion, vouloir faire converger ses arguments à l'intention d'une personne déterminée. Nous avons idée que ce pourrait être, par exemple, sa compagne, et que cette pièce de vers a été écrite pour présenter sa défense, introduisant une proposition de réconciliation. Mais il est encore trop tôt pour voir là autre chose qu'une hypothèse, et il nous faut, pour conclure, attendre d'avoir déchiffré la strophe suivante, cette strophe devant être à la fois la suite logique de la précédente et annoncer la dernière dont la signification déjà donnée doit se vérifier. Passons donc aux huit vers de l'avant-dernière strophe:
Et durera ce temps de passe passe
Iusques a tat q Mars ayt les empas.

Greimas donne, pour empastoier: entraver; Mars étant le dieu de la guerre, il s'agit donc d'entendre le deuxième vers comme jusqu'à ce que Mars soit entravé, c'est-à-dire jusqu'à ce que cesse la guerre, tout au moins la querelle. Et il semble, avec les poils gris qui nous ont laissé entendre que le finale est à l'adresse d'une personne déterminée, que cette querelle n'est plus maintenant celle du cul au con, mais bien la brouille qui s'est installée entre l'auteur et sa compagne. Le passe passe est alors à entendre comme la tromperie, la fourberie et, à lire les deux vers qui suivent, le mot semble évoquer les dissimulations, les attitudes de duplicité du temps de la discorde. Nous comprendrons donc ainsi les deux vers:
Et durera ce temps de faux-fuyants
Jusqu'à ce que revienne notre paix.

Puis en viedra un q tous aultres passe
Delitieux, plaisant, beau sans compas
Nous entendons aisément qu'il s'agit là de la célébration du temps

qui succédera au temps de la querelle, et qui est donné pour devoir être meilleur encore que celui qui l'a précédée. Les deux vers sont alors clairs:

Puis en viendra un meilleur que tout autre,
Délicieux, plaisant, beau sans pareil.

Leuez voz cueurs: tendez a ce repas
Tous mes feaulx. Car tel est trespasse

L'injonction: Leuez voz cueurs, que la glose dit calquée sur le sur-sum corda de la messe (Demerson) est, nous nous en doutons grâce à ce que nous savons déjà de l'ultime strophe, à entendre comme une incitation à se disposer sexuellement, quelque chose comme: Levez vos glands. Celui qui parle feint de s'adresser à ses feaulx, c'est-à-dire ses semblables, ceux qui sont logés à la même enseigne que lui, et nous voyons là le rappel voulu de cette confraternité entre gens qui ont connu les mêmes faiblesses, qui ont commis les mêmes fautes et surtout qui ont été affectés du même mal, façon pour l'auteur d'amoindrir l'importance de ce qui peut lui être reproché. Il invite ses confrères à tendre à ce repas qui nous apparaît comme une consommation sexuelle. Quant au mot trespasse, il ne signifie nullement mourir mais guérir, revenir à la santé, ainsi que l'indique Greimas parmi les nombreux sens qu'a ce verbe. Les deux vers sont donc:

Levez vos glands: tendez à cette agape,
Tous mes compères. Car tel est rétabli

Qui pour tout bie ne retourneroit pas
Tant sera lors clamé le temps passe.

Le premier vers nous paraît limpide: celui qui est guéri ne voudrait pour rien au monde revenir à cette douloureuse épreuve; ou bien plutôt devons-nous voir là, selon ce que nous avons cru discerner, un engagement à ne pas retomber dans l'erreur. Et le dernier vers est non moins clair si nous voyons dans clamé, non pas le sens de regretté, que donne la glose, mais bien celui de plaint (au souvenir des moments pénibles). Nous rendrons les deux vers par:

Qui nullement ne voudrait retomber,
Tant fut pénible la mésaventure.

Cette avant-dernière strophe est donc celle-ci:

Et durera ce temps de faux-fuyants
Jusqu'à ce que revienne notre paix.
Puis en viendra un meilleur que tout autre,
Delicieux, plaisant, beau sans pareil.

Levez vos glands: tendez à cette agape,
Tous mes compères. Car tel est rétabli,
Qui nullement ne voudrait retomber,
Tant fut pénible la mésaventure.

Et nous abordons la dernière strophe à seule fin de vérifier que la transcription que nous en avons établie reste bonne:

Finablement celluy qui fut de cire
Sera logé au gond du Iacquemart.

Le sens que nous avons discerné semble parfaitement faire suite à la strophe précédente: l'auteur revient finalement au côté sexuel de la réconciliation et décrit le sort qui sera alors celui du membre régénéré:

Finalement, celui qui fut si terne
Sera logé au trou de la poupée;

Plus ne sera reclamé, Cyre, Cyre,
Le brimbaleur, q tient le cocquemart.

Là encore, le sens que nous avons donné s'adapte exactement à la progression du raisonnement:

Plus ne sera imploré Seigneur Vit,
Le secoueur bien planté dans la brèche.

Heu, q pourroit saisir son braquemart?

Il apparaît que le sens donné est bien le bon, succédant à l'idée de reprise des relations sexuelles après une brouille faisant suite à une défaillance où a pu être évoquée par la partenaire la possibilité d'une infidélité:

Qui donc pourrait s'emparer de l'engin?

Toust seroiet netz les tintouins cabus

Toujours dans l'idée d'une réconciliation qui balayerait tous les griefs, notre transcription reste bonne:

Seraient tôt chassés les tracas pommés;

Et pourroit on a fil de poulemart
Tout baffouer le maguazin dabus.

La conclusion paraît être dans la ligne de ce que nous avons compris: la reprise des relations régulières, après le pardon accordé, aura tôt fait d'effacer jusqu'au souvenir des raisons de la mésentente:

Et pourrait-on à force de culletis
Tout oublier de ce tas de griefs.

La strophe, inchangée, reste celle-ci:

Finalement, celui qui fut si terne
Sera logé au trou de la poupée;
Plus ne sera imploré Seigneur Vit,
Le secoueur bien planté dans la brèche.
Qui donc pourrait s'emparer de l'engin?
Seraient tôt chassés les tracas pommés,
Et pourrait-on à force de culletis
Tout oublier de ce tas de griefs.

Nous pouvons alors tenir pour démontré que ces cent douze vers, n'en déplaise à Demazière, racontent bien une histoire et que cette histoire est finalement aussi cohérente que si elle était relatée en termes clairs plutôt que sous la forme énigmatique. Toutefois, par précaution, nous allons faire l'ultime vérification, en partant, cette fois, de la situation que nous avons vu apparaître sur la fin: celle d'une compagne à l'adresse de laquelle a été écrite la pièce.

Donc nous prenons le poème pour une proposition de réconciliation à l'intention d'une femme d'âge mûr, qui a apparemment pris l'initiative de la rupture. Dans ces conditions, si nous pouvons encore voir dans le titre l'idée de Bagatelles thérapeutiques, il devient nécessaire d'infléchir l'épithète vers un contenu plus sentimental, étant donné que le monument antique nous paraît avoir toutes chances d'être la métaphore qui s'applique, avec une évidente nuance de tendresse, au sexe de cette compagne. Nous rendrons donc le titre:

Les Fanfreluches antidotees trouuees en un monument antique
par:
Les Bibelots consolateurs à l'usage d'un cher vieux logement.

Cela posé, nous réexaminons la première strophe. Nous entendons qu'elle est le début de l'entreprise que s'est imposée l'auteur: évoquer les torts qu'il a eus et les reproches que lui a faits sa compagne au long de leur union, en donnant à ces évocations, d'une part un tour énigmatique où, par souci de discrétion, le collectif est d'abord mis pour le particulier; d'autre part un ton enjoué et parodique, forme qui a évidemment pour but d'amoindrir l'importance de la faute et de minimiser la culpabilité.

Ainsi, l'entrée en matière aborde sans ambages le rappel d'un échec sexuel qui paraît avoir été déterminant pour la décision de rupture. Il y est parlé d'un bâton de chair qui s'est abstenu de s'approcher, bien que le réceptacle ait été en si grand appétit qu'il a hautement réclamé son dû, puis demandé qu'on ait au moins pour lui quelque attention buccolinguale[7]. Et il semble que rien ne s'oppose à l'emploi de la forme vocative dont nous avons entrevu la nécessité:

(Il est v)enu le grand dompteur des Cimbres[8]
  Il est venu ton grand bâton de chair,
(Pas)sant par laer, de peur de la rousee,
  Sans s'approcher, de crainte de glisser;
(A) sa venue on a remply les timbres
  A sa venue, tu as rempli ton vase
(De) beure fraiz, tombant par une housee
  De lubrifiant, venant comme en averse,
(A)uquel quand fut la grand mere arrousee
  Auquel, quand fut ta fendasse inondée,
Cria tout hault, hers par grace pesche le
  Tu crias: mâle, de grâce, repêche-le,
Car sa barbe est presque toute embousee
  Car sa barbiche en est tout empesée;
Ou pour le moins, tenez luy une eschelle.
  Ou pour le moins, daigne le langueter.

La deuxième strophe commence par un commentaire sur le cunnilinctus qui vient d'être évoqué, et la forme de la strophe laisse entendre, comme nous l'avons décelé, que l'auteur s'est effectivement livré à cette manœuvre de diversion, mais que sa partenaire lui a représenté que ce n'est là que hors-d'œuvre qui ne peut remplacer le principal. En fait, c'est au gland du clitoris que la fiction poétique donne la parole, celui-ci étant censé s'être révélé sous l'effet des attentions, et donner son avis contraire:

Aulcuns disoient que leicher sa pantoufle
  D'aucuns disaient que lécher sa corolle
Estoit meilleur que guaigner les pardons:
  Était meilleur que faire l'introduction;
Mais il suruint un affecte marroufle,
  Mais apparut un fieffé garnement,
Sorti du creux ou lon pesche aux gardons
  Issu du creux où l'on pêche à la gaule,
Qui dict, messieurs pour dieu nous en gardons

---

7. Et nous devons en passant faire le rapprochement avec la situation que nous avons vue dans le Pantagruel (xij), où Humevesne déclare: Et si le dez ne vous veult aultrement ambezars, ternes du gros bout, guare daz, mettez la dame au coing du lict, fringuez la toureloura la la, & beuez a oultrance : depiscando grenoillibus a tout beaulx houseaulx coturnicques.

8. Les vers sont donnés, cette fois, dans la forme qui résulte de la comparaison entre les trois éditions, et les abréviations résolues.

Qui dit: monsieur, pour Dieu, prenons-y garde,
Languille y est, & en cest estau musse.
Car c'est la guille qui s'enfouit en ce lieu:
La trouuerez (si de pres regardons)
Là trouverez, si de près regardons,
Une grand tare, au fond de son aumusse.
Un large vide au fond de son manchon.

La troisième strophe laisse entendre que, convaincu par l'argumentation, l'auteur a tenté de procéder à la conjonction. Mais s'est alors
manifestée une impuissance totale, quelles qu'aient pu être les tentatives de réanimation faites par la partenaire. Cette apathie est évidemment prise par l'auteur au mode plaisant: il fait intervenir la mythique
existence d'une béquille pour vits amollis, alors que nous pouvons
supposer qu'a commencé de germer dans l'esprit de la compagne l'idée
qu'une telle indifférence provient d'une infidélité:

Quand fut au poinct de lire le chapitre,
Quand fut au point de faire la conjonction,
On ny trouua que les cornes dun veau.
Ne se trouva qu'un vit inconsistant.
Ie (disoit il) sens le fond de ma mitre
Je, disait-il, sens le fond de ma couille
Si froid, que autour me morfond le cerueau
Si froid qu'autour le gland en est transi.
On leschaufa dun parfunct de naueau
On l'échauffa à la fumée du con,
Et fut content de soy tenir es atres,
Et il eût pu se tenir aux abords,
Pourueu quon feist un limonnier noueau
Pourvu qu'on mît éclisse bien nouvelle
A tant de gens qui sont acariatres.
A tant de vits affligés d'asthénie.

La quatrième strophe continue de prendre avec légèreté l'accident;
nous entendons qu'après avoir dû renoncer, l'auteur entreprend de
noyer la déconvenue de sa partenaire dans un discours d'autant plus
outré que son auteur est désireux de surpasser sa propre humiliation.
Le propos, donné pour leur propos, est en fait un monologue qui
affecte de considérer l'ampleur des sexes de femme comme responsable
de cette inaptitude à les habiter:

Leur propos fut du trou de sainct Patrice
Leur propos fut du trou de la décharge,
De Gilbathar, & de mille autres trous:

80

Des deux colonnes, et de milles autres gouffres;
Son les pourroit reduire a cicatrice,
    Si l'on pourrait les resserrer à fente,
Par tel moien, que plus neussent la tous
    Par tel moyen qu'ils n'eussent plus la toux;
Veu quil sembloit impertinent a tous:
    Vu qu'il semblait à tous inconvenant
Les veoir ainsi a chascun vent baisler.
    Les voir ainsi à tous les vents bayer.
Si daduenture ilz estoient a poinct clous,
    Si l'on pouvait les clore à la mesure,
On les pourroit pour houstage bailler.
    On pourrait lors dûment les habiter.

La cinquième strophe apparaît comme la réponse de la partenaire qui, on l'a vu pour la tentative de réanimation, est femme d'expérience, et qui, suivant le propos, a dû repartir que son orifice postérieur est du calibre souhaité. Là encore, la fiction poétique donne la parole à l'anus qui, apostrophant le membre, profite de l'occasion pour se plaindre du dédain permanent où il est tenu malgré le rôle essentiel que joue le fessier dans l'approvisionnement du devant:

En cest arrest le corbeau fut pelé
    A cet arrêt le panais fut hélé
Par Hercules: qui venoit de Libye,
    Par le clos bruneau à la peau hâlée:
Quoy? dist Minos, que ny suis ie appelle
    Quoi, dit l'anus, que n'y suis-je employé?
Excepté moy tout le monde on conuie.
    Excepté moi, tous sont considérés;
Et puis lon veult que passe mon enuie,
    Et puis l'on croit que passe mon désir
A les fournir dhuytres & de grenoilles
    A les fournir de membres et de langues:
Ie donne au diable en cas que de ma vie
    J'avoue le diable si jamais, de ma vie,
Preigne a mercy leur vente de quenoilles.
    Je me dévoue à leurs connasseries.

La sixième strophe fait intervenir le sphincter anal qui, concrétisant le désappointement qui vient d'être exprimé, livre passage à une vesse qui empeste ses voisins. Et le commentaire ajoute que si l'option pour l'arrière implique le barattage de la matière fécale, le lieu étroit procure un plaisir plus intense que la voie génitale. Tout le monde est invité à

s'y rendre sans tarder:
Pour les matter suruint.Q.B. qui clope
Pour les vexer survint Cul Bai qui veille
Au saufconduit des mistes Sansonnetz.
Au sauf-conduit de l'ordre des Vessants.
Le tamiseur, cousin du grand Cyclope,
Le guichetier, cousin de l'œil-de-bronze,
Les massacra. Chascun mousche son nez
Les empesta. Chacun bouche son nez.
En ce gueret peu de bougrins sont nez,
En ce champ-là peu de pédés sont nés
Quon nait berné sus le moulin a tan.
Sans qu'on ait baratté la terre jaune.
Courrez y tous: & a larme sonnez,
Courez-y tous et prenez du petit,
Plus y aurez, que ny eustes antan.
Plus de plaisir aurez que par ailleurs.

La septième strophe montre le vit ragaillardi par l'intermède se décider d'abord à s'accoupler au si vaste vagin. Mais voyant si fort excités
les associés du devant, il éprouve la crainte qu'ils n'exigent trop de lui
et ne mettent à bas sa nouvelle vigueur. Il préfère finalement encourir
le blâme et s'unir au trou sale plutôt que de procéder à la conjonction
avec la voie propre, bibliquement recommandée:

Bien peu apres, loyseau de Iupiter
Presque aussitôt le vit ressuscité
Delibera pariser pour le pire.
Se résolut à plonger dans le gouffre.
Mais les voyant tant fort se despiter:
Mais les voyant si fort le défier,
Craignit quon mist ras, ius, bas, mat, lespire
Craignit qu'on vînt à bout de sa verdeur,
Et mieulx ayma le feu du ciel empire
Et préféra, dût le ciel l'en blâmer,
Au tronc rauir ou lon vend les soretz:
Au trou gicler, où l'on vend le goudron,
Que laer serain, contre qui lon conspire,
Plutôt que l'antre duquel on médit tant,
Assubiectir es dictz des Massoretz.
Emmortaiser traditionnellement.

La huitième strophe expose que, cette décision prise, le vit se dispose
à s'engager postérieurement malgré les efforts du devant qui, s'offrant

largement, cherche à intercepter le membre. Et ceux du devant se mettent alors à insulter leur voisin de derrière, le traitant de salisseur, contestant qu'il ait voix au chapitre, et l'accusant de dévoyer le membre à eux voué, ce que nous pouvons comprendre comme étant le revirement de la dame qui, offusquée de voir prise au sérieux sa boutade, proteste hautement devant la manœuvre d'approche:

Le tout conclud fut a poincte affilee,
    Le parti pris, fut avancée la pointe
Maulgre Até, la cuisse heronniere,
    Malgré l'ouvroir aux cuisses haut-levées,
Que la sasist, voyant Pentasilee
    Qui là s'offrit, voyant le trou plissé,
Sus ses vieux ans prise pour cressonniere
    Sur ses vieux jours transformé en baisoir.
Chascun crioit, vilaine charbonniere
    Chacun criait: Immonde barbouilleur,
Tapartient il toy trouuer par chemin?
    Te revient-il d'être ainsi sur les rangs?
Tu la tolluz la Romaine baniere,
    Tu l'as ravi le bâton pèlerin
Quon auoit faict au traict du parchemin.
    Parti pour le sanctuaire pelu.

La neuvième strophe expose que, n'aurait été, à la jonction des cuisses, le con abondamment englué attendant sa pâture, on eût corrigé l'anus de telle façon qu'il eût été cruellement meurtri; mais la proximité a fait renoncer au châtiment. Et la décision dont il est alors parlé sous-entend qu'on est revenu à l'idée de conjonction orthodoxe, moyennant un arrangement donné pour concession, et imposé plutôt que conclu: le battement des testicules contre l'anus; et l'on ajoute que si cela devait le mettre en émoi, on lui octroierait le substitut du membre: le godemiche:

Ne fust Iuno, que dessoubz larc celeste
    Ne fût le nid qui, en haut de la fourche,
Auec son duc tendoit a la pipee:
    Par son gluau appelait à l'oiseau,
On luy eust faict un tour si tresmoleste
    On lui eût fait un tour si forcené
Que de tous poincts elle eust este frippee.
    Que de partout il eût été meurtri.
Laccord fut tel, que dicelle lippee
    Mais on convint que de tel enconnage

Elle en auroit deux oeufz de Proserpine
   Il obtiendrait les deux œufs de la pine.
Et si iamais elle y estoit grippee,
   Et si jamais il en prenait émoi,
On la lieroit au mont de Lalbespine.
   On l'allierait au roide godemiche.

La dixième strophe laisse supposer que cet accord a été mis en pratique pendant sept mois, et nous pouvons penser qu'il s'agit là d'une
allusion toute personnelle, l'indication de cette durée ne pouvant avoir
d'intérêt que pour la femme à laquelle est adressée la pièce de vers.
Donc, à la fin de ce temps de probation (et ce temps est bien celui des
rapports orthodoxes puisque en est retranchée la période des règles), le
godemiche est dit se tenir entre la vulve et l'anus pour prétendre, ou
bien remplacer totalement le vit dans sa fonction, ou bien, après essai
d'efficacité, être employé en même temps que lui selon un partage à
établir, et cela afin que les cons si avides (généralisation à prendre
évidemment au singulier) aient enfin leur ration de foulage: c'est dire
que ces sept mois ont pu n'être pas absolument convaincants, l'auteur,
qui n'est plus un jeune homme, ayant pu être encore quelquefois
décevant:

Sept moys apres, houstez en vingt & deux
   Sept mois après, ôtez les jours des règles,
Cil qui iadis anihila Carthage,
   Celui qu'on nomme le bondon lieutenant,
Courtoysement se mist en mylieu deux
   Très poliment se mit au périnée,
Les requerent dauoir son heritage.
   Les requérant d'avoir la succession;
Ou bien quon feist iustement le partage
   Ou qu'on fixât à chacun d'eux son lot
Selon la loy que lon tire au riuet,
   Selon la preuve établie par déduit,
Distribuent un tatin du potage
   Accordant leur ration de foulage
A ses facquins qui firent le breuet.
   A ces pendards qui dictèrent leur loi.

Jusque là, donc, il s'est agi de retracer de façon aussi légère que
possible l'histoire d'une liaison parsemée d'échecs sexuels, puis de faire
intervenir plaisamment l'idée d'un remplacement du membre par
l'olisbos. Mais ce substitut est finalement gardé en réserve pendant une
période probatoire de sept mois, au terme de laquelle le godemiche est

censé faire valoir ses droits en arguant de l'engagement pris, car nous venons d'entendre que la probation n'a pas été une apothéose. Et c'est alors qu'est avancée l'hypothèse d'une atteinte vénérienne qui contraindrait, cette fois, le membre à un an d'abstention. Et l'idée, partiellement sous-entendue puis exprimée, est bien celle que nous avons discernée: devant la fréquence de telles atteintes, et vu l'avidité bien connue des sexes de femme qui les force à se rabattre alors sur le substitut de bois, le risque est grand d'avoir à ravager des arpents de forêt. Finalement, le godemiche est dit n'être qu'un pâle imitateur, et il est invité à rejoindre ses frère trompeurs, les guilles, douzils et autres formes de bois de même calibre:

Mais lan viendra signé dun arc turquoys
> Mais l'an viendra signé du trait punais
De cinq fuseaulx, & troys culz de marmite
> De saint Coulant et du derrière en feu,
Onquel le dos dun roy trop peu courtoys
> Où le bulbe d'un dard peu empressé
Poyuré sera soubz un habit dhermite.
> Sera poivré sous son beau capuchon:
O la pitié. Pour une chattemite
> Miséricorde! Pour un nid d'enfourchure,
Laisserez vous engouffrer tant darpens?
> Laisserez-vous sacrifier tant de bois?
Cessez, Cessez, ce masque nul n'imite,
> Cessez, cessez, nul n'égale le vit;
Retirez vous au frère des serpens.
> Allez rejoindre vos frères les faussets.

La douzième strophe est la première des trois qui forment la conclusion; elle entreprend de représenter la période de paix qui pourrait succéder à cette année où le vit malade aurait été tenu de s'abstenir. Le plaisir paisible s'installera pour lui, guéri et plein d'allant, avec ses bons amis qui sont, nous en sommes maintenant assurés, les orifices du devant et du derrière ayant mis fin à leur concurrence. Les poils gris, momentanément délaissés, seront de nouveau montés puisque le dernier vers parle de triomphe. Et ces poils gris, joints à la locution sus ses vieulx ans, de la huitième strophe, nous confirment que la dame à qui sont adressés les vers est bien une compagne d'un âge certain, peut-être cette veuve que les biographes donnent pour la mère de deux des enfants qu'on attribue à Rabelais.

Cest an passé, cil qui est, regnera
> Ce mal passé, le seul vit règnera

Paisiblement auec ses bons amis.
    Paisiblement sur les deux orifices;
Ny Brusq, ny Smach lors ne dominera
    Ni cul ni con lors ne dominera:
Tout bon vouloir aura son compromis
    Tout bon désir sera considéré.
Et le solas qui iadis fut promis
    Et le plaisir de longtemps dévolu
Es gens du ciel, viendra en son befroy.
    Au septième ciel viendra en la besogne.
Lors les haratz qui estoient estommis
    Lors les poils gris qui étaient au rancart
Triumpheront en royal palefroy.
    Triompheront, superbement montés.

La treizième strophe est la suite de la description de l'idyllique temps devant suivre la réconciliation, le temps de passe-passe étant bien le temps de la dissimulation, de la fourberie dans les hauts et les bas de la mésentente. Et ce temps durera autant que la paix définitive n'aura pas été faite. Alors s'installera même une période plus savoureuse que celle qui a précédé le différend. Une plaisante apostrophe à tous les féaux de l'auteur, c'est-à-dire à tous ses semblables, les invite à lever le gland, aspirant au repas, autrement dit à la consommation faite ensemble; et il s'agit, bien sûr, de la consommation sexuelle. Les deux derniers vers ne sont pas autre chose que l'engagement de l'auteur à ne pas retomber dans la même détestable erreur, tant cette période de brouille lui a été douloureuse:

Et durera ce temps de passe passe
    Et durera ce temps de faux-fuyants
Iusques a tant que Mars ayt les empas.
    Jusqu'à ce que revienne notre paix.
Puis en viendra un que tous aultres passe
    Puis en viendra un meilleur que tout autre,
Delitieux, plaisant, beau sans compas
    Délicieux, plaisant, beau sans pareil.
Leuez voz cueurs: tendez a ce repas
    Levez vos glands: tendez à cette agape,
Tous mes feaulx. Car tel est trespasse
    Tous mes compères. Car tel est rétabli,
Qui pour tout bien ne retourneroit pas,
    Qui nullement ne voudrait retomber,
Tant sera lors clamé le temps passe.

Tant fut pénible la mésaventure.

La dernière strophe, en vue de laquelle a été composée la pièce, décrit la situation qui sera alors celle du vit réintégré dans ses prérogatives: celui qui fut si décevant sera logé au mécanisme de la poupée articulée, et plus n'aura à être réclamé le Seigneur Vit. Mieux encore: une fois le secoueur bien enté dans la brèche, l'engin ne risquerait plus d'être subtilisé. Autrement dit, c'est représenter que cette communion sexuelle est la meilleure protection contre toute infidélité. Seraient de cette façon définitivement résolues les pires dissensions, et l'on parviendrait, au fil des relations sexuelles, à balayer une fois pour toutes cette accumulation de griefs abusivement amplifiés:

Finablement celluy qui fut de cire
  Finalement, celui qui fut si terne
Sera logé au gond du Iacquemart.
  Sera logé au trou de la poupée;
Plus ne sera reclamé, Cyre, Cyre,
  Plus ne sera imploré Seigneur Vit,
Le brimbaleur, qui tient le coquemart.
  Le secoueur bien planté dans la brèche.
Heu, qui pourroit saisir son braquemart?
  Qui donc pourrait s'emparer de l'engin?
Toust seroient netz les tintouins cabuz
  Seraient tôt chassés les tracas pommés,
Et pourroit on a fil de poulemart
  Et pourrait-on à force de culletis
Tout baffouer le maguazin dabus.
  Tout oublier de ce tas de griefs.

Voilà terminé le déchiffrement de ces cent douze vers; il est sûr, pourtant, que tout n'y est pas incontestable: chaque strophe, presque, formant un carrefour qui offre diverses compréhensions aussi plausibles les unes que les autres, il se peut que nombre de celles pour lesquelles nous avons opté ne soient pas tenues pour les meilleures. Mais il est non moins certain que la résolution d'un poème énigmatique n'est pas la démonstration d'un théorème, et il est vain d'espérer pouvoir jamais placer au bas de quelque interprétation que ce soit le C.Q.F.D. qui fut usuel. En tout cas, le voile est désormais levé, et il le reste pour tout nouvel examen; car, comme nous l'avons déjà servi pour le Pantagruel, Qui mieuz puet mieuz face, et Qui mielz set mieulz doit dire[9].

---

9. Proverbes français antérieurs au XVe siècle, Joseph Morawski, Champion, 1925; proverbes 1996 et 1997.

Il est pourtant quelque chose d'assuré: si l'on s'en rapporte à ce que dit Littré, l'énigme étant une définition de choses en termes obscurs, mais qui, tous réunis, désignent exclusivement leur objet et sont donnés à deviner, les Fanfreluches ne sont en rien cette énigme dont parle doctement la glose. Elles s'apparentent plutôt aux messages secrets du chapitre xxiv du Pantagruel, celui de la lettre d'une dame de Paris, où Rabelais expose complaisamment les procédés dont dispose celui qui ne veut être entendu que de son destinataire. En fait, les Fanfreluches ressortissent à la cryptographie, que Littré définit: L'art d'exprimer secrètement ses sentiments et ses pensées, soit par des mots obscurs ou par des écrits équivoques, ou par des mouvements et des signes. Les Fanfreluches sont bien une pièce où l'auteur exprime secrètement ses sentiments dans un écrit équivoque, et constituent bien un crypto-gramme qui s'ajoute à tous ceux que Rabelais a déjà distribués dans le Pantagruel avec les langages de Panurge, le procès de Baisecul et Humevesne ou la dispute contre Thaumaste.

Et force nous est alors de remarquer que c'est par simple décalque que la glose a nommé énigme ces Fanfreluches, faisant un rapproche-ment tout scolaire avec l'Énigme en prophétie du dernier chapitre du présent Livre. Mais que n'a-t-elle alors mieux entendu ce que contient ce chapitre où Gargantua, toujours quelque peu pédantesque, se laisse abuser par la solennité affectée de l'expression et voit une argumenta-tion à sujet théologique quand Frère Jean, raisonnablement futile, ne voit que la description du jeu de paume[10]. Nul doute, pourtant, que Rabelais a placé en finale cette Énigme et sa double interprétation pour que l'on prît garde à ne pas tomber dans le même panneau pour les Fanfreluches. Mais l'avertissement est resté lettre close pour des géné-rations de commentateurs, aucun de ces maîtres inertes (G. xviij) n'ayant jamais jugé bon de sortir la tête de son lyripipion à l'antique pour voir si la clé ne se trouvait pas du côté de cette gaudriole que la tradition de pudibonderie de l'Université a toujours si obstinément ignorée.

Pour nous, il n'est pas sûr qu'en agissant comme nous venons de le faire, nous ne nous soyons pas conformés à ce que recommande Rabe-lais au Prologue pour la recherche de la substantificque mouelle. Nous avons vu que les commentateurs prennent le conseil au pied de la lettre

---

10. Le moment venu, nous tenterons de voir si cette Enigme en prophetie n'a pas directe-ment inspiré Rabelais pour ses Fanfreluches et si, en conséquence, l'interprétation suffisante de Pantagruel et la naïve compréhension de Frère Jean n'ont pas à charge de détourner l'attention du vrai sens des vers.

et qu'ils l'entendent gravement: pour eux, cette moelle ne peut qu'être interprétation à plus haut sens. Mais il se peut, semble-t-il, que cette moelle, de temps à autre, ne soit rien autre que celle dont parle un Beroalde de Verville qui, écrivant seulement quatre-vingts ans après Rabelais, a toutes chances de le mieux entendre qu'on ne l'a entendu à mesure que passait le temps. Or ce Beroalde évoque, dans son Moyen de Parvenir, au chapitre XLIII, le bouton d'amour d'une femme, qui tire la mouëlle des os sans les casser; et il met en scène, au chapitre LXIII, une prieure qui, répondant à trois religieuses de Poissy tentant de définir la constitution du membre, jugeoit plutost qu'il fut d'os, pource qu'elle en avoit, le matin même, tiré la mouëlle d'un.

Cela dit qui, sans être de portée générale, incite au moins à se poser la question du chapitre xxvij: Dont vient cela messie(u)rs? pensez y ie vous pry, nous poursuivons.

Comment Gargantua fut vnze moys porté ou ventre de sa mere, Chapitre.iij.

Si dans le Prologue, puis dans quelques lignes du chapitre premier, Rabelais a manifestement tenu, et surtout à l'intention de ses pairs, à moquer quelque peu les censeurs qui se sont acharnés sur son premier Livre, il nous est apparu aussi, par la plus grande partie de ce premier chapitre et par le salace cryptogramme du chapitre ij, que la détermination de Rabelais est, à ce moment, de mettre l'accent sur la paillardise plutôt que d'aborder de nouveau des sujets de religion. Sa prudence est ainsi évidente dans ce chapitre iij, pendant du chapitre ij du Pantagruel, où s'il est question d'un accouchement qui sort de l'ordinaire, sa raillerie ne met plus en cause que les écrits profanes relatifs à un point que la tradition populaire a toujours tourné en dérision: celui des grossesses qui tirent en longueur.

Mais, évoquant d'abord le père de Gargantua, il commence fort bénignement avec l'énumération des produits de charcuterie régionale ou autres préparations salées. Et c'est là que prend place, parmi les jambons, les langues de bœuf fumées, l'abondance de andouilles, le bœuf à la moutarde, ce renfort de boutargues qui, seul mets provenant du poisson au milieu de toute cette alimentation carnée, pourrait nous laisser quelque doute sur les explications qu'en donnent les commentateurs. En fait, il s'agit bien de ces œufs de mulet ou de thon, salés et épicés, séchés ou fumés, présentés en forme de saucisse plate, originaires de Provence. Mais nous entendons que c'est cette forme de saucisse qui fait mêler ce produit de la mer aux charcuteries et autres préparations terriennes. Rabelais les associe d'ailleurs souvent; ainsi, au chapitre xxj, il dira encore que Gargantua commencoit son repas par quelques douzeines de iambons, de langues de beuf fumees, de boutargues, dandouilles, & telz aultres auant coureurs de vin. Et nous retrouverons le même groupement au chapitre XVIII du Quart Livre où Pantagruel fait jeter dans les naufz chargées de moines soixante et dix huict douzaines de jambons, nombre de caviatz, dizaines de cervelatz, centaines de boutargues. Ce n'est qu'au chapitre LX du même Quart Livre que nous verrons ces boutargues citées seules avec le caviar, mais il s'agit alors non plus d'aiguillons de vin mais de l'énumération de ce que les maraulx sacrifient à leur dieu Ventripotent es jours maigres entrelardez.

Puis c'est le mariage de Grandgousier avec Gargamelle, qui ioieusement se frottent leur lard faisant eux deux souuent ensemble la beste a deux doz; ils arrivent ainsi à concevoir un beau fils que sa mère porte iusques a lunziesme moys. Et commence la dissertation sur le temps de la gestation, en fait seul sujet du chapitre, peut-être moins innocent qu'il y paraît puisqu'il est d'emblée question des engrossements tout mythiques de la nymphe Tyro par Neptune, et d'Alcmène par Jupiter, et que les naissances de deux enfants pour l'une, d'Hercule pour l'autre ne sont pas sans appeler à l'esprit une autre conception miraculeuse plus périlleuse à évoquer.

Michel dit ici que la durée de la gestation était un sujet controversé au XVIe siècle. Il ajoute qu'en qualité de médecin Rabelais fut consulté comme expert par l'ambassadeur de François Ier à Venise sur une contestation de la date de conception. Demerson dit qu'il s'agissait de savoir si un enfant né moins de sept mois après le mariage de ses parents doit être tenu pour légitime. Jourda précise qu'on ignore la réponse que fit l'auteur; et nous le déplorons fort car il serait piquant de voir comment Rabelais put traiter sérieusement de cette question qu'il considère ici du seul point de vue malicieux du populaire.

Cela ne l'empêche pourtant pas de citer alors sept autorités qui confirment, dit-il, ce qu'il vient d'avancer pour la gestation de Gargamelle, puisque ces auteurs, prétend-il, ont déclaré non seulement possible, mais aussi légitime, l'enfant né de femme lunziesme moys apres la mort de son mary. En fait, les commentateurs laissent entendre que seul de tous ces auteurs, Aristote admet quelques gestations anormales, et seulement pour les animaux, et que les autres n'ont jamais abordé la question. Tout cela est donc dit au mode plaisant. D'ailleurs il faut bien voir que Rabelais donne d'abord ces sommités pour anciens Pantagruélistes et qu'il en clot la liste en parlant de mille aultres folz.

Screech, néanmoins, commente avec sa gravité habituelle et nous dit que toute l'érudition de ce chapitre provient du long commentaire qu'André Tiraqueau avait fait d'une loi relative à ce sujet. Dans ce commentaire, ajoute-t-il, paru en 1535 et que Rabelais a dû consulter en manuscrit, Tiraqueau, sans prendre position, explique que les glossateurs avaient essayé de concilier les opinions contraires d'Aristote, etc., et de Justinien, arrivant au compromis d'une limite absolue de dix mois et quelques jours, c'est-à-dire de onze mois. Et Screech se croit autorisé à conclure: Rabelais s'oppose à cette limite de onze mois, non pas en médecin (les médecins humanistes acceptant en général l'opinion d'Aristote), mais en légiste humaniste, préférant la robe de la loi romaine à la brodure fécale des glossateurs. Et il cite à l'appui un article des Études rabelaisiennes.

L'esprit de sérieux de Screech l'a, encore une fois, empêché de voir que Rabelais ne se saisit ici de la question que pour la tourner en facétie; car il est évident que c'est le bon sens populaire qui prévaut, laissant entendre que cette légitimation des onze mois conduit, comme on dit, à faire payer les sabots à celui qui n'a pas fait les pieds.

Cela est pourtant manifeste puisque Rabelais, après avoir parlé des mille aultres folz auxquels sont assimilés les sept autorités citées, poursuit par la phrase : le nombre desquelz a este par les legistes accreu. Et de citer des lois que nous sommes bien obligés de considérer comme avis de folz:

Il y a là d'abord, selon le commentaire de Screech et la traduction de Michel, la loi De ses héritiers légitimes, loi sur l'intestat, paragraphe Des fils, qui n'admet pas la légitimité des enfants nés onze mois après le décès du père putatif; la loi Sur la légitimité. Des restitutions, et de la femme qui accouche le onzième mois après la mort de son mari, loi qui écarte également de la succession tout enfant né après dix mois révolus. Et si Rabelais déclare œuvre de folz ces lois qui parlent, l'une de onze, l'autre de dix mois, c'est bien qu'il s'en tient, lui, au délai ordinaire. Pourtant Screech dit encore: Rabelais ne se moque pas du texte des deux premières lois, mais des glossateurs qui les ont chaffourées, interprétant comme onze mois les dix mois du texte. On n'est pas trop disert sur la fausse interprétation, mais il est vrai que le commentateur nous invite à nous reporter aux Études rabelaisiennes, VIII, ce que nous nous garderons de faire puisqu'il nous est apparu que discuter sérieusement de la question implique que l'on n'a pas compris à quel niveau se situe ici l'écriture.

Il y a encore la loi Gallus: Des enfants, s'il faut faire héritiers ou deshériter les enfants posthumes, selon laquelle, dit Screech, les enfants nés après dix mois sont, exceptionnellement, considérés comme légitimes; et la loi De l'état des hommes; on admet que la gestation peut être terminée le septième mois, à cause de l'autorité du très savant Hippocrate, loi qui traite surtout de la légitimité des enfants nés prématurément après sept mois, mais qui s'associe par les gloses, ajoute-t-il, avec les trois autres lois.

Ainsi, ce qui semble ressortir de ces citations, c'est leur disparité, indiscutablement volontaire, qui rejoint la fantaisie qui a présidé au choix des sept autorités. Et tout cela n'a visiblement dessein que de moquer les doctes naïfs qui osent se prononcer sur une question où l'accouchée est bien la seule à connaître les causes de ces apparentes variations dans le temps de la gestation. C'est déjà ce qui nous est apparu au chapitre xix du Pantagruel, au cours de la dispute entre Thaumaste et Panurge, touchant l'état de virginité de Marie. L'effort de la glose est donc aussi vain que ridicule, qui veut faire tourner au sérieux la satire rabelaisienne et qui cherche à la ranger dans la catégorie des vénérables textes d'enseignement.

Cette glose aurait été nettement mieux inspirée en se penchant sur la phrase dans laquelle est enchâssée la loi Gallus: Dabondant en ont chaffourré leur robidilardicque loy Gallus (...) & quelques aultres, que pour le present dire n'ause. Il y a là deux mots et une intention que les commentateurs n'ont jamais bien précisés, plus empressés qu'ils sont de faire étalage d'érudition de compilation que de se risquer à donner un avis.

Les deux mots sont, bien sûr, chaffourré et robidilardicque, pour lesquels les commentaires sont succincts. Boulenger dit, pour le premier: barbouillé. Je suppose que le mot vient de chat fourré, magistrat de justice, par allusion aux grimoires qu'étaient les actes des gens de loi. Pour le second, il dit: Rodilardus, ronge-lard, mot créé par Calenzio au quattrocento. Rabelais y joint l'idée de rober, dérober. Guilbaud dit: barbouillé; puis: mot burlesque: digne d'un voleur et d'un rongeur de lard. Jourda dit, englobant les deux mots: barbouillé leur loi de ronge-lard. Michel dit: barbouillé, puis: loi de ronge-lard, mot formé par Rabelais sur le modèle de rodilardique, invention burlesque de l'Italien Calenzio, dont l'œuvre avait été traduite en 1534. Fantastique bataille des grans roys Rodilardus et Croacus. Au Quart Livre, chapitre LXVII, Rodilardus est un chat. Screech dit: barbouiller, et renvoie au chapitre xj, ajoutant: s'applique surtout au papier. Il dit, pour le deuxième mot: mot forgé sur Rodilardus, roi des rats. Pour Sainéan (La Langue de Rabelais), une fusion de ce mot avec rober, par allusion au caractère rapace de la loi Gallus. Mais plus probablement, une allusion plaisante au caractère lubrique des gloses de cette loi, qui permet aux veuves de frotter leur lard en robbe (à la dérobée). Demerson dit, groupant aussi les deux mots: Ils en ont barbouillé leur loi de Gratteurs de lard (mot forgé sur Rodillard, le Rat Ronge-lard, et sur robe, à la dérobée, faisant sans doute allusion aux veuves joyeusement se frottant leur lard sous le couvert de la loi). Et la translation donne: Ils en ont copieusement enrobé leur grattelardonesque loi. Demazière se borne à dire: barbouillé.

Nous avons déjà traité du mot chaffourré au sujet du quarante-deuxième titre de la Librairie (P. vij): Le chatfourré des procureurs, et nous nous sommes reportés d'abord à cette phrase du Gargantua qui nous occupe, puis à cette phrase du Quart Livre: Continuant nostre routte, au jour subsequent passasmes Procuration, qui est un pays tout chaffouré et barbouillé (XII). Et nous avons vu que Marichal, le commentateur, dit alors: Chaffourer: barbouiller; de chauffourer: chauffer au four à chaux, peut-être poitevin, s'applique, en particulier, au papier couvert d'écriture, usuel. Mais nous sommes finalement convenus que si Rabelais écrit: chaffouré et barbouillé, ce ne peut être pour nous faire entendre: barbouillé et barbouillé. Et nous avons conclu que, pour ce texte du Quart Livre, le mot est chargé du sens de dénaturé par-dessous. Nous avons admis, conséquemment, que des lois chaffourées sont des lois dont on a truffé de compréhensions adventices le texte originel pour lui faire exprimer autre chose que ce qu'il prescrit. Pour nous, le verbe a donc le sens confirmé de dénaturer secrètement, falsifier. Resterait pourtant à examiner l'autre renvoi qu'indique Screech, celui du chapitre x du Gargantua (xj dans l'édition de 1542), où nous lisons: Tousiours se vaultroit par les fanges, se mascaroyt le nez, se chauffouroit le visaige, phrase pour laquelle le sens de barbouiller pourrait passer pour bon. Mais nous nous y arrêterons en temps et lieu.

Pour le mot robidilardicque, nous nous reportons immédiatement au renvoi qu'indique Michel pour le chat Rodilardus (Q.L. LXVII). C'est l'ultime chapitre du Livre; Panurge y apparaît, sortant de la soute conchié et esgratigné des gryphes du celebre chat Rodilardus. Marichal dit alors: Ronge-lard, nom de rat, forgé par Calenzio, humaniste auteur d'un De bello ranarum et murium, 1511, imité de la Batrachomyomachie. Nous avons vu que c'est l'avis, explicite ou implicite, de tous les commentateurs.

Ainsi, robidilardicque viendrait de ce Rodilardus, ronge-lard, nom du rat plus tard transféré au chat; et nous pouvons déjà nous étonner que ce nom dont a été judicieusement affublé le rongeur soit, au Quart Livre, dévolu au félidé qui, précisément, est l'ennemi de ce rat. Nous soupçonnons ici quelque intention seconde, mais ce n'est pas ici le temps de parler du Quart Livre, qui n'est pas encore écrit, et nous revenons à 1534 et à ce chapitre iij du Gargantua.

Donc, nous devrions convenir que c'est ce sens de ronge-lard qui a servi de base au mot robidilardicque, en même temps que nous devrions admettre que la seule syllabe bi, accolée à la syllabe ro qui la précède, est censée contenir soit l'idée de dérober, soit celle d'agir à la dérobée. Autant dire tout de suite que cela nous paraît être une construction édifiée pour les besoins de la cause, et que cette cause nous semble être indéfendable. Construction pour construction, ce que nous voyons là, c'est un mot qui, s'il s'inspire du nom de Rodilardus (qui n'est encore que celui du rat), est formé d'abord de robi, où nous distinguons non pas l'idée de rober, voler, mais bien le mot robin au sens de personnage sans considération, cette idée ayant manifestement amené le sens péjoratif de robin: homme de loi véreux. Dauzat donne 1572 pour date d'apparition du mot, mais il dit que le nom propre Robin, altération familière de Robert, désignait déjà dans l'ancienne littérature un paysan prétentieux. La deuxième partie du mot, dila, semble évoquer l'idée de dilation: action de différer (Greimas); et la fin du mot, lardicque, où nous voyons effectivement l'idée de lard, nous apparaît alors comme chargée d'exprimer la notion de grasse pâture ainsi procurée par la mise en application de cette loi et de ses interprétations tendancieuses. Car ce que nous entendons alors, c'est que les mots chaffourré et robidilardicque, ayant tous deux trait à une loi, ne peuvent qu'avoir une compréhension juridique, et qu'ils sont juxtaposés à dessein pour s'éclairer l'un par l'autre.

Pour nous, donc, la robidilardicque loy est cette loi employée à des fins intéressées par des légistes improbes, cette précision placée après le participe chaffourré, entendu comme dénaturé, falsifié, expliquant le dédain en lequel la tient Rabelais, d'autant que mille aultres folz ont pu la truffer d'extensions qui la rendent encore plus méprisable. La phrase s'entend ainsi: Et de plus en ont falsifié leur chicano-dilatoire lucrative loi Gallus, ff. De lib. et posthu., et l. septimo ff. De stat. homi, et quelques autres que, pour l'heure, je n'ose citer.

Et nous arrivons là à l'expression d'une réticence qui nous reste à bien entendre, celle qui est contenue dans: & quelques aultres, que pour le present dire n'ause. Screech avance ici seul: Ces jugements que Rabelais n'ose pas dire appartiennent peut-être à la loi ecclésiastique. Car les autres commentateurs ne se sont nullement souciés de faire le moindre bruit à l'entour d'une difficulté qui repose si paisiblement. Or il est clair que cette phrase est le prolongement de l'excuse du chapitre premier: exceptez celle du messias, dont ie ne parle, car il ne me appartient, aussi les diables (ce sont les calumniateurs & caffars) se y opposent. Découle apparemment de la même opposition le pour le present dire n'ause, et nous pouvons penser que le & quelques aultres a trait aux lois du droit canonique relatives à la gestation ou, plus dangereuses encore à évoquer, aux prises de position de l'Église à propos de maternités scripturaires.

Donc, sans insister, Rabelais donne le commentaire de son cru: Moiennans lesquelles loys, les femmes vefues peuuent franchement iouer du serrecropiere a tous enuiz & toutes restes, deux moys apres le trespas de leurs mariz. Et c'est là que nous sommes amenés à entendre que si sont d'abord dits anciens Pantagruelistes puis traités de folz les auteurs des avis qui ont appuyé les lois ultérieurement édictées, c'est parce qu'ils sont d'une part Pantagruélistes pour les plaisantes occurrences qu'ils ont ainsi ménagées aux hommes; et folz parce qu'ils ont toutefois exposé ces hommes à se faire posthumement berner. Quant aux légistes qui, eux, ne font qu'augmenter le nombre de ceux qui ne sont que folz sans être en rien Pantagruélistes, il paraît certain que c'est parce que, sans penser le moins du monde à tirer parti de la situation, ils n'ont abouti qu'à exposer le genre masculin à être trompé non plus en herbe ni en gerbe mais, peut-on dire, en paille. A noter qu'ici Rabelais parle de jouer du serrecropiere au sens général de se faire gimbretiletolleter (Q.L. Prol.) et non avec la spécification avignonnaise que nous avons vue au chapitre v du Pantagruel.

Pour a tous enuiz & toutes restes, il s'agit, nous dit-on, de termes de jeu. Littré donne en effet pour envi: argent qu'on met au jeu pour enchérir sur son compagnon; et pour reste: faire son reste, mettre en jeu tout l'argent qu'on a encore devant soi. La plupart des commentateurs gardent cette idée de hasarder tout, et disent: enviz: défis; restes: banco (Boulenger); A qui mieux mieux et en risquant tout (Guilbaud); A tous défis et en risquant tout (Plattard); A tous risques (Michel); En relevant tout défi et en assurant tout risque (Demerson), la translation donnant: En misant ferme et risquant gros. Demazière dit pour toutes restes: tous loisirs.

Screech, lui, dit dans son Index verborum: Toutes restes: en risquant tout, d'où, de toutes ses forces, et annote pour enviz: Il y a évidemment un jeu de mots: vit (membre viril). L'effort de Screech est louable, qui va au-delà de la locution littérale qui satisfait tous ses collègues, mais il semble qu'il s'est pourtant borné et que le jeu de mots se situe aussi entre enviz: enchère, et enviz: désirs. Car il est certain que l'expression, qui s'applique aux femmes veuves qui peuvent désormais franchement (c'est-à-dire sans réserve) jouer du serrecropiere, sous-entend qu'elles peuvent alors, sans la retenue que leur imposait l'existence du mari, toujours capable de contester la paternité, satisfaire tous les désirs jusque-là contenus. Et nous pouvons alors, semble-t-il, distinguer dans la locution a tous enuiz (où nous retenons le jeu de mots sur viz et vit) & toutes restes, en même temps qu'une équivoque sur l'idée de à tout va, c'est-à-dire sans réserve, une autre sur l'idée de la plus grande diversité dans le choix des partenaires. Pour nous, l'expression a tous enuiz & toutes restes équivaut ici à quelque chose comme: à tous désirs et gobant tout.

Là-dessus Rabelais, apparemment soucieux de se montrer bon Pantagruéliste, va glisser dans son développement une incise où il se met en scène de façon avantageusement bouffonne: Ie vous prie par grace vous aultres mes bons auerlans, si dicelles en trouuez que vaillent le desbraguetter, montez dessus & me les amenez. La plaisanterie s'établit visiblement sur le sens équestre de montez dessus qui assimile ces veuves à des juments en chaleur qu'on enfourche pour les conduire à l'étalon, l'auteur se donnant donc pour ledit étalon. Et la compréhension paraît avoir pour axe ce terme auerlans, ici qualifiés de bons, ce qui implique que ce même terme auerlans employé seul est péjoratif, d'autant que c'est ainsi que vont en user les fouaciers du chapitre xxv insultant les bergers. Pourtant tout le monde donne à ce mot une signification fort vague. Boulenger dit: Gars. Guilbaud, Jourda et Michel disent: Compagnons. Plattard reste muet. Screech, dans son Index, dit: Gars, compagnon; et probablement pour l'insulte: Vauriens. Il ajoute toutefois pour faire vraisemblable: Poitou et ailleurs. Quant à Demazière, il déclare: Averlans, averlins pouvaient bien signifier les valets de ferme.

Le mot est inconnu de Greimas, mais Godefroy donne dans son Complément l'orthographe unique Averlant avec les sens d'ivrogne, de bon compagnon, ces sens n'apparaissant pourtant nullement fondés par les six citations qu'il produit (et que nous aurons à considérer chacune en particulier au chapitre xxv). Or tout cela est uniquement issu du contexte, que bien que mal, et se révèle n'être que brouillard artificiel puisqu'il suffit d'ouvrir Lou Pichot Tresor pour voir que le mot averlan est occitan et qu'il a pour sens: maquignon. Et ce sens est bien celui qu'attend l'esprit, tout au moins pour la phrase qui nous occupe; nous entendons: Je vous prie par grâce mes fidèles maquignons, si d'icelles en trouvez, etc., et sont ainsi pleinement confirmés et le parallèle entre les veuves et les juments, et la facétie de l'auteur en veine de gaillardise.

Finie cette joviale intrusion, Rabelais reprend son développement en le rattachant, par-delà l'incise, à: deux moys apres le trespas de leurs mariz; et il continue: Car si au troisiesme moys elle(s) engroissent: leur fruict sera héritier du deffunct (et nous comprenons, bien sûr: ni avant, si elles entendent profiter des avantages de la loi; ni après, ce qui ferait de l'enfant un bâtard). Et la groisse congneue, poussent hardiment oul-

97

tre, & vogue la gualee, puis que la panse est pleine.

Ici, les commentateurs ne sont pas davantage à leur aise, tant leur apparaît crue l'expression de cette licence, pourtant assez courante pour que l'Église ait constamment tenté de préconiser l'abstention de tout rapport pendant la grossesse. Si la plupart d'entre eux donnent l'équivalence galée, galère, les commentaires sont rares. Seul Michel explique: Qu'elles poussent hardiment leurs pointe, et vogue la galère! (sans que nous soyons certains de la légitimité de la forme optative, et encore moins de la pertinence du possessif leur). Cette locution: poussent hardiment oultre, ne renferme pourtant aucune difficulté, exprimant le fait que ces veuves, se sachant gravides, continuent de plus belle à faire comme si elles cherchaient à le devenir, et dans le délai le plus bref. La translation donne d'ailleurs ici, mis à part le temps du verbe, une version exacte: et, leur grossesse connue, elles pourront continuer effrontément.

Screech dit: Vogue la galée: refrain d'une chanson populaire dès le XV⁰ siècle. Mais Demazière, qui dit: Hé! vogue la galère était le refrain d'une vieille ronde, cite un couplet de celle-ci: Y avait trois filles, / toutes trois d'un grand; / Disaient l'une à l'autre: / Je n'ay point d'amant. / Et hé hé! / Vogue la galée! / Donne luy du vent. Et ce vent qu'on invite à donner à la galée afin, pouvons-nous penser, qu'elle ne soit plus en panne, donc qu'elle navigue, nous laisse penser que ce mot galée peut être aussi, dans cette ronde et dans la phrase de Rabelais, tout autre chose que la galère ou bâtiment de mer que nous donnent sagement les commentateurs. Examinons:

Les étymologistes, comme toujours dans les cas épineux, ne nous sont d'aucun secours, entérinant simplement les mots galée et galère au sens de navire, d'après le catalan, le grec byzantin, l'italien et l'espagnol. Quant à Littré, il dit: Galée: ancien nom des bâtiments de mer nommés plus tard galères.

Mais le bâtiment de mer est aussi le vaisseau; le mot vient du bas latin vascellum, diminutif de vas, vase; du XII⁰ siècle, navire; a fini par éliminer nef dans ce sens (Dauzat). Or ce sens de vaisseau, vase, ainsi que nous l'avons vu maintes fois au Pantagruel, a aussi le sens de vase, réceptable féminin, c'est-à-dire sexe de la femme. Le vaisseau étant donc à la fois le navire et le sexe de la femme, le mot galée n'aurait-il pu, par contagion, prendre aussi le sens de sexe de la femme? Mais nous serions là devant une dérivation par réflexion; et tout nous laisse penser que l'équivoque s'est établie populairement, donc spontanément, au niveau du mot galée lui-même. Continuons donc d'examiner:

Nous nous reportons à Greimas où nous trouvons: Galee, galie:

galère, petit navire de guerre long et étroit. Galion: petite galère à un seul rang de rame. Galiot: petit navire. Rameur dans une galie, matelot, galérien. Pirate, corsaire. Galiote: petite galère. Et il semble déjà que la définition: petit navire de guerre long et étroit, pouvant être comprise comme représentation de la vulve, aurait pu suffire à la compréhension érotique du mot. Mais un verbe, placé au-dessous de ce mot galée (seul l'en sépare le verbe galantir) nous paraît contenir l'explication: le verbe galer.

Sans nous arrêter aux sens qui ne nous paraissent pas spécifiquement érotiques: s'amuser, faire la noce, danser, se régaler, nous arrivons aux mots: Gaalise: lieu de prostitution; Galete: femme qui aime le plaisir; Galoise: femme qui aime le plaisir, femme galante. Cela suffit amplement à nous faire entendre que le sens de s'amuser du verbe galer peut prendre le sens de se réjouir sexuellement. Et nous avons ainsi la preuve que le seul radical gal peut véhiculer l'idée de plaisir sexuel, d'autant que nous rencontrons encore, juste après ce verbe galer, le mot galerne: vent du nord-ouest, et que nous savons bien que cet innocent terme sera tourné en paillardise par Panurge au chapitre IX du Quart Livre: Le vent de Galerne avoit doncques lanterné leur mère.

Il paraît donc établi que le mot gualée de Rabelais, loin d'avoir le seul sens de navire, a bel et bien celui d'organe féminin du plaisir, sens second que n'a pu que renforcer la traditionnelle acception sexuelle du mot vaisseau, et qui trouve de plus une ouverture éminemment propice dans le fait que la galée est le petit navire de guerre étroit et long, ce qui s'entend évidemment comme la petite embarcation du combat vénérien.

Avec ce & vogue la gualee, il nous faut donc aller au-delà du sens littéral de Advienne que pourra, et donner sa place au calembour sur le mot gualee: organe sexuel féminin, acception qui semble avoir été courante[1]. Et pour ce faire, il paraît nécessaire de prendre aussi en compte,

1. Nous rencontrons en effet chez Littré une autre acception de galée: Terme d'imprimerie. Planche rectangulaire garnie de deux tasseaux formant équerre et dans laquelle le compositeur place les lignes qu'il a construites dans son composteur. Nous pouvons comprendre le terme comme embarcation dans laquelle on place les lignes composées, mais à aucun moment la galée n'a de fonction permettant de l'assimiler à quelque chose qui est battu par les flots, qui vogue. Une autre idée pourrait alors être celle de la galée entendue comme galère au sens d'embarcation où peinent les galériens; mais la galée est précisément l'objet où le typographe dépose son travail terminé, et il ne peut y avoir dans ce mot galée aucune idée d'effort, cette notion devant être plus judicieusement attachée au composteur où le typographe peine pour édifier ses lignes. Donc, la traditionnelle salace disposition d'esprit des typographes ne devant pas dater d'hier, il semble évident que la galée a été ainsi nommée par antiphrase, donnant pour instrument de plaisir l'outil de travail, cet instrument de plaisir étant entendu comme l'organe sexuel féminin où, à intervalles plus ou moins longs correspondant au temps de composition, mais tenus pour temps de récupération, l'homme décharge le produit de son composteur, la ligne finie étant assimilée à l'éjaculation.

pour le verbe voguer, l'équivoque entre le sens de être poussé sur l'eau à force de rames (Littré), et le sens spécifique, de compréhension érotique immédiate, que donne aussi Littré pour le mot vogue-avant: rameur qui tient la queue de la rame et lui donne le branle. En fait, nous entendrons le & vogue la gualee, la galée étant aussi la galéasse, comme: Et vas-y de la connasse, cette compréhension étant largement justifiée par le: poussent hardiment oultre.

Et à l'appui de son dire, Rabelais avance ici la référence: Comme Iulie fille de lempereur Octauian ne se abandonnoit a ses taboureurs, sinon quand elle se sentoit grosse, a la forme que la nauire ne recoit son pilot que premierement ne soit callafatee & chargee. Le souci de ladite Julie est, bien sûr, de ne pas risquer d'abâtardir la lignée; mais Rabelais tait cette raison pour se donner, semble-t-il, le plaisir de jouer sur les deux sens du mot pilot: pilote et poteau, pilier (Greimas), ce jeu rebondissant sur le sens sexuel de navire.

Puis, revenant à ses veuves, Rabelais se met à inventer des mots images: Et si personne les blasme de soy faire rataconniculer ainsi suz leur groisse, veu que les bestes suz leurs ventrees nendurent iamais le masle masculant:

Ce verbe rataconniculer inspire diversement les commentateurs. Boulenger dit: Rataconner, c'est rapiécer; puis il croit bon de préciser: Ici le mot prend un sens obscène et se complique. Guilbaud parle seulement de mot burlesque formé sur rataconner, rapiécer. Plattard, Jourda et Demazière, peu sensibles à la lubrique création, se taisent. Michel dit, de façon étonnante: Rapetasser sur leur graisse; et si l'on doit penser que le mot graisse est un lapsus, on ne peut que trouver fade l'explication qui donne rataconniculer pour équivalent de placer une pièce sur un trou. Screech dit: Mot burlesque forgé sur rataconner, raccommoder + cul; jouer du con et du cul; faire l'amour. Demerson dit la même chose, mais en riant: Rataconner: rapetasser; Rabelais, séduit par l'expression du suffixe conner, surajoute au verbe un second suffixe, complémentaire et symétrique, si l'on ose dire, du premier: culer. Les jeunes translateurs, qui sont ici un étudiant et une étudiante (ce qui aurait normalement dû créer une ambiance propice à meilleure compréhension) se bornent, confits en leur médiocrité, à rendre la phrase par: de se faire rataconner de la sorte sur leur grossesse. Et il faut bien dire, sans avoir l'idée de s'acharner, qu'ils commettent ainsi l'impardonnable action réductrice qui consiste à dédaigner le joyau serti par Rabelais, sans pour cela avoir éclairci quoi que ce soit pour le genre de lecteurs auxquels s'adresse la translation, puisque le verbe rataconner ne leur est certes pas plus immédiatement accessible que rataconniculer.

La réponse des veuves est, dit Demerson, la traduction de la réponse prêtée par Macrobe (grammairien latin du 4ᵉ siècle après J.-C.) à une certaine Populie: elles responderont que ce sont bestes, mais elles sont femmes: bien entendentes les beaulx & ioyeux menuz droictz de superfetation: comme iadis respondit Populie selon le raport de Macrobe li. ij. Saturnal.

Pourtant, cette pertinente repartie est, dans la plupart des versions, dénaturée par leurs éditeurs, qui impriment sans sourciller: superfection, sans évidemment donner la moindre explication puisque le mot ne figure dans aucun dictionnaire. Il y a là Boulenger, Guilbaud, Plattard, Jourda et Michel, ce dernier appliquant toutefois à ce mot superfection une citation que donne Littré au mot superfétation: engendrer derechef sur un engendrement (A. Paré).

C'est bien là que nous pouvons nous assurer que ces commentateurs n'ont jamais fait, pour établir leur texte, que se borner à suivre celui d'une édition précédente; car si le fac-similé de 1542 porte bien le mot superfection, il apparaît en marge une demande de correction qui transforme le mot en superfetation. Et cette demande est largement légitimée, d'abord par le fait que les fac-similés de 1534 et de 1535 impriment clairement superfetation; ensuite par celui que cette même page de 1542 ne constitue nullement une autorité puisqu'on y voit une autre demande de correction qui rétablit en masculant le mot erroné mascalant.

Les autres commentateurs adoptent la bonne leçon. Demazière, pourtant, s'abstient pudiquement de toute explication (et c'est là qu'on peut se dire qu'il se serait probablement abstenu aussi de donner le couplet de la ronde où figure le mot galée s'il avait pu se douter du sens de ce mot, que nous avons retrouvé précisément grâce à sa citation). Demerson dit: La superfétation est une grossesse s'ajoutant à une première grossesse. Screech dit: Latin médical, superfoetatio (super + foetus), au propre, se dit d'une femelle qui réussit à concevoir de nouveau pendant une grossesse. Mais aucun d'eux ne spécifie (comme nous l'avons fait au chapitre v du Pantagruel, où nous avons dû citer la phrase) que Rabelais ne retient évidemment de l'acception médicale que les copulations multiples.

Et c'est la phrase finale qui, elle aussi, est le plus souvent comprise de façon étriquée par les commentateurs: Si le diaul ne veult quelles engroissent, il fauldra tortre le douzil, & bouche clouse.

Boulenger dit: Tordre le fausset (en l'enfonçant dans le trou du baril, quand on ne veut plus de vin). Guilbaud dit: Mettre le fausset au trou du tonneau. Plattard, qui n'a probablement jamais bu que de l'eau, se tait. Jourda dit: Fausset d'un tonneau. Michel dit: Tordre le fausset (du tonneau), au sens libre. Demazière dit: Le fausset d'un tonneau; et il ajoute: Tortre ou tordre le douzil, c'est le rompre. Screech dit: Douzil: Littéralement, fausset; ici, sens libre (on tordait le douzil en l'enfonçant dans le trou d'une barrique). Demerson dit: Le douzil est une cheville qu'on enfonce dans le petit trou pratiqué dans la bonde du tonneau; pour empêcher le vin de couler, on donne un tour au douzil. Et il propose pour explication: Seul le diable pourrait tordre le douzil aux galants des veuves dont les lois absurdes protègent les débordements. Mais nous allons voir que cette compréhension est toute gratuite, ignorant le signal contenu dans le texte. Ici la translation, dont il faut malheureusement parler encore, donne: Si le diable ne veut pas quelles conçoivent, il faudra tordre le fausset; en outre, elle rend & bouche clouse par: et... motus!

Il apparaît que personne ne sait bien ce qu'est ce douzil qu'on tord, et Demerson donne là une explication qui est une vue de l'esprit; il nous faut donc, pour avoir chance de comprendre, réunir quelques connaissances de vigneron. Le tonneau comporte, d'origine, au somment du renflement d'une douve, un trou de remplissage nommé bonde ou bondon, trou bouché par le bondon, comme le dit Furetière: Bondon: cheville de bois grosse & courte qui sert à boucher un trou qu'on laisse aux tonneaux par dessus pour les emplir. Signifie aussi, le trou même qui est bouché. Quand le vin bout, l'escume sort par le bondon. Bondonner: boucher le bondon d'un tonneau. Ce vin a assez bouilli, il le faut bondonner. Mais ce tonneau comportera un second trou, fait sur un des fonds et tout près de la périphérie, quand il aura été mis en perce, trou qui sera obturé par un fausset, dit encore guille ou dille, dont Furetière dit: Fausset: est une petite cheville piontuë qui sert à boucher le petit trou d'un muid qu'on fait avec un foret. On tire du vin au fausset avant que d'y mettre la fonteine. Et tout cela est confirmé par deux phrases du Prologue du Tiers Livre: Autant que vous en tireray (ou peut-être: tirerez) par la dille, autant en entonneray par le bondon. Ainsi demeurera le tonneau inexpuisible.

Cela connu, il nous faut maintenant voir que les mots guille et dille qui désignent le fausset du trou par où l'on tire le vin, sont des termes de franco-provençal. En occitan, issu du verbe espila: jaillir en petit filet, le mot est espilet, espilo, espiloun. Quant au mot douzil, c'est aussi un mot occitan (aujourd'hui dousi) qui désignait le bondon ou cheville grosse et courte qui sert à boucher le trou de remplissage, la phrase de Rabelais, qui parle d'engroissement, ne pouvant qu'avoir trait à cet orifice d'entrée. Et tordre le douzil revient donc, comme l'a vu Demazière, à casser ce douzil au ras de la douve, bouchant hermétiquement la bonde et interdisant qu'on verse quoi que ce soit dans le tonneau.

L'image est donc claire de ces veuves assimilées au tonneau ainsi scellé par celui à qui il appartient de le remplir; et non moins clair ce souhait qui les concerne: pour éviter qu'elles se fassent engrosser après la mort de leur mari, il faudra que celui-ci ait, lors du dernier rapport, laissé son douzil dans l'orifice de remplissage (et nous comprenons qu'il ne peut ici être question du douzil des galants, ni de la seule action de tordre dont parle Demerson). L'intervention du diable dans cette affaire s'explique alors naturellement: d'abord par le fait que les législateurs, qui sont de Dieu, donnant toute licence aux veuves, la vertueuse décision ne peut provenir que de laultre (G. xlij); ensuite parce que le diable peut seul avoir connaissance de la mort prévue du mari, et qu'il est seul à détenir le pouvoir de casser le douzil marital en place tout en lui conservant la calibre efficace qui est le sien à ce moment.

Et nous entendons dès lors fort bien ce que contient la locution: & bouche clouse, qui revient à dire: et bonde scellée, autrement dit: et con bouché, ce qui est bien loin de la recommandation de mutisme que donnent les translateurs ici plus bornés encore qu'à l'habitude.

Mais, puisqu'il est question de mutisme, remarquons au passage que pas un des commentateurs ne donne ici son avis; il serait pourtant téméraire de penser que c'est parce qu'ils ont entrevu le sens sexuel. Nous demeurons persuadés qu'ils appliquent plutôt le précepte d'antique sagesse: Il sait assez celui qui ne sait s'il sait se taire.

Là-dessus, nous qui ne savons, mais qui cherchons à savoir, et qui n'avons nullement l'intention de nous taire, nous passons à l'examen du chapitre suivant.

Comment Gargamelle estant grosse de Gargantua mengea grand planté de tripes. Chapitre.iiij.

Sous ce titre, nous avons affaire à ce qui, dans l'originale, n'était que l'entrée en matière du chapitre où figuraient les propos des buveurs, nettement moins nombreux, il est vrai. C'est donc, apparemment, pour avoir plus que doublé la longueur de son texte initial (et Screech voit dans cette addition la preuve que les contemporains en appréciaient l'humour) que Rabelais, désireux, semble-t-il, de mettre en valeur un morceau qui lui tient à cœur, en a fait un chapitre à part, le cinquième, et décidé avec désinvolture de former le chapitre iiij de la seule introduction, longue seulement de cinquante lignes.

Il nous faut noter cependant que, contrairement à ce que nous avons constaté au Pantagruel, où une telle redistribution est fréquente, et a le plus souvent pour but de faire nombre, Rabelais n'y procède que deux fois dans le Gargantua, et pour ce qui paraît être seulement souci de composition: une fois ici pour ce qui va devenir Les propos des bienyures, et au chapitre xx, où l'énumération des jeux de Gargantua, sensiblement augmentée aussi, va constituer le chapitre xxij de la définitive. Nous pouvons par là avoir quelque idée de la différence de disposition d'esprit qui sépare la composition des deux œuvres, les vingt-trois chapitres du Pantagruel original ayant fini par en faire trente-quatre dans l'édition de 1542.

Considérant donc cette seule version de l'édition originale, qui a plus de chances de nous révéler les intentions premières, il nous apparaît d'entrée que ce chapitre iiij se rattache au quatrième du Pantagruel, où Rabelais disait que plusieurs sont nez en ce monde en facons bien estranges que seroient trop longues a racompter, et où il conseillait: lisez le.vij.liure de Pline, si aues loysir. Et à cet endroit, Michel commentait: Dans les éditions du XVIᵉ siècle, le VIIᵉ livre de Pline l'Ancien est intitulé De prodigiosis partubus, des enfantements prodigieux. Or le Pantagruel n'a pas développé cette question d'enfantement extraordinaire, puisqu'on ne peut prendre pour tel développement ce qui est d'ailleurs écrit deux chapitres plus haut, c'est-à-dire la mort de Badebec, qui est mort ordinaire, non plus que les mulets, dromadaires, chameaux et charretées issant de son ventre avant l'enfant velu comme un ours, qui ont le caractère de la calembredaine volontairement outrée. En fait, au chapitre iiij du Pantagruel, après cette phrase, qui reste en l'air, sur les naissances étranges, Rabelais a immédiatement enchaîné sur l'enfance de son héros: car cestoit chose difficile a croyre comment il creut en corps & en force en peu de temps. Il semble alors évident que Rabelais reprend dans le Gargantua l'occasion qu'il n'a pu saisir au chapitre iiij du Pantagruel, pour avoir déjà traité de la naissance de son héros au deuxième chapitre. Et cela ne peut que nous laisser penser qu'il est encore, pour ce début de la geste gargantuine, à la recherche de son point de départ, impression que nous allons vérifier en analysant l'écriture de cette version originale.

Le titre n'en était encore que: Comment Gargamelle estant grousse de Gargantua se porta a manger tripes. Et il est remarquable que, bien que le chapitre ne fût pas encore réduit à la seule tripaille, rien n'y annonçait les propos qui, pourtant, occupaient cinquante de ses quatre-vingt-quatorze lignes, propos qui s'inscrivaient en outre à la suite de: ainsi soy riguoller, sans aucun alinéa. Peut-être devons-nous alors distinguer dans ces propos le moyen pour Rabelais de hausser de niveau un sujet pour lequel il éprouve, comme au Pantagruel, quelque gêne devant l'écriture qui ne doit être que celle de faits merveilleux.

Car il apparaît nettement que si ce premier chapitre épique a été commencé avec une détermination bien arrêtée, l'intention initiale s'est bientôt perdue dans une inspiration qui s'y est substituée. Ainsi, la phrase d'attaque montre avec évidence que Rabelais a eu la résolution de faire de ce chapitre celui de la naissance extraordinaire: Loccasion & maniere comment Gargamelle enfanta fut telle; et cette première phrase ressemble même assez au point de départ qu'on écrit pour s'astreindre à traiter un sujet d'obligation. Il est non moins clair que Rabelais a alors cherché un artifice pour amener ce sujet, artifice qu'il trouve dans l'habituel procédé de l'imprécation plaisante: Et si ne le croiez, le fondement vous escappe, la phrase formant double pivot, introduisant l'avertissement que ce qui va suivre est fort surprenant et pour tout dire invraisemblable, en même temps qu'elle permet l'application de l'image à son personnage: Le fondement luy escappoit une apresdisnee le.iij.iour de Feburier, par trop auoir mangé de gaudebil-laux. Ici, Boulenger explique: La diarrhée peut produire chez une femme enceinte un prolapsus rectal que l'on soigne par un astringent comme on soignera Gargamelle au chapitre VI. Guilbaud donne ces gaudebillaux pour tripes à la mode de Caen.

Rabelais a donc ainsi trouvé son amorce et pourrait immédiatement la faire suivre des signes du travail où Gargamelle commence à se porter mal du bas. Mais, tranquillisé par son début désormais assuré et s'accordant un répit, il se laisse alors aller à improviser quelques variations à partir de ces gaudebillaux: Gaudebillaux: sont grasses tripes de coiraux. Coiraux: sont beufz engressez a la creche & prez guimaux. Prez guimaux: sont, etc., soit, jusqu'à: pour mieulx entrer en vin, une dizaine de lignes à la fin desquelles il a pourtant soin de retrouver habilement les tripes pertubatrices par l'indication de la quantité puis par celle de l'impossibilité de les conserver, ce qui conduit à la transition: Dont fut conclud quilz les bauffreroient sans rien y perdre.

Pourtant, là encore, comme peu pressé d'entrer dans son sujet, et peut-être envisageant déjà la possibilité de se donner le plaisir d'inventer quelques répliques de buveurs, Rabelais repart musarder et se complaît à l'énumération des citadins (mot que Michel dit ironique puisqu'il s'agit de villageois) des alentours de la Devinière, qui ne peuvent, bien sûr, qu'être bons beueurs, bons compaignons, & beaux ioueurs de quille la. Et ici Screech explique, en usant d'un intempestif pluriel pour le mot quille: Sans doute refrain d'une chanson, avec équivoque libre (jouer de quilles: faire l'amour), quand Demerson dit plus justement: Les chansons gaillardes de l'époque font comprendre facilement ce que voulait dire: jouer de quille à une fille.

Là-dessus Rabelais, qui n'a manifestement pas encore abandonné l'idée de traiter dans ce chapitre la naissance de son héros, revient à Gargamelle par son mari, et dit que Grandgousier prenait à tout cela un plaisir bien grand, commandant que tout allast par escuelles, tout en conseillant à sa femme quelle en mangeast le moins, veu quelle aprochoit de son terme, & que ceste tripaille n'estoit viande moult louable. Et de citer, en l'attribuant à Grandgousier, le dicton: a grande enuie de mascher merde, qui d'icelle le sac mangeue. Ici Demerson commente: Les tripes passaient pour n'avoir pas toujours été bien raclées, explication qui vide de son contenu (si l'on peut dire) la sentence, où l'idée de nettoyage est inexistante, laissant seulement entendre que les boyaux ne peuvent que garder quelque participation de la matière dont ils ont assuré le transit. Et c'est là que Rabelais revient une nouvelle fois au sujet de la naissance avec la phrase: Non obstants ces remonstrances, elle en mangea seze muiz/deux bussars/et six tepins; et qu'il s'écrie, comme désireux de couronner ses variations par le rappel du motif scatologique: ô belle matiere fecale, que doiuoit boursoufler en elle.

Mais lui revient vraisemblablement en mémoire l'idée du plaisir qu'il s'est promis, et Rabelais s'éloigne de nouveau du sujet de la naissance et, pour amener les propos des buveurs, retourne aux invités et décrit alors les réjouissances de l'apres disner: la danse a la saulaie au son des ioyeux flageolletz, & doulces cornemuses. Et, tout naturellement, il suppose à ses danseurs le désir bien légitime de ressieuner, c'est-à-dire de manger un second repas, une collation accessoire (Screech); c'est en fait le goûter qui, s'il s'appuie sur les jambons, fait surtout intervenir les flaccons, goubeletz et breusses. C'est là le point où voulait parvenir Rabelais: il commence ici les propos des buveurs, qui vont l'emmener jusqu'à la fin de son chapitre, après qu'il a, semble-t-il, définitivement renoncé à l'idée d'y traiter la naissance de Gargantua. La première phrase, à figure d'engagement, a bien pu être celle d'une résolution de sagesse: Loccasion & maniere comment Gargamelle enfanta fut telle, de naissance point n'y en a. Et l'amorce par le fondement qui lui escappe n'a servi de rien, pas plus que le souhait qu'il en arrive autant au lecteur incrédule, puisque tout ce qui échappe ici, c'est le sujet de son chapitre au conteur, les diversions auxquelles il s'est abandonné finissant par prendre la place de ce qu'il s'était proposé d'écrire.

Et c'est bien maintenant ou jamais que nous pouvons à loisir nous divertir des clichés universitaires qui forment le fond des introductions au Gargantua qu'écrivent les commentateurs. Saulnier, dans la préface qu'il donne à l'édition de Screech, après avoir déclaré: Dans le Pantagruel, pour dire sa pensée, Rabelais avait eu recours au procédé des saillies, des numéros de spectacle: procédé plus facile au débutant (il l'était) que la peinture de vastes tableaux, avance que, dans le Gargantua, l'auteur écrit plus facilement désormais, ou compose mieux, s'étant fait la main. Guilbaud dit que Rabelais a trouvé un équilibre nouveau; il prétend que, par rapport au dynamisme désordonné du Pantagruel, le Gargantua donne une impression d'harmonie, même de construction statique par moment. Il n'hésite pas à écrire: On est frappé de la majesté de ce chef-d'œuvre, de l'ordonnance des personnages, de l'équilibre entre les parties. Le mot classique vient presque à l'esprit. Et il énonce la formule: le Pantagruel est une œuvre en français de la Renaissance cosmopolite, le Gargantua, une œuvre en français de la Renaissance française. Michel dit: Du Pantagruel au Gargantua non seulement la pensée de Rabelais a gagné en vigueur et en cohésion, mais aussi son art en maturité. Il explique: Sans s'astreindre à une composition rigide qui n'était conforme ni à son tempérament ni aux usages littéraires du temps, Rabelais a organisé les épisodes de son roman avec clarté et ordre. Et, s'il ne donne pas son propre sentiment, il cite un certain Morcay qui déclare: Le Gargantua est le chef-d'œuvre de Rabelais. Screech dit que le Gargantua est bien plus varié, bien plus profond que le Pantagruel, et Demerson derrière lui sonne de même façon.

Outre qu'on peut encore se demander pourquoi ces commentateurs si persuadés des progrès de l'élève Rabelais s'obstinent à donner à lire d'abord sa thèse de maîtrise, puis sa composition française d'entrée en sixième, tout cela ressemble assez à des diagnostics de médicastres redonnant celui qu'a établi le grand patron. Dire qu'ici Rabelais écrit plus facilement, qu'il compose mieux, qu'il est devenu harmonieux, classique, que son art est plus mûr revient à parler de lui comme d'un malade en voie de guérison après une grave affection. Or l'analyse de ce quatrième chapitre de l'originale vient de nous montrer, comme nous a montré la distribution en deux parties faite pour la version définitive, que Rabelais écrit et compose comme il a écrit et composé au Pantagruel, et comme il écrira et composera toujours, c'est-à-dire avec la liberté, la fantaisie, l'insouciance, la désinvolture qui siéent à un esprit dont la robuste nature ignore toute règle réductrice d'hygiène littéraire. Vouloir le tirer vers l'assagissement, la mesure, le classicisme est non seulement aussi mesquin qu'anachronique, mais équivaut à lui passer à toute force la chemise du patient hospitalisé. Car il y a juste quatre siècles et demi que Rabelais résiste à l'incorporation dans les services de l'Université. Et l'on se prend à penser que celle-ci, sans jamais avouer qu'elle lui en tient rigueur, ne manque pas de laisser entendre, chaque fois qu'elle est appelée à donner de lui un bulletin de santé, qu'il se serait bien mieux trouvé d'écrire selon ses ordonnances. Nous n'attacherons donc pas plus d'importance à ces jugements qu'à la prose d'un prospectus d'établissement thermal vantant les propriétés régulatrices de ses eaux.

Cela dit, nous ne finirons pas sans noter que, de la version de l'originale à celle de la définitive, Rabelais a apporté une correction et une seule, celle de la phrase: affin qu'en la prime vere ilz eussent beuf de saison a tas, pour mieulx entrer en vin, phrase dont le fin devient: pour au commencement des repastz faire commemoration de saleures, & mieulx entrer en vin. Jourda explique ici: Expression empruntée à la liturgie et prise comiquement: grignoter des salaisons (comme au début de la messe on commémore un saint, qui n'est pas celui du jour, par une courte prière); et Demerson précise: Faire en hors-d'œuvre une petite prière aux salaisons.

Si l'intention est ici fort claire de pimenter une phrase jugée trop plate par une assimilation des salaisons à la remémoration liturgique, il n'en est pas moins vrai qu'elle révèle la résolution de s'affranchir de la réserve observée dans l'originale. Promesse ou pas, Rabelais n'a pu s'abstenir plus longtemps de colorer son verbe de quelque trait satirique d'inspiration ecclésiastique; et nous retrouvons là, semble-t-il, l'esprit du Pantagruel.

Là-dessus, nous partons avec délectation, comme il l'a fait, nous attarder sur ces propos qu'il a si librement, et contre toute règle, amoureusement enchâssés dans l'action.

Les propos des bienyures. Chapitre v.

Ce chapitre est donc constitué du texte final du chapitre iiij de l'originale et des additions dont Rabelais l'a accru pour la définitive, tout en décidant de faire de ces répliques des buveurs un chapitre à part entière. Et ici Demerson dit: Rabelais a considérablement enrichi cette suite vertigineuse de balivernes après la première édition, ce qui témoigne de son succès; on distinguera, parmi ces bons ivrognes, moines, soldats, juristes, commères, un Allemand, un Basque. Or la baliverne étant un propos futile et creux, il semble que le jugement de Demerson contienne une incompréhension dont l'analyse va nous révéler toute la profondeur. Quant aux divers états des buveurs, nous verrons qu'il y a lieu de ne pas se laisser prendre à l'apparence.

Il n'a échappé à personne que l'idée de ces propos découle de l'évocation de la beuverie à laquelle se livrent le héros et Thaumaste au chapitre xiij du Pantagruel original: Saincte dame comment ilz tiroient au cheurotin/il ny eut par sans faulte celluy qui nen beust.xxv.ou.xxx. muys. Et scauez vous comment: sicut terra sine aqua: car il faisoit chault/& dauantaige se estoient alterez. Toutefois Demazière avance: Voyez dans Pétrone, Satyricon (sic) des propos de table qui ont pu fournir à Rabelais l'idée première et le ton de ce chapitre.

Mais déjà, pour la définitive du Pantagruel (xx), Rabelais avait jugé bon d'enrichir ce texte en y ajoutant, après cheurotin: & flaccons daller et eulx de corner, tyre, baille, paige, vin, boutte de par le diable boutte. Or c'est avec une bonne partie de ces mêmes mots que Rabelais commence ses propos des bienyures: Lors flaccons daller: iambons de troter, goubeletz de voler, breusses de tinter. Tire, baille, tourne, brouille. Boutte a moy, sans eau. Et cela nous paraît confirmer en tous points ce que nous avons avancé au chapitre premier, voyant dans le Gargantua une réécriture de commande, au sens d'obligation:

Nous avons en effet établi, au chapitre précédent, que le début du texte est manifestement parti de la phrase du chapitre iij du Pantagruel, sur les naissances bien estranges que seroient trop longues a racompter. Nous nous apercevons ici que les propos des bienyures reprennent encore une inspiration du Pantagruel. D'autre part, les quatre chapitres qui précèdent celui-ci: la généalogie, les fanfreluches, les grossesses, les tripes, nous permettent de dire que, pour le moins, Rabelais n'est pas plus pressé d'aborder la chronique gargantuine qu'il ne l'a été, au Pantagruel, d'aborder la rédaction épique. Dès lors, nous entendons que Rabelais, devant cette réécriture imposée qu'est encore pour lui à ce moment le Gargantua, cherche visiblement, comme au Pantagruel, à retarder l'échéance qu'il redoute encore: celle d'entreprendre l'écriture du gigantisme merveilleux, entreprise qui lui inspire d'autant plus de réserve qu'elle est probablement, nous l'avons vu, une des gageures de cette réécriture. Et pour ce faire, ne pouvant qu'être moins inspiré que pour son premier Livre, il n'hésite pas à recourir à son Pantagruel pour y puiser des amorces alors négligées ou des sujets succintement développés, et d'en faire le départ de la matière dilatoire dont il a besoin.

Il n'en reste pas moins que même lorsque Rabelais traite un sujet en reprise, il le fait avec le génie qui lui est propre; et le chapitre des propos des bienyures est un de ses grands moments de virtuosité, d'autant mieux travaillé peut-être que c'est l'un de ceux qu'il va s'accorder la liberté d'écrire en hors-d'œuvre. Et nous allons nous y attarder tout le temps nécessaire à une bonne compréhension.

Bien que les impressions de 34, de 35 et celle de 42 donnent ces propos à la suite les uns des autres, tous les éditeurs, sauf Demazière, mais Screech compris, qui est pourtant censé donner le texte de 34, présentent ces saillies comme un dialogue de théâtre, chaque interlocuteur attendant docilement que le précédent ait fini de parler pour prendre à son tour la parole. Ils font précéder chaque réplique du conventionnel tiret, et l'on est amené à se représenter la scène comme celle d'une assemblée bien agencée autour d'une table, aucun participant ne parlant sans que le meneur de jeu l'ait invité à le faire.

Or il s'agit, Rabelais l'a dit, d'une réunion de bons compagnons, tous bons buveurs et chauds lapins, qui ne sont certes rien moins qu'ordonnés en banquet platonicien puisque c'est pelle melle que tous sont allés danser sur l'herbe drue et que c'est impromptu que, on propre lieu, c'est-à-dire sur cette herbe, ils sont entrés en propos de resieuner. Il ne peut donc être question ici que d'exclamations issues de toutes parts en même temps, quelquefois criées pour attirer l'attention de ceux qui versent le vin ou pour donner à rire à la cantonade, comme de celles qui sont dites sur le ton de la conversation animée par ceux qui, nous le verrons, sont quelque peu clercs, et qui ont dû se grouper selon leurs affinités, ne donnant leur réplique qu'à l'intention de leur petite société.

Ces propos des bienyures, il importe de s'en persuader, sont de pure convention. Pas plus qu'un buveur ne distingue les paroles qui constituent le brouhaha de la brasserie où il se trouve, personne de ceux qui participent à cette beuverie n'a pu entendre la totalité des propos fusant simultanément de plusieurs groupes. Seul l'auteur, de par la position de démiurge qui est ici la sienne, est censé les avoir tous enregistrés et les restituer à la suite, dans ce qu'on pourrait croire être un ordre indifférent. A nous de tenter de retrouver les images qu'il a pu concevoir en écrivant ces répliques.

Donc, après la première phrase, tout simplement reprise de l'originale, quand les propos ne formaient encore que la fin du chapitre iiij, Rabelais commence, comme nous l'avons vu, en parlant de jambons qui trottent, c'est-à-dire qui passent de mains en mains pour que chacun y prélève sa tranche, ainsi probablement que celle de sa voisine; de gobelets qui volent, et nous entendons qu'on les jette à ceux qui tendent avidement les mains; de breusses ou brocs qui tintent, c'est-à-dire de brocs de bois cerclé de fer qui contiennent le vin, et sur lesquels on frappe à coups redoublés le cul d'un gobelet pour faire savoir à chacun qu'il y a à boire, et en quantité. Et c'est bien dans cette scène de distribution que se situent les premières interjections des buveurs, comme nous allons le voir. Car nous entreprenons d'analyser chacun de ces propos, les séparant ou les groupant selon ce qui nous paraît être l'esprit du texte:

Tire,

Greimas donne: Tirer: tirer vers, se diriger, s'acheminer: c'est donc que celui qui crie invite à se diriger vers lui un de ceux qui détiennent les brocs. Nous entendrons:

Par ici!

baille,

C'est évidemment le verbe baillier dont un des sens est: donner, livrer (Greimas); c'est donc ici l'invitation à donner, délivrer la part qui revient. Nous entendrons:

Donne!

tourne,

Greimas dit: Torner: se diriger vers, prendre une direction; c'est la même invitation que tire, et nous la rendrons par:

Vers moi!

brouille.

C'est le verbe broillier: mélanger (Greimas). Nous pourrions voir là la saillie d'un clerc qui reprend plaisamment l'ordre des buveurs antiques, qui faisaient mêler d'eau leur vin épais. Pourtant toutes les histoires de la table en France rapportent qu'au XVIᵉ siècle on coupait couramment son vin d'eau. Il s'agit donc bien ici de l'injonction d'un conformiste, et nous entendrons qu'il dit:

Mêle!

Boutte a moy, sans eau,

C'est le cri de celui qui, résolu à boire pour s'égayer plus que pour se désaltérer, n'entend pas que son vin soit baptisé. Le bot est le vase à servir à table les liquides, ou la grosse bouteille, ou l'outre (Greimas); ce verbe boutter pourrait donc avoir quelque rapport avec l'idée de verser. Mais il semble que ce verbe exprime l'idée habituelle du boter: frapper, renverser (Greimas), c'est-à-dire ici l'idée de verser rendue à dessein emphatique: boutte a moy serait alors quelque chose comme:

Pour moi arrose, et sans eau.

ainsi mon amy fouette moy ce verre gualentement,

Tous les commentateurs relient à la phrase précédente ce ainsi mon amy, donnant une compréhension fort plate qui produit dans la translation: — Verse m'en sans eau! Comme ça, mon ami! Or il semble que cette phrase où il est question de fouetter introduit, établie sur une compréhension au second niveau, une façon toute particulière d'inviter à boire, le ainsi mon amy étant un signal appelant l'attention sur le sens caché. Voyons donc si, comme nous le pensons, la présence de femmes dans l'assemblée n'explique pas le trait.

Tous les commentateurs donnent à peu près la même équivalence: vide-moi ce verre gaillardement, de façon aussi rapide qu'un coup de fouet, Boulenger faisant de plus le rapprochement avec le Fessepinte du Prologue, qu'il a donné pour Vide-pinte. Demazière, lui, dit: Fouetter un verre, c'est lui frapper sur le fond après l'avoir vidé, et en le renversant. Il nous faut examiner.

Pour fouet, Dauzat dit: Fou, hêtre, issu du latin fagus; le sens a dû être d'abord petit hêtre, puis baguette de hêtre (pour fustiger) et, par extension, fouet; il a éliminé l'ancien français écourgée, resté comme terme technique. Fouetter, 1534, Rabelais. Greimas donne au mot escorge, escorgie: Nom féminin (XIIIᵉ siècle, latin populaire excoria, cuir). Courroie de fouet, fouet; étrivière, coups donnés avec le fouet. Escorgiee, escorgee: fouet à lanière. Mais Greimas ajoute le substantif masculin escorgeon, qui a d'abord le sens de fouet, puis celui de membre viril.

Tout cela ne nous mènerait à rien si cette acception sexuelle ne nous amenait à penser que l'adverbe gualentement contient une nuance, non pas proprement sexuelle puisqu'il ne s'agit jamais que de la rencontre du verre et de la bouche, mais au moins érotique. Et c'est là que nous entendons que cet adverbe, à dessein lié au verbe fouetter, confère à celui-ci la même coloration érotique. Comme nous savons, quoique Greimas n'en dise rien, que le mot fouet a toujours désigné aussi la langue, nous entendons que fouetter est ici, infléchi par le sens de gualentement, se servir de sa langue pour baiser bouche contre bouche (et non pas pour embrasser puisque Littré dit: C'est à grand tort que plusieurs écrivains remplacent baiser par embrasser. On lit souvent: il lui embrassa les mains. Ainsi défigurée, la locution devient ridicule.).

Donc, embrasser étant proprement serrer dans ses bras, et bien que la faute contre laquelle s'élève Littré ait évidemment pour fondement le souci d'éviter la confusion avec le sens de copuler qu'avait déjà le verbe baiser au Xe siècle, nous entendons que le propos est à rendre par: Baise-moi ce verre amoureusement. Et plus que jamais, devant le sens malicieux que renferme ce fouette moy ce verre gualentement, nous pouvons penser que le ainsi mon amy est bien un avertissement chargé d'éveiller l'attention sur le contenu particulier du propos. Nous entendrons donc celui qui vient de verser dire au buveur:

Voilà, mon ami; et baise-moi ce verre amoureusement!

produiz moy du clairet, verre pleurant.

Tous les commentateurs voient dans produiz moy un terme de procédure et concluent qu'il y a un homme de loi parmi les buveurs. Ils donnent le clairet pour du rosé[1] (Demerson) et le participe pleurant pour débordant.

Or il n'est pas si certain que l'impératif produiz moy soit prononcé par un légiste et qu'il équivaille ici à la formule exhibe-moi, que donne la glose. Il semble plutôt que cette réplique découle directement du sens second de la parole précédente et que celui qui s'adresse au verseur, non seulement suit le propos, mais enchérit sur ce qu'il a sousentendu, en décrivant ce que devra produire le baiser amoureux dont il a été question. Et le verbe produire est alors à entendre comme créer, provoquer, le mot verre étant entendu comme con, et le participe pleurant comme mouillant, le clairet étant donné pour l'exsudation. La phrase, donc, répondant au second degré de la plaisante mise en garde du verseur exprime au même second niveau quelque chose comme:

Fais-moi couler du clairet, verre mouillant!

---

1. Un clairet n'est pas un vin rosé à proprement parler. C'est un vin rouge, mais très léger. La couleur n'est pas rose: elle est véritablement rouge franc, mais de très faible intensité (Dictionnaire des vins; Larousse).

Et si nous ne pouvons être certains que celui qui parle ici est bien légiste, nous sommes au moins assurés que son propos, loin de détonner, s'inscrit fort bien dans les préliminaires d'une réjouissance où, comme nous le verrons, se trouvent des femmes, et donc où les grivoiseries que lancent les hommes sont de tradition, comme est traditionnelle la conduite desdites femmes qui, appréciant comme il convient l'importance qu'elles ont dans les préoccupations masculines, affectent alors de ne pas comprendre et sourient le plus ingénument qu'elles peuvent[2].

La réplique suivante marque, selon nous, la fin de la scène de la distribution, paraissant être la première d'un tableau où les participants de la fête ont quelque peu calmé leur soif et apaisé leur échauffement en vidant sur le champ plusieurs des verres servis. Leur impétuosité a fait place à l'entrain; il semble qu'ils se mettent alors à manger le jambon, et donc à boire avec plus de pondération. Et comme il arrive en ce cas, un silence de début de repas s'établit, silence que quelques-uns cherchent à rompre, soucieux de ne pas laisser retomber l'allant. La première réplique est de ce genre, simple perche tendue pour relancer le jaillissement verbal:

Treues de soif.

Seuls ici deux commentateurs parlent: Guilbaud dit: Assez de soif! et Michel: Que la soif fasse trêve, tous deux négligeant de tenir compte du pluriel du mot trêves. Considérant que ce pluriel n'est pas de hasard, nous entendrons que ce peut être ici le mot accompagnant l'action pour le buveur, soit de vider à dessein plusieurs verres de suite, pour inciter les autres à faire de même; soit de vider son verre à petits coups, chacun d'eux étant donné pour trêve conclue avec la soif. Le sens serait alors quelque chose comme:

Autant de trêves avec la soif!

Ha faulse fiebure, ne ten iras tu pas?

Boulenger dit ici: On sait que la fièvre donne grand soif. Michel se borne à dire: Fièvre traîtresse. Demerson avance: On pense généralement que ce buveur veut signifier qu'il utilise le vin comme remède contre le feu de la fièvre. Mais il est possible qu'il enrage de ce que, comme le notaient les médecins anciens, la fièvre provoque une répugnance pour le goût du vin, ce qui expliquerait les trois répliques qui suivent. Quant à Screech, il affirme: Ce buveur boit à regret, pour

---

2. Car cela se passe, rappelons-le, avant que les femmes aient décidé (ou qu'on les ait fait décider) de n'être plus des femmes-objets, et du même coup de n'être plus l'objet de ces innocentes gaillardises qui n'étaient que marque d'allégeance à leur pouvoir. Comme dit la sagesse populaire dans sa langue, il faut croire que c'est le trop bien qui les dérangeait.

soulager sa fièvre (ce que nous devons prendre pour une vue de buveur de bière). Car Screech ainsi que Boulenger n'ont apparemment jamais eu la curiosité, étant fiévreux, de goûter le vin, et ne savent pas qu'on lui trouve alors la saveur de la teinture d'iode. Demerson, lui, ne le sait que par ce qu'en disent les anciens médecins, mais ce qu'il en conclut est empreint d'un esprit de sérieux qui l'éloigne de la compréhension du texte. Car il est évident que le diseur cherche ici à donner un tour facétieux à son affirmation, et la plaisanterie est toute contenue dans l'absurdité du motif avancé, ses compagnons de beuverie, qui ne sont pas commentateurs, connaissant pertinemment l'incompatibilité radicale qui existe entre la fièvre et le vin, et sachant bien qu'il est grossièrement mensonger de prétendre entonner des verres de ce vin à seule fin de calmer la soif engendrée par cette fièvre. Il s'agit là du traditionnel comique fondé sur le prétexte apertement abusif, comme serait le prétexte de boire parce que sa religion y oblige ou encore, comme va le dire plus loin Rabelais, parce que En sec iamais lame ne habite. Nous rendrons ce propos par:

Ha, fièvre félonne, résisteras-tu?

Par ma fy ma commere ie ne peuz entrer en bette. (34: par ma foy)
Boulenger dit ici: Par ma foi! C'est une femme qui parle: la réplique suivante le montre. Guilbaud, Demerson et Demazière donnent entrer en bette pour: se mettre en train, se mettre à boire. Screech dit, dans son Index verborum: Bette: boisson (variante dialectale de boyte): Entrer en bette, se mettre à boire.

Il y a pourtant toute apparence que, contrairement à ce qu'avance Boulenger, ce n'est pas ici une femme qui parle mais un de ces beaux joueurs de quille là présentés au chapitre précédent; et celui-ci est fort direct puisqu'il joue manifestement sur la prononciation du mot bette pour faire entendre à ladite commère que, malgré les verres qu'il a déjà bus, il continue de boire parce qu'il a quelque difficulté à entrer en beste[3], c'est-à-dire, tout le monde qui n'est pas commentateur universitaire aura compris, à se disposer à faire acte de masle masculant (G. iij). Transposée, la phrase équivaut à:

Croyez-moi, ma commère, je ne peux arriver à dresser.

C'est là le même procédé du prétexte abusif, mais accompagné cette fois d'une fallacieuse confidence humiliante, avancée à seule fin d'aborder avec la femme le domaine sexuel. Et nous pouvons aisément penser que ladite commère, à qui les oreilles ne tintent nullement,

---

3. Il est sans doute inutile de rappeler que le s de beste ne s'est jamais prononcé, pas plus que celui de teste ou estude.

entend que l'affirmation est antiphrastique, et que son voisin se vante en réalité d'être en bonne forme, laissant entendre que le vin ne fera qu'exalter ses heureuses dispositions.

Vous estez morfondue mamie.

Demerson est seul ici à expliquer candidement: Vous frissonnez de froid, vous êtes transie, pendant que la translation donne: — Vous ne vous sentez pas bien, ma mie? Cette idée de froid est certes légitime puisque nous ne sommes jamais qu'au iij.iour de feburier, et nous avons idée que c'est cette apparente platitude de la réplique qui a entraîné le mutisme des commentateurs, rien jusque-là dans leur comportement ne nous autorisant à croire qu'ils ont entrevu le sens second et qu'ils l'ont tu. Car il s'agit bien d'une salacité, faisant suite à la précédente:

Greimas dit: Morfondre: (composé de mor, morceau, et fondre, couler): contracter un coryza nasal (en parlant des chevaux). Et la morfondee est la morve. Bloch et Wartburg disent: Se morfondre: vers 1320, en parlant du cheval atteint de catarrhe, d'où prendre froid et le sens moderne depuis le XVIe siècle, vivant surtout dans le Midi; comparer avec le provençal moure, museau. Mais nous entendons bien que l'emploi de morfondre n'a ici aucun rapport avec le catarrhe du cheval (ce qui ne serait que rabaissement hors de propos et maladroit), pas plus qu'il n'y en a avec le sens moderne de s'enrhumer ou de s'ennuyer. Nous nous doutons que la sorte d'affirmation qui semble risquée sur un ton dubitatif enchérit sur le propos précédent. Et, comme nous pouvons être certains que c'est à l'adresse des lettrés que Rabelais écrit ses propos, nous comprenons qu'il ne faut retenir du verbe morfondre que l'idée d'écoulement, d'hypersécrétion.

Dès lors, deux points nous paraissent établis: le premier est que celui qui parle, ou bien n'est pas clerc et utilise une compréhension courante à l'époque; ou bien l'est et crée cette compréhension, comptant, pour être compris, sur le sens particulier qu'ont les femmes pour pressentir la portée licencieuse d'une parole dont elles ne saisissent pas clairement le sens. Le deuxième point est que celui qui parle est le voisin de celui qui a fait le jeu de mots sur entrer en beste, et qu'il s'appuie alors sur l'idée d'écoulement pour dire à la femme qu'il se doute qu'elle est génitalement émue, à peu près comme Panurge, au chapitre xxj du Pantagruel, disait de même manière euphémique à la grande dame: priez dieu quil me doint ce que vostre noble cueur desire. Le propos revient à prétendre:

Vous êtes humectée, m'amie?

117

Et la femme en question, saine et drue fille du serpoullet (T.L. XLVI) ne va pas en être le moins du monde scandalisée puisqu'elle va se borner à répondre:

Voire.

Guilbaud dit: Oui, vraiment; et la translation, égale à elle-même, dit: — Sûr! Greimas donne: Vraiment, oui, certes, bien entendu. Et il donne aussi: Voire: verre, verre à boire.

Nous entendons bien qu'il s'agit d'un acquiescement de la part de la femme. Mais il faudrait être vrai béjaune pour ne pas se douter qu'elle ne fait mine de reconnaître le fait que pour donner satisfaction à ses compagnons, ayant senti, en fine mouche qu'elle est, que ce sont là propos dépourvus de ferme dessein, qui ne dépassent pas le niveau du jeu verbal, salace sans doute, mais de convention dans la situation de beuverie où se trouvent les interlocuteurs. Et ce qui est encore plus habile (car ce ne sont là que mots d'auteur, et l'esprit de la femme est celui de Rabelais), c'est qu'elle choisit ce mot voire pour qu'il serve de pivot et permette de rompre avec le sujet scabreux en ramenant l'attention au vrai centre d'intérêt des hommes qui l'entourent: le boire. Et elle le fait au moyen de l'homophonie qu'il y a entre le mot voire: certes, et le mot voire: verre à boire[4], ce qui va inciter le diseur suivant, qui peut d'ailleurs aussi bien être une femme venant au secours de la première, à énoncer un propos de diversion.

Nous tenterons de rendre les deux sens du mot voire en entendant la femme prononcer, en appuyant intentionnellement sur les deux premières syllabes, le mot:

Verre... ité!

Ventre sainct Qenet parlons de boire. (34: Quenet)

Ici, comme au chapitre xxvj du Pantagruel où figure même invocation, la plupart des commentateurs sont érotiques à contretemps, voyant dans Qenet, ou Quenet, le diminutif de con. Encore Plattard ne se prononce-t-il pas plus ici qu'au Pantagruel, inspirant la conduite de Demerson. Michel, qui a pris parti, au Pantagruel, pour le diminutif, se borne à dire: Juron fréquent chez Rabelais. C'est un saint de fantaisie. Quant à Screech, il donne une note dont on veut croire volontaire l'insignifiance: Saint Quenet figure dans les passages amusants grâce à l'équivoque libre à laquelle son nom se prête (Quenet: diminutif de con).

---

4. Cette homophonie nous permet peut-être de nous faire deux opinions: d'abord que le mot voire: certes, n'a pu manquer d'être employé au mode ironique pour marquer par antiphrase le doute; ensuite que le mot devait vraisemblablement se prononcer vouaire ou, plus probablement, wouaire; et nous pouvons alors voir là la provenance du mot ouais exprimant le scepticisme.

Guilbaud, lui, reprend son hypothèse du Pantagruel, qui nous a mis sur la voie: Nom de saint facétieux (signifie quenotte ou petit con). Car nous savons, depuis ce chapitre xxvj du premier Livre, que saint Quenet désigne, non pas le bas-ventre génital féminin, mais bien le ventre alimentaire en général, les quennes ou dents représentant par métonymie l'appareil de mastication et de déglutition; nous avons vu qu'on peut rendre le prétendu juron par quelque chose comme Saint Pansart-de-par-les-dents. Aussi n'est-ce pas là le point à éclaircir.

Ce point est celui-ci: Demerson donne cette explication: Le mot voire (oui) a appelé cette réplique, qui révèle une obsession. Et il nous semble que cette note contient deux erreurs, dont la première consiste à ne pas voir que le sujet du vin n'est nullement remis en question par hantise, mais bien volontairement, pour faire diverger du sujet épineux contenu dans le propos précédent. Quant à l'autre, elle réside dans le fait que Demerson néglige de dire que l'enchaînement dont il parle se fait sur la deuxième acception du mot voire: verre à boire, et qu'il laisse à son lecteur le soin d'induire cette connaissance à partir du seul sens de voire: oui, vraiment. Or les notes de son édition s'adressent, ne l'oublions pas, aux potaches pour lesquels il a laissé sortir sa coupable translation. Et nous pouvons être assurés que lesdits potaches n'induisent rien du tout et qu'ils s'empressent de se reporter à ladite translation qui, précisément ici, ne prétend même pas avoir compris et se borne à dire: — Par le ventre de saint Quenet, parlons boisson, montrant qu'elle ignore la différence qui sépare parler boisson de parler de boire.

Cela dit, qui nous a bien soulagés, nous vient à l'esprit que si le propos peut effectivement être prononcé par une femme qui vient aider sa compagne, il peut bien l'être par un homme qui joue les bons apôtres en pensant ainsi se gagner la reconnaissance de celle qu'il assiste. Quoi qu'il en soit, nous entendons ce qui est ici prononcé comme:

Par le Ventre-sac-à-vin, parlons plutôt de boire.

L'originale continuait par: Ceste main vous guaste le nez. Mais c'est après ce Ventre sainct Qenet parlons de boire que Rabelais choisit d'insérer sa première addition:

Ie ne boy que a mes heures, comme la mulle du pape.

Boulenger dit: Il y a jeu d'idées entre la mule qui portait le pape et la pantoufle du Saint-Père. Demerson dit: Les proverbes populaires imaginaient la mule du pape (chaussure) comme une mule (animal au caractère fantasque).

Il est en effet évident que le dicton affecte de prendre la mule (pantoufle) pour la mule (monture). Nous avons vu au soixante et unième titre de la Librairie (P. vij), que cette acception de monture peut s'étendre à la compréhension de partenaire sexuelle; mais il est sûr que le présent propos n'évoque que la confusion traditionnelle, et que celui qui parle se borne à l'injonction de parler de boire: il énonce le premier lieu commun qui lui vient à l'esprit sur le sujet, l'appliquant à sa personne par souci de provoquer une repartie. Il nous faut donc entendre, tout uniment:

Je ne bois qu'aux heures qui sont les miennes, comme la mule du pape.

Ie ne boy que en mon breuiaire, comme un beau pere guardian.

Boulenger dit: Il existait des flacons en forme de bréviaires. Le buveur précédent vient de parler de ses heures; de là un jeu de mots. Père guardian: supérieur d'un couvent de Cordeliers. Plattard s'appuie, pour les bouteilles en forme de bréviaire, sur l'Ancien Prologue du Quart Livre. Michel dit: Certains flacons avaient l'aspect extérieur d'un bréviaire. Ne fait-on pas aujourd'hui des cabarets dans de fausses reliures? Demerson dit: Si la mule pontificale boit à ses heures, le clerc qui parle ici suggère que la lecture de ses heures liturgiques lui donne soif. Screech dit: Il ne s'agit point ici d'une bouteille en forme de bréviaire, comme le veulent plusieurs éditeurs. Ailleurs Frère Jean appelle son bréviaire son tirouer parce que le fait de chanter ses offices lui donne soif. Cf. Gargantua, XXXXI; Q.L. XX.

Il semble bien que Screech a raison: l'existence de ces flacons en forme de bréviaire ne peut être sûrement déduite d'aucun des textes donnés en référence[5]. Celui du chapitre xxxxj du Gargantua est celui-ci: Rendez tant que vouldrez voz cures, ie men voys apres mon tyrouer. Quel tyrouer (dist Gargantua) entendez vous? Mon breuiaire, dist le Moyne. Car tout ainsi que les faulconniers dauant que paistre leurs oyseaux les font tyrer quelque pied de poulle, pour leurs purger le cerueau des phlegmes, & pour les mettre en appetit, ainsi prenant ce ioyeux petit breuiaire au matin, ie mescure tout le poulmon, & voy me la prest a boyre.

Pour ce texte, Screech dit que cure veut dire aliment pour purger l'oiseau. Tiroir ou tyrouer est un aliment qui purge le faucon en le faisant vomir. Frere Jean appelle son bréviaire son tirouer, non point,

---

5. Leur confection reste d'ailleurs fort hypothétique, car si leur forme est celle du livre fermé, comment feindre d'y lire? et si elle est celle du livre ouvert, comment le porter sur soi avec quelque chance de donner le change?

comme disent souvent les éditeurs, parce que son bréviaire était en réalité une bouteille de vin faite en forme de livre liturgique, mais parce que l'action de chanter les offices de son bréviaire lui permet de vomir ses glaires et le rend ainsi plus prêt à boire.

Il apparaît donc que la consultation du bréviaire est donnée pour préparation à mieux boire. Et le texte du chapitre XX du Quart Livre ne fait que confirmer cette vue, quand frère Jean, en pleine tempête, après avoir dit: Beuvons hau! Je diz du meilleur et plus stomachal, ajoute quelques lignes plus bas: Apporte cy, hau, page, mon tirouoir (ainsi nommoit il son breviaire). Le texte du chapitre XXI confirme encore que ce bréviaire est bien un livre imprimé puisqu'il y lit la phrase: Heureux l'homme qui n'est pas parti (Psaumes, I, 1): Ça, joyeulx tirouoir en avant, que je vous espluche à contrepoil. Beatus vir qui non abiit.

Quant au texte de l'Ancien Prologue de ce même Quart Livre, il laisse bien entendre que le bréviaire dont il est question est un vrai livre puisqu'il a fallu qu'y soient représentées des pies sur la couverture pour que s'établisse la relation avec le vin: Vous me donnez quoy? Un beau et ample breviaire. Vraybis, je vous en remercie: ce sera le moins de mon plus. Quel breviaire fust, certes ne pensois, voyant les reigletz, la rose, les fermailz, la relieure et la couverture, en laquelle je n'ay omis à considerer les crocs et les pies peinctes au dessus et semées en moult belle ordonnance. Et Rabelais, qui revient sur le sujet un peu plus loin, donne, semble-t-il, la certitude que ce bréviaire, bien que chargé d'inscriptions peu liturgiques, est quelque chose qui ressemble à un véritable livre puisque la diversité des vins exclut le flacon en forme de bréviaire qu'on y voit habituellement: Ceste figure sus votre breviaire posée me feist penser qu'il y avoit je ne sçay quoy plus que breviaire. Aussi bien à quel propos me feriez vous present d'un breviaire? J'en ay (Dieu mercy et vous) des vieulx jusques aux nouveaux. Sur ce doubte ouvrant ledict breviaire, j'apperceu que c'estoit un breviaire faict par invention mirificque et les reigletz touts à propos avec inscriptions opportunes. Doncques vous voulez qu'à prime je boive vin blanc, à tierce, sexte et nonne pareillement, à vespres et complies vin clairet. Cela vous appellez croquer pie: vrayement vous ne fustes onques de mauvaise pie couvez. Je y donnerai requeste.

Il paraît donc établi que le bréviaire évoquait non pas la boisson mais la propension à boire; et cette association semble être le fruit d'une élaboration du fonds populaire que nous pouvons ainsi reconstituer: les moines sont réputés, d'une part réciter à toute heure leur bréviaire, d'autre part, boire à toute heure; le bréviaire, ou plutôt sa lecture en prononciation silencieuse, est donc tenue pour la cause de leur soif permanente. Et, par enchérissement malicieux, la lecture de ce bréviaire est alors donnée, non pour acte de piété, mais pour la recherche d'une meilleure disposition à boire, une sorte d'aiguillon de vin, comme disait le vingt-deuxième titre de la Librairie (P. vij). Nous pouvons dès lors rendre le propos par:

Je ne bois qu'à force de bréviaire, comme un bon supérieur cordelier.

Qui feut premier soif ou beuuerye? Soif. Car qui eust beu sans soif durant le temps de innocence?

Les éditeurs font ici deux répliques de ces deux phrases où nous voyons l'intervention d'un seul buveur posant la question pour y répondre lui-même. Plattard dit: Question de discussion scolastique, dénonçant la présence d'un clerc. Michel dit pour la première phrase: Exemple de question donnée à débattre chez les scolastiques, comme les discussions sur l'antériorité de l'œuf et de la poule; et pour la deuxième: Sans doute avant le péché originel. Screech explique: C'est-à-dire qu'avant le Chute, Adam n'aurait jamais bu de vin sans avoir eu préalablement soif. Demerson dit: Au Paradis terrestre, à l'origine du monde.

Tout cela est en effet d'un clerc, et d'un clerc qui manie la dérision, attendu que l'innocence qui est celle du chapitre II de la Genèse n'a pas grand mérite à n'être pas tentée par le jus d'une vigne que Noé ne plante qu'au chapitre IX. Nous rendrons donc le propos par:

Qui fut d'abord: la soif ou le boire? La soif, car qui eût bu sans soif avant le péché?

Beuuerye. Car priuatio presupponit habitum. Ie suys clerc. Foecundi calices quem non fecere disertum.

Boulenger dit: La privation suppose la possession. La question posée était du genre scolastique. C'est un légiste qui répond. Et il le prouve en citant ensuite Horace: Epîtres, I, V, v, 19. Michel dit : La privation suppose la possession, maxime juridique plaisamment appliquée au boire: la soif suppose la beuverie. Il traduit: Quel est celui que les coupes bien remplies n'ont pas rendu éloquent? et précise: Avec un jeu de mots: le calice est le vase sacré de la messe. Screech dit: C'est l'homme de loi qui parle. Priuatio supponit habitum, brocard de droit figurant dans les compilations élémentaires du temps. La soif est une privation, l'homme n'aurait jamais eu soif si l'habitude de boire n'avait pas précédé la soif. Quant au vers d'Horace, il dit qu'il est cité dans les

Adages d'Erasme. Demerson dit: Le juriste, qui cite d'abord une maxime de philosophie scolastique (Privation présuppose propriété) est assez clerc pour alléguer un vers d'Horace: Est-il un homme au monde que les coupes fécondes ne rendent pas orateur?

Nous rendrons le propos par:

Le boire; car nous savons que privation suppose propriété. Je suis clerc. Qui donc, dit le poète, les verres pleins n'ont-ils rendu disert?[6]

Nous aultres innocens ne beuuons que trop sans soif.

Ici, aucun commentateur ne commente. Il est pourtant clair que le diseur feint d'avoir été mortifié par l'évocation du temps de l'innocence. Buvant, lui, sans que le besoin l'y pousse, il prétend toutefois être du monde des innocents. Cela se situe, bien sûr, au niveau de la parodie ludique, et repose sur une complète absence de la moindre conviction. Nous l'entendrons confesser:

Des innocents comme nous ne boivent que trop sans soif.

---

6. On s'est élevé contre la liberté prise avec le latin dans le Pantagruel; cette liberté semble pourtant imprescriptible quand on lit ce que Jules Marouzeau écrit dans son Traité de stylistique appliquée au latin (1935) (cité par Ferdinand Lot, dans La Gaule, édition revue et mise à jour par Paul-Marie Duval; Marabout Université):

La phrase latine nous apparaît à l'égard de la construction comme fondamentalement différente de la langue française. Le français tend à joindre dans l'énoncé les éléments qui sont unis par la construction et à les présenter dans un ordre satisfaisant pour l'esprit. Le latin se complaît à dissocier les appartenances syntaxiques. La phrase française marche d'un pas égal, un peu monotone, en partant, pour ainsi dire, toujours du même pied. La phrase latine procède par sauts, par enjambement, avec des avances brusques, des détours et des retours. La phrase française est une suite d'énoncés dont chacun satisfait l'esprit. La phrase latine, par une série de questions, dont presque aucune n'est résolue à mesure: voici, en première place un adjectif qui, féminin, fait attendre un substantif féminin, lequel, accusatif, appellera un verbe le régissant. Or, en seconde place, au lieu du substantif ou du verbe attendu, voici un second adjectif, masculin, celui-là, et au génitif, destiné par conséquent à être, avec un substantif à venir, le complément de quelque chose qu'on ignore. Avec deux mots, ce sont quatre questions posées. Le troisième mot va en soulever une cinquième: ce sera, par exemple, une conjonction qui fera attendre un verbe encore différé... et la phrase continue ainsi, multipliant les inconnues, si bien qu'il faudra souvent avancer très loin, à travers toutes sortes d'obscurités et de dédales pour voir enfin apparaître, parfois à de longs intervalles, les mots qui apportent les solutions attendues. La phrase latine est une charade, ou même une combinaison de charades emmêlées et entrecroisées, qui demande à l'esprit de s'embarrasser sans cesse de données nouvelles. La phrase française est une suite d'explications dont chacune se classe avant que la suivante ne soit amorcée. Et Ferdinand Lot ajoute:

Cette opposition mentale entre le latin et le français explique pourquoi, en dépit des facilités parfois trompeuses, d'acquisition de vocabulaire, l'écolier français, ce prétendu latin, apprend péniblement le latin et le possède généralement très mal, alors que l'écolier allemand, dont la langue maternelle présente, au contraire, une saisissante analogie avec la phrase-charade du latin, l'apprend et le possède mieux. S'il veut bien savoir le latin, le jeune Français est entraîné à méconnaître le génie de sa propre langue et à la maltraiter la plume à la main.

Il est vrai. Et ce n'est pas par hasard si les progrès du style et la diffusion du français littéraire en France coïncident avec la décadence des études latines.

(suite page suivante)

Non moy pecheur sans soif. Et si non presente pour le moins future. La preuenent comme entendez. Ie boy pour la soif aduenir Ie boy eternellement, ce mest eternite de beuuerye, & beuuerye de eternite.

Chacun ici donne sa compréhension: Boulenger dit: Moi, qui ne suis pourtant qu'un pécheur, je ne bois pas sans soif, comme vous; je bois pour calmer une soif à venir; je puis donc boire éternellement. Guilbaud dit: Moi au contraire, qui suis pécheur, je ne bois pas sans soif, et si je n'ai pas soif présentement, je bois au moins pour ma soif future. Plattard dit: L'éternité, selon la définition scolastique, ramasse tout l'avenir dans un présent perpétuel; le buveur boit donc pour toutes ses soifs à venir. Michel se borne à dire: La plaisanterie sur innocent (au sens théologique) et pécheur se poursuit. Demerson dit: Je ne bois pas sans soif, puisque je bois pour prévenir la soif à venir. Cette plaisanterie repose sur une définition scolastique de l'éternité, possession parfaite et simultanée, dans un présent intemporel, de tous les biens à venir; cette allégation explique la maxime précédente: la privation suppose une connaissance en quelque façon préalable.

Ces définitions de l'éternité semblent avoir masqué à ceux qui les produisent l'intention contenue dans le texte. Car il faut bien voir que le diseur qui, lui aussi, situe sa parole au niveau du jeu, parodie ici le raisonnement du bon apôtre:

Le diseur précédent a parlé au nom des innocents dont la faiblesse tout humaine les fait néanmoins boire sans soif. Celui-ci, au contraire, reconnaît qu'il est pécheur et, conséquemment, qu'il boit sans soif; son Non moy pecheur sans soif est l'aveu elliptique qui équivaut à: Non,

_____

6. (suite) Et plus loin, il se pose les questions:
Qui sait si l'effort plusieurs fois séculaire de la langue française pour se dégager de la phraséologie latine, qui si longtemps l'a étreinte comme une pieuvre, ne révèle pas le génie propre de notre esprit?
Qui sait si nos révolutions politiques, littéraires, esthétiques, ne sont pas autre chose que le bouillonnement de notre fonds celtique, se faisant jour, en dépit du temps, à travers la croûte de la latinité?
Cela fut écrit il y a presque un demi-siècle. Mais Régine Pernoud, dont le jugement, quand elle abandonne sa marotte du féminisme, est à considérer, écrit dans Les Gaulois, édition de 1957 revue en 1979:
Le gaulois, langue indo-européenne, n'était d'ailleurs pas si différent du latin qu'une assimilation ne pût se produire. Les deux langages ont pourtant subsisté longtemps côte à côte. Et finalement, comme l'écrit Paul Duval, c'est le triomphe de l'Église qui a assuré le succès définitif du latin. Car les mots d'origine chrétienne sont beaucoup plus nombreux dans notre langue que les termes purement profanes ou païens. Elle sera source de bien des confusions, cette méprise qui attribue chez nous à la langue de Cicéron une influence qui ne doit être imputée qu'à celle de Fortunat: on a fait étudier le latin classique à des générations d'écoliers avec la conviction que cette étude servirait à celle du français, qui en diffère radicalement par la syntaxe, la construction, les formes grammaticales et même le vocabulaire; sous ce rapport il eût été plus indiqué, si l'on voulait réellement leur apprendre les origines du français, de leur inculquer le latin liturgique.

moi je suis pécheur, et je bois sans soif. Et l'on peut jusque là croire à une correction dictée par l'humilité. Il poursuit en confessant même qu'il cède ainsi d'avance à une tentation prévisible: Et si non presente pour le moins future. La preuenent comme entendez. Ie boy pour la soif aduenir. Mais son propos tourne inopinément à la justification par l'invocation de hautes raisons théologiques: Ie boy eternellement, ce mest eternite de beuuerye, & beuuerye de eternite, toutes bonnes raisons qui doivent, à la fois, faire croire à l'élévation de pensée de celui qui les énonce, être assez vagues pour être tenues pour bonnes sans discussion, et contenir l'excuse qui donne celui qui parle, bien que buvant sans soif, pour incontestable innocent. Et nous croirons volontiers que ce que parodie ici le buveur peut être, au-delà de la traditionnelle casuistique ecclésiastique, la complaisante subtilité jésuitique qui n'avait peut-être pas tardé à être réputée aussi artificieuse qu'outrecuidante. Nous entendrons donc ainsi le propos:

Non, moi je suis pécheur, et je bois sans soif. Si elle n'est là, je la préviens comme vous entendez: je bois pour la soif à venir. Je bois pour l'éternité; ce m'est éternité buvante et boire d'éternité.

Chantons beuuons un motet.

Notons d'abord que tous les éditeurs, pliant le texte à leur recherche de facilité, incluent ici l'impératif Entonnons de la réplique qui suit, et impriment alors: Chantons, buvons; un motet entonnons. Or, ne serait-ce que par sa majuscule, cet impératif Entonnons nous paraît donné en réponse au propos qui nous occupe. Nous l'isolons donc.

Pour ce motet, tout le monde, s'appuyant sur le verbe chanter et, indûment, sur le verbe entonner, parle de jeu de mots entre entonner, se mettre à chanter le chant d'église, et entonner, mettre le vin en tonneau, alors qu'on peut déjà se dire que ce deuxième sens d'entonner ne peut avoir ici aucun rapport avec le tonneau et ne peut que signifier bien boire.

Mais c'est de toute façon aller trop vite en besogne et négliger de voir que la phrase Chantons beuuons un motet implique que le mot se rapporte aussi bien à l'invite buvons qu'à l'invite chantons, et que motet, en plus du sens de pièce de musique d'église, doit avoir un autre sens qui se rapporte à buvons. Et peut-être devons-nous voir dans ce motet le mot édifié sur most: moût, le verbe moster signifiant récolter le moût, vendanger (Greimas). La phrase serait alors à entendre comme: Chantons (un motet: chant d'église), buvons un motet (petit produit de la vendange). Nous rendrons donc le propos par:

Chantons un motet... et buvons-le.

Entonnons.

C'est donc en faisant rebondir le sens sur motet: chant d'église, que ce diseur feint d'inviter à se mettre à chanter, tout en s'attendant bien à voir son verbe entendu au sens de bien boire, sens dont la compréhension va être confirmée par celui qui lui répond. Nous rendrons l'invite par:

A pleine gorge!

Ou est mon entonnoir?

Ici Guilbaud se trompe en disant : C'est-à-dire mon verre, alors que Michel dit : Jeu de mots sur entonner un chant et mettre en tonneau.

En fait, celui qui parle feint d'avoir compris l'impératif Entonnons comme: Faisons comme pour le tonneau, c'est-à-dire usons de l'entonnoir; et retenant cette idée d'entonnoir, il sous-entend qu'il a compris qu'on usera de l'instrument pour boire davantage. Et là encore, c'est le diseur suivant qui va signaler qu'il a entendu cette compréhension de l'entonnoir placé dans la bouche et déversant directement le vin dans le pharynx (comme au supplice de la question par l'eau), puisqu'il va faire mine de protester. Nous rendrons sa question par:

Où est mon engorgeoir?

Quoy ie ne boy que par procuration.

Ici, les commentateurs, à qui ce jeu subtil semble avoir échappé, se réfugient dans la glose gratuite. Guilbaud dit: C'est-à-dire: les autres boivent à ma place. Jourda dit la même chose mais, sensible à l'arbitraire, il s'écrit une scène pour se rassurer: Le juriste se plaint qu'on ne remplisse pas son verre. Michel s'en écrit une autre, aussi salacement qu'inexplicablement orientée: Le juriste proteste: Les autres boivent à ma place..., comme dans un mariage par procuration, le marié reste sur sa soif. Screech dit docilement: Par procuration: c'est-à-dire, un autre boit à ma place. Demerson reprend l'antienne: Langage de juriste: quelqu'un d'autre se charge de boire à ma place.

En fait, tout le monde aura compris qu'il n'est nullement besoin d'être juriste pour dire que faire passer le vin par un entonnoir amenant directement ce vin au fond du gosier, c'est bien boire par procuration, ledit entonnoir se substituant au palais. La feinte indignation du buveur doit donc s'entendre:

Comment! Il me faut boire par interposition!

C'est à cet endroit que le fac-similé montre un alinéa où il serait pourtant téméraire de voir une volonté arrêtée de Rabelais, un accident de composition pouvant en être le seul responsable. Mais nous devons au moins noter que le nouveau paragraphe concorde avec l'élection d'un nouveau motif de l'addition: celui de l'opposition entre le sec et l'humide.

Mouillez vous pour seicher, ou vous seichez pour mouiller?

Seuls ici deux commentateurs parlent. Michel dit: La scolastique revient à la charge avec ses oppositions (cf. Qui fut premier...). Et Demerson dit: Autre formulation de la question: Qui fut premier, soif ou beuverie? Mais personne ne va commenter la réponse faite à cette question, que nous entendrons formulée ainsi:

Vous humectez-vous pour sécher, ou séchez-vous pour avoir à vous humecter?

Ie nentens poinct la theoricque de la praticque ie me ayde quelque peu. Haste.

Il est apparent que Rabelais a voulu faire du personnage qui répond celui qui, sachant fort bien reconnaître la catégorie de la question posée, et refusant de se prononcer, incarne la sagesse qui, précisément, se refuse à entrer dans les ergotages. Comme il est d'autre part remarquable que ce personnage répond finement en employant la litote: de la praticque ie me ayde quelque peu, il semble assuré que nous avons affaire à un clerc, et que c'est délibérément que ce clerc garde les deux pieds dans le temporel. C'est, ni plus ni moins, la prise de position antisorbonique, et nous avons ici quelque raison de voir se profiler l'ombre de Rabelais derrière ce buveur.

Quant à l'interjection Haste, les éditeurs l'impriment seule, comme une réplique. Boulenger dit alors: Dépêche-toi! dit un buveur au page. Michel dit: Presse! Demazière, qui a déjà fait commettre un solécisme à Rabelais en imprimant: De la praticque, je m'en ayde quelque peu, imprime aussi indûment: Baste. Or il est pour nous certain que cet impératif Haste est le verbe haster: presser, poursuivre (Greimas), et nous entendons que le diseur ne fait ici que prononcer l'invitation: Poursuis, incitant celui qui a posé la question à passer outre. Celui-ci n'en fera rien et, continuant de jouer les songe-creux, va entreprendre de donner sa propre réponse. En attendant, nous comprenons ainsi le propos:

Je n'entends rien à l'abstraction; du concret, je m'arrange assez bien. Poursuis donc!

Ie mouille, ie humecte, ie boy. Et tout de peur de mourir. Beuuez tousiours vous ne mourrez iamais[7]. Si ie ne boy ie suys a sec. Me voyla mort. Mon ame sen fuyra en quelque grenoillere. En sec iamais lame ne habite. Somelliers, o createurs de nouuelles formes rendez moy de non beuuant beuuant.

Sauf Demazière, qui imprime presque tout à la suite, les éditeurs font ici quatre répliques et commentent ainsi: Boulenger dit pour grenoillère: Anima certe, quia spiritus est, in sicco habitare non potest, est-il dit dans des Quaestiones attribuées à saint Augustin (et nous retrouvons là la cuistrerie qui ne se soucie pas de traduire). Pour les nouvelles formes, il dit: Facétie scolastique. La substance qui change la forme du corps, qui crée de nouvelles formes, c'est le vin.

Guilbaud dit: Interprétation d'une pensée attribuée à saint Augustin. Et comme il n'est pas pédant, il traduit: L'âme, parce qu'elle est esprit, ne peut habiter dans le sec. Et il explique encore pour formes: Allusion à la définition scolastique des formes substantielles.

Michel dit: Plaisanterie ecclésiastique tirée du pseudo saint Augustin (Quaestiones, etc.): l'âme... ne peut habiter en sec. Ce qui justifie ceux qui boivent théologalement. Pour formes, il dit: Plaisanterie métaphysique: les sommeliers procèdent à un changement de forme grâce à la substance du vin.

Demerson est le seul à donner la bonne explication: Traduction bouffonne d'un dicton attribué à saint Augustin: l'esprit ne peut subsister en un lieu aride. Mais pour formes, cherchant manifestement à montrer pourquoi le buveur précédent pouvait mépriser la theoricque, il dit: Métamorphoses; cette phrase est une plaisanterie d'étudiant en philosophie scolastique: en théorie, les formes nouvelles n'ont pas de créateur: elles sont des causes intrinsèques du devenir, par lesquelles, par exemple, le buveur se pose dans l'être en niant en lui le non-buveur (plaisanterie, dirons-nous, qui est assez loin de nous couper le souffle à force de rire). Demazière dit: Passage de saint Augustin, déjà imité dans la Nef des fols, (1497): L'âme... jamais ne se contient, / Ainsi que lisons, en sec lieu.

Il ressort en tout cas de tous ces commentaires que la réplique doit bien se lire comme nous la lisons, et qu'elle émane d'un seul diseur qui emploie son érudition de clerc à se trouver de bonnes raisons de boire. Nous l'entendons argumenter ainsi:

---

7. Cette phrase a inspiré un fabricant d'objets en étain, qui la fait figurer autour du portrait de Rabelais, au creux d'un taste-vin dont la poignée est la couleuvre d'Esculape. Il est pourtant dommage qu'il l'ait tronquée en ne donnant que: Beuvez tousjours... ne mourrez jamais. Mais il est encore plus déplorable que certains acheteurs transforment l'objet en cendrier, invitant à maculer le visage du bon maître, alors que ce visage devient rieur sous une couche mouvante de chinon.

Je mouille, j'humecte, je bois. Et tout, de peur de mourir. Buvez toujours, vous ne mourrez jamais. Si je ne bois, je suis à sec: me voilà mort et mon âme s'enfuit en quelque marécage. L'âme, dit-on, ne peut subsister en lieu desséché. Sommeliers, ô créateurs d'états nouveaux, transformez-moi de non-buvant en buveur.

Le dit suivant, lui, semble provenir de quelqu'un qui, s'il est clerc, ne s'embarrasse pas de tels prétextes et paraît seulement habité par l'idée qu'exprime le dicton lyonnais: Pour que le vin fasse de bien aux femmes, faut que ce soye les hommes qui le boivent:

Perannite de arrousement par ces nerueux & secz boyaulx. Pour neant boyt qui ne sen sent. Cestuy entre dedans les venes, la pissotiere ny aura rien.

Là encore, les éditeurs font trois répliques distinctes, alors qu'il nous paraît évident que la deuxième phrase, conséquence de la première, ne peut que faire partie du même raisonnement, et que la troisième constitue la mise en pratique de ce qui a été énoncé, cet énoncé ayant alors figure d'excuse préalable. La glose, en outre, passe ici à côté de la question.

Guilbaud se méprend lourdement, qui dit pour qui ne sen sent: qui n'en sent l'envie. Encore est-il le seul à parler, puisque même Demerson se borne à dire pour la pissotiere ny aura rien : Ce vin est assimilé intégralement, laissant la translation donner: — Un arrosage perpétuel pour ces boyaux tendineux et secs! Ces tendineux et secs boyaux pourraient nous laisser penser qu'il y a là un début de compréhension, mais la substitution de la préposition pour à la préposition par nous montre qu'il n'en est rien, et qu'il ne s'agit que d'une heureuse rencontre.

Car il est clair qu'il ne peut être question des boyaux de l'intestin, comme d'ailleurs le prouve la dernière phrase, mais que nous avons affaire à un pluriel de généralisation qui concerne ce que Panurge nommera, au chapitre XVIII du Tiers Livre, le membre nerveulx, caverneux. Ce qu'il faut bien voir, en effet, c'est que le texte ne dit pas: pour ces nerueulx & secz boyaulx, mais: par ces nerueulx & secz boyaulx, ceux-ci étant alors, non pas l'objet de l'arrousement, mais l'instrument, l'agent de cet arrousement. Et ledit arrousement, tout le monde l'entend alors, n'est en rien l'humidification par le vin mais désigne tout uniment l'éjaculation. Celui qui parle exprime l'idée que, par le vin ingurgité, sera revigoré le membre, qui aura donc pérennité d'émission séminale. L'adjectif nerueulx est ici à entendre comme musclé, et sec comme raide; les boyaux ne sont évidemment en rien les entrailles mais bien l'équivalent d'un mot comme tuyaux, où il ne faut retenir que l'analogie de forme et de fonction. Ce que dit ce buveur est en fait: Pérennité d'éjaculation par ces roides et fermes conduits.

Et le Pour neant boyt qui ne sen sent se comprend alors tout naturellement comme la référence à cette idée que le vin renforce la puissance génésique. Ce qu'exprime la phrase est tout simplement: Boit pour rien qui ne s'en ressent, c'est-à-dire ici, qui n'en est génitalement fortifié.

La troisième phrase n'est pas autre chose que la parole qui accompagne l'action de boire, action assortie de l'assurance qui découle de ce qui a été avancé: non seulement le verre de vin que le diseur s'apprête à boire sera, comme dit Demerson, intégralement assimilé, c'est-à-dire sans qu'aucun déchet ait à passer par la vessie, mais il ira directement réchauffer le sang, qui sera heureusement disponible pour les corps caverneux du membre, comme il ira vraisemblablement, à l'instar de la saulse verde de bled en herbe (T.L. II), dilater les vases spermaticques, abbrevier les cremasteres, enfler les genitoires et incruster le balane. Nous entendons donc ainsi ce buveur vanter les vertus de son vin:

Pérennité d'avitaillement par ces roides et fermes conduits. Boit pour rien qui n'en est fortifié. Celui-ci entre dans les veines, la pissotière n'en verra rien.

Ie laueroys voluntiers les tripes de ce veau que iay ce matin habille.

Boulenger dit: Jeu de mots sur habiller: vêtir et, en termes de boucherie, parer la bête. Guilbaud dit: Le veau, c'est celui qui parle. Jeu de mots sur l'expression habiller un veau (l'apprêter, en terme de boucherie). Michel est moins assuré, qui dit: Habiller: vêtir un homme ou parer un veau (terme de boucherie)? Demerson dit: Le Bien Ivre parle comme un boucher qui a habillé, c'est-à-dire apprêté, un animal; mais c'est lui le veau qu'il a habillé (vêtu en se levant) et dont il veut laver les tripes (avec du vin).

Les explications des commentateurs sont ici exactes, mis à part le fait qu'elles n'insistent pas sur la certitude que nous n'avons pas affaire à un boucher, mais seulement à un buveur qui emploie facétieusement une expression de boucher et joue sur les sens doubles de la locution laver les tripes et du verbe habiller.

Dès lors le propos est clair, entendu toutefois qu'il fait apparemment suite au précédent comme si ce qui vient d'être dit sur la pérennité d'avitaillement que procure le vin avait incité celui qui parle ici à boire d'autant plus volontiers qu'il espère en tirer le profit qui a été décrit. Et nous apparaît alors évident le comique qui naît de l'opposition de ce désir de posséder une inextinguible puissance génésique et du mot veau qui est animal impubère. Au niveau ludique où se situe ici le langage, le buveur se donne donc ici pour impuissant et affecte de ne boire que parce qu'on vient d'affirmer que le vin le sortira de cet état. Nous rendrons donc le propos par:

Je laverais alors volontiers les tripes de ce veau débile que j'ai ce matin habillé!

Iay bien saburre mon stomach. Si le papier de mes schedules beuuoyt aussi bien que ie foys, mes crediteurs auroient bien leur vin quand on viendroyt a la formule de exhiber.

Les éditeurs font ici deux propos distincts. Mais la première phrase, isolée, est alors d'un platitude telle qu'il faut se forcer pour y voir le temps de repos introduit par un buveur qui, jugeant le sujet épuisé, crée une transition pour faire place à un nouveau thème. En fait, nous entendons que les deux phrases dépendent l'une de l'autre, la première amenée à dessein pour offrir la possibilité de l'astuce contenue dans la seconde, toutes deux dites par quelqu'un qui vit à crédit avec l'insouciance qui sera celle de Panurge au Tiers Livre.

Pour cette première phrase, Demerson dit: Saburratus (lesté) est une métaphore prise à la navigation. Demazière dit: De sabure, gros sable dont on lestait les navires. Screech dit: C'est l'homme de loi qui parle: Si le papier de mes cédules buvait l'encre comme moi je fais le vin, il n'y aurait aucun document écrit à produire devant le juge. Exhiber s'emploie plaisamment au sens de donner à boire. Et il renvoie au Quart Livre, XX, où frère Jean, demandant du meilleur et du plus stomachal, dit en effet: produisez, exhibez. C'est pourtant Demerson qui explique le mieux ce jeu, disant: Cédules, reconnaissances de dettes; c'est un débiteur qui parle, et rien n'indique que ce soit un homme de loi comme le disent généralement les commentateurs. Mes créanciers auraient leur pourboire (seraient bien déconfits) quand on leur demanderait d'exhiber leurs titres (car sur du papier buvard, l'écriture est illisible).

Mis à part le fait que Rabelais ne pouvait certes pas avoir à l'esprit le buvard, qui n'existait pas, mais seulement le papier non lissé à l'alun, est ainsi éclairci le sens de avoir son vin, locution qui a ici la signification que nous avons vue au chapitre xviij du Pantagruel: ce diable de Pantagruel, qui a conuaincu tous les resueurs & beiaunes Sophistes, a ceste heure aura son vin, c'est-à-dire aura son surplus, celui-ci pouvant être favorable ou défavorable. Nous entendons donc ainsi le propos:

J'ai bien lesté mon estomac. Si le papier de mes reconnaissances de dettes buvaient l'encre comme moi le vin, mes créditeurs auraient leur paquet quand viendrait l'heure de les produire.

Et c'est sur ce propos que se termine la première addition, la phrase suivante renouant avec ceux de l'originale.

Ceste main vous guaste le nez.

Cette simple remarque, qui ne peut être désobligeante au niveau de convention où elle se situe, est comprise fort diversement. Boulenger dit: Elle lève trop souvent votre verre, en effet. Guilbaud dit: Parce qu'elle lève trop le verre (qui n'est pas assez rempli). Jourda et Michel disent que la main trop souvent levée fait le nez rouge. C'est ce que dit aussi Screech, qui emploie la première personne: C'est-à-dire: à force de trop souvent lever le verre, j'ai le nez rouge. Demerson dit: Votre main est responsable de votre couperose: elle lève toujours votre verre. Demazière est risible, qui dit: Ces mots sont adressés sans doute à un mauvais buveur qui portait la main à son nez, au lieu de la porter à son verre.

Il ne semble pas que dans une assemblée de buveurs on puisse reprocher à quelqu'un de se toucher le nez s'il lui démange, plutôt que d'entonner sans arrêt, et l'explication de Demazière est absurde. Mais on ne voit pas non plus comment quelqu'un de cette assemblée pourrait reprocher à un autre sa couperose ou son nez rouge. Quant à la raison par le verre qui n'est pas assez rempli, Guilbaud anticipe de deux phrases et donne ici l'explication de boire à petit gué.

Il semble que c'est la compréhension de Boulenger qui doive nous conduire, mais il nous faut pourtant entendre le verbe guaster comme perdre (Greimas), et comprendre que le comique de la remarque consiste dans le regret qu'affecte d'éprouver le buveur qui parle: la main qui tient le verre perd, c'est-à-dire soustrait aux regards, le nez de celui à qui il s'adresse, et donc prive fâcheusement la société de la vue de cet appendice donné pour agréable à voir. Et c'est probablement celui qui est ici visé qui, réduit à rire le premier de cette parodie de compliment, va répondre en enchérissant, pour bien marquer que la plaisanterie dont il est victime ne l'a pas blessé. Nous entendrons donc qu'on lui dit:

Cette main nous cache votre nez.

O quants aultres y entreront, auant que cestuy cy en sorte.

La phrase est probablement traditionnelle, et s'entend:

O combien d'autres y entreront avant que celui-ci en sorte.

Boire a si petit gué: cest pour rompre son poictral.

Boulenger explique: Un cheval forcé de trop tendre le cou pour boire, quand l'eau est basse, risque de rompre son harnais de poitrail.

Guilbaud dit la même chose mais explique, pour petit gué: sans remplir son verre. Michel donne même explication, et ajoute: L'ivrogne se plaint que son verre soit presque à sec. Demerson dit : Devoir boire un liquide de niveau trop bas (on sait qu'il est dangereux de faire tendre le cou à un cheval harnaché).

Personne ne fait remarquer qu'il y a là encore comique de rabaissement, le buveur étant donné pour boire autant qu'un cheval. Il est donc évident que celui qui prononce cette phrase ne parle pas de lui-même mais qu'il s'adresse, au mode plaisant, à un autre buveur qui, toutefois, ne mérite pas le nom d'ivrogne que lui décerne Michel, une beuverie agrémentée de propos où chacun fait assaut d'esprit étant précisément le contraire de la morne imbibation de l'éthylique. Finalement, l'intention est celle de donner le verre du buveur pour trop petit pour sa soif. Et nous rendrons le propos par l'expression que nous pouvons prêter à l'épouse du voiturier de jadis au lendemain d'une rentrée houleuse:

C'est dans le verre du cheval qu'il vous faut boire, ou bien rompre le collier.

Cecy sappelle pipee a flaccons.

Boulenger dit: Les salaisons, appeaux de flacons, les prennent à la pipée comme on prend les oiseaux. Guilbaud dit: Les flacons sont attirés par les flacons, comme dans la chasse à la pipée. Plattard donne même explication. Michel dit: Piège à flacons. Mais ce dernier mot peut être pris dans un sens libre, qui déclenche une cascade de jeux de mots obscènes, ou scatologiques. Demerson dit: Les charcutailles attirent les flacons comme le miroir attire les alouettes.

La pipée étant la chasse à la glu avec un appelant, il semble que la compréhension où les flacons sont censés attirer les flacons ne soit pas la bonne, pas plus d'ailleurs que n'est bon le miroir aux alouettes de Demerson. Tout laisse penser que le propos est dit par quelqu'un qui s'apprête à manger une des tranches de ce jambon débité au début, et seul cadre alors avec le mot pipée l'idée de la salaison tenue pour participant à la chasse aux flacons. Nous entendrons donc ainsi le propos:

Ceci se nomme appelant à flacons.

Quelle difference est entre bouteille & flaccon? grande, car bouteille est fermee a bouchon, & flaccon a viz. (34: & flaccon a vitz).

Bien que les éditeurs fassent ici deux répliques, nous voyons là le propos d'un seul diseur, la minuscule commençant le mot grande étant probablement significative. Boulenger dit: Equivoque obscène sur vis, vit, et flacon. Pudibonds, s'abstiennent Guilbaud, Plattard, Jourda et Screech. Michel dit: Vis ou bien vitz, membre viril. Demazière, parlant de la graphie flac con (qu'il imprime), dit: Cette orthographe fait encore mieux ressortir l'équivoque. Demerson dit: L'obscénité de l'équivoque était plus appuyée dans la première rédaction: flac con (est fermé) a vitz (flaque signifie flasque, encore chez Ronsard); et il renvoie au chapitre XXVIII du Tiers Livre où figure: couillon flacque. La translation, elle, n'hésite pas à créer une contrepèterie qui remplace le sujet du bouchage par celui de la position: — Une grande différence: on couche la bouteille quand elle est bouchée, on bouche le fla-con quand il est couché.

Tout en rendant hommage à ceux qui n'ont pas voulu ignorer la salacité, nous ne suivrons pas Demerson dans son explication du mot flac (flaque). Greimas dit en effet: Flac: mou, flasque; affaissé, creux; affaibli. Et pour le substantif féminin Flache: partie affaissée de quelque chose; fente. Il apparaît donc que si le texte du Tiers Livre entend bien flaque comme flasque, puisque l'expression se situe dans la liste des qualificatifs dévalorisants donnés au couillon, le flac de flaccon ne peut nullement signifier flasque ou affaissé ou mou, ce qui, faut-il le dire, ne constitue pas précisément une incitation à fermer ce con, mais bien creux, ce qui correspond exactement à l'idée de bouchage, c'est-à-dire d'obturation d'un vide. Nous rendrons le propos par:

Quelle différence y a-t-il entre bouteille et flacon? Grande, car la bouteille est fermée à bouchon, et le flac du con, à vits.

De belles. Nos peres beurent bien & vuiderent les potz, Cest bien chié chante, beuuons. (34: chien chanté).

Les deux premiers mots sont une addition. Ils sont tenus pour une réplique par tous les éditeurs, qui n'en sonnent mot. Seule la translation donne: — En voilà de belles!, voyant apparemment dans cette exclamation un jugement sur ce qui vient d'être dit au sujet du bouchage.

Pour la seconde phrase, Guilbaud dit: Couplet d'une chanson bachique. Plattard dit: Couplet d'une chanson bachique dont les vers suivants sont: Mais si nous vallons rien/Nous viderons les nos. Chanson XLVI du recueil A. Gasbé, Chansons normandes du XVe siècle (Caen, 1866). Michel dit: Pots à boire ou pots de chambre? La réplique: c'est bien chié chanté: c'est bien inventé, s'enchaîne avec le dernier sens. Demazière dit: C'est un vers d'une très vieille chanson. Le causeur vient de se permettre un propos par trop égrillard. Il entonne un air bachique pour détourner l'attention. Enfin, pour la troisième phrase,

Jourda donne: C'est une belle invention! et Demerson dit: Façon grossière de dire: c'est bien dit; c'est le ton juste pour répliquer à l'ambiguïté de vider les pots de la ligne précédente.

Nous ne voyons ici qu'une seule et même réplique. Et ces mots De belles, qui sont une addition, nous apparaissent comme une compréhension volontairement lénifiante de la fin du propos précédent, semblant faire suite aux mots a viz entendus comme à visages. La phrase devenant: et flacon à vis(ages)... de belles. Bien sûr, cette atténuation est en fait un signal qui souligne et prolonge le sens salace. Et le diseur malicieux, continuant de jouer les bons apôtres, fait pivoter ce De belles sur la compréhension: Nous en savons de belles, entonne alors le premier vers de la chanson connue; puis jugeant suffisante sa pseudo-diversion, il cesse aussitôt, prétendant avoir assez chanté pour boire. Nous rendrons ce propos elliptique par:

Vit...sages de belles. De belles, comme celles que nous savons: Nos pères burent bien et vidèrent les pots. C'est fichtre bien chanté, buvons.

Voulez vous rien mander a la riuiere? cestuy cy va lauer les tripes.

Boulenger dit: Ce verre va laver mes tripes. On lavait les tripes à la rivière, car il y fallait beaucoup d'eau. Guilbaud dit pour tripes: les entrailles du buveur. Plattard dit: Les entrailles du buveur que le vin va arroser. Michel dit: Voulez-vous confier quelque chose à la rivière? Celui-ci va laver les tripes. C'était l'usage de laver les tripes à la rivière, mais ici le buveur se lave les tripes au vin. Demerson dit, pour mander: Transmettre un message, puis explique: Le verre de vin va laver les tripes (du buveur), comme un charcutier qui rince en eau courante les boyaux à boudin. La translation dit ici, en totale incompréhension:
— Celui-ci va laver les tripes, à quoi bon aller à la rivière?

Bien sûr, on peut entendre que le buveur qui parle demande si quelqu'un a quelque chose à transmettre à la rivière, puisqu'il s'apprête à boire un verre censé lui laver les tripes, et que ce lavage se faisait en eau courante. Mais nous ne voyons pas du tout la relation qu'il peut alors établir entre l'idée de boire et l'idée de mander (confier, selon Michel) quelque chose à la rivière. Demerson, lui, parle de message à transmettre, et nous ne pouvons que rester éberlués devant cette rivière qui est censée écouter une communication. Tout cela revient à détourner le sens du propos, en le forçant et inventant pour les besoins de la cause.

Car il est évident qu'il faut entendre ce buveur désigner ici quelqu'un qui s'est levé pour aller pisser sur le bord du cours d'eau; le diseur demande donc à la cantonade si personne n'a rien à mander, c'est-à-dire à faire porter, à la rivière; autrement dit, le buveur demande autour de lui si personne n'a rien à déverser à la rivière, profitant qu'un des convives se dispose à y aller pour se vider la vessie.

Il y a là un contenu comique qui semble avoir totalement échappé aux commentateurs, qui n'ont dû connaître que des banquets professionnels où, bien loin de se déboutonner, on ne se permet, soucieux du jugement de ses confrères, aucun trait d'esprit qui ne soit à base d'érudition littéraire, ce qui gâte sensiblement le goût des mets et du vin. Ils n'ont donc pas vu que la locution laver les tripes équivaut ici à notre: changer l'eau des olives, pas plus qu'ils n'ont vu que la question revient à demander si celui qui se dispose à aller pisser à la rivière ne peut pas se charger, pour leur éviter de se déplacer, de satisfaire l'envie semblable que peuvent éprouver d'autres buveurs. Nous entendrons ainsi le propos:

Quelqu'un a-t-il rien pour la rivière? celui-ci va y changer l'eau des olives.

Ie ne boy en plus qu'ne esponge.
La phrase est une addition dont personne ne dit rien puisqu'elle est limpide. La translation la rend fort bien par:
Je ne bois guère plus qu'une éponge.
De ce propos, nous allons voir que quelques commentateurs disent que le mot éponge est en latin spongia, et qu'il semble avoir été ajouté pour faire jeu avec le mot latin sponsus (époux) qui se trouve immédiatement après celui qui fait dire à un buveur: Ie boy comme un templier. Il resterait donc à penser que c'est par erreur que ce propos sur l'éponge n'a pas été inséré juste avant le propos où figure ce mot sponsus. Pourtant, à y bien regarder, cette prétendue similitude ne nous convainc pas: outre le fait qu'elle ne porte que sur la première syllabe de spongia et de sponsus, elle s'établit entre un mot qui, en français dans le texte, doit être traduit pour qu'il se rencontre avec le mot latin sponsus. Il paraît ainsi avéré, une fois de plus, que cette raison par la similitude sonore n'a vraisemblablement jamais effleuré l'esprit de l'auteur.

Mais nous pouvons penser, en revanche, que la raison de Rabelais a pu être une raison de composition. Et il ne faut, pour cela, que considérer la version originale. Dans cette première version, le propos sur le lavage des tripes est immédiatement suivi du propos: Ie boy comme un templier, lui-même suivi de deux propos qui citent chacun une phrase de l'Écriture. Il apparaît donc que ce propos sur le templier, qui reprend dans toute sa banalité une locution courante, avait à charge

136

d'assurer la transition entre la trivialité du lavage de tripes et les deux citations scripturaires. Et il semble qu'au moment du remaniement, Rabelais, quelque peu gêné de la platitude de ce boire comme un templier, ait créé ce propos de diversion sur l'éponge, nettement moins banal, de façon à donner au propos sur le templier la dimension spirituelle que lui confère le groupement avec les deux propos qui suivent, où il est question, pour le premier, de l'époux de l'Évangile, pour le second, de la terre sans eau du Psaume, la progression apparaissant alors comme: Temple-Évangile-Psaume. Voyons donc ce templier:

Ie boy comme un templier,

L'expression était proverbiale, dit Plattard; et il renvoie au chapitre xvj du Pantagruel: A lune foys il assembloit troys ou quatre bons rustres, les faisoit boire comme Templiers sur le soir. Demerson dit seulement: Les chevaliers du Temple n'avaient pas la réputation d'être sobres. Littré rapporte qu'on a avancé que cette locution ne serait que la corruption de boire comme un temprier (ancien synonyme de verrier), la fonte du verre entraînant une transpiration continuelle forçant à boire fréquemment. Outre qu'il semble qu'on n'ait déjà plus parlé de temprier du temps de Rabelais, si tant est qu'on ait jamais employé le mot, nous connaissons désormais la nécessité du mot templier, et nous rendrons le propos par:

Je bois comme un du Temple.

& ie tanquam sponsus,

Boulenger dit: Comme un époux (Psaumes, XVIII, 6). Éponge (dont il est question plus haut) se disait spongia: jeu de mots. On buvait au moyen âge, du vin avant de se coucher; à plus forte raison avant sa nuit de noces. Demerson dit: Et moi comme un époux; ces mots latins sont la réminiscence d'un verset psalmodié par les moines (le Seigneur apparaît à l'humanité comme l'époux sortant de la couche nuptiale); ils peuvent avoir été amenés par la similitude vague des sonorités de esponge et de sponsus. La translation nous laisse ici pantois, remplaçant le texte de Rabelais par: — Et moi, comme les trou-piots du bon pastouriau. Nous rendrons le propos par:

Et moi comme l'époux de l'Écriture.

& moy sicut terra sine aqua.

Boulenger dit: Comme la terre sans eau (Psaumes, CXLII, 6). Ce sont des clercs qui parlent. Screech dit: Cf. Pantagruel, XX, même plaisanterie. Les psaumes sont, pour Rabelais, la matière de bréviaire par excellence. Demerson dit: Comme une terre sans eau; ce répons de

137

clerc à la réplique précédente est également tirée d'un Psaume (l'âme du pénitent se dessèche comme une terre aride). La référence est évidemment le: Et scauez vous comment? Sicut terra sine aqua, de la beuverie entre Thaumaste et Pantagruel, confirmation s'il en fallait une de ce que nous avons avancé sur la reprise, pour le Gargantua, des morceaux succintement traités au premier Livre. Nous entendrons:

Et moi, comme la terre sans eau du Psaume.

Un synonyme de iambon? cest un compulsoire de beuuettes.

La phrase cest un compulsoire de beuuettes est une addition. L'originale posait la question et la réponse était celle de la phrase dont nous faisons, nous, une autre réplique: cest un poulain, etc. Boulenger explique ainsi l'idée: Acte obligeant à produire la soif, termes juridiques. Guilbaud dit: Un moyen d'obliger à boire (terme juridique). Plattard dit: Terme de pratique. Le compulsoire était un acte qui obligeait une personne publique à produire une pièce qu'elle détenait. Jourda dit: Un moyen de produire. Michel dit: Terme de droit: procédure contraignant à produire des actes. Le jambon, lui, fait sortir les buvettes. Demerson dit: Acte de chancellerie contraignant un secrétaire à présenter une pièce d'un dossier.

Littré définit ainsi le compulsoire: Moyen d'instruction pour rechercher une pièce; et il semble que ce que n'ont pas vu les commentateurs, c'est que ce mot compulsoire sous-entend le mot pièce qui est, lui, à entendre au sens de fût (Littré). Et dès lors, le mot beuuettes, où les commentateurs ne s'arrêtent pas, est à entendre non pas au sens général de beuverie, mais au sens particulier que donne Littré: Cabaret situé auprès du palais, où les membres de la cour et les avocats déjeunaient et prenaient des rafraîchissements, sens qui rejoint celui de la phrase qu'écrivait Rabelais au Pantagruel, dans la version originale du chapitre x: Non pas quil engardast lesdictz theologiens Sorbonicques de chopiner/& se refraischir a leurs beuuettes acoustumees. Nous comprendrons donc ainsi le propos:

Un synonyme de jambon? C'est un commandement à produire les pièces... des buvettes.

cest un poulain. Par le poulain on descend le vin en caue, par le iambon, en lestomach.

Dès que l'on sait que le poulain est une sorte d'échelle sur laquelle on fait glisser les tonneaux pour les descendre en cave, le propos est limpide et ne requiert nulle transposition:

C'est un poulain. Par le poulain, on descend le vin en cave; par le jambon, en l'estomac.

138

Or cza a boire, boire cza. Il ny a poinct charge. Respice personam: pone pro duos: bus non est in usu.

Boulenger dit: La charge n'est pas complète, puis: Regarde la personne, verse comme pour deux; bus n'est pas en usage, continue l'homme de basoche qui parle, faisant allusion au solécisme qu'il vient de commettre (duos pour duobus): on n'a jamais fini de boire. Guilbaud dit: Pleine charge, puis: Prenez la personne en considération; versez pour deux; bus n'est pas d'usage. La faute duos pour duobus permet le jeu de mots sur bus (terminaison latine et participe passé de boire). Plattard dit: Bus n'est pas d'usage parce qu'il est une forme du passé du verbe boire et que les bien-yvres sont en pleine beuverie. Jourda dit: Bus n'est pas en usage. Jeu de mots compliqué: Pensez à moi; versez pour deux; bus n'est pas en usage. Le personnage qui parle (un légiste?) devrait dire Pone pro duobus, et se refuse à employer le participe passé bus. Michel dit: La charge n'est pas complète, puis: Regarde la personne; verse pour deux; bus n'est pas en usage. Jeu de mots sur bus, passé du verbe boire, et bus désinence de l'ablatif pluriel latin de duo; il aurait dû dire pro duobus et non pro duos, aussi excuse-t-il le solécisme par un calembour: Regarde à qui tu verses; verse pour deux (j'en vaux bien deux); avoir bu n'est pas en usage, mais boire. Screech dit: Pro duos pour pro duobus, forme que le causeur évite, car bus veut dire j'ai bu. Demerson dit: Mon estomac n'en a pas sa charge, puis: Cette plaisanterie complexe de juriste doublé d'un grammairien pourrait se traduire à peu près ainsi: Regarde à qui tu verses: mets-en non pas rasi-bus mais rasi-bois, car je n'aime pas conjuguer boire au passé. (Le Bien Ivre dit: verse pro duos, au lieu de pro duo-bus, qui serait l'expression correcte pour réclamer une double part). Demazière dit: Ayez égard à la personne: mettez pour deux. Il aurait fallu pro duobus; mais Rabelais retranche bus, qui, dit-il, n'est pas en usage. C'est un jeu de mots sur la terminaison de duobus et sur le participe passé bus, pour exprimer que boire doit s'employer au présent et non au passé.

Remarquons que personne ne s'arrête au Respice personam, sauf Screech, qui dit: Matthieu, XXII, 16: non enim respicis personam. La traduction, qu'il néglige naturellement de donner, équivaut à: car tu ne considères pas le personnage. En fait, le buveur reprend la phrase de l'Écriture en la mettant à la fois au mode affirmatif et à l'impératif pour dire en substance, préparant l'exigence qu'il va exprimer: considère le personnage; mais il n'y a pas lieu de voir ici un homme de la basoche (Boulenger), un légiste (Jourda) ou un juriste doublé d'un grammairien (Demerson): le diseur paraît être seulement un clerc habitué au latin d'église et aux plaisanteries élaborées à partir de ce latin. Et, puisqu'il n'y a nulle possibilité de garder en français une quelconque idée de désinence se confondant avec un temps de conjugaison, nous transposerons ainsi son propos:

Hé là, à boire! A boire, ici! Le plein n'est pas fait: considère le bonhomme: verse pour deux, car il n'y a pas d'abus aujourd'hui.

Si ie montois aussi bien comme iaualle, ie feusse piecza hault en laer.

Boulenger dit pour iaualle: je decends; jeu de mots. Guilbaud dit la même chose, et pour piecza: depuis longtemps. Tous les autres commentateurs donnent ces mêmes éclaircissements, mais aucun n'a jugé bon de rappeler que la même idée est exprimée par Panurge au chapitre xiv du Pantagruel: O compaing si ie montasse aussi bien comme ie aualle, ie feusse desia au dessus la sphere de la lune, auecques Empedocles. Ici, la translation donne judicieusement:

Si je montais aussi bien que je les descends, il y a longtemps que je serais haut dans les airs.

Les quatre répliques suivantes, qui sont une addition, sont données par tous les éditeurs (à part Demazière) pour quatre répliques distinctes, alors qu'elles sont rimées et qu'il paraît fort invraisemblable que quatre buveurs, même pris de fureur poétique, puissent se répondre avec tant d'à-propos. Plus sûrement, puisqu'il s'agit d'une addition, nous pouvons penser qu'il y a là un seul propos constitué de quatre vers, que Rabelais ajoute, guidé par l'idée que la rime ne peut qu'accompagner, à un moment ou à un autre, les réjouissances gustatives. C'est ce qui s'est déjà passé au chapitre xxvj du premier Livre, avec les carmes qu'écrivent Pantagruel puis Panurge; et c'est encore cet enthousiasme bachique qui saisira Panurge au chapitre XLV du Cinquième Livre, et la fureur poétique qui animera Pantagruel, Panurge encore, et même frère Jean au chapitre suivant de ce même Cinquième Livre:

Ainsi se feist Iacques cueur riche. Ainsi profitent boys en friche. Ainsi conquesta Bacchus Linde. Ainsi philosophie melinde.

Boulenger dit seulement: Apparemment refrain de chanson. Mélinde, découverte par Vasco de Gama, passait pour un Eldorado. Guilbaud, pour cette Mélinde, hasarde: Ainsi la philosophie conquit Mélinde. Plattard, pour Jacques Cœur, dit: Dicton populaire, puis donne pour Mélinde des explications géographiques. Michel parle du grand argentier de Charles VII, puis donne: Ainsi science conquit Mélinde, ajoutant que le royaume de Mélinde figure dans les navigations de Pantagruel, au chapitre xxiiij. Demerson dit: Jacques Cœur était le type du riche, comme Crésus ou les Rothschild. Pour Bacchus, il dit: Ronsard saluera ainsi le dieu du vin: Ce n'est pas moy qui te taxe (...) d'avoyr (...) le titre du Triumpheur Indien. Mais bien c'est moy qui te loue (...) d'avoyr planté l'heureuse vigne féconde. Et pour Mélinde: Ainsi l'amour de la sagesse a fait conquérir (par Vasco de Gama) la ville merveilleuse de Mélinde sur la côte Est de l'Afrique.

Nous ne pouvons toutefois nous tenir pour renseignés; personne, par exemple, ne nous fait remarquer que la pièce de quatre octosyllabes s'ouvre par un vers qui apparaît comme une antiphrase comique, car il semble évident que ce n'est pas en buvant comme font les convives que Jacques Cœur a pu devenir riche: nous savons qu'il était détesté du peuple, qui lui attribuait un amour coupable, et intéressé, avec la favorite Agnès Sorel: la phrase paraît donc être un trait satirique populaire. Et les deux vers suivants sont apparemment à entendre comme des paradoxes de même inspiration: l'amour immodéré du vin peut effectivement conduire à abattre ses arbres, comme fera Panurge au chapitre II du Tiers Livre, jouant des haulx boys et praeparant les sieges pour la nuict du jugement. Il est sûr que les bois en friche peuvent ainsi profiter, c'est-à-dire se multiplier. Quant à Bacchus, il paraît non moins outré de prétendre que c'est grâce au vin que le dieu sorti de la cuisse de Jupiter a pu mener sa triomphale expédition en Inde. Nous avons donc là trois paradoxes qui confinent volontairement à l'absurde.

Reste le quatrième octosyllabe: Ainsi philosophie mélinde, pour lequel les commentateurs comprennent que la philosophie, la science ont conquis Mélinde ou que c'est l'amour de la sagesse qui a permis cette conquête. Mais c'est négliger de voir que le mot philosophie est ici le verbe philosophier: vivre selon les principes de la philosophie (Greimas), et négliger de voir que, si le verbe des trois premiers vers est au passé, celui-ci est au présent, temps qui isole ce vers final de ce qui précède. En fait, ce vers nous apparaît comme une conclusion portant sur les trois paradoxes qui viennent d'être énoncés. Et c'est alors que nous saisissons que le nom de Mélinde ne peut nullement être celui d'une localité, mais forcément celui d'un être tenu pour vivant, censé pouvoir philosopher. Nous entendons qu'il s'agit là de la reprise du quiproquo populaire qui, selon toute vraisemblance, a fait prendre le nom de la ville où avait abordé Vasco de Gama pour le nom du sultan de cet Eldorado, nouveau prêtre Jean pour le menu peuple avide de merveilleux. Le buveur, qui est clerc, reprend donc par plaisanterie cette personnification abusive et, enchérissant facétieusement, attribue à ce Mélinde la faculté de philosopher, à peu près comme il dirait : ainsi philosophe Pirée. Ce dernier vers est un vers réflexif émettant un jugement moqueur sur le contenu des trois premiers.

Pourtant, nous ne garderons pas cette idée de Pirée, mais, partant du calembour traditionnel sur la poule qui phi-lo-sœuf, nous remplacerons, pour des raisons de rime, cet oiseau par un autre, et nous aurons :

Buvant, se fit Jacques Cœur riche; buvant, profitent bois en friche; buvant, subjugua Bacchus l'Inde; ainsi philosophe... la dinde.

Petite pluye abat grand vend Longues beuuettes rompent le tonnoire.

Ce propos est aussi une addition. Aucun éditeur n'a séparé les deux phrases, mais aucun d'eux, non plus, ne semble avoir compris grand-chose à ce que Rabelais ajoute ici.

Boulenger dit de la première phrase qu'il s'agit d'un ancien proverbe. Guilbaud dit la même chose de chacune des deux phrases. La plupart des autres commentaires établissent que le tonnoire est le tonnerre. Demerson se tait, mais la translation donne: —Petite pluie abat grand vent, longues beuveries apaisent l'orage. Et l'on se demande ce que peut venir faire l'orage dans ces propos de boire, et comment des beuveries prolongées peuvent rendre moins violent un orage. Même si l'on comprend que la longueur des beuveries permet à l'orage d'éclater puis au beau temps de revenir pendant qu'on est à l'abri, cette compréhension revient à conclure que ce que Rabelais a tenu à ajouter est une niaiserie.

Or il est certain que si Rabelais a placé ce propos en addition, c'est pour enrichir son texte; et il n'est pas moins certain que s'il l'a enrichi, ce ne peut qu'être par un trait d'esprit, une opposition piquante, quelque chose enfin de comique, digne d'avoir été ajouté à ces propos qui ont déjà ce caractère d'habileté surprenante et réjouissante dans l'expression. Reste donc à trouver où se situe le jeu de mots qui a échappé à tous les commentateurs, et qui devait apparaître immédiatement aux lecteurs du temps.

Il est sûr, déjà, que si le propos commence par l'antique proverbe Petite pluie abat grand vent, c'est que ce proverbe a charge d'indiquer que la phrase qui lui est accolée est à entendre selon la même démarche, c'est-à-dire que quelque chose de faible pouvoir vient à bout de quelque chose de très puissant. Mais nous avons vu que cette puissance vaincue ne peut être ni le tonnerre ni l'orage, qui ne sont en rien affectés par de longues beuveries. C'est donc, assurément, que le mot tonnoire est à prendre ici dans un sens détourné, et que c'est dans cette acception seconde que se situe le jeu de mots.

Le mot tonnoire désigne à l'époque, par extension, non pas seulement le bruit de la foudre accompagnant l'éclair, mais la foudre elle-même (Littré, Petit Robert). Et comme nous savons qu'il ne peut pas plus être question avec cette foudre qu'avec le tonnerre de la perturbation atmosphérique, nous sommes amenés à chercher une autre acception du mot foudre, acception que nous trouvons dans Littré : Foudre, substantif masculin, grand tonneau contenant plusieurs muids de liquide. Bloch et Wartburg, d'autre part, attestent l'usage du mot depuis le XVe siècle: Six voudres (sic) de vin du Rhin; emprunté de l'allemand Fuder. Pourtant, il s'agit là d'une substitution qui reste forcée et qui, de plus, apparaît comme entrave à la rapidité de compréhension que requièrent manifestement les propos. Et c'est alors que ce mot foudre: tonneau nous ramène à un mot plus proche de tonnoire: la tonne, du latin de basse époque tune, tonna, d'origine celtique (Bloch et Wartburg), qui désigne, selon Littré, le vaisseau de bois plus grand que le tonneau et plus renflé par le milieu.

Dès lors, nous comprenons que le mot tonnoire est à entendre comme tonnée, ou contenu de la tonne, c'est-à-dire de la futaille contenant une très grande quantité de vin, le changement de genre restant une licence permise à l'à-peu-près. Le mot beuuette étant ici à prendre non pas au sens que nous avons vu pour le compulsoire mais à celui de beuverie, nous entendons que les longues beuveries peuvent, du moins au niveau de plaisante exagération où se situent les propos, venir à bout d'une tonnée de vin, d'autant qu'il faut alors voir dans le verbe rompre le sens latin de mettre fin à, anéantir. La phrase est alors claire, et le propos, transposé, revient à:

Petite pluie abat grand vent: longues beuveries ruinent la tonnée.

Mais si ma couille pissoit telle urine, la vouldriez vous bien sugcer?

Ici, les commentateurs ont sans doute compris, mais nous n'en sommes pas assurés, attendu que nul d'entre eux ne dit mot, effarouchés qu'ils sont d'un propos qui est si éloigné de leur code de civilité. Il nous faut pourtant faire ressortir deux points: d'abord, que le mot couille désignant, comme nous le savons depuis le Pantagruel, l'ensemble de l'appareil génital masculin, il faut évidemment entendre ce qu'entend la translation: — Si mon membre pissait telle urine, voudriez-vous bien le sucer? encore qu'ici les testicules semblent bien être considérés comme les réceptacles de ce vin ainsi distillé et qui, par parenthèse, est vraisemblablement du vin blanc; ensuite que, contrairement à ce que nous pouvons immédiatement penser, et comme va

143

nous le faire comprendre le propos suivant, cette question ne s'adresse pas à une femme mais bien à un homme, ce qui, toujours au niveau de plaisanterie débridée qu'a ici atteint le langage, n'a d'autre but que le rire et n'implique certainement que le seul comique que peuvent, en banquetant, attacher à l'idée de propositions sodomitiques ceux qui sont résolument hétérosexuels. Le propos ne demande qu'une légère transposition:

Et si ma pissotière donnait telle urine, voudriez-vous la sucer?

Ie retiens apres, paige baille, ie tinsinue ma nomination en mon tour.

Ici, les commentateurs (Demazière toujours exclu, qui place à peu près tout à la suite) font une réplique de: Ie retiens apres, et une autre du reste de la phrase. On peut alors se demander ce qu'ils comprennent; mais il apparaît, par le silence qu'ils gardent sur ce qu'ils considèrent comme le premier des deux propos, qu'ils préfèrent nous faire croire que le sens érotique leur est apparu et qu'ils ont décidé de ne pas attirer l'attention du lecteur.

Donc, sans parler de Ie retiens apres, Boulenger dit: L'insinuation était l'inscription sur les registres publics. Et il explique: Page, donne, je m'inscris pour passer à mon tour. Guilbaud dit: Je m'inscris sur ton registre (terme de pratique bénéficiale). Plattard dit: Je m'inscris pour bénéficier de ton office à mon tour. Screech, toujours sans rien dire du début, commente: Insinuer ma nomination (c'est-à-dire la faire enregistrer), formule qui se prête à une équivoque libre. Cf. Pantagruel, IX bis; Q.L. X. Demerson, sans rien dire non plus de Ie retiens apres, explique: Je fais enregistrer mon inscription pour avoir mon tour à la distribution. Le verbe insinuer prêtait alors à équivoque. Voir Q.L., chapitre 10. Et la translation donne à lire un texte parallèle en deux répliques: —Je me réserve le tour suivant. Et: —Donne, page; je fais la queue pour passer à mon tour.

La référence au Pantagruel est celle du chapitre xij de la définitive, où Humevesne dit: faisant troys tours de balay par la cheminee, & insinuant sa nomination; et nous avons vu en son temps ce que contient sa confession. La référence au Quart Livre est celle à laquelle nous nous sommes reportés plusieurs fois dans l'étude du premier Livre: Dea, je ne diz pas que je n'en tirasse quelque traict dessus la lie à mon lourdois, qui me laissast insinuer ma nomination.

Est ainsi établi que insinuer sa nomination revient, au moyen d'une formule de droit, à évoquer l'intromission. Et cela découle du verbe latin insinuare qui a, à la fois, les sens de notifier, faire connaître, et ceux de faire entrer dans, introduire, faufiler, le substantif insinuatio étant l'action de se glisser dans un passage étroit, et le sinus étant la courbure, la sinuosité, le pli, le sein, le giron, la partie intime, le fond d'une chose, la cavité, le trou, l'enfoncement. Et nous ne voyons pas comment Demerson peut dire que le verbe insinuer prêtait alors à équivoque, comme si ce n'était plus le cas, alors que le verbe, entendu comme pénétrer, si on l'applique à n'importe laquelle des significations du mot insinuatio, est encore chargé de toute sa représentation érotique.

Mais il est ici non moins évident que la question du propos précédent s'adresse, comme nous l'avons avancé, à un homme, puisque cet homme est soit un des pages de Grandgousier, soit un des buveurs plaisamment tenu pour page, fonction qui, si elle impliquait l'idée de menus services sexuels rendus aux dames (ainsi que cela nous est apparu au Pantagruel), comportait donc aussi l'idée de soumission aux pratiques homosexuelles.

Cela entendu, il nous faut bien voir que Ie retiens apres ne peut aucunement être compris comme Je me réserve le tour suivant, ainsi que le dit la translation, car il est visible que cette notion de tour fait alors double emploi avec le en mon tour, de la fin du propos. Ce verbe retenir est en fait: maintenir, faire tenir bon (Greimas), et la locution équivaut, nous allons voir pourquoi, à Je maintiens derrière, c'est-à-dire Je soutiens la demande en second, formule qui est manifestement, elle aussi, formule juridique.

Et la nécessité de cette formule s'explique par le fait que le verbe baillier de page baille, n'est en rien le verbe donner que voit la glose, mais bien celui qu'indique Greimas: recevoir, accepter, où nous pouvons encore discerner un sens juridique. Nous entendons alors que le buveur affecte ici de s'exprimer en homme de loi à seule fin de pouvoir introduire naturellement la formule finale usant du verbe insinuer. Son: paige baille, est donc à comprendre comme: page agrée (la demande); il incite ainsi le page, ou le prétendu page, à accéder à la demande qui lui est faite, et la locution finale n'est plus seulement la conséquence de: Ie retiens apres, mais infléchit alors son sens jusqu'à exprimer que c'est là, pour ledit page, la promesse de la consolation que lui vaudra son acceptation. Ie tinsinue ma nomination en mon tour a valeur de: Tu auras mon insinuation en contrepartie.

C'est donc, au niveau poussé de plaisanterie qu'ont atteint les buveurs en état de joyeuse ébriété, feindre de considérer celui qui vient de demander: voudriez-vous bien la sucer? comme trop repoussant pour que soit agréée sa proposition, et de se donner soi-même pour une compensation devant emporter l'acceptation du page ou du prétendu page. Il y a là un échafaudage de facéties qui sont restées lettre close pour les commentateurs, trop éloignés de la liberté de langage de l'époque pour comprendre:

Je maintiens derrière; page, accepte, et tu as mon insinuation en retour.

Hume Guillot, encores y en a il un pot (34: on pot).

Guilbaud fait ici une réplique exclamative de: Hume Guillot! et une deuxième réplique interrogative de: encores y en a il un pot? Screech ne fait qu'un propos mais l'imprime en italique et dit: Sans doute le refrain d'une chanson. Demazière imprime la version de l'originale et dit: au pot. Personne d'autre ne parle, et la translation donne: — Bois, Guillot! Et il y en a encore un pot!

Il semble que la phrase requiert la finale: y en a il on pot, c'est-à-dire y en a-t-il au pot, exprimant que ce Guillot, qui n'est là, bien sûr, que pour la rime, peut humer, c'est-à-dire boire en aspirant, donc avec avidité, tout ce qu'on lui a servi, et qu'il y a de quoi le servir encore. Mais, plutôt qu'un refrain de chanson, nous verrons là une de ces locutions figées qui, toujours par plaisanterie, soulignent ce qu'ont d'insultant les paroles qui viennent d'être adressées, feignant de croire à l'incapacité d'y répondre vertement. C'est le pendant de ce qui se passe par exemple dans la Farce du povre Jouhan[8], quand la femme de celui-ci, revenant, comme dit l'auteur, de se faire labourer sa motte pour mieux reverdir, accable encore son mari d'imprécations, et que le Sot raille ledit Jouhan en lui disant: Happe, cousin, happe cela! ou encore: Happe ceste laine/Et prens une soupe en ce plat,/On t'y fait beau brouet; ou: Prenez ce morceau qu'il n'eschappe,/Voisin! Tu n'auras huy meilleur; ou: Croque, croque,/mon amy, ceste mitaine!

Celui qui parle fait donc allusion à ce qu'a eu d'outrageant pour celui qui verse l'allusion à la docilité sexuelle du page, comme à ce qu'a eu de choquant pour celui qui a fait la proposition la feinte conviction que cette proposition est faite sérieusement et, de plus, qu'elle n'a chance d'être agréée qu'assortie de la compensation offerte par celui qui enchérit. La phrase, dirons-nous, est quelque chose comme:

Gobe, benêt; il y en a encore plein panier!

Et c'est après cette phrase réflexive qui a marqué un arrêt dans la progression, que Rabelais choisit d'insérer la plus nombreuse de ses additions:

---

8. Jeux et sapience du moyen âge, Pléiade.

Ie me porte pour appellant de soif, comme dabus. Paige relieue mon appel en forme.

Boulenger dit: J'appelle de la condamnation à la soif, comme abusive. Page, charge-toi de mon appel selon les formes. Guilbaud dit: Je fais appel pour ma condamnation à la soif, comme abusive; mets mon appel dans les formes juridiques. Plattard dit: Mets mon appel comme d'abus dans les formes juridiques. Jourda dit: Parodie du jargon des hommes de loi. Demerson dit: Encore du jargon de juriste; ici le buveur interjette appel de sa condamnation à la soif. Et la translation donne: —Je me pourvois en appel: la soif est abusive. Page, note mon appel en bonne et due forme.

Il est apparent, en effet, que Rabelais a donné au premier des propos de son addition la forme qui prolonge le ton juridique amorcé avec ie tinsinue ma nomination. Mais ce que n'ont pas vu les commentateurs, c'est que seule la première des deux phrases conserve ce sens juridique, et que la seconde a manifestement une compréhension salace faisant précisément écho aux deux sens que contient ce ie tinsinue ma nomination. L'interpellation: Paige relieue mon appel en forme se rapporte en fait à la question qui a été posée: Mais si ma couille pissoit telle urine, la vouldriez vous bien sugcer? et se situe dans le registre du propos qui a suivi: Ie retiens apres. Paige baille. Ie tinsinue ma nomination en mon tour. Reprenant l'idée de service sexuel, le buveur parle ici de relever en forme, ce qui est évidemment à entendre comme mettre en érection; mon appel étant le mot repris de l'idée d'appellant de la première phrase, mot qui n'a d'autre contenu érotique que celui qui est à déduire du contexte, et qui dans ce cas précis est, bien sûr, à entendre comme mon membre. Et cette compréhension va être immédiatement confirmée par la réponse qui est faite à cette invite, réponse à considérer comme signal ne permettant aucun doute. Nous entendons donc le buveur dire:

J'appelle contre la soif, comme abusive: Page, fais dresser mon affaire en forme.

Ceste roigneure.

Boulenger dit: Ce petit bout! Guilbaud dit: Ce reste. La translation donne: — Ce petit morceau!

Selon Littré, la rognure est ce qu'on enlève quand on rogne quelque chose. Se dit particulièrement des débris de peau qui servent à faire la colle. Le Petit Robert donne: Déchet plus ou moins répugnant. En fait, nous entendons que c'est ici la qualification dévalorisante que donne le prétendu page au membre de celui qui vient de le prier de s'en occuper, car il semble que la liberté de cette réponse exclut la possibilité qu'il s'agisse réellement d'un page de Grandgousier. Donc, sans s'offusquer, et enchaînant au même niveau de plaisanterie, celui qui répond laisse entendre qu'il ne daignera pas s'intéresser à ce débris de peau qu'est le membre de celui qui vient de l'interpeller. Est ainsi bien établi que Paige relieue mon appel en forme est à entendre comme Page, donne forme relevante à mon membre, et que celui qui est plaisamment tenu pour page lui répond, méprisant autant que rieur, quelque chose comme:

Ce résidu!

Mais on peut alors se demander comment quelques commentateurs ont pu donner la glose: Ce petit bout, ce reste, ce petit morceau, sans que cette compréhension leur ait immédiatement fait entrevoir le sens second de la phrase qui provoque cette réponse. On pourra avancer, pour ceux qui ont donné ces équivalences, qu'ils se sont crus tenus de laisser le lecteur découvrir seul cette compréhension salace, se bornant à les mettre sur la voie; et pour ceux qui ne disent rien, que leur mùtisme est le preuve même qu'ils ont bien entendu et qu'ils ont cru préférable de s'abstenir d'apporter le scandale. Est-il besoin de dire que, n'étant pas des enfants, nous tenons le silence de ceux-ci pour incompréhension du texte, et le commentaire partiel de ceux-là pour décodage machinal.

Ie souloys iadis boyre tout: maintenant ie ny laisse rien.

Guilbaud dit: J'avais coutume, et Michel: J'avais l'habitude. C'est évidemment la seule explication que requiert une phrase limpide, qui emploie la tautologie comme moyen comique. Nous entendrons:

J'avais coutume, jadis, de boire tout; maintenant, je n'y laisse rien.

Ne nous hastons pas, & amassons bien tout.

Ici, personne ne dit rien. Seule la translation donne: —Ne nous pressons pas et finissons bien tout, ignorant le comique inclus dans le verbe amasser: faire un amas, cet amas étant l'ensemble accumulé de choses solides; et dans le Ne nous hastons pas, l'idée de former ce tas méthodiquement, avec application, image évidemment saugrenue quand il s'agit du contenu de chaque verre de vin dont parle ici le buveur. Nous entendons, nous:

Ne nous hâtons pas, et mettons bien tout en tas.

Voicy trippes de ieu, & guodebillaux denuy de ce fauueau a la raye noire. O pour dieu estrillons le a profict de mesnaige.

Boulenger dit: Tripes dignes d'enjeu et godebillaux de relance. Pour fauveau: bœuf fauve; et pour profict de mesnaige: A l'avantage du ménage, à fond. Guilbaud dit pour les mêmes éclaircissements: Tripes et godebillaux de quoi jouer à l'envi. Bœuf de couleur fauve; et: jusqu'au bout. Plattard dit: Envy est un terme de jeu, analogue à relance. Etriller est pris ici au sens de racler. Ce mot est amené par fauveau, adjectif qui pouvait s'appliquer à tout animal fauve. Mais étriller fauveau était une expression qui signifiait: flatter, prodiguer des caresses intéressées, et qui avait son origine dans un roman du XIVe siècle, aujourd'hui perdu, où l'on voyait un âne fauveau étrillé par un cercle d'admirateurs. Jourda dit sensiblement la même chose et conclut: On appelait étrille-fauveau un flagorneur, et renvoie au chapitre IX du Quart Livre. Michel donne les mêmes explications, qui éclairent, dit-il, les plaisanteries du Quart Livre. Demerson dit, toujours pour les mêmes éclaircissements: Voici tripes qui méritent un enjeu et tripes de première qualité qui méritent que l'on risque un enjeu supérieur. Cheval fauve, héros d'un roman de chevalerie; sa raie noire dénotait la vanité; voir Quart Livre, chapitre IX. Jeu de mots: étriller Fauveau signifiait: flatter bassement; et pour profict de mesnaige: sans gaspillage. La translation donne: —Voici des tripes dignes d'enjeu et des godebillaux de ce bœuf à la raie noire qui valent la surenchère. Pardieu! Étrillons-le bien proprement! Notons enfin que Demazière, qui met pourtant tout à la suite, crée inexplicablement un alinéa pour la première phrase et fait de la deuxième le début d'un autre paragraphe.

Ainsi, il ne serait même pas besoin d'être prévenu contre les commentateurs attitrés pour s'apercevoir que, se payant de mots, ils nous prodiguent ici de la petite monnaie. Car on aimerait qu'ils nous expliquent ce que sont des tripes ordinaires qui incitent à proposer un enjeu, et des tripes de première qualité qui conduisent à la relance. On voudrait qu'ils nous disent ce que vient ici faire le bœuf, l'âne ou le cheval fauve, et surtout pourquoi une raie noire peut dénoter la vanité; ou qu'ils nous exposent la nécessité de flagorner, ou qu'ils nous fassent entrevoir la possibilité de le faire à fond ou sans gaspillage; ou qu'ils nous montrent ce qu'on est ici censé racler, et dans quel dessein.

Le propos, tel qu'on nous invite à l'accepter, est proprement absurde. Mais nous nous refusons évidemment à croire que cette absurdité est dans le texte, nous disant même que ce texte doit être d'autant plus élaboré qu'il est celui d'une addition. Nous allons donc chercher seuls, comme nous en avons pris l'habitude, nous proposant, à la différence des glossateurs qui paient patente, de confesser, si tel est le cas, notre incapacité à comprendre, nous interdisant de laisser supposer que Rabelais puisse écrire n'importe quoi. Nous commençons donc d'examiner, sans la crainte qui a pu paralyser les recherches: celle d'avoir à révéler quelque forte crudité naturelle à la liberté de langage et de geste qui est celle de l'époque.

Notre premier soin est, bien sûr, de nous reporter au texte du Quart Livre, et nous lisons: L'un appelloit une guorgiase bachelette, en soubriant: Bon jour mon estrille. Elle le resalua, disant: Bonne estreine, mon fauveau. Hay, hay, hay! s'escria Panurge; venez veoir une estrille, une fau et un veau. N'est ce estrille fauveau? Ce fauveau a la raye noire doibt bien souvent estre estrillé.

Il importe ici de remarquer d'abord que Panurge a soin, pour signaler que les mots employés dans les salutations de la guorgiase bachelette et de son partenaire sont pris dans un sens particulier, de désarticuler la locution qu'on nous dit courante au sens de flagorner, et qu'il le fait en donnant le rébus qui, dit Jourda dans l'annotation qu'il place ici, servait d'enseigne (sans toutefois nous renseigner sur le genre de commerce avec lequel une telle enseigne pouvait avoir quelque rapport). Il peut alors reprendre la locution, désormais vidée de son sens habituel, en posant la question: N'est ce estrille fauveau?, question dont l'intention érotique est évidente. Et il donne enfin la clé en indiquant que son verbe estriller est à entendre comme brosser sexuellement et en prenant le mot fauveau pour: celui qui est de couleur fauve, c'est-à-dire, comme cela nous est apparu au quatre-vingtième titre de la Librairie (P. vij), le sexe. Mais, soucieux d'être bien entendu, il précise que ce fauveau a, de plus, la raie noire, signal qui ne permet à personne (sauf aux commentateurs de profession) de ne pas comprendre qu'il s'agit du bas-ventre féminin.

Le fauveau à la raie noire, ou celui qui est fauve avec la raie noire, est donc le sexe de la femme. Cela est un point. Or le buveur dit: estrillons le a profict de mesnaige; et s'il est sûr que à profit de ménage signifiait ordinairement: Sans en rien laisser perdre pour épargner les frais du ménage (Screech), ou plutôt: Sans en rien laisser perdre, en bonne économie domestique, il est non moins sûr que la locution prend ici un sens second, érotique, puisqu'il est question d'estriller ce sexe féminin. Et la locution a profict de mesnaige renferme manifestement ici le sens salace de: à la satisfaction des deux partenaires. Nous la conserverons donc telle quelle.

Reste l'impératif estrillons le, où le verbe étriller, s'il a pour sens habituel flatter bassement, prend évidemment ici celui de flatter le bas, c'est-à-dire, bien sûr, le secouer, le battre sexuellement. La phrase O pour dieu estrillons le a profict de mesnaige est donc: O pour Dieu, frictionnons-le à la satisfaction du couple.

Désormais assurés que cette proposition consécutive n'est en rien la niaiserie qu'on nous donne à repaître, nous passons à la phrase qui introduit cette conséquence: Voicy trippes de ieu, & guodebillaux denuie de ce fauueau a la raye noire.

Deux points nous paraissent ici évidents: le premier est que, contrairement à ce qu'avance la glose, ces trippes et ces guodebillaux ne sauraient désigner les boyaux et l'estomac du bœuf, viande qui, pour n'être moult louable, a été ingurgitée au chapitre précédent, donc depuis un temps suffisamment éloigné pour que cette ingestion ait fait place au désir de resieuner avec du jambon largement arrosé: la désignation du buveur, qui dit Voicy, c'est-à-dire Vois ici, ne se rapporte donc pas proprement au mets et ne fait qu'assimiler ce qu'il montre à ces trippes et guodebillaux. Le deuxième point est que ces trippes et guodebillaux sont dits de ce fauueau a la raye noire, qui est, nous l'avons déterminé, le sexe de la femme; c'est dire que ce qui est ici assimilé aux trippes et guodebillaux appartient ou se rapporte au sexe de la femme, ou en est le complément. Et dès lors nous avons compris.

Mais que prennent une grande inspiration ceux qui, tenus par des préjugés saint-sulpiciens, font profession de trouver lassante l'accumulation des salacités rabelaisiennes, car la révélation va leur être des plus rudes: il nous faut en effet nous rendre à l'évidence: si ce qui est ici assimilé aux trippes et guodebillaux est complémentaire au sexe de la femme, c'est qu'il s'agit du sexe de l'homme; de plus, si le buveur dit Vois ici, c'est qu'il montre ce sexe et qu'il a donc, pour ce faire, non pas délacé et abattu sa braguette, mais tiré sur le bord supérieur de celle-ci de façon à montrer ce qu'elle contient.

Et nous devons admettre, du même coup, deux autres points. Le premier est que ce geste n'est pas si déplacé qu'il paraît puisque, au moment où il est fait, les buveurs, que Rabelais a eu soin de nommer les bienyures, sont dans un état qui lève les barrières d'une civilité qui, de toute façon, ne jetait alors aucun interdit absolu sur de telles exhibitions; le second est que ce n'est pas à l'occasion de ce: Voicy trippes de ieu, qu'ont été produits les attributs du buveur, mais bien au moment où il a été dit: Mais si ma couille pissait telle urine, la vouldriez vous bien sugcer?, les propos qui ont suivi s'appuyant manifestement sur la vision plus ou moins fugace d'un membre qui, ayant seulement figure de pissotière (T.L. XXVII), déclenche le: relieue mon appel en forme, et inspire la réplique méprisante: Ceste roigneure.

Mais il se peut aussi qu'il faille comprendre que cette exhibition: Voicy trippes de ieu & guodebillaux denuie, marque précisément une modification du membre qui, passant de cet état de pissotière à l'état de jouteur, donne l'occasion à son possesseur de faire sa proposition amoureuse. Car nous n'avons aucune difficulté à entendre que les trippes de ieu dont il parle en équivoquant sur les termes de pari reviennent à assimiler les testicules à des tripes de réjouissance, ainsi qu'à voir dans les guodebillaux denuie le pluriel généralisateur qui désigne le membre viril en bonne disposition, le verbe envier pouvant signifier, parmi les acceptions que donne Greimas, plonger ou se laisser engager dans. Or ces tripes de réjouissance et ce guodebillau qui se laisse engager dans, sont de ce fauueau a la raye noire, c'est-à-dire qu'ils forment la complétude du sexe de la femme. Le propos est donc à entendre comme:

Voici boules de jeu et quille d'engagement pour ce bruneau à la raie noire. O pour Dieu, frictionnons-le à profit de ménage.

Mais c'est alors que nous devons encore admettre deux points, dussent s'en effaroucher les timorés: d'abord, que ce propos ne peut, appuyé par l'exhibition et désignant le fauveau à la raie noire, que s'adresser à une femme; ensuite que cette femme qui, comme toutes celles de l'époque, ne s'embarrasse pas de l'inesthétique accessoire qu'est la culotte, a dû insouciamment laisser voir son fauveau à la raie noire, plausible explication du changement d'état du guodebillau d'envi. En tout cas, c'est ce qui ressort du propos qui suit:

Beuuez ou ie vous. Non, non. Beuuez ie vous en prye.

Tous les éditeurs font ici trois répliques distinctes dénuées du moindre sens; aussi ne font-ils aucun commentaire. Leur imperméabilité au texte leur fait reproduire l'inepte découpage traditionnel, qui revient à admettre que Rabelais n'a fait que tirer à la ligne. Outre que leur incompréhension devient ici outrage, puisque nous avons vu maintes fois au Pantagruel que même lorsqu'un Rabelais fait du remplissage, il le fait en maître, on peut se demander comment leur raisonnement a pu conduire les commentateurs à concevoir qu'une addition puisse contenir des phrases sans signification.

Nous n'aurons aucune peine, nous, à voir dans ce propos la réponse de la femme à qui est adressée la proposition qu'est le propos précédent. Car nous discernons que le Beuuez ou ie vous, est la menace rieuse de se livrer sur qui vient de lui faire cette proposition à quelque geste de châtiment. Mais s'apercevant que ledit buveur s'y dispose volontiers, tout réjoui qu'elle porte la main sur lui, elle se ravise immédiatement et dit: Non, non. Puis, affichant alors une prudente réserve, elle renouvelle son invite de diversion sur un ton plus cérémonieux qui marque la distance qu'elle tient à garder: Beuuez ie vous en prye. Nous entendrons donc:

Buvez ou je vous... Non! Sans menacer: Buvez, je vous en prie.

Ce qui est sûr, à la réflexion, c'est qu'une telle reconstitution ne pouvait pas être le fait des commentateurs, qui furent certes aussi studieux qu'austères, et qui donc n'ont jamais pris le temps, ni jamais éprouvé l'envie de participer à ces agapes débridées où les femmes acceptent et relancent les plaisanteries les plus corsées tout en veillant à ce qu'elles restent inefficaces. Quoi qu'il en soit, notre vue est confirmée par le propos qui suit:

Les passereaux ne mangent si non que on leurs tappe les queues. Ie ne boy si non quon me flatte.

Ici Demerson est seul à parler et dit: Pour les forcer à relever le bec et à prendre la becquée. Sans mettre en doute cette donnée ornithologique, nous comprenons, nous, que c'est la relance que tente le buveur à la proposition. Dépité de voir que la femme s'est ravisée dans son intention de se livrer sur lui à quelque voie de fait, il tente de la faire sortir de sa réserve; et l'introduisant par le rappel de la manière de faire manger les passereaux qui, par parenthèse, sont ici vraisemblablement des oiseaux chanteurs que la cruelle bêtise humaine a aveuglés et qu'il faut donc faire manger, il prétend ne pouvoir boire que si on le flatte; et il est apparent que, mis en évidence par le pluriel intempestif: les queues, le mot suggéré ne peut être que: la mienne, preuve, s'il en fallait une, d'une part que la braguette, comme nous l'avons déduit, est encore entrouverte à dessein, d'autre part qu'il s'agit là d'un dialogue érotique poussé où la compagne de beuverie est censée n'être rien moins que bégueule. Nous rendrons donc le propos par:

Les passereaux ne mangent que si on leur tape la queue; je ne bois que si on flatte la mienne.

Lagona edatera. Il ny a raboulliere en tout mon corps, ou cestuy vin ne furette la soif. Cestuy cy me la fouette bien. cestuy cy me la bannira du tout.

Boulenger dit: Compagnon, à boire! Langue basque; et pour raboulliere: terrier. Guilbaud donne même explication, mais dit pour raboulliere: trou (terrier), et pour furette: poursuive (comme le furet). Plattard dit: Cette invitation en basque est sans doute proférée par le laquais basque de Grandgousier, dont il sera question au chapitre XXVIII. Jourda donne même explication que Plattard, mais dit pour ràboulliere: Mot de dialecte berrichon qui désigne le trou d'écrevisse.

153

Michel dit: Il n'y a trou de lapin en tout mon corps où ce vin ne chasse la soif au furet. En patois berrichon, raboullière désigne le terrier, et le trou d'écrevisse. Demerson dit: En patois du centre: terrier; le vin traque la soif comme le furet poursuit le lapin. Demazière dit: Creux habilement dissimulé où le lapin fait ses petits.

Ce que ne voient pas les commentateurs, c'est que la phrase qui fait mention d'une cavité physiologique personnelle ne peut qu'être prononcée par une femme: nous n'avons nullement affaire ici au propos de ce valet basque créé pour les besoins de la cause (et qui d'ailleurs aurait alors quelque chance d'être sodomite), mais bien à la réponse que fait la compagne de beuverie à celui qui vient de tenter, avec les queues de passereaux, de provoquer un geste d'intimité dont il comptait tirer parti. Et, encore que les deux mots basques puissent avoir été dans toutes les mémoires, peut-être devons-nous plutôt entendre qu'ils ont charge de donner cette femme comme une servante ayant appris l'expression des valets qu'elle fréquente. Mais le point important n'est pas là.

Il est dans le fait que les commentateurs commettent un anachronisme en nous donnant la raboullière pour le terrier, le trou du lapin, car le lapin est encore dans le langage populaire le conil ou le conin, et le conin est, nous le savons pertinemment, à la fois le lapin et le con. Dès lors, nous entendons que ce que dit la femme est à double sens: un sens où le terrier du conin-lapin, allié à l'action de fureter, évoque le mode de chasse, le mot soif gardant sa valeur de besoin de boire; un sens où le trou du conin-con donne à ce verbe fureter une inflexion érotique, et où la soif est alors le désir. La réponse est en fait celle-ci: Il n'y a conilière en tout mon corps où ce vin ne débusque l'envie; et c'est bien dire à l'autre qu'est superflu le genre de furet qu'il a l'intention d'employer à son endroit. Et elle continue par: Cestuy cy me la fouette bien, ce qui équivaut à: celui-ci commence à bien la chasser, puis finit sur la fin de non-recevoir: cestuy cy me la bannira du tout, ce qui est compris comme: celui-là me l'éloignera tout à fait, toutes compréhensions qui, là encore, vont être confirmées par le propos qui suit. Nous entendrons donc ainsi la réponse:

Compagnéro, à bébèr. Il n'y a galerie en tout mon corps où ce vin ne débusque le désir. Ce verre-ci me le traque bien; celui-là me l'expulsera tout à fait.

Cornons icy a son de flaccons & bouteilles, que quiconques aura perdu la soif, ne ayt a la chercher ceans. Longs clysteres de beuuerie l'ont faict vuyder hors le logis.

Seul ici Michel dit: Crions à son de corne... Mais ici, c'est à son de flacons. Tous les autres commentateurs pincent les lèvres, probablement à l'évocation du clystère. Car il est apparent que nous avons affaire à la repartie vengeresse du buveur entreprenant qui vient d'être éconduit. Il masque son humiliation en donnant une explication qui le met hors de cause, et il le fait en désarticulant mentalement le mot flac-cons de façon que, derrière la tournure cynégétique qu'ont donnée la raboulliere et le furet, la femme interprète les mots au niveau érotique qui a été celui de leur échange complice et qu'elle entende: Cornons ici à son de fla(sques) cons et bouteilles que quiconque aura perdu le désir n'ait à le chercher en elle. Puis il traduit alors en image rabaissante le prétexte des libations qu'elle vient de lui opposer, transformant l'ingestion dont elle a parlé en injections qui, dans son esprit, ne sont pas forcément anales. Nous rendrons ce propos de dépit par:

Cornons ici à son de fla(sques) cons et bouteilles, que quiconque aura perdu l'envie n'aille la chercher en elle: longues injections vineuses lui ont fait quitter le logis.

Après ce morceau d'inspiration érotique poussée à l'extrême, arrive le dernier propos de l'addition, dont la veine apparaît comme tout ecclésiastique. Car si les éditeurs font ici quatre répliques dites par quatre buveurs, nous ne voyons, nous, qu'un seul propos dans ces quatre phrases: celui de quelqu'un qui joue les bons pères:

Le grand dieu feist les planettes: & nous faisons les platz netz. Iay la parolle de dieu en bouche: Sitio. La pierre dicte abestos nest plus inextinguible que la soif de ma paternite. Lappetit vient en mangeant, disoyt Angest on mans: la soif sen va en beuuant.

Boulenger dit de Sitio: Ce rappel, plutôt hardi, de la plainte de Jésus sur la croix: J'ai soif, ne semblait pas alors choquant, car Rabelais, quand il expurgea prudemment son livre, le conserva. Pour abestos, il dit: Lire asbestos, substance incombustible dont une variété est l'amiante. Pour: ma paternite, il dit: C'est le moine qui parle. Et pour Angest: Jérôme de Hangest, évêque du Mans, dans son De causis (1515). Plattard dit: Cette parodie d'une des dernières paroles du Christ en croix (Évangile selon saint Jean, XIX, 28) se retrouve dans un sermon joyeux de la même époque, intitulé: Bien boire. Elle figure pour la première fois dans l'édition de 1542. Michel dit: Calembour sur Paternité. C'est un Révérend Père qui parle. Et pour Angest: Allusion au dicton populaire, qui figure dans le traité De causis, de Jérôme de Hangest, évêque du Mans. Screech, lui, avance que le dicton est ancien, et que c'est plaisamment que Rabelais l'attribue à Jérôme de Hangest,

155

austère théologien de la Sorbonne. Demerson dit: Le beau Père cordelier s'applique à lui-même cette appellation déférente; puis: Le théologien Hierome de Hangest, évêque du Mans, avait doctoralement disserté de l'appétit (au sens métaphysique de désir).

Il nous faut bien convenir que le calembour qui amorce la parodie est assez plat et que les trois phrases qui suivent n'ont pas grand relief. Mais, à la différence des autres commentateurs, qui se contentent de redonner la leçon apprise, Screech nous dit que l'attribution de l'antique dicton à l'évêque du Mans est malicieuse et Demerson explique où réside cette malice. Et il ne nous en faut pas davantage pour nous confirmer dans l'idée que le sens d'une addition ne peut qu'être un sens renforcé, et qu'il ne nous reste qu'à le découvrir.

Demerson donne en effet la précieuse indication selon laquelle le terme appétit est employé dans le De causis au sens métaphysique de désir. Et nous comprenons aussitôt que l'attribution de la formule à cet Angest au Mans revient à transformer le sens de Lappetit vient en mangeant en quelque chose comme: Le désir se renforce en consommant, prêtant ainsi au grave théologien une sentence à contenu égrillard. Cela est indiqué sans appuyer, à la seule adresse des initiés qui connaissent le De causis. Et Rabelais enchaîne immédiatement avec le parallèle: la soif sen va en beuuant, de façon à faire la jonction avec le propos de l'originale: Remede contre la soif. Nous mesurons alors toute la naïve suffisance dont se rendent coupable ceux qui donnent en citation d'esprit proprement rabelaisien la phrase tronquée: L'appétit vient en mangeant; la soif s'en va en buvant, retranchant ainsi précisément avec la référence à Angest au Mans l'esprit qu'y a mis Rabelais.

Le sens second de cette quatrième phrase nous incite à mener la même recherche pour celle qui la précède: La pierre dicte asbestos nest plus inextinguible que la soif de ma paternite. Tous les commentateurs voient dans cette appellation la preuve que celui qui parle est moine, ou prêtre, ou Révérend Père cordelier, qui se l'applique à lui-même. Ne voyant ici que parodie, nous ne pouvons, nous, que soupçonner dans l'emploi de ce titre une intention burlesque. Et elle nous paraît être celle-ci:

Inextinguible est donné par les commentateurs, tenus par asbestos, pour incombustible. Mais le sens littéral de inextinguible est en fait: qui ne peut être éteint. Nous devons donc comprendre que si la première partie de la phrase est à entendre comme: La pierre dite asbestos n'est pas plus incombustible, les mots: que la soif, font pivoter l'acception, volontairement étendue, sur le sens restreint, et l'on entend alors: qu'est insatiable la soif. Mais là-dessus arrivent les mots: de ma paternite, qui font immédiatement réentendre le mot soif au sens qu'il avait au propos précédent, celui de désir génital, acception que nous savons en outre devoir amener le sens particulier du mot appétit de la phrase qui va suivre. Et nous comprenons alors que ma paternité est l'équivalent de: ma puissance génésique. En fait, la phrase revient à exprimer quelque chose comme: La pierre dite asbestos n'est pas plus incombustible que ne peut s'éteindre mon envie de me perpétuer.

Remontant toujours, nous arrivons maintenant à la phrase: Iay la parolle de dieu en bouche: Sitio, qui choque ou met mal à l'aise certains commentateurs parce que Sitio est, tout au moins dans la traduction latine de l'Évangile, l'avant-dernière parole de Jésus en croix. Nous sommes pourtant tenus de remarquer que Rabelais a inséré cette phrase en même temps qu'il expurgeait son Livre de ce qui faisait sourciller les censeurs; en outre, Plattard nous apprend que le sermon joyeux intitulé Bien boire utilise à la même époque le même terme de même façon: c'est bien que personne ne devrait y voir sacrilège ou dérision, et il faut croire que, comme cela nous est déjà apparu au Pantagruel, si la Sorbonne condamnait la mise en doute ou la critique d'un extrait de l'Écriture, elle acceptait libéralement son évocation ou son application parodique, facéties qui lui apparaissaient comme manifestations de la vitalité de la foi. Mais il semble que tout ne soit pas là.

Il paraît en fait bien plus certain que ce que d'aucuns tiennent pour parodie choquante est seulement emploi conventionnel. Et nous incite à la croire ce que Paul-Marie Duval écrit dans La vie quotidienne en Gaule pendant la paix romaine (Hachette): Les inscriptions des vases à boire (...) nous font entendre propos et cris des buveurs: J'ai soif (sitio), J'ai encore soif! (adhuc sitio, jam sitio), Remplis, patron, verse!; et la réponse de l'hôtesse: Je t'apporte du vin, je suis douce pour toi; et le résultat: Gaudio, je suis en joie; et les différentes façons de porter des santés: Vis heureux, Porte-toi bien (vale), Sois heureux (felix sis), Fais-en un heureux usage (utere felix); et les paroles de bienvenue: Salut patron; et les malicieuses sentences: Plus tu seras malheureux, moins tu boiras; plus tu seras heureux, plus tu boiras![9]; et les fanfaronnades: Je suis le roi des buveurs (vinco bibentes); et les appels amoureux: Je t'aime, aime-moi!, Aime-moi, ma vie! Aimons-nous.

Bien sûr, il ne faut voir dans ce Sitio des gobelets nulle allusion puisque cela se situe avant que le christianisme ait supplanté le syncrétisme gallo-romain. Mais ce qui apparaît là clairement, c'est que la

---

9. Il semble ici qu'une traduction moins scolaire rende mieux l'esprit de ces gobelets: Plus ou moins heureux tu seras selon que plus ou moins tu boiras.

tradition est vieille comme les chemins des joyeux propos des buveurs qui, libres de toute entrave, célèbrent les bienfaits du vin, exposent leur fierté de le bien supporter, se réjouissent de la sympathie qu'il crée et confessent l'envie amoureuse qu'il suscite[10]. Nous pouvons donc penser que c'est tout naturellement que, transmis vraisemblablement par les Goliards, ce Sitio s'est retrouvé dans le répertoire des moines dont, nous le savons depuis le Pantagruel, une des récréations les plus habituelles est l'application des paroles de l'Écriture aux faits les plus bassement temporels.

Ainsi, l'insertion de la phrase dans l'addition nous le prouve, ce Iay la parolle de dieu en bouche: Sitio, n'a pu qu'apparaître comme la reprise d'une innocente et même quelque peu touchante facétie monacale; et ce qu'elle contient n'est certes nullement ce relent de fagot qu'y sent l'esprit inquisitorial des commentateurs. Une telle intention profanatoire, outre qu'elle pourrait aussi anachroniquement s'appuyer sur le défaut de majuscule au mot Dieu, s'inscrirait d'ailleurs de façon toute anomale dans le ton de l'addition, ton qui est résolument et uniquement érotique.

Aussi est-ce dans ce seul domaine de l'érotisme qu'il nous faut chercher l'intention. Et elle nous paraît être alors un enchérissement, à l'adresse des seuls initiés que sont les gens d'église, sur la portée immédiate de la boutade. Le verbe latin sitire, s'il a le sens d'avoir soif, être altéré, a en effet au sens figuré celui de désirer ardemment; de plus le mot sitis, la soif, est aussi l'avidité du désir. Dès lors, nous entendons que la phrase qui a charge d'amener l'équivoque sur ma paternité, puis celle qui est construite sur l'acception particulière du mot appétit, exprime en fait: J'ai la parole de Dieu en bouche: j'ai, j'éprouve un désir ardent, brûlant.

Mais ne nous y trompons pas: ce n'est encore là que bénigne salacité qui procède de la liberté de langage du temps. Et il faut bien croire que, compensant ses atténuations ou suppressions par l'insertion de telles audaces, Rabelais était assuré que la Sorbonne n'y verrait rien d'autre, sachant en tout cas fort bien que la compréhension restreinte aux seuls affidés ne pouvait guère que l'exposer au reproche d'obscénité.

---

10. Cette manière latine de porter des santés n'était pas encore éteinte chez les typographes du siècle dernier, qui avaient coutume de choquer leurs verres en disant: Ut tibi prosit meri potio, ce qui s'entend au sens littéral: Que ce breuvage de vin pur te soit salutaire, et ce que chacun affectait d'entendre: Que ce breuvage de vin pur parvienne à te faire brandir.

Nous arrivons ainsi à la phrase d'ouverture: Le grand dieu feist les planettes: & nous faisons les platz netz. Nous avons désormais la preuve que cet élémentaire jeu de mots n'est là que pour servir de transition et introduire l'idée de Dieu, idée que le buveur qui joue les hommes d'église va développer à sa façon. Son propos, le dernier de l'addition, est donc une sorte d'amplification que nous entendrons ainsi, tentant de rendre toutes les intentions qui y sont contenues:

Le grand Dieu fit les planètes, et nous faisons les plats nets. J'ai la parole de Dieu en bouche: Je suis altéré... dans ma forme. L'amiante n'est pas plus incombustible que ne peut s'éteindre mon envie de me perpétuer, En con... sommant vient le désir, dit Angest, du Mans: la soif s'en va en buvant.

Nous retrouvons maintenant le texte de l'originale:

Remede contre la soif? Il est contraire a celluy qui est contre morsure de chien, courrez tousiours apres le chien, iamais ne vous mordera, beuuez tousiours auant la soif, & iamais ne vous aduiendra.

Les éditeurs font encore de ce propos deux répliques, mais nous y verrons, nous, la parole d'un seul buveur qui pose la question afin de donner sa solution. Il est évident que la dernière phrase de l'addition: la soif sen va en beuuant, a été conçue pour donner figure de rebondissement à la première du propos qui nous occupe: Remede contre la soif? Dans le texte antérieur, ce propos avait charge de rompre avec la veine érotique qui finissait avec: encores y en a il on pot. L'addition n'ayant finalement été que le prolongement de cette veine érotique, ce Remede contre la soif? assure encore le même rôle de transition, ramenant au domaine du bien boire. Elle s'entend immédiatement:

Un remède contre la soif? Il est contraire à celui qui est contre la morsure de chien: courez toujours après le chien, jamais il ne vous mordra; buvez toujours avant la soif, et jamais elle ne vous atteindra.

Et c'est par une addition chargée de réminiscences littéraires que Rabelais renoue avec le domaine des joyeuses libations:

Ie vous y prens ie vous resueille. Sommelier eternel guarde nous de somme. Argus auoyt cent yeulx pour veoir, cent mains fault a un sommelier comme auoyt Briareus, pour infatigablement verser. mouillons hay il faict beau seicher.

Nous tenons que la dernière phrase, dont les éditeurs font une réplique à part, fait naturellement partie du propos du lettré qui a pris la parole, et qui se doit de finir sur cette note atténuée faisant appel à une réponse ou à un enchaînement. Ce propos donne lieu à fort peu de commentaires. Boulenger se borne à dire, pour Je vous y prens: A dormir. Guilbaud dit, pour somme: sommeil. Michel dit: Briarée, fils du Ciel et de la Terre avait cinquante têtes et cent bras... dont il ne se servait pas pour verser à boire. Il dira plus loin, pour de hayt: De bon cœur. Demerson dit: Argus était un monstre dont le corps était garni d'une infinité d'yeux; Briarée était un géant hécatonchire, c'est-à-dire aux cent bras; il est burlesque d'attribuer le rôle de sommelier à ce monstre issu des théogonies primitives.

Il semble que personne n'ait vu qu'il y a là, à quelques mots de distance, deux emplois du terme sommelier, et que leurs significations respectives ne sont pas exactement superposables. Le premier: Somme-lier eternel, qui est placé entre le Ie vous y prens ie vous reueille, et le guarde nous de somme, nous apparaît en effet comme un calembour. Le sommelier étant, au sens primitif, celui qui est chargé de tout ce qui concerne la table, le sommelier éternel peut être compris comme Dieu, c'est-à-dire le pourvoyeur éternel. Mais il est manifeste que le buveur feint ici d'entendre sommelier comme dispensateur de sommeil puis-qu'il demande que les buveurs soient protégés contre l'assoupissement. C'est donc la similitude de son entre les deux premières syllabes de sommelier et le mot somme, qui conduit à sous-entendre que cet assoupisseur éternel peut aussi bien être le dieu Hypnos. Mais là encore, s'il y a quelque trait d'esprit sarcastique, seuls peuvent le déce-ler les clercs, et la Sorbonne n'avait pas à sévir. Quant à Briarée, nous retrouvons, bien sûr, dans l'attribution du métier de sommelier au géant, l'inspiration qui, au Pantagruel (xxx) distribue les plus petits métiers aux plus grands noms. A ce sujet, nous ne pouvons d'ailleurs que nous dire que se dessine de mieux en mieux derrière les buveurs le Rabelais qui se divertit à écrire ces variations sur le thème du vin. Et nous mesurons du même coup combien il peut être anachronique de chercher dans ces propos une quelconque vérité psychologique, tant la foisonnante inspiration baroque de l'auteur est éloignée de ces afféte-ries, issues du courant féminisant, qu'on nous donnera plus tard pour le fin de la littérature.

Cela dit, il nous reste à bien entendre le sens de la dernière phrase de l'addition, qui doit vraisemblablement receler un comique qu'appré-ciait le lecteur de 1542. La translation donne: — Mouillons, allez, ce serait du beau de se laisser dessécher! mais il semble que ce ne soit là que le sens immédiat. Pour nous, ce verbe mouiller garde son sens étymologique de amollir en trempant (Dauzat) qui, bien sûr, s'applique d'abord à la soupe. Hayt est le De hayt, qui nous paraît devoir se rendre ici par: avec ardeur, vivement (Greimas). La locution il faict beau, est apparemment ironique et s'entend comme: il est incommode. Quant à seicher, nous y voyons le sens de devenir sec se doubler de celui de languir. Il apparaît donc que le buveur s'exprime plaisamment comme pourrait le faire une soupe attendant impatiemment d'être trempée, et nous devons alors entendre:

Je vous y prends: je vous réveille. Somme... lier éternel, garde-nous de somme... eiller. Argus avait cent yeux pour voir: il faut cent mains à un sommelier, comme avait Briarée, pour verser infatigablement. Trempons vite; il ferait beau rassir!

Là-dessus, nous retrouvons le texte initial et son premier propos, que le typographe a ponctué, aussi bien en 1542 qu'en 1534, de façon encore plus fantaisiste que le reste:

Du blanc. verse tout. verse de par le diable, verse.deca, tout plein, la langue me pelle.

La translation donne le mot deca pour: par ici; il semble en effet que c'est bien là le sens, opposé à delà, et nous comprenons que le buveur feint ici d'appeler à l'aide pour ce qui survient à sa langue:

Du blanc! Verse tout, verse, de par le diable, verse de ce côté, tout plein: la langue me pèle!

Lans tringue, a toy compaing, de hayt, de hayt, la, la, la, cest morfiaillé cela.

Les éditeurs font ici trois répliques distinctes où nous n'en voyons qu'une: celle de qui s'est rendu à l'appel au secours, et qui se met en devoir de verser. Lans tringue est, nous dit-on, expression de lansquenets équivalant à Compagnon trinque! Plattard précise Compagnon trinque! Exclamation en allemand (Landsmann, trink!) en usage chez les lansquenets. Et nous constatons que Landsmann a exactement la valeur de Homme du pays, c'est-à-dire Pays! Jourda se demande, lui: Y avait-il, parmi les invités de Grandgousier, un lansquenet? Et Michel, non moins docile, avance: Après le valet basque, c'est le valet germanique qui invite à boire. Nous ne verrons pourtant là qu'un convive qui, assurant le rôle de pourvoyeur, s'amuse à employer l'invite à boire des lansquenets, comme nous avons vu dans la locution basque la reprise intentionnelle de l'invite employée par les domestiques. Mais nous pouvons nous demander en passant si, tombant sur une missive où serait repris un juron paysan comme Nom Dagu!, le naïf automatisme universitaire ne trouverait pas au papier un relent d'étable.

On nous donne encore pour de hayt: de bon cœur; et pour morfiaillé: bâfré. Screech, toutefois, dit: Jargon des gueux, manger ou

161

boire avidement (Cotgrave). (Et nous pouvons penser que c'est de là que vient notre argot morfal.) Or, comme il n'est ici question que de boire, le terme bâfrer, qui a le sens de manger gloutonnement et avec excès (Littré) peut avantageusement être remplacé par le vieux verbe gobelotter, qui figure dans Littré, et qu'on a eu bien tort de laisser s'effacer au profit des pauvres: pomper, ou biberonner. Nous entendrons donc:

Trink mein Pays! A toi compagnon, haut le cœur, haut, là, là, là, c'est gobelotté, cela!

O lacryma Christi: cest de la Deuiniere. cest vin pineau. O le gentil vin blanc, & par mon ame ce nest que vin de tafetas. Hen hen, il est a une aureille, bien drappé, & de bonne laine.

On fait traditionnellement ici cinq répliques distinctes, quand il nous semble avoir manifestement affaire à l'émission d'une inspiration unique. Mais cette distribution est le fait d'une compréhension mal assurée qui apparaît par les commentaires:

Boulenger dit, pour lacryma Christi: Larme du Christ. Un muscat ainsi nommé se récolte au pied du Vésuve. Pour la Devinière: Autour de cette demeure campagnarde des Rabelais pousse encore aujourd'hui la vigne. Pour vin pineau: Le vin pineau était célèbre dès le XVe siècle. Pour vin de taffetas: On dit encore: un velours sur l'estomac. Et pour vin à une oreille: Métaphore tirée du langage des drapiers, amenée par vin de taffetas; elle nous reste assez peu claire; on sait seulement que les draps essorillés étaient ceux dont on avait coupé les lisières.

Guilbaud dit: Moelleux comme du taffetas; et: Vin à une oreille: Expression de drapier. On dit aussi d'un vin qu'il est à une oreille parce qu'il fait pencher la tête de celui qui le goûte d'un côté seulement.

Plattard dit: Métaphore tirée du langage des drapiers; le sens en est obscur.

Jourda dit: Souple comme du taffetas; et: Vin à une oreille: Image difficile à expliquer: on s'en servait couramment pour désigner un vin de qualité, par opposition au vin ordinaire ou vin à deux oreilles.

Michel dit: Vin de taffetas: On dit encore un vin de velours, pour vanter le moelleux du bouquet. Pour vin à une oreille: Métaphore restée obscure. Le vin est-il rare, parce qu'il n'a qu'une oreille, au lieu de deux, comme tout le monde (explication proposée par M. Jourda), ou bien le compare-t-on à un vêtement ou à un tissu de laine, image amenée par taffetas?

Screech dit: Vin doux et moelleux comme du taffetas; et pour vin à une oreille: Vin de choix (expression courante mais d'origine obscure). Consulter Littré. S'applique aussi au taffetas (Cotgrave).

Demerson dit: Doux et moelleux. Pour vin à une oreille: Le vin d'une oreille faisait pencher la tête aux connaisseurs en signe d'assentiment; le vin à deux oreilles leur faisait secouer la tête en signe de dénégation; par ailleurs l'expression s'appliquait aussi au taffetas. Voir Livre V, chapitre 43.

Demazière dit: Le vin à une oreille était le bon vin; celui à deux, le mauvais. Pour bien drapé et de bonne laine: Allusion aux expressions du marchand de drap dans la Farce de Patelin.

Littré, auquel renvoie Screech, dit: Vin d'une oreille, le bon vin; vin à deux oreilles, le mauvais; on appelle ainsi le bon vin, parce que le bon vin fait pencher la tête de celui qui le goûte d'un côté seulement; et le mauvais vin, parce qu'on secoue la tête et par conséquent les deux oreilles (c'est l'explication donnée par de Brieux).

Quant au texte du Cinquième Livre auquel renvoie Demerson, nous y trouvons Bacbuc s'adressant à Panurge: Mon amy, dist-elle, je n'ay à vous faire instruction qu'une: c'est que venant de l'oracle, ayez soin n'escouter le mot, sinon d'une aureille. C'est, dist frère Jean, du vin à une aureille. Ce jeu de mots, établi sur une signification supposée connue, ne nous avance guère pour la compréhension de l'expression; néanmoins elle nous prouve qu'elle peut être employée sans rien qui la rattache à ce vocabulaire des drapiers dont on nous parle.

Car il ressort de tous ces éclaircissements, qui ont plutôt figure de justifications plus ou moins embarrassées, que les points saillants: vin de taffetas, bien drapé et de bonne laine, sont saisis avec quelque précipitation pour donner la possibilité de voir ici l'emploi du langage de drapier. Cela permet la juxtaposition de vin de velours à vin de taffetas, tout aussi gratuite que l'intervention de l'expression: essoriller un drap, manifestement amenée par la filiation: essoriller-oreille, de la locution Vin à une oreille, laquelle est expliquée, depuis Littré qui se réfugie derrière un certain de Brieux, de façon aussi forcée qu'invraisemblable. Il va donc nous falloir tenter seuls d'y voir un peu clair; et pour ce faire, nous allons d'abord examiner chaque point, en ne conservant que ce qui mérite de l'être.

Nous commencerons par ce O lacryma Christi où la glose voit l'évocation du muscat de Montefiascone. Or ce vin, dit le Dictionnaire des Vins, de Larousse, fut toujours fort rare, et réservé aux tables royales. Il n'est donc pas sûr que nous n'ayons pas affaire seulement, sans rapport avec le muscat italien, à l'exclamation O larme du Christ, chargée de traduire, avec une grandiloquence compréhensible puisque c'est ici

Rabelais qui parle de sa Devinière, le ravissement où la dégustation plonge le buveur, comme par exemple notre expression ampoulée: C'est le petit Jésus en culotte de velours.

Pour gentil vin blanc, personne ne nous dit que l'adjectif gentil est à entendre, non pas au sens atténué qu'il a aujourd'hui, mais au sens de noble, de bonne race; car nous percevons encore ici l'emphase de celui qui célèbre sa terre natale.

Pour le vin de taffetas, l'explication par le vin de velours ne nous convainc pas. Si la comparaison avec le velours est effectivement encore courante, elle ne nous paraît en rien équivaloir à vin de taffetas, d'une part parce que le velours étant une étoffe connue et appréciée à l'époque, rien ne s'opposait à ce que l'on traduisît l'impression ressentie à la dégustation par l'évocation de ce velours; d'autre part, parce que le toucher du taffetas est bien loin de procurer la sensation de douceur caressante que donne le velours, mais celle de raposité légère, quelque peu électrique. Dire d'un vin qu'il est de taffetas, en appliquant donc cette comparaison au goût, reviendrait plutôt à qualifier un vin légèrement acidulé. Or il est patent, par la suite de l'apologie que fait le buveur, que ce qu'il apprécie est la douceur du vin qu'il boit. Il nous paraît donc bien plus probable, le taffetas étant une étoffe précieuse, et la Devinière un haut lieu pour Rabelais, que l'exclamation exprime l'idée de saveur aussi rare que sublime.

Et nous arrivons à ce: Il est à une oreille, locution que quelques-uns disent, sur la foi de Cotgrave, s'appliquer au taffetas, et pour laquelle quelques autres font surgir cette locution empruntée du langage des drapiers: drap essorillé, qui exprime que ses lisières, tenues pour ses oreilles parce qu'elles sont situées de part et d'autre de la laize, sont coupées. Mais nous ne voyons pas de rapport possible entre ces lisières-oreilles amputées, et le vin qui serait à demi essorillé quand il est bon.

La surprenante explication par les mimiques n'est d'ailleurs pas moins suspecte, paraissant édifiée sur les points mêmes qui sont à éclaircir: vin à une oreille parce qu'il fait pencher la tête du buveur satisfait d'un seul côté; vin à deux oreilles parce que le mauvais vin lui fait secouer la tête en signe de dénégation. De plus, tout le monde sait qu'on goûte le vin en le faisant rouler, c'est-à-dire en passant la gorgée d'un côté à l'autre de la bouche, et donc en inclinant la tête du côté d'une oreille, puis du côté de l'autre. Ce mouvement, qui est celui de la dégustation, ne peut donc en rien signifier qu'on trouve le vin mauvais. En revanche, la tête inclinée d'un seul côté, loin de pouvoir signifier qu'on trouve le vin bon, serait plutôt le signe que le vin goûté est si peu satisfaisant qu'on réduit autant qu'on le peut l'envahissement de la bouche par sa saveur. C'est là, à coup sûr, une explication d'abstème, et nous ne pouvons que la rejeter.

Quant à bien drapé, qui revient à dire bien foulé, c'est-à-dire lisse, et de bonne laine rendant l'idée de moelleux à souhait, nous entendons qu'il y a là, bien sûr, pour les appliquer au vin, reprise des qualités d'un drap. Mais il se peut que Demazière ait raison, qui voit ici une réminiscence de la flatteuse présentation que fait de sa marchandise Guillaume Joceaulme: nous savons que Rabelais a cette Farce constamment présente à l'esprit par les allusions qu'il y fait tout au long de son œuvre.

Nous admettrons donc que Rabelais, disposant de l'expression Vin à une oreille, connue de tous et donc rebattue, a désiré la renouveler, créant ce vin de taffetas pour pouvoir enchaîner et faire plaisamment prononcer à son buveur des paroles de marchand de drap. Ce que les commentateurs prennent pour tradition est au contraire figure de style originalement rabelaisienne. Partant, il n'y a plus lieu de ranger cette métaphore dans le domaine du langage des drapiers, ni de la soutenir par l'étrange drap essorillé, et encore moins peut-être de lui donner le sens de tête penchée du côté d'une oreille pour montrer sa satisfaction. Nous allons donc, dégagés de l'emprise du drap, pouvoir examiner d'un œil neuf l'oreille de ce vin.

L'idée qui s'impose est que cette oreille peut n'être pas l'oreille humaine mais seulement quelque chose qui lui est assimilé par ressemblance. Littré dit que sont ainsi nommées, par analogie de forme, les oreilles d'un sac, d'un ballot. Mais il y a non seulement analogie de forme mais encore de position dans le nom d'oreille donné à chacun des appendices symétriques des récipients et ustensiles par lesquels on les prend (Petit Robert). Et nulle part cette ressemblance avec la tête et ses oreilles n'a jamais paru plus évidente que dans le pot, comme l'établit l'antique expression: sourd comme un pot, qui fait intervenir l'idée de la fonction auditive des oreilles de ce pot en même temps que celle de la ressemblance de forme et de position. Ce pot peut évidemment être le pot au vin, ainsi que le dit le chapitre ix du présent Livre: si dieu me saulue le moulle du bonnet, cest le pot au vin, comme disoit ma mere grand. Et il ne peut alors que nous paraître assuré que, de ce vin à une ou deux oreilles, le vin a quelque rapport avec le vin du pot, et l'oreille quelque rapport avec celles de ce pot[11].

---

11. Il paraît qu'au cours d'une réunion de seizièmistes très sérieux, M. Gaignebet a émis l'idée que le vin à une oreille n'est autre que le vin de mémoire (?), expliquant qu'on faisait alors passer le bon vin au travers d'une des anses du pot (?). Nous ne pouvons que rester confondus devant la hauteur où vole la pensée dans ces doctes rassemblements!

Toutefois, il ne semble pas que cette différenciation par le nombre des oreilles puisse reposer sur quelque chose de concret: la locution Sourd comme un pot, le moulle du bonnet montrent à l'évidence que la plupart des pots au vin devaient avoir deux oreilles, et il serait absurde de penser que personne se soit jamais astreint à briser l'une d'elles pour signifier qu'il offrait du bon vin, signalant par opposition que le vin qu'il donnait à boire dans des pots à deux oreilles était mauvais. Pour nous, ces locutions Vin à une oreille, vin à deux oreilles, ne peuvent que faire référence à un contenu purement verbal connu de tous, et depuis belle heure. Reste à découvrir ce qu'il est.

Et nous serions là fort embarrassés si nous ne nous rappelions une vieille expression lyonnaise, que donne Nizier du Puitspelu dans son Littré de la Grand'Côte. Parlant du mauvais vin, il donne le jugement que rend, dans la syntaxe du cru, le buveur qui vient d'en goûter: C'est du vin qu'il faut être trois pour le boire. Et il explique: Parce qu'il faut qu'il y en ait deux pour tenir l'autre pendant qu'il boit, afin qu'il ne fasse pas de malheur en se débattant. Le contenu implicite est donc que nul ne boit de mauvais vin autrement que contraint comme au supplice de la question par l'eau, d'où le chiffre trois: deux bourreaux et le patient.

Il nous paraît alors évident que la locution Vin à deux oreilles fait allusion à cette facétieuse obligation d'être trois pour que soit bu le mauvais vin, les deux oreilles étant celles du pot, chacune d'elles tenue par un de ceux qui forcent le troisième à boire, ce contenu n'excluant peut-être pas l'idée complémentaire que les bourreaux maintiennent par ses oreilles la tête du patient en bonne position. Et la locution Vin à une oreille se comprend alors facilement, celui qui boit du bon vin n'ayant nul besoin de contrainte et le dégustant paisiblement, la main au pot, & le verre au poing, comme dit Pantagruel (P. xxxij), donc tenant le pot par une seule de ses oreilles. Dire: C'est du vin à une oreille revient donc à exprimer: c'est du bon vin, savouré le pot à la main, pas comme le mauvais pour lequel il faut qu'il y en ait deux qui vous forcent à le boire. La plaisante réflexion contemporaine: C'est du vin qu'il faut être trois pour le boire, apparaît alors comme l'énoncé explicite de ce que contient implicitement la locution Vin à deux oreilles, devenue incompréhensible par la disparition des pots au vin à deux anses.

Nous sommes maintenant, semble-t-il, en mesure d'entendre tout ce que contient le propos, que nous n'hésiterons pas à paraphraser ainsi, pour en extraire le suc:

O larmes du Christ, c'est de ma Devinière: c'est vin pineau! O le noble vin blanc; et par mon âme, ce n'est que vin de rare étoffe. Hen, hen ! il n'est pas besoin d'être trois pour le boire, bien lissé et moelleux qu'il est!

Et nous parvenons à la dernière addition, importante, et que les éditeurs tronçonnent en huit répliques, alors que là encore, et d'autant mieux qu'il s'agit d'une addition, nous voyons une seule inspiration:

Mon compaignon couraige. Pour ce ieu nous ne voulerons pas, car iay faict un leué. Ex hoc in hoc. Il ny a poinct denchantement. Chascun de vous la veu. Ie y suis maistre passe. Abrum abrum, ie suis prebstre Mace. O les beuueurs, O les alterez. Paige mon amy, emplis icy & couronne le vin ie te pry. A la cardinale Natura abhorret vacuum.

Nous passons en revue, pour chaque point, ce qu'avance chaque commentateur. Pour: ne nous voulerons pas, car iay faict un leué, Boulenger dit: Nous ne volerons pas, car j'ai fait une levée; termes de jeu. Et jeu de mots: il a levé son verre. Guilbaud dit: Nous ne perdrons pas la vole (coup qui consiste, aux cartes, à faire toutes les levées). Une levée (du coude). Plattard dit: Langage des jeux de cartes avec jeux de mots sur vouler (avoir la vole) et faire une levée (ici, levée du coude et du verre). Michel dit: Jeu de mots: j'ai fait une levée, comme aux cartes, mais en levant mon verre. Demerson dit: Plaisanterie de joueur. On ne nous fera pas la vole (On ne nous mettra pas capot) car j'ai fait une levée (j'ai levé le coude). Demazière dit: Nous ne serons pas volés; levé (du coude).

Pour Ex hoc in hoc, Boulenger se tait. Guilbaud dit: De l'un dans l'autre. Parodie d'un verset du Psaume LXXV, 9: ici il s'agit de la bouteille et du verre, ou du verre et de la bouche. Plattard dit: De ceci (le gobelet) en cela (la bouche). Parodie d'un passage du psaume, etc.: Calix in manu Domini vini meri plenus mixto. Et inclinavit, ex hoc in hoc... (La traduction va être donnée par Demerson). Jourda dit: Plaisanterie monacale: les deux mots (de ceci en cela) sont pris au psaume, etc. et employés dans un sens comique: dans le psaume, Dieu verse un calice plein de vin mêlé d'amertume tantôt à un pécheur, tantôt à un autre. Il faut comprendre ici: Du verre dans ma bouche! Michel dit: Application burlesque du psaume, etc.: Dieu verse un calice de vin mêlé d'amertume, tantôt à un pécheur, tantôt à un autre: De ceci en cela, comme: de verre en bouche, ainsi qu'on chante dans les chansons des vignerons. Screech donne: Quia calix (...) misto, jusqu'à: ex hoc in hoc, indique que cette référence est celle de l'édition de Lefranc, et dit:

La locution ex hoc in hoc était bien connue; on en avait même fait une devise. Demerson dit: Depuis ce côté vers cet autre côté; mots tirés du Psaume, etc. : Le Seigneur tient à la main une coupe de vin fermenté (!) et l'incline successivement de l'un vers l'autre. Demazière dit: De ceci en cela. Du verre dans l'estomac.

Pour Abrum abrum, tout le monde donne l'équivalent: Hum! hum! Mais Plattard dit: Le buveur, comme pour corriger un lapsus, se reprend en toussant. Michel dit: Le convive feint de tousser. Demerson dit: Après s'être râclé la gorge, le buveur fait une contrepèterie.

Pour Ie y suis maistre passe... ie suis prebstre Mace, Boulenger dit seulement: Ce genre de jeux de mots, que Rabelais affectionnait, s'appelait antistrophe. Guilbaud dit: Antistrophe de maître passé. Macé, diminutif de Mathieu (niais). Plattard dit: Macé, diminutif de Mathieu, est dans la langue du temps un sobriquet, signifiant niais, ou encore mari trompé. Jourda dit: Rabelais a usé souvent de ce genre de plaisanterie dit antistrophe ou contrepèterie. Fait-il allusion ici à un personnage réel? Marot a parlé à plusieurs reprises de personnages portant ce nom, qui n'était peut-être qu'un surnom désignant les maris trompés. Michel dit: Exemple d'antistrophe ou contrepèterie, plaisanterie fréquente chez Marot et Rabelais (et il renvoie au femme folle à la messe et femme molle à la fesse, du chapitre xvj du Pantagruel). Puis il ajoute: On ignore qui est prêtre Macé: bourreau de Paris, versificateur adversaire de Marot? Ou bien nom symbolique de niais, comme Frère Lubin, ou de mari trompé. Demerson parle du buveur qui se compare peut-être au frère Macé Pelosse du chapitre 27 du Gargantua. Demazière dit: Cette équivoque, finement amenée entre maistre Passé et prebstre Macé, est très probablement à l'adresse du moine René Macé, continuateur de la chronique de Crétin. En outre, nous ferons remarquer qu'au XVIe siècle Macé était synonyme de simple, niais.

Pour: couronne le vin, et pour: A la cardinale, Boulenger dit: Couronne le verre, mets-lui un bonnet de cardinal. Guilbaud dit: Que le vin déborde du verre; que le verre devienne rouge comme la chape d'un cardinal. Plattard dit: Que le vin versé ras bords fasse une couronne à mon verre; que mon verre se remplisse d'un vin rouge comme la chape d'un cardinal. Jourda dit: Images expressives: remplis mon verre à tel point que le vin le couronne! et le fasse rougir comme un chapeau de cardinal! Michel dit: Verse à ras bords. A rouges bords! Que le verre soit rouge comme un chapeau de cardinal. Locution usuelle, même s'il s'agit du pineau. Demerson dit: Couronner les vins était une expression antique qui signifiait: emplir jusqu'au bord. Ici le Bien Ivre souhaite que le verre devienne entièrement rouge, comme un cardinal. Demazière dit: Verse à pleins bords.

Enfin, pour Natura abhorret vaccum, tout le monde donne la traduction: La nature a horreur du vide.

Il apparaît que la compréhension est loin d'être assurée. Mais peut-être le fait de voir dans ces diverses phrases un seul propos va-t-il nous permettre de considérer le texte autrement que le font les commentateurs. Car nous nous disons d'emblée que cette addition, que Rabelais a insérée juste avant les quatre dernières répliques de son chapitre, ne peut qu'être l'amplification du finale, les quatre dernières phrases de l'originale assurant seulement la chute en variations évanescentes sur le motif principal: le vin. Si donc ce texte qui nous occupe est une amplification, il nous faut nous attendre à y trouver un caractère plus appuyé, un contenu plus corsé. Cela posé, nous reprenons sous cet angle l'examen de chaque terme.

Nous relisons, et nous entendons que celui qui dit: Mon compaignon couraige, feint ici d'avoir à réconforter quelqu'un donné pour abattu. Et l'apostrophe est aussitôt suivie de la raison qui doit inciter l'intéressé à reprendre courage: Pour ce jeu nous ne voulerons pas, car j'ai fait un levé. La phrase équivaut pour certains à: Pour ce jeu, nous ne volerons pas, ce qui reste inexplicable. Pour d'autres, la phrase signifie: Pour ce jeu, nous ne perdrons pas la vole, ou: on ne nous fera pas la vole, c'est-à-dire on ne nous fera pas capot. Tout cela est pourtant de sens forcé puisque nous ne voulerons pas ne peut que s'entendre comme: nous n'aurons pas la vole, c'est-à-dire nous ne ferons pas toutes les levées, et la phrase complète est alors: Pour ce jeu, nous ne ferons pas toutes les levées, car j'ai fait un levé (de coude), ce qui est proprement absurde. Repartons donc de ce qui est assuré:

Le terme levé, de j'ai fait un levé, est bien une équivoque entre le terme de jeu: levée, c'est-à-dire le fait de ramasser les cartes du coup joué, et levé, terme de manège désignant le temps où la jambe du cheval est en l'air, donc ici, par plaisante assimilation, le temps où le coude est en l'air, pour boire. Et nous sentons bien, comme l'ont senti les commentateurs, que cette équivoque ne peut s'établir que si le verbe voulerons constitue déjà un terme de jeu, sans lequel le sens de levée, ramasse des cartes, n'apparaîtrait pas et, partant, celui de levé (de coude) n'aurait aucune raison d'être. Reste seulement à savoir ce qu'exprime ce verbe voulerons, car le sens qu'on nous donne est manifestement erroné.

En fait, nous ne trouvons trace nulle part d'un verbe qui d'ailleurs, s'il tient du mot vole, nous paraît nanti d'un u qui ne s'explique pas. Et nous nous hasarderons à tenir cet étrange verbe voulerons pour une faute de composition, soit que le compagnon ait mal lu le mot manuscrit, soit, plus vraisemblablement, qu'il ait levé, à la place de la lettre b, la lettre u de début de mot qui, dans le gothique bâtard de l'édition de 1542, lui ressemble si étroitement qu'elle a bien pu se trouver à tort dans le cassetin des b. Substituant donc simplement le b au v, nous arrivons à la forme boulerons, du verbe bouler.

Ce verbe bouler, que donne Greimas, a trois acceptions: d'abord celle de rouler, précipiter comme une boule, la bolerie étant le jeu de boules. Mais il est évident que, bien que pouvant s'appliquer au jeu, ce sens ne concorde pas avec la suite de la phrase, où l'équivoque est échafaudée sur l'idée de ramasser une levée de cartes. Le deuxième sens est celui de tromper, faire une tromperie, ou une faute, ou une astuce. Mais même en prenant tromperie pour tromperie au jeu, faute pour faute de jeu, astuce pour astuce de jeu, nous ne voyons pas comment pourrait s'établir la liaison avec le car j'ai fait une levée (de cartes) et un levé (de coude). Le troisième sens du verbe est: se livrer à la débauche, la bolerie étant à la fois la débauche et le lieu de débauche. Mais dire: Pour ce jeu nous ne nous débaucherons pas car j'ai fait un levé (de cartes ou de coude) est de signification aussi peu satisfaisante que les deux premières compréhensions, aucune des trois ne remplissant d'ailleurs les conditions qui se révèlent indispensables: exprimer l'idée qu'on est à l'abri du risque évoqué, le car j'ai fait un levé indiquant clairement qu'on a, par ce levé, écarté ce risque.

Et il faut alors nous rendre à l'évidence: si ce verbe bouler est bien le seul qui convienne ici, il faut qu'il ait le sens populaire, que donne Littré, de rouler quelqu'un par terre, ce qui, en langage de jeu, équivaut à l'éliminer, le faire disparaître à la suite d'un choix, d'une sélection. Dès lors, si nous devons bel et bien lire: Mon compaignon couraige. Pour ce ieu nous ne boulerons pas, car iay faict un leué, nous devons entendre: Mon compagnon, courage. Pour ce jeu, nous ne serons pas éliminés, car j'ai fait un levé, ce levé pouvant être de cartes, de coude ou d'autre chose qui nous reste à découvrir, car nous ne pouvons savoir de quoi il est question avant d'avoir analysé le reste du propos.

Nous continuons donc de relire, et nous arrivons à Ex hoc in hoc. Ici, derrière Lefranc, chacun s'empresse de faire référence au psaume où il est écrit que le vin (bien sûr mêlé d'amertume) est versé tantôt à un pécheur, tantôt à un autre, ou qu'on incline la coupe successivement de l'un vers l'autre. Or c'est dans le verset précédant celui qu'on nous indique, et avant qu'il soit fait mention de vin, qu'apparaît cette idée exprimée par ex hoc in hoc, tout au moins dans les traductions en français. Ainsi, la version de la Pléiade dit: ...que vient Elohim, le juge./ Il abaisse celui-ci, il élève celui-là,/ 9 - car dans la main de Iahvé est une coupe... Et la version œcuménique dit: C'est Dieu qui juge:/ il abaisse l'un, il relève l'autre./ 9 - Le Seigneur tient en main une coupe... Il faut donc que la facétie monacale ait joué sur l'amphibologie dont le texte latin offre la possibilité, et que cette possibilité ait ensuite été soigneusement annulée dans les traductions, toute occasion de rire étant, comme chacun sait, porte entrouverte au Malin. Quoi qu'il en soit, cette locution ex hoc in hoc est rendue par: de l'un dans l'autre, de ceci en cela, depuis ce côté vers cet autre côté. Et l'on nous dit qu'il s'agit du gobelet ou du verre, à la bouche ou l'estomac. Là encore, nous nous réservons de conclure au moment où nous aurons tous les éléments pour le faire.

Nous arrivons maintenant à ce: Il ny a poinct denchantement. Chascun de vous la veu, pour lequel les commentateurs restent unanimement silencieux. Selon Greimas, l'enchantement est d'abord l'action de mettre à l'encan et l'encan lui-même. L'enchanteor est celui qui vend aux enchères. Mais la phrase: Chascun de vous la veu, qui laisse entendre que ce dont parle le buveur aurait pu se produire à l'insu de tous, nous interdit de penser plus longtemps qu'il peut s'agir d'enchères qui se déroulent devant une assemblée. Il est donc bien question d'enchanter au sens second que donne Greimas: faire une incantation, ensorceler. L'enchantement est donc ici le sortilège, et nous entendons que le buveur se défend ici d'avoir réussi ce qu'il avance autrement que de façon naturelle, puisque tout le monde a pu voir comment s'est réalisé ce dont il parle. Nous gardant toujours de nous demander de quoi il est question, nous nous bornons pour le moment à entendre: Il n'y a point de sortilège, comme chacun de vous l'a pu voir.

La suite découle évidemment de ce qui vient d'être avancé: le buveur, mis en joie par sa réussite (dont nous ignorons encore la nature), réussite qu'il a obtenue par sa seule valeur, se décerne un satisfecit excessif en passant hardiment de l'exceptionnel à l'habituel, et dit: Ie y suis maistre passe, ce qui revient à dire qu'il est désormais apte à reproduire à tout moment ce qu'il vient de mener à bien. Il dit alors: Abrum, abrum, et toute la glose l'entend tousser, alors que nous pouvons nous dire que l'onomatopée est assez peu ressemblante et qu'elle paraît plutôt être, comme l'a vu Demerson, celle de qui s'éclaircit la gorge. Mais nous comprenons bien vite qu'il n'est ici nullement question d'expectoration, car nous nous doutons que ce buveur derrière lequel se dissimule un lettré qui connaît le latin d'église et l'usage comique qu'on en peut faire, dit ici quelque chose qui, comme le Ex hoc in hoc, doit encore être plaisanterie monacale. Et nous découvrons alors le verbe latin abrumpere qui, parmi les divers sens qu'il a, offre celui de briser, rompre. Pour nous, donc, Abrum, abrum est l'apocope de la première personne du singulier: abrumpo, c'est-à-dire ici: je romps, je brise, avertissement par lequel le buveur annonce la contrepèterie qu'il va faire: je suis prebstre Mace.

Nous remarquerons d'abord que cette contrepèterie est irrégulière, transformant passé en Macé, c'est-à-dire remplaçant les deux s par un c (sans compter que le mot maître ne comprend pas les deux r qui se trouvent dans prêtre). Or, comme nous avons vu au Pantagruel des contrepèteries régulièrement constituées: femme folle à la messe, femme molle à la fesse (xvj), à Beaumont le Viconte, à beau con le vit monte (xxj), nous devons tenir pour assuré que le manquement à la règle est dû à l'intention de citer le nom de Macé. Reste à savoir qui est ce personnage.

Il est vrai que Marot a parlé, par exemple dans sa petite Epître au Roy, d'un certain Henry Macé, qu'il a manifestement à cœur de bafouer, sans pourtant qu'on sache s'il s'agit d'un personnage réel ou fictif: Or ce me dit (ung jour) quelque rimart:/ Vien çà, Marot, treuves tu rime en art/ Qui serve aux gens, toy qui a rimassé?/ — Ouy vrayement (respondz je) Henry Macé. Mais même si l'on admet qu'est ici visé un personnage réel, par exemple le versificateur adversaire de Marot dont parle Michel, tout indique que le Macé de Rabelais ne saurait être cet alignement restrictif sur une inimitié marotique, le jeu sur prebstre Macé paraissant, avec cet état de prêtre, avoir une portée générale qui implique que le personnage ne peut qu'être proverbial. Et vient à l'appui de cette impression le rapprochement que fait Demerson avec feu le frère Macé Pelosse dont la mémoire est évoquée par frère Jean au chapitre xxvij du présent Livre, pour la relation qu'il établit un jour entre le vin et la longueur des heures canoniales.

Nous retenons d'abord que ce frère Macé Pelosse et ce prêtre Macé sont tous deux d'Église; mais la différence d'appartenance semble bien procéder de l'imprécision qui nimbe un personnage fictif dont il importe seulement qu'il soit dans les ordres, et qu'on peut indifféremment affluber de la robe ou du froc. Et cette opinion est encore renforcée par le nom de Pelosse, qui prend valeur de sobriquet quand on connaît sa signification.

Le mot Pelosse (sur lequel la glose reste muette) est en fait un terme du dialecte lyonnais, qui désigne la prune sauvage, que le Petit Robert définit: petite prune globuleuse bleu ardoise de saveur âcre. On cueille cette prune après la gelée qui lui a conféré quelque douceur, pour en faire l'eau-de-vie de prunelle. Mais on l'employait aussi, immature, comme astringent pour couper la diarrhée. Cette notion d'âcreté fait, bien sûr, dire dans le Lyonnais, d'un vin imbuvable, que c'est franc du vin de pelosses. Mais ce mot pelosses sert encore à désigner les objets sphériques qui vont par deux, par exemple les boules d'un joueur de longue[12] manquant quelque peu de mogne[13], et, naturellement, les testicules, ces pelosses étant d'un blanc laiteux avant la maturité, et l'idée du virage final au bleu évoquant peut-être en plus la fâcheuse coloration qui survient aux génitoires ayant subi un traumatisme.

Ainsi, ce nom de Pelosse attribué au frère Macé (et qui montre d'ailleurs ce que la langue de Rabelais a gardé de son séjour à Lyon) révèle donc pour ce frère la même prédisposition sexuelle que celle que nous avons vu attribuer aux gens d'église tout au long de l'inventaire des titres de la Librairie de saint Victor (P. vij). Et il paraît alors établi que cette sorte de qualification par le nom Pelosse est bien de celles qu'on a liberté d'attacher au nom d'un personnage proverbial. Mais ce qui paraît aussi découler de l'apposition de Pelosse à Macé, c'est que cette idée de prédisposition sexuelle est déjà incluse dans le nom de Macé, et que le sobriquet Pelosse n'en est que le renforcement. Reste alors à comprendre pourquoi ce nom Macé, qui n'a assurément plus rien à voir avec un personnage réel, marotique ou autre, peut véhiculer ce contenu sexuel.

Et il ne nous faut qu'ouvrir le Greimas pour trouver le mot mace, substantif féminin, qui a le sens de masse d'armes, marteau. Or, comme nous savons que le marteau est la représentation du membre viril, acception qui découle du fait que le verbe marteler, c'est-à-dire frapper à coups répétés, a toujours eu le sens de faire l'amour pour l'homme, nous entendons que Macé est un des noms traditionnels du moine paillard. C'est donc à ce nom traditionnel de frère Macé que Rabelais, au chapitre xxvij, ajoute le déterminant Pelosse, entendu à Lyon, qui complète si heureusement la caractérisation érotique incluse dans le nom de Macé. Et, au présent chapitre, c'est en se fondant sur ce seul nom proverbial de frère Macé qu'il construit sa contrepèterie, substituant, pour les besoins de la cause, l'état de prêtre à celui de frère et, renonçant à former régulièrement en massé le deuxième terme de

---

12. Jeu de boules, dit encore à la lyonnaise, qui se joue avec des boules d'un diamètre de 90 à 103 millimètres, et d'un poids compris entre 700 et 1.300 grammes dans un terrain de 2 mètres et demi à 4 mètres de large sur 27 mètres de long. Aucun lyonnais adulte n'emploierait jamais une boule qui ne fasse pas son kilo.

13. Force musculaire, spécialement en parlant des bras. Formé sur main, comme poigne est formé sur poing (Littré de la Grand'Côte).

cette contrepèterie, garde intact le nom de Macé dont le contenu est connu, permettant ainsi à son buveur d'affirmer sa puissance virile.

Mais nous vient à l'esprit que ce frère Macé peut n'être pas le seul à être proverbialement érotique, et que nous pouvons avoir affaire, avec Je suis maître passé, à une locution non moins traditionnellement chargée d'un contenu similaire, fondé sur le fait que celui qui vient de passer maître reçoit son diplôme roulé, ce rouleau étant évidemment assimilé plaisamment au membre en érection. Passer maître serait alors une formule par laquelle on exprimait cet état d'érection. L'originalité de Rabelais serait donc celle d'avoir formé une contrepèterie en juxtaposant deux locutions de contenu semblable mais jusque là indépendantes: frère Macé, et: je suis passé maître, en s'autorisant à changer frère en prêtre tout en rendant intentionnelle l'irrégularité que constitue le nom figé Macé, impossible à transformer.

Quoi qu'il en soit, nous entendons maintenant que le buveur disant: J'y suis maître passé, je romps, je romps, je suis prêtre Macé, exprime qu'il est éminemment capable d'érection. Nous devons donc admettre que tout ce qu'il a dit auparavant n'a pu que préparer cette conclusion. Et c'est là que nous saisissons que les paroles qu'il a prononcées, et dont le sens nous a paru si mal assuré, sont à revoir dans cet esprit. Nous reprenons donc.

Mon compaignon couraige: s'il s'agit bien d'une parole de réconfort à l'intention de quelqu'un qui est censé abandonner la partie, nous entendons que ce n'est là que préparation oratoire du buveur, qui feint de s'adresser à un compagnon imaginaire dans le dessein de supposer au renoncement de ce compagnon la raison qui va lui fournir l'occasion de se donner soi-même en exemple.

Pour ce ieu nous ne boulerons pas: nous entendons maintenant que Pour ce jeu sous-entend le jeu du poussavant (P. v) et qu'il est dit, par nous ne boulerons pas: nous ne resterons pas impuissants. Cela s'appuie évidemment sur l'opinion commune que les libations excessives sont réputées abolir toute envie génésique, ainsi que le rappellera Rondibilis au chapitre XXXI du Tiers Livre: Après avoir avancé que la concupiscence charnelle est réfrénée par cinq moyens dont le premier est le vin, ce qui entraîne l'acquiescement de frère Jean: Je le croy (dist frère Jan). Quant je suys bien yvre, je ne demande qu'à dormir, le médecin explique: J'entends (dist Rondibilis) par vin prins intemperament, car par l'intemperance du vin advient au corps humain refroidissement de sang, resolution des nerfs, dissipation de semence generative, hebetation des sens, perversion des mouvements, qui sont toutes impertinences à l'acte de génération.

C'est donc pour contredire cette opinion commune que le buveur, équivoquant effectivement sur le terme de jeu: faire une levée, c'est-à-dire ramasser les cartes du coup joué, dit: car iay faict un leué, et nous entendons alors levé comme érection. Le buveur dit en fait: Pour ce jeu (d'amour), nous ne serons pas éliminés, car j'ai eu une érection.

Et il ajoute, en guise d'explication: Ex hoc in hoc, ce qui signifie, nous l'entendons fort bien maintenant, d'ici à là, prétendant que, du gosier, le vin passe directement aux génitoires. Ce ex hoc in hoc s'accompagne vraisemblablement d'un geste qui indique le trajet du vin: De la bouche (ex hoc) à la couille (in hoc).

Puis le buveur avance: Il ny a poinct denchantement. Chascun de vous la veu. Et nous entendons que, continuant d'attribuer au vin pris en grande quantité sa manifestation virile, il expose que tout le monde (les braguettes étant candidement révélatrices) a constaté son état d'érection, et qu'il est donc arrivé à cet état sans nul sortilège mais bien par la seule vertu du vin.

Et c'est alors qu'il infléchit la locution érotique courante: je suis passé maître, en: j'y suis maître passé, à la fois pour permettre le contrepèterie qu'il a l'intention de faire, et peut-être pour doubler la signification habituelle: je suis en érection, de l'idée comiquement outrecuidante, que nous avons cru discerner d'entrée, qu'il est expert en la matière. Puis, après avoir annoncé qu'il désarticule, il arrive à la triomphale conclusion: je suis prêtre Macé, c'est-à-dire, nous l'avons vu, je suis le prêtre Fouteur.

Paraphrasant, et suppléant toutes les intentions qui y sont contenues, nous entendons désormais le propos ainsi: Mon compagnon (toi qui ne veux plus boire de crainte d'être inapte à l'amour), courage. Pour ce jeu nous ne boulerons pas (nous ne serons pas exclus), car j'ai fait un levé (car j'ai eu une érection). Ex hoc in hoc (Du gosier le vin coule à la couille). Il n'y a point d'enchantement: chacun de vous l'a vu (Il n'y a nulle magie, ainsi que chacun l'a pu voir). J'y suis maître passé (j'ai obtenu le rouleau). Abrum, abrum (et, désarticulant:) je suis prêtre Macé (je suis l'incarnation du prêtre Fouteur).

Mais le buveur ne finit pas ici; il appelle d'abord à convenir de l'irréfutabilité de sa démonstration: O les beuueurs, O les alterez, les engageant du même coup à ne pas craindre de continuer de boire puisqu'ils ne peuvent que s'en trouver bien. Puis il s'empresse, donnant l'exemple, de faire verser ce vin salutaire: Paige mon amy, emplis icy & couronne le vin ie te pry. Et nous verrons, nous, dans cet impératif couronne, quelque allusion à la tonsure (Greimas: corone: couronne, tonsure), ce qui sous-entend que le buveur demande qu'on remplisse son verre jusqu'à faire bomber le vin, cette surface convexe étant tenue pour le dessus de la tête. Il continue par: A la cardinale, locution qui paraît en effet introduire l'idée de rendre entièrement rouge le verre puisque frère Jean parle, au chapitre xxxix du présent Livre, des gammares & escriuices que lon cardinalize a la cuyte. Et il finit en citant, l'appliquant bien sûr à son verre, l'axiome de l'ancienne physique: la nature a horreur du vide.

Nous entendrons donc ainsi le propos complet, nous autorisant à transposer la contrepèterie dont le pouvoir d'évocation s'est perdu, en un à-peu-près qui semble en rendre l'esprit:

Mon compagnon, du nerf! Pour ce jeu, nous ne tiendrons pas la chandelle, car j'ai fait un levé. Ex la gorge, directement in la couille; il n'y a nulle magie, ainsi que chacun l'a pu voir. J'y suis passé maître à rouleau, et permutant, je suis passé rouleau à mettre. O les buveurs, ô les altérés! Page, mon ami, emplis ici jusqu'à la tonsure, je te prie. Cardinalise le verre: il est bien connu que la nature a horreur du vide.

Est donc avérée la supposition que nous avons faite sur l'intention de Rabelais de finir, avec sa dernière addition, sur un morceau de tonalité plus haute, morceau qui prend ici la forme d'une facétie de haut goût dont il a soin toutefois de dissimuler la portée immédiate en l'insérant juste avant les quatre dernières répliques de l'ancienne version. C'est cette note finale que nous allons maintenant considérer:

Diriez vous qune mouche y eust beu?
Boulenger dit: Y pourrait boire? Il ne reste pas une goutte. Guilbaud dit: Tant le verre est bien rempli. Plattard dit: Tant le verre vidé est net! Jourda dit: Le verre est tellement bien vidé qu'il paraît sec. Michel dit: Une mouche n'y trouverait à boire. Demerson dit: Le verre est si sec qu'on voit difficilement comment une mouche aurait pu y trouver à boire.

Dans l'ancienne version, cette réplique faisait suite, tout fortuitement, à la phrase: il est à une oreille, bien drapé et de bonne laine. Mais il est sûr que si Rabelais a inséré ici son addition, c'est qu'il a entrevu que la réplique parlant de la mouche assurait la continuité avec la fin de cette addition, et peut-être même est-ce avec l'intention d'assurer cette continuité qu'il en a écrit la dernière phrase où il est question du vide. Rien donc ne s'oppose à ce que nous raisonnions comme si l'addition avait toujours fait partie du texte, en y voyant la progression d'une inspiration univoque, un des multiples éléments qui composent l'art de Rabelais étant précisément d'incorporer ses ajouts sans que la greffe laisse de cicatrice.

Tout le monde ici (sauf Guilbaud) voit le verre vide, de ce vide qui ne peut qu'être appelé par la phrase Natura abhorret vacuum. Celui qui parle est en effet, manifestement, un de ceux qu'a ébranlés la démonstration et, de toute évidence, il vient de vider jusqu'à la dernière goutte le verre qu'il se refusait jusque-là à boire. Nous voyons donc fort bien ce buveur, pour montrer qu'il s'est rendu aux raisons qu'on lui a fournies, brandir son gobelet retourné et poser la question:

Diriez-vous qu'une mouche eût pu en faire autant?

A la mode de Bretaigne.

Michel résume tous les commentaires en disant : Les Bretons avaient la réputation de boire sec (comme les Suisses et les Allemands...). Cela ne peut que nous confirmer dans ce que nous venons de voir: les buveurs, piqués de ce qu'ils ont entendu, se mettent à vider leur verre d'un coup, à la mode des sacs-à-vins, sans savourer. Nous les entendons dire:

A la Boit-sans-soif!

Net, net, a ce pyot,

Boulenger est ici le plus complet, qui dit: Le piot, dont Rabelais parlera souvent, c'est le vin. En ancien français, pie signifiait boisson; pier, boire. Nous rendrons cette invite collective par:

Cul sec, et sus à ce vin!

Auallez, ce sont herbes.

Boulenger dit: C'est tisane! Guilbaud dit: C'est un élixir. Plattard dit: Jus, ou suc d'herbes (chicorée, cresson, etc.), employé en médecine comme un remède souverain. Jourda dit: Remède de choix. Michel dit: Herbes médicinales: remède souverain (cf. le Dit de l'Herberie, de Rutebeuf). Demerson dit: C'est un médicament. Screech dit: Buvez ça, c'est un médicament.

Il y a évidemment là idée de médicament; mais ce que ne font pas ressortir les commentateurs, c'est que nous avons là affaire à une de ces bonnes raisons qu'avancent, sans trop y croire eux-mêmes, les buveurs pour se donner l'autorisation de passer la mesure: le vin, produit d'un végétal récolté à un moment bien déterminé, puis élaboré en préparation, ne peut qu'avoir des vertus comparables à celles des herbes officinales. Nous entendrons que le buveur exprime:

Avalez, ce sont herbes... de la Saint-Jean!

Ainsi, la dernière réplique, loin d'être une fin, engage à surmonter la satiété et amorce une nouvelle ardeur. Mais il y chances que cette suite ne soit plus agrémentée de saillies de même valeur; aussi Rabelais arrête-t-il ici la relation des propos de ses Bien Ivres avant qu'ils ne deviennent les insanités des Ivres Morts.

Voilà donc achevée la relecture de ces propos où personne, depuis qu'ont disparu ceux pour qui Rabelais les a écrits, ne s'est soucié de voir autre chose que jeu verbal sans portée. Bien sûr, comme au Pantagruel, ne prétendons-nous nullement avoir donné le fin dernier mot, et, comme nous n'avons cessé de le faire pour le premier Livre, engageons-nous à chercher encore, à pousser plus avant, à vérifier. Et bien sûr, comme cela est arrivé pour ce premier Livre, devons-nous nous attendre à voir ceux qui abusent de la supériorité que leur donne le fait de n'avoir jamais rien risqué, feindre d'ignorer cette concession majeure afin de pouvoir donner une critique où la mauvaise foi soutient l'amertume, et la bigoterie perfide l'expression de leur dépit. Mais la puérile obstination de ces Janotus, outrés qu'on voie de quoi ils se sont contentés durant leur carrière, n'empêchera pas que le lieu des fouilles soit désormais signalé et qu'on n'ait plus à leur demander l'autorisation de s'y rendre pour creuser. C'est là l'important.

Nous exposons donc ce que nous avons extrait du terrain qu'on avait si obstinément damé: nous relisons d'une traite tout le chapitre en donnant notre découpage et la signification que nous pensons qu'il y faut voir:

Tire,	Par ici!
baille,	Donne!
tourne,	Vers moi!
brouille.	Mêle!
Boutte a moy, sans eau,	Pour moi arrose, et sans eau.
ainsi mon amy fouette moy ce verre gualentement,	Voilà, mon ami; et baise-moi ce verre amoureusement!
produiz moy du clairet, verre pleurant.	Fais-moi couler du clairet, verre mouillant!
Treues de soif.	Autant de trêves avec la soif!
Ha faulse fiebure, ne ten iras tu pas?	Ha, fièvre félonne, résisteras-tu?
Par ma fy ma commere ie ne peuz entrer en bette.	Croyez-moi, ma commère, je ne peux arriver à dresser.
Vous estez morfondue mamie.	Vous êtes humectée, m'amie?
Voire.	Verre... ité!
Ventre sainct Qenet parlons de boire.	Par le Ventre-sac-à-vin, parlons plutôt de boire.

Ie ne boy que a mes heures, comme la mulle du pape.

Ie ne boy que en mon breuiaire, comme un beau pere guardian.

Qui feut premier soif ou beuuerye? Soif. Car qui eust beu sans soif durant le temps de innocence?
Beuuerye. Car priuatio presupponit habitum. Ie suys clerc. Foecundi calices quem non fecere disertum.

Nous aultres innocens ne beuuons que trop sans soif.
Non moy pecheur sans soif. Et si non presente pour le moins future. La preuenent comme entendez. Ie boy pour la soif aduenir Ie boy eternellement, ce mest eternite de beuuerye, et beuuerye de eternite.
Chantons beuuons un motet

Entonnons.
Ou est mon entonnoir?
Quoy ie ne boy que par procuration.
Mouillez vous pour seicher, ou vous seichez pour mouiller?

Ie nentens poinct la theoricque de la praticque ie me ayde quelque peu. Haste.
Ie mouille, ie humecte, ie boy. Et tout de peur de mourir. Beuuez tousiours vous ne mourrez iamais. Si ie ne boy ie suys a sec. Me voyla mort. Mon ame

Je ne bois qu'aux heures qui sont les miennes, comme la mule du pape.
Je ne bois qu'à force de bréviaire, comme un bon supérieur cordelier.
Qui fut d'abord: la soif ou le boire? La soif, car qui eût bu sans soif avant le péché?

Le boire, car nous savons que privation suppose propriété. Je suis clerc. Qui donc, dit le poète, les verres pleins n'ont-ils rendu disert?
Des innocents comme nous ne boivent que trop sans soif.
Non, moi je suis pécheur, et je bois sans soif. Si elle n'est là, je la préviens comme vous entendez: je bois pour la soif à venir. Je bois pour l'éternité; ce m'est éternité buvante et boire d'éternité.
Chantons un motet... et buvons-le.
A pleine gorge!
Où est mon engorgeoir?
Comment! Il me faut boire par interposition!
Vous humectez-vous pour sécher, ou séchez-vous pour avoir à vous humecter?
Je n'entends rien à l'abstraction; du concret, je m'arrange assez bien. Poursuis donc!
Je mouille, j'humecte, je bois. Et tout, de peur de mourir. Buvez toujours, vous ne mourrez jamais. Si je ne bois, je suis à sec: me voilà mort et mon âme s'en-

sen fuyra en quelque grenoillere.
En sec iamais lame ne habite.
Somelliers, o createurs de
nouuelles formes rendez moy de
non beuuant beuuant.

Perannite de arrousement par
ces nerueux & secz boyaulx. Pour
neant boyt qui ne sen sent. Cestuy entre dedans les venes, la pissotiere ny aura rien.

Ie laueroys voluntiers les tripes
de ce veau que iay ce matin
habille.

Iay bien saburre mon stomach.
Si le papier de mes schedules
beuuoyt aussi bien que ie foys,
mes crediteurs auroient bien leur
vin quand on viendroyt a la formule de exhiber.

Ceste main vous guaste le nez.

O quants aultres y entreront,
auant que cestuy cy en sorte.

Boire a si petit gué: cest pour
rompre son poictral.

Cecy sappelle pipee a flaccons.

Quelle difference est entre bouteille & flaccon? grande, car bouteille est fermee a bouchon, &
flaccon a viz.

De belles. Nos peres beurent
bien & vuiderent les potz, Cest
bien chié chante, beuuons.

Voulez vous rien mander a la
riuiere? cestuy cy va lauer les
tripes.

fuit en quelque marécage. L'âme,
dit-on, ne peut subsister en lieu
desséché. Sommeliers, ô créateurs
d'états nouveaux, transformez-
moi de non-buvant en buveur.

Pérennité d'avitaillement par
ces roides et fermes conduits.
Boit pour rien qui n'en est fortifié. Celui-ci entre dans les veines,
la pissotière n'en verra rien.

Je laverais alors volontiers les
tripes de ce veau débile que j'ai
ce matin habillé.

J'ai bien lesté mon estomac. Si
le papier de mes reconnaissances
de dettes buvait l'encre comme
moi le vin, mes créditeurs
auraient leur paquet quand viendrait l'heure de les produire.

Cette main nous cache votre
nez.

O combien d'autres y entreront avant que celui-ci en sorte.

C'est dans le verre du cheval
qu'il vous faut boire, ou bien
rompre le collier.

Ceci se nomme appelant à
flacons.

Quelle différence y a-t-il entre
bouteille et flacon? Grande, car
la bouteille est fermée à bouchon,
et le flac du con à vits.

Vit... sages de belles. De belles,
comme celles que nous savons:
Nos pères burent bien et vidèrent
les pots. C'est fichtre bien chanté,
buvons.

Quelqu'un a-t-il rien pour la
rivière? celui-ci va y changer l'eau
des olives.

Ie ne boy en plus qu'ne esponge.

Ie boy comme un templier, & ie tanquam sponsus,

& moy sicut terra sine aqua.

Un synonyme de iambon? cest un compulsoire de beuuettes.

cest un poulain. Par le poulain on descend le vin en caue, par le iambon, en lestomach.

Or cza a boire, boire cza. Il ny a poinct charge. Respice personam: pone pro duos: bus non est in usu.

Si ie montois aussi bien comme iaualle, ie feusse piecza hault en laer.

Ainsi se feist Iacques cueur riche. Ainsi profitent boys en friche. Ainsi conquesta Bacchus Linde. Ainsi philosophie melinde.

Petite pluye abat grand vend Longues beuuettes rompent le tonnoire.

Mais si ma couille pissoit telle urine, la vouldriez vous bien sugcer?

Ie retiens apres, paige baille, ie tinsinue ma nomination en mon tour.

Hume Guillot, encores y en a il on pot

Ie me porte pour appellant de soif, comme dabus. Paige relieue mon appel en forme.

. Ceste roigneure.

Je ne bois guère plus qu'une éponge (translation).

Je bois comme un du Temple.

Et moi, comme l'époux de l'Ecriture.

Et moi, comme la terre sans eau du Psaume.

Un synonyme de jambon? C'est un commandement à produire les pièces... des buvettes.

C'est un poulain. Par le poulain, on descend le vin en cave, par le jambon, en l'estomac.

Hé là, à boire! A boire, ici! Le plein n'est pas fait: considère le bonhomme: verse pour deux car il n'y a pas d'abus aujourd'hui.

Si je montais aussi bien que je les descends, il y a longtemps que je serais haut dans les airs (translation).

Buvant, se fit Jacques Cœur riche; buvant, profitent bois en friche; buvant, subjugua Bacchus l'Inde; ainsi philosophe... la dinde.

Petite pluie abat grand vent: longues beuveries ruinent la tonnée.

Et si ma pissotière donnait telle urine, voudriez-vous la sucer?

Je maintiens derrière; page, accepte, et tu as mon insinuation en retour.

Gobe, benêt; il y en a encore plein panier!

J'appelle contre la soif, comme abusive: Page, fais dresser mon affaire en forme.

Ce résidu!

Ie souloys iadis boyre tout: maintenant ie ny laisse rien.

Ne nous hastons pas, & amassons bien tout.
Voicy trippes de ieu, & guodebillaux denuy. de ce fauueau a la raye noire. O pour dieu estrillons le a profict de mesnaige.

Beuuez ou ie vous. Non, non. Beuuez ie vous en prye.
Les passereaux ne mangent si non que on leurs tappe les queues. Ie ne boy si non quon me flatte.
Lagona edatera. Il ny a raboulliere en tout mon corps, ou cestuy vin ne furette la soif. Cestuy cy me la fouette bien. cestuy cy me la bannira du tout.
Cornons icy a son de flaccons & bouteilles, que quiconques aura perdu la soif, ne ayt a la chercher ceans. Longs clysteres de beuuerie l'ont faict vuyder hors le logis.

Le grand dieu feist le planettes: & nous faisons les platz netz. Iay la parolle de dieu en bouche: Sitio. La pierre dicte abestos nest plus inextinguible que la soif de ma paternite. Lappetit vient en mangeant, disoyt Angest on mans. la soif sen va en beuuant.

Remede contre la soif? Il est contraire a celluy qui est contre morsure de chien, courrez tousiours apres le chien, iamais ne vous mordera, beuuez tousiours auant la soif, & iamais ne vous

J'avais coutume, jadis, de boire tout; maintenant, je n'y laisse rien.
Ne nous hâtons pas, et mettons bien tout en tas.
Voici boules de jeu et quille d'engagement pour ce bruneau à la raie noire. O pour Dieu, frictionnons-le à profit de ménage.

Buvez ou je vous... Non! Sans menacer: Buvez, je vous en prie.
Les passereaux ne mangent que si on leur tape la queue. Je ne bois que si on flatte la mienne.
Compagnéro, à bébèr. Il n'y a galerie en tout mon corps où ce vin ne débusque le désir. Ce verre-ci me le traque bien; celui-là me l'expulsera tout à fait.
Cornons ici à son de fla(sques)cons et bouteilles, que quiconque aura perdu l'envie n'aille la chercher en elle: longues injections vineuses lui ont fait quitter le logis.
Le grand Dieu fit les planètes, et nous faisons les plats nets. J'ai la parole de Dieu en bouche: Je suis altéré... dans ma forme. L'amiante n'est pas plus incombustible que ne peut s'éteindre mon envie de me perpétuer. En con... sommant vient le désir, dit Angest, du Mans: la soif s'en va en buvant.

Un remède contre la soif? Il est contraire à celui qui est contre la morsure de chien; courez toujours après le chien, jamais il ne vous mordra; buvez toujours avant la soif, et jamais elle ne aduiendra.

Ie vous y prens ie vous resueille. Sommelier eternel guarde nous de somme. Argus avoyt cent yeulx pour veoir, cent mains fault a un sommelier comme auoyt Briareus, pour infatigablement verser. mouillons hay il faict beau seicher.

Du blanc.verse tout.verse de par le diable, verse.deca, tout plein, la langue me pelle.

Lans tringue, a toy compaing, de hayt, de hayt, la, la, la, cest morfiaillé cela.

O lacryma Christi: cest de la Deuiniere. cest vin pineau. O le gentil vin blanc, & par mon ame ce nest que vin de tafetas. Hen hen, il est a une aureille, bien drappé, & de bonne laine.

Mon compaignon couraige. Pour ce ieu nous ne boulerons pas, car iay faict un leué. Ex hoc in hoc. Il ny a poinct denchantement. Chascun de vous la veu. Ie y suis maistre passe. Abrum abrum, ie suis prebstre Mace. O les beuueurs, O les alterez. Paige mon amy, emplis icy & couronne le vin ie te pry. A la cardinale Natura abhorret vacuum.

Diriez vous qune mouche y eust beu?
A la mode de Bretaigne.
Net, net, a ce pyot,
Auallez, ce sont herbes.

vous atteindra.

Je vous y prends: je vous réveille. Somme... lier éternel, garde-nous de somme... eiller. Argus avait cent yeux pour voir: il faut cent mains à un sommelier, comme avait Briarée, pour verser infatigablement. Trempons vite; il ferait beau rassir!

Du blanc! Verse tout, verse, de par le diable, verse de ce côté, tout plein: la langue me pèle!

Trink mein Pays! A toi compagnon, haut le cœur, haut, là, là, là, c'est gobelotté, cela!

O larmes du Christ, c'est de ma Devinière: c'est vin pineau! O le noble vin blanc; et par mon âme, ce n'est que vin de rare étoffe. Hen, hen, il n'est pas besoin d'être trois pour le boire, bien lissé et moelleux qu'il est!

Mon compagnon, du nerf! Pour ce jeu, nous ne tiendrons pas la chandelle, car j'ai fait un levé. Ex la gorge, directement in la couille; il n'y a nulle magie, ainsi que chacun l'a pu voir. J'y suis passé maître à rouleau, et permutant, je suis passé rouleau à mettre. O les buveurs, ô les altérés! Page, mon ami, emplis ici jusqu'à la tonsure, je te prie. Cardinalise le verre: il est bien connu que la nature a horreur du vide.

Diriez-vous qu'une mouche eût pu en faire autant?
A la Boit-sans-soif!
Cul sec, et sus à ce vin!
Avalez, ce sont herbes... de la Saint-Jean!

Comment Gargantua nasquit en facon bien estrange. Chapitre.vj.

C'est ici le développement de ce qui a été annoncé au chapitre iiij: Loccasion & maniere comment Gargamelle enfanta fut telle. Et si ne le croyez, le fondement vous escappe. Le fondement luy escappoit une apresdisnee, etc. Ayant, comme on l'a vu, été amené à négliger cette amorce, Rabelais choisit d'ignorer qu'elle constitue le départ de son quatrième chapitre, et, remontant dans le temps, fait repartir son récit assez loin avant ce relâchement, juste après les propos des bienyures qu'il vient de donner à lire: Eulx tenens ces menuz propos de beuuerie, Gargamelle commença se porter mal du bas. Et son mari, prenant sa douleur pour celle de l'enfantement, s'associe aussitôt à son angoisse tout en minimisant l'affaire pour la rassurer: Dont Grandgousier se leua dessus lherbe, & la reconfortoit honestement, pensant que ce feut mal denfant, & luy disant quelle sestoit la herbee soubz la saulsaye & quen brief elle feroit piedz neufz.

Pour cette locution Faire pieds neufs, Boulenger dit: Ses sabots repousseraient comme il arrive aux chevaux herbés mis au vert; terme de maréchalerie. Guilbaud et Plattard donnent même explication. Jourda se borne à dire, pour sestoit la herbee: étendue sur l'herbe. Screech dit: Faire piedz neufz: faire repousser les sabots, d'où, par plaisanterie traditionnelle, accoucher (pour faire apparaître les pieds neufs du bébé). Cette vue est aussi celle de Demerson. Demazière, lui, dit: Herber signifiait autrefois, comme aujourd'hui, étendre sur l'herbe. Le remède était préconisé pour faire disparaître les enflures. Et il ajoute: Rabelais nous paraît jouer ici sur les deux sens du mot.

Apparemment, Demazière a mal lu Littré, qui donne pour herber deux sens; d'abord celui de Exposer, étendre sur l'herbe: herber de la toile; puis celui qui constitue un terme d'ancienne maréchalerie: Appliquer un morceau de racine d'ellébore au poitrail ou dans d'autres endroits de certains animaux tels que les chevaux, les bœufs et les vaches, pour les guérir de divers maux, en faisant suppurer la partie. Ce n'est donc pas le fait de herber, étendre ou s'étendre sur l'herbe, qui peut faire disparaître une enflure, mais celui de herber, appliquer une herbe en médication.

184

Cette confusion de Demazière a toutefois l'avantage de nous révéler l'équivoque que recèle la phrase: & luy disant quelle sestoit la herbee soubz la saulsaye, & quen brief elle feroit piedz neufz. Car il nous est facile, maintenant que nous sommes alertés, de voir que Grandgousier joue sur les sens du verbe herber et sur les sens de faire pieds neufs. Quand il dit quelle sestoit la herbee soubz la saulsaye, il exprime que, s'étant là étendue, elle s'est comme mise au vert, tandis qu'il laisse entendre qu'elle s'est là, sous la saulaie, administrée la médication herbeuse contre l'enflure. Et quand il poursuit: & quen brief elle feroit piedz neufz, il entend, au premier niveau, que, sans tarder, ses sabots repousseront, en même temps qu'il enchaîne sur la deuxième compréhension, exprimant que, l'enflure disparaissant, elle fera sans tarder des pieds neufs (ceux de l'enfant). En fait, la phrase qu'il prononce est à entendre d'abord comme: et lui disait que, s'étant mise au vert, ses sabots ne tarderaient pas à repousser, puis comme: et lui disait que, s'étant soignée pour son enflure, elle ne tarderait pas à la perdre, expulsant l'enfant. La facétie est donc à double détente, comportant d'abord le rabaissement de l'être humain au niveau de l'animal, puis l'assimilation abusive de l'enflure du ventre gravide à l'enflure pathologique. Grandgousier, comme il arrive en ce cas, ne lésine pas sur les moyens de distraire son épouse de l'inquiétude qui l'a saisie et, comme il arrive aussi en ce cas, n'est probablement pas entendu d'elle, qui a bien autre préoccupation que celle de se montrer sensible au jeu d'esprit de son mari.

Reste pourtant que nous pouvons nous demander si nous n'avons pas affaire ici à une construction élaborée à partir d'une compréhension traditionnelle, malicieuse, établie sur les trois points: herber - suppuration - enflure. Le terme herber, d'ancienne maréchalerie (Littré), s'entend comme appliquer en divers endroits du corps du cheval une herbe médicamenteuse, en l'occurrence la racine d'ellébore, qui, provoquant la suppuration, fait disparaître l'enflure. Retenant cette idée d'application de racine en la transférant à la femme, il se peut que l'esprit populaire ait fait pivoter la compréhension de herber entendu alors comme étendre sur l'herbe, sous-entendant, bien sûr, qu'une fille qui herbe ainsi (ou qui s'herbe) s'offre à l'application d'une racine qui, pour n'être pas d'ellébore, a cependant la propriété, non plus de faire disparaître l'enflure, mais bien de la faire apparaître, et toujours par suppuration. Le détournement de sens confondrait à dessein les acceptions du verbe herber, changerait le contenu du mot racine et substituerait l'apparition à la disparition. Rien là qui ne soit de la plus courante dérivation à intention plaisante, et donc rien là qui s'oppose à ce

185

que nous retenions cette construction, ne serait-ce qu'à titre d'hypothèse [1].

Grandgousier, continuant de rassurer sa femme en minimisant, poursuit : par ce luy conuenoit prendre couraige nouueau au nouuel aduenement de son poupon, & encores que la douleur luy feust quelque peu en fascherie: toutesfoys que ycelle seroit briefue, & la ioye qui toust succederoit, luy tolliroit tout cest ennuy: en sorte que seulement ne luy en resteroit la soubuenance. Et il ajoute alors, tout au moins dans l'édition définitive: Couraige de brebis (disoyt il) depeschez vous de cestuy & bien toust en faisons un aultre, phrase qui a remplacé celle de l'édition de 1534: Ie le prouue (disoit il) dieu (cest nostre saulueur) dict en leuangile.Ioan 16. La femme qui est a lheure de son enfantement, a tristesse: mais lors qu'elle a enfanté, elle n'a soubuenir aulcun de son angoisse. Et dans cette même édition de 1534, Gargamelle répondait: Hâ (dist elle) vous dictes bien, et ayme beaucoup mieulx ouyr telz propos de leuangile, et mieulx m'en trouue, que de ouyr la vie de saincte Marguarite, ou quelque aultre capharderie.

Ici, Michel dit: Le Prologue du Pantagruel compare l'effet curatif de cet ouvrage à celui de la vie de sainte Marguerite. Rabelais se moque de cette dévotion, en l'opposant à l'Évangile. Elle était pourtant très répandue de son temps. Pourquoi le texte du Gargantua de 1542 a-t-il été allégé de ce passage? Peut-être par prudence, le terme capharderie soulignant son caractère satirique; peut-être aussi pour éviter une répétition, puisque la référence à cette superstition est maintenue dans le Pantagruel de 1542. Demerson dit, sans y croire: On pense généralement que c'est par prudence que Rabelais a supprimé ces lignes en 1542: railler la croyance populaire en l'intercession des saints aurait été plus dangereux que de tourner en dérision, comme au chapitre précédent, les paroles du Christ mourant ou les expressions prêtées au Seigneur par le Psalmiste.

---

1. Et, par pure association d'idées, cela nous amène à nous demander, toujours à titre d'hypothèse, si le mot pique-nique, dont le sens est repas en plein air au cours d'une promenade à la campagne, en forêt (Petit Robert), n'est pas une édulcoration que les étymologistes perpétuent benoîtement. Bloch et Wartburg disent en effet: Piquenique, 1694, composé du verbe piquer au sens de picorer (cf. piquer les tables: vivre en parasite, aux XVIIᵉ et XVIIIᵉ siècles) et de nique: chose sans valeur, moquerie, formation favorisée par la rime. Mais nous entendons aussi que piquer une chose sans valeur, ou tout au moins donnée pour sans valeur de façon à mieux abattre les défenses, peut être compris érotiquement, d'autant que nous avons vu au Pantagruel que le verbe niquer peut prendre le sens de posséder sexuellement, sens qu'il a encore dans le langage populaire. Il se pourrait donc bien que pique-niquer ait pu, antérieurement au XVIIᵉ siècle, avoir le sens de faire voir les feuilles à l'envers.

Le passage du Prologue auquel fait allusion Michel est celui où les pauvres verolés et goutteux, qu'on traite de fort douloureuse façon, sont dits sentir allègement manifeste à la lecture des Grandes et inestimables Chroniques de l'énorme géant Gargantua, ny plus ny moins que les femmes estans en mal denfant quand on leurs leist la vie de saincte Marguerite. Ce n'est donc pas le Livre de Rabelais qui est en cause. D'autre part, si Michel voit dans la suppression un souci de prudence auquel il ajoute celui d'éviter une répétition, qui est bien invraisemblable, Rabelais, nous l'avons vu, se souciant fort peu de maniérisme de ce genre dans une même œuvre et à plus forte raison dans un Livre qui n'hésite pas à reprendre les thèmes du Livre précédent, Demerson a senti tout ce qu'il y a d'étonnant à voir biffer l'allusion à sainte Marguerite quand subsistent des traits nettement plus scandaleux. En fait, la glose considère traditionnellement comme déterminante de la suppression cette innocente mention de sainte Marguerite et du mot capharderie, alors qu'il apparaît que la seule raison de cette suppression réside dans la citation de l'Évangile qui l'introduit: Ie le prouve (disoit il) dieu (cest nostre saulueur) dict en leuangile.Ioan 16.La femme, etc. Outre que nous pouvons voir là une conséquence de l'interdiction que marque la phrase du chapitre premier: exceptez celle du messias, dont ie ne parle, car il ne me appartient, aussi les diables (ce sont les calumniateurs & caffards) se y opposent, il semble évident que ce que la censure a fait supprimer n'est pas tant le rapprochement irrévérencieux d'un verset de l'Évangile (XVI, 21) à propos d'une naissance baroque que le fait, scandaleusement rabaissant, de prendre au sens prosaïque la parole que Jésus prononce ici au sens le plus spirituel qui soit, pour expliquer aux apôtres ce qu'il a voulu dire par Encore un peu et vous ne me verrez plus, et encore un peu et vous me verrez, et par Je vais au Père (XVI, 16). Il paraît donc établi que la suppression ne peut avoir pour cause la bénigne raillerie sur la niaiserie qu'est la vie de sainte Marguerite.

Et il ne faut, pour nous en convaincre, que nous arrêter un moment pour nous renseigner sur la vie de cette sainte Marguerite qui amuse tant Rabelais. Elle se trouve dans le Légende dorée, œuvre du dominicain Jacques de Voragine (vers 1225-1298), bien que celui-ci avertisse qu'il ne fait que rapporter ce qu'en dit un certain Théotime, donné pour homme érudit, ce Théotime ayant été, dit-on, ajoute Voragine, témoin oculaire des faits relatés (Garnier-Flammarion):

Marguerite est fille d'un patriarche des gentils. Confiée à une nourrice, celle-ci fait baptiser l'enfant ayant atteint l'âge de raison, et c'est pour cela, dit le texte, qu'elle était grandement haïe de son père. Alors qu'elle garde les brebis de sa nourrice, avec d'autres jeunes vierges, dit le texte, sa beauté de quinze ans est remarquée par le préfet Olibrius passant par là. Il envoie aussitôt ses esclaves se saisir d'elle, décidant qu'il en fera sa femme si elle est de condition noble, et sa concubine si elle est de condition servile. Elle lui dit alors qu'elle est noble de naissance et se réclame arrogamment du Christ; il la fait immédiatement jeter en prison. Mais dès le lendemain, elle est invitée à avoir pitié de sa beauté et à adorer les dieux d'Olibrius, ce qu'elle refuse d'un ton encore plus provocant que la veille, s'exposant à entendre: Si tu ne m'obéis, je ferai déchirer ton corps. Elle répond alors que Jésus Christ étant mort pour elle, elle désire aussi mourir pour lui. Le préfet la fait suspendre au chevalet, la fait battre d'abord avec des verges puis avec des peignes de fer, si cruellement, dit le texte, que ses os étaient dénudés et que le sang ruisselait de son corps comme la fontaine la plus limpide, pendant qu'Olibrius, ne pouvant supporter la vue d'une telle effusion de sang, se couvrait la figure de sa chlamyde. Puis il la fait détacher et ordonne qu'on l'enferme dans un cachot où, est-il dit, une clarté merveilleuse se répand instantanément. Ayant prié le Seigneur de lui faire voir sous une forme visible l'ennemi contre lequel elle avait à combattre, un dragon effroyable lui apparaît, qui s'élance pour la dévorer; mais un signe de croix le fait disparaître. Ou bien, rapporte la Légende, d'après ce qu'on lit ailleurs, ce dragon lui mit sa gueule sur la tête et la langue sur le talon et l'avala à l'instant; mais pendant qu'il voulait l'absorber, dit le texte, elle se munit du signe de la croix, ce qui fit crever le dragon, et la vierge sortit saine et sauve. Toutefois, est-il ajouté, ce qu'on rapporte du dragon qui la dévora et qui creva est regardé comme apocryphe et de peu de valeur.

Le diable vint encore, dit le texte, pour tromper Marguerite, en prenant forme humaine. Elle se met alors en prière, et ce diable humanisé entreprend alors de la raisonner. Mais Marguerite le prend par la tête, le jette par terre sous elle, lui pose le pied droit sur le crâne et lui fait avouer qu'il est venu pour lui conseiller d'obéir aux avis de celui qu'il nomme le président. Suit une longue confession de ce diable d'homme, à la fin de laquelle la vierge lève le pied et le laisse s'enfuir. Marguerite resta rassurée, dit le texte, car puisqu'elle avait vaincu le chef, elle aurait sans doute le dessus sur le ministre. Si bien que le lendemain, amenée devant le juge, le peuple étant rassemblé, elle refuse avec mépris de sacrifier. Elle est alors dépouillée, et son corps est brûlé avec des torches enflammées; puis elle est jetée dans un bassin plein d'eau afin, dit le texte, que ce changement de supplice augmentât la violence de la douleur. Mais à l'instant, la terre se met à trembler, et la jeune fille sort du bassin saine à la vue de tous, et c'est là, dit le texte, que cinq mille hommes crurent et furent condamnés à être décapités pour le nom de Jésus-Christ. Dans la crainte que les autres ne se convertissent, Olibrius ordonne immédiatement que Marguerite ait la tête coupée. Elle demande quelques moments pour prier, prie pour elle-même, pour ses bourreaux, et encore, dit le texte, pour ceux qui feraient mémoire d'elle et qui l'invoqueraient avec dévotion, ajoutant que toute femme en couches qui se recommanderait à elle enfanterait heureusement. Il est dit qu'une voix se fit entendre du ciel assurant qu'elle pouvait être certaine d'avoir été exaucée dans ses demandes. Elle s'offre alors au bourreau, l'invite à frapper, et s'abat la tête de Marguerite qui, dit la Légende, reçut ainsi la couronne du martyre.

Il est de fait que la caphardrie ne pouvait que réjouir l'esprit d'un Rabelais, transposant en riant la nature des tourments décrits par ce Théotime qui est censé avoir tout vu. Car nous entendons bien que les lettrés n'ont eu aucune peine à percer les sublimations, et apercevoir, derrière les tortures des verges et des peignes, un jour, des torches et du bassin dont la fille sort si saine le lendemain, les soins du gynécée sur un corps de gardeuse de brebis, qui devait avoir quelque odeur de sainteté. Et dans les luttes contre le diable sous ses différentes formes les tentatives de défloration d'une vierge farouche, comme dans la décollation, le dépit d'un Olibrius impuissant à posséder une fille qui l'a apparemment cruellement malmené. Et ils ne devaient pas manquer de faire encore le rapprochement du nom du préfet avec le substantif olibrius qui avait alors la signification de fanfaron incapable, pas plus qu'ils ne devaient s'étonner que Marguerite choisisse d'être dévouée aux femmes en couches, comprenant que la répulsion qu'éprouve la jeune fille pour les réalités de l'amour lui faire croire que les femmes qui enfantent ont toutes dû surmonter les répugnances qu'elle connaît et endurer ce qu'elle tient pour des supplices. Nul doute donc que les docteurs de Sorbonne aient été les premiers à tenir pour fort maladroite cette plébéienne hagiographie, mais nul doute, aussi, que ce ne peut être son évocation qui a entraîné la suppression du passage.

Là-dessus Gargamelle, que n'abuse pas l'insouciance simulée de son mari, tient à lui faire convenir qu'il est responsable des souffrances qu'elle ressent et des tourments qu'elle redoute: Ha (dist elle) tant vous parlez a vostre aize vous aultres hommes. bien de par dieu ie me parforceray, puis quil vous plaist (cette phrase étant la fin du texte de remplacement). Mais pleust a dieu que vous leussiez coupé. Quoy? dist Grandgousier, et sa question est évidemment tout artificielle, comme la réponse de son épouse: Ha (dist elle) que vous estes bon homme, vous lentendez bien. Et Grandgousier, feignant de subitement comprendre: Mon membre (dist il)? repartant aussitôt, bien assuré de la protestation qui le sauvera: Sang de les cabres, si bon vous semble faictes apporter un cousteau. Et Gargamelle ne manque pas de se rétracter: Ha (dist elle) ia dieu ne plaise, Dieu me le pardoient (et Screech est ici seul à remarquer: forme fautive pour pardoint), ie ne le dis de bon cueur: & pour ma parolle nen faictes ne plus ne moins. Elle revient néanmoins à son désir de l'associer à son angoisse: Mais ie auray prou daffaires auiourdhuy, si dieu ne me ayde, & tout par vostre membre, que vous feussiez bien ayse. Il y a là l'habituelle convention qui veut, à ce moment, que la femme soit censée ne s'être livrée aux ébats amoureux que pour la satisfaction de son partenaire, comme il y a ici la touchante description du sentiment de détresse qui saisit la femme sur le point de donner la vie. Et nous font alors bien rire les faiseurs de thèses qui, génération après génération, ne manquent pas de répéter, comme leurs maîtres le leur ont appris, qu'est absente de l'œuvre rabelaisienne toute vie sentimentale: il y a bien ici pourtant toute la tendresse apitoyée du mari pour son épouse, l'homme masquant comme il peut la gêne qu'il ressent à n'être pas de moitié dans les douleurs de la femme, comme il y a ici chez l'épouse toute la tendresse confiante nimbée du sentiment de sacrifice qu'elle éprouve pour son mari, dont les propos intentionnellement frivoles lui prouvent l'inquiétude et la compassion [2].

Donc Grandgousier, continuant d'amoindrir, hausse encore d'un ton son discours, se rassurant autant qu'il cherche à rassurer: Couraige, couraige (dist il) ne vous souciez au reste, & laissez faire aux quatre boeufz de deuant.

Pour ces quatre bœufs, Boulenger dit, résumant tous les commentateurs qui parlent après lui: Quand les bœufs attelés au timon ont fait démarrer la charrue, il n'y a plus qu'à laisser tirer ceux de tête. Nous avons parlé de cette locution à propos de l'expression elliptique: quatre beufz, du début de la défense de Humevesne (P. xij), et nous avons alors vu le sens de: tout naturellement. C'est encore ce sens qu'il nous faut voir ici, Grandgousier considérant que les douleurs indiquent le début du travail, donc de la dilatation du col, comparant cette mise en

---

2. Il faut dire que ces sentiment ne sont pas bramés avec la ferveur du cerf au clair de lune; aussi, messieurs Nos Maîtres ne les aperçoivent-ils pas, habitués qu'ils sont à l'impudique étalage qui tient lieu d'inspiration aux littérateurs quelque peu efféminés que l'École prend pour les plus grands. Mais plus importante est la remarque qu'on doit faire de la différence entre cette attitude sensible de Grandgousier à l'égard de Gargamelle, et celle de Gargantua, toute livresque et désincarnée, devant la mort en couches de Badebec, comme si, entre le premier et le deuxième Livre, Rabelais avait connu quelque attachement à une femme.

route au coup de collier qui arrache la charge, et sous-entendant que le déroulement de l'accouchement se fera sans plus d'encombre que la traction d'un fardeau ébranlé. Toujours est-il que Grandgousier ne songe plus maintenant qu'à se soustraire à la vision de ce qui doit suivre: Ie men voys boyre encores quelque veguade. Si ce pendent vous suruenoit quelque mal, ie me tiendray pres, huschant en paulme ie me rendray a vous.

Il n'est d'ailleurs que temps puisque Gargamelle commence bientôt à souspirer, lamenter & crier. Arrivent alors a tas saiges femmes de tous coustez, qui la tastent par le bas et trouvent quelques pellauderies assez de mauluais goust. Ce n'est pourtant nullement l'enfant, comme elles le croient d'abord, les palpations se faisant sous la chemise, mais le fondement qui lui échappe, a la mollification du droict intestine, Rabelais expliquant: lequel vous appellez le boyau cullier, par trop auoir mangé des tripes comme auons declaire cy dessus.

Ce comme auons declaire cy dessus a évidemment trait au départ du quatrième chapitre, départ avorté, comme nous avons vu, et dont Rabelais s'arrange ici avec une complète insouciance. C'est à l'occasion de cette première mention du fondement qui échappe que Boulenger a parlé de prolapsus rectal dû à la diarrhée et d'astringent. Cet astringent est effectivement la médication que va appliquer une horde vieille de la compaignie qui a reputation destre grande medicine, cette vieille étant dite venue de Brizepaille daupres Sainct Genou deuant soixante ans.

La plupart des commentateurs se bornent à repérer ce Brizepaille, hameau de la commune de Saint-Genou, canton de Buzançay, arrondissement de Châteauroux (Indre). Mais la locution appelle l'attention particulière de deux d'entre eux. Screech dit: Selon LD (Le Duchat), qui ne cite pas ses sources: En Languedoc et en Daulphiné, dire d'une femme qu'elle est venue de Brizepaille d'auprès de Saint-Genou d'avant ou dès avant tant d'années, c'est désigner une vieille débauchée. Demazière donne à peu près même explication et ajoute: Villon a dit: Filles sont tres belles et gentes, / Demourantes à Sainct Genou. Or il s'agit là d'une citation falsifiée; les deux vers (1062-63) se trouvent dans une évocation du Testament tenant en dix vers, les quatre derniers contenant, dit-on, des formes poitevines altérées:

> Se je parle ung peu poictevin,
> Ice m'ont deux dames apris.
> Elles sont tres belles et gentes,
> Demourans a Saint Generou
> Pres Saint Julien de Voventes,
> Marche de Bretaigne ou Poictou.

> Mais i ne di proprement ou
> Yquelles passent tous les jours;
> M'arme! i ne seu mie si fou,
> Car i veuil celer mes amours.

Ce Saint-Generoux (Deux-Sèvres) n'est donc pas Saint-Genou; mais de plus, parler poitevin étant ici synonyme de refuser d'avouer, il est évident que Villon ne cite la localité de Saint-Generou que pour faire calembour soit avec le terme généreux, soit avec le terme générer, les deux dames, qui ne sont nullement poitevines, ayant été apparemment aussi généreuses l'une que l'autre dans l'abandon de leur corps au poète. Et il semble que le calembour rabelaisien puisse tenir de la même idée, évoquant toutefois plus précisément l'acte par lequel se concrétise cette générosité ou cette génération. Nous devons, en conséquence, considérer de façon particulière ce Saint-Genou, et c'est Greimas qui nous le permet, nous offrant, avec le mot genoil: genou, le mot genol, genoil qui, issu du verbe genoir, genuir: engendrer, a l'acception de génération. Ainsi, Sainct Genou évoque ici l'idée d'engendrement, c'est-à-dire, bien sûr, d'ébattement amoureux.

Voyons maintenant ce Brizepaille, qui a toutes chances de contenir l'idée que précise Sainct Genou. C'est encore dans Greimas que nous trouvons les mots: paille, qui est la paille; paillot, qui est la petite paillasse pour un lit d'enfant; paillis, qui est la paille et le lit de paille; pallier, qui est la paille, le tas de paille, la litière. Nous entendons dès lors que le mot paille, de Brizepaille, est la paille du lit; et briser la paille équivaut à se livrer sur ce lit à des mouvements qui en cassent la paille, ce que nous venons de voir pour Sainct Genou indiquant clairement ce que sont ces mouvements. La locution est désormais transparente, et nous pouvons maintenant avancer: Dire d'une femme qu'elle est venue de Brizepaille revient à dire qu'elle est de celles en compagnie de qui on brise la paille des lits, autrement dit que c'est une bonne remueuse; ajouter: daupres Sainct Genou revient à prolonger le calembour en précisant que c'est en se livrant à l'acte de génération qu'on brise cette paille, ce qui se comprenait fort bien sans cette insistance qui n'est évidemment là que pour tirer parti de la proximité topographique.

Reste pourtant à comprendre la forme, qui semble être figée: deuant soixante ans, que Le Duchat donne aussi pour: d'avant ou dès avant. Mais il ne paraît pas qu'il y ait là autre chose à entendre que: il y a plus de soixante ans. Quant au terme: venue, il faut apparemment y voir le sens de tenir de. Nous entendons donc que, fondé sur la rencontre du nom des lieux, et probablement vieux comme la langue et l'esprit malicieux, le calembour en chaîne: venue de Brizepaille daupres Sainct Genou deuant soixante ans, est à comprendre, par exemple, comme: tenant, depuis plus de soixante ans, de Casse-Lit, proche de Saint-Foutin.

Mais il est possible que la plaisanterie ne s'arrête pas là, Brizepaille, hameau de Saint-Genou appartenant au canton de Buzançays. Or Buzançays, ainsi que nous le verrons dans le Tiers Livre, est la localité spécialisée dans la fabrication des cornemuses. Et nous savons, depuis le Pantagruel, que la cornemuse est traditionnellement prise pour la représentation de la femme, et particulièrement de la femme considérée du point de vue génital, comme le montrent encore les textes de ce même Tiers Livre où figure la cornemuse :

C'est d'abord le fol Triboullet qui conclut ainsi la consultation qu'il donne à Panurge: Par Dieu, Dieu, fol enraigé, guare moine, cornemuse de Buzançay (XLV). Puis c'est Pantagruel qui commente à Panurge les paroles du fou: Dict oultre que serez la cornemuse de Buzançay, c'est à dire bien corné, cornard et cornu; et, ainsi comme il, voulant au roy Loys douzieme demander pour un sien frere le contrerolle du sel à Buzançay, demanda une cornemuse, vous pareillement, cuydant quelque femme de bien et d'honneur espouser, espouserez une femme vuyde de prudence, pleine de vent d'oultrecuydance, criarde et mal plaisante comme une cornemuse (XLVI). C'est enfin la correction qu'apporte Panurge à cette interprétation pessimiste: Plus, dict qu'elle sera villaticque et plaisante comme une belle cornemuse de Saulieu ou de Buzançay. Le veridicque Triboulet bien a congneu mon naturel, et mes internes affections; car je vous affie que plus me plaisent les guayes bergerottes eschevelées, es quelles le cul sent le serpoullet, que les dames des grandes cours avecques leurs riches atours et odorans perfums de mauljoinct; plus me plaist le son de la rusticque cornemuse que les fredonnemens des lucz, rebecz et violons auliques (XLVI).

Il apparaît donc que le calembour, qui exprime en clair deux équivoques: Brizepaille (Casse-Lit) et Sainct Genou (Saint-Foutin), apporte, avec l'évocation sous-entendue de Buzançay, la notion de cornemuse entendue comme femme usant de son sexe. Et nous pouvons alors compléter ainsi notre transposition: tenant, depuis plus de soixante ans, de Casse-Lit, proche de Saint-Foutin près Mont-Fendu [3].

---

3. Certains caphards sulpiciens ne manqueront pas de déclarer de nouveau que cette salacité, qu'ils diront encore monomaniaque, est accablante. Outre qu'il apparaît que cette salacité est bien dans le texte, et qu'ils ont ainsi l'outrecuidance d'en faire reproche à Rabelais, il est loisible à ces professeurs d'angélisme de faire la bête et de voir dans Brizepaille la paille de la crèche, dans Sainct Genou l'agenouillement qui brise cette paille, et dans Buzançay l'évocation (en sourdine, bien sûr) de la musette qui résonne tandis que sonne le hautbois.

Cela admis, il semble bien qu'à la réputation de grande medicine qu'a la vieille, est adjointe celle d'avoir été femme aux talons courts afin de faire entendre que sa connaissance des astringents a dû jusquelà lui servir à refaire des virginités: ce qui explique suffisamment que le restrinctif qu'elle applique à Gargamelle soit si horrible que tous ses larrys tant feurent oppilez & reserrez, que a grande poine auesques les dentz, vous les eussiez eslargiz, qui est chose bien horrible a penser. Et Rabelais tient à préciser la représentation de cette tentative d'élargissement: Mesmement que le diable a la messe de sainct Martin escripuant le quaquet de deux gualoises, a belles dentz alongea son parchemin.

Il s'agit là, nous dit-on, de l'histoire souvent reproduite par la peinture et la tapisserie, Demerson la racontant ainsi: Le diable voulait enregistrer les propos des deux commères bavardant pendant que saint Martin disait sa messe; naturellement le parchemin se trouva trop petit. En voulant l'allonger avec les dents, le diable le rompit et, déséquilibré, alla donner de la tête contre un pilier.

Et personne ne dit rien d'autre. Manifestement, la glose évite de s'arrêter sur l'image de la traction exercée avec les dents sur les larrys. Or Rabelais ajoute pourtant plaisamment, à la suite de l'évocation, la petite phrase narquoise: qui est chose bien horrible a penser; et il nous faut donc comprendre sur quoi porte cette ironie, et pour cela savoir d'abord exactement ce que désignent les larrys.

Screech dit: Seul exemple de l'emploi de ce mot, s'appuyant sur le Dictionnaire de la langue française au XVIe siècle, de Huguet. Et ces larrys sont donnés pour les sphincters, Demazière y voyant, lui, les membranes (?) du vagin. Cette signification est évidemment déduite du contexte. Pourtant le texte dit que ces larrys sont oppilez & reserrez. Oppilé signifie bouché, obstrué, et cela ne s'applique que fort mal à un muscle annulaire disposé autour d'un orifice naturel qu'il resserre en se contractant (Petit Robert), la définition impliquant que ce qui est resserré et fermé n'est nullement le muscle lui-même, qui n'est que l'agent, mais bien ledit orifice naturel. Examinons donc.

Nous trouvons dans Greimas le mot lariz, lairis, qui n'a pas le moindre rapport avec ce que nous cherchons: 1080, Chanson de Roland; peut-être du germanique laar, clairière: Lande, bruyère, terre inculte; Eminence de terrain, tertre. Mais cela nous suffit à concevoir l'idée que ce larrys du texte, dont l'acception, même approchée, est si différente de celle de ce lariz topographique, peut être un mot repris d'un dialecte régional et qui, inconnu du compagnon typographe, a pu être mal orthographié. Et c'est alors que, nous guidant sur les seules trois premières lettres, lar-, nous cherchons dans le Dictionnaire étymologique du patois lyonnais, de Nizier du Puitspelu (Lyon, 1890; Slatkine reprints, Genève, 1970); et nous découvrons le mot larmi, qui a le sens de trou, de petite ouverture, avec la nuance originelle d'orifice d'évacuation. Il nous semble donc évident que le mot larrys est erroné, mis pour larmys, et qu'il nous faut donc lire désormais: que tous ses larmys tant feurent oppilez & reserrez, comprenant: que tous ses trous d'épanchement furent tant bouchés et resserrés.

Ce point éclairci, nous pouvons rechercher l'objet de l'ironie; et il nous faut alors nous rendre à l'évidence: il apparaît que cette préten-due horreur ressentie ne peut provenir de la représentation d'orifices d'évacuation fermés hermétiquement, l'entrejambes d'une parturiente ne pouvant, même sans restrictif, avoir le moindre pouvoir érotique qui expliquerait que l'on puisse être horrifié devant leur impénétrabi-lité. Il faut donc que le sentiment d'horreur vienne de cette représenta-tion de l'action des dents, donc de la bouche, sur ces organes considé-rés seulement comme organes d'excrétion. C'est là, bien sûr, le seul point de vue de l'Église, et nous entendons alors que la phrase: qui est chose bien horrible a penser, réfère à l'interdit ecclésiastique. Car le Pantagruel nous a déjà montré dans la défense de Humevesne (xij), à propos du conseil: mettez la dame au coing du lict, fringuez la toure-loura la la, & beuez a oultrance, que Rabelais est le premier à s'amuser de ce que nous avons vu constituer une prohibition qui, de religieuse est devenue sociale. Et nous le prouverait encore s'il en était besoin la question que pose, au Quart Livre (V), Panurge interpellant Dinde-nault en ces termes: Je te demande, dist Panurge si, par consentement et convenence de tous les élémens, j'avoys sacsacbezevezinemassé ta tant belle, tant advenente, tant honeste, tant preude femme, de mode que le roydde dieu des jardins Priapus, lequel icy habite en liberté, subjection forclose de braguettes attachées, luy feust on corps demeuré, en tel desastre que jamais n'en sortiroit, eternellement y resteroit, sinon que tu le tirasse avecques les dens, que feroys tu? Le laisseroys tu la sempiternellement? ou bien le tireroys tu à belles dens? Et il apparaît clairement que l'indignation de Dindenault, qui veut aussitôt tuer Panurge comme un bélier, autant que de la représentation de sa femme abandonnée à Panurge, provient de l'évocation d'un geste que l'hono-rable marchand considère comme pratique de ribauds.

Donc, comptant bien que la petite phrase moqueuse suffit à faire sourire ceux qui doivent en saisir la portée, Rabelais n'insiste pas et aborde la description des conséquences qu'engendre pour la partu-riente l'obturation des voies génitales: Par cest inconuenient feurent au dessus relaschez les cotyledons de la matrice par lesquelz sursaulta lenfant, & entra en la veine creuse, & grauant par le diaphragme iusques au dessus des espaules (ou ladicte veine se part en deux) print son chemin a gauche, & sortit par laureille senestre.

La glose donne les cotyledons pour parties du placenta, ou lobes du placenta. Le cotylédon est, étymologiquement, le creux, la cavité; le texte parle donc, en fait, des cavités de la matrice et donne à entendre que furent au-dessus relâchées les cavités de l'utérus. Cela revient à dire que l'utérus s'est entrouvert par-dessus, donnant passage à l'enfant, ce qui est, bien sûr, invraisemblable. Mais nous allons comprendre pourquoi Rabelais réunit ici le plus possible d'impossibilités physiologiques. La veine creuse est la veine cave, et le trajet que fait l'enfant est aussi inconcevable que l'issue par l'oreille. L'énormité conduit au merveilleux: Soubdain quil fut né, ne cria comme les aultres enfans, mies, mies. Mais a haulte voix sescrioit, a boire, a boire, a boire, comme inuitant tout le monde a boire, si bien quil fut ouy de tout le pays de Beusse & de Bibaroys.

Pour la phrase: si bien quil fut ouy de tout le pays de Beusse & de Bibaroys, qui est une addition, la glose, comme encore imprégnée de ce qu'elle aurait dû entendre pour les noms de Brizepaille et Sainct Genou, croit voir des équivoques édifiées sur la dénomination des lieux. Boulenger dit: Beusse ou Beuxe, dans le Loudunois, à quelques lieues de la Devinière; Bibaroys, c'est Vivarais prononcé à la gasconne en confondant le b et le v. Ces deux noms éveillent l'idée de boire. Guilbaud, Plattard, Jourda, Michel et Demazière donnent même explication, Guilbaud ajoutant toutefois: Jeu de mots avec bu et biberon. Demerson, lui, dit que le nom du pays de Beuxes se prononçait comme le subjonctif du verbe boire, et que Bibaroys ressemble à quelque conditionnel dialectal du même verbe, qui rappelle les propos des Bien Ivres. Mais si nous ne pouvons qu'admettre que ces noms sont retenus pour leur consonance, nous ne pouvons voir aucun fondement géographique dans la juxtaposition d'une localité proche de Loudun, et donc du lieu de la naissance, et celle d'une région comme le Vivarais, qui est approximativement l'Ardèche, trop éloignée de la Devinière pour que la voix du nouveau-né, tout géant qu'il est, y soit entendue. Il s'agit là, en fait, d'à-peu-près réunis pour leur sonorité bachique; et le rapprochement que fait Demerson avec les propos nous inciterait tout au plus à voir dans Beusse une similitude avec les breusses qui, dans les premières lignes, tintent tandis que volent les goubeletz.

Mais la question qui importe ici n'est pas cette soif qu'exprime l'enfant; elle est dans la façon dont il est venu au monde. Et Rabelais y revient pour donner libre cours à une mordante ironie: Ie me doubte que ne croyez asseurement ceste estrange natiuite. Si ne le croyez, ie ne men soucie, mais un homme de bien, un homme de bon sens croit tousiours ce quon luy dict, & quil trouue par escript. Il est manifeste qu'il a décidé de sortir de la réserve qu'on lui a imposée et qu'il a jusque-là tant bien que mal respectée. Et il poursuit ainsi, dans l'originale, visiblement plein d'une agressivité qui le fait braver les foudres théologiennes: Ne dict pas Solomon prouerbiorum.14? Innocens credit omni verbo &c. Et sainct Paul, prime Corinthio.13.Charitas omnia credit. Pourquoy ne le croyriez vous? Pource (dictez vous) quil ny a nulle apparence. Ie vous dicz, que pour ceste seule cause, vous le debuez croyre en foy parfaicte. Car les Sorbonistes disent, que foy est argument des choses de nulle apparence.

Ici, Boulenger et Michel se bornent à citer le passage, notant qu'il ne figure que dans les premières éditions, Michel disant que celles-ci comportaient une variante agressive et risquée. Guilbaud n'en parle pas, non plus que Demazière. Jourda, lui, reprend les premières lignes de Plattard, celui-ci étant un des trois à donner une vue personnelle, disant: Tout ce passage a été retranché en 1542, soit parce qu'il offre une application bouffonne de la définition de la foi, ou parce qu'il contient une raillerie à l'adresse de la Sorbonne. En fait c'est saint Paul, ad Hebrœs, XI, 9, qui dit de la foi: Fides est substantia rerum sperandarum, argumentum non apparentium. Rabelais joue sur le mot apparences, qui, au XVIe siècle, signifie vraisemblance et évidence; il le prend ici dans le premier sens.

Plattard croit bon de ne pas traduire, ce qui nous donne l'occasion de lire les versions que donnent les différents points de vue. Voyons d'abord que la référence est erronée; le texte se situe au XI, 1, de l'Épî-tre aux Hébreux, et le texte français est celui-ci: La foi est la substance de ce qu'on espère, la preuve de ce qu'on ne voit pas (Pléiade); Or la foi est la garantie des biens que l'on espère, la preuve des réalités qu'on ne voit pas (Bible de Jérusalem); La foi est une manière de posséder déjà ce qu'on espère, un moyen de connaître des réalités qu'on ne voit pas (Traduction œcuménique).

Demerson dit: Le texte des Proverbes signifie: l'Innocent croit toute parole, et celui de saint Paul: La charité croit tout. Dans les deux cas, cette croyance est du domaine de l'opinion et non pas de la foi. Les phrases supprimées par Rabelais ne pouvaient se comprendre que par référence à l'allégorisme qui mettait en rapport la conception miracu-leuse du Verbe divin et la naissance également miraculeuse de la foi dans l'intelligence de l'homme. Ainsi Luther écrivait dans son Com-mentaire sur l'Épître aux Hébreux: Seules les oreilles sont les organes

197

du chrétien; la Vierge a conçu le Christ par l'oreille, en acceptant l'annonciation de l'ange; la foi parfaite était de même l'adhésion gratuite à un ouï-dire et non pas la soumission à des évidences perceptibles (ou apparences contraignantes pour l'esprit). Rabelais joue sur l'expression de nulle apparence qu'il prend au sens de invraisemblance. Les Sorbonnistes n'étaient pas d'humeur à accepter les à-peu-près humoristiques en ce domaine.

Les subtilités que nous venons de lire ont l'inconvénient de nous masquer que Rabelais dit en fait: Pourquoy ne le croyriez vous? Pource (dictez vous) quil ny a nulle vraisemblance. Ie vous dicz, que pour ceste seule cause, vous le debuez croyre en foi parfaicte. Car les Sorbonistes disent, que foy est argument des choses de nulle vraisemblance. Et l'à-peu-près humoristique dont parle Demerson a plutôt figure de compréhension intentionnellement ramenée au niveau littéral afin d'introduire l'idée que les Sorbonistes sont sous l'emprise de la parole de Tertullien: Je crois parce que c'est absurde.

Donc, retranché ce scabreux et virulent passage, Rabelais continue par: Est ce contre nostre loy, nostre foy, contre raison, contre la saincte escripture? De ma part ie ne trouue rien escript es bibles sainctes, qui soit contre cela. Mais si le vouloir de Dieu tel eust esté (l'originale dit: Mais si le vouloir de dieu estoyt tel,) diriez vous quil ne leust peu faire? Ha pour grace, ne emburelucocquez iamais vos espritz de ces vaines pensees. Car ie vous diz, que a Dieu rien nest impossible. Et sil vouloit les femmes auroient doresnauant ainsi leurs enfans par laureille.

Pour ne emburelucocquez iamais, Guilbaud dit: Embrouillez; Jourda: Ne troublez; Michel: Ne vous emberlificotez pas; cf. Pantagruel, chapitre XIII; Screech: Emburelucocquer: emmitoufler, d'où, troubler le cerveau. Le renvoi qu'indique Michel a trait à la sentence du procès de Baisecul et Humevesne, où nous avons vu que emburelucocquer prend une acception particulière, mais où nous avons émis l'idée que, pour l'emploi du verbe au Gargantua, dans le texte qui nous occupe, le sens pouvait être: imprégner de la science des docteurs en bure. Il semble que cette compréhension soit en tous points confirmée, étant entendu que la construction verbale est ici antiphrastique, la notion de raisonnement alambiqué associée auxdits docteurs s'appliquant malicieusement à ceux qui feraient ici montre du plus élémentaire bon sens.

C'est pourtant juste après ce mot aureille que Screech se met à prêcher; il dit, parlant, bien sûr, du texte de l'originale: Passage de propagande évangélique que Rabelais dut modifier par la suite. Selon la légende, le Christ, Verbe divin, fut conçu par l'oreille de la Vierge et naquit par le même organe (Consulter Migne, Patrologia Graeca, CXXX, 1301; Patrologia Latina, CIV, 332). A l'aide de cette histoire, Rabelais dirige l'attention du lecteur vers la Nativité du Christ, afin de faire un sermon sur la nature de la foi. Pour la Sorbonne, la foi est une sorte de crédulité, sur l'autorité de l'Epître aux Hébreux, XI, 1 (Vulgate): (Est autem fidem sperandarum substantia rerum, argumentum non apparentium, expression traduite mot à mot dans le texte). Humanistes et évangéliques suivent Érasme, qui rejette cette interprétation de l'Épître aux Hébreux à l'aide de l'original grec [4]. Pour eux, la foi est avant tout la confiance du Chrétien dans les promesses de Dieu. Cette notion de la foi se fonde en partie sur l'annonce faite à Marie: la Vierge ne crut l'ange Gabriel qu'après qu'il eut rappelé qu'à Dieu rien n'est impossible (S.Luc, I, 37, texte grec, interprété d'après l'usage hébreu). Cette notion que la foi n'est pas crédulité mais une solide confiance en Dieu est fondamentale pour les humanistes schismatiques et non-schismatiques.

Il faut certes avoir l'esprit fortement emburelucocqué pour voir un texte de propagande évangélique dans cette histoire de naissance par l'oreille qui pourrait se rapporter à une légende patrologique où la Vierge rend par l'oreille ce qu'elle a conçu par l'oreille. Nous avons vu au Pantagruel, dans la dispute entre Thaumaste et Panurge (xix), que la position de Rabelais au sujet de la virginité scripturaire est sans conteste celle de l'ironie amusée à l'adresse de ceux qui se croient tenus d'ajouter foi au mythe, vieux comme l'humanité, de la vierge devenant mère sans défloration ni copulation, alors qu'il sait bien que ce mythe a dû s'appuyer, pour les textes chrétiens, sur une traduction tendancieuse, des Septante, du mot hébreu almah, l'adolescente (Isaïe, VII, 14) rendu par le mot grec parthènos, la vierge. Cela n'autorise pourtant pas à voir dans Rabelais, comme l'a fait à peu près Lefranc, un adepte avant la lettre du Grand Orient: tout ce que nous pouvons déduire, c'est que Rabelais se rit des histoires puériles et des leçons de crédulité dont les théologiens accompagnent une foi en Dieu que les humanistes veulent désormais dépouillée de cet arsenal à l'usage des simples. En 1534, plus peut-être qu'en 1542, la position spirituelle de Rabelais semble être celle-là; et rien ne permet d'en dire plus ou d'en dire moins.

---

4. Pourtant, notons-le au passage, ce n'est pas Érasme qui exprime là-dessus son opinion dans l'Éloge de la Folie (LIII) mais bien la folie qui dit, parlant de ces théologiens d'un nouveau genre: Saint Paul, reconnaissent-ils, a eu la foi, mais il la définit bien peu magistralement en disant: La foi est la substance de l'espérance et la conviction des choses invisibles (Traduction P. de Nolhac, Garnier-Flammarion).

Quoi qu'il en soit, Rabelais va préciser on ne peut mieux à quel niveau il place cette possibilité pour Dieu de faire que, dorénavant, les femmes aient leurs enfants par l'oreille: celui de la fable. Il poursuit en fournissant des arguments que, curieusement, le typographe de la définitive place, chacun, en alinéa sous forme de sommaire:

> Bacchus ne fut il engendré par la cuis
> se de Iupiter?
> Rocquetaillade nasquit il pas du talon
> de sa mère?
> Crocquemouche de la pantofle de sa
> nourrice?

Cette dernière question est une addition, preuve que Rabelais, en 1542, était loin d'avoir amendé sa position, puisque Michel peut dire ici: Les légendes de Rocquetaillade et de Crocquemouche ne sont pas identifiées; leur voisinage avec les dieux de la mythologie produit un effet burlesque, d'autant que le nom de Crocquemouche évoque plutôt un personnage grotesque de roman qu'un héros. Guilbaud et Plattard voient pourtant, probablement à tort, dans ce Rocquetaillade un franciscain du XIVe siècle, fameux par ses sermons contre le faste de la cour d'Avignon et par ses prophéties. Screech dit seulement, d'après Sainéan: Rocquetaillade: Roche taillée, provençal. Géant des contes de fées; et pour Crocquemouche: personnage de folklore, inconnu. Nous avancerons, nous, qu'il semble que ce nom de Crocquemouche, qui équivaut à Gobemouche, a tout l'air d'avoir été ajouté pour renforcer l'idée ambiante de crédulité.

Mais Rabelais finissait sa liste sur:

> Minerue, nasquit elle pas du cerueau
> par laureille de Iupiter?

ce qui est vérité mythologique fortement altérée, Screech remarquant : Rabelais la fait naître par l'oreille du dieu, pour rapprocher sa légende de l'histoire du géant. Mais il dit aussi, en commentaire: Depuis au moins la Préparation de l'évangile, d'Eusèbe Pamphile, évêque de Césarée, les théologiens chrétiens avaient rapproché la Nativité du Christ de légendes analogues concernant des naissances virginales et connues de païens antiques (Cf. Nicolas de Nancel, etc.). Pourquoi le chrétien ne croit-il pas à ces autres naissances miraculeuses, et, a fortiori, à celle de Gargantua? Parce que la foi n'est pas crédulité mais confiance. Cf. Luther, Exposition sur les articles de la foi, traduction française, 1541, etc.: Mais si tu pensoys qu'il suffist de croyre la chose en soy par une opinion, ainsi que quelque Gentil pourroit avoir creu une precieuse fable, là où il n'y eust nulle apparence naturelle, certes tu t'abuseroys. Et Screech de conclure, péremptoire: Rabelais ne se moque ni de la Bible ni de la religion chrétienne: au contraire il appuie la Vérité évangélique contre les erreurs de la Sorbonne.

Nous ne pouvons que rester confondus; mais comme la position est finalement fort ankylosante pour l'esprit, nous nous libérons par l'incantation euphémique: Nous confessons que nous ne croyons pas que l'esprit de Rabelais ait jamais pu se hisser jusqu'à l'incommensurable élévation d'une telle argutie; et nous continuons.

La définitive comporte encore deux additions; Rabelais ajoute d'abord celui qui, fils de son grand-père, sera lui-même père du fier Priape:

Adonis par lescorce dun arbre de mirrhe?

Puis c'est celle qui eut de Jupiter transformé en cygne l'œuf renfermant ceux qui deviendront les gémeaux stellaires:

Castor & Pollux de la cocque d'un oeuf
pont & esclous par Leda.

C'est maintenant au tour de Demerson de dire: Les humanistes chrétiens opposaient les enfantements invraisemblables de la mythologie à la Nativité du Christ révélée par les Écritures; ainsi Jodelle tourne en dérision la liste de ces fables auxquelles Rabelais mêle Roquetaillade et autres Croquemouche: l'une sortant du cerveau... Et l'autre issu d'une écorce... La race des œufz jumeaux... Bacchus, qui d'un ventre / Dedans une autre cuisse entre: / Bref que me sert à moy Chrestien / Toute naissance menteuse, / Si ceste naissance heureuse (du Christ) / Est seule cause de mon bien?

De nouveau hébétés, nous prononçons l'incantation: Nous confessons que nous ne croyons pas que l'esprit de Rabelais ait jamais pu descendre jusqu'à l'insondable profondeur d'une telle subtilité. Et nous n'en voulons d'autre preuve que la conclusion par laquelle Rabelais couronne son boniment:

Mais vous seriez bien daduantaige esbahys & estonnez, si ie vous expousoys presentement tout le chapitre de Pline, auquel parle des enfantemens estranges, & contre nature. Et toutesfoys ie ne suis poinct menteur tant asseuré comme il a esté. Lisez le (l'originale ajoute ici: on) septieme de sa naturelle histoire, capi.iij.& ne men tabustez plus lentement.

Guilbaud dit que ce chapitre est celui du Livre VII: Des enfantements prodigieux. Et Screech remarque: Rabelais semble se préoccuper beaucoup de ce chapitre de l'Histoire naturelle de Pline. Il figure dans le 3e chapitre du Gargantua et, déjà, avec le même contexte intellectuel, dans Pantagruel (IV).

201

Il apparaît pourtant qu'il ne s'agit pas là de préoccupation mais d'opportunisme de composition: quoi de plus légitime pour Rabelais, se proposant de raconter les faits merveilleux de l'enfance de Pantagruel, ou parlant des grossesses qui dépassent la durée normale, ou venant de décrire cette invraisemblable naissance par l'oreille, que de s'abriter derrière ce que dit Pline des enfantemens estranges & contre nature? enjoignant même, cette dernière fois, qu'on ne lui rebatte plus les oreilles des objections dont il feint d'être assailli.

Est plutôt à relever, à notre sens, la phrase finale par laquelle Rabelais remet les choses au point: & toutesfoys ie ne suis poinct menteur tant asseuré comme il a esté. C'est l'aveu rieur qui rejoint le si ne le croiez, non foys ie fist elle, de la fin du premier chapitre du Pantagruel, et cela procède du même souci d'établir que tous les arguments concourant à prouver la véracité de ce qui a été avancé ne sont rien autre qu'exercice de virtuosité cherchant à donner corps à une calembredaine. Et nous savons, précisément depuis ce premier chapitre du Pantagruel, que cela a dessein de désarmer les censeurs, leur ôtant la possibilité de sévir: aussi se sont-ils bornés à demander la suppression de la parole johannique au sujet des femmes qui enfantent, que Rabelais prenait intentionnellement au sens littéral quand le passage de l'Évangile est de vaticination.

Donc, si les enfantemens estranges & contre nature, de Pline sont d'un menteur assuré, cette naissance de Gargantua par l'oreille de Gargamelle est d'un menteur qui, pour être moins assuré, l'est pourtant quelque peu. Et nous paraissent alors être dans une position fort inconfortable les commentateurs qui ont cru bon de référer cette histoire à l'annonce faite à Marie, ou à l'allégorisme de la conception miraculeuse du Verbe divin, ou à la légende selon laquelle le Christ, Verbe divin, fut conçu par l'oreille de la Vierge et naquit par le même organe, qui parlent de propagande évangélique ou qui avancent que Rabelais appuie ainsi la Vérité évangélique contre les erreurs de la Sorbonne.

Car de deux choses l'une: ou bien les commentateurs prennent, d'emblée, cette histoire de naissance auriculaire comme devant s'opposer à la Nativité afin de faire ressortir la fausseté de l'une et la vérité de l'autre, et l'on se demande comment ils parviennent (sauf à se réclamer du Je crois parce que c'est absurde) à ne pas englober cette Nativité scripturaire dans l'aveu final de mensonge; ou bien ils considèrent, dès le départ, cette naissance auriculaire comme sornette évidemment confirmée par l'aveu final, et l'on voudrait savoir pourquoi ils se donnent la peine d'enrober cette sornette des commentaires théologiques les plus captieux, allant jusqu'à citer la piètre célébration d'un Jodelle qui avait deux ans en 1534, ou la creuse suffisance d'un Luther dont la traduction française de son texte allemand ne sera connue qu'en 1541.

Tout cela, d'inspiration Lefranquiste, a quelque relent du procès d'intention, alors que nous savons pertinemment, depuis le Pantagruel, que la Sorbonne se bornait à demander la suppression de ce qui, tombant sous les yeux ou dans les oreilles de l'humble fidèle, pouvait le scandaliser, c'est-à-dire ébranler sa foi, et qu'elle tolérait, par complaisance de lettrés, ce qui, adroitement dit, ne pouvait être saisi que des lecteurs cultivés.

Nous l'avons déjà dit, mais nous devons ici le répéter: nous ne nous réjouirons jamais assez qu'aucun des censeurs de Sorbonne qui ont eu à se prononcer sur les Livres de Rabelais n'ait eu la disposition spirituelle que montrent certains des commentateurs de notre temps qui finissent par ressembler aux coquins de village qui fougent & escharbottent, lesquels sont comme ceux qui lisent pour nuyre a quelcun meschantement (P. xxxiv).

Comment le nom fut imposé a Gargantua: et comment il humoit le piot. Chap. vij.

Il eût été étonnant que, entendu de tous les buveurs du pays, le cri de Gargantua ne le fût pas de son père, puisque Grandgousier est à proximité, beuuant, & se rigollant auecques les aultres; et il s'écrie alors: que grand tu as, Rabelais invitant le lecteur: supple le gousier. Nous suppléons donc et nous entendons: Quel grand gosier tu as. Mais les assistants ne retiennent que les premières paroles qu'a prononcées Grandgousier, et déclarent que vrayement l'enfant doit avoir par ce le nom Gargantua. Car il fallait bien retrouver le nom célèbre, sur lequel c'est Plattard qui nous renseigne le mieux: Gargantua est un nom d'origine probablement méridionale qui signifie grande gorge ou goinfre. Il se rencontre pour la première fois, sous la forme Gargantuas, dans un registre des comptes du receveur de l'évêque de Limoges à Saint Léonard (1471) comme sobriquet d'un hôte de passage. Les Grandes Chronicques avaient rendu ce nom populaire. Screech dit, lui: Cf. Les grandes et inestimables Cronicques (ML: Marty-Laveaux; IV, 30): Adonc le nomma Gargantua, (lequel est un verbe grec) qui vault autant à dire: comme tu as un beau filz.

Il est sûr que, devant le parti pris d'absurdité de l'auteur des Grandes Cronicques, Rabelais n'a pu que trouver suffisamment vraisemblable l'à-peu-près qu'il avance, vaille que vaille, passant insouciamment sur la substitution abusive de la syllabe initiale Gar- à la syllabe Que de l'exclamation de Grandgousier, se disant peut-être qu'on mettra l'inexactitude sur le compte d'une prononciation qui doit être à ce moment-là quelque peu avinée. Mais nous pouvons nous demander s'il n'y a pas encore ici la manifestation d'une certaine indifférence de Rabelais à l'égard de ce qui traite de gigantisme, puisqu'il semble qu'il lui aurait été loisible, s'il en avait eu le souci, de faire prononcer à Grandgousier une phrase comme: Car grand tu as, qui, bien que ne succédant à aucune phrase appelant cette explication, n'aurait pas été moins bien adaptée à la circonstance de justification étymologique qui se situe si résolument au registre de la fantaisie[1]. Et cela n'est finalement pas très différent de l'étymologie facétieuse du nom de Pantagruel, déterminé, lui, par une circonstance de la naissance: Car Panta en Grec vault autant a dire comme tout, & Gruel en langue Hagarene vault autant comme alteré, voulant inferer, que a lheure de sa natiuite le monde estoit tout altere (ij).

Rabelais pourtant, comme soucieux de donner ici le garant de quelque érudition, ajoute: puis que telle auoit este la premiere parolle de son pere a sa naissance, a limitation & exemple des anciens Hebreux. Et ici Screech dit: Rabelais, ayant cité saint Luc, pense sans doute à l'imposition du nom de Jean au futur Baptiste (Luc, I, 8-20; 57-60), mais il a tort de généraliser ainsi: les Hébreux n'imposaient point le nom aux enfant de cette façon. Et Demerson déclare: Zacharie, qui était devenu muet, retrouve la parole pour imposer un nom à son fils (Luc, I, 60); mais c'était une circonstance miraculeuse et non une coutume des Hébreux.

En fait, ce n'est pas Rabelais qui vient de citer saint Luc, mais Screech lui-même, dans une de ses notes du chapitre précédent. Il y aurait donc là, de temps à autre, comme une identification du commentateur au commenté que cela ne nous étonnerait pas; d'autant moins d'ailleurs quand nous pouvons voir Screech reprendre Rabelais comme s'il avait affaire à un petit grimault et écrire sans vergogne: il a tort. Mais la question n'est pas là; elle est dans ce rapprochement avec saint Luc avancé par Screech, et repris docilement par Demerson.

Le I, 8-20 se réduit, pour ce qui nous occupe, au verset 13: L'ange lui dit: Ne crains pas, Zacharie, car ta demande a été exaucée. Ta femme Elisabeth t'enfantera un fils et tu l'appelleras Jean (traduction de la Pléiade). Et les versets 57-60 sont ceux-ci, Demerson renvoyant au seul dernier:

57 Quand ce fut pour Elisabeth le temps d'enfanter, elle donna naissance à un fils.

58 Ses voisins et ses parents apprirent que le Seigneur avait redoublé de miséricorde à son égard et ils se réjouissaient avec elle.

59 Le huitième jour, ils vinrent pour circoncire l'enfant et ils l'appelaient Zacharie, du nom de son père.

60 Sa mère répondit: Non! il s'appellera Jean.

Mais comme il se peut que tout le monde n'ait pas présent à l'esprit ce texte de si belle facture, nous continuons de citer jusqu'à la fin de

---

1. Il est possible de comprendre que, disant Quel grand (gosier) tu as, Grandgousier prononce comme une reconnaissance de paternité. Mais cette reconnaissance n'aurait pas été moins bien exprimée par une exclamation comme Car grand (gosier) tu as, sous-entendu: puisque tu es mon fils.

l'épisode, où Zacharie recouvre la parole, ce qui d'ailleurs nous permet de nous demander pourquoi on se croit obligé, au verset 62, de parler par signes à Zacharie alors que s'il a été frappé de mutité, il n'est dit nulle part qu'il soit sourd:

61 Ils lui dirent: Il n'y a personne dans ta parenté qui soit appelé de ce nom!

62 Ils demandaient par signes à son père comment il voulait qu'on l'appelle.

63 Il demanda une tablette et écrivit: Son nom est Jean. Et ils furent tous étonnés.

64 Mais tout de suite sa bouche s'ouvrit, sa langue se délia, il parlait et bénissait Dieu.

Il est donc hors de doute que, Rabelais ne pouvant ignorer ce texte scripturaire, son imitation & exemple des anciens Hebreux n'est qu'une facétie qui n'a rien à voir avec ces versets. Et celui qui a tort n'est nullement Rabelais mais bien, avec son saint Luc, le maladroit Screech [2] dont l'esprit de gravité lui masque la forêt des intentions plaisantes (ainsi que Demerson, d'ailleurs, qui reprend de confiance derrière lui cette intempestive histoire de Zacharie). Et l'on ne peut comprendre pourquoi on tient visiblement à prendre ces anciens Hébreux plus sérieusement que la référence à la langue Hagarene (Arabe) pour le nom de Pantagruel, à moins de se dire que la légèreté insouciante de Rabelais n'est pas sans déconcerter un tantinet les glossateurs, et qu'ils ne peuvent, désemparés, s'empêcher de la lester précipitamment pour qu'elle reste à portée de commentaire.

Mais le conteur poursuit sa relation, disant que Grandgousier condescendit à cette dénomination et qu'elle pleut tresbien a sa mere. Il dit encore qu'on apaisa le braillard en lui donnant à boyre a tyre larigot, et termine cette dernière phrase, après une simple virgule, par: & feut porté sus les fonts, & la baptisé, comme est la coustume des bons christiens. Ici, Screech annote: La coutume de baptiser les nouveau-nés n'est pas scripturaire, mais elle remonte à l'Église primitive. Les évangéliques, tant catholiques que schismatiques, par opposition aux Anabaptistes, considèrent que le baptême des enfants est une louable coutume et non une constitution humaine. Et Demerson déclare: Protestation contre les anabaptistes, qui refusaient toute valeur sacramentelle au baptême des jeunes enfants; la question était d'actualité:

---

2. On sait que saint Luc est symbolisé par l'un des quatre êtres d'Ézéchiel (I, 10): le taureau. Or il existe une vieille expression lyonnaise: Adroit comme l'oiseau de saint Luc, le Littré de la Grand'Côte expliquant, en faisant intervenir le rabaissement populaire qui est ici châtrer: Se dit de quelqu'un qui n'est pas d'une adresse extraordinaire, l'oiseau de saint Luc ressemblant fort à un bœuf.

depuis 1532 la ville de Münster était aux mains des anabaptistes dirigés par Jean de Leyde.

Il nous paraît pourtant qu'il y a là un trait resté inaperçu; ce comme est la coustume des bons christiens, apparaît comme volontairement mis en parallèle de la phrase qui vient de nous occuper, et que nous avons tout lieu de tenir pour facétie: a limitation & exemple des anciens Hebreux. Et, au contraire des deux commentateurs, nous voyons l'intention de placer ainsi au même niveau cette fallacieuse coutume des Hébreux pour l'attribution d'un nom, et celle qu'ont les bons christiens, critiquée dès le IIIe siècle par Tertullien, de porter des enfants sur les fonts baptismaux, le parallélisme exprimant le plus prudemment possible la réserve de Rabelais sur ce point.

Car il est clair que Rabelais profite du fait que ce chapitre n'est que la paisible relation obligée de faits de gigantisme pour glisser les traits qui, tout en pimentant le récit, ont toutes chances d'être plus sûrement dissimulés. C'est ainsi qu'arrivant au sujet de l'allaitement, il commence par lui imprimer sa marque: Et luy feurent ordonnees dix & sept mille neuf cens treze vaches de Pautille, & de Brehemond, pour lalaicter ordinairement. Et ici Plattard, qui traite du Gargantua comme s'il était le premier Livre, remarque ce que nous savons depuis belle heure, disant: Une fois pour toutes remarquons la précision de ces chiffres: cette exactitude spécieuse est un élément du comique de Rabelais; il se rencontrait déjà dans les Grandes Cronicques. Michel dit: Pantagruel hume le lait de quatre mille six cents vaches (cf. chapitre IV). Rabelais se divertit par ces précisions numériques de haute fantaisie. Quant aux localités, Jourda dit: Pontille et Bréhémont, près de Chinon, villages réputés pour la qualité de leurs prairies et de leurs troupeaux. Cf. V, 15: Les célèbres oyes de Pauthilé. On connaît aujourd'hui encore près de Pontille un pré Rabelais.

Et Rabelais de poursuivre: car de trouuer nourrice suffisante (originale: conuenente) nestoit possible en tout le pays, considéré la grande quantité de laict requis pour icelluy alimenter, cette phrase de conteur aussitôt suivie de celle-ci: Combien quaulcuns docteurs Scotistes ayent affermé que sa mere lalaicta: & quelle pouuoit traire de ses mammelles quatorze cens deux pipes neuf poters de laict pour chascune foys. (L'originale donnait seulement: quatorze cens pippes). Et ici Screech dit pour Scotistes: Jean d'Écosse (Duns Scotus), théologien scolastique réaliste (XIIIe siècle) surnommé le Docteur subtil; pour les humanistes du XVIe siècle, il passait pour obscur et stupide (cf. anglais, dunce, écolier ignorant). Et il renvoie au chapitre xiij qui finit, dans la définitive, sur la phrase: Et telle est lopinion de maistre Jehan Descosses, cette opinion étant censée porter sur la nature du torchecul dont usent, aux champs Elysiens les Heroes & semidieux. Michel dit, lui, que les Barbouillamenta Scoti figurent en bonne place parmi les ouvrages ridicules de la Librairie de Saint-Victor.

Pour pipes, Guilbaud dit: barriques. Michel dit, d'après Littré: La pipe est une grosse futaille d'un muid et demi. Screech dit: Grande barrique, mesure un demi-muid, courant en Anjou et à Angers, se référant à Furetière citant le Quart Livre. Demerson dit: Futailles de vingt-sept hectolitres. Or le muid, selon les provinces, allait de 296 à 730 litres, et l'on ne voit pas comment Demerson peut arriver avec tant de certitude à la contenance, manifestement erronée, de 2.700 litres. Pour avoir quelque idée de ce que veut représenter Rabelais, nous prendrons que la pipe contient quelque chose comme 450 litres, et nous entendrons que les quatorze cens deux pipes font à peu près 630.000 litres. Quant au mot poters, tout le monde l'imprime potées, sans signaler l'intervention, alors qu'aucun signe de correction n'apparaît pour ce mot en marge du fac-similé où figure pourtant, au verso de la page, la demande de transformation de couchoit en conchioit. Cette potée nous est donnée pour une contenance d'environ deux litres, ce qui est, semble-t-il, bien trop fort pour la recherche habituelle de comique établie sur la mention d'une précision minutieuse accolée à celle d'une immense quantité globale. Nous cherchons donc dans Greimas et nous trouvons les mots poton, potel, potelet: petit pot, et le mot poteure: poterie. Tout laisse donc penser que ce mot poter a existé, désignant une poterie de très petite capacité. Jusqu'à plus ample informé, nous conserverons tel qu'il nous est donné ce mot poter, et nous entendrons que la phrase équivaut à: quelle pouuoit traire de ses mammelles quatorze cens deux pipes neuf petits pots de laict pour chascune foys.

Là-dessus, Rabelais ajoute candidement: Ce que nest vraysemblable. Et il continue, dans l'originale, par une représentation rabaissante attribuant aux théologiens de Sorbonne le souci de se prononcer sur une question de lactation chez une géante: Et a este la proposition declaree par Sorbone scandaleuse, et des pitoyables aureilles offensiue, et sentant de loing heresie. L'édition définitive a supprimé la mention de la Sorbonne, et le début de la phrase est devenu: Et a este la proposition declairee mammallement scandaleuse, la fin restant inchangée et la formule transparente continuant de mettre en cause les docteurs sorbonistes. La glose donne en effet la formule: Sententiam piarum aurium offensivam et hœresim sapientem, Demerson disant: Traduction littérale, et volontairement lourde, des formules par lesquelles la Sorbonne justifiait la censure d'une proposition offensant les oreilles pieuses et révélant l'hérésie. La lourdeur dont parle Demerson est en fait toujours l'intention de rabaissement, dire des oreilles pieuses qu'elles sont pitoyables, et donner le verbe révéler pour sentir, au sens de fleurer, revenant à ramener l'expression du sens spirituel au sens temporel. Et les censeurs ne peuvent que nous paraître assez ouverts à la plaisanterie.

Mais Demerson a dit auparavant de mammallement: Adverbe formé sur le mot mamelle et rappelant l'adverbe malement (méchamment). Mais il ne nous paraît pas que cette vue soit bonne, tant il nous est difficile d'admettre que Rabelais puisse, même pour faire équivoque, associer une idée péjorative aux plus esthétiques des glandes de la femme, glandes que le fonds de toutes les cultures a toujours données pour dispensatrices de tous les biens. De plus, l'intention de Rabelais est visiblement ici de ridiculiser par le rire, et cette irruption de malement (méchamment) introduit une note d'agressivité qui ne cadre ni avec le ton facétieux adopté jusque-là, ni avec la circonspection qu'impose le parti choisi de supprimer le mot Sorbone tout en conservant la locution sorbonique par excellence, et l'interprétant de façon tendancieuse. Il nous semble donc que ce mammallement est à prendre au sens où nous prendrions une formation comme mammairement, cela suffisant à rendre l'idée satirique de ces doctes et chastes théologiens appelés à mettre leur nez dans cette affaire de mamelles pour pouvoir la déclarer scandaleuse, des pitoyables aureilles offensiue: & sentent de loing heresie.

Et il nous faut bien, au passage, voir dans ce Sententiam piarum aurium offensivam et hœresim sapientem, confirmation de ce que nous avons redit encore au chapitre précédent sur les limites que s'étaient fixées les censeurs, se bornant à extirper les opinions qui, pouvant avoir quelque relent d'hérésie, risquaient d'offusquer la pieuse oreille de la multitude, et de cette seule multitude puisqu'il n'est pas question des yeux, donc de ceux qui lisent. Et nous pouvons fermement croire qu'était alors une suffisante sauvegarde l'habileté de l'expression, employant par exemple le masque du comique, de l'allusion, de la compréhension au second degré ou de tout autre procédé contenant la possibilité de démenti ou de résipiscence. Il semble alors loisible de penser que ne furent brûlés ou pendus que ceux qui, ayant exposé sciemment, clairement et agressivement des idées subversives, s'étaient obstinément refusés à la rétractation ou à l'amendement, croyant naïvement à la force de propagation du martyre[3].

---

3. Peut-être faut-il ici nous demander si cette idée d'une permanente surveillance inquisitoriale pendant et brûlant sans faiblesse n'est pas celle de l'Université d'aujourd'hui, qui fait ainsi ressortir la liberté qui serait la nôtre pour mieux dissimuler la sorte de terrorisme qu'elle exerce sur ceux qui se sont soustraits à son obédience.

Le reste du chapitre ne contient rien qui puisse faire sourciller les censeurs: Rabelais y glisse encore une évocation de sa terre natale puisqu'on s'interroge encore sur ce Iehan Deniau censé avoir inventé la belle charrette a boeufs dans laquelle on promène le petit géant. Boulenger en dit: Ce nom, très répandu en Chinonais, doit cacher un souvenir d'enfance de l'auteur; et Guilbaud va jusqu'à y voir le nom du charron de Seuilly.

Une phrase appelle encore quelques commentaires: mais il se conchioit a toutes heures: car il estoit merueilleusement phlegmaticque des fesses: tant de sa complexion naturelle: que de la disposition accidentale qui luy estoit aduenue par trop humer de puree Septembrale. Pour flegmaticque, Michel dit: Vocabulaire médical: lymphatique. Et Demerson: Le tempérament flegmatique s'accompagnait d'un relâchement général de toutes les fonctions. Pour la puree Septembrale, Michel renvoie au premier chapitre du Pantagruel (tous furent amateurs de puree Septembrale), et au chapitre xxxiiij (les registres de mon cerueau sont quelque peu brouillez de ceste puree de Septembre); puis il dit laconiquement: vin. Les autres commentateurs, ou bien se taisent, ou bien disent aussi compendieusement: c'est-à-dire vin.

C'est qu'ils sont mal à l'aise car nous avons vu que la plupart d'entre eux, pour la phrase du dernier chapitre du Pantagruel, ont parlé de vin nouveau, fraîchement pressé, alors que ce jus non fermenté, comme nous l'avons dit, ne peut brouiller les registres du cerveau de personne mais seulement donner ce qu'on nomme en Lyonnais la caquevite. Et il est alors d'autant plus piquant de les voir ici opter pour le vin, le vrai, alors qu'il est dit que le petit Gargantua se conchioit a toutes heures (...) par trop humer de puree Septembrale. Rien ne prouve pourtant qu'il ne soit ici question que de vin nouveau; tout nous porte à croire, au contraire, qu'il s'agit de vin alcoolique, et nous mettrons sur le compte du gigantisme que l'ingestion de ce vin ne cause à l'enfant d'autre délabrement que ces exonérations permanentes. Toujours est-il que nos commentateurs auraient été, à tout prendre, mieux inspirés de réserver leur idée de vin nouveau à un nourrisson plutôt qu'à l'auteur qui prétend ne plus avoir les idées bien claires.

Et sur cette lancée, Rabelais continue, davantage semble-t-il pour étoffer son chapitre que par inspiration, à décrire les effets apaisants du vin administré à l'enfant pleurant et criant, avançant qu'ainsi lon le remettoit en nature, & soubdain demouroit coy & ioyeulx. Mais nous ne pouvons nous empêcher de penser que le principal des bienfaits dûs à ce vin est la tranquillité qu'il apporte aux gouvernantes de l'enfant, celles-ci étant même dites, pour le resiouir au matin, faire dauant luy sonner des verres auecques un cousteau, ou des flaccons auecques leur toupon, ou des pinthes, auecques leur couuercle, à seule fin, devons-nous croire, d'économiser leurs forces puisqu'elles obtiennent ainsi que l'enfant se berce lui-même.

Et il le fait, dit Rabelais en finale, en dodelinant de la teste, monichordisant des doigtz, & barytonant du cul. Pour ce barytonant, rien qui ne soit clair: aussi les commentateurs s'abstiennent-ils d'en rien dire; mais le monichordisant des doigtz produit des gloses fort embarrassées. Boulenger dit: En dépit de son nom, le monocorde était un clavecin à plusieurs cordes. Guilbaud, Jourda, Michel et Demerson disent: Jouant du monocorde (sorte de clavecin). Screech dit: Monochordiser: littéralement, jouer du monocorde, instrument à une seule corde (Q.L.: monochordion). Et ce renvoi concerne la phrase: Eusthenes sus une longue couleurine jouoit des doigtz, comme si feust un monochordion, le commentateur Marichal disant: Monocorde, instrument à une seule corde. Or Littré dit: Instrument à une seule corde, en usage chez les Grecs, qui en jouaient en promenant sous la corde un chevalet mobile et pinçant la partie libre. Ce qu'il nous faut donc entendre, c'est que la main qui pince la corde est purement mécanique et ne participe pas à l'élaboration du son, et nous allons voir que cela a quelque importance.

Car ce que Rabelais décrit ici, c'est l'enfant repu, qui ne souffre de nulle part, et qui, tout près du sommeil, se procure l'effet du mouvement de bercement en portant alternativement sa tête à gauche et à droite, tout en jouant de deux doigts d'une de ses mains sur sa lèvre inférieure, l'abaissant rythmiquement pour laisser passer un son, toujours le même, ce qui donne une mélopée en pointillé (celle que le Quart Livre, LVI, appellera la babou quand elle est la parodie insultante faite par un adulte), et cela en donnant, bien sûr, libre cours aux flatulences que produit la digestion. Monichordisant est donc à comprendre à la fois comme jouant d'une main, et comme produisant une seule note, un seul son. Et savoir combien de cordes possédait le monocorde, ou s'il était une sorte de clavecin ne nous intéresse pas au premier chef.

Ce qui est primordial, en revanche, c'est de bien voir qu'il faut que Rabelais se soit penché avec amour sur un berceau, et qu'il l'ait considéré longtemps avec attention pour arriver à cet attendrissant tableau où nos commentateurs, toujours livresques, ne voient que l'occasion de donner un renseignement documentaire, d'ailleurs imprécis, et de toute façon hors de propos. En tout cas, ajouté à ce que nous avons vu au chapitre précédent des attentions conjugales de Grandgousier pour

Gargamelle et de la touchante confiance qu'a celle-ci pour son époux, cela doit définitivement faire litière de cette prétendue absence de toute vie sentimentale dans l'œuvre de Rabelais. Elle est bien là, dissimulée par discrétion et respect humain sous l'apparence du comique insensible; et ce n'est pas parce que les froides besicles sorboniques ne sont pas le meilleur instrument pour l'apercevoir que nous devons nier qu'elle existe. Sur ce, nous allons voir comment on vestit Gargantua.

Comment on vestit Gargantua. Chapitre. viij.

Pour Pantagruel, l'auteur a passé sans s'arrêter du berceau mis en pièces (iiij) aux études du ieune eage, après avoir seulement mentionné larbaleste qu'on lui fait faire, comme il estoit petit, pour sesbatre apres les oysillons (v). Et il pourrait sembler ici que ce chapitre sur la vêture est le premier de ceux que Rabelais va consacrer à cette période de l'enfance escamotée au premier Livre. Nous n'allons pas tarder à voir qu'il n'en est rien; le vrai début de cette période est le chapitre xj: De ladolescence de Gargantua, et le présent chapitre n'est que le premier d'une sorte de triptyque, inséré là comme par opportunité, pour traiter un sujet qui, quoi qu'on en ait, reste fort étranger au développement de l'histoire, et qui ressemble assez à une rédaction de commande.

Ainsi, Rabelais commence en posant d'entrée ce qui apparaît comme la reprise du sujet imposé: Luy estant en cest eage (c'est-à-dire celui d'un an et dix mois comme il a été précisé au chapitre précédent pour la charrette a boeufs, invention de Iehan Denyau), son pere ordonna quon luy feist habillement a sa liuree: laquelle estoit blanc & bleu. La phrase pourrait nous laisser entendre que ces couleurs sont déjà celles de Grandgousier; mais nous comprendrons, par le début du chapitre suivant, que cette livrée est conçue pour le seul Gargantua. Screech, ici, remarque très scolairement: Dès le début de ce chapitre, Rabelais nous prépare le long développement de la théorie des couleurs qui occupe les chapitres VIII et IX (ix et x dans la définitive). En fait, plutôt que cette préparation tenue pour une amorce judicieusement placée dans un texte qui serait sorti tout armé de la tête de l'auteur, ce que nous a appris le Pantagruel du mode de composition de Rabelais, pour ce qu'il écrit par devoir plutôt que par inspiration, nous incite à voir ici une astreinte que se donne l'auteur aux fins, semble-t-il, de s'interdire la possibilité de différer le pensum[1].

---

1. Bien sûr, que Rabelais ait écrit cette amorce pour cette raison ou pour une autre, cela ne change rien au texte qui nous est donné à lire. Mais il aurait été certes plus pertinent de dire qu'il y a lieu de trouver quelque peu artificiel cet empressement que montre Rabelais à ançrer de si loin la suite du développement.

213

Ce qui apparaît plus clairement, et très vite, c'est que Rabelais a résolu de voir dans cette relation vestimentaire qu'il lui faut écrire, et qui pourrait être aussi fastidieuse au lecteur qu'elle l'est probablement à l'auteur, l'occasion de plaisanteries qui doivent en rompre la monotonie. Et la recette paraît systématique. C'est ainsi que, dès la troisième phrase, il est prétendu que les renseignements sur la question proviennent des anciens pantarches, qui sont en la chambre des comptes a Montsoreau. Les commentateurs ne manquent pas de dire que Montsoreau est une toute petite ville, au confluent de la Vienne et de la Loire, qui n'eut évidemment jamais de chambre des comptes. Pour les pantarches, on nous donne les équivalents: pancartes, chartes, dossiers, registres. Mais Screech dit: Métathèse, pancharte: pancarte d'archives, et commente: La chambre des comptes fait peut-être allusion au titre de comte porté par le seigneur de Montsoreau. Et c'est probablement ce qui incite Demerson à dire bizarrement que le château de Montsoreau abritait des comtes, pantarques, c'est-à-dire maîtres suprêmes du lieu.

Tout cela, en tout cas, ne fait guère ressortir l'important: à savoir, le trait satirique inclus dans le fait que ces pantarches de la chambre des comptes sont censés avoir minutieusement consigné les renseignements qui vont être rapportés. Et c'est bien toujours là le comique fondé sur l'attribution facétieuse des tâches les plus humbles ou les plus équivoques aux insitutions chargées des plus hautes responsabilités, ainsi que nous l'avons vu au chapitre précédent pour les dignes docteurs de Sorbonne censés se pencher avec une scrupuleuse attention sur la capacité de lactation de Gargamelle.

C'est une tout autre forme de comique que Rabelais glisse dès la première pièce de vêtement, la chemise, dont il dit qu'elle nestoit poinct froncee, car la fronsure des chemises na este inuentee, sinon depuis que les lingieres, lors que la poincte de leur agueille estoit rompue, ont commence besoigner du cul. Ici Boulenger est le plus hardi, qui dit: Jusqu'au XVIIIe siècle, le gros bout de l'aiguille s'appelait le cul. On voit l'équivoque. Les lingères passaient pour légères. Et Screech ajoute à la même explication: Même plaisanterie dans la Chambrière à louer à tout faire, d'Abraham Cousturier: Et quand mon esguille est rompue, Je m'ayde du cul proprement (Montaiglon, etc.). La translation donne ici en transposition: Lorsque les lingères, ayant rompu la pointe de leur aiguille, ont commencé à travailler du chas. En fait, tout cela est référence implicite à l'adage populaire de la Pantagrueline Prognostication (v), qui donne, parmi les gens soumis à Vénus, les Chamberieres dhostelerie, Nomina mulierum desinentia in

214

iere ut[2] Lingiere, aduocatiere, tauerniere, buandiere, frippiere.

Avec la deuxième pièce, Rabelais revient au ridicule par le rabaisse-ment. Il dit du pourpoinct, pour lequel il prend soin de noter qu'il est blanc: Lors commença le monde attacher les chausses au pourpoinct, & non le pourpoinct aux chausses, car cest chose contre nature, ayant ajouté dans la définitive, pour se gausser, dit Plattard, de la scolastique et de ses questions sophistiques: comme amplement a declare Olkam sus les exponibles de M. Haultechaussade.

Demerson dit que ce Maître Haultechaussade est un philosophe né de l'imagination de Rabelais: nous voyons en effet très clairement qu'il est tout droit issu de l'idée de haut-de-chausses. Et ici Screech, qui latinise tout ce qui passe à sa portée, dit: S'étant déjà moqué de Duns Scotus, Rabelais se tourne ici vers Guillaume d'Occam, surnommé le Docteur invincible, ou singulier, chef des nominalistes. Plattard parle ici de terministes et Demerson explique que les occamistes opposaient aux distinctions contre nature des scotistes le critère de séparabilité. Tout le monde renvoie à la Librairie de Saint-Victor où figure l'ou-vrage: Les marmitons de Olcam a simple tonsure. Quant aux exponi-bles, ce sont les Exponibilia ou Choses démontrables (Guilbaud) qui étaient une partie de la logique formelle, Screech précisant que ces Exponibilia sont une partie de la Parva logicalia (Petite logique) pour laquelle il renvoie au chapitre xx où Ianotus dit: Voyla de quoi seruent les suppositions, & parua logicalia.

La mention des chausses (dont la couleur est le blanc) est accompa-gnée de la plaisanterie de rigueur puisqu'il est dit qu'elles feurent des-chicquetez en forme de colomnes striees (qui laissent voir du bleu), & crenelees par le derriere, affin de neschaufer les reins. Aussi bien, ces chausses intéressent Rabelais pour leur braguette (qui est de mesmes drap, c'est-à-dire qu'elle est de couleur blanche, auecques le damas bleu flottant comme dauant), dont il dit qu'elle a la forme d'un arc-boutant. Et il nous faut, semble-t-il, entendre que ce terme a été choisi pour le pouvoir d'évocation du mot arc, qui suggère la tension, et pour celui du verbe bouter qui signifie frapper, renverser, heurter, pousser (Greimas). A chacun des crochets qui assurent la fermeture de cette braguette, est enchâssée une émeraude grosse comme une orange, Rabelais prétendant: Car (ainsi que dict Orpheus libro de lapidibus, & Pline libro ultimo) elle a vertu erectiue & confortatiue du membre naturel. Tous les commentateurs s'étonnent ici, et Demerson dit: Ni le

---

.2. les femmes dont le nom finit en iere comme...

215

pseudo-Orphée ni Pline n'attribue cette vertu aphrodisiaque à l'émeraude; le poème que lui consacre Remy Belleau voit même dans cette pierre un talisman de chasteté; mais les lapidaires que pouvait lire Rabelais donnaient à l'émeraude les propriétés les plus contradictoires. Il nous faut donc comprendre que Rabelais, nous le constatons une fois de plus ici, ne se soucie pas toujours de consulter autre chose qu'un ouvrage de compilation, sans pouvoir se douter que les universitaires seraient un jour fortement choqués de sa légèreté.

Pour la dimension de la saillie de ladite braguette, Rabelais donne la longueur d'une canne, c'est-à-dire presque un mètre quatre-vingt (Demerson). Et pour l'aspect qu'elle offre, il fait cette fois référence à la mythologie, disant: vous leussiez comparee a une belle corne dabondance, telle que voyez es antiquailles, & telle que donna Rhea es deux nymphes Adrastea, & Ida nourrices de Iupiter, ce qui revient à la donner pour la corne de la chèvre Amalthée s'emplissant à volonté de ce qu'on désire. Cette évocation amène évidemment le genre de célébration ainsi préparée: Tousiours gualante, succulente, resudante, tousiours verdoyante, tousiours fleurissante, tousiours fructifiante, plene dhumeurs, plene de fleurs, plene de fruictz plene de toutes delices. Ie adoue dieu sil ne la faisoit bon veoir. Et la glose unanime dit ici que Rabelais semble retourner la formule imprécatoire: Je renie Dieu s'il n'est pas vrai que...

Mais il apparaît que c'est passer bien vite, car ou bien nous ne savons pas lire, ou bien ce qu'avance ici Rabelais est d'une audace extrême: si la formule traditionnelle implique qu'on renie Dieu si le fait avancé n'est pas confirmé, il faut bien admettre que la formule de substitution implique que, s'il avoue Dieu s'il ne la fait bon voir, c'est-à-dire qu'il avoue Dieu si la vision est décevante, il doit conséquemment le renier si cette vision est agréable. Et comme tout est ici réuni pour prouver que cette vision est hautement réjouissante, il s'ensuit que l'inversion, qui figure déjà telle quelle dans l'originale, est de celles qui auraient pu lui causer des ennuis majeurs. Mais il faut croire que, comme nos commentateurs, les censeurs n'ont rien vu, ou plutôt que les plus fins ont dû renoncer à attirer l'attention sur un sens qui n'apparaît pas immédiatement, sens que, de surcroît, l'auteur pouvait aisément désavouer en le donnant pour simple lapsus de plume ou coquille de ces marauds d'imprimeurs.

Là-dessus arrive cette phrase à laquelle nous nous sommes déjà reportés quand, au chapitre xv du Pantagruel, Panurge promettait un livre intitulé De la commodite des longues braguettes: Mais ie vous en exposeray bien daduantaige au liure que iay faict De la dignité des braguettes. De cette œuvre, encore citée au Prologue du présent Livre, nous avons cru pouvoir conclure que l'insistance mise à en parler nous permet de penser qu'elle a très probablement existé et qu'elle a toutes chances d'être, au moment de l'écriture du Gargantua, en dépôt chez un imprimeur-éditeur qui ne se décide pas à la publier, et à qui Rabelais tente de forcer la main par sa réclame si obstinée.

Quoi qu'il en soit, Rabelais, que cette pièce de vêture génitale rend si disert, a souci de préciser que s'il a jusque-là tant vanté le contenant, c'est que celui-ci est bien rempli: Dun cas vous aduertis, que si elle estoit bien longue & bien ample, si estoit elle bien guarnie au dedans & bien auitaillee, en rien ne ressemblant les hypocriticques braguettes dun tas de muguetz, qui ne sont plenes que de vent, au grand interest du sexe féminin.

Cette phrase n'a pas particulièrement retenu l'attention des commentateurs; et pourtant il nous semble important de la bien comprendre pour saisir tout le comique qu'elle contient. Pour le mot auitaillee, Demerson est seul à dire: Ravitaillée. Un jeu de mot antérieur à Rabelais fait de cet adjectif le synonyme de: bien garnie au-dedans (d'un bon vit). Mais ici Screech pose gravement la question: Rabelais a-t-il déjà en tête de faire la satire des idées galéniques sur la précellence des testicules? (T.L. VIII): nous verrons en temps et lieu que Screech, à son habitude, trouve là encore le moyen de vider le texte de toute sa gaieté facétieuse pour en faire l'objet d'une austère dissertation, car il importe apparemment pour lui que les couillons ne soient qu'instrument de la chaire. Le grand interest est évidemment à entendre comme le grand dommage, le grand préjudice: c'est déjà le sens qu'a le mot au chapitre xvij du Pantagruel dans la bouche de Panurge faisant procès aux demoiselles de la ville pour avoir placé dans le dos la fente de leur corsage qui permettait de leur manier les seins. Des muguetz, Demerson dit: Les élégants de l'époque se servaient de leur braguette comme d'une poche et la garnissaient de menus objets. Et il renvoie au chapitre xxxv du présent Livre où Bon Ioan, capitaine des franctopins, tire de la sienne un livre d'heures.

Toutes ces précisions n'auraient qu'un intérêt secondaire si elles ne conduisaient à des notations qui nous amènent à croire que l'adjectif Hypocriticque n'est pas seulement ce qu'en dit la glose, et particulièrement Screech: Hypocrite, à l'apparence trompeuse. Forme usuelle. Car Guilbaud donne l'explication: Hypocrites et hypothétiques: c'est donc bien qu'il a perçu que le mot n'a pas ce sens courant qu'y voit tout le monde; et le fait que cette forme hypocriticque soit usuelle ne change rien à la question s'il est établi qu'on n'a jamais discerné la raison de la transformation de hypocrite en hypocritique. Pour nous, le terme est composite, fait d'abord de Hypocrite, c'est-à-dire qui feint, qui simule, qui joue, qui affecte, et de Critique, à entendre au sens étymologique du verbe grec krinein: discerner, juger comme décisif. Il y a manifestement là téléscopage recherché, analogue à celui que ne font pas trop remarquer les commentateurs au chapitre v de la Pantagrueline Prognostication pour les professions féminines qui doivent être, en l'an 1533, en reputanation. Ici donc, les hypocriticques braguettes sont non seulement les braguettes qui, artificiellement gonflées, feignent, simulent, jouent, affectent, mais encore celles qui mettent en défaut, qui faussent ainsi le jugement décisif, trompent le discernement, toutes facultés dont sont naturellement pourvues les femmes pour l'estimation du contenu de la braguette par le seul examen de celle-ci[3].

La suite de l'habillement donne lieu à une accumulation de notations pour la plupart données sous forme objective. Nous retiendrons seulement des souliers qu'ils sont bleu cramoysi. Pour le saie, nous remarquerons que les commentateurs n'hésitent pas à dire que le velours bleu tainct en grene est du velours teint en écarlate, alors que teint en grene, nous l'avons vu au chapitre xij du Pantagruel, est à entendre comme teint à cœur. Ce ne peut évidemment être ce bleu, mais bien les vignettes, c'est-à-dire les broderies représentant des feuilles de vigne, et les pinthes dargent qui dénotent que Gargantua sera un bon fessepinthe en son temps. La ceincture est dite moytie blanche & moytie bleu. Et la forme de la phrase, qui finit sur l'intervention assez inattendue de l'auteur: ou ie suis bien abusé, nous apparaît comme une touche surajoutée pour donner, vaille que vaille, quelque tour primesautier à la relation documentaire.

Avec l'épée, Rabelais revient à la description subjective: Grandgousier repousse l'armurerie espagnole, haïssant tous ces Indalgos Bourrachous marranisez comme diables. Et ici Screech explique: Hidalgo, noble espagnol (contaminé par plaisanterie avec indague), ce mot indague signifiant grossier. Bourrachou est l'espagnol bouracho: ivrogne. Quant à marranisez, Demerson dit: Mêlés aux Marranes, juifs castillans demeurés fidèles à leur loi ancestrale malgré une conversion apparente au christianisme. Screech ajoute: D'où perfide, renégat.

---

3. On pourrait croire perdue cette faculté depuis la disparition des braguettes proéminentes. Pourtant, il n'y a qu'à passer quelques moments d'observation sur une plage pour voir les femmes jeter immanquablement un regard coulé sur les maillots des hommes, comme pour s'apercevoir du soin que prennent ceux-ci de remédier, avant d'émerger complètement, à l'amenuisement qu'a pu produire la fraîcheur de l'eau, et de disposer de façon avantageuse ce qui doit subir l'inspection.

Gargantua n'a donc que la belle espee de boys, & le poignart de cuir bouilly, pinctz & dorez comme un chascun soubhaiteroit, cette nouvelle intervention finale du conteur apparaissant, il faut bien le dire, comme une addition forcée de comique assez peu efficace, comme si Rabelais tentait de placer encore un peu de sa lumière habituelle dans une composition d'obligation qui l'ennuie par moments.

Pour la bourse, il recourt à cette couille doriflant dont il a parlé avec bien plus d'entrain dans le catalogue de Saint-Victor avec la Couillebarine des preux. Her Pracontal est censé en avoir fait don à Gargantua, et la glose dit qu'il y a là une possible allusion à Humbert de Pracontal, célèbre corsaire de Méditerranée aux ordres de François Ier. A noter que pour cette phrase: Sa bourse fut faicte de la couille dun Oriflant, que luy donna Her Pracontal proconsul de Libye, Guilbaud dit curieusement: En fait de Libye, il y a surtout dans cette phrase une accumulation de termes libidineux. Et nous pouvons peut-être entendre que Guilbaud parvient à cette impression en isolant les mots bourse, couille, et la syllabe con de Pracontal et proconsul, ou même le groupe procon entendu comme pour le con, mais nous restons perplexes.

La robbe, de velours bleu comme dessus, tout porfile dor en figure diagonale, est dite produire, par iuste perspectiue, une couleur moirée qui reiouissoit merueilleusement les yeulx des spectateurs. Nous voulons bien le croire, mais qu'on le veuille ou non, l'ennui qui point ici Rabelais arrive à passer jusqu'au lecteur sensible à l'effort que fait l'auteur pour donner quelque originalité à ce qu'il est tenu de dire.

Avec le bonnet (qui est blanc), nous retrouvons une certaine spontanéité d'écriture: il est fait en forme large & ronde a la capacite du chief. Car son pere disoit que ces bonnetz a la Marrabeise faictz comme une crouste de pasté, porteroient quelque iour mal encontre a leurs tonduz. Et ce mot Marrabeis est, selon Screech, le milanais marano, plus arabese, Maure converti au christianisme, ou Espagnol descendant des Maures. Demerson dit: Le mot signifiait : Marrane arabe. Et il apparaît clairement que Rabelais tient ici à ajouter à la religion juive évoquée avec les Indalgos Bourrachous marranisez comme diables, les tenants de la religion islamique, toutes dénonciations qui sont manifestement destinées à rassurer les censeurs sur l'orthodoxie de la foi de l'auteur.

Du plumart, nous retiendrons seulement qu'il est exotique et bleu. Quant à l'image, c'est-à-dire l'emblème qui se portait comme une cocarde au chapeau ou au bonnet (Michel), il est assez étonnant de la voir représenter un corps humain ayant deux testes, lune viree vers lautre, quatre bras, quatre piedz, & deux culz telz que dict Platon in symposio, auoir este lhumaine nature a son commencement mystic. C'est effectivement la représentation d'un de ces androgynes que décrit le convive Aristophane au Banquet (189e) qui, pour avoir tenté d'escalader le ciel pour combattre les dieux, amènent Zeus à les couper en deux. Mais il est encore plus étonnant de voir Rabelais avancer qu'autour estoit escript en lettres Ioniques la sentence de saint Paul, dans la première Épître aux Corinthiens: Agapè ou zétéi ta éautès, que la plupart des commentateurs rendent par: La charité ne cherche pas son propre avantage, alors que la traduction œcuménique parle ici d'amour, disant: il ne cherche pas son intérêt. Nous noterons toutefois que l'originale faisait précéder le mot agapè de son article défini: è agapè.

Screech donne ici trente-six lignes de commentaire confit en dévotion, dont le début est fort savoureux, exposant avec quelque cuistrerie une noire incompréhension: Un élément important du style de Rabelais, dit-il, est sa façon subite de changer de registre. Jusqu'ici la description des vêtements de Gargantua est délicieusement comique. Mais tout de suite la portée philosophique devient importante, en partie aux dépens du comique. Éberlués, nous ne pouvons que dire que ce semble être là faire comme qui pain interpretroit pierre; poisson, serpent; œuf, scorpion (Q.L. Épître liminaire). Mais Screech continue de plus belle à jouer les guides comme s'il y voyait clair, expliquant doctement: Plusieurs évangéliques platonisants croyaient que ce mythe était appuyé par la Genèse (I, 27). Pour Rabelais, l'androgyne, symbole de l'amour parfait, est l'emblème de l'agapé (l'amour chrétien), représentant sous un hiéroglyphe la sentence de saint Paul: La Charité[4], etc.

Demerson lui emboîte le pas, disant: Ce que recherche la charité, ce n'est pas son bien à elle-même. Cette sentence se trouve dans la Ire Épître aux Corinthiens, à proximité de celle que Rabelais avait utilisée pour ridiculiser la conception scolastique de la foi. Rabelais montre que le mythe platonicien est une image exacte de la définition paulinienne de l'amour parfait.

Mais un commentateur plus ancien, Plattard, ne s'en laisse pas conter, et écrit: Littéralement: La charité ne cherche pas son propre avantage. Sentence de saint Paul, etc. Mais Rabelais l'interprète sans doute librement: La charité ne cherche pas sa propre jouissance. C'est ainsi que l'auteur du Moyen de Parvenir (Beroalde de Verville) com-

---

4. Ce verset 27 est: Élohim créa donc l'homme à son image, à l'image d'Élohim il le créa. Il les créa mâle et femelle. Et le traducteur (Pléiade) annote précisément ici: Le suffixe pluriel dans: il les créa mâle et femelle, montre qu'il ne s'agit pas d'un androgyne comme l'ont supposé des commentateurs mal avisés.

mentant la description de l'Androgyne dira: N'y a bonne personne que celle qui se faisant du bien en fait à un autre.

Ainsi, un seul des glossateurs qui bourdonnent autour de Rabelais a compris que, à l'opposé de ce que dit Screech, l'auteur est ici bien loin de changer de registre pour donner quelque portée philosophique faisant tort au comique, mais qu'il arrive tout simplement à une amplification toute d'ambiguïté, jouant les ironistes à froid sur le point que devaient nous laisser prévoir les variations sur la braguette et sur son contenu: la conjonction sexuelle. Car il est maintenant évident (la suppression de l'article, dans la définitive, indiquant au moins la manipulation intentionnelle), que ce mot agapè est pris malicieusement au sens le plus prosaïque qui soit, Rabelais ayant évoqué ce mythe de l'androgyne du Banquet pour appeler à l'esprit des initiés ce passage où Zeus transpose les organes de la génération sur le devant et par là fait que les hommes engendrent les uns dans les autres, c'est-à-dire le mâle dans la femelle (191c). Il est donc certain que nous devons voir dans ce corps humain ayant deux testes, lune viree vers lautre, quatre bras, quatre piedz & deux culz, la représentation de la beste a deux doz (G. iij), et entendre la sentence comme exprimant quelque chose dans le genre de: L'amour cherche dans l'autre sa jouissance.

Mais ne nous y trompons pas: il ne s'agit là encore de rien autre que d'une manifestation de cet esprit de facétie tout ecclésiastique, maintes fois rencontré au Pantagruel, qui choisit d'entendre au sens le plus trivial les paroles scripturaires les plus austèrement spirituelles. Il est même probable que cette interprétation où le mot agapè est pris au sens d'amour charnel devait être classique. Aussi ne devons-nous pas nous étonner que la Sorbonne n'ait pris aucune mesure de censure, ne voyant là que reprise d'une innocente polissonnerie du fonds des étudiants en théologie, d'autant que les censeurs ne pouvaient qu'être assurés que cette irrévérence ne risquait pas d'être entendue du populaire, fondée qu'elle est sur une phrase donnée en grec. Et ne peut que nous prouver l'insécurité de leur jugement l'incompréhension où restent les commentateurs d'aujourd'hui, deux d'entre eux commentant même avec une candeur risible le sens catéchistique. Quant à Plattard, qui a jusque-là bien souvent mérité d'être malmené, nous devons lui pardonner beaucoup pour ne s'être pas ici laissé abuser, et pour nous avoir mis sur la voie.

De la pesante chaîne de grains d'or que porte Gargantua, nous ne retiendrons que le fait qu'elle descend jusqu'à la boucque de ce que l'originale nommait le petit ventre et la définitive le hault ventre, c'est-à-dire, d'après la plupart des commentateurs, l'estomac, Guilbaud y voyant plutôt le nombril, et Demerson précisant que l'orifice de l'estomac est le cardia. Et cela à quelque importance puisque, entre les grains de cette chaîne d'or, sont intercalés de gros Jaspes verds gravés de la même façon que ceux que portaient iadis le roy Necepsos. Plattard dit que Galien, Pline et d'autres écrivains anciens ont parlé de Nekhepso, roi d'Egypte (VIIIe siècle avant J.-C.) comme d'un magicien et d'un astronome. Mais Screech avance, latinisant encore au passage: Necepsus, astrologue mythologique d'Egypte, disciple d'Esculape et d'Anubis, est cité ici pour faire ressortir la parenté qu'on voyait entre les nouveaux emblèmes et la science de l'ancienne Égypte.

Toujours est-il que ce jaspe est bénéfique puisqu'il est dit que toute sa vie en eut lemolument tel que scauent les medecins Gregoys. Nous retrouvons là à peu près exactement la phrase du chapitre xxij du Pantragruel, quand Panurge prend de la chienne qu'il vient de tuer ce que scauent les Geomantiens Gregoys. Ici, certes, ce ne sont plus que des médecins qui sont gregoys, mais puisque ce Necepsos était quelque peu magicien, on peut se demander s'il n'y a pas encore là un reste de géomancie. En fait, tout cela a bien l'air de prolonger cette idée de propriété des gemmes abordée avec la vertu erectiue & confortatiue de l'émeraude, et il semble qu'il n'y a rien autre à entendre que cette allusion toute physiologique. Et s'il n'est question que d'estomac, nous avons peut-être à discerner ici l'intention d'enrober de phrases tranquilles l'audacieuse saillie que l'auteur vient de se permettre pour la parole de Paul.

Nous arrivons aux gants, qui sont faits de la peau de seize lutins, & troys de loups guarous pour la brodure diceulx, Rabelais ajoutant narquoisement: Et de telle matiere luy feurent faictz par lordonnance des Cabalistes de sainlouand. Boulenger dit: Saint-Louand, village sur la Vienne, en aval de Chinon. Il s'y trouvait une abbaye dont Rabelais aimait peu le prieur et les moines (voir livre IV, chapitre XII). Les habitants de Saint-Louand n'étaient pas seuls à croire aux lutins et aux loups-garous. Plattard dit aussi: Les gens de Saint-Louand n'étaient pas les seuls, au XVIe siècle, qui crussent à l'existence des loups-garous, c'est-à-dire de sorciers capables de se muer en loups. Jean Bodin, l'auteur de la République, y a cru et l'on admettait que leur peau, comme celle des lutins, était invulnérable. Michel remarque qu'au chapitre xlvij du présent Livre, Saint-Louand est cité parmi les villages envoyant une députation à Grandgousier. Screech, lui, continue à ne pas comprendre le texte, disant que c'est par jeu de mots que les moines de Saint-Louand font des gants de peau de loups-garous, alors qu'ils n'interviennent là que par ordonnance. Demerson se borne à dire que le nom de ce prieuré évoque celui des loups-garous.

Il est sûr que le populaire du XVIᵉ siècle croyait aux loups-garous et aux lutins. Mais ce qui paraît ne pas avoir été entendu, c'est qu'il est évidemment hors de doute que les bénédictins de Saint-Louand faisaient profession de nier cette superstition. Or Rabelais, toujours par son procédé de ravalement des sommités au niveau le plus ordinaire, traite ici ces bénédictins de Cabalistes, non pas, bien sûr, pour les assimiler aux Juifs, mais pour opposer leur rôle de savants exégètes de l'Écriture à cette ordonnance qu'il leur prête, ordonnance qui leur fait révéler comme par inadvertance qu'ils attachent secrètement la même foi que le populaire à cette croyance aux loups-garous et aux lutins.

Des aneaulx (lesquelz voulut son pere quil portast pour renouueller le signe antique de noblesse), Demerson dit: Lors de l'investiture féodale, l'anneau remis par le suzerain au vassal symbolisait la concession du fief; certains commentateurs voyaient aussi dans l'anneau des chevaliers romains le symbole de la noblesse (voir P. Valeriano, Hieroglyphica, 1556). D'après Belleforest: ce grand fouldre de guerre Charles surnommé Martel... renouvella l'usage des anneaux parmi les Francs Gaulois. Nous passerons sur l'escarboucle que porte Gargantua à l'index de la main gauche, sachant seulement que c'est une variété de rouge grenat. Mais le doigt médical de cette même main nous arrêtera plus longtemps, et pour deux raisons.

La première de ces raisons est que tous les commentateurs disent que ce doigt médical est l'annulaire, Plattard affirmant même: L'annulaire, appelé digitus medicus par Pline, Histoire naturelle, XXX, 12. Or il y a manifestement là une erreur d'interprétation, plus ou moins volontaire, inspirée, pouvons-nous penser, par la pudibonderie de la gent commentatrice, car le doigt médical ne peut qu'être le doigt le plus long, le majeur, qui sert principalement aux palpations obstétricales et rectales, et accessoirement à celles des rhino-laryngologistes et des dentistes. Bien sûr, ce doigt n'est pas toujours celui du médecin, et les touchers ne sont pas toujours faits dans un dessein thérapeutique[5]; mais il n'en est que plus vrai que le majeur possède une sensibilité dont est dépourvu l'annulaire, dévolu au port des anneaux parce qu'il est, de tous les doigts, le moins ouvrier.

La seconde raison est d'abord que l'anneau que porte ce majeur est dû au capitaine Chappuys, qui a toutes chances d'être Michel Chap-

---

5. Ainsi ce majeur ou médius est dénommé en lyonnais la longue dame. Nous en trouvons le nom dans une sorte de comptine que donne le Littré de la Grand'Côte (Nizier du Puitspelu), qui énumère les cinq doigts de la main: Gros det, Laridet, Longue dame, Jean du Siau, Saute, petit cortiaud!

puys, capitaine d'un vaisseau du roi (Demerson), et surtout que le bon facteur de ce capitaine, c'est-à-dire comme son chargé d'affaires (Plattard), est un certain Alcofribas qui a bien l'air, avec cette évocation qui s'ajoute à celle de Her Pracontal, d'être décidément fort intéressé par les affaires maritimes du royaume.

Au même doigt de la main droite, enfin, est une véritable pièce montée dont nous ne retiendrons que l'émeraude parce que, provenant d'un des quatre fleuves de l'Eden (Genèse, II, 11-12)[6], elle ne peut que donner à cet anneau un prix inestimable. Tout cela est pourtant estimé puisque Rabelais dit en finale: Car Hans Caruel grand lapidaire du roy de Melinde les estimoit a la valeur de soixante neuf millions huyt cens nonante & quatre mille dix & huyt moutons a la grand laine: autant lestimerent les Fourques Dauxbourg.

On nous dit que ces Fourques sont les Fugger, banquiers d'Augsbourg à la richesse proverbiale (Demerson). Melinde est cette ville fabuleuse évoquée au cinquième chapitre dans la quatrain des Bienyures. Pour les 69 894 018 moutons a la grand laine, il s'agit de ces pièces d'or qui portent sur une face le pieux Agnus Dei que le langage commun ramène depuis toujours au rang de simple ovidé de rapport. Et Hans Carvel est cet orfèvre qui, au chapitre XXVIII du Tiers Livre, concevant quelque jalousie de la jeune femme qu'il a épousée sur ses vieux jours, recevra en rêve du diable, au maître doigt, donc ce majeur que nous avons vu dans le doigt médical, un anneau infaillible contre le cocuage.

Cette note de haute fantaisie est visiblement la touche ultime qui a pour mission de conférer à cette fin de chapitre l'enjouement habituel. Mais il reste que toute cette relation de vêture, conduite avec le savoir-faire artisanal qu'a acquis l'auteur par les chapitres dilatoires du Pantagruel, apparaît bien comme une rédaction d'obligation où l'orfèvre a dû mêler les considérations de quelque ouvrage de compilation, s'aidant de Platon et de la Bible, avec l'ambition possible d'arriver à cette réussite qu'il exprime pour l'anneau: faict des quatre metaulx ensemble: en la plus merueilleuse facon, que iamais feust veue, sans que lassier froissast lor, sans que largent foulast le cuyure.

Et c'est alors qu'à y bien regarder, il nous apparaît que Rabelais pourrait bien s'être servi de cette obligation pour faire, effectivement en la plus merveilleuse façon, car cela est fort adroitement dilué, la

---

6. Ces versets sont: 11 Nom du premier fleuve: Pishon. C'est lui qui contourne tout le pays de Hawilah où se trouve l'or, 12 et l'or de ce pays est bon. Là se trouve le bdéllium et la pierre d'onyx (Pléiade).

célébration des facultés dont il pense qu'il est souhaitable que soit pourvu l'homme: le savoir-boire, le savoir-aimer et le savoir-croire. Examinons:

Le savoir-boire est dit clairement, avec les belles vignettes et les pinthes dargent qui dénotent que l'enfant sera bon fessepinthe en son temps, d'autant que ce jaspe vert qui repose sur le cardia lui assurera toute sa vie bon estomac. Le savoir-aimer est aisé à distinguer, avec les chausses attachées au pourpoint, et non le contraire, ce qui, au-delà de la plaisanterie, laisse entrevoir l'enviable possibilité de facilement déchausser. Mais surtout, ces chausses, qui laissent au frais des reins qui pourraient bien être ceux du coup de reins, portent la braguette, ornée plus que toute autre pièce; elle a forme d'arc-boutant et semble corne d'abondance. Elle est au-dedans bien garnie et bien avitaillée, portant en outre une pierre qui confère au membre naturel vertu erectiue et confortatiue. Enfin, l'emblème arboré est celui de la bête à deux dos, et la maxime est toute temporelle qui traite de l'amour physique qui s'épanouit dans la commune jouissance. Quant au savoir-croire, il est apparent qu'il rejette aussi bien la foi juive des Marranes, la foi islamique des Marrabeis que les superstitions comme lutins et loups-garous. Et peut-être devons-nous distinguer dans l'interprétation que fait Rabelais de la parole paulinienne la trace de quelque prise de distance, la mention des Épîtres ayant surtout à charge, désormais, de le faire reconnaître des humanistes.

Ce qui apparaît en tout cas avec une indiscutable évidence, c'est que Rabelais s'est astreint à cette relation de vêture pour amener la véritable rédaction de commande: celle qu'il a pris soin d'ancrer avec insistance par douze mentions des couleurs: la dissertation sur le blanc et le bleu que nous allons maintenant lire attentivement pour tenter de comprendre à quelle intention elle répond.

Les couleurs & liuree de Gargantua. Chapitre.ix.

Comme si les insistantes mentions des couleurs du chapitre précédent avaient pu échapper au lecteur, Rabelais commence résolument par le rappel: Les couleurs de Gargantua feurent blanc & bleu: comme cy dessus auez peu lire. Cela ressemble assez à la redite d'un sujet qu'on s'était proposé de traiter et que des digressions ont fait perdre de vue. Et il expose aussitôt: Et par icelles vouloit son pere quon entendist que ce luy estoit une ioye celeste, en laissant au lecteur le soin de saisir que le ce, de ce luy estoit, représente la naissance de Gargantua, tant il paraît pressé de donner, sans autre précaution oratoire, cette prise de position singulière: Car le blanc luy signifioit ioye, plaisir, delices, & resiouissance, & le bleu, choses celestes, étant entendu que cette inhabituelle interprétation ne peut manquer d'être prise pour égarement: Ientends bien que lisans ces motz, vous mocquez du vieil beuueur, & reputez lexposition des couleurs par trop indague, & abhorrente: & dictes que blanc signifie foy: & bleu, fermeté.

Ici, la translation fait montre d'une totale incompréhension, donnant: vous vous moquez de ce vieux buveur qui vous parle, voyant dans le vieux buveur Rabelais lui-même, alors que la forme de la phrase et la suite du texte établissent clairement que l'auteur a grand soin de ne mettre personne en cause que Grandgousier.

De ces dernières équivalences, Plattard dit: C'était, en effet, la signification ordinaire de ces couleurs dans la symbolique médiévale et dans l'art héraldique. Et nous pourrions alors juger bien scrupuleuse cette précaution de prendre Grandgousier pour porte-parole d'une interprétation qui va à l'encontre de la seule tradition héraldique, comme nous pourrions trouver bien grandiloquent de la donner pour si indague, c'est-à-dire grossière ainsi que nous l'avons vu au chapitre précédent, et si abhorrente, adjectif que Screech donne pour absurde et les autres commentateurs pour impropre, approximative, ou loin de la vérité. Mais nous en verrons la pertinence quand nous saurons qu'elle s'oppose en même temps à la symbolique ecclésiastique, ainsi que va le dire Screech dans sa note sur ce Blason des Couleurs que Rabelais va prendre à partie, où l'on peut lire que le blanc represente en l'escripture

226

saincte la clareté de verité de la saincte foy catholique selon aucuns expositeurs, et que le bleu, en vertus se dit loyaulté.

Et c'est alors que Rabelais, se donnant, lui, pour simple médiateur, et feignant d'entendre des protestations indignées, invite ses lecteurs à garder leur calme: Mais sans vous mouuoir, courroucer, eschaufer, ny alterer (car le temps est dangereux) respondez moy si bon vous semble. Et il pose les limites qu'il entend ne pas franchir: Daultre contraincte ne useray enuers vous, ny aultres quelz quilz soient. Seulement vous diray un mot de la bouteille.

Nous pourrions ne voir, dans ce Daultre contraincte ne useray enuers vous, qu'engagement facétieux à n'user, envers ceux qui répondront, d'aucune contrainte supplémentaire, alors qu'il n'y en a pas eu de précédente et qu'assurément l'auteur ne dispose d'aucun moyen de pression. Mais le reste de la phrase: ny aultres quelz quilz soient, ceux-ci s'ajoutant donc aux lecteurs d'abord considérés, nous laisse entrevoir que peut être ici évoquée à mots couverts une autre sorte d'interlocuteurs moins inoffensive, qui pourrait bien être celle des censeurs, alertés par l'interprétation qui ne reprend pas la symbolique religieuse. Et nous comprenons que ce ny aultres quelz quilz soient a valeur de ni autres, fût-ce les Sorbonistes, et que c'est l'idée des censeurs qui a fait employer le Daultre contraincte, à entendre en fait comme De nulle contrainte. La phrase nous paraît être quelque chose comme: De nulle contrainte (moi qui ne suis Sorboniste) n'userai envers vous ni envers personne d'autre, fût-ce des censeurs. Et nous lisons alors le clair avertissement donné par l'auteur, qui se refuse d'avance à toute justification pour un texte qui ne va traiter que d'héraldique: il ne consentira à rien d'autre qu'à une rencontre à l'ombre d'un verre de vin: Seulement vous diray un mot de la bouteille.

Ici la translation donne, suivant la supposition faite par Boulenger: je vous toucherai seulement un mot de la question, alors qu'il n'y a nulle raison de voir là autre chose que ce refus d'engager la moindre discussion, et la détermination de ne rendre raison aux contradicteurs éventuels que le verre à la main. Mais nous entendons que c'est l'incompréhension du texte qui suit qui a incité à voir dans cette expression le départ d'une explication, Rabelais paraissant, tout de suite après, se lancer dans ce qu'on a pris pour une démonstration. Or, à y bien regarder, il ne s'agit pas là d'une démonstration mais du départ d'une réfutation. Et cette réfutation n'est encore rien d'autre que l'exposé des raisons qui appuient le refus de l'auteur de discuter, puisqu'il entreprend de ruiner l'argument que pourraient lui faire valoir les opposants: l'autorité du livre qui donne la traditionnelle interprétation:

227

Qui vous meut? qui vous poinct? qui vous dict que blanc signifie foy: & bleu fermeté? Un (dictes vous) liure trepelu qui se vend par les bisouars & porteballes au tiltre: Le blason des couleurs.

Screech commente ici: Rabelais attaque de front le Blason des couleurs, petit livre souvent réimprimé, qui contient deux traités: l'un, par Sicille, héraut d'Alphonse d'Aragon (XVe siècle), l'autre, anonyme (dont l'auteur est un certain Carroset), date des environs de 1530. Rabelais déteste tellement les idées avancées dans ces deux traités (et surtout dans le traité anonyme), qu'il les déforme. On n'y retrouve point les interprétations qu'il leur attribue, bien qu'on y lise que le blanc représente en l'escripture saincte... (suit le texte cité plus haut sur l'interprétation religieuse, Screech précisant que ce texte est de l'édition de 1532). Demerson, qui ne parle que du livre du héraut, dit qu'il avait été édité, et même mis en vers depuis peu. Il ajoute: Rabelais proteste ici encore contre la tendance de l'esprit médiéval à voir en toute apparence une signifiance, une correspondance avec de profonds mystères moraux ou théologiques. Mais beaucoup d'humanistes, avance-t-il, voyaient encore en la nature une forêt de symboles complexes.

Pour les bisouars & porteballes, Boulenger dit: Les deux mots signifient colporteurs. Guilbaud dit: Colporteurs et merciers ambulants. Michel dit de bisouars: Proprement: montagnards, d'où colporteurs, les montagnards se transformant en marchands ambulants pendant l'hiver; le sens est repris par porteballes. Screech, qui s'appuie encore sur Sainéan (La Langue de Rabelais), dit de bisouar: Montagnard, d'où colporteur des montagnes. Demerson dit: Les deux mots désignent des colporteurs. Bien plutôt que cette étrange construction édifiée à partir des montagnards, il nous faut voir ici l'idée dévalorisante de vente ambulante, car nous comprenons que le bisouar, ou étal en pleine bise, est l'équivalent du mot éventaire, qui vient vraisemblablement de vent, bien qu'une certaine étymologie veuille le rattacher au mot inventaire. Le bisouar est donc, la partie étant prise pour le tout, le porteur de ce plateau, généralement en osier, que les marchands ambulants portent devant eux, maintenu par une sangle en bandoulière ou passée derrière le cou (Petit Robert). Comme dit Michel, le sens est repris par porteballes, à cela près que c'est l'idée de déambulation qui prévaut, ces porteballes étant les marchands qui vendent dans une hotte. Il nous faut donc entendre que ces deux mots à intention péjorative indiquent que ce Blason des Couleurs, loin d'avoir les honneurs du lieu de vente fixe où se rendent intentionnellement les acquéreurs, est placé par persuasion au tout-venant. Et c'est cette idée de tout-venant qui est déjà contenue dans l'adjectif trepelu.

Pour trepelu, Boulenger et Jourda disent: mesquin. Guilbaud parle de méchant livre. Michel dit: mesquin, minable. Et Screech dit, toujours s'appuyant sur Sainéan et de plus sur Huguet (Dictionnaire de la langue française au XVIᵉ siècle); variante de tiripelu (Dauphinois): loqueteux, pauvre hère, gueux, ce qui paraît être une vue de l'esprit, aucun mot de ce genre n'existant en occitan ni en franco-provençal, et ce qui, de toute façon, ne peut qualifier un livre. Le Lexis, lui, donne le mot Trèpe, nom masculin (du savoyard: troupeau, vers 1700): populaire et vieux: Foule, rassemblement. C'est là prendre le particulier pour le général, mais cela nous met sur la voie attendu que nous trouvons dans Greimas: Trope, nom féminin, fin XIIᵉ siècle; bas latin troppum, du francique throp, entassement: troupe; foule; troupeau. Tropel, nom masculin: troupeau; foule; troupe. Tropele, nom féminin: troupe; troupeau. Tropelet, nom masculin: petite troupe; troupeau. Tropeler: réunir en foule, en troupeau; lever les troupes. Nous comprenons alors que ce qualificatif Trepelu (tropelu) a le sens de: à l'usage du troupeau, du grand nombre, de la moutonnière populace, sens qui rejoint l'idée de vente au tout-venant exprimée par les mots bisouars et porteballes.

Après la dépréciation portant sur la catégorie des lecteurs du livre, Rabelais s'attaque à son auteur: Qui la faict? Quiconques il soit, en ce a este prudent, quil ny a poinct mis son nom. Il semble ici que Plattard a tort, qui dit, considérant le seul ouvrage de Sicille: Comme le remarque Rabelais, le nom de l'auteur ne figure pas dans le titre; mais il est donné dans le prologue. Et c'est Screech qui a raison en disant que c'est surtout les idées du traité anonyme ajouté au premier que déteste Rabelais, qui se déchaîne contre son auteur: Mais au reste, ie ne scay quoy premier en luy ie doibue admirer, ou son oultrecuidance, ou sa besterie. Et il va commenter les deux derniers mots de son invective en consacrant à chacun (dans l'édition de 42, alors qu'en 34 tout est à la suite) un paragraphe commençant très normalement par un alinéa et une capitale, quand tous nos éditeurs, hormis Demazière, croient bon de faire deux paragraphes avec alinéa mais minuscule, y compris Screech qui est pourtant censé donner le texte de l'originale. Le reproche de Rabelais est celui d'avancer des interprétations non fondées, que l'auteur a prises sous son bonnet:

Son oultrecuidance, qui sans raison, sans cause, & sans apparence, a ause prescripre de son autorite priuee quelles choses seroient denotees par les couleurs: ce que est lusance des tyrans qui voulent leur arbitre tenir lieu de raison: non des saiges & scauans qui par raisons manifestes contentent les lecteurs.

Sa besterie: qui a existime que sans aultres demonstrations & argumens valables le monde reigleroit ses deuises par ses impositions badaudes.

Pourtant, le prestige de la chose imprimée a joué pour quelques-uns des lecteurs de ce Blason des Couleurs: De faict (comme dict le prouerbe, a cul de foyrard tousiours abonde merde) (et Rabelais a corrigé ici la tautologie de l'originale: a cul brenous) il a trouue quelque reste de niays du temps des haultz bonnetz: lesquelz ont eu foy a ses escripts. Screech explique ici: Cette mode, dominante sous Louis XI, était, sous François Ier, le symbole du vieux et du désuet. Et il ajoute, comme s'il avait affaire à une bluette: Mais Rabelais oublie qu'il a situé son histoire à la fin du moyen âge!

Et Rabelais énumère les abus qu'ont causés de tels écrits: Et selon iceulx ont taille leurs apophthegmes & dictez: en ont encheuestre leurs muletz: vestu leurs pages, escartelé leurs chausses, brodé leurs guandz: frangé leurs lictz: painct leurs enseignes: compose chansons: & (que pis est) faict impostures & lasches tours clandestinement entre les pudicques matrones. Ici, le fac-similé de 42 montre une demande de correction (d'ailleurs incomplète puisque, barrant le b, elle laisse subsister le l) pour rétablir en pudicques le mot publicques que le typographe a gaillardement composé, se laissant emporter par l'intention seconde contenue dans la phrase. Car Boulenger explique: En portant les couleurs des dames au risque de les compromettre. Guilbaud dit: En affichant, à leur insu, les couleurs d'honnêtes femmes. Michel dit: En portant leurs couleurs sans autorisation. Quant à la translation, elle produit une pirouette qui ne masque pas son habituelle incompréhension: jouant en cachette des tours pendables à de vertueuses mères de famille, alors que le terme de matrone est à entendre au sens qu'indiquera Screech pour le mot matronale du chapitre lvj: Non pas, comme on le dit souvent, ce qui est convenable aux femmes mariées (les Thélémites ne sont par mariées) mais au sens latin de matronalis, ce qui convient aux dames nobles et vertueuses.

Ce qu'il faut entendre, en fait, c'est que les armoiries dont croient pouvoir se targuer, sur la seule fois du Blason des Couleurs, ceux qui ne sont que des roturiers, puisqu'il apparaît qu'ils n'ont jamais pu enchevêtrer que leurs mulets, se sont rencontrées avec les couleurs, légitimes celles-là, des familles nobles. Et ceux qui reconnaissent ces couleurs peuvent alors croire que c'est la dame noble qui a autorisé le bourgeois à les arborer. Il n'en est évidemment rien, lesdites matrones étant pudiques (et nous pouvons noter au passage que Rabelais tient pour impudiques celles qui abandonnent leurs couleurs à un champion, désignant ainsi clairement leur choix sexuel). L'énumération expose donc l'étendue de la bouffonne prétention qu'autorise ce Blason des Couleurs, et le trait final, avançant qu'il arrive à ces bourgeois infatués d'être insultants, établit bien que personne ne croit que les couleurs qu'ils portent puissent être les leurs[2].

Puis vient le tour de ceux que la translation donne pour les fanfarons de cour et les inventeurs d'équivoques: En pareilles tenebres sont comprins ces glorieux de court, & transporteurs de noms. Screech donne pour transposeurs de noms ces transporteurs, qui sont une addition au texte de 34. Puis il commente: De la satire des héraldistes ignorants, Rabelais passe directement à la satire de ceux qui ne reconnaissent pas la dignité des emblèmes, les confondant avec les rébus de Picardie de la tradition amoureuse populaire. Au moins un des humanistes de son temps les confondait ainsi: G. Tory, dans son Champ Fleury, Paris, 1529.

Aprement moqueur, Rabelais cite alors quelques-unes de leurs absurdes trouvailles: lesquelz voulens en leurs diuises signifier espoir, font protraire une sphere (et l'on nous dit qu'on prononçait espouèr et spère): des pennes doiseaulx, pour poines (car l'on prononçait les deux mots: pouène): de Lancholie, pour melancholie: la Lune bicorne, pour viure en croissant (et Demerson dit: L'idée de croissance, d'accroissement, figurait alors en latin dans le devise des corsaires turcs): un banc rompu, pour bancque roupte (Demerson disant: Il n'y a là aucune transposition de noms: le mot banqueroute vient d'une expression italienne signifiant banc rompu. Nous ajouterons que l'expression est banca rotta, et que l'on brisait alors le comptoir des faillis): non & un alcret, pour non durhabit: (Et Demerson est clair, qui dit: Le halecret était une cuirasse, un dur habit. Non durabit signifie en latin: il ne durera pas, ou: elle ne persistera pas dans sa dureté). Enfin, ajouté à l'originale: un lict sans ciel, pour un licentie.

Sur ces calembours, Rabelais se prononce aussitôt: Que sont homonymies tant ineptes, tant fades, tant rusticques & barbares, que lon doiburoit atacher une queue de renard, au collet, & faire un masque dune bouze de vache a un chascun diceulx, qui en vouldroit dore-

---

2. Cette prétention a toujours quelque vivacité: on vend à qui en veut des chevalières qui sont portées, à défaut d'armes, avec des initiales qui n'ont plus à authentifier aucun sceau; toutefois, ces savonnettes à vilain (comme disaient les ci-devant) sont encore moins ridicules que les bracelets marqués à leur prénom qu'arborent certains hommes, comme s'ils étaient encore à l'âge du biberon: c'est là, tout bonnement, de l'infantilisme.

nauant user en France, ajoutant dans la définitive: apres la restitution des bonnes lettres.

Screech dit ici: L'art des emblèmes forme pour Rabelais un aspect important de la restitution des bonnes lettres. Et il ajoute, revenant sur le mesquin respect chronologique: Mais Rabelais oublie, une fois de plus, à quelle époque il a situé son histoire! Demerson dit: Rabelais explique donc son refus des emblèmes fondés sur des jeux de mots par le sérieux et la dignité de l'esprit renaissant. Et il ajoute, lui, sentencieusement, puisque nous l'avons vu au chapitre précédent prendre la chose au pied de la lettre: On peut opposer à cette collection d'équivoques insignifiantes l'Enseigne qui rapproche la pensée de saint Paul et le mythe de l'Androgyne.

Or, en fait de sérieux et de dignité de l'esprit renaissant qu'invoque Demerson, nous constatons que Rabelais n'hésite pas à exposer la thèse adverse avec la fantaisie la plus déformante; et les exemples donnés ne peuvent que nous étonner, pourtant censés entrer dans des devises certes ineptes, fades et rustiques, mais dont l'intention ne peut qu'être celle d'exprimer la fierté et l'ambition. Passe encore pour l'espoir, bien que le terme implique une passivité inhabituelle dans le blason; mais comment penser qu'une devise puisse mettre en avant la peine et le mélancolie? Et si l'on conçoit bien qu'une formule d'écu puisse parler de vivre en croissant sans être Turc pour cela, on peut difficilement en imaginer une où figurerait cette infamante idée de banqueroute. De même pour le non alcret, qui se résout par une compréhension désolante qui n'a aucune raison d'être publiée dans des armes, non plus d'ailleurs que cette idée de licencié ajoutée à l'originale, qui, en admettant qu'elle se rapporte à un individu, ne peut servir pour une famille.

Et, une fois de plus, c'est le caractère aberrant de ces exemples qui nous fait comprendre qu'ils n'ont pas été choisis sans intention, ni leur succession au hasard. Nous entendons que, quitte à donner un aperçu de la niaiserie dénoncée, Rabelais, reprenant cette tradition amoureuse des rébus de Picardie dont parle Screech, s'est amusé à former une sorte de message adressé à une femme imaginaire, projection d'un souvenir ou d'une convoitise de l'auteur. Ce qui apparaît alors, c'est que ce message, commençant avec l'espoir, continue avec la peine et la mélancolie allant en croissant, et c'est bien le langage qu'on tient à une femme priée qui fait attendre ses faveurs. Puis vient cette étrange banqueroute, celle-ci étant expliquée par le non alcret: elle ne durera pas dans sa fermeté; et nous entendons que la prière est celle de quelqu'un qui n'est plus un jeune homme et qui se sert habilement de son âge.

Arrive enfin la conclusion, cet exemple ajouté où le mot licencié doit s'effacer, nous le comprenons, derrière l'image du rébus: le lit, sans ciel au besoin, mais le lit. En clair, cela revient à dire quelque chose comme: Mon espoir se change en peine, et ma mélancolie va croissant; la banqueroute menace car elle ne sera point toujours si dure; donc le lit, fût-il sans ciel.

Manifestement ravi par le sujet, Rabelais poursuit en enchérissant dans l'absurde: Par mesmes raisons (si raisons les doibz nommer, & non resueries) ferois ie paindre un penier: denotant quon me faict pener. Michel dit ici: Panier; à Paris, l'a se prononçait e, d'où les jeux de mots sur mari, marri et Saint-Merry (Cf. Marot, Epîtres). Et un pot a moustarde, que cest mon cueur a qui moult tarde. Et Guilbaud explique: A qui il tarde beaucoup (d'aimer ou d'être aimé). Et un pot a pisser, cest un official. Demerson dit: Ce mot désignait à la fois un officier de la justice ecclésiastique et un pot de chambre. Et le fond de mes chausses, cest un vaisseau de petz (et Michel dit: Vaisseau de paix: navire marchand; et vase de pets), & ma braguette, cest le greffe des arretz. Demerson explique: Le greffe où l'on produit les arrêts de justice, et le greffon qui se redresse. Et il croit bon d'ajouter, perdant de vue que Rabelais parle ici spécifiquement des armoiries: Rabelais condamne donc un genre d'équivoque dont il use à longueur de pages. Et un estront de chien, cest un tronc de ceans; ou gist lamour de mamye. Demerson dit ici: La prononciation picarde du mot ceans se rapprochait de celle de chien. Le tronc de ceans désigne le même organe que le greffe des arrêts. Michel dit: Autre obscénité fondée sur la prononciation picarde (chien prononcé Kien) qui rapproche chien et ceans. Et Guilbaud, totalement désorienté, part du mauvais côté et parle de séant.

Nous avons rencontré ce mot ceans au Pantagruel, à la fin de la plainte de Baisecul (xj), où déjà il était lié à l'idée de greffe: comme iadis feut decrete par le Roy de Canarre, & larrest en est au greffe de ceans. Et nous nous sommes alors reportés à ce que dit Screech pour le mot ceans du présent chapitre: Ceans (céans) probablement prononcé cian; tronc, tronçon. Il s'agit du pénis. Personne pourtant ne donnant la signification de ce mot ceans, nous reprenons ce que nous avons dit au Pantagruel, à savoir que c'est là l'ancien français çaenz (XIIe siècle), de ça: ici, et enz: dedans, et qu'il équivaut à: ici dedans. Le tronc de ceans est donc le tronc de là-dedans. Mais il reste que nous pouvons nous étonner que Rabelais, fondant sa première équivoque sur la prononciation parisienne (penier), puisse fonder la dernière sur cette prononciation picarde à laquelle recourent les commentateurs (le plus inconséquent étant Michel qui, avec sa prononciation Kien du mot chien, implique que le mot ceans soit alors prononcé Kian): tout cela nous paraît être un échafaudage bien mal assuré. Car il ne s'agit jamais que d'un à-peu-près, et il n'est nul besoin d'avoir recours à la Picardie si l'on entend que, du moment que le mot estront est censé être compris comme tronc, donc avec l'aphérèse de la syllabe es, rien n'empêche de concevoir que le mot ceans, entendu comme ci (ici) et enz (dedans), ait pu être prononcé ci-ain; et la juxtaposition est alors bien plus naturelle avec ce mot prononcé chi-ain, les conventions de l'à-peu-près résolvant la différence entre la chuintante chi et la sifflante ci.

Cela dit, nous ne pouvons que remarquer que la plupart des points de cette démonstration se rattachent à ce message à la dame entrevu plus haut, et qu'ils paraissent revenir sur l'argument en le prolongeant ou même le couronnant. Si l'idée de l'espoir n'est pas reprise, c'est bien celle de la peine qui l'est avec le: quon me faict pener. A la mélancolie qui va croissant, répond le cueur a qui moult tarde. A la banqueroute répondent le pot a pisser (où nous pouvons voir une première mouture du: elle perdra son laict et ne te servira que de pissotiere, du Tiers Livre; XXVII), et le vaisseau de petz. Quant au non alcret, qui implique que si la verdeur du membre ne durera pas, cette verdeur est réelle au moment considéré, lui répondent avec évidence le greffe des arretz et le tronc de ceans. Enfin, au lict sans ciel répond cet amour de mamye qui, pour imaginaire qu'il soit, laisse entendre que la prière a été exaucée et que la dame se loue de son consentement.

Estimant s'être ainsi, à deux niveaux, suffisamment moqué de l'ouvrage de bisouars & porteballes, Rabelais donne alors les vrais fondements à respecter, Screech disant: Tous les humanistes, ou presque, faisaient remonter l'art des emblèmes aux sages prêtres de l'Égypte: Bien aultrement faisoient en temps iadis les saiges de Egypte, quand ilz escripuoient par lettres, quilz appelloient hieroglyphicques. Lesquelles nul nentendoit qui nentendist: & un chascun entendoit qui entendist la vertu, propriete, & nature des choses par icelles figurees. C'est ce que dira encore la Briefve Declaration, à l'article Hieroglyphicques: sacres sculptures. Ainsi estoient dictes les lettres des antiques saiges Aegyptiens, et estoient faictes des images diverses de arbres, herbes, animaulx, poissons, oiseaulx, instrumens, par la nature et office desquelz estoit représenté ce quilz vouloient designer. Puis il cite les deux auteurs auxquels on doit se fier en l'occurrence: Desquelles Orus Apollon a en Grec compose deux liures, & Polyphile au songe damours en a dauantaige expose.

La glose dit que cet Orus Apollon, ou Horapollon, est un grammairien d'Alexandrie du IVe siècle dont les Hieroglyphica, ouvrage apocryphe, connu en Occident depuis le XVe siècle (Demerson), édité à Venise en 1505, ont été souvent imprimés au XVIe siècle, et que c'est l'étude de cet ouvrage qui a contribué à la vogue des Emblèmes allégoriques. Quant à la mention de Polyphile, elle fait allusion à l'ouvrage paru à Venise chez Alde Manuce en 1499, Hypnerotomachia Poliphili, dont l'auteur est Francesco Columna, ou Colonna, dominicain, selon Demazière. C'est un roman allégorique où figurent des inscriptions en grec, en hébreu et en hiéroglyphes (Plattard), Demerson parlant de monuments hiéroglyphiques. Réédité en 1545 par Paul Manuce, dit Plattard, il fut traduit en français par Jean Martin et publié en 1546 sous le titre de Hypnerotomachia ou discours du songe de Poliphile. Cet ouvrage, dit Demerson, semble avoir inspiré le Cinquième Livre du Pantagruel. Et Rabelais termine sa période en donnant l'exemple pour lequel elle paraît avoir été faite: En France vous en auez quelque transon en la deuise de monsieur Ladmiral: laquelle premier porta Octauian Auguste.

Cette devise est le Festina lente, Hâte-toi lentement, que, selon Suétone, répétait Auguste (Plattard). Elle était représentée, dit Michel, par un dauphin symbolisant la vitesse (festina), et une ancre, l'immobilité (lente). C'était aussi, ajoute-t-il, la marque du célèbre éditeur vénitien Alde qui, précisément, avait publié la Hypnerotomachia. En fait, cette interprétation est toute contenue dans la suite du texte de la Briefve Declaration citée plus haut, suite où le prénom de François Colonna est curieusement changé en celui de Pierre: De icelles avez veu la divise de mon seigneur l'Admiral en une ancre, instrument très poisant, et un daulphin, poisson legier sus tous animaulx du monde: laquelle aussi avoit porté Octavian Auguste, voulant designer: Haste toy lentement; fays diligence paresseuse; c'est-à-dire expédie, rien ne laissant du necessaire. D'icelles entre les Grecs a escript Orus Apollon. Pierre Colonne en a plusieurs exposé en son livre tuscan intitulé Hypnerotomachia Polyphili.

Screech dit encore ici: Cet emblème occupe une place importante dans l'histoire; Érasme le traite, à propos de l'Alde, dans un adage au commentaire très nourri (II. I. I. Festina lente). Il figure aussi dans le songe de Poliphile, de François Colonna (traduction française, Paris, 1546, 22): Il y en avoit un autre (hiéroglyphe)... un cercle et un ancre, sur la stangue duquel s'estoit entortillé un Daulphin; et je l'interprétay pareillement en ceste manière, Semper festina tarde. Et il ajoute: De même G. Tory en fait mention dans le Champ Fleury (1529) et comme Érasme, qui est sa source principale, l'associe aux hiéroglyphes des sages d'Egypte et aux Hierogliphica d'Orus Apollon. Mais Tory, avance-t-il, et sans doute d'autres auteurs, ne faisait pas une distinction fondamentale entre les emblèmes-hiéroglyphes et les sottes devises des amoureux: d'où la satire de Rabelais.

Quant à la personne que désigne monsieur Ladmiral, tous les commentateurs qui précèdent Screech disent qu'il s'agit de Guillaume Gouffier, sieur de Bonnivet, tué en 1525 à Pavie, Jourda ajoutant qu'il était ami de François Ier. Boulenger et Plattard précisent que Rabelais avait pu voir sa devise au château de Bonnivet; Plattard, que sa devise se voit encore sur son tombeau à l'église d'Oiron (Deux Sèvres) ; Michel, qu'elle se trouve sur son tombeau et sur une clé de voûte du château. Et la différence dans les relevés peut laisser penser soit qu'on n'y est pas allé voir et qu'on se borne à reproduire une indication antérieure, soit qu'on y est allé mais qu'on avait alors besoin de besicles plus fortes.

Screech, lui, n'est pas de cet avis; il dit: Monsieur l'Admiral n'est point Gouffier de Bonnivet (mort à Pavie, 1525) mais Philippe Chabot, ami intime de François Ier. Au moment de la publication de Gargantua, Jean Le Febvre traduisait pour lui les Emblemata, qui parurent en 1536 sous le titre de Livret des Emblèmes de maistre André Alciat, mis en rime françoyse et présenté à Monseigneur l'Admiral de France, avec dédicace à Chabot. A propos de l'emblème de l'ancre et du dauphin, une deuxième traduction des Emblèmes (Lyon, 1549) faite par B. Aneau, ajoute la note suivante: Parquoy aussi plusieurs grands princes et notables personnages, hont porté la marque de l'ancre et du daulphin, comme le roi Seleuc Nicanor, l'empereur Auguste César, Alde romain, noble imprimeur à Venise, et dernièrement Philippe Chabot, admiral de France (p. 174). (Selon Demerson, ces Emblemata, inspirés des Hieroglyphica d'Orus Apollon, parurent en 1531).

Derrière Screech, Demerson dit en note: Sans doute Philippe Chabot, dédicataire des Emblèmes d'Alciat traduit en français par J. Le Febvre (1536). Et nous nous apercevons que cet avis est déjà celui des deux commentateurs de l'époque anté-Lefranquiste. Demazière avance: L'Amiral dont Rabelais veut parler est probablement Philippe Chabot, les armes de cette famille portant des chabots et non des dauphins. Rabelais les confond plaisamment à dessein. Louis Barré dit: L'amiral dont il s'agit est probablement monsieur Philippe Chabot de Brion, mort en 1543. C'est bien avec du vieux qu'on fait du neuf.

Du chabot, Dauzat dit: 1220, Coincy (cabot), têtard; 1564, poisson à grosse tête; du provençal cabotz, issu du latin populaire capoceus, dérivé de caput, tête. Mais cela ne nous donne rien de plus que l'assurance que le dessin héraldique d'un chabot n'est pas essentiellement différent de celui d'un dauphin. Et nous nous avisons alors qu'il n'est, pour se convaincre qu'il s'agit bien ici de Philippe Chabot, que de considérer la dernière phrase du chapitre, qui forme, en 1534, une sorte d'envoi au prince qui en commendant ensemble donne & pouoir & scauoir. Ce prince étant bien sûr le roi, il est évident qu'une telle expression d'adulation ne peut faire suite à l'évocation de l'amiral de Bonnivet, que François Ier, soucieux de se décharger de ses propres fautes de tactique à Pavie, a tenu et a fait tenir pour un de ceux qui ont démérité lors de la bataille.

Pour nous, donc, ce En France vous en auez quelque transon en la deuise de monsieur Ladmiral, ne peut que désigner Philippe Chabot, qui n'a pu négliger d'adopter cet emblème où l'ancre représente si bien pour lui aussi l'état d'amiral, et où il suffit de voir dans le poisson un chabot pour que soit évoqué aussi son patronyme. Et il semble même que ce ne peut être que l'amitié que lui portait le roi, ainsi que la rancœur que celui-ci gardait contre l'ancien détenteur, qui aient pu autoriser Philippe Chabot à s'approprier l'emblème des Bonnivet, sans avoir à y changer quoi que ce soit.

Reste alors qu'il nous paraît singulier que, parlant d'un état de fait qui a eu l'évidente caution du roi, Rabelais s'abstienne de citer le nom de Chabot, comme s'il craignait, le faisant, de désobliger la famille Bonnivet. Et c'est là que nous comprenons que nous avons ici affaire, situé dans un triptyque qui nous est apparu comme de commande, à un morceau de publiciste se donnant pour mission de faire connaître la détermination royale qu'est l'attribution à Chabot de l'emblème jusque-là reconnu comme propriété des Bonnivet. Et le procédé nous apparaît alors clairement, qui, feignant d'évoquer un nom trop connu pour qu'il soit besoin de le citer, donne pour acquise depuis longtemps la décision récente que certains pourraient juger inique; et chacun, étant ainsi amené à croire qu'il est seul à ignorer ce que sait tout le monde, ne peut que penser déjà présentées et réfutées les objections qui lui viennent à l'esprit; et ceux qui ne sont pas dupes comprennent qu'est vaine toute contestation.

Confirme nettement cette vue, à notre sens, la fin quelque peu abrupte qui, revenant ostensiblement aux absurdités du livre incriminé, semble inviter à ne pas s'attarder sur ce sujet de la transmission d'emblème: Mais plus oultre ne fera voile mon esquif entre ces gouffres & guez mal plaisans. Ie retourne faire scale au port dont suis yssu. Encore ces gouffres & guez mal plaisans peuvent-ils paraître qualifier, sinon la décision royale qu'il n'a garde de critiquer, du moins le procédé de propagande que l'auteur a été amené à employer tout en le désapprouvant puisque, nous l'avons vu, le premier reproche qu'il fait à l'auteur anonyme du Blason est celui d'avoir ause prescripre de son autorite priuee et existimé sans aultres demonstrations & argumens valables.

Et ne peut alors que nous apparaître comme une offre de services le morceau qui suit: Bien ay ie espoir den escripre quelque iour plus amplement: & monstrer tant par raisons philosophicques que par auctoritez receues & approuuees de toute ancienneté, quelles & quantes couleurs sont en nature: & quoy par une chascune peut estre designe, la phrase se terminant en 1534 par: si le prince le veult & commende. C'est bien faire entendre qu'on se fait fort de justifier une décision comme celle qui a été évoquée, non plus par un moyen d'élémentaire rhétorique, mais tant par raisons philosophicques que par auctoritez receues & approuuees, et qu'il n'est pour cela que de donner à l'auteur de ce couplet la charge de rédiger le livre des Emblèmes.

Et vient alors à l'appui cette phrase finale de 1534, qui nous a paru être formule d'adulation, mais qui nous apparaît maintenant bien plus comme une protestation de capacité de l'auteur, dont la légèreté d'esprit habituelle peut faire craindre l'inaptitude à traiter un tel sujet. Mais là où aucune argumentation, même forcée, n'est possible, Rabelais se réfugie dans l'encensement, se disant assuré que celui qui lui conférera cette charge lui donnera en même temps les qualités requises pour l'accomplir: cil qui en commendant ensemble donne & pouoir & scauoir.

Screech dit ici: Rabelais quête le patronage du Roi dont il a déjà flatté l'ami intime qu'était Chabot. Pour se faire valoir, il traite longuement un sujet héraldique, sachant que la noblesse se passionnait pour l'armoirie. En fait, nous saurons désormais que c'est la charge de rédacteur du livre des Emblèmes que Rabelais quête auprès du roi, après avoir tenu à montrer son habileté de publiciste, et sa dévotion, en une délicate circonstance, cette autre note que Screech a donnée quelque peu avant mettant en lumière les motifs qui inspirent la conduite de l'auteur: Rappelons que c'est justement au moment où Rabelais publie son Gargantua que François Ier et sa sœur Marguerite inventaient leurs propres emblèmes.

Le changement de 1542 ne peut donc plus que nous apparaître comme tout naturel: l'offre n'ayant pas été retenue, probablement parce qu'en 1534 Jean Le Febvre avait été chargé de traduire les Emblemata, après avoir reçu toutes consignes utiles puisqu'il dédicacera son livre à Chabot, Rabelais ne peut que gommer sa postulation, la remplaçant, peut-être pour masquer sa déconvenue, par la facétie: si dieu me saulue le moulle du bonnet, cest le pot au vin, comme disoit ma mere grand. Mais nous pouvons encore distinguer dans ces deux périphrases qui désignent la tête comme l'intention de rappeler à qui de droit que, le temps passant, l'auteur risque de n'être plus en mesure d'assurer la rédaction dont la proposition demeure puisque subsiste la phrase: Bien ay ie espoir den escripre quelque iour plus amplement, la traduction des Emblemata n'ayant apparemment, aux yeux de Rabelais, nullement la valeur de l'œuvre qu'il écrirait.

Nous semble dès lors expliqué ce caractère de rédaction de commande qu'ont ces chapitres sur les couleurs, qui sont donc chapitres de circonstance que Rabelais s'est imposé d'écrire. Et il nous paraît avéré qu'ils n'ont pu qu'être rédigés après-coup et insérés dans le Gargantua pour saisir l'occasion qui se présentait de devenir le chantre officiel des conceptions héraldiques du roi, et accessoirement celui des attributions d'emblèmes qu'il pouvait décider.

En tout cas, nous pouvons assurément nous féliciter que François Ier n'ait pas accepté l'offre qui lui était faite: si cette fin de non-recevoir a pu décevoir Rabelais dans sa recherche de sécurité et de considération, elle a peut-être évité qu'écrit par l'héraldiste de la cour, le Tiers Livre ne fût moins librement frondeur qu'il est.

De ce quest signifié par les couleurs blanc & bleu. Chapitre.x.

Nous sommes à même désormais de comprendre que ce troisième chapitre du triptyque n'est rien autre qu'un aperçu de la méthode que Rabelais s'est fait fort d'employer: monstrer tant par raisons philosophicques, que par auctoritez recueues & approuuees de toute anciennete. Aussi, pour cette couleur blanche choisie comme échantillon, réunit-il toute l'érudition disponible et la déverse-t-il sans mesure de façon à convaincre, et d'abord par l'abondance, du bien-fondé de sa prétention à la charge de rédacteur du livre des Emblèmes.

Peut-être même nous faut-il voir dans le titre qui promet les significations du blanc et du bleu, alors que sera seul traité le blanc, ce que Rabelais tient pour suprême habileté: éveiller, par une magistrale argumentation sur la première couleur, l'intérêt et la curiosité du lecteur, le faisant se réjouir d'avoir encore à lire la seconde, puis, au dernier moment, décevoir son attente en le renvoyant au traité que, la main ainsi forcée, on ne pourra manquer de le charger d'écrire.

Il y a là, en fait, toute l'ingénue présomption du postulant à une charge pour laquelle il n'a pas d'aptitude particulière, persuadé que son expérience et sa valeur lui permettront de s'y adapter. Or Rabelais, usant ici du procédé du conteur qui tient en haleine son auditoire, se comportant avec une couleur du blason comme avec un héros de récit, montre précisément qu'un faiseur de romans n'est certes pas le plus compétent pour traiter d'héraldique. Et il semble que, même si Jean Le Febvre n'avait pas déjà été chargé de traduire les Emblemata, le roi n'aurait pu consentir à employer Rabelais de façon si peu satisfaisante, risquant de plus de distraire une plume dont il pouvait attendre des œuvres de bien autre valeur.

Quoi qu'il en soit, Rabelais est ici tout à la félicité qu'il se forge; et il entreprend ce qu'il tient pour une convaincante démonstration de son savoir-faire, posant de nouveau la donnée paradoxale: Le blanc doncques signifie ioye, soulas, & liesse: & non a tort le signifie, mais a bon droict & iuste tiltre, prenant immédiatement la précaution de demander qu'on l'écoute sans préjugés: Ce que pourrez verifier si arriere mises voz affections voulez entendre ce que presentement vous exposeray.

Et il commence par un argument d'autorité: Aristoteles dict que supposent deux choses contraires en leur espece: comme bien & mal: vertu & vice: froid & chauld: blanc & noir: volupte & doleur: ioye & dueil, & ainsi de aultres si vous les coublez en telle facon, qun contraire dune espece connuienne raisonnablement a lun contraire dune aultre, il est consequent, que lautre contraire compete auecques lautre residu. Et il nous faut ici noter que Rabelais a corrigé dès 1535 une inadvertance qui lui était échappée dans l'originale où, après volupte & doleur, il groupait en un faux couple dueil & tristesse.

Puis il développe: Exemple. Vertus & Vice sont contraires en une espece, aussy sont Bien & Mal. Si lun des contraires de la premiere espece conuient a lun de la seconde comme vertus & bien: car il est sceur[1]: que vertus est bonne, ainsi seront les deux residuz, qui sont mal & vice, car vice est mauluais. Et il conclut: Ceste reigle logicale entendue, prenez ces deux contraires, ioye & tristesse: puis ces deux, blanc & noir. Car ilz sont contraires physicalement. Si ainsi doncques est que noir signifie dueil, a bon droict blanc signifie ioye.

Et c'est là que Screech, qui continue de vouloir montrer qu'il a d'édifiantes lectures, dit: L'argumentation de Rabelais se fonde sur une règle logique d'Aristote (Topiques, V, 6; VIII, 3). Mais il fait néanmoins une erreur. Blanc et noir sont contraires en espèce, soit. Rabelais suppose que joie et tristesse le sont également. Mais cette erreur avait déjà été dénoncée par saint Thomas d'Aquin, qui montre que joie et tristesse ne sont opposées que lorsqu'il s'agit de la même cause. Lorsqu'on se réjouit à cause du bien et s'attriste à cause du mal, joie et tristesse ne sont pas contraires mais essentiellement différentes, etc. Nous dirons, nous, que c'est Screech qui commet ici l'erreur de se

_____

1. Il importe de signaler que tous les éditeurs, sauf Demazière, impriment ici le mot sceut, Demerson donnant l'équivalent: on sait que, tout en annotant: La première édition portait: sceur. Or le fac-similé de 42 porte là une demande de correction pour ce mot sceut, les signes étant ceux de la suppression du c (celui-ci non repris en marge et donc comme annulé) et du remplacement du t par le r. L'intention étant manifestement de rétablir le mot sceur, il apparaît donc qu'il y a quelque abus à lire l'expression: car il est sceut. Et cela paraît même être une inconséquence si l'on veut bien voir que la substitution du mot sceut au mot sceur contient un amoindrissement alors que l'expression s'inscrit dans un raisonnement qui est de ton résolument péremptoire. De plus, négliger ici de parler de certitude à propos de la vertu qui est bonne et le vice mauvais serait se priver d'un argument fondamental qui soutient la suite du raisonnement. En outre, ne pas se dire absolument certain que le vice est mauvais et bonne la vertu a quelque relent d'hérésie dont l'auteur se soucie certes beaucoup de ne pouvoir être soupçonné.

conduire comme ceux qui regardent par un pertuys (P. xxxiv), et que Rabelais n'en commet aucune en négligeant cette subtilité de sacristain pour ne considérer que la compréhension la plus immédiate, donc la plus large. Et c'est bien ce que montre la suite du raisonnement, puisque Rabelais continue (sans tenir compte de cette remarque incongrue): Et nest cette signifiance par imposition humaine institue(e), mais receue par consentement de tout le monde, que les philosophes nomment ius gentili, droict uniuersel valable par toutes contrees. Demerson explique ici: Chez les juristes anciens, cette expression désignait les lois non écrites admises par l'ensemble des nations humaines.

Et Rabelais tire immédiatement parti de cette notion de droit universel qu'il vient d'avancer: Comme assez scauez, que tous peuples, toutes nations (ie excepte les antiques Syracusans & quelques Argiues: qui auoient lame de trauers) toutes langues voulens exteriorement demonstrer leur tristesse portent habit de noir: & tout dueil est faict par noir. Plattard dit ici que ces Syracusains et Argiens portaient des vêtements blancs en signe de deuil, d'après Plutarque, Vie de Timoléon, et Questions romaines, 26, comme l'avait déjà noté un compilateur bien connu de Rabelais, Alexander ab Alexandro, dans ses Geniales Dies, III, 7. Mais Demerson donne, lui, une note qui n'a pas la moindre raison d'être pour un texte du XVIᵉ siècle: Selon cette argumentation, dit-il, il faudrait écarter du droit naturel tous les comportements traditionnels qui paraissent s'écarter d'une nature normale de l'homme. Et l'on peut penser qu'il a commis cet anachronisme dans le souci démagogique de prouver à ses étudiants qu'il est autant qu'eux préoccupé de la question contemporaine de la considération des minorités ethniques.

Screech, lui, observe: Rabelais est un plaideur habile: il écarte avec mépris les autorités et les exemples qui risqueraient d'affaiblir son cas. Nous dirons, nous, qu'il est clair que Rabelais, se faisant avocat, est forcément tendancieux; et il y a une certaine hypocrisie de la part des deux commentateurs à faire comme s'ils ignoraient que toute plaidoirie ne saurait qu'être rhétorique, puisque si l'évidence de la chose à démontrer était si lumineuse, on n'aurait pas à chercher à persuader, et donc à arranger ses arguments de façon à y mieux parvenir. Que n'ont-ils plutôt remarqué ici l'omission volontaire que fait Rabelais de la couleur du deuil à la cour, qui est en certaines circonstances le violet, et qui pourrait laisser entendre, après ce qu'il a avancé, que l'âme de ladite cour, sans être tout à fait de travers, souffre de quelque déséquilibre.

C'est bien pourquoi Rabelais poursuit en se gardant de s'arrêter à la moindre nuance: Lequel consentement uniuersel nest faict que nature nen donne quelque argument & raison: laquelle un chascun peut soubdain par soy comprendre sans aultrement estre instruict de personne, laquelle nous appellons droict naturel. Et la pétition de principe sur le noir censée admise, Rabelais peut amener à son côté celle qui traite du blanc: Par le blanc a mesme induction de nature tout le monde a entendu ioye, liesse, soulas, plaisir, & delectation. Peuvent maintenant suivre les illustrations, et elles sont nombreuses:

La première est puisée chez Pline l'Ancien par le même canal du compilateur Alexander ab Alexandro, Geniales Dies, IV, 20 (Michel): Au temps passe les Thraces & Cretes signoient les iours bien fortunez & ioyeux, de pierres blanches: les tristes & defortunez, de noires.

La deuxième, faisant intentionnellement allusion à une vieille controverse des humanistes, met en avant les Écritures: La nuict nest elle funeste, triste, & melancholieuse? Elle est noire & obscure par priuation. La clarte nesiouit elle toute nature? Elle est blanche plus que chose que soit. A quoy prouuer ie vous pourrois renuoyer au liure de Laurens Valle contre Bartole, mais le tesmoignage euangelicque vous contentera.

Screech explique ici dans un long commentaire: (...) Bartole, célèbre jurisconsulte du XIVe siècle (1314-1357; Michel), avait traité la question des couleurs dans son De insigniis et armis. Au XVe siècle, Laurent Valla se moqua non seulement de son mauvais latin (insigniis pour insignibus), mais de l'interprétation qu'il propose de la couleur blanche (Contra Bartoli Libellum ad Candidum Decembrum, publié pour la première fois en 1517). (Michel donne la traduction: Au blanc Décembre, et Jourda dit que l'épître fut éditée à Bâle). Selon Bartole, la lumière est d'or. Valla le traite en âne qui ne sait lever la tête pour voir que la lumière n'est pas d'or mais blanche, ce qui permet à Valla d'attribuer à la couleur blanche toute la dignité réservée par Bartole à la lumière seule. L'importance pour la science d'armoirie en est grande.

Ledit tesmoignage euangelicque n'est pas choisi au hasard: Math. xvij. est dict[2] que a la transfiguration de nostre seigneur: vestimenta eius facta sunt alba sicut lux, ses vestemens feurent faictz blancs comme la lumiere. Par laquelle blancheur lumineuse donnoit entendre a ses troys apostres lidee & figure des ioyes eternelles. Il importe en effet de savoir qu'en traduisant par blancs comme la lumière, Rabelais

---

2. La phrase est la même en 1534 (où le numéro du chapitre est toutefois en chiffres arabes). C'est donc, ou bien que le verbe est remplace arbitrairement la mention du verset: vt 2, que le typographe a mal lu dans le manuscrit, et nous pourrions alors rétablir: Math. xvij. vt2. dict que; ou bien que ce même typographe a omis le premier mot de la phrase manuscrite: En Math. xvij. est dict, ou: Dans Math. xvij. est dict.

s'oppose ouvertement à la leçon traditionnelle, ainsi que l'explique Screech dans la même note: C'est ici le noyau de la question. Rabelais se range fièrement du côté des légistes humanistes. (Suit le texte cité plus haut.) Les héraldistes cherchaient dans la Bible le sens caché des couleurs et de la lumière. Or Bartole et ses disciples ne consultaient que la Vulgate. Ainsi, Barthelemy de Chasseneux, ennemi de Tiraqueau, avait essayé d'appuyer la thèse de Bartole en citant saint Matthieu, XVII, 2: vestimenta ejus facta sunt alba sicut nix. Mais Valla, Érasme, Lefèvre d'Etaples, bref, tout humaniste qui sait le grec, sait aussi que saint Matthieu n'a pas écrit blancs comme neige, mais blancs comme la lumière, ce qui appuie l'interprétation de Rabelais. Érasme fait une allusion aux idées de Valla dans ses Annotationes in N.T. à propos de ce verset. Le Blason des couleurs fait la même erreur que Bartole: Et dit la Loy (la Bible) que chose n'est plus belle que la clarté... Et aussi que le filz de Dieu se transfigura devant ses apostres, sur le Mont de Thabor, s'apparut luysant en couleur d'or... Et dist l'Escripture que les vestemens de Jesuschrist apparurent aux apostes blancz comme la neige.

Michel avance, à la fin de sa note d'explication: Rabelais connaissait donc l'édition érasmienne du Nouveau Testament; et Demerson dit ici: Tout le monde savait que le texte latin adopté par l'Église portait non pas sicut lux (comme la lumière) mais sicut nix (comme la neige). Mais les humanistes avaient rétabli d'après le grec le texte véritable, que Rabelais suit ici, ce qui leur permettait de ridiculiser au passage les tenants de Bartole et les allégoristes qui croyaient trouver dans les Écritures un enseignement relatif au sens mystique des couleurs.

A ce verset scripturaire, Rabelais ajoute un tout profane exemple, continuant: Car par la clarte sont tous humains esiouiz. Comme vous auez le dict dune vieille que nauoit dens en gueulle, encores disoit elle Bona lux. C'est allusion au texte de l'Éloge de la Folie (XXXI); P. de Nolhac, dans l'édition Garnier-Flammarion rend de façon libre l'expression La lumière est bonne: Mais le plus charmant est de voir des vieilles, si vieilles, si cadavéreuses qu'on les croirait de retour des Enfers, répéter constamment: La vie est belle! Elles sont chaudes comme des chiennes ou comme disent volontiers les Grecs, sentent le bouc.

Cette gaillardise n'empêche nullement Rabelais de continuer d'avancer d'autres références aux textes sacrés; et d'abord à l'Ancien Testament, avec le livre de Tobit (V, 10) (qu'il nomme Thobie selon la traduction erronée de cette Vulgate qu'il vient de contester de confiance derrière Érasme, et à seule fin, pouvons-nous penser, de se donner pour humaniste), puis encore au Nouveau Testament avec Jean (XX, 12), puis aux Actes des apôtres (I, 10), et enfin à l'Apocalypse (IV, 4 et VII, 13): Et Thobie, cap. v. quand il eut perdu la veue, lors que Raphael le salua, respondit. Quelle ioye pourray ie auoir qui poinct ne voy la lumiere du ciel? En telle couleur tesmoignerent les Anges la ioye de tout luniuers a la resurrection du saulueur, Ioan. xx. & a son ascension, Act. j. De semblable parure veit sainct Iean euangeliste Apocal. iiij. & vij. les fideles vertuz en la celeste & beatifiee Hierusalem.

Mise à part, bien sûr, cette anomale allusion à la vieille édentée (où l'on peut voir peut-être une maladresse due au désir de ne rien éliminer des arguments réunis), Rabelais juge assez nombreuses les références scripturaires, et il aborde maintenant les références à l'Antiquité: Lisez les histoires antiques tant Grecques que Romaines, vous trouuerez que la ville de Albe (premier patron de Rome) feut & construicte & appellee a linuention dune truye blanche. Screech donne ici la référence: Properce, IV, 1; mais tous les autres commentateurs parlent de Virgile, Enéide, III, v. 388-392, Boulenger commentant: Elle fut en effet fondée par Ascagne fils d'Enée, à l'endroit où il aperçut une truie blanche et trente marcassins; et tout le monde reprend l'explication, alors que c'est ici le roi-devin Hélénus qui prophétise: Lorsque, plein d'inquiétude, tu trouveras aux bords d'un fleuve écarté, sous les yeuses du rivage, une énorme laie blanche étendue sur le sol, avec trente nourrissons, blancs comme leur mère pressés autour de ses mamelles, ce sera l'emplacement de ta ville et le terme fixé à tes travaux. (Traduction M. Rat, Garnier-Flammarion).

Et il poursuit: Vous trouuerez que si a aulcun apres avoir eu des ennemis victoire, estoit decrete quil entrast a Rome en estat triumphant, il y entroit sur un char tiré par cheuaulx blancs. Autant celluy qui y entroit en ouation. Car par signe ny couleur ne pouuoyent plus certainement exprimer la ioye de leur venue, que par la blancheur. Michel dit ici: L'ovation récompensait un succès militaire moindre que la victoire donnant lieu au triomphe, dont les conditions étaient strictes (5.000 ennemis tués, etc.). Rabelais pouvait aussi alléguer qu'on choisissait des animaux blancs comme victimes pour les sacrifices. A défaut on les blanchissait en les enduisant de craie. Nous pourrions ajouter, nous, qu'il aurait aussi pu dire que si les bandelettes de deuil étaient violettes, les bandelettes sacrées étaient blanches; mais bien plutôt pouvons-nous nous féliciter que Rabelais ait borné là ses arguments, tant nous paraît fastidieuse cette culture de bibliothèque si éloignée du Rabelais spontané qui nous enchante. Qu'il est donc heureux que la tentative que fait ici notre auteur de passer pour capable d'être héraldiste officiel n'ait pas convaincu le roi; et qu'il ne l'ait pas ainsi condamné à s'ennuyer autant qu'il aurait ennuyé ses lecteurs. Cela dit, il nous faut revenir au flot d'érudition qu'il a voulu donner à lire, puisqu'il continue de plus belle:

Vous trouverez que Pericles duc des Atheniens voulut celle part de ses gensdarmes esquelz par sort estoient aduenu(e)s les febues blanches, passer toute la iournee en ioye, solas, & repos: ce pendent que ceulx de laultre part batailleroient. Mille aultres exemples & lieux a ce propos vous pourrois ie exposer, mais ce nest icy le lieu. Screech dit là: Rabelais suit ici peut-être B. de Chasseneux, Catalogus, I, § 36. Tout le monde donne la référence: Plutarque, Vie de Péricles, 27; et Michel remarque: Rabelais, comme Amyot, francise les titres grecs: duc traduit stratègos, général. Et il dit encore, bien qu'il vienne de lire que ce nest icy le lieu: Rabelais pouvait aussi invoquer les adieux à la lumière chez les Tragiques grecs, par exemple dans l'Antigone de Sophocle.

C'est là que, peut-être conscient de l'ennui qu'il risque d'engendrer, Rabelais change de registre en proposant à son lecteur une explication à laquelle nous nous doutons qu'il n'attache assurément pas la moindre foi: Moyennant laquelle intelligence pouez resouldre un probleme, lequel Alexandre Aphrodise a repute insoluble. Pourquoy le Leon, qui de son seul cry & rugissement espouante tous animaulx, seulement crainct & reuere le coq blanc? Car (ainsi que dict Proclus lib. de sacrificio & magia) cest par ce que la presence de la vertus du Soleil, qui est lorgane & promptuaire de toute lumiere terrestre & syderale, plus est symbolisante & competente au coq blanc: tant pour icelle couleur que pour sa propriete & ordre specifique que au Leon. Plus dict, que en forme Leonine ont este diables souuent veuz, lesquelz a la presence dun coq blanc soubdainement sont disparuz.

Voilà certes des arguments de poids qui ont le mérite d'être irréfutables. Aussi nos commentateurs réagissent-ils par une certaine profondeur dans le propos: Demerson dit ici: Alexandre d'Aphrodise, commentateur d'Aristote, avait dressé au début du 13e siècle, un catalogue de problèmes insolubles, mais il ne précise pas de quelle couleur est le coq qui effraie le lion; tout ce passage sur le coq blanc doit pouvoir s'interpréter à la lumière des Symboles pythagoriciens auxquels s'intéressaient les humanistes: s'abstenir de coq blanc signifie: aider au salut de chacun avec la plus grande pureté, selon Philippe Béroalde. Pour Proclus, il dit: Rabelais s'inspire d'un platonicien du 15e siècle, Ficin, qui avait commenté ce traité du néo-platonicien Proclus (5e siècle) sur la magie. Et il ajoute, après la dernière phrase du paragraphe de Rabelais, et sans que nous sachions s'il s'agit du pouvoir du coq sur le lion, de son pouvoir sur les diables, ou les deux: Les Bestiaires médiévaux connaissaient ces propriétés du coq blanc. Screech, lui, annote seulement: Voir Alexandre d'Aphrodisias, Problemata, préface; Proclus, De sacrificio et magia, in de Mysteriis Aegyptorum, Chaldaeorum, Assyriorum...; Marcile Ficin, De Vita coelitus comparanda, et ajoute: La couleur du coq n'est pas mentionnée par la plupart des auteurs, mais l'est par H.C. Agrippa, De occulta philosophia, 1531.

Là-dessus, Rabelais, qui semble n'avoir vu là autre chose que la possibilité de faire nombre, poursuit avec une allégation encore plus fragile qui a manifestement pour dessein de flatter la fierté royale: Ce est la cause pourquoy Galli (ce sont les Francoys ainsi appelez par ce que blancs sont naturellement comme laict, que les Grecz nomme(nt) gala) voluntiers portent plumes blanches sus leurs bonnetz. Car par nature, ilz sont ioyeux, candides, gratieux & bien amez: & pour leur symbole & enseigne ont la fleur plus que nulle aultre blanche, cest le lys.

Guilbaud dit ici: Etymologie qui n'est pas de l'invention de Rabelais. Elle figure dans les Illustrations des Gaules, de Jean Le Maire de Belges. Demerson note, pour le mot candides: On savait qu'en latin cet adjectif signifiait: blanc éblouissant. Mais ce que personne ne remarque, c'est que cette intervention des Galli, et la mention qu'il a faite un peu plus haut du coq, font passer Rabelais tout près du jeu de mots (gallus: Gaulois et gallus: coq) dont se réclameront les Français quelque trois cents ans plus tard. Et surtout, ce que personne ne relève, c'est l'erreur traditionnelle que reconduit le texte, attendu que ce n'est nullement la fleur de lys que les Français ont jamais eue pour leur symbole et enseigne, tout au moins au départ:

L'encyclopédie annuelle Quid (Laffont, 1981)[3] dit en effet: Fleur de lys: Le mot fleur a été traditionnellement interprété comme un terme de botanique. C'est seulement au XXe siècle qu'il a été rapproché du mot fleuret (du germanique wrestle, brandir). Le mot lys devrait être rapproché de lice, champ clos pour le combat. La fleur de lys, emblème traditionnel de la monarchie franque, a été jusqu'au XIIe siècle représentée comme fixée au bout d'un manche. Elle est en réalité un fer d'angon (sorte de javeline) composé d'une pointe en losange et de deux crochets servant d'arrêts à gauche et à droite. Le tout s'adapte au manche de l'angon par une douille formant le pied de la fleur de lys.

---

3. Il n'est pas coutume de faire référence à un tel ouvrage considéré comme un recueil de renseignements d'ordre pratique. Ce serait, en l'occurrence, un grand tort de le dédaigner attendu que le Thesaurus de l'Encyclopaedia Universalis donne sur le sujet un article aussi fumeux que conventionnel.

Le manche a été supprimé en 1146 (2ᵉ croisade) lorsque le roi Louis VII la fit figurer sur son bouclier comme signe distinctif de son autorité royale. En 1179, le vêtement du sacre de Philippe Auguste est semé de fleurs de lys. En 1285, Philippe III réduit leur nombre à trois sur le sceau royal, en l'honneur des trois personnes de la Trinité. A partir de Philippe le Bel, on adopte la couleur dorée sur champ azur. L'écu des rois de France demeurera ainsi jusqu'en 1830. Des fleurs de lys de couleurs différentes ont souvent été utilisées par des monarchies étrangères ou par des seigneuries françaises. Un arrêt de 1697 interdit seulement la fleur de lys d'or sur champ azur.

Et le texte ajoute ici un nota où l'on peut voir l'obstination que mettent certains à pérenniser une confusion: Le fer d'angon stylisé ne ressemblant pas à un lys mais à un iris, on a proposé comme explication que lys est le nom de la rivière la Lys (affluent de l'Escaut) où poussent des iris.

Évidemment, nous ne suivrons pas cette absurde justification par la rivière, pas plus que nous ne verrons la nécessité de rapprocher le mot fleur de ce mot fleuret pour lequel on est obligé d'aller chercher le germanique verbe brandir. Il est certes plus simple, et donc plus proche de la vérité, de voir là, une fois de plus, des substitutions de sens qui se sont superposées à mesure que la désignation originelle n'a plus été comprise, ou qu'on a voulu qu'elle ne fût plus comprise. Et il nous apparaît que, la représentation de départ étant le fer d'angon emmanché, cette désignation n'a pu qu'être: fer de lice. Et, tant qu'a subsisté le manche, personne, sans doute, n'a vu là autre chose que l'arme. Puis, le manche disparu et l'arme franque inconnue, il s'est probablement trouvé quelque poétereau, appointé peut-être par ce Philippe III qui fut si soumis au Saint-Siège, pour instituer la falsification et donner à voir l'image d'une fleur d'iris dans ce fer trilobé déjà censé évoquer la Trinité. Mais comme subsistait la désignation de fer de lice, ledit poétereau a dû feindre d'entendre lice comme lys, entraînant alors la confusion sonore entre fer et fleur. C'est ainsi qu'au viril fer de lice a pu être superposée la toute mièvre fleur de lys, dont on n'a pu que retenir la notion de pureté qu'elle avait dans le culte marial[4], tout cela, avancé sans la moindre preuve, n'étant bien entendu donné pour bon que jusqu'aux prochaines pluies.

---

4. D'où la nécessité, dit-on, que ressentit en 1820 le chansonnier Béranger, de choisir pour emblème des Français le coq, donné pour gaulois, ce qui n'est pas inexact puisqu'on devait découvrir à Décines, dans la banlieue lyonnaise, un coq de l'époque gallo-romaine pour lequel l'atelier des moulages du Louvre parle de l'attribut de Mercure auquel il est généralement associé, de facture réellement populaire et de réminiscence de l'art animalier celtique. (L'original se trouve au musée de la civilisation gallo-romaine, à Lyon).

Cela dit, qui n'a certes jamais pu effleurer l'esprit de l'auteur, nous replongeons, après nous être ainsi aérés, dans les poudreux grimoires, car Rabelais, probablement fort satisfait d'avoir couronné son couplet nationaliste par ce lys, entreprend maintenant de réunir les avis qui font autorité sur la question: Si demandez comment par couleur blanche nature nous induict entendre ioye & liesse: ie vous responds que lanalogie & conformite est telle. Car comme le blanc exteriorement disgrege & espart la veue, dissoluent manifestement les espritz visifz, selon lopinion de Aristoteles en ses problemes, & des perspectifz, & le voyez par experience: quand vous passez les montz couuers de neige: en sorte que vous plaignez de ne pouuoir bien reguarder, ainsi que Xenophon escript estre aduenu a ses gens: & comme Galen expose amplement lib. v. de usu partium:

La plupart des commentateurs disent d'abord qu'il y a là une utilisation très libre des Problèmes d'Aristote (XXXI, 20); on nous dit que ce De usu partium est le De l'usage des parties du corps humain (x), et Michel est seul à indiquer que la référence à Xénophon se rapporte à l'Anabase. Screech dit que l'exemple de Xénophon, mentionné par Galien, est souvent cité à ce propos. Tout le monde est d'accord sur les esprits visuels divisés et dispersés, mais Demerson explique, lui: Les esprits visuels: certains des fameux esprits animaux des aristotéliciens s'échappaient par les yeux, formant un rayonnement qui permettait à l'âme de percevoir visuellement les objets; chaque sensation visuelle entraîne donc une désagrégation de la substance de l'œil; plus la perte de substance est importante, plus cette perception est consciente.

Mais deux compréhensions fort divergentes sont données pour le mot perpectifz, selon qu'on y voit un second qualificatif des espritz, ou un substantif. Boulenger, Jourda, Michel disent: qui regardent les choses, Michel ajoutant l'explication qui semble le satisfaire pleinement: vocabulaire scientifique du temps. Guilbaud dit: Des auteurs de Perspectives (traités d'optique). Plattard dit: Entendez les auteurs de Perspectives, c'est-à-dire les écrivains qui, au moyen âge, ont traité de l'optique, et qu'on appelait en latin Perspectivi. Screech dit: La phrase où ce mot paraît est assez embrouillée, l'Édition Critique change des perspectifs en les perspectifz. (Et nous remarquerons, nous, au passage, la conscience avec laquelle l'édition Lefranc résout les questions embarrassantes). Néanmoins Screech ajoute: Mais on pourrait comprendre: Selon l'opinion d'Aristote et des autorités en l'ars perspectiva (latin médiéval: l'optique). Demerson dit: Selon l'opinion des spécialistes en perspective (les Perspectifs) qui appuyaient leur science sur des commentaires d'Aristote (par exemple Lefèvre d'Étaples, Pespectiva

Introductio, 1503). Nous dirons, nous, que si Rabelais paraît désigner ici les auteurs de traités d'optique, nous ne pouvons pourtant éliminer la compréhension plus immédiate où ces perspectifz ne seraient rien autre que ceux qui examinent attentivement (perspectare).

Là-dessus, sans sourciller, Rabelais extrapole des yeux au cœur: tout ainsi le cueur par ioye excellente est interiorement espart & pastit manifeste resolution des esperitz vitaulx. Laquelle tant peut estre acreue: que le cueur demoureroit spolie de son entretien, & pas consequent seroit la vie estaincte, par ceste perichairie comme dict Galen lib. xij. Metho. li. v. de locis affectis & li. ij. de symptomaton causis. Et comme estre au temps passe aduenu tesmoignent Marc Tulle li. j. questio. Tuscul. Verrius, Aristoteles, Tite Live, apres la bataille de Cannes, Pline lib. vij. c. xxxij. & liij. A. Gellius li. iij. xv. & aultres, a Diagoras Rodien, Chilo, Sophocles, Dyony, tyran de Sicile, Philippides, Philemon, Polycrata, Philistion, M. Iuuenti, & aultres qui moururent de ioye.

Cela ne risque pas de nous arriver en lisant cet amoncellement de références; mais encore nous devons-nous de vaincre notre aversion, puisque Rabelais a jugé bon de passer outre à l'ennui que devait lui inspirer cette érudition réunie aux fins de faire sérieux (car il était placé pour savoir que la confusion entre l'ennuyeux et le sérieux est une des constantes de la gent cérébrale française). Les trois mots: par ceste perichairie, ont été ajoutés, sans doute par souci de clarifier, à l'édition originale, et Boulenger explique que la périchairie est l'excès de joie. Pour la resolution des esperitz vitaulx, Demerson explique qu'ils avaient leur siège dans le cœur; ils assuraient le fonctionnement de l'organisme; ils pouvaient tendre vers le cerveau (intentio) ou se répartir dans le corps; dans un mouvement violent, la chaleur les dilatait et les dispersait. Quant au cueur spolie de son entretien, il dit: Philippe Béroalde expliquait de façon semblable les morts causées par un excès de joie (Explication morale des symboles de Pythagore, édition de 1520, f° XIX).

Les références à Galien se rapportent à De Methode Metendi (Méthode de soigner). Le livre XII traite des syncopes (Michel). Des endroits malades, V; Des causes des symptômes, II (Guilbaud). Marc Tulle est évidemment Cicéron, et il s'agit des Tusculanes, I, xxxiv (Guilbaud). Verrius est Marius Verrius Flaccus, grammairien latin (Guilbaud) cité par Pline l'Ancien (Michel). La référence à Pline se rapporte à l'Histoire naturelle. A. Gellius est Aulu-Gelle, Nuits Attiques, III, xv (Guilbaud) dont Demerson a dit au chapitre iij que c'est l'ouvrage de compilation du grammairien latin du 2e siècle après J.-C.

Pour Sophocles et Dyony, tyrant de Sicile, Demerson dit: l'auteur tragique grec et le fameux tyran de Syracuse, Denys, seraient tous deux morts de joie en apprenant leur victoire au concours de tragédie. Philippides et Philémon, dit encore Demerson, furent des poètes comiques grecs, de même que Philistion. Quant à Polycrita, Demerson dit que, prisonnière des Milésiens, elle mourut de joie en voyant que, par une ruse, elle avait donné la victoire à ses concitoyens. Et il ajoute: la graphie Polycrata prouve que Rabelais a emprunté toute cette compilation à l'érudit Ravisius Textor (mort à Paris en 1524) qui avait commis la même erreur. Le titre de l'œuvre de ce Tissier de Ravisi (Plattard) est l'Officina (1532), et le chapitre où Rabelais a trouvé ce ramas est celui qui est intitulé Morts de joie (Guilbaud) ou, selon Jourda, Mortui gaudio et risu, De ceux qui moururent de rire...

La remarque sur l'erreur reproduite nous réjouit hautement, tant nous avons pu craindre un moment que, pour se gagner ce poste qu'il convoite si fort, Rabelais se soit astreint à compulser les livres dont il parle pour y rechercher longuement les passages qu'il cite. Nous constatons, bien soulagés, que s'il était prêt à faire certaines concessions pour être retenu, et en particulier écrire ces trois chapitres de circonstances où son encre devient progressivement oléagineuse, les registres de son cerveau n'étaient pas brouillés à ce point de cette purée d'ambition, et qu'il a, selon son habitude, insouciamment pris sa manne, sans rien vérifier, chez ces compilateurs qui ont le mérite de s'être assommés pour que d'autres n'aient plus à la faire. Et c'est sans la moindre vergogne qu'il va finir d'étourdir par une ultime référence: Et comme dict Auicenne in ij. canone, & lib. de viribus cordis, du zaphran, lequel tant esiouit le cueur quil le despouille de vie si on en prend en dose excessive, par resolution & dilatation superflue, n'ajoutant que dans le définitive: Icy voyez Alex Aphrodisien lib. primo problematum c. xix. Et pour cause.

Boulenger se borne à noter, pour la formule finale: C.q.f.d., dirionsnous. Guilbaud indique: Canon II, et livre Des forces du cœur (qui doit être le livre des remèdes cordiaux, Libellus de medicinis cordialibus, où Avicenne parle bien du safran). Alexandre Aphrodisias, Problèmes, I, xix. Et il dit, pour la formule, qu'elle est du langage judiciaire. Plattard, lui aussi, dit seulement: Et voilà pour la cause, formule de conclusion dans le langage du palais. Jourda dit: Formule de conclusion des hommes de loi. Michel dit: Formule de conclusion dans le langage judiciaire. De même, Demerson se borne à dire: Formule d'homme de loi.

Ainsi, il apparaît qu'enivrés par cette profusion de doctes références qu'ils lisent depuis le début du chapitre, nos commentateurs n'ont pas prêté attention au fait que ces deux phrases: Icy voyez Alex Aphrodisien lib. primo problematum c. xix. Et pour cause, sont des phrases qui ont été ajoutées pour l'édition de 1542. Et ils n'ont pas vu que la formule finale est le signe par lequel, en 1542, Rabelais marque la distance qu'il a prise avec le fatras d'érudition de 1534, et témoigne. par une grivoiserie, qu'il a retrouvé sa naturelle légèreté.

Mais, pour l'apercevoir, il leur eût fallu avoir la connaissance d'un point qui, pour être moins austère que les sujets évoqués jusque-là, n'en est pas moins dans les livres des Anciens, à savoir que le safran était tenu pour un aphrodisiaque ainsi qu'en témoigne le docteur G. Debuigne dans son Dictionnaire des plantes qui guérissent (Larousse): Dioscoride et Pline, dit-il, l'utilisaient pour provoquer l'urine, calmer la toux et, ajoute-t-il entre des guillemets qui montrent qu'il reprend l'expression de l'un de ces auteurs, exciter à l'amour. En fait, le safran, employé comme diurétique, pouvait provoquer une augmentation du nombre des érections, ce qui le faisait ranger parmi les aphrodisiaques, dont le plus connu était la dangereuse poudre de cantharide. Et, comme celle-ci, le safran était alors réputé capable, pris en dose excessive, de dépouiller le cœur de vie.

Cela connu, il leur eût fallu remarquer que cet Alexandre d'Aphrodise est dit, à dessein, Alex Aphrodisien, pour faire de son nom une sorte de qualificatif directement lié à la propriété aphrodisiaque du safran, ce qui donne au nom figure d'état, de manière d'être. Et c'est alors que leur serait apparu que la formule Et pour cause, si elle est effectivement formule judiciaire, se double ici du sens dont parle Littré: Familièrement et elliptiquement: non sans motif, avec raison, se dit quand les motifs sont évidents ou qu'on veut les taire. Et ils auraient entendu que ce Et pour cause renvoie au nom Aphrodisien ainsi donné pour prédestiné à parler du safran, la réticence appelant à l'esprit la propriété aphrodisiaque. Autrement dit, les deux phrases équivalent à quelque chose comme: Voyez là-dessus Alex Aphrodisien (lib. etc.). Il parle de ce qu'il sait, comme l'indique son nom.

C'est donc maintenant sur cette gaillardise que se clot l'argumentation. En 1534, la conclusion s'amorçait, fort abruptement, après les mots: dilatation superflue: Ientre plus auant en ceste matiere, que ne establissoys au commencement. En 1542, après l'addition dont le caractère érotique a peut-être été déterminé par les mots dilatation superflue relus dans la disposition d'esprit facétieuse qui est alors la sienne, Rabelais ajoute encore une exclamation qui paraît surtout devoir arrondir la phrase: Mais quoy ientre plus auant en ceste matiere, que ne establissois au commencement. Et c'est alors que nous nous avisons que l'exclamation est bien plutôt un signal attirant l'attention sur la compréhension seconde de la phrase, qui participe maintenant du caractère salace de l'addition. Et, derrière le sens littéral de la limitation, nous entendons alors au sens égrillard les locutions: entre plus auant, et: en ceste matiere, arrivant à quelque chose comme: Mais quoi! je m'enfonce plus profond en ce sujet que je ne me le proposais en commençant.

Il n'y a évidemment là que plaisanterie gratuite, sorte de revanche, pouvons-nous penser, prise en 1542, sur le souvenir de la vaine application mise, en 1534, à la rédaction de ce chapitre. Aussi Rabelais, après s'être diverti à charger d'une signification graveleuse une phrase originellement tout innocente, reprend-il le texte de 1534, qui déjà prolongeait la métaphore de navigation du chapitre précédent: icy doncques calleray mes voilles. Et il reconduit simplement l'anticipation rhétorique qui, enchérissant sur lespoir den escripre quelque iour plus amplement exprimé à la fin du chapitre précédent, donne pour acquise la charge sollicitée: remettant le reste au liure en ce consomme du tout.

Michel explique ici: Au livre complètement achevé sur ce sujet, ajoutant: Il s'agit vraisemblablement d'un projet imaginaire, alors que nous avons désormais toutes raisons de voir confirmée notre idée de la réelle ambition qui a un moment habité l'esprit de Rabelais.

Car c'est bien encore la réalité de son aspiration que nous pouvons distinguer dans la phrase finale où, toujours anticipant, il tient le lecteur pour conquis par ce qu'il vient de lire et brûlant de connaître la suite des aventures des couleurs, et le renvoie au livre à paraître tout en donnant pour admis le paradoxe du début: Et diray en un mot que le bleu signifie certainement le ciel & choses celestes, par mesmes symboles que le blanc signifie ioye & plaisir.

Toute cette habileté n'a pourtant pas paru exactement adaptée à la nature du sujet traité; et Rabelais n'a donc eu, ni pour le bleu ni pour nulle autre couleur, à produire de semblables marqueteries de compilation. Et ce n'est certes pas nous qui nous en plaindrons, qui allons retrouver, après cet accident héraldique, la joyeuse spontanéité de celui que ses ailes gênent quelque peu pour marcher au niveau du blason

De ladolescence de Gargantua. Chapitre.xj.

Pour ce chapitre de libération où Rabelais, sans plus aucune intention de profit, peut reprendre son ton naturel, il importe que nous nous rendions compte de ce qu'il a été dans l'originale: cinquante et une lignes qui, pour un nombre de caractères à la ligne équivalent, vont devenir cent une en 1542. L'addition, si importante, porte presque exclusivement sur les expressions proverbiales dont Screech dit: Rabelais fait ressortir comiquement la grossièreté du jeune géant, abandonné à ses propres ressources, en le faisant agir contre la prudence proverbiale. Et il ajoute: Les proverbes que cite Rabelais sont authentiques, la plupart se retrouvant dans les compilations de l'époque; mais point n'est besoin de supposer que c'est là que Rabelais est allé les chercher. Il remarque enfin: L'importante addition, amusante en soi, tend à obscurcir le sens original du texte.

Ainsi donc, la joie que nous éprouvons à retrouver le Rabelais que nous aimons pourrait être ternie par les réserves platement scolaires du pédantesque Screech, probablement déçu de ne pas trouver ici l'occasion de déverser sa fumeuse érudition, comme il l'a fait avec la plus évidente satisfaction dans les chapitres héraldiques. Mais il est sûr que nous ne distinguerons ici aucun obscurcissement du sens original pour l'excellente raison que, nous gardant, nous, de prendre le Gargantua pour la bluette que veut y voir Screech (ainsi que nous l'avons déjà noté pour ses mesquines remontrances sur l'anachronisme), nous n'avons pas la moindre idée de ce que peut être ce sens original dont il parle.

En fait, Screech commet ici comme tout au long de l'œuvre la faute majeure du glossateur: celle de commenter par rapport à ce qu'il aurait, lui Screech, écrit dans les mêmes circonstances. Ainsi, nous entendons bien qu'il se serait abstenu, s'il avait pu en concevoir l'envie, de faire cette si considérable addition de sentences proverbiales, et qu'ayant intitulé son chapitre: De l'adolescence de Gargantua, il aurait eu à cœur de rester étroitement dans le sujet, sans se permettre cette digression qui, pour lui, appelle en marge de la copie de l'élève Rabelais l'annotation en rouge: Hors de propos. Il faut traiter ce que vous avez annoncé. La digression que vous faites, pour amusante en soi, n'a pas ici sa place. Elle déséquilibre la composition et ressemble assez au moyen de masquer le manque d'idées sur cette adolescence.

Et c'est là que nous revoyons alors ce geste qu'ont dû faire tous les élèves (sauf évidemment les prix d'excellence) à l'époque où l'on écrivait encore à la plume Gauloise: catapulter, en faisant ressort sur cette plume, sa charge d'encre sur la figure de celui qui vous importunait. Et nous rêvons d'un Rabelais qui, sa plume d'oie abondamment garnie, la retourne et, du jet, renverse à jambes rebindaines (P. xxix) le foutriquet, auteur du blâme, l'endormant un moment, comme Epistemon, pour qu'il aille jusqu'au paradis des cuistres voir s'il y est.

Donc, continuant de nous garder comme de la peste d'une si extravagante prétention[1], nous continuerons d'employer notre méthode: tenter, aussi humblement que scrupuleusement, de nous identifier à l'auteur et tâcher à nous confondre en pensée avec la disposition d'esprit où il pouvait être en écrivant. Et c'est ainsi que nous parvenons à entendre que ce chapitre de l'adolescence est, pour Rabelais, au sortir du pensum qu'a été le dernier chapitre héraldique, cet affranchissement, cette libération avancée plus haut. Et la version de 1534, si elle est déjà pour lui l'occasion de renouer avec sa façon spontanée et son inspiration terrienne, engendre, en 1542, alors qu'il sait pertinemment que ses soins fastidieux n'ont rien produit, l'envie d'enchérir, d'en remettre, et donc d'ajouter à la dizaine des premières expressions cette cinquantaine d'autres qui font tant sourciller les maîtres d'école.

Mais, ces expressions proverbiales, il va nous falloir les examiner, car les commentateurs ont sur elles des vues parfois fort surprenantes, teintées qu'elles sont, croyons-nous, du dédain que leur inspire cette triviale veine parémiologique. Et l'incompréhension commence dès le second paragraphe, tout de suite après la légitime admiration qu'engendre l'écriture du premier: Gargantua depuis les troys iusques a cinq ans feut nourry & institué en toute discipline conuenente par le commandement de son pere, & celluy temps passa comme les petitz enfans du pays, cest assauoir a boyre, manger, & dormir: a manger, dormir, & boyre: a dormir, boyre, & manger (ce qui donne, si l'on numérote 1, 2, 3 les trois mots du premier élément, le rythme ternaire 1-2-3; 2-3-1; 3-1-2, qui paraît soigneusement élaboré puisqu'en sont éliminées les combinaisons 1-3-2, 2-1-3 et 3-2-1).

---

1. Quelques comptes rendus de l'étude sur le Pantagruel nous ont pourtant reproché d'en montrer beaucoup. Il ne s'agit en tout cas jamais d'une prétention de ce genre, la nôtre se bornant à se flatter d'obtenir un résultat (Petit Robert), et cela toujours pour la plus grande gloire de Rabelais. Car nous refusons cette affectation d'humilité qui a pour mission de désarmer les critiques, les plaçant par comparaison si haut qu'ils en doivent être enclins à la mansuétude. Nous n'avons à être humbles que devant l'auteur.

Cela commence avec: Tousiours se vaultroit par les fanges, se mascaroyt le nez, se chauffourroit le visaige. Et, pour se mascaroyt le nez, tous les commentateurs disent: se noircissait, la translation donnant: se mâchurait. Mais il nous semble que c'est là passer trop vite, et nous examinons.

Greimas donne effectivement: Maschere, maschurer: tacher, salir, barbouiller. Screech dit aussi: Mascarer: barbouiller de noir (languedoc, mascarà); rare. Mais pour se chauffouroit le visaige, tout le monde donne l'équivalent se barbouillait, Demazière disant toutefois: se couvrait de taches. Et nous arrivons ainsi, comme nous l'avons déjà dit au Pantagruel pour le quarante-deuxième titre de la Librairie: Le chatfourré des procureurs, à devoir entendre que Rabelais écrivant: se mascaroyt le nez, se chauffouroit le visaige, n'aurait rien exprimé que: se barbouillait le nez, se barbouillait le visage. Or, comme nous ne croyons nullement que Rabelais puisse être l'auteur d'une telle gaucherie, et que nous sommes bien persuadés que le commenter de si pauvre façon est lui faire injure, nous continuons nos investigations.

Voyons d'abord maschurer. Si l'un des sens de ce verbe est bien noircir, salir, barbouiller, ce même verbe (ou plutôt un verbe différent, de même consonance) a le sens que donne le Petit Robert: Écraser, entamer par pression, de mâchure. Mâchure: 1472, d'un ancien verbe macher: écraser, meurtrir, d'un radical expressif makk-, avec influence de mâcher. Le Lexis donne: Mâchure: de l'ancien français macher: écraser, altéré d'après mâcher, 1472: meurtrissure. Mâchurer (vers 1400): Meurtrir, déchiqueter. Et Littré, qui parle pour ce verbe de la seule acception: serrer fortement de manière à laisser des marques de la pression, donne cette citation du XVe siècle: De dueil, j'en machure ma face, expliquant le verbe machure par égratigne, meurtris (Recueil de farces). Il donne encore pour mâchure: Terme de chirurgie. Lambeau écrasé des bords de certaines plaies par contusion ou par armes à feu.

Il semble donc évident que les commentateurs ont confondu les deux verbes mâchurer, et avéré que se mascaroyt le nez signifie se meurtrissait le nez. Et cela apparaît encore mieux si l'on pense que l'artiste qu'est Rabelais n'a pu, dans sa phrase, considérer d'abord le nez, puis le visage, c'est-à-dire considérer d'abord la partie, disant qu'elle est noircie, puis le tout, disant qu'il est barbouillé, alors que la seule mention du visage, dont le nez, que nous sachions, fait partie, aurait suffi. En d'autres termes, si Rabelais évoque le nez, et lui accole un verbe, puis le visage, et lui accole un autre verbe, c'est qu'il ne se passe pas la même chose pour le nez et pour le visage.

Nous passons maintenant à: se chauffouroit le visaige. Nous

connaissons ce verbe chauffourer depuis le titre de la Librairie, où nous avons conclu que son sens est quelque chose comme dénaturer, altérer. Et, au troisième chapitre du présent Livre, nous l'avons entendu comme: falsifier secrètement, dénaturer par-dessous, ce dernier sens s'appliquant au texte du Quart Livre (XII) que nous avons cité, nous proposant de voir si ce sens trois fois confirmé s'appliquerait encore au verbe de la phrase qui nous occupe; et nous voici au pied du mur.

Nous conviendrons que si le petit Gargantua se vautre dans la fange et s'il se meurtrit le nez, il peut aussi se barbouiller le visage, se le salir de noir, se le maculer, ou, au sens que nous avons tout à l'heure délaissé, se le mâchurer. Mais dans ce que dit Greimas du verbe mâchurer, il précise: Fin du XIIe siècle, latin populaire mascarare, à partir d'un radical obscur. Le Petit Robert dit: (1507; mascurer, XIIe; origine inconnue, même famille que masque). Barbouiller, salir de noir. Le Lexis dit: Du latin populaire mascarare, du radical mask, d'origine obscure (Voir masque), vers 1100: Barbouiller de noir. Et Littré donne: Terme familier. Barbouiller de noir. Mâchurer du papier. Il s'est mâchuré le visage. Et, après plusieurs citations où mâchurer a le sens de noircir la réputation, il donne celle-ci: Les premiers qui inventèrent les masques, qui se chafouroient de lie de vin, dont est venu maschurez, qu'on dit en italien mascherati (Bouchet, Serées, livre I, page 122, dans Lacurne). Et nous avons alors idée que c'est dans ce rapprochement de chafourer et de masque, de masque et de lie de vin, que se trouve la clé que nous cherchons, cette clé étant l'idée de déguisement.

Le masque, évidemment, est le faux visage de carton peint, etc. dont on se couvre la figure pour se déguiser (Littré). Mais il nous faut bien entendre que la phrase citée parle de ceux qui se déguisèrent avant d'avoir à leur disposition ces faux visages, et qu'ils le faisaient en se chafourant le visage de lie de vin, c'est-à-dire en s'en barbouillant, mais en s'en barbouillant dans l'intention bien précise de se rendre méconnaissables, et nullement par accident. Ce qui ressort donc clairement de cette phrase, c'est que le sens que nous avons jusque-là donné à chaffourer, chauffourer: dénaturer, falsifier, est encore ici le bon. Car nous devons bel et bien entendre se chauffouroit le visaige comme se souillait le visage jusqu'à se rendre méconnaissable. En fait, ce verbe chauffourer, chaffourer a très exactement le sens général de maquiller, verbe qui nous paraît avoir quelque lien avec le terme masque, bien que les étymologistes, entrant, cette fois, dans la science-fiction, veuillent le faire venir d'un moyen néerlandais maken, faire, ou même d'un ancien picard makier, de même sens.

Quoi qu'il en soit, nous lirons désormais ce début de chapitre xj, non pas comme le dit la translation: Il se vautrait toujours dans la fange, se mâchurait le nez, se barbouillait la figure, mais en entendant: Toujours se vautrait par les fanges, se meurtrissait le nez, se maquillait le visage. Cela, bien sûr, sauf correction, toujours.

A ce mode de vie enfantin, Rabelais ajoute quelques comportements encore fort plausibles: Aculoyt ses souliers, baisloit souuent aux mousches, & couroit voulentiers apres les parpaillons, desquelz son pere tenoit lempire. Et Demerson renvoie ici au chapitre iij où il est dit de Grandgousier: En son eage virile espousa Gargamelle, fille du roy des Parpaillos et où il est annoté: Roi des Papillons, sauvages légendaires réputés hostiles à la foi chrétienne. Or il semble bien que Gargantua, qui a entre trois et cinq ans, ne court après rien d'autre que des lépidoptères: Cela est d'ailleurs apparent par la légèreté de la conduite de l'enfant, que Rabelais continue de décrire en souriant: Il pissoit sus ses souliers, il chyoit en sa chemise, il se mouschoyt a ses manches (cette dernière phrase étant une addition), il mouruoit dedans sa soupe. Et patroilloit par tout lieux. La translation rend: il mouruoit dedans sa soupe par reniflait dans sa soupe, alors que Guilbaud exprime clairement la réalité: faisait tomber sa morve. Toutefois tout le monde est d'accord pour voir dans patroiller le verbe patauger.

Cette phrase: Et patroilloit par tout lieux est celle de l'édition définitive; l'originale disait: Et patrouilloit par tout. Elle était suivie de: Les petitz chiens de son pere, etc. Et c'est là que Rabelais a choisi d'insérer son addition, prolongeant cette phrase en: Et patroilloit par tout lieux, sans que le typographe ait jugé bon d'accorder tout et lieux. Mais l'important n'est pas là; il est dans le fait que ce qui est l'objet des soins de nos commentateurs est l'édition de 1542; et ils n'ont aucune raison de voir dans la phrase de celle-ci le sens de patauger pour le verbe patroiller, sens qu'à la rigueur on peut voir dans la phrase de l'originale. Il a manifestement, dans la définitive, le sens de aller en reconnaissance, explorer, fureter, car l'indication: en tou(s) lieux, ou en tout lieu(x), interdit de penser que chacun de ces lieux puisse être souillé d'eau sale ou de boue. Et nous apparaît que, même pour l'originale, il leur faut se faire une piètre idée de l'art de Rabelais pour penser qu'il a pu, après avoir parlé pour Gargantua de se vautrer par les fanges, revenir six lignes plus bas à cette même idée de boue liquide où il pataugerait. Et peut-être est-ce pour avoir pu constater cette même mauvaise compréhension que Rabelais a transformé son Et patrouilloit par tout en Et patroilloit par tous lieux (ou par tout lieu).

Toujours est-il que c'est à cette phrase transformée, et suivie non plus d'un point mais d'une virgule, que Rabelais rattache son addition. Demerson dit: Toute la kyrielle d'expressions proverbiales qui va suivre (après les mots par tout jusqu'à escorchoyt le renard, vers la fin du paragraphe) a été ajoutée au texte primitif: Rabelais souligne plaisamment que l'enfant abandonné à ses instincts fait spontanément tout ce que condamne la sagesse des nations. Et nous pouvons voir que cela est tiré de l'armoire aux idées reçues où s'est déjà approvisionné Screech.

Pourtant, Demerson est seul à signaler exactement l'endroit de l'addition. Mais, bien que la négligence des autres commentateurs sur ce point n'ait certes pas ce motif, nous remarquerons qu'il est assez facile de distinguer les limites du texte ajouté tant son inspiration est différente du morceau de l'originale où il est greffé: celui-ci, nous l'avons vu, décrit le comportement de tout enfant; celle-là, dans l'intention d'arriver à l'absurde, se propose d'inverser ou de prendre au pied de la lettre les mises en garde des préceptes populaires. En fait, nous allons voir que la gageure initiale n'est pas toujours tenue, Rabelais se bornant quelquefois à citer la locution proverbiale sans que celle-ci ait le moindre lien avec la conduite d'un enfant. Et nous comprenons que l'intention de l'auteur, négligeant le prétexte ou même l'ayant perdu de vue lors de l'addition, a été de réunir en somme toutes les expressions figées qui lui venaient à l'esprit. A nous donc de bien entendre ce qu'elles signifient, car si quelques-unes d'entre elles sont encore vivaces, l'usage de beaucoup d'autres s'est perdu en même temps que l'action qu'elles décrivent est tombée en désuétude ou qu'a disparu l'instrument qu'elles évoquent.

Nous allons donc prendre le temps d'examiner chacune d'elles, dût cet esprit chagrin déplorer encore, comme il l'a fait pour l'étude sur le Pantagruel, que certains des chapitres soient démesurément longs par rapport aux autres: ce qui est à peu près aussi intelligent que de reprocher à un chirurgien de mettre plus de temps à extirper un kyste du cerveau qu'à enlever un appendice.

Donc rattachée à Et patroilloit par tout lieux, commence la facétieuse addition: & beuuoit en sa pantoufle, & se frottoit ordinairement le ventre dun panier. Et ici, aucun commentateur ne parle. Pourtant, s'il est apparent qu'il est saugrenu de boire dans une pantoufle, ce qui revient à verser du liquide dans une étoffe, on devrait bien nous expliquer que, s'il peut être agréable de se frotter le ventre de quelque chose de moelleux, on doit entendre qu'il l'est infiniment moins d'user pour ce faire d'un panier qui ne peut que griffer ou écorcher. Pourtant, l'ampleur de la déraison qui inspirerait une telle action nous laisse perplexes, car enfin, même un enfant rejette immédiatement ce qui vient de lui causer la plus petite douleur.

Et c'est alors que, nous rappelant le sens génital de panier-penier que nous avons vu au Pantagruel, nous entendons que se frotter le ventre d'un tel panier est une action qui, loin d'être déraisonnable, procède de la plus saine recherche de volupté. Et, nonobstant l'âge de Gargantua, puisque nous savons que les locutions ne lui sont rattachées que très artificiellement, nous comprenons que Rabelais ouvre son addition par deux gaillardises. Car s'il est question de se frotter ordinairement le ventre d'un ventre, c'est-à-dire dans la majorité des cas (et l'étrangeté de l'adverbe aurait dû plus tôt attirer notre attention sur son rôle de signal), il est aussi question de pantoufle au sens génital et de boire au sens où l'entend Humevesne (P. xij) avec la dame au coing du lict.

Et ce n'est qu'après cette sorte d'introduction paradoxale, probable clin d'œil aux initiés, que commence réellement la liste des actions tenues pour inhérentes à la puérilité de Gargantua: Ses dens aguysoit dun sabot, ses mains lauoit de potaige, se pignoit dun goubelet. Se asseoyt entre deux selles le cul a terre. Et, à raison, aucun commentateur ne pense qu'il soit utile d'expliquer ces actions immédiatement compréhensibles.

Se couuroyt d'un sac mouillé: Ici, le manque d'explication pourrait nous faire entendre que Gargantua agit ainsi pour se garantir de la pluie. Or Littré donne au mot sac: Se couvrir d'un sac mouillé, se servir d'excuse, faire l'hypocrite; et au mot mouillé: Se couvrir d'un drap mouillé. d'un sac mouillé, se dit d'une sorte de pénitence. Figuré, Se couvrir d'un drap mouillé, alléguer une méchante excuse. Il semble donc, eu égard à l'âge de Gargantua, qu'il s'agit de se couvrir d'un sac mouillé pour se dissimuler, ce qui est évidemment absurde puisque ledit sac dessine alors fidèlement les formes.

Beuuoyt en mangeant sa souppe: Nous devons assurément voir là un comportement fort risqué puisque le Pantagruel nous a appris, au chapitre xij : qui boit en mangeant sa souppe, quand il est mort il ny voit goutte.

Mangeoyt sa fouace sans pain: Boulenger dit: Sorte de pain plutôt que de galette, auquel on a ajouté du beurre et des œufs, qui était fort goûté en Touraine et en Poitou, et qui jouera un grand rôle dans la guerre picrocholine. Guilbaud dit: Plaisanterie populaire, la fouace étant un gâteau très farineux (qu'on mange encore dans l'Ouest de la France). Plattard dit: Galette faite avec des œufs et du beurre dans la pâte. Michel dıt: Galette dont la pâte n'est guère différente du pain. Ainsi, nous entendons qu'il y a là plaisanterie au deuxième degré puisque l'absurdité aurait été de manger sa fouace avec du pain. Et nous pouvons peut-être voir ici la locution employée pour indiquer plaisamment le comble de la prodigalité, et du même coup pour se défendre du reproche: Vous dépensez sans compter, vous ne vous refusez rien. —Sûr! Même que je mange ma fouace sans pain!

Mordoyt en riant. Rioyt en mordent: Bien que Littré cite l'expression de Calvin: Mordre en riant, les commentateurs restent cois pour ces deux locutions, qui sont évidemment inséparables. Et peut-être alors pouvons-nous aller jusqu'à supposer qu'une coquille a changé le -u- en -i-, dénaturant les phrases: Mordoyt en ruant. Ruoyt en mordant, attendu que nous connaissons le traditionnel calembour, édifié sur cette impossibilité, car on ne peut ruer et mordre à la fois: On ne sait qui meurt (mord) ni qui rue.

Souuent crachoyt on bassin,: Boulenger dit: Proprement, jetait de l'argent dans le bassin du quêteur: donnait de l'argent malgré soi, rendait gorge. Guilbaud dit: Crachait dans le plat. Plattard dit: Rabelais prend ici au sens propre une expression qui ne s'employait alors qu'au sens figuré de rendre gorge. Demerson dit: Au sens figuré: donnait de l'argent de mauvaise grâce.

Il est évident que le sens figuré n'a rien à faire ici et que seul le sens littéral qu'indique Guilbaud est le bon, celui que Rabelais se plaira encore à reprendre dans l'Ancien Prologue du Quart Livre où il est question de vilains cracheurs et morveux. Mais il est non moins évident que ce sens est ici lié au sens figuré; or ce sens figuré n'a jamais été celui de rendre gorge, que cite Boulenger parmi d'autres sens, et que Plattard a la légèreté de donner pour seul bon. Littré dit en effet pour Rendre gorge: Se dit d'un oiseau qui rend la viande qu'il a avalée. Par extension, rendre gorge, rendre ou vider sa gorge, vomir après un excès. Figuré, rendre gorge: restituer par force ce qu'on a pris ou acquis par des voies illicites. Si donc cette idée de contrainte se retrouve dans Cracher au bassin, l'idée de restitution y est tout à fait étrangère, ainsi que le montre encore Littré, qui dit au mot Bassin: Cracher au bassin, cracher dans le bassin, faire un déboursé; et au mot Cracher: cracher au bassin, donner de l'argent qu'on voudrait ne pas donner, et aussi donner de l'argent pour contribuer à quelque chose. Et il est déplorable qu'un commentaire littéraire puisse ainsi se borner à confirmer la confusion des deux locutions qu'a faite le populaire à mesure qu'il perdait de vue le comportement de l'oiseau de volerie.

pettoyt de gresse,: Ici, personne ne dit rien; même pas que nous pouvons déjà entendre le bruit des crevailles que feront, au chapitre XVII du Cinquième Livre, ceux qui ne peuvent tenir en leur peau.

pissoyt contre le soleil: Demerson est ici seul à parler, disant: Au sens figuré, outrageait de puissants protecteurs. Littré donne: Pisser contre le soleil, offenser ses amis, ses protecteurs, ajoutant: Uriner contre le soleil était défendu par d'anciennes religions. Il est bien sûr qu'ici encore c'est le sens propre qui s'applique au comportement de Gargantua, quoique l'absurdité n'y apparaisse pas comme de grande conséquence, au contraire de ce que serait pour lui l'action de pisser contre le vent. Mais nous entendons bien que le jeu auquel se livre Rabelais est purement verbal, et que l'adéquation au postulat de départ n'est pas son principal souci. Toutefois, nous pouvons au passage faire le rapprochement avec l'image du tableau de Breughel: Les Proverbes flamands, où l'on voit un personnage pisser, de la lucarne d'une maison, contre une enseigne qui représente la lune en croissant au milieu des étoiles (tout au moins il n'en fait plus que le simulacre car la pudibonderie victorienne n'a pas craint de faire retoucher la scène, effaçant le jet d'urine et lissant scrupuleusement l'endroit d'où il provient). Et le sens habituel donné par les commentateurs est celui de tenter l'impossible, s'évertuer en pure perte, alors qu'il semble qu'avec le calembour possible sur l'idée de croître, pour la lune en croissant, on rejoigne l'idée d'outrager celui qui contribue à votre expansion.

Se cachoyt en leau pour la pluye: Michel est seul à dire: C'est un autre Gribouille. Le personnage est apparu, dit Dauzat, en 1548, dans le Sermon des fous, alors que Littré parle du Huyctain de Grubouille Minant à maistre Guillaume Le Duc son compaignon, de 1530. Toujours est-il que ce dont nous pouvons être assurés, c'est que cette conduite était alors hautement risible. Elle l'est beaucoup moins depuis que nos doctes l'ont affublée du nom de fuite en avant, probablement pour éviter qu'on ne fasse le rapprochement avec ce Gribouille préjudiciable à leur dignité.

Battoyt a froid: Guilbaud dit: Battre le fer à froid: s'y prendre mal. Plattard dit: Proprement: travaillait le fer sur l'enclume sans le chauffer, c'est-à-dire faisait une chose hors de propos. Michel dit: Le contraire du proverbe: battre le fer quand il est chaud. Demerson dit: Sous-entendu: le fer. Or il apparaît que le proverbe a deux significations, voisines mais différentes pourtant, selon que l'on a soi-même chauffé le fer ou qu'il a été chauffé par un autre; ainsi, le Petit Robert dit: Profiter sans tarder d'une occasion favorable, quand Littré dit de manière fortement équivoque et certes involontaire: Il faut presser vivement ce qu'on a commencé heureusement.

Songeoyt creux: Aucun commentateur ici ne dit mot. Nous faisons, bien sûr, le rapprochement avec le soixante-deuxième titre de la Librairie (P. vij) où il est question de m. n. Songecrusyon (et non Songecruyson), où nous avons vu le sens de Songe-en-cruche (comme une cruche), qui rejoint celui de Songe-creux. Dauzat donne ce mot songe-creux pour un nom propre: Pronostication de Songe-creux, 1527. Littré dit: Songer creux, rêver profondément à des choses chimériques; et il ajoute: Songer creux signifie aussi songer à quelque malice; mais ce sens a vieilli. Il est sûr, dirons-nous, que ce dernier sens ne pouvait que vieillir, mal assuré qu'il est; car le creux, c'est-à-dire le vide, a quelque mal à contenir même de la malice. Mais il n'est pas exclu non plus que le premier sens, lui, perde son caractère péjoratif. Le Petit Robert et le Lexis, tout en parlant d'homme qui nourrit son esprit de chimères, indiquent: 1527: personne qui pense profondément. Cela donne la possibilité de revaloriser le terme, permettant désormais aux nouveaux maîtres d'être écoutés sans déclencher le rire quand ils parlent prospective, futurologie et autres manières de prendre le pouls des comètes.

faisoyt le succre: Ici non plus aucun de nos commentateurs ne parle. Il semble que le sens soit celui de l'exemple que donne Littré: Faire la sucrée, avoir des manières affectées, jouer la modestie, l'innocence, le scrupule. Le Petit Robert dit: Figuré et péjoratif: D'une douceur affectée. Faire le sucré, se montrer aimable avec affectation. Le Lexis donne: Faire le sucré, la sucrée, se montrer aimable avec affectation; jouer l'innocence, la modestie. Ainsi donc, la conduite prêtée à Gargantua ne procède nullement, ici non plus, de l'absurdité; et dire, comme Screech et Demerson, du petit géant, qu'abandonné à ses instincts, il fait spontanément tout ce que condamne la sagesse des nations est systématisation abusive. Ladite sagesse des nations n'a certes jamais donné pour déraisonnable l'action de faire la sucrée ou le sucré: elle enseigne seulement à ne pas s'y laisser abuser. Et si, pour la femme, on aurait plutôt à se méfier de la mode du jour, qui veut qu'elle joue les rouées dès que les seins lui poussent, il reste en général à se garder de tout ce qui est enrobé de manière doucereuse.

Escorchoyt le renard: Boulenger dit: Vomir, en parlant d'un ivrogne. Guilbaud dit: Vomissait. Michel dit: Vomissait, et, citant incomplètement et fautivement la phrase, ajoute: Cf. Pantagruel, VI. Demerson dit: C'est-à-dire: vomissait pour avoir trop bu, et renvoie au chapitre XLIV du Quart Livre. Littré dit: Renard: populairement: Vomissement qui a lieu après une débauche, une orgie. Ecorcher le renard se dit d'un ivrogne qui vomit. Le Petit Robert dit: Locution populaire et vieillie (fin XVe). Ecorcher le renard: vomir.

Nous négligerons la citation du Quart Livre où renvoie Demerson, ce renvoi apparaissant comme simple automatisme: la locution y est donnée pour connue, et la note placée à cet endroit se borne à ramener au présent emploi, avec l'apathie d'un calculateur électronique. Nous n'aurons chance de bien comprendre ce que contient ce texte du Quart Livre que lorsque, après le Pantagruel, nous aurons fini de découvrir le Gargantua, où nous sommes encore, puis le Tiers Livre. Le rapprochement n'a jamais servi d'explication, et juxtaposer une incompréhension à une autre ne peut passer pour éclaircissement. En revanche, nous ajouterons ici une autre référence au Pantagruel, celle du texte du chapitre xvj, relatif à la farce de la tartre borbonnoise.

Donc le texte du chapitre vj est celui-ci: Tu escorche le latin, par sainct Ian ie te feray escorcher le renard, car ie te escorcheray tout vif. Et le texte du chapitre xvj, celui-là: Et tous ces bonnes gens rendoyent la leurs gorges deuant tout le monde, comme silz eussent escorché le regnard.

Quoi qu'on en ait, ce qui apparaît clairement, tout au moins par ces deux textes, c'est que ce sens si docilement admis de vomir en ivrogne ne peut être qu'un sens adventice, et que la locution véhicule manifestement un contenu plus général, de sens assez différent. Examinons:

Dans le premier texte, quand Pantagruel dit à l'écolier: Tu escorche le latin, ce verbe écorcher a indubitablement le sens d'estropier; c'est-à-dire que l'écolier défigure, déforme, dénature le latin. Quant il le menace: car ie te escorcheray tout vif, ce même verbe écorcher a non moins sûrement le sens de dépiauter, dépouiller de sa peau un animal qui vient d'être tué. C'est donc quand il lui dit: ie te feray escorcher le renard qu'il nous faudrait entendre: je te ferai vomir comme un ivrogne. Or l'écolier ne va rendre nulle vomissure, vineuse ou non, mais, terrorisé à l'idée d'être tout vivant dépouillé de sa peau, va abandonner son comportement factice et se mettre à parler dans son limousin natal. Et Pantagruel va indiquer nettement que c'est bien là ce qu'il voulait obtenir puisqu'il constate alors: A ceste heure parle tu naturellement, ce qui équivaut à l'exclamation de satisfaction: Tu parles enfin naturellement! Il apparaît donc que, bien loin d'évoquer la vomissure vineuse, ie te feray escorcher le renard a le sens de je te ferai révéler ta vraie nature. La liaison semble évidente entre Ecorcher le renard: lui ôter sa peau, et Ecorcher le renard: dépouiller du pelage qui recouvre la vraie identité.

Dans le deuxième texte, Rabelais dit des maistres es arts, qu'il donne pour bonnes gens, qu'ilz rendoyent la leurs gorges deuant tout le monde, ce qui signifie sans conteste qu'ils vomissaient (comme l'oiseau

264

qui rend la viande qu'il a avalée, ainsi que nous venons de le voir pour la locution Cracher au bassin). Mais il ajoute la comparaison: comme silz eussent escorché le regnard, et nous devons d'abord entendre qu'ils vomissent comme s'ils avaient abusé du retraict du goubelet, puisque nous savons que c'est là un de leurs travers. Mais le terme bonnes gens ne pouvant que nous apparaître comme une dérision, et la précision: deuant tout le monde, nous semblant chargée d'intention, nous comprenons que se superpose à ce sens celui où Ecorcher le renard établit qu'ils révèlent le contenu de leur estomac, donc ce qui était caché, comme si on les avait contraints à révéler leur vraie nature; c'est l'équivalent du sens que nous venons de trouver dans le premier texte, de dépouiller pour arriver à la chair, c'est-à-dire ôter le revêtement qui cache la vérité, encore qu'ici, avec le vomissement effectif, une idée complémentaire semble être liée au concept de dépouillement, celle d'extirper les viscères, d'éviscérer, action qui, dans la pratique, succède immédiatement au dépiautage.

Jusque-là, donc, le verbe écorcher nous paraît contenir l'idée de dépouiller jointe à celle d'éviscérer, puisque la locution Écorcher le renard s'entend d'abord comme dépouiller du pelage, c'est-à-dire de l'apparence, pour révéler la chair, c'est-à-dire l'essence, la substance, le vrai. (Et nous semble tenir quelque peu de ce sens la formule religieuse Dépouiller le vieil homme, que le Petit Robert et le Lexis rendent par: se défaire des inclinations de sa nature corrompue.) Puis elle s'entend comme être forcé de reconnaître, en vomissant, donc révélant le contenu de son estomac, qu'on a trop bu. Et nous voyons poindre ici, découlant de cette idée de dépouiller et vider, le sens général de montrer ce qu'on a dans le ventre.

Mais si l'emploi du verbe est pour nous un peu plus clair, nous n'avons toujours pas entendu les raisons qui ont fait élire le renard plutôt que le lapin, le lièvre ou toute autre bête ainsi dépouillée puis vidée. Essayons de comprendre.

Ce que nous savons pertinemment, c'est que le renard a été l'animal le plus détesté des paysans, non seulement parce qu'il a vécu sur leurs poulaillers, leurs clapiers et sur tout ce qu'ils omettaient de serrer, mais encore pour sa malice qui, surpassant leurs précautions, ne pouvait que leur paraître diabolique. De plus, son pelage roux, donc couleur de feu, et son odeur caractéristique (ce roux, ce puant, est-il appelé tout au long du Roman de Renart) ne pouvaient que renforcer l'idée qu'il tient du Malin, Il a donc toujours été la mauvaise bête par excellence, et le rural l'a poursuivi d'une haine implacable où se mêlait confusément le sentiment d'agir ainsi en bon chrétien[2]. Il paraît donc tout naturel que la locution se soit formée avec la mention de cet animal d'exception ayant prépondérance dans l'esprit, cette locution Écorcher le renard étant entendue, en fait, comme Écorcher la mauvaise bête.

Nantis de cet éclaircissement, nous pouvons revenir au verbe. Écorcher, au sens littéral, c'est enlever la peau; mais nous avons vu que ce verbe écorcher paraît inclure aussi l'idée d'éviscérer. En fait, il semble que nous sommes fondés à croire que le verbe écorcher, donc dépouiller et vider, a pu s'appliquer à la préparation des bêtes comestibles: lapin, lièvre, mouton, bœuf, cheval, et que le verbe dépouiller, dont le sens est sans plus celui d'ôter la peau, ait été réservé pour les bêtes dont la chair n'est pas récupérée: loup, martre, etc. Et si cette distinction a été observée, il nous apparaît alors que la locution Écorcher le renard contient une juxtaposition insolite, une opposition dans les termes, que nous ne percevons plus, mais qui fut assurément significative. De toute façon nous n'en entendons que mieux.

Écorcher le renard, c'est donc dépouiller et vider la mauvaise bête comme on le fait pour une bête dont la chair est comestible. Or le renard ne saurait être consommé puisqu'il réunit toutes les répulsions: c'est donc que, si on le dépouille pour récupérer sa peau, on ne l'éviscère que pour voir ce qu'il a dans le ventre, c'est-à-dire, en l'occurrence, pour confirmer par l'examen du contenu de son estomac qu'il est nuisible et qu'on a fait, le tuant, un acte hautement méritoire. Écorcher le renard prend donc le sens de voir ce que la mauvaise bête a dans le ventre.

Partant, cette fois, du sens général de la locution, nous revenons aisément à l'idée de vomissure d'ivrogne où, par comparaison facétieusement forcée, l'ivrogne est donné pour la mauvaise bête révélant par l'exposé du contenu de son estomac, dont la couleur est semblable à celle des viscères sanguinolents et l'odeur aussi aigre, son méfait d'avoir trop bu. Et nous arrivons de même, au sens figuré, à l'idée d'obliger quelqu'un, tenu pour mauvaise bête parce qu'hypocrite, à révéler sa vraie nature, ce sens retenant plutôt l'idée d'écorcher avec la seule acception de dépouiller, c'est-à-dire ôter le pelage pris au sens de revêtement de société.

Ainsi, donc, pour ce Escorchoyt le renard, qui est censé, bien que de fort loin, concerner le comportement du petit Gargantua, nous enten-

---

2. Cette obtuse haine, tout en perdant ses fondements religieux, n'est pas disparue, qui se donne aujourd'hui encore bonne conscience avec le prétexte de la rage pour une aveugle extermination encouragée par des vétérinaires de laboratoire et les démagogiques primes des maires.

drons qu'agissant en enfant inexpérimenté, il révèle spontanément sa vraie nature, celle que la fameuse sagesse populaire conseille de ne pas trop dévoiler si l'on veut garder quelque défense. Nous pouvons donc rendre cette action, qui va au rebours des préceptes de discrétion, par quelque chose comme: Se découvrait tout à trac.

Il nous reste pourtant à entendre le sens du deuxième emploi de cette même locution, que, curieusement, Rabelais fait encore vers la fin de la description du comportement de l'enfant: Tous les matins escorchoyt le renard. Mais nous attendrons d'y arriver pour en parler, bien que nous ayons déjà le sentiment que la répétition est grosse d'une intention qui pourrait bien être celle d'épuiser, par jeu, toutes les acceptions de la locution.

En attendant, puisque rien d'autre ne nous presse que le désir de comprendre et qu'on vient de nous engager à battre à chaud, nous allons nous inquiéter de l'incompréhension qui demeure pour les locutions voisines. Car Littré parle du mot renard pour le vomissement lui-même, et le Petit Robert cite encore, pour l'action de vomir, Piquer un renard, quand le Lexis donne, lui: Populaire: Tirer au renard, refuser d'avancer, chercher à s'esquiver. Il convient pourtant de bien séparer l'acception que donne Littré de celles des locutions des deux dictionnaires contemporains où le mot renard est manifestement employé tout différemment. Commençons donc par le mot renard donné pour l'action de vomir après une débauche, une orgie. Et d'abord, retournons aux sources.

Dauzat dit: Renard, milieu du XIIIᵉ siècle (renart), de Renart, nom propre d'homme, qui a éliminé l'ancien goupil à cause du succès du Roman de Renart; du francique Reginhart (germanique ragin, conseil, et hart, dur). (...) Renarder, 1398, E. Deschamps; 1836, Landais, emploi populaire, pour vomir.

Greimas donne: Golpil, gorpil, gropil, début du XIIᵉ siècle: renard. Golpille: femelle du renard. Golpillier: Faire le poltron, se montrer lâche, se cacher: Et les roiax fremir et goupillier (Raoul de Cambrai); Ruser comme un renard. S'efforcer en rusant. Golpillage: habileté de renard, ruse. Tromperie, fourberie. Golpilleor: chasseur de renards. Et nous constatons qu'il n'y a là aucun sens qui ait pu amener cette idée de vomissement ou même de simple écœurement, de répugnance. Voyons donc au mot renard.

Greimas, toujours, dit: Renart, du nom propre de Renart: Ruse, malice. Renardie: ruse, mensonge, tromperie. Renardise: ruse, tromperie. Renart: rusé, faux; renard, qui remplace progressivement gopil. Renarde: femelle du renard. Renardel: renardeau.

Ainsi, en substituant au mot goupil le mot renard, on n'a fait que reprendre les idées de ruse et de fausseté qui lui étaient attachées, abandonnant toutefois celle de lâcheté, de poltronnerie[3], mais sans introduire la moindre notion de répugnance qui aurait pu conduire au concept de vomissement.

Il en faut donc bien convenir: ni le mot goupil, ni le mot renard n'ont jamais véhiculé quelque sens que ce soit qui pourrait expliquer qu'on soit arrivé à dénommer renard la vomissure, et, particulièrement, la vomissure de l'ivrogne. Et le verbe renarder, vomir, qu'emploie Eustache Deschamps à l'extrême fin du XIIe siècle nous semble pouvoir être le premier exemple connu d'un glissement de sens abusif. Car nous pouvons penser que, de la locution Écorcher le renard, où nous avons vu l'équivalent de montrer ce qu'on a dans le ventre, on a pu arriver à lier, par une sorte de substantivation, cette idée de contenu de l'estomac de la mauvaise bête au mot renard, pour arriver au concept de vomissure. Mais nous sentons bien tout ce qu'a d'artificiel une telle construction; et cela nous laisse un sentiment d'insatisfaction. Pour tout dire, nous avons l'impression de nous être égarés. Mais comme la sagesse populaire préconisait déjà, dans ce cas, de marcher toujours dans la même direction plutôt que de tourner en rond, nous allons donc considérer maintenant les emplois du mot renard que font les deux autres dictionnaires.

Le Petit Robert parle de Piquer un renard: vomir, locution où il n'est plus question d'écorchement, donc d'inspection du contenu de l'estomac. Piquer est ici l'équivalent de faire soudainement, et la locution décrit clairement le besoin irrépressible de rejeter le contenu de son estomac. Quant au mot renard, il paraît désigner aussi bien le vomissement, action de vomir, que le vomissement, résultat de cette action, c'est-à-dire la vomissure. Pourtant, nous devons bien reconnaître qu'il n'y a aucun lien entre cette incoercible envie de vomir et l'animal dénommé renard.

Le Lexis parle, lui, de Tirer au renard, avec les sens de refuser d'avancer, chercher à s'esquiver; et si nous n'avons pas non plus là l'idée d'écorchement ni celle de vomissement, apparaît pourtant celle

---

3. Cette réputation de lâcheté prêtée au renard est en fait bien plus latine que française: dans le Satiricon de Pétrone, un certain Ganymède, regrettant l'âge d'or, parle des édiles de sa ville, tous pourris, et vise particulièrement l'un d'eux: aedilem trium cauniarum (qui ne vaut pas trois figues sèches); et il dit: Sed si coleos haberemus, non tantum sibi placeret. Nunc populus est domi leones, foras vulpes (Mais si nous avions des couilles, il ne ferait pas tant le malin. Seulement voilà: les gens, de nos jours, c'est tous des lions à la maison, et des renards dans la rue; traduction Jean-Paul Berlioz).

de répugnance qui s'applique au fait d'aller de l'avant, de s'engager. Le verbe tirer est ici l'équivalent de tendre vers, c'est-à-dire, en l'occurrence, choisir le renard, opter pour le renard. Mais nous ne voyons plus du tout ce que peut venir faire ici l'animal, dont le nom ne représente plus que l'opposition, la contradiction, c'est-à-dire la répugnance psychologique et même plus la répugnance physiologique. Mais c'est là que nous voyons poindre une clarté: celle que constitue l'idée que ce mot renard peut n'être, une fois de plus, que le mot substitué par incompréhension à un mot de même sonorité, celui-là contenant réellement l'idée de répugnance.

Car ce que nous savons bien, pour l'avoir rencontré nombre de fois au Pantagruel, c'est, d'une part que les locutions proverbiales populaires ne peuvent qu'être des locutions rurales fondées sur des faits de la vie paysanne; d'autre part que ces locutions n'ont jamais été transmises que par la parole, sans aucune référence à l'écrit. Les singularités de la prononciation, les accents régionaux ont donc pu être un premier élément d'imprécision, d'aucun inconvénient tant que les interlocuteurs ont été des paysans à qui apparaissait immédiatement le fait de référence. Mais la déformation pure et simple s'est instaurée quand la locution s'est urbanisée à mesure que la ville a pris le pas sur les champs et qu'a grandi la méconnaissance du fait paysan sur lequel est fondée la locution. Celle-ci ne reposant plus sur rien, l'esprit a alors éprouvé le besoin de la justifier, de lui redonner une assise; et il n'a pu que placer sur la ligne sonore de la locution, peut-être déjà plus ou moins altérée, des mots de substitution, homonymes ou paronymes, pouvant cadrer avec son sens général. Et il s'est très vite trouvé des étymologistes pour justifier la nouvelle locution, entérinant ainsi l'erreur quand on pouvait attendre d'eux, qui disent bien connaître ce phénomène de déformation confinant quelquefois à l'absurde, un effort pour nager contre le courant. Exemple:

Nous avons suffisamment rencontré le verbe dépouiller, ôter la peau, pour donner la locution Dépouilleur d'andouilles ainsi devenue niaisement Dépendeur d'andouilles. Littré ne connaît que celle-ci, qui dit an mot dépendeur: Très-populairement, dépendeur d'andouilles, homme grand, maigre, qui a les bras longs; mauvais sujet, chenapan, à qui sa haute taille permet de dépendre, c'est-à-dire d'enlever les saucissons ou andouilles que les charcutiers suspendent devant les boutiques pour servir d'enseignes. Le Petit Robert dit au mot andouille: Locution populaire, vieillie: Un grand dépendeur d'andouilles, un homme très grand et très bête. Et au mot dépendeur: Dépendeur d'andouilles, homme très grand et ridicule. Et M. Rat, dans son Dictionnaire des locutions françaises (Larousse, 1974), dit: Dépendeur d'andouilles: individu grand et mince; il cite Lorédan Larchey (les Excentricités du langage, 2ᵉ édition, 1861) qui écrit benoîtement: le peu d'élévation des cuisines parisiennes restreint de plus en plus à la province ce terme; puis il reprend la parole pour avancer: Il n'en est pas moins fort en usage aujourd'hui encore, dans la langue familière; et il cite, s'abritant derrière ce qu'il pense faire autorité: Sa fille, une grande perche, avait épousé ce grand dépendeur d'andouilles de Firmin Bativault (Jules Renard).

Il y a place, pourtant, à bien des questions: pourquoi la locution ne retient-elle que les andouilles plutôt que les jambons, les oignons ou même les fagots, toutes choses qu'on avait coutume de suspendre au plafond? De même pour l'explication par les larcins aux devantures, pourquoi la locution fait-elle un sort aux andouilles, négligeant les saucissons? Pourquoi, encore, si le dépendeur d'andouilles est tenu pour grand ou même très grand, a-t-on besoin de parler de grand dépendeur d'andouilles, comme s'il pouvait y en avoir de petits? D'où vient l'idée de bras longs s'ajoutant à l'idée de grandeur, et d'où celle de maigreur, alors qu'on peut être grand tout en étant gros? Enfin, d'où vient, jointe à cette même idée de grandeur, celle de grande bêtise ou celle de ridicule? C'est là, en fait, un ramassis de justifications spécieuses jusqu'à la puérilité, tirées de la locution même qu'on est censé éclaircir.

Et cela parce que personne n'est allé jusqu'à considérer l'andouille du point de vue du paysan contemporain de la locution, c'est-à-dire se rendre compte de la place prépondérante qu'elle occupait parmi les victuailles de fête, le prix qu'on y attachait, et, partant, l'importance de l'évocation de gaspillage qu'exprime le trait satirique contenu dans la locution. On aurait alors entendu qu'il ne saurait s'agir que du dépouilleur d'andouilles, autrement dit de l'imbécile accompli qui dépouille une andouille de sa peau, et peut-être, liée à cette idée de dépiautage, celle d'éviscération qui conduit à expulser l'intérieur de l'andouille, effectivement constitué de viscères, mais que ce dépouilleur croit devoir rejeter, ce qui revient à éliminer le contenu après le contenant. Mais sans même considérer cette éviscération, on saisit immédiatement qu'ôter la peau d'une andouille est le comble de la bêtise puisque c'est annuler le travail fourni pour arriver à enserrer dans une partie du gros intestin du porc des lanières soigneusement découpées de ses tripes.

Et pour nous confirmer que le dépendeur est bien le dépouilleur, nous trouvons dans Beroalde de Verville, au chapitre XXXVIII du Moyen de Parvenir, la phrase: Or bien que nous fassions icy mine de rire, si le disons-nous à la honte des ces despouilleurs d'andouilles pour les nettoyer, et qui nous voudroient reprendre, encore que toute leur vie soit confite d'actions impudentes.

Après cette digression qui nous servira peut-être lorsqu'il sera question, au Quart Livre, de rompre les andouilles aux genoulx, nous revenons à notre ambition de découvrir le mot qui, ayant même sonorité que le mot renard, ou consonance proche, a pu, antérieurement à lui, contenir cette notion de répugnance, d'opposition, de refus, de recul. Et pour ce faire, nous allons tout bonnement chercher dans les termes qui commencent par ren-, tout en répondant à ces conditions.

Notre recherche est courte car il n'y a que deux mots qui puissent convenir, et ces deux mots sont des verbes: le verbe renâcler et le verbe renauder. Voyons d'abord ce dernier, plus proche que l'autre du verbe renarder.

Les dictionnaires ne sont guère loquaces; Dauzat dit: Renauder: 1867, Delvau, origine obscure; grogner, se plaindre. Bloch et Wartburg ne le citent pas, non plus que Littré. Le Petit Robert dit: 1808; peut-être de Renaud ou de renard, d'après le cri de l'animal. Populaire et vieilli: protester avec mauvaise humeur. Le Lexis dit: Origine obscure, 1867. Populaire et vieux: grogner, se plaindre. Renaudeur (populaire).

Cependant, nous trouvons encore dans le Dictionnaire étymologique du patois lyonnais, de Nizier du Puitspelu (1890): Reno (renô), substantif féminin: Grondement, grognement des animaux. Substantif participial de renô. Reno (renô): verbe neutre: Gronder, grommeler en montrant les dents (en parlant d'un chien): Parquè que te rènes tant fère? (pourquoi grondes-tu si fort?) dit-on à un chien. Reno s'emploie quelquefois au figuré: Que don que te rène comme iquien? (Qu'as-tu donc à grommeler comme cela?). Patois languedocien: rena, gronder, murmurer, témoigner sa mauvaise humeur par des plaintes sourdes. Provençal, reno, regno: murmure de mauvaise humeur. Cerca reno: chercher noise. L'auteur ajoute: Faut-il rapprocher le vieux provençal rainar, grogner, raina, dispute? Cela semble bien douteux, quoiqu'on ait donné la forme renar. Faut-il davantage le rapprocher du portugais renhir, catalan renyir, quereller, espagnol rinha, querelle, qu'on a tiré du latin ringi, lui donnant le sens de être de mauvaise humeur, mais qui, au propre, a le sens de gronder, en parlant des chiens?

Nous retrouvons encore le mot dans l'argot: Renaud: colère. Etre en colère est donc Renauder, Etre à renaud (A. Boudard et Luc Estienne, la Méthode à Mimile, la Jeune Parque, 1970). Mais tout cela ne nous apporte que la certitude qu'a existé, dans les dialectes d'oc et du franco-provençal, une syllabe initiale ren-, marquant l'opposition, l'antagonisme, l'hostilité, sans comporter la notion de recul, de dégoût ou

271

de répugnance que nous cherchons. Il eût d'ailleurs été étonnant, à la réflexion, que cette idée pût se rencontrer avec le nom du chevalier Renaud qui, s'il était belliqueux, eut avec la belle magicienne Armide des amours voluptueuses qui prouvent qu'il n'était nullement repoussant. Voyons donc le verbe renâcler.

Greimas ignore ce verbe renâcler. Dauzat en dit: XVIIIe siècle, altération, par croisement avec renifler, du moyen français renaquer (1355, Bersuire), de naquer, XIIIe siècle, flairer; peut-être forme picarde issue du latin populaire nasicare, de nasus, nez.

Bloch et Wartburg disent: XVIIe siècle; proprement, renifler en signe de mécontentement, d'où sens plus étendu, XVIIe. Altération, par croisement avec renifler, de renaquer, XIVe (Bersuire; forme attestée jusqu'au XVIIIe siècle), qui est lui-même un composé de naquer, flairer, attesté dès le XIIIe siècle sous la forme naskier et répandu dans les patois. Représente très probablement un latin nasicare, dérivé de nasus; naquer peut être la forme picarde à laquelle correspond une forme nâcher du lorrain, etc.; il peut s'être répandu dans d'autres régions comme terme pittoresque.

Littré dit: Renâcler, faire certain bruit en retirant son haleine par le nez, lorsqu'on est en colère. Figuré et familièrement: Témoigner de la répugnance pour quelque chose. On disait renasquer au XVIIe siècle. Et il donne le texte de Bercheure: Neantmoins leur sembloit il bon de refraindre et renaquer arrière.

Le Petit Robert donne: XVIIe; altération, par croisement avec renifler, de renaquer, de re-, et ancien français naquer, flairer, d'un latin nasicare, racine nasus, nez: Renifler bruyamment en signe de mécontentement (Se dit surtout des animaux). Témoigner de la répugnance (devant une contrainte, une obligation). Le Lexis donne strictement les mêmes renseignements.

Enfin Greimas donne, pour ce verbe naquer: XIIIe siècle (Dauzat), origine incertaine; peut-être du latin populaire nasicare, de nasus, nez: Flairer.

Ainsi donc, renâcler signifie renifler en signe de mécontentement quand renauder signifie grogner en signe d'hostilité. Et si nous pouvons constater que ces verbes décrivent la manifestation de deux degrés successifs de l'antagonisme, nous devons convenir que ni l'un ni l'autre ne contient l'ensemble des notions que nous cherchons. Toutefois Littré, le Petit Robert et le Lexis donnent encore à renâcler le sens étendu de Témoigner de la répugnance pour quelque chose, ou devant une contrainte, une obligation. Or nous ne pouvons nous empêcher de ressentir comme artificielle cette extension, qui nous paraît répondre plutôt au besoin d'exprimer une notion contenue dans un autre verbe aujourd'hui disparu. Et il nous apparaît clairement que ce verbe disparu ne peut qu'être ce renaquer, attesté au XIVᵉ siècle, déjà moribond au XVIIᵉ, et qu'un vain souci de distinction (à moins que ce ne soit encore que la méconnaissance du comportement animal) a dû refouler. Examinons:

Le verbe naquer, flairer, d'où est issu ce renaquer, est évidemment pris de l'animal: il décrit l'action d'inspirer l'air porteur de l'odeur pour apprécier, analyser celle-ci, et cela dans une position d'attente, de réserve (ce que traduit la locution populaire Tordre le nez, dont le vrai sens est celui de retenir son adhésion jusqu'à plus ample informé). Naquer, flairer, décrit donc le mouvement de l'air de l'extérieur vers l'intérieur.

Dès lors, renaquer, avec son préfixe marquant le mouvement en arrière, le retour à l'état antérieur, nous apparaît comme contenant l'inverse de ce que contient le verbe naquer, c'est-à-dire qu'il décrit le trajet de l'air de l'intérieur vers l'extérieur: l'expiration. Et nous comprenons qu'il s'agit du rejet que fait l'animal, expulsant violemment par le nez et la bouche l'air porteur de l'odeur qu'il n'a pas acceptée (ce que rend encore une expression populaire telle que Ne pouvoir sentir), réaction qu'il accompagne le plus souvent d'un fort mouvement de recul, d'éloignement, que traduit exactement le renaquer arrière.

Et il semble que nous avons ainsi, dans ce verbe renaquer, l'ensemble des notions que nous cherchons: le refus, le recul, la répugnance, le rejet, l'acception abstraite découlant évidemment du sens concret. Et nous avons bien, pour le sens concret de renaquer, cette notion de répugnance, de dégoût, puis de rejet qui a conduit à l'extension de vomissement. Nous pouvons, semble-t-il, légitimement inférer que renaquer a pu signifier vomir, et, nous appuyant sur la substantivation verbale qui a formé renaud de renauder, conjecturer qu'a pu exister le mot renaque représentant le vomissement ou fait de vomir, et la vomissure ou produit de ce vomissement.

Bien sûr, ce n'est là que reconstitution hypothétique et n'a que peu de chances de sortir de ce domaine. Il n'en demeure pas moins que cette reconstitution fait apparaître que, si la locution Écorcher le renard a force de loi, d'autant qu'elle se justifie, nous l'avons vu, tout naturellement, celles que citent le Petit Robert et le Lexis sont manifestement le fruit de l'enchérissement sur l'incompréhension, probables formations de littérateurs du XIXᵉ siècle en mal de veine populiste. Et nous pouvons toujours choisir d'entendre, à partir de renaquer, rejeter au sens abstrait, et vomir au sens concret: Piquer un renaque, pour

273

Vomir inopinément, Tirer au renaque, pour Opter pour le refus. Cela, de toute façon, n'a pas grande conséquence, étant donné que ces locutions sont en passe de tomber en désuétude, si même l'absurdité que comporte la présence du renard leur a jamais permis d'être employées ailleurs que dans les romans de portières. Sur ce, nous passons à la locution suivante.

disoit la patenostre du cinge: Boulenger dit: Claquer des dents. Guilbaud dit: Remuer les lèvres en marmonnant. Michel dit: Grommelait. Demerson dit: Grommelait des paroles indistinctes. Mais nous savons bien, depuis le cent unième titre de la Librairie (P. vij): La patenostre du cinge, qu'il s'agit de la prière dite du bout des lèvres, machinalement, sans participation spirituelle. Et comme nous savons aussi que les actions décrites ici peuvent n'avoir aucun rapport avec le comportement d'un enfant, celui-ci n'étant que prétexte à réunir le plus possible de locutions figées, nous verrons dans ce Disoit la patenostre du cinge quelque chose comme: Bredouillait ses prières.

retournoit a ses moutons: Ici, personne ne dit rien, alors qu'il est facile de reconnaître encore là cette intention de juxtaposer des expressions proverbiales sans se soucier outre mesure qu'elles s'appliquent au petit Gargantua. Il s'est donc agi là de ne pas omettre celle qu'emploie le juge de maistre Pathelin.

Tournoyt les truies au foin: Boulenger dit: Changer de propos hors de saison: les truies n'ont que faire du foin. Guilbaud dit: Rompait les chiens. Plattard dit: Mener une truie au foin, dont elle n'a que faire, c'est agir hors de propos. Michel dit: Faisait tout à l'envers. Demerson dit: Sautait du coq à l'âne.

Nous pouvons, au passage, noter que l'enchaînement, comme nous l'avons vu à maintes reprises au Pantagruel, semble commandé par la similitude de sons ou l'analogie de termes: tournoyt, amené par retournoit, de la locution précédente, ou les truies, amenées par les moutons, à moins encore que les deux ressemblances n'aient joué en même temps. Quant au sens, il demande approfondissement, car nous ne voyons pas immédiatement le rapport entre l'action décrite et le contenu qu'on nous donne de la locution.

Littré dit: Tourner la truie au foin, changer de discours, parler d'autre chose, éviter de répondre. Et ce que nous entendons d'abord, c'est que celui qui mène des truies au foin est évidemment, pour le monde rural où est né l'expression, est à peu près aussi avisé que celui a qui est dévolue la charge de mener les poules pisser. Mais cependant le verbe n'est pas Mener, mais Tourner, c'est-à-dire Diriger vers, et il implique visiblement le propos délibéré, la volonté d'agir de cette façon. Et nous comprenons alors que ce comportement absurde est adopté intentionnellement, se donnant pour déraisonnable de façon à retirer les avantages qui découlent de cet état. Tourner les truies au foin est en fait l'équivalent de Répondre volontairement à côté de la question, action qui, si elle fait passer pour inintelligent, permet, tout en restant courtois, de ne pas se prononcer.

Ici, au contraire de la locution qui précède, l'attitude décrite s'adapte fort bien au comportement de l'enfant, qui l'adopte spontanément quand il est contraint de répondre sur un sujet qui l'embarrasse. Aussi entendrons-nous Tournoyt les truies au foin comme Jouait les demeurés.

Battoyt le chien deuant le lion: Derrière Boulenger, Guilbaud, Plattard et Michel, celui-ci notant que le proverbe est déjà chez Christine de Pisan, Demerson dit: Faisait indirectement la leçon à un supérieur en réprimandant devant lui un personnage de moindre importance. Cette fois, la locution n'a rien à voir avec un enfant; d'autre part, elle ne va pas à l'encontre de la sagesse populaire: elle est, tout simplement une locution que Rabelais s'est plu à citer quand, dans son addition, il a décidé se s'affranchir de l'intention qu'il avait eue pour l'originale. Aussi nous bornerons-nous d'abord à noter que Littré signale qu'on remplaçait quelquefois le lion par le loup, donnant ainsi à la locution un caractère moins exotique; ensuite que nous trouvons, dans Littré encore, au mot sac, la locution proverbiale: On frappe sur le sac pour que l'âne le sente, qui paraît avoir même contenu.

Mettoyt la charrette deuant les beufz: Ici encore tout le monde se tait, convaincu que la locution est trop connue pour qu'on s'y arrête. Ce n'est nullement notre avis. Et, ayant noté que l'expression nous paraît avoir été amenée par la préposition devant, de la locution précédente, nous commençons par consulter Greimas pour le verbe mettre. Il dit: Metre: Mettre. Dépenser, employer. Imputer, accuser. Dans diverses locutions, exprime le comportement de façon générale. Metre au dessouz, triompher de. Metre sus, metre seure, accuser, imputer, etc.

Si nous ne trouvons dans Littré aucun proverbe établi avec la charrette, nous retrouvons l'idée au mot charrue: Mettre la charrue devant les bœufs, commencer par où l'on devrait finir. Le Petit Robert donne: Mettre la charrue devant, avant les bœufs: faire d'abord ce qui devrait être fait ensuite, après. Le Lexis donne: Mettre la charrue devant (ou avant) les bœufs: commencer par où l'on devrait finir. Et M. Rat, au Dictionnaire des locutions françaises, dit encore: Mettre la charrue devant ou avant les bœufs: Mettre devant ce qui devrait être derrière,

275

ou avant ce qui devrait être après, ajoutant que cette locution est commune à plusieurs langues, citant l'espagnol et l'allemand. Et nous devons seulement constater, une fois de plus, que l'erreur a la propriété de se propager sans la moindre peine.

Car, si nous comprenons bien, nous voyons ici le verbe mettre entendu comme placer, et la préposition devant comme une préposition de temps, quelque chose comme auparavant, puisqu'on lui substitue indifféremment la préposition avant. Or il n'est pourtant pas déraisonnable de considérer d'abord, de donner la préséance à la charrue (ou la charrette) qui, immobile et lourde, donnerait bien des difficultés pour être amenée près des bœufs, et il est parfaitement raisonnable de conduire jusqu'à elle des bêtes qui se meuvent. Il est donc légitime de mettre, c'est-à-dire de placer, la charrue avant de placer les bœufs. Et la substitution de la préposition avant à la préposition devant, où l'on voit une notion d'antériorité, est une pure absurdité.

Mais cette absurdité demeure, même avec la préposition devant comprise comme préposition de lieu, opposée à arrière. Car il est évidemment inconcevable, pour le monde rural d'où est issue la locution, que quelqu'un, fût-il le plus niais de l'endroit, puisse ne pas voir le timon de la charrue (ou de la charrette), et placer les bœufs à l'arrière, pour pousser au lieu de tirer, sans compter qu'il n'y a là aucune possibilité d'atteler, et que le niais en question ne pourrait pas ne pas s'en apercevoir: ainsi, nous trouvons dans Littré, au mot cheval, une locution qui procède de cet esprit: Brider son cheval par la queue, s'y prendre à contre sens dans une affaire. Cette compréhension fautive de la locution est, à n'en pas douter, une compréhension qui s'est édifiée quand les gens des villes n'ont plus eu aucune idée de la façon dont on attelle des bœufs à une charrue ou à une charrette.

En fait, comme toujours, nous devons replacer la locution dans le temps de sa formation, c'est-à-dire quand tout le monde était capable d'amener deux bœufs à une charrue ou à une charrette, et de les atteler de part et d'autre du timon, liant le joug à la tête des bœufs et reliant celui-ci au timon. Or si cette locution s'est formée pour exprimer un comportement absurde, celui de metre auant, nous ne pouvons plus qu'entendre que les bœufs ainsi amenés à la charrue ou à la charrette sont bien placés du côté du timon, de part et d'autre de ce timon, et que c'est dans la façon d'atteler que réside l'anomalie. Et c'est là qu'une citation que donne Littré (qui lui enlève d'ailleurs toute excuse à ne pas avoir mieux entendu l'expression) nous donne la clé: XVe siècle: Tournant à chaque propos la charrue contre les bœufs (Arrest d'amours, 53e arrest, dans Lacurne).

Ainsi, metre auant est donc à entendre comme placer contre, disposer en face de, autrement dit mettre à l'avant des bœufs, ce qui revient à atteler les bœufs la tête contre la charrue (ou la charrette), faisant ainsi non pas l'action de commencer par où l'on devrait finir, mais bien celle de mettre ce deuant desriere (Greimas) ou cen devant desriere, c'est-à-dire sens devant derrière, depuis qu'on a cessé de comprendre, là encore, que le mot cen est la forme dialectale de ço, puis ce, et que le mot cen est pronom démonstratif neutre singulier.

Nous sommes donc fondés à comprendre que lorsque Rabelais dit: Mettoyt la charrette deuant les beufz, il entend: Mettait la charrette face aux bœufs; et nous avons bien là, cette fois, le contrepied de la sagesse populaire du temps, qui se confondait encore avec les élémentaires connaissances que possédait chaque habitant de la campagne[4].

se grattoyt ou ne luy demangeoyt poinct: Si les commentateurs ici font silence, c'est bien, cette fois, qu'il n'y a nulle incompréhension gênante: l'action est tout simplement inepte, et peut même avoir des suites fâcheuses quand on sait que, ainsi qu'on le trouve dans les Proverbes français antérieurs au XVᵉ siècle, de J. Morawsky (Champion, 1925), Qui grate ne meseure (nᵒ 1957) et donc que Trop grater cuist (nᵒ 2426).

Tiroit les vers du nez: Littré dit: Tirer les vers du nez à quelqu'un, tirer de lui un secret en le questionnant adroitement; et il explique: Cette locution singulière vient probablement de ce que, en serrant fortement le nez, on fait sortir de la peau du nez de petits morceaux d'une matière semi-solide qu'on a comparée à des vers, et qui est le produit des follicules cutanés.

On fait généralement ce geste sur son propre nez. Mais c'est aussi le geste de privauté que, dans un couple récemment formé, la femme fait invariablement sur le nez de son partenaire, inconsciemment soucieuse de matérialiser le degré de dépendance auquel elle l'a amené[5]. Et il est

---

4. Et c'est bien là aussi que, rêvant tout debout, nous pouvons nous demander si, pour tous ces intellectuels de cabinet qui s'occupent de notre vieille langue, il ne serait pas indiqué de remplacer ces colloques périodiques d'où il n'est jamais sorti une idée originale (ceux qui en ont quelqu'une la gardant pour leurs écrits) par des séjours dans une ferme reconstituée comme elle était en 1900, quand les méthodes étaient encore celles des temps passés. Il ne serait pas impossible, pour l'Éducation nationale, de trouver comme conseillers quelques vrais paysans retraités, et pour personnel permanent quelques chargés de cours, de sentiment écologique, qui, écœurés des intrigues et pressions diverses, seraient heureux d'aller éclairer la compréhension de nos anciens proverbes par des travaux pratiques faits dans un air moins corrompu.

5. Et nous avons encore licence de voir dans ce comportement fondamental de la femme l'intention de signifier qu'elle entend désormais être la raison des érections et des éjaculations. Car il n'est peut-être pas absolument indispensable d'avoir la plaque de cuivre du psychanalyste pour apercevoir ce que représente ici l'appendice qu'est le nez, et conséquemment ce que représentent les comédons qui en sortent.

alors compréhensible que la représentation de ce même geste appliqué à un étranger amène l'idée de domination censée obtenir jusqu'à la révélation des comédons que recèle son nez.

Mais ce sens d'obtenir la révélation de secrets étant peu compatible avec l'âge de Gargantua, il nous reste à entendre qu'il pressait, au sens propre, le nez d'autrui, ce qui est effectivement un geste d'enfant. A moins qu'il ne faille comprendre que, faisant suite à l'action d'écorcher le renard, où nous avons vu le sens de déceler (et pour lui, intempestivement) sa vraie nature, il se tirait les vers du nez, c'est-à-dire qu'il révélait spontanément ses secrets, ce qui est évidemment le contraire de l'enseignement de la sagesse des nations. Pourtant, là encore, l'état d'enfance interdit que l'on croie vraiment à des secrets.

Aussi, plus sûrement, devons-nous nous répéter qu'il n'y a pas lieu de rattacher chaque locution au comportement de Gargantua, d'autant que nous savons que cette intention de l'édition originale a été perdue de vue lors de l'addition, faisant place au seul dessein d'énoncer le maximum de ces locutions proverbiales dont, peut-être, Rabelais avait déjà pu constater que leur vrai sens était en passe de se perdre. Donc, à partir de la locution suivante, et jusqu'à ce qu'il soit ramené sur le devant de la scène avec la dernière, nous respectons l'effacement du héros voulu par l'auteur, et nous ne nous occupons plus que de la langue.

Trop embrassoyt, & peu estraignoyt: Les commentateurs ne disent mot, persuadés que le sens est évident. Littré explique: Se dit de celui qui, entreprenant beaucoup, réussit mal à chaque chose. Et nous n'avons qu'à entendre que le verbe embrasser a le sens de prendre dans ses bras, et le verbe étreindre celui de serrer, presser, maintenir.

Pourtant, cette locution est encore une de celles qu'on n'entend plus à ce sens originel. Cependant, cela n'a pas donné l'insipide altération habituelle mais, bien au contraire, un malicieux enrichissement, le verbe embrasser étant compris au sens contre lequel s'élève Littré d'appliquer la bouche, c'est-à-dire baiser ou biser, et le verbe étreindre ayant pris la connotation érotique de se livrer au déduit.

Et c'est ainsi qu'un mari qu'une longue habitude à conduit à quelque ralentissement dans ses ardeurs, et qui compense en bisant beaucoup, peut s'entendre dire: Qui trop embrasse mal étreint. Comme d'ailleurs un mari pareillement saturé, mais qui s'abstient de biser, et à qui l'on reproche ce défaut de démonstrations compensatoires, peut répondre: Qui trop embrasse mal étreint, insinuant donc qu'il est encore parmi les plus assidus. Nous pouvons donc être certains que, pour une fois, un tel glissement de sens, loin de désoler Rabelais, l'aurait hautement réjoui.

Mangeoyt son pain blanc le premier: Les commentateurs sont muets. Littré dit: Il mange son pain blanc le premier, se dit d'un enfant, d'un homme qu'on prévoit ne devoir pas être toujours dans une condition aussi heureuse que celle où il est présentement. Le Petit Robert dit: Avoir des débuts heureux. Le Lexis dit: Jouir d'un moment présent, de circonstances favorables qui ne vont pas durer.

C'est évidemment ici bafouer la sagesse des nations qui entend bien que chacun commence difficilement en se privant, de façon à s'assurer le bien-être pour ses vieux jours, ce qui est finalement moins sage qu'il y paraît attendu que personne n'est assuré d'avoir de vieux jours, et que même si c'est le cas, on court alors le risque de s'entendre dire: Il a du pain quand il n'a plus de dents.

ferroyt les cigalles: Boulenger et Guilbaud disent: Tenter l'impossible. Michel dit: Comme ferrer les oies: faire quelque chose d'impossible. Littré dit: Ferrer les cigales, faire un travail inutile, ce qui sous-entend curieusement que si ce ferrage est vain, on peut pourtant le réaliser.

Nous garderons donc l'idée d'avoir l'intention de faire quelque chose qui est aussi inutile qu'impossible, nous rappelant pourtant avoir entendu Baisecul parler, au chapitre xj du Pantagruel, des paintres de Flandres qui veullent bien a droict ferrer les cigalles, et qui sont censés y parvenir en s'aidant toutefois de vieux drapeaulx. Mais cela n'était évidemment que jeu de langage, sans influence sur le contenu de la locution, l'image de Baisecul étant volontairement forcée, comme nous pouvons penser que l'ont été quelque peu les cigales de ces peintres, où nous avons vu les modèles qu'ils croquent d'un fusain magistral.

Se chatouilloyt pour se faire rire: Littré dit: Rire sans sujet, faire effort pour paraître gai. C'est évidemment, dans le monde rural où est née la locution, absurde affectation à réserver au monde citadin des courtisans de tout poil, tenus de faire d'autant plus de mousse qu'ils pissent moins loin.

ruoyt tresbien en cuisine: Boulenger dit: Etre grand mangeur. Guilbaud dit: Mangeait fort bien. Michel dit: Dévorait. Demerson dit: Mangeait énormément. Et il renvoie au Quart Livre, chapitre X (sa note, à cet endroit, se bornant à ramener au présent emploi), où nous lisons: (...) quand frere Jan accourut tout joyeulx et s'escria en grande guayeté de cœur, disant: Vive le noble Panigon! Par la mort beuf de boys, il rue en cuisine. J'en viens, tout y va par escuelles. J'esperoys bien y cotonner à profict et usaige monachal le moulle de mon gippon.

Et ce qui nous apparaît aussitôt, c'est précisément que ruer ne peut signifier manger, attendu d'abord que c'est ici le noble Panigon qui rue en cuisine et nullement frère Jean, attendu enfin que frère Jean dit n'avoir mangé qu'en espérance. Et, comme nous avons encore cette faculté de nous étonner que les commentateurs ont appris à maîtriser, nous allons chercher à mieux comprendre ce qu'exprime ce verbe ruer.

Greimas donne: Ruer: (1160, Eneas; bas latin rutare, intensif du latin classique ruere, pousser violemment). Lancer violemment, précipiter. Jeter. Rejeter. Ruée: portée d'un objet lancé. Ruement: Action de lancer. Rueor: Celui qui lance.

Dauzat donne: 1160, Eneas, lancer violemment, d'où XIIIe siècle, emploi de se ruer; 1398, E. Deschamps; intransitif en parlant du cheval; du bas latin rutare (VIIe siècle), intensif du latin classique ruere, pousser violemment.

Bloch et Wartburg donnent: D'abord transitif au sens de lancer violemment, précipiter, encore usité au XVIIe siècle et, aujourd'hui, dans la région picarde; se ruer est déjà du XIIIe siècle, ruer, en parlant du cheval, du XIVe (E. Deschamps). Latin de basse époque rutere, intensif du latin classique ruere (supin rutum). Aussi piémontais rudè, heurter.

Littré donne, entre autres acceptions: Ruer de grands coups, frapper de grands coups (locution qui a vieilli); il donne aussi: Se ruer, se jeter impétueusement sur quelqu'un ou sur quelque chose. Puis il cite: Cependant on fricasse, on se rue en cuisine, La Fontaine, Fables, IV, 4.

Et nous pourrions croire que ce verbe ruer est à entendre, aussi bien au Quart Livre qu'au Gargantua, comme lancer violemment, choquer, heurter, rendant l'agitation fiévreuse des cuisines où s'entrechoquent les ustensiles. Mais nous devons pourtant remarquer qu'est tout à fait insolite la présence dans la cuisine de Gargantua, qui n'est pas cuisinier, comme celle de frère Jan, qui ne l'est pas davantage. Cette particularité apparaît d'ailleurs dans la phrase qui suit la citation: Ainsy, mon amy, dist Pantagruel, tousjours à ces cuisines! Et nous percevons alors que le verbe ruer contient une nuance, sinon péjorative, du moins caustique. Dès lors, nous entendons qu'il peut fort bien s'agir du verbe ruer au sens de donner des ruades, ce verbe ayant charge d'exprimer la gêne que cause aux cuisiniers celui qui vient s'enquérir de ce qui se prépare, goûtant les sauces, prélevant de menus morceaux et, comme le fait probablement le noble Panigon, se répandant en conseils: il est aussi perturbant que pourrait l'être, dans la cuisine, un animal ruant.

Il semble donc que nous sommes fondés à comprendre Ruer en cuisine comme une acception imagée de embarrasser, être importun en cuisine. Et s'il nous apparaît que La Fontaine, qui a eu de plus heureuses rencontres dans l'emploi des vieux termes qu'il aimait, utilise ici la locution sans l'avoir exactement comprise, lui donnant le sens de s'affairer, nous entendons du même coup, pour Ruoyt tresbien en cuisine quelque chose comme Encombrait très bien en cuisine.

faisoyt gerbe de feurre au dieux (sic): Boulenger dit: Leur offrir une gerbe de feurre, de paille, c'est se railler d'eux. Guilbaud dit: Gerbe de paille au lieu de blé (pour tromper les dieux à qui était faite l'offrande). Plattard dit: Faire gerbe ou barbe de feurre (paille) aux dieux, c'est les tromper en leur offrant paille au lieu de blé. Demerson dit: Faisait une offrande de paille et non de grain. Tout cela vient de Littré, qui dit: Faire la gerbe de feurre à Dieu, donner au curé pour la dîme la plus méchante gerbe, celle où il y a le plus de feurre (paille) et le moins de grain. Cette locution s'est corrompue en: Faire barbe de feurre à Dieu. (Mais nous avons idée que la vraie corruption pourrait bien être celle du mot gerbe en jarbe puis en barbe, par incompréhension.)

Puisque nous savons avoir des étonnements qui peuvent être fertiles, étonnons-nous dès l'abord que le mot feurre, qui ressemble de si près au mot foin, nous soit ici donné pour paille. Et rappelons-nous que la paille est constituée des tiges des céréales quand le grain a été séparé (Petit Robert), alors que le foin est l'herbe des prairies fauchée et séchée pour la nourriture du bétail. Le fourrage, lui, est l'aliment végétal (à l'exclusion des grains) donné aux animaux, en particulier le foin des prairies et l'ensemble des plantes sarclées (betteraves, carottes, etc.) (Lexis). Cela entendu, voyons les étymologistes.

Greimas donne: Fein, XIIe siècle, latin fenum, foin. Et pour Fuere, foare, foirre: 1180, R. de Cambrai; germanique fôdre, nourriture: Paille, chaume, foin. Fourrage. Aler en fuere, courir en fuere, fourrager. Dauzat donne: Foin: XIIe siècle (fein); XVe siècle (foin) par fausse régression; du latin fenum. Feurre, fouarre, XIIe siècle, Alexandre (fuerre), paille; à Paris, rue du Fouarre; du francique fôdr- (allemand Futter, anglais fodder). Voir Fourrage. Fourrage, fin XIIe siècle, Loherains, dérivé ancien de feurre, paille. Bloch et Wartburg disent: Foin: En ancien français, fein, fain, jusqu'au XVe siècle; la diphtongue -oi- de foin est due à l'influence de la consonne labiale précédente. Latin fenum. Italien fieno (dont le -ie- est probablement dû à une influence dialectale italique), espagnol heno, ancien provençal fe, sauf le wallon qui a les types feurre ou fourrage et quelques parlers de la région gasconne et catalane les types herbe ou fourrage. Feurre, voir Fourrage.

281

Fourrage, XII⁰ siècle. Dérivé de l'ancien français feurre, XII⁰ (fuerre), vit encore dans les patois sous les formes feurre, foerre, foarre (cf. la rue du Fouarre, à Paris), au sens de paille.

Là-dessus, nous consultons Littré pour le mot feurre: Il dit: Paille de toute sorte de blé, et cite: Les menues denrées que les gens de village et menu peuple vendent en détail et non en gros, comme œufs, beurre... fruits, verjus, feurres, pailles, pots de terre, Edit. nov. 1640. Il ajoute la remarque: Autrefois on prononçait fouare; de là, à Paris, le nom de la rue du Fouare, c'est-à-dire rue de la Paille, ainsi nommée parce qu'on y vendait la paille qui servait aux écoliers pour joncher leurs classes. Puis il donne les exemples: XII⁰ siècle. Alés en fuerre (allez fourrager), etc. XIV⁰ siècle. Nos maistres d'ostel pour nous pourront, hors bonnes villes, faire prendre... feurres, se ils les trouvent battus, et fiens (foins) pour la necessité de nos hostieuz pour la journee.

Le Petit Robert ne dit rien du mot feurre. Le Robert donne: Feurre, foerre, foarre ou fouarre (XII⁰ siècle; francique fodr, fourrage): Vieux: Paille de blé, de seigle, etc. Spécialement: Paille longue pour empailler les chaises, Le Lexis donne: Feurre ou fouarre (francique fodar, fourrage pour animaux, 1155) Vieux: Paille de blé.

Tout cela nous montre que la confusion est totale et qu'elle remonte loin puisque, dans les exemples de Littré, si le premier distingue feurres et pailles, celui des maistres d'ostel cite les foins après avoir parlé de feurres, sous la condition que ceux-ci se trouvent battus, ce qui laisse penser qu'il s'agit du résidu du battage, donc la paille. En fait, ce qui apparaît surtout, c'est que le mot fein, foin, a très tôt été absorbé par le générique feurre, fourrage, qui contient, lui, l'idée de la destination alimentaire qu'a le foin. Et comme il semble évident que ce mot feurre, fourrage n'a pu exclure la paille pour la litière, non plus que les vendeurs de fourrage ne pouvaient s'abstenir de fournir aussi la paille, ce mot feurre a dû prendre tout naturellement la compréhension de fourniture pour le bétail, le mot englobant le foin, la paille, et presque à coup sûr l'avoine pour les chevaux.

C'est très probablement ce sens qu'il faut voir au nom de rue du Fouarre dont on nous parle. Pourtant, nous vient à l'esprit que l'explication que donne Littré peut n'être pas la bonne, toute nimbée qu'elle est d'un esprit de sérieux qui nous paraît masquer l'intention facétieuse que nous soupçonnons quand nous lisons ce que disent les dictionnaires de l'interjection Foin!

Greimas, dont le vocabulaire ne va pas au-delà du milieu du XIV⁰ siècle, ne parle pas de cette interjection. Dauzat dit: Foin, interjection, XVI⁰ siècle, Larivey, origine obscure; soit altération de fi, d'après foin, soit emploi ironique de foin. Bloch et Wartburg disent: Interjection, XVIe siècle. Né probablement de l'expression figurée bailler foin en corne, duper, d'après l'habitude déjà romaine d'avertir les gens de la méchanceté d'un taureau par une botte de foin liée à ses cornes. On a proposé aussi d'y voir une déformation atténuante de l'ancien français fiens, fumier (encore dans les patois), qui aurait été employé comme exclamation péjorative, à peu près comme bran et merde; mais le fait que fiens n'est pas attesté comme interjection est peu favorable à cette explication. Le Petit Robert dit: Interjection. (XVIe; emploi ironique de foin (dans une ancienne expression) ou altération de fi!). Vieilli. Marque le dédain, le mépris, le dégoût. Le Lexis donne: Interjection (peut-être de l'ancienne locution bailler foin en corne, duper, de foin, ou altération de fi; 1579). Classique et littéraire. Marque le dédain, le mépris, l'aversion. Enfin, nous revenons à Littré, qui se borne à dire: Locution interjective familière dont on se sert pour exprimer la répulsion. Et il donne nombre d'exemples, tous pris à partir du XVIIe siècle, sauf la citation de Houdin: XVIe siècle. Foin de la beste et de celui qui me l'a vendu (sic).

Nous retiendrons d'abord ici que cette provenance à partir de bailler foin en corne est proprement absurde puisque ce signal serait celui de la méchanceté, incitant donc à la prudence, alors que l'interjection marque, nous dit-on, le mépris, le dédain, l'aversion, le dégoût, qui ne sont pas précisément les sentiments qu'inspire un taureau dont on redoute la charge.

Nous retiendrons ensuite que cette interjection Foin! ne remonte pas en deçà du XVIe siècle. Et nous ne pouvons alors que nous dire qu'elle apparaît comme le raccourci d'une notion antérieure si connue et si généralement admise qu'elle fait partie de l'expérience collective, l'interjection n'étant plus que le mot qui a charge de rappeler à l'esprit, d'évoquer cette connaissance. Ne nous reste qu'à retrouver cette expression qui, antérieurement à l'interjection, pouvait marquer le dédain, le mépris, ce contenu ayant pu conduire aux notions d'aversion, de dégoût, ces dernières s'étant greffées par une amplification qui pourrait bien dater du moment où, de l'usage rural, l'expression est passée à l'usage urbain.

Et c'est dans Littré que nous trouvons, toujours au mot foin, l'idée qui nous paraît être la bonne: Il est bête à manger du foin, il est très-bête. Et c'est ce lien établi entre le foin et la bêtise que nous retrouvons dans le fonds populaire avec cette expression, de forme toutefois plus recherchée, encore en usage dans le Lyonnais et particulièrement dans le Beaujolais, pour parler d'un individu dont l'esprit n'est pas particulièrement délié: Une botte de foin ne lui fait (ou ne lui ferait) pas quinze jours.

Nous pouvons dès lors revenir à cette rue du Fouarre et nous y arrêter un moment car rien ni personne ne nous empêche de digresser à notre aise si c'est pour le bon motif. Si la justification du nom par Littré ressortit à l'argumentation par la vertu dormitive, d'autres que lui ont, plus récemment, donné des raisons aussi peu convaincantes. On a parlé d'une rue jonchée de paille parce qu'on y donnait des répétitions en plein air (sans toutefois dire la nature de ces répétitions); ou de cours donnés, en plein air encore, aux écoliers assis sur de la fouarre, ou paille. On n'a même pas hésité à préciser que Charles V, environ 1358, fit barrer de chaînes les extrémités de cette rue à cause des ordures qu'on y venait déposer la nuit, mais surtout pour en écarter les ribaudes qui l'avaient élue comme lieu de leurs ébats.

Et l'on peut se dire ici que ces chaînes ne devaient pas empêcher grand-chose, comme on peut se demander si ce n'est pas la seule pudibonderie qui s'est opposée à ce qu'on avance que l'expression Proposer la botte a son origine dans les bottes de ce foin ou de cette paille, très utiles auxdites ribaudes, qui avaient choisi cette rue en raison même de cette facilité. Tout cela ressemble fort aux Contes de ma Mère Lutèce, et l'on pourrait ruiner tout cela d'un coup en s'appuyant sur un plan de 1548, toutefois non authentifié, qui donne cette rue pour rue Foire, nom vraisemblablement à entendre comme diarrhée (Greimas), la situation et l'exiguïté de la rue interdisant de comprendre Foire comme grand marché public.

Et c'est précisément la situation de cette rue, aboutissant directement à la Seine, qui nous confirme qu'elle a dû être celle du fourrage. L'existence de péniches de foin abordant à Paris est attestée, comme est attestée la présence dans la ville d'innombrables chevaux et aussi celle de mules, d'ânes, de vaches, de chèvres, de moutons. Il fallait donc nourrir tout ce bétail, et le fourrage ne pouvait, en si grande quantité, qu'arriver par voie d'eau. Pour nous donc la rue du Feurre ou du Fouarre doit sa destination à l'aisance de sa relation avec le port, et tient tout simplement son nom des vendeurs de fourrage qui y exerçaient leur négoce, comme la rue de la Parcheminerie tient le sien des parcheminiers qui y exerçaient leur activité.

Il n'en demeure pas moins qu'au-delà de cette étrange précaution de joncher de paille le sol des classes, qui a toutes les apparences d'avoir été inventée pour les besoins de la cause, cette rue du Feurre ou du Fouarre paraît avoir toujours été associée aux écoles. Et il nous semble évident, maintenant que nous connaissons l'équivalence établie de temps immémorial entre le foin et la bêtise, que, s'appuyant sur le fait que les parcheminiers s'étaient groupés près des plus grands utilisateurs de leurs produits, c'est-à-dire les écoles, le populaire a dû, par un malicieux parallèle, établir le même lien causal rabaissant, jouant sur la proximité de cette rue du Fourrage et des écoles, donnant évidemment à entendre que les gens des écoles sont les principaux acheteurs de ce fourrage parce qu'il constitue leur nourriture. Et nous avons désormais quelque idée du blocage qui a pu empêcher les universitaires en exercice de découvrir la raison qui lie la rue du Fouarre aux écoles, comprenant leur souci de donner une explication de diversion, si artificielle qu'elle pût être.

Cela tenu pour bon, sauf correction toujours, nous revenons à notre Faisoyt gerbe de feurre aux dieux, où nous voyons dans le feurre le fourrage. Et ce que les commentateurs prennent pour simple tromperie (paille pour grain) nous apparaît alors en vérité comme une insulte, puisque leur faire gerbe de feurre, c'est leur faire gerbe d'aliment pour les bestiaux.

Nous devons pourtant nous préoccuper encore d'une anomalie: le texte du fac-similé est exactement: faisoyt gerbe de feurre au (singulier) dieux (pluriel). Et il apparaît en marge une demande de correction, rétablissant le pluriel, qui est assurément de souci chrétien puisqu'elle prend soin de donner la forme polythéiste à cette locution où l'offrande de la gerbe est geste païen. Guilbaud et Demazière se rencontrent avec ce correcteur bien intentionné et impriment: aux dieux. Boulenger, Plattard, Jourda, Michel, Screech et Demerson impriment, eux, sans rien changer: au dieux, bien que le dernier d'entre eux laisse ses étudiants (qui retrouvent, probablement par la méthode éprouvée du pur hasard, le mot fourrage) se décider pour: offrait du fourrage aux dieux.

Or il n'est pas plus légitime de rétablir ici le pluriel, sans la moindre annotation, que satisfaisant d'imprimer placidement la coquille, toujours sans la moindre note, encore que ce dernier parti présente l'avantage de pouvoir passer pour refus de se prononcer pour peu qu'on veuille bien croire que ce refus a été précédé d'une longue réflexion.

Car cette coquille n'a pas le caractère de l'accident, donc de l'insignifiance. Elle nous rappelle étrangement le mot asne mis pour asme des chapitres XXII et XXIII des premières éditions du Tiers Livre. A tort ou à raison, les fautes typographiques qui portent sur un sujet de religion nous paraissent offrir l'éventualité d'une intention, si facile qu'elle est à nier quand besoin est, comme ce N mis pour un M par la faulte et negligence des imprimeurs (Quart Livre, Epître liminaire). A ce titre, celle que nous relevons mérite au moins d'être examinée.

Nous avons vu que Littré donne Dieu pour destinataire de l'offrande; cela nous paraît visiblement forcé et, pour tout dire, teinté dans l'explication d'un naïf anticléricalisme anachronique, comme le fait d'ailleurs apparaître cette surprenante altération de gerbe en barbe, dont il est parlé. Faire gerbe (ou la gerbe) de feurre à Dieu, ne nous semble pas avoir pu être la formulation du XVIe siècle ni des siècles antérieurs. De plus, la lire sous le texte de Rabelais implique à la fois la suppression du -u- de au, pour arriver à la préposition a (non accentuée dans les fac-similés du Pantagruel et du Gargantua), et la suppression du -x- de dieux, pour arriver au nom de dieu (que les mêmes fac-similés nous montrent le plus souvent imprimé sans majuscule). Faire gerbe de feurre à Dieu est une version si éloignée du texte qu'elle ne ressortit plus au signal mais à l'interprétation tendancieuse: nous l'abandonnons.

La question se réduit ainsi à cette alternative: la graphie au dieux est-elle à entendre comme l'expression polythéiste: aux dieux, fort bénigne d'intention, comme s'empresse de l'imposer le correcteur du fac-similé, ou comme l'expression platonicienne: au dieu, qu'emploie Socrate à son procès, et qui est peut-être venue à l'esprit dudit correcteur, d'où le soin qu'il prend d'en détourner l'esprit des autres? Examinons:

Si nous considérons la locution suivante: faisoyt chanter magnificat a matines, & le trouoyt bien a propous, nous ne pouvons évidemment que retrouver là l'association d'idées bien souvent constatée: le Magnificat, chant d'action de grâces, est appelé à l'esprit de l'auteur par ce qu'il vient d'écrire sur la gerbe qui est offerte pour s'acquitter. Toutefois, ce Magnificat chanté à matines, c'est-à-dire ce chant qui se dit à la fin du jour, ici prononcé lors du premier office de la journée, paraît n'impliquer que l'erreur quand la gerbe de fourrage implique, elle, l'idée de tromperie. Pourtant, la clausule: & le trouuoyt bien a propous, transforme ce que nous pouvions prendre pour simple erreur en modification non seulement volontaire mais éminemment souhaitable. Cela revient à exprimer qu'il est judicieux de bouleverser l'ordonnancement, jusque là intangible, des offices, alors que l'idée de ce bouleversement est, en 1542, date de l'addition, teintée d'esprit réformiste, donc scandaleux.

Et c'est dans cette notion de scandale, délibérément bravé parce qu'il est attribué à l'innocence d'un enfant et qu'il sous-entend la désapprobation, que nous trouvons notre raison. Le Magnificat est l'expression de reconnaissance de la Vierge à Dieu qui l'a choisie par l'Annonciation, et les matines sont en bonne partie consacrées aussi à Marie. Or, trouver souhaitable et judicieux que l'ordre des oraisons mariales soit modifié revient en fait à considérer cet ordre comme indifférent. Et il ne nous faut pas grande pénétration pour entendre que si est indifférent l'ordre de ces oraisons, c'est que sont aussi indifférentes ces oraisons, et, partant, indifférente la Vierge même. Car nous connaissons, ne serait-ce que par la dispute entre Thaumaste et Panurge (P. xix), la nature des sentiments que nourrit Rabelais à l'égard de la personne de Marie: enchérissant sur les idées réformistes, qui ne voient en son culte que mariolâtrie donc idolâtrie, il se donne la latitude de moquer tout l'appareil miraculeux dont elle est nimbée. En fait, ce & le trouuoyt bien a propous, est à prendre ici pour expression de raillerie.

Or si cette intention de raillerie est patente dans la locution Faisoyt chanter magnificat a matines, & le trouuoyt bien a propous et si nous admettons que cette locution est étroitement liée à la précédente, comme dépendant d'elle, il nous faut, semble-t-il admettre que la même intention railleuse est incluse dans Faisoyt gerbe de feurre au dieux, et que cette intention ne peut qu'être contenue dans ce qui est suggéré par la coquille au (singulier) dieux (pluriel). Et le champ de la question se réduit alors à décider sur le point de savoir ce qui a le caractère le plus fortement railleur de la compréhension plurielle: aux dieux, ou de la compréhension singulière: au dieu, c'est-à-dire de la gerbe de fourrage aux habitants de l'Olympe ou de cette gerbe offerte à la divinité indéterminée de Socrate.

Il est évident que c'est le singulier au dieu qui contient la bravade la plus significative; et nous en voulons voir la confirmation dans la correction même que la main pieuse a indiquée en marge du texte, précisément, nous l'avons vu, dans le dessein d'éviter qu'on lise ce singulier, tout près du blasphème. Nous nous sentirons donc autorisés à conclure, car il faut bien savoir de temps à autre vivre dangereusement, en disant que Rabelais, écrivant fautivement au dieux, a placé un signal pour qu'on lise: au dieu, la locution suivante, sur le Magnificat, ayant charge, comme toujours, de confirmer expressément son intention à qui veut bien entendre.

Nous lirons donc désormais Faisoyt gerbe de feurre au dieu, en le liant à Faisoyt chanter magnificat a matines, & le trouuoyt bien a propous. Mais il nous apparaît, en l'écrivant, que ce & le trouuyot bien a propous, a tout l'air de pouvoir s'appliquer aussi bien à la première des locutions qu'à la seconde. Et, dussent s'en offusquer fortement ceux pour qui la lettre n'est jamais l'esprit, ce que nous lirons, en finale, avec le sentiment d'épouser l'intention de l'auteur, c'est d'abord: Faisait gerbe de fourrage au dieu (et le trouvait bien à propos), puis: Faisait chanter Magnificat à matines, et le trouvait (encore) bien a propos.

Là-dessus, puisque nous venons de la traiter avec la précédente, il ne nous reste plus qu'à rapporter les commentaires sur la seconde locution, en appréciant maintenant en connaissance de cause la qualité du revêtement étanche de l'entendement des commentateurs, sur lequel le texte peut couler sans que se produise la moindre infiltration: Boulenger dit: Magnificat se chante à vêpres. Guilbaud: Il ne se chante qu'à vêpres. Plattard: Locution cléricale qui signifie agir à contre-sens, au rebours de l'usage, le magnificat se chantant à Vêpres. Demerson: Le chant du Magnificat est réservé aux vêpres, la translation donnant, elle: faisait chanter Magnificat à matines et trouvait ça très bien.

Mangeoyt chous & chioyt pourree: Boulenger dit: Poireau. Michel dit: Poirée. Demerson dit: Sorte de bette. La translation donne: mangeait des choux et chiait de la poirée.

Littré renvoie, pour poireau, à porreau, qu'il définit sobrement: Plante potagère. Mais pour poirée, il dit: Anciennement, mélange de poireaux et autres légumes avec lesquels on faisait un potage. Aujourd'hui, poirée, ou, plus souvent, carde poirée, variété de la bette ordinaire dont on ne mange que la côte ou nervure médiane des feuilles. Et il donne, parmi d'autres, cette citation qui pourrait nous dérouter: De mengier chault potaige, et especialement porée de choulz, on en a les dens noirs (Les Evangiles des quenouilles, XVIᵉ siècle).

Assurément, la poirée, au sens de bette, n'a rien à voir ici. Quant à la citation de Littré, ce n'est peut-être pas le mot porée qu'il y faut lire, mais bien le mot potée, l'article comportant encore la coquille: dont on ne manque, pour dont on ne mange. Pour nous, ce mot pourree est le mot porrée, désignant un mets à base de porreau, que ce soit le potage ou le plat. En fait, la nature de la préparation n'a pas grande importance puisqu'il ne s'agit que de retenir que, absorbant du choux, on restitue du poireau, ce qui est bien sûr à entendre au sens figuré, comme, par exemple, pour nos commentateurs, lire le texte de Rabelais et produire certaines de leurs gloses.

congnoissoyt mousches en laict: Guilbaud dit: Il voyait les évidences. Plattard dit: C'est être assez habile pour distinguer le noir du blanc. Demazière dit: Je connais bien mousches en laict (Villon), c'est-à-dire: Je sais distinguer le blanc du noir.

C'est déjà ce que dit Humevesne au chapitre xij du Pantagruel: si liniquité des hommes estoit aussi facilement veue en iugement categoricque comme on connoit mousches en laict, le monde, quatre beufz, ne seroit tant mange de ratz comme il est. Et il nous faut entendre qu'à l'époque cette image de la mouche dans le lait était celle de l'évidence aveuglante.

Mais il faut convenir que, de nos jours, cette évidence ne peut plus être décelée avec la même facilité, le lait n'étant plus négligemment exposé aux mouches et celles-ci étant infiniment moins nombreuses qu'au temps où cette locution était courante. Et c'est ainsi que, l'enfant perdant la possibilité de faire cet apprentissage élémentaire, on a dû ouvrir des écoles pour enseigner à déceler l'évidence, haussant même le niveau jusqu'à apprendre à faire prendre blanc pour noir. Le monde est ainsi tout autant mangé de rats, mais chacun croit désormais que c'est une bonne chose.

faisoyt perdre les pieds au mousches (sic): Guilbaud dit: Il passait son temps à des riens. Plattard dit: Type d'occupation vaine: arracher les pattes des mouches. La translation, elle, donne: faisait perdre pied aux mouches, croyant probablement avoir affaire à celles qui, dans le lait, se sont aventurées loin du bord sans savoir nager.

Nous remarquons d'abord, comme pour la gerbe de feurre au dieux, le singulier fautif: au mousches, qui pourrait nous laisser penser que le raisonnement établi sur au dieux n'a pas grand fondement. Mais nous avons idée que la répétition de cette coquille, tout en pouvant, bien sûr, être accidentelle, peut être aussi une habileté, constituant une preuve possible d'innocence pour le feurre au dieu. Ainsi, au Tiers Livre, le mot asne n'est pas mis seulement une fois pour asme, mais deux fois au chapitre XXII, et une fois encore au début du chapitre XXIII, comme pour faire croire à la placide incompréhension du typographe. La deuxième remarque est, nullement discutable celle-là, la confirmation de l'association d'idées qui, des mouches dans le lait, conduit l'auteur à parler des mouches et de leurs pieds.

Littré ne connaît pas la locution, mais explique, à pied de mouche: se dit pour pattes de mouche, en des locutions figurées. Et de celles-ci, nous ne retiendrons que: Disputer sur un pied de mouche, disputer sur des choses de rien. Car nous entendons bien qu'il ne s'agit pas seulement, pour la locution qui nous occupe, de perdre son temps à de vaines occupations (celle d'arracher les pattes aux mouches étant d'ailleurs si peu vaine qu'elle est à prendre pour symptôme de dérèglement mental analogue à celui de Caligula, qui les poignardait), mais bien de la même idée de disputer sans fin sur des sujets d'infime importance.

Mais là encore, cette locution s'est transformée, sous l'influence probable de ces institutions que nous venons d'évoquer, où l'on entraîne progressivement l'esprit à reconnaître la mouche dans les liquides de plus en plus sombres jusqu'à arriver au noir absolu. Pourtant, cet exercice ne constitue que le premier degré de l'enseignement, le niveau supérieur apprenant, lui, à sodomiser lesdites mouches. Et l'on peut être à peu près certain que Rabelais se serait amusé de voir son Faisoyt perdre les pieds aux mousches devenu l'équivalent de Sodomisait consciencieusement les mouches, appréciant comme il se doit le souci de faire intimement corps avec le sujet débattu, tout en le traitant de façon exhaustive.

Ratissoyt le papier: Boulenger dit: Le papier est lisse: absurdité que de le ratisser.

Si nous ne craignions pas de nous répéter lourdement, nous dirions que le commentateur qui parle se trompe, quand ceux qui ne parlent pas ne font que se déconsidérer. Aucun d'entre eux n'a jamais compris que le papier du XVIᵉ siècle, et bien sûr celui des temps antérieurs, bien loin d'être lisse, gardait l'aspect de surface que lui donnait la pression entre deux feutres pour l'égouttage qui précédait le séchage. Si cela ne présentait aucun inconvénient pour l'imprimerie, cela imposait, pour l'écriture à la plume, qu'on le lisse avec une pierre d'alun, méthode reprise de la préparation du parchemin, et cela pour le rendre à la fois glissant et imperméable. Ce lissage devait se faire suffisamment longtemps avant l'usage de façon que l'alun pénètre et sèche assez pour ne pas se mélanger à l'encre.

Donc ce que Gargantua est ici censé faire n'est certes pas ratisser un papier uni, c'est-à-dire faire absurdement une action superflue, mais bien ratisser un papier dont les fibres sont couchées par le pressage, le rendant ainsi inutilisable même par un imprimeur.

chaffourroyt le parchemin: Boulenger, Guilbaud et Michel disent: Barbouillait, la translation donne: gribouillait le parchemin.

Littré dit: Parchemin, peau de mouton, de brebis ou d'agneau, qui est préparée avec de l'alun pour écrire surtout les pièces qu'on veut conserver longtemps telles que les titres des maisons et des terres, les brevets, les lettres patentes, etc. Parchemin vierge, parchemin préparé avec la peau d'agneaux mort-nés. Et il note que le mot parchemin se prend souvent pour contrats et titres.

Nous entendons que ce mot parchemin, amené, bien sûr, par le papier de la locution qui précède, est à prendre à ce sens de pièce officielle. Et dès lors ne peut plus qu'être confirmé le sens de maquiller, falsifier, que nous avons vu au début de ce chapitre pour le verbe chaffourer. Ce que fait ici Gargantua, c'est altérer volontairement, dans le dessein de tromper; c'est-à-dire qu'il est censé gratter certains mots ou phrases, pour les supprimer, puis lisser ensuite de nouveau à l'alun les places grattées pour y écrire les mots ou phrases qui lui conviennent davantage. La fraude était à peu près indécelable parce que cette façon de faire était employée pour toute faute involontaire commise en écrivant, et que l'habileté dans le maniement du grattoir permettait de confondre le très léger amincissement dû au grattage avec les inévitables défauts de planéité de la peau.

Guaignoyt au pied: Guilbaud dit: Se sauvait. Plattard dit: En fuyant. Michel dit: S'enfuyait. Demerson dit: Cédait du terrain à l'ennemi.

Littré donne: Familièrement. Gagner le large, gagner au pied, gagner la guérite, gagner au haut, gagner les champs, le taillis, c'est-à-dire s'enfuir, s'esquiver. Et il semble que cette locution a pu être amenée par Chaffouroyt le parchemin, qui décrit une action condamnable, cette idée de condamnation faisant apparaître celle de fuite pour s'y soustraire. Mais plus certaine est l'association qui conduit à la locution suivante, où ce même parchemin, ou peau de mouton, de brebis ou d'agneau, appelle l'idée de peau de chèvre, dont on fait le maroquin, mais dont on fait aussi les outres.

Tiroyt au cheurotin: Boulenger dit: Les outres étaient en chevreau ou chèvre: tirer au chevrotin, c'est boire copieusement. Guilbaud dit: Levait bien le coude. Plattard dit: Le sens propre de cette locution était: boire copieusement, d'une outre en peau de chèvre; le sens figuré, tirer de l'argent de sa bourse et le gaspiller. Michel dit: Buvait copieusement (d'une outre en peau de chevreau). Demerson dit: Buvait un trait à la gourde en peau de chèvre. Et la translation donne: prenait de la bouteille. Littré, lui, dit: Boire à l'envi.

Tout est donc clair ici, hormis que le sens figuré de Plattard paraît lui être tout personnel, et que la version des jeunes translateurs ressemble assez à la projection du singe qui a oublié d'éclairer sa lanterne. Ils parlent de prendre de la bouteille en s'imaginant naïvement que cela revient à parler de prendre du contenu de la bouteille. Or prendre de la bouteille est une expression familière qui, fondée sur l'idée que le bon vin se bonifie en bouteille, s'emploie pour dire de quelqu'un qu'il prend de l'âge en s'améliorant. Si cela ne risque pas d'arriver pour la translation, qui n'est mise qu'entre deux couvertures, on peut toujours espérer cette bonification pour ses auteurs.

Comptoyt sans son houste: Guilbaud dit: Se faisait estamper (allusion aux notes d'hôtel allongées par les aubergistes). Michel dit: Comptait sans son hôte (ce qui est imprudent dans une auberge). Demerson dit: N'attendait pas que l'hôte fît l'addition. Voir Monluc, Commentaires, Édition Pléiade, page 683. Et, contrairement à ce que l'on pourrait croire, ce renvoi ne vient pas à l'appui de l'addition hôtelière dont parle Demerson: il n'est question, dans ce passage du Livre septième, que de plan d'attaque de villes; Monluc y écrit: mais je contois sans l'hoste, et tout ce qui est à entendre, c'est qu'il comptait sans l'adversaire.

Ces explications à base de notes d'auberge ou d'impatience qui pousse à ne pas les attendre sont manifestement une mesquine restriction de compréhension, attendu que l'hôte est d'abord, selon Littré, celui, celle qui reçoit et traite quelqu'un sans rétribution, qui lui donne l'hospitalité, par humanité, par bienveillance, puis celui, celle qu'on reçoit et qu'on traite bien. Ce n'est que par extension que l'hôte est aussi celui, celle qui tient une auberge, une hôtellerie.

Littré donne: Qui compte sans son hôte compte deux fois, se dit de celui qui fait son compte en l'absence de la personne qui y est intéressée. Et il est de fait que l'on peut ici entendre qu'il s'agit de la note présentant le total des dépenses. Aussi allons-nous consulter Furetière, qui dit bien mieux, à l'article Hoste: On dit Compter sans son hoste, lors qu'on fait son compte tout seul à sa fantaisie, en l'absence de la personne qui a interest de le contredire: ce qui a donné lieu au proverbe, Qui compte sans son hoste, compte deux fois. Cette phrase se dit par extension, de toutes les affaires qu'on entreprend, sans prévoir les obstacles qui s'y formeront par des parties intéressées qui la traverseront.

Il tombe donc sous le sens que le compte n'est pas forcément une addition et, partant, que les raisons des commentateurs sont des raisons de commis voyageurs. Car nous nous rappelons fort bien avoir entendu, au chapitre xxvj du premier Livre, Pantagruel dire à ses compagnons qui se partagent l'armée des putains des Dipsodes comme si ceux-ci étaient vaincus, alors qu'il reste à livrer bataille: Vous comptez sans vostre hoste. Iay grand peur que deuant quil soit nuyct, ne vous voye en estat, que ne aurez grande enuie darresser, & quon vous cheuauchera a grand coup de picque & de lance. Et nous savons aussi pertinemment que ce que vont faire, au chapitre xxxiij du présent Livre, certains gouverneurs de Picrochole, c'est proprement compter sans leur hôte.

Finalement, ce sont les commentateurs qui ont eu tort de compter ici sans leur hôte, c'est-à-dire sans leurs lecteurs: il est de ces hôtes qui sont turbulents, aimant à former des tourbillons quand cela doit régénérer le fluide.

Battoyt les buissons, sans prandre les ozillons: Ici, personne ne dit rien, ni de cette imbécile distraction paysanne, qui est heureusement passée de mode, ni du sens figuré qu'a l'expression. Car il s'agit évidemment là du proverbe qu'illustre le tableau de Breughel, Le Dénicheur, ou Le Voleur de nids: Dije den nest weet, dije weeten; dijen rooft, dije heeten, ce qui peut se rendre par Qui sait où est le nid se borne à le savoir, qui le vole le possède.

Et nous pouvons penser que l'esprit malicieux de Rabelais a ici une certaine idée de ces buissons qu'on bat comme pour s'assurer de l'endroit où est le nid, sans aller jusqu'à se l'approprier. Car, par exception, la locution nous paraît parfaitement adaptée au petit Gargantua, dont nous allons savoir que le jeune âge ne l'empêche pas de (tastoner) ses gouuernantes cen dessus dessoubz, cen deuant derriere, harry bourriquet: & desia (commencer) exercer sa braguette.

Croioyt que nues feussent pailles darain, & que vessies feussent lanternes: Boulenger dit: Poêles (dais). Plattard dit: Locution proverbiale, qui se rencontre déjà dans Villon, Testament. La paile, ou poêle, était une sorte de dais. Michel dit: Poêles. Demerson dit: Voir Livre V, chapitre 21 (où il se borne une fois de plus à renvoyer au présent emploi de la locution, ce qui constitue une fort prudente manière de commenter). Et l'estudiantine translation dit, très sérieusement: prenait les nues pour des poêlons de bronze.

La référence à Villon concerne le passage où il se plaint de celle qui l'a abusé et fait entendre Tousjours d'ung que ce fust ung aultre,/De farine que ce fut cendre (...) Du ciel une poille d'arain (LXVIII), dans l'édition de A. Longnon, revue par L. Foulet (Champion), où l'on trouve au glossaire: Poille: poêle à frire ou casserole, et dans les variantes: poasle, paelle; mais il n'est pas question de dais.

Quant aux poêlons des translateurs, ce sont des casseroles de métal ou de terre à manche creux (Petit Robert). Dans ces conditions, nous serions prêts, d'une part à comprendre pourquoi les Gaulois ont pu craindre que le ciel leur tombe sur la tête, d'autre part à mesurer combien peuvent être impénétrables les desseins divins qui, mettant aux nues des poêlons si dangereusement lourds, puisqu'ils sont de bronze, ont toutefois pris soin de leur faire le manche creux. Mais il nous faut nous extraire de ce bain de stupidité.

Greimas dit: Paile, palie, paille: nom masculin et féminin; latin pallium, manteau. Riche drap d'or ou de soie, généralement rayé. Paile roé, étoffe à dessins circulaires. Tenture, tapisserie, dais. Drap noir recouvrant le cercueil. Linceul. Pallium, manteau ecclésiastique porté par les archevêques.

Littré dit: Poêle: Voile qu'on tient sur la tête des mariés pendant la bénédiction nuptiale. Drap dont on couvre le cercueil pendant les cérémonies funèbres, et dont quelquefois, par honneur, les coins sont tenus, pendant la marche du convoi, par certaines personnes. Dais sous lequel on porte le saint sacrement. Dais qu'on présentait aux rois, aux princes et aux gouverneurs des provinces, quand ils faisaient leur entrée dans une ville.

En fait, nous entendons que les mots poille, poile, paille, paile, palie, poasle, paele, etc. désignaient à la fois la poêle à frire (de patella) et l'étoffe, le dais (de pallium). Et nous comprenons alors que c'est sur ce mot poilles que pivote la plaisanterie, le premier jeu dénonçant l'erreur qui consiste à prendre pour les nues les poilles, c'est-à-dire les dais, parce qu'ils se trouvent au-dessus de la tête, le second jeu rebondissant sur ce mot poilles entendu comme poêles à frire, qui sont d'airain, pour ne plus retenir finalement que les extrêmes: nues et airain. La méprise semble alors plus grande que celle que, selon la tradition, lui associe Rabelais: & que vessies feussent lanternes.

Pour ces vessies prises pour lanternes, personne ne parle, chacun jugeant probablement que la locution est limpide. Et même les translateurs se bornent à finir ainsi leur phrase si curieusement commencée: et les vessies pour des lanternes, trouvant là la confirmation de leur vue de quincailliers.

Il importe pourtant que nous examinions cette locution encore si courante que nous croyons en connaître parfaitement le contenu. Car il nous apparaît immédiatement que l'assimilation est nettement forcée entre cette lanterne dont les parois ont sans doute été le plus souvent faites de vessie, mais qui ne pouvait qu'avoir une forme angulaire, et la vessie gonflée, donc sphérique. (Nous ne pouvons légitimement considérer comme lanterne la courge évidée dans laquelle est placée une chandelle, qui est de caractère exceptionnel et qui n'a pu servir de fondement à une locution de compréhension étendue[6]). Voyons donc les définitions.

Greimas dit: Lanterne (nom féminin, 1080, Roland, du latin lanterna, lanterne): Lanterne, boîte à parois transparentes pour protéger la lumière. Vessie (nom féminin, 1190, Jean Bodel; latin populaire vessica pour vesica): Vessie. Objet sans valeur, à valeur minimale. Ampoule.

Littré dit: Lanterne: Boîte garnie d'une substance transparente, corne ou vitres, où l'on enferme une chandelle, de peur que le vent ne l'éteigne. Et il cite: Il veut faire croire que des vessies sont des lanternes, c'est-à-dire il veut faire croire des choses absurdes et bizarres,

6. Compréhension et extension ne sont opposées que dans la langue des logiciens, des linguistes et autres Jargonautes; elle n'existe pas pour les planteurs de choux qui, comme dit Panurge (T.L. XVIII) ont tousjours en terre un pied, l'aultre n'en (étant) pas loing.

donnant même explication, à la même locution, au mot Vessie. Nous remarquerons seulement ici que la locution ne contient que l'idée d'abuser volontairement autrui sans l'idée de s'abuser soi-même.

M. Rat, dans son Dictionnaire des locutions françaises, dit: Prendre des vessies pour des lanternes: Commettre d'étranges méprises. Et il commente avec beaucoup d'ingénuité: C'est en effet s'abuser grandement que de prendre pour des lanternes des vessies, poches tirées du corps d'un animal et gonflées de l'air qu'on y a insufflé, mais qui n'éclairent nullement. Nous notons ici que l'idée d'abuser autrui a fait place à celle de s'abuser soi-même, comme nous notons qu'il est question de grandement s'abuser tant il paraît inconcevable que l'on puisse prendre la sphère qu'est la vessie gonflée pour une lanterne dont la forme ne pouvait qu'être celle du cylindre ou du prisme droit.

Le Petit Robert et le Lexis parlent aussi de commettre une grossière méprise, faire une confusion absurde, croire une chose stupide, se tromper grossièrement. Toutefois le Lexis dit: Des vessies de porc servaient autrefois d'enseignes aux charcutiers. Et cela ne peut que nous confirmer dans le bien-fondé de notre étonnement: la vision de ces vessies gonflées étant courante, la confusion avec les lanternes est inexplicable, même par les plus bornés.

En fait, nous ne pouvons que nous dire que nombre d'objets de ressemblance plus étroite auraient pu concrétiser l'idée de se tromper grossièrement. Et nous devons bien arriver à penser que si ont été choisies cette vessie et cette lanterne qui risquent si peu d'être confondues, c'est très probablement que chacun de ces mots a un contenu tout autre que celui qu'on nous indique, celui-ci ayant grande chance d'être le paravent euphémique que le souci d'édulcoration a placé pour masquer la verdeur originelle. Cherchons donc de ce côté.

Nous reprenons le Greimas et nous voyons que le mot Lanterne a aussi l'acception de: Parties naturelles de la femme. Aler a la lanterne sa mere, cf. Aler a la landie sa mere. Lanterner: envoyer à la lanterne d'une femme. Et à Landie, nous lisons: Parties naturelles de la femme. Envoier (quelqu'un) a la landie sa mere (XIVᵉ), juron obscène.

Bien que Greimas ne fasse pas la distinction, nous entendrons que la landie désigne l'ensemble des deux nymphes, puisque nous avons retrouvé ce que dit Brantôme des landies, landilles, lèvres, landrons, à l'occasion des cocquecigrues dont a parlé Baisecul (P. xj). En conséquence, la lanterne ne peut qu'être le vagin, c'est-à-dire la lanterne où l'on met la chandelle, d'autant que nous avons vu que le mot lanterne a aussi l'acception d'ampoule, ce qui nous conduit bien à entendre qu'il est question du vagin érotique; et nous saisissons alors la raison

295

de l'obscénité du juron, qui associe l'idée de mère à celle d'appétence. Quant à la vessie, c'est alors tout simplement le réservoir de l'urine qui se vide par le méat urinaire, voisin de ladite lanterne. Et dès lors, nous avons compris.

Prendre vessies (au pluriel) pour lanternes (au pluriel) a toutes chances d'avoir été, au singulier: Prendre vessie pour lanterne, c'est-à-dire prendre la vessie pour la lanterne. Le Petit Robert donne d'ailleurs, du XIIIᵉ siècle, cette expression où il n'est question, il est vrai, que de vendre, mais qui prouve au moins que le singulier était employé: Pour lanterne vendre vessie.

Nous savons bien que la plus grande partie des locutions proverbiales décrivant le comportement se fonde sur le corps humain et qu'en conséquence nombre d'entre elles n'ont pu que rencontrer l'inspiration salace. Et nous comprendrons que Prendre vessie pour lanterne, locution qui a charge de donner l'idée de la confusion grossière par excellence, concrétise cette idée par la représentation du niais consommé, du puceau, qui prend (ou qui prendrait) la vessie, en l'occurence le méat, pour la lanterne, c'est-à-dire le vagin[7].

Il est sûr alors qu'une compréhension de substitution n'a pu qu'être superposée à la compréhension originelle, encore que la seule démesure de l'erreur évoquée ait pu suffire à faire perdre de vue ce sens initial. Et c'est ainsi que nous trouvons déjà le sens affaibli aussi bien dans Villon: Tousjours trompeur autruy enjaultre/ Et rent vecies pour lanternes (T. v.695-6) que dans Pathelin: Me voulez vous faire entendant/ de vecies que sont lanternes? (v.800-1). Quoi qu'il en soit, nous ne croirons pas trahir l'esprit du texte en admettant qu'il peut, en plus du sens de Croyait que nues fussent dais de bronze, et que vessies fussent lanternes, avoir le sens de Croyait que nues fussent dais de bronze, et le trou qui pisse la bonne porte.

Tiroyt dun sac deux moustures: Guilbaud est seul à préciser: D'un sac de grains. Mais la désolante translation donne ici: Avait plus d'un tour dans son sac, confondant le sac du meunier et le sac à la malice, comme dit Littré.

---

7. Quelques comptes rendus ont trouvé provocatrices les explications de ce genre données dans l'étude du Pantagruel. Mais ce reproche émanait, soit de pudiques de confession, soit de demoiselles, certes fort cultivées et d'esprit ouvert, mais rebelles au mariage, concevant ce que, dès qu'on l'entend, à l'esprit un tel mot offre de dégoûtant, de quelle étrange image on est par lui blessée, sur quelle sale vue il traîne la pensée. Comment donc, alors, sans les offusquer, montrer à ces dernières (car nous laissons les premiers à leurs convictions) les facétieuses libertés de langage par lesquelles nos pères, candidement égrillards, exprimaient leur joie d'être au monde et d'y voir clair?

Celui-ci explique ainsi la locution: Prendre double profit dans une même affaire, et, en général, faire servir une même chose à deux fins. C'est ainsi, par exemple, que l'entreprise de translation a pu occuper à peu de frais les élèves de Demerson tout en donnant à celui-ci la matière d'une édition.

Faisoyt de lasne pour auoir du bren: Boulenger dit: Partie grossière du son. Guilbaud dit: Son. Plattard dit: Du son. Michel dit: Son, mais aussi m... Demerson dit: Ce mot désigne toute déjection (ici le son grossier, résidu de la mouture).

Là encore, nous apercevons immédiatement le cheminement de l'idée qui, du mot mouture, a abouti au résidu de cette mouture, Littré dit: Faire l'âne pour avoir du bran, se montrer plus simple qu'on n'est réellement pour obtenir quelque chose. C'est là, certes, se montrer fort avisé. Mais il arrive aussi, nous venons de le voir, que certains professeurs fassent jouer les ânes pour recueillir leur bran.

De son poi(n)g faisoyt un maillet: Ici, le -n- manque, le typographe l'ayant machinalement sauté sans penser que -i- ne peut recevoir le signe d'abréviation nommé à tort tilde, alors qu'il est bien plus clair de parler, par exemple, de -i- souscrit. Littré, qui cite précisément au mot maillet cette locution de Rabelais, explique erronément: Cognait avec son poing. Pourtant, il donne au mot poing cette citation de Le Roux de Lincy, Proverbes, qui aurait dû l'éclairer: De grand folie s'entremet Qui de son poing fait un maillet.

Car tout le monde entend que, le maillet étant le marteau, ou l'espèce de marteau à deux têtes qui est ordinairement de bois (Littré), ce maillet ne peut qu'être destiné à frapper quelque chose qui est de bois. Il s'agit donc de décrire ici la folle conduite de celui qui frappe de son poing quelque chose qui est plus dur que sa main fermée, celle-ci étant alors seule à pâtir de la rencontre. Ainsi, nous avons pu croire jadis, au temps des illusions, que les gloses des commentateurs étaient, bien que fort discutables, faites de matière universitaire très dure et pour tout dire inattaquable du seul poing. Mais l'âge venant, et avec lui quelque sagesse, assortie d'encouragements de personnes encore dans le sérail, nous nous sommes aperçu que ces gloses sont pour la plupart vessies gonflées de suffisance qui, bien que peintes de la couleur du bronze, dans lequel, comme chacun sait, on coule les paroles définitives, peuvent s'écraser du seul plat de la main.

Prenoit les grues du premier sault: Guilbaud parle seul, disant: Prendre la grue: faire une chose impossible. Et, bien qu'il s'abstienne d'expliquer, nous pouvons penser que cette impossibilité ressort du fait que la grue ne saute pas.

Mais il nous semble alors étrange, dans ce cas, que la locution, visiblement formée pour illustrer la vantardise, ne contienne alors rien de plus qu'une locution où serait mis en scène un animal qui saute, comme par exemple la grenouille. Prendre les grenouilles du premier saut suffirait à concrétiser la prétention. Et nous vient alors à l'esprit que le choix de la grue n'est pas indifférent, d'autant que nous nous rappelons ce que dit d'elle Platon: tel autre animal supposé, je pense, intelligent, ainsi la grue à qui l'on fait cette réputation (Le Politique, 263d, traduction L. Robin, Pléiade). Nous cherchons donc de ce côté.

De ce que dit Littré de la grue, nous ne retenons, puisqu'il est question de la prendre au premier saut, que ce qui a trait à son comportement au sol: On prétend que, lorsque les grues sont à terre en troupe, il y en a une qui se tient sur une seule jambe pour faire la sentinelle. Il donne encore, de Brunetto Latini, une phrase qui a trait au vol, mais qui nous indique le Livre du Trésor, où nous lisons: Et tout autressi comme eles observent bonne garde et diligente en cheminant, la observent en herbergier et encore plus fort; car, entre toutes, la disime veille et garde les autres qui se dorment, dont il i a de tels qui veillent, mais ne se meuvent d'un leu (...) et quant eles aperçoivent chose où il ait peril, maintenant crient et font esveillier les autres por eschaper à sauveté. (Jeux et sapience du moyen âge, Pléiade).

Et nous entendons alors clairement que ce qui est impossible, c'est d'approcher suffisamment des grues pour qu'elles soient à portée de main ou même de filet, et qu'il est donc tout à fait illusoire de prétendre s'en saisir à leur premier saut, d'autant, raison redondante, qu'elles ne sautent pas. Nous comprenons donc que le choix de la grue est intentionnel puisqu'il contient la hâblerie majeure, la précision du premier saut étant chargée de suggérer la proximité tout en renforçant l'idée de vantardise, puisqu'il est déjà fort difficile de prendre au premier saut la grenouille. En fait, une locution comme Prendre les grenouilles du premier saut ne contiendrait que la vaniteuse prétention de réussir un exploit restant idéalement réalisable, quand la locution Prendre les grues du premier saut exprime la vanité absurde puisqu'elle contient deux impossibilités manifestement ignorées du vantard.

Nous avons encore là une de ces locutions formées dans le monde rural, fondée sur la connaissance du comportement des animaux, cette connaissance étant tenue pour si élémentaire qu'en révéler son ignorance ne pouvait que déclencher la méprisante moquerie. Et nous comprenons dès lors fort bien que la compréhension d'une telle locution se soit perdue en même temps que se perdait ce savoir. Si bien que nous n'avons plus, pour confondre la prétentieuse vantardise, que l'expression d'emploi restreint parce que fort triviale: Il a toujours chié avant que les autres soient déculottés.

Vouloyt que maille a maille on feist les haubergeons: Boulenger dit: Cottes de mailles. Guilbaud dit: Hauberts. Demazière cite, sans donner la source: Plusieurs raisins procèdent d'un bourjon/ Et maille à maille on fait le hanberjeon (sic). Michel dit: Hauberts. La translation donne: voulait que l'on tricotât point à point les cottes de mailles.

Ainsi, personne n'explique qu'il y a là, une fois de plus, expression rabaissante contenant l'intention de dépeindre la suffisance dans l'ignorance des connaissances fondamentales, en l'occurrence la façon dont on fabrique le haubert.

Le haubert, dit Littré, est une cotte de mailles à manches et gorgerin que portaient quelques seigneurs. Le haubergeon, dit-il encore, est un petit haubert. Et il cite: Maille à maille se fait le haubergeon, expliquant: c'est-à-dire en travaillant constamment, mais peu à peu, on mène à bout un travail. Mais il est apparent que cela n'a pas de rapport avec le texte qui nous occupe, où le verbe Vouloyt et la forme: on feist, sont intentionnels. Et pour découvrir cette intention, il nous faut nous renseigner sur le mode de fabrication du haubert.

C'est dans le Livre des Armes et des Armures, de C.-H. Tavard (Éditions Hier et Demain, 1977), que nous trouvons, sous le titre Le Haubert de mailles: (...) chaque anneau d'au plus 10 mm de diamètre devait être chauffé puis fermé par rivetage, chacun d'eux se présentait avec d'un côté un méplat percé d'un trou et de l'autre un petit ergot venant s'introduire dans le dit orifice pour y être maté. Par la suite, les anneaux devinrent plus petits et atteignirent jusqu'à 7 mm. Aussi comprend-on que le bon haubert était très estimé, fort long à fabriquer et coûtait par conséquent fort cher.

Ainsi donc, c'est bien maille à maille, et qui plus est, après que chacune eut été portée au rouge, que se formaient le haubert et le haubergeon, celui-ci demandant seulement moins de temps. Et nous comprenons maintenant pleinement l'intensité de la raillerie contenue dans la forme que donne à la citation Rabelais, laissant entendre, au premier niveau, qu'il existe un autre moyen de faire les haubergeons, et insinuant, au deuxième niveau, que croire qu'on les assemble anneau après anneau est une naïveté. Il y a là plaisanterie à superposition, analogue à celle que contiendrait une locution comme: Voulait que pendant neuf mois, cellule après cellule, se formât l'enfant.

De cheual donné tousiours reguardoyt en la gueule: Guilbaud dit: Pour en connaître l'âge. Demerson dit: Il est peu courtois d'inspecter les dents d'un cheval reçu en cadeau (pour en savoir l'âge).

Littré dit: A cheval donné on ne regarde point à la bouche, à la bride, c'est-à-dire un don est toujours bienvenu (quand même il y manque quelque chose pour être complet, ajoute-t-il au mot bride). Ici, la compréhension est aisée, de même qu'il serait facile d'entendre, si nous avions mauvais esprit, pourquoi les femmes qui, jadis, attendaient d'être achetées, ont pu finir par préférer se donner, comptant bien que tout le monde aura lu Boccace: Bouche baisée ne perd point son bonheur à venir; elle se renouvelle comme la lune (Décaméron, II, vj).

Saultoyt du coq a lasne: Tous les commentateurs, ignorant s'il s'agit ici de lard ou de cochon, se gardent de lever la langue. En fait, il est hors de doute que la locution Saillir du coq à lasne existait telle quelle, bien qu'il s'agisse de la corruption de saillie du coq à l'ane (la cane), ainsi que nous l'avons vu au chapitre xj du Pantagruel, et comme tend encore à le prouver la vieille expression probablement franco-provençale, qui marque l'inefficacité: Cela fait autant que le coq aux canes. Mais il n'est peut-être pas excessif de penser que Rabelais s'est étonné tout le premier de cette alliance saugrenue du gallinacé et de l'équidé, et qu'il s'est diverti à prendre les mots au sens littéral pour faire ressortir l'absurdité de l'usage.

Mettoyt entre deux verdes une meure: Boulenger dit: Entre deux vertes une mûre: parmi beaucoup d'amertume un peu de douceur. Guilbaud dit: Mettait un peu de douceur dans beaucoup d'amertume. Plattard dit: Au figuré, le sens de ce dicton était: mettre beaucoup d'amertume pour un peu de douceur. Demerson dit, élevant le débat jusqu'au contenu d'un panier: Un tiers de fruits mûrs, deux tiers de fruits trop verts. Et la translation donne, avec la sûreté qu'on lui connaît dans le maniement du contresens: en faisait de vertes et de pas mûres.

Si le Petit Robert ignore l'expression, Littré dit: Entre deux vertes une mûre, se dit de quelque chose de bon qu'on trouve entre plusieurs choses mauvaises. Mais il s'agit ici de trouver, alors que la locution de Rabelais parle de mettre, montrant donc la volonté d'adoucir, à peu près comme nous ferions si, entre deux désapprobation des vues des jeunes translateurs, nous insinuions que l'âge leur donnera probablement une plus sûre intelligence du texte.

Nous entendons donc qu'on est censé ici placer, dans une intention d'adoucissement, un élément suave au milieu de deux éléments acerbes, étant toutefois entendu que s'il s'agissait de femmes, on devrait, dans la même intention, inverser pour placer entre deux mûres, une verte.

faisoyt de la terre le foussé: Boulenger dit: Et non le talus, Guilbaud dit: Au lieu du talus (chose impossible). Demerson dit: Et non pas le talus! La translation, elle, continue de produire les résultats de sa rudimentaire réflexion et donne cette version, qui nous laisse pantois: mettait la terre dans le fossé.

Littré dit: Faire de la terre le fossé, tirer de la chose même de quoi subvenir aux dépenses nécessaires pour l'agrandir. Se dit plus souvent d'un dissipateur se ruinant par des emprunts successifs dont l'un rembourse l'autre.

Le premier de ces sens nous paraît forcé, le mot fossé étant visiblement incompatible avec une idée méliorative: le fossé, en creux, est élément négatif quand la terre, qu'elle soit ou non tirée de ce fossé, est élément positif; et il est difficile de concevoir qu'on se loue de faire, au moyen de cet élément positif (Faisait de la terre), un élément négatif (le fossé).

Nous opterons donc pour le sens péjoratif, entendant qu'il fait allusion à la manière de combler un fossé de la terre récupérée par le creusement d'un nouveau. Nous avons ainsi dans la locution un énoncé elliptique qui se lit: Faisait de la terre (de comblement) le (nouveau) fossé, alors que la raison veut: Faisait du (nouveau) fossé la terre (de comblement). Et cela est d'autant plus clair que nous savons bien que cette façon de faire a toujours constitué, dissimulé toutefois derrière un vocabulaire ésotérique, l'essentiel de l'économie.

Gardoyt la lune des loups: Guilbaud dit: Faisait des choses inutiles. Demerson dit: Protégeait la lune contre les loups (qui hurlent à la lune).

Littré dit: Garder la lune des chiens ou des loups, prendre une peine inutile. C'est en effet, non pas choses inutiles qu'il faut entendre, mais bien peine inutile, soin superflu, comme par exemple veiller à ce que nos commentateurs ne se surmènent pas.

Si les nues tomboient esperoyt prandre les alouettes: C'est là une version nettement plus optimiste que les nues prises pour poêles d'airain rencontrées un peu plus haut: aussi aucun commentateur ne se prononce-t-il sur celles-ci.

Littré dit: Si le ciel tombait, il y aurait bien des alouettes prises, se dit d'une supposition absurde. C'est déjà ce que contient le proverbe antérieur au XVe siècle, chez J. Morawsky: Se les nubz cheent, les aloes sont toutes prises (n° 2243).

Mais encore faut-il bien entendre ce que contient la locution. Sans se permettre de penser, le mot aloe étant un des rares mots gaulois attestés, que la locution fut formée par le premier sceptique celte, puisqu'il est question de ciel qui tombe, nous devons bien voir que ces nues ne sont pas censées entraîner les alouettes dans leur chute, ainsi qu'on le conçoit généralement. Car les alouettes nichent au sol, dans les céréales, et les nues s'abattant sont ici assimilées au filet ou à la couverture au moyen desquels on les prenait au nid, comme l'atteste le Livre du Roy Modus, de Henri de Ferrières (XIIᵉ siècle), qui préconise de chasser de nuit les aloes et autres oiseaux:

(...) Celui qui porte le feu est u milieu des autres deuz et tient une cloquette en sa main, de quoi il va cloquetant, et se il voit l'aloe ou autre oisel, il haste et cloquete bien tost et plus aprement affin que les deus autres qui sont a ses deus costés, qui tiennent les couvertoers, puissent veoir et apercevoir l'oisel. Et quant l'un des deus voit l'aloe ou la perdris ou un autre oisel, il met son couvertoer dessus et la prent. Et avient souvent que, quand l'oisel voit le feu pres de lui, que il lieve l'ele contre le feu, et adonques est bon a choisir (Jeux et sapience du moyen âge, Pléiade).

Prendre au nid un oiseau qui se protège de l'éblouissement en levant l'aile est, qu'on le veuille ou non, une abjection[8]. Peut-être s'explique-t-elle, et par la rudesse du temps, et par le besoin. (Il est sûr, par exemple, que la sensibilité des chasseurs de notre époque leur interdirait une telle action, même si le législateur n'avait eu la précaution de prohiber la chasse de nuit.) Et, en forçant quelque peu, nous pouvons toujours voir une condamnation implicite de cette façon de chasser, dans l'association d'idées qui conduit Rabelais à placer immédiatement après ces alouettes une locution où il est question de nécessité.

Faisoyt de necessite vertus: Tous les commentateurs se taisent, et même les translateurs se bornent à copier. C'est qu'il y a fort peu à gloser sur une locution très claire, dont Littré dit: Faire de bonne grâce une chose qui déplaît, mais qu'on est obligé de faire. Le Petit Robert donne pourtant ce sens, étrangement moralisant: Faire d'une chose imposée et pénible une occasion de mérite et de vertu.

Le sens prosaïque de Littré est certes le bon pour rendre l'esprit contenu dans cette locution empreinte de sagesse populaire, où le mot vertu est synonyme de détachement. C'est en fait la volonté de celui qui ne permet pas que les choses fortuites entament sa sérénité et qui, sachant bien que tout événement a deux anses dont généralement une seule est embrenée, ou dans le pire des cas dont l'une l'est moins que l'autre, préfère l'appréhender par celle qui est moins chargée.

---

8. A ceux qui jugent insistantes ces marques de pitié pour les animaux, nous répondrons qu'elles ne le sont pas plus que les marques de la déconsidération qu'on a pour eux. La simple observation montre d'ailleurs que ceux qui témoigne du plus profond mépris de l'espèce animale sont invariablement, soucieux de se donner quelque supériorité, les plus médiocres spécimens de l'espèce pensante.

Faisoyt de tel pain souppe: Boulenger dit: La soupe, c'est, comme on sait, le pain qu'on trempe dans le bouillon. Le sens du proverbe est obscur. Guilbaud dit: Cf. le Roman de la rose (vers 14420): Je vous ferai d'autel pain soupe. Plattard dit: Cette locution (dans laquelle soupe a le sens ancien de tranche de pain sur laquelle on verse du bouillon) se lit déjà dans le Roman de la Rose, vers 14420: Je vous ferai d'autel pain soupe. Et les translateurs, se remettant à moudre, disent: faisait des tartines de même farine.

Sans que cela ait eu la moindre influence sur la divagation de ces translateurs, qui sont manifestement hors de toute atteinte de ce genre, nous devons comprendre que si Boulenger confesse que le sens du proverbe lui reste obscur, et si les autres commentateurs n'ont garde d'avancer une explication, c'est que Littré ne dit rien de l'expression. Il se borne à citer deux vers, en édulcorant d'ailleurs la fin du premier, et parlant pour le second de cet autel qui est proprement absurde: Puisque vous m'avez faite (faute), Je vous ferai d'autel pain soupe; la Rose, 14420. Et nous allons voir que ceux qui citent ce vers 14420 n'ont probablement pas eu la curiosité de s'y reporter.

Nous trouvons pourtant dans Furetière la locution De tel pain souppe, mais la plate explication qu'il en donne ignore complètement l'intention didactique du précepte populaire: Pour dire, que les choses sont bonnes suivant la matière qu'on y met. Or il apparaît clairement que Faire de tel pain soupe a été appelé par Faire de nécessité vertu, parce que les deux locutions ont un sens parallèle. C'est-à-dire qu'il faut entendre, le mot Tel ayant ici le sens de De cette nature, de ce genre, de cette qualité (Greimas): C'est avec le pain que l'on a que l'on doit faire sa soupe, autre manière d'exprimer le sage accommodement exempt de stériles regrets.

Et c'est l'extension de ce sens que prend la locution dans le Roman de la Rose, le vers étant d'ailleurs le vers 14220 dans l'édition qu'en donne D. Poiron (Garnier-Flammarion), qui reprend, de façon surprenante, cet inexplicable autel, tout en rétablissant le mot éliminé par Littré: coupe, féminin de coup, cocu:

Puis que vous m'avés faite coupe
Je vous ferai d'autel pain soupe.

Mais le bon texte se trouve plus probablement dans le fac-similé de l'édition de 1535, œuvre de Iehan Longis (Jean de Bonnot, 1974), qui donne:

Et die trop mauez meffaict
Venger me fault de ce meffaict

Car puis que vous mauez faict couppe
Ie vous feray de tel pain souppe.

L'expression est dans la bouche de la dame à qui le jaloux a cru habile de dire Quil a voyrement autre amye. Et nous entendons bien que, loin de sentir la passion que recèle ce maladroit mensonge, cette dame a bien l'intention de tailler autant de soupes qu'elle pourra dans le pain que vient de lui offrir le pauvre homme.

Se soucioyt aussi peu des raitz comme des tonduz: Boulenger dit: Ras. Guilbaud dit: Rasés. Demerson dit: Des gens au crâne rasé. Et la translation donne: se souciait des pelés comme des tondus.

Littré dit: Il y avait quatre pelés et un tondu, il n'y avait que peu de personnes, et des gens peu considérables. Mais il y a ici idée de nombre en même temps que de qualité, qui n'existe pas dans la locution de Rabelais. Pas plus d'ailleurs qu'il ne paraît y avoir ce dont parle M. Rat dans son Dictionnaire des locutions françaises: Il semble qu'il reste quelque chose du sens propre dans les expressions un pelé (quelqu'un atteint de la pelade) et un tondu (quelqu'un à qui on a dû tondre les cheveux, parce qu'il avait la teigne), donc des gens malsains, malpropres. Et c'est chez Furetière que nous trouvons la véritable intention: On dit aussi d'un indifférent, qu'il ne se soucie ni des ras ni des tondus.

Mais ce qui nous apparaît, bien marqué par la formule: Se soucioyt aussi peu, c'est que cette indifférence est voulue, résolue. Et dès lors, par-dessus le sens courant, ces raitz et ces tonduz nous semblent pouvoir véhiculer un sens tout particulier. Car il se pourrait qu'il ne s'agisse en fait ici, au deuxième degré, pas plus de mot ras, qui peut caractériser un état involontaire, que de crânes rasés, mais bien des rasés de visage et de tondus de cheveux, c'est-à-dire les moines. Et il nous faudrait alors voir dans cette locution finale (car la suivante ne fait apparemment que donner la dernière acception de Ecorcher le renard, acception visiblement réservée jusque là pour pouvoir assurer le retour en scène de Gargantua) la dénonciation de ceux que le Pantagruel nomme: gens qui regardent par un pertuys (xxxiiij).

Tous les matins escorchoyt le renard: Guilbaud est seul à expliquer encore ici: Vomissait. Et les translateurs se contentent d'aplatir la phrase de Rabelais en: écorchait tous les matins le renard. Mais tous les commentateurs, comme s'ils venaient de lire le conseil de ne pas lever le lièvre, font mine de trouver naturelle cette répétition, en finale, d'une locution donnée au début. Si nous avons souvent constaté que leurs desseins sont impénétrables, nous voyons par là qu'est infinie leur prudence.

En tout cas, toujours orientés par eux vers la voie à ne pas prendre, nous nous sommes astreints à chercher, la première fois que nous avons rencontré la locution, les divers sens qu'elle pouvait avoir. Et nous sommes arrivés à découvrir que l'un d'eux est, sans conteste, celui de chercher à voir, révéler ce qu'a dans le ventre la mauvaise bête.

C'est apparemment ce sens qu'il nous faut ici retenir, la notation de temps: Tous les matins, que Rabelais prend soin de placer au début de la phrase, nous indiquant clairement qu'il est question de l'exonération fécale, qui révèle effectivement ce qu'on a dans le ventre, mauvaise bête ou non. C'est bien là la dernière acception de Écorcher le renard, que celle-ci ait été traditionnelle ou, plus probablement, que ce soit Rabelais qui se divertisse à former pour finir cette extension de sens.

Mais alors, la raison que nous avons crue bonne, du rejet de ce dernier sens en finale, nous paraît bien insuffisante maintenant que nous voyons que ce sens a toutes chances d'avoir été inventé, d'autant que nous connaissons aussi le sens spécial que peut prendre la locution sur les raitz et les tonduz. Nous paraît, de plus, fort étrange de ne découvrir aucun lien entre ces raitz et tonduz et cette quotidienne défécation, quand nous avons vu tout au long que Rabelais procède par associations d'idées: ces deux dernières locutions, elles, sont simplement juxtaposées. Mais nous vient bientôt à l'esprit que ce peut n'être là qu'illusion, et que c'est par leur sens second qu'elles sont reliées. Le sens second de l'une nous est connu; cherchons donc celui que peut avoir l'autre.

Nous relisons: et nous nous apercevons que le rejet en finale de cette acception n'a nullement l'utilité que nous lui voyions puisquez la phrase: Les petitz chiens de son pere, qui suit immédiatement, suffit amplement à renouer le lien, non seulement avec Gargantua, mais avec sa famille. Ne nous reste plus qu'à admettre que c'est dans une intention tout autre qu'a été réservée cette acception scatologique, pour être placée juste après ces raitz et tonduz dont nous avons vu qu'ils peuvent être compris comme les moines. Et cette intention nous paraît clairement être celle de former, des deux locutions entendues à leur sens second, une seule et même facétie insultante, donnant ainsi à lire aux initiés complices de 1542 que ce qui est ainsi rejeté tous les matins n'est rien autre que la personne même de ces moines assimilés aux fèces. Il nous semble désormais évident que nous devons désormais entendre quelque chose comme: Se souciait aussi peu des (moines) rasés comme des (moines) tondus: tous les matins (les) expulsait en chiant. Et nous comprenons que ce finale qui, à première vue, ne paraît pas élever le ton, est en fait, à l'adresse des esprits préparés, un finale retentissant de gouaille.

Nous revenons maintenant au texte initial, qui continue après un simple point, sans alinéa, assimilant l'addition sans la moindre trace: Les petitz chiens de son pere mangeoient en son escuelle. Luy de mesmes mangeoit auecques eux: il leurs mordoit les aureilles. Ilz luy graphinoient le nez. Il leurs souffloit au cul. Ilz luy leschoient les badigoinces.

Et, marquée cette fois par un alinéa, après la description de ce comportement innocemment enfantin, commence celle d'une préoccupation qui témoigne, chez le petit géant, d'une belle précocité aussi bien dans la reconnaissance du monde qui l'entoure que dans la dextérité, le morceau étant introduit par la phrase occitane: Et sabez quey hillotz, que mau de pipe vous byre.

Cet occitan est compris par tout le monde comme une imprécation: Boulenger dit: Et savez-vous quoi fils? Que le mal de pipe, de tonneau, vous tourmente! Guilbaud dit: Et savez-vous quoi, mes enfants? Que le mal du tonneau vous tourmente! (Imprécation gasconne). Plattard dit: Ces deux phrases, en patois gascon, signifient: Et savez-vous quoi, mes enfants? Que le mal du tonneau (l'ivresse) vous tourmente! Cette imprécation burlesque se retrouve livre III, chapitre XLII, dans la bouche de l'aventurier gascon Gratianauld. Effectivement, ledit Gratianauld dit: Pao cap de bious, hillotz, que maulx de pippe bous tresbyre, ce que Plattard donne pour: Par la tête de bœuf, enfants, que le mal du tonneau vous renverse! Jourda dit: Emprunt du gascon: Et savez-vous bien, enfants? Que l'ivresse vous tourmente! Michel dit: Et savez-vous quoi, mes enfants? Que le mal de pipe (sorte de tonneau) vous tourmente! (emprunt au dialecte gascon). Screech dit: Patois gascon. Savez-vous quoi, mes enfants? Que l'ivresse vous fasse trébucher. Demerson dit: En gascon: Et savez-vous quoi, les gars? Que le mal du tonneau vous rende chancelants! Enfin Demazière dit: Et savez-vous, mes enfants? Que le mal de pipe (à renfermer le vin), l'ivrognerie vous retourne!

Puisqu'il est question de Gascogne, on pourrait croire ici que les commentateurs appartiennent aux Cadets, dont le cri de ralliement était: Un pour tous, tous pour un. Mais ce sens qu'on nous donne nous laisse pourtant insatisfaits, car nous paraît être bien peu en rapport avec l'exposé de la précocité sexuelle de Gargantua ce mal de tonneau, ou ivresse, mal qui serait appelé sur la tête de ceux auxquels s'adresse l'auteur, pour que ceux-ci en soient tourmentés, ou chancelants, ou trébuchants. Et nous connaissons assez les mœurs des commentateurs pour inférer que nous pouvons avoir affaire à un sens de substitution donné par les glossateurs de jadis, empressés d'édulcorer, sens que reprend docilement la glose d'aujourd'hui, aussi peu soucieuse de déchiffrer l'occitan que de contredire les devanciers.

Nous réexaminons, et nous constatons qu'il s'agit bien de languedocien, le -h- de hillotz (pour fillotz), le -b- de byre (pour vyre) nous en donnant la preuve, étant toutefois entendu, au contraire de ce que disent Plattard et Screech, qu'il s'agit de dialecte occitan et non de patois. Mais ce que nous remarquons encore, c'est que cet occitan que les éditeurs d'une part isolent de la suite, et qu'ils donnent d'autre part formé d'une phrase interrogative puis d'une phrase imprécative, ne comporte, aussi bien en 1534 qu'en 1542, rien qui permette de l'entendre ainsi. Nous repartons de ce que nous lisons:

Et sabez quey hillotz, que mau de pipe vous byre, ce petit paillard tousiours tastonoit ses gouuernantes, etc. Et il nous apparaît immédiatement que Et sabez quey ne saurait être une interrogation attendu que sabez est ici un impératif, et que l'on doit entendre: Et sachez ça[9]. La phrase ainsi commencée a donc tout l'air d'être une invitation à écouter ce qui va être dit, ou plus exactement une interpellation que nous avons tout lieu de croire facétieusement insultante, analogue, étant donné le contexte sexuel, à celle que nous trouverons au chapitre xvj, qui suit la mention du poids de la queue des béliers de Scythie et des moutons de Surie: Vous ne lauez pas telle, vous aultres paillards de plat pays.

Cela admis, il nous faudrait maintenant traiter le mot hillotz (fillotz); mais comme nous entrevoyons qu'il peut être ici le mot qui renferme ou résume cette idée de plaisant rabaissement, nous préférons tenter d'abord de savoir en quoi peut consister ce mau de pipe qui, loin d'être souhaité pour ceux qu'interpelle l'auteur, est le mal dont ils sont affligés et qui donc justifie ce nom de hillotz dont il les affuble. Or, ce que nous savons, c'est que ce mau de pipe est suivi de la mention du dérangement qu'il produit: vous byre (vous vyre). En conséquence, nous cherchons au verbe vira.

Vira a de nombreux sens, mais les sens de base sont: tourner, retourner; détourner; bistourner. Et comme nous pensons bien que l'auteur, se disposant à parler de la virilité du jeune Gargantua, ne peut qu'interpeller des gens qui sont sur ce sujet déficients, comme pour leur montrer la différence qui existe entre eux et son héros, et leur en faire honte, nous ne pouvons que sélectionner les sens de détourner, entendu comme ôter l'intérêt pour, et de bistourner, qui veut dire châtrer un

_____

9. Nous nous aidons ici du dictionnaire Lou Pichot Tresor, de Xavier de Fourvières (Aubanel, 1975).

animal en tordant ses vaisseaux testiculaires, ce que nous entendrons par rendre impuissant. Car ce mau de pipe, qui ne semble pouvoir être contesté au sens d'ivresse, nous ramène à l'esprit la confirmation de frère Jean, au chapitre XXXI du Tiers Livre, quand Rondibilis donnera le vin pour l'un des cinq moyens de réfréner la concupiscence charnelle: Je le croy (dist frère Jan). Quand je suys bien yvre, je ne demande qu'à dormir.

Nous vérifions pourtant ce mau de pipe; mais de tous les maux répertoriés, aucun ne parle de mal de pipe. Nous nous reportons donc au mot pipe où nous trouvons la forme occitane pipan: pipe, grand tonneau. Puis nous nous reportons au verbe pipa, où, parmi de nombreux sens qui ne peuvent nous intéresser, nous trouvons celui de piper, tromper au jeu, ce mau de pipe pouvant s'entendre comme le mal de celui qui trompe au jeu d'amour, c'est-à-dire qui déçoit, car là encore nous avons présent à l'esprit ce qu'a dit Rabelais au sujet de la braguette de Gargantua, au chapitre viij, braguette qui en rien ne ressemble les hypocriticques braguettes dun tas de muguetz, qui ne sont plenes que de vent, au grans interest du sexe feminin. Et il ne nous reste plus qu'à trouver le sens du mot hillotz.

En fait nous avons, en termes d'aujourd.hui, trois mots qui cadrent avec notre souci: Fihalo: les filles (en mauvaise part), Fihassié: galantin, Fihasso: fille publique. Et comme cette racine Fih- contient apparemment l'idée de fille ou celle de qui est sous l'emprise des filles (Fihassié), et qu'elle semble se prêter facilement à l'expression péjorative, comme nous venons de voir ce que pense Rabelais des muguets décevants, nous nous risquons à supputer que le mot Fillotz (qui serait aujourd'hui Fihots) pourrait bien signifier quelque chose comme Efféminés. Et nous faisons le point:

Nous avons l'introduction de l'apostrophe: Et sabez quey, Et sachez ça; puis le vocatif hillotz, efféminés; puis la raison de l'application de ce vocatif: que mau de pipe, que le mal de tonneau, l'ivresse, ou que le mal de tromperie, de déception; enfin, ce que produit ce mal: vous byre: vous rend indifférents, ou vous rend impuissants.

Et nous apparaît clairement alors que nous avons affaire ici à la syntaxe occitane où le que, de que mau de pipe, a valeur du pronom français dont. Nous rétablissons donc en: Et sachez ça, efféminés, dont le mal, etc., avant d'entendre que la forme de la phrase est exactement, en français: Et sachez ça, efféminés, vous que le mal, etc. Ne nous reste plus qu'à décider.

A la réflexion, il nous semble que ce mau de pipe ne peut qu'être le mal de tonneau ou propension à boire, Rabelais, partout ailleurs, s'adressant aux buveurs et affectant de montrer pour eux une grande sympathie. D'autre part, nous avons tout lieu de croire, comme nous le voyons pour le texte du Tiers Livre, que cette idée d'impuissance due à l'ivresse est une de celles auxquelles il est le plus attaché pour en rire. Enfin, le niveau de l'apostrophe, qui est celui de la plaisanterie, donc sans fondement sérieux, ne peut que s'arrêter à un mal qui n'est pas définitif, c'est-à-dire une impuissance accidentelle et non organique. Pour toutes ces raisons, nous entendrons mau de pipe comme habitude de s'enivrer ou ivrognerie. Pour vous byre, nous opterons pour la signification la plus forte, Rabelais n'ayant cure, dans ses gaudrioles, de parler par sous-entendus. Et nous entendrons: vous empêche, vous rend incapables. Quant au mot hillotz, que nous avons rendu par efféminés, il nous paraît, bien qu'étant vraisemblablement le bon en occitan, pouvoir contenir en français le sens d'inverti, qui n'est pas de mise ici, quand il n'est question que de males masculant momentanément réduits au silence. Nous rendrons donc, dialecte pour dialecte, ce mot hillotz par le franco-provençal Cogne-mou, qui se prête à la compréhension que nous recherchons. Et, sauf correction, toujours, nous entendrons que ce début de phrase écrit en langue d'oc exprime: Et sachez ça, Cogne-mou, vous que l'ivrognerie rend incapables, début qui est entièrement justifié par la suite: ce petit paillard tousiours tastonoit ses gouuernantes, etc.

Là-dessus, nous devons comprendre exactement ce que fait l'enfant précocement curieux: ce petit paillard tousiours tastonoit ses gouuernantes cen dessus dessoubz, cen deuant derriere, harry bourriquet: & desia commencoyt exercer sa belle braguette.

Greimas donne: Tast: attouchement; toucher, tact. Tastoner: masser. En fait, nous entendons bien qu'il s'agit de ce que, pour une fois, les translateurs rendent exactement, tout leur esprit devant être au bout des doigts: pelotait toujours ses gouvernantes. Et nous pouvons, au passage, nous pencher quelque peu sur ce verbe peloter que le Petit Robert définit: Caresser, palper, toucher indiscrètement et sensuellement (le corps de quelqu'un, quelqu'un).

Dauzat dit: Peloter: fin XIIIe siècle, rouler en pelote; 1489, Gogain, manier la balle; 1780, Rétif de la Bretonne, caresser sensuellement. Bloch et Wartburg disent: Vers 1280, proprement, manier la balle, cf. l'expression aujourd'hui figurée peloter en attendant partie, d'où les sens familiers de date récente. Littré, qui ignore ce sens voluptueux, donne celui de Jouer à la paume sans faire une partie réglée; et il cite: Peloter en attendant partie, faire quelque chose de peu important en attendant mieux. Furetière donne de même: Peloter, joüer à la paume pour s'exercer, ou passer le temps, sans joüer partie réglée, ajoutant: On dit figurément, qu'un homme pelote en attendant partie, quand il s'amuse à quelque léger divertissement en attendant un meilleur.

C'est donc bien longtemps avant la première partie que Gargantua tastonne ses gouvernantes et qu'il le fait cen dessus dessoubz, cen deuant derriere. Le Petit Robert dit de Sens dessus dessous: altération de l'ancien français c'en dessus dessous, c'est-à-dire ce (qui était) en dessus... Et il explique: Dans une position telle que ce qui devait être dessus se trouve dessous et inversement. Et pour c'en devant derrière: Dans une position telle que ce qui doit être devant se trouve derrière et inversement.

C'est en l'occurrence, pour ce qui n'est que jeu de mains, une vue nettement outrée. Peut-être alors devons-nous plutôt voir là le sens qu'indique Littré qui, après avoir donné les mêmes définitions que celles que nous venons de lire, ajoute: Figurément et particulièrement: En parlant de ce qui est dans un grand désordre et tout bouleversé; ou encore: Mettre quelqu'un sens dessus dessous, lui causer un trouble violent, une vive émotion.

Sans nier qu'être tastonné par la main d'un géant, fût-il enfant, ait pu causer trouble violent, vive émotion aux gouvernantes, nous penserons pourtant que le sens à retenir ici est celui que donne M. Rat dans son Dictionnaire des locutions françaises, celui de Tout à l'envers, car il faut bien admettre que le petit géant, parti à la découverte d'une conformation dont il n'a aucune idée, ne peut qu'agir de façon désordonnée.

Toujours est-il que ces gestes de reconnaissance dirigés au hasard sont faits avec feu, le texte précisant: harry bourriquet. Guilbaud dit ici: Hue, bourriquet (refrain de chanson populaire). Plattard et Jourda disent: Refrain d'une chanson populaire. Michel dit: Hardi bourricot! (refrain d'une chanson populaire). Screech dit: Chanson de l'époque. Cf. Montaiglon, Poésies francoises, VII, 46: pour un noël: sur le chant de Hari, bouriquet. Demerson dit: Cri pour faire avancer les ânes. Et il renvoie au chapitre LII du Quart Livre, où nous lisons: Arry avant!, et où il explique: Cri de l'ânier pour faire avancer le bourricot.

Pour le mot Harry, il est probable qu'il s'agit de cette interjection que cite Greimas: Hari, exclamation d'encouragement, Allons! Allons!, et qui a donné Hardi!, dont le Petit Robert dit: Locution interjective. Expression servant à encourager et pousser en avant[10]. Harry bourriquet revient donc à dire: en avant bourriquet. Mais ce bourriquet, quel est-il?

10. Voir note page suivante.

Dauzat donne: Bourrique, 1603, Th. de Bèze, ânesse, de l'espagnol borrico, -a, par suite de l'importation d'Espagne d'une race d'ânes. Bourriquet, 1534, Rabelais, diminutif éliminé par bourricot. Bloch et Wartburg disent: 1603; d'abord ânesse, puis âne, sans distinction de sexe. Le Petit Robert dit de même: Bourriquet, 1534, de bourrique. Ane de petite espèce, ânon. Et il donne cette même date de 1603 pour le mot bourrique.

Ainsi, et ce n'est pas la première fois que nous le constatons, on a pris pour bon, au sens d'ânon ou d'âne de petite espèce, ce mot bourriquet, sur la seule compréhension qu'on a eue de l'emploi qu'en fait ici Rabelais. Or il apparaît que n'est pas du tout assuré ce sens de petit baudet qu'il faudrait voir dans bourriquet qui, s'il reçoit cet encouragement à aller de l'avant, peut aussi bien représenter une partie du corps de Gargantua.

Et nous avons alors toutes raisons de penser que ce mot, qui est manifestement un diminutif, est celui du verbe bourrer, et qu'il équivaut à quelque chose comme petit bourroir ou plutôt malhabile petit bourroir, le suffixe -iquet contenant une légère nuance péjorative teintée de sympathie. Et il apparaît que Rabelais s'est soucié de faire entendre que ce bourriquet ne peut qu'être le phallus des érections enfantines, puisqu'il a placé immédiatement après la phrase qui explique: & desia commencoyt exercer sa braguette.

C'est que, si les salaces gouvernantes ornent un chascun iour cette braguette, elles y trouvent prétexte: & passoient leur temps a la faire reuenir entre leurs mains, comme la paste dedans la met, disait l'originale. Et Rabelais a changé cette pâte qui lève dans le pétrin, la huche (Screech) pour: comme un magdaleon dentraict, comparaison plus évocatrice puisqu'elle suggère le geste des gouvernantes. A noter que Demazière dit ici: Entraict signifie enclavé, enchâssé, alors qu'on trouve dans Greimas, au verbe entraire, le substantif entrait: Bande de toile enduite de baume pour être mise sur la plaie. Il importe en effet de bien entendre que ces bandes de toile imprégnées de médicament étaient roulées en magdaléons et qu'avant de les utiliser, on devait, pour mener à bien leur déroulement, les réchauffer en les faisant rouler

---

10. Tout le monde connaît l'incitation Hardi petit! formée pour la rime. Mais n'a peut-être pas le même explication l'interjection Hardi Denis! qui paraît évoquer, en un irrévérencieux encouragement, la marche de saint Denis, lorsque celui-ci, décapité sur le mont Mercure (Montmartre) ramassa sa tête pour se rendre jusqu'à l'endroit où il voulait être enseveli (Saint-Denis). En tout cas, il fut un temps, à Lyon, où dans les familles particulièrement austères, l'on avertissait ainsi l'enfant qui, à table, soutenait sa tête d'une ou des deux mains. Et celui-ci avait alors à entendre très vite qu'à saint Denis seul était permis d'avoir la tête dans les mains.

entre les paumes, geste qui a la rare vertu d'amollir ou de rigidifier selon qu'il s'agit d'un vrai ou d'un pseudo-magdaléon.

Il s'agit bien ici de l'effet raidisseur puisque Rabelais dit: Puis sesclaffoient de rire quand elle leuoit les aureilles, comme si le ieu leurs eust pleu. Et nous ne devons pas douter ici que le jeu leur plaise, d'autant que, ces gouvernantes étant de taille normale, elles ne peuvent, adressant leurs attentions à un géant, que découvrir l'étendue, jusquelà ignorée, de leur pouvoir.

Et c'est alors, devant ce qu'ont produit leurs soins, le ravissement qui s'exprime en qualifications aussi hypocoristiques qu'ont pu l'être leurs mains:

Lune la nommoit ma petite dille: Tout le monde dit ici soit fausset de barrique, soit fausset de tonneau (au sens libre).

laultre ma pine: Michel parle aussi de sens libre pour ce mot, qu'il donne pour épingle. Demerson dit: Au sens premier: épingle. La translation parle, elle, d'épine. En fait, Greimas donne: Pine: Pomme de pin. Membre viril (Roman de la Rose). Epingle.

laultre ma branche de coural: Là, personne ne dit rien, même pas que nous verrons, au chapitre V du Quart Livre, Dindenault prétendre qu'il rapporte à sa femme une belle et de unze poulsées longue branche de coural rouge, pour ses estrenes.

laultre mon bondon: Michel parle de bonde; les aultres de bouchon de tonneau, en bois, ou de bouchon de barrique, selon, semble-t-il, qu'ils parlent de l'homme ou du surhomme.

mon bouchon: Ici encore réticence des commentateurs, alors qu'il est légitime de signaler que ce mot gardait quelque chose de son sens initial de touffe de feuillage pour boucher.

mon vibrequin: Silence encore bien qu'il importe de préciser qu'est évidemment seul à retenir le verbe vibrer et certes pas la mèche en vrille.

mon possouer: Boulenger dit: Tige de bois qui sert à pousser les balles dans un canon de sureau; terme angevin. Tout le monde suit. Mais la translation parle ici, mécaniquement, de piston.

ma teriere: Boulenger dit: Instrument pour percer. De toute façon, les dictionnaires indiquent tous que le mot est d'origine gauloise.

Et prennent place, à cet endroit, trois additions:

ma pendilloche: le mot pendeloche se trouve chez Greimas: XIIIe siècle, Fabliaux: Membre viril, Le verbe pendiller est de 1265, chez Jean de Meung (Dauzat).

mon rude esbat roidde & bas: Guilbaud signale candidement: Jeu de mots. Et Demerson, quelque peu dérouté par ce qu'il prend pour de l'inconséquence, s'écrie avec une logique mesquine: Voilà une de ces homonymies que Rabelais vient de juger ineptes, fades, rustiques et barbares (chapitre 9).

mon dressouoir: Screech dit: Ici, sens libre, chose qui se redresse. Nous entendrons plutôt, nous, chose qui contient la propriété de se dresser.

Puis nous revenons au texte original:

ma petite andouille vermeille: Les commentateurs, unanimement, se taisent. Pourtant, nous éprouvons le besoin de savoir exactement ce que signifie la qualification de vermeille. Littré dit: Qui est d'un rouge plus foncé que l'incarnat. Et il donne l'incarnat pour Qui est d'une couleur entre la couleur de cerise et la couleur de rose. Le Petit Robert dit: Vermeil: d'un rouge vif et léger (du teint, de la peau). Le Lexis dit: D'un rouge vif. Nous devons donc entendre que cette qualification traduit bien les diverses représentations mentales que les gouvernantes ont gardées de leurs expériences et des moments de leurs observations.

ma petite couille bredouille: Devant la réserve générale, nous devons nous enquérir de la signification exacte du mot bredouille.Dauzat dit: Bredouiller: Altération de l'ancien français bredeler (XIIIe), peut-être du latin brittus, breton. Bredouille, 1534, Rabelais: qui est dans l'embarras; (et cette référence étant vraisemblablement celle de l'emploi du mot que fait ici Rabelais, nous avons affaire au cercle vicieux que nous connaissons). Greimas donne: Bredeler, 1220, Coincy, d'origine onomatopéique: bredouiller, marmotter. Et Littré, à la fin d'un article où le mot bredouille semble n'être qu'un terme de jeu, dit: Ma petite bredouille, mon petit drôle, terme de nourrice (Cotgrave), ce qui nous met sur la voie.

Car il semble que Rabelais a ici repris le terme que la nourrice a coutume d'appliquer à l'enfant, et où nous pouvons voir le sens de: qui balbutie, qui s'exprime maladroitement, confusément, et qu'il l'applique au mot couille, attiré autant peut-être par l'allitération que par le sens malicieux que prend l'assemblage. Nous devons convenir pourtant que l'adjectif est judicieux puisque, concernant le membre d'un enfant qui a depuis les troys iusques a cinq ans, il ne peut s'agir que d'érections balbutiantes et en tout cas incapables de s'exprimer.

Après avoir, elles, exprimé leur tendresse, les gouvernantes font mine de se disputer l'objet de leur célébration: Elle est a moy disoit lune. Cest la mienne, disoit laultre. Moy, (disoit laultre) ny auray ie rien? par ma foy ie la couperay doncques. Ha couper, (disoit laultre) vous luy feriez mal ma dame, coupez vous la chose aux enfans? Et, en 1542, Rabelais supprime le point d'interrogation et ajoute, après une virgule: il seroyt monsieur sans queue.

Michel signale cette addition, mais ne l'explique pas. Guilbaud dit: Jeu de mots: Monseigneur, sans ses titres de noblesse. Plattard dit: Monsieur, tout court, non suivi du nom et des titres. Screech dit: C'est-à-dire, Monsieur, tout court, le maître de la maison. Demerson dit: Monsieur, sans le nom de famille. Et la translation donne: On l'appellerait monsieur tout court!

Ces commentaires nous paraissent toutefois insuffisants, ne nous permettant pas d'entendre exactement ce qu'entendait le lecteur du XVIe siècle. Pour y parvenir, il nous faut connaître cette obligation dont parle Furetière: On dit absolument Monsieur, quand on parle du Maistre du Logis, et sur tout à ses domestiques, ou quand ce sont les domestiques mêmes qui en parlent. Et nous lisons chez Littré: Monsieur se dit, par les domestiques d'une maison, du chef, du maître de cette maison. D'autre part, Littré donne, au mot queue: Sans queue, locution adverbiale: sans ajouter de désignation particulière. Monsieur sans queue, c'était le frère du roi. Monsieur le Prince sans queue, c'était le premier prince du sang. Furetière dit: Quand on dit Monsieur, sans queüe, on entend le maistre de la maison.

Or les gouvernantes font partie de la domesticité de Grandgousier et doivent donc parler de lui en disant Monsieur, sans ajouter de désignation, latitude qui n'était accordée qu'aux pairs. Mais ce que nous pouvons aisément supposer, c'est que les domestiques, et particulièrement les nourrices et gouvernantes dont la charge s'accompagnait naturellement de familiarité, devaient feindre de prendre au sens sexuel cette locution de monsieur sans queue. Et c'est à cette compréhension facétieusement forcée que fait référence la plaisanterie de l'une des gouvernantes, évoquant pour Gargantua, qui sera un jour le maître de la maison, l'appellation de monsieur sans queue qu'on de ˙˙ra lui donner, appellation qui, s'il était ainsi amputé, ne serait plus seulement de convention, mais fondée sur une réelle mutilation. En fait, nous devons entendre ainsi le texte: Ha couper, (disoit laultre) vous luy feriez mal ma dame, coupez vous la chose aux enfans: c'est alors à bon droit que, devenu le maître, il serait nommé monsieur sans queue.

Puis c'est la phrase finale: Et pour sesbatre comme les petitz enfans du pays (l'originale disait: de nostre pays) luy feirent un beau virollet des aesles dun moulin a vent de Myrebalays. Et, en finale, les commentateurs sont égaux à eux-mêmes. Boulenger dit: Virollet: Jouet en forme de moulin encore usité. Mirebalays: Ancienne baronnie de Mirebeau, près Poitiers. Guilbaud dit: Moulin d'enfant. Pays de Mirebeau, en Poitou. Plattard dit seulement: Pays du Poitou, autour de la baronnie de Mirebeau (Vienne), fameux par ses moulins à vent. Jourda dit: Moulinet. Pays du Poitou (il s'agit de la baronnie de Mirebeau) célèbre par ses moulins, cf. III, 20. Michel dit: Moulinet à ailes. Mirebeau, dans la Vienne. Il sera encore question des moulins à vent de Mirebalais au Tiers Livre, chapitre XX. Screech dit: Jouet d'enfant en forme d'un petit moulin à vent. Myrebalays: cf. T.L. XX, Q.L. LXIII. Sans doute ces jouets étaient-ils réputés. Demerson dit: Virollet: Voir livre V, chapitre 40. Le Mirebalais (pays de Mirebeau en Poitou) semble avoir été désigné proverbialement comme pays des moulins; voir Lettre de Rome, 3. Demazière dit: Petit moulin pour amuser les enfants. Virollet vient sans doute du mot virer, tourner. Et la translation parle de beau tourniquet.

Une fois de plus, à n'y pas croire, les commentateurs montrent ou qu'ils ne savent pas lire, ou qu'ils ne veulent pas lire ce qui est écrit. Mais avant de le montrer, nous nous devons de nous reporter aux textes auxquels ils nous renvoient: peut-être recèlent-ils de bonnes raisons qui justifieraient la prudence de la glose.

Le texte du chapitre XX du Tiers Livre est: O (s'escria Panurge) le gentil Nazdecabre! Je luy veulx donner une metairie près Cinays et un moulin à vent en Mirebalais.

Le texte du chapitre LXIII du Quart Livre est: Carpalim d'une coquille de noix grosliere faisoit un beau, petit, joyeulx, et harmonieux moulinet a aesle, de quatre belles petites aisses d'un tranchouoir de vergne.

Le texte du chapitre XL du Cinquième Livre est: (...) une prompte et gaillarde bataille de petis enfans nuds, montez sus des petis chevaux de bois, avec lances de virolets, et pavois faits subtilement de grappes de raisins (...)

Le texte de la Lettre de Rome, 3, est: (...) au devant du portail il a faict peindre un aigle qui a les aisles aussi grandes que les moulins à vent de Mirebalais (...)

Nous sommes maintenant à même de constater que les renvois des commentateurs sont des renvois de bandes: celui du Tiers Livre n'est jamais qu'une citation de la formule, qui ne nous renseigne en rien; celui du Quart Livre parle de moulinet, ce qui ne nous aide pas; celui du Cinquième Livre ouvrirait une nouvelle compréhension si la note de Demerson était autre que: Poliphile ne précise pas la nature des armes de ces putti; on reconnaît ici la fantaisie des ornemanistes renaissants. Seul le renvoi à la Lettre de Rome nous confirme que la locution moulin à vent de Mirebalais impliquait l'idée de dimension anormalement grande. Nous allons donc devoir, une dernière fois pour ce chapitre, procéder selon notre mode et réunir d'abord les indices, fût-ce de la démarche pesante que nous ont reprochée ceux qui ont le privilège de divaguer d'un pas souple[11].

Nous vient d'abord à l'esprit que nous avons, au Tiers Livre, plusieurs emplois de ce mot virolet, pour lesquels nous ne nous rappelons pas qu'il soit jamais question de jouet d'enfant. Examinons donc:

Il y a d'abord l'emploi du mot que fait Panurge, au chapitre II, vantant la saulce verde à base de blé en herbe, qui, entre mille autres rares adventaiges, fait (...) dresser le virolet.

Il y a ensuite l'emploi du chapitre IX, quand Panurge défend son intention de se marier: Voyre mais puis que de femme ne me peuz passer en plus qu'un aveugle de baston (car il fault que le virolet trote, aultrement vivre ne scauroys).

Il y a encore l'emploi qu'en fait Panurge, au chapitre XIIII, dans l'interprétation contradictoire du songe qu'il a eu: Ainsi auroys je eternellement le virolet en poinct et infatiguable, comme l'ont les satyres.

Dans chacun de ces trois textes, le virolet n'est évidemment rien autre que le membre viril. Toutefois, il y a au Prologue l'emploi de ce même mot qui désigne apparemment une des armes qu'on prend soin d'affûter: (...) estocz, pistoletz, viroletz, dagues (...)

Pour ces viroletz du Prologue, Screech dit dans l'Index verborum: Epée à lame dentelée (Cotgrave). Et dans le texte, il annote, après avoir signalé que deux éditions antérieures donnent le mot vitoletz: Nous avons corrigé en viroletz, tout en nous demandant si la déformation du mot était volontaire; virolet s'emploie souvent au sens de vit.

Cela revient à dire que le bon terme est bien celui de virolet; et nous entendons alors que c'est ce nom de virolet, donné à l'arme dont il est ici question, qui a admis la dérivation de sens phallique. Nous reste donc à découvrir quelle est cette arme qui, par sa forme, où doit vraisemblablement apparaître une virole, a permis l'assimilation.

Et c'est encore dans le Livre des Armes, de C.-H. Tavard (Editions Hier et Demain) que nous retrouvons ce que Froissart nomme, nous dit-on, plançon à picot et à virole. Il s'agit d'une forte tige de bois, le plançon, qui se termine pas une courte pyramide de fer à quatre pans, le picot, enfoncée à chaud dans le bois, ce montage étant enserré dans une épaisse virole qui, tout en évitant l'éclatement du bois, permet encore d'utiliser l'arme comme une masse. Cette virole, fort apparente, explique le diminutif de familiarité. Et l'illustration, qui reproduit la

---

11. Il resterait évidemment à aller à la vérité avec légèreté. Mais ce n'est donné qu'à celui qui est aimé des dieux; et ceux-ci font invariablement mourir jeune celui-là, avant qu'il ait rien fait: d'où la persistance de l'illusion.

fresque de la chapelle Leugemeete, à Gand, de miliciens flamands du XIVᵉ siècle portant sur l'épaule cette arme terminée par la virole d'où émerge la courte pyramide montre que l'assimilation phallique n'est en rien forcée, mais au contraire immanquable.

Nous voilà donc assurés que, dans les trois autres textes du Tiers Livre, le mot virolet est bien l'équivalent de membre viril. Qu'en est-il donc de ce même mot dans la dernière phrase du chapitre du Gargantua qui nous occupe?

D'une part, nous constatons que ce mot virollet est employé immédiatement après que Rabelais vient de parler, au sens sexuel, de chose et de queue; d'autre part, qu'il est utilisé juste avant la phrase qui va ouvrir le chapitre suivant, phrase qui commence par le mot Puis, laissant donc entendre qu'elle constitue la suite directe du chapitre précédent, et phrase où il va être question pour Gargantua d'être toute sa vie bon chevaucheur, ce qui, même aux commentateurs, paraît contenir une équivoque sexuelle. Cela donne, semble-t-il, un sens diablement génital à ce mot virollet.

Pourtant virollet n'évoque rien autre dans cette dernière phrase que le jouet fait des ailes d'un moulin à vent de Mirabalais, mention qui, nous l'avons appris par la Lettre de Rome, s'accompagne de l'idée de grandeur extrême. Et si nous entendons bien que ces ailes, qui sont géantes, sont choisies pour que le moulinet soit en rapport avec la taille de Gargantua, nous pouvons nous étonner qu'on n'ait pas pris le moulin complet, qui aurait constitué, tout fait, le jouet.

Et c'est cet étonnement qui nous ouvre les yeux, ajouté à celui de voir, employé au sens ludique, ce mot virollet dont l'acception phallique est certaine. Nous saisissons enfin ce dont nous aurions dû nous apercevoir plus tôt: à savoir la rupture de ton, donc l'anomalie de composition, qui consiste, après s'être complaisamment étendu sur les dispositions sexuelles de Gargantua, dispositions qui l'apparentent à un adulte, à revenir brusquement, avec ce moulin, à la mention d'un jeu des plus puérils. Nous reconnaissons alors la méthode du signal, maintes fois utilisée déjà, par laquelle Rabelais a coutume d'attirer l'attention du lecteur sur le sens second contenu dans ce qu'il exprime. Nous entendons alors que derrière l'évocation de cet amusement enfantin, par lequel l'auteur fait la jonction avec l'autre amusement non moins enfantin du chapitre suivant, ce qui est suggéré, c'est que ces ailes du moulin à vent de Mirebalais ont pour axe le virolet de Gargantua. Car s'il a été dit que lorsque celui-ci a levé les aureilles les gouvernantes ont fondu de tendresse, le texte n'a jamais fait mention de la taille qu'il acquiert ainsi, et cette réticence surprenante nous paraît maintenant significative. Le pivot de l'équivoque est bien ce mot virol-let, que Rabelais affecte de donner pour issu du verbe virer (comme l'a dit d'ailleurs Demazière, par hasard), comptant bien que l'acception phallique, qui ne peut manquer de venir à l'esprit du lecteur de 1534, va faire immédiatement saisir le sous-entendu que nous avons dû, quarante-cinq décennies plus tard, si laborieusement retrouver.

Nous entendrons donc désormais la dernière phrase de ce chapitre comme une phrase à prolongement exprimant en substance: Et pour sesbatre comme les petitz enfans du pays luy feirent (, placées sur le sien,) un beau virollet des aesles dun moulin a vent de Myrebalays.

Sur ce, attendant que confirment nos vues les rituelles attitudes de défense de ceux qui n'aiment pas trop qu'on dépasse leurs limites, nous passons au chapitre des cheuaulx factices.

Des cheuaulx factices de Gargantua. Chapitre.xij.

Donc ce chapitre commence non par une phrase d'attaque, mais par une phrase qui s'appuie sur le développement précédent, comme si elle lui appartenait, donnant l'impression d'une coupure faite avec désinvolture: Puis affin que toute sa vie feust bon cheuaulcheur, lon luy feist, etc. En fait, il est visible que Rabelais prolonge ainsi l'idée de puérilité attachée au jouet qu'est le moulin pour amorcer dans le même ton le chapitre sur les chevaux imaginaires. Et comme il nous est apparu que cette puérilité n'est que façade, et que ce moulin à vent recèle une compréhension salace, nous devons bien nous attendre à voir ces chevaux et ce qui s'y rapporte prendre un sens de même ordre.

Il est ainsi évident que ce mot cheuaulcheur, venant tout de suite après ce qui a été dit de l'éveil sexuel de Gargantua, ne peut qu'avoir une acception seconde. Screech dit d'ailleurs: Equivoque libre (chevaucher une femme: lui faire l'amour). Mais aucun des autres commentateurs n'est de cet avis. Et la translation paraît n'avoir rien perçu de ce genre, qui donne: Puis, pour qu'il sache bien monter toute sa vie. Nous nous sommes donc imprudemment avancés en disant, à la fin du chapitre précédent, au sujet du mot virolet, que même la glose est d'avis que ce mot chevaulcheur renferme une équivoque sexuelle: c'est que nous avions en mémoire la note de Screech et que nous ne pouvions, ayant encore tendance à idéaliser la clairvoyance des commentateurs, nous douter de leur aveuglement avant de l'avoir objectivement constaté.

Or cette incompréhension est lourde de conséquence puisqu'elle entraîne celle de la suite du texte. Car la phrase continue ainsi: un beau grand cheual de boys lequel il faisoit penader, saulter, voltiger, ruer & dancer tout ensemble, aller le pas, le trot, lentrepas, le gualot, les ambles, le hobin, le traquenard, le camelin & lonagrier. Et toutes ces allures nous paraissent pouvoir prolonger l'équivoque sexuelle introduite avec le mot cheuaulcheur. Mais il nous faut, avant d'en être certains, entendre d'abord exactement ce qu'elles évoquent.

Pour le verbe penader, Boulenger dit: Faire des sauts de mouton. Guilbaud dit: Piaffer. Michel dit: Gambader. Screech dit: Gambader, piaffer, sauter. Et Demazière dit: En provençal, penada, c'est l'empreinte du pied; faire penader un cheval, c'est, en terme de manège, le faire piaffer.

En fait, ce qui apparaît le plus clairement, c'est que personne ne connaît le sens de penader, verbe inconnu de Furetière, de Littré, de Robert, du Petit Robert, du Lexis, de Dauzat et de Bloch et Wartburg. D'autre part, l'empreinte du pied est en provençal la piado, la trace, et l'action de piaffer, la piafado: ce qu'avance Demazière est donc erroné. Si pourtant nous cherchons le terme le plus proche de penader ou de penade, nous trouvons le terme de manège de pesade, qui est, selon Littré, l'air relevé dans lequel le cheval, sans que les pieds postérieurs quittent le sol, s'élève du devant, comme s'il voulait sauter. Furetière dit de cette pesade: C'est le premier mouvement du cheval, lors qu'il lève les pieds de devant sans remuer ceux de derrière. C'est la première leçon qu'on donne aux chevaux pour manier à courbettes & aux autres airs relevez. Robert dit: 1611; altération de posade (1579), sous l'influence de poser; italien posata, action de se poser. Equitation: Parade du cheval qui se dresse sur les pieds de derrière.

Nous ne nous sentirons certes pas liés par cette date de 1579, d'autant que Dauzat indique qu'elle vient de Cotgrave, qui est seulement le premier à citer le mot, ce qui ne veut nullement dire qu'il n'ait pas été employé bien avant. De plus, nous sentons bien que Rabelais a dû prendre ces termes dans quelque traité d'équitation, et si les autres allures sont de 1534, il n'y a pas de raison que la pesade n'ait pas figuré dans la liste, et en tête puisque Furetière indique que c'est l'exercice qu'on enseigne avant tout autre au cheval.

Il nous resterait donc à entendre que le verbe penader est ici le verbe pesader, que la coquille a été introduite par le typographe de 1534 et que personne ne s'est jamais soucié ensuite de la corriger. Mais les deux éventualités sont aussi difficiles l'une que l'autre à admettre sans réserve, étant donné que chacun, au XVIe siècle, étant peu ou prou homme de cheval, chacun devait connaître le verbe pesader, qui devait faire partie du vocabulaire courant, et aurait rétabli la bonne orthographe si ce verbe penader lui était apparu comme une faute.

Et c'est alors que surviennent, toujours appuyées par l'équivoque contenue dans le mot cheuaulcheur, d'une part la compréhension que pesader équivaut à se dresser, qui peut évidemment être entendu au sens érotique; d'autre part l'idée que la déformation de pesader en penader est intentionnelle et qu'elle a valeur de signal, attendu que le préfixe pen- est le préfixe qui évoque le bas-ventre ainsi que nous l'a déjà montré plusieurs fois le mot penier, et comme nous le confirmeront au Tiers Livre (Prologue) le mot penard, qui signifie à la fois poignard et membre viril, et au Quart Livre (XXXI) le mot penilliere, qui désigne le pénil. Quant à la locution penaillon de moine, du chapitre XXIV du même Quart Livre, bien que les commentateurs (probablement trompés par la sonorité aillon-haillon) le donnent pour dérivé de penaille, tas de loques, nous y voyons plutôt un diminutif dévalorisant construit sur ce préfixe sexuel pen-.

Nous comprenons alors que Rabelais, tenant à ce que le contenu érotique qu'il met dans le verbe pesader, se dresser, soit immédiatement compris, le modifie en penader, dont l'intention salace est évidente pour tous. Mais derrière ce verbe penader, tout le monde, en 1534, lit aussi pesader; et l'intention incluse dans penader ramène l'esprit du lecteur à la compréhension érotique de pesader, se dresser, et celui-ci entend alors penader comme se servir de son membre dressé, comme il entend du même coup que les noms des allures qui suivent s'appliquent au déduit amoureux. Nous allons donc chercher la confirmation de cet infléchissement tout en établissant ce que chacune des allures signifiait pour un cavalier.

Puisque les commentateurs n'en disent rien, nous pourrions croire que le verbe saulter s'entend tout seul. Or Littré dit ici: Terme de manège. Sauter entre les piliers, se dit du cheval qui fait des sauts sans avancer ni reculer, étant attaché aux deux piliers du manège. Et nous n'avons pas grand-peine à voir que, au sens infléchi indiqué, ces piliers peuvent être les jambes, c'est-à-dire ce que l'argot nomme encore dans ce sens les brancards.

Pour voltiger, Michel dit: Faire de la voltige, terme de manège. Screech dit: Faire faire des voltes à un cheval. Selon Littré, la volte est le mouvement que le cavalier fait exécuter au cheval en le menant en rond. Dans la volte, le cheval plie les reins, le dos et les membres supérieurs, trousse les jambes de devant et chasse les hanches sous le ventre. Et il est évident que ces termes sont fortement évocateurs, pris au sens salace.

Pour ruer & dancer tout ensemble, personne ne dit rien. Littré donne pour ruer: Se dit d'un cheval, d'un mulet, etc. qui lance avec force les pieds de derrière en l'air. Quant au verbe dancer, qui n'est pas un terme d'équitation, c'est plutôt au vocabulaire de la chasse qu'il faut recourir pour comprendre, Rabelais paraissant donner, avec la formule: tout ensemble, une marque d'insistance destinée à faire accepter l'association inhabituelle de ruer et danser. Et Littré explique: On dit qu'un chien danse sur la voie, ou dans la voie, quand, n'étant pas juste dans la voie, il chasse tantôt à droite, tantôt à gauche. Ici encore, la transposition est évidente.

Pour aller le pas, le mutisme des commentateurs est encore de règle. Littré dit: Terme de manège. L'une des allures naturelles du cheval, la plus lente et, en apparence, la moins compliquée, quoiqu'elle le soit plus que le trot et l'amble. Nous nous bornerons ici à dire que Rabelais a dû penser: Entende qui veut.

Pour le trot, mutisme encore. Littré dit: Allure naturelle du cheval, entre le pas et le galop, dans laquelle les deux bipèdes diagonaux agissent successivement avec promptitude, et lancent le corps assez vivement pour que, dans le grand trot, il quitte la terre un instant à chaque impulsion nouvelle. Là encore, il n'est pas besoin d'insister.

Pour lentrepas, Boulenger dit: Pas relevé. Guilbaud dit: Allure proche de l'amble. Michel dit: Variété d'amble ou pas relevé. Screech dit: Allure douce, intermédiaire entre le pas et l'amble. Demerson dit: Pas proche de l'amble. Littré donne: Terme de manège. Synonyme peu usité d'amble. Mais Furetière dit plus précisément que c'est un train ou amble rompu qui ne tient ni du pas ni du trot, & c'est le train que vont les chevaux qui ont les jambres ruinées, ou les reins faibles. On l'appelle autrement le traquenard. Et nous remarquerons ici que s'il est exact que cette allure nommée entrepas a encore le nom de traquenard, il apparaît que ce traquenard, nommé un peu plus loin, fait double emploi. Et il est alors patent que l'intention est celle de donner cet entrepas pour le calembour possible sur le sens de n'entre pas, calembour qui n'a de raison d'être que si le bon cheuaulcheur est celui que nous avons entrevu.

Pour le gualot, les commentateurs se taisent de nouveau. Littré dit: La plus élevée et la plus rapide des allures du cheval. Et il donne cette citation de Buffon: Le ressort des jarrets contribue autant au mouvement du galop que celui des reins, citation qui se prête on ne peut mieux à la transposition.

Pour les ambles, Michel dit: L'amble est une allure, où le cheval lève alternativement les deux pattes (sic) du même côté. Screech dit: Normalement employé au pluriel dans la locution aller les ambles et d'autres semblables. Littré dit: Allure dans laquelle le cheval lève ensemble les deux jambes du même côté, alternativement avec celles du côté opposé. Furetière, après avoir donné une définition similaire, note: On dit aussi au pluriel Les grandes ambles. Nous retiendrons, pour ce qui nous occupe, que l'amble est une allure coulée où le cavalier ne ressent aucun à-coup.

Pour le hobin, Boulenger dit: Sorte de trot désuni. Guilbaud dit: Allure tenant du trot et du galop. Michel dit: L'Aubin, trot désuni. Screech dit: Sorte d'allure qui tient du trot et du galop. Demerson dit:

Sorte de trot. Littré dit: Terme de manège. Allure défectueuse du cheval, qui résulte de l'âge ou de la fatigue, et dans laquelle, galopant encore du devant, il ne peut que trotter du train de derrière.

Pour le traquenard, Boulenger dit: Sorte de trot désuni également (cet adverbe se rapportant à la définition précédente, et non au trot désuni). Guilbaud dit: Galop irrégulier. Michel dit: Autre variété de trot. Screech, voyant la une race (trakehner), dit: Sorte de cheval châtré: allure lente propre à ce cheval. Demerson dit: Sorte de trot. Demazière dit: Le traquenard est une allure qui tient de l'amble et du trot. Mais Littré dit: Allure particulière, regardée comme défectueuse par les écuyers, et consistant en une espèce de trot décousu, dans lequel les deux battues du bipède diagonal se font distinctement entendre, mais plus rapprochées l'une de l'autre que celle du bipède opposé.

Pour le camelin & lonagrier, tout le monde dit, concernant la première allure: Pas du chameau, et la seconde: pas de l'onagre, ou pas de l'âne sauvage. Et Boulenger ajoute, judicieusement semble-t-il: Les deux dernières allures sont de l'invention de Rabelais.

Ainsi, ce qui ne peut plus que nous paraître incontestable, c'est que la seule énumération de ces allures de manège comporte une progression qui, appliquée à l'exercice amoureux, part du bon cheuaulcheur penadant, c'est-à-dire, comme nous l'avons entendu, jouant de son membre érigé, installé entre les piliers (saulter), pliant le dos et chassant les hanches sous le ventre (voltiger), rue, c'est-à-dire, au sens latin, pousse, et cela tantôt à droite, tantôt à gauche, précision apportée par le verbe dancer, puis va le pas, qui, la plus lente de toutes les allures, doit cependant être prompt si l'on en croit Buffon; puis le trot qui, nous dit-on, fait quitter terre un instant à chaque impulsion; puis l'entrepas, qui équivaut au mouvement volontairement décevant comme le laisse entendre le calembour; puis le galop, l'allure la plus rapide où le jarret participe, nous l'avons vu, autant que les reins; puis les ambles, ce qui est une allure quelque peu désordonnée, laquelle s'affaiblit peu à peu en cet aubin où la fatigue, si elle permet encore le galop des pieds de devant, n'autorise plus que le trot de ceux de derrière; puis le traquenard, qui est allure nettement décousue, pour mourir en camelin, qui ne peut qu'être allure lente et très balancée, l'onagrier étant enfin l'immobilité puisque, allure d'âne et d'âne sauvage encore, il faut entendre qu'elle équivaut au refus d'avancer plus longtemps.

Il n'est donc nullement besoin de forcer le texte pour voir que Rabelais se divertit ici à donner des justifications du traditionnel sens érotique du verbe chevaucher. Et il suffit de se pénétrer de l'esprit malicieusement salace de l'auteur pour comprendre qu'il feint d'attacher quelque prix, dans l'éducation, à cet entraînement destiné à apprendre à l'enfant à être toute sa vie bon chevaucheur amoureux. Il est sûr, d'une part, que l'éducation inculque des connaissances qui sont autrement moins utiles, et dommage, d'autre part, qu'aucune des innombrables thèses qui ont traité de l'éducation chez Rabelais n'ait détecté ce développement: les cours magistraux en auraient pris quelque relief.

Sur la lancée de cette fantaisie gaillarde, et toujours sous le couvert du monde de l'imaginaire d'un Gargantua qui est censé employer le vocabulaire hippologique, Rabelais va en amener une autre traitant cette fois non plus de celui qui chevauche mais de la monture. Toutefois nous jouerons le jeu, et nous lirons d'abord au premier niveau. Donc, comme s'il parlait toujours des chevaux factices, l'auteur enchaîne:

Et luy faisoit changer de poil, comme font les moines de courtibaux selon les festes (le courtibaud étant, selon les commentateurs, la chasuble ou dalmatique, Screech notant que le mot est usité, mais surtout en Poitou). Suit alors l'énumération des couleurs de ce poil, Michel étant d'avis que: De même qu'il a mêlé allures réelles et allures de fantaisie, Rabelais énumère couleurs réelles et robes imaginaires:

de bailbrun: Littré dit pour bai: D'un brun rouge en parlant des chevaux. Et il note la variété bai brun. Au mot alezan, il précise que le cheval bai a les crins et les extrémités noirs.

dalezan: Littré dit: Genre de robe dans laquelle le corps est recouvert de poils rouges ou bruns plus ou moins foncés, les crins et les extrémités étant de même couleur ou d'une nuance plus claire.

de gris pommelle: Littré dit pour pommelé: Dénomination ajoutée aux diverses nuances de la robe grise, lorsqu'elles présentent des taches arrondies plus foncées que le reste de la robe.

de poil de rat: Les dictionnaires n'ont pas retenu cette formulation où il est facile d'entendre que c'est celle qui est aujourd'hui dite gris souris.

de cerf: Quelques commentateurs disent ici: Fauve, Michel ajoutant, probablement à tout hasard: Le mot est choisi pour contraster avec rat et vache. Nous penserons plutôt qu'il s'agit de la couleur dénommée aujourd'hui louvet, que Littré définit: Se dit, chez le cheval, d'une robe caractérisée par la présence de la nuance jaune et du noir, qui lui donne une certaine ressemblance avec le poil du loup.

de rouen: Littré dit au mot rouan: Se dit d'un cheval dont le poil est mêlé de blanc, de gris ou de bai.

de vache: Jourda et Michel disent: Roux. Plus certainement s'agit-il de ce qui est aujourd'hui dénommé aubère, que Littré définit: Dont le corps est recouvert d'un mélange de poils rouges et de poils blancs, la crinière et la queue étant de même couleur ou de nuance plus claire.

de zencle: La plupart des commentateurs, partant du grec zagclon, faucille, disent: Avec des taches en forme de faucille. Demerson dit: En forme de faux. Peut-être s'agit-il du cheval dit aujourd'hui zain, c'est-à-dire, selon Littré, celui qui, quelle que soit sa robe, ne présente aucun poil blanc.

de pecile: Là encore, la plupart des commentateurs voient le grec poikilos, bigarré, et disent: Bigarré. Peut-être pouvons-nous voir là la variété des robes dites aujourd'hui mouchetées, herminées ou tigrées.

de pye: Littré donne: Se dit d'un cheval qui a la robe blanche marquée de grandes taches noires, baies, etc.

de leuce: Tout le monde reconnaît ici le grec leukos, blanc, alors que le vocabulaire d'aujourd'hui ne parle plus que des différentes nuances: le blanc mat, qui ne brille pas; le blanc porcelaine, au reflet bleuâtre; le blanc sale, où le jaune domine (isabelle?); le blanc rosé, ou poil blanc sur peau rose (des chevaux albinos).

En fait, si la distinction entre ces différentes couleurs de robe nous paraît pouvoir faire partie, pour le jeune Gargantua, des connaissances élémentaires, elles nous semblent être de pure compilation chez Rabelais. Toutefois demeure la question, insoluble, de savoir si les termes de cerf, de vache, de rat, sont de l'invention de l'auteur ou si ces termes étaient, purement oraux, courants dans le langage des écuyers. Aussi n'est-ce pas là que nous découvrons l'anomalie, mais dans les deux couleurs qui nous apparaissent comme privilégiées dans la liste: le gris et le blanc, qui entrent dans la composition des robes de gris pommelle, de poil de rat, de rouen, de vache, de pye, de leuce, comme si ce gris et ce blanc avaient une place prépondérante dans l'esprit de Rabelais.

En tout cas, c'est ici que nous saisissons qu'il y a continuation de l'équivoque introduite avec le bon cheuaulcheur, sur laquelle se sont déjà greffées les variations des allures. Et nous comprenons que la liste est ordonnée de façon à finir sur le blanc pour qu'on entende qu'il est ici question des couleurs de la pilosité pubienne féminine, changeant avec l'âge, pilosité dont le docteur G. Zwang dit, dans Le Sexe de la Femme (La Jeune Parque): Les coloris proposés revêtent toutes les nuances du brun sombre au noir de jais chez les Noires, les Jaunes et les Blanches à cheveux noirs. Les autres Blanches y mettent un peu plus d'originalité: la palette comporte le très commun châtain, un peu moins foncé que les cheveux, comme des teintes plus rares, le blond cendré ou doré, inimitable, et le rouge flamboyant des vraies rousses.

Zwang dit encore que le poil pubien est le dernier à succomber à la canitie; et nous voyons que la liste de Rabelais est ordonnée pour rendre la progression avec laquelle le poil gris se mêle au poil coloré, et cela sous la forme de mèches effectivement comparables à des lames de faucille ou de faux, pour arriver à ce poil pecile ou bigarré admettant la couleur, le gris et le blanc, puis les seuls gris et blanc, et enfin le blanc qui est ce poil de leuce pour lequel Rabelais fera confesser sa tendresse par Panurge au chapitre XVI du Tiers Livre: Croyez que vieillesse feminine est tousjours foisonnante en qualité soubeline; je vouloys dire Sibylline.

Nous devons pourtant noter que Screech est très loin de cette compréhension, qui dit à la fin de ce premier paragraphe traitant des allures et des robes: Rabelais prépare déjà la propagande évangélique des chapitres suivants. Sa méthode est de nous faire rire d'une caricature du vieux système, avant de nous exposer un portrait idéalisé du nouveau système humaniste.

Et nous avons déjà quelque mal, devant le poncif si platement exprimé, à ne pas croire à une parodie. Mais Screech ajoute: Avec ce paragraphe, comparer XXI, ligne tant. Ce renvoi est celui du chapitre xxiij de la définitive, et le texte repéré est celui-ci: Changeant doncques de vestements, monstoit sus un coursier, sus un roussin, sus un genet, sus un cheval legier, (texte de 1534). Et nous ne pouvons plus que penser que Maistre Jobelin a dû partir pour Londres après son renvoi du chapitre xv, et qu'il y a fait souche.

Fort satisfaits d'être ainsi renseignés sur le sort d'un personnage qui a été prié d'aller à tous les diables, nous revenons au texte de Rabelais: comme il arrive immanquablement aux enfants, le petit Gargantua abandonne bientôt le beau cheval de bois bien ressemblant qu'on lui a fait avec tant de soin, et préfère se munir d'objets dont la forme imprécise ne limite pas son imagination: Luy mesmes dune grosse traine, fist un cheual pour la chasse. Et les commentateurs voient dans cette traine le fardier a deux roues qui sert à transporter les troncs d'arbres.

un aultre dun fust de pressouer a tous les iours: ici la translation ne manque pas d'aplatir la phrase de Rabelais en: un autre pour tous les jours avec un levier de pressoir. Quant au fût, Boulenger explique: Le fût est le levier qui s'abat sur le raisin dans le pressoir. En fait, ainsi que le montre la tapisserie du musée de Cluny, ce fût ne s'abat pas sur le raisin puisqu'il ne fait que transmettre le mouvement reçu de la vis à la planche qui presse le raisin.

& dun grand chaisne une mulle auecques la housse pour la chambre. La translation donne ici la déformation: et, avec un grand chêne, une mule avec sa housse pour le manège. Et les commentateurs se taisent tous, faisant l'injure à Rabelais de voir dans la fin de sa phrase une précision sans nécessité, ou même une absurdité puisque si le mot chambre est entendu comme la chambre de Gargantua, tenue par lui pour l'écurie de ladite mule, il est incohérent de mettre à celle-ci une housse. C'est qu'ils n'ont pas discerné le trait par lequel l'auteur indique la puissance d'invention de l'enfant, trait qui apparaît dès que l'on sait que ce mot chambre est cette cavité que donne Littré, mais qu'explique plus clairement Furetière: Chambre, se dit du vuide qu'on pratique dans une selle de cheval, d'un bât, d'un collier, en retirant un peu de la bourre, lors que le cheval est foulé ou blessé en quelque endroit, pour empêcher que la selle ne porte dessus. D'autre part, si Littré dit que la housse est la sorte de couverture attachée à la selle et couvrant les parties postérieures et latérales du ventre du cheval, il dit encore que la housse de collier est la peau de mouton ou autre qui couvre souvent cette partie du harnachement des chevaux de trait.

Nous entendons donc que la housse est ici le revêtement qu'on interpose entre la peau du cheval et la partie du harnachement qu'on a débourrée à l'endroit de la blessure. La phrase implique que le grand chêne est si bien devenu mule dans l'imagination de l'enfant que celle-là est même tenue pour blessée, et qu'il doit se munir d'une housse pour la seller. Et les translateurs, s'ils avaient compris que chambre, pas plus qu'écurie ne peut être manège (où d'ailleurs il ne semble pas qu'on ait jamais conduit une mule), auraient plus heureusement rendu l'idée par quelque chose comme: et d'un grand chêne une mule, avec la housse pour sa blessure.

Rabelais finit cette première partie par une vue collective: Encores en eut il dix ou douze a relays, & sept pour la poste, tout en spécifiant: Et tous mettoit coucher aupres de soy, notation où nous voyons, bien sûr, un trait de la conduite enfantine, mais où nous ne pouvons nous empêcher de voir aussi un rappel moins innocent du sens que le lecteur a été appelé à distinguer dans les allures et les couleurs de la robe.

Finie cette relation, commence alors le récit direct: Un iour le seigneur de Painensac visita son pere, en gros train & apparat, auquel iour lestoient semblablement venuz veoir le duc de Francrepas & le comte de Mouilleuent.

Pour Painensac, Boulenger dit: Pain-en-sac; manger son pain en sac, signifiait être avare. Pour Francrepas, Guilbaud dit, entendant Francrepas: Amateur de repas gratis. Quant à Mouilleuent, tout le monde escamote la signification, disant en substance que ce sont là trois noms forgés à plaisir désignant des parasites. Plattard, toutefois, finit sa note sur une interrogation; il dit: De ces trois noms de parasites, le second se comprend aisément. Le premier est forgé sur l'expression manger son pain en sac, ou en poche, qui se disait d'un avare. Mais que signifie Mouillevent?

Il semble que cette question n'ait jamais reçu de réponse, faute probablement d'un peu de légèreté souriante, car il s'agit tout bonnement de celui qui est assez simple pour pisser dans un endroit où une saute de vent risque de rabattre le jet sur lui, plutôt que de choisir un arbre, un mur, précaution qui est à la base de ce qu'on a donné ensuite pour réflexe de pudeur. Or, se pisser dessus a toujours été le symbole de la niaiserie accomplie pour l'homme adulte, et de la sénilité pour l'homme âgé. Et l'on peut voir ici que si les noms de Painensac et de Francrepas peuvent être compris comme ceux de parasites, il n'en est rien pour Mouilleuent; l'amalgame des commentateurs est par trop expéditif.

Ce duc de Francrepas et ce comte de Mouilleuent ne sont d'ailleurs là que pour faire nombre, expliquant le: Par ma foy le logis feut un peu estroict pour tant de gens, & singulierement les estables. Bientôt ne sont plus en scène que les gens du premier de ces grands noms: donc le maistre dhostel & fourrier dudict seigneur de Painensac pour scauoir si ailleurs en la maison estoient estables vacques. Et Guilbaud voit ici un jeu de mots avec vaches, alors que Screech explique: Latin vacuum, vide. Latinisme fréquent.

Ils s'adressent au ieune garsonnet, luy demandans secretement ou estoient les estables des grands cheuaulx, pensans que voluntiers les enfans decellent tout. Et celui-ci les fait monter dans une grosse tour, ce qui amène le: dist le fourrier au maistre dhostel, cest enfant nous abuse, car les estables ne sont iamais au hault de la maison, réflexion qui entraîne la réponse: Cest (dist le maistre dhostel) mal entendu a vous. Car ie scay des lieux a Lyon, a la Basmette, a Chaisnon & ailleurs, ou les estables sont au plus hault du logis. Et Boulenger explique ici, après avoir noté que La Beaumette est le couvent des cordeliers, à une demi-lieue d'Angers, où Rabelais a peut-être commencé ses études: Les maisons bâties au pied du côteau que couronne le château de Chinon ont leur premier étage de plain-pied avec le chemin montant: il pouvait s'y trouver des écuries ou estables. De même, peut-être, les maisons construites au flanc de la colline de Fourvière, et le couvent de la Beaumette, situé au fond d'un vallon et qui avait des jardins en terrasses.

Nous devons pourtant ajouter à ce commentaire, repris de confiance par toute la glose, la mention de l'autre colline de Lyon, celle de la

Croix-Rousse, où les écuries ne pouvaient qu'avoir la même disposition, comme nous devons remarquer que Rabelais se donne ici le plaisir d'évoquer trois villes qui lui furent familières à divers titres. Mais ce que la glose a encore manifestement ignoré, c'est ce que contient la fin de la réponse du maître d'hôtel, qui poursuit: ainsi peut estre que derriere y a yssue au montouer. Mais ie le demanderay plus asseurement.

Guilbaud est seul à tenter d'expliquer, pour yssue au montouer: Sortie par où l'on puisse monter à cheval. Demerson émet la réserve: Si la tour était construite à flanc de côteau comme les lieux précédemment décrits. Mais personne ne se départ de son austérité. Gageons pourtant que n'a pas dû manquer de faire sourire malicieusement au passage les lecteurs de 1534 cette phrase au contenu salace: ainsi peut estre que derriere y a yssue au montouer, phrase que Rabelais emploie à des fins topographiques donnant les apparences de la bénignité, tout en signalant clairement l'équivoque avec la conclusion où le maître d'hôtel joue les innocents: Mais ie le demanderay plus asseurement[1].

Le maître d'hôtel pose alors la question: Mon petit mignon, ou nous menez vous? Et l'interrogation paraît découler de la phrase: Mais ie le demanderay plus asseurement, que l'auteur parvient donc à faire servir à deux fins: celle de signaler l'équivoque égrillarde, et celle de servir d'élément de progression.

La réponse qu'il reçoit est toujours celle du monde imaginaire de l'enfant: A lestable (dist il) de mes grands cheuaulx. Nous y sommes tantost, montons seulement ces eschallons. Pour ces grands cheuaulx, quand nous les avons rencontrés un peu plus haut dans la phrase: lui demandans secrettement ou estoient les estables des grands cheuaulx, le commentaire disait chevaux de bataille, ou chevaux réservés pour le service de guerre. Ici, la glose est contrainte de se taire puisque l'énumération, si l'on en croit les explications d'ailleurs diverses des commentateurs, est celle de chevaux qui ne sont rien moins que guerriers: Puis les passant par une aultre grande salle, les mena en sa chambre, & retirant la porte voicy (dist il) les estables que demandez, voyla mon Genet; et Boulenger, Guilbaud et Demerson sont d'accord pour voir en ce genet un petit cheval de race espagnole.

---

1. Certes, chacun reste libre de ne pas nous suivre sur ce terrain, et d'opposer à notre vue les habituelles protestations. Mais qu'on nous explique alors pourquoi cette dernière phrase comporte le verbe demander, quand ce même verbe figure, trois mots après, dans la phrase qui suit: Lors demanda a Gargantua. Il semble bien que cette inadvertance trahit la phrase insérée à la relecture, Rabelais ayant craint que ne se perde l'intention, ou une lecture du manuscrit faite à quelques intimes lui ayant montré qu'elle se perdait. Et comme l'insouciance ne peut suffire à expliquer le maintien de cette répétition, il nous faut bien admettre qu'elle a pu être conservée à dessein pour renforcer le signal.

voyla mon Guildin: Boulenger dit: Cheval de femme ou de promenade: guilledin. Guilbaud dit: Cheval hongre. Demerson dit: Cheval anglais pour la promenade. Screech dit: Anglais gelding: cheval anglais qui va à l'amble.

mon Lauedan: On nous dit qu'il s'agit des chevaux de la vicomté de Lavedan, en Gascogne, qui passaient pour très vites.

mon Traquenard: Screech dit: Sorte de cheval châtré. Boulenger dit: Cheval allant au traquenard. Guilbaud est du même avis. Demerson dit: Cheval de trot, et renvoie à sa définition du début du chapitre.

& les chargeant dun gros liuier, ie vous donne (dist il) ce Phryzon, ie lay eu de Francfort. Et l'on nous dit que les gros chevaux de la Frise (Pays-Bas) se vendaient aux foires de Francfort. Il est pourtant curieux que ce qui est ici donné pour gros cheval soit ainsi décrit par Gargantua:

Mais il sera vostre, il est bon petit cheuallet, & de grand peine auecques un tiercelet Dautour, demye douzaine Dhespanolz, Et deux leuriers vous voy la roy des Perdryz & Lieures pour tout cest hyuer. Et il y a peut-être ici un élément de comique que nous ne percevons plus, donnant un cheval de trait pour apte à la chasse, à peu près comme serait, de nos jours, l'affectation d'un Percheron à l'obstacle.

Quoi qu'il en soit, c'est là que les deux adultes prennent conscience de la vanité de leur quête, et qu'ils repartent: Par sainct Iean (dirent ilz) nous en sommes bien, a ceste heure auons nous le moine. Et cette locution nous est ainsi expliquée:

Boulenger, Guilbaud, Plattard, Jourda et Michel disent qu'elle signifie: bien attrapés, ou bernés, ou roulés, Plattard notifiant qu'elle est d'origine obscure. Screech dit: Les moines avaient la réputation de porter malheur si on les croisait sur son chemin. Bailler le moine à quelqu'un, au sens strict, c'est le soumettre à la question, à la torture. Avoir le moine, c'est être berné. Et il renvoie à l'Index du Quart Livre. Demazière dit: Donner le moine, se dit d'une malice d'écolier qui consiste à éveiller un dormeur en tirant une ficelle qu'on lui attache à l'orteil. Et Demerson dit: Nous avons le guignon (allusion à un jeu ou à une superstition qui faisait redouter la rencontre d'un moine). Voir Quart Livre, chapitre 16.

Nous nous reportons donc au Quart Livre, où le texte du chapitre désigné est celui-ci: Elles respondirent que de plourer avoient cause bien equitable, veu qu'à heure presente l'on avoit au gibbet baillé le moine par le coul aux deux plus gens de bien qui feussent en tout Chiquanourroys. Mes paiges, dist Gymnaste, baillent le moine par les pieds à leurs compaignons dormars. Bailler le moine par le coul, seroit pendre et estrangler la personne. Voire, voire, dist frere Jan; vous en parlez comme sainct Jan de la Palisse.

A cet endroit du Quart Livre, Demerson renvoie au passage du Gargantua qui nous occupe et explique, pour au gibbet baillé le moine: La suite du passage fait comprendre en quoi consistait cette rude brimade (ce dont nous avions quelques chances de nous apercevoir sans qu'il nous le dise). Mais R. Marichal, le commentateur de l'édition dont nous userons le moment venu, dit ici: Moine (bailler le): En termes judiciaires, signifie donner la question, c'est-à-dire, peut-être, suspendre par les pieds, comme le dit Rabelais. Cf. Archives nationales, etc. Ces expressions viennent de la réputation des moines de porter malheur. Cf. ici même XVIII, et Gargantua XLV. Et les autres commentateurs restent, pour ce texte du Quart Livre, dans la même confusion, parlant indistinctement des contenus: porter malheur[2], soumettre à la question, torturer, berner, éveiller un dormeur en le tirant par un orteil ou en le suspendant par les pieds.

En fait, ce qui apparaît clairement par le texte du Quart Livre, c'est que Bailler le moine signifie bien suspendre quelqu'un par les pieds. La précision: par le coul, que donnent les pleureuses, établit nettement, par son caractère d'exception, que la suspension habituelle ne se fait pas de cette façon, comme l'étonnement de Gymnaste, concluant à l'étranglement avec une naïve évidence que souligne frère Jean, indique que l'action de Bailler le moine n'a ordinairement pas cette fin mortelle. Quant à la farce, pour laquelle est donnée l'indication: par les pieds, nous ne pouvons qu'entendre qu'elle se propose d'éveiller le dormeur par la terreur, lui faisant croire, par le commencement d'exécution, qu'il est soumis à cette suspension par les pieds qui donc devait avoir, en réalité, des fins sinon mortelles du moins fort éprouvantes.

Partant de là, nous allons tenter de comprendre ce que recèle le texte du chapitre xlv du Gargantua, auquel renvoie Marichal, et celui du

---

2. Nous pouvons déjà, au passage, éliminer la compréhension erronée qui conduit à parler de cette réputation qu'auraient eue les moines de porter malheur. A lire le texte auquel, paradoxalement, nous renvoie Marichal (Q.L. XVIII), qui se situe au moment où le bateau des Pantagruélistes croise, à poge, neuf orques chargées de moines, il apparaît que leur rencontre était au contraire tenue pour favorable: Les voyant, Panurge entra en exces de joye comme asceuré d'avoir toute bonne fortune pour celluy jour et aultres subsequents en long ordre. Et quoi qu'en disent à cet endroit certains commentateurs, qui élèvent l'explication par la vertu dormitive à la hauteur d'une méthode de penser, il ne s'agit ici nullement d'une extravagance de Panurge: nous ne sommes plus au Tiers Livre. Nous verrons que c'est précisément parce que cette croyance est la croyance traditionnelle que Rabelais se complaît à la mettre en doute en faisant suivre cette rencontre de la si terrible tempête.

chapitre xliij, que Screech demande de rapprocher du premier. L'emploi allusif du mot moine est, au chapitre xliij, celui-ci: Voyre mais (dist Gymnaste) ilz ont le moyne. Ont ilz (dist Gargantua) le moyne? Sus mon honneur, que ce sera a leur dommaige. Le texte du chapitre xlv est celui-là: Mais Gargantua luy respondit que sans doubte leurs ennemys auoyent le moyne. Ilz auront (dist Grandgousier) doncques male encontre. Ce que auoit este bien vray. Pourtant encores est le prouerbe en usaige, de bailler le moyne a quelcun.

Et nous entendons ici que la phrase: Ce que auoit este bien vray, se rapporte aux sévices, c'est-à-dire les mauvais traitements corporels que frère Jean vient d'infliger, au chapitre xliiij, à ceux qui le retiennent prisonnier, ce qui nous ramène à l'idée de donner la question, torturer, dont parlent les commentateurs, et que nous devons retenir puisqu'elle est attestée par les Archives nationales.

Nous arrivons alors à la compréhension que l'idée de dommage du chapitre xliij, celle de malencontre du chapitre xlv, s'appuient sur le contenu traditionnel des expressions Avoir le moine, Bailler le moine, où le mot moine doit désigner tout autre chose que le religieux de monastère, et que ce n'est que par extension facétieuse que Rabelais prend ici le mot moine au sens de religieux pour désigner frère Jean. Nous reste donc à découvrir ce que peut désigner cet autre sens du mot moine.

Nous trouvons dans Furetière: Moine, est aussi un jeu d'Escoliers. Bransle moine, donner le moine est une malice de Page. Moine, est aussi un chauffelit qui sert à pendre un rechaut qu'on met entre deux draps pour les chauffer. Nous avons chez Littré: Caisse doublée de fer-blanc, où l'on suspend un réchaud pour chauffer un lit; ou cylindre de bois creusé, doublé de tôle, dans lequel on introduit un fer chaud pour ce même usage. Et si la définition de Furetière et la première de celles de Littré contiennent l'idée de pendaison, d'objet suspendu, la deuxième de Littré (qu'il illustre par une citation de Saint-Simon) incite à croire que ce n'est que bien plus tard que ce mot moine a désigné l'objet placé directement dans les draps.

On trouve encore dans Littré la source des renseignements que nous ont donnés les commentateurs: Donner le moine, se disait d'une certaine malice que pratiquaient les écoliers, les pages et les laquais, en attachant une petite corde au gros doigt du pied d'un homme endormi, et la tirant de temps en temps; on ne connaît pas l'origine de cette locution. Au XVIe siècle, bailler le moine signifiait porter malheur.

Enfin, nous rencontrons dans Beroalde de Verville (Le Moyen de Parvenir, XXVI): Vous errez, monsieur le theologien de beurre; vous fondrez sur le moine, i. le reschaux. Et la note de l'édition Garnier frères (1879) dit ici: C'est-à-dire le réchaud (i. pour id est). Un moine est un ustensile en cuivre ou en terre cuite dans lequel on introduit, de la braise, un fer chaud ou de l'eau chaude, pour chauffer le lit en hiver.

De tout cela, nous garderons d'abord deux notions qui sont indiscutables: Au XVIᵉ siècle, le moine est un objet suspendu qui contient une source de chaleur; et cette acception est alors commune puisqu'elle figure dans la conversation familière. Mais nous retiendrons encore, quoiqu'elle ne soit donnée que par Littré, l'indication de la petite corde attachée, non pas à la cheville, mais au gros orteil du dormeur. Car nous pouvons en induire, puisque nous avons admis que le but du tour joué au dormeur est de provoquer le rêve où il se croit soumis à l'épreuve redoutée, que ce commencement d'exécution facétieux reprend celui de l'épreuve même, et donc que ce mode de suspension du corps par les gros orteils, qui révèle une volonté de soumettre par la douleur, faisait partie de ce qui paraît de plus en plus sûrement être une façon de donner la question, façon où le moine, objet suspendu inséparable de l'idée de feu, semble jouer un rôle primordial.

Pourtant, si nous disposons maintenant d'un faisceau d'indices, nous n'avons aucune preuve décisive de ce que nous reconstituons ainsi. Et nous serions peut-être incapables de poursuivre si nous ne nous rappelions à temps avoir vu à plusieurs reprises une illustration d'une édition de Sade représentant une femme nue, les mains liées dans le dos, suspendue par les orteils au-dessus d'un réchaud de braises rouges, la cordelette qui la retient étant passée dans une poulie qui donne la possibilité d'approcher plus ou moins du feu le visage de la patiente. Et comme cette illustration n'est pas sortie tout armée de la tête du dessinateur du XVIIIᵉ siècle, qui s'est vraisemblablement inspiré d'une forme de supplice antérieurement connue, nous pouvons penser avoir ainsi retrouvé le contenu de la locution Bailler le moine à quelqu'un, expression qui, pour les gens du XVIᵉ siècle, devait signifier qu'on subissait sans pouvoir s'y soustraire les tourments qu'on vous imposait.

Du moins, c'est là le sens littéral, donc fort, de la locution, où nous retrouvons l'idée de suspension et celle d'élément brûlant placé au bas de cette suspension. Bailler le moine à quelqu'un nous apparaît donc comme une assimilation à l'ustensile décrit par Furetière et par Littré. Et nous entendons alors que cette locution Bailler le moine a fort bien pu s'affaiblir pour ne plus signifier que Faire pâtir rudement, rejoignant la locution Avoir le moine dont le sens primitif, avoir les braises ardentes sous le nez, a pu finir par signifier subir des avanies.

Ne reste plus, semble-t-il, qu'à comprendre pourquoi ledit ustensile a été dénommé moine et pourquoi ce nom a pu être par la suite attribué à l'élément chauffant directement introduit dans le lit. Ce dernier transfert n'est pas ce qui présente le plus de difficultés, la disposition naturelle du langage à prendre la partie pour le tout expliquant suffisamment que l'ustensile appelé moine recevant l'élément chauffant, cet élément chauffant retiré du moine ait gardé l'idée de sa provenance. Mais il est plus délicat de proposer une explication pour le nom de moine donné à l'ustensile suspendu.

Nous nous encouragerons pourtant de l'exemple de Le Verrier, qui conclut à l'existence de la planète Neptune en relevant seulement les écarts qu'elle provoquait dans la marche d'Uranus. Et comme nous avons, nous, les écarts de compréhension affectant le contenu du mot moine-religieux, nous nous risquerons à dire que ce supplice où le patient est attaché par les gros orteils au-dessus de braises rouges a pu être conçu par les moines à l'usage de ceux des leurs qui avaient commis une grave faute contre la règle. D'où la création de la locution Bailler le moine (sous-entendu: par les pieds au-dessus des braises) quand cette méthode de punition finit par être connue à l'extérieur, et la dénomination de moine donnée à l'ustensile suspendu au bas duquel se trouve une ardente source de chaleur. Ne reste plus qu'à souhaiter qu'un observateur rencontre un jour notre conjecture dans le champ des vieux textes.

Mais nous en savons désormais suffisamment pour entendre ainsi le texte du chapitre xliij, où la locution a encore son sens fort: Certes, dit Gymnaste, mais ils ont le moine (frère Jean). Ils ont le moine? (ils sont en situation de suppliciés), dit Gargantua. (Je gage) sur mon honneur que ce sera à leur dommage. Le texte du chapitre xlv emploie la locution à ce même sens fort, équivoquant de plus sur son contenu: Mais Gargantua lui répondit que sans doute leurs ennemis avaient le moine (avaient frère Jean - étaient en position de suppliciés). Ils auront (dit Grandgousier) donc malencontre. Ce qui avait été bien vrai. C'est pourquoi est encore en usage le proverbe Bailler le moine à quelqu'un (Rabelais feignant ici de comprendre la locution supplicier quelqu'un comme lui dépêcher le moine frère Jean, si redoutable).

Quant au texte du présent chapitre, il n'offre pas grande difficulté à partir du moment où nous entendons que l'expression Avoir le moine a le sens affaibli d'être lardé comme pour être mis à cuire, autrement dit, être moqué sans avoir possibilité de s'y soustraire: Par saint Jean, dirent-ils, nous en sommes bien (de la confrérie des lardés). A cette heure, nous avons le moine (on nous tient sur la braise). Tout cela, bien sûr, sauf correction, toujours.

Et l'auteur, continuant d'intervenir, éprouve alors le besoin de quelque connivence avec son lecteur, lui demandant: Deuinez icy duquel des deux ils auoyent plus matiere, ou de soy cacher pour leur honte, ou de ryre, pour le passetemps? C'est du moins ce qu'il écrivait dans l'originale, tout de suite après auons nous le moine. Mais l'édition de 1542 fait de cette question un paragraphe, rejet qui laisse la place à une addition que ne signale pas Screech, addition faite manifestement pour prolonger l'équivoque: Ie le vous nye, dist il. Il ne fut troys iours a ceans.

Nous entendons que Gargantua dit puérilement: Je vous le conteste, dit-il. Cela fait trois jours qu'il n'est ici. Et nous nous demandons comment les translateurs peuvent arriver à donner: Je ne vous crois pas, fit-il, il y a trois jours il n'était pas dans la maison. Deux commentateurs seulement prennent ici le risque de donner leur version. Guilbaud dit: Il n'est pas venu ici depuis trois jours. Michel dit: Gargantua prend la métaphore au sens propre: Il ne fut, il y a trois jours ici. Mais personne n'attire l'attention sur ce qu'implique malicieusement la réponse de l'enfant, à savoir que le moine est un habitué de la maison, cette assiduité de parasite comportant le sous-entendu égrillard traditionnel.

Donc, après avoir posé l'alternative, où nous n'avons pas de peine à deviner que Rabelais opte pour la joie (sens étymologique de passetemps), ce qui est donner au lecteur le bon conseil pour cette situation, le récit continue avec Gargantua et son babil à double entente: Eulx en ce pas descendens tous confus, il demanda. Voulez vous une aubeliere? Quest ce? dirent ilz. Ce sont (respondit il) cinq estroncz pour vous faire une museliere.

Pour ce terme aubeliere, Guilbaud dit: Mot burlesque (forgé sur aube ou aubier) destiné à amener plus loin le mot muselière. Plattard dit: Ce mot dérivé de aube, aubier, n'a peut-être aucun sens et n'a été forgé que pour amener la réponse facétieuse de Gargantua. Jourda dit: Mot d'origine et de sens inconnus. Michel dit: Mot inconnu. Demazière dit: Plaisanterie de carnaval: Je me déguise en urlubière, et si on demande ce que c'est, on reçoit la même réponse que Gargantua. Screech cite Cotgrave, qui traduit par a nifle, a whimwam (machin); et il ajoute: ce qui suggère que le mot n'a pas de sens précis, ayant été inventé par Rabelais justement pour provoquer des questions. Demerson dit: Ce néologisme n'est pourtant pas totalement incompréhensible: voir Livre V, chapitre 10. Et, nous reportant à ce chapitre où Pantagruel arrive à l'Isle de Cassade (tromperie), nous ne voyons que les deux dernières phrases qui puissent motiver la référence: Au departir, acheptasmes une botte de chappeaux et bonnetz de Cassade, à la vente desquels je doubte que peu ferons de proffit. Je croy qu'à l'usage encores moins en feront ceux qui de nous l'achapteront.

Demerson dit encore: Sur l'importance au 16ᵉ siècle des mots bizarres que les enfants semblent inventer et imposer à plusieurs choses, voir C.G. Dubois, Mythe et langage au 16ᵉ siècle, 1970, page 105. Nous pensons alors qu'il faut être universitairement conditionné pour croire que Rabelais joue ici, avant la lettre, les romanciers psychologues, et qu'il faut être bien naïf pour ne pas voir qu'il y a derrière ce prétendu mot d'enfant un mot d'auteur. Ce mot aubeliere a donc un sens; et cela est si vrai que nous découvrons dans le Petit Robert le mot aube, dérivé de alve, qui désigne la planchette reliant les arçons de la selle, ce qui s'inscrit tout naturellement dans le sujet qui est celui du chapitre depuis le début: le cheval. Greimas donne aussi Aube et renvoie à Alve, où nous lisons: Alve, auve, aube: nom féminin (1080, Roland, latin alapa, soufflet). Bande de fer ou planchette reliant les deux arçons de la selle.

Les dictionnaires nous apprennent que l'arçon arrière, ou troussequin, est l'arcade postérieure de la selle, l'arçon avant, ou pommeau, l'arcade antérieure. L'aube constitue donc le plat de la selle, partie où reposent les fesses du cavalier. Et c'est là qu'il apparaît que l'explication du mot aubelière est toute contenue dans le mot muselière, avec lequel il rime puisque Rabelais lui a donné à dessein la même finale, non seulement pour l'assonance, mais pour éclairer par la similitude. Une muselière est une pièce le plus souvent en cuir placée sur le museau de l'animal, et qui l'empêche d'ouvrir la gueule: l'aube est aussi une pièce de cuir, placée sur le fessier, et qui empêche que s'ouvre l'anus. L'aube est en fait une muselière à cul, rapprochement que précise l'adjonction au mot aube de la finale -liere, reprise de museliere, et qui amène l'idée des cinq étroncz.

La question que pose Gargantua, qui fait suite au don du Phryson qu'est pour lui le gros liuier, part donc du mot aube, peut-être synonyme de selle ou de selle pour enfant, mot qu'il transforme malicieusement en aube-liere. Les deux hommes, qui connaissent certainement, comme les lecteurs de 1534, le mot aube au sens de selle ou de selle pour enfant, ne peuvent qu'ignorer ce qu'est une aubeliere et le confessent. C'est alors que, par les cinq étrons, Gargantua leur explique que l'aubeliere est une muselière à cul, leur souhaitant même d'avoir ceuxci sous le nez pour leur manque de perspicacité. Est bien ainsi confirmé que nous avons affaire à un mot d'auteur fallacieusement donné pour mot d'enfant, Rabelais décrivant à plaisir les puériles transpositions ludiques à seule fin de dissimuler son facétieux procédé. Les commentateurs s'y sont trompés, mais, désormais avertis, nous verrons la même intention dans la suite du chapitre, comme d'ailleurs dans le chapitre suivant où le petit Gargantua va paraître si précocement doué pour la rime à son bonhomme de père.

La repartie d'un des deux hommes laisse en tout cas entendre que l'explication, bien que sévère, lui a ouvert l'entendement, car il n'a pas la réaction qui serait celle de la victime d'un trait dépourvu de toute signification: Pour ce iourdhuy (dist le maistre dhostel) si nous sommes roustiz, ia au feu ne bruslerons, car nous sommes lardez a poinct, en mon aduis. C'est ce que nous avons déjà entendu, nous rappelant que cette précaution culinaire qui a sauvé la vie à Panurge chez les Turcqs (P. xij) sous-entend qu'on est mis sur le gril. Et, beau joueur, il convient encore: O petit mignon, tu nous as baille foin en corne: ie te voirray quelque iour pape.

Pour ce foin en corne, locution qui nous est connue depuis l'expression proverbiale du chapitre précédent: Faisoyt gerbe de feurre au dieu, Boulenger dit: On garnit de foin les cornes des bestiaux à vendre. Tu nous as achetés! dirions-nous. Guilbaud dit: Mis du foin sur les cornes (comme aux bestiaux à vendre dans les foires du Poitou). Plattard dit: Tu nous as couronnés de foin, comme les bêtes à vendre, dans certaines foires. Jourda dit: Tu nous as couronnés de foin, comme on faisait, dans les foires, aux bêtes que l'on menait vendre. Michel dit: Couronnés de foin, comme les vaches à la foire; on dit encore aujourd'hui: bête à manger du foin. Demazière dit: Du foin sur les cornes signifiait chez les Romains: taureau dangereux. Et Screech dit ici: Bailler foin en corne (expression qui remonte à Horace); on mettait du foin sur les cornes des bœufs, pour montrer qu'ils étaient dangereux.

La foire ayant pour fin le commerce du bétail, il nous semble proprement absurde qu'on ait jamais signalé par le foin en corne que les bêtes qui s'y trouvent sont à vendre. Reste alors cette explication romaine du taureau dangereux; mais l'application nous en paraît bien restreinte, le nombre des taureaux étant infiniment moins grand que celui des autres membres du bétail. Quant au bœuf dangereux dont parle Screech, il est encore plus étonnant, le bœuf étant, du fait de son émasculation, la bête placide par excellence. De toute façon, taureau dangereux en très petit nombre, ou bœuf exceptionnellement ombrageux, la rareté du fait se prête mal à la formation d'une expression proverbiale qui ne peut que reposer sur la fréquence du cas évoqué. En fait, la liaison avec: ie te verray quelque iour pape, nous ouvrant l'horizon, nous entendrons plutôt que ce foin placé à une corne devait, dans les foires, signaler que la bête n'était plus à vendre parce qu'elle venait d'être acquise, ce que confirme le sens que donne Boulenger: Tu nous as achetés!

Et nous entendons alors tout ce que contient la juxtaposition du pape et du bétail acquis, la phrase d'apparence bénigne disant en fait: Tu nous as signalés comme bétail t'appartenant: je te verrai quelque jour pape (sous-entendu: lui qui possède d'innombrables pécores).

A cela Gargantua répond: Ie lentendz (dist il) ainsi. Mais lors vous serez papillon & ce gentil papeguay, sera un papelard tout faict. Voyre, voyre, dist le fourrier.

La plupart des commentateurs voient là des calembours enfilés à plaisir: papillon: insecte et petit pape ou partisan du pape; papeguay: perroquet et pape gai; papelard: hypocrite et papelard, celui qui pape (mange) lard, autrement dit croquelardon. Toutefois Demerson fait montre ici d'un dogmatisme incongru, déclarant sentencieusement: L'enfant n'accepte pas l'ironie: ceux qui le trouvent assez finaud pour lui promettre la tiare se voient affublés de sobriquets où entre le mot pape et qui peuvent désigner un mécréant et un hypocrite. Et il renvoie, pour mécréant, à sa note du chapitre iij, vraie étiquette d'Exposition coloniale: Roi des Papillons, sauvages légendaires réputés hostiles à la foi chrétienne. Or nous entendons bien qu'il n'y a dans tout ce dialogue que prétexte à jeu verbal; prendre ainsi au sérieux la situation des personnages n'est donc que naïveté grandiloquente. Quant au Voyre, voyre, dist le fourrier, personne n'en parle, alors qu'il y a lieu de comprendre qu'il s'agit d'un acquiescement de surface cherchant à apaiser l'agressivité caustique de Gargantua, en même temps qu'on peut y voir la satisfaction de l'auteur pour sa trouvaille linguistique.

Et il apparaît que c'est bien mu par le désir de renouveler le plaisir de jouer avec les mots qu'il fait alors poser par Gargantua cette question inopinée: Mais (dist Gargantua) diuinez combien y a de poincts dagueille, en la chemise de ma mere? Seize, dist le Fourrier. Vous (dist Gargantua) ne dictes leuangile. Car il y en a sens dauant & sens derriere & les comptastes trop mal.

Encore faut-il que nous comprenions bien ce que contient cet échange de propos. Or les commentateurs ou bien gardent ici le silence, ou bien se payent de mots. Boulenger, Plattard et Jourda se taisent, alors que nous allons voir que l'édition Lefranc s'est prononcée, ce qui nous laisse penser qu'il y a peut-être désapprobation de leur part et volonté de taire le sens qui les choque. Guilbaud dit: Jeu de mots: sens et cent. Michel dit: Calembour scatologique sur: sens mon derrière.

Screech, donnant son explication pour celle de l'Édition critique, dit: Triple équivoque: cent (100); sens (de sentir); et sens devant derrière, locution qu'il n'explicite pas. Demerson dit: Jeu de mots complexe: cent (100); sens (impératif du verbe sentir); c'en, pour lequel il renvoie au cen dessus dessoubz, cen deuant derriere, harry bourriquet, du chapitre précédent, où il a annoté: Ce en; nous écrivons aujourd'hui: sens dessus dessous. Demazière dit: Rabelais a écrit sens (à l'impératif), uniquement pour le besoin de l'équivoque. C'est une plaisanterie, dans le genre de cette autre: Combien ce chien? Quatre francs la tête, sens sous la queue.

Tout cela nous paraît peu convaincant, ressemblant assez au dévot souci de substituer la représentation du cul excréteur au cul érotique, d'autant que cet érotisme s'applique ici à l'idée de mère. Il apparaît pourtant que Rabelais, et probablement tous les esprits affranchis de 1534, ne voyait rien de scandaleux à l'évocation de l'activité sexuelle de sa propre mère; car, quoi qu'en pensent les commentateurs, le jeu est pour nous établi sur le sens vénérien de points d'aiguille, et nullement sur ce nombre cent, ou cette locution adverbiale sens dessus dessous, qui ressortissent purement au contresens.

Et ce qui nous le fait dire à coup sûr, c'est ce nombre seize que donne le fourrier, nombre qui est anormalement bas pour des points d'aiguille dans une chemise, si le point est le point de couture, c'est-à-dire chaque longueur de fil entre deux piqûres de l'aiguille (Petit Robert). Car nous nous souvenons d'avoir entendu évoquer, au chapitre viij du présent Livre, ces lingères qui besognent du cul de leur aiguille quand la pointe de celle-ci est rompue. Et nous avons alors clairement compris que le mot cul représente le cul érotique et conséquemment, adverbe qui s'impose, que l'aiguille n'est alors rien d'autre que le membre viril.

Partant tout bonnement de l'idée que le point de couture est formé par un va-et-vient de l'aiguille, nous entendons que poinct dagueille est à prendre au sens sexuel. Et c'est ce qu'a fort bien compris le fourrier, d'autant qu'on lui a parlé de points d'aiguille dans une chemise, et que nous pouvons, à l'aide de la dernière phrase: & les comptastes trop mal, reconstituer l'expression Compter les points d'aiguille de la chemise d'une femme, pour dire lui faire l'amour, l'idée de chemise indiquant l'intimité, et les points d'aiguille étant compris comme coups du membre viril.

Du moins, c'est à ce sens habituel de coups du membre que le fourrier prend l'expression poincts dagueille. D'où le nombre seize qu'il indique, et qui n'est plausible que dans cette acception. Et c'est alors que Rabelais, par le truchement de Gargantua, s'amusant à considérer que le point comprend l'aller et le retour, peut détromper le fourrier en lui disant qu'il y a sens dauant (en arrière) et sens derriere (en avant), ce mot derrière remplaçant le mot d'arrière, pour servir de signal.

Ce que n'ont pas compris les commentateurs qui parlent, et peut-être même ceux qui se taisent pour faire croire que le vrai sens leur est apparu, c'est que le dialogue s'établit ainsi: Mais, dit Gargantua, devinez combien il y a de points de l'aiguille (de mon père) en la chemise de ma mère ? Seize, dit le fourrier. Vous ne dites la vérité, dit Gargantua, car il y a sens aller et sens retour, et vous les comptâtes trop mal.

Mais nous nous apercevons encore, avec ce & les comptastes trop mal, qui feint de prendre au sens littéral l'action de compter, alors que ce n'est évidemment qu'une image dans l'expression Compter les points d'aiguille de la chemise d'une femme (comme on a dit aussi, dans le même sens de lui faire l'amour, lui froisser sa chemise), que le fourrier est ainsi donné pour celui qui a été admis à assister aux ébats, rôle assorti depuis toujours d'une bonne notion de mépris. Le fourrier est donc de mieux en mieux lardé, comme il a dit. Et c'est avec ce que nous pouvons prendre pour une résignation teintée toutefois du désir d'embarrasser Gargantua, en le poussant aux dernières conséquences de ce qu'il avance que, reprenant ce reproche d'avoir mal compté, il lui demande de préciser: Quand? (dist le fourrier).

Nous savons bien, en réalité, que c'est Rabelais qui se donne ainsi la réplique pour pouvoir placer la suite de sa plaisanterie; mais il est plausible pourtant qu'au disert Gargantua il n'en faille pas plus pour que, suivant le propos, il fournisse la précision de temps imprudemment demandée par le fourrier; il le fait en lui décrivant les circonstances dans lesquelles il se trouvait pour ce comptage erroné: Alors (dist Gargantua) quon feist de vostre nez une dille, pour tirer un muy de merde: & de vostre gorge un entonnoir, pour la mettre en aultre vaisseau: car les fondz estoient esuentez.

Disons tout de suite (car c'est finalement ici le jeu de mots sur sens derrière (sentir), se superposant au premier, qui nous éclaire) que la première phrase: Alors (dist Gargantua) quon feist de vostre nez une dille pour tirer un muy de merde, fait allusion à la position qu'on supposait narquoisement à qui avait l'impudence de parler des affaires intimes de quelqu'un, et particulièrement de ses relations sexuelles: il ne pouvait, pour être si assuré, qu'avoir eu le nez dans l'anus d'un des partenaires. C'est cette traditionnelle défense qu'emploiera Panurge, au chapitre XXV du Tiers Livre, quand il répondra à Herr Trippa lui prédisant qu'il lui montrera sa femme future brimballant avec deux rustres: Quand (dist Panurge) tu mettras ton nez en mon cul, soys recors (souviens-toi) de deschausser tes lunettes[3].

Les commentateurs restent ici très réservés et, semble-t-il, désapprobateurs. Pour le mot dille, Plattard, Jourda, Screech et Demazière s'abstiennent; Boulenger, Guilbaud et Michel disent: Fausset du tonneau. Demerson, qui utilise son fichier binaire, lance une bille qui renvoie au chapitre xj où il a annoté: Fausset du tonneau, la bille renvoyant ensuite au présent chapitre. Quant aux translateurs, ils donnent: Au moment, dit Gargantua, où l'on a fait de votre nez une canule pour tirer un muid de merde, montrant par là qu'ils ne font pas la différence entre la canule, petit tuyau souple ou rigide, servant à introduire un liquide ou un gaz dans un cavité ou un conduit de l'organisme (Petit Robert), et la dille qui, comme on l'a vu au chapitre iij, est la petite cheville pointue dont on obture le trou fait avec le foret pour tirer le vin à moins qu'on n'ait fixé à ce trou quelque peu agrandi la chantepleure ou robinet de tonneau. Pour le mot muy, Michel dit: Muid, et Screech dit: Mesure. Mais personne ne remarque qu'il ne s'agit que de la mesure de capacité réservée aux matières sèches telles que le grain ou le sel, mot choisi à dessein puisqu'il s'agit ici de matière fécale.

Pour la suite, Boulenger dit: Vaisseau: vase; esventez: jeu de mots sur les fonds de tonneau où demeure le vin éventé et le fond des chausses qui peut être éventé tout autrement. Guilbaud parle seulement de vase. Plattard, Jourda, Michel et Demazière ferment soigneusement la bouche, probablement en se pinçant encore le nez. Demerson dit: Le vin au fond des tonneaux est éventé et il fait grand vent au fond des chausses. Screech, donnant encore son annotation pour issue de l'édition Lefranc, dit: Jeu de mots: vin éventé au fonds (sic) du muid; et le fond de la chemise, éventé d'une façon plus grossière. Et nous constatons une fois de plus que ceux des commentateurs qui consentent à sortir des coulisses pour débiter leur texte ne vont jamais au-delà des bornes posées par la compréhension Lefranquiste, celle-ci apparaissant pourtant comme bien courte. Voyons donc par nous-mêmes.

---

3. Nous avons malheureusement perdu cette vigoureuse imagination. C'est à peine si nous osons aujourd'hui prier celui qui se mêle de penser pour nous de ne pas mettre ses pieds dans notre cervelle, et pour des relations qui nous seraient attribuées, de lui demander s'il tenait la chandelle, ces reparties de bon ton ayant l'inconvénient de laisser intacte l'arrière-gorge du fâcheux. Et même le degré supérieur de l'irritation, qui nous conduit à lui conseiller de s'occuper de ses fesses, ne restitue pas la salutaire humiliation de son nez entre les nôtres.

Le début de la première phrase: Quand (...) on feist de vostre nez une dille, s'appuie donc, comme on l'a vu, sur l'idée commune du nez dans l'anus, comme une dille dans le trou du tonneau, parallèle viticole confirmé par l'intention: pour tirer (vocabulaire du vigneron) un muy (futaille et mesure pour matières sèches) de merde (le mot ramenant à l'idée du cul assimilé au tonneau). Et Rabelais poursuit en développant l'image qu'il vient de suggérer: & de vostre gorge un entonnoir (la gorge donc donnée pour cet instrument de vigneron, dont l'usage implique qu'on a ôté la dille, donc qu'a été reculé le nez), pour la mettre en aultre vaisseau (pour transvaser la merde), cette manœuvre étant dite imposée par ce qui arrive au vin: car les fondz estoient esuentez, raison qui s'applique d'abord, de façon rigoureuse, au vin du fond du tonneau, qui peut être altéré, corrompu par l'air, ayant perdu son parfum, son goût (Petit Robert), puis qui est malicieusement appliqué aux fonds, autrement dit le fondement, esuentez, à entendre au sens de ventés, c'est-à-dire balayés par les vents, ces vents étant les gaz intestinaux. Et nous devons bien croire que le fourrier reste interdit puisque c'est son compagnon qui reconnaît: Cor dieu (dist le maistre dhostel) nous avons trouue un causeur. Monsieur le iaseur dieu vous guard de mal, tant vous auez la bouche fraische.

Le monde commentant continue ici de se taire, à part Screech qui donne dans son Index: Avoir la bouche fraîche: parler facilement. Pourtant Furetière donne: On dit en termes de Manege, qu'un cheval a la bouche fraische, pour dire, qu'il jette de l'escume, & qu'il a une marque de bon cheval. Les translateurs, eux, pétrissent une phrase où tout est perdu de la lettre et de l'esprit: Cordieu! dit le maître d'hôtel, nous avons trouvé à qui parler. Dieu vous garde, monsieur le bavard, car (sic) vous avez la langue bien pendue.

Or ce qu'il nous semble aisé de voir, c'est que cette repartie du maître d'hôtel contient toute son irritation, et que ce qu'elle exprime est moins bénin que ne l'entendent les petits mitrons. Nous n'en voulons pour preuve que ce: dieu vous guard de mal, qui n'aurait pas de raison d'être si le: tant vous auez la bouche fraische ne signifiait pas autre chose que: tellement (et non car) vous avez la langue bien pendue. En fait, l'adjectif fraische est celui que donne Greimas: Fres, freis, masculin, fraische, féminin, dont un des sens est: vif, ardent, sens qui rejoint l'expression de manège de Furetière. Si donc Dieu est appelé à garder de mal Gargantua, tant il a la bouche ardente, c'est que cette ardeur, cette vivacité est l'acerbité qui peut diaboliquement conduire de la dérision à la calomnie. C'est donc qu'il nous faut entendre le verbe jaser comme parler avec indiscrétion de ce qu'on devrait taire (Petit

342

Robert), et, remontant toujours voir au verbe causer un sens issu du sens étymologique de faire un procès. En fait, nous comprenons que le maître d'hôtel, faisant référence à l'idée sous-entendue de faconde démoniaque, dit euphémiquement, tenu qu'il est pas son état de domestique et par les bienséances, quelque chose comme: Cordieu (...) nous avons trouvé un plaideur. Monsieur le gausseur, Dieu vous garde de médire, tant vous avez la bouche mordante.

Et nous ne nous interdirons pas de penser que nous avons dans cette réplique, parce qu'elle est finalement fort louangeuse pour qui tient à honneur d'avoir la plume efficace, une de ces suprêmes habiletés de Rabelais, qui s'amuse ici à concevoir la riposte qu'il rêve de recevoir pour prix de ses propres railleries. Mais c'est là de l'interprétation quintessenciée, donc alambiquée. Aussi revenons-nous au texte.

Le virulent enfant n'a pas fini de bafouer ceux qu'il conduit, lesquels n'ont plus que le désir de se soustraire rapidement à ses traits: Ainsi descendens a grand haste soubz larceau des degrez, laisserent tomber le gros liuier, quil leurs auoit charge: dont dist Gargantua. Que diantre vous estes mauluais cheuaucheurs: vostre courtault vous fault au besoing.

La translation retient justement l'équivoque et rend la saillie par: Que diantre! Vous montez bien mal! Votre courte-queue vous lâche au moment critique. Car il est évident qu'aucun des deux hommes n'a pu éprouver la puérile envie d'enfourcher le madrier et qu'en conséquence le: vous estes mauluais cheuaucheurs, ne peut qu'être gratuit et, chargé du même sens sexuel qu'au début du chapitre, servir à amener le jeu sur courtault. Pourtant, ce mot de courte-queue n'est peut-être pas celui qui rend exactement l'idée contenue dans courtault qu'il nous faut entendre précisément. Et nous ne pouvons compter pour cela sur les commentateurs, qui sont ici réservés comme des sacristains.

Plattard, Jourda, Demerson et Demazière s'abstiennent de nous renseigner sur ce qu'est un courtault. Boulenger, Guilbaud et Michel disent, eux, que c'est un cheval auquel on a coupé la queue et les oreilles. Toutefois Screech dit dans son Index: Courtault: Chien châtré à qui on a coupé la queue; d'où, mettre en chien courtault, châtrer. C'est qu'il donne cette note à propos du chapitre xxxvij du présent Livre (xxxix dans la définitive), où frère Jean s'exclame: Par Dieu, je vous metroys en chien courtault les fuyars de Pauye. Puis il renvoie encore au Quart Livre où nous lisons (XXII): (...) fouettant le chien courtault qui l'esbranle, et dans l'Index: Chien à qui on a coupé la queue et aussi chien châtré.

Cela n'est pas déterminant, et nous consultons Furetière, qui dit: Ce qui est court & raccourcy. Ainsi on appelle un courtaud, un cheval de moyenne taille à qui on a couppé la queuë & les oreilles: un chien courtaud, celuy à qui on a couppé la queuë. Il ajoute: On appelle un homme courtaud, qui est de petite taille & de grosse corpulence. Et il remarque: C'est un grand deffaut à une femme d'estre courtaude (et nous nous demandons auquel de ses contemporains Furetière pouvait penser ouvrir ainsi les yeux).

Littré ne parle aussi que de couper la queue et les oreilles. Mais il donne encore: Familièrement: Etriller, frotter quelqu'un en chien courtaud, l'assommer de coups. Et il semble que si l'expression fut proverbiale d'assommer (de coups) en chien courtaud, et la longueur des oreilles et de la queue n'ayant assurément rien à voir dans l'affaire, il nous faut entendre, passant sur l'indignation[4], que l'on n'agissait ainsi que parce qu'il n'y avait pas de danger à le faire, le chien châtré ayant perdu l'instinct de défense. Il apparaît alors que Etriller, frotter quelqu'un en chien courtaud avait pour contenu Rosser quelqu'un sans rencontrer la moindre opposition.

Pour nous, donc, nonobstant les pudeurs de rosière des commentateurs, courtault est bien synonyme de châtré, et le mot de la translation, courte-queue, impliquant la notion de défaut de longueur, ne rend pas exactement l'idée de castration. De plus, il semble que le verbe vous lâche n'est pas celui qui s'impose pour rendre le verbe vous fault, c'est-à-dire faillir, dont le sens est faire défaut, faire faute, incluant dont l'idée d'impossibilité d'agir et non celle de défection accidentelle. Enfin, il nous apparaît que le mot besoing, dont un des sens est celui de lutte, de combat (Greimas), participe ici manifestement du sens érotique du verbe besogner.

Pour toutes ces raisons, et bien que nous soyons toujours persuadés qu'est vaine toute tentative de translation d'un texte tel que celui de Rabelais, nous pensons qu'à tout prendre, plutôt que de vulgariser en dénaturant afin de donner à chacun le sentiment qu'on peut comprendre sans effort, il eût mieux valu donner quelque chose comme: Que diantre, vous êtes mauvais chevaucheurs! Et votre abailard se dérobe à

---

4. Encore! diront certains. Toujours! répondrons-nous, et sempiternellement. Tant il est vrai que le comble de l'abjection reste le fait d'abuser de sa force sur les êtres soumis et confiants que sont les animaux et les enfants (bien que pour ces derniers, on puisse quelquefois éprouver l'envie, réprimée, de s'asseoir dessus). Cela, bien sûr, n'émouvait pas outre mesure le vulgaire de 1534, encore que l'Église du temps faisait quelque différence entre l'enfant doté d'une âme et l'animal qui en est dépourvu. L'Église d'aujourd'hui, toute déliquescente qu'elle est, fait d'ailleurs encore même différence, désapprouvant seulement les mauvais traitements infligés au chrétien. Elle est suivie en cela par la Loi qui condamne modérément les bourreaux d'enfants et symboliquement les bourreaux des bêtes.

la monte, quitte à expliquer: Le dictionnaire érotique de Pierre Guiraud (Payot, 1978) donne le verbe abailardiser en tête des termes ayant trait à l'impuissance et la frigidité. Et le mot abailard s'applique fort bien, d'une part à l'être humain puisque Abélard ou Abailard perdit ses Universaux en 1119, d'autre part au cheval, par la syllabe -bai-, proprement hippique. Ensuite, la dérobade est aussi bien d'ordre humain que chevalin. Enfin la monte désigne à la fois la manière de monter du cavalier et la pratique de l'accouplement chez les équidés, cette dernière acception étant couramment étendue à l'humain.

Le sens grivois jugé compris au passage (et bien sûr sans les méandres que nous avons dû suivre quarante-cinq décennies plus tard), Rabelais poursuit, ou plutôt feint de poursuivre comme si ce verbe chevaucher n'avait jamais eu que son sens littéral, c'est-à-dire comme si Gargantua avait lancé: Que Diantre, vous êtes mauvais cavaliers![5]. Aussi peut-il donner comme conséquence la question: Se il vous falloit aller dicy a Cahusac, que aymeriez vous mieulx, ou cheuaucher un oyson, ou mener une truye en laisse?

Pour ce Cahusac, à part Screech et Demazière qui se taisent, tout le monde reprend derrière Boulenger: Canton de Castillonnes, arrondissement de Villeneuve-sur-Lot (Lot-et-Garonne). La seigneurie de Cahuzac appartenait au neveu de Geoffroy d'Estissac, évêque de Maillezais et protecteur de Rabelais. Demerson renvoie toutefois à sa note du chapitre LII du Quart Livre, note qui se borne à renvoyer au présent emploi, et qui a trait au texte: A Cahusac, dist Gymnaste, feut, pour tirer a la butte, partie faicte entre les seigneurs d'Estissac et vicomte de Lausun.

Il semble donc qu'il n'y a, dans la citation de cette localité, rien autre que le désir qu'éprouve Rabelais d'évoquer complaisamment un nom cher à son protecteur, encore que nous puissions voir là aussi le rappel d'un endroit où Rabelais fut admis. Ou même, liée à cette idée de monte maladroite, la remémoration d'une chevauchée où quelqu'un a

---

5. Vous montez comme feu Pied, disaient naguère en ce cas les maîtres d'équitation, qui d'ailleurs appliquaient aussi cette comparaison à nombre d'autres imperfections. Dans cette savoureuse expression, le pied, traditionnel étalon de la non-valeur, est non seulement personnifié mais considéré comme décédé après avoir toute sa vie agi avec la même maladresse, l'adjectif feu étant entendu comme: qui a accompli sa destinée. C'est encore faire référence au renom qu'est censé avoir acquis ce personnage, tout en indiquant, par la forme feu Pied opposée à feu le Pied (Littré), qu'il n'a jamais été remplacé. Dire à quelqu'un qu'il fait quelque chose comme feu Pied revient à lui signifier qu'il le fait comme le mémorable maladroit que fut Pied, irremplaçable jusqu'à ce jour où il semble qu'on lui a trouvé un digne successeur. Il y a encore trop d'occasions d'employer aujourd'hui cette expression pour qu'on la laisse se perdre.

prêté à rire, ce quelqu'un pouvant être l'auteur lui-même, qui donnerait ici les paroles qu'il admet avoir mérité d'entendre, lui qui, médecin et de plus ecclésiastique, ne devait chevaucher que des mules. Toutes les suppositions sont permises, qui n'ont d'autre utilité que de nous rendre plus proche le texte.

Mais pour chevaucher un oyson, ou mener un truye en laisse, seul Screech dit scolairement: Cf. l'oison bridé du Prologue et le nom de Bridoye (TL). Tous les autres commentateurs se taisent sans pourtant parvenir à nous faire croire que c'est parce qu'ils ont entrevu que Rabelais, continuant sous le couvert du sens hippique de suivre le sens érotique, donne ici une image gaillarde pédérastique avec chevaucher un oyson, et une image gaillarde de stupre avec mener une truye en laisse.

C'est ce qu'ont visiblement entendu les deux hommes qui, conscients d'avoir cette fois atteint le dernier degré de l'abaissement, ne réagissent plus, l'un d'eux s'empressant même de donner une réponse de diversion, qui est aussi de capitulation: Iaymerois mieulx boyre, dist le fourrier, réponse qui est encore l'indication de la conduite à tenir en pareil cas, exempte d'amertume et de ressentiment. Rien d'étonnant, donc, qu'ils rapportent eux-mêmes comment ils ont été ridiculisés, d'autant que le persifleur n'est jamais qu'un enfant: Et ce disant entrerent en la sale basse, ou estoit toute la briguade: & racontans ceste nouuelle histoire, les feirent rire comme un tas de mousches.

Pour ce tas de mousches, deux commentateurs seulement tentent d'expliquer. Demazière dit: Rire confusément, comme les mouches bourdonnent. Screech renvoie au Prologue du Quart Livre: s'esclaterent de rire, comme un microcosme de mousches, et dit: C'est-à-dire d'un rire comparable à un essaim de mouches, facétie populaire selon Sainéan (La Langue de Rabelais). Il ajoute que Sm. (autrement dit W.F. Smith, qui a produit un Rabelais... a translation; vol. I, Gargantua, Cambridge, 1934) y voit un souvenir lointain d'Homère (Iliade, I, 599).

Le souvenir doit être effectivement très lointain chez ledit Smith car il n'est question, à cet endroit de l'Iliade, que du rire inextinguible (adjectif retenu par toutes les traductions) qui s'empare des dieux à la vue d'Héphaïstos jouant le rôle de leur échanson, le joliet et complaisant Ganymède. Mais ce rire inextinguible n'est pas évoqué en vain, puisqu'il nous donne l'idée d'un rapprochement avec ces venerables Dieulx et Deesses du Quart Livre, qui s'esclatent de rire comme un microcosme de mousches quand la brigade rit, elle, comme un tas de mousches.

Nous allons d'abord à la définition du mot microcosme dans la Briefve Declaration: Petit monde, ce que nous entendons évidemment comme petite société en réduction. Les dictionnaires, ensuite, nous rappellent que le mot mouche ne désignait pas seulement, au XVIᵉ siècle, la mouche domestique, mais encore tout insecte volant, et particulièrement la mouche à miel, c'est-à-dire l'abeille, insecte social par excellence. Tout nous laisse donc penser qu'il faut entendre le mot mouches, dans microcosme de mouches, comme mouches à miel, l'idée de société attachée à l'abeille étant à dessein transférée sur le mot microcosme. Et il apparaît que le s'esclaterent de rire, comme un microcosme de mouches est à comprendre, dans ce Prologue du Quart Livre, comme une formulation particulière d'une expression d'inspiration homérique telle que: s'esclaterent de rire comme un essaim de mouches à miel.

Mais le texte qui nous occupe parle, lui, d'un tas de mousches. Or nous nous doutons bien que si le mot mouche est à comprendre comme abeille au Quart Livre, il n'y a aucune raison qu'il n'ait pas déjà ce contenu au Gargantua. Reste alors que nous pouvons nous étonner que le mot essaim, de style relevé, soit ici remplacé par le mot vulgaire: tas, qui laisse retomber le mot mouche dans la compréhension courante de mouche domestique. Autant le microcosme de mouches (à miel) apparaît comme une recherche d'expression personnelle de niveau épique, autant le tas de mouches nous paraît être la recherche d'une expression triviale.

Et c'est là que nous finissons par comprendre que nous avons affaire, pour le Gargantua, à une parodie de ce qu'aurait pu être la phrase finale: & racontans ceste nouuelle histoire, les firent rire comme essaim d'abeilles, formule digne de personnages homériques, mais que Rabelais transpose pour l'adapter au niveau de ceux qui sont ici en scène, c'est-à-dire les membres de la briguade, qu'il fait, en style burlesque, rire comme un tas de mouches (domestiques). Autrement dit, Rabelais donne à lire, en substance: Et ce disant, entrèrent en la salle basse où était toute la brigade: et racontant cette nouvelle histoire, les firent rire comme un grouillement de mouches bleues, laissant son lecteur s'amuser du rabaissement de l'image qui lui apparaît en filigrane: et les firent rire comme essaim doré de mouches à miel.

Cela compris, nous nous apercevons encore que cette même phrase a manifestement valeur de signal, alertant le lecteur en lui laissant entendre que si la brigade trouve ici matière à rire comme un tas de mouches, la même gaieté est à sa portée pour peu qu'il cherche sous l'apparence. Nous savons maintenant que ce qui provoque cette explosion est le sens grivois de l'échange de propos. Mais nous nous demandons bien ce que nos commentateurs ont pu penser de cet accès d'hilarité, alors qu'ils n'ont jamais vu là que nouuelle histoire de cheuaulx factices.

En tout cas, nous voilà convaincus de la précocité de l'esprit gaillard de Gargantua, comme nous l'avons été, par le chapitre précédent, de la précocité de sa curiosité sexuelle. Nous allons maintenant découvrir son esprit stercoral, et du même coup voir si les commentateurs sont aussi fermés à la jovialité d'inspiration scatologique qu'à la jovialité d'inspiration salace.

348

Comment Grandgousier congneut lesperit merueilleux de Gargantua a linuention dun torchecul. Chapi.xiij.

Il faut croire que Grandgousier était parti en guerre tout de suite après que son fils eut atteint l'âge d'un an et dix mois (vij), et que la campagne a duré trois ans et deux mois, puisqu'il est dit: Sus la fin de la quinte annee Grandgousier retournant de la defaicte des Canarriens visita son fils Gargantua.

Pour ces Canariens, Boulenger dit: Canarre, dont il sera reparlé aux chapitres XXXI et L, et au livre II, chapitres XI et XXIII, était un pays fabuleux dont on parlait au moyen âge. Les îles Canaries en ont peut-être tiré leur nom; et les autres commentateurs reprennent tout ou partie de cette glose. Screech, après avoir donné les mêmes renvois, se demande: S'agit-il d'une pure fantaisie, ou y a-t-il une allusion littéraire ou historique qui nous échappe?

Ces îles sont en réalité citées trois fois au Pantagruel; une fois au chapitre xj, où Baisecul dit: comme iadis feut decrete par le Roy de Canarre, mais nous avons vu en son temps qu'il s'agissait là d'évoquer le roi des triques; une fois au chapitre xxiij, où Panurge prétend que l'histoire des lieues est mise par Marotus du lac monachus es gestes des Roys de Canarre, et nous sommes bien forcés de ne retenir ici que le caractère bouffon; une fois enfin au chapitre xxiv, où nous pouvons accorder que la fantaisie est mêlée de quelque vraisemblance, quand il est dit des navigateurs qu'ils prindrent la haulte mer, & en briefz iours passans par porto sancto, & par Medere, firent scalle es isles de Canarre.

Au présent Livre, elles sont encore nommées au chapitre xxxj, quand Gallet, dans sa harangue à Picrochole, cite les nations Barbares, Poicteuins, Bretons, Manseaux, & ceulx qui habitent oultre les isles de Canarre, & Isabella; puis au chapitre 1, où Gargantua, dans sa contion es vaincus, parle de Alpharbal roy de Canarre, qui enuahyt furieusement le pays de Onys. Il apparaît en fait que ces îles peuvent bien être les îles Canaries, découvertes en 1402, mais il semble aussi qu'elles n'ont jamais servi chez Rabelais qu'à fournir des localisations imaginaires, donner corps à l'utopie, et à l'occasion prêter au calembour.

349

Au retour donc de cette victorieuse expédition, Grandgousier interroge son fils de petitz propos pueriles en diuerses sortes; et nous entendons qu'il s'agit de propos qu'en sa candeur Grandgousier croit adaptés à l'âge mental d'un enfant de cinq ans. Pourtant, nous ne nous étonnons pas trop qu'en même temps il boive dautant avec cet enfant de cinq ans et ses gouvernantes, attendu que Gargantua a humé le piot dès sa naissance (vij). D'ailleurs cette notation nous paraît surtout avoir mission de rendre l'ambiance de légèreté dans laquelle Grandgousier reçoit réponse à sa question sur la propreté: quen tout le pays nestoit guarson plus nect que luy. Comment cela? dist Grandgousier. Et c'est alors l'exposé, dont est bien incapable un enfant de cinq ans, qui nous montre quel parti Rabelais tire de la qualité de géant de son héros: celui de lui faire dire les fariboles que lui, l'auteur, a conçues peut-être bien avant de penser à écrire des histoires de géants:

Iay (respondit Gargantua) par longue & curieuse experience inuenté un moyen de me torcher le cul, le plus royal (et cet adjectif ne figure plus dans l'édition de 1542), le plus seigneurial, le plus excellent, le plus expedient que iamais feut veu. Quel? dict Grandgousier. Comme vous le raconteray (dist Gargantua) presentement.

Commence alors la revue des moyens, revue où sont d'abord nommées des pièces du vêtement féminin relatives à la tête, le comique venant de l'habituel renversement. Encore faut-il, pour que ce comique ne se perde pas, que nous sachions exactement ce que sont ces parures féminines: Ie me torchay une foys dun cachelet de velours de une damoiselle (l'édition de 1534 disait: de voz damoiselles): & le trouuay bon: car la mollice de sa soye (l'édition de 1534 disait: la soye) me causoit au fondement une volupte bien grande.

Pour ce cachelet, Boulenger dit: Ou touret de nez: petite étoffe carrée que les femmes attachaient souvent à leur coiffure et qui leur couvrait le nez et le bas du visage quand elles sortaient. Le jeu de mots cachelet et cache-laid était courant. Jourda, Michel, Screech et Demerson parlent de cache-nez, mais ce dernier ajoute: Voir Livre V, chapitre 26, où nous lisons: (...) ne plus ne moins que font nos damoiselles quand c'est qu'elles ont leur cache-laid, que vous nommez touret de nez (les anciens le nomment chareté, parce qu'il couvre en elles de pechez grande multitude). Demazière dit: Sorte de masque. La translation donne aussi le mot cache-nez, au risque de faire croire qu'il s'agit de l'acception moderne d'écharpe. Pourtant Furetière dit de cache-nez: Vieux mot qui signifiait autrefois un masque. Et au verbe cacher, il dit: Cette fille est si modeste, qu'elle se cache le visage de ses coëffes, de son masque. Nous retiendrons de tout cela que Gargantua se torche d'une pièce de parure qui touche le nez et la bouche de la femme, et cela n'est évidemment pas tout à fait innocent. Et même si l'on n'en peut soupçonner l'enfant qui, bien que précoce, n'en est tout de même qu'aux découvertes, il faut bien admettre que Rabelais s'amuse ici de quelque idée de fétichisme.

Une aultre foys dun chapron dycelles (et subsiste ici le pluriel des damoiselles de l'originale, mais nous entendons toujours le singulier de une damoiselle) & feut de mesmes.

Ici, la plupart des commentateurs se taisent. Screech dit, derrière Huguet: Coiffure composée d'un bourrelet posé sur la tête et d'une bande d'étoffe pendant par derrière. Littré dit: Coiffure à bourrelet et à queue que portaient les hommes et les femmes; s'est dit aussi d'une bande d'étoffe que les femmes attachaient sur leur tête. Furetière dit: A l'égard des femmes, le chaperon était une bande de velours qu'elles passaient sur leur bonnet; & c'estoit une marque de bourgeoisie. Le Petit Robert donne même définition. Mais nous allons pouvoir prendre parti quand il va être question des aureillettes.

Une aultre foys dun cachecoul. Et Littré dit: Fichu, mouchoir de col. Guilbaud risque ici, mais sans le moindre fondement: Cache-col (et cache-cul).

Une aultre foys des aureillettes (l'édition de 1534 disait: des aureilles) de satin cramoysi: Boulenger dit: Partie du chaperon qui couvrait l'oreille, fort ornée de broderies d'or, chaînettes, etc. Guilbaud dit: Parties du chaperon retombant sur les oreilles, ornées de perles ou de broderies d'or. Michel dit: Les aureillettes qui retombaient du chaperon sur le cou étaient ornées de broderies et de pierres précieuses. Demerson dit: La partie du chaperon qui cachait les oreilles était très ornée. La translation parle de cache-oreilles. Nous devons donc entendre que le chaperon était ce bonnet couvrant les oreilles surmonté du bourrelet dont il a été parlé. Mais nous voyons mal, alors, si le tout était encore agrémenté d'une queue, ce que peut être cette partie retombant sur le cou dont parle Michel. Nous comprendrons donc plutôt que les aureillettes et le chaperon étaient deux pièces différentes, comme le laisse d'ailleurs entendre le texte, qui sépare nettement les deux expériences. En même temps d'ailleurs que la confusion qu'ils font, nous pouvons regretter que les commentateurs n'aient pas cru devoir préciser que l'adjectif cramoysi est à entendre au sens premier de: excellente bonté de teinture qui conserve sa couleur malgré les injures du temps, & qui rehausse beaucoup l'éclat de l'estoffe qui en est teinte (Furetière). Quoi qu'il en soit, il est sûr que ces oreillettes étaient ornées puisque Gargantua continue par: mais la dorure dun tas de spheres de merde qui y estoient mescorcherent tout le derriere, que le feu sainct Antoine arde le boyau cullier de lorfebure qui les feist: & de la damoiselle, que les portoit.

Boulenger dit pour le verbe arde: Brûle. Et il ajoute, comme nous devions nous y attendre: Imprécation très ancienne. Le feu saint Antoine était une intoxication par l'ergot des céréales qui causait des rougeurs, démangeaisons et douleurs vives. Guilbaud dit pour spheres: Boules (perles ou autres bijoux). Pour: de merde: Juron approprié au discours. Pour: arde: Que l'ergotisme brûle. Plattard dit: Que le feu saint Antoine brûle... Imprécation très ancienne. Le feu saint Antoine, feu sacré, maladie du feu, était une intoxication par l'ergot des céréales causant de vives douleurs, de la rougeur érysipélateuse, de la gangrène. Jourda dit: Imprécation courante au XVIe siècle, le feu saint Antoine n'est autre que l'ergotisme, intoxication douloureuse provoquée par certaines céréales. Michel dit: Que le feu saint Antoine brûle... Imprécation fréquente chez Rabelais. Il s'agit du Mal des Ardents, ou ergotisme, causé par l'ergot de seigle (cf. Prologue du Pantagruel). Screech dit: Feu saint Antoine, sorte d'érysipèle gangréneux. Demerson dit pour spheres de merde: Locution méprisante (saletés de sphères!), mais paradoxale; et pour: arde: Que l'érysipèle brûle.

Nous savons, précisément depuis le Prologue du Pantagruel, que l'assimilation du feu saint Antoine à l'ergotisme ressortit à l'erreur de tradition, et que l'imprécation évoque bien plus certainement, dans les années 1500, une affection vénérienne. Mais plus remarquable est ce tas de sphères de merde, qui est effectivement locution méprisante, comme dit Demerson, mais qui n'est pas si paradoxale qu'il le croit, attendu que nous devons voir là l'allusion à ces gringuenaudes déjà rencontrées au chapitre xiij du Pantagruel, au sens étendu, et qui sont ici exactement ce que Littré définit: Petite ordure qui s'attache aux émonctoires et ailleurs par malpropreté. En fait, nous devons entendre que la locution spheres de merde est employée à dessein pour amener l'idée d'opposition radicale entre les sphères d'ornementation et les sphères de matière fécale qui devraient être transférées aux oreillettes si celles-ci n'étaient inaptes à servir de torche-cul.

Ce mal passa me torchant dun bonnet de paige bien emplume a la Souice. Et Plattard est le plus précis, qui dit: Les coiffures ornées de panaches de plumes étaient caractéristiques du costume des lansquenets et des soldats suisses. Mais personne ne fait ici remarquer qu'il s'agit du bonnet d'un page, c'est-à-dire d'un jeune garçon; et nous devons pourtant bien rapprocher cette idée d'adolescence de la coloration pédérastique que nous avons vue à l'expression du chapitre précédent: chevaucher un oison, cette idée faisant manifestement partie du traditionnel fonds satirique de l'époque.

Puis fiantant derriere un buisson, trouuay un chat de Mars, dicelluy me torchay, mais ses gryphes me exulcererent tout le perinee. Boulenger dit: Les chats nés en mars passaient en Anjou pour les meilleurs, superlatif repris par Jourda, alors qu'il ne signifie pas grand-chose. Il est remplacé par: plus vigoureux, chez Guilbaud, Plattard, Michel, et par: batailleurs chez Screech et Demerson. Demazière, lui, de façon encore inexpliquée, explique de Mars par: martre. A noter que cette absurde explication n'est pas nouvelle: elle se trouve, aussi laconique, dans le commentaire de l'édition Garnier frères environ 1870.

Mais ce qui n'est pas non plus expliqué, c'est que ce chat de mars trouvé derrière un buisson n'est certainement pas un chat adulte, qui se serait probablement enfui, et dont on ne saurait s'il est de mars ou d'automne, mais qu'il s'agit d'un chaton d'une portée de mars. Et nous n'allons certes pas manquer de nous accorder ici permission de digresser pour noter que nous avons, dans ce geste tenu pour comique alors qu'il ne peut que se solder par l'écrasement du chaton, non seulement l'insensibilité de l'époque devant la souffrance des animaux, mais encore la manifestation de ce même sentiment que nous avons vu nourrir pour le renard, celui d'avoir affaire, avec le chat, à une bête diabolique. (Et le Roman de Renart, où les deux plus malicieux acteurs sont le goupil et le chat, est particulièrement révélateur de cette conception de l'inconscient collectif.) Comme le dit, en substance, Fernand Mery dans son Guide des chats (Denoël, 1971), l'exécration du chat est inséparable de l'éthique judéo-chrétienne. Elle commence certainement bien avant la Lettre de Jérémie (en réalité imitation postérieure de quatre ou cinq siècles au prophète), où il est dit des idoles de Babylone que: sur leur corps et sur leur tête volent les hiboux et les hirondelles et les autres oiseaux, et que même les chats y vont (21; traduction de la Pléiade); elle se prolonge par les bûchers de la Saint-Jean et autres procès absurdement instruits pour justifier le martyre du chat, et se continue par le zèle d'un Innocent VIII, le pape de la croisade contre les Vaudois, qui poursuit pour sorcellerie les amis des chats[1]. Sur ce, nous revenons au texte.

---

1. Ne sont pas très loin de ces sacrifices les prétendues expériences conduites dans le cerveau du chat par de soi-disant chercheurs. Ces savantasses, qui trouvent là l'exutoire de leur perversité comme le palliatif de leur impéritie, implantent sempiternellement les mêmes électrodes pour finir par vérifier ce que le sens commun a montré à l'évidence depuis belle heure. Ainsi, dans le numéro spécial, Le Cerveau, de la revue Pour la Science, de novembre 1979, on peut lire des niaiseries qui laissent pantois. (La revue est originairement américaine

(suite page suivante)

De ce me gueryz au lendemain me torchant des guands de ma mere bien parfumez de mauioin. Boulenger dit, suivi par tous les commentateurs: On parfumait alors les gants à outrance. Le maujoint, maljoint, c'est ainsi qu'on nommait le sexe de la femme. Jeu de mots sur benjoint-maujoint. A noter que les translateurs rendent le jeu de mots de Rabelais par un jeu de mots de leur cru: bien parfumés de bergamotte, leur inexpérience leur ayant laissé ignorer qu'ils se trompent et sur la topographie et sur l'odeur. Quant à nous, comme nous l'avons fait au premier Livre pour la decision dune paire de gands, dont parle Pantagruel dans sa sentence (xiij), nous remarquerons, au-delà du jeu de mots, qu'il y a là un trait des mœurs du temps nous indiquant qu'on répugnait quelque peu à ôter ses gants et qu'on devait les conserver dans bien des circonstances où ils seraient aujourd'hui tenus pour importuns.

Puis me torchay de Saulge, de Fenoil, de Aneth, de Mariolaine, de roses de fueilles de Courles, de Choulx, de Bettes, de Pampre, de Guymaulues, de Verbasce (qui est escarlatte de cul) de Lactues, & de fueilles de Espinards. Le tout me feist grand bien a ma iambe de Mercuriale, de Persiguiere, de Orties, de Consolde: mais ien eu la cacquesangue de Lombard. Dont feu gary me torchant de ma braguette.

De ce que disent les commentateurs, nous ne retiendrons que ce qui présente quelque originalité. Michel dit: Le Verbascum Thapsus ou bouillon blanc a des feuilles couvertes d'un duvet cotonneux; et: Les orties mériteraient mieux que le bouillon blanc le nom d'écarlate de cul. Demerson dit: Le verbascum ou bouillon blanc servait peut-être à fouetter les enfants. Il dit de la consoude qu'elle était employée contre

---

1. (suite) mais elle est traduite dans nombre de langues, attendu que les pays dits évolués croient de leur dignité d'entretenir quelques bricoleurs scientistes.) Au sujet des mécanismes cérébraux de la vision, il est dit, par exemple: Il est intéressant de remarquer que personne n'a la moindre idée des raisons profondes pour lesquelles les voies du système nerveux sont croisées! (page 81); ou encore, au sujet du comportement onirique (page 138): Sourd, aveugle, paralysé, l'animal devient très vulnérable (...) Les animaux chassés, qui sont rarement en sécurité, dorment peu, d'un sommeil très léger (...) Pour que le rêve survienne, il faut à la fois que le système d'éveil ne soit plus excité et que les mécanismes actifs de l'endormissement soient mis en route.

Chaque page de ce numéro spécial est ainsi enduite de cet onguent miton mitaine qui, s'il ne s'agissait de têtes fêlées, devrait interdire à ces fouille-méninges de se regarder sans rire. Mais chacun d'eux, au contraire, doit être persuadé qu'il aurait enregistré la Messe en Si s'il avait pu placer des électrodes dans la tête de Bach, vu s'écrire sur l'imprimante le Tiers Livre, les électrodes placées dans la tête de Rabelais, et se dessiner sur la table traçante La Mélancolie en captant les impulsions dans la tête de Dürer. Et il ne faut pas se cacher que tel ou tel de ces maniaques aux visions cornues peut à l'occasion devenir aussi le tortionnaire du genre humain pour peu qu'une occurrence militaire lui donne un jour la possibilité de disposer d'hommes sans défense concentrés dans un camp de rééducation.

la diarrhée, et de la mercuriale qu'elle était un purgatif. Il dit encore de la persiguière qu'elle était aussi appelée cul-rage, dénomination, ajoute-t-il, qu'explique la mésaventure de Gargantua.

Il paraît effectivement certain que Rabelais parle ici en pharmacologiste, la connaissance sommaire des propriétés médicinales des plantes faisant alors partie du fonds culturel commun, et la connaissance approfondie, de celui de toute personne cultivée. Nous n'avons donc quelque chance d'entendre la portée de ce qu'il dit que si nous nous rendons compte exactement de ce qu'évoquait pour le lecteur du XVIᵉ siècle chacun des noms cités. Pour ce faire, nous nous reportons au Dictionnaire des Plantes qui guérissent, du docteur Gérard Debuigne (Larousse, 1972), ne gardant toutefois des indications thérapeutiques que celles qui intéressent la partie inférieure du corps; car nous avons idée que le choix qu'est censé faire Gargantua n'est pas indifférent et que chaque plante a quelque rapport avec le fondement.

Puis me torchay de Saulge: C'est évidemment la Sauge. On l'appelle aussi, dit Debuigne, Herbe sacrée, Thé d'Europe ou de Grèce. Feuilles d'un gris blanchâtre, épaisses et feutrées de poils blancs. Elle est employée contre les ulcérations et particulièrement les ulcères de la jambe. La Sauge a toujours été considérée, en fait, comme une panacée; son nom vient du latin salvia, plante qui sauve. Nous comprenons alors pourquoi cette plante est la première qui soit venue à l'esprit de Rabelais, et la première qu'emploie Gargantua.

de Fenoil: C'est le Fenouil doux, encore nommé Fenouil officinal. Action diurétique et carminative, c'est-à-dire qui a la propriété de faire expulser les gaz intestinaux.

de Aneth: C'est toujours l'Aneth, encore nommé Fenouil bâtard, Fenouil puant, Faux Anis. Souvent confondu avec le Fenouil, car les deux plantes ont une grande ressemblance. Et l'on voit qu'ici la distinction que fait Gargantua est tout à fait digne de celle que pourrait faire le botaniste qu'est Rabelais. La plante est un excellent carminatif; elle est aussi diurétique.

de Mariolaine: C'est la Marjolaine, nommée encore Grand Origan. Utilisée contre la sciatique.

de roses: Il s'agit de la Rose rouge, nommée encore Rose de Provins, Rose de France, Rose provinciale ou Rose de Champagne. Utilisée en lavements contre la diarrhée et les hémorroïdes.

de fueilles de Courles: C'est la Courge, mais le dictionnaire de Debuigne ne connaît, à la parisienne, que le mot Citrouille (dont l'équivalent latin est pourtant: Cucurbita pepo, c'est-à-dire Courge-melon), ajoutant pourtant: On l'appelle aussi Courge ou Potiron. Or le mot Citrouille vient du latin Citrium, citron, par analogie de couleur, et le mot Potiron, peut-être du syriaque pâtuntâ, morille, quand le mot Courge, comme on l'a vu, est la Curcurbita latine, qui a donné la famille des cucurbitacées, et qui a désigné en ancien français la gourde. Et l'on accordera qu'il y a plus de ressemblance entre une courge et une gourde, surtout quand celle-ci est faite de celle-là, séchée et vidée, qu'avec un citron ou un champignon, fût-il syriaque. Mais c'est pourtant peine perdue de vouloir faire entrer le mot courge dans la coloquinte (cucurbitella) d'un Parisien; et l'on a peine à croire que c'est parce qu'Apulée emploie le mot pour dire Tête sans cervelle. Cela posé, la semence de la courge est utilisée contre le vers solitaire.

De choulx: Régularise les fonctions intestinales, guérit la dysenterie; est aussi employé comme vermifuge (oxyures et ascaris). Extérieurement, contre les plaies et les ulcères variqueux.

de Bettes: On l'appelle souvent Poirée, mais aussi Jotte en Touraine et en Bretagne, Blette en Provence, et, parfois, Réparée, dit Debuigne. Efficace contre les états inflammatoires des voies urinaires; préconisée contre la constipation opiniâtre.

de Pampre: C'est la Vigne, dont la feuille est utilisée contre la diarrhée chronique et les hémorroïdes.

de Guymaulues: On l'appelle parfois Mauve blanche. Contre les irritations et inflammations de la vessie et de l'intestin (entérite et constipation).

de Verbasce (qui est escarlatte de cul): C'est au mot Bouillon blanc (Verbascum thapsus) qu'on peut lire: Encore appelé Herbe de saint Fiacre, Molène, Cierge de Notre-Dame, Bonhomme. Ses feuilles, nous dit-on, sont larges, molles, cotonneuses. Employé principalement en émollient, adoucissant et pectoral. Ses vertus adoucissantes, dues au mucilage que contient la plante, la font employer aussi contre les douleurs intestinales, les hémorroïdes. Rien donc, à première vue, qui justifie la parenthèse: qui est escarlatte de cul, tout au moins si l'on néglige de remonter à l'étymologie. Et c'est bien ce que nous ne ferons pas, nous reportant à Bloch et Wartburg, qui disent: Ecarlate: XIIᵉ (Chretien). Mot européen, voyageur, cf. italien scarlatto, allemand Scharlach, anglais scarlet, etc., et aussi latin médiéval scarlatum. Emprunté du persan säqirlât (lui-même emprunté de l'arabe siqillat, tissu... décoré de sceaux), auquel se rattache aussi l'ancien français siglaton, ciclaton, etc., sorte d'étoffe de soie ou d'autre tissu précieux; l'étoffe persane était bleue; on ne sait exactement quand la couleur rouge est devenue prédominante; l'arabe remonte au latin sigillatus, décoré de sceaux, par l'intermédiaire du grec.

Et nous comprenons alors qu'il ne faut pas entendre le mot escarlatte comme rouge éclatant, mais bien plutôt, nous appuyant sur ce qu'on nous dit des feuilles de la Verbasce, qui sont larges, molles et cotonneuses, entendre le mot escarlatte comme étoffe de soie. Gargantua compare le contact entre ces feuilles et son fondement au moelleux de la soie sur la peau vêtue d'escarlatte. Il tient la Verbasce pour idéalement adaptée à ce contact avec l'anus, et sa phrase équivaut à quelque chose comme: de Verbasce (qui est soyeuse caresse de cul).

Il n'a donc manqué à Michel et à Demerson (qui s'étonnent judicieusement de voir associé aux feuilles duveteuses ce qu'ils prennent pour de la rougeur) qu'un peu de cette humilité qui les aurait poussés à vérifier le contenu du mot écarlate. Leur erreur, encore une fois, vient tout droit du préjugé anachronique. Et seul a quelque chance d'en être exempt qui convient qu'il ne sait rien, comme l'enseignait d'ailleurs celui qui ne pataugeait que dans l'Ilissos.

de Lactues: Debuigne dit: Galien l'appelait l'Herbe des sages, Herbe des philosophes. Sédatif de l'appareil génital (Pythagore l'appelait la plante des eunuques). Produit d'heureux effets dans la rétention d'urine, calme les inflammations douloureuses des intestins.

& de fueilles de Espinards: Surnommé, dit le dictionnaire, le balai de l'intestin, car il jouit de propriétés laxatives et dépuratives incontestables.

Le tout me feist grand bien a ma iambe: Ici, tout le monde est de l'avis de Boulenger, qui explique: Comme nous dirions: Cela me fait une belle jambe! Il nous faut donc entendre cette phrase comme équivalant à: Tout cela ne me fit ni bien ni mal, car nous allons comprendre qu'il n'en est pas allé de même avec les plantes qui vont maintenant être nommées, la compétence innée dont a fait preuve Gargantua cessant subitement de le guider.

de Mercuriale: Ses surnoms populaires de Foirole, Caquenlit, Chiole, dit le dictionnaire, ne nous laissent rien ignorer de ses propriétés laxatives. La plante répand une odeur fétide et nauséeuse.

de Persiguiere: C'est la Persicaire âcre encore nommée Curage (et Demerson a raison, au trait d'union près), Herbe de saint Innocent, mais aussi Persicaire poivrée, Poivre d'eau, Piment d'eau, Renouée âcre, à cause de sa saveur brûlante et poivrée. Recommandée dans les hémorragies hémorroïdaires. A l'extérieur, appliquée fraîche sur la peau, peut remplacer la Moutarde, car elle est rubéfiante et vésicante.

de Orties: On utilise en herboristerie, dit Debuigne, la Grande Ortie et la Petite Ortie, appelée aussi Ortie brûlante. Tout le monde connaît cette plante dont les poils sont garnis d'acide formique produisant l'urtication. Vertus anti-diarrhéiques; préconisée dans les entérites muco-membraneuses.

Nous entendons dès maintenant qu'à partir de la Persicaire les propriétés curatives ne sont plus ce que nous devons retenir en premier, ces plantes ayant par leur seul contact produit une douloureuse cuisson ou une intense sensation de brûlure, la Mercuriale semblant se borner à communiquer son odeur repoussante. Et nous devons nous attendre à voir alors la dernière plante citée achever sur une note majeure, produisant quelque ravage:

de Consolde: mais ien eu la cacquesangue de Lombard: Il s'agit de la Consoude, appelée aussi Grande Consoude, Langue-de-Vache, Oreille-d'Ane, Herbe à la coupure. Le nom de la plante, dit Debuigne, provient de ce qu'on la croyait propre à souder, à consolider les chairs et les vaisseaux rompus. Astringent léger, grâce à son tanin, la Consoude est recommandée dans l'hémoptysie, les hémorragies utérines sans gravité, la diarrhée bénigne. Elle est encore très employée extérieurement, nous dit-on encore, pour calmer rapidement la douleur des brûlures, pour activer la cicatrisation des plaies et soigner les ulcères variqueux, les gerçures des seins, les fissures anales.

Et, contre toute attente, nous ne voyons rien là qui puisse motiver la cacquesangue de Lombard, conséquence qui, même si elle est à prendre pour plaisante exagération, ne peut que reposer sur une propriété nocive reconnue, pas plus que nous ne voyons dans cette Consoude la fin de la progression contenue dans la citation de la Mercuriale, puis de la Persicaire, puis de l'Ortie. Mais le docteur Debuigne annote en fin d'article: Les anciens pharmacologistes désignaient parfois sous le nom de Consoude d'autres plantes que la Grande Consoude. La Petite Consoude est la Brunelle, le Bugle, parfois la Pâquerette. La Consoude royale est le Pied-d'alouette ou Dauphinelle.

Continuant donc de consulter, nous ne pouvons retenir que cette Dauphinelle dont le dictionnaire dit: On l'appelle très souvent Pied d'alouette et, moins poétiquement, Herbe aux poux. Dangereuse, la plante est émétique et irritante; on ne l'utilise jamais pour l'usage interne. On ne l'emploie plus guère que pour détruire les poux de la tête et du pubis. Pour la poudre de semences, obtenue par pulvérisation (contre la vermine), on donne ce conseil: prendre garde de ne pas faire tomber dans les yeux.

Et nous semble alors que nous avons trouvé la plante que désigne Rabelais sous le nom de Consolde: cette Dauphinelle dont la semence réduite en poudre pour lutter contre les poux de tête est dangereuse pour les yeux, ce qui laisse bien sûr penser qu'employée pour lutter contre les poux de pubis, il était d'élémentaire précaution de ne pas lui laisser atteindre le sexe ou l'anus. Nous entendons donc que c'est en s'appuyant sur l'idée de la cruelle brûlure qu'avait dû provoquer maintes fois cette poudre employée contre les morpions que Rabelais avance que la Consolde-Dauphinelle a provoqué la cacquesangue de Lombard. Et nous avons ici la preuve que tout le morceau est bien destiné à faire rire et à faire rire les lecteurs assez versés en phytothérapie pour saisir les sous-entendus: nous n'avons donc pas perdu notre temps à consulter le dictionnaire.

Pour cette cacquesangue de Lombard, tout le monde parle de dysenterie, Demazière évoquant toutefois carrément le flux de sang. Et tout le monde aussi (à part Demerson et Demazière, qui n'en touchent mot, et Screech, qui est dubitatif) veut voir là une allusion à la maladie qui sévissait alors, ou qui avait sévi, dans les troupes françaises guerroyant en Italie, et plus particulièrement en Lombardie. Il se peut pourtant que cette circonstance militaire ne soit que dans l'esprit des commentateurs, et que Rabelais n'ait jamais eu la moindre idée de rappeler un fait de portée somme toute restreinte, et qui en tout cas ne pouvait avoir même résonance en 1534 et en 1542. Aussi verrons-nous plutôt dans cette prétendue dysenterie que serait la cacquesangue de Lombard la conséquence de l'ingestion du boucon de Lombard dont il est question au troisième chapitre. Car nous ne pouvons croire que cette expression Boucon de Lombard, si généralement répandue, puisse faire allusion à autre chose que la réputation d'empoisonneurs qu'avaient de longue date les Italiens; Screech dit d'ailleurs à ce sujet: Allusion à une locution courante, figurant par exemple dans un sermon d'O. de Maillard, cité par LD (Le Duchat, 1741): De troys choses Dieu nous garde: D'et cetera de notaire; de qui pro quo d'apothicaire, Et de bouchon de Lombard friscaire. (Italien boccone, morceau, sous-entendu empoisonné). En réalité, bouchée. Friscaire équivaut à vif, violent, ardent.

Dont feu gary me torchant de ma braguette: Nous ne devons pas trop nous étonner de cette chute où la simple bouffonnerie succède à la précision botanique, ce changement abrupt de registre servant précisément à masquer les références pharmacologiques comme pour les réserver aux seuls initiés. De plus, Rabelais a pris soin de renseigner longuement, dès le chapitre viij, sur cette braguette. Nous devons donc admettre qu'en plus de toutes ses vertus, elle a celle de calmer les inflammations, comme elle a, au contraire des aureillettes, celle de ne pas écorcher tout le derrière malgré les fins diamens, fins rubiz, fines turquoyses, fines esmeraugdes, & unions Persicques dont elle est ornée. Quant au reste, c'est-à-dire gringuenaudes et senteur qu'elles a gagnées en guérissant, il faut compter que les gouvernantes du début du chapitre ont eu à cœur de tenir l'enfant blanc & net même le jour de cette expérience.

Tout cela, que nous avons compris laborieusement (mais on ne remonte pas le temps sans prendre celui de pitonner) est évidemment compris d'emblée par Grandgousier. Aussi Gargantua enchaîne-t-il aussitôt, en citant cette fois des structures tissées qui n'ont eu vraisemblablement aucun effet secondaire:

Puis me torchay aux linceux (c'est-à-dire les draps de lit), a la couuerture, aux rideaulx, dun coissin, dun tapiz, dun verd (qui est, selon Demerson, le tapis vert pour les jeux), dune mappe (c'est ce que nous nommons la nappe, par dissimilation, dit Dauzat), dune seruiette (mot qui remplace, en 1542, le mot couurechief qui se retrouvait juste avant le morceau sur la commodité des chapeaux), dun mouschenez, dun peignouoir (qui est encore le linge protégeant les habits quand on se peigne). En tout ie trouuay de plaisir plus que ne ont les roigneux (c'est-à-dire les galeux) quand on les estrille (cette notation paraissant être celle du dermatologue que nous avons entrevu au Pantagruel).

Grandgousier brûle alors de savoir lequel de tous ces torcheculs son fils a trouvé le meilleur. Mais Gargantua n'entend pas arriver si tôt à la conclusion, l'auteur ayant encore beaucoup à dire sur le sujet. L'enfant répond donc: Ie y estois (dist Gargantua) & bien toust en scaurez le tu autem. Et l'on nous rappelle qu'à l'office, après chaque leçon de l'Écriture, on chante en chœur: Tu autem, Domine, miserere nobis (Toi aussi, Seigneur, aie pitié de nous). Par suite, dit Plattard, le tu autem signifiait la teneur entière, jusqu'au dernier mot, ou jusqu'à la conclusion du projet. Nous avons vu, au Pantagruel, que c'est probablement la locution qui a donné le toutim.

Il s'agit donc ici de savoir la totalité comme de savoir la conclusion; mais il y a là, semble-t-il, quelque intention de plaisante irrévérence, à évoquer des paroles consacrées à propos des manières de se torcher le cul. Quoi qu'il en soit, Gargantua énumère maintenant les essais faits avec les matières brutes:

Ie me torchay de foin, de paille, de bauduffe. Pour cette bauduffe, nous savons depuis le quatre-vingt-onzième titre de la Librairie (P. vij), La Bauduffe des thesauriers, que les commentateurs parlent, soit d'étoupe, soit, attirés par la consonance avec baudruche, de vessie de porc. Nous avons vu dans cette bauduffe quelque chose qui a tout l'air d'être la balle ou bale, c'est-à-dire l'enveloppe des grains de céréales, qui sert plus particulièrement, quand elle est d'avoine, à faire les paillasses des lits, et quand elle est de maïs, précisément à torcher les baquets. Et nous avons rapproché alors de ce mot bauduffe le mot lyonnais, donc franco-provençal, ballouffe, qui désigne ces résidus végétaux. Mais nous n'avions pas eu à consulter Screech, qui dit ici: Peut-être un mot tiré du provençal baudufo, vessie de porc (Sainéan). Huguet, ajoute-t-il, suggère, vraisemblablement, sorte d'étoupe. Or ce que Screech avance derrière Sainéan est faux: il n'existe en provençal que le verbe boudifla (et non baudifla), qui a le sens de s'enfler en vessie, en cloche. La vessie est la boufigo. Quant au mot baudufo, c'est un substantif féminin qui a pour sens à la fois toupie et prostituée. Apparaît donc un fois de plus que le provençal mal entendu (ici vessie de porc pour s'enfler en vessie) est une solution de facilité qui n'a plus grand crédit. Et semble infiniment plus vraisemblable l'évolution du mot bauduffe qui, à mesure qu'il a remonté le Rhône, a pu devenir, de bauduffe, balduffe, et de balduffe, balouffe (le doublement du -l- n'ayant aucun caractère de rigueur). Sur ce, nous continuons de lire:

de bourre (qui est le poil animal détaché avant le tannage), de laine, de papier: Mais

    Tousiours laisse aux couillons esmorche
    Qui son hord cul de papier torche.

Le mot esmorche est donné par tous les commentateurs pour amorce, Screech ajoutant pourtant: appât. Quant à Demazière, il est seul à dire ici: Ces vers sont de Marot.

Nous voulons bien le croire, la suite devant nous montrer qu'ici Rabelais a bien Marot en tête. Mais il semble que nous devons entendre amorce au seul sens de mèche, ou si nous retenons le mot appât, la condition que cet appât ait forme de ver. Car le glossaire des Œuvres de Marot (Yves Giraud, Garnier-Flammarion) donne ce mot esmorche à la fois pour appât et pour chatouillement. Et nous entendons alors que ce mot esmorche est formé du préfixe es- (équivalent du latin ex) qui indique la provenance, donc ici ce qui reste de l'action de mochier, morchier, c'est-à-dire retrancher une partie (quand il s'agit de la chandelle) ou débarrasser des mucosités (quand il s'agit de moucher le nez). L'esmorche est donc ce qui reste après qu'on s'est torché, autrement dit la gringuenaude, qui a toutes chances d'avoir forme de mèche ou de ver, et de chatouiller tant qu'elle n'est pas sèche. Cela dit, il est encore deux remarques qu'appelle ce distique. La première est que ne peut qu'être effectivement mal adapté à l'usage qu'en fait Gargantua le papier du XVIe siècle, épais, consistant et nullement froissable; la seconde est que la coutume de l'époque était apparemment de se torcher par un mouvement d'arrière en avant où nous pouvons voir l'intention bigote de flétrir en les maculant les parties sexuelles, et non d'avant en arrière comme le veut le plus élémentaire respect de la région génitale, surtout pour la femme, principe que l'éducation se soucie encore trop rarement d'inculquer[2].

C'est en tout cas ces deux vers qui font s'exclamer admirativement le père de l'enfant: Quoy? dist Grandgousier, mon petit couillon, as tu prins au pot? veu que tu rimes desia?

Boulenger dit: Jeu de mots. Prendre au pot signifie boire et se dit aussi d'un mets qui s'attache à la casserole en cuisant. Rimer signifie faire des rimes, et avait d'autre part, dans l'Ouest, le second sens que nous venons d'indiquer de prendre au pot. Guilbaud parle aussi d'un mot de l'Ouest. Plattard dit: Rimer se dit encore, en Poitou, d'un mets qui s'est attaché au vase où on l'a fait cuire et a pris un goût de brûlé. Jourda parle seulement de mot de certaines provinces. Screech, lui, parle de patois de l'est; mais il fait en plus ressortir l'idée de boire: Le vrai poète aime boire; cf. Érasme, Adagia, etc. Michel parle de l'Anjou et Demerson de dialecte de l'ouest. Demazière dit: Jeu de mots sur le double sens de rimer qui se dit des viandes ou légumes qui, par suite d'une cuisson trop ardente, adhèrent aux parois du vase où on les a mis cuire, qui prennent au pot. La translation, cependant, réussit à donner une absurdité mitonnée à souhait: Quoi! dit Grandgousier, mon petit couillon, t'attaches-tu au moule, vu que tu rimes déjà? Et seul le bas niveau du calembour nous interdit de nous dire que certaines moules, qui se sont attachées au texte de Rabelais, ralentissent indiscutablement son erre.

Cette provenance d'Ouest, donnée de confiance d'après l'édition Lefranc, comme celle d'Est donnée, selon Screech même, d'après l'édition de Le Duchat, nous font bien rire. Car c'est oublier un peu vite que si le moine Rabelais fut poitevin, l'auteur Rabelais, et particulièrement celui du Pantagruel et du Gargantua, est lyonnais et sa langue imprégnée de lyonnaisismes. Or c'est bien dans le Littré de la Grand' Côte, de Nizier du Puitspelu, que nous trouvons ce verbe rimer: Se dit

---

2. Et n'ont souvent pas d'autre cause certaines infestations parasitaires du vagin, qui ont tendance à faire sourire intérieurement le jeune gynécologue croyant voir dans sa cliente une chaude amoureuse, quand le vieux routier ne voit plus là que conduite aberrante issue de principes ancestraux. Mais puisque nous évoquons ici l'interdit chrétien, voyons-en un autre dont parle le docteur Gérard Zwang dans La Fonction érotique (Laffont, 1972): La pratique du torche-cul semble universelle, ne serait-ce que par le désagrément qu'entraîne le dessèchement des gringuenaudes dans le périprocte. Mais la technique n'en est pas toujours bien réglée, utilisant aussi bien les végétaux des sous-bois que les cailloux dont se servent de stupides musulmans, craignant de souiller de merde un papier qui a pu porter quelque verset sacré du Coran (!).

du lait qui a pris le goût de brûlé, ou de la casserole où le lait s'est gratiné sous l'action du feu. Du vieux provençal Rimar.

En fait de vieux provençal, nous lisons dans Lou Pichot Tresor (Aubanel): Rim, substantif masculin: roussi; Rima, verbe actif et neutre: roussir, havir; Rima, rimado, participe et adjectif: havi, ie; brûlé, ée; rimé, ée; Rimage, substantif masculin: action de roussir, de havir; Rimat, substantif masculin: roussi. Donc, sans nier que le terme Rimer ait pu atteindre le Poitou, nous croirons plus volontiers que c'est à Lyon que Rabelais l'a recueilli puis enté[3].

Cela nous paraît amplement suffisant pour que nous décidions de nous méfier désormais comme de la peste des indications linguistiques de nos commentateurs lorsque celles-ci ne portent pas sur les langues d'université. Donc, passant outre à leurs avis plus ou moins confusément exprimés, nous entendrons tout seuls que Grandgousier dit: As-tu bu comme les poètes, vu que tu versifies déjà? en même temps qu'il dit: As-tu attaché au poêlon, vu que tu gratines déjà? (Littré donnant: Gratiner: s'attacher au fond du poêlon). Ne reste plus alors qu'à souhaiter que ceux qui parlent de s'attacher au moule se mettent dans celui du bonnet qu'il est vain, ridicule et néfaste de vouloir rendre une telle phrase en une translation qui ne peut retenir qu'un sens, laissant perdre le sens parallèle. Mais peut-être faudrait-il d'abord qu'en fût convaincu leur professeur.

Ouy dea (respondit Gargantua) mon roy ie rime tant & plus: & en rimant souuent menrime. Boulenger se borne ici à dire: Forme alors fréquente pour m'enrhume. Guilbaud, lui aussi, ne dit que: Jeu de mots: m'enrhume. Plattard dit: Ce jeu de mots sur rimer et enrhumer se trouve également chez Marot et devait être commun. Plattard dit: Jeu de mots sur rimer et enrhumer imité peut-être de Marot qui l'emploie lui aussi. Michel dit: Autre calembour sur rimer et enrhumer; cf. Marot; petite épître, au Roi:

Ce rimailleur, qui s'allait enrimant,
Tant rimassa, rima et rimonna
Qu'il a connu quel bien pour rime on a.

Screech dit: Souvenir de la célèbre épître de Marot, Au Roy. Demerson dit: L'équivoque entre rhume et rime se retrouve chez Marot (Epître au Roi, 1518); voir livre V, chapitre 46. Et nous lisons: Va, vieil fol, dist

---

3. A toutes fins utiles nous noterons que le lyonnais, c'est-à-dire le franco-provençal, qui est un affinement du provençal, n'emploie Rimer que pour le lait et que le terme usité pour les autres aliments est le verbe Arraper, autrement dit adhérer, le mot, dit encore Nizier du Puitspelu, étant la contrepartie du terme de marine Déraper: lever l'ancre. Et si le dictionnaire de provençal donne le verbe Derapega: décoller, il donne surtout: Arrap, accroc; Arrapa: prendre, dont nous rapprochons: prins au pot.

frere Jean, au diable! Je ne saurois plus rithmer, la rithme me prent à la gorge.

Il est étonnant que Plattard ne parle que de probabilité, comme il est déroutant de voir Michel citer les trois derniers vers de l'Epître, attendu que la fin de la réponse de Gargantua est toute contenue dans le deuxième vers de Marot: Et en rimant bien souvent je m'enrime. Il paraît ainsi assuré que Rabelais n'a pu que vouloir rendre hommage à Marot en reprenant son calembour.

Là-dessus, Gargantua poursuit: Escoutez que dict nostre retraict aux fianteurs. Et Screech annote alors fort sérieusement: Gargantua n'a pas composé ce poème; il l'a trouvé parmi les graffiti de son lieu d'aisance. L'humour consiste surtout dans l'emploi, pour un sujet scatologique, de formes poétiques associées avec la poésie amoureuse. Rabelais vient de citer Marot, qui lui-même emploie ces formes; la parodie n'a, bien sûr, rien d'hostile.

Nous voulons bien nous rendre à ces fortes raisons, mais encore faudrait-il que les commentateurs n'hésitent pas à nous expliquer ce que signifie chaque mot; or ils en sont loin, la translation allant même jusqu'à procéder par substitution, comme nous allons le voir.

Pour chiart, foirart, petart, brenous, nous n'avons besoin de personne et nous entendons à merveille. Pour Ton lard, il n'en est pas de même; mais personne ne nous dit que c'est là l'équivalent de résidu, déchet, Greimas donnant: Larder: consumer, et cette idée de consomption nous paraissant receler l'intention. Chappart est donné, plus ou moins dubitativement, pour: qui s'échappe, par Boulenger, Guilbaud, Michel et Demerson, Guilbaud ajoutant même l'absurdité: chapardé? Screech dit encore: qui s'échappe, en indiquant, ce que nous avions deviné, que cette explication est celle de l'édition Lefranc. Mais nous opterons pour un sens que nous trouvons encore dans Greimas: veue chapee, regard sous cape, dont nous retiendrons l'idée de dissimulation; et nous entendrons chappart comme caché, ou plutôt à l'écart, les retraicts étant à cette époque effectivement à l'écart, davantage d'ailleurs à cause de l'odeur que de la pudeur. Pour S'espart, Guilbaud et Screech disent: se disperse, se répand, ce que confirme Greimas. Pour Sus nous, nous entendons que c'est le retraict qui s'exprime ainsi, soit qu'il emploie comiquement le pluriel de majesté, soit plutôt que les deux ou trois lunettes percées alors dans la planche commune imposent le pluriel. Hordous est évidemment formé sur ord: sale, dégoûtant; et merdous sur merde. Reste le terme esgous qui, selon tous les commentateurs, signifie: qui s'égoutte, s'égouttant. Or ce sens nous paraît être amené par la simple consonance et accepté comme un pis-aller. Aussi consultons-nous encore Greimas, où nous découvrons le mot Gos (1175, Chrétien de Troyes; latin populaire gossum, d'origine incertaine). 1° Chien, mâtin; 2° Terme de mépris, injure: Fui, gous, de ci (Meraugis). Nous prendrons donc ce terme esgous comme formé de gous et du préfixe es-, et nous nous risquerons, pour trouver quelque sens à ce mot gos, gous, gossum, jusqu'à remonter à ce qu'on nous donne pour l'étymologie du mot gosier: D'un radical gaulois gos, de même racine que le bas latin geusiae, joues (Ve siècle, Marcus Empiricus). Et puisqu'il faut bien faire une hypothèse, nous saisissons que ces joues sont, comme souvent, à entendre au sens de fesses, et donc le mot esgous à prendre pour quelque chose comme fessier ou fessu. Nous passerons sur l'imprécation, que nous connaissons désormais comme une antienne, et nous arrivons à Sy tous Tes trous. Cela se comprend tout seul; encore faut-il remarquer que la mise en garde donnée par le retraict n'est donc pas exclusivement à l'adresse des hommes mais qu'elle inclut les femmes. Nous rencontrons alors le mot Esclous, pour lequel Guilbaud dit: Ouverts, et la translation: Béants. Or nous trouvons dans Greimas, avec d'autres mots qui ont seulement forte ressemblance, le mot Esclot, esclo, d'origine incertaine, dont le sens de base est celui de trace, idée qui paraît conduire naturellement au vers final: Tu ne torche auant ton depart.

Nous sommes maintenant en mesure de proposer une équivalence, donnant en face celle des translateurs à seule fin qu'on mesure à quel danger est exposé, non pas Rabelais, qui en a vu d'autres, mais le lecteur assez naïf pour croire qu'on lui permet ainsi d'entendre sans qu'il ait à faire l'effort de tenter de comprendre:

Chiart	Chieur	Chieur
Foirart	Foirard	Foireux
Petart	Péteur	Péteur
Brenous	Breneux	Breneux
Ton lard	Ta chiure	Fécal
Chappart	Sous cape	En cavale
Sespart	S'épand	Tu t'étales
Sus nous.	Sur nous.	Sur nous.
Hordous	Infect	Répugnant
Merdous	Merdeux	Puant
Esgous	Fessu	Dégouttant
Le feu de sainct Antoine te ard:		(...) puisse te rôtir
Sy tous	Si tous	Si tous
Tes trous	Tes trous	Tes trous
Esclous	Souillés	Béants

Tu ne torche(s) avant ton départ.　　　　　(...) de partir.

Ici Guilbaud dit comme une excuse: Rabelais n'a pas été le seul de son temps à faire des vers de ce genre spécial. Marot en adresse à une lingère. A cela nous dirons qu'il est sûr que ce n'est pas cette pièce qui, seule, aurait fait la gloire de Rabelais. Mais puisqu'il s'est diverti à la composer et qu'il a jugé bon de l'insérer dans son Gargantua, autant chercher à entendre ce qu'elle exprime; cela vaut toujours mieux que de faire la bête en voulant faire l'ange. Et puis, il faut se dire que ce texte est probablement un de ceux qui ont fait tourner la bile au lugubre Calvin, et cela suffit aux Rabelaisants. Quant aux vers de Marot à la lingère, il nous faut maintenant les lire pour que nous apparaisse l'étroite ressemblance de forme qu'ils ont avec ceux de Rabelais:

A Lynote, lingère médisante.

Lynote,
Bigote,
Marmote,
Qui couldz,
Ta note
Tant sote
Gringote
De nous.
Les poulz,
Les loupz,
Les clouz
Te puissent ronger soubz la cotte
Trestous
Tes trouz
Ordouz,
Les cuysses, le ventre et la motte.

En voulez vous daduentaige? s'empresse de proposer Gargantua, qui, pas plus que Rabelais, n'est à court sur le sujet. Ouy dea, respondit Grandgousier. Adoncq dist Gargantua.

Rondeau,
En chiant laultre hyer senty
La guabelle que a mon cul doibs,
Lodeur feut aultre que cuydois:
Ien feuz du tout empuanty.

Ces quatre vers s'entendent aisément, qui contiennent l'antidote des envolées de ceux qui ont tendance à se prendre pour de purs esprits. Il est d'autant plus désolant de voir les petits translateurs les transformer en eau bouillie quelque peu javellisée:

En chiant l'autre jour j'ai flairé
L'impôt que mon cul réclamait:
J'espérais un autre bouquet.
Je fus bel et bien empesté.

Des diverses tentatives qu'on a pu faire pour ôter tout caractère au verbe de Rabelais, il faut bien reconnaître que celle-ci est la plus réussie: cela s'assimile rapidement et fait pisser clair. Mais nous, qui ne sommes point si délicats des reins, nous continuons de lire sans filtrer:

O si quelcun eust consenty
Mamener une que attendoys,
    En chiant.

Ici, les laborantins continuent, eux, de préparer pour les malades:

Oh! Si l'on m'avait amené
Cette fille que j'attendais
    En chiant.

Et, aux deux vers suivants;

Car ie luy eusse assimenty
Son trou durine, a mon lourdoys,

ils ajoutent cette fois quelque élément sédatif:

J'aurais su lui accommoder
Son trou d'urine en bon goret;

Il est vrai qu'on les y a autorisés, car Screech dit ici: Assimentir, variante de assimenter: accommoder, arranger. Puis, avec tous les autres commentateurs, il explique: à mon lourdoys: à ma façon de paysan. Guilbaud, toutefois, introduit une restriction: L'un des sens est: à ma façon de paysan. Et Demerson produit des références, qui dit: A la bonne franquette (à ma façon balourde; voir Quart Livre, chapitre 10, et Ancien Prologue).

Et nous lisons au chapitre X ces paroles de sagesse que nous avons citées à plusieurs reprises: Dea, je ne diz pas que je n'en tirasse quelque traict dessus la lie à mon lourdois, qui me laissast insinuer ma nomination. Et dans l'Ancien Prologue, où Rabelais vient de parler des obligations imposées au médecin: Ainsi faire, en mon endroict et à mon lourdoys, je me peine et efforce envers ceulx que je prens en cure. Pour ces deux emplois de la locution, le guide du lieu, Marichal, dit, en incluant celui du Gargantua: A ma façon rustique.

Or si nous voulons bien prendre le mot lourdoys de l'Ancien Prologue pour ce lordois que donne Greimas: Esprit lourd, simple et naïf; langage grossier; manières rustres, il n'en va pas de même pour l'usage que fait Rabelais de la locution au chapitre X. Nous l'avons déjà dit, le lourdoys est ici, n'en déplaise aux commentateurs pincés, le lourd doigt, c'est-à-dire, puisqu'il faut leur mettre les points sur les i, le doigt qu'est la verge à l'état de pissotière devenu lourd sous l'action de l'afflux de sang bloqué dans les corps caverneux lors de l'érection. Et ce que dit frère Jean ne peut laisser de doute sur ce qu'est cette nomination qu'il insinue, quand on veut bien le laisser faire, au-dessus de la lie (image viticole), cette lie étant ici la région ano-rectale évoquée à dessein, la chrétienne dévalorisation du corps de la femme étant de règle chez un moine, fût-il paillard.

En fait, il nous faut entendre que la locution: à mon lourdoys, a toujours le sens de: à ma façon de rustre; mais il est non moins sûr que la compréhension érotique (lourd doigt) s'est superposée de façon permanente au premier sens; c'est donc au lecteur à apprécier dans quel cas la compréhension salace est en parallèle, est inexistante ou prend le pas sur le sens premier. Ainsi, pour nous, elle est à peine sensible et peut-être même inexistante dans l'Ancien Prologue où Rabelais fait montre d'une humilité conventionnelle après qu'il vient d'évoquer Hippocrate et Galien. Elle est prépondérante, nous l'avons vu, au chapitre X, dans la bouche de frère Jean. Et les deux sens sont parallèles, par exemple dans la vingtième des Cent Nouvelles Nouvelles (Conteurs français du XVIe siècle, Pléiade) où un benet, qui oncques sur beste crestiane n'avoit monté, ne sait comment en user avec l'innocente qu'on lui a fait épouser, celle-ci restant donc pucelle. Et cela, jusqu'à ce que la mère de l'épousée le sache, chapitre dûment un médecin, demande à sa fille de jouer les mourantes et envoie le gendre chez ledit médecin sous prétexte de lui porter un urinal plein de la miction de la mynuyt de sa femme. De retour, bien pourvu de conseils, le gendre se despoille, dit l'auteur, et auprès de sa femme se boute. Et comme il approuchoit pour executer le conseil du medicin tout en lourdoys. Que faictes vous, dit elle; me voulez vous pertuer? Mais je vous gariray, dit il, le medicin l'a dit. Et ce dit, ainsi que la nature luy monstra, et a l'aide de la paciente, il besoigna tresbien deux ou trois fois.

Bien sûr, le commentateur, qui est ici notre si peu subtil Jourda, dit pour: tout en lourdoys: Bêtement. Mais tout le monde a compris que ce ne peuvent être seulement des manières rustaudes qui effraient la fille mais bien les dispositions nouvelles. La locution: tout en lourdoys, a les sens superposés de tout en érection et tout gauchement, d'autant que la chute du conte, qui montre que le niais n'a pas compris grand-chose aux fins de l'action qu'il accomplit désormais régulièrement, va le donner pour toujours aussi borné, mais l'auteur usant, cette fois, de la locution: en son patoys.

Nous en savons maintenant assez pour nous rendre compte que, dans les vers de Gargantua, où tout est dit avec une totale impudeur prétendument enfantine, le sens de: à ma façon rustique, est totalement supplanté (c'est le mot) par le sens érotique; et assimenty son trou durine a mon lourdoys, ne peut avoir pour signification: accommodé son trou d'urine en bon goret, comme le disent les petits mignons de Demerson, outre d'ailleurs que le goret est le petit de la gore, ou truie, et que ce jeune cochon ne peut nullement faire œuvre de verrat ou même en avoir les velléités. De plus, le sens d'accommoder qu'on nous donne pour ce terme assimentir, assimenter, dont on ne trouve trace nulle part (et qui nous paraît pouvoir provenir de ciment, latin cae-mentum, Dauzat), contient manifestement l'idée d'assembler étroite-ment, de sceller. Pour toutes ces raisons, et avec la réserve permanente que nous faisons pour toute tentative de modernisation du verbe de Rabelais, nous pensons qu'à tout prendre il eût été moins traître de traduire par quelque chose comme:

  Car je lui eusse chevillé
  Son trou d'urine à mon bondon.

Donc Gargantua n'hésite pas à concevoir que celle qu'il attendait, et qui, tout indéterminée qu'elle est, peut n'être que la fille de ses rêveries, se serait prêtée à son désir tandis qu'il était occupé à déféquer, ce qui est pour le moins hardi. Ce n'est pourtant pas là le seul service qu'il entend lui demander, puisqu'il ajoute:

  Ce pendant eust auec ses doigtz
  Mon trou de merde guarenty.
  En chiant.

N'attendons pas plus longtemps pour savoir que la translation rend ces vers par:

  Pendant ce temps ses doigts auraient
  Mon trou de merde protégé,
  En chiant.

Or il n'est, semble-t-il, nullement question de protéger ici l'anus qui, d'une part ne risque rien, et qui d'autre part est celui qui est cause de ce dont se plaint Gargantua: l'odeur. Il nous faut donc plutôt entendre le verbe garantir comme fournir une caution, sens attesté par Greimas, cette caution étant l'engagement que l'on prend pour un autre (Littré). Il y a donc ici l'idée de se substituer, et nous comprenons qu'à la puan-teur dont parle le quatrième vers, se serait substituée la fragance qu'au-raient répandue les doigts parfumés (car nous avons vu il y a peu que les gants le sont) de celle qui aurait poussé l'abnégation jusqu'à les placer à la source de l'exhalaison. Il est donc sûr que, dans ces condi-tions, il aurait été infiniment préférable de rendre: Mon trou de merde guarenty, par: Mon trou de merde, parfumé. Mais qu'en serait-il des éditions translato-affadissantes telles que celle que Demerson a tirée de ses étudiants, s'il était besoin d'avoir analysé les ingrédients avant de presser les comprimés (c'est-à-dire ce qui se dissout à la lecture)? Et qu'adviendrait-il de ces étudiants qui poursuivent méthodiquement, dit Demerson dans sa préface, des recherches sur les conditions et les limites de la translation d'un texte littéraire dans une même langue à deux états de son développement? Il leur faudrait conclure très vite qu'elles ont sensiblement autant d'utilité qu'une étude sur la prostitution chez les coléoptères, et ils en seraient réduits à se prendre pour ce qu'ils sont. C'est évidemment inconcevable.

Sans nous arrêter plus longtemps sur ce trait des mœurs de notre temps, où la recherche fondamentale est quelquefois sans fondement, nous revenons au texte de Rabelais. Il est bien certain que nous devons voir dans ce rondeau une outrance burlesque; et les championnes de la libération de la femme auraient grand tort d'élever des protestations (qu'elles élèvent d'ailleurs, dit-on, plus volontiers que les jambes). Bien qu'il ne soit pas exclu que de telles conjonctions se passent dans ces circonstances peu habituelles, puisque l'être humain a cette supériorité indéniable d'employer son imagination à pimenter la chose, nous voyons que Rabelais a bien marqué qu'il y a là une farce, et cela en faisant intervenir quelqu'un de respectable qui n'est nullement offensé de cette robuste verdeur: la grand-mère qui est censée réciter habituellement ce rondeau:

Or dictes maintenant que ie ny scay rien, ce qui est pour l'enfant se prévaloir de ce que savent les adultes (et les translateurs ne manquent pas de dénaturer la phrase en: Dites tout de suite que je n'y connais rien!). Par la mer de[4] (Par la mère de Dieu, en parler du Poitou, avec le jeu de mots scatologique, dit Michel, quand Screech dit, avec grande inconséquence: Forme variante populaire de l'imprécation Par la merci Dieu, qui tombe bien à propos dans un contexte fécal) ie ne les ay faict mie, Mais les oyant reciter a dame grand que voyez cy les ay retenu en la gibbesiere de ma memoire. Voilà donc une grand-mère peu bégueule: elle est manifestement présente quand Gargantua parle d'elle, et on ne l'entend pas nier le fait. D'ailleurs Grandgousier ne marque nulle surprise, et poursuit:

---

4. Nous allons rencontrer plusieurs fois cette expression qui paraît faire référence à un contenu vraisemblablement traditionnel, que nous pouvons dès maintenant supposer assez éloigné des équivalents que donnent les commentateurs. Nous remettons donc son étude au chapitre xxv quand nous aurons rencontré les divers emplois qui en sont faits.

Retournons (dist Grandgousier) a nostre propos. Quel? (dist Gargantua) Chier? Non, dist Grandgousier. Mais torcher le cul. Mais (dist Gargantua) voulez vous payer un bussart de vin Breton, si ie vous foys quinault en ce propos? Ouy vrayement, dist Grandgousier. Boulenger dit ici, et nous aurons besoin du renseignement, que le bussart est une barrique de 268 litres.

Et Rabelais va maintenant filer un raisonnement d'élémentaire logique (que Guilbaud ne craint pas de donner pour dialectique toute scolastique), rudiment qui a pour fin visible d'amener le trait contre les graves et pointilleux messieurs de Sorbonne. Cela du moins en 1534, car en 1542, il apparaît qu'il a dû désarmer:

Il nest, dist Gargantua, poinct besoing torcher cul, sinon quil y ayt ordure. Ordure ny peut estre, si on na chie: chier doncques nous fault dauant que le cul torcher. O (dist Grandgousier) que tu as bon sens petit guarsonnet. Ces premiers iours ie te feray passer docteur en gaie science[5] (1534: en Sorbone) par Dieu, car tu as de raison plus que daage.

Ainsi Rabelais a cancellé le nom de la Sorbonne; mais nous ne parvenons pas à croire que c'est parce que les censeurs de la faculté de théologie ont pris ombrage de la démarche intellectuelle qui leur était prêtée, et surtout du sujet sur lequel elle reposait. Là comme au Pantagruel, nous pouvons nous demander s'il n'y a pas une souveraine habileté de l'auteur, s'amendant lui-même pour suggérer une exigence de ceux qui sont visés, faisant ainsi naître le sentiment qu'ils sont aussi dépourvus d'esprit qu'il les dépeint. Et nous pouvons toujours imaginer l'embarras où il mettait alors lesdits Sorbonistes, incapables de se défendre de cette démonstration de mesquinerie comme d'exiger le rétablissement du texte antérieur. Mais Rabelais ne s'appesantit pas et fait revenir Grandgousier au sujet:

Or poursuiz ce propos torcheculatif ie ten prie. Et par ma barbe pour un bussart tu auras soixante pippes, Ientends de ce bon vin Breton, lequel poinct ne croist en Bretaigne, Mais en ce bon pays de Verron.

C'est dire qu'au lieu du bussart promis, c'est soixante plus grandes mesures qui seront données. Mais personne n'indique de contenance.

---

5. Michel dit: Le titre de docteur en gay saber (gai savoir) était attribué par l'Académie des Jeux Floraux de Toulouse. Et nous nous disons qu'il y a là un titre fort enviable de nos jours, où sont plus volontiers délivrés, dans le sérieux le plus guindé, les titres d'Expert en généralités et de Spécialiste de l'avant-veille. On voit que le texte de Rabelais, qui devait faire faire réflexion amusée au lecteur du temps, a gardé assez d'intemporalité pour que nous fassions de même.

Screech dit pourtant: Pippe, mesure, un demi-muid, courante en Anjou et à Angers. Or Furetière donne: Mesure de choses liquides qui contient un muid et demi. C'est encore chez Littré que nous lisons: Pipe commune de Saumur, contenant 420 litres. Ainsi nous entendons qu'en place de 268 litres, Gargantua aura soixante fois 420 litres, soit 25 200 litres, et nous nous faisons désormais quelque idée de ce que représente la nouvelle promesse du géant père au géant fils. Et pour une fois que la translation pouvait servir à transmettre cette compréhension, elle se contente de parler de cinquante (pourquoi cinquante?) feuillettes au lieu d'une barrique. Il faut décidément reconnaître que cette translation a autant d'utilité qu'un cercueil à deux places.

Quant au pays de Verron, pour lequel nos commentateurs jouent les géographes, nous préférerons nous rappeler que c'est le pays où s'édifient le chinon, le bourgueil, le saint-nicolas-de-bourgueil, issus effectivement du cabernet franc, dit cabernet breton en Touraine et à Saumur.

Ce vin, il nous faut bien croire que c'est la perspective d'en avoir vingt-cinq mille litres et des broquettes qui pousse Gargantua à reprendre la relation de ses expériences, car il donne pêle-mêle, comme pressé d'en finir, toutes sortes de matières: Ie me torchay apres (dist Gargantua) dun couurechief (c'est-à-dire d'un bonnet, celui qui, dans l'originale, est déjà cité après la mappe), dun aureiller, dugne pantophle, dugne gibbessiere, dun panier. Mais o le mal plaisant torchecul. Et nous nous disons ici que le panier est décidément un ustensile intimement lié à la démonstration de l'absurdité, car au onzième chapitre Gargantua s'en frottait déjà le ventre.

Puis dun chappeau. Et Gargantua donne alors des précisions qui ne peuvent, à première vue, qu'être sentences puériles et fort oiseuses attendu qu'elles ne sont certes pas ignorées de Grandgousier. Toutefois son père n'a garde de l'interrompre: Et notez que des chappeaulx les uns sont ras, les aultres a poil, les aultres veloutez, les aultres taffetassez, les aultres satinizez. Le meilleur de tous est celluy de poil. Car il faict tresbonne abstersion de la matiere fecale.

Mais, à la réflexion, quelque chose nous dit que Rabelais ne s'applique pas pour rien à énumérer ces évidences, et nous reconnaissons ici, une fois de plus, le signal. Nous reconsidérons et nous comprenons: le chapeau est un des quelque cinq cent vingt-cinq synonymes du sexe de la femme que donne P. Guiraud dans son Dictionnaire érotique (Payot, 1978). Il joint au mot chapeau ceux de coiffe, forme, bonnet, expliquant qu'ils sont enfoncés sur la tête du pénis. Mais nous pouvons affiner puisque nous trouvons dans Greimas les mots Chape: tête d'un clou; Chapé: à grosse tête (en parlant des clous). De toute façon, nous entendons le jeu: Gargantua dit, sans en soupçonner la compréhension malicieuse, des vérités premières sur la nature des chapeaux, vérités que Grandgousier prend au sens érotique, substituant peut-être à matière fécale, matière foutrale: en fait interprétation du lecteur qui a la disposition d'esprit de l'initié pour lequel sont manifestement écrites ces lignes subrepticement glissées dans un chapitre qui n'est donc pas si exclusivement stercoral que nous pouvions croire[6].

Rabelais revient pourtant au côté anal; et c'est peut-être pour faire conclure à une exceptionnelle sensibilité, toute burlesque, qu'il fait continuer Gargantua par une variation sur le sexe de l'animal le plus commun de la basse-cour: Puis me torchay dune poulle, dun coq, dun poulet. Mais il poursuit, apparemment sans autre intention que la disparate: de la peau dun veau, dun lieure, dun pigeon, dun cormoran (qui n'est pas précisément oiseau commun), dun sac daduocat (ce qui a dû exiger un exceptionnel concours de circonstances), dune barbute (qui est, selon Screech, une sorte de grand capuchon, formant souvent masque, et qui descendait très bas en arrière), dune coyphe, dun leurre (qui est une vague forme d'oiseau faite de cuir, fort peu appropriée à l'usage qui est dit).

Aussi Gargantua met-il fin à sa revue: Mais concluent ie dys & maintiens quil ny a tel torchecul que dun oyzon bien dumete, pourueu quon luy tienne la teste entre les iambes. Et men croyez sus mon honneur. Car vous sentez au trou du cul une volupte mirificque, tant par la doulceur dicelluy dumet, que par la chaleur temperee de loizon, laquelle facilement est communicquee au boyau culier & aultres intestines, iusques a venir a la region du cueur & du cerueau. Et c'est ici presque assimiler l'homme aux animaux qui n'ont qu'un boyau tout droit qui vient de l'estomac au siège, comme le loup-cervier et le cormoran si l'on en croit Paré, cité par Littré au mot cormoran.

Cela semble préparer un finale de ton assez étouffé. Mais Gargantua va le relever d'une considération qui montre une connaissance des lettres antiques si surprenante chez quelqu'un qui n'a pas commencé d'étudier qu'elle est cocassement prétendue provenir de radotages d'aïeules, celles-ci ayant décidément dans ce chapitre un rôle de prête-nom: Et ne pensez que la beatitude des Heroes & semidieux qui sont par les champs Elysiens soit en leur Asphodele ou Ambrosie, ou Nectar, comme disent ces vieilles ycy. Et Demerson radote aussi quelque

6. Que ceux qu'une longue pratique de l'édulcoration universitaire empêcherait de voir là autre chose que coiffure pour tête pensante ne changent rien: ils perpétuent l'espèce des innocents sur lesquels Rabelais devait se réserver de s'appuyer pour arguer de sa candeur.

peu, qui explique comme à des demeurés: En fait, ce ne sont pas fables de bonnes femmes, mais allusion à la mythologie savante: depuis Homère, les voluptés des bienheureux aux Champs Elyséens sont le symbole d'un bonheur indicible.

Arrive alors la chute préparée, qui, en 1534, était la seule phrase: Elle est selon mon opinion en ce quil(s) se torchent le cul dun oyzon, phrase que Rabelais a ensuite malicieusement pimentée sans toutefois prendre d'autre soin que de mettre entre parenthèses le prétendu avis de l'enfant: Elle est (scelon mon opinion) en ce quilz se torchent le cul dun oyzon. Et telle est lopinion de maistre Iehan Descosse. Et ici Screech fait le rapprochement avec la proposition d'aulcuns docteurs scotistes, du chapitre vij, proposition déclarée, en 1534, par Sorbone scandaleuse (en 1542, mammallement scandaleuse), des pitoyables aureilles offensiue, & sentent de loing heresie.

Pour deux de nos commentateurs, il semblerait que c'est tout ce chapitre qui sent de loing heresie; et le mot chaire désignant, il est vrai, aussi bien la tribune du professeur que celle du prédicateur, ils tiennent apparemment à replonger sans tarder le lecteur dans la bienséante austérité pédagogique. Screech dit:

Dans les romans de Rabelais, l'humour scatologique sert normalement à condamner un personnage ou une erreur. Le jeune Gargantua passe par les mains de nourrices grossières et puis, sous l'œil bénin de son père, indulgent et ignorant, il s'intéresse non pas aux choses de l'esprit mais aux aspects les plus grossiers de son corps. Ensuite il sera mis entre les mains de théologiens de la vieille école, qui ne lui donneront à lire que faeces litterarum (excréments, résidus de littérature). Et il renvoie à sa note du début du chapitre suivant, qui est de la même cuvée; mais nous nous réserverons d'en tâter le moment venu. En attendant, nous pouvons toujours demander à Screech s'il a vu beaucoup d'enfants de cinq ans, même placés entre les mains de nourrices cultivées et sous l'œil d'un père érudit, s'intéresser aux choses de l'esprit en délaissant les aspects les plus grossiers de leur corps, alors que l'acceptation du corps est précisément ce qui fait partie, à cet âge, de l'évolution vers un esprit équilibré.

Demerson fait écho, qui dit: Cette référence au théologien médiéval Duns Scot manquait dans la première édition; elle forme une transition avec le chapitre suivant et elle souligne la portée de toute cette fantaisie scatologique: en dehors d'une pédagogie sérieuse, c'est-à-dire humaniste, l'enfant et le théologien ne s'intéressent qu'à la vie bassement matérielle et à des questions oiseuses. A celui-ci, nous répondrons que ce qu'il évoque est encore la même illusoire désincarnation qui ferait trop souvent, si la bonne nature ne poursuivait son œuvre sans broncher, des adolescents colorés comme cierges, sémillants comme sacristains, honteux de leur corps et trop peu curieux de celui du sexe opposé.

Mais il nous faut revenir au plan littéraire, et dire que si nous paraît célébration d'un des principaux offices de la liturgie universitaire cette transition qu'est censée former avec le chapitre suivant l'allusion à Scot, il n'en va pas de même pour les deux sermons qu'on vient de nous infliger: ils nous paraissent introduire excellemment ceux qu'ont dû faire à leur élève Maître Thubal Holoferne et Maître Jobelin Bridé. Et comme ils l'ont ainsi rendu pour un moment fou, nyais, tout resueux & rassoté, il est pour nous salutaire de retrouver au plus vite, au chapitre suivant, la tonique alacrité de Rabelais.

Comment Gargantua feut institué par un Sophiste en lettres latines.Chap.xiiij.

Tout le monde le sait, le titre de 1534 disait: institue par un theologien, la même substitution de theologien en sophiste étant opérée dans le texte pour: grand docteur en theologie. Mais les commentateurs se séparent ici nettement, et cela vaut qu'on s'y arrête.

Boulenger dit: Dans les premières éditions, prudemment corrigées ici, il est partout question d'un théologien et non d'un sophiste. Guilbaud, curieusement, ne dit rien du sujet, se bornant à donner l'équivalent éduqué pour institué. Plattard attend de rencontrer la phrase: lon luy enseigna un grand docteur sophiste, pour dire: Ici, comme dans le titre du chapitre, sophiste remplace en 1542 les mots docteur en théologie qui figuraient dans les premières éditions. Cette substitution, toute de convenance, ne trompait personne, car les humanistes avaient pris l'habitude de comparer la scolastique à la sophistique des anciens et les théologiens aux sophistes. Jourda, qui paraît déchiffrer difficilement les traces du buvard de Plattard, dit: Variante des premières éditions: un théologien. Rabelais remplace ce mot en 1542 par le mot sophiste, qui ne trompait personne, l'assimilation étant faite depuis longtemps de la sophistique à la scolastique. Michel dit: un théologien, disent les premières éditions; la correction de 1542 en sophiste (avec le sens péjoratif) ne change pas le sens, l'assimilation entre scolastique et sophistique étant courante depuis Érasme.

Si nous comprenons bien ce qu'on nous explique, c'est par prudence que Rabelais a dû substituer au mot théologien le mot sophiste, parce que les Sorbonistes, qui se voyaient nettement désignés sous le nom de théologien, ne se reconnaissaient plus sous celui de sophiste. C'est pourtant une substitution de convenance qui reste sans portée puisque, depuis Érasme, le parallèle entre sophiste et théologien était couramment admis.

Ainsi, il nous faut admettre, nous, que lesdits Sorbonistes sont censés ignorer le parallèle érasmien, ignorer qu'il est connu et reçu de tous, ignorer donc qu'ils se rendent ridicules en paraissant se satisfaire d'un amendement qui ne trompe personne qu'eux-mêmes. Cela fait une

376

belle somme d'ignorances pour des gens qui, se chargeant de surveiller ce qui s'écrit, s'enseigne et se colporte, se sont octroyé le pouvoir de blâmer, censurer et condamner. Et c'est faire bon marché de leur esprit que de les donner pour des naïfs si facilement abusés. Nous avons reconnu là le simplisme de l'édition Lefranc.

De ce préjugé, deux commentateurs semblent s'être aperçus, qui se refusent à prendre les Sorbonistes théologiens pour de purs imbéciles et Rabelais pour quelqu'un qui, soucieux de tranquillité, affaiblit la raideur de son trait: Screech et Demerson. Le premier dit: Ici et ailleurs Rabelais remplace théologien par sophiste. Ce n'est pas par prudence. On qualifiait souvent les Sorbonistes de sophistes; de cette façon Rabelais renforce sa condamnation des théologiens ignorants et intéressés, sans porter atteinte à la dignité de la théologie elle-même.

Nous pouvons penser que Rabelais ne s'est peut-être pas beaucoup préoccupé de ne pas porter atteinte à la théologie elle-même, comme on nous dit pieusement; mais nous retenons l'affirmation que la substitution n'est pas faite par prudence, et celle que Rabelais renforce sa condamnation.

Le second annote: Les premières éditions écrivaient: par un théologien, c'est-à-dire par un adepte des méthodes et du verbiage de la Sorbonne; l'emploi du mot sophiste est dû surtout à la volonté de préciser la portée exacte de la satire: comme Socrate, il condamne la sophistique, c'est-à-dire le formalisme du raisonnement.

Là aussi nous retenons que, condamnant le formalisme, Rabelais précise la portée de la satire.

Il apparaît donc que, en diamétrale opposition à l'idée reçue, la substitution du mot sophiste au mot théologien n'est en rien un mouvement de recul mais bien une progression. Et nous tirons de cela un premier enseignement: celui de ne pas nous contenter, pour apprécier la pleine signification d'une substitution, de nous placer au point de vue du lecteur courant de 34 ou de 42, mais à celui de l'auteur, pour qui le texte initial est toujours sous-jacent, la modification qu'il apporte n'étant pas pour lui remplacement mais recouvrement permettant toujours d'apercevoir les mots recouverts. Et il semble bien que c'est cette connaissance du texte antérieur que suppose Rabelais chez son lecteur, la plupart de ses substitutions étant visiblement faites pour être appréciées non dans l'absolu mais par rapport aux termes qu'elles surchargent.

Ainsi, nous pouvons nous imaginer l'auteur relisant son titre de 1534: institué par un théologien, et jugeant (ou peut-être ayant constaté) que ce terme théologien est trop peu spécifique pour que soit immédiatement compris qu'il s'agit du Sorboniste. Pour lui et pour ses amis, ce terme de Sorboniste est lié à l'idée de formalisme verbeux. Or cette même idée est contenue dans le terme de sophiste compris au sens socratique. En outre, bienheureuse rencontre, ce mot présente l'exceptionnel avantage d'avoir la même syllabe initiale que le mot Sorboniste. Dès lors son parti est pris, et il écrit: institué par un Sophiste, octroyant au mot la majuscule qui ne pourra manquer d'appeler à l'esprit du lecteur le mot sous-entendu: Sorboniste. Quant à la correction qu'il doit conséquemment apporter un peu plus loin, transformant grand docteur en théologie en grand docteur sophiste, elle ne peut que confirmer la compréhension, les mots grand docteur associés à la syllabe initiale so- évoquant immanquablement le grand docteur sorboniste pour les esprits préparés.

C'est aussi que, pour Rabelais, ce lecteur ne peut qu'être un affidé, un complice, quelqu'un de ses fidèles ou un fidèle de ses amis. Ce lecteur a donc lu le texte de 1534, et lisant la nouvelle version, superposera le nouveau mot à l'ancien, sans annuler celui-ci. Et sa compréhension, amalgamant et les deux expressions de 1542, et le mot de 1534, arrivera à quelque chose comme: institué par un théologien, grand docteur sophiste, donc sorbonique, ou: institué par un théologien, grand docteur en Sorbonne, donc sophiste, ou: institué par un grand docteur sophiste, donc théologien de Sorbonne, ou toute autre forme qui saisit la pleine intention de l'auteur.

Et c'est bien là, une fois de plus, que nous pouvons nous amuser du poncif qui donne le Pantagruel et le Gargantua pour livres populaires[1]; c'est bien là encore que nous comprenons combien peut être vaine toute édition qui fait lire Rabelais dans l'un quelconque des états du texte sans donner, chronologiquement, tous les états de ce texte; c'est bien là, enfin, qu'apparaît avec une fulgurante évidence l'inanité de tout translato-machouillage à l'usage du couvain.

Le deuxième enseignement découle du fait que le changement de théologien en Sophiste a pu d'abord apparaître comme une atténuation quand il est en fait un enchérissement. Et revenant alors sur ce que

---

1. D'aucuns pourraient voir là une sorte de pétition de principe qui, comme chacun sait, consiste à prouver une chose en se servant d'une chose dont la preuve dépend (implicitement) de la première (Gradus, Dictionnaire des procédés littéraires, B. Dupriez, 10/18). Mais cela fait partie du paralogisme, que Littré définit: Erreur involontaire de raisonnement. On ne saurait donc être trop indulgent pour qui n'est pas géomètre surtout quand on lit que l'exemple de paralogisme que donne Dupriez est cette réplique de Ionesco: Tant qu'elle (la mort) n'est pas là, tu es là. Quand elle sera là, tu n'y seras plus, tu ne la rencontreras pas, tu ne la verras pas (Le roi se meurt), pensée qu'un certain Épicure, comme on sait, s'attribuera par la suite sans le moindre scrupule.

nous avons avancé au chapitre précédent au sujet des amendements faits dans l'intention de ridiculiser les censeurs, et sans que ceux-ci aient peut-être rien demandé, nous nous disons qu'il va falloir, maintenant que Rabelais a inauguré le procédé, examiner attentivement ces prétendues atténuations pour voir si, en plus de l'intention de faire croire à une mesquine exigence, elles ne recèlent pas, au deuxième degré, un renforcement du premier dessein. Là-dessus nous abordons le texte.

Il apparaît avec ce chapitre que Rabelais en finit de se satisfaire des traits intermittents tirés comme à la dérobée contre les tenants de l'ancienne méthode, et qu'il entreprend une bonne fois, non pas de vider une querelle mais, comme nous allons voir, de confirmer par l'absurde combien cette ancienne méthode était néfaste, et combien a été légitime son abandon. La démonstration va durer dix chapitres, jusqu'au chapitre xxv, celui du grand débat contre les fouaciers, qui y met fin sans transition. Et elle commence par le postulat quelque peu burlesque de ce que nous nommerons, dans le jargon de nos sélectionneurs scolaires (qui ne sont admis à exercer leur délicate activité qu'après avoir réussi à reconnaître les huîtres perlières par transparence) le fort quotient intellectuel de Gargantua: Ces propos entenduz le bonhomme Grand-gousier fut rauy en admiration considerant le hault sens & merueilleux entendement de son filz Gargantua.

Et c'est là que se place la note de Screech, de même cuvée mais d'autre tonneau que celle qu'il a placée à la fin du chapitre précédent. Il dit: Ici commence la satire de l'éducation d'avant la restitution des bonnes lettres. Rabelais se donne une victoire facile: la plupart des livres dont il se moque avaient été attaqués jusqu'à cinquante ans avant Gargantua. Les grandes bibliothèques de l'Europe possèdent beaucoup d'exemplaires de ces livres datant de la fin du XVe siècle ou du début du XVIe siècle, mais très peu d'exemplaires datant de l'époque de Gargantua. La bataille avait déjà été gagnée.

Outre que l'argument par l'absence des livres dans les bibliothèques n'est pas entièrement probant (car si je n'ai pas un sou en poche, cela ne signifie pas nécessairement qu'on est revenu au troc), il apparaît que Screech néglige de voir que Rabelais a ici, exceptionnellement, daté avec précision le temps de l'action au moyen de l'ultime degré de la maladie qui emporte maître Thubal Holoferne: & fut lan mil quatre cens & vingt, de la verolle que luy vint, vers repris de Marot dans l'Epitaphe de Frère Jehan l'Evêque, cordelier, qui mourut l'an cinq cens et vingt, de la vérole que luy vint. De plus, il sera encore question de l'époque où lart dimpression nestoit encores en usaige. L'intention

379

est parfaitement évidente de parler du début du XVe siècle et pas le moins du monde de la fin du XVe ou du début du XVIe; et il nous faut tenir pour établi que Rabelais est ici rétrospectif. Nous continuons donc à lire ce qui se passe dans les années 1400.

Il faut bien croire que les gouvernantes de Gargantua ne sont pas tout à fait aussi grossières que le disait Screech à la fin du chapitre précédent, puisque Grandgousier les amuse de ce que dit Plutarque dans la Vie d'Alexandre: à savoir la calembredaine religieusement reçue selon laquelle le divin entendement dudit Alexandre réussit à mater un cheval ombrageux en le faisant courir contre le soleil, ce qui implique d'une part qu'il devait revenir à son point de départ à reculons, et d'autre part qu'auparavant tous ceux qui avaient été démontés n'avaient jamais couru que les jours ensoleillés en partant systématiquement avec le soleil dans le dos. C'est bien là, dirons-nous, qu'on peut déjà mesurer la fragilité des critères de sélection de l'intelligence puisque cela paraît merveilleux à Philippe, son père, qui le feist tresbien endoctriner par Aristoteles qui pour lors estoit estimé sus tous philosophes de Grece. Celui-ci devait d'ailleurs lui apprendre, entre autres tours de main, à trancher les nœuds gordiens au lieu de les défaire, ce qui donnerait aujourd'hui à n'importe quel de ces mireurs d'huîtres dont il est parlé plus haut l'occasion de classer son patient dans les irrécupérables.

Donc, à l'exemple d'Alexandre endoctriné par Aristote, Grandgousier ne doute pas que Gargantua ne parvienne a degré souuerain de sapience, sil est bien institué. Et il déclare: Pourtant ie veulx le bailler a quelque homme scauant pour lendoctriner selon sa capacite. Et ny veulx rien espargner.

La préparation ainsi terminée, Rabelais peut entrer dans le sujet de son chapitre; et il le fait sans plus tergiverser: De faict lon luy enseigna un grand docteur sophiste (1534: un grand docteur en theologie) nommé maistre Thubal Holoferne. Et deux commentateurs, principalement, nous renseignent sur ce nom:

Screech dit: Le nom du pédagogue est révélateur: Tubal en hébreu veut dire mondain, confusion et ignominie (selon un ouvrage de Robert Estienne l'aîné, de 1537). Quant à Holoferne, c'est le nom par excellence du persécuteur de l'Église. Demerson dit: Ce nom est inspiré de la Bible: Gog, ennemi de Dieu, est prince de Tubal (c'est-à-dire confusion) selon Ézéchiel, 38, 2; quant à Holoferne, il était pris comme type des persécuteurs du peuple de Dieu (voir Livre de Judith).

Pour ce nom de Tubal, il semble que nous ne devons retenir que le sens de confusion, aucun des passages de la Bible où figure le personnage ne permettant de faire quelque rapprochement que ce soit avec le grand docteur. Il n'en va pas de même pour le nom d'Holoferne, à cela près que cet Olopherne, général de Nabuchodonosor, ne nous semble nullement avoir pu être retenu pour les persécutions commises, mais pour ce que rapporte le Livre de Judith (Edition la Pléiade) où l'abus du vin lui fait perdre la tête en même temps qu'une nuit d'amour avec cette veuve Judith qui, dit le verset 7 du chapitre VIII, était belle d'aspect et fort gracieuse à voir. Le cœur d'Olopherne, dit le verset 16 du chapitre XII, fut ravi par elle, son âme fut bouleversée, et il fut pris du violent désir de s'unir à elle; et au verset 20 du même chapitre, il est dit qu'Olopherne fut charmé par elle, et il but du vin en grand quantité, plus qu'il n'en avait jamais bu en un jour depuis qu'il était né. Au verset 2 du chapitre XIII, il est dit: On laissa Judith seule dans la tente d'Olopherne écroulé sur son lit, car il était noyé dans le vin. Et au verset 8 du même chapitre: Alors elle le frappa au cou deux fois de toute sa force et elle lui coupa la tête. Les versets 9 et 10 nous apprennent qu'elle remet cette tête à sa servante, qui n'attendait que cela, et celle-ci, dit le texte, la jeta dans son sac à provisions.

Nous pouvons donc, sans grand risque de nous avancer trop, penser qu'a toujours dû paraître fortement ridicule à Rabelais (quand il oubliait, bien sûr, que c'est sûrement le Seigneur, invoqué par Judith au chapitre IX, qui inspire ce désir de boire) cet égarement d'Olopherne qui, se proposant de passer pour la première fois la nuit avec la belle veuve, se noie dans le vin. Il semble en tout cas légitime de voir dans le Thubal Holoferne de Rabelais quelque chose comme Tête perdue de confusion par le vin.

Maintenant que nous savons qui est le grand docteur Thubal Holoferne, nous pouvons considérer la suite de la phrase: qui luy aprint sa charte (1534: chartre) si bien quil la disoit par cueur au rebours & y fut cinq ans & troys mois. Ainsi maître Thubal Holoferne met, pour apprendre son alphabet à Gargantua, un temps qui amène celui-ci à l'âge de dix ans et trois mois, mais il est vrai qu'il est capable de le dire à l'envers[2]. Là-dessus, nous lisons, nous, la fin de la phrase: puis luy leut, Donat, le Facet, Theodolet, & Alanus in parabolis: & y feut treze ans six moys & deux sepmaines.

Demerson, qui résume les autres commentateurs, dit: Ce sont quatre manuels de base pour les étudiants du début du 16ᵉ siècle: Donat (4ᵉ siècle après J.-C.) est l'auteur d'une grammaire latine; le Facetus

---

2. Certaines méthodes globalement globulaires en mettent autant, qui font, dit-on, qu'un enfant sur cinq, en sixième, ne lit pas couramment, quel que soit le sens adopté pour déchiffrer.

était un traité de savoir-vivre; le Theodolet, attribué à un évêque du 5ᵉ siècle après J.-C. enseignait la mythologie pour en prouver la fausseté (et la vérité de l'Histoire sainte, disent ici quelques autres commentateurs); Alanus, poète lillois du 13ᵉ siècle, avait écrit un traité de morale en quatrains.

Screech dit toutefois de Donat: Non pas la bonne grammaire latine d'Aelius Donatus, dont R. Estienne sera fier de donner une belle édition en 1543, mais les éditions simplifiées et adaptées de cet ouvrage utilisées par les écoliers. Le Facet, le Theodolet et l'Alanus sont trois des Huit auteurs moraux étudiés en classe.

La sorte de défense que présente Screech pour le Donat nous permet de nous étonner que Rabelais associe cet ouvrage, auquel les humanistes accordaient donc de la valeur, à un puéril traité de bonnes manières, à un naïf parallèle entre la mythologie païenne et la mythologie révélée, à des quatrains moralisateurs, ces trois ouvrages de conditionnement étant, si l'on en croit Screech, ordinairement accompagnés de cinq autres de même farine.

Mais le titre du chapitre dit bien: feut institué par un Sophiste en lettres latines. Et c'est là que nous soupçonnons que ce que vise Rabelais n'est peut-être pas tant la teneur de ces livres que le fait qu'ils sont écrits en latin. Et comme nous avons présents à l'esprit l'épisode de l'écolier limousin (P. vj) et celui des langues étranges de Panurge (P. ix), nous entrevoyons que l'objet de la critique peut être le fait qu'on mette ses premiers soins à entendre le latin et à l'employer pour s'exprimer plutôt que d'apprendre à lire et à écrire le mieux possible en français. Car la question s'est posée de savoir où Rabelais avait pu apprendre à écrire sa langue alors qu'il n'a vraisemblablement jamais été enseigné qu'en latin, question qui d'ailleurs ne reste posée que le temps de se rappeler que personne n'a jamais appris à écrire sa langue à l'école, celle-ci ne pouvant que développer une disposition mais nullement la faire naître. Quoi qu'il en soit, nous enregistrons que Gargantua a mis, pour assimiler ce fatras latinicome, un temps qui l'amène à l'âge de vingt-trois ans, neuf mois et deux semaines, âge où il a encore appris à tracer ses lettres: Mais notez que ce pendent il luy aprenoit a escripre Gotticquement & escripuoit tous ses liures. Car lart dimpression nestoit encores en usaige.

Ici, partant de cette écriture gothique, les commentateurs parlent de lettres italiennes selon la mode des humanistes, Jourda employant le mot italique. Or la fac-similé de la lettre de Rabelais à Maître Anthoine Hullot montre qu'il employait une écriture droite, donc une sorte de romain, et que l'italique est réservé au latin qui ouvre la lettre, latin qui reprend celui de la farce de Pathelin. En fait, l'inclinaison n'a rien à voir là, mais seulement le tracé du caractère, plus léger, moins encré qu'il n'était avec le gothique, différence due essentiellement, avec bien sûr le dessin de la lettre, à la nouvelle manière de tailler la base de la plume, en pointe légèrement abattue en biseau, et non plus en large palette.

Donc pour tracer ces lettres qui demandent beaucoup d'encre, Gargantua dispose d'un matériel de copiste sur lequel nous renseigne l'auteur; mais il le fait avec l'intention visible de rappeler la taille gigantale de son héros: Et portoit ordinairement un gros escriptoire pesant plus de sept mille quintaulx, duquel le gualimart estoit aussi gros & grand que les gros pilliers de Enay, & le cornet y pendoit a grosses chaisnes de fer a la capacite dun tonneau de marchandise.

Les commentateurs disent qu'il s'agit de Saint-Martin-d'Ainay, à Lyon, et des quatre piliers de granit égyptien provenant de l'ancien temple de Rome et d'Auguste, détruit, devons-nous comprendre, bien que personne ne le dise, pour remplacer le faux par le vrai. Mais il nous faut nous souvenir qu'au XVIe siècle l'abbaye d'Enay (ou Eney, ainsi que l'orthographie un plan scénographique de Lyon) est située sur ce qui est encore l'extrême pointe de la presqu'île. Et comme personne n'a jamais fourni d'explication satisfaisante de ce nom Enay, nous pouvons nous arrêter un moment à celle que donne, parmi d'autres, l'ouvrage Les Rues de Lyon, de Louis Maynard (réédition 1980, Jean Honoré, Lyon), qui, s'appuyant sur la situation géographique, au confluent du fleuve et de la rivière, parle de: célèbre abbaye des deux rivières de Lyon, en latin amnis et amnis, et, par abréviation gauloise, ais n'ais, d'où Aisnai ou Ainai. C'est évidemment là étymologie fabuleuse taillée aux mesures du mot à habiller. Mais nous avons toutes raisons de penser que l'abbaye a été édifiée à l'emplacement que vénéraient les Gaulois pour être celui où le Rhône recevait la Saône dans son lit. Ce n'est donc qu'idolâtrie de Gentil, et l'Église ne pouvait que la pallier de la demi-chlamyde restée à saint Martin, qui fut si farouche destructeur du paganisme en Gaule, tout en le priant pour qu'il fasse repousser loin en aval le lascif confluent (ce qu'il fit bien plus tard). L'idée de gigantisme ainsi remise en mémoire, Rabelais peut aborder la suite du programme d'étude: Puis luy leugt De modis significandi.

Boulenger est seul à parler de traité de logique, les autres commentateurs parlant de traité de grammaire: Des manières de signifier, ou: Des modes de la signification. Michel dit qu'il est cité par Érasme comme un des ouvrages qui abrutissent la jeunesse. Screech dit qu'il est

383

attribué, latinisant sans raison le premier, à divers auteurs dont Duns Scotus, Jean de Garland et Albert de Saxe.

auecques les commens de Hurtebize, de Fasquin, de tropditeulx, de Gualehault, de Iean le veau, de billonio, Brelinguandus, & un tas d'aultres, & y fut plus de dixhuyt ans & unze moys. Et il nous faut ici bien entendre car la question des commentateurs nous point tout particulièrement.

Pour le mot commens, Guilbaud dit: Commentaires (et: menteries). Nous n'avons pas grand effort à faire pour voir là les commenteries.

Pour Hurtebize, Guilbaud dit: Heurte-bise. Screech dit: Nom de fantaisie assez répandu.

Pour Fasquin, Guilbaud et Michel disent: Portefaix. Screech se contente de l'approche: Nom de fantaisie pour un glossateur pédant et ignorant. Or si nous comprenons bien que Rabelais n'emploie pas ces termes pour louer les glossateurs, nous entendons aussi que rien ne permet d'y voir ces notions de pédantisme et d'ignorance.

Pour tropditeulx, Boulenger dit: Trop-de-tels (c'est-à-dire: gens dont il y a trop au monde). Guilbaud dit: Trop bavard. Jourda dit: Signifie pauvre hère. Michel dit: Gens de rien. Screech dit: Trop de tels, prolétaires. Injure.

Pour Gualehault, Boulenger dit: Du roman de Lancelot du Lac. Guilbaud dit: Personnage du roman de Lancelot (avec le sens probable ici d'auteur de galéjades). Tous les autres disent seulement ce que dit Boulenger.

Pour Iean le veau, Boulenger dit: Nom typique du sot. Guilbaud dit: Nom de sot. Jourda dit: C'est le type du niais. Demerson dit: Était le sobriquet des bizuths chez les écoliers. Screech dit: Nom traditionnel du sot; et il ajoute toujours aussi indûment: ici glossateur pédantesque.

Pour billonio, Boulenger dit: De basse valeur. Guilbaud dit: Nom formé sur billon. Michel dit: Monnaie de peu de valeur. Screech dit: Nom forgé sur billon. Puis il dit encore, comme s'il s'agissait pour lui d'une formule de conjuration: maître de piètre réputation; d'où glossateur pédant.

Pour Brelinguandus, Boulenger dit: Brelingand (nature de la femme). Guilbaud dit: Nom formé sur brelinguand (sexe de la femme). Jourda dit: Désigne le sexe de la femme. Michel dit: Brelinguand: sexe de la femme. Demerson dit: Brelinguandus se traduit exactement par Maître Lecon. Screech dit: Nom macaronique forgé sur brelingant, au sens de sexe de la femme (Sainéan).

Mais toutes ces explications nous paraissent trop expédiées pour que nous nous en contentions, d'autant, nous venons de le voir, qu'il peut s'agir tout bonnement de commenteries. Nous allons donc les réexaminer.

Le nom de Hurtebize est en effet assez répandu; le Dictionnaire des noms et prénoms de France (Larousse) donne: Heurtebize, nom de domaine, hameau: exposé à la bise; et en fin de liste: Ces noms ont des variantes en Hurt-, qui est la forme originaire. Il est sûr que, dans le texte qui nous occupe, il s'agit d'un personnage qui, pour l'éprouver, heurte, choque la bise (Greimas: Hurter: heurter, frapper contre), sens qui nous conduit ici, l'idée étant évidemment celle de la vanité de l'action de ce glossateur, à entendre quelque chose comme Toque-vent.

Pour le nom de Fasquin, nous trouvons chez Dauzat le mot Faquin: 1534, Rabelais: portefaix (jusqu'au XVIIe siècle). Sans doute de l'italien Facchino, porteur, d'après tous les témoignages. Bloch et Wartburg donnent: 1534, Rabelais. Signifie d'abord portefaix, encore au XVIIe siècle. Dérivé de facque, attesté dans compaignons de la facque, terme d'argot, cité dans une énumération de termes analogues, au XVe siècle, par le chroniqueur belge Chastellain (cf. en outre fasque, poche, sac, chez Rabelais II, 16 et 20). Probablement emprunté du néerlandais vak, compartiment, case, comparez l'allemand Fach). L'italien Facchino vient du français.

Furetière dit: Crocheteur, homme de la lie du peuple, vil & méprisable. Ce mot vient de l'italien facchino, qui signifie porte-faix, qui a été formé de fasculino diminutif de fasciculus. Mais il ajoute: Est aussi un fantosme ou homme de bois qui sert à faire les exercices de manège, contre lequel on court, pour passer sa lance dans un trou qui y est fait exprès. Il y a des courses de faquins où le coup dans l'œil en vaut trois, de l'œil au bout du nez deux, du nez au menton un.

Littré donne aussi cette acception: Mannequin de bois ou de paille, propre à l'exercice de la lance; ainsi nommé parce qu'on se servait autrefois de quelque gros faquin (portefaix) armé de toutes pièces contre lequel on courait (ledit faquin étant vu comme vivant).

L'explication de Littré nous paraît inventée pour les besoins de la cause, d'une part parce qu'il nous semble que l'acception portefaix a dû suivre et non précéder celle de mannequin pour l'exercice de la lance, d'autre part parce qu'il semble exclu qu'un homme, fût-il portefaix, ait pu accepter le risque de se faire crever les yeux ou trouer la tête, même en admettant qu'il eût conscience, comme dit Furetière, d'être de la lie du peuple, vil et méprisable. Ce qui est sûr, en revanche, c'est que ce sens de portefaix, dont les étymologistes donnent la paternité à Rabelais avec la date du Gargantua, est comme toujours fondé sur leur seule compréhension du mot, alors que cette compréhension

385

n'est assurée qu'au Tiers Livre, chapitre XXXVII, dans le conte du faquin et du roustisseur, où le sens de portefaix est confirmé par la phrase: qu'il luy housteroit ses crochetz. Avant cela, nous n'avons rencontré que le mot fasque, poche, aux deux chapitres qu'indiquent Bloch et Wartburg: En son saye auoit plus de vingt & six petites bougettes & fasques (P. xvj); & y synapiza de pouldre de diamerdis quil portoit tousiours en une de ses fasques (P. xxx).

Nous entendrons donc ici le terme de Fasquin, donné pour le nom d'un glossateur, au sens de mannequin pour l'exercice de la lance, l'idée nous paraissant être celle d'inertie, de passivité, donc pour un commentateur celle d'absence de sens critique. Et nous pouvons toujours, au passage, avancer l'avis que ce faquin, mannequin pour l'exercice de la lance, devait peut-être porter des fasques remplies d'objets sonores qui tintaient lorsque le coup de lance était mal donné; de là peut-être aussi l'idée de vileté transférée à l'individu dont la seule habileté était celle de porter les faix ou charges très pesantes, encore qu'il semble plus légitime de voir là une simple confusion entre le mot fasque, poche, et le latin fascis, faix. Quoi qu'il en soit, nous rendrons le contenu de ce mot Fasquin par le nom de Passe-boules, qui contient la même idée de docile acceptation, liée à la notion de figure grotesque.

Pour tropditeulx, tous les commentateurs commentent comme s'ils lisaient le mot tropdiceulx, et donnent le sens erroné de trop-de-tels, Michel se réfugiant même dans le vague et l'indéterminé: Gens de rien. Seul Guilbaud a bien lu tropditeulx, qui disent trop, et donc trop bavards. Nous pourrions rendre le nom par Logorrhéique, ou par Prolixe, mais les termes que nous avons déjà vus sont d'un registre familier qui nous l'interdit; aussi opterons-nous pour un mot tiré de l'argot d'école: Laïusseur.

Pour Gualehault, seul Guilbaud, là encore, a entendu que le mot contient le verbe gualer et l'adjectif hault. Il parle de galéjades, mais nous entendrons, nous, qu'il y a ici l'idée de mystifier, de tromper (Greimas: Galier, galoier: plaisanter, se moquer), davantage peut-être par incompétence que par volonté délibérée; et nous rendrons le nom par Plaisantin.

Pour Iean le veau, tout le monde a vu qu'il s'agit du type même de celui qui a peu d'intelligence et peu de jugement, ainsi que le Petit Robert définit le mot sot. Quant à ce qu'avance Demerson: nom donné aux bizuths, cela ne nous paraît fort répandu que dans quelques mètres carrés[3]. Nous rendrons toutefois ce nom, qui ne nous dit plus grand-

---

3. L'expression est d'Henri Béraud, visant certains romanciers infatués d'eux-mêmes, et leur disant que leur notoriété est grande dans quelques mètres carrés.

chose, par celui de Jean Demeure qui, comme chacun sait, est l'apocope de la pédantesque phrase: J'en demeure convaincu, ce qu'on peut éventuellement prendre pour une confession.

Pour bilionio, le sens qu'on nous donne n'est pas exact, la petite monnaie, la mitaille ou mitraille ayant alors une valeur faible mais réelle. Il s'agit du mot billon, au sens que donne Greimas, de monnaie altérée par l'alliage. L'idée n'est donc pas celle de petite valeur mais de fausse valeur, et nous verrons dans billonio quelque chose comme Faux-poids.

Et nous arrivons à ce Brelinguandus (que l'édition de 34 imprime d'ailleurs Brelingnandus), forme latinisée de Brelinguand, où tout le monde voit la désignation du sexe de la femme, Screech confirmant cette vue par la référence à La Langue de Rabelais, de Sainéan (un nom de commentateur qui aurait bien fait rire Rabelais, et qui, maintenant que notre attention est toute portée sur la question des patronymes, va nous inciter à vérifier). Car personne ne nous dit de quoi est formé ce mot Brelinguand, ni comment on peut arriver à cette compréhension. Nous chercherons donc, une fois de plus, sans mentor.

Le terme n'est employé qu'ici par Rabelais, et rien donc ne vient confirmer ce sens de sexe de la femme, si ce n'est Sainéan, qui entérine peut-être une compréhension traditionnellement erronée. Il nous paraît en effet anomal de trouver à la fin d'une liste de sobriquets d'où ressort l'idée générale d'impéritie cette évocation du sexe de la femme utilisée à des fins dévalorisantes, emploi où se perd totalement cette notion d'impéritie; car on ne peut certes par reprocher audit sexe de la femme de manquer d'aptitude, d'habileté, notamment dans l'exercice de sa profession, ainsi que le Petit Robert définit le terme. Voyons donc de plus près.

Nous trouvons dans le Dictionnaire érotique de P. Guiraud (Payot, 1978) aussi bien le mot brelingot, au sens de sexe de la femme, que l'absurde berlingot, qui n'est encore que substitution paronymique d'un mot connu à un mot qui n'est plus compris, la consonance servant de guide. Ce mot berlingot a, chez Guiraud, les sens de pénis (dans le FEW: Französisches Etymologisches Wörterbuch, qui précise: XVII-XVIIIe), et dans l'argot moderne les sens de sexe de la femme, de clitoris, de virginité. Un des exemples cités est celui d'Etiemble (d'après Zwang, qui le cite dans Le Sexe de la femme); il reprend cette acception controuvée et toute gratuite, écrivant dans Blason d'un corps: Je congédiai ma trop pieuse pécheresse, dont le berlingot poivré semblait sortir d'un magasin de farces et attrapes[4]. Et comme on trouve toujours à justifier raisonnablement toute erreur, Guiraud explique: Le berlingot était à l'origine un sucre d'orge (il veut parler de sa forme en bâton), d'où le sens ancien; le sens principal, précise-t-il, est aujourd'hui celui de clitoris, d'après la forme actuelle; mais aussi avec des connotations gustatives.

Or si nous pouvons admettre que la pointe du sucre d'orge a facilement évoqué le clitoris, la forme actuelle du berlingot, qui est celle d'un oreiller dont les bords supérieur et inférieur sont perpendiculaires, n'a pas la moindre ressemblance avec ce que dit du clitoris le docteur G. Zwang, dans La fonction érotique (vol. I, Laffont, 1972). Parlant des corps caverneux féminins, il écrit: Réunis en « corps » du clitoris après leur angle (le « genou »), ils forment une petite tige gracile qu'on sent rouler au-devant de la symphise pubienne; ils se terminent en pointe arrondie, s'encastrant dans la petite cupule qui déprime la base du gland, comparable à celle creusée à la base des bonbons ou pastilles coniques, par exemple celles de réglisse (...) La morphologie habituelle du gland féminin rappelle (outre la pastille de Zan) celle d'un bec de perroquet, plus rarement d'un noyau de cerise.

Et pour les connotations gustatives dont parle Guiraud, le berlingot étant aujourd'hui parfumé à la menthe (bien que Littré le donne pour bonbon au caramel), nulle confusion n'est possible avec ce que dit le même docteur Zwang dans le Sexe de la femme (La Jeune Parque): Le goût du sexe féminin est donc un mouvant équilibre entre le « salé » du vestibule et du capuchon, et le « sucré » des nymphes et du vagin, celui-ci un peu acidulé. Cette saveur douce-amère est sans pareille (...) Le cocktail composant l'odor di femmina possède cependant une dominante au caractère indélébilement marin: réminiscence océanique aux résonances infinies.

---

4. Dans ce récit narcissique à l'érotisme si maniéré, si plein d'apprêt qu'on dirait la plume tenue par l'intermédiaire d'une pince à sucre, encore que nous comprenions bien que l'auteur a voulu que l'on s'extasiât sur sa connaissance des finesses de la langue, opération qui s'apparente ici au tréfilage de la mignardise, il est à un moment question d'une Italienne, rousse, a qui son confesseur a interdit, en pénitence, toute mesure d'hygiène intime. La fille s'est endormie, nue, pendant que l'auteur est dans la salle de bains, préventivement. Pour la réveiller en beauté, dit l'auteur, j'enfouis ma tête au creux chez elle bien modelé entre l'aine et le haut de la cuisse — une cuisse qui ne déparait pas les cheveux, et deux poignets les plus fragiles du monde. (N'est-ce pas écrit, cela?) Et il continue: Mal m'en prit: son odeur acidulée me chassa. Et c'est après qu'elle a refusé de prendre un bain qu'il congédie sa trop pieuse pécheresse au berlingot poivré. Or, sans trop vouloir chinoiser avec un sinologue aussi averti que l'est Etiemble, nous pouvons nous étonner qu'une odeur qualifiée d'abord d'acidulée puis de poivrée soit plus forte, rousse ou pas, que des effluves qui, en l'occurrence (et le mot est ici à décomposer), devaient être nettement caséeux, et pour une Italienne, de parmesan ou même peut-être de gorgonzola.

Quant à employer le mot berlingot pour désigner l'hymen ou même l'état de virginité, il nous semble que c'est là tout bonnement la manifestation de l'ignorance qui veut se donner des airs avertis.

En fait, pour appuyer ce mot berlingot, nous ne trouvons que le provençal berlinquet, variété du jeu de bouchon, qui, s'il peut à la rigueur se prêter à l'évocation du coït, ne peut en aucun cas évoquer le sexe de la femme considéré seul, en totalité ou en ses parties. Nous laisserons donc aux seuls va-de-la-gueule cet inepte berlingot sexuel, et nous passons au mot brelingot.

Il est apparent que le mot est formé sur la graphie qu'on a cru lire: brelinguaud, alors que le mot de Rabelais finit par ce qui paraît bien être un participe présent: -linguand. Et cette mauvaise lecture est ancienne puisque l'exemple que donne Guiraud est de Beroalde de Verville: Elle a tout gagné à prêter son brelingot. Mais ici P. Guiraud commente: Pourrait être une forme de berlingot. Mais en moyen français brelingot désigne une mesure de deux pintes. Voir baquet, bassin, etc.

Nous voulons bien croire que le brelingot a pu valoir deux pintes (encore que cela équivaille à deux fois quatre-vingt-treize centièmes de litre) quoique nous n'ayons vu attesté nulle part ni le mot ni l'acception. Toutefois, il nous semble que la justification est quelque peu forcée et, pour nous, ce mot brelingot reste mal étayé. Nous en retirerons le sentiment que l'emploi de ce mot brelingot par Beroalde de Verville est déjà entaché d'erreur, et dans sa forme et dans sa compréhension, erreur fondée peut-être sur l'apparente parenté que ce mot brelingot montre avec les mots brleland, bredaguez, du Pantagruel (ix), dont on devine le sens, ou avec le sens clairement apparent du mot du Tiers Livre (XXV): Ce pendent sa femme tenoit le brelant, sans compter l'attraction des verbes brimballer, brisgoutter, le groupe br- suffisant à produire l'erreur, occultant le fait que tous ces termes évoquent l'acte sexuel mais en aucune façon le sexe de la femme pris à part.

C'est donc avec le soupçon que le nom de brelinguand a pu ne désigner le sexe de la femme que dans l'esprit des glossateurs que nous allons poursuivre la recherche. Et pour ce faire, nous repartons de l'étrange changement de registre que constituerait cette évocation: Rabelais vient de parler de Toque-vent (Hurtebize), de Passe-boules (Fasquin), de Laïusseur (tropditeulx), de Plaisantin (Gualehault), de Jean Demeure (Iean le veau), de Faux-poids (billonio), toutes dénominations qui fustigent l'impuissance, l'incompétence ou la malhonnêteté dans le seul domaine intellectuel. Que viendrait donc exprimer le mot Brelinguand entendu comme Du Con? attendu que si le mot conart a bien été employé dès 1200 en insulte (quoique rien ne dise qu'il ne s'agit pas plutôt de la corruption du mot cornart), la représentation du sexe de la femme ne semble pas, dans les années 1500, avoir jamais constitué une injure, le mot sot n'ayant pas encore subi cet affaiblissement de sens qui conduira à son remplacement par le mot con, l'identité du nombre de lettres ayant d'ailleurs pu, plus que le sens, entraîner la substitution; attendu encore que, sauf erreur, Rabelais n'emploie jamais en insulte la représentation de cet organe, pour lequel il nourrit visiblement une tendresse amusée; attendu enfin qu'en admettant que l'évocation du sexe de la femme ait pu avoir (comme il l'a aujourd'hui, et bien plus par recherche de rationalisation que par identité qualitative spontanée) à charge d'exprimer la bêtise, celle-ci est déjà évoquée avec Iean le veau, ou à charge d'exprimer la réception passive, celle-là est déjà représentée par Fasquin (Passe-boules), rien donc ne vient appuyer la compréhension sexe de la femme, pour ce mot Brelinguand, et tout vient s'y opposer.

Reste alors à découvrir ce qu'il exprime, et pour ce faire, à examiner ce qu'il contient. Et nous avancerons ici que ce qui est d'abord à considérer est ce participe présent -linguand, que nous voyons issu de lingua, la langue, donc qui use du langage, puis le préfixe bre- qui marque, à notre sens, l'hésitation, le désordre, l'incapacité (Greimas: Bredeler: bredouiller, marmotter). Pour nous, ce mot Brelinguand est l'équivalent de ce qu'exprimerait le mot Bredouillant, avec toutefois quelque addition dévalorisante que nous rendrons par l'adjonction du mot minus, qui nous permet de plus de retrouver la forme latinisée. Nous obtenons ainsi le nom de Bredouillaminus, qui s'inscrit cette fois fort bien dans la liste des dénominations par lesquelles Rabelais moque les inaptitudes intellectuelles des commentateurs.

Sauf correction toujours, nous entendrons donc désormais ainsi la phrase de Rabelais: Puis lui lut Des manières de signifier, avec les commenteries de Toque-vent, de Passe-boules, de Laïusseur, de Plaisantin, de Jean Demeure, de Faux-poids, Bredouillaminus et un tas d'autres, et y fut plus de dix-huit ans et onze mois.

Nous noterons au passage que cela amène Gargantua à l'âge respectable de quarante et un ans, vingt mois et deux semaines, et nous comprenons pourquoi Rabelais a tenu à rappeler la taille de son héros, laissant peut-être entendre ainsi, car l'idée de relativité est inscrite dans tous les contes fabuleux, que le temps est censé ne pas s'écouler de même façon selon qu'on est un géant ou un homme du commun.

Rabelais n'a pourtant pas encore épuisé la volée de traits qui doivent atteindre le De modis significandi; mais avant de poursuivre, nous ne pouvons manquer de faire ici le point par trois relevés. Le premier réside dans la constatation que les commentateurs (les nôtres, ceux qui glosent sur Gargantua) n'ont décidément pas plus de chance avec le deuxième Livre qu'ils n'en ont eu avec le premier: chaque fois qu'ils sortent de leur pudibonde réserve pour écrire les mots sexe de la femme, ils se trompent avec une telle plénitude que cela confine à la perfection.

Le deuxième, que nous faisons avec quelque hésitation tant nous craignons de lasser par une trop grande insistance, est la remarque qui nous amène à penser que la translation aurait pu ici trouver sa raison d'être si elle avait tenté d'éclairer de même l'esprit du texte de Rabelais. Mais elle est prise à cet endroit d'une fâcheuse timidité qui la fait se borner à transcrire mot pour mot ces noms de glossateurs, comme si le respect bien connu qu'elle a pour le verbe de Rabelais l'empêchait de tenter de le faire mieux entendre.

Le troisième enfin est une mise en parallèle qui nous conduit à faire la distinction suivante: Pour les gloses du temps de Rabelais, il nous faut nous rappeler que leur plus grand défaut était de prendre parti et de le prendre de façon à infléchir le sens du texte jusqu'à le dénaturer; et cela dans le dessein obstiné de conditionner la compréhension dans les limites de la foi chrétienne: ainsi d'un texte qui déplorerait la multiplication des étrons de chien dans les rues et qu'on ferait aboutir à une méditation sur l'âme dont est seul doté l'homme.

Pour celles de notre temps, il n'en va pas de même, et si elles nous paraissent quelquefois risibles, le reproche majeur qu'on peut leur faire est, comme on sait, celui de ne pas remplir leur rôle et de se borner à répéter ce qu'a dit le prédécesseur, qui précisément s'est ingénié à ne rien dire de plus, sauf inattention, que celui qu'il copie, lequel n'avait, sauf accident, rien dit de plus que, etc., mise en abîme qui finit, comme on pouvait s'y attendre, par donner le vertige[5]. Encore cela est-il une vue fort euphémique, la vérité vraie résidant probablement dans le jugement: Il ne dit rien mais il n'en pense pas plus.

De là découle cette mise en garde: s'il était, au temps de Rabelais, infiniment souhaitable que disparussent les gloses tendancieuses, nous

---

5. Bien sûr, l'abîme de la mise en abîme n'est pas ce gouffre dont la profondeur est insondable (Petit Robert) mais le centre de l'écu lorsqu'il simulait lui-même un autre écu (Gradus, Dictionnaire des procédés littéraires, B. Dupriez, 10/18, 1980). C'est en fait cette première pensée philosophique qui vient à l'enfant découvrant un jour à table que la boîte de camembert représente une fermière qui tient une boîte de camembert qui elle-même représente une fermière qui tient une boîte de camembert qui elle-même..., et cela jusqu'à l'infini.

devons au contraire nous abstenir de détruire celles de notre temps. La juxtaposition de celles-ci, pour un même texte, la comparaison de l'expression d'avis semblables, la discussion d'avis différents qui peuvent avoir échappé aux commentateurs, la mise en évidence de leurs naïvetés, conformismes et prétentieuses phraséologies, tout cela est d'une indiscutable richesse. Car il faut admettre que, autant que l'explication en chaire, la lecture de ces commentaires peut éclairer le texte en faisant naître, avec l'irritation, l'envie de mener seul sa recherche. Et plutôt alors que ces mièvres petits classiques à l'usage du Dauphin élaborés par de vieilles mules rompues aux chemins de l'enseignement traditionnel, pourrait-on penser à des recueils de ces gloses offrant alors, non plus ces sujets de dissertations qui ennuyent depuis des générations, mais des sujets de réfutations qui auraient au moins l'avantage d'éveiller l'intérêt et de faire lire le texte. Sur ce, nous recollons au nôtre. Donc Rabelais ajoute:

Et le sceut si bien que au coupelaud il le rendoit par cueur a reuers. Et prouuoit sus ses doigtz a sa mere que de modis significandi non erat scientia.

Pour coupelaud, Demazière résume ce que disent les autres commentateurs: A l'épreuve; de coupelle, petit vaisseau à essayer les métaux, et, par suite, épreuve, examen. Plattard dit que c'est un mot forgé par Rabelais. Pour la deuxième phrase, Michel donne la traduction: Que les modes de signifier n'étaient pas de la science. La translation donne: Il connaissait si bien l'ouvrage que, mis au pied du mur, il le restituait par cœur, à l'envers, et pouvait sur le bout du doigt prouver à sa mère que les modes de la signification ne sont pas matière de savoir. Cela rejoint le commentateur de l'édition de 1870 (Garnier frères), qui dit: Le livre, composé par Jean de Garland sur les différentes significations des mots, était tellement absurde selon Rabelais, que de la lecture même de l'ouvrage, on pouvait tirer cette conclusion, qu'il n'y a point lieu de s'occuper du sujet. Mais Guilbaud paraît avoir une vue plus large; il dit pour coupelaud: A l'épreuve (et: le cul levé), puis: Que des manières de signifier elle n'était pas la science (et: que le de modis significandi n'était pas chiantchia).

Nous ne voyons pourtant pas comment, de coupelaud, Guilbaud peut arriver à l'idée de cul levé. Nous ne percevons pas non plus le raisonnement par lequel il parvient à mettre en jeu la mère de Gargantua pour que celui-ci lui dise qu'elle ne constitue pas la science des manières de signifier, ce qui n'a pas un sens lumineux. Nous ne trouvons pas plus clair le sens parallèle: que le de modis significandi n'était pas chiantchia. Toutefois, nous retenons la prononciation, alors tradi-

392

tionnelle, du mot scientia, et nous envisageons l'éventualité que cette mise en valeur des deux syllabes chiant-chia puisse conduire à une compréhension scatologique des deux phrases; nous examinons donc dans ce sens.

Nous relisons et nous voyons alors que la première phrase peut effectivement se prêter à cette interprétation: nous distinguons dans: Et le sceut si bien, quelque chose comme Et l'assimila si bien, à entendre au sens spirituel, puis Et le digéra si bien, à entendre au sens physiologique. Nous nous avisons ensuite que au coupelaud peut s'entendre d'abord comme à l'épreuve, puis au sens que nous avons découvert en cherchant comment coupelaud pouvait donner cul levé, celui de cope: cuve, tonneau, le coupelaud pouvant être le tonneau, la cuve (qui sert de latrines). Le membre de phrase: il le rendoit, prend évidemment le sens de redire puis de restituer par le bas. Par cueur, quoique réservé au sens spirituel, peut s'entendre encore comme: par l'intérieur du corps. A revers est alors à comprendre comme à l'envers, au sens mnémonique, puis comme: par le derrière. Nous arrivons à obtenir ainsi pour cette première phrase les sens superposés: Et l'assimila si bien qu'à l'épreuve il le rendait par cœur à l'envers; puis: Et le digéra si bien qu'au baquet il le restituait de l'intérieur par le fondement.

La deuxième phrase paraît se prêter beaucoup plus malaisément à une interprétation scatologique. Néanmoins, suivant notre commentateur, nous tentons de voir si la transcription phonétique du latin ne contiendrait pas la clé; et nous lisons: Et prouvait sur ses doigts à sa mère que dé modiss significanndi nonn ératt tchiantchia, ce qui ne nous apporte rien de plus que ce qu'a fait entendre Guilbaud: Et prouvait à sa mère que des modes de signifier n'était pas chiant-chia.

Or cela, quoi qu'on en ait, ne veut strictement rien dire. Nous pourrions en effet comprendre que Rabelais ait écrit que de modis significandi erat scientia, ce qui serait revenu à exprimer quelque chose comme de modis significandi était chiant, était à chier, était de la merde. Mais il écrit: non erat scientia, c'est-à-dire précisément que de modis significandi n'était pas chiant, n'était pas à chier, n'était pas de la merde. Pourtant, nous n'en pouvons douter, Rabelais tient l'ouvrage pour breneux: c'est donc que l'idée de Guilbaud ne repose sur rien. D'ailleurs, à la réflexion, nous pouvons encore nous demander ce que, dans cette vue scatologique, viendrait faire la mère de Gargantua; celui-ci est déjà un grand garçon, il est parfaitement capable, nous l'avons vu, de se torcher tout seul, et sa mère n'a nulle raison de l'assister dans ces circonstances. De même, nous pouvons nous interroger sur la raison qu'il y aurait, dans cette compréhension scatologique, à la notation: sus ses doigtz, où nous aurions à comprendre que c'est avec ses doigts que Gargantua se torche, et qu'il le fait à seule fin de prouver à sa mère (qui n'a rien à faire là, nous venons d'en convenir) que le de modis significandi n'était pas de la merde: nous sommes en pleine absurdité.

Nous devons donc nous rendre à l'évidence: la négation non erat, n'était pas, s'oppose absolument à la compréhension scatologique, et nous abandonnons cette vue de Guilbaud où le mot scientia prend un relent excrémentiel. La lueur qu'il a eue lui a donné l'illusion qu'il comprenait et au lecteur l'illusion qu'on lui expliquait, mais cela n'a pas résisté à l'examen des conséquences. Pourtant, bien qu'il se soit trompé dans l'interprétation de la réaction, nous devons savoir gré à Guilbaud d'avoir eu l'audace de passer le texte à la pierre de touche (ce dont se sont prudemment abstenus les autres commentateurs). Il nous a ainsi montré que ce texte contient un sens second et nous a forcés à voir ce que celui-ci ne peut être. Nous partons donc à la recherche de ce sens parallèle avec au moins l'indication de l'emplacement des marais à éviter. Ne reste qu'à prendre un bon départ, et pour ce faire à réfléchir quelque peu avant de nous engager.

Nous commençons à connaître suffisamment Rabelais pour savoir que sa causticité repose le plus souvent sur l'érotisme et la scatologie; si donc nous avons dû éliminer le second domaine, nous avons toutes chances d'avoir affaire au premier, d'autant que la compréhension érotique peut motiver la présence de la mère de Gargantua, qui représenterait ici l'élément sexuel féminin, comme elle peut donner peut-être une raison à cette preuve administrée par les doigts.

Il serait pourtant erroné de pressentir là la moindre idée d'inceste, alors qu'il s'agit tout simplement de cette promiscuité et de cette liberté dans les contacts qui caractérisent l'époque, ignorante encore de la scrupuleuse réserve qui sera de règle après que les idées réformistes auront tout culpabilisé. Une intime familiarité s'établissait entre la mère et l'enfant, même déjà grand, familiarité d'où était exclu tout sentiment de pudeur, ainsi qu'on peut le voir, par exemple, dans la soixante-sixième des Cent Nouvelles Nouvelles (Pléiade, Les conteurs français du XVIe siècle), où un tavernier, qui est homme de bien et beaucop joyeux, a une tresbelle femme, et en grand point, dont il a un tresbeau filz, environ de l'eage de six a sept ans. Cette femme avoit este ce jour aux estuves, et son petit filz avecques elle. Et au soupper, pour faire rire la compaignie, le tavernier s'avise de demander à l'enfant: Viens ça, mon filz; par ta foy, dy moy laquelle de toutes celles qui estoient aux estuves avecques ta mere avoit le plus beau con et le plus gros. Le petit, craignant sa mère, reste muet. Le père repart: Or me dy, mon filz, qui avoit le plus gros con? dy hardiment. L'enfant dit qu'il craint que sa mère ne le batte. Son père se porte garant qu'elle ne le fera pas. Enfin la mère l'encourage aussi: Dy, dy hardiment ce que ton pere te demande. L'enfant hésite encore, repète qu'il craint d'être battu, mais la mère l'assure qu'elle n'en fera rien. Et le père lui demande derechef: Or ça, mon filz, par ta foy, as tu bien regardé tous les cons de ces femmes qui estoient aux estuves? Saint Jehan, oy, mon pere. Et y en avoit il largement? dy, ne mens point. Je n'en vy oncques tant: ce sembloit une droicte garenne de cons. Or ça, dy nous maintenant qui avoit le plus bel et le plus gros. Et le petit révèle alors ce que l'auteur nomme le secret de l'escole: Vrayement, ce dist l'enfant, ma mere avoit tout le plus bel et le plus gros, mais il avoit un si grand nez.

Nous relisons donc dans cet esprit de liberté de langage, fille de la candeur: Et le sceut si bien que au coupelaud il le rendoit par cueur a reuers. Et il nous paraît, maintenant que nous ne cherchons plus à suivre Guilbaud, que la phrase ne renferme rien d'autre que ce qu'elle exprime en clair: Et l'assimila si bien qu'à l'épreuve il le redisait par cœur en commençant par la fin, ce qui n'est jamais que la virtuosité que Gargantua a déjà montrée pour sa charte, qu'il disoit par cueur au rebours. Nous passons donc à la phrase suivante qui, à coup sûr, contient le sens que nous cherchons.

Et prouuoit sus ses doigtz a sa mere que de modis significandi non erat scientia. Et s'impose de nouveau de savoir ce que vient ici faire la mère de Gargantua. Mais maintenant que la LXVIᵉ Nouvelle nous a remis en mémoire les bains pris en commun, nous pouvons entendre que c'est au cours d'une de ces ablutions qu'a été administrée cette preuve. Et nous le pouvons d'autant mieux que nous nous apercevons alors que le mot coupelaud de la première phrase a été un peu vite laissé dans son seul sens d'épreuve alors qu'il peut être pris au sens que nous avons dégagé lors de notre essai de compréhension scatologique, celui de cuve, le coupelaud pouvant être la cuve, le cuvier où l'on se baigne. Un sens superposé peut même se faire jour si l'on veut bien considérer que le mot apparaît aussi comme formé de l'amalgame des mots cope: coupe, vase (Greimas), et pelaud, soit au sens de pelu: garni de poils, soit au sens de pel: peau (Greimas). Le coupelaud pourrait donc être aussi le réceptacle pelu ou le réceptacle de peau[6].

---

6. Ce genre d'amalgame est dénommé mot-valise, après avoir failli s'appeler mot porte-manteaux si l'on avait suivi L. Caroll dans son De l'autre côté du miroir. Outre que cette valise devrait plutôt être une marmotte, malle formée de deux parties qui s'emboîtent l'une

(suite page suivante)

Partant donc de cette situation de soins de propreté, où naturellement la mère et le fils sont nus, nous entendons que c'est dans ces conditions que Gargantua administre à sa mère la preuve que de modis significandi n'est pas de la science, ou n'est pas une science, et qu'il le fait sur ses doigts. Reste pourtant à savoir s'il s'agit des doigts de Gargantua ou si nous ne devons pas entendre qu'il s'agit des doigts de la mère, cette vue salace nous amenant à pressentir que la clé du jeu de langage peut être contenue dans le sens détourné donné au titre latin de l'ouvrage. Et nous rappelant alors un exercice qu'ont assidument pratiqué tous ceux qui voulaient égayer un cours de latin qui faisait suer d'ennui les murs de la classe, exercice qui consiste à plaquer systématiquement une compréhension érotique sur la compréhension classique des mots, nous entendons que c'est ce que fait ici Rabelais, et que c'est par là que nous avons chance de saisir son intention.

Nous arrivons ainsi, en compréhension forcée comme le requiert le propos, à pousser le verbe significare, du sens de signifier au sens de s'exprimer, entendu comme on l'entendait au XVIe siècle, selon le Petit

6. (suite) dans l'autre (Petit Robert), ce qui rendrait bien mieux l'intention, cela fait intervenir un contenant qui ne demeure aucunement dans le mot créé. Ainsi, il ne reste heureusement rien de cette notion de bagage dans ces compositions que cite Marina Yaguello dans son Alice aux pays du langage (Seuil, 1981), et l'on a seulement à reconnaître les mots procréateurs dans accumonceler (accumuler-amonceler) qui se prête si bien à décrire l'action de ces arias qui, certains jours, se bousculent pour vous assaillir; épousetouflante (épouse-époustouflant), qui peut éventuellement servir au mari plus étonné que d'ordinaire; euphéminisme (euphémisme-féminisme), qui doit être désormais de règle pour enrober une pensée par trop mysogine; sallocrate (salaud-phallocrate), qui pourra être l'injure type que la femme libérée adresse à l'homme qu'elle ne parvient pas à féminiser, etc.

Délaissant donc cette valise superflue et nous inspirant de ces surfaces et de ces courbes osculatrices (mises en contact) dont parle la géométrie, le verbe latin osculari voulant dire baiser, nous préférerions parler ici de mots baisés. Et ce d'autant que le terme baisé est encore du vocabulaire des boulangers qui désignent ainsi deux pains qui, se touchant pendant la cuisson, sont attachés l'un à l'autre, le point de contact n'étant alors ni tout à fait du pain ni tout à fait de la pâte. Et même si l'on voulait entendre ce terme baisé au sens sexuel, le mal ne serait pas grand puisque le nouveau mot va bien être un rejeton des deux mots géniteurs, ceux-ci lui ayant chacun abandonné une part d'eux-mêmes, et le rejeton participant d'eux tout en étant original.

Toute la question est pourtant de savoir si les linguistes pourraient admettre pareille trivialité, eux dont le vocabulaire a atteint une telle spiritualité que, même en état de transe, on ne saisit pas tout de suite l'intense beauté de termes comme: analyse distributionnelle, complétivisation, grammème, tagmémique, pharingalisation, etc. Même une formule comme Contact de langues a été totalement désincarnée puisqu'elle est définie: Situation humaine dans laquelle un individu ou un groupe sont conduits à utiliser une ou plusieurs langues. La phrase suivante contient la révélation: Le contact de langues est donc l'événement concret qui provoque le bilinguisme ou en pose les problèmes. Et il y a encore sur le sujet une quarantaine de lignes de la même veine dans ce Dictionnaire de linguistique (Larousse) qu'il faut avoir constamment sous la main quand un doute vous prend: on est instantanément persuadé qu'on n'est pas le pire du panier et qu'il y en a un cuchon (mot lyonnais qui signifie amas, tas) qui sont plus fous qu'on peut craindre de l'être soi-même.

Robert, qui définit: Faire sortir par pression (un liquide), ce qui revient évidemment, dans le cas qui nous occupe, à parler d'éjaculer. Dans ce deuxième sens, Rabelais feint donc de voir dans le titre De modis significandi que que chose comme Des moyens d'éjaculer, et nous devons nous représenter ainsi la scène suggérée: Gargantua et sa mère, nus, sont dans le coupelaud (en même temps peut-être que Gargantua a loisir de voir le coupelaud de sa mère), et celle-ci, lavant son fils déjà grand, reçoit sur les doigts la preuve que De modis significandi, c'est-à-dire Des moyens d'éjaculer, n'est pas scientia, ce qu'il nous faut, semble-t-il, entendre comme: n'est pas l'objet de longues études.

En fait, nous savons pertinemment qu'il n'y a pas là le moindre souci de véracité et que les deux personnages mis en scène ne sont que des faire-valoir. La seule réalité est ici celle des mots: nous entendons que le calembour sur De modis significandi datait probablement du temps où les premiers écoliers avaient reçu l'ouvrage à étudier, que ce calembour était scrupuleusement transmis des anciens aux nouveaux, et que Rabelais n'a fait que le placer dans une situation concrète où ses héros lui donnent réellement vie. A peu près comme si de nos jours (mise à part la scène du bain, qui ne peut plus être aussi innocente depuis Freud) un traité de linguistique structurale (la plus recherchée) avait pu s'intuler Des divers modes de l'émission, et que les étudiants eussent gardé, après l'avoir ingurgité, assez de gaieté salutaire pour feindre de voir dans le titre quelque chose comme Des différentes manières de se masturber.

Ainsi, nous constatons une fois encore que Rabelais a bien placé pour ces deux phrases un signal, celui-ci résidant, pour la première, dans la banalité qui ne fait que reprendre ce qui a été dit de la charte, et pour la seconde dans une platitude si parfaite qu'elle doit à coup sûr engager à chercher le déclic. Nous en retiendrons que nous ne devons jamais manquer de fouiller à l'endroit précis où nous voyons les commentateurs prendre leur air le plus entendu pour donner une naïveté si affligeante qu'elle est pour Rabelais une offense. Ce nous sera désormais un moyen supplémentaire de détection.

Cette saillie supposée saisie au passage, et certes plus rapidement en 1534 que nous n'avons pu le faire cinq cents ans plus tard, Rabelais continue d'énumérer les initiations de maistre Thubal Holoferne: Puis luy leugt le compost, ou il fut bien seize ans & deux moys, lors que son dict precepteur mourut: & fut lan mil quatre cens & vingt, de la verolle que luy vint.

Boulenger dit: Comput, almanach populaire, et la plupart des autres commentateurs parlent de calendrier, tout le monde tenant pour synonymes les mots compost et comput. (Demerson donne, lui, la vue rasante et inexacte: Cet ouvrage correspond un peu à notre calendrier des P. et T.) Le comput est, chez Littré, la supputation qui sert à régler le temps pour les usages ecclésiastiques et par lequel on entend les méthodes du cycle solaire, du nombre d'or ou de l'épacte, de la lettre dominicale et de l'indiction romaine. En fait Greimas donne: Compost (1121), latin computum, compte, confondu en partie avec compost, mélange: Recueil, comput, comportant les notions d'astrologie et de mathématiques. Mais il donne encore: Compost (1275), latin compositus, participe passé de componere, mettre ensemble: Mélange et, en particulier, engrais, fumier. Or Rabelais parle bien de compost pour désigner le comput, et il se pourrait bien que cet emploi du mot compost pour désigner ces modes de calcul appliqué au seul temps de l'Église ne soit pas indifférent, et qu'il faille voir là l'idée péjorative de fouillis associée à celle de fumier donc d'excréments, l'idée de l'utilisation comme engrais n'étant pas conservée.

De toute façon, nous retenons encore que, pour étudier cet ouvrage dont la connaissance paraît effectivement d'une utilité très secondaire, Gargantua a passé un temps qui l'a mené à l'âge de cinquante-huit ans, dix mois et deux semaines, à supposer toutefois que tous ces temps d'étude ne soient pas simultanés. Il semble pourtant que le niveau de plaisanterie demande qu'on additionne ces durées, bien que cela reste sans portée, Rabelais ne donnant plus d'indication de ce genre à partir de l'entrée en scène du nouveau précepteur, comme si avait été abandonnée l'idée initiale de tirer un parti comique de toutes ces années de rabâchage. L'addition permet en tout cas de voir que maître Thubal Holoferne a pu se consacrer à son élève pendant trente-sept ans et huit mois avant de succomber au mal contracté assurément avant qu'il ne soit si vieux et si tousseux.

Rabelais, nous l'avons vu, fait apparemment mourir ce Thubal Holoferne pour des raisons de datation en même temps que cette mort lui donne la possibilité de placer le bon mot de Marot qui, visiblement, le ravit. Et ce trépas lui donne aussi l'occasion d'employer le nouveau nom qu'il a trouvé, bien plus satisfaisant que le premier s'agissant d'un pédagogue obtus: Apres en eut un aultre vieux tousseux, nomme maistre Iobelin bride.

Pour ce nom, Boulenger dit: Jobelin signifie jobard. Bridé comme un oison. Ce nom était donné aux niais, comme Jean le Veau. Guilbaud dit: Jobard bridé. Plattard dit: Nom donné communément alors aux niais. Michel dit: Nom synonyme de stupidité, comme Jean le Veau: jobelin évoque jobard, niais; bridé est associé à oisons dans le Prologue du Gargantua. Demerson dit: C'est-à-dire le Jobard Bridé (comme un oison). Screech dit: Jobelin Bridé: niais. Et il avance, d'après Sainéan: Le nom se retrouve dans d'autres ouvrages. Demazière se trompe, disant: Synonyme de sot honteux. Nous disons aujourd'hui jobard, dans le même sens.

Car il n'y a certes aucune idée de honte dans ce nom, sentiment pénible, dit le Petit Robert, de son infériorité, de son indignité ou de son humiliation devant autrui, de son abaissement dans l'opinion des autres (sentiment de déshonneur). Or nous savons bien que ce sentiment, qui implique un retour sur soi, est bien loin d'avoir jamais effleuré maître Iobelin Bridé, que Rabelais conçoit au contraire comme imbu de soi et de l'intangibilité de ses connaissances. Le comique des noms de ce genre, chez Rabelais, consiste précisément en ce qu'ils représentent le jugement d'autrui sur le personnage, diamétralement opposé à l'idée que se fait de soi ledit personnage. Reste donc ici à bien comprendre ce que contient ce nom.

Greimas ne donne ni jobard ni jobelin, Dauzat dit: Jobard: 1832, Duvert, de jobe, niais (1547, N. du Fail), sans doute de Job, personnage biblique, d'après l'aventure de Job sur son fumier. Jobelin, 1460, Villon, argot. Bloch et Wartburg disent: Jobard, 1836 (une première fois Jobard en 1571). Dérivé de jobe, 1547 (N. du Fail): on trouve en outre au XVe et XVIe siècle jobel, jobelet, jobelin; enjobarder: tromper (vers 1280). Très probablement du nom du personnage biblique Job, qui a occupé l'imagination du peuple surtout par les railleries qu'il a eu à subir de la part de ses amis et les reproches que lui adresse sa femme.

Furetière dit aussi au mot Job: sainct du Vieux Testament: On dit aussi au diminutif, Jobelin & Jobet. Littré ne connaît ce mot Jobelin qu'à partir du XVIIe siècle, le donne pour jeune jobard, petit jobard, ce terme de jobard étant défini: Terme familier. Homme niais, crédule, qui se laisse facilement tromper.

Tout cela ne nous avance guère: ce mot jobelin n'est attesté antérieurement à Rabelais que par l'attribution à Villon, et ce mot, précisément, ne figure dans aucun des glossaires de son œuvre. Quant à la paternité du biblique Job pour le mot jobard, elle peut nous paraître discutable attendu que si sa femme lui adresse un reproche, et non plusieurs, ses trois amis ne se moquent nullement de lui mais se bornent, ne le reconnaissant pas, à déchirer chacun leur manteau, à répandre de la poussière sur leur tête puis à s'asseoir à terre avec lui, sept jours et sept nuits (Livre de Job, II, 9-13, Pléiade).

Fort étonnant aussi que Greimas ne donne rien entre les mots Jo et Jode, non plus qu'un autre mot que Iol, ioes, bien que son dictionnaire soit réputé coiffer le temps de Villon (mais nous savons bien que ce mot jobelin au sens d'argot est dû seulement à Pierre Levet, son éditeur de 1489). Dès lors, nous nous risquerons à voir dans cette appellation Iobelin une création de Rabelais, création qu'on aura, comme toujours, rationalisée, prenant pour ce faire la voie de la facilité, annexant ce biblique Job qui n'a probablement rien à voir dans l'affaire.

Tout différent est ce que nous distinguons dans ce nom de Iobelin qui est le prénom du précepteur, c'est-à-dire le nom particulier joint au nom patronymique et servant à distinguer les différentes personnes d'une même famille (Petit Robert). Ce prénom par lequel tous ses familiers appellent ledit maître nous apparaît comme formé du mot belin: petit bélier, mouton (Greimas) et de l'interjection Io servant à appeler à soi. Et nous entendrons ce cri jeté par un Thibaut Aignelet pour ramener à lui le chef de son troupeau. Iobelin est pour nous appel de berger, et l'emploi de cette interjection comme prénom du précepteur nous semble faire clairement allusion à l'instinct grégaire de la gent moutonnière, rabaissement que nous retrouverons au Quart Livre (VI) quand le marchand demande à Panurge: Vous avez, ce croy je, nom Robin mouton; puis quelques instants plus tard: Voyez ce mouton là, il a nom Robin, comme vous, Robin, Robin, Robin. Bês, Bês, Bês. O la belle voix. Dès lors, il est facile de déduire que maistre Iobelin Bridé est à considérer comme meneur du troupeau des bridés. Reste à entendre ce que signifie ici bridé.

Ce mot n'est évidemment pas une création de Rabelais qui, ainsi que le rappelle Michel, l'a déjà employé au Prologue, parlant de figures ioyeuses & friuoles comme de harpies, Satyres, oysons bridez, lieures cornuz, canes bastees, boucqs volans, cerfz limonniers. Et à cet endroit, Michel expliquait: oisons bridés: comme les chevaux. (Aucun de ses confrères ne se risquait à se prononcer, sauf Demazière qui, prenant l'arbre pour la forêt, donnait la vue extravagante: On lit, dans une ancienne histoire de Rouen, que les religieux de Saint-Ouen donnaient en redevance un oison bridé, c'est-à-dire ayant au cou et aux ailes des rubans de soie). Or, bien que les canes soient ici bâtées, c'est-à-dire munies d'un bât, que les cerfs soient limonniers, c'est-à-dire placés entre les limons d'une charrette, il n'est manifestement pas question d'attelage pour l'oison, la bride n'étant ici ni les rênes ni le mors.

Le sens de bridé pourrait alors être celui de retenu, contenu (Littré), qui impliquerait qu'est réprimé le désir d'aller plus avant; mais nous avons bien compris que l'idée que Rabelais veut que le lecteur se fasse du précepteur n'admet certes pas cette envie. Le Petit Robert parle de contenir dans son action, gêner dans son développement, ce qui est, si l'on veut, rappeler que ce mot bridé fut appliqué à Louis XVI pour évoquer son historique phimosis[7]. Mais il ne semble pas, bien que ce sens, sans se superposer, puisse être comme en écho, qu'il entre quoi que ce soit de sexuel dans l'image de maistre Iobelin Bridé que transmet Rabelais.

Il nous faut donc prendre littéralement oison bridé au sens qu'indique Littré: oison à qui on a insinué une plume dans les ouvertures des narines pour l'empêcher de passer à travers les haies; et figurément, personne sans intelligence. Et cette plume apparaissant comme celle même que le précepteur emploie pour écrire, nous entendrons que le mot bridé revient ici à exprimer l'idée de borné, l'entrave mise dans le nez non seulement s'opposant à ce qu'on introduise ce nez au-delà du périmètre autorisé, mais ayant même anéanti toute intention de le faire. Ce mot bridé donné en patronyme apparaît alors comme idéalement adapté à ce précepteur qui transmet religieusement les connaissances qu'il a reçues et qui, à supposer que quelqu'un eût l'audace de le tenter, tiendrait pour sacrilège qu'on vérifiât ces connaissances, et pour hérétique qu'on les réfutât.

C'est donc à cette idée d'entrave que Rabelais a joint celle du mouton qui conduit le troupeau et qui, allié de la houlette, répond avec empressement à l'appel du berger, entraînant les autres à sa suite. Maître Iobelin Bridé (qu'on ne doit surtout pas écrire aujourd'hui Jobelin mais à la rigueur Yobelin), est donc le guide de la gent moutonnière que sont les précepteurs de son acabit, le nez barré d'une plume, idée dont on retrouvera une autre image au chapitre xviij avec maistre Ianotus touchant dauant soy troys v(b)edeaulx a rouge muzeau, & trainant apres cinq ou six maistres inertes bien crottez a profit de mesnaige. Et il faut assurément que, sous les efforts des humanistes, aient disparu bientôt les esprits de ce type pour que ce si savoureux nom spécifique ne soit pas devenu générique.

Connaissant maintenant très bien ce maistre Iobelin Bridé, nous pouvons nous intéresser aux ouvrages sur lesquels il appuie son enseignement (et pour lesquels nous ne gardons que l'essentiel de ce que contiennent les notes):

---

7. Au passage, nous pouvons nous dire que Marie-Antoinette, à qui on a prêté tant de dévergondage, devait être au contraire fort réservée pour n'avoir pas immédiatement transformé ce phimosis en paraphimosis. Et il apparaît du même coup que les fameux attouchements sur son fils, qu'on lui a imputés à crime, n'étaient rien d'autre que les intelligentes tractions préventives d'une mère préoccupée que le Dauphin ne fût pas aussi empêché que l'avait été son père avant qu'il se résolve à l'intervention.

qui luy leugt Hugutio (lexique latin étymologique),

Hebrard, Grecisme (recueil de mots latins d'origine grecque),

le doctrinal (grammaire latine en vers),

les pars (probablement le De octo partibus orationis: Des huit parties du discours, traité de rhétorique),

le quid est (Qu'est...?, manuel scolaire en forme de catéchisme),

le supplementum (supplément, complément),

Marmotret (que nous avons vu au neuvième titre de la Librairie, (P. vij) et qui est, selon Demerson, un commentaire de psaumes et d'hymnes liturgiques, quand, selon Screech, il s'agit d'un glossaire élémentaire de la Vulgate, des Légendes des saints, etc.),

de moribus in mensa seruandis (Des manières qu'il faut avoir à table, traité de civilité, en distiques),

Seneca de quatuor virtutibus cardinalibus (Des quatre vertus cardinales, ouvrage de morale composé par l'évêque Martin de Braga (VIe siècle) qui avait pris Seneca comme pseudonyme),

Passauantus cum commento (Passavant, avec les commentaires; auteur du Miroir de la vraie pénitence).

Et dormi secure pour les festes (Dors en paix, recueil de sermons tout faits pour les prédicateurs).

Certaines notes, pourtant, de nos commentateurs, appellent quelque complément. Et précisément pour le Supplementum où Screech s'interroge: Livre de classe, mais lequel? Michel dit, lui: Le Supplementum n'est pas identifié. Mais Guilbaud dit plus justement: Il y avait des suppléments pour tout dans l'enseignement médiéval, ainsi que Plattard, qui écrit: Dans l'enseignement médiéval, il n'était faculté qui ne comportât des additions et des commentaires, supplementa. Et nous entendons alors que Rabelais se soucie fort peu qu'on sache de quel Supplément il peut s'agir, puisque c'est pour railler cette manie des suppléments qu'il pose ici dans l'absolu le mot Supplementum, qui joue le même rôle que son habituel cum commento, qu'on retrouve d'ailleurs deux titres plus loin.

Plus étonnant est ce que dit Screech, et derrière lui Demerson, du Des manières qu'il faut avoir à table, que Dolet, passant outre au mépris des humanistes, édita en 1542, tout en essayant de justifier l'ouvrage, dit Demerson, en le défendant, dit Screech. Mais nous savons d'autre part que Dolet avait coutume de rééditer sans se soucier de l'avis de qui que ce soit, fût-ce le père de l'œuvre, comme il le fit pour Rabelais.

On nous dit encore que l'auteur de ce traité de civilité est, selon Guilbaud, Sulpizio de Veroli, et selon Screech (qui, sur une fiche d'identité, doit indiquer son âge en chiffres romains) Sulpitius de Véroli. Le nom prête évidemment à plaisanterie. Aussi Boulenger et Plattard parlent-ils de Sulpice de Verulam.

Enfin, nous pouvons nous amuser d'un lapsus de Plattard qui, parlant du De quatuor virtutibus cardinalibus, écrit De quatuor virtutibus ordinalibus, ce qui revient à parler de vertus ordonnées et, en trichant un peu, permet de jouer sur l'idée d'ordination.

Là-dessus Rabelais finit son chapitre sur deux locutions proverbiales: Et quelques aultres de semblable farine, a la lecture desquelz il deuint aussi saige quonques puis ne fourneasmes nous. Mais cela est diversement compris.

Boulenger dit: Que jamais depuis nous n'enfournâmes, métaphore amenée par de semblable farine. Guilbaud dit: Que jamais depuis lors nous n'en enfournâmes de pareil (image amenée par le mot farine). Plattard dit: Que jamais depuis nous n'en enfournâmes, métaphore amenée par l'expression précédente: de semblable farine. Screech dit: Cf. TL, XXII, même locution proverbiale. Et il ajoute, d'après Sainéan: Littéralement: Que jamais depuis nous n'enfournâmes de meilleurs pains, c'est-à-dire, sans doute, être aussi peu sage que jamais. Michel se borne à dire: Enfournâmes. La translation donne: que jamais nous n'en avons enfourné de pareils. Le Garnier frères de 1870 dit: Fourneasmes étant dit pour enfournâmes ou commençâmes, cette phrase, selon Le Duchat, signifie: l'on se trouva aussi avancé qu'auparavant. Demazière dit: Probablement il faut entendre par là: qu'il atteignit le dernier degré de la sagesse, dans le même sens que nous dirions: après lui, il faut tirer l'échelle.

Il semble qu'ici les commentateurs ont dans l'esprit le proverbe que donne Morawski (Proverbes français antérieurs au XVe siècle, Champion, 1925): A l'enforner fait on les pains corner (60), proverbe où ils retrouvent leur influence de la farine. Mais Demazière, avant la conclusion citée, donne cette remarque: Dans plusieurs de nos anciennes coutumes, et aujourd'hui encore dans plusieurs de nos dialectes vulgaires, fournéer (sic) signifie mettre au four. On pourrait croire, au premier examen, que Rabelais fait ici un de ces rapprochements qui lui sont si familiers, et qu'il joue sur les mots de farine et de fournéer; mais on retrouve ailleurs et isolée la même expression. Il est de toute évidence que ces mots étaient passés à l'état de proverbe. A ceste heure suis aussi sage/Qu'oncques puis ne fourniasmes nous (Ancien Théâtre Français, publié par Jannet, II, 42).

Voyons donc si le Tiers Livre auquel renvoie Screech nous éclairera: La locution se trouve dans la bouche de Panurge, mécontent de n'avoir pas reçu de claire réponse à ses doutes dans le message que lui a délivré le poète Raminagrobis à ses derniers moments: Panurge leut attentement l'escripture du bon vieillard, puys leur dist: Il resve, le paouvre beuveur. Je l'excuse toutesfoys. Je croy qu'il est pres de sa fin. Allons faire son epitaphe. Par la response qu'il nous donne, je suys aussi sage que oncques puys ne fourneasmes nous. A cet endroit, Screech, le commentateur de l'édition, redonne la phrase de Sainéan, mais ajoute cette fois: La locution semble vouloir dire: être aussi sage que jamais.

Il est clair que Panurge exprime l'idée qu'il n'est pas plus sage (savant) qu'avant d'avoir reçu le message. D'autre part, nous trouvons dans Greimas la locution: oncques mais: jamais depuis, et il nous paraît possible de voir le même sens à la locution oncques puys. Panurge dirait donc exactement: je suis aussi sage que nous ne fournâmes jamais depuis. Reste seulement à entendre ce que contient ce verbe fourner.

Greimas donne: Fornier: enfourner; voir Forn: four. Forn (1080, latin furnum): four. Fornel, 1160: Four; Voûte, arcade. Fornais, fornaz (1155): Fournaise; Le feu de l'amour. Fornier, fornoier (XIIᵉ): enfourner. Fornage (1175): Four; Fournaise; Droit seigneurial sur la cuisson du pain. Fornier (1153): Boulanger, pâtissier; Four.

Par le mot fornais, fornaz, nous vérifions d'abord qu'est absurdement édulcorée, ainsi que nous le savons depuis belle heure, l'explication des étymologistes pour le verbe forniquer: du latin ecclésiastique fornicare, dérivé de fornix, prostituée, proprement voûte, d'où chambre voûtée; les prostituées de bas étage, disent Bloch et Wartburg, et tutti quanti avec eux, habitaient souvent (il faut entendre: à Rome), comme les esclaves et le bas peuple, dans des réduits voûtés, établis dans les murailles des maisons. Et l'on se demande alors comment l'Église aurait formé ce verbe fornicare en ne retenant que les prostituées de bas étage, excluant donc visiblement de la condamnation celles qui exerçaient dans des lieux plus luxueux, et comment elle n'aurait pas craint d'inclure, en revanche, dans cette réprobation, les esclaves et le bas peuple dont la pauvreté n'était pourtant pas peccamineuse. En fait, il paraît impossible qu'un accident: habiter un réduit voûté ait pu servir de base à un verbe qui signifie: commettre le péché de la chair quand il s'agit de deux personnes qui ne sont ni mariées ni liées par des vœux (Petit Robert)[8]. Et l'on se demande encore pourquoi, dans ces conditions essentiellement architecturales, une prostituée

---

8. Cette seconde condition nous paraît, à vrai dire, fort peu contraignante si l'on a soin de retenir la quatrième définition que donne le même Petit Robert du mot Voeu: Souhait que s'accomplisse quelque chose.

n'aurait pas été nommée volvita, attendu que les étymologistes disent aussi pour ce mot Voûte: du latin populaire volvita, participe passé populaire de volvere, substantivé au féminin.

Bien sûr, les sens de volvere: rouler, faire avancer en roulant, faire tourner, faire tourbillonner; rouler, enrouler, disposer en cercle; rouler dans son cœur, dans sa pensée, ne sont pas exactement adaptés à l'activité de la prostituée (encore que nous puissions être troublés par le rapprochement avec le mot provençal baudufo qui, nous l'avons vu au chapitre précédent, a les deux sens disparates de toupie et de prostituée); mais ce mot volvita a quelque apparence de diminutif du mot volva, vulva: enveloppe; matrice (chez la femme); vulve (chez la femelle de certains animaux), ou mieux encore, du mot volvola, vulvula: petite vulve, petite poche, ce qui aurait pu être une aimable antiphrase. Ce n'est évidemment là que plaisante construction: elle montre toutefois que l'étymologie est bien loin d'être le traité du vrai comme le veut, précisément, l'étymologie du mot étymologie.

Car nous sommes persuadés, sauf correction toujours, que ce verbe fornicare, ce substantif fornicatio que le Gaffiot nous dit employé par le rigoureux Tertullien au style particulièrement violent, s'ils sont formés sur fornix, ce n'est nullement parce qu'une prostituée exerçait dans un fornix mais bien parce qu'il la tenait pour en avoir un entre les cuisses.

Tout cela, qui peut paraître nous avoir éloignés de notre sujet, nous y fait au contraire pénétrer: il semble maintenant évident que, dans la bouche du salace Panurge, ce verbe forner, enfourner, n'a rien à voir avec la boulange, et qu'il doit s'entendre au sens érotique d'enfourner pour féconder. L'expression se comprend dès lors aisément sous cet angle, Panurge disant en fait: je suis aussi sage que jamais depuis nous n'en conçûmes, le nous étant le collectif facétieux de la tradition, qui tient pour illusoire toute certitude de paternité. Paraphrasée, la réflexion de Panurge équivaut à quelque chose comme: je suis aussi sage que jamais depuis, nous, géniteurs, n'en enfournâmes de tel.

Et revenant alors à l'expression du Gargantua, nous nous apercevons que si Demazière a raison de dire que la locution existait sans que lui soit liée l'idée de farine, il a en l'occurrence tort de l'en séparer, comme on tort les autres commentateurs de ne considérer qu'elle. Car il nous apparaît qu'il y a ici plaisanterie à double détente, Rabelais prenant la locution commune où le verbe forner, enfourner, est d'acception érotique et, profitant de la proximité du mot farine, feint de lui donner, en reprise, le sens innocent d'enfourner pour cuire la fournée. Encore paraphrasée, la locution est à entendre à peu près comme: je suis aussi sage que jamais depuis nous n'en mîmes au four, je veux dire de la pâte que vous entendez.

Cela compris, il nous faut bien voir que la réflexion exprime, de façon évidemment antiphrastique, qu'est atteint le summum de l'état dont on parle. Et si cette idée d'apogée a été soupçonnée par Demazière encore, avec son: après lui, il faut tirer l'échelle, dont le sens est: personne ne montera plus haut, il semble que nous nous rapprocherons davantage de l'idée d'efforts totalement vains qu'exprime Rabelais, si nous mettons en parallèle le vieille expression: cela fit autant d'effet qu'un cautère sur une jambe de bois.

Jusque-là, donc, l'enseignement de maistre Iobelin Bridé est tenu pour n'avoir fait ni bien ni mal. Mais nous allons voir, au chapitre suivant que, dans ce domaine, n'être d'aucun profit revient à appauvrir.

Comment Gargantua fut mis soubz aultres pedagoges. Chapitre.xv.

Donc Grandgousier, dont Screech disait au chapitre xiij qu'il a l'œil bénin et qu'il est aussi indulgent qu'ignorant, finit pourtant par s'apercevoir que tout ne va pas comme il faudrait dans les études de son fils: A tant son pere aperceut que vrayement il estudioit tresbien & y mettoit tout son temps, toutesfoys quen rien ne prouffitoit. Et que pis est, en deuenoit fou, niays, tout reueux & rassoté.

Et sans qu'on ait jamais établi quelle peut être ici l'intention de Rabelais, nous lisons que ce père se plaint de cette désolante situation à un personnage étranger, qui apparaît là pour la circonstance, haut placé dans son pays, mais dont on peut se demander ce qu'il est venu faire là: Dequoy se complaignant a don Philippe des Marays Viceroy de Papeligosse.

Il faut dire que les commentateurs sont déjà fort embarrassés avec son nom. Boulenger dit: En toulousain: papeligosso; région imaginaire. Philippe des Marais n'a pu être encore identifié. Guilbaud dit: Personnage non identifié. Royaume imaginaire. Plattard dit: Région imaginaire, qui, dans la croyance populaire, était une sorte d'Eldorado. Jourda dit: Région imaginaire dont le nom est d'origine languedocienne ou provençale; on parle dans le Midi du royaume de Pamperigouste. Michel dit: Philippe des Marais n'a pas été identifié. Le royaume de Papeligosse (mot du dialecte toulousain) évoque un pays de Cocagne. Screech dit: Philippe des Marais: inconnu. Peut-être un nom de fantaisie. Et il ajoute, d'après Sainéan encore: Papelygosse (orthographe de 1534): variante de Papagoce, pays imaginaire, pays de chimères, nom qui remonte aux mystères. Demerson dit: Papeligosse est un pays de légende. Et il avance: On a vu dans le nom de Des Marais une allusion à Désiré Érasme, ce qui donnerait à l'épisode une résonance allégorique.

Tout cela est mouture de commentateurs qui font tourner la meule à laquelle ils sont attelés, Demerson même ne rapportant qu'une hypothèse, prise on ne sait où, et ne donnant pas son avis. Tout ce que nous pouvons faire, dans ces conditions, c'est de renvoyer l'examen du nom et du titre de l'étranger jusqu'au moment où nous aurons analysé tout le chapitre, retenant pourtant dès maintenant l'idée, pour nous évidente, que ce chapitre est allégorique, même sans qu'on y voie nécessairement se profiler Érasme. Et nous lisons la suite.

Grandgousier, donc, s'étant complaint comme on l'a vu, entendit que mieulx luy vauldroit rien naprendre que telz liures soubz telz precepteurs aprendre. Car leur scauoir nestoit que besterie, & leur sapience nestoit que moufles, abastardisant les bons & nobles esperitz, & corrompent toute fleur de ieunesse. Et nous entendons, nous, que ce sont là les paroles que prononce le vice-roi, qui, tout de suite après, s'engage à démontrer la justesse de ce qu'il avance:

Quainsi soit prenez (dist il) quelcun de ces ieunes gens du temps present, qui ait seulement estudié deux ans, en cas quil ne ait meilleur iugement, meilleures parolles, meilleur propos que vostre filz, & meilleur entretien & honnesteté entre le monde, reputez moy a iamais ung taillebacon de la Brene. De tous les commentateurs, Boulenger est le seul à exprimer dès maintenant le poncif: Rabelais, après avoir raillé l'absurde éducation du moyen âge, va faire un vif éloge des nouvelles méthodes de la Renaissance. Pour moufles, il dit: Billevesées, vides comme des moufles. Et pour taillebacon: Coupe-lard de la Brenne. Voir chapitre III. Et il annotait alors, ne reculant pas devant la cuistrerie: La Brenne, entre l'Indre et la Creuse, était célèbre pour son bacon (vieux mot français qu'il est inutile de prononcer à l'anglaise). Guilbaud dit: Vide (comme des moufles), et: Tranchelard: fanfaron. Plattard dit: Niaiseries, vides comme des mitaines, et: Un pourfendeur de lard, c'est-à-dire un fanfaron. Michel dit: Stupidités, riens, d'aussi peu de valeur que des moufles, et: Tranche-jambon: fanfaron. Screech dit: Littéralement, tranche-lard. Et faisant preuve d'une rare perspicacité, il ajoute: Ici, injure. Puis il ne manque pas, au jeu de Lagarde et Michard, de passer par la case des lieux communs, déclarant, après: au cas quil ne ait meilleur iugement: Pour Rabelais, le jugement occupe une place d'honneur. Montaigne reprendra cette idée, tout en la nuançant. Demerson dit: Vieilleries pleines de vent, et: Le Coupe-jambon est un propre à rien. La translation donne hardiment: je veux bien que vous me considériez comme un charcutier de la Brenne, ce qui n'a peut-être même pas pour mission de vouloir dire quelque chose. Demazière, enfin, dit pour moufles: Bouffissures, et: Un taille-lard est un effronté coquin.

Et il nous faut nous forcer quelque peu pour nous persuader que nous avons affaire, avec ces commentateurs, à des gens qui ont pu, le temps de leurs études au moins, faire illusion sur leur degré de finesse. Car enfin, c'est pour l'expression clairement dévalorisante et même avilissante: & leur sapience nestoit que moufles, qu'ils parlent, quand ils ne les confondent pas avec les mitaines, du vide des moufles, du vent qui est censé les emplir, ou des riens, ou des bouffissures qu'elles représentent. De fait, tout le monde comprend que la locution revient à évoquer, non pas la non-valeur, mais la courte vue, l'étroitesse d'esprit. Et il est évident que cette notion de balourdise ne peut conduire qu'à celle d'hébétude avec la gageure: reputez moy a iamais ung taillebacon de la Brene, acceptation d'un risque où les commentateurs ne voient pourtant que celui d'être tenu pour fanfaron, propre à rien ou effronté coquin, tout cela s'appuyant sur du jambon ou du lard qu'on coupe, tranche, taille ou pourfend. C'est bien là qu'on peut dire, par décalque du texte, que mieux vaudrait ne rien lire que tels commentaires sous tels glossateurs lire. Aussi réexaminons-nous.

Le mot moufle et le mot mitaine ont longtemps désigné la même pièce d'habillement, celle qui couvre entièrement la main sans séparation pour les doigts à l'exception du pouce. Mais il est abusif d'employer, comme le fait Plattard, ce mot mitaine au sens moderne, qui a fini par désigner le gant qui laisse à nu les deux dernières phalanges des doigts, après avoir désigné d'abord, sous le nom spécifique de miton, puis de mitaine, la pièce d'armure qui protégeait la face supérieure de la main[1]. Toujours est-il que Greimas donne pour ce mot moufle les deux acceptions: Gros gant sans séparation de doigts; Objet de peu de valeur. Nous pouvons penser que ce sens d'objet de peu de valeur vient de la facilité qu'il y avait à découper puis à coudre une moufle dans de

---

1. Le Petit Robert donne pour ce mot Miton: Gantelet formé d'un poucier articulé et d'une plaque de protection pour les autres doigts. Cette définition est imprécise du fait que le terme gantelet a désigné la pièce d'armure dont les doigts étaient indépendants et articulés, quand le miton ne comportait que des lames métalliques mobiles à recouvrement (Littré), et n'abritait que le dos de la main et de l'ensemble des quatre doigts opposés au pouce.

Nous nous reportons au Livre des armes et armures, de C.-H. Tavard (Éditions Hier et demain, 1977), et nous lisons pour le mot mitaine: Cet ajustement (du haubert) fit qu'il était impossible au chevalier de l'enfiler et même de l'enlever et il devrait donc se faire aider de son écuyer (...) d'autant plus que les manches se terminaient par des mitaines qui faisaient corps avec le reste dès la fin du XIIe siècle.

Il nous faut donc entendre que la mitaine, étant fermée, protégeait aussi bien le dessous que le dessus de la main.

(...) A partir du milieu du XIVe siècle, les Français adoptèrent pour leurs «gantelets» certaines de leurs caractéristiques (celles des «gantelets» allemands et anglais) (...) les mitons, ou dessus de la main, qui furent aussi cannelés pour en augmenter la résistance.

Il est donc clair que le miton a remplacé la mitaine dans l'armure au milieu du XIVe siècle; et il paraît évident que le terme mitaine, à mesure qu'il ne désignait plus l'objet disparu, a été transféré au miton. C'est cette assimilation, où il reste manifestement un

(suite page suivante)

l'étoffe ou dans la peau d'un animal, et cela pourrait effectivement nous conduire à comprendre que la sapience des précepteurs n'est qu'amas de connaissances caduques. Mais il semble que nous pouvons, en l'occurrence, entendre sapience comme sagesse, c'est-à-dire ici discernement; il s'agirait alors de l'évocation de la sensation du toucher rendue rudimentaire par les moufles, et qui, transposée au plan de l'appréhension intellectuelle, implique la grossièreté de celle-ci. Leur sapience, c'est-à-dire la connaissance qu'ils acquièrent des choses, est tenue pour aussi superficielle, imprécise ou même trompeuse que si elle avait été prise par l'intermédiaire de moufles.

Quant au bacon, le mot est donné par Greimas pour: Porc tué et salé, lard salé, jambon. Le défaut, pour nos commentateurs, n'est donc pas qu'ils parlent indifféremment de jambon ou de lard, mais bien qu'ils ne sachent s'ils ont affaire à du lard ou à du cochon pour le sens de: reputez moy a iamais ung taillebacon de la Brene, ce qui est bien le terme d'un enjeu, celui d'être définitivement considéré comme un être borné. Car il nous faut bien ici, sans vouloir être désobligeant, entendre que cette région de la Brenne devait être réputée contenir des habitants auxquels la situation géographique interdisait les échanges générateurs d'ouverture d'esprit, cette réputation étant ici concrétisée dans l'évocation du comportement que l'on peut voir encore chez les charcutiers qui continuent de débiter du jambon à l'os, c'est-à-dire une application soutenue et anxieuse pour conduire le couteau de façon à couper une tranche d'épaisseur constante et d'une seule pièce, ce soin donnant à leur visage un facies totalement vide d'expression[2].

----

1. (suite) vague souvenir de la différence, qui apparaît dans la locution Miton mitaine, cette différence étant volontairement estompée pour donner le pas à la fonction commune: la protection de la main. Toutefois toute idée d'armement a déjà disparu chez Furetière qui dit, sans citer le mot miton: Miton mitaine. Terme proverbial qui se dit en cette phrase: C'est de l'onguent miton mitaine, qui ne fait ni bien ni mal, en parlant d'un remède, d'un secours, d'un expédient qui ne sert ni ne nuit.
Tout cela n'aurait pas grande importance si n'était ainsi éclairée d'un coup la parole de Panurge, au chapitre XI du Tiers Livre: Le cœur me bat dedans comme une mitaine, pour laquelle Screech dit seulement: Métaphore rencontrée chez d'autres auteurs mais toujours inexpliquée. Or il ne faut pas être grand clerc (de Angleterre, dirions-nous si nous ne l'avions déjà servi) pour comprendre maintenant que ladite mitaine est ce miton fait de plaques articulées qui, lors du transport à vide, devait tressauter et faire entendre un cliquetis métallique à chaque pas du cheval ou de l'homme.

2. Cette physionomie inexpressive est d'ailleurs celle de chacun qui s'avise de pratiquer le même découpage. Couper des tranches dans un jambon entier, c'est-à-dire avec ses os, est l'exercice qui vide le mieux l'esprit de toute autre préoccupation que celle de la tranche à réussir. Et l'on doit croire que les psychiatres n'ont reculé devant cette thérapie que parce qu'elle demande un couteau aiguisé qui peut évidemment être retourné contre soi ou contre autrui.

C'est donc pour avoir, lui, fort bien entendu ce qu'exprime le vice-roi, que le père inquiet donne son accord: Ce que a Grandgousier pleut tresbien & commanda quainsi feust faict. Et c'est alors la scène où tout le monde a toujours voulu voir représentée la fine fleur de l'éducation: Au soir en soupant, ledict des Marays introduict un sien ieune paige de Villegongys nomme Eudemon tant bien testonné, tant bien tiré, tant bien espousseté, tant honneste en son maintien, que trop mieulx resembloit quelque petit angelot quun homme. Puis dist a Grandgousier:

Mais avant d'écouter des Marays, il nous faut lire ce que nous apportent les commentateurs. Pour Villegongys, Plattard dit, résumant tous les autres: Canton de Levroux, arrondissement de Châteauroux, région voisine de la Brenne. Pour Eudemon, on nous donne les équivalents: heureux, ou fortuné, ou né sous une bonne étoile, Demerson disant: Bien doué, et Plattard commentant: Ce page, qui a été initié à la culture de la Renaissance, porte un nom grec.

Pour l'opposition angelot-homme, Demerson, tenant pour rien le temps passé à étudier sous la férule de Thubal Holoferne puis sous celle de Iobelin Bridé, dit: Le pauvre Gargantua, se vautrant par les fanges, partageant l'écuelle des chiots, auxquels il soufflait au cul, ressemblait mieux à quelque petite bête qu'à un homme, ce qui constitue une note dont l'éclat n'apparaît pas comme de première grandeur. En revanche, Screech, donnant pour Eudemon l'équivalent Heureux, fortuné, ajoute: Après Gargantua, Rabelais s'en désintéresse; il ne figure qu'une fois au Tiers Livre, XIIII, et une fois au Quart Livre, LII. Et nous mettons en réserve cette notion d'abandon pour nous en servir au besoin, si l'examen de la suite confirme le début d'une vague apparence d'idée qui semble se dessiner derrière la brume des conventions universitaires. Sur ce, nous écoutons ce que déclare l'ostentatoire des Marays:

Voyez vous ce ieune enfant? il na encor douze ans (1534: seize ans), voyons si bon vous semble quelle difference y a entre le scauoir de vos resueurs mateologiens du temps iadis, & les ieunes gens de maintenant. Lessay pleut a Grandgousier, & commanda que le paige propozast.

Il y a là le mot matéologiens expliqué par nos commentateurs. Boulenger dit: Diseurs de sornettes. Guilbaud dit: En grec: diseurs de billevesées, conteurs de sornettes. Plattard dit: Proprement: diseur de billevesées, du grec mataiologos. Rabelais joue sur les dernières syllabes du mot et désigne par ce nom les théologiens. Ce calembour était usuel chez les Humanistes. Jourda est pour une fois original, mais peu convaincant; il dit: Au sens précis: diseurs de riens. Est-il besoin de signaler la plaisanterie sur les théologiens? On notera que le mot sévère a été maintenu dans toutes les éditions, peut-être parce que les théologiens, ignorants du grec, étaient incapables de sentir la plaisanterie. Cet innocent Jourda croit que les théologiens ignoraient le grec parce qu'ils s'opposaient à ce que cette langue fût étudiée. De plus, il les croit assez naïfs, en admettant que le grec leur fût inconnu, pour ne s'être même pas renseignés sur la signification d'un mot qui les aurait intrigués: tout est simple aux simples, dirons-nous. Demerson dit: Ce beau produit de la pédagogie moderne (Eudemon) va faire prendre conscience à Gargantua qu'il est tout resveux; les matéologiens, d'après saint Paul, sont des parleurs au verbe creux; Érasme avait déjà dit en latin que matéologiens évoque théologiens. Screech dit: Calembour savant affectionné par les humanistes évangéliques: mataiologos, débiteur de vanités. C'est saint Paul (I Thimotée, I, 6-7) qui donne à ce calembour toute sa saveur. Et il cite en latin les deux versets, comme si les Épîtres avaient jamais été écrites en cette langue: Conversi sunt in vaniloquium, etc. (c'est-à-dire, selon nous, Ceux qui se sont tournés vers une vaine loquèle, ce que la traduction de la Pléiade rend pauvrement par bavardage, et celle de la Bible de Jérusalem, platement par creux verbiage). Mais il est alors obligé de donner l'équivalent grec de in vaniloquium: eis mataiologian, ce qui nous inciterait à nous demander pourquoi Screech a éprouvé le besoin de citer en latin les deux versets, si nous n'avions depuis longtemps compris qu'il a une vocation rentrée de latiniseur en soutane (d'avant Vatican II, bien sûr)[3].

Ces deux versets n'ayant pas assouvi sa passion, il se complaît à citer encore les cinq premières lignes, évidemment dans leur latin original, du polygraphe de Rotterdam, disant: Érasme ajoute un long commentaire à ce texte (Opera, VI, 916, D), texte dont nous retenons surtout que ledit Érasme est assez bon pour signaler à ceux qui ne l'auraient pas entrevu le parallèle malicieux entre ma-taeologia et Theologia, renseignant donc avec précision ces théologiens dont Jourda dit qu'ils ne savaient pas le grec: on n'est jamais trahi que par les siens.

Tout cela aboutit à faire de la page de l'édition de Screech une page distribuée en deux parties, une moitié pour le texte de Rabelais (seize lignes), une autre pour l'annotation où, sur dix-sept lignes, huit sont en latin (la page suivante comportant, elle, huit lignes d'annotation, toutes en latin). Quand donc Droz, l'éditeur de Screech, aura-t-il réussi à

---

3. En fait, il a surtout la conviction d'être inspiré. Ainsi, il circule parmi les Rabelaisants une rumeur selon laquelle M. Screech, arrivant un soir avec un groupe de ses compatriotes à la Devinière, après la fermeture, a prétendu convaincre le gardien de lui ouvrir en lui déclarant le plus sérieusement du monde qu'il avait devant lui l'esprit même de Rabelais. Le gardien, d'autant que sa soupe était chaude, a refusé de laisser pénétrer l'esprit dans sa maison natale. Et l'on dit (mais cela n'a toutefois pas été confirmé) que M. Screech (to screech: pousser des cris perçants) se serait alors écrié dans l'anglais de sa Holy Bible: Forgive them; for they know not what they do! (Pardonnez-leur; car ils ne savent ce qu'ils font!).

convaincre ses auteurs (que d'aucuns, acerbes, nomment d'ailleurs les Drozophiles), et particulièrement ceux qui publient dans cette collection intitulée Textes Littéraires Français, que celle-ci s'adresse à des étudiants en lettres modernes qui ne sont pas tenus de lire couramment le latin? Et quand donc Screech aura-t-il compris que ses coquetteries à la Ianotus sont passées de mode et qu'elles risquent de décourager les chercheurs qui se consacrent aux écrivains de langue française?

Pour le verbe propozast, les commentaires sont les suivants: Boulenger dit: En langage d'école, c'était présenter, soutenir une thèse, ce que disent aussi Guilbaud et Plattard. Mais celui-ci ajoute: Ainsi c'est sur une argumentation orale que l'on fera l'essai de la science du jeune homme formé par les disciplines de la Renaissance, comme on l'eût fait au moyen âge. Jourda ajoute à sa définition: Eudemon, homme de la Renaissance, pratique donc les méthodes anciennes. Demerson dit: Fit l'exposé préliminaire à la soutenance de sa thèse. Demazière dit aussi: Proposer, en terme d'école, c'était commencer une discussion, en poser les bases.

Ici nous dirons que la remarque de Plattard, reprise en écho par Jourda, est certes plus importante que la question de savoir si proposer voulait dire soutenir une thèse ou seulement en poser les préliminaires. Ce qui nous apparaît assurément comme primordial, c'est de bien voir que la préparation agencée par l'auteur laisse attendre un exposé qui, bien que fait à l'ancienne, ne peut qu'être celui d'une question capitale puisque l'exposé a charge de convaincre de la supériorité de l'éducation d'Eudemon,

Screech, qui ne connaît pas la déviation dans la foi universitaire, dit: Eudemon personnifie l'idéal de l'époque. Et il cite en référence Otho Brunfells, De disciplina puerorum institutione (in De ratione studii, Bâle, 1541), et donne les huit lignes de latin dont nous parlions, et dont il nous faut bien extraire les mentions de tête découverte, de physionomie avenante tout en étant réservée, de pieds joints, de mains immobiles, enfin tout ce qui caractérisait un prix d'excellence d'il y a encore un demi-siècle[4].

---

4. C'est un de ces prix d'excellence qu'un dessinateur d'aujourd'hui, Sempé, a mis en scène en lui donnant avec clairvoyance le nom d'Agnan, les syllabes gna, gno, gnan, gnon, gnou étant traditionnellement dévolues à l'évocation de la niaiserie (et dans ce cas, de la docilité qui ne peut, au sentiment des autres élèves, qu'être manque de personnalité). Le Petit Robert donne: Gnangnan: personne, molle, sans énergie. Gnonotte: quelque chose de tout à fait négligeable. Le vocabulaire lyonnais a les mots Gnare, Gnioche, Gnoune, Gnougne, Gnoque pour désigner la sotte, la niaise. En outre, frère Jean parlant, au chapitre X du Quart Livre, de chiabrener vainement avec les femmes, n'accompagne-t-il pas cette évocation d'inefficacité masculine des mots magny, magna? Et au chapitre XXI du même Livre, quand il dit à Panurge que ses couillons pendent au cul d'un veau coquart, cornart, escorné, ne finit-il pas cette accusation de couardise sur les mots: mgnan, mgnan, mgnan?

Ainsi prévenus, nous lisons maintenant la suite: Alors Eudemon demandant congié de ce faire audict viceroy son maistre, le bonnet au poing, la face ouuerte, la bouche vermeille, les yeulx asseurez, & le reguard assis suz Gargantua, auecques modestie iuuenile se tint sus ses pieds, & commenca le louer & magnifier,

Mais comme nous savons désormais qu'il s'agit d'un exposé conduit selon les règles, nous décomposons:

premierement de sa vertus & bonnes meurs,

secondement de son scauoir,

tiercement de sa noblesse,

quartement de sa beaulté corporelle.

Et pour le quint doulcement lexhortoit a reuerer son pere en toute obseruance, lequel tant sestudioit a bien le faire instruire,

en fin le prioit quil le voulsist retenir pour le moindre de ses seruiteurs.

Car aultre don pour le present ne requeroit des cieulx sinon quil luy feust faict grace de luy complaire en quelque seruice agreable.

Voilà donc la teneur de ce qu'avait à dire Eudemon. Voyons maintenant la façon dont il l'a fait:

Le tout feut par icelluy proferé auecques gestes tant propres, pronunciation tant distincte, voix tant eloquente, & languaige tant aorné & bien latin, que mieulx resembloit un Gracchus, un Ciceron ou un Emilius du temps passé, quun iouuenceau de ce siecle.

Et les commentateurs sonnent ici comme on les a fondus. Guilbaud dit: En élève des humanistes, Eudemon parle en latin et non en français. Plattard dit: Rabelais estime donc, comme tous les humanistes de sa génération, que le langage de la haute culture ne saurait être le langage vulgaire, mais reste le latin. Jourda dit: Comme Érasme et les humanistes, comme les poètes néo-latins, Eudemon — et Rabelais! — estime que le latin reste la langue noble. Demerson est seul à marquer quelque surprise: Le jouvenceau de ce siècle s'oppose aux matéologiens de naguère mais imite les grands orateurs antiques.

Ainsi, il nous faudrait entendre que Rabelais donne pour exemple de la parfaite réussite de l'éducation la plus souhaitable ce petit grimaud de douze ans qui, après avoir pris la position requise et adopté la physionomie imposée, développe en un latin cicéronien des points dont il ne connaît rien, attendu que, manifestement, il rencontre Gargantua pour la première fois. Il loue donc de confiance, et magnifie de même:

premièrement une vertu et de bonnes mœurs qui sont supposées;

deuxièmement un savoir dont il n'a jamais eu le moindre commencement de preuve;

414

troisièmement une noblesse qui, le mot étant évidemment à entendre au sens d'ensemble de mérites, est pure supputation;

quatrièmement une beauté corporelle pour laquelle le compliment, outre qu'il est futile, est suspect attendu que, s'adressant à un géant, il ne peut être appuyé sur la comparaison;

et pour le cinquième point, l'exhorte précautionneusement à révérer son père en toute obéissance, parce que celui-ci s'évertue à le faire bien instruire, ce qui n'est à l'évidence que flatterie de commande.

Et cette propension à la flagornerie s'épanouit enfin dans cette prétention à rendre à Gargantua n'importe quel service qui lui soit agréable, étant entendu que les cieux auraient alors exaucé les souhaits de cet Eudemon si mondain, comblé du fait que Gargantua l'aurait alors retenu au nombre de ses serviteurs. N'était que nous ne voulons pas être vulgaires, et n'était surtout la taille de Gargantua, nous nous dirions que ce n'est que parce qu'il n'en a pas qu'Eudemon s'abstient de lui offrir sa sœur.

Et l'on veut nous faire admettre que cela est l'expression de la pensée profonde de ce Rabelais libre d'esprit, indocile et combatif, et qui, de plus, a résolument choisi d'écrire en français, quitte à rester en marge du groupe des humanistes, quitte même à être ignoré de leur patron Érasme, comme en témoigne à nos yeux la vaine lettre dithyrambique qu'il lui a écrite en 1532 pour tenter de se faire reconnaître de lui. Et l'on veut nous convaincre que ce mécanique Eudemon représente l'idéal d'éducation pour ce Rabelais qui n'a commencé d'exister, lui, que du moment où il a cessé d'être moine réglé. Ah, vouatt, comme on dit à Lyon[5]; nous n'en croyons rien, tant il nous apparaît peu vraisemblable que Rabelais ait jamais pu ériger en modèle ce jeune automate s'appliquant à débiter, en un langage certes tant aorné & bien latin, ce qui n'est que parlage de civilité, si proche pour lui du verbiage de religiosité qu'il a dû débiter étant moinillon.

Ce que nous croyons, en revanche, c'est que sous l'apparence approbative qu'a le morceau, tout à la louange de l'éducation telle que la conçoivent les Érasmiens, se dissimule bel et bien une satire discrète ne devant être comprise que de ceux qui, tout en épousant la querelle des humanistes se dérobant au joug de la Sorbonne, n'entendent pas labourer sous celui d'un nouveau bouvier. Et si toute l'Université a toujours vu, comme on pouvait s'y attendre, le seul sens laudatif, nous distinguons, nous, l'antiphrase, celle-ci étant clairement signalée par les

---

5. Peut-être renforcement expressif du mot Voire! puis du mot Ouais employés en exclamation dubitative.

trois points significatifs que sont la proposition à l'ancienne, le contenu dépourvu de la moindre idée, et le latin cicéronien employé. De fait, nous aurons confirmation de cette vue contemptrice au chapitre xxiij, quand nous verrons que l'enseignement que Ponocrates dispense à Gargantua ne tient par aucun point à celui qui a pu former le produit Érasmien qu'est cet insipide Eudemon, personnage qui embarrassera tellement Rabelais par son insignifiance qu'il va l'abandonner après lui avoir fait jouer deux fois, et dans deux Livres différents, les utilités.

Et il se pourrait bien alors que la sympathie de Rabelais, comme la nôtre d'ailleurs, aille vers ce Gargantua dont la gauche réaction va tant irriter son bonhomme de père si humblement respectueux des avis du vice-roi: Mais toute la contenence de Gargantua fut, quil se print a plorer comme une vache, & se cachoit le visaige de son bonnet, et ne fut possible de tirer de luy une parolle, non plus qun pet dun asne mort.

Demerson profite ici de l'évocation de l'orifice anal asinien pour élever sensiblement le niveau, disant: Au moment de la mort, le souffle vital s'échappe du corps par tous les orifices. Cela nous renseigne d'inestimable façon, car nous croyions jusque là que cette manière d'expirer était celle des seuls habitants de l'isle de Ruach (Q.L. XLIII) qui, ne vivant que de vent, meurent tous hydropicques, tympanites; et meurent les hommes en pedent, les femmes en vesnent. Ainsi leur sort l'ame par le cul.

C'est alors la colère de Grandgousier, qui se tient pour fortement humilié: Dont son pere fut tant courroussé, quil voulut occire maistre Iobelin, Mais ledict des Marays lenguarda par belle remonstrance quil luy feist: en maniere que fut son ire moderee, Puis commenda quil feust payé de ses guaiges, & quon le feist bien chopiner sophisticquement (1534: theologalement), ce faict quil allast a tous les diables.

Et l'on nous explique ici que les théologiens passaient pour boire sec (Guilbaud) ou pour arroser copieusement leurs discussions (Demerson), Plattard ne craignant pas d'avancer que les amendes infligées aux étudiants en théologie, dans certaines argumentations, consistaient en pots de vin.

Grandgousier, rasséréné, se borne alors à décharger ce qui lui reste de rancœur dans une boutade dont fait les frais maître Iobelin, boutade que personne, nulle part, ne s'est jamais soucié non seulement d'entendre mais de signaler comme incomprise, ou même comme incompréhensible. Tout le monde fait comme si elle n'existait pas: Au moins (disoit il) pour le iourdhuy ne coustera il gueres a son houste, si dauenture il mouroit ainsi sou comme un Angloys.

Ce n'est pas, pourtant, que nos commentateurs restent muets, ce qui pourrait découvrir leur embarras: ils font des notes, mais des notes sur la comparaison avec l'Anglais. Boulenger dit: Dans ses Adages, II, 2, 68, Érasme cite ce proverbe: Tam satur est quam Anglus, il est saoul comme un Anglais. Guilbaud dit: Les Anglais avaient la réputation d'être grands buveurs (signification que nous avions, à vrai dire, commencé d'entrevoir). Plattard dit: La réputation d'intempérance des Anglais était consacrée par ce dicton d'Érasme, etc. Jourda joue le même air, un ton au-dessous. Michel dit: Les Anglais et les Allemands passaient pour s'enivrer volontiers. Érasme (Adages), etc. Demerson dit: L'expression saoul comme un Anglais était alors proverbiale en France (ce qui nous paraît être une note de bon ton, qui va avec tout, et qui doit faire de l'usage).

Tout le monde ayant ainsi payé son écot selon ses moyens, on passe outre, sur la pointe des pieds, pour ne pas éveiller le chat. Un seul pourtant, Guilbaud, s'enhardit et tente d'expliquer: Jeu de mots: sou et soûl, en rapport avec hôte, explication qui ressemble assez à ce que l'examinateur peut obtenir de l'examiné par la torture sur l'estrade: n'importe quoi pour que cela cesse.

Il semble pourtant que, sans nous mettre au supplice ni forcer en rien le texte, nous pouvons parvenir à comprendre, simplement en observant. Il apparaît d'abord que, dans cette saillie, trois points forts sont à retenir: d'abord que maître Iobelin, ayant bu théologalement (ou sophisticquement), est largement imbibé de vin; ensuite que l'hôte dont il est question n'aura de ce fait pas beaucoup à dépenser, donc à dépenser pour le remplir de vin; enfin qu'est évoquée la circonstance où ce maître Iobelin mourrait, et mourrait chez l'hôte en question. Il tombe alors sous le sens que dépendent l'un de l'autre les deux éléments que sont la mort et le vin. Et il n'est alors pas indispensable d'être ordonnateur des pompes funèbres pour entendre qu'il s'agit ici du vin, c'est-à-dire de l'alcool, qui est employé pour retarder le début de la putréfaction.

Tout le monde comprend que nous avons affaire à une pratique de thanatopraxie, comme on dit aujourd'hui, pratique que nous pouvons ainsi reconstituer (tout en attendant qu'un observateur découvre la planète conjecturale): Devait faire partie des lois de l'hospitalité l'obligation pour l'hôte chez lequel mourait un invité de renvoyer, dans le meilleur état possible, le corps à son domicile. Dans le cas où ce domicile était éloigné, il fallait donc, vu la longueur du voyage, faire procéder à une sorte d'embaumement. Et nous déduisons de ce que dit Grandgousier que cette façon de retarder la décomposition devait consister, après bouchage des orifices, en l'injection d'alcool dans le tronc et la tête, ce qui demandait assurément une grande quantité d'alcool et entraînait une grande dépense pour l'hôte. Il est même vraisemblable que c'est cette précaution qu'on dut prendre pour le corps de Guillaume du Bellay, mort en 1543 pendant son voyage du Piémont à Paris, on mont de Tarare (T.L. XXI).

Nous voilà donc à même, semble-t-il, de nous amuser de la plaisanterie de Grandgousier (car nous savons bien que l'époque ne répugnait pas, pour rire, à évoquer la mort de quelqu'un sans que cela fût encore considéré comme funeste). Sauf correction toujours, et prenant à rebours pour plus de facilité, nous voyons clairement apparaître le sens suivant:

Aujourd'hui qu'il est saoul comme un Anglais (donc tout imbibé d'alcool), au moins ne coûtera-t-il guère (pour achever de le remplir) à l'hôte chez lequel il se rend, s'il advient qu'il meure chez lui (et donc que cet hôte doive renvoyer son corps).

Ainsi nous ne nous sommes pas en vain permis de lever la dalle sur laquelle passaient, recueillis et silencieux, les commentateurs.

Le brave homme qu'est Grandgousier s'étant, par le bon mot, suffisamment vengé de sa désillusion, il considère alors ce qui est à faire: Maistre Iobelin party de la maison, consulta Grandgousier auecques le viceroy quel precepteur lon luy pourroit bailler, & feut auisé entre eulx que a cest office seroit mis Ponocrates pedaguoge de Eudemon, & que tous ensemble iroient a Paris, pour congnoistre quel estoit lestude des iouuenceaulx de France pour icelluy temps.

Pour ce nom de Ponocrates, Michel dit: Mot inventé par Rabelais, à la façon de noms grecs: dur à la tâche (ponos: peine, travail, et kratos: puissant). Guilbaud donne: Puissant par le travail, ou plutôt, comme on va le voir, ardent à l'ouvrage. Screech donne l'équivalent: travailleur, et Demerson: le Travailleur. Nous verrons donc là quelque chose comme Peinedur, le nom choisi par Rabelais semblant tenir compte du rôle de musclé qu'aura le précepteur aussi bien dans l'éducation physique qu'il préconisera pour Gargantua que dans l'assistance qu'il lui apportera au combat.

Mais plus épineux est le point qui peut paraître contredire la vue qui a été la nôtre d'Eudemon personnifiant l'éducation préoccupée de verbiage mondain, puisque le précepteur qui est donné à Gargantua est celui qui a formé le protégé du vice-roi. Or nous voyons pourtant là la suite de la satire, perceptible toujours aux esprits complices; et celle-ci est contenue dans la phrase finale précisant que tous ensemble iroient a Paris, pour congnoistre quel estoit lestude des iouuenceaulx de France pour icelluy temps. C'est bien indiquer que les trois personnages vont avoir à s'enquérir de ce qui leur manque, que ce soit Gargantua assoté par l'enseignement de maître Thubal Holoferne puis de maître Iobelin Bridé, ou Eudemon confiné jusque là par Ponocrates dans les brillants et vernis, ou Ponocrates même si nous en jugeons par la discipline qu'il imposera plus tard à Gargantua, au chapitre xxiij, fort éloignée de celle qu'a manifestement connue Eudemon.

Ainsi, quoi qu'on en ait, cet Eudemon si jolliet est bien ici l'exemple de l'éducation erronée, et le Ponocrates provincial, celui du pédagogue imparfait. Mais l'on doit maintenant se demander qui peut être ce don Philippe des Marays Viceroy de Papeligosse, sous l'égide de qui a fleuri cet élève dont il est si satisfait qu'il lui fait donner la représentation comme un bateleur produit son singe. Voyons donc d'abord le nom de Papeligosse que les commentateurs font si sûrement provençal.

Lou Pichot Tresor (Aubanel, 1975) ne donne aucun mot ressemblant à Papeligosse. Seuls figurent les termes Papard: bouillie pour les enfants; Papareu, ello: jeune enfant; Papelin, ino: papal; Papet: grand-papa; Papo, oti: enfant joufflu. Ainsi ce nom de Papeligosse n'est pas plus le toulousain Papeligosso qu'il ne peut, dans les années 1500, s'apparenter à Pamperigouste. Quant à le faire procéder de l'idée d'El-dorado ou de pays de Cocagne, nous n'y verrons encore que simple association réflexe déclenchée par le papier blanc. Nous attendrons donc d'avoir examiné le nom du vice-roi pour avoir quelque chance d'entrevoir de quel pays il a la charge.

Mais ici, employant exceptionnellement la première personne du sin-gulier, et l'on va voir pourquoi, je dois confesser que, dans une pre-mière rédaction, je m'étais enfoncé dans une compréhension alambi-quée où le mot marais rappelait le palus, qui pouvait renvoyer à l'idée contenue dans la paluz Camarine (P. xxxiij); où Philippe était à enten-dre comme l'onomatopée du sifflement du fouet: Filip (attestée par le vocabulaire lyonnais et l'anglais Fillip: chiquenaude), renvoyant à l'idée de lenorme cruauté du collège de Montaigu (G. xxxvij); où Pampeligosse apparaissait dès lors comme formé sur Papelier: fabri-cant de papier (Greimas), comprenant donc l'idée de papier, idée mar-quée du suffixe fortement péjoratif: Gos (Greimas) déjà vu pour le mot Esgous (G. xiij); où le titre de Don n'avait finalement d'autre raison que d'anoblir quelqu'un qui a la charge de gouverner à la place du roi. Et je concluais en voyant dans ce Don Philippe des Marays Viceroy de Papeligosse quelque chose comme Don Fouettard de la Fange, vice-roi de Paperassie, ce personnage incarnant celui qui, s'appuyant sur les plus mesquines recommandations d'Érasme, prônait la contrainte comme moyen d'éducation et tenait pour réussite une virtuosité sans fondement exprimant des futilités.

Cela était sans doute fort lourd aux semelles, mais l'erreur a ce privilège d'apparaître à celui qui la commet comme le choix du chemin le moins bourbeux. C'est alors qu'un professeur de Lettres que j'aime du bon du foye (T.L. XXI) puisqu'il s'agit de mon fils aîné Jean-Paul (et l'on voit pour quelle raison j'ai répugné à employer le nous) m'a montré que tout porte à croire que Des Marays est bien Érasme, me communiquant la conviction qu'il avait acquise par mon refus de prendre au sérieux la démonstration par Eudemon, comme on le fait universitairement (et comme lui-même regrettait de l'avoir fait dans son mémoire de Maîtrise: La part de Rabelais dans la réforme de l'éducation, 1969). Devenu, depuis, Agrégé, il montre ainsi que, des professeurs, les meilleurs sont perfectibles, refusant de rester figés comme un bol de gelée. Du même coup, est démontré qu'un franc-tireur fortement méprisant des universitaires sclérosés prise hautement celui qui garde l'esprit ouvert et le raisonnement souple. Cette littéraire affaire de famille traitée, nous reprenons:

Il est clair pour Jean-Paul Berlioz, et désormais pour nous, que le titre espagnol Don ne peut qu'évoquer l'appartenance espagnole de la Hollande; que le prénom Philippe évoque celui de Philippe Ier le Bon, souverain des Pays-Bas de 1482 à 1506, pour qui, dit la Chronologie de J.-C. Margolin (Érasme, Écrivains de toujours, le Seuil, 1967), Érasme a écrit en 1504 un Panégyrique qu'il lut en personne, à Bruxelles, devant une brillante assemblée; que le Des de Des Marays ressemble fort à la première syllabe de Désiré (Érasme) tout en introduisant l'idée de ces marais qui sont à interpréter comme de Hollande ou même de Rotterdam; que le titre de vice-roi évoque de façon transparente le rôle de conseiller politique de Charles Quint qui fut celui d'Érasme. Ne reste que le de Papeligosse pour lequel nous devons repartir seuls en exploration, assurés pourtant que ce ne peut être ce de Paperassie que nous avions cru voir, mais assumant personnellement la prochaine erreur possible.

Toute la vie d'Érasme ne peut que laisser la place à la compréhension: Érasme, allié de la papauté, et particulièrement ces points de la Chronologie de Margolin: 1519, août: Le séjour à Louvain devient plus difficile pour Érasme, qui demande la protection du pape. (...) 1521, avril: Neutralité d'Érasme combattue à Louvain. Le pape voudrait aussi le voir prendre position. (...) 1523: Henri VIII et Adrien VI incitent Érasme à écrire contre Luther. (...) 1530, début de l'été: Accueilli chaleureusement par la ville catholique de Fribourg, Érasme est installé en grande pompe...[6] (...) 1535, janvier: Érasme assure le pape de son entier dévouement à la cause de l'unité de l'Église. 1535, 31 mai: Réponse bienveillante et reconnaissante du pape. (...) 1535, août: Le pape lui offre le chapeau de cardinal...

Il semble qu'aucune hésitation n'est possible: il faut distinguer dans Papeligosse le mot pape. Cela posé, reste à entendre ce que signifie -ligosse.

La première idée qui vient à l'esprit est évidemment de reconnaître ici le mot ligue, mot pour lequel Bloch et Wartburg disent: 1393; déjà au XIIIᵉ siècle dans un texte italianisant; cf. aussi liga dans le latin médiéval du XIVᵉ siècle. Emprunté de l'italien liga, forme ancienne, probablement refaite sur le latin ligare, lier, à côté de lega (d'où lègue au XVᵉ siècle), forme aujourd'hui usuelle, tirée de legare.

En admettant que cela soit bon, nous ne sommes encore renseignés que sur la partie -lig- du mot -ligosse, et nullement sur la terminaison -osse. Mais c'est dans Grevisse (Le Bon Usage, § 175) que nous trouvons mention de la dérivation -ose (latin -osus, suffixe populaire -eux) qui forme, dit-il, surtout des dérivés dans la nomenclature scientifique, (grec -ôsis) qui donne les termes médicaux. Autrement dit, nous pouvons retenir l'équivalent -eux, forme du collectif.

Et nous entendons alors que le mot Papeligosse contient le mot pape (Pape-), le mot ligue (-lig-) et le suffixe collectif -osse, ayant valeur de -eux. Papeligosse est le pays des Papeligueux, c'est-à-dire le pays des ligueurs du pape (le mot gueux étant purement accidentel, et Rabelais ayant probablement employé ce suffixe -osse à la fois pour éviter le calembour non souhaité et pour n'être pas trop clair). Jean-Paul Berlioz a donc eu raison de dire que Don Philippe des Marays ne peut qu'être Érasme, puisqu'il est Viceroy (le roi étant Charles Quint) du pays des ligueurs du pape. Et il semble qu'il nous faut voir dans la formation de ce pseudonyme l'intention de s'en prendre à Érasme pour sa position de catholique, de papiste résolu, plutôt que celle d'égrati-

---

6. A noter que Margolin donne, pour 1532, dans la colonne des événements contemporains: La paix de Nüremberg amène le pape à envisager la réunion d'un Concile pour réformer les abus patents de l'Église. Et il ajoute: Les chroniques de Gargantua, de Rabelais et l'Adolescence clémentine, de Marot. Et comme il dit, pour 1533: Pantagruel, de Rabelais, et pour 1534: Vie du grand Gargantua, de Rabelais, nous sommes bien obligés d'entendre que, pour lui, il ne fait pas doute que Rabelais est l'auteur des Chroniques, ce qui témoigne d'une belle indifférence à la question. Et nous nous demandons pourquoi le spécialiste d'un auteur ne peut garder quelque humilité en ce qui concerne les auteurs qu'il connaît moins bien, juste avant de nous dire qu'en vérité tout se passe comme si nul Erasmisant ne pouvait l'être sans avoir à cœur de rabaisser Rabelais, convaincu qu'ils sont que Rabelais s'est paré des plumes d'Érasme. Nous allons voir plus loin qu'un préfacier, à vrai dire connu pour sa myopie littéraire, n'hésite pas à exprimer ce ressentiment.

gner au passage le lustre littéraire du chef incontesté des esprits de la Renaissance dans les pays du Nord[7], bien que cette position ait dû être assez pesante, à la longue, à ceux qui étaient tenus d'honorer le personnage pour figurer parmi les esprits éclairés. Se trouve avéré du même coup ce que Demerson donnait pour hypothétique; il est seulement dommage qu'il n'ait livré ni la raison ni la source de cette hypothèse: cela nous laisse penser qu'elle lui est personnelle, posée ici à tout hasard en dépôt d'antériorité afin de pouvoir s'en prévaloir après que d'autres l'auront étayée; car nous avons pu voir que M. Demerson a l'habileté marchande, et nous en aurons d'ailleurs une nouvelle preuve au chapitre suivant.

Quant à la démonstration par Eudemon, nous ne pouvons plus douter qu'elle renferme, comme nous avons voulu le voir, une satire de la méthode d'éducation Érasmienne, jugée, outre son inanité, fâcheusement astreignante et restrictive. Car si ledit des Marays a eu manifestement le vain souci de faire enseigner à montrer face ouverte et bouche vermeille, il est non moins sûr qu'il a exigé que l'on soit intensément coercitif pour parvenir, après deux ans d'étude seulement, à

---

7. Cette formule est de **Maurice Rat**, dans sa préface à l'Éloge de la Folie, traduit par P. de Nolhac (Garnier-Flammarion), préface où nous lisons quelques lignes plus loin: Il (Rabelais) savait bien, et reconnaissait hautement, étant honnête homme, que toute sa formation intellectuelle venait de son maître. Il lui doit sa meilleure substance. Qu'on le dise une bonne fois, sans diminuer la gloire du conteur: si Érasme n'avait pas écrit, Rabelais ne ferait pas figure de «penseur»...

Nous entendons que, par ce terme de penseur, M. Rat désigne celui qui a des pensées neuves et personnelles sur les problèmes généraux (Petit Robert), et les guillemets reviennent alors à tenir pour imposture cette qualification appliquée à Rabelais. Or nous nous croyons pourtant fondés à prétendre que Rabelais s'inspirant d'Érasme (qui d'ailleurs, écrivant sur tout, ne pouvait qu'être à la base de tout), loin d'avoir le rôle de pilleur qu'on a longtemps attribué au frelon, a tout au contraire celui de l'abeille: d'abord parce qu'il rend en son français d'écrivain ce latin d'Érasme qui donne, dans toutes les traductions fidèles, un style qui exige du lecteur d'être ferré à glace pour tenir un moment; ensuite parce que, tout en donnant vie à l'idée, il opère une sélection d'artiste et se garde, par exemple, de rien reprendre de développements tels que ceux-ci:

Il est indécent de regarder en ouvrant un œil et en fermant l'autre; qu'est-ce en effet autre chose que se rendre borgne à plaisir? Laissons cela aux thons et à certains artisans. (...) Que le front soit riant et uni, indice d'une bonne conscience et d'un esprit ouvert; tout plissé de rides, c'est un signe de sénilité; mobile, il rappelle le hérisson; menaçant, il fait songer au taureau. (La civilité puérile, chapitre I: De la décence et de l'indécence du maintien, traduction A. Bonneau, cité par J.-C. Margolin).

Cela n'est encore que sentencieuse absurdité (comment, par exemple, un front peut-il être riant?) et infatuation méprisante (l'artisan qui ferme un œil pour vérifier une droite ou un aplomb n'est pas si loin de celui qui assemble des mots, et Gargantua, au chapitre xxiiij, ne dédaignera pas d'aller voir ces manuels employer leur savoir-faire). Mais voici quelque chose qui ressemble à une idée, et une idée de pisse-froid: ... Rire de tout ce qui se fait ou se dit est d'un sot (ce qui, dirons-nous, n'est guère aimable pour Démocrite); ne rire de rien est d'un stupide (ce qui, dirons-nous encore, est fort désobligeant pour Héraclite). Rire d'un mot ou d'un acte obscène marque un naturel vicieux (et nous dirons, cette fois, que cela est

(suite page suivante)

faire s'exprimer en un latin si parfaitement cicéronien un élève qui n'a pas douze ans. (Et la correction apportée au texte original, qui parlait de seize ans, nous paraît receler le désir de faire mieux ressortir la rigueur du dressage, comme peut-être aussi celui de fustiger le souci d'enseigner à l'enfant le latin plutôt que son maternel français.)

Il reste pourtant, nous l'avons noté, qu'il est fort étonnant que l'instrument de cette éducation blâmée soit ce Ponocrates qui doit pourtant être, pour Gargantua, celui qui lui ouvrira l'esprit. Mais se place ici la réflexion que nous pouvons faire en considérant le titre du chapitre qui, aussi bien en 34 qu'en 42, parle de pédagogues au pluriel: Comment Gargantua fut mis soubz aultres pedagoges (34: pedaguoges). Car il semble alors légitime de penser que Rabelais a pu avoir, au départ, l'idée de donner à Gargantua non pas un mais des pédagogues, parmi lesquels il n'est pas dit que devait figurer celui d'Eudemon; et peut-être une première rédaction a-t-elle même pu comporter ces nouveaux précepteurs. Puis Rabelais se serait ravisé, trouvant apparemment plus significatif de montrer la transformation qui va être celle de Ponocrates, dont le nom, il nous faut bien le remarquer, est révélé in extremis dans une phrase qui nous paraît avoir le caractère fourre-tout du remaniement susbtitué à un plus long développement. Comment, en effet, des Marays est-il arrivé à se séparer d'Eudemon dont il est si fier? et du même coup à céder à Grandgousier le précepteur si docile à ses

---

7. (suite) assurément affligeant pour Rabelais et pour les Rabelaisants). L'éclat de rire, ce rire immodéré qui secoue tout le corps et que les Grecs appelaient pour cela le secoueur (sugkrousios), n'est bienséant à aucun âge, encore moins à l'enfance. Il y en a qui, en riant, semblent hennir, c'est indécent. Nous en dirons autant de ceux qui rient en ouvrant horriblement la bouche, en se plissant les joues et en découvrant toute la mâchoire: c'est le rire d'un chien ou le rire sardonique... (Même provenance, formule qu'on pourrait abréger en m̂.p. si l'on consentait à abandonner le si pédantesque ibidem.)

Ainsi, il a été question de thon qui ferme un œil, de hérisson mobile du front, de taureau qui menace du sien, puis de henissement, donc de cheval, de chien qui rit. Quant au rire sardonique, c'est, étymologiquement, le rictus dû à l'ingestion de la renoncule de Sardaigne, et nous ne voyons alors qu'une chèvre pour avoir ingurgité cette herbacée. Cela fait, en quelques lignes, toute une ménagerie, au comportement quelquefois assez fabuleux, et un auteur ici fortement ridicule. C'est en tout cas un auteur qui n'a jamais reconnu l'intelligence dans le visage mobile d'un enfant et ses dispositions à la plus haute forme de cette intelligence dans le sentiment qui déclenche le rire et le fou-rire.

Qu'on ne se voile donc pas la face: en vertu de l'adage universitaire connu: Faites emmerdant pour être considéré, Érasme n'est plus défendu, en sa totalité, que par ceux qui veulent, à bon marché, se poser comme réfléchis. De fait, Érasme, quelle que soit d'autre part sa valeur (car il ne parle pas toujours si malheureusement en hypocondriaque obsédé de zoologie), est pourtant toujours ce que nous nommerions volontiers un morolisateur (morosemoralisateur). Et c'est bien pourquoi, plutôt que d'être toujours prêts à reprocher à Rabelais d'avoir, par exemple, écrit: Le fond de l'air est frais après qu'Érasme a écrit quelque chose comme Foncière est de l'air la fraîcheur, les Maurice Rat et consorts devraient se réjouir que le conteur comme ils disent, ait transformé en unions Persicques (G. viij) les ternes grains du chapelet que dévide le polygraphe chagrin.

vues? Et comment ce des Marays peut-il avoir alors quelque participation à la décision d'envoyer à Paris le page et son maître, qui ne lui appartiennent plus? Tout cela nous est donné comme acquis, dans un finale pressé qui paraît bien n'avoir d'autre but que d'amorcer la suite.

Quoi qu'il en soit, cette fin nous donne, telle qu'elle est, à comprendre ainsi l'intention de Rabelais: bien plus que l'influence du voyage, la transformation de Ponocrates est censée provenir de deux causes: le précepteur, d'abord, ne dépend plus du rigoureux des Marays mais du débonnaire Grandgousier qui, d'ailleurs, n'a certainement aucun avis personnel sur l'éducation; ensuite, et surtout, ce précepteur est, à Paris, totalement libre d'agir à sa guise et d'appliquer ce que nous pouvons considérer comme sa méthode, qui avait dû s'effacer devant les consignes de des Marays (et nous voyons là la dernière confirmation de notre compréhension satirique de la représentation donnée par Eudemon).

Il nous faut bien convenir cependant que ces raisons n'apparaissent pas avec une aveuglante clarté, et qu'il peut même paraître y avoir quelque forcement à les distinguer ici. Elles perdent pourtant ce caractère artificiel dès que nous tentons d'entrevoir quelle a pu être la raison de ce remaniement expédié qui nous paraît si évident.

Cette raison pourrait être, bien sûr, l'atténuation, demandée par le protecteur, d'une attaque trop clairement vigoureuse où il pouvait entrer, de la part de Rabelais, quelque ressentiment de n'avoir jamais été compté par Érasme au nombre des humanistes (et nous avancerons au passage que, contrairement à ce qu'enseigne l'Université, nous pensons que Rabelais, pas plus que Marot, n'a jamais été considéré comme des leurs par lesdits humanistes, malgré le soin qu'il a mis à larder son texte de références érudites, et cela de façon qui reste quelquefois visiblement contingente).

Mais bien que cette hypothèse, purement intuitive, puisse avoir quelque fondement, et sans repousser son éventualité, c'est sur le texte qu'il nous faut nous fonder. Et ce texte est ici celui des chapitres xxiij et xxiiij qui, apparemment, traitent de l'éducation bien comprise.

Dès lors, il nous est loisible de supputer que la teneur de ces deux chapitres, peut-être moins longuement exposée, a pu d'abord constituer la fin du présent chapitre, donnant alors, après ce qui est à repousser, ce qui est à recommander. Mais il faut bien voir que cela revient à s'opposer à la méthode catholique d'Érasme. Or que peut-être, à l'époque, une méthode autre que la méthode catholique, si ce n'est une méthode d'inspiration réformiste? c'est-à-dire celle qui, loin de couper du monde l'élève dans un enseignement désincarné, lui dispense un enseignement directement relié à la vie, comme on le voit par ces chapitres xxiij et xxiiij, directement inspirés, semble-t-il, de la parole de Luther: Un jeune homme que l'on sépare du monde ressemble à un arbre qui serait planté dans un pot (Libellus de instiuendis pueris, cité par J.-P. Berlioz, dans son mémoire).

Nous nous risquerons donc à penser que c'est ce finale qui, placé à la suite de la satire de l'éducation Érasmienne, a pu paraître trop clairement marqué de l'influence luthérienne. Par prudence, pour l'éloigner de cette opposition qui faisait trop ressortir la tendance, il aurait donc été repoussé, les sujets intercalés, tout différents, devant empêcher que ne ressorte le parallèle; d'où le remaniement rapide amorçant le changement de cap.

C'est en tout cas ce qui nous paraît être la justification du voyage qui commence. Il marque la fin de l'état de sujétion du précepteur et le passage, pour Gargantua, de l'état d'enfance à celui d'adolescence; il introduit quelques épisodes qui, en renouant avec la légende, servent de transition comme de répit pour amener, probablement récrit[8], ce développement sur la bonne éducation qui formeront ces deux chapitres xxiij et xxiiij, mettant un terme à la question, juste avant que ne commencent les grosses guerres.

Partons donc avec les trois personnages rendus à la liberté; nous retrouverons le thème de l'éducation là où Rabelais a désiré qu'on le retrouve, c'est-à-dire après sept chapitres chargés, au sens étymologique, de dis-traire.

---

8. Il se peut aussi que Rabelais n'ait rien écrit sur cette éducation bien comprise et qu'il n'ait même jamais eu l'intention d'en écrire quoi que ce soit, attendu que la louange lui est moins naturelle que la critique, son genre d'esprit s'accommodant mal du dogmatisme. Les chapitres xxiij et xxiiij pourraient donc n'être que rédaction de commande: peut-être parviendrons-nous à confirmer ou infirmer cette hypothèse quand nous les aurons analysés.

Comment Gargantua fut enuoyé a Paris, & de lenorme iument qui le porta, & comment elle deffit les mousches bouines de la Beauce. Chapitre.xvj.

L'épisode, dit Screech, est inspiré des Grandes et inestimables Cronicques, ce que nous savions. Mais ce qu'il veut nous apprendre, c'est la raison pour laquelle Rabelais juge bon d'y avoir recours, avançant: Rabelais intercale cette histoire dans ces chapitres consacrés à la pédagogie pour montrer que la Sorbonne, qui devrait être la source même de la science, est ignorante et corrompue. Jobelin Bridé, digne disciple de Janotus, avait été reçu premier de sa licence à Paris.

Or il nous apparaît immédiatement que Screech fait ici confusion, Gargantua répondant à Ponocrates, au chapitre xxj: Et me disoit maistre Tubal (qui feut premier de sa licence a Paris) que ce nest tout laduantaige, etc. Et il y a abus manifeste à transférer une si honorifique distinction d'un maître qui est mort de la vérole à un maître qui n'est promis, lui, qu'à mourir saoul. Mais il y a plus grave puisque nous entendons que Screech est proprement en train de touiller un amalgame et que, lorsqu'il parle d'histoire intercalée, il n'a pas en vue l'épisode de la jument, mais ceux qui vont nous montrer maître Ianotus si pitoyablement délabré et si mesquinement cupide. Nous négligeons donc cette note inopportune autant qu'erronée, et nous commençons l'examen de ce qui est démarquage de l'écrit populaire, avec l'idée de distinguer ce qu'y apporte Rabelais.

Il nous faut, pour ce faire, avoir sous les yeux le texte canevas. Mais plutôt que de recourir à Screech qui donne le texte des Grandes et inestimables Cronicques d'après l'édition de Marty-Laveau (1881), nous prendrons celui, à peine dissemblable, des Cronicques du roy Gargantua (Lotran et Janot, Paris, sans date, Montpellier, Bibliothèque de la Faculté de médecine, nº 45766), dont nous détenons une photocopie[1]:

---

1. Et cela par les soins de quelqu'un qui fut un moment chargé de faire un relevé de bibliothèque pour une association qui, comme toutes les associations, est quelquefois contrainte de se chercher des raisons d'exister.

Comment les dessusditz se mirent a chemin & des forestz de champaigne et de la beausse.

Tant a faict grant gosier & sa compaignie quilz sont arriuez a Rome et de la sont venus en Almaigne en suisse puis en lorraine & au pays de la grant champaigne ou il y auoit pour ce temps la de grans boys & forestz et en iceluy temps sabatoyent lesdictes forestz & failloit quilz passassent par dedans lesdictes forestz/ mais quant la grant iument fut dedans les mouches se prindrent a la mordre au cul dont ladicte iument qui auoit la queue longue de deux cens brassees et grosse a laduenant se print si fort a esmoucher que pour lors vous eussiez veu tomber et cheoir a terre ces gros chesnes ainsi que ce fust gresle et tant continua ladicte beste que il ny demoura arbre debout que tout ne fut rue par terre et autant en fist elle en la beausse/car a present ny a nul boys et sont contraintz les gens diceulx pays deulx chauffer de feurre ou de chausme & Gargantua, etc.

Avant tout, et sans avoir le moindre désir d'approfondir la question, dont de toute façon l'étude nous paraîtra toujours aussi futile que peuvent être vaines ses conclusions, nous dirons sans scrupule aucun que quiconque prétendrait que Rabelais a pu tremper dans la rédaction d'un tel texte ou d'un texte similaire ne pourrait que mériter le masque de bouse de vache dont il est parlé au chapitre ix. Sur ce, nous lisons.

En ceste mesmes saison Fayoles quart roy de Numidie...

Ici Demerson résume tous les commentaires: Peut-être François de Fayolles, parent de Geoffroy d'Estissac, le protecteur de Rabelais. Une expédition sur le littoral africain lui a peut-être valu le titre burlesque de quatrième roi de Numidie.

La question est de plus grande importance qu'il n'y paraît, attendu que nous y voyons la confirmation d'un point que nous avons tenu pour établi pour le premier Livre: à savoir que, comme le Pantagruel, le Gargantua, loin d'avoir jamais été écrit pour le populaire, l'a été apparemment pour un groupe restreint de lecteurs de connivence. En quoi, par exemple, pour la phrase qui nous occupe, le populaire aurait-il eu la moindre chance d'être intéressé par ce nom de Fayolle, personnage dont il devait ignorer même l'existence? Et, en admettant que ce populaire connût son nom, comment aurait-il pu trouver le moindre piquant au rappel du surnom de quart roy de Numidie, quand il est évident que ce surnom n'a pu qu'être attribué par des lettrés, et qu'il est probablement chargé de tout un contenu qui n'a de sel que pour les proches de ce Fayolle, c'est-à-dire Geoffroy d'Estissac et ceux qui font partie de son entourage?

En fait nous devons, ici encore, prendre l'évocation de ce nom associé au surnom pour un clin d'œil complice ressemblant assez à ce qu'on pourrait lire dans une lettre où, remerciant d'un dîner où l'on a été convié, l'on évoque un point marquant de l'échange de propos qui s'y est déroulé: la remémoration n'a de sens que pour l'hôte et pour ceux qui participaient au dîner. Le tout, pour l'auteur de la lettre, s'il la publie ultérieurement, et c'est ce que fait ici Rabelais, est de choisir une remémoration qui garde, en dehors de la complicité, une signification intrinsèque et générale.

Il paraît ainsi de plus en plus certain que, bien loin d'être ces romans écrits à l'intention du peuple et dont ce peuple raffolait, comme l'enseigne l'Université, le Gargantua comme le Pantagruel ne furent rien d'autre, au départ, que des récits élaborés à l'usage exclusif du protecteur de l'auteur et, accessoirement, des gens de la famille spirituelle de celui-ci. Ils ne sont certes pas, contrairement à ce qu'on nous a dit si obstinément et si puérilement, l'œuvre d'un Rabelais cherchant quelque amélioration de ses finances par la vente de productions qui, nous l'avons mis en évidence au Pantagruel, ne pouvaient que décevoir l'acheteur populaire. Bien plutôt, récits composites où l'action romanesque est simple support prétexte, ils nous apparaissent comme l'œuvre de l'écrivain particulier que s'est attaché Geoffroy d'Estissac: autrement dit, des écrits rédigés sur mesure pour un esprit aussi éclairé que secrètement affranchi, éminemment capable de lire au deuxième degré, et de goûter le plaisir raffiné que lui réserve la découverte des intentions dissimulées sous le couvert de la légende[2, 3].

Donc ce Fayolle, quart roy de Numidie, a eu pour Grandgousier une attention à vrai dire bien gratuite, mais qui remplace ce qui est, dans les Cronicques, création de la jument par Merlin: enuoya du pays de Africque a Grandgousier une iument la plus enorme & la plus grande que feut oncques veue, & la plus monstrueuse, Comme assez scauez, que Africque aporte tousiours quelque chose de nouueau.

---

2. Que le Pantagruel et le Gargantua se soient finalement retrouvés, de façon si surprenante, mis en vente dans les lieux où se proposaient les romans réellement populaires, nous paraît pouvoir procéder d'une malicieuse intention dudit protecteur, désireux de remettre au hasard la rencontre de l'œuvre émancipatrice avec d'autres esprits aussi affranchis: une sorte de propagation de la bonne parole. En tout cas, comme nous avons commencé de l'entrevoir au Pantagruel, il paraît maintenant indiscutable que ce ne peut qu'être ce protecteur qui a défrayé, chaque fois, un imprimeur-libraire qui ne pouvait auguror que fort mauuaise despeche (P. xxx) et redouter une bonne collection d'ennuis de ces textes pour lettrés publiés sous la forme trompeuse du livre de poche en gothique bâtarde.

3. A ceux qu'agacerait cette façon de revenir sur une question traitée pour la remémorer, la préciser, assurer la conviction, nous répondrions que ce n'est que l'application de la méthode du bon maître Dulce Assimil, méthode que Rabelais a manifestement présente à l'esprit quand il fait considérer par Ponocrates, au chapitre xxiij, que nature ne endure mutations soubdaines, sans grande violence.

Screech, au sujet de cette dernière phrase, dit que l'adage est de Pline et le cite d'après l'édition de Marty-Laveau. Mais Guilbaud dit que c'est la traduction d'une phrase d'Érasme (Adages, III, vij, 10), ce qui ne peut que tomber juste puisque ledit Érasme a récrit à peu près tous les Anciens. Plattard, Jourda et Michel ne citent qu'Érasme, Demerson parlant, lui, d'adage antique cité par Érasme. Nos commentateurs nourrissent assurément une dévotion quasi religieuse pour Érasme, qui simplifie si souvent leur tâche. Mais rien ne dit que Rabelais n'a pas ici sous les yeux le seul texte de Pline. Et c'est bien là que nous pouvons nous dire que cette dépendance à l'égard d'Érasme, que d'aucuns reprochent, comme on l'a vu, à Rabelais, est bien plus certainement la dépendance qui fut, de tout temps, celle des commentateurs.

Michel ajoute à sa note que l'adjectif nouveau a le sens fort d'extraordinaire; c'est bien ce qui ressort de la description que fait maintenant Rabelais: Car elle estoit grande comme six Oriflants (mot qui résulte, selon Screech, d'une confusion entre le mot oriflamme et le mot olifant: éléphant), & auoit les piedz fenduz en doigtz, comme le cheual de Iules Cesar, les aureilles ainsi pendentes, comme les chieures de Languegoth, & une petite corne au cul.

Pour cette particularité des pieds fendus, tout le monde renvoie à Pline (VIII, 42), (ce qui tendrait bien à prouver qu'Érasme n'a rien à voir dans la phrase sur l'Afrique); Demerson dit toutefois: C'était la particularité de la statue équestre de César devant le temple de Vénus Génitrix à Rome. Pour les oreilles des chèvres, tout le monde convient qu'elles pendent en Languedoc. Mais pour la surprenante orthographe Languegoth, dont personne ne dit qu'elle a remplacé la bonne orthographe de 1534: Languedoc, Jourda parle de fausse étymologie et de souvenir du séjour de Rabelais à Montpellier (ce qui implique que Rabelais ne se serait souvenu de ce séjour que bien après la première édition; mais nous savons bien que Jourda dit à peu près n'importe quoi). Demerson fait allusion au fait que le Languedoc avait été occupé par les Goths, mais surtout renvoie à sa Chronologie où un texte de Belleforest donne: pays & prouince de Landgoth, ou terre Gotthique, puis au chapitre XLI du Quart Livre où nous lisons: d'un Phoenicoptère qui en Languegoth est appelé Flammant. Nous avons là, semble-t-il, la marque de la remontrance faite par quelque pédant, Rabelais, trop peu confiant en son robuste bon sens, tenant pour bonne, et de façon durable, cette hypercorrection.

Ce que personne n'a remarqué, c'est que la petite corne au cul de la jument a bien l'air de vouloir donner celle-ci pour créature démoniaque: le dernier chapitre du Pantagruel ne promettait-il pas de montrer

Panurge rompant quatre dentz a Lucifer, & une corne au cul? De plus, la jument vient du pays des tenants de Lalchoran de Mahumet (P. xiiij); elle a encore le sabot fendu, puisqu'il est en doigts; et peut-être même ses oreilles de chèvre viennent-elles renforcer cette idée puisque la chèvre, sans être toujours donnée pour animal du diable, est traditionnellement tenue pour mauvaise bête. Toujours est-il que c'est ce que nous entendons en lisant la suite, que Rabelais introduit par la locution: Au reste, qui prend ici le sens de: D'ailleurs, annonçant donc une sorte de preuve:

Au reste auoit poil dalezan toustade (ce mot étant donné pour équivalent de brûlé par tous les commentateurs, Michel disant qu'il est languedocien; et nous trouvons effectivement dans Lou Pichot Tresor le verbe tousta: rôtir, griller). Nous entendrons donc que le poil brun rougeâtre porte des traces ressemblant à des flammes. Et, de façon fort inhabituelle, ce poil dalezan toustade est entrellize (c'est-à-dire entre-mêlé en forme de treillis; provençal entrelisa: entrelacer comme un treillis) de grizes pommelettes, autrement dit de petits nuages gris. Il est de fait qu'une robe aussi étrange peut donner à penser.

Aussi est-ce là que Rabelais place alors le couplet qui se substitue à la simple phrase de son modèle: qui auoit la queue longue de deux cens brassees et grosse a laduenant, et qu'il écrit: Mais sus tout auoit la queue horrible. Car elle estoit poy plus poy moins grosse comme la pile sainct Mars aupres de Langes: & ainsi quarree, auecques les brancars ny plus ny moins ennicrochez, que sont les espicz au bled.

Pour cette pile sainct Mars, Plattard parle d'une tour quadrangulaire de 4 mètres de largeur sur chaque face et de 20 mètres de hauteur, qui servait à l'époque gallo-romaine à marquer les limites d'une région. Guilbaud parle de tour de brique, et dit que Langé est près de Châteauroux. Screech, lui, dit d'après l'édition de Le Duchat et l'édition Lefranc qu'il s'agit du village de Cinq Mars en Touraine. En fait, il s'agit de la localité dénommée aujourd'hui Cinq-Mars-la-Pile, à quelques kilomètres de Langeais.

Toutefois la vraie question n'est pas là, mais bien de savoir en quoi faire référence à une tour située entre Tours et Chinon pouvait éclairer un lecteur de Lyon, de Paris, de Montpellier ou de tout lieu éloigné de la région. Et nous resterions sans réponse si la consultation de la carte ne nous avait mis sous les yeux la proche localité d'Azay-le-Rideau: A l'appui de ce que nous avons dit plus haut, il paraît ainsi établi que Rabelais, faisant référence à la pile, ne pouvait avoir en vue le quidam populaire, mais bien seulement les gens qui connaissent cette région de Touraine, et qui la connaissent pour être de ceux qui sont admis dans les châteaux de Loire.

Pour la locution: poy plus poy moins, les commentateurs voient dans le mot poy l'équivalent de peu, un peu, Plattard ajoutant doctoralement: Forme angevine, et Screech, en pontife convaincu: Dialecte angevin. Greimas donne effectivement le mot poi, pou, pau avec les sens de peu, à peine. Mais nous allons rencontrer un autre emploi de cette locution au chapitre xxj, qui se rapporte sans conteste à la pesanteur et non à la seule grosseur: un gros breuiaire empantophle, pesant tant en gresse que en fremoirs et parchemin poy plus poy moins unze quintaulx six liures. D'autre part nous connaissons bien la façon qu'a Rabelais de préciser l'indication des plus massives quantités par le baroque scrupule de l'addition ou de la soustraction d'une minime unité, comme on l'a vu, par exemple, au chapitre xxix du Pantagruel, pour la masse d'acier de Loupgarou, au bout de laquelle estoient treze poinctes de dyamans, dont la moindre estoit aussi grosse comme la plus grande cloche de nostre dame de Paris, (il sen failloit par aduenture lespesseur dun ongle, ou au plus que ie ne mente, dun doz de ces cousteaulx quon appelle couppe aureille: mais pour un petit, ne auant ne arriere). Aussi pouvons-nous penser que cette locution poy plus poy moins n'est peut-être pas si angevine qu'on nous le dit, mais bien plutôt rabelaisienne et, l'orthographe particulière aidant, voir ici l'adjonction ou la soustraction de la lourdeur ou du volume d'un pois, c'est-à-dire vraisemblablement, en ces années 1500, d'un pois chiche.

Donc, pois (chiche) en plus, pois (chiche) en moins, la queue de la jument est grosse comme cette tour de 4 m sur 4 m sur 20 m, soit 320 mètres cubes; cela ne reste bon que pour le volume mais certes pas pour la forme quadrangulaire, puisqu'il est dit qu'elle a les brancars ny plus ny moins ennicrochez, que sont les espicz au bled (et il nous faut remarquer au passage que plutôt qu'une négligence, l'emploi de la locution: ny plus ny moins, à quelques lignes de la locution: poy plus, poy moins, apparaît comme un signal ramenant l'attention sur le contenu concret du mot poy). Là-dessus nous examinons, car il s'agit de bien nous représenter cette jument venue de chez les Infidèles.

Pour brancars, les commentateurs parlent de branches, de grosses branches puis, sans explication, de poils, de touffes de poils. Screech, lui, dit: Vieux français, grosses branches, d'où, ici, embroussaillement de la queue d'une (sic) jument. Et, derrière Sainéan, il ajoute: Seul exemple de cet usage. Il dit enfin, toujours d'après Sainéan: Brancquars, chapitre xxiij: d'après le contexte, vergues, sens inconnu en dehors de Rabelais.

En réalité, ce terme brancar n'est nullement du vieux français, puisque Greimas donne: Branche (1080, Roland, bas latin branca, patte):

431

branche; Branchoie: branchage; Branchir: avoir des branches, pousser des branches. Et c'est bien plus sûrement dans l'occitan qu'il faut chercher, d'autant que le mot a effectivement le sens maritime de vergue au chapitre xxiij.

Nous trouvons dans Lou Pichot Tresor le verbe Branca: pousser des branches, et l'adjectif Brancaru: branchu, qui implique évidemment que le brancar est la branche. Il semble alors que nous pouvons entendre que les brancars sont, dans le langage des marins de la Méditerranée du temps, des branches de longueur et de grosseur appropriées pour la fourniture de vergues. Il nous faut donc comprendre que, dans la description de la queue de la jument, d'une part ce mot brancars, ou branches aptes à donner des vergues, est employé pour donner l'idée de leur grosseur, d'autre part que ces branches sont à l'état brut, nullement écotées, et qu'elles ne peuvent donc qu'être ennicroche(e)z.

Ici Michel est le plus complet, qui dit: Le mot se trouve dans le Pantagruel, chapitre VII, Les Hanicrochemens (accrocs) des confesseurs, et au chapitre XII, Les petitz hanicrochemens. On le retrouve dans le Prologue du Tiers Livre dans une énumération d'armes. Puis il donne cette vue qui, à notre sens, est simple assemblage de mots pour exorciser: La comparaison: que sont les espicz au bled, suggère que les touffes de la queue étaient accrochées entre elles, formant des épis recourbés.

Il est sûr que ces deux emplois du mot hanicrochement, au Pantagruel, nous ont paru avoir chacun un sens différent, fondés tous deux pourtant sur l'idée de crocher. Quant à l'arme nommée hanicroche, dont nous doutions qu'elle ait jamais existé, c'est le Livre des Armes et Armures qui nous dit que l'anicroche était un outil de la piétaille (et non une arme puisque l'anicroche ne peut blesser) destinée à désarçonner le chevalier qu'un autre piéton avait alors à charge de tuer à terre en glissant un fer par un défaut de la cuirasse. Ici pourtant, l'idée des branchettes nous conduit à entendre ce terme ennicrochez au sens de enchevêtrés ou, plus exactement, au sens de imbriqués, attendu que cette disposition en tuiles (imbrex: tuile) est exactement celle qu'ont les grains dans un épi de blé, cette disposition lui conférant une consistance semi-rigide. En fait, il nous faut admettre que les crins de la queue de la jument sont gros comme des brancars, ce qui donne une sorte de fagot de 420 mètres cubes; de plus, ces brancars étant bruts, leurs petites branches sont enchevêtrées, comme imbriquées, ce qui donne à ce fagot une fermeté souple comparable à celle de l'épi de blé. Et nous nous apercevons alors que Rabelais cherche à faire entendre que n'est pas faite de crin ordinaire et que n'a pas la consistance habituelle la queue de cette jument qui va abattre toute une forêt, souci de vraisemblance dans la fiction qui n'a pas effleuré l'auteur des Cronicques.

Si donc l'on devait se résoudre à donner une version en français d'aujourd'hui, on pourrait risquer quelque chose comme: et ainsi carrée, avec des crins comme des branches à faire des vergues, ni plus ni moins imbriquées que le sont les grains des épis de blé. Or la translation des Demersoniens donne ici: Mais elle avait surtout une horrible queue, à peu de chose près aussi grosse que la pile de Saint-Mars, près Langeais, et du même module carré, avec des crins embarbelés comme épis de blé. Ce qui montre à l'évidence qu'il n'est certes pas besoin d'avoir compris pour faire l'entendu[4].

En fait, nous comprenons bien vite que ce souci de vraisemblance n'est que prétexte destiné à amener la comparaison avec les béliers et les moutons exotiques. Supposant donc, comme d'habitude, une protestation d'incrédulité chez son lecteur, Rabelais feint d'entreprendre de le convaincre: Si de ce vous esmerueillez: esmerueillez vous daduantaige de la queue des beliers de Scythie: que pesoit plus de trente liures, & des moutons de Surie, esquelz fault (si Tenaud dict vray) affuster une charrette au cul, pour la porter tant elle est longue & pesante.

Plattard dit: Scythie: le Thibet, renommé pour ses chèvres et ses moutons. Surie: Syrie. Pline (Histoire naturelle, VII, 48) et Aristote (Histoire des animaux, 28, 8) signalent les dimensions énormes de la queue des moutons syriens. (Et nous voyons là encore une preuve que Rabelais, pour sa phrase sur l'Afrique, faisait référence au seul Pline et nullement à Érasme). Jean Thenaud, selon Jourda, est ce docteur en théologie, et gardien des frères mineurs d'Angoulême, qui avait publié un Voyage et itinéraire de oultre mer... dudict lieu Dangoulesme jusques au Cayre; et tout le monde dit qu'il y est bien question de petites charrettes esquelles reposent leurs queues qu'ils traisnent par leurs cornes.

---

4. Cette translation a pourtant été recomposée, en gros corps, pour donner les quatre volumes d'une édition illustrée sur vélin, chaque ensemble étant naturellement numéroté afin de donner à croire au jobard qu'il est privilégié. Cela s'intitule: Oeuvres complètes de François Rabelais, mises en français moderne par Guy Demerson. Il n'y a plus aucun avertissement disant qu'on est professeur à la faculté des Lettres de Clermont-Ferrand et parlant des étudiants qu'on mettait en avant dans l'édition du Seuil; on s'est d'ailleurs abstenu, du même coup, de reproduire le texte de Rabelais: ainsi tout acquéreur, faisant l'âne, aura du Demerson. Mais c'est égal: ne peut plus désormais que nous paraître bien modéré Maître Janotus, avec ses six pans de saulcices et sa bonne paire de chausses.

Mais a beau mentir qui vient de loin, comme le laisse entendre Rabelais; et il s'empresse de finir sur une diversion égrillarde: Vous ne lauez pas telle vous aultres paillards de plat pays.

Ici, les autres commentateurs se taisant comme s'ils étaient humiliés, seul Guilbaud explique: de plat pays, par: de campagne. Toutefois la translation donne cette version qui a la prétention d'être nécessaire: Vous n'en avez pas une pareille, vous autres paillards de rase campagne! Plattard, lui, reprend naïvement la définition que donne Littré de la locution littérale: Expression péjorative qui oppose la campagne, le pays découvert, aux villes fortifiées.

Et l'on se demande alors, une fois de plus, comment est organisée la comprenette d'un glossateur qui fait le départ entre un paillard de ville fortifiée et un paillard de pays découvert; ou celle d'un annotateur et de quelques potaches qui peuvent, fort sérieusement, accoler le terme paillard et la locution: de campagne (comme le pâté) ou: de rase campagne (là où il est de mauvais goût de capituler), et trouver à cette alliance non seulement un sens satisfaisant mais encore un ton plaisant.

Un paillard, quoi qu'en veuillent ignorer nos commentateurs, est un individu qui, dit le Petit Robert, est débauché avec gaieté. (Honte d'ailleurs à celui qui, à moins d'être satyriasique, est débauché sans gaieté.) Or nous ne voyons pas du tout en quoi ce caractère de paillardise pourrait être affecté par la nature du terrain, seul, à la rigueur, un pays désertique pouvant obliger un paillard à quelque repliement sur soi. Si donc il ne saurait être question de pays découvert pour la locution: de plat pays, c'est évidemment que ce mot pays n'a pas ici le sens propre qu'on peut lui voir superficiellement, mais bien qu'il est à entendre comme: ce que l'on compare à un pays (Littré), c'est-à-dire quelque chose comme domaine. Et nous entendons alors que le mot qui compte est, dans l'emploi de cette locution, non pas le mot pays, mais l'adjectif: plat, à prendre évidemment au sens figuré.

Les paillards de plat pays sont les paillards du domaine commun, ordinaire, qui sont, comme dit sans penser à mal le Petit Robert, sans caractère saillant ni qualité frappante. Et ils ne sont si quelconques que parce qu'ils ne possèdent pas, le calembour opérant la transposition derrière-devant, un appendice comparable en longueur et pesanteur à la queue des béliers dont il vient d'être question (étant entendu que si tel était le cas il faudrait que la charrette fût remplacée, poussée et non tirée, par une brouette). Il y a tout cela dans la plaisanterie de Rabelais, qui compte assurément sur l'aptitude à la résonance chez son lecteur. Et il est déplorable qu'aujourd'hui les commentateurs soient ceux qui, par l'engobe qu'ils secrètent, empêchent que se produise la vibration amplifiée.

Sur ce, Rabelais revient au récit: Et fut amenee par mer en troys carracques & un brigantin iusques au port de Olone en Thalmondoys. Et nos glossateurs de plat pays retrouvent là occasion de gloser à leur mesure, disant que les carracques sont de grands vaisseaux de Gênes, que le brigantin est une petite galère de combat, que Olonne est le port des Sables-d'Olonne, qui garda son importance jusqu'au XVIIIᵉ siècle (Boulenger) et que le Thalmondoys est le pays de Talmont, en Vendée (Guilbaud). Personne ne remarque, en revanche, la facétie que constitue la supposition de ces quatre bâtiments, l'un d'eux moins haut que les autres, ayant dû naviguer bord à bord pour faire la traversée.

Comme on pouvait s'y attendre, Grandgousier découvrant la jument voit résolue la question du transport du jeune géant qu'est Gargantua: Lors que Grandgousier la veit, Voicy (dist il) bien le cas pour porter mon filz a Paris. Or ca de par dieu, tout yra bien, ce que la translation rend par: Quand Grandgousier la vit, il dit: Voilà qui conviendra très bien pour conduire mon fils à Paris. Ainsi, pardieu, tout se passera bien. Et cela ressemble diablement à la détermination d'un bizarre alchimiste résolu à changer, coûte que coûte, l'or en plomb.

Mais il est patent que Grandgousier a un souci autrement important, celui du bien-fondé de ce voyage à Paris: il ajoute: Il sera grand clerc on temps aduenir. Et nous n'entendons certes pas la phrase comme les translateurs, qui la réduisent à: Il sera plus tard grand clerc. Nous y voyons, nous, une sorte de résignation: la jument si bien adaptée apparaît à Grandgousier comme un signe qui doit lever sa dernière réserve et, s'inclinant, il exprime alors quelque chose du genre de: Il est dit qu'il doit devenir grand clerc. Ce qui nous fait ainsi comprendre est cette contrepèterie malicieuse qu'il s'empresse de faire sur le dicton connu déjà, dit Screech d'après Le Duchat, de Froissart: Si nestoient messieurs les bestes, nous vivrions comme clercs. Nous entendons que la facétie revient à prolonger la phrase qui précède en: Il est dit qu'il deviendra grand clerc, quoiqu'il y ait à redire; et la contrepèterie équivaut à douter que l'on vivrait comme bêtes sans les clercs, ou même à insinuer que ce sont les clercs qui font vivre comme bêtes.

Nous devons pourtant noter que la translation est bien loin d'une interprétation de ce genre, ayant trouvé sa raison chez les ruminants; elle dit sans sourciller: S'il n'y avait pas messieurs les bœufs, nous vivrions comme des clercs! Et ainsi ramenés au pré, nous nous demandons qui, déjà, parlait de la bêtise au front de taureau.

Rien donc ne s'oppose plus au départ: Au lendemain apres boyre (comme entendez) prindrent chemin, Gargantua son precepteur Ponocrates & ses gens, ensemble eulx Eudemon le ieune paige. Nous entendons effectivement que se mettre en route après boire est cette coutume qu'on a nommée faire jambe de vin[5], comme nous comprenons que, nonobstant la virgule absente, il s'agit non pas des gens de Ponocrates, qui n'en peut avoir, mais bien de ceux de Gargantua, ainsi que la suite du chapitre va le confirmer à deux reprises.

La dernière attention de ce père est touchante: Et par ce que cestoit en temps serain & bien attrempé, son pere luy feist faire des bottes fauues. Babin les nomme brodequins. Boulenger dit ici que les brodequins se portaient alors sous la botte, ce qui est, semble-t-il, considérer le terme générique. Mais Guilbaud dit: Fines chaussures des amoureux du XVe siècle. Et il apparaît que c'est lui qui a raison puisqu'il s'agit, le temps étant clément, d'une chaussure légère et élégante où nous voyons le présent fait à un adolescent avant que celui-ci ait atteint l'âge d'en user, mais qui s'accorde avec l'idée que cet adolescent se fait de soi et de ses possiblités. Pour Babin, Jourda dit: Rabelais avait pu connaître à Chinon un cordonnier de ce nom (cf. RER, I, p. 80). Mais nous passerons sur cette question (de fort grande importance, pourtant, puisqu'elle a eu les honneurs du premier numéro de la RER), acceptant sans discussion de voir là une de ces remémorations du terroir comme aime à les faire Rabelais. Nous noterons pourtant que cette évocation a bien l'air de rejoindre celle de la pile, c'est-à-dire de faire une allusion complice à l'adresse d'un groupe restreint de personnes familières de la région.

Une bonne partie du voyage est expédiée pour arriver au point fixé: Ainsi ioyeusement passerent leur grand chemin: & tousiours grand chere: iusques au dessus de Orleans. La translation parle ici de faire toujours grande chère mais nous savons, depuis le Pantagruel, que grand chere peut signifier aussi face avenante, visage ouvert. Toutefois, par opposition au fait que les voyageurs ne vont, à un moment, que baisler en place de déjeuner, ils se pourrait que les translateurs eussent ici raison: la loi des grands nombres ne pouvait manquer de faire tomber, au moins une fois, la tartine du côté non beurré.

Et nous arrivons à la dévastation que Rabelais reprend des Cronicques, où, vraisemblablement, la phrase: et autant en fist elle en la beausse, lui a donné l'idée du calembour. Il commence donc:

Au quel lieu estoit une ample forest de la longueur de trente & cinq

---

5. Y s'y prenon de matin / Per baire a lieu aizo; / Et per marchi bien sodin, / Il en fait jamba de vin. (Ils s'y prennent dès le matin Pour boire à leur aise; Et pour marcher d'un bon pas, Ils ont fait jambe de vin). Textes littéraires en dialecte lyonnais, publiés par S. Escoffier et A.M. Vurpas, Editions du C.N.R.S., 1981.

lieues & de largeur dix & sept ou enuiron. Les Cronicques parlent, elles, de grans boys & forestz. Il est vrai aussi que ces Cronicques donnent un renseignement que Rabelais néglige: et en icelluy temps sabatoyent lesdictes forestz, ce qui semble vouloir dire qu'on avait alors licence d'y faire des coupes, et la suite va nous apprendre que c'est afin de se chauffer.

Rabelais continue: Icelle estoit horriblement fertile & copieuse en mousches bouines & freslons, de sorte que cestoit une vraye briguanderye pour les pauures iumens, asnes, & cheuaulx. Les Cronicques ne se soucient de faire aucune préparation, et vont donner pour connue la présence dans la forêt de mouches, et seulement de mouches.

Cette préparation, chez Rabelais, anticipe maintenant sur le récit: Mais la iument de Gargantua vengea honnestement tous les oultrages en icelle perpetres sur les bestes de son espece, par un tour, duquel ne se doubtoient mie (le sujet de doubtoient étant apparemment les frelons que Rabelais va désormais seuls considérer). Les Cronicques ne prennent aucune précaution oratoire de ce genre.

Rabelais poursuit: Car soubdain quilz feurent entrez en ladicte forest. Les Cronicques disent ici: & failloit quilz passassent par dedans lesdictes forestz/mais quand la grant iument fut dedans.

Rabelais: & que les freslons luy eurent liuré lassault. Les Cronicques: les mouches se prindrent a la mordre au cul.

Rabelais: elle desguaina sa queue: & si bien sescarmouchant, les esmoucha. Les Cronicques: se print si fort a esmoucher.

Rabelais: quelle en abatit tout le boys, a tord a trauers, deca, dela, par cy, par la, de long, de large, dessus dessoubz, abatoit boys comme un fauscheur faict dherbe. Les Cronicques: que pour lors vous eussiez veu tomber & cheoir a terre ces gros chesnes ainsi que ce fust gresle.

Rabelais: En sorte que depuis ny eut ne boys ne freslons. Mais fut tout le pays reduict en campaigne. Les Cronicques: il ny demoura arbre debout que tout ne fut rue par terre (...) car a present ny a nul boys.

Rabelais: Quoy voyant Gargantua, y print plaisir bien grand, sans aultrement sen vanter (ce que nous comprenons comme: sans en être autrement fier, litote où nous pouvons voir la désapprobation de l'auteur devant ce ravage, même imaginaire). Et dist a ses gens. Ie trouue beau ce. Dont fut depuis appelle ce pays la Beauce. Les Cronicques: et sont contraints les gens diceulx pays deulx chauffer de feurre ou de chausme.

Le texte de Rabelais finissait ainsi jusqu'en 1542, date où, apparemment pour faire pendant à la conclusion des Cronicques, il s'appuie sur le dit proverbial et entreprend d'en donner la genèse. (Screech dit: La pauvreté des gentilshommes beauceron était légendaire. Cf. Antoine de Saix, l'Espéron de discipline, 1532: Ce pauvre escuyer de Beaulse, repeu de baisler). Rabelais, remplaçant le point final par un virgule, ajoute donc: mais tout leur desieuner feut par baisler, ce qui apparaît, à vrai dire, comme inexplicable conséquence de l'abattage des arbres. Mais, au registre du burlesque, la gratuité de cette privation n'empêche pas qu'elle soit donnée pour volontaire, point de départ d'une com- mémoration: En memoire de quoy encores de present les Gentilz hommes de Beauce desieunent de baisler & sen trouuent fort bien & nen crachent que mieulx.

Fantaisie pour fantaisie, et ne considérant que la forme, cette courte juxtaposition suffit à emporter la conviction: nous avions bien raison de promettre le masque de fiente de bovins, comme dit le Petit Robert, à qui ferait participer Rabelais à la rédaction de ces Cronicques-ci ou de toute autre Cronicque de cet acabit. Ce masque revient donc, tout frais, à cette grammairienne qui, récemment, se fondant sur les dimen- sions que pouvait avoir la pierre de laquelle il aiguisait le canif dont il taillait ses plumes, a cru pouvoir, sans pondérer par la moindre sensibi- lité littéraire, merveille, hucher en paume que Rabelais s'est ainsi commis. Ce n'est pourtant point dans le texte que nous avons pris pour comparer que Rabelais aurait trempé, mais dans les Grandes et inesti- mables cronicques, qu'il aurait remaniées pour les transformer en ce Vroy Gargantua qu'on devrait, dit le dame, placer dans ses œuvres complètes. Cela si nous avons bien compris, ce qui n'est pas sûr étant donné que l'argumentation a quelquefois une étroite ressemblance avec le rapport d'un douanier venant de saisir des signes de ponctuation passés en fraude[6].

C'est enfin le but du voyage: Finablement arriuerent a Paris. Auquel lieu se refraischit deux ou troys iours, faisant chere lye auecques ses gens, & senquestant quelz gens scauans estoient pour lors en la ville: & quel vin on y beuuoit. La réfection est légitime, comme est louable le souci spirituel; mais la curiosité relative au vin, mise en évidence en

6. En réalité, la seule explication qui ait jamais paru être la bonne est celle que l'on peut lire dans l'article: Aspects populaires des Chroniques Gargantuines, pages 63 à 71 du Bulle- tin de l'association d'étude sur l'Humanisme, la Réforme et la Renaissance (RHR), n° 11. Il y est dit que: Ces Chroniques ne sont guère que des aide-mémoire destinés à fixer le schéma d'une légende essentiellement orale, qu'il appartient au conteur de remanier. Et encore que: Nous n'avons plus sous les yeux, en fait, que le squelette de ces récits que d'habiles conteurs pouvaient transfigurer par le discours.

Dussions-nous saisir, chuchotés, les mots de casse et de séné, il nous faut bien révéler que cette idée est de Jean-Paul Berlioz, déjà cité: que voulez-vous, tout le monde ne peut pas se borner à faire des bulles dans de l'eau tiède.

une phrase greffée, a bien l'air de vouloir donner comme établie depuis toujours la relation entre les gens de savoir et ce qui va être l'eau bénite de cave.

Mais nous n'en sommes pas encore là, Rabelais se proposant auparavant d'illustrer une idée qui lui est chère: celle de l'agglomérat, éminemment disparate, que forme le peuple de Paris, chacun cachant soigneusement l'attachement qu'il garde à son pays, et ne révélant ses origines que sous la peur que lui inspire la miction gigantale.

Comment Gargantua paya sa bien venue es Parisiens, et comment il print les grosses cloches de leglise nostre Dame. Chapi.xvij.

A notre grand dam, c'est encore en parlant des petits translateurs qu'il nous faut commencer. Ceux-ci rendent en effet la première phrase de Rabelais: Quelques iours apres quilz se feurent refraichiz il visita la ville, par: Quelques jours après qu'ils se fussent refaits, il visita la ville. Peut-être l'indicatif feurent est-il considéré comme vieillot par ces gâcheurs (ce que les maçons nommaient d'ailleurs jadis les goujats), ou même voient-ils une faute de la part de Rabelais (ô suffisance!): toujours est-il qu'ils s'empressent de déposer leur subjonctif, rengorgés comme Jean-la-Lorgne[1] revenant de la feuillée et se vantant d'avoir fait la plus grosse. N'importe! Nouveau Vespasien, monsieur Demerson couvre, édite pour les lycées et réédite même, nous l'avons vu, à l'intention cette fois de monsieur Jourdain. Sur ce, nous raclons nos semelles et sortons du couvert, d'autant que c'est la ville que Gargantua va visiter, créant bien sûr quelque surprise: & fut veu de tout le monde en grande admiration, cette admiration étant l'étonnement devant quelque chose d'extraordinaire ou d'imprévu (Petit Robert).

---

1. Il n'est pas déplacé, dans ce chapitre où nous allons voir que tous les mots du terroir reviennent aux lèvres des compissés, de faire revivre cette désignation moqueuse dépourvue du moindre sentiment d'hostilité et de tout désir d'éviction, désignation qui nous fait souvent bien besoin, comme dira Ianotus. Greimas donne: Lorgne, adjectif: louche, myope; sot. Lorgnart, adjectif: mal avisé, sot, Lorgnerie, nom féminin: Action de loucher; état de celui qui voit mal. Il apparaît donc que l'idée de sottise est ici liée à celle de vue déficiente; et le sobriquet lyonnais (ignoré de Puitspelu) s'est apparemment forgé le substantif Lorgne (qui peut être simplement l'apocope de Lorgnerie) pour rendre l'idée de sottise due à la vue sans portée. Jean-la-Lorgne (prononcé d'ailleurs aujourd'hui Jean-la-Logne, soit parce que le mot n'est plus reconnu, soit par l'habituelle simplification d'un groupe complexe, ce que les linguistes nomment si joliment achoppement syllabique) est donc l'équivalent de Jean-la-vue-basse. A noter que le bon sens populaire. s'il raille ceux qui n'y voient pas plus loin que leur nez, n'est pas moins caustique pour ceux qui font profession de voir plus loin que les autres. Ainsi, après la Pantagrueline Prognostication, Puitspelu peut-il parler des Sorciers (devins) de Montélimar: quand ils ont le nez dessus, ils disent que ça en est (Montélimar n'étant peut-être là que pour répondre à la question Quoi? par: Ed'la mard').

Puis, comme en compensation des jurons qu'il va écrire, Rabelais place ici le couplet bien pensant qui a pour charge de rassurer sur sa pensée profonde en même temps que celle de se faire bien voir des humanistes: Car le peuple de Paris est tant sot, tant badault, & tant inepte de nature: qun basteleur, un porteur de rogatons, un mulet auecques ses cymbales, un vieilleuz au mylieu dun carrefour assemblera plus de gens, que ne feroit un bon prescheur euangelicque. Cela ne nous empêche pas de penser qu'il évoque ici les exhibitions qui l'attirent lui-même; et il faut ainsi comprendre la dernière phrase: que ne feroit (en chaire) un bon prescheur euangelicque, car nous pouvons être assurés que Rabelais ne souhaite certes pas de voir les sermons se substituer aux savoureux spectacles de la rue.

Les commentateurs voient pourtant là une prise de position tranchée. Boulenger dit: En opposant le bon prêcheur évangélique au porteur de reliques, Rabelais manifeste de la sympathie pour la Réforme. Guilbaud parle, pour prêcheur évangélique, de prêcheur disciple d'Érasme et de Lefèvre d'Étaples. Jourda dit: Rabelais oppose ici ceux qui prêchent l'Évangile, c'est-à-dire par exemple un Gérard Roussel, élève de Lefèvre d'Étaples, aux moines fidèles aux formes assez superstitieuses de la religion. Michel, de même avis, cite avec Lefèvre d'Étaples, Briçonnet, Roussel, etc. Demerson dit: La proclamation de la Parole s'oppose à la vente des indulgences et autres rogatons; les Réformés n'étaient pas seuls à protester ainsi contre la bêtise populaire. Screech donne pour rogatons le sens de: pardons, indulgences. Au Pantagruel, chapitre xxx, Saulnier définissait le mot par: bulles, ou reliques.

Il semble que nos commentateurs font ici de l'extrapolation, et qu'il n'y a dans le texte rien autre que dénonciation d'une capharderie (G. vj, en 34) courante: puisqu'il s'agit de la rue, le mot rogatons ne peut en effet concerner ni les bulles ni les indulgences mais bien seulement, dérivé du sens de restes de viandes (Littré), désigner ces os enfermés dans une châsse, que des moines dévoilaient contre offrandes, et dont Calvin dit: Saint Augustin... se complaignant d'aucuns porteurs de rogatons, qui déjà de son temps exerçoient foire vilaine et deshonneste, portant çà et là des reliques de martyrs (cité par Littré).

Là-dessus, confiant dans sa garantie, Rabelais peut commencer insouciamment à reprendre la gaillarde veine populaire: Et tant molestement le poursuyuirent: quil feut contrainct soy reposer suz les tours de leglise nostre dame. Et il est ici à noter que le typographe a composé : nostre nostre dame, et que le fac-similé ne montre aucune demande de suppression, alors que le deux-points est chaque fois barré pour: de

441

nature: qun basteleur, et pour: le poursuyuirent: quil feut. Cela ne peut que nous laisser perplexes quant à cette relecture qu'aurait assurée Rabelais du texte de 42, d'autant que le remaniement n'aurait porté que sur trois lignes, le paragraphe finissant par: Au quel lieu estant, & voyant tant de gens, a lentour de soy: dist clerement: Il nous faut bien croire que personne n'a rien relu avant l'impression.

L'adverbe clerement est donné par Guilbaud pour: à voix forte. Screech et la translation disent: d'une voix claire. Il semble pourtant que Gargantua, étant géant, n'a nul besoin d'enfler sa voix ou de la rendre claire, et qu'il nous faut plutôt voir là le sens de distinctement, avec l'intention de faire s'approcher la foule par ce qui est proposé: Ie croy que ces marroufles voulent que ie leurs paye icy ma bien venue & mon proficiat. Cest raison. Ie leur voys donner le vin. Et nous pouvons penser que c'est en aparté qu'il corrige: Mais ce ne sera que par rys.

Les commentateurs ne manquent pas de rappeler ici, comme c'est leur devoir, ce qu'est le proficiat. Tout le monde est de l'avis de Jourda, qui est ici le plus clair: On désignait de ce mot le don accordé aux évêques à leur arrivée dans leur diocèse en manière de bienvenue. Screech dit: Proficiat: au sens strict, bienvenue, impôt prélevé par le nouvel évêque sur le clergé de son diocèse: ici, le sens est plus large, bienvenue, don de bienvenue. Demerson explique pléonastiquement: Don gratuit accordé à un nouvel évêque. Nous trouvons dans Littré: Droit que les évêques levaient sur les ecclésiastiques, et qui faisait partie des louables coutumes. Et nous retiendrons du texte de Pasquier qu'il cite: les proficiats et cathédratiques que les evesques prenoient pour leurs bienvenues.

Il est donc ainsi établi que c'est l'évêque, nouvellement arrivé, qui recevait un don. Or le nouvel arrivé est ici Gargantua, et c'est pourtant lui qui, parlant de bienvenue et de proficiat, emploie les verbes payer puis donner. Il nous faut donc entendre qu'il y a ici plaisanterie par antiphrase, Rabelais introduisant l'idée que la logique voudrait que le proficiat fût le don fait par le nouvel évêque pour se faire accepter. Et nous n'en voulons pour preuve que la phrase à double sens qu'il prononce en guise d'approbation: Cest raison. Et il faut croire que les bat-flanc font beaucoup d'ombre pour qu'aucun commentateur n'ait jamais aperçu la contradiction entre le texte et la glose. Quant à ceux qui sont encore à l'embouche, ils rendent: Je crois que ces marroufles veulent que je leur paye ici-même ma bienvenue et mon étrenne. C'est juste. Je vais leur payer à boire, mais ce ne sera que par ris. Passant sur la gaucherie, nous devons constater qu'ils ont compris le calembour, ce qui est méritoire attendu que leur professeur, on ne sait dans quel dessein, tente d'obscurcir un texte clair, disant: A Paris, c'est par is (sic) (par plaisanterie) que je vais leur donner un pourboire.

Et Gargantua passe à l'acte: Lors en soubriant destacha sa belle braguette, & tirant sa mentule en lair les compissa si aigrement, quil en noya deux cens soixante mille, quatre cens dix & huyt. Sans les femmes & petiz enfans.

Boulenger est utile, qui dit pour aigrement: violemment, acriter. Mais Plattard, Jourda, Michel et Screech font, pour le dénombrement, le rapprochement avec la façon biblique de compter, Screech en profitant, repris d'un accès, pour donner en latin une phrase de Matthieu. Il est vrai qu'ils découvrent Rabelais avec le Gargantua, qu'ils n'ont pas encore lu le Pantagruel, et qu'ils ne peuvent savoir qu'ils auront à se prononcer, au chapitre xxxj de ce Pantagruel, au sujet de ceux qui se rendent en Dipsodie au nombre de dixhuyct cens cinquante & six mille, & unze sans les femmes & petitz enfans.

Mais plus important est de savoir quel sens nous devons donner au verbe noyer, de celui de faire mourir, tuer par asphyxie dans un liquide (Petit Robert), ou de submerger, inonder. Et, en examinant, nous ne pouvons qu'être assurés que tous les maroufles, bien que copieusement arrosés, sont restés en vie; d'abord parce que c'est en souriant que Gargantua a détaché sa belle braguette, et que, nullement sadique, il ne peut sourire avec l'intention de donner la mort; ensuite parce que le parvis de Notre-Dame étant plat et ses abords alors dégagés, le liquide ne peut que s'écouler rapidement; enfin parce que si toute la ville va estre esmeue en sedition, c'est uniquement pour les cloches subtilisées, sans qu'il soit fait mention de Parisiens trépassés en si grand nombre.

Si donc la plupart de ceux qui se sont réunis aux pieds de Gargantua ont dû être suffoqués avant de reprendre souffle, il en est qui ont su n'être que douchés: Quelque nombre diceulx euada ce pissefort a legiereté des pieds. Et quand furent au plus hault de luniuersité, suans, toussans, crachans, & hors dhalene, commencerent a renier & iurer les ungs en cholere, les aultres par rys, ces derniers pouvant nous paraître montrer, il faut bien le reconnaître, une certaine disposition au masochisme tant que nous ne voyons pas qu'il s'agit surtout pour l'auteur de placer encore son calembour. En fait, nous comprenons bien vite que Rabelais, en 1534, s'est proposé d'aborder la question des jurons peut-être pour montrer, à ceux qui les tiennent pour péché, leur foncière innocence. Et Screech, qui parle évidemment du texte original, que Rabelais va devoir alléger par la suite, peut ici commenter: Comme il convient à une foule du quartier universitaire, les jurons sont en plusieurs langues. Plus tard, Rabelais biffera tout ce passage, tout comme il changera Jésus! en Seigneur Dieu! (Pantagruel, IV), et biffera la forme Jarus, déformation populaire parisienne du nom du Christ. Les prêcheurs tels que Maillard ont, même en chaire, une langue bien verte, mais ils attaquent de front des jurons qu'ils considèrent comme blasphématoires. Il est à supposer que les autorités religieuses trouvaient inacceptables, dans des livres imprimés, des jurons usuels dans la vie courante. Toutefois, quelques-uns de ces jurons réapparaissent dans des livres subséquents, surtout dans le QL, et cela sous une forme renforcée. Dans la Tempête du QL, Rabelais suggère que les jurons de Frère Jean sont plus que compensés par la vertu active du moine; ce sont les formules apparemment pieuses de Panurge qui sont, pour Rabelais, vraiment blasphématoires, car il s'en sert comme de charmes magiques (et pléonastiques, ajouterons-nous: ce sont les plus efficaces).

La référence au Pantagruel est en fait celle du chapitre iij, où Gargantua pleure Badebec: Iesus fault il que ie me contriste encore, est en effet devenu: Seigneur dieu, fault il, etc. Mais il y a un changement presque semblable au chapitre xxxij, où Panurge répond à celui qui lui dit qu'on meurt par les rues: Vray dieu (dis ie) & ou? alors qu'il répondait dans l'originale: Iesus (dys ie) & ou? Pourtant, cette correction n'est visiblement faite que pour l'art, puisque quelques lignes plus haut, à celui qui lui parle de ses choux, Panurge répond, en 32 comme en 42: Iesus (dis ie) il y a icy un nouueau monde. Il ne faut donc pas se hâter de bâtir là-dessus toute une théorie, même si les sujets de thèse qui restent au vivier sont rares et maigres. Quant à cette déformation Jarus, ne la retrouvant nulle part, nous sommes enclins à penser qu'il se pourrait bien que Screech nous le fît à l'estomac, cela sauf correction toujours. Poursuivons donc.

Ainsi réfugiés sur la montagne Sainte-Geneviève, aujourd'hui place du Panthéon, point culminant du Quartier Latin ou de l'Université, comme le précisent les commentateurs, les évadés du pissefort s'écrient, en 1542: Carymary, Carymara, Par saincte mamye, nous son baignez par rys, dont fut depuis la ville nommee Paris laquelle au parauant on appelloit Leucece. Comme dist Strabo lib iiij. Cest a dire en Grec, Blanchette, pour les blanches cuisses des dames dudict lieu. Et il nous faut examiner cette version de repentir.

Pour Carymary, Carymara, Guilbaud et Plattard disent: Formule cabalistique. Jourda dit: Formule employée par maître Pathelin pendant son délire. Michel dit, probablement sans en être plus fier: Comme patati patata; cf. Farce de Maître Pathelin, scène v.

Pour saincte mamye, Guilbaud est le seul à se prononcer, disant: Nom de sainte, mais surtout jeu de mots (ma mie). Et nous pensons aussitôt que Guilbaud fut certes un mécréant consommé pour croire que Mamye est le nom d'une sainte réelle alors qu'il s'agit apparemment d'une simple bienheureuse, patronne des femmes qui ont compagnie d'homme.

Pour Strabo iiij, et le nom de Leucece, tout le monde corrige, disant qu'il s'agit de Julien et non de Strabon. Demerson dit seulement: Strabon, géographe grec du 1er siècle après J.-C., ne faisait nullement venir le nom de Lutèce de l'adjectif grec leukos (blanc). Pourtant Screech dit: Lieu commun tourné en ridicule (cf. G. Corrozet, Antiquitez de Paris, édition de 1583, 3): La ville (de Paris) a porté le nom de Lutèce, ou bien de Leucotece, car ainsi l'appelle Strabon (en marge: Livre 4) leukos, blanc). E. Pasquier, comme Rabelais, considère que ces étymologies sont des contes faits à plaisir (Recherche de la France, IX, 2). Quoi qu'il en soit, il nous semble que c'est là charger Rabelais d'un souci d'exactitude étymologique qui, à ce moment, ne paraît pas le lanciner. Car nous avons tout lieu de croire (et de nous en féliciter) qu'il a surtout retenu cette idée de blancheur pour amener celle des cuisses des dames dudict lieu, sujet qui l'intéresse certes bien davantage que l'avis d'un géographe. Et nous en aurons la preuve au chapitre xxxix, quand il fera avancer par frère Jean, parmi les raisons de la fraîcheur des cuisses d'une damoizelle, que cest un lieu umbrageux, obscur, & tenebreux, auquel iamais le Soleil ne luist.

Tout cela, fort agréable à évoquer, ne doit pourtant pas nous masquer que nous avons là un texte amputé: en 1534, ces voluptueuses cuisses n'arrivaient qu'après une mise en condition assurée par une suite de jurons dont les derniers sont d'esprit paillard. Donnent la liste de ces jurons Boulenger et Demerson, sans les expliquer; Plattard, Jourda et Michel en expliquent quelques-uns. Guilbaud ne signale pas leur existence. Quant à l'édition Garnier de 1870, elle laisse subsister les jurons de 1534 dans un texte qui est celui de 1542; et le piètre Demazière en fait autant. Or s'il est sûr que nous pouvons fortement déplorer que quelqu'un d'esprit aussi chagrin que sorbonique ait obtenu que fussent supprimés ces savoureux jurons (et la preuve en est que nous allons les examiner), il est non moins sûr qu'il faut avoir une suffisance de mégalomane pour faire, derrière l'auteur, un agencement personnel, et laisser son rafistolage passer pour composition de Rabelais. Mais ne restons pas dans cet air vicié, et allons analyser, afin de les mieux comprendre, ces joyeuses saillies que Rabelais dut écrire par bravade, le sourire aux lèvres.

Donc, en 1534, après: commencerent a renier & iurer, était donné le premier de ces jurons:

les plagues dieu. Screech, qui donne évidemment ce texte de 34 (tout en le ponctuant comme il l'entend, et il entend fort mal), dit: Juron, plaies de Dieu. Et il indique que l'édition qu'il nomme édition B (Juste, Lyon, 1535) donne: les plagues bieu, ce qui laisse penser qu'avant de se résoudre à supprimer ces jurons, Rabelais a tenté de l'atténuation, remplaçant, comme on va voir, et sauf pour les jurons royaux impossibles à dénaturer, le nom de Dieu par son euphémisme. Mais il faut bien croire que cet amendement n'a pas suffi.

Ie renye dieu, Frandiene vez tu ben/: Screech se croit ici autorisé à faire de la cerise deux morceaux; il donne: — Je renye Dieu! — Frandiene! vez tu ben? Et il dit: Frandiene: juron, euphémisme (dienne, Dieu). Cf. RER, III, 238. Il indique: B: Ie renye bieu. Frandiene. Voy tu ben. Plattard dit: Frandiene ou Sandienne (sang de Dieu): Vez (Vois) tu ben! Jourda dit: Frandiene (il faut lire: Sandienne! c'est-à-dire: par le sang de Dieu)! Michel dit: Frandienne (comme Sandienne: sang de Dieu). N'est-ce pas savoir s'arranger au mieux cela, et faire montre d'un bel esprit de corps? Il n'est pourtant pas besoin d'être grand clerc pour soupçonner que nous avons dans ce Frandiene l'adjectif Franc, qui inclut l'idée de liberté, de licence, et le mot Di, jour, le mot Diain étant par exemple l'ouvrier qui travaille à la journée (Greimas). Nous voyons donc dans Frandiene une exclamation dialectale qui, dans le contexte, s'entend comme: Au grand jour, celui qui jure disant en substance: Je renie Dieu, au grand jour, vois-tu ben, c'est-à-dire qu'il brave l'opinion, qu'il accepte les conséquences de cette dangereuse audace et qu'il prend même quelqu'un à témoin de son blasphème. Un peu comme nous pouvons dire: Je renie la RER, Frandiene vez tu ben?

la merde/: Boulenger, Michel et Demerson impriment: La merde! mais Michel explique: Par la mère de Dieu!. Plattard, Jourda et Demazière impriment: La merdé!, Jourda expliquant de même: Par la Mère de Dieu! Quant à Louis Barré (édition Garnier de 1870), il relie le juron précédent à celui-ci tout en dénaturant le dernier et imprime: vois-tu ben la mer? Screech, qui imprime abusivement: La mer Dé!, dit dans l'Index: Mer Dé, par la (xij (xiiij), xvj (xvij), xxiij (xxv), xxxiij (xxxv), etc.): imprécation, par la merci de Dieu; avec équivoque (merde). Nous devons examiner la question de ce juron à une autre rencontre, c'est-à-dire au chapitre xxv; mais rien ne s'oppose à ce que nous disions déjà que ce rapprochement entre merde et Mère de Dieu ou Merci de Dieu nous paraît être une compréhension forcée destinée à correspondre à l'idée préconçue à laquelle s'est tenu un Lefranc et que personne ne se risque à réexaminer. Quoi qu'il en soit, nous ne pouvons rien lire ici que l'exclamation encore en usage: La merde!

po cab de bious/: Screech dit: Juron gascon. Par la tête de Dieu. Nous noterons seulement qu'il y a là euphémisme, et que l'expression contient le mot po qui est l'exclamation dévalorisante Peuh! Le juron est donc méprisant et s'entend comme: Peuh! tête de bieu, ce qui ne peut effectivement qu'être d'un blasphémateur de langue d'oc.

das dich gots leyden schend/: Screech dit, d'après Lefranc: Juron des lansquenets: Que la passion de Dieu te confonde! Et il ajoute que l'édition B comporte à la suite de ce juron: Ia martre schend, ce que nous pouvons entendre comme un enchérissement: Oui (son) martyre te confonde! ces jurons étant à vrai dire fort pieux.

pote de christo/: Screech dit: Juron italien: Tête de Christ! Et nous pouvons constater que ce juron ne figure pas dans l'édition B, c'est-à-dire qu'à un moment, Rabelais a préféré remplacer ce juron italien par un deuxième juron allemand, passant sur la répétition du mot schend.

ventre sainct Quenet/: Screech dit: Saint de fantaisie (Quenet, dominutif de con). Mais nous savons, depuis le chapitre xxvj du Pantagruel, que cette audace de commentateur est mal orientée puisque Quenet représente non pas le ventre génital féminin, mais la satisfaction gustative de celui qui mâche et qui déglutit. Il n'en est pas moins vrai que ce juron fait litière du péché de gourmandise et que, prononcé par exemple en période de Carême, il peut être plus scandaleux que le serait une invocation à saint Connet.

vertus guoy/: Screech dit: Euphémisme, vertu Dieu. Et il dit au mot Vertus: Vertus Dieu: imprécation. Dans cette locution, et d'autres semblables, vertus correspond à virtus au sens de miracle (usité dès la Vulgate). Screech ne conclut pas; mais il nous faut alors entendre que Vertus guoy serait quelque chose comme: Miracles à la noix, le mot guoy pouvant passer, sinon pour explétif, du moins pour mot cheville, terme de substitution euphémique laissant entendre le pire. Tout cela est bien compliqué. Et nous n'hésitons pas à opter pour une autre compréhension fondée sur ce mot guoy où nous voyons la déformation dialectale du substantif issu de ce verbe goir, joir: jouir (Greimas). Vertus guoy s'entendrait alors tout simplement comme Vertus du plaisir, ce qui est évidemment faire bon marché des préceptes de macération.

par sainct Fiacre de Brye/: Michel dit: Le patron des jardiniers était un saint guérisseur, dont les reliques étaient dans la cathédrale de Meaux. Panurge l'invoque au Tiers Livre, chapitre XLVII. Screech dit seulement: Patron de la Brie. Et il indique qu'on l'a rencontré au chapitre xj du Pantagruel, donc dans la plaidoirie de Baisecul.

sainct Treignant/: Plattard dit: Saint Ninian, ou Ringan, saint national de l'Écosse. Screech dit: Déformation courante de Saint Ringan ou Ninian; juron préféré des soldats écossais (cf. Pantagruel, ix) Et c'est là Carpalim qui l'emploie.

ie foys veu a sainct Thibaud/: Screech dit: Patron des cocus. Mais Michel dit: Patron des savetiers, invoqué par Panurge (P. x, en 1532). Panurge, à cet endroit, se réfère au saint pour une question de vin et de bien boire, alors qu'au Tiers Livre, qui roule sur la question de cocuage, il ne sera pas fait mention de ce saint Thibaud. On ne sait donc d'où Screech tient que saint Joseph se serait désisté en faveur de saint Thibaud.

Pasques dieu, le bon iour dieu, le diable memport/foy de gentil-home/: Screech indique que l'édition B ne donne pas ce dernier juron, remplacé par Carimary, Carimara. Et il commente: Jurons favoris de quatre rois de France; cf. R. de Collerye, Epithéton de quatre roys: Quant la Pasque Dieu deceda (Louis XI), Le Bon jour Dieu luy succeda (Charles VIII), Au Bon jour Dieu deffunct et mort, Succeda le Dyable m'emport (Louis XII); Luy decedé nous voyons comme Nous duist la Foy de Gentilhomme (François Ier). Nous retiendrons donc que si, en 1534, Rabelais citait le juron de son roi, en 1535 il a jugé bon de ne plus le faire et de le remplacer par une formule tirée de Pathelin, formule qu'il va transférer, nous allons avoir à nous demander pourquoi, dans l'édition de 1542.

Par sainct Andouille/: Screech dit: Equivoque libre (andouille, membre viril). Cf. QL XXXVIII. Et le texte est celui-ci, qui ne peut nous donner de lueur sur ce saint, attendu que l'époque se situe avant qu'il fût besoin d'en élire: Le serpens qui tenta Eve estoit andouillicque. Il ne saurait pourtant faire doute qu'il fut le premier dont on examina le cas en vue de la béatification.

par sainct Guodegrin qui feut martyrize de pomes cuyttes/: Screech dit: Patron des buveurs (équivoque: grand godet). Sans doute le même personnage que le sainct Pran de la Vie de saint Christophle (Grenoble, 1530), qui fut jadis bouilli en bran Et lapidé de pommes cuites. Mais il dit dans l'Index: Chrodegrand, ou Godegran, évêque de Metz, VIIIe siècle. Plattard dit: Godegrain ou Chrodegand est le nom d'un saint, évêque de Metz à l'époque de Charles Martel. Michel dit: Chrodegrand, évêque de Metz, dont le nom est assimilé à Grand Godet, patron des buveurs. Tout cela est bel et bon, mais nous ne sommes pas d'accord.

Que la méprise soit ou non volontaire, ce sens de Grand Godet nous apparaît comme un sens de substitution avancé d'enthousiasme pour tempérer le caractère licencieux de cette fin d'énumération. Placé entre saint Andouille et saint Foutin, celui-ci précédant immédiatement saint Vit, et tous trois aboutissant à cette sainte mamye complémentaire, ce saint Grand Godet, qui n'évoque que la propension à boire, constitue un changement de registre, une anomalie dont nous savons bien qu'est incapable l'artiste qu'est Rabelais. Il est donc pour nous évident que nous avons plutôt affaire, avec Guode-, au verbe goder que Greimas donne pour: Plaisanter, railler, et dont le substantif Godemine désigne la bonne chère, le plaisir, la débauche. C'est à ce verbe que nous avons déjà rattaché, au chapitre xij du Pantagruel, le mot godale. Quant à la syllabe -grin, c'est avec raison que les commentateurs y voient le sens de grandeur; cela paraît légitime puisque Greimas donne graignor, graindre, cas régime et cas sujet de grant. Associant alors cette idée de grandeur et ce verbe goder, nous entendrons que ce sainct Guodegrin est quelque chose comme saint Baisebeaucoup, saint Baisefort (qui, précisément pour être de telle efficacité, ne peut que boire modérément). Les quatre saints sont donc saint Andouille, saint Baisefort, saint Foutin et saint Vit, le groupe étant cette fois homogène, Rabelais lavé de la faute d'écriture que lui faisaient commettre les glossateurs, et ces derniers, du même coup, déniaisés.

par sainct Foutin lapostre/: Screech indique dans l'Index: Déformation de Saint Photin. Puis il commente: Le patois de l'ouest substituait fréquemment ou pour o; saint Photin devient dans l'ouest saint Phoutin, nom qui se prête à des équivoques. L'ennui est que si les dictionnaires des saints donnent bien une sainte Photine, il n'est nulle part fait mention d'un saint Photin. Le pieux mensonge du révérend Screech n'empêche donc pas le scandale: saint Foutin est bien l'apôtre, donc celui qui propage, donc celui qui multiplie par reproduction (Petit Robert).

A cet endroit, Screech indique que l'édition B donne les deux jurons (dont un au moins va inspirer maistre Ianotus: Nê Diâ, Mà Diâ. Et cette même édition B arrête là l'énumération, ne conservant que: Par saincte Mamye, et finissant par: nous son baignez, etc. Mais en 34, un saint figure encore:

par sainct Vit/: Screech dit: Avec équivoque libre, Saint Vitus. Mais là encore son intervention tombe à plat attendu qu'on ne trouve dans aucun dictionnaire des saints ce saint Vitus. De plus, la manie latinisante de Screech le rend grotesque puisque vitus n'est jamais en latin que la jante de la roue, malaisément canonisable. Il faut donc entendre, malgré ces tentatives d'édulcoration, que nous avons bien encore affaire à ce qui plus haut était donné pour andouillicque, objet cette fois d'un culte de dulie.

par saincte mamye/: Screech dit: Sainte de fantaisie, ce dont nous avions un commencement d'intuition. Puis il ajoute, toujours euphémiquement: Faire ses dévotions à sainte Mamye, c'est aller voir sa maîtresse.

Et c'est là que la texte de 1534 se confond avec celui de 42, Rabelais enchaînant: nous sommes baignez par rys, etc. Toutefois, en 42, il fait encore précéder le nom de cette grande sainte de la formule: Carymary, Carymara, qui a figuré au milieu des jurons de l'édition B (1535).

Il nous faut alors bien voir qu'en 42, tous les jurons supprimés, n'est conservée que cette saincte mamye, qui a toujours été la dernière de l'énumération: et cela suffit peut-être à expliquer que ce soit elle qui, par facilité, ait fait partie du raboutement. Mais il n'en est pas de même pour Carymary, Carymara, formule volontairement conservée, alors qu'elle ne figure pas dans l'édition de 34 et que déjà, en 1535, elle remplace un juron supprimé: celui de François Ier. Il est alors légitime, comme nous nous sommes proposé de le faire, que nous nous interrogions sur les raisons de ce choix.

Michel indiquait dans son commentaire: Cf. Farce de Maître Pathelin, scène v. Nous nous y reportons donc[2]. Et nous voyons que c'est aux vers 613 et 614 (Edition Champion, 1970) que Pathelin, dans son feint délire, dit à Guillemette:

oste ces gens noirs! Marmara
carimari, carimara.

Et désormais, nous avons compris:

Loin d'être, sous la plume de Rabelais, cette formule cabalistique dont parle la glose, et encore moins ce Patati, patata, fort niais, dont se satisfait Michel, Carymary, Carymara est, pour le groupe de lecteurs complices auxquels s'adresse l'auteur, la formule de conjuration inséparable de: oste ces gens noirs! Et nous pouvons aisément entendre que ces gens noirs ont alors quelque apparence de censeurs ecclésiastiques.

---

2. Chacun sait que Cf. ou Conf. est l'abréviation de Confer, que le Petit Robert définit: Mot latin, impératif de conferre: Comparez. Le Robert, lui, dit: Abréviation de l'impératif latin Confer (Compare), invitant le lecteur à se référer à l'indication qui suit. Mais il dit aussi: Conférer: rapprocher deux choses pour les comparer. Voir Collationner, Collation. Spécialement: Conférez: rapportez-vous à tel document. Le Petit Robert dit aussi: Conférer: didactique: Rapprocher deux choses pour les comparer. Quant à Littré, qui ne traite que de français, il dit: Conférer: comparer, faire collation, en parlant des textes. Pourquoi donc alors toute personne qui lit pour une autre un texte en français se croit-elle tenue de prononcer conn-fair, pour bien montrer qu'elle connaît l'impératif latin? Elle peut, bien plus légitimement, lire soit l'infinitif Conférer, soit l'impératif Conférez. C'est en outre une excellente prophylaxie attendu que la pédanterie engorge encore plus sûrement que le cholestérol les vaisseaux du cerveau.

Car la Farce de maître Pathelin est familière aux membres de ce groupe, comme le montrent les fréquentes évocations ou imitations que fait Rabelais, soit du langage patelinois, soit de situations de la pièce; et il semble même que certaines des répliques ont été prises par eux pour marque de reconnaissance, ainsi que le laisserait supposer, par exemple, dans la lettre à Antoine Hullot, de 1542, le He Pater Reverendissime quomodo bruslis? Que nova? Parisius non sunt ova? (vers 959-961: Hé, révérendissime Père, comment brûles-tu? Quoi de nouveau? N'y a-t-il plus d'œufs à Paris? ce qui est la traduction consacrée, mais la Farce donne brulis, et le commentateur, R.T. Holbroock (Champion) propose: tu brûles, tu brouilles, tu embrouilles ou tu marmottes).

C'est par le simple rapprochement de la place qu'occupe la formule, en 1535 puis en 1542, que nous arrivons à la conviction que Carymary, Carymara est en fait une sorte de langage codé qui, pour les initiés, a charge d'exprimer l'optatif concernant les gens noirs, ce qui revient à échanger entre affidés le mot de passe correspondant à: Mort aux censeurs! Examinons depuis l'originale:

Nulle trace, en 1534, de ce Carymary, Carymara: aussi la liste des jurons est-elle complète, personne n'ayant encore pris ombrage d'aucun d'eux. Il n'en est plus de même en 1535 où quelqu'un a dû juger irrévérencieuse ou rabaissante la citation du juron de François Ier après celle des jurons de Louis XI, de Charles VIII et de Louis XII. Rabelais biffe alors le Foy de gentilhomme et le remplace par Carimary, Carimara (orthographe de 1535) qui doit amener à l'esprit des lecteurs avertis le cri de ralliement: oste ces gens noirs!

Et il tombe alors sous le sens qu'en 1542, ayant dû supprimer non pas un mais tous les jurons, et devant remanier en joignant la phrase qui ouvrait l'énumération à celle qui la fermait, Rabelais ne peut manquer d'insérer dans son texte d'aboutement ce vengeur Carymary, Carymara qui, plus que jamais, se lit comme un exorcisme majeur qui se prolonge cette fois, teinté de forte rancœur, en quelque chose comme: Que crèvent donc ces gens noirs!

Et s'il en était besoin, nous pourrions trouver confirmation de cette vue par la comparaison des versions de 34 et de 42 quant à l'écriture:

Le texte de 34 commence ainsi: hors dhaleine, commencerent a renier et iurer, les plagues dieu, etc. Et il finit: sainct Vit/ par saincte mamye/nous sommes baignez par rys. Dont feut depuis la ville nommee Paris, etc.

En 42 le texte est devenu: hors dhalene, commencerent a renier & iurer les ungs en cholere, les aultres par rys, Carymary, Carymara, Par saincte mamye, nous son baignez par rys, dont fut depuis la ville nommee Paris, etc.

Et nous remarquons: d'abord que Rabelais reprend en 42 la déformation dialectale: nous son, qu'il a introduite dans l'édition de 35; ensuite que la répétition du calembour: par rys, à quelques mots d'intervalle, paraît être une si grossière négligence que nous y voyons plutôt une insistance si résolument appuyée qu'elle donne à entendre: c'était pour rire, seulement pour rire (ce qui se prolonge, si l'on veut, en quelque chose comme: mais les censeurs sont lugubres): enfin que la ponctuation incohérente eu égard aux capitales (ou les capitales incohérentes eu égard à la ponctuation) est peut-être imperfection volontairement conservée, le remaniement imposé produisant chez l'auteur une telle indignation qu'il tient à démontrer que l'exigence détruit sa composition.

Ce n'est là, bien sûr, que tentative de reconstitution. Mais nous continuons de penser que, même discutables, de telles reconstitutions servent mieux un texte tenu pour vivant, que les petits pots de commentaires artificiels déposés en marge de sa pierre tombale. Donc, sauf correction toujours, nous persistons et signons. Et dussent un jour être cancellées ces conclusions, elles auront toujours permis, ici et maintenant, de constater qu'il importe:

— d'être persuadés que nous n'avons pas, avec la version de 42, le dernier texte approuvé par l'auteur comme nous avons aujourd'hui, du romancier édité chez Fauchon, le texte revu pour ses œuvres complètes;

— d'être convaincus que ce texte de 42 est bien souvent un texte amputé, et qu'il pouvait fort bien apparaître à Rabelais comme un texte de transition, dans l'attente de la disparition des gens noirs, disparition devant lui permettre de rétablir les passages supprimés;

— de ne considérer donc comme édition des œuvres de Rabelais que celle qui donnera les versions successives que l'auteur a lui-même données ou celles qu'on a faites à son insu;

— d'être enfin pénétrés de la certitude que, dans ces conditions, toute translation ou mise en français moderne ne saurait qu'être absurde, improbe et génératrice de médiocrité.

Sur ce, nous rejoignons le texte de 42 où nous l'avons laissé, c'est-à-dire aux cuisses des dames, texte qui continue, semblable à celui de 34, bien que les jurons aient disparu, par le scrupule étymologique que feint d'avoir Rabelais pour ce nom de Paris issu du calembour par rys, trois fois répété:

Et par autant que a ceste nouuelle imposition du nom tous les assistans iurerent chascun les saincts de sa paroisse: les Parisiens, qui sont faictz de toutes gens & toutes pieces, sont par nature & bons iureurs & bons iuristes, & quelque peu oultrecuydez. Dont estime Ioaninus de Barranco, libro, de copiositate reuerentiarum, que sont dictz Parrhesiens en Grecisme, cest a dire fiers en parler.

Tout le monde est d'accord pour dire que l'ouvrage De l'abondance des révérences (ou, selon Demerson, De l'abondance des marques de respect) est imaginaire et que, fondée sur le grec parrèsia, franchise, et par extension liberté de parole, cette étymologie avait cours au moyen âge et qu'elle se retrouve chez plusieurs érudits. Demerson ici ajoute: dont Rabelais lui-même: voir Lettre au cardinal du Bellay. Il s'agit de l'épître en latin qui fut imprimée en tête de la Topographia antiquae Romae, et dans laquelle Rabelais joue sur le grec parrèsiazein, parler franc, mais il nous semble qu'il le fait par dérision. Toutefois, chacun est libre de prendre sérieusement l'ironie: c'est ce qu'escomptaient Rabelais et ses correspondants de ceux qui devaient déjà leur apparaître comme des compassés. Personne pourtant ne s'est soucié de voir en ce Ioaninus de Barranco (qui paraît d'ailleurs être un premier jet de Ianotus de Bragmardo) un nom forgé pour rire, où Ioaninus est comme Tout-petit-Jean, et Barranco quelque chose comme le télescopage entre les mots latins Baro: niais, et Rancor: rancidité, soit à dire Tout-petit-Jean Niaisranci, ce qui est nettement plus recherché que la brutale dénomination: Infime Vieux Con.

Et c'est là que commence l'épisode des cloches. Nous savons bien que l'aventure est déjà dans les Grandes Cronicques, mais ce dont nous n'avons pas une idée précise, c'est la nature du terrain sur lequel Rabelais a édifié sa composition. Voici donc, donné par Guilbaud à la fin du volume consacré au Gargantua, le morceau tiré du chapitre: Comment le père & la mère de Gargantua moururent d'une fièvre, & comment Gargantua emporta les cloches de Notre-Dame de Paris:

(...) Quand il fut près il se mit à pied & envoya paître la jument, puis va entrer en la ville & s'alla asseoir sur une des tours de Notre-Dame: mais les jambes lui pendaient jusqu'en la rivière de Seine; & regardait les cloches de l'une & puis de l'autre, & se prit à branler les deux qui sont en la grosse tour, lesquelles sont tenues les plus grosses de France. Adonc vous eussiez vu venir les Parisiens tous à la foule qui le regardaient & se moquaient de ce qu'il était si grand.

Lors pensa qu'il emporterait ces deux cloches, & qu'il les pendrait au col de sa jument, ainsi qu'il avait vu des sonnettes au col des mules. Adonc s'en part & les emporte. Qui furent marris, ce furent les Parisiens, car de force ne fallait point user contre lui. Lors se mirent en conseil, & fut dit que l'on irait le supplier qu'il les apportât & mît en leurs places où il les avait prises, & qu'il s'en allât sans plus revenir, & lui donnèrent trois cents bœufs & deux cents moutons pour son dîner, ce qu'accorda Gargantua.

Il serait de mépris facile, et finalement vain, de marquer tout ce qui sépare ce texte de l'élaboration de Rabelais. Nous n'avons là, si l'on veut, que la chenille qui doit donner le Paon-de-jour, et personne n'a jamais songé à reprocher à la larve de ce papillon d'être noire et vermiforme. (Quelqu'un pourtant, nous l'avons vu, veut que le papillon fini soit celui qui a pondu l'œuf qui a donné la larve de sa propre métamorphose: le raisonnement est pour le moins original de cette chercheuse qui assimilerait aussi bien le miel à la moutarde pourvu que fussent semblables leurs cuillers à pot.) Mais suivons Rabelais plutôt que les brasse-bouillon.

Ce faict considera les grosses cloches que estoient esdictes tours: & les feist sonner bien harmonieusement. Ce que faisant luy vint en pensee quelles seruiroient bien de campanes au coul de sa iument, laquelle il vouloit renuoier a son pere toute chargee de froumaiges de Brye & de harans frays.

Pour le mot campanes, Plattard dit: Les cloches Marie (12 000 kgs) et Jacqueline (7 500 kgs) étaient une des curiosités de Paris. Demerson dit, lui: Grelots (synonyme de cymbales); et la translation parle de clochettes. Or il n'est nullement question de grelots ou de clochettes, mais bien de mettre au cou de la jument des cloches comme on en met au cou des vaches. Et il semble qu'il faille se garder d'abandonner cette idée de cloches puisque le mot campanes désigne ici des cloches baptisées, c'est-à-dire bénites, et que le projet de les transférer au col d'une jument contient une sorte de profanation, ce qui va porter le peuple de Paris vers la Sorbonne. Pour les froumaiges de Brye, seul Michel parle, qui dit: Les grands fromages de Brie sont toujours réputés, et l'on peut dire que c'est vraiment rompre pour rien le silence qu'observent là-dessus les autres commentateurs.

Mais ce que personne n'a vu, c'est que l'adjectif frays se rapporte aussi bien aux fromages qu'aux harengs, et qu'il s'agit de ces fromages tout juste démoulés et salés qui étaient encore, il n'y a pas un demi-siècle, une gourmandise à manger dans la journée. L'intention de Gargantua est en fait une bouffonnerie, Rabelais semblant vouloir se débarasser de la monture sur une facétie, tout en signalant à qui veut bien entendre qu'il n'a jamais attaché la moindre foi à la fabuleuse jument qu'il a mise en scène. Il s'agit donc de charger cette jument de fromages non affinés, et de ces harengs bouffis dont Littré dit qu'ils sont légèrement fumés et salés et que, n'ayant pas subi la caque, ils sont bouffis, non aplatis; qu'ils sont fort recherchés des gourmets, mais qu'ils ne se conservent pas. Ainsi chargée, la jument aurait certes grand besoin de cloches pour qu'on fuie la puanteur qu'elle commencerait de répandre dès le lendemain de son départ.

Cela, les lecteurs des années 1500 le saisissaient immédiatement; et les commentateurs d'aujourd'hui l'auraient facilement redécouvert s'ils ne lisaient pas le texte de Rabelais comme ils lisent celui de leur psautier. Il était seulement besoin de s'étonner de l'alliance de ces fromages de Brie et des harengs; et leur serait apparu que ces deux mets ne peuvent avoir en commun que la particularité de se corrompre rapidement quand ils sont frais.

Reste seulement à savoir si nos glossateurs ont encore la faculté de s'étonner après qu'ils ont, pour la plupart, déjà pondu depuis belle heure les généralisations, théories, spéculations diverses qui, à supposer qu'elles soient utiles, devraient suivre et non pas précéder la compréhension. Mais allez savoir si elles n'ont pas, secrètement, pour mission de s'y substituer...

Donc, comme dit très puérilement la translation, Gargantua a emporté les cloches à la maison. Et la sédition pourrait s'en ensuivre immédiatement[3]. Pourtant Rabelais tient à glisser auparavant une malicieuse saillie, clairement adressée:

Ce pendent vint un commandeur iambonnier de sainct Antoine pour faire sa queste suille: lequel pour se faire entendre de loing, & faire trembler le lard au charnier, les voulut emporter furtiuement. Mais par honnesteté les laissa, non par ce quelles estoient trop chauldes, mais par ce quelles estoient quelque peu trop pesantes a la portee. Cil ne fut pas celluy de Bourg. Car il est trop de mes amys.

Depuis le Prologue du Pantagruel, nous savons ce que dit ici Boulenger: L'ordre de Saint-Antoine-du-Dauphiné avait le privilège de laisser ses porcs errer dans les villes. Il y renonça moyennant qu'il recevrait du lard et des jambons au cours de la quête du cochon (suille) que feraient ses moines. D'où l'épithète de jambonnier. Demerson dit: Les membres de l'ordre de saint Antoine procédaient à la quête du porc (suille) en récompense de leurs talents de vétérinaires.

Pour charnier, Boulenger explique: Saloir, pot où l'on gardait le porc salé. Mais nous entendons que le mot saloir désigne aussi le coffre aux salaisons puisqu'il est question, au Prologue du Pantagruel, de la

---

3. Evidemment, nous pourrions dire: Et, de là, pourraient s'ensuivre immédiatement la sédition. Mais il n'est pas mauvais de faire prendre l'air à ce tour qu'on n'invite plus dans la prose de bonne compagnie, sous prétexte que ses syllabes didymes -en- sont trop visibles.

claueure (serrure) dun charnier. Et nous noterons qu'ici Demerson a une vue étrangement anthropomorphique, qui dit pour la locution faire trembler le lard au charnier: Au saloir, le lard tremble de se voir emporter.

Pour la locution: trop chaud, trop pesant, Screech renvoie au chapitre xxvij: Tant feirent & tracasserent pillant & larronnant, quilz arriuerent a Seuille: & detrousserent hommes & femmes & prindrent ce quilz peurent, rien ne leurs feut ne trop chault ne trop pesant. C'est ici le sens fort d'appropriation faite sans rien excepter. C'est au contraire le sens d'exclusion qu'on trouve dans Froissart (cité par Littré): Courroient ses gens tout le païs d'environ, et ne laissoient rien à prendre s'il n'estoit trop chaud, trop froid ou trop pesant. Même sens encore chez Chaucer dans le conte du Frère: Je fais tout comme vous, dit le semonneur. Je laisse seulement ce qui est trop lourd ou trop chaud à tenir (Les contes de Canterbury, traduction de J.-F. Faucher, Livre de poche). C'est évidemment cette idée d'exclusion que nous retrouvons dans le paragraphe qui nous occupe, à cela près que Rabelais renouvelle l'emploi de la locution, dissociant les deux termes et les prenant à la lettre. Parlant d'honnêteté comme pour une renonciation volontaire, il élimine d'abord la chaleur en une phrase qui dit à la fois qu'il ne peut être question de cette cause, et que ledit commandeur s'en serait accommodé. Puis il parle par litote de l'énorme poids, cause de l'abandon, ce qui ouvre les yeux sur le sens ironique du mot honnêteté. Mais cela donne finalement le jambonnier pour aussi inintelligent qu'indélicat, raisons suffisantes pour faire mine de préserver quelqu'un de cette double accusation.

Pour ce Cil ne fut pas celluy de Bourg. Car il est trop de mes amys, Plattard dit: Le commandeur de Saint Antoine de Bourg-en-Bresse était Antoine du Saix, auteur de l'Esperon de Discipline (1532), des Petitz fatraz d'un apprentis, et d'un Marquetis de pièces diverses. Demerson dit: Un de ses poèmes est intitulé: Le souhait du jambonnier (Petits fatras, 1545).

En fait, nous devons bien voir que cette épithète de jambonnier ne pouvait qu'être courante depuis longtemps, probablement depuis la fondation de l'ordre, quelque cinq cents ans plus tôt, puisque les Antonins ont toujours été associés au cochon. Et Antoine du Saix, dont Demerson dit que, doué du sens de l'humour, ce personnage se désignait lui-même comme le Jambonnier, n'a fait que reprendre, dans son épître de 1545, le surnom consacré.

Ce que nous devons ensuite examiner est la phrase: lequel pour se faire entendre de loing, & faire trembler le lard au charnier. Une lecture superficielle nous laisse comprendre que le commandeur convoite les cloches de Notre-Dame à la fois pour pouvoir s'annoncer de loin et pour pouvoir faire trembler le lard au charnier. Mais, même si ce commandeur est obtus, comme il nous est apparu, et si donc nous ne pouvons nous appuyer sur son raisonnement, nous pouvons toujours retrouver celui de qui rédige. Or nous savons, depuis le chapitre vij du Pantagruel, que l'aubade donnée avec la cloche de sainct Aignan promenée par les rues a fait gâter tout le vin des Orléanais; et nous avons bien compris que ce sont les vibrations sonores qui ont produit ce vin poulsé. Il s'ensuit que des vibrations issues de cloches encore plus grosses n'auraient pas seulement pour effet de faire trembler le lard mais celui de le faire se corrompre. Et en admettant que le commandeur mis en scène ne le prévoie pas, l'auteur, qui a écrit l'épisode de la cloche de sainct Aignan, ne peut négliger de le considérer.

Tout cela nous conduit à saisir ce qui devait apparaître immédiatement au lecteur de 1500: faire trembler le lard au charnier est une locution traditionnellement appliquée à la quête suille des Antonins qui, forts de leur droit, devaient impunément sonner à toute volée de leurs cloches à manches, et avec une insistance obstinée. La phrase, qui reprend l'expression figée, est donc comme: lequel pour se faire entendre de (plus) loin, et faire (davantage) trembler le lard au charnier. Et c'est ce reproche de bruit, si assourdissant qu'on a coutume de dire qu'il fait trembler le lard au charnier, qui va nous amener à voir la raison de l'insertion de ce paragraphe, visiblement adventice, dans la progression du récit.

Nous connaissons fort bien le sentiment de répulsion qu'inspire à Rabelais le son des cloches, sentiment qu'il a gardé de son temps de moinage, et qu'il ne manque pas d'exprimer à l'occasion: ainsi Gargantua, au chapitre xl du présent Livre, reprochera-t-il aux moines de molester tout leur voisinage à force de trinqueballer leurs cloches. Or Antoine du Saix est commandeur jambonnier, donc inséparable de l'idée des cloches dont ses moines importunent les autres; mais il est aussi ami de l'auteur. Il apparaît alors que c'est cette opposition: amitié pour Antoine du Saix, aversion pour ses cloches, que contient l'insertion. Et nous nous l'expliquons ainsi:

Il est vraisemblable que Rabelais a constamment dû faire grief à son ami de l'assourdissant accompagnement de ses quêtes, et qu'il a pu lui exprimer, évidemment au mode de la plaisanterie, quelque chose comme: Ami jusques aux cloches, exclusivement. Peut-être même, inspiré inconsciemment ou non de la légende populaire, a-t-il pu lui conseiller, afin de faire encore plus de bruit, d'aller s'emparer des

457

cloches de Notre-Dame. En tout cas, que ce soient ceux-là ou d'autres, les quolibets concernant les cloches ont toujours dû fuser. Et il est évident que Rabelais, écrivant l'épisode de Gargantua s'emparant des cloches de Notre-Dame, ne peut manquer d'avoir à l'esprit cette permanente raillerie. Il emploie alors l'expédient du commandeur jambonnier anonyme désireux de s'approprier les cloches que le géant a emportées en son logis, puis il feint de craindre qu'on n'attribue cette illicite et absurde convoitise à celui qu'il avoue pour ami. Il s'empresse donc d'innocenter le commandeur de Bourg, ce qui revient à adresser nommément le morceau à Antoine du Saix, lui faisant par-dessus la tête des lecteurs le clin d'œil de connivence qui évoque tout le fonds des propos qu'ont échangés les deux amis au sujet des cloches. Est ainsi expliqué, selon nous, la présence de cette protestation que Rabelais a fait figurer dès la première édition, et qu'il a toujours maintenue, cette détermination étant à nos yeux une preuve supplémentaire du signal amical que nous voyons.

Tout le monde, pourtant, n'est pas de cet avis. Demerson dit: Par cette note, Rabelais suggère que la clé de ce portrait n'est pas le commandeur de Saint Antoine de Bourg-en-Bresse. Et il nous faut bien constater que Demerson est ici à cent lieues de voir que Rabelais se situe au niveau du badinage taquin et de la complicité amicale. Il faut se rendre à l'évidence: un commandeur jambonnier des années 1500 avait l'esprit nécessaire et suffisant pour qu'un Rabelais fût assuré qu'il entendrait le message (et même qu'il admirerait au passage l'habileté de l'auteur le désignant comme destinataire tout en niant que ce soit lui). Il ne fait donc pas doute que l'auteur et le commandeur auraient franchement ri s'ils avaient pu savoir que, dans les temps à venir, un commentâtonneur se laisserait là-dessus abuser et trancherait du haut de son incompréhension. Mais il faut dire qu'en revanche ils auraient ri moins franchement s'ils avaient su que le commentâtonneur en question, substituant son propre texte à celui de l'auteur, donnerait sur vélin illustré et numéroté cette pauvre mouture du morceau:

Sur ces entrefaites survint, pour faire sa quête de cochonnailles, un commandeur jambonnier de l'ordre de saint Antoine qui voulut les emporter furtivement pour se faire entendre de loin et faire trembler le lard dans le saloir. Mais il les laissa par scrupule d'honnêteté, non qu'elles fussent trop chaudes, mais parce qu'elles étaient un peu trop lourdes à transporter. Ce n'était pas celui de Bourg, car c'est un trop bon ami à moi.

Mais repartons nous nourrir au texte; celui-ci a été sensiblement adouci après la première édition. Il est, en 1542:

458

Toute la ville feut esmeue en sedition comme vous scauez que a ce ilz sont tant faciles, que les nations estranges sesbahissent de la patience des Roys de France, lesquelz aultrement par bonne iustice ne les refrenent: veuz les inconueniens qui en sortent de iour en iour. Pleust a dieu, que ie sceusse lofficine en laquelle sont forgez ces chismes & monopoles, pour les mettre en euidence es confraries de ma paroisse.

En 34, après patience, se trouvait la phrase: ou (pour mieulx dire) de la stupidité des Roys de France, etc. Et Screech dit ici: Rabelais biffera le mot stupidité; évidemment il s'est laissé un peu trop emporter; ce n'est pas ainsi qu'on parle, au XVIe siècle, de son roi. Demerson dit: Rabelais homme d'ordre, est plus royaliste que le roi. Nous dirons qu'il nous semble plutôt que le mot stupidité était employé à son sens fort de stupeur, ce qui n'est nullement insultant, et que c'est peut-être par crainte que l'on puisse entendre le mot au sens où l'entend Screech que Rabelais a dû le supprimer. Quant à ce que dit Demerson, nous y verrons aussi une compréhension anachronique; Rabelais est ici tout simplement loyaliste en même temps que fort néophyte dans son zèle: ainsi il ignore qu'a toujours été une habileté du pouvoir de laisser le mécontentement se diluer en des rassemblement vengeurs, et de n'intervenir que si l'excitation s'accroît au lieu de s'apaiser.

En 34 encore, après monopoles (mot que Greimas donne pour cabale, conspiration), la fin de la phrase était celle-ci: pour veoir si ie ny feroys pas de beaulx placquars de merde. Et Screech dit: Rabelais biffera cette phrase aussi. Le mot même de placard risquait-il de réveiller trop de souvenirs, grâce à la fameuse Affaire des Placards? Nous passerons sur l'emploi inhabituel de la locution prépositive grâce à, qui s'applique ordinairement (sauf ironie) à un résultat heureux, et nous nous dirons que l'intention de Rabelais paraît bien être ici celle de rappeler cette nuit du 17 au 18 octobre 1534 (Chronologie de Demerson) pour les mesures fort sévères dont elle fut suivie. Car il est pour nous évident que l'auteur, en 1534, fort de sa loyauté et résolument extrémiste[4], va jusqu'à la démesure et dans les termes et dans les conseils. Et il semble qu'ici l'atténuation ait pu être simplement demandée par le protecteur plus au fait que l'auteur du langage feutré à utiliser, même pour protester de sa fidélité.

---

4. Peut-être n'est-il pas inutile de noter que Rabelais ne pouvait qu'approuver la répression d'une audace qui risquait de remettre en question l'appui qu'avait jusque-là accordé le roi aux esprits qui s'opposaient à la Sorbonne. Et de rappeler que cet affranchissement intellectuel était la seule entreprise qui intéressât un Rabelais.

En 1534 toujours, assuré que sa véhémence le protège, Rabelais poursuit, sans marquer d'alinéa (non plus d'ailleurs qu'en 42): Croyez que le lieu on quel conuint le peuple tout solfre & habaline, feut Sorbone, ou lors estoit, maintenant nest plus, loracle de Lucece.

En 1542 a disparu la mention de la Sorbonne, et la phrase est: Croyez que le lieu auquel conuint le peuple tout folfre & habaline, feust Nesle ou lors estoit, maintenant nest plus, loracle de Lucece.

Pour le mot solfré, devenu en 42 folfré, et pour le mot habaliné, tout le monde donne l'équivalent: affolé et bouleversé. Screech dit toutefois: Sainéan signale la coquille folfré consacrée par l'édition de 1542, et propose la leçon solfié (car il néglige de considérer que le f et le s de la gothique bâtarde étant presque exactement superposables, le mot folfré pourrait être la correction du mot erroné solfré). Et dans son Index, il propose lui-même: Solfré: soufré?. Pour habaliné, il dit: consterné, profondément troublé. Selon Sainéan, mot forgé sur balin (languedoc), sorte de danse. Cf. italien abbalinare. Sainéan recourt ici encore à son providentiel languedocien, mais tout ce que nous trouvons dans Lou Pichot Tresor est la locution adverbiale balin-balet, qui signifie: confusément, en désordre. Quant à son solfié, ce ne serait qu'une risible absurdité si elle n'engageait pas Screech à parler de soufré. Mais Screech croit encore que la Langue de Rabelais (1922-1923), de Sainéan, est autre chose qu'un ouvrage en ruine.

Le français donne pourtant bien meilleure hypothèse avec les mots suivants de Greimas: Fole: presse, foule; Foleis: presse, cohue, foule, mêlée. Foler: être ou devenir fou. Foloier, folier: faire des folies; se démener comme un fou. Il en est de même avec habaliné puisque nous trouvons chez Greimas encore le verbe abaldir: étonner, déconcerter; étourdir, effrayer, verbe que Rabelais a fort bien pu employer précédé d'un h, et qui aurait alors donné le participe habaldiré. Le compagnon typographe ayant ici manifestement bourré, c'est-à-dire, comptant sur la relecture, formé au plus près le terme incompris, nous pouvons croire que le mot solfré, puis folfré est le mot foloié, et habaliné le mot habaldiré. De toute façon, il nous faut nous résoudre à ne jamais connaître le vrai de la chose; mais il nous suffit d'être maintenant assurés que l'équivalent des commentateurs, tiré du contexte, a quelque vraisemblance lexicale. Donc ce peuple est tout affolé et bouleversé, ou indigné et décontenancé, ou scandalisé et désorienté, et il se rend dans cet état au lieu qui est, en 1534 la Sorbonne, en 1542 Nesle.

Plattard dit: L'hôtel royal de Nesle, sur l'emplacement de la Monnaie actuelle était, depuis 1522, le siège de la juridiction d'un bailli chargé de juger les procès de l'université. On lit dans les premières éditions, à la place de Nesle, Sorbonne et c'est à ce collège de la

Faculté de théologie que se rapporte la fin de la phrase que Rabelais a conservée sans modification. Jourda, lui, conclut: Il corrige, en 1542, par prudence, mais ne rectifie pas la fin de la phrase qui, dès lors, est obscure. Guilbaud dit: Cet oracle est la Sorbonne. Screech dit: ce qui veut dire, sans doute, que la Sorbonne, autrefois célèbre, ne mérite plus de l'être (surtout depuis que le Collège Trilingue l'éclipse). Demerson dit: Les premières éditions portaient: feut Sorbonne, ce qui explique l'allusion à l'oracle déclinant de Lutèce.

Il nous faut pourtant ici passer encore derrière nos commentateurs qui, comme disaient nos grands-mères, n'époussettent les coins que si ceux-là s'approchent. On nous dit que Nesle est depuis 1522 le lieu où se jugent les procès de l'université; et en 1534, c'est-à-dire quelque douze ans après qu'a été élu ce lieu pour ce faire, Rabelais écrit: feut Sorbone, ou lors estoit, maintenant nest plus, loracle de Lucece. Et nous pouvons effectivement entendre qu'à l'époque indéterminée où est censé se passer le récit, la Sorbonne était considérée comme l'oracle de Lutèce, alors que ce n'est plus vrai en 1534 puisque c'est Nesle qui juge.

En 1542, il écrit: feut Nesle, ou lors estoit, maintenant nest plus loracle de Lucece. Et il est sûr que si nous étions assurés que l'intention de Rabelais est restée la même, nous pourrions conclure à une négligence, probablement volontaire d'ailleurs, puisque nous avons vu il y a peu qu'il semble tenir à montrer que les atténuations qu'on lui impose sont préjudiciables à son art d'écrire.

Mais c'est là qu'une note de l'édition Garnier de 1870 nous rend perplexes; Louis Barré, le commentateur, écrit: Une statue d'Isis, que l'on croit avoir été la divinité tutélaire des Parisiens, subsistait encore au commencement du XVIᵉ siècle contre le mur septentrional de l'abbaye de Saint-Germain; elle fut abattue en 1514.

Une vérification s'impose, et c'est à l'Histoire de Paris, de Héron de Villefosse (Livre de poche) que nous avons recours. Dans une vue d'ensemble qui se situe juste avant le règne de Louis XI, il dit: La vieille abbaye de Saint-Germain-des-Prés est close elle-même de murailles et de poternes. Avec ses trois clochers, dont un seul subsiste, elle est remplie de souvenirs antiques, et, sous son porche, des bonnes femmes viennent mettre des cierges à cette statue fruste et enfumée qui fait retrouver les objets perdus et qu'on dit l'image de la déesse Isis. En vérité, ce doit simplement être le trumeau du plus ancien portail, Christ primitif, que l'on n'aura pas osé tailler en pièces.

Cela, c'est l'avis de H. de Villefosse aujourd'hui; mais ce qui nous intéresse, c'est la conviction qui était celle du populaire des années

1500: la statue fruste et enfumée, image de la déesse Isis. Ce qui nous intéresse encore, c'est de savoir que l'abbaye contient des souvenirs antiques manifestement regroupés, et donc que quelques-uns d'entre eux peuvent être des vestiges païens christianisés d'autorité. Cela, ce n'est plus du tout l'avis de Villefosse qui, dans son premier chapitre, se montre fortement tendancieux[5], écrivant: A partir de l'époque de Charlemagne, on chercha la raison du nom actuel de la ville. Cela peut donner une idée de la puissance de l'imagination humaine de nous y arrêter un instant. Abbon expliquait aisément cette énigme. Paris venait de ce que la déesse Isis était l'ancienne patronne des lieux; Isiae quasi par, ville presque semblable à celle d'Isis. Il fallait trouver à proximité cette cité consacrée à Isis. Nous avons justement le village d'Issy-les-Moulineaux. De plus, sous le porche de Saint-Germain-des-Prés, on remarqua, jusqu'au XVIᵉ siècle, une statue noirâtre et archaïque qui était vénérée par les bonnes femmes désireuses de retrouver des objets perdus, ce qui la faisait entourer de cierges et de chandelles. On la baptisa Isis et l'on dit qu'elle provenait de son temple d'Issy. Il y a une grossière erreur à la base de cette tradition inattendue. Le nom d'Issy, comme un grand nombre des noms des environs terminés par y, ne signifie que propriété du seigneur Iccius; Savigny est la propriété de Sabinus; Lagny celle de Latinus...

---

5. Il est honnête de reconnaître que Héron de Villefosse, dans sa préface, se pose sur son travail la question: Y trouvera-t-on la vérité de cristal, cet élément translucide et glacé qui reste abstrait et semble inerte? Quel Martien pourrait-il nous l'annoncer? C'est à peine si quelques-uns oseraient affirmer qu'ils sont capables de nous raconter le règne de Chéops sans parti pris ni préjugé... Et il dit encore, plus loin: L'histoire peut s'entendre de vingt façons: il y a celle du diplomate, celle du guerrier, celle du moraliste, celle de l'architecte, celle de l'économiste, celle du révolutionnaire...

Cela, dirons-nous, est de strict bon sens et d'antique sagesse. Ce qui n'a pas empêché un auteur en veine de nous apprendre comment on écrit l'histoire, et de parler, par foucade, de la révolutionner. Il nous semblait pourtant que nous avions tous compris, à peu près vers la puberté, en même temps d'ailleurs que d'autres faits de relativité, que l'Histoire avec un grand H n'existe pas, et que n'ont jamais été que ridicules les naïfs qui ont cru que le terme recouvre la connaissance ou la relation des événements du passé, les faits relatifs à l'évolution de l'humanité (Petit Robert), et tout particulièrement, pour la suffisance qu'il affichait dans ce domaine, le dix-neuvième siècle, effectivement stupide. Qu'il n'y ait nulle continuité puisque, à des questions différemment posées, ne peuvent qu'être différentes les réponses que l'on donne, c'est ce que nous savons depuis belle heure, et qui a permis à beaucoup d'entre nous de faire rire toute une classe, et d'en pâtir. Que la relation de César soit sensiblement différente de celle qu'aurait pu faire Astérix, elle-même différente de celle qu'aurait faite le barde Assurancetourix, c'est ce que les récentes recherches d'Uderzo et Goscinny ont bien montré. Mais à qui avait la fatuité de prétendre dire l'Histoire, il semblait jusque-là qu'un suffisant démenti le sourire, le bon mot, éventuellement la bouffonnerie ou la parodie. Pourtant on a cru bon, depuis, de faire dans le scientifique, et l'on nous assassine désormais, pour enfoncer cette porte béante, de sentencieuses et pesantes démonstrations. Or il nous paraît y avoir une innocence au moins égale à celle qu'on dénonce à penser que Clio, autrement priée, puisse cesser d'être la fantasque fille de joie qu'elle est, et dont n'est certes que pudique transposition le papyrus roulé qu'elle entoure d'une main experte.

A notre tour, nous pouvons nous arrêter pour dire que nous avons là aussi une bonne idée de la puissance du sectarisme puisqu'il apparaît ici que tous les moyens sont bons pour refuser de reconnaître que la divinité égyptienne adorée comme la Mère universelle ou la Mère consolatrice a pu gagner la Grèce puis Rome, enfin la Gaule où, plus ou moins confondue avec la Tychè des Grecs, la Fortuna des Latins, elle se retrouva en effigie sur les monnaies des empereurs gaulois du IIIe siècle. Encore ces faits d'histoire des religions ne sont-ils pas aussi certains que le sont les détournements qu'opéra l'intolérance.

Car tout cela nous a fait entendre que c'est probablement à cette statue d'Isis, d'abord récupérée par l'Église puis détruite par elle, que Rabelais fait allusion en 1534, donnant clairement le pouvoir théologique pour responsable de la disparition de l'oracle païen. Et Greimas donnant lor, lors, lores, pour adverbe de temps au sens de A cette heure, alors, ou pour locution conjonctive au sens de Lorsque, au moment où, nous entendons la phrase comme: fut Sorbonne, quand était encore, maintenant n'est plus (et du fait de la Sorbonne) l'oracle de Lutèce. Et l'intention de Rabelais nous apparaît nettement, qui est celle de mettre en opposition les sentences de la Sorbonne et les prophéties de l'oracle tout en insinuant que la Sorbonne a fait détruire celui qui la concurrençait.

Il est sûr que cette rabaissante facétie ne pouvait perdurer. Et nous avons, dès lors, toutes raisons de penser qu'en 42, contraint de biffer le nom de la Sorbonne, Rabelais se borne à le remplacer par celui d'un simple tribunal, tout en gardant et la rabaissante opposition, et l'idée de l'élimination de l'oracle qui portait ombrage; d'où le maintien de la fin de la phrase de 34, qui étonne tant nos commentateurs.

On pourra, c'est entendu, discuter cette compréhension, la jugeant quintessenciée à l'extrême pour innocenter Rabelais de ce reproche de négligence qu'on lui fait ici. Mais, outre qu'il est certes plus sain de nous alimenter du génie de Rabelais que des boîtes de glose en conserve, nous avons ainsi l'occasion ne l'ayant jamais dit qu'une petite dizaine de fois, de proclamer encore que le devoir du commentateur est de tenter de comprendre plutôt que reprendre[6]. Et sont ici bien

---

6. Il y a un autre devoir, que nous connaissons bien pour l'avoir mis en pratique dès le début du Pantagruel, et c'est celui dont parle Paul Veyne, dans son Comment on écrit l'histoire (Seuil, collection Points, 1979): (...) et l'on sait bien quel est l'effort caractéristique du métier d'historien et ce qui lui vaut sa saveur: s'étonner de ce qui va de soi. Comme cette formule n'est ni à Paul Veyne ni à personne, nous retenons que tout commentateur a désormais, pour lutter contre l'embaumement universitaire les trois défenses suivantes: S'étonner de ce qui va de soi; S'arrêter à ce qui est anomal; Vouloir comprendre plutôt que reprendre.

minables les nôtres qui, tranchant de l'omniscient, ne peuvent avoir l'idée d'approfondir et concluent de façon expéditive.

Nesle ou Sorbonne, la phrase suivante reste ce qu'elle était en 1534: La feut propose le cas, & remonstré linconuenient des cloches transportées. En 42 toutefois, est créé un paragraphe pour la fin, en même temps que Rabelais y supprime toute mention de théologie:

Après auoir bien ergote pro & contra feut conclud en Baralipton, que lon enuoyroit le plus vieux & suffisant de la faculté (34: de la faculté theologale) vers Gargantua pour luy remonstrer lhorrible inconuenient de la perte dicelles cloches. Et nonobstant la remonstrance daulcuns de luniuersité, qui alleguoient que ceste charge mieulx competoit a un orateur, que a un Sophiste (34: que a un theologien), feut a cest affaire esleu nostre maistre Ianotus de Bragmardo.

Et il nous faut bien, en finale, voir ce que disent de cela nos maîtres. Pour Baralipton, c'est Guilbaud qui est le plus complet: Terme scolastique désignant le 5e mode de la 1re figure du syllogisme. Mais personne ne songe à noter, comme le fait Littré, que barali est seul significatif, -pton n'étant qu'une finale, pour faire le vers. Pour le terme suffisant, Guilbaud donne l'équivalent: capable, et Michel: talentueux. Nous entendons bien qu'il ne faut pas voir ici le sens de présomptueux, puisque cela reviendrait à rendre moins coupables ceux qui ont élu Ianotus, alors que c'est après longue délibération qu'il l'ont fait. Pour orateur, Michel explique: Un maître de la Faculté des Arts (Faculté des Lettres).

Et nous arrivons à Ianotus de Bragmardo pour lequel Michel dit: Nom obscène; cf. le verbe bragmarder, travailler du membre viril, (Pantagruel, chapitre xxvj): braquemarder toutes les putains. Screech dit: Bragmarder: paillarder (Cotgrave). Demerson dit: Forme latinisée pour Janot du Braquemard, nom qui évoque la paillardise. On nous a auparavant précisé que le braquemart était une épée courte et large à deux tranchants, et Boulenger a alors ajouté: D'où une équivoque obscène qui était très répandue. Or nous ne voyons vraiment pas comment a pu conduire à la représentation du membre viril, érigé ou non, une lame qui est plate et large, et qui de plus est tranchante des deux côtés. Ce qui va de soi pour Boulenger nous paraît dénué de tout fondement. Et nous ne pouvons que nous dire qu'il doit exister une explication moins mythique.

C'est au chapitre où sont mentionnées les épées de la piétaille, dont la longueur était bornée, que le Livre des Armes et armures parle du braquemart, arme courte qui fut considérée du XIVe au XVIe siècle comme l'arme blanche des bourgeois: tout chef de famille, par exemple, était autorisé, en 1459, par la municipalité de Genève, à porter un braquemart. La lame de moins de cinquante centimètres, l'arme était, nous dit-on, assez comparable à un couteau de vénerie moderne. Sa garde était forte et simple, à quillons droits ou courbes, terminés par de gros boutons. Quant à la poignée, elle était surmontée d'un pommeau sphérique ou piriforme. Et c'est là que nous commençons de comprendre.

Arme de défense plutôt qu'arme offensive, réservée aux civils, donc probablement objet de mépris de la part des militaires, ce n'est pas par sa lame que le braquemart peut évoquer le sexe masculin, mais par sa poignée dont l'extrémité, tenue pour le gland, est fichée de part et d'autre de deux gros boutons ou boules, évidemment vues comme des testicules. Et c'est bien le nom de l'arme (néerlandais breeimes, selon Dauzat, breecmes, coutelas, selon Bloch et Wartburg) qui a donné l'extension sexuelle, et non le contraire. Mais ce qu'il nous faut désormais entendre c'est que le substantif braquemart, pris à ce sens sexuel, n'évoque par seulement le pénis mais l'ensemble de l'appareil génital, et cet appareil au repos, comme le laisse penser la mésestime attachée à l'arme. Et c'est seulement le verbe braquemarder, ou ses variantes, qui peut laisser entendre que ce braquemart est devenu actif. Munis de ces notions, nous revenons au plus vieux & suffisant de la faculté. Et il apparaît qu'il faut examiner car nous sentons comme un relent de contresens.

Donc, pour Screech, bragmarder, c'est paillarder; pour Michel, c'est travailler du membre viril. Et nous n'avons, comme il l'indique, qu'à nous reporter au Pantagruel pour entendre que le verbe exprime effectivement l'idée d'insinuer sa nomination, comme dira frère Jean (Q.L. X). Mais Demerson prétend que le seul nom de Janot du Braquemard évoque la paillardise, et cela nous paraît être simple répons de célébrant; car il ne s'agit plus là du verbe décrivant la mise en œuvre, mais du substantif, et du substantif où la terminaison nous apparaît comme dévalorisante. Dès lors, nous nous inscrivons en faux.

Car on ne nous fera pas croire que l'artiste qu'est Rabelais, avec l'intention de décrire la déchéance intellectuelle de Ianotus, a pu attacher au nom de Bragmardo autre chose que l'idée de sénescence. Nous savons à peu près lire, et nous avons déchiffré plus haut que si Rabelais parle du plus suffisant de la faculté, il parle aussi du plus vieux de cette faculté. Et il tombe alors sous le sens que ce nom de Bragmardo n'évoque plus, de la paillardise, que le souvenir déjà lointain qu'en peut garder maître Ianotus quand se passe l'action. Cela nous paraît d'abord confirmé par le diminutif amoindrissant de ce prénom Ian qui est si souvent à l'époque marqué de la notion de niaiserie sexuelle, de dévirilisation. Mais rien ne vaut encore, comme confirmation, la formule de reddition de Ianotus, au chapitre xix, reconnaissant qu'il ne lui fault plus dorenauant que bon vin, bon lict, le dos au feu, le ventre a table, & escuelle bien profonde. C'est bien là le programme de qui a capitulé dans le domaine du sexe, considérant désormais, comme dira frère Jean (T.L. XXVII), sa mentule comme une pissotiere, et ses couilles ne lui servant plus que de gibbessiere, résignation que rendra encore un Beroalde de Verville par: Depuis que couille passe le vit, adieu vous dis.

Il n'est donc même pas question de cette verte vieillesse dont parlera Panurge au Tiers Livre (XXVIII), qui peut être assortie d'impuissance climatérique, donc intermittente, mais de la vraie vieillesse avec début d'atrophie des testicules et du pénis, d'éclaircissement des poils pubiens et disparition de leur frisure, et autres infortunes qui font partie du naufrage. Donc, bien loin de suivre nos commentateurs dans leur facilité, nous verrons dans Ianotus le diminutif puéril évoquant l'infantilisme, le gâtisme, et dans Bragmardo la représentation de l'appareil génital hors d'usage. Et nous entendons désormais dans nostre maistre Ianotus de Bragmardo quelque chose comme notre maître Jean-Jean Couille-Molle.

Donc, comme l'a voulu Rabelais, nous savons dès la fin de ce chapitre à qui nous avons affaire. Nous pouvons maintenant aller voir comment va se comporter celui que ses pairs, tenus de le considérer comme le plus capable parce que le plus vieux, ne sont peut-être pas fâchés de mettre au pied du mur.

Comment Ianotus de Bragmardo feut enuoye pour recouurer de Gargantua les grosses cloches. Chap.xviij.

Le chapitre est court (quarante-deux lignes aussi bien en 42 qu'en 34), mais il commence par une des plus admirables phrases de la littérature de langue française; cela est admis, cela est enseigné; de plus cela est vrai. Mais l'on peut se demander, à lire les explications des commentateurs, si cette admiration qui est professée n'est pas celle qui saisit quand on est admis à voir une nébuleuse, c'est-à-dire s'il ne s'agit pas de l'étonnement devant quelque chose d'extraordinaire et d'imprévu (Petit Robert) plutôt que du sentiment de joie et d'épanouissement devant ce qu'on juge supérieurement beau et grand (Petit Robert), la différence venant essentiellement du fait que, dans le cas de la nébuleuse, on ne comprend pas. Or, comme Rabelais n'a jamais écrit pour les astronomes et que son art, tout au contraire, est heureusement terrien, nous allons fort prosaïquement analyser pour admirer en connaissance de cause.

Une énigme, dont la résolution est en passe de séparer en deux camps les commentateurs, est contenue dans les quatre derniers des six premiers mots: Maistre Ianotus tondu a la Cesarine,... Les plus anciens des glossateurs étaient jusque-là catégoriques: Boulenger dit: César était chauve. Guilbaud dit: Comme César (chauve). Plattard dit: Janotus, le plus vieux de la Faculté, était donc, comme César, chauve. Jourda dit: Chauve comme César. Michel dit: A la mode de Jules César... qui était chauve. Mais Screech, en 1970, introduit ici une contestation, reprise, dit-il, d'un certain Lawrenson, dans un certain French stage, Manchester, 1957: Non pas chauve, mais avec les cheveux crêpés à l'antique. (A l'entrée de Henri II à Lyon en 1548, les pages, dans un contexte où tout était more antiquo (selon l'antique), avaient la tête à cheveux crêpés à la Césarienne[1].) Demazière dit: Por-

---

1. N'oublions pas que Screech, forcené latiniseur, ne connaît pas toutes les subtilités du français, et ne lui tenons pas rigueur de nous parler de tête à cheveux crêpés quand il aurait suffi de parler de cheveux, qui poussent obligatoirement, en France tout au moins, sur la tête. Et ne nous trompons pas non plus: quand Screech parle de Césarienne, il n'est nullement question de l'incision de la paroi abdominale de la femme pour extraire l'enfant de l'utérus, et nous ne devons pas voir ici d'allusion à la frisure des poils pubiens de la patiente: Screch nous l'a bien dit: il s'agit des cheveux de la tête.

tant les cheveux courts à la mode des Césars. Et Demerson dit alors: Soit parce qu'il était chauve comme César, soit parce qu'il portait le cheveu court et crêpé, comme les bustes des empereurs romains.

Importante, l'affaire est complexe; mais il semble que, depuis que nous avons découvert le contenu du nom de Ianotus de Bragmardo, nous soyons à même de trancher: Si Ianotus, comme nous l'avons établi, en est à voir se défriser ses poils du pubis, qui sont, comme chacun sait, les derniers du système pileux à se rendre, il paraît évident ou bien que ses cheveux sont totalement blancs, ou bien qu'ils ont totalement disparu. Si ces cheveux sont blancs, il est sûr qu'ils sont ou bien plats, ou bien montrant une légère ondulation: le crêpage dont il est parlé serait donc artificiel, témoignant d'un apprêt fort étonnant chez un Sorbonnagre dont le vingt-quatrième titre de la Librairie (P. vij), Decrotatorium scolarium, pris au sens littéral de Décrottoir scolaire, donnait pour établie cette malpropreté que confirme la fin de la présente phrase et que confirmera encore la fin du chapitre xx du présent Livre. Il paraît donc que cette idée de crêpage a été avancée sans fondement, pour les besoins de la cause, ou encore à seule fin, pour ce Lawrenson, de paraître n'avoir pas été en vain envoyé faire son french stage. Et ce n'est peut-être que par esprit nationaliste que Screech reprend l'opinion de son compatriote, bien qu'elle s'appuie sur un texte postérieur de quatorze ans, et qu'il y soit question non pas de vieillards mais de pages. Quant à Demerson, on connaît son souci de faire le point sur les avis de ceux qui l'ont précédé, et son objectivité dans l'abstention. Donc, soyons-en sûrs, Ianotus est chauve comme un genou de dévote; et cessant de plaisanter (car nous n'avons joué les raisonneurs que pour nous amuser un peu au dépens de nos commentateurs si gravement légers), nous examinons sérieusement la question:

Encore une fois, la certitude est toute incluse dans le texte, qu'il suffit de savoir lire. Rabelais écrit: tondu a la Cesarine; or le verbe tondre est exactement couper à ras. Et c'est être absolument insensible à l'esprit rabelaisien que de ne pas voir qu'il y a là facétie et que cette facétie réside dans l'alliance du nom de César, notoirement chauve, et l'idée de tondre qui contient celle de raser volontairement. Et parce que nous ne pouvons décemment attribuer à Rabelais une platitude où il faudrait entendre que Ianotus, prenant César pour modèle, se serait rasé pour la circonstance ce qui lui reste de cheveux, nous avancerons que la phrase est l'équivalent de: Maître Janotus, tondu comme se tondait César (qui n'avait pas à le faire, étant chauve), ce qui revient à exprimer ce que signifie l'argot quand il dit de quelqu'un dans le même cas qu'il s'est mis une perruque en peau de fesse.

468

Mais si nous avions quelque doute sur l'intention risible, nous la verrions apertement marquée par le nom de Césarine, féminin de Césarin, qui n'est rien d'autre qu'un diminutif de familiarité dépréciante. Si Rabelais n'a pas voulu rester dans le ton neutre en écrivant: à la César, c'est bien, nous semble-t-il, qu'il tient à signaler la bouffonnerie, en même temps d'ailleurs que cela lui permet de donner Ianotus pour un petit César. Et nous comprenons alors que ce maître, qui se transporte si cérémonieusement chez Gargantua, n'est pas loin de se rendre sur les lieux de la bataille à remporter avec l'idée qu'il en reviendra pouvant dire quelque chose comme Je suis venu, etc. Sur ce, nous continuons de lire.

... vestu de son lyripipion a lantique,...: Notons d'abord que ce lyripipion était, en 1534, theologal, et voyons ce que disent les commentateurs. Boulenger parle de vêtement réservé aux docteurs en théologie. Guilbaud, Jourda et Michel parlent de capuchon, Jourda précisant même que le terme vient du bas latin. Screech dit: Évangéliques et schismatiques se moquent souvent des lyripipions (robes académiques) des Sorbonagres, et il donne dans l'Index: Lyripipion: latin médiéval: liripipium, robe académique, symbole, pour les humanistes, de la bêtise des Magistri Nostri. Demerson dit: Les adversaires de la Sorbonne brocardaient volontiers ce capuchon à queue, insigne des docteurs en théologie. Voir Livre II, chapitre 7. Cela renvoie bien sûr au Pantagruel et au cent neuvième titre: Lyripipii Sorbonici Moralisationes, per M. Lupoldium, et à la note inspirée: Du symbolisme moral du bonnet de docteur sorbonnique, par Me Luitpold.

Tout cela ne nous apprend rien, d'autant que nous savons, depuis le Pantagruel, que ce mot lyripipion désigne, dans le langage des matrones, le capuchon clitoridien, ce qui revient, nous l'avons vu, à donner pour gland (féminin) la tête du maître qui se trouve dessous. Cette compréhension reste parfaitement ignorée de nos commentateurs parlant de vêtement, de robe, de capuchon à queue sans s'étonner le moins du monde que Rabelais emploie ce mot singulier et sans se demander si cela ne recèle pas une intention. Mais suivons.

... & bien antidoté lestomac...: Guilbaud dit: L'estomac bien pourvu par précaution. Michel dit: Muni en guise de remède. Et Screech, dans son Index, déclare: Antidoter: au sens strict, munir d'un antidote, mais, chez Rabelais, s'emploie avec de vagues nuances péjoratives; et il renvoie aux Fanfreluches antidotées (ij), à antidoté son alaine a force de sirop vignolat (xxj), à bien antidoté de pampre (xl). Mais c'est alors que nous nous demandons derechef comment mister Screech a pu croire posséder le français et, mieux encore, être capable de comprendre la langue d'un Rabelais; car nous ne voyons nulle intention de pejorare: rendre pire (Petit Robert) dans aucun de ces emplois du verbe antidoter, que Rabelais utilise visiblement au sens de doter contre, c'est-à-dire, au sens particulier de réparatrices, pour les Fanfreluches, mais au sens de employé contre la vacuité de l'estomac, dans le présent chapitre, contre l'haleine matinale, au chapitre xxj, contre l'eau qui noierait, au chapitre xl.

... de coudignac de four, & eau beniste de caue,...: Tout le monde est d'accord pour voir dans l'eau bénite de cave le vin, mais le coudignac divise nos commentateurs. Boulenger dit: Le cotignac est une confiture dont Nostradamus donne la recette au XVIe siècle. Le cotignac de four, c'est quelque solide nourriture. Guilbaud dit: Il ne s'agit pas de confiture de coing mais de pain. Plattard dit: C'est-à-dire que pour toute friandise (cotignac), Janotus avait eu du pain. Jourda dit: Le cotignac est une friandise, mais le cotignac de four est simplement le pain. Michel dit: Le cotignac, gelée de pomme au coing, est une spécialité de l'Orléanais encore aujourd'hui; bien entendu, c'est le pain qu'on cuit au four, et non le cotignac. L'estomac de Janotus a besoin d'une nourriture substantielle. Panurge fait absorber à Pantagruel du coudinac cantharidisé (P. xxviij). Demerson s'abstient de se prononcer, mais fait acte de présence en disant: De l'eau bénite de futaille, ce qui n'est pas renversant de sagacité. Demazière dit: Le coudignac de four, c'est du pain. Mais Screech dit dans l'Index: Cotoniat (chapitre xxiij): cotignac (confiture de coings), refait sur le bas latin cotoneatum. Cf. Coudignac. Coudignac: variante provençale de cantoniat, même sens. Mais coudignac de four est un pain supérieur cuit au four et non pas dans l'âtre. Et il indique que cela vient de Lefranc.

Le Petit Robert donne: Cotignac: 1530; coudoignac, 1398; provençal codonat, de codonh, coing; cot-, d'après le latin cotoneum: Confiture de coings, d'oranges. Littré donne: Cotignac, confiture de coings, Cotignac d'Orléans. Et la cotignelle est, toujours selon Littré, l'infusion spiritueuse de coings. Il n'y a donc rien là de mystérieux: le codonat, le cotoniat, le cotignac, le coudoignac, le coudinac, le coudignac sont six formes du substantif qui désigne quelque chose qui est gelée, confiture ou mélange des deux, peu importe, le tout étant de savoir qu'il s'agit d'un mets sucré de haute réputation.

Et il n'y a pas plus de mystère dans le fait que nos commentateurs (Boulenger ici mis à part) avancent péremptoirement l'absurde équivalent pain: totalement imperméable à l'esprit de Rabelais, n'entendant pas grand-chose au texte, la plupart dissimulent leur incompréhension dans une réponse de catéchisme, Plattard inventant de plus une raison tout artificielle, et Screech, derrière Lefranc, enjolivant avec soin le contresens. En fait, il faut être obtus de stricte observance pour croire que Rabelais, disant pour vin: eau bénite de cave, dit pain avec coudignac de four.

Et c'est Littré qui nous permet d'en être certains. Il donne encore au mot cotignac: Cotignac de Bacchus, s'est dit du fromage. Et il cite, de Saint-Amand: O doux Cotignac de Bacchus, Fromage, que tu vaux d'écus! Il apparaît par là d'abord que le cotignac devait être la plus prisée des confitures, fort nombreuses pourtant si l'on en croit le Quart Livre: Confitures seiches et liquides, soixante et dix huit especes (LIX); ensuite que si Saint-Amand donne pour équivalent de cotignac, si ce n'est meilleur que lui, le fromage, qui exalte le goût du vin, c'est bien que les confitures, dont le cotignac, étaient censées avoir ce pouvoir de faire mieux goûter le vin; enfin que nous pouvons voir la confirmation de cette propriété dans la phrase (désormais comprise) que prononcera à la fin du repas un frère Jean ennemi de toute mièvrerie: Ie ne mange iamais de confitures (G. xl), et qui demandera du vin et des rosties, apparemment pour que celles-ci jouent le même rôle que les confitures. Le mot cotignac a donc assurément le contenu de raffinement de gourmand, contenu auquel s'ajoute peut-être la notion de cherté, les confitures devant, à cause du sucre, être coûteuses.

Et il tombe alors sous le sens que la locution coudignac de four ne peut renvoyer à l'idée de pain, même sous forme de rosties, puisque nous avons bien entendu que celles-ci ne sont prises pour équivalent des confitures que par le parti pris de rusticité de frère Jean. De plus, l'idée de pain restant dans le domaine de la frugalité, la première locution serait en contradiction avec celle qui suit, sur le vin, qui, mis au rang de l'eau bénite, ne peut être une piquette de mortification.

Donc, parce que l'idée de four, bien plus naturellement qu'à celle de pain, conduit à l'idée de viande, nous avancerons que, puisqu'il est question de coudignac, c'est-à-dire ce qui est à la fois le plus recherché et le plus cher, il s'agit de viande savoureuse, cuite avec grand soin, et qui n'a qu'un lointain rapport avec le bœuf à neuf leçons des bons pères de religion (T.L. XV). Ainsi, Maître Ianotus s'est bien antidoté l'estomac du meilleur du four et du meilleur de la cave: viande succulente et vin fin. Mais nous revenons de loin: les commentateurs, choisissant on ne sait pourquoi d'élire l'accessoire en négligeant le principal, auraient tout aussi bien pu nous parler de la brique de lit qu'on mettait aussi à chauffer au four. Et nous continuons.

... se transporta au logis de Gargantua, touchant dauant soy troys vedeaulx a rouge muzeau,...: Boulenger dit: Bedeau et vedeau (veau);

jeu de mots. Guilbaud dit: Poussant devant lui trois bedeaulx (jeu de mots avec veau). Plattard dit: Jeu de mots sur bedeau et vedeau (veau), souligné par le terme touchant, c'est-à-dire: poussant devant lui comme du bétail. Jourda dit: vedeaulx: bedeaux. Michel dit: Bedeaux. La plaisanterie est préparée par touchant (on touche (aiguillonne) les bœufs), vedeau en languedocien signifie veau. Demazière dit: Pour saisir l'intention de Rabelais, il faut savoir que vedeau avait et a encore dans nos patois le double sens de bedeau et de veau. Demerson dit: Proprement: piquant trois veaux: il est précédé de bedeaux. La translation fait ici jeu de mots: poussant devant lui trois bœufs-deaux à museau rouge. Et Screech dit: Confusion comique entre bedeaux et veaux, amenée par le fait que les satiriques situaient la Sorbonne sur la place aux veaux (Cf. Marot, édition Guiffrey, IV, 77; Huguet.) Meylan, Coqs-à-l'âne; Genève, 1956, 75: A Paris a deux places aux veaux, Dont la plus grande, c'est Sorbonne.

Si nous comprenons bien toutes ces finesses, Rabelais aurait écrit vedeaulx: veaux pour évoquer le mot bedeau; et pour ce faire il emploierait le verbe toucher puis le terme museau, de façon que, partant de l'idée de veau, le lecteur arrive au moyen de ces mots de bouvier, à l'idée de bedeau. Bien que nos commentateurs s'en accommodent fort bien, voilà qui nous paraît proprement stupide. Nous aurions certes bien mieux compris que maître Ianotus, théologien de Sorbonne, soit précédé de trois bedeaux, et que Rabelais, par ce verbe toucher et par ce terme museau, amène son lecteur à entendre, derrière le mot bedeau, le mot vedeau, veau, d'autant qu'il est exact que le provençal possède encore les deux mots bedèu et vedèu. Pourtant, si nous examinons le fac-similé de 1534, nous lisons bien le mot vedeaulx, et encore ce mot vedeaulx dans le fac-similé de 1542. Mais, une fois de plus, nous comprenons que l'art de Rabelais ne saurait être mis en cause, qu'il a bien écrit bedeaulx pour amener l'idée de vedeaulx, et non le contraire, qui est absurde. Et l'explication est toute contenue dans le genre de coquille déjà vue au Pantagruel:

Dans la gothique bâtarde, la similitude entre la lettre -b- et la lettre -v- initiale est telle qu'elle va jusqu'à la possible superposition. C'est dire que, lors d'une distribution (moment où l'on défait une composition pour replacer chaque lettre dans son cassetin), ce -v- initial et ce -b- peuvent être confondus, et le cassetin du -b- contenir des lettres -v- initiales. Lors de la composition (où, rappelons-le à ceux qui ne connaissent plus que la photocomposition, le typographe composait rapidement, sans regarder la lettre, se guidant uniquement sur la position des cassetins, le caractère étant de plus placé à l'envers dans le composteur), le compagnon de 1534, donc, lisant un -b-, a levé un caractère qu'il a cru être un -b- et qui était en fait un -v- initial et toutes les recompositions n'ont pu que reproduire ce mot vedeaulx.

N'hésitons donc pas à prendre le risque de dire que Rabelais n'a pu qu'écrire: touchant dauant soy troys bedeaulx, que le compagnon de 1534 a bien lu bedeaulx, et qu'il a composé, à son insu, vedeaulx. Tout le monde ensuite a lu vedeaulx, et tous les éditeurs successifs, trompés par le brouillard qui s'élève invariablement entre eux et le texte de Rabelais dès qu'ils y plongent le nez, ont docilement lu vedeaulx, cherchant aussitôt dans le seul languedocien l'explication qui leur permît de sortir à peu près dignement du mauvais pas. Et personne n'a jamais voulu voir la gaucherie inconcevable dont Rabelais est ainsi chargé, un Rabelais qui n'a eu que le tort de ne pas relire ses épreuves, pensant que ses lecteurs étaient capables de rectifier d'eux-mêmes. Et il est certain que ceux des lecteurs auxquels s'adressait Rabelais, lisant la fin de la phrase, corrigeaient immédiatement vedeaulx en bedeaulx, reconnaissant la confusion entre -v- et -b-, qui devait être fréquente. Bien sûr, la gothique bâtarde n'est pas familière à nos commentateurs, et la faute aurait pu ne pas leur apparaître même si, par un concours de circonstances hautement improbable, ils s'étaient rencontrés avec les fac-similés. Mais il est non moins sûr que le simple respect de l'esprit de Rabelais aurait dû les faire s'interroger et leur faire refuser la maladresse à lui attribuée, plutôt que de chercher à toute force à justifier ce qui n'est finalement qu'animal dans la lune (La Fontaine, VII, 18).

... & trainant apres cinq ou six maistres inertes bien crottez a profit de mesnaige. : Boulenger dit: Maistres ès arts; jeu de mots. Et pour profit de mesnaige: A fond. Guilbaud dit: Jeu de mots: in artes (maîtres ès arts); et: Crottés des pieds à la tête. La saleté des gens de Sorbonne était proverbiale. Plattard dit: Jeu de mots suggéré par la forme latine du grade de maître ès arts: magister in artibus. Jourda donne même définition que Plattard et précise: Complètement. Michel dit: Autre jeu de mots sur le titre des maîtres ès arts, magistri in artibus, et inertes; puis il précise aussi: Complètement. L'accusation de malpropreté contre les Sorbonistes était fréquente à cette époque. Screech dit seulement dans l'Index: A profit de mesnaige: sans en rien laisser perdre pour épargner les frais de ménage. Demerson dit: Ces maîtres es arts étaient sans art (in artibus rappelle inertis); puis il explique: Sans gaspillage. Demazière dit: Jeu de mots sur maistres ès arts; et: N'ayant rien laissé perdre de la crotte, l'ayant toute ramassée.

Ces maîtres apathiques dont le nombre reste indéterminé sont conduits comme par une longe par Ianotus. Nous comprenons bien qu'ils ont été désignés pour la figuration, étant pourtant entendu que la dénomination de maîtres inertes ne s'applique pas, là non plus, à cette seule situation, mais qu'elle a plus sûrement trait à leur habituel comportement. Peut-être ne sont-ils inertes que parce qu'ils font partie de ces gradués qui n'en reviennent pas d'avoir obtenu leur diplôme et qui, de ce moment, se gardent de rien dire qui ne soit la leçon, et redoutent comme la peste d'avoir à donner un avis personnel. Nous éprouvons cependant quelque difficulté à nous représenter de tels maîtres, qui ont disparu en même temps que le titre de magister in artibus.

Pour la locution a profit de mesnaige, c'est Demazière qui en rend le mieux l'esprit: ayant ramassé tout la crotte sans en rien négliger: donc à la manière de la feue pauvre Babonnette qu'évoque Dandin (Les Plaideurs, I, iv), celle qui savait comme on fait les bonnes maisons, le mot mesnaige (de ménager) ayant le sens d'administration des choses domestiques, d'économie, d'épargne (Petit Robert).

Nous voilà désormais mieux armés pour comprendre (comprehendere: prendre avec, se saisir), c'est-à-dire, si l'on veut, assimiler, faire nôtre cette phrase, et non plus nous satisfaire de l'observer comme à travers une vitrine de musée. Nous savons maintenant en quoi elle est foncièrement admirable, quand l'université se borne généralement à s'extasier sur sa force d'évocation picturale. Nous savons aussi pourquoi les Sorbonistes du temps (qui, eux, n'avaient pas de peine à tout saisir d'emblée) ont pu vouer à son auteur une vengeresse animosité.

Ce sentiment s'est transformé, et les Sorbonistes d'aujourd'hui ne font plus que couler le texte de Rabelais dans leur résine, probablement pour se garantir contre toute radiation résiduelle. Mais il en est qui vont plus loin dans la précaution, ayant entrepris, sous la direction de leur maître-préparateur, de dénaturer le texte de façon à le mettre, sans la moindre contre-indication, à la portée de toutes les formes de débilité. Et pour cette phrase, cela donne l'anodin soluté, du laboratoire Demerson, qui va nous apparaître par simple comparaison:

Maistre Ianotus tondu a la Cesarine,

Maître Janotus, tondu à la César,

> (Evidemment, les jeunes laborantins n'ont pas vu que Rabelais signale par le nom de Cesarine son intention facétieuse. Mais d'où donc leur est venu ce besoin de placer la froide locution: à la César, si ce n'est par cette instinctive défense de celui qui, ne comprenant pas ce qu'il pressent devoir être compris, s'empresse de falsifier pour n'être pas confondu? Dans nos campagnes, cela s'appelle encore la hargne du chien châtré: il ne peut faire et ne veut laisser faire.)

vestu de son lyripipion a lantique,
vêtu de son capuchon à l'antique,

> (Là encore nous nous doutons que les laborantins sont bien loin de savoir ce qui se cache sous ce lyripipion; mais il est fâcheux que leur substitution, lamentable autant qu'improbe, ait apparence de cette excision que pratiquent encore quelques peuples imbéciles.)

& bien antidoté lestomac
l'estomac bien immunisé

> (Outre la lourdeur qu'ils introduisent, mais qui est probablement pour les laborantins le caractère de la langue d'aujourd'hui, ils substituent sans raison immunisé à antidoté. Mais peut-être cette raison est-elle fierté d'avoir enfin compris quelque chose et désir de le montrer.)

de coudignac de four
au cotignac de fourneau

> (Le fourneau n'est pas le four et, précisément, la confiture a été cuite, des siècles durant, sur le fourneau. On ne peut mieux montrer qu'on est borné. Les commentateurs non plus n'ont pas vu ce qu'est le coudignac de four, mais au moins laissent-ils le texte intact et permettent-ils à chacun de réexaminer: ils laissent ouverte l'interprétation quand la translation la ferme.)

& eau beniste de caue,
et à l'eau bénite de cave,

> (On a manifestement ici entendu de quoi il s'agit; mais on n'a pas vu le lien avec le coudignac de four, ni la portée des deux expressions couplées. De toute façon, il n'a jamais été question d'aller au-delà de ce qu'a dit le maître-préparateur, qui sait tout; bornons-nous donc à énerver.)

se transporta au logis de Gargantua,
se transporta au domicile de Gargantua,

> (Toujours la transformation gratuite, et les laborantins ignorent, bien entendu, que Rabelais possédait, innée, la connaissance de ce que devait dire Valéry, à savoir que de deux mots, il faut choisir le moindre. Insensibles même à la musique de la phrase, il font claudiquer celle que Rabelais a voulue stable et vigoureusement conduite.)

touchant dauant soy
poussant devant lui

> (Ici, ils ont dû avoir quelque mal à saisir la signification particulière du verbe toucher; et prenant, comme il arrive toujours,

leur insuffisance pour la norme, ils rabotent ce qu'ils tiennent pour une aspérité propre à faire trébucher.)

troys bedeaulx a rouge muzeau,

trois bœufs-deaux à museau rouge

    (L'astuce fait long feu: le bœuf n'est pas le veau, et le mot bœuf n'a pas le contenu satirique du mot veau. De plus, c'est dépasser l'intention de Rabelais, qui suggère l'idée de bétail, puis celle de veau, sans toutefois les exprimer.)

& trainant apres

et traînant par-derrière

    (Là où Rabelais oppose avec mesure le mot après au mot dauant, les laborignorantins chargent Rabelais d'un pléonasme vicieux; et l'on se demande là encore d'où leur vient cet entêtement à débiliter une phrase vigoureuse.)

cinq ou six maistres inertes

cinq ou six maîtres sans-art

    (Ici, il est évident non seulement que la maître préparateur a dû expliquer la provenance: in artibus, mais encore qu'il a proposé sa propre trouvaille puisqu'il donne la même formule dans sa note. Les laborantins ont alors ri d'un rire de chambrée, puis d'un accord commun, on a placé un trait d'union, pour faire réfléchi.)

bien crottez a profit de mesnaige.

bien crottés jusqu'au bout des ongles.

    (Les laborantins n'ont, bien sûr, pas pu rendre l'idée d'économie, à supposer qu'ils aient été accessibles à l'intention plaisante. Mais ils ne marquent aucune hésitation à grever Rabelais de l'écriture de confection qui est la leur, et ils mériteraient par là qu'on leur fessât les joues.)

Faisons le point: voici, dans leur tripatouillage, ce qui reste de Rabelais: Maître Janotus (,) tondu à la (César), vêtu de son (capuchon) à l'antique, (l'estomac bien immunisé au cotignac) de (fourneau) et (à l') eau bénite de cave, se transporta au (domicile) de Gargantua, (poussant) devant (lui) trois (bœufs-deaux à museau rouge) et traînant (par-derrière) cinq ou six maîtres (sans-art) bien crottés (jusqu'au bout des ongles). Il y a bien là de quoi être consterné, et nous pourrions l'être. Or, surprise, c'est rassérénés que nous sortons de cette analyse: la translation-soluté se révèle si misérable que nous devons être assurés que certains des médiocres auxquels elle s'adresse ne pourront pas ne pas s'en apercevoir, et ils seront par là sauvés. Car chacun sait que la plupart de ceux qu'on nomme ainsi ne le sont pas définitivement, et qu'ils ne le demeurent qu'autant qu'on ne les a pas inquiétés. Encore faut-il, naturellement, qu'ils n'aient pas été trop fort demersonés, ni trop longtemps.

Il nous faut alors nous convaincre que, de cette prétentieuse falsification, le grand François ne se portera pas plus mal, et que les fraudeurs n'auront plus, depuis longtemps, mal aux dents que son texte sera toujours lu par ceux qui se seront mis en disposition de le faire. Ce sera vraisemblablement un peu, et du bon, comme il est dit dans l'Ancien Prologue du Quart Livre. Mais nous savons pertinemment que Rabelais n'a jamais écrit pour le grand nombre, qu'il n'est auteur populaire que pour les lourdauds, et qu'il est donc parfaitement indifférent que ce grand nombre ne puisse connaître son texte à moins qu'on ne lui en fasse une trituration. L'important est que quelques-uns y mordent à cru, et qui l'aura fait n'admettra pas d'être pris pour scatophage.

Et, puisque nous y sommes, l'on se prend pourtant à rêver d'un Rabelais qui, tenant un moment le rôle de son héros, et pour marquer le coup, comme on dit, en souriant, détacherait sa belle braguette et, tirant sa mentule en l'air, compisserait aigrement ces petits-maîtres, les faisant, en s'ébrouant, jurer par Demerson.

Là-dessus, nous arrivons au logis de Gargantua, où Ponocrates, d'abord effrayé par ce qu'il prend pour quelques masques hors de sens, s'empresse d'aller avertir son maître de l'objet de la mommerie, ce qui provoque cette conférence que nous pouvons voir, nous, provoquée par Rabelais pour introduire Philotomie, le maître d'hôtel, et Gymnaste, l'écuyer.

Pour ce nom de Philotomie, Michel dit: Qui aime trancher (en grec philéo et témno, couper). Mais en 34, ce nom était Philotime, et Screech dit alors, comme si la correction qu'a apportée Rabelais dès 1535 était due à sa remarque: Philotimos: qui aime l'honneur; mais la variante Philotomie, Philos + témno (?), qui aime couper, serait plus à propos pour un maistre d'hostel. Las! Rabelais ne saura peut-être jamais tout ce qu'il doit à Screech.

Toujours est-il que ce maître d'hôtel, ce maître de gymnastique-écuyer, aidés de Ponocrates, le précepteur, et d'Eudemon, dont à vrai dire on ne voit pas ce qui, dans l'éducation qu'il a jusque-là reçue, a pu le former à répondre à une telle situation, tous, dit Rabelais, feurent daduis que on les menast au retraict du goubelet & la on les feist boyre rustrement (34: theologalement).

Michel dit ici: Le retrait, d'ordinaire, ce sont les latrines, mais le retrait du gobelet, c'est l'office. Sincèrement, nous n'en doutions pas; mais il nous semble pourtant que la locution est plus sûrement formée sur l'idée générale de lieu où l'on se retire (Greimas), et que son acception courante de lieu où l'on se retire pour se vider, est ici refaite en lieu où l'on se retire pour se remplir. Comme si, par exemple, nous pouvions penser que retrait du gobelet s'inspire d'un hypothétique retrait du goguenet (Greimas: Gogue, boudin, mot dialectal), dont il nous serait cependant resté la synecdoque apocopée (cela pour relever le propos), autrement dit les gogues[3].

En tout cas, diriger Maître Ianotus, accompagné des siens, dans un lieu où l'on se retire pour boire, cela n'est empreint d'aucune malveillance. Il n'en est pas de même avec la seconde intention: & affin que ce tousseux nenstrast en vaine gloire pour a sa requeste auoir rendu les cloches, lon mandast ce pendent quil chopineroit querir le Preuost de la ville, le Recteur de la faculte, le vicaire de leglise: esquelz dauant que le Sophiste (34: le theologien) eust propose sa commission, lon deliureroit les cloches. Apres ce iceulx presens lon oyroit sa belle harangue. C'est bien là le pire des mauvais tours que l'on pouvait jouer à un maître Ianotus: non seulement rendre d'avance inutile sa parole sans qu'il s'en doute, mais le laisser la prendre devant tous ceux qui savent qu'elle est inutile et avoir de plus réuni trois sommités parmi lesquelles se trouve son recteur. C'est bien le bafouer d'irrémédiable façon, et l'indulgence condescendante que montrera Gargantua pour cette marionnette ne fera qu'ajouter au mépris outrageant. Ianotus de Bragmardo était jusque-là risible, pompeusement vain, crasseux, gâteux, brillant d'une existence fondée sur des chimères, mais il existait et faisait illusion; après ce tour, il ne sera plus que ce qu'il sera contraint de confesser: un vieillard résigné, sans autre prétention que celle de sauvegarder ses petits biens matériels.

Le rieur Rabelais pourrait nous paraître ici inspiré par une rancœur exceptionnellement forte pour s'en délivrer dans la conception d'un piège si cruel d'où Ianotus va sortir déconsidéré d'autrui comme de soi, trop usé pour s'en remettre. Il nous faut pourtant nous garder d'être

---

3. Le Petit Robert donne: Goguenot (Gogueneau: pot à cidre, 1823; mot normand). Populaire. Vase de nuit. Latrines. Abréviation vulgaire: Gogues. Dauzat dit: 1823 (-neau), baquet d'aisances, pot de chambre; mot normand signifiant pot de cidre; d'origine obscure; sans doute de la même racine que gogue. Et il parle pour gogue du sens dialectal de boudin.

Ne nous voilons donc pas la face: si l'on doit voir dans ce gogueneau normand le mot gogue, boudin, il est évident que ce boudin est fécal; et il est alors certain que c'est d'abord l'acception baquet d'aisances qu'a eue ce mot. Et c'est seulement après que ce sens a dû se restreindre à celui de vase de nuit, puis de pot à pisser, puis à celui de pot à cidre par une facile assimilation, par la couleur, du cidre à l'urine. Ainsi, par litote hypocoristique (cela toujours pour relever le propos), le Normand commandant à la taverne un gogueneau demandait plaisamment un pot de pisse. Mais ces choses-là sont peut-être un peu fortes pour les dictionnaires.

anachroniques: les tours pendables étaient courants, qui faisaient bon marché de la dignité de la victime, ou de sa santé, ou des deux à la fois: ainsi du pauvre Chiquanous des noces de Basché (Q.L. XV). Et le sentiment de deshonneur n'était probablement pas ressenti aussi intensément que nous pouvons le croire, ni si définitivement. En outre, tout nous laisse penser, et nombre de contes ou nouvelles du XVIe siècle en premier, que le bafoué était admis à se venger par un tour non moins cruel, tout au moins si le premier n'avait pas abouti à son éparpillement, comme pour le frère Estienne Tappecoue (Q.L. XIII). Enfin, il est sûrement abusif de vouloir à toute force voir dans un récit romancé l'exact reflet des mœurs du temps, et il nous faut faire la part large à l'amplification littéraire. Mais nous devons bien reconnaître pourtant que nous avons dans cet épisode l'exemple même du jeu d'un prince s'amusant aux dépens d'un plébéien, celui-ci ne s'étant d'ailleurs sûrement pas privé de mésuser aussi du petit pouvoir qu'il détient.

Et que Rabelais, plébéien abrité par des patriciens, se soit plu à imaginer la revanche qu'il rêvait de prendre n'est jamais que l'occasion que saisirait n'importe qui pourvu, bien entendu, qu'il ne fût question que d'arracher quelques plumes, blessure dont on guérit rapidement attendu que ces plumes finissent toujours par repousser au croupion de la victime, celui des Sorbonistes étant l'un des plus vivaces. Nous pouvons donc être certains que le monde universitaire s'est depuis longtemps remis du rôle que Rabelais va faire jouer à Ianotus, et qu'il amène ainsi: Ce que feut faict, & les susdictz arriuez, le Sophiste (34: le theologien) feut en plene salle introduict, & commença ainsi que sensuit en toussant.

Allons l'écouter en nous disant que l'apitoiement que nous finirions par éprouver pour le vieux radoteur, s'il était vivant, n'est pas de mise quand il s'agit d'une entité.

479

La harangue de maistre Ianotus de Bragmardo faicte a Gargantua pour recouurer les cloches. Chapitre.xix.

Plus que partout ailleurs, peut-être, nous allons constater qu'ici les commentateurs n'ont pas la moindre vue personnelle et qu'ils se satisfont de la traditionnelle compréhension. Et celle-ci, par exemple, paraît ne s'être jamais aperçue que Rabelais a voulu par cette harangue, non seulement donner le vieux théologien pour un esprit sénile, teinté de quelque confusion mentale, soumis à un inconscient automatisme qui lui fait employer, le plus souvent vidées de leur sens et en tout cas sans souci de pertinence, les formules qu'il a lues et relues, dites et redites toute sa vie, souvent sans bien les comprendre, mais encore pour un rustre ignorant de tout usage extérieur à sa communauté, renforçant par là la marque de l'arrogant isolement des Sorbonistes, qui régissent les mœurs sans les connaître.

Est ainsi bien loin de nous sembler gratuite la façon qu'a Ianotus de commencer: Ehen, hen, he, Mna dies Monsieur, Mna dies. Et vobis messieurs. Screech, ne retenant que l'incorrection de langue, dit ici: Bona dies, salutation mal prononcée et, en tout cas, non classique. Mais Boulenger avance: Bona dies, bonjour, prononcé rapidement dans le latin qu'on parlait avec l'accent français à l'Université. Pour Et vobis, il dit: Et à vous aussi! et il explique: Il répond sans attendre qu'on lui ait rendu son souhait. En fait Ianotus dit exactement, ainsi que le donne la translation: B'jour Monsieur, B'jour. Et nous entendons que le Mna dies est la salutation coutumière des théologiens entre eux (comme on peut penser que fait partie des libertés qu'ils admettent cette façon sans-gêne de s'éclaircir la gorge à tout moment). Et plutôt que de formuler de nouveau son souhait à l'intention des autres membres de l'assistance, il se borne à dire, avec la familiarité dont il use pour ses pairs: Et à vous aussi messieurs (sous-entendu: B'jour). Ici Ianotus apparaît autant comme figé depuis trop longtemps dans les coutumes propres à la Sorbonne pour s'adapter à une situation nouvelle, qu'ignorant par superbe du monde qui n'est pas le sien.

Quant à ce que comprend Boulenger, cela laisse penser qu'au Mna dies Monsieur, Mna dies, Gargantua aurait dû répondre par un autre souhait de bienvenue, enchérissant sur Bona dies, et que Ianotus, agissant comme si ce souhait lui avait été adressé en réponse, le retournerait par Et vobis, mais sur les autres assistants: c'est proprement absurde. Gargantua est un seigneur, et s'il consent qu'on vienne lui adresser une remontrance, il n'a rien à faire que répondre au Mna dies par un signe de tête d'agrément. Une bonne partie du comique réside précisément dans la malséante désinvolture avec laquelle Ianotus s'adresse au débonnaire Gargantua (il est vrai soucieux avant tout de ridiculiser la Sorbonne), désinvolture qui, en 1534, ne pouvait qu'apparaître à tout lecteur; il s'agit pour nous de n'être pas anachroniques et de retrouver cette sensibilité à l'incongruité.

Et c'est alors avec une gauche précipitation et en des termes enfantins que Ianotus expose d'emblée et l'objet de sa harangue, et le point auquel il aurait dû parvenir après démonstration: Ce ne seroyt que bon que nous rendissiez nos cloches, Car elles nous font bien besoing. Hen, hen, hasch. Ce raclement de gorge est inexplicablement transformé, dans la translation, en Hum, hum, hatch! comme le premier l'a été en Euh, hum, hum; et là où les onomatopées de Rabelais rendent parfaitement l'inconvenante liberté, la substitution donne l'idée d'hésitation, d'indétermination, ce qui n'est certes pas l'état d'esprit de Ianotus au moment où, commençant sa harangue, il est encore pleinement convaincu de son efficace supériorité.

Puis arrive le premier argument, fort maladroit puisqu'il y est question de paiement là où Gargantua ne s'est pas soucié de dédommagement: Nous en auions bien aultresfoys refusé de bon argent de ceulx de Londres en Cahors, sy auions nous de ceulx de Bourdeaulx en Brye, qui les vouloient achapter.

Personne ici ne s'attarde à nous expliquer ce qu'il n'a pas compris, à savoir quelle est l'intention de Rabelais. Tout le monde en revanche s'empresse de renseigner géographiquement, Screech précisant: Londres en Cahors, bourgade minuscule, près du château de Cahuzac; Bourdeaulx en Brye: village de la région parisienne. Michel tente pourtant de donner une raison: Double effet comique, dit-il, car il existe un village de Londres dans le Quercy, et un Bordeaux près de Meaux. Et il ajoute: Mais le lecteur pense à un lapsus du tousseux. Donc si nous comprenons correctement ce que dit Michel, c'est le lecteur seul qui croit au lapsus, qui n'existe pas, entre le Londres anglais et le Londres en Cahors, et entre le Bordeaux de Guyenne et le Bordeaux en Brye. Il nous faudrait par conséquent entendre que c'est délibérément que Ianotus parle des deux bourgades. Quant au double effet comique, il consisterait, toujours si nous pénétrons bien la pensée de Michel, le premier dans le fait d'avancer que les deux grandes cités ont manifesté ce désir d'achat, le second dans la manifestation de ce même désir par les deux villages. Or, pour les deux petites localités, il est évident pour tous les auditeurs qu'elles n'ont jamais eu les moyens pécuniaires d'une telle convoitise et qu'elles sont, de plus, dépourvues du clocher qui peut recevoir ces cloches monumentales. Tout cela est bien obscur, et nous pouvons nous demander pourquoi un commentateur choisit d'être sibyllin quand son rôle est, s'il donne un avis, de le donner pour éclairer le lecteur et non pour ajouter à la difficulté de compréhension qu'ont introduite les cinq cents ans qui nous séparent de lui. Donc nous passerons outre puisque c'est au Sorboniste de 1534 que nous devons consacrer nos efforts.

Nous revenons au texte et ce que nous envisageons d'abord, c'est que Rabelais a pu choisir ces deux localités pour l'homonymie avec le Londres anglais et le Bordeaux de Guyenne; mais le motif nous paraît si mince que nous pensons un moment à quelque allusion à l'idée de Réforme avec ces cités dont l'une est anglaise et l'autre occitane; mais comme le Bordeaux de Cahors n'est pas moins occitan, nous renonçons à cette illusion. Nous pensons alors à l'intention, pour Rabelais, de montrer Ianotus avançant un argument fallacieux, forgé de toutes pièces, dont il serait le seul à ne pas voir l'invraisemblance; il y aurait donc mise en évidence, avec sa sottise, de la duplicité du théologien. Pourtant, nous nous disons que donner Ianotus pour un orateur malhonnête qui se sert d'un argument inventé ne paraît pas être le propos de l'auteur. Une telle déloyauté apparaît comme une critique d'autre registre que le reste; elle ne s'inscrit pas naturellement dans la progression, elle est manifestement anomale. De plus, elle n'est nulle part confirmée alors que l'est abondamment l'idée de sottise: Ianotus est borné, confus, enclin au verbalisme; il n'est pas trompeur. Il reste donc que c'est dans la seule idée de sottise qu'il nous faut chercher la raison pour laquelle Rabelais cite le nom des deux localités, étant entendu qu'il n'est sûrement pas gratuit mais nécessaire que ces localités soient celle de Londres en Cahors doublant le Londres anglais, et celle de Bordeaux en Brye doublant le Bordeaux de Guyenne.

Si donc c'est la sottise de Ianotus qui ressort ici, cette sottise apparaît, comme on l'a vu, par le ridicule attaché à l'affirmation que de simples bourgades ont pu désirer acheter ces cloches qui ne conviennent qu'à de grandes cités. Et c'est là que nous nous décidons à prendre quelque risque, n'ayant chance de comprendre que si nous tentons de reconstituer l'état d'esprit qui est, en 1534, celui de qui écrit comme celui des lecteurs auxquels il s'adresse. Cela nous conduit à admettre que Rabelais évoque forcément, avec ces noms de Londres et de Bordeaux, un fait de notoriété si publique que Ianotus est ridicule en montrant qu'il en a une connaissance incomplète ou fausse. Conséquemment, nous entendons que ce désir d'achat par Londres en Angleterre et par Bordeaux en Guyenne n'est qu'une fable, et une fable répandue par les Parisiens eux-mêmes qui sont, comme on nous l'a dit, quelque peu oultrecuydez. Et la démonstration de la sottise de Ianotus est alors à double détente, qui prend d'abord pour vrai et en fait son premier argument ce que tout le monde sait être une pure invention, puis qui révèle ingénument son erreur de compréhension par les précisions que sa manière doctorale lui impose de donner. Et bien plutôt que l'idée de malhonnêteté intellectuelle, qui nous apparaît maintenant comme hors de portée d'un esprit comme celui de Ianotus, cette démonstration de sottise nous paraît doublée de celle du travers que nous avons décelé: l'isolement du Sorboniste ignorant de la vraie nature d'un bruit dont même les enfants allant à la moutarde doivent connaître la provenance. Donc, sauf correction toujours, nous entendrons désormais que la citation par Ianotus de ces deux localités a une fonction précise: celle de faire apparaître, dès la septième ligne du texte, sa doctorale bêtise et sa méprisante méconnaissance de tout ce qui n'est pas sorbonique, Notre Maître prenant à certes (comme on disait alors) une calembredaine sans même comprendre le contenu exact de celle-ci.

Mais la plaisanterie ne s'arrête pas là: tenant pour vrai ce qui n'est que facétieuse légende et en ayant absurdement compris les termes, il va maintenant, expert en généralités, donner la raison de cette convoitise qu'il prend au sérieux: qui les vouloient achapter pour la substantificque qualite de la complexion elementaire, que est intronificquee en la terresterite de leur nature quiddisative pour extraneizer les halotz & les turbines suz noz vignes, vrayement non pas nostres, mais dicy aupres.

Screech dit: Parodie de termes obscurs et souvent non classiques utilisés par les théologiens scolastiques. Rabelais, comme tant d'autres humanistes, est tellement prévenu contre les théologiens scolastiques qu'il ne les prend jamais au sérieux. Nous croyons devoir entendre, nous, que ce n'est pas le cas de Screech, qui paraît les goûter fort, comme leur façon de s'exprimer, à condition toutefois que leurs termes restent classiques; ainsi l'on sent bien que la terresterité de leur nature quidditative le ravit, mais qu'il n'apprécie pas autant des vocables caricaturaux comme substantificque et intronificquée. Cela dit, la phrase équivaut à peu près à: pour la qualité de la substance de l'élémentaire complexion inhérente à la matérialité de leur essence, ce qui revient à dire: pour le pouvoir qu'elles ont d'éloigner les halos (signe de brouillard givrant) et les turbines (orages) de nos vignes, etc.

483

Pour cette précision: suz noz vignes, vrayement non pas nostres, mais dicy aupres, Guilbaud dit: Les vignes de Paris étaient célèbres dès l'Empire romain; et il semble que ce qu'il avance soit bien risqué: si l'on en juge par ce que donne encore la vigne de Montmartre, le climat de Paris n'a jamais pu produire que des vins imposant au buveur de se cramponner au pied de la table. Et c'est même ne pas bien entendre ce que dit Ianotus qui, soucieux là encore d'être oiseusement précis, corrige son abusif possessif, c'est-à-dire que ce qu'il considère ne peut, au mieux, qu'être les vignes du Gâtinais. Et peut-être faut-il alors entendre que, comme pour les deux cités, cette précision révèle une absurdité qu'enregistrent les auditeurs, Ianotus prêtant aux cloches une portée démesurée.

Car si nous perdons le piot nous perdons tout & sens & loy.

Guilbaud dit: Cens et loi (nom de redevances féodales) avec jeu de mots. Plattard dit: Loi, comme cens, désignait dans la langue du moyen âge des redevances féodales. Jourda dit: Les mots cens et loi ont ici le sens précis de redevances. Michel dit: Sens (raison) et cens (redevance). Screech dit: Cens (redevances féodales). Demerson dit: C'est un proverbe retourné et transposé (Qui perd tout son bien, perd aussi la tête); le piot est à la fois la tête et la boisson; le sens est le bon sens et aussi le cens, impôt fixé par la loi.

Ainsi sont nos commentateurs: eux qui jusque-là n'ont rien vu de notable dans ce qu'a dit Ianotus s'empressent ici de compenser leur mutisme en signalant un jeu de mots qui n'existe pas. Le piot est le vin et il est question de celui que boit la Sorbonne; si donc les halotz et les turbines empêchaient qu'elle en eût à boire, donc qu'elle perdît le piot, quelle est donc la redevance lui étant due sur ce vin qu'elle perdrait en même temps? Il y a là tout bonnement une absurdité, et le rapprochement entre sens et cens est un pur produit de cette mécanique universitaire qui se déclenche avec autant de réflexion que les portes dont on coupe le rayon lumineux. Et ne nous convainc certes pas davantage Demerson qui confond le contenu et le contenant (testa: pot) pour étayer son ineptie. Piot n'a jamais été synonyme de tête; le mot vient de Pier, boire (Greimas), et la pie, c'est la boisson. Mais la pie est aussi l'oiseau dont le petit est le piot (Greimas), et le piot est alors la petite boisson, le petit boire, euphémisme antiphrastique, d'où le jeu, bien réel celui-là, qu'établira Rabelais dans l'Ancien Prologue du Quart Livre sur crocquer pie. Pour nous, donc, perdre tout et sens et loi n'est rien autre qu'une locution figée où le sens est la raison, et la loi les usages, les comportements de société. Perdre et sens et loi revient à dire se conduire en barbare, ce qui laisse donc entendre que l'orateur tient la Sorbonne pour le lieu où, moyennant l'indispensable piot, les gens se comportent en esprits raffinés.

Et il est vrai que Ianotus n'a perdu ni sens ni loi puisqu'il a tiré avantage matériel de la démarche qu'il a accepté de faire, avantage qu'il n'obtiendra toutefois que s'il réussit à convaincre. Et il l'expose sans la moindre vergogne: Si vous nous les rendez a ma requeste, ie y guaigneray six pans de saulcices, & une bonne paire de chausses, que me feront grant bien a mes iambes, ou ilz ne me tiendront pas promesse. Ho par Dieu domine, une pair de chausses est bon (34: paire; sont bonnes). Et vir sapiens non abhorrebit eam. Ha, ha, Il na pas pair de chausses qui veult. Ie le scay bien quant est de moy (ces deux dernières phrases ayant été ajoutées dès l'édition de 1535).

Personne ne s'étonne, et Screech pas plus que les autres, de ce mot paire orthographié différemment à quelques lignes d'intervalle. Mais il est vrai, l'originale montrant les deux mots paire bien orthographiés, que l'on peut penser, pour la définitive, à une simple coquille. Mais il n'en va pas de même pour l'étrange accord: une paire de chausses sont bonnes (34), une pair de chausses est bon (42).

Nous pouvons voir là une intention de Rabelais voulant montrer Ianotus aussi hésitant dans le maniement du français qu'il va l'être dans celui du latin. Pourtant, là encore, cela n'est nulle part confirmé et paraît même n'être pas en situation puisque c'est sur le modèle du français que les théologiens construisent leurs phrases latines. Il nous faut donc, ici aussi, arriver à concevoir qu'il y a une autre raison à cet accord féminin pluriel se rapportant à chausses, en 34, et masculin singulier ne se rapportant à rien, en 42. Et c'est là que nous nous risquons derechef à distinguer un trait fortement satirique, mais si dissimulé que nous le devinons élaboré à la seule adresse de ces lecteurs complices que sont le protecteur et le petit groupe d'esprits affidés, d'autant que la satire, pour être pleinement saisie, demande, comme nous l'avons précédemment entendu, que le fidèle de l'auteur ait en mémoire et le texte final et le texte corrigé, la correction se superposant sans l'annuler au texte remplacé.

Et ce trait consiste, selon nous, partant de cette très temporelle paire de chausses, à user de cet accord flottant pour parodier l'emploi opportuniste que font les théologiens de l'idée d'unité sous-entendant la dualité, ou de dualité sous-entendant l'unité, selon les besoins de leurs démonstrations. Et peut-être même faut-il voir là la discrète évocation de discussions qui, pour être du domaine de la théologie, ont dû être fort éloignées de l'orthodoxie et finir souvent dans la dérision sacrilège.

Bien sûr, nous n'avons pour appuyer une telle compréhension que la conviction que ce ne peut être en vain que Rabelais écrit par deux fois un solécisme, celui de l'édition corrigée étant même plus grossier que celui de la première édition. Nous aurions donc mauvaise grâce à nier que notre hypothèse est discutable, surtout d'ailleurs par ceux qui tiendront à défendre l'impassibilité qu'ils ont gardée devant la question. Mais ce dont nous sommes certains, c'est que nos commentateurs, qui ont forcément aperçu l'accord incohérent de l'édition de 42 sur laquelle ils se fondent, se conduisent d'indigne façon en affectant de ne pas voir l'anomalie, et s'empressant d'attirer l'attention sur la phrase qui suit: Et vir sapiens, etc.

Screech ne manque pas de donner, d'après l'édition Lefranc, la phrase entière: Altissimus creavit de terra medicamenta, et vir prudens non abhorrebit illa (Ecclésiastique, XXXVIII, 4), ce que la traduction de la Pléiade rend par: Le Seigneur a créé de la terre les médicaments, / L'homme prudent ne les dédaignera pas. Boulenger et Guilbaud, eux, donnent la traduction du fragment que prononce Ianotus et la référence. Mais Plattard donne, comme Screech, le verset en latin, Jourda et Michel la traduction du membre de phrase, Demerson parle du juste acceptant les remèdes que lui propose son Créateur, tous quatre indiquant en référence l'Ecclésiaste qu'ils confondent allègrement avec l'Ecclésiastique, dit encore le Siracide. Voilà pour nous donner confiance.

De toute façon, les uns et les autres s'étant dispensés de se reporter à la Bible, personne ne remarque que, ce chapitre XXXVIII parlant de médecine et de médecin, de maladie et de guérison, il y a de la part de Ianotus abus manifeste à assimiler à des remèdes issus de la terre son mètre et demi de saucisses et sa paire de chausses. Ils ne signalent pas non plus que le sens est tout terre-à-terre de la locution: ou ilz ne me tiendront pas promesse, alors qu'on aurait tendance à voir dans tenir promesse une sorte de gallicisme formé sur tenir chaud. En fait, le ou n'est pas pronom de sens locatif mais conjonction disjonctive; et c'est, pour une fois, la translation qui l'a compris, donnant: et une bonne paire de chausses qui me feront une belle jambe, à moins que ces gens ne tiennent pas leur promesse. Passant sur le qui me feront une belle jambe, qui est un contresens, passant sur ces gens qui ne rappelle aucun antécédent, nous retiendrons que Ianotus envisage la possibilité, pour l'assemblée sorbonique qui a conclu le marché, de ne pas tenir l'engagement qu'elle a pris: nous ne pouvons douter que Ianotus est du sérail.

Et cette paire de chausses qu'il ne suffit pas de désirer pour l'obtenir,

Ianotus estime l'avoir déjà méritée par la somme de travail que lui a demandé l'élaboration de sa harangue: Aduisez domine, il y a dishuyt iours que ie suis a matagraboliser ceste belle harangue. Reddite que sunt Cesaris Cesari, & que sunt dei deo. Ibi iacet lepus.

Pour matagraboliser, Boulenger dit: Préparer. Néologisme rabelaisien. Guilbaud dit: Méditer profondément (ce qui est ignorer l'intention satirique). Michel dit aussi légèrement: Méditer. Et il ajoute: La sonorité du mot est cocasse par elle-même, remarque qui revient, nous le savons depuis belle heure, à jouer la carte appelée farceur (en anglais joker) quand on ne peut fournir l'explication attendue. Screech dit dans l'Index: Mot forgé par Rabelais, mataios (vain) + grabeler, graboliser (imaginer des choses vaines), se fatiguer l'esprit. Et il donne encore: Grabeler, italien et bas latin Garbellare, passer au crible; d'où (langage légal) examiner avec une minutie excessive. Demerson dit: A extirper du néant. Et la translation dit: Elucubrer, ce qui est ignorer que ce verbe contient l'idée de travailler à la veillée (lucubrum: flambeau). En réalité, le seul renseignement qui vaille est celui que donne Screech. Mais cela laisse pourtant passer l'intention comique, que nous découvrons seuls, à savoir que si Ianotus emploie ce verbe caricatural, c'est manifestement qu'il le répète pour l'avoir lu ou entendu sans en connaître le contenu. Et cette ignorance est censée apparaître clairement à l'auditoire, Ianotus croyant dire: que je suis à soigneusement élaborer, alors qu'il dit: que je suis à fignoler des inanités.

Mais cet exercice, que Rabelais donne pour sorbonique, se double d'une propension à servir avec simplesse des citations qui sont, à l'époque, du niveau du petit grimaud. Ainsi de cette phrase de Luc (XX, 25): Rendez à César ce qui est à César, et à Dieu ce qui est à Dieu, citation de théologien rustique pour laquelle Screech dit pourtant: Janotus identifie les intérêts de Dieu et de la Sorbonne, et Demerson: Les théologiens avaient tendance à identifier leurs intérêts propres à ceux de Dieu. C'est là prêter à Ianotus une intention dictant le choix de sa citation alors que tout laisse penser qu'il ne l'emploie que parce c'est le rapprochement le plus rebattu qui vient à l'esprit quand il est question de restitution. Et nous n'en voulons pour preuve que ce Ibi iacet lepus dont Screech dit, citant Cotgrave: C'est là que gist le lièvre. Latin scolastique: voilà le nœud de la question, quand nous voyons, nous, une formule qui appartient au rudiment, et que Rabelais a ajoutée en 42 aux fins évidentes de faire ressortir le pauvre automatisme de Ianotus. Mais il faut croire que cette indigence spirituelle n'est pas apparue aux deux commentateurs qui, doctement, matagrabolisent.

Mais l'addition de ce Ici gît le lièvre semble bien avoir une raison d'être supplémentaire: celle d'introduire facétieusement l'étonnante proposition de bombance que fait maintenant Ianotus. Et peut-être nous faut-il aussi entendre que c'est le mot lièvre qui a amené chez Ianotus l'idée de manger avec l'arrière-pensée que cela pourra aider à fléchir Gargantua. Toujours est-il que le théologien déclare abruptement: Par ma foy domine, si voulez souper auecques moy, in camera par le corps Dieu charitatis (34: par le cor dieu in camera, charitatis), nos faciemus bonum cherubin. Ego occidi unum porcum, & ego habet bon vino (selon Screech, 34: bonus vinum; 35: bonus vina), Mais de bon vin on ne peult faire mauluais latin.

De tous les commentaires, nous retiendrons d'abord celui de Michel, qui est ici le plus clair. Il dit: La chambre de charité est le réfectoire pour les hôtes du couvent. Puis il traduit: Nous ferons bonne chère. Argot des clercs, qui joue sur chère et chérubin, esprit céleste. J'ai tué un porc et j'ai du bon vin. Et à la dernière phrase de l'orateur, il annote: Ce qui n'empêche pas Janotus d'avoir fait deux solécismes grossiers (habet pour habeo; vino pour vinum) et de mélanger le français (bon) au latin (cela, préciserons-nous, seulement pour l'édition de 42 qui est la seule que considère Michel).

Screech, a les sangs tournés; il dit: Janotus parle un latin de cuisine, traduit mot à mot du français; puis il ajoute (avec dans son texte une coquille qui lui fait précisément commettre un solécisme dont le latiniste pointilleux qu'il est rougira jusqu'à la fin de ses jours): Quant à ego habet (c'est-à-dire je a), pour habem (c'est là qu'est la coquille; il faut lire: pour habeo: j'ai), Le Duchat commente ces mots ainsi: On pourrait supposer que Rabelais auroit ici voulu outrer la raillerie..., mais point du tout. Et Screech donne la citation que donne en latin Le Duchat d'une Vie de Ramus, d'un certain Freigius, d'où il ressort que sont équivalents Ego amat (c'est-à-dire Je et le verbe aimer à la troisième personne du singulier, au présent), et ego amo (j'aime). C'est d'ailleurs ce que dit déjà l'édition de 1870 (Garnier): On a soutenu dans l'ancienne université que la parole divine ne devait pas être soumise à la grammaire, et que ego amat était aussi bon que ego amo.

Puis Screech dit qu'Érasme fait allusion à cette querelle dans l'Éloge de la Folie. Nous nous y reportons (LIII, traduction de P. de Nolhac, Garnier-Flammarion) et nous lisons: Croirait-on qu'il n'est pas chrétien de dire équivalentes ces deux formules: pot de chambre, tu pues, et: le pot de chambre pue? De même: bouillir à la marmite, ou bouillir dans la marmite; ce ne sera la même chose que si ces savants l'on enseigné. Et l'annotateur Maurice Rat dit ici: Un moine, nous dit Gérard Lister dans son Commentaire, avait été condamné par les théologiens d'Oxford pour avoir osé soutenir que ces deux phrases: Socrate, tu cours, et Socrate court, avaient le même sens.

Bien que la référence à Érasme semble ne pas cadrer exactement avec cette parole divine méprisante des lois de la grammaire, il est sûr que Rabelais compte bien que son lecteur connaît la question, ne serait-ce que pour que ce lecteur entende que doit être tenue pour fallacieuse cette raison invoquée par les théologiens mauvais latinistes; mais que ce n'est même pas cette excuse qu'avance Ianotus, dont le souci est moins grammatical. Sa phrase: Mais de bon vin on ne peult faire mauluais latin paraît en effet faire référence à une notion bien connue; de plus, elle appelle l'inversion: de mauvais vin, on ne peut faire bon latin. Et nous pouvons alors voir là une allusion à une alternative traditionnellement prêtée aux théologiens qui, ayant eu à choisir entre bon vin et mauvais latin ou bon latin et mauvais vin, sont réputés s'être depuis toujours prononcés pour le premier terme. Ce qu'il nous faut entendre, c'est que Ianotus dit euphémiquement quelque chose comme: Mais bon vin fait passer mauvais latin, sous-entendant: alors que bon latin ne fait pas passer mauvais vin.

Se tenant désormais pour absous d'user de sa langue scolastique faite de latin barbare mêlé de français (ce qui par parenthèse rend ridicule cette aveugle façon qu'ont les éditeurs d'imprimer ici le latin en italique et le français en romain), Ianotus se force à revenir au sujet: Or sus de parte dei, date nobis clochas nostras.

Guilbaud dit ici pour Or sus: De plus. Or nous y voyons l'interjection servant à exciter, à encourager (Greimas), Ianotus s'exhortant lui-même à abandonner l'évocation du vin, qui l'intéresse bien davantage, pour continuer de s'acquitter de sa mission. Plattard dit: De par Dieu, formule usuelle d'adjuration. Michel dit: Par Dieu! donnez-nous nos cloches. Demerson parle de latin de plus en plus incorrect et Screech explique: De parte Dei, erreur grammaticale élémentaire (ex parte Dei). Janotus fait des erreurs d'écolier. Et cette remarque va nous mettre sur la voie pour la compréhension de la phrase qui suit.

Car l'orateur va maintenant proposer la compensation majeure, d'ordre spirituel. Et il introduit ainsi la proposition: Tenez ie vous donne de par la faculte ung sermones de Utino que utinam vous nous baillez nos cloches.

Guilbaud dit: Utinam: fasse le ciel que. Michel dit: Jeu de mots sur les Sermons du prédicateur Matthei d'Udine et sur la conjonction latine Utinam, plaise au ciel. Screech dit: La conjonction optative Utinam fait penser Janotus aux Sermones aurei et floridi de L. Matthaei d'Utino (sic). Demerson dit: La sonorité de cette conjonction marquant le souhait rappelle l'origine d'un célèbre auteur de sermons, L. Mattei d'Udine.

De fait, ces gloses sont simple bruit de fond de commentateurs qui peuvent difficilement garder ici le silence. Mais cela revient presque à donner une compréhension aussi gauchie que celle des petits translateurs qui falsifient ainsi le texte: Tenez, je vous donne au nom de la Faculté un recueil de sermons d'Udine, si grâce au ciel vous nous octroyez nos cloches. Fasse le ciel, dirons-nous, que soit octroyé à ces jeunes tricheurs un recueil des règles de la probité littéraire puisque leur professeur n'a pas jugé bon de les leur inculquer.

Nous ne suivrons pas davantage l'explication, tout artificielle, des commentateurs, où cette référence à de Utino aurait été amenée par la conjonction Utinam bien que celle-ci soit exprimée après celle-là. De plus, il n'y a là aucune association inconsciente puisque Ianotus a mis, il s'en est vanté, dix-huit jours à composer sa harangue et que son jeu entre de Utino et Utinam, bien loin d'être incontrôlé, est la soigneuse édification de ce qu'il croit être une habileté. Nous entendrons, nous, que Ianotus emploie le mot sermon au sens de exhortation (Dauzat: Sermonner, début XIIIe, Renart, exhorter), et que ce qu'il dit est quelque chose comme: Tenez, je vous donne de par la Faculté une exhortation (et le mot sermones est alors un pluriel erroné) à la Utine (et il n'est pas sûr que Ianotus ne prenne pas encore ici le Pirée pour l'homme), que, la suivant (le mot Utinam fait jeu avec le verbe Uti qui peut avoir le sens de suivre les avis), vous nous bailliez (vous ayez à nous rendre) nos cloches. Ignoré de nos commentateurs, le sel de la phrase est alors celui-ci, qui devait apparaître immédiatement au lecteur complice auquel s'adresse Rabelais: la brillante finesse dont veut faire preuve l'orateur s'édifie sur un solécisme (ung sermones), probablement un quiproquo (de Utine pour de Matthei), un contresens (utinam) et finalement un rapprochement fondé sur l'à-peu-près (de Utino pour de Udino).

Cette préparation faite, Ianotus révèle alors la nature de la contrepartie: le don de ce qu'ordinairement il vend: Vultis etiam pardonos? per diem vos habebitis, & nihil poyabitis.

Boulenger se borne à dire: Il promet des pardons gratis, dans son charabia. Guilbaud traduit: Voulez-vous aussi des pardons? Par le jour (euphémisme pour: Par Dieu), vous les aurez et vous ne payerez rien. Plattard dit: Per diem: Pardi! Euphémisme substitué au juron Per Deum. Screech dit: La satire des indulgences est évidente. Noter aussi le juron atténué affecté (sic) par les Sorbonnistes (Per Diem pour Per Deum).

Là-dessus, mis en émoi par l'évocation des pardons, Ianotus se fait implorant: O monsieur domine, clochidonnaminor nobis. Et Michel, pour ce clochidonnaminor dit: Mot composé burlesque, avec sans doute la recherche d'un rapprochement de sons entre domine et donnaminor. Les petits translateurs continuent ici de falsifier, faisant écrire à Rabelais: Oh! Monsieur, Seigneur, clochidonnaminez-nous! ce qui est, cette fois, délire verbal d'analphabètes à manger du foin.

Mais c'est à l'édition de 34 qu'il nous faut recourir pour voir qu'elle imprime très clairement: O monsieur domine, clochi (et nous avons là la fin de ligne avec le signe de coupure qui peut être superflu) donna minor nobis, ce qui, dans le latin de Ianotus, apparaît comme phrase calquée sur la formule de prière: O Monsieur, ô Seigneur, donnez les cloches à nous les humbles, les moindres (et non Donnez-nous notre petite cloche, ainsi que dit Demazière, parmi les quelques notes ineptes qu'il donne ici). Et nous verrons la preuve de ce ton jaculatoire et du bien-fondé de notre lecture dans la phrase qui suit, découlant manifestement de celle-ci: Dea, est bonum urbis. Tout le monde sen sert.

Boulenger dit: Dea: Vraiment. Guilbaud dit: En vérité, c'est le bien de la ville. Michel dit: Oui, vraiment, c'est le bien de la ville. Mais c'est là oublier de signaler que Dea est l'interjection apocopée de Deable, Diable (Greimas), et c'est donc ne pas avoir vu l'intention satirique contenue dans cette adjuration qui succède immédiatement au quasi-liturgique O Monsieur, ô Seigneur, comme si, pour tout esprit ecclésiastique, qu'il soit moine ou théologien, se réclamer de l'un revenait à se réclamer de l'autre; ainsi de frère Jean qui, au chapitre xlij, après avoir en vain demandé de l'aide de par le diable, s'écriera: Aidez moy de par dieu, puis que de par laultre ne voulez. Quant au Tout le monde s'en sert, qui explicite le C'est le bien de la ville, seul Ianotus ne voit pas l'abus qu'il y a à prétendre que tout le monde use de ces cloches quand personne en fait ne peut s'abstenir de les entendre.

Mais Ianotus n'a fait qu'amorcer une période; et celle-ci arrive au point fort: Si vostre iument sen trouue bien: aussi faict nostre faculte, que comparata est iumentis insipientibus: & similis facta est eis, psalmo nescio quo, si lauoys ie bien quotté en mon paperat, & est unum bonum Achilles, Hen, hen, ehen, hasch.

Boulenger dit: Réminiscence d'un psaume, Je ne sais lequel, dit Janotus, en réalité XLVIII, 13 et 21. Achille: argument excellent en termes d'école. Guilbaud dit: Qui a été comparée aux bêtes de somme (jumentis) déraisonnables et a été faite semblable à elles, dans je ne sais quel psaume. Plattard parle du psaume qui compare à des bêtes de somme tous les mortels que la prospérité aveugle. Michel parle d'utili-

491

sation burlesque du psaume où le riche, aveuglé par la prospérité est comparé à une bête de somme. Screech dit Janotus se condamne! C'est l'homme qui occupe une place d'honneur mais qui ne comprend pas, que David compare à des mules: comparatus est jumentis insipientibus, et similis factus est eis; Psaume XLVIII, 20 (Vulgate). Quant à Demerson, il donne une fort étonnante compréhension dudit psaume: Cette réminiscence, bien mal venue, du Psaume je-ne-sais-combien se trouve, en fait, comparer nostre Faculté à une jument stupide.

Les commentateurs sacrifient ici à la tradition la plus sommeillante, aucun ne cherchant à réexaminer. Quant à Demerson, il semble qu'il ait repris telle quelle sans la vérifier une fiche d'un de ses nombreux collaborateurs, celui-ci ayant dû préférer aller prendre une gentiane plutôt que d'ouvrir la Bible. Screech, lui, fait le bon apôtre tout en passant à côté du sujet. C'est pourtant sa citation de la Vulgate qui va nous mettre sur la voie de la compréhension. Mais il nous faut d'abord lire ces deux versets dans la traduction qu'en donne la Pléiade:

13 - L'homme dans les honneurs ne comprend pas,
il ressemble aux bêtes réduites au silence.

21 - (C'est la reprise exacte du verset 13, avec un point d'exclamation à la place du point)[1].

C'est ainsi que nous saisissons que l'idée de ressemblance exprimée dans la Vulgate: et similis factus est, contient en fait l'idée de mutisme; et nous devons tenir pour établi que ce contenu, répandu et ressassé par les commentaires, est alors inséparable de la formule.

Mais ce que nous devons encore remarquer, c'est que Ianotus, loin de citer exactement, adapte la parole biblique au sujet qu'il substitue au sujet du verset: la Faculté au lieu de l'homme dans les honneurs, raison de la transformation qu'il fait de comparatus en comparata, de

---

1. La note du traducteur dit ici: Avec les Septante et d'après le verset 21, lire yâbin, comprend, au lieu de yâlin, passe la nuit. Dans les honneurs, d'après le sens de yeqâr dans Esther, VI, 6-7, 9, 11. A la fin nidmû, sont réduits au silence: Psaume XXXI, 18, où l'on a la racine dmm, parallèle à dmh. Le vers reviendra pour clore le psaume (verset 21).
C'est cette note que n'ont malheureusement pas lue les traducteurs de la version oecuménique, qui donnent ridiculement:
13 - L'homme avec ses honneurs ne passe pas la nuit:
il est pareil à la bête qui s'est tue.
21 - L'homme avec ses honneurs, mais qui n'a pas compris,
est pareil à la bête qui s'est tue.
Et, après qui n'a pas compris, une note précise: En hébreu cette partie du verset 21 fait jeu de mots avec la partie correspondante du verset 13 (il) ne passe pas la nuit. Les versions anciennes traduisent les deux versets de la même manière.
Cela nous explique pourquoi de méchantes langues disent de cette traduction qu'elle est oecucuménique.

492

similis factus en similis facta. Et c'est là que nous comprenons que le sens de la citation est non seulement infléchi mais gauchement dénaturé, Ianotus passant négligemment sur iuuentis insipientibus (sottes bêtes, bêtes brutes) pour ne retenir que l'idée de mutisme qu'il veut appliquer à la Faculté.

Autrement dit, contrairement à ce que laisse entendre la glose, il n'est nullement traditionnel que cette Faculté soit comparée aux sottes bêtes; c'est Ianotus seul qui, sa vague réminiscence de vieux théologien jouant, fait le rapprochement entre jument et jumentis pour exprimer quelque chose comme: Si votre jument s'en trouve bien, aussi fait notre Faculté, comparable (de par vous) aux jumentis (c'est-à-dire aux bêtes brutes) (parce qu'elle est) rendue aussi muette qu'elles (le sont) dans le psaume je ne sais quel.

La maladresse est évidemment insigne, et c'est précisément dans cette maladresse que réside le comique: tout autre que Ianotus aurait renoncé à citer ce verset puisqu'il faut, pour amener l'idée de mutisme, citer aussi les sottes bêtes, et qu'il est à craindre que l'auditoire ne rapproche malicieusement ces sottes bêtes du sujet dont il est parlé: la Faculté. Mais Ianotus n'a rien entrevu de ce genre, et il cite avec une ingénue fierté; en outre, il n'a pu prévoir qu'il serait le type même de ces sottes bêtes de ladite Faculté, et que l'on pourrait alors forcer l'idée de mutisme suggérée jusqu'à lui substituer celle d'inaptitude à s'exprimer, l'auditoire pouvant feindre de comprendre: aussi fait notre Faculté comparable aux bêtes brutes et s'exprimant comme elles.

Le comique est donc ici à détentes multiples: d'abord le rapprochement abusif entre le français jument et le latin jumentis (jumentum étant la bête de somme ou de trait); ensuite l'application involontaire de l'idée de bêtes brutes à la Faculté; puis cette occasion tout aussi involontaire donnée à l'auditoire de transformer l'idée de mutisme en celle de divagation; puis l'impossibilité de retrouver la référence d'un psaume qui non seulement fait partie des connaissances élémentaires d'un théologien mais de celles de chacun dans les années 1500; puis cette phrase: si lauoys ie bien quotté en mon paperat, où nous voyons le désir de ne pas perdre le bénéfice d'estime que doit lui valoir son effort de recherche, ensemble de notations qui montre la pointilleuse minutie avec laquelle Rabelais s'est plu à rendre ridicule le vieux Sorboniste, allant jusqu'aux bruits catarrhaux dans lesquels il nous est loisible de voir l'expédient que le vieux retors emploie pour noyer ses confusions.

De tout cela, les commentateurs n'ont vu que l'impossibilité de retrouver la référence, et ont absurdement supposé traditionnelle la comparaison de la Faculté aux bêtes de somme. Tout le reste est demeuré lettre close. C'est qu'ils sont latinistes rigoureux et qu'ils n'ont pu se douter, uniquement proccupés de relever les fautes que commet Ianotus, de toutes les intentions que recèle son barbare latin francisé; ils passent donc sur le texte le pas vif et l'œil au loin, ignorants de ce qu'il recouvre: nous ne pouvons que nous féliciter qu'ils ne se soient pas faits guides de montagne.

C'est en 42 que Rabelais a ajouté la phrase que Ianotus dit si naïvement: & est unum bonum Achilles. Cet Achille, il l'a perdu en même temps que la référence du psaume. Mais il tient à montrer qu'il n'avait pas que celui-là. Et c'est triomphalement qu'il repart: Ca ie vous prouue que me les doibuez bailler. Ego sic argumentor (Michel: Moi donc j'argumente ainsi). Et il se lance dans un verbiage dialectique proche du délire, qu'il tient assurément pour un modèle de finesse: Omnis clocha clochabilis in clocherio clochando clochans clochatiuo clochare facit clochabiliter clochantes. Parisius habet clochas. Ergo gluc, Ha, ha, ha. Cest parle cela. Il est in tertio prime en Darii ou ailleurs.

Dans l'édition Garnier de 1870, Louis Barré dit: J'argumente ainsi: toute cloche clochable, clochant dans le clocher, etc. Cette parodie de l'argumentation scolastique est intraduisible. Il ajoute, car il est ancien professeur de philosophie: On doit savoir gré à Rabelais d'avoir flétri des absurdités qui se trouvent encore dans quelques logiques modernes, telles que les arguments en baralipton, baroco, darii, 3e de la 1re figure, etc. (mais nous notons au passage qu'on ne raisonne pas sensiblement mieux depuis que sont devenues caduques ces catégories[2]). Enfin, il donne ce renseignement qu'on ne trouve chez aucun autre commentateur contemporain: Ergo gluc est pour la conclusion absurde: Ergo glu capiuntur aves, donc on prend les oiseaux avec de la glu.

Boulenger, Guilbaud et Plattard ont perdu cette notion d'absurdité attachée à la formule et ne parlent que de conclusion d'une démonstration. Guilbaud est pourtant le premier à donner la traduction complète: Toute cloche clochable, en clochant dans le clocher, clochant par le clochatif, fait clocher clochablement les clochants. A Paris il y a des

---

2. Nous trouvons dans La Logique ou l'Art de penser, d'Arnauld et Nicole, 1683 (Flammarion, collection Champs) un exemple (très pieux évidemment) de ce mode de syllogisme de la première figure:

DA- Tout ce qui sert au salut est avantageux:
RI- Il y a des afflictions qui servent au salut;
I-   Donc il y a des afflictions qui sont avantageuses.

Nous constatons que cela est effectivement fort discutable; aussi ne s'en servent plus aujourd'hui, transposé, que les économistes pour les dévaluations.

cloches. Mais il conclut par La preuve est faite, ce qui ne rend pas l'esprit de la formule ergo gluc, qui est dénonciation de l'absurdité. Jourda parle de conclusion d'un raisonnement absurde, donne la traduction, mais finit par Donc..., qui ne rend pas par non plus l'intention de faire ressortir le côté inepte. L'idée d'absurdité est encore citée par Michel, qui finit pourtant lui aussi par Donc... Demerson parle de formule servant à railler une conclusion pompeuse mais absurde, mais laisse les tranlateurs donner: Par conséquent, C.Q.F.D. Il semble donc que personne n'ait bien vu que Ergo gluc aurait tout aussi bien pu être le Et voilà qui fait le sel tant cher, que Humevesne emploie au chapitre xij du Pantagruel.

Quant à Screech, il se borne à signaler la vétille: Parisius, mot barbare indéclinable, banni par les humanistes. Pasquier (Recherches, IX, 2) le regrette. Puis il croit bon d'expliquer: Janotus ne se rappelle plus dans quel mode il devrait ranger son syllogisme. Et nous restons confondus devant le poids des idées qu'il communique. En fait, nous sentons chez lui comme une désapprobation; il paraît être de cœur, sinon avec Ianotus, du moins avec cette Sorbonne théologienne dont on se doute qu'il aurait voulu être, ne serait-ce que pour lui apprendre le bon latin. Mais l'on se prend aussi à se dire que, Magister Noster, il n'aurait pas été, s'il avait dû se prononcer sur ce texte de Rabelais, le moins rigoureux des censeurs.

De tous les commentateurs, en tout cas, aucun ne fait remarquer l'élément important: à savoir que Ianotus conclut sa démonstration par la formule qui sert aux étudiants à ruiner un raisonnement. C'est pourtant non seulement avec le plus grand sérieux mais en jubilant qu'il couronne ainsi ce qu'il tient pour une argumentation décisive: il est donc évident qu'il répète, la croyant orthodoxe, une formule qu'il a entendue et dont il n'a jamais compris la signification. Et ce qui apparaît par là, c'est que nous avons encore affaire à un comique à rebondissements, le vieux théologien donnant d'abord pour démonstration une extravagante variation sur le mot cloche et la signalant lui-même sans s'en douter comme inepte tout en affichant un contentement de soi qui est, pour les auditeurs, le troisième degré du dérisoire, ce comique ayant quelque ressemblance avec celui que nous avons vu pour Thaumaste (P. xx) du naïf qui prononce emphatiquement des paroles dont l'innocence recouvre un sens malicieux qui lui échappe totalement.

Ajoutée à celle qui l'a empêché de retrouver la référence du verset biblique, c'est cette amnésie concernant la catégorie de ce qu'il tient pour syllogisme qui déclenche chez Ianotus la reconnaissance de son amoindrissement, aveu où il se berce encore de l'illusion qu'il fut un temps où il faisait très bien ce qu'il fait mal aujourd'hui: Par mon ame iay veu le temps que ie faisois diables de arguer. Mais de present ie ne fais plus que resuer. Et ne me fault plus dorenauant, que bon vin, bon lict, le dos au feu, le ventre a table, & escuelle bien profonde, formule qui, selon Screech qui cite l'édition Lefranc, rejoint le proverbe: A l'homme vieil fault profonde escuelle, /Lict mol, respos, le godet sous l'esselle. Mais peut-être entre-t-il dans cette confession quelque intention d'apitoyer le riche et puissant Gargantua. Et nous confirmerait cette velliété de quémander le ton de prière qu'il emploie pour revenir encore à l'objet de sa harangue: Hay domine: ie vous pry in nomine patris & filij & spiritus sancti Amen. Que vous rendez noz cloches:

Seul ici Screech annote: Le mot prier n'a pas ici un sens religieux; mais il suffit pour faire répéter automatiquement au vieux théologien cette formule liturgique. A cela près que nous voyons plutôt la suite de la formule rituelle déclenchée par le groupe: domine ie vous pry, cela semble exact puisque c'est du même ton qu'il donne l'autre terme du marché: & Dieu vous guard de mal, & nostre dame de sante, qui viuit & regnat per omnia secula seculorum, Amen, Hen hasch ehasch grenhenhasch.

Boulenger dit: La phrase est mal construite à dessein: Dieu, qui vivit, etc. et Notre-Dame de Santé vous gardent de mal (N.-D. de Santé était vénérée dans le Midi de la France). Mais nous ne sommes pas persuadés que la phrase soit mal construite, même à dessein, puisqu'elle se lit: Dieu vous garde de mal, et N.-D. de Santé, qui vit et règne par tous les siècles des siècles, et que les verbes vivit et regnat sont au singulier: il est donc évident que N.-D. de Santé, placée entre deux virgules, n'est pas concernée par le relatif qui. Tout ce qu'aurait dû faire un orateur autre que Ianotus, c'est, là encore, renoncer à employer cette forme du langage écrit qui peut effectivement être entendue par les rieurs comme: Dieu vous garde de mal, et Notre-Dame (vous garde) de Santé. Paraît donc surtout destinée à montrer qu'ils ont été de bons élèves du catéchisme la remarque que font Screech et Demerson. Le premier dit: La confusion grammaticale de Janotus ouvre la porte à des interprétations stupides (il prie la Vierge de le protéger contre la santé), mais aussi à une hérésie involontaire, car Janotus applique à la Vierge la formule liturgique qui vivit et regnat, etc., qui est réservée à Dieu seul. Et le second: La phrase est mal construite: Janotus semble demander à Notre-Dame de protéger Gargantua contre la santé et attribuer à la Vierge l'éternité et la puissance qui n'appartiennent qu'à Dieu. Heureusement, dirons-nous, que Ianotus n'a jamais eu connaissance de tels jugements: il aurait pu redouter d'avoir bien plus que le dos au feu, et cela lui aurait gâché sa vieillesse.

Après sa série d'expectorations, que les translateurs transforment en Hum, atch, euh-atch, greuh-hum-atch! (on ne saurait brider l'originalité), Ianotus repart de plus belle pour parfaire son entreprise de persuasion; il tient à assurer Gargantua qu'il ne doit pas compter que les réclamants abandonnent jamais. Et il commence en entassant pêle-mêle de pompeux termes que la rhétorique réserve à l'introduction de la péroraison, exagération pédantesque, dit l'édition de 1870, du début de quelques périodes cicéroniennes dont Guilbaud donne une traduction: Verum enim vero (Vraiment et véritablement) quando quidem (puisque certes) dubio procul (sans aucun doute) edepol (Par Pollux) quoniam (puisque) ita certe (ainsi certes) meus deusfidus (34: fidius) (mon Dieu de foi, équivoque, dit Guilbaud, avec Dius fidius, nom d'un fils de Jupiter).

Screech, qui joue décidément les inquisiteurs, écrit: Meus Deus fidius, corruption de Deus mediusfidius. Janotus tombe, encore, dans l'hérésie, annotation que nous comprendrons mieux quand nous aurons lu dans le Gaffiot: meus Fidius (pour me dius Fidius, sous-entendu juvet, c'est-à-dire m'assiste) que le dieu Fidius me soit en aide (expression proverbiale): certes, par (sur) ma foi. Mais nous voyons tout justement le contraire de l'hérésie dans la transposition que fait Ianotus, et bien plutôt pouvons-nous apercevoir ici quelque trait contre cette marotte qu'ont précisément les théologiens de choisir dans les invocations des Anciens celles qu'ils peuvent transformer en paroles chrétiennes prémonitoires.

Sur ces coquetteries dont il est sûr que Ianotus ignore le sens, l'orateur enchaîne absurdement: une ville sans cloches est comme un aueugle sans baston, un asne sans cropiere, & une vache sans cymbales, Iusques a ce que nous les ayez rendues nous ne cesserons de crier apres vous, comme un aueugle qui a perdu son baston, de braisler, comme un asne sans cropiere, & de bramer, comme une vache sans cymbales. Et la glose ici, toute son attention retenue par les débuts latins, néglige de montrer l'incohérence des exemples qu'a réunis Ianotus, puisque s'il est évident qu'un aveugle ne peut que crier après son bâton perdu, il est déraisonnable de prétendre que l'âne sans croupière et la vache sans cymbales se plaignent d'être libres.

Et sur ce qu'il tient assurément pour bien belle envolée, Ianotus, probablement pour permettre à ses auditeurs de se reprendre, aborde l'anecdote. Mais il le fait encore très maladroitement, puisqu'il va être question du son des cloches qui importune un poète; et si, pour lui théologien, les poètes sont objet de mépris, il ne peut savoir si Gargantua, les estimant, ne trouvera pas là prétexte à conserver les cloches. Il nous faut voir ici, semble-t-il, l'impossibilité pour le Sorbonagre de concevoir un mode de penser différent du sien. Quant au souhait qu'a fait ce Pontanus, nul doute que Rabelais, qui partage son aversion, ne prenne un malin plaisir à la rappeler: Un quidam latinisateur demourant pres lhostel Dieu, dist une foys, alleguant lautorite dung Taponnus, ie faulx: cestoit Pontanus poete seculier, quil desiroit quelles feussent de plume, & le batail feust dune queue de renard: pource quelles luy engendroient la chronique aux tripes du cerueau, quand il composoit ses vers carminiformes.

A lire ici les commentaires, nous pouvons nous demander si l'esprit Ianotique a totalement disparu dans l'enceinte de l'Université: Pour le prétendu lapsus Taponnus, Demazière dit: Taponus est, sous forme latine, le mot tapon, qu'on a dit pour tampon, bouchon. Ici, il est pris évidemment dans un sens injurieux. Et Demerson: Ce nom formé par contrepèterie évoque le tapon, le bouchon.

Pour Pontanus, l'édition de 1870 dit: Excellent poète latin de l'époque, que Janotus traite de poète séculier, épithète de dédain que les pédants appliquaient alors à Virgile et à Horace. Et Screech dit là-dessus: Pour les théologiens de la vieille école, tout auteur païen, et souvent tout auteur non-théologique, était qualifié de poète. Plattard dit: Il s'agit du savant italien J. Jovien Pontan qui a dit dans son dialogue intitulé Charon son aversion pour les cloches. Et il ajoute, péremptoire: Ce trait est, en réalité, de Sébastien Brandt, Nef des fols. Jourda ne saurait dire autre chose. Michel est plus circonspect, qui dit: Serait tiré de la Nef des Folz, de Sébastien Brandt, édité par Juste, à Lyon, en 1530. Screech dit: J.J. Pontan détestait en effet les cloches, mais Rabelais semble se souvenir ici de la Nef des fols de Sébastien Brandt qui contient une plaisanterie analogue: les calomnies ne doivent pas émouvoir un honnête homme; et il cite, d'après Le Duchat: non plus que si on ébranloit à ses oreilles une cloche, dont le batail seroit d'une queue de renard. Il donne enfin cette précision: Smith indique que l'édition parisienne de ce livre, 1530, était publiée par Denis Janot, Demourant devant l'hostel Dieu. Demerson dit: L'humaniste napolitain Giovanni-Giovano Pontano (fin du 15e siècle) a exprimé sa répulsion pour le bruit des cloches (Voir Livre V, chapitre 26) mais Rabelais reproduit ici un passage de la Nef des fous de Brant, dont l'éditeur parisien demeurait précisément près de l'Hôtel-Dieu.

Et là, nous examinons.

Nous nous étonnons d'abord qu'on puisse faire intervenir ici l'éditeur demeurant près de l'Hôtel-Dieu, ou devant l'Hôtel-Dieu, éditeur qui vend la Nef des Fous dont un passage est censé avoir inspiré Rabelais pour parler de ce que dit un quidam latinisateur qui se réclame de ce qu'a dit Pontano au sujet des cloches: nous avons là un amphigouri auquel même Ianotus aurait renoncé. Il n'est pourtant que de lire le texte pour voir que c'est ce quidam latinisateur qui demeure pres lhostel Dieu (à l'époque du côté de la Seine), c'est-à-dire devant Notre-Dame, ce qui implique que le son des cloches devait effectivement être pour lui étourdissant.

Nous nous étonnons ensuite que l'épithète séculier puisse être considérée comme dédaigneuse alors qu'elle n'est que légitime dans la bouche de théologiens parlant de ceux qui sont du monde (Petit Robert: sœculum: monde; latin religieux, sœcularis: profane). Et c'est le seul vocable de poète qui exprime le mépris, appliqué à tout auteur qui n'est pas théologien et, en l'occurrence, à ce Pontanus qui, bien que versificateur latin à ses heures, si l'on en croit l'édition de 1870, est un humaniste.

Mais nous nous étonnons encore bien plus que l'on puisse déclarer avec tant d'assurance que Rabelais s'inspire ici, ou même reproduit un passage de la Nef des Fous. Cela est particulièrement déconcertant de la part de Screech, qui cite le propos où il n'est question que du batail en queue de renard alors que ledit Pontanus a souhaité quelles (les cloches) feussent de plume, & le batail feust dune queue de renard. De plus, comme chacun sait, cette Nef des Fous est illustrée d'une centaine de gravures sur bois; or celle qui se rapporte au passage en question représente un fou qui prélève une poignée de farine dans un sac; à côté de lui, une cloche renversée sur ses anses montre, en guise de battant, une queue de renard: (La cloche sans battant/ ne donne pas de son/ même si l'on y pend/ une queue de renard;/ marronner à l'oreille/ n'avance en rien les choses[2]) mais la cloche est bien une vraie cloche en métal et nullement en plume. Non moins déconcertant est Demerson, qui renvoie au chapitre XXVI du Cinquième Livre, où nous lisons: Midy sonnant (notez que leurs cloches estoient, tant de l'horloge que de l'Eglise et refectoir, faictes selon la divise Pontiale, savoir est, de fin dumet contrepointé, et le batail estoit d'une queuë de renard). Il est donc patent que Rabelais, au chapitre qui nous occupe, fait bien allusion à ce qu'a dit Pontanus et pas du tout à ce qu'a dit Brandt, fort loin de toute façon de la même intention. Nous savons que la détection

---

2. Madeleine Horst, Adaptation française de l'œuvre originale, Editions de la Nuée bleue, Strasbourg, 1975.

des sources a toujours été un des exercices favoris des Sorbonistes; mais encore faut-il que le coudrier soit souple et la baguette bien tenue.

Sur ce, nous revenons à la phrase, pour laquelle les notes sont succinctes. Tout le monde se borne à dire, pour le mot chronique, qu'il faut lire ou qu'il faut entendre colique, Michel expédiant la question en parlant de lapsus d'ivrogne. De même pour le mot carminiformes, ceux qui parlent disent: En forme de vers, Michel tranchant encore: Pléonasme: vers en forme de vers.

Et cela nous paraît bien superficiel car, pour tout dire, nous ne croyons nullement à un lapsus pour ce mot chronique. Nous entendons, nous, que la phrase est l'expression, risible pour les auditeurs, de l'hostilité que nourrit le théologien pour le quidam qu'il donne non pour latiniseur mais pour latinisateur, forme qui apparaît comme volontairement péjorative. Et il nous paraît alors évident que si l'orateur parle de tripes du cerveau, ce ne peut qu'être à dessein, pour qu'on soit assuré qu'il tient ladite chronique pour quelque chose de comparable à ce que produit la colique. Quant à ce mot carminiformes, c'est proprement prendre Ianotus pour un demeuré que de vouloir lui faire dire: vers en forme de vers. Le mot carmen outre ce sens de vers, a celui, entre autres, d'oracle, de sentence, et il nous faut sûrement ici entendre: vers en forme de sentences.

Et ces vers en forme de sentences, qui sont donc ceux de la chronique, nous font nous aviser que l'objet du mépris de Ianotus pourrait bien être, de cette Nef des Fous, celui qu'il tient pour son auteur. Car il faut se rappeler que si l'œuvre a paru, en allemand, en février 1494 à Bâle, c'est dès 1497 que Brandt en confia la traduction en latin à son ami Jacques Locher, professeur de poésie à l'Université de Fribourg-en-Brisgau, traduction qui fut plutôt une adaptation. Et c'est en 1505 qu'une autre adaptation en latin, de même esprit, fut publiée à Paris par l'humaniste Josse Bade; elle connut une dizaine d'éditions, à Paris, à Caen et même à Bâle.

Ainsi, le quidam latinisateur pourrait être ce Josse Bade, le mépris de Ianotus pouvant s'adresser à celui qui fut avant tout un imprimeur auquel la Sorbonne devait dénier toute compétence dans le domaine de l'écriture. Et si l'hypothèse est un jour avérée, il faudra bien conclure que le premier commentateur qui a parlé de la Nef des Fous plutôt que de ses traducteurs en latin, s'est borné à naviguer au plus près. Il est seulement désolant que ceux qui ont suivi n'aient jamais fait que godiller derrière lui.

Toujours est-il que cette hypothèse tout juste posée nous permet de réfuter l'explication de Demerson qui, pour le nom de Taponnus, parlait de tapon, bouchon, et qui, passant ici aux ballonnements, dit pour carminiformes: En forme de poèmes; allusion aux médicaments carminatifs qui favorisent les pets.

Mais Ianotus n'en a pas fini avec le quidam; sur sa lancée vengeresse, il révèle: Mais nac petetin petetac ticque, torche, lorgne, il fut declaire Hereticque. Nous les faisons comme de cire.

Guilbaud dit ici: Onomatopées exprimant une volée de coups. Plattard dit: Ces onomatopées et ces locutions expriment le désordre d'une lutte où les coups sont donnés à tort et à travers. Michel dit, lui: Onomatopées burlesques, comme plan, rataplan. Screech dit: Ticque, torche, lorgne: locution courante exprimant des coups donnés à tort et à travers. Ticque, onomatopée; torcher, battre; Lorgne, coup donné au hasard, tout cela, bien sûr, d'après les lumières de Sainéan. Demerson dit: Ces onomatopées et ces impératifs plaisants expriment l'idée de coups portés à tort et à travers. Voir Quart Livre, chapitre 56. Et cela renvoie aux paroles gelées, où nous trouvons les similitudes: ticque, torche, lorgne, brededin, brededac; et comme le texte dit que c'estoient vocables du hourt et hannissement des chevaulx à l'heure qu'on chocque, nous voyons d'où vient l'idée, saugrenue, que Ianotus et ses semblables se conduisent comme s'ils choquaient à cheval, ou, figurément, comme s'ils organisaient une rafle pour se fournir en victimes. Même avec son Plan, rataplan, qui s'entend comme Tambour battant, Michel est plus près de la vérité.

Car nous percevons bien que Ianotus décrit par là la procédure qui aboutit à la déclaration d'hérésie, procédure que l'habitude, due à la fréquence, a rendue rapide et mécanique (en même temps que nous entendons que Rabelais, par ces onomatopées expéditives, fait allusion à la légèreté de l'instruction). Donc sur ces sonorités où l'on peut greffer ce que l'on veut pourvu que cela soit en accord avec l'intention, nous voyons assez bien une compréhension de ce genre: nac (le cas), petetin (l'examen dans un sens), petetac (l'examen dans l'autre sens), ticque (l'accusation), torche (la défense), lorgne (la condamnation). Ou encore, plus simplement, et si l'on admet que Janotus peut employer les locutions populaires, nous entendons Janotus dire ici: Mais, deux temps, trois mouvements, enlevez, c'est pesé, il feut déclaré hérétique. Nous les faisons comme de cire.

Parce que nous n'aurons peut-être pas l'occasion d'en voir de sitôt un pareil, nous nous arrêterons d'abord sur un commentaire qui fait irrésistiblement penser à ceux qui bordent la belle robbe dor triumphante & precieuse dont il est parlé au chapitre v du Pantagruel. Mais cette fois il ne s'agit pas des livres des lois, et la glose est celle qu'a déposée Demazière. Il dit: Faire comme de cire, voulait dire: représenter dans la perfection. Au moyen âge, les effigies, les ex-voto se faisaient en cire, et la quantité en était innombrable, ainsi que chacun sait. Rabelais veut-il dire qu'on inventait facilement des hérétiques? Notre malin auteur ne penserait-il pas, en outre, aux autodafés déjà commencés quand il écrivait? Faire comme de cire signifierait alors brûler comme des cierges. Et là, comme on dit, les bras nous en tombent.

Là-dessus, nous poursuivons. Plattard dit: Ouvrer dans la cire était une expression proverbiale pour désigner une action aisée. Demerson dit: Nous fabriquons des hérétiques aussi facilement que si nous les modelions dans la cire molle. Et c'est là que nous nous disons que la locution du texte n'est pas Nous œuvrons dans la cire, et que le sens de: avec grande facilité paraît infléchi du fait que c'est après l'avoir chauffée qu'on coule la cire dans le moule choisi. Autrement dit, Nous les faisons comme de cire, serait plutôt à entendre comme: Nous les coulons dans notre moule. Et il semble alors que ce qui a commencé comme une divulgation finisse en avertissement.

Et nous convaincrait du ton discrètement comminatoire cette conclusion que donne précipitamment Ianotus, accumulant, avec le souci d'abondance que requiert la rhétorique, trois formules finales dont il faut bien encore admettre qu'il n'a jamais compris le sens: Et plus nen dict le deposant, qui est formule de celui qui a parlé devant un juge; Valete & plaudite (Portez-vous bien et applaudissez) qui est formule finale de comédies latines; Calepinus recensui (Moi, Calepinus, j'ai établi), signature traditionnelle de copiste qu'Ambrosio Calepino mit au bas de son dictionnaire de la langue latine dont le succès figea la formule.

Il se pourrait pourtant que l'intention de Ianotus soit, pour cette dernière formule, différente de celle qu'on voit traditionnellement. Screech dit en effet: Formule finale d'un plaidoyer, suivie d'une déformation de l'explicit des comédies de Terence, Valete et plaudite; Calliopus recensui (qui tombe bien à propos, car l'épisode de Janotus est un monologue de farce ou de comédie). Evidemment Rabelais, comme Érasme, accepte que Calliopus soit le nom de l'histrio qui était censé réciter toute la pièce (Erasme, Opera, etc.). Janotus, confus jusqu'au dernier mot, y substitue le nom de Calépinus, compilateur d'un célèbre dictionnaire latin.

Si nous comprenons bien, cela revient à prétendre que Ianotus a l'intention de dire: Valete et plaudite; Calliopus recensui (Portez-vous bien et applaudissez; moi, Calliopus, j'ai relaté), et que s'impose à lui le nom plus connu de Calepinus. C'est vraiment la jouer fine, et avec les bandes. Mais Demerson dit déjà, derrière Screech, que la dernière formule marque la fin d'un travail de scribe ou d'acteur bouffon; et les translateurs choisissent, sans doute après mûre réflexion, de donner: La pièce est jouée (ajoutant d'ailleurs inexplicablement: Achevé d'imprimer). Reste seulement à savoir, car il ne lui a pas suffi ici de connaître par ouï-dire ce nom de Calliopus, si Ianotus a jamais lu Terence. Et le connaissant comme nous le connaissons maintenant, nous en doutons bien fort.

Pour conclure nous aussi, nous pourrions développer quelques-uns des points de ressemblance qui nous sont apparus entre la Sorbonne de Rabelais et l'Université d'aujourd'hui. Mais cela ressemblerait trop à de la polémique et, de plus, pourrait nous valoir de pénibles inimitiés. Aussi, tout au contraire, saluerons-nous au passage la conscience des Maîtres dont la plupart prennent sur eux de montrer aux étudiants la vraie nature de Magister Noster Ianotus de Bragmardo, exactement comme s'il ne s'agissait pas de quelqu'un de la famille.

Sur ce, nous allons voir ce qu'a pu produire l'éloquence de celui-ci.

Comment le Sophiste emporta son
drap & coment il eut proces con
tre les aultres maistres
Chapitre.xx.

Exceptionnellement, nous lisons le titre tel qu'il est composé dans l'édition de 42. Et cela à seule fin qu'on voie bien ce que nous avons, depuis le temps, perdu de candeur, qui ne nous permettons plus de couper ainsi un mot commençant par con-. A noter que la coupure était la même en 34 dans un titre moins prudent:

> Comment le theologien emporta
> son drap, & comment il eut proces co=
> tre les Sorbonnistes.Chapi.xix.,

ce qui nous interdit de penser à une quelconque intention malicieuse, d'autant que nous savons que le mot con n'avait encore que le sens de sexe de la femme et pas du tout celui d'idiot, d'imbécile. Cela noté, qui a l'avantage de nous replacer dans le temps du texte, nous permettant de mieux nous défendre du danger constant de l'anachronisme, nous lisons:

Le Sophiste (34: Le theologien) neust (34: poinct) si toust acheue que Ponocrates & Eudemon sesclafferent de rire tant profondement, que en cuiderent rendre lame a dieu, ne plus, ne moins que Crassus voyant un asne couillart qui mangeoit des chardons: & comme Philemon voyant un asne qui mangeoit les figues quon auoit apresté pour le disner, mourut de force de rire.

Et comme un âne, fût-il couillart, qui mange des chardons, et un âne tout court qui mange des figues, fussent-elles apprêtées, ne provoquent pas chez nous une hilarité incontrôlée, nous consultons les glossateurs. Plattard est le plus complet, qui dit: Ce fut, dit Érasme, Adages, I, 10, 71, la seule circonstance dans laquelle ce Crassus aurait ri (Voir Pline, Histoire naturelle, III, 19). Et pour Philémon: Cette anecdote est racontée par Valère Maxime, I, 10, et Lucien, Macrobites. Philémon est cité plus haut, chapitre X, parmi les personnages morts de joie. Et son nom se trouve en effet dans la compilation qu'on nous a dit être celle de Ravisus Textor, Officine, De ceux qui moururent de rire. Michel, qui donne mêmes références, ajoute que l'anecdote sur Philémon sera encore mentionnée au Quart Livre, chapitre XVII. Et Demerson renvoie au Cinquième Livre, chapitre 24, où il est effectivement fait mention de Crassus l'ayeul tant agelaste.

Pour ce Philémon, nous lisons au Quart Livre: Plus de Philomenes, auquel son varlet, pour l'entrée de dipner, ayant apresté des figues nouvelles, pendent le temps qu'il alla au vin, un asne couillart esguaré estoit entré on logis, et les figues apposées mangeoit religieusement. Philomenes survenent, et curieusement contemplant la grace de l'asne sycophage, dist au varlet qui estoit de retour: Raison veult, puys qu'à ce devot asne as les figues abandonné, que pour boire tu luy produise de ce bon vin que as apporté. Ces parolles dictes, entra en si excessive guayeté d'esprit, et s'esclata de rire tant enormement, continuement, que l'exercice de la ratelle luy tollut toute respiration et subitement mourut.

Nous relevons dans ce texte plusieurs précisions qu'on a évidemment tenues pour simples effets d'écriture alors que nous avons acquis, depuis les premières lignes du Pantagruel, la conviction que Rabelais ne choisit pas ses mots pour la seule fonction stylistique, vide de sens. Et les précisions que nous tenons pour intentionnelles sont celles-ci: d'abord, l'âne est couillard, c'est-à-dire qu'il s'agit de ce qu'on nomme aujourd'hui le baudet ou âne entier, apte à la reproduction, ce mot baudet étant précisément celui que va employer Ianotus pour maître Iousse Bandouille, dans le présent chapitre, mais assurément comme dénomination familière de l'âne[1]; ensuite les figues sont nouvelles, donc fraîches, et elles sont apprêtées, c'est-à-dire qu'elles sont vraisem-

---

1. Nous font rire une fois de plus (sans toutefois en perdre le souffle) Bloch et Wartburg qui disent pour ce mot Baudet: 1534. (Rabelais, comme nom propre). Dérivé de l'ancien français Bald, baud, fier, plein d'ardeur, emprunté au germanique occidental Bald, hardi; cf. haut allemand Bald, idem, et anglais Bold, idem, d'où aussi ancien provençal Baut, italien Baldo, hardi. L'emploi au XIIIᵉ siècle du nom propre Baudouin, encore usité au XVIᵉ siècle, pour désigner l'âne, a pu favoriser la formation de Baudet; mais il semble bien que Baudet soit un dérivé plaisant de Bald, baud, au sens de lascif.

Très bien, Docteurs, dirons-nous, mais où donc est cet emploi du mot Baudet comme nom propre par Rabelais? (mais parvenus à l'outrage de Ianotus, nous verrons d'où vient l'illusion). Et croyez-vous, leur demandons-nous, qu'en traitant Bandouille de baudet, il ait l'intention de lui dire qu'il est fier, plein d'ardeur, hardi ou lascif? Il lui dit tout bonnement qu'il est borné, et le mot est manifestement depuis longtemps en usage quand Rabelais s'en sert. Là encore, cette érudition foisonnante ressemble assez au camouflage qui doit nous dissimuler l'ignorance où sont les étymologistes de la provenance du mot baudet au sens d'âne entier.

(suite page suivante)

blablement ouvertes en deux, chaque moitié exposant son intérieur; nous noterons en outre que Philémon dit de ces figues qu'elles sont abandonnées; enfin, c'est religieusement que l'âne, donné d'ailleurs pour dévot, mange ces figues, donc, devons-nous comprendre, avec la grave application du religieux qui, par exemple, lit son bréviaire.

Et ce bréviaire nous rappelle le cent vingt-sixième titre de la Librairie (P. vij): Soixante & neuf breuiaires de haulte gresse, où le nombre 69 nous a conduits à voir dans le petit livre qu'on tient ouvert tout près du visage en marmottant l'image des lèvres vulvaires dans le cunnilinctus. Dès lors, nous avons compris: l'âne, non châtré, est la représentation traditionnelle de la paillardise, comme la figue ouverte celle du sexe de la femme. Ce qui a fait mourir de rire Philémon est donc l'idée du baudet se livrant au cunnilinctus, étant encore entendu que l'invite que fait le maître au valet de produire du vin à l'âne est presque à coup sûr le prolongement de la transposition nous permettant d'induire qu'il devait être de règle de donner le vin pour indispensable après cet exercice que l'époque, nous le savons depuis le Pantagruel, réprouvait fortement, le jugeant incompatible avec la virilité.

Nous gagerons que si les Anciens qui se sont plu à rapporter cette anecdote se sont dispensés de l'expliquer puisqu'elle était pour eux fort claire, elle l'est bien moins pour nos commentateurs, qui se hâtent de jouer les historiens pour n'avoir pas à confesser qu'ils ne voient aucun sel à l'histoire. Et pourtant, nous venons de le voir, la sincérité paye; mais encore faut-il qu'elle soit assortie de cette humilité devant le texte qui persuade que si paraît plat ce qu'écrit Rabelais, la platitude ne peut qu'être dans l'esprit de celui qui lit.

Reste pourtant que nous n'avons pas encore compris pourquoi Crassus, qui ne riait jamais, fut une fois mis en joie (sans pourtant en mourir puisque nous savons qu'il fut assassiné) pour avoir vu un âne, couillard lui aussi, manger des chardons. Or là non plus nous n'avons pas

---

1. (suite) Dauzat est plus réservé qui dit: 1534, Rabelais, nom propre, de l'ancien français Baut, lascif, mot germanique. Le Petit Robert dit simplement: 1534, ancien français Bald, lascif. Le Robert dit: de l'ancien français Balt, baud, hardi, ardent, puis lascif: XVIᵉ siècle. Quant à Furetière, il dit: Vieux mot qui signifie un asne. On le dit aussi d'un homme fort ignorant ou fort beste. Borel après Vigence dérive ce mot de l'Hébreu Badel, qui signifie un stupide. Il faut donc se résigner à ne pas comprendre d'où est venu le mot baudet (au sens d'âne entier) donc celui qui baudouine, sauf évidemment à se dire qu'il a pu y avoir à un glissement de sens de l'idée de sot comme un âne à l'idée, consolatrice pour quelques-uns, de grande activité génésique comme en est capable l'âne dans sa sottise, ce qui rejoint les constatations des aliénistes pour la phase ultime de certains dérèglements mentaux. Il suffirait alors de chercher du côté du latin Bardus: lourd, stupide, comme si ce mot baudet avait été fautivement imprimé pour Bardet. Mais nous laisserons cela aux étymataiologistes de profession.

occasion de suffoquer de rire surtout que l'on dit que, contrairement à la légende, l'âne ne mange de chardons que lorsqu'on ne s'est pas soucié de le nourrir, le genre humain ayant, depuis la nuit des temps, assis une partie du sentiment de sa supériorité sur le mépris qu'il voue à cet animal. Mais là encore c'est la Librairie de saint Victor qui va nous permettre de comprendre avec son trente-cinquième titre: De capreolis cum chardoneta, etc., où ce mot chardoneta est donné par les commentateurs soit pour chardonnettes (artichauts), soit pour cardons. Et nous nous reportons au Gaffiot pour lire que si le mot Carduus a le sens de chardon chez Virgile, il a le sens d'artichaut chez Pline.

Quoi qu'il en soit, mis sur la voie par ce que nous venons d'apprendre avec l'aventure de Philémon, nous éliminons aussi bien le cardon que le chardon, ne gardant pour Crassus que l'artichaut, et bien sûr parce qu'il est le seul des trois végétaux à avoir du foin, c'est-à-dire, avec la transposition que nous venons de voir opérer pour la figue, à représenter le poil pubien. En fait, il semble que nous pouvons entendre que l'agélaste Crassus a ri pour la seule fois de sa vie en voyant un âne mettre ses lèvres et sa langue en contact avec des artichauts, ce qui nous invite à croire que le mot carduus (chardon ou artichaut) pouvait représenter soit le pubis féminin, soit plus vraisemblablement, au sens d'artichaut, désigner le sexe de la femme puisque l'artichaut abrite, sous le foin, un cœur tendre.

Voilà donc, semble-t-il, éclaircies ces deux allusions que nous n'avons maintenant pas de peine à rattacher aux plus antiques fables où l'âne, symbole des instincts les plus bas et de l'esprit borné, est donné pour partenaire de la femme. Il apparaît pourtant ici qu'est au deuxième degré le rire finalement contrôlé du grave Crassus, comme l'est le rire mortel du comique grec Philémon, puisque l'un et l'autre sont dus à la représentation, toute chimérique, de cet animal réputé lourd et grossier se haussant jusqu'à ce qui est un raffinement. Il se peut aussi que sur cette représentation se greffe l'idée de l'âne dressé à cet exercice par la femme, et que s'y mêle encore la satisfaction de se dire que seul un âne peut s'y adonner: il y a là un sujet de thèse tout trouvé, et d'ici un siècle ou deux il se sera bien trouvé un patron pour encourager des recherches dans ce sens.

Ce qui est assuré, c'est que ce n'est pas chez les commentateurs, même les plus récents, que nous aurions pu trouver quelque lueur: Screech, ici, n'a pas vu que Crassus ne meurt pas, et dit ridiculement: Les auteurs traitant de la nature du rire font souvent la liste de ceux qui sont morts à force de trop rire. Cf. R. Textor, etc. Crassus l'agélaste (non-rieur) figure rarement dans ces listes mais est mentionné par

Érasme (Adagia, etc.). Et Demerson est d'une niaiserie appliquée, qui dit: Dans les listes des morts provoquées par le rire, Rabelais a choisi les cas où un âne était en cause, rappelant le théologien. Par égard pour les ânes, nous nous abstenons de toute remarque, et nous continuons de lire:

Ensemble eulx, commenca (34: de) rire maistre Ianotus, a qui mieulx, mieulx, tant que les larmes leurs venoient es yeulx: par la vehemente concution de la substance du cerueau: a laquelle furent exprimees ces humiditez lachrymales, & transcoulees iouxte (34: par) les nerfz optiques. En quoy par eulx estoyt Democrite Heraclitizant, & Heraclite Democritizant representé (cette dernière phrase étant une addition de 1542).

Nous sentons bien ici que l'auteur a tenu à montrer que le dénigrement de la Sorbonne n'est pas le fait d'un ignorant qui raillerait par ressentiment: en 34 il emploie, à dessein croyons-nous, le latinisme vehemente concution pour impétueux ébranlement, et donne quelque aperçu de connaissances anatomiques que ne possèdent certes pas les Sorbonistes (apportant d'ailleurs, dès 1535, une correction manifestement due à une conclusion nouvelle); et en 42, il n'hésite pas à en rajouter, fût-ce au prix d'une redite, pour prouver sa familiarité avec deux philosophes que lesdits Sorbonistes se contentent probablement de ranger parmi les esprits impies.

Screech dit ici: Les auteurs du temps associent souvent le rire de Démocrite et les pleurs d'Héraclite (c'est même le titre d'un ouvrage de B. Fregose). Les héros rient de bon cœur, tandis que le rire de Ianotus est près des larmes. Mais que veut donc dire, nous demandons-nous, ce rire près des larmes? Il est établi que Ianotus pleure de rire, comme les autres; ce qui ne l'est pas, c'est que ses larmes soient d'affliction. Il faudrait pour cela qu'il eût clairement conscience que l'insuffisance qu'il a montrée n'est pas accidentelle et qu'elle lui est foncière. Or nous allons voir qu'il conserve à l'égard de ses collègues une tranchante hauteur: il ne paraît donc pas que l'intention de Rabelais ait été de prêter au vieux théologien le moindre durable sentiment de honte; et l'opinion de Screech ressemble diablement au désir de faire de l'inédit avec de l'écume. Cela n'empêche pas Demerson de reprendre en écho la même idée, y apportant toutefois quelque distorsion. Il dit: Il était proverbial d'associer le rire de Démocrite et les pleurs d'Héraclite: ici les géants (pourquoi ce pluriel? quand Gargantua seul est géant) pleurent de rire après le bon tour qu'ils ont joué, et le pauvre Janotus est saisi d'un rire nerveux malgré ses malheurs. D'où vient, dirons-nous, ce rire nerveux? Quels sont donc ces malheurs? puisqu'il est apparu que, la harangue finie, Ianotus n'est pas gêné le moins du monde par la médiocrité dont il a fait preuve, et qu'il semble que nous devons considérer son rire comme provoqué par un aveugle mimétisme non exempt de servilité.

Mais plus important est ce que révèle la première phrase, où nous remarquons que les seuls à s'esclaffer sont Ponocrates et Eudemon, ce qui laisse clairement entendre que le précepteur et son élève sont aussi les seuls à posséder l'esprit de finesse qui leur a permis de percevoir les ridicules de l'orateur. Gargantua ne participe pas à cette explosion de joie, qui n'a rien pu noter de ce genre puisqu'il n'a pas encore été pris en main par Ponocrates et qu'il ne possède que les connaissances de compilation que lui ont données maître Thubal Holoferne puis maître Iobelin Bridé. Quant au prévôt de la ville, au vicaire de l'église, au recteur de la Faculté, ils ne sont pas non plus mentionnés parmi ceux chez qui le sentiment de leur supériorité provoque l'hilarité, pas plus bien sûr que les bedeaux et les maîtres inertes qui accompagnent Ianotus, et auxquels ne viendrait certes pas à l'esprit de juger leur modèle.

Nous devons alors reconnaître que nous étions bien loin de compte en nous apitoyant de la déconsidération qui allait atteindre Ianotus devant tous les auditeurs rassemblés (mais l'on s'expose à de tels imprévus quand, le lisant pour la première fois, on découvre un texte.) Nous comprenons maintenant que Notre Maître n'a perdu l'estime d'aucun des siens ni d'aucun de ceux qui gravitent autour de la Sorbonne. Nous avons bien à tort pris pour cruauté envers Ianotus ce souci de réunir les sommités de la ville pour qu'elles assistent à sa déconfiture: ce que nous ne pouvions entendre, c'est que Rabelais assemble ces éminents personnages précisément pour que le lecteur complice conclue ici que du prévôt, du vicaire ou du recteur, personne n'a jugé grotesque le morceau d'éloquence de Ianotus, chacun l'ayant même trouvé excellent, qui rêve d'en donner un de même tonneau dans les mêmes circonstances[2].

Ces rys du tout cedez, consulta Gargantua auecques ses gens sur ce questoit de faire. La feut Ponocrates daduis, quon feist reboyre ce bel orateur. Et veu quil leurs auoit donne de passe temps, & plus faict rire que neust Songecreux, quon luy baillast les dix pans de saulcice men-

---

2. Cela ressemble assez à ce que l'on voit encore quelquefois, paraît-il, quand une communication est faite devant des collègues. Elle est par ceux-ci accueillie avec l'enthousiasme qu'ils désirent voir témoigner à leur endroit quand viendra leur tour de parler, alors que le simple visiteur ne voit souvent rien là que lieux communs bien battus. Mais il arrive, dit-on aussi, qu'une communication qui se place au-dessus du niveau moyen soit reçue froidement ou même avec une unanime hostilité. Allez comprendre pourquoi.

tionnez en sa ioyeuse harangue, auecques une paire de chausses, troys cens de gros boys de moulle, vingt & cinq muitz de vin, un lict a triple couche de plume anserine, & une escuelle bien capable & profonde, lesquelles disoit estre a sa vieillesse necessaires.

Nous allons devoir nous arrêter là un moment pour approfondir quelques points. Nous remarquons d'abord que celui qui mène la danse est toujours Ponocrates; et à voir la disposition qu'il montre pour la plaisanterie, nous devons nous féliciter encore que Des Marays ait si aisément consenti, au chapitre xvj, à se séparer de lui puisque nous avons cru pouvoir entendre que ce n'est pas quand il était à son service que le précepteur pouvait avoir de telles occasions de rire. Nous reconnaîtrons ensuite, au passage, que pour ce Songecreux, qui est l'acteur comique Jean de l'Espine, dit du Pontalais, qui excellait dans les farces (Plattard), quelques progrès ont tout de même été faits dans la lecture de Rabelais depuis l'édition Garnier de 1870, qui annote ici: Magister noster Songe crusius, auteur de l'almanach facétieux rapporté dans le catalogue de la bibliothèque de Saint-Victor (1527), titre que cette édition donne effectivement au Pantagruel comme ayant pour auteur M.N. Songe crusium.

Mais, plus important, reste à nous faire une idée précise de ce que Ponocrates propose de donner à Ianotus, certaines mesures ne nous disant plus grand-chose; elles semblent pourtant constituer à elles seules un élément comique qui a totalement, et depuis longtemps échappé à tout le monde.

Les dix pans de saucisse, nous le savons déjà, font à peu près un mètre et demi: c'est le premier des termes, fidèlement relevé, du marché que Ianotus a dit avoir passé avec la Sorbonne, le second étant, non modifié pour l'instant, la paire de chausses (pour laquelle nous noterons que le mot paire est correctement orthographié, aussi bien en 34 qu'en 42, ce qui tend à confirmer encore l'intention que nous avons décelée au chapitre précédent.) Mais s'ajoutent à ces biens de convention ceux que Ianotus a expressément souhaités pour ses vieux jours.

Pour les troys cens gros boys de moulle, tout le monde dit qu'il s'agit de trois cents bûches de gros bois à brûler, mais cela ne nous donne aucune idée de taille ou de volume. Littré ne dit que: Bois de moule, ou moulée, se dit de bois à brûler de moyenne grosseur et d'une longueur déterminée. Aussi est-ce chez Furetière que nous allons tenter de recueillir quelque précision. Pour moule, il dit: Le bois de moule doit avoir pour le moins 18 pouces de grosseur pour l'Ordonnance. Or comme le pouce est la douzième partie du pied, qui fait 0 m 324, 18 pouces font 0 m 486: voilà pour le diamètre. Pour la longueur, comme Furetière dit encore que mouler le bois, c'est l'arranger dans une membrure, nous nous reportons à ce mot, et nous lisons: Se dit aussi des mesures qui sont sur les ports de la ville, dans lesquelles on mesure les voyes de bois à brusler. Elle est composée de trois pièces de charpente, & doit avoir quatre pieds en tous sens. Quatre pieds font 1 m 296, si bien que nous savons qu'il s'agit de trois cents bûches qui ont au minimum 1 m 30 de longueur et 0 m 50 de diamètre.

Pour les vingt & cinq muitz de vin, le calcul est plus aisé puisque Littré dit que le muid de Paris était de 268 litres. Cela nous indique que Ianotus se trouve à la tête de 6 700 litres de vin pour se consoler de sa décrépitude. Dans ces conditions, il semble alors que, pour le lict à triple couche de plume anserine, il ne faut peut-être pas se borner à entendre qu'il s'agit de trois couettes remplies de plume d'oie, mais bien du meuble complet. Quant à l'escuelle bien capable & profonde, c'est évidemment le sens étymologique de Capabilis: qui peut contenir, qu'il nous faut distinguer, c'est-à-dire que l'écuelle, et c'est bien heureux pour Ianotus, est non seulement profonde, mais encore étanche. Nous savons donc désormais ce que représente la générosité de Ponocrates qui, agissant au nom de son géant d'élève, ne peut que la concevoir en énormes quantités.

Il n'est donc pas étonnant que Gargantua souscrive d'emblée à ce projet, sauf toutefois en ce qui regarde la paire de chausses, pour laquelle il montre un scrupule qui nous paraît bien artificiel et destiné surtout à redonner quelque rôle au héros qui, depuis qu'il a rendu les cloches (xviij), n'a pas été cité. Et il apparaît que ce souci est bien de seule composition si l'on observe qu'en 34 Rabelais se borne à écrire: Le tout feut faict ainsi que auoit este delibere. Excepte que Gargantua doubtant quon ne trouua a lheure chausses commodes pour ses iambes: luy feist liurer sept aulnes de drap noir et troys de blanchet pour la doubleure. Mais dès 1535 il juge nécessaire d'enrober l'intention, insérant entre: pour ses iambes, et: luy feist liurer, la nomenclature des différentes formes de chausses: doubtant aussy de quelle facon mieulx duyroient audict orateur, ou a la martingualle (42: qui est un pont leuis de cul) pour plus aisement fianter, ou a la mariniere, pour mieulx soulager les roignons ou a la Souice pour tenir chaulde la bedondaine, ou a queue de merluz, de peur deschauffer les reins:

Avant de nous enquérir de ce que dit la glose, faisons une dernière conversion afin de savoir que, l'aune valant 1 m 182 (Littré), Ianotus va recevoir, avec 3 m 55 de doublure, 8 m 30 de drap noir, ce qui nous permet de penser que, quelle que soit sa corpulence, ses nouvelles chausses ne le gêneront pas pour s'asseoir, contrairement à Panurge qui, au chapitre XI du Cinquième Livre, dira d'une sellette: aussi bien est elle trop basse pour homme qu'a chausses neufves et court pourpoinct. Là-dessus nous nous renseignons:

De ces chausses, les premières sont à martinguale, qui est un pont leuis de cul, pour plus aisément fianter. Boulenger dit: La culotte à martingale ou pont-levis comprenait une pièce d'étoffe qui formait l'entre-jambe et qui s'attachait à la ceinture devant et derrière: on pouvait la défaire d'un coup. Nous avons compris, d'autant que nous savons que ces chausses sont celles du cent quatorzième titre de la Librairie (P. vij): La martingualle des fianteurs. Mais dès maintenant, il nous faut admettre que les chausses étaient portées à même la peau avec la seule interposition de la chemise, qui était longue.

Les deuxièmes sont les chausses à la marinière, pour mieulx soulaiger les roignons. Ici les rognons sont, à la différence du mot reins que nous allons rencontrer, le nom de l'organe excréteur; pour mieulx soulaiger les roignons doit donc s'entendre comme: pour plus facilement uriner. Et nous ne voyons pas ce qu'ont dans l'esprit les commentateurs qui disent: chausses très larges (Boulenger); d'une grande ampleur, comme les culottes des marins hollandais (Plattard), ce qui ne répond guère à la spécification que donne l'auteur. Et il vaut certainement mieux entendre que ces chausses étant les premières culottes, elles ne comportent pas de braguette extérieure lacée mais, comme aujourd'hui, une fente à recouvrement, que celle-ci fût ou non pourvue de boutons.

Les troisièmes sont à la Souice pour tenir chaulde la bedondaine; et il apparaît que la définition à retenir est celle de Demerson, qui découle pourtant tout droit du contenu du texte à éclaircir: Les chausses des mercenaires suisses comportaient un bourrelet bouffant à la hauteur du ventre.

Les quatrièmes enfin sont à queue de merluz, de peur deschauffer les reins; et il semble ici que le mot reins, par opposition à rognons, désigne les lombes, comme nous pouvons l'entendre par le verbe esrener que Screech définit: rompre les reins, et qui donne parmi les exemples celui du chapitre xxvij du présent Livre: a icelluy freussoit toute lareste du douz: & lesrenoit comme un chien. Michel dit ici: Fendues parderrière. C'est la forme des chausses de l'Écolier limousin: le pauure Lymosin conchioit toutes ses chausses qui estoient faictes a queheue de merluz, & non a plein fons (P. vj)[3]. Il faut donc nous représenter que le

_____

3. Cela ne nous renseigne en rien sur la raison qui a pu amener à nommer la chausse cette pièce que Littré définit ainsi: Chausse de l'Université, ornement de ceux qui ont quelques degrés dans l'une des facultés. C'est une pièce de drap, froncée en son milieu, garnie d'un,

dos de ces chausses devait se diviser en deux parties, avec recouvrement, selon la forme de cette queue de morue que la langue n'a plus retenue que pour les pinceaux. Mais il faut bien dire qu'il est fort dommage que n'ait jamais vu le jour ce livre sur les braguettes dont il est deux fois parlé: il est sûr que l'on y aurait trouvé des renseignements précis sur les chausses auxquelles elles s'attachaient.

Donc la paire de chausses est apportée sous forme de drap et de blanchet à Ianotus. Le boys feut porte par les gaignedeniers, les maistres es ars porterent les saulcices & escuelle(s) (et il y a ici un pluriel fautif, reproduit par tous les éditeurs, quand l'originale permet de corriger à coup sûr). Maistre Ianot voulut porter le drap. Il faut ici suppléer, puisque le texte n'en parle pas, et concevoir que les gaignedeniers ont dû se charger des vingt-cinq muids de vin et, que ce soit le meuble ou que ce soient les couettes, du lict a triple couche de plume anserine. Quant à la décision de Ianotus, Screech montre ici une prodigieuse sagacité, qui dit: A force d'insister ainsi sur le drap, Rabelais fait penser à la farce de Maistre Pathelin. Et il n'est pas sûr que si, quinze lignes plus loin, l'auteur cite Pathelin, ce ne soit pas pour avoir tenu compte d'une si subtile suggestion.

Mais la Sorbonne est soucieuse de ses dignités, et Rabelais ne manque pas de s'en amuser: Un desdictz maistres nomme maistre Iousse Bandouille luy remonstroit que ce nestoit honeste ny decent son estat (34: decent lestat theologal), & quil le baillast a quelqun dentre eulx.

Pour ce nom de Iousse Bandouille[4], Screech rapporte l'absurde avis de Sainéan: Nom burlesque, bandoullier, brigand (Pyrénées). Michel

---

deux ou trois rangs d'hermine, selon le grade, qui se place sur l'épaule gauche, à découvert, par-dessus la robe, et pend sur la poitrine et sur le dos. Nous nous garderons pourtant d'y voir une intention facétieuse, la plupart des gradués de l'Université étant bien loin d'avoir gardé assez de recul pour ne pas se prendre trop au sérieux. Est-ce alors l'image de la chausse qui filtre le savoir? Car Littré donne aussi: Sorte de sac d'étoffe de laine, de forme conique, que l'on emploie à filtrer certaines liqueurs trop denses pour passer au filtre de papier. Il serait pourtant téméraire de nous chausser la tête d'une telle conviction.

4. Demazière annote ici: Rabelais veut peut-être désigner Jean Chéradame, professeur de langue grecque à l'Université de Paris; car le prieuré de Bandouille, dans le diocèse de Maillezais, appartenait encore, vers la fin du XVI⁶ siècle, à un Chéradame.
Nous remarquons plutôt que ce Iousse Bandouille a les mêmes initiales que le Ioaninus de Barranco du chapitre xvij, car Iobelin Bridé, que Ianotus de Bragmardo, et tous sont des grotesques. Cela peut être fortuit, mais il est pourtant troublant que cette constante s'aligne sur les initiales du nom de ce Iosse Bade qui, nous l'avons vu, s'est occupé de donner une traduction latine de la Nef des Fous, mais qui fut surtout, dit le Petit Robert II, cet imprimeur belge établi à Paris vers 1500, et qui édita un grand nombre d'ouvrages classiques grecs et latins (Érasme, Budé, Ange Politien). Ce Iosse Bade, qui ne devait pas se prendre pour la moitié d'un humaniste, avait-il donc marqué quelque mépris pour la personne et les écrits de Rabelais, refusant par exemple d'assurer la réédition du Pantagruel? Le rôle de cuistre que Rabelais fait jouer à Iousse Bandouille peut le laisser penser.

est le seul à tenter de comprendre; il dit: Nom qui évoque andouille...
ou bander. En fait, pour le prénom, nous trouvons dans le Dictionnaire des noms et prénoms de France (Larousse): Josse, ancien nom de
baptême, nom de famille fréquent: forme populaire d'un prince breton
béatifié, Judocus, latinisé en Judocius, surtout populaire dans l'Ouest
et dans le Nord; variantes: Jos, Joisse, Jousse. Quant au nom de Bandouille, nous prolongerons l'explication de Michel et nous dirons résolument qu'il s'agit du verbe bandouiller qui signifie tout simplement
bander incomplètement (avec la consistance d'une andouille, bien que
l'habituelle finale péjorative -ouille puisse être ici sans autre rapport
que fortuit avec le produit de triperie). Quoi qu'il en soit, le verbe
dénonce l'érection imparfaite, faiblesse qui a toujours été tenue pour
plus risible que l'impuissance totale, attendu qu'elle contient le ridicule
supplémentaire de s'abuser et de croire abuser autrui sur ses moyens. Il
est sûr en tout cas qu'ici cette déficience est à transposer au plan intellectuel, abstraction qui rejoint le contenu que nous avons vu au
Couille-Molle rendant le nom de Bragmardo.

Donc ce mol maistre es ars fait durement reproche à Ianotus de
s'abaisser à porter quelque chose d'indigne. Mais Ianotus sait trouver à
tout noble justification: Ha (dist Ianotus) Baudet Baudet, tu ne
concluds poinct in modo & figura. (Selon le mode et la figure: en
bonne forme (de syllogisme); Michel.) Et avant de continuer, nous
voyons que c'est ici ce Baudet, écrit tout au long du dialogue avec une
majuscule, l'édition de 42 suivant scrupuleusement en cela l'édition de
34, qui fait dire aux étymologistes: 1534, Rabelais, comme nom propre,
alors que le compositeur de 34, qui donne le ton, a fort bien pu prendre ce nom commun inconnu de lui pour nom propre et, de son chef,
lui attribuer cette majuscule sur laquelle on se fonde. Nous ne savons
ni si cela est faux ni si cela est juste; nous savons seulement qu'il est
abusif de donner pour certain, définitif, indiscutable ce qui n'est qu'assurance tirée d'une lecture superficielle. Sur ce, nous écoutons de nouveau le docte Ianotus qui argumente:
Voyla de quoy seruent les suppositiones (et nous ne voyons pas pourquoi l'abréviation: suppositios, avec o souscrit, a toujours été résolue
par le français suppositions, alors que tout laisse penser que Ianotus
cite ici ce qui est, on va nous le dire, une partie de l'ouvrage latin) &
parua logicalia. Panus pro quo supponit? Confuse (dist Bandouille) &
distributiue. Ie ne te demande pas (dist Ianotus) Baudet, quomodo
supponit mais pro quo, cest Baudet, pro tibijs meis. Et pour ce le por-
teray ie egomet, sicut suppositum portat adpositum.

Michel dit ici: Les suppositions sont une section de la petite Logique
(parua logicalia). L'édition de 1870 dit: Les Parva Logicalia étaient de

Pierre d'Espagne, depuis pape sous le nom de Jean XXII. Demazière dit: De Petrus Hispanus, traité de logique du temps. Pour le dialogue, quelques-uns s'abstiennent de donner la traduction: Jourda, d'abord, qui se contente de dire: Plaisanterie sur la scolastique dont le comique et la portée satirique ne pouvaient être sensibles qu'aux initiés. Screech, ensuite, qui donne seulement une quinzaine de lignes en latin, de haut niveau de pédanterie, qui ont surtout pour but de montrer qu'il connaît très bien Érasme et de laisser supposer qu'il a ouvert ladite Logique. Demerson, enfin, qui dit: Les Parva logicalia (Eléments de Logique) scolastiques s'ouvraient sur le chapitre des Suppositions, et qui ajoute: Pour comprendre tout le sel de cette conversation, il faudrait être au courant des définitions des Éléments de logique. Et c'est là que nous retenons par la manche l'élève fougueux qui veut s'écrier: A quoi servez-vous donc? Croyez-vous que nous ne puissions comprendre, ou bien est-ce que vous-même n'y entendez rien? Et il faut croire que les translateurs se sont inspirés de traductions antérieures puisqu'ils donnent: Ce pan d'étoffe, à qui se rapporte-t-il? — En général, dit Bandouille, et non à un particulier. — Baudet, dit Janotus, je ne te demande pas la nature du rapport mais sa destination, baudet! C'est à destination de mes tibias, aussi le porterai-je moi-même, comme la substance porte l'accident.

A titre de comparaison, lisons ce qu'écrit Plattard, qui dit d'abord: Voici à quoi se ramène, d'après la définition de la suppositio confusa et distributiva, cette facétie scolastique: A qui se rapporte la pièce de drap? demande Janotus. — Confusément et sans acception de personne, dit Bandouille. — Je ne te demande pas de quelle nature est ce rapport, mais quel est son objet. Le drap est pour mes jambes: je le porterai donc moi-même, comme la substance porte l'accident. Nous pouvons maintenant rassurer M. Demerson: après l'avoir lue deux fois, nous constatons que la facétie est à peu près du niveau de nos facultés; nous reconstituons les définitions sur lesquelles elle est élaborée, et nous y trouvons même du sel.

Là-dessus Rabelais termine en confirmant ce qu'a si subtilement deviné Screech dès qu'il a lu le mot drap: Ainsi lemporta en tapinois. comme feist Patelin son drap. Celui-ci triomphe donc fort légitimement, indiquant que cela se trouve déjà dans l'édition Lefranc, et dit: Encore une allusion à Maistre Pathelin, vers 846 sqq. (ce qui s'entend comme: ce qui suit, et qui pourrait aussi bien être dit en français sous la forme: et s.: et suite). Et ce n'est que parce qu'il réserve l'espace aux notes en latin qu'il omet de reproduire: Dea! il s'en vint en tapinois / atout mon drap soubz son esselle.

515

Mais la peinture n'est pas achevée: Ianotus, qui a obtenu ses six pans de saucisses et, largement prévu, le drap pour ses chausses, et qui de plus, outre les plumes et l'écuelle, est pourvu d'un capital de vin et de bois de chauffe qu'il n'aura vraisemblablement pas le temps d'épuiser, va montrer autant de mesquine cupidité que la Sorbonne de chicanière mauvaise foi:

Le bon feut quand le tousseux glorieusement en plein acte tenu chez les mathurins (34: en plein acte de Sorbone) requist ses chausses & saulcisses, Car peremptoirement luy feurent deniez, par autant quil les auoit eu de Gargantua selon les informations sur ce faictes.

Michel dit ici, après le mot deniez: Janotus est accusé de s'être laissé acheter par Gargantua. Et cela nous paraît tout gratuit, car au moment où se tient l'acte, les Sorbonistes ne peuvent ignorer que les cloches ont été rendues: quelle fin aurait donc pu avoir la collusion? En fait, nous comprenons bien mieux que le motif du déni est la jalousie, le seul sentiment qui puisse arriver à unir momentanément des clans rivaux; et tout cela nous est révélé, non pas comme on pourrait le croire par la persistance jusqu'aujourd'hui de la même atmosphère, ce qui est impensable, mais par la phrase: selon les informations sur ce faictes, qui laisse entendre que, si l'on a dûment enquêté, on a aussi trouvé aisément des assistants suffisamment rongés d'envie pour renseigner.

Mais Ianotus, qui n'a cure, dans ces circonstances, de syllogismes, est de simple bon sens: Il leurs remonstra que ce auoit esté de gratis & de sa liberalite par laquelle ilz nestoient mie absoubz de leurs promesses.

Ce nonobstant luy fut respondu quil se contenstast de raison, & que aultre bribe nen auroit.

Ici Michel dit, pour se contentast de raison: De ce qui était équitable. Et il explique: Raison conserve le double sens de calcul, compte, et de faculté logique. D'où la réplique de Janotus. Demerson, lui, explique de raison par: De cette discussion établissant son bon droit. Et les translateurs donnent: Malgré tout, on lui répondit qu'il devait se contenter de bonne raison, en plus de quoi il n'aurait pas une miette. Et il semble que c'est chercher bien loin ce qui est fort simple: pour nous, se contenter de raison équivaut à se contenter de ce qui est raisonnable, mot qui a les sens de: acceptable, modéré, et de: sensé, intelligent, cette deuxième acception laissant donc entendre que les prétentions repoussées sont celles d'un être dénué de raison. Et c'est sur ce sens outrageant que prend feu Ianotus :

Raison? (dist Ianotus) Nous nen usons poinct ceans. Traistres malheureux vous ne valez rien. La terre ne porte (34: poinct) gens plus

516

meschans que vous estes. Ie le scay bien: ne clochez pas deuant les boyteux. Iay exercé la meschancete auecques vous. Par la ratte Dieu, ie aduertiray le Roy des enormes abus que sont forgez ceans, & par voz mains & meneez. Et que ie soye ladre sil ne vous faict tous vifz brusler comme bougres, traistres, hereticques, & seducteurs, ennemys de dieu & de vertus.

Rien ici qui ne soit clair tant qu'on ne lit pas la glose. Boulenger et Demerson donnent pour équivalent le proverbe: Ce n'est pas à un vieux singe (ou aux vieux singes) qu'on apprend à faire la grimace. Michel se borne à dire: Ne faites pas les hypocrites, ce qui ne nous garantit pas qu'il ait pénétré très avant. Screech, fort peu soucieux de se mêler de parémiologie française, se tait. Autrement dit, ceux qui parlent ici, c'est-à-dire Boulenger et Demerson, ont lu le proverbe comme s'il était exprimé dans la forme: Ne boitez pas devant les boiteux; or Ianotus dit: Ne clochez pas devant les boiteux. (Nous notons au passage que l'équipe des translateurs donne, sous l'empire d'une nécessité dont nous ne pouvons mesurer toute la force: N'allez pas clopiner devant les boiteux.)

Pourtant, Plattard dit: Très ancien proverbe: ne simulez pas la claudication devant les boiteux, qui ne se laisseront pas attraper à cette supercherie; renoncez à l'hypocrisie (ce que reprend Jourda en pure réverbération: C'est-à-dire: Ne feignez pas de boiter comme eux... Ne soyez pas hypocrites!). Ainsi, seul Plattard a compris que le verbe clocher contient l'idée de simuler la boiterie, et que Ianotus dit en fait: Ne jouez pas les équitables devant celui qui, placé pour vous connaître méchants puisqu'il l'a été avec vous, sait que votre décision est inspirée par la méchanceté. Le sens général du proverbe est alors clair, qui dit qu'il ne faut pas jouer les innocents devant les complices d'un ancien forfait[5], sens qui s'est très tôt perdu puisque Furetière, après avoir donné cette bien pensante explication que reprennent Littré et Robert: Pour dire, qu'il ne faut pas contrefaire un autre, ni luy reprocher un vice naturel dont il n'est pas cause, indique en second un sens déjà dénaturé: C'est pour dire aussi, qu'il ne faut pas faire le capable devant celuy qui est plus habile.

Et ce sont les dernières touches: l'ombrageuse susceptibilité des Sorbonistes, les deux parties portant l'affaire devant le tribunal (que tout le monde omet de nous dire être le propre tribunal de la Sorbonne); la

---

5. S'inspire tout droit de ce contenu la maxime de la Plaisante Sagesse Lyonnaise: Plus te prends d'âge, plus te peux te mettre en beau devant. Ceux de ton époque qui t'ont vu faire le tarabate (turbulent), le couratier et tout, sont plus là pour y dire. Et, s'il en reste, ils se taisent, parce qu'ils ont petêtre ben, eux aussi, fait les cent dix-neuf coups.

517

malpropreté physique dont ils s'accommodent assez bien; enfin et surtout l'infinie prolongation de l'instruction pour n'avoir pas à se prononcer. Et les commentateurs donnent ici quelques éclaircissements sans remarquer certaines particularités qui laissent pourtant penser à un finale expédié, et de premier jet:

A ces motz prindrent articles contre luy, Luy de laultre coste les feist adiourner. Somme, le proces fut retenu par la court, & y est encores. Les magistres (34: Le(s) Sorbonicoles) sur ce poinct feirent veu de ne soy descroter (:) maistre Ianot auecques ses adherens feist veu de ne se moucher, iusques a ce quen feust dict par arrest definitif.

Pour ce mot magistres, Boulenger dit: Magistri, maîtres. Guilbaud dit: Maîtres (de Sorbonne). Mais Demerson avance: Rabelais invente ce titre latin pour les maîtres de la Sorbonne, ce qui, pour nous, est le comble de la jobardise puisque ce mot est visiblement le latin magister dont le pluriel magistri est ici francisé en magisters, une simple erreur de composition ayant interverti le r et le e.

Par ces veuz sont iusques a present demourez & croteux & morueux, car la court na encores bien grabelé toutes les pieces. Larrest sera donné es prochaines Calendes Grecques. Cest a dire: iamais. Comme vous scauez quilz font plus que nature, & contre leurs articles propres.

Remarquable aussi est cette précision superflue: Calendes Grecques. Cest a dire: iamais, fort étonnante quand tout ce que nous avons lu jusque-là nous a montré que Rabelais ne s'embarrasse pas d'être didactique, comptant toujours que son lecteur a les mêmes connaissances que lui: il va en être ainsi quelques lignes plus bas pour la citation de Salluste juste ébauchée. N'est pas non plus habituelle chez Rabelais cette phrase: Comme vous scauez (...) articles propres, qui paraît n'être là que pour permettre d'amener la fin du développement, lui-même ressemblant assez à une notation avant mise en forme: Les articles de Paris, chantent que dieu seul peult faire choses infinies. Nature, rien ne faict immortel: car elle mect fin & periode a toutes choses par elle produictes. Car omnia orta cadunt &c.

Jourda dit ici: On ne sait à quels articles Rabelais fait allusion. Et pour le verbe chantent, Michel dit: Répètent comme un refrain. Nous en sommes donc réduits à entendre que Rabelais fait allusion à quelque chose qu'il tient pour antienne catéchistique et qu'il nomme, par raillerie, articles de Paris comme si les assertions qu'elle contient n'avaient pas cours ailleurs. Pourtant, comme il vient de parler de leurs articles propres, c'est-à-dire de ceux des Sorbonistes, tout nous laisse penser que ces articles de Paris sont ceux de la Sorbonne, donnés alors pour singuliers. Et cela nous paraît assez hardi pour avoir incité Rabelais à laisser sa pensée assez confusément exprimée de façon à pouvoir éventuellement nier l'intention. Mais c'est égal, nous éprouverions grand soulagement à trouver confirmation de cette vue chez Notre Maître Screech, qui ne manque jamais dans de tels cas de faire de belles recherches et de citer du bon latin. Mais celui-ci reste muet sur le sujet, réservant son bas de page, comme nous allons le voir, pour la citation (en latin s'entend) des Adages de Chilon, citation assortie, bien sûr, de l'inévitable référence à Érasme[6].

Pour omnia orta cadunt (Toutes choses nées tombent; Michel) Screech dit: Axiome épicuréen (sic), Omnia quae orta cadunt, atque aucta senescunt (cette deuxième partie équivalant à: et ce qui pousse se flétrit, ce que s'abstient évidemment de dire notre latiniste), qui donne pourtant pour provenance de sa note l'œuvre de son compatriote W.F. Smith, Rabelais, a Translation; vol. I, Gargantua, Cambridge, 1934, qui est dans toutes les mémoires. Demerson dit: Tout ce qui naît est soumis à la décrépitude, adage épicurien. Plattard, lui, donne: Réminiscence de Salluste, Jugurtha, II, 3.

Et Rabelais finit avec l'idée des procès sans fin, manifestement, pouvons-nous penser, pour ne pas rester sur cette évocation des articles de Paris:

Mais ces aualleurs de frimars font les proces dauant eux pendens, & infiniz, & immortelz. Ce que faisans ont donne lieu & verifie le dict de Chilon Lacedemonien consacre en Delphes, disant misere estre compaigne de proces: & gens playdoiens miserables. Car plus tost ont fin de leur vie, que de leur droict pretendu.

Pour ces aualleurs de frimars, Boulenger dit: Fainéants, gobeurs de frimes. Ce sens de fainéants n'est qu'une échappatoire, mais nous retenons que Boulenger est seul à voir dans le mot frimars le substantif du verbe frimer. Les autres commentateurs comprennent ce mot frimars comme frimas: brouillards. Guilbaud dit: Les gens qui font descendre le brouillard, ajoutant cependant: Jeu de mots probable: frimas et frime. Plattard, Jourda et Demazière sont de même avis que Michel,

---

6. C'est peut-être en agissant avec cette affectation de sérieux, en jouant les latinistes intégristes tout en évitant de se prononcer sur ce qui est discutable, que Michael Screech parvient à faire ainsi parler de lui (par un professeur titulaire de l'Université de Manchester, il est vrai): A côté du Pᵣ Screech, de l'Université de Londres, reconnu sur le plan international comme le maître des études rabelaisiennes et à qui l'on doit de si rigoureux travaux sur l'établissement des textes, M. X, etc. Cela se trouve dans l'Introduction au Colloque de juin 74 de l'Institut collégial européen consacré à la question de fondamentale insignifiance: Rabelais est-il actuel? Les lumières colloquées à cet effet ayant fait chacune un affligeant numéro de verbeuse inanité, la question a finalement dû être étiquetée: Eau de boudin, et mise à fermenter pour le cas où l'on devrait recevoir des colloquants à l'improviste.

qui dit: Ces avaleurs de frimas (brouillards): les amateurs de procès, juges et plaideurs, levés dès l'aube pour aller au Palais; toutefois Michel est seul à ajouter: Cf. Les Plaideurs, de Racine[7]. Screech donne dans l'Index: Avaller: descendre, faire descendre; mais il ne dit rien du mot frimars. Demerson parle de gobe-brouillards et renvoie au chapitre ljv du présent Livre. Les translateurs donnent: gobeurs de fumée.

Greimas donne pour Avaler les sens de Faire descendre, faire tomber; Descendre rapidement, dévaler; Faire descendre dans le gosier, avaler; Accorder, faire descendre au même ton (musique). Et il ne donne que Frime: frimas, et le verbe Frimer: être couvert de frimas, de neige; trembler. Ce mot frimar(s) est également inconnu de Furetière, qui dit: On appelle Avaleur de frimas, Celuy qui va en voyage ou qui court les rües au temps que les frimas sont dans l'air. Il donne pourtant le mot Frime: Substantif féminin. Terme populaire qui se dit en cette phrase, Il en fait la frime, pour dire, la mine & la contenance. Il a fait la frime de s'en aller, pour dire, il en a fait semblant. On dit aussi, Faire la frime à quelqu'un, pour dire, luy faire un mauvais accueil, tesmoigner par sa mine qu'on n'est pas content de luy.

Il nous faut évidemment négliger ce dernier sens de faire la frime à quelqu'un, expression qui s'est d'ailleurs transformée en faire la gueule à quelqu'un, sans qu'on soit d'ailleurs sûr que cela remonte à la justification que nous allons voir donner par Bloch et Wartburg. Mais le sens de faire semblant est confirmé par les étymologistes. Dauzat donne: Frime: XIIe siècle, Richaut (frume), mine; XVe siècle (frime), sens actuel d'après faire frime de, faire mine de (semblant de); origine obscure. Bloch et Wartburg disent: Frime: XVe siècle. On disait d'abord faire frime de, faire la frime de: faire semblant; aujourd'hui surtout pour la frime, c'est une frime. Altération de l'ancien français Frume, mauvaise mine, du latin Frumen, gorge, gueule. Et nous trouvons effectivement dans Greimas: Frume, nom féminin (XIIe siecle, Richaut; origine obscure). Mine, mauvaise mine, mauvaise humeur; Faux semblant, tromperie (Renart). Littré donne encore: Terme populaire. Semblant, feinte. Et le Petit Robert: Familier. Semblant, apparence trompeuse.

Ne reste donc qu'à éclaircir le sens du mot Avalleurs. Or le renvoi au chapitre ljv n'apporte pas grande lumière: Cy nentrez pas vous usuriers chichars, / Briffaulx, leschars, qui tousiours amassez, / Grippeminaulx, aualleurs de frimars

---

7. Il ne s'agit évidemment que du mouvement irréfléchi pour amorcer la pompe à références. Il a été trop tôt arrêté pour faire remonter Aristophane et ses Guêpes, ce qui aurait permis de se remémorer qu'il n'est question que de boue pour les procéduriers matineux, et nullement de brouillards.

Ici, Boulenger dit encore: Fainéants. Guilbaud dit: Gens qui font tomber le brouillard, et au sens figuré: qui amènent la misère. Michel dit: Frimas: cf. Chapitre XX, synonyme de fainéants. Demerson se borne à renvoyer au chapitre xx. Screech dit: Les usuriers que Rabelais met au pilori comprenaient les avalleurs de frimars, terme péjoratif pour les juges. Et il renvoie au Prologue du Tiers Livre: Les geans doriphages avalleurs de frimars ont au cul passions assez et assez sacs au croc pour venaison, où il annote: Avalleurs de frimars: locution courante antérieure à Rabelais, gens de robe, juges. Et il ajoute que l'explication est de Sainéan et de Cotgrave (gens de robe, qui, obligés de courir de bonne heure, respiraient les brouillards du matin) mais qu'elle lui semble fantaisiste. Et il risque: Ne s'agit-il pas plutôt des brouillards engendrés par les chicanes?

Tout ce que nous retenons de ce texte du Tiers Livre, c'est que, le mot doriphage équivalant à: qui vit de présents (illicites) (Screech), et les sacs au croc pour venaison étant claire accusation, il est question de cupidité et, par extension, de corruption. Mais si nous sommes bien d'accord avec Screech pour refuser l'interprétation puérile des brouillards matinaux, nous ne le sommes pas pour reprendre sa suggestion du mot brouillard pris au sens d'imprécision, attendu que le mot frimas n'est pas le mot frimars, et que nous tenons que ces frimars contiennent l'idée de feinte, de faux semblant, et celle-là seulement. Or avaler des faux semblants (au sens de les déglutir) ne peut qu'être une accusation mineure dénonçant la bêtise de s'abuser soi-même; et nous constatons que l'emploi de la locution au chapitre ljv et au Prologue du Tiers Livre recouvre une accusation majeure, celle d'abuser autrui. Faire descendre des faux semblants n'a aucun sens; les accorder non plus. Il faut donc nécessairement que ce verbe avaller ait un autre sens que ceux qu'on nous a donnés.

Et c'est là que nous revenons à Furetière et que nous trouvons, parmi les divers sens du verbe Avaler: en termes de Banque, c'est, Respondre d'un billet, ou d'une lettre de change, qu'on negotie, & qu'on certifie bon & exigible. Donner son aval, sa souscription. Littré donne: Avaler: Terme de banque. Donner la garantie dite aval. Voyez Aval. Aval: Terme de commerce. Souscription qu'on met sur un effet de commerce pour en garantir le payement. Bon pour aval. Mettre son aval. Cautionnement par aval. Donneur d'aval, celui qui prend cet engagement. (...) Aval signifie en bas; et c'est la place de la signature qui a déterminé cet emploi métaphorique du mot. Nous reconnaissons évidemment là le verbe d'aujourd'hui: Avaliser, dont Littré dit; Terme de banque. Donner un aval, et dont le Petit Robert dit: 1875; a remplacé avaler. Nous ne retenons, bien sûr, que le sens général de donner aval c'est-à-dire se porter garant, et les frimas (brouillards) étant désormais dissipés, nous avons compris ce que sont les avalleurs de frimars ou faux semblants: ce sont ceux qui les avalisent, qui leur confèrent une garantie indue, qui se portent frauduleusement garant d'eux. Avalleurs de frimars peut donc se rendre par quelque chose comme avaliseurs de piperies[8].

Et nos glossateurs, qui viennent de montrer si apertement leur incacité à saisir l'esprit du texte, s'empressent de compenser avec Chilon Lacédémonien, qui est pour eux valeur sûre, vrai placement de commentateur de famille. Boulenger, Guilbaud, Jourda et Michel se bornent à dire: Pline, Histoire naturelle, VII, 32. Plattard, lui, cite le texte de Pline mais s'abstient de le traduire. Mais le plus pédant est encore Notre Maître d'Albion qui, donnant un latin qui n'est même plus celui de Pline, dit: Les trois adages de Chilon (un des sept Sages de la Grèce), sculptés sur le temple de Delphes sont (sous leur forme latine) Nosce, etc., c'est-à-dire le Connais-toi, le Rien de trop, et l'adage dont parle Rabelais. Et il ajoute, comme on s'y attendait: Cf. Érasme, Adagia, etc. Quant à Demerson, il est visible qu'il a lu Screech; il dit: C'est un des trois adages de Chilon (un des sept Sages de la Grèce) qui étaient gravés sur le temple de Delphes, tout en s'abstenant de citer les deux adages que ne sont pourtant pas censés connaître les lecteurs de sa vulgarisation.

Ainsi, de tous ces glossateurs, qui sont sept sans en être plus sages, cinq, qui écrivent en français, omettent de renseigner le lecteur, et deux, qui le renseignent, affectent de ne vouloir transmettre leurs connaissances qu'à celui qui lit le latin. Et c'est là qu'on peut se demander s'il ne serait pas bon que fussent édictées de strictes règles de base: on pourrait alors exiger de tout Ianotus entreprenant d'annoter un texte (même pour dix pans de saucisses et une paire de chausses) de respecter une élémentaire déontologie à défaut de pouvoir y employer l'intelligence, la finesse, la curiosité, l'imagination qu'a desséchées l'esprit sorbonnard.

---

8. Nous noterons que si, dans le texte, cela s'applique au hommes de loi de tout acabit, la locution est éminemment adaptable, l'esprit de lucre étant remplacé par autre chose, à ces commentateurs qui avalisent n'importe quelle calembredaine plutôt que de reconnaître l'absurdité de l'explication traditionnelle.

Lestude de Gargantua, selon la discipline de ses precepteurs Sophistes. Chapitre.xxj.

Dans l'édition de 34, ce chapitre était le vingtième, et le titre parlait de lestude & diete (régime; au sens large: manière de vivre; Screech) et de precepteurs Sorbonagres. Mais que ce soit celui de 34 ou de 42, c'est par ce chapitre qu'est largement confirmé ce que nous avons avancé: à savoir que non seulement Gargantua n'a rien pu saisir des insuffisances et des ridicules de Ianotus mais, si l'on s'en rapporte à ce que va dire l'auteur de l'état intellectuel de son héros, c'est dans une condition proche de l'hébétude qu'il dû assister au cérémonial de la harangue. En tout cas, nous devons maintenant entendre que l'appropriation des cloches, comme d'ailleurs le scrupule oiseux touchant les différents modèles de chausses, n'étaient rien autre que turbulences de quelqu'un qui, n'ayant encore reçu aucune éducation valable, est tout bonnement un rustre, tout juste soumis au précepteur qui détient l'autorité du père.

Toutefois, avant d'en arriver au sujet de l'éducation, Rabelais se doit d'en finir avec ce qui a précédé; aussi commence-t-il par une conclusion, fort plaisante si l'on s'avise de voir qu'elle contient un trait satirique qu'il semble qu'on n'ait jamais remarqué:

Les premiers iours ainsi passez, & les cloches remises en leur lieu: les citoyens de Paris par recongnoissance de ceste honnesteté se offrirent dentretenir & nourrir sa iument tant quil luy plairoit.

Que voilà donc, dirons-nous, des Parisiens bien accommodants, qui décident, pour remercier celui qui leur a rendu le bien qu'il leur avait dérobé, d'acquitter une sorte de dîme, assez lourde puisque la jument est géante, et cela pour un temps qui peut être fort long, cette jument pouvant avoir une longévité à l'échelle de sa taille. L'on voit moins bien les Parisiens d'aujourd'hui montrer même complaisance à l'égard, par exemple, d'un monumental visiteur d'étrange galaxie qui, ayant subtilisé le dôme de l'Académie pour en faire le chapeau de sa lampe de chevet, l'aurait rendu à la harangue du Secrétaire perpétuel, et à qui lesdits Parisiens offriraient, pour le remercier de cette honnêteté, d'acquitter tant qu'il lui plairait sa dépense de courant électrique. Il nous faut donc apparemment voir là une raillerie dirigée contre ces Parisiens tant faciles à être esmeus en sedition (xvij) tant qu'il s'agit de manifester leur désapprobation dans l'absolu, mais disposés aux concessions dès qu'ils peuvent craindre des représailles. Du moins cela ressemble fort à ce que paraît avoir compris, même confusément, le héros, qui se montre touché de l'intention: Ce que Gargantua print bien a gré. Et lenuoyerent viure en la forest de Biere, Rabelais ajoutant en 42: ie croy quelle ny soyt plus maintenant.

Boulenger dit de Biere: Fontainebleau. Les forêts servaient souvent de lieux de pâture au XVIe siècle encore. Tous les autres glossateurs sont d'accord sauf Demazière qui dit: Il a existé autrefois près de Paris une forêt de Bièvre, qui se nommait en latin foresta de Bierria; c'est cette forêt que Rabelais a voulu désigner ici plutôt que celle de Fontainebleau, qui s'appelait aussi anciennement forêt de Bière. Ces deux forêts ont pu dans l'origine n'en faire qu'une. Mais pas un d'entre eux ne fait le rapprochement avec le projet du chapitre xviij de renvoyer à Grandgousier la jument toute chargée de froumaiges de Brye & de harans frays, projet qui n'était donc bien, comme nous l'avons entendu, que facétie. Persiste néanmoins ce désir qui nous est apparu dans ce même chapitre xviij de se débarrasser de l'encombrante jument puisque, en 42, Rabelais éprouve le besoin de confirmer qu'il se désintéresse désormais de son sort, la phrase ajoutée équivalant à dire à son lecteur: Si la chose est pour vous de quelque importance, allez-y voir vous-même. Il est évident que, pour l'heure, l'auteur ne pense qu'à aborder la question de l'éducation; et il lui reste à amener le sujet.

C'est alors que, contre toute attente, Gargantua est donné pour un disciple de fort bonne volonté: Ce faict voulut de tout son sens estudier a la discretion de Ponocrates. Pourtant, ce précepteur ne craint pas de laisser se dissiper de si bonnes dispositions: Mais icelluy pour le commencement ordonna, quil feroit a sa maniere accoustumee: affin dentendre par quel moyen en si long temps ses antiques precepteurs lauoient rendu tant fat, nyais, & ignorant. Rabelais, avec cette curiosité de Ponocrates, a trouvé son expédient: il peut commencer sa description dépréciative.

Il dispensoit doncques son temps en telle facon, que ordinairement il sesueilloit entre huyt & neuf heures, feust iour ou non,

Boulenger, balourd, explique ici: C'est ironique: nos pères se levaient extrêmement tôt. Mais aucun autre commentateur n'émet d'avis. Il est pourtant évident que Rabelais n'écrit pas pour rien: feust iour ou non, tout de suite après avoir évoqué une période située entre huit et neuf heures du matin. Nous savons désormais pertinemment que de telles

notations sont toujours chez lui chargées d'intention, et ne rien remarquer ici revient une fois de plus à lui faire outrage, tenant sa précision
pour banal renseignement quelque peu redondant, tel que celui d'une
phrase comme: il s'éveillait entre huit et neuf heures, fît-il froid ou non.
Or il n'est pas besoin d'être inspiré des dieux pour entendre qu'il y a là
un mot pour rire car, dans les années 1500 (où chaque ville avait d'ailleurs son heure propre dépendant de ce qu'était pour elle la course du
Soleil), l'économie ne faisait pas encore vivre le royaume avec une ou
deux heures d'avance sur l'heure astronomique; midi était alors exactement indiqué par l'étoile à son zénith, et il s'ensuit qu'en toute saison
le jour était invariablement levé entre huit et neuf heures. La facétie,
qui reste lettre close pour nos glossateurs, équivaut à ce que serait une
phrase comme: Scrupuleusement, il se lavait à Pâques et à Noël, qu'il
fût sale ou non.

Il est sûr que sont bien à l'abri de traits de ce genre nos commentateurs, bardés qu'ils sont dans leur revêtement d'austérité et surtout
dans leur prétention au raffinement. Et ce n'est certes pas Screech qui a
pu risquer de sourire, lui qui, à la fin de ce paragraphe, ne pense qu'à
introduire la note que nous lirons en temps voulu par cette platitude
consommée: Tout au long de ces chapitres, révèle-t-il à ses lecteurs,
Rabelais s'amuse à faire ressortir la tartuferie des anciens précepteurs,
qui trouvent toujours une raison apparemment morale pour justifier
une mauvaise action. Et, bien entendu, Screech n'ayant là rien vu,
Demerson ne découvre rien, non plus que les jeunes translateurs qui
ont manifestement perdu cette détermination à rire qui, jadis, si elle
troublait un peu les cours, avait l'avantage de tenir en éveil l'esprit de
finesse toujours à l'affût d'une interprétation comique, quel que soit le
niveau de ce comique.

La phrase contenant cette saillie se termine sur une plaisanterie de
nature plus livresque qui, elle, retient peu ou prou l'attention des
commentateurs: ainsi lauoient ordonne ses regens antiques (34: ses
regens theologiques), alleguans ce que dict Dauid: Vanum est vobis
ante lucem surgere.

Boulenger dit: Psaume, CXXVI, 2. C'était une tradition que d'alléguer cette phrase plaisamment. Guilbaud dit: Il est vain de vous lever
avant le jour (Psaume, etc.). Plattard et Jourda se bornent à donner la
référence. Michel dit: Fragment du Psaume CXXVI, 2: Il est vain de
vous lever avant la lumière. C'était une plaisanterie traditionnelle dans
le clergé de citer le début de ce verset. Screech explique, derrière le
commentaire que nous avons lu: Ici, ils déforment le sens d'une sentence empruntée au Psaume CXXVI, 2, en ne citant que la moitié de la

525

phrase! Enfin Demerson dit: Phrase tirée d'un Psaume que l'Église fait chanter notamment lors des premières vêpres des fêtes de la Vierge; mais pour justifier la paresse, les sophistes coupent la phrase qui disait: Quelle vanité de vous lever avant le jour! Le Seigneur comble ceux qu'il aime pendant qu'ils dorment.

Si nos glossateurs ont cette fois bien compris qu'il y a là plaisanterie et vu où elle se situe, il semble aussi que c'est seulement par ouï-dire qu'il connaissent le verset. Nous consultons donc la Pléiade, et nous lisons:

> En vain vous vous levez de grand matin,
> vous retardez votre repos,
> vous qui mangez le pain des douleurs,
> alors qu'il en donne à son bien-aimé endormi.

Et la note que place le traducteur donne l'esprit du texte: Pour la troisième fois le mot shâwe (en vain) montre l'inanité des efforts de l'homme sans la Providence. Le pain des douleurs, acquis au prix de pénibles efforts. Endormi, littéralement: en sommeil.

Il apparaît alors clairement que l'explication de Screech ne repose que sur une vue qui lui est propre; les regens theologiques ne déforment nullement le sens de la sentence en citant un vers sur quatre (et non comme il le dit une moitié de phrase, et comme le répète docilement Demerson); ils ne font qu'évoquer, par le premier vers, un verset qui, tout entier, et sans qu'il soit besoin de l'adultérer en quoi que ce soit, peut fort bien s'entendre comme une invite à rester couché, cela en demeurant fidèlement pieux puisque c'est se conformer à la lettre. Ces regens que Demerson traite à tout hasard de sophistes, disent tout simplement: Ce vous est vanité de vous lever avant le jour, en sachant fort bien que leurs pairs, entendant cet incipit, poursuivront mentalement par quelque chose comme: et de vous coucher tard (car ils ont compris, eux, ce que veut dire: vous retardez votre repos), vous qui gagnez durement votre pain, alors que le Seigneur le donne à son bien-aimé endormi. Cette compréhension ne s'oppose en rien à l'intention du texte dont on nous dit qu'il est une incitation à donner le pas à la Providence[1].

---

1. Toujours selon le traducteur de la Pléiade, le verset suivant parle de ceux qui se confient en cette Providence; ses deux premiers vers en sont:
   L'héritage que donne Iahvé, ce sont des fils,
   la récompense, c'est le fruit des entrailles.
   Nul doute que, là encore, lesdits régents et leurs pairs ont dû affecter d'entendre que ce n'est pas forcément pour dormir qu'il convient de se coucher tôt et de se lever tard. Ce parti pris, qui est aussi celui de Rabelais, est finalement tout à fait légitime, réaction de l'homme d'esprit occidental devant un texte qui n'a jamais été écrit pour sa forme d'entendement.

Screech, donc, pour avoir voulu trop prouver ne prouve rien autre que la distance qui le sépare des théologiens de l'époque, qui connaissaient suffisamment la Bible pour, entre eux, affectionner de la lire en dérision, innocemment ou pas. Et pour avoir repris tel quel, par allégeance, l'avis de Screech, Demerson n'a point trop bonne mine, le rappel de liturgie qu'il ajoute, sans rapport avec la question, ne sauvant pas son affaire.

Cela dit, il tombe sous le sens que c'est sans y mettre la moindre malice que Gargantua répète mécaniquement la phrase que lui ont apprise les regens (à moins même qu'il ne s'agisse d'une intervention de l'auteur), phrase dont nous retiendrons que le ante lucem surgere (se lever avant le jour) a bien l'air de confirmer notre compréhension de feust iour ou non. Et Rabelais poursuit la peinture de ce qu'il nommera, au chapitre xxiij, vitieuse maniere de viure:

Puis se guambayoit, penadoit, & paillardoit parmy le lict quelque temps, pour mieulx esbaudir les esperitz animaulx. Mais nous sommes derechef contraints de nous arrêter car les commentateurs sont par trop expéditifs:

Boulenger dit: Guambayoit: Gambadait, faisait des sauts de mouton, se vautrait. Guilbaud dit: Gambadait, sautait et se vautrait. Plattard ne dit rien. Jourda dit: Gambadait, faisait des sauts, se vautrait sur la paille. Michel dit: Gambadait, faisait des sauts, se vautrait dans sa paillasse. Screech dit: Gambayer: s'étendre les jambes (Ouest, Sainéan); Penader: gambader, piaffer, sauter. Paillarder: se vautrer sur la paille (du lit, du matelas), cela selon l'édition Lefranc. Et il ajoute: H. (Huguet) ne donne que des usages péjoratifs (agir en débauché). Demerson ne dit rien, mais les translateurs donnent: Puis il gambadait, sautillait, se vautrait un moment sur la paillasse.

Nous ne discuterons pas des sens qu'on nous donne pour gambayer, qui peut bien vouloir dire s'étendre les jambes, ni de penader, les faire jouer, les agiter puisque nous avons vu au chapitre xij que le verbe prend le sens de dresser. Mais là où nous ne sommes plus d'accord, c'est quand la glose croit voir dans Paillarder le mot paille ou le mot paillasse, alors qu'il est évident que Gargantua, fils de prince, ne couche pas sur la paille mais, comme le dit expressément le texte, dans un lit. Nos commentateurs, ou bien sont des timorés, ou bien n'ont rien compris; et se range dans cette deuxième catégorie Screech qui reprend l'explication de l'édition Lefranc (qui place pourtant de la paille même dans un lit), tout en s'étonnant naïvement que Huguet, dans son Dictionnaire de la langue française du XVIe siècle, ne donne que les sens découlant de l'idée d'agir en débauché. Mais c'est que le verbe a bien ce sens, que personne ne veut retenir, alors que Rabelais, placé pour les connaître, évoque ici ce que dénoncent les règles monastiques comme les traités d'éducation: la paresse au lit après le réveil, où l'érection matinale incite aux attouchements tenus pour coupables. Gargantua, dans la tiédeur du lit, paillarde bel et bien, soucieux, le texte le dit, d'esbaudir ses esperitz animaulx.

Pour ces esprits animaux, l'incompréhension de nos commentateurs est totale: Boulenger, Guilbaud et Plattard n'en disent rien et n'en pensent probablement pas plus. Jourda dit: Expression médicale: on nommait ainsi un fluide formé dans le cœur et le cerveau et distribué par les nerfs dans le corps. Michel dit: Terme médical: fluide communiquant les ordres du cœur et du cerveau aux diverses parties du corps. Cette conception aura encore cours au XVIIe siècle; cf. Descartes, (Discours de la Méthode, 5e partie): Ils sont comme un vent très subtil... La Fontaine (Fables, V, xvij): Enfin il se trahit lui-même/ Par les esprits sortant de son corps échauffé. Demerson renvoie au chapitre x où il annotait, pour les esperitz visifz: Les esprits visuels: certains des fameux esprits animaux des aristotéliciens s'échappaient par les yeux, formant un rayonnement qui permettait à l'âme de percevoir visuellement les objets; chaque sensation visuelle entraîne donc une désagrégation de la substance de l'œil; plus la perte de substance est importante, plus cette perception est consciente. Et pour les esperitz vitaulx, dans le même chapitre, il annote: Ils avaient leur siège dans le cœur; ils assuraient le fonctionnement de l'organisme; ils pouvaient tendre vers le cerveau (intentio) ou se répartir dans le corps; dans un mouvement violent, la chaleur les dilatait et les dispersait. (Et il renvoyait de là aux esperitz du chapitre xxiv, où sa note se borne à renvoyer au chapitre x.) Il est sûr que Demerson renvoie beaucoup. Quant à Screech, que nous avons gardé pour la fin dans le dessein de donner à sa note tout l'éclat qu'elle mérite, il dit, ou plutôt il s'écrie: Encore du cant: les esprits animaux sont les esprits de l'âme, les plus nobles des esprits humains!

Et nous avons besoin de quelques secondes pour nous reprendre car, à lire ce fatras, on peut se demander si l'exercice de leur fonction n'a pas fini par réduire nos commentateurs à ces cocottes en carton qu'on fait glousser en tirant, de deux doigts humidifiés, sur la cordelette qui leur pend du croupion.

Car tous se jettent sans la moindre hésitation dans l'anachronisme, leur définition des esprits animaux étant la fumeuse construction cartésienne que donne, tronquée, le Petit Robert, et que nous rétablissons: ...esprits animaux, qui sont comme un vent très subtil ou plutôt comme une flamme très pure et très vive qui, montant continuellement en grande abondance du cœur dans le cerveau, se va rendre de là par les nerfs dans les muscles, et donne le mouvement à tous les membres, alors que Rabelais emploie manifestement esperitz animaulx au sens religieux, le vocabulaire théologique désignant par là les pulsions qui sont à l'origine des actions instinctives. Michel est en outre fort inconséquent, qui mêle le vent cartésien et les esprits échauffés du lièvre pourchassé par Brifaut, esprits définis comme corps légers et subtils que perçoit l'odorat (Livre de Poche, José Lupin). C'est confondre senteur et mouvement.

Demerson, lui, est totalement soumis à son automatisme des renvois, ceux-ci étant apparemment assurés par les soins binaires de circuits intégrés; c'est ainsi qu'annonçant: esprits animaux, et le programme étant vraisemblablement établi pour prendre en compte le seul mot esprit, il est d'abord envoyé aux esperitz visifz, qui n'ont rien à voir dans l'affaire, puis aux esperitz vitaulx, qui ne sont pas non plus les esprits animaux. De là nous pouvons conclure (mais sans appareil et par simple jugeotte) que Demerson n'a aucune idée de ce que peuvent être ici les esprits animaux, et cela parce qu'il s'est aperçu que s'est fourvoyé celui qui lui donne habituellement la lumière.

Nous arrivons en effet au maître des études rabelaisiennes reconnu sur le plan international, comme disait l'appariteur du chapitre précédent; et ce maître emploie d'abord un étrange mot: Encore du cant, dit-il; mais nous ne voyons pas tout de suite ce que peut être le cant et c'est le Robert qui nous renseigne: Cant, nom masculin (1822 selon Stendhal; mot anglais; affectation). Vieilli. Affectation excessive ou hypocrite de pudeur, du respect des convenances. Nous nous souvenons alors de la coquetterie beyliste mais toujours sans voir quelle est l'intention de Screech appliquant au dru et sain Rabelais cette anachronique afféterie. Peut-être la suite nous éclairera-t-elle. Screech poursuit en s'esclaffant: Les esprits animaux sont les esprits de l'âme, les plus nobles de l'esprit humain! Or nous savons que Screech se trompe; mais lui ne le sait évidemment pas. En prenant donc l'écheveau par ce bout qui dépasse, nous avons quelque chance de reconstituer la démarche qui amène Screech à prendre si triomphalement vessie pour lanterne.

Si donc pour lui les esprits animaux sont les plus nobles des esprits humains, Rabelais, parlant d'esbaudir ces esprits juste après qu'il vient de dire que Gargantua étire ses jambes, puis les fait jouer, puis se vautre dans la paille (car Screech, nous l'avons vu, ne retient que ce sens), oppose ces gestes vilement physiques à la noblesse des esprits. Autrement dit, sa phrase: pour mieulx esbaudir ses esperitz animaulx, étant censée exprimer le contraire de ce qu'elle veut faire entendre serait antiphrastique; et nous comprenons que le mot cant est à peu près l'équivalent de faux semblant, ce faux semblant étant ici de pudeur. C'est là le premier point.

Mais ce mot cant est précédé de l'adverbe Encore, qui renvoie évidement à la note précédente où Screech parlait de ceux qui justifient une mauvaise action par une raison apparemment morale. Et nous entendons alors que, pour Screech, il y avait déjà là du cant, c'est-à-dire du faux semblant, celui-ci étant de respect des convenances. Ainsi, en ne se préoccupant pour l'instant que de la forme, nous avons toutes raisons de penser qu'un commentateur français aurait pu écrire quelque chose comme: Encore du faux semblant, de pudeur celui-ci: les esprits animaux sont les esprits de l'âme, etc.

Quant au fond, nous ne pouvons que reconnaître que les avis qu'expriment l'une et l'autre note ressortissent au droit de chacun à l'erreur, cette erreur étant seulement d'autant plus remarquable qu'elle est celle d'un oracle, oracle qui a l'esprit passablement oblique pour apercevoir une antiphrase dans le texte objet de la première note, alors que la lecture du verset entier ne laisse aucun doute sur le sens forcé mais direct, et une autre antiphrase dans le texte qui nous occupe, où le sens est non moins direct, attesté par le verbe esbaudir que Screech donne lui-même dans son Index pour verbe purement temporel: Se réjouir, se divertir[2].

Donc, sauf correction toujours, nous persistons à entendre que ces esprits animaux qu'il est question de réjouir, de divertir, sont bel et bien ceux des instincts, compréhension nettement confirmée par la suite de la phrase qui continue de se situer au niveau essentiellement prosaïque: & se habiloit selon la saison, mais voluntiers portoit il une grande & longue robbe de grosse frize fourree de renards. Si les notes ne nous permettent pas trop d'être sûrs que la frize est bien cette laine frisée qu'on nous dit, nous saisissons toutefois fort bien qu'il s'agit d'entendre que Gargantua cherche, dès qu'il est sur pied, à retrouver la chaude mollesse du lit. Cela posé, nous continuons de lire:

...apres se peignoit du peigne de Almain, cestoit des quatre doigtz & le poulce.

---

2. Bien entendu, c'est la méprise sur la nature des esprits animaux qui conduit Screech à voir une opposition entre les gestes de Gargantua et ce qu'il tient pour spiritualité; et c'est l'opposition entre l'intention profonde des régents et leur intention apparente et affichée qui lui paraît relever du cant. Il faut bien convenir que le raisonnement oblique de Screech paraît être, de plus, nettement spiralé, un peu comme le serpentin d'un alambic: ce qui peut nous faire craindre que ce maître des études rabelaisiennes, pour peu qu'il soit un jour frappé d'insolation, ne nous rende distillé le texte de Rabelais.

Nous retiendrons ici deux commentaires: celui de Screech, d'abord: Jacques Almain (qu'il prénomme Jacob dans son Index), docteur de l'Université de Paris, commentateur d'Occam et de P. Lombard, était, pour les humanistes, l'exemple type du professeur désuet. Puis celui de Jourda, qui avance: Variante, éditions de 1537: Alman. Rabelais fait allusion à la malpropreté des Allemands et à un maître de l'Université de Paris, Jacques Almain, qui enseignait la logique environ 1500, commentaire qui rejoint celui que donne Demazière, sans la justification de la forme Alman: C'est probablement une double allusion à la malpropreté proverbiale des Allemands, et à Jacques Almain, docteur de l'Université de Paris. Et si nous avons isolé ces deux glossateurs, c'est évidemment pour les gloser quelque peu. Il faut convenir qu'il y a de quoi puisque Screech veut voir prédominer l'intention mordante dans le choix du nom, alors que tout laisse penser que ce nom aurait été pareillement choisi s'il avait été celui d'un humaniste, tant il se prête au calembour; et que Jourda distingue, lui, une intention dans ce qui n'est manifestement qu'une coquille, Rabelais n'allant certes pas, en 1537, abandonner l'excellent jeu de mots sur le nom de l'universitaire pour cette piètre allusion à une saleté qu'on ne nous dit proverbiale que pour les besoins de la cause.

Ce n'est pas la première fois que nous le constatons: les commentateurs se révèlent incapables de déceler les réelles intentions que Rabelais a mises dans son texte parce qu'ils y mettent celles qui s'y trouveraient si le texte avait été écrit par eux; et le résultat est loin d'être une réussite puisque, en l'occurrence, le texte de Screech apparaît comme celui d'un auteur obstinément et austèrement rédigé pour la seule gloire de l'humanisme, alors que nous avons vu maintes fois que cette intention n'est qu'accidentelle chez Rabelais, comme de commande même, ne prenant en tout cas jamais le pas sur l'expression facétieuse; et celui de Jourda comme le texte d'un auteur non moins austère mais d'une affligeante platitude.

Pour nous, qui nous efforçons d'entrer dans le texte du seul Rabelais, nous gardant autant que faire se peut de tout esprit de système, si nous ne sommes pas à l'abri de l'erreur, du moins celle-ci n'est-elle jamais, croyons-nous, le fruit de l'idée préconçue. Nous découvrons, nous nous interrogeons sur ce qui nous apparaît, nous cherchons des confirmations ou tout au moins ce qui nous semble en être, nous adoptons enfin le parti qui nous paraît être le meilleur, étant entendu que nous savons ce parti précaire, éventuellement objet de repentirs immédiatement et clairement montrés quand la suite du texte nous y invite, prêts que nous restons encore à nous ranger à l'avis dont on nous aura persuadés qu'il est de plus forte évidence, la démonstration proprement dite ne pouvant exister en ce domaine. En un mot, si l'entreprise de nos commentateurs paraît souvent pouvoir se ranger sous le titre: Ce que je crois, qui fut de mode il y a peu, nous ne voulons, nous, que le: Ce que je lis. Nous poursuivons donc notre déchiffrement.

...Car ses precepteurs disoient, que soy aultrement pigner, lauer, & nettoyer, estoit perdre temps en ce monde.

Personne ici ne fait la moindre remarque, mais nous reconnaissons au passage ce mépris des soins corporels qui aboutit, observé avec persévérance, à former la méritante odeur de sainteté. Toutefois Screech renvoie au chapitre lvj où Rabelais dit des Thélémites: En ces vestemens tant propres & accoustremens tant riches, ne pensez que eulx ny elles perdissent temps aulcun. Et là nous sommes quelque peu perplexes quant à ce que veut faire ressortir le commentateur rapprochant l'économie de temps faite sur les soins d'hygiène du présent chapitre et la rapidité dans l'action de se vêtir que s'imposent les Thélémites des deux sexes, ce qui d'ailleurs rend suspecte de verbiage la note que place à cet endroit Michel: Réponse à une critique faite généralement aux femmes: elles passent trop de temps à se parer. Les Thélémites échappent à ce travers. Mais nous y reviendrons en temps et lieu.

S'il a ignoré les soins à donner à l'extérieur de son corps, Gargantua est bien obligé de se plier aux exigences de son organisme: Puis fiantoit, pissoyt, rendoyt sa gorge, rottoit, pettoyt, baisloyt, crachoyt, toussoyt, sangloutoyt, esternuoit, & se moruoyt en archidiacre (les six verbes, de rottoit à sangloutoyt, étant une addition de 42).

Pour cette locution: se mouruoyt en archidiacre, Boulenger dit: Copieusement, Guilbaud dit: Eternuait et se mouchait richement. Plattard dit: Locution populaire, suggérant l'idée d'abondance et de saleté. Jourda dit: Expression populaire que l'on traduit: copieusement (si l'on songe à la richesse des chanoines) ou salement (si l'on pense à leur malpropreté). Michel dit: Se mouchait copieusement et salement, expression populaire. Screech dit dans l'Index: D'une manière particulièrement sale. Et il donne la citation que fait Huguet des Recherches, de Pasquier: Nous disons qu'un homme qui est fort crotté est crotté en archidiacre. Demerson dit: Les archidiacres passaient pour être particulièrement crottés. Tout cela n'est pas clair et n'est en tout cas nullement étayé; nous ne savons à quel parti nous ranger entre ces idées de copia (abondance), de richesse, de saleté et même d'extrême saleté, aussi allons-nous vérifier.

Littré donne: Crotté en archidiacre, ancienne locution proverbiale; c'est-à-dire très-crotté, parce que les archidiacres faisaient leurs visites à pied. Cela ne nous renseigne pas beaucoup mieux, et nous consultons Furetière. Nous lisons: Archidiacre: Supérieur Ecclésiastique qui a droit de visite sur les Cures d'une certaine partie d'un Diocèse. (...) Il y a un ancien proverbe, qui pour désigner un homme bien crotté, dit qu'il est crotté en Archidiacre, parce que les Archidiacres faisoient alors leurs visites à pied, & en toutes saisons. Il y a aussi un vieux proverbe qui dit, Bander en Archidiacre: ce que les libertins veulent tirer en un sens obscène, quoy que ce ne soit rien moins que cela. Il vient de ce que l'Archidiacre qui suivoit l'Archevesque, lors qu'il conferoit le Sacrement de Confirmation, étoit celuy qui appliquoit le bandeau sur le front du Confirmé.

Nous nous disons que ce pieux bandeau sur le front ressemble fort à la gaze pudique des peintres. Quoi qu'il en soit, nous reconnaissons évidemment dans ce Bander en archidiacre la traditionnelle puissance sexuelle attribuée aux religieux; et bien que le sujet ne soit pas en cause dans la comparaison qu'emploie Rabelais, nous retenons l'idée pour nous dire que la locution Crotté en archidiacre qu'avancent les commentateurs n'a peut-être rien à faire ici: la crotte est la boue, et la malpropreté dont il est question ne peut intéresser que les vêtements et les chaussures, c'est-à-dire l'extérieur de l'archidiacre; or la phrase du texte a trait à la personne même et à ses excrétions. Il semble donc que, loin d'évoquer la saleté, le rapprochement avec l'archidiacre implique la seule notion de vigueur exubérante telle qu'on la retrouvera au Quart Livre (LXVII) où, parlant de messere Pantofle de la Cassine, Senoys, Rabelais dira: soubdain il fianta plus copieusement que n'eussent faict neuf beufles et quatorze archiprebstres de Hostie (et il faut bien croire que c'est l'élément archi-, joint au mot prêtre ou au mot diacre, qui contient cette idée de profusion). Il nous paraît alors évident que se moruoyt en archidiacre est à entendre comme se mouchait avec un vigoureux sans-gêne, cette comparaison nous paraissant même coiffer les verbes qui ont précédé, comme si la phrase était: Puis fiantoyt, pissoit (...) et se moruoyt, tout cela en archidiacre, ce qui reste aisément compréhensible puisqu'il s'agit d'un adolescent encore sans usages.

Ce qui l'est moins, c'est que l'auteur de la glose la plus récente, Screech, revienne, par sa citation, à la vue la plus courante (entraînant donc Demerson), alors que quelques-uns des commentateurs antérieurs n'ont pu que lui montrer que cette compréhension n'est pas la bonne. Mais c'est probablement que Screech se tient, comme on l'a vu, pour le papable le mieux placé et qu'il se soucie peu, par une prise de position subversive, de gâcher ses chances d'être élu (Demerson espérant bien être payé de sa subordination par le titre de camerlingue). Et c'est fort dommageable à Rabelais qui, toutefois, en ayant vu passer bien d'autres, se remet rapidement. Sur ce, nous lisons la suite:

...& desieunoyt pour abatre la rouzee & mauluais aer:

Là non plus nous n'avons pas grand secours des commentateurs; ils n'ont pas vu que la raison: pour abatre la rouzee & mauluais aer, ne peut s'appliquer qu'à celui qui, se rendant aux champs de grand matin, peut effectivement prétendre avoir à se défendre de la rosée et de l'air humide. Il n'en est évidemment rien pour Gargantua à l'heure où il se lève, d'autant qu'il se garde de sortir. Second élément de comique: le campagnard, quand il déjeune, le fait frugalement; Gargantua est bien loin de cette sobriété: belles tripes frites, belles charbonnades, beaulx iambons, belles cabirotades, & force soupes de prime.

Screech dit ici, dans l'Index: Carbonnades: viandes grillées sur des charbons. Cabirotades: gascon, cabirot, grillades de chevreau. Souppes de primes: soupes très grasses, mangées à l'heure de prime, vers 6 h. du matin (Michel: après les prières); elles passaient pour être les délices des moines gourmands[3]. Mais il annote dans le texte: Tous ces mets servaient à provoquer la soif, ce qui est proprement inepte puisqu'on ne peut penser que cette fin soit celle des moines pour les soupes, pas plus qu'on ne saurait admettre que c'est dans le dessein de boire qu'on choisit de faire griller des viandes plutôt que de les faire rôtir ou bouillir. Cette idée de soif sort tout droit de l'imagerie la plus usée et l'on peut penser qu'un commentateur français se serait souvenu à temps du vieux proverbe: Mieuz se vaut tere que folie dire (Morawsky, 1236).

Tout cela, nous l'avons bien entendu, Rabelais ne l'a exposé que pour justifier la paragraphe suivant où il implique un pape dont la vie dissolue a toujours donné prise aux critiques:

Ponocrates luy remonstroit, que tant soubdain ne debuoit repaistre au partir du lict, sans avoir premierement faict quelque exercice. Gargantua respondit. Quoy? Nay ie faict suffisant exercice? Ie me suis vaultre six ou sept tours parmy le lict, dauant que me leuer. Ne est ce assez? Le pape Alexandre ainsi faisoit par le conseil de son medicin Iuif: & vesquit iusques a la mort, en despit des enuieux:

Michel est seul ici à dire: Alexandre VI (1492-1503), qui est preneur de ratz aux Enfers, dans le Pantagruel (chapitre XXX). Son médecin

---

3. Demazière ici renseigne avec une précision étonnante: On donnait dans les monastères ce nom à des tranches de pain et de fromage trempées dans du bouillon, et aussi à des tartines étendues de gras de bœuf bouilli et semées de persil haché. On sent bien que ce n'est que le manque de place qui l'empêche de donner le temps de cuisson de la viande, l'épaisseur de la tartine, et de nous dire si le persil est haché gros ou menu.

était Bonnet de Lates, juif converti et auteur d'un traité sur l'astrologie. On sait que Rabelais méprise cette fausse science. Screech, lui, annote d'après l'édition Lefranc: Un des médecins du pape Alexandre VI était Bonnet de Lates, juif converti. Cf. L'Église, dans le Jeu du Prince des sots et Mère sotte, de Gringoire: Mon médecin juif prophétise: Que soye perverse, et que bon est. Demerson, après lui, ne dit que: Un médecin d'Alexandre VI Borgia était un juif provençal converti. Mais un Demazière se trompe manifestement de pape tout en nous apprenant que le Vatican eut longtemps de l'estime pour la même médecine; il dit: Le pape Alexandre V, qui avait pour médecin le juif Marcile, de Parme. Cette allusion au scandaleux pape n'est toutefois que prologue; ceux que vise Rabelais sont les Sorbonagres du titre de 34, et la réponse de Gargantua continue par:

...mes premiers maistres me y ont acoustumé, disans que le desieuner faisoit bonne memoire, pourtant y beuuoient les premiers. Ie men trouue fort bien, & nen disne que mieulx.

Nous ferons ici le rapprochement avec le proverbe 1200 de Morawsky: Matin mangier fait loing veoir; mais nous entendrons que le mot desieuner du texte contient, bien plus que l'idée d'ingestion de mets solides, celle d'absorption de vin, comme l'indique le: pourtant (pour cela) y beuuoient les premiers. Et c'est ce vin qui est seul retenu dans le développement:

Et me disoit maistre Tubal (qui feut premier de sa licence a Paris) que ce nest tout laduantaige de courir toust, mais bien de partir de bonne heure. Il est évidemment comique d'entendre mentionner cette rare distinction du maître pour l'énoncé d'un précepte qui est de simple sagesse populaire; cependant, on peut encore croire à un conseil relatif à l'étude de l'élève; or la suite va révéler que ce n'est que spécieuse justification de bon buveur: aussi nest ce la santé totale de nostre humanite, boyre a tas, a tas, a tas, comme canes: mais ouy bien de boyre matin. Arrive alors cette citation déformée à dessein et introduite par la formule consacrée qui prend, elle aussi, un sens détourné:

Unde versus.

Leuer matin, nest poinct bon heur,
Boire matin est le meilleur.

Plattard dit pour ce Unde versus: Formule d'école dont on usait pour alléguer un précepte ou un dicton en vers. Mais c'est Guilbaud qui explique: D'où les vers (formule d'école; jeu de mots: d'où je verse). Ce deuxième sens n'est manifestement pas apparu à un autre commentateur, et surtout pas à Demerson dont les élèves rendent abusivement ce Unde versus par: D'où le proverbe, déformant encore celui-ci très puérilement en: Lever matin, ce n'est pas bonheur; Boire matin, c'est bien meilleur.

Pour ce proverbe, Boulenger parle de modification de: Lever matin n'est point bonheur; Mais venir à point est meilleur. Guilbaud dit: Jeu de mots: bonheur et bonne heure. Plattard dit: Vieux dicton populaire qui comporte, dans le second vers, plusieurs variantes comme: venir à point est meilleur. Michel se borne à dire: Dicton courant au XVIᵉ siècle. Screech parle de: Lever au matin n'est pas heur; Mais desjeuner est le plus seur. Et Demerson ne peut que répéter: Un proverbe populaire disait non pas boire matin, mais déjeuner.

Il n'est pas facile de découvrir le dicton qui a pu servir de base à la déformation. Nous ne trouvons, dans Morawsky évidemment, que quelques proverbes se rattachant à celui qui nous intéresse; et nous retenons d'abord celui-ci, qui donne le ton puisqu'il reprend l'avis des premiers maîtres: Manger sans baivre est a berbiz (1187: manger sans boire est de brebis). Mais pour l'idée du lever, nous n'avons que: Au main lever n'est pas sovant li esplois (variante: ne gist mie tout li esplois; 182: Au lever de grand matin ne réside pas toute la réussite); et encore: Matin lever et tart coucher n'est pas eür de bien avoir (1197: n'est pas certitude de gain). Enfin nous trouvons celui dont il a été question dans la glose: Matin lever n'est pas eür, une variante donnant la suite: Maiz desieuner est le plus seur (1199). Peut-être alors devons-nous penser que la finale: Boire matin est le meilleur, n'est rien autre qu'une de ces traditionnelles plaisanteries monacales appelée ici par Unde versus compris de façon facétieuse, tout cela faisant suite à la compréhension particulière que nous avons vue de: Vanum est vobis ante lucem surgere. Toujours est-il que l'attitude guindée qu'ils gardent devant le latin a interdit aux commentateurs, Guilbaud mis à part, de saisir l'intention de Rabelais, bien loin qu'ils sont de comprendre que ce latin est ici non pas celui de Cicéron mais le latin d'Église de la Sorbonne, calqué sur le français, qui se prête à tous les à-peu-près quand il s'agit de rire.

Donc après cette copieuse réfection qu'on a tout lieu de croire largement arrosée, Gargantua continue de vivre de la façon répréhensible qui lui a été enseignée.

Apres auoir bien apoinct desieuné, alloit a leglise, & luy pourtoit on dedans un grand penier un gros breuiaire empantophle, pesant tant en gresse que en fremoirs et parchemin poy plus poy moins unze quintaulx six liures (les six livres étant une addition de 1542).

Rappelons-nous d'abord que le bréviaire est, selon le Petit Robert, le livre de l'office divin, renfermant les formules de prières par lesquelles l'Église loue Dieu chaque jour et à toute heure. Pour le terme empantophlé, Boulenger dit: Enveloppé dans son sac. Guilbaud dit: Emmailloté. Demerson dit: Le bréviaire dans sa housse d'étoffe évoque un pied protégé par une pantoufle. Screech, lui, dit absurdement derrière Sainéan: Littéralement chaussé de pantoufles, id est de souliers à talons élevés; d'où hypocrite, etc. (Screech ne disant pas ce que contient cet etc). Mais nous savons que les pantoufles n'ont jamais été des souliers à talons élevés, ceux-ci étant les patins; quant au sens d'hypocrite, il provient de la compréhension qu'a Sainéan du cinquième vers de l'inscription de la porte de Thélème (lij): Haires, cagotz, caffars empantouflez, ce qui ne mène pas loin. Screech a grand tort de prendre pour argent comptant tout ce qu'a écrit Sainéan dans La Langue de Rabelais, ouvrage gonflé de bourdes qu'on pardonnerait volontiers à l'auteur s'il donnait pour telles ses hypothèses et non pour des vérités révélées. Toujours est-il que nous entendrons, nous, que le bréviaire est apporté dans son écrin, et que c'est l'aspect de cet écrin, molletonné ou même doublé de fourrure, qui fait naître l'idée de pantoufle. Mais, bien que le bréviaire soit ainsi assimilé au pied, il semble que l'idée à retenir est bien plus celle de relique inerte figée dans son écrin, que Rabelais, en 1534, tient, pour les humanistes, à opposer aux Évangiles et surtout aux Épîtres de saint Paul. Quant au poids, Michel, après avoir expliqué pour le mot gresse: la graisse laissée par les doigts, dit: L'expression rappelle le terme de boucherie: tant en graisse qu'en chair et os. Mais personne ne pense à dire qu'il s'agit là de l'ancien quintal équivalant à cent livres, et que ce bréviaire pèse donc 1106 livres, soit, puisque le poids de la livre, variable selon les provinces, s'établit autour de 465 grammes, approximativement 515 kilogs.

...La oyoit vingt & six ou trente messes.

Ici seuls parlent Screech et Demerson. Le premier dit: Rabelais, comme Marot, se moque de: messes sans nombres. Se moque-t-il de la messe elle-même? C'est possible, mais point certain. Et il renvoie à sa note du chapitre xxiv dont nous retiendrons, pour l'heure, la phrase finale: Il est toutefois vrai que Rabelais semble être tenté par la doctrine, condamnée par la Sorbonne, qu'il vaut mieux ouïr un bon sermon que cent messes. Demerson ne suit pas Screech; il dit: Grâce à la transposition dans le temps gigantesque, Rabelais raille la multiplicité des messes quotidiennes. Et si, à première lecture, cela a l'air de signifier quelque chose, l'illusion se dissipe rapidement: cette remarque s'appuie sur la notion de temps relatif appliquée au géant, et cela peut s'entendre quand il s'agit, comme on l'a vu, de son âge. Mais ici, Gargantua assiste aux messes, et il est sur le même plan que le célébrant qui, lui, est de taille ordinaire. Pour nous donc, la raison d'être de la locution est d'autre sorte. Il nous faut examiner:

Nous pourrions prendre ce vingt & six ou trente pour l'équivalent de notre trente-six dont le Petit Robert dit: Nombre utilisé familièrement pour désigner un grand nombre indéterminé, ou encore pour quelque chose d'analogue à ce cinq cens dont Panurge dit, au chapitre XXXVI du Tiers Livre: Je diz improprement parlant, et prenent nombre certain pour incertain, determiné pour indeterminé, c'est à dire beaucoup. Mais il semble que ce vingt & six ou trente, bien plus que l'idée d'approximation suffisante, exprime le refus de s'astreindre à dénombrer exactement des articles dont la valeur est minime parce qu'ils sont abondants. En fait, vingt & six ou trente messes est dit comme vingt & six ou trente clous; et la question de Screech paraît alors avoir sa réponse: c'est bel et bien de la messe en soi que se moque Rabelais, la tenant pour quelque chose qu'on fait comme de cire (xix), cette raillerie discrète nous apparaissant maintenant comme préparée par celle qui touche le stérile formulaire qu'est le bréviaire. Mais tout n'est pas dit; survient quelqu'un dont la fonction est celle de qui dessert la chapelle d'un grand:

...ce pendent venoit son diseur dheures en place empaletocque comme une duppe,

A part Demerson qui jure préférable de ne pas se prononcer (mais ses translateurs disent: comme une huppe), tous les commentateurs donnent ici l'explication: comme une huppe, faisant le rapprochement avec le paletot fourré, Jourda précisant même hardiment que le capuchon de ce paletot rappelle la tête de l'oiseau. Ainsi, il nous faudrait entendre que Rabelais donne le diseur d'heures pour empaletocqué uniquement pour qu'on voie en lui quelque ressemblance avec l'oiseau nommé, à volonté semble-t-il, huppe ou duppe. Disons tout de suite que l'intention nous paraît si mince que nous n'hésitons pas, pour en avoir maintes fois vérifié le bien-fondé, à attribuer cette minceur aux seuls commentateurs et à conclure d'emblée à une erreur ou du moins à une restriction de compréhension. Examinons.

Nous qui avons l'avantage d'avoir lu le Pantagruel avant le Gargantua, nous avons reconnu l'air de parenté avec la locution qu'emploie Humeuesne au chapitre xij: & feussent ilz aussi huppez que duppes des marays, locution où nous n'avons alors relevé que la contrepèterie mais où il apparaît que Humeuesne se sert du surnom de l'oiseau pour le désigner afin de disposer du terme huppez dans son acception de habiles, rusés, le mot duppes, entendu au sens de bernés, faisant immédiatement entendre que ne sont que présomption ces qualités dont se prévalent les huppez. Le terme duppe a donc au Pantagruel le sens de personne qui s'abuse; et employé seul dans la phrase qui nous occupe, ce même sens laisse entendre que le diseur d'heures est dupe de ce qu'il lit. En fait, il semble que le terme empaletocqué est avancé pour que la comparaison physique serve de paravent (auquel se laisse prendre la glose) à l'idée de dupé par le bréviaire.

Pour le terme empaletocqué, l'idée de paletot paraît ne devoir mener à rien attendu que le paletot était alors la casaque du paysan. Or l'intention du texte semble être celle d'évoquer le plumage de la huppe. Peut-être est-il donc préférable de voir là le mot que donne Greimas: Palion, paile, palie, paille, du latin pallium: manteau, et dont le sens premier en français est: Pallium (ecclésiastique). Quant à tocqué, le sens serait alors celui de coiffé d'une toque, ce mot toque étant attesté par Godefroy (Complément).

Tout cela serait entièrement satisfaisant pour l'esprit si nous comprenions clairement pourquoi l'oiseau nommé huppe est aussi appelé duppe, alors que si l'aspect de sa tête ornée de plumes est insolite, rien ne nous dit que ce passereau soit particulièrement facile à abuser. Continuons donc de nous renseigner.

Le Petit Robert définit le mot dupe: Personne que l'on trompe sans qu'elle en ait le moindre soupçon; et il donne pour étymologie: Duppe, 1426, emploi plaisant de dupe, huppe, oiseau d'apparence stupide. Le Lexis, lui, dit carrément: Ancienne forme de huppe, oiseau d'apparence niaise; 1426. Littré, lui, définit le mot: Personne qui a été jouée, trompée, ou qu'il est facile de jouer, d'abuser. Il dit seulement que dupe est le nom féminin d'un oiseau, et il cite, du XVe siècle, ce texte qui est, nous nous en doutons, celui de 1426: lequel Nobis dist au suppliant qu'il allast avecques lui en l'ostel où pend l'enseigne des petits sollers, et que il avoit trouvé son homme ou la duppe, qui est leur manière de parler et que ilz nomment jargon, quand ilz trouvent aucun fol ou innocent qu'ilz veullent decevoir par jeu ou jeux et avoir son argent (Du Cange).

Voyons maintenant les étymologistes. Dauzat dit: Dupe, 1426, Du Cange, d'abord argot; emploi figuré de duppe, huppe (forme de l'Ouest avec agglutination du d de la préposition de). Bloch et Wartburg disent: Dupe, 1426, texte relatif à Rouen comme terme d'argot; et ils citent partiellement le texte de Du Cange, ajoutant: Emploi, plaisant de dupe, huppe, usuel jusqu'au XVIIIe siècle et encore en berrichon, parce que la huppe est un oiseau d'apparence stupide. Voyons encore, par curiosité, ce que peut dire Furetière de cette stupidité: Ce mot vient de huppe, oiseau qui est sot et niais, & qu'en plusieurs lieux on appelle duppe. Enfin lisons Screech qui, dans l'Index, rapporte ce que dit Cotgrave: Duppe: variante dialectale de huppe, oiseau connu pour sa stupidité et pour sa saleté. Voilà qui est nouveau quant à la saleté. Mais il est temps, devant cette quasi-unanimité pour la niaiserie, d'aller voir si celle-ci est mentionnée dans les définitions qu'on donne du mot huppe. Toutefois nous noterons d'abord que, pas plus que nous n'y trouvons rien qui ressemble au mot duppe, de 1542 pourtant, nous ne découvrons dans Greimas quoi que ce soit qui s'apparente au mot huppe (ou hupe, upe, uppe) à part le verbe Hoper, Huper: fin du XIIe siècle, Aliscans, d'origine onomatopéique: Pousser de longs cris.

Dauzat donne: Huppe, 1119, Ph. de Thaun, oiseau; XVIe siècle, touffe de plumes; du latin upupa, avec un h expressif, ou même racine que houppe. Bloch et Wartburg disent doctement: Latin upupa. La voyelle accentuée n'est pas devenue o, parce que l'u exprimait mieux la valeur onomatopéique du nom; la tendance au renforcement de cette valeur a en outre fait naître un h devant la voyelle. C'est là, dirons-nous, diagnostic de médecin légiste; on en peut seulement déduire que les Latins entendaient la huppe crier oupoupa quand les Français l'ont entendue crier huphup. Il se pourrait donc que le verbe hoper, huper, de Greimas, soit en fait relatif à la huppe, s'il est toutefois prouvé que celle-ci pousse de longs cris. Or Aristophane rend ainsi son cri dans les Oiseaux: Epopopoï popoï, popopopoï popoï. L'on sait d'autre part qu'il est dit de la huppe qu'elle pupule, mais le Robert dit de ce verbe: Pupuler, 1752, puputer, 1611; de puput, nom vulgaire de la huppe. De fait, tout ce qui apparaît jusque-là, c'est que l'oiseau a annexé les groupes po, poï, pou, pu, mais nous n'avons aucune autre lueur. Et c'est à cette pénombre que les doctes Bloch et Wartburg ajoutent:

L'odeur infecte que répand cet oiseau a fait rapprocher le nom, dans les patois, du verbe puer et de l'adjectif pute, puante (du latin putida), de là des formes comme pupu et pupute, avec réduplication. Or Screech, à la fin de sa définition du mot Duppe, renvoyait à l'Index du Tiers Livre; et nous y lisons: Puput (XXV): la huppe (Poitou); il cite ensuite le glossaire d'Estienne (1545): Upupa, huppe, celui-ci ajoutant que, dans certaines régions de France, le terme puput est lié à l'idée de puanteur. Nous nous éloignons de plus en plus de cette idée de niaiserie, et nous voyons s'imposer l'idée de puanteur dont personne n'avait levé la langue. Poursuivons donc.

Furetière, lui, donne la description de la huppe, dont nous retiendrons qu'elle est un oiseau de la grandeur d'un merle, qui a la teste pointuë, le bec en façon de faulx, noir, rond, & un bouquet sur la teste composé de 26 plumes inégales en longueur. Le col proche la teste est un peu roux, en suite vers le dos il est cendré. Le dos jusqu'à la queuë est de couleur cendrée, ayant de temps en temps des taches blanches. Sa queuë est longue de six doigts, coupée de travers par une ligne blanche large. Elle est composée de dix plumes. Ses cuisses sont courtes, de couleur de plomb. Ses ailes noires, ayant de travers des lignes blanches. Puis il dit: En Latin on appelle cet oiseau upupa, d'où il tire son nom en François; en Grec epops; en italien buba (ce qui est faux, le nom étant ububa) ou upega, gallo del Paradiso; en Espagnol abubilla. Quant à Littré, il cite, de Buffon: On a beaucoup répété que la huppe enduisait son nid des matières les plus infectes, de la fiente de loup, de renard, de cheval... c'est de là sans doute qu'est venu le proverbe: sale comme une huppe; mais ce proverbe induirait en erreur si l'on voulait en conclure que la huppe a le goût ou l'habitude de la malpropreté. Enfin, le Petit Robert donne: Huppe: 1120; latin upupa. Oiseau (passereaux) portant une houppe érectile de plumes rousses tachées de noir à l'extrémité, appelé communément coq des champs. Le Lexis donne: Latin upupa: 1119; Oiseau passereau de la grosseur d'un merle, ayant une touffe de plumes sur la tête.

Tout cela commence à bien gonfler le sac aux embrouilles. Dupe nous a renvoyés à huppe, cette huppe étant ou niaise ou malpropre ou puante ou poussant de longs cris; on a fait intervenir le latin putida, puis le français pute, puante et le patois puput; enfin on a parlé de houppe: il nous faut encore voir ce mot.

Dauzat dit: Houppe, début du XIVe siècle, Gillon, du francique huppo, touffe. Bloch et Wartburg disent: Houppe, XIVe. Les plus anciennes citations de ce mot viennent toutes de l'extrême Nord, où il a les deux sens de houppe et de cime d'arbre. Il est très probablement emprunté du moyen néerlandais hoop, qui n'est attesté qu'au sens de tas, à partir duquel on passe toutefois facilement aux deux sens français. En passant plus au Sud, houppe s'est, par la suite, rencontré avec le français huppe, qui lui a passé sa voyelle, d'où aussi français huppe, 1549.

Cette fois, la promenade a assez duré, et chacun pourrait s'écrier comme Panurge au Tiers Livre (XXXVI): Par la chair, je renie; par le sang, je renague; par le corps, je renonce. Il m'eschappe. D'autant que nous n'avons entrepris cette recherche que pour savoir ce qu'il en est de cette notion de niaiserie de la huppe que nos commentateurs et les dictionnaires les plus récents invoquent sans le moindre fondement comme il apparaît maintenant. Pourtant, nous persévérons; mais nous faisons désormais pot à part.

Donc, nous appuyant sur la citation d'une phrase que donne Littré, nous allons lire ce qu'écrit de la huppe Bruno Latini, au XIIIe siècle, dans son Livre du Trésor (Pléiade, Jeux et sapience du moyen âge), nous disant que nous aurons au moins l'avantage de l'antériorité. Et il apparaît alors que la huppe est un oiseau nettement mythique puisque Latini rapporte dans ce livre de sagesse:

Hupe est un oisiaus qui a sor son chief une creste, et manjue fiens et choses puans, por ce a ele mauvaise alaine et porrie; mais tant font par lor nature que quant li fil voient leur pere envielli, et que il est gries et pesans, et sa veue est auques oscurcie, il le deplument tout dedanz son nif, et enoignent lors ses oilz, et puis le paissent et norrissent, et l'eschaufent desouz lor eles, tant que sa plume est renovelée et que il va et vient seurement là où il vuet[4].

Il paraît ainsi avéré que la huppe, si elle n'a peut-être jamais été considérée comme particulièrement niaise, a bien été tenue pour merdeuse, au sens propre du terme, et donc puante. Or si dupe, duppe, est le même mot que huppe, il reste à comprendre comment ce mot duppe a pu prendre le sens d'abusé, spolié, grugé. Continuons donc de remuer:

En substance, le texte de Du Cange ne dit rien autre que: Duppe, mot de jargon désignant le fol ou l'innocent qu'on a l'intention de décevoir (tromper) par jeu ou jeux pour lui soutirer son argent. Autrement dit, cette dupe est, dans l'argot d'aujourd'hui, celui qu'on s'apprête à plumer. Or nous venons de lire que Bruno Latini tient pour vrai que les fils de la huppe, par piété filiale, déplument leur père et lui enoignent ses oilz. L'on peut alors comprendre que les Coquillards ont formé ce mot duppe à partir de l'idée qu'ils vont procéder à l'égard de leur victime comme procède la huppe-fils à l'égard de la huppe-père, c'est-à-dire la déplumer (dépouiller de ses plumes un oiseau vivant, donc dépouiller de son argent la victime qui participe), et le faire sans qu'elle y voie rien, comme si ses yeux étaient oints de cette matière qu'emploie la huppe pour son nid, selon Buffon, ou dont elle se nourrit, selon Latini, c'est-à-dire d'excréments. Et il est à noter que la locution: avoir les yeux pleins de merde, est encore employée de nos jours (dans un milieu choisi, s'entend) à l'adresse du joueur de cartes qui, par son aveuglement, fait perdre son partenaire. Voilà donc résolue, semble-t-il, la question, étant pourtant admis que ce sens de duppe devait initialement être restreint au sens de berné au jeu par tricherie.

---

4. En fait, cette fabulation semble avoir pour base ce que nous lisons dans l'Encyclopédie des oiseaux (Gründ) de la Huppe fasciée: Pendant la nidification, les petits et la femelle sécrètent par leur glande uropygienne un liquide nauséabond qu'ils savent lancer directement sur tout intrus.

Reste pourtant un point obscur: celui de l'adjectif huppé qui signifie évidemment: qui porte une huppe, en parlant des oiseaux, mais qui a le sens second de haut placé, de haut rang, et encore le sens étendu de qui est ou qui se tient pour le plus habile. Et ce n'est pas chez les étymologistes que nous pouvons trouver l'explication puisque nous avons vu, une fois de plus, qu'ils avancent à peu près n'importe quelle construction, à l'instar des cosmogonistes dans leurs hypothèses sur les premiers instants de l'Univers, c'est-à-dire sans avoir à craindre qu'on leur prouve qu'ils ont entièrement tort. Nous n'aurons donc aucun scrupule à proposer notre propre reconstitution, sans nous dissimuler toutefois que, si elle offre une assez bonne cohérence, elle ne peut échapper totalement à l'arbitraire. Mais l'étymologie est et ne sera jamais que conjecture, même si elle se donne quelquefois le ridicule de poser à la science exacte; et l'on ne peut guère lui demander plus que de fournir des hypothèses plausibles et de le faire en admettant qu'elles sont fragiles. En tout cas ce sont là les caractères de notre reconstruction, que nous faisons encore précéder de ces deux réserves:

Nous avons vu que le latin upupa est senti comme onomatopéique[5]; or il ne l'est peut-être pas entièrement, attendu que le mot, s'il signifie huppe, signifie aussi: sorte de pioche, de pic (Goelzer). Et il se pourrait qu'il y eût là quelque idée de ressemblance de forme, le bec de l'oiseau étant comparé au côté pointu du pic, la touffe de la tête de l'oiseau, lorsqu'elle est rabattue (puisqu'on nous a dit que cette touffe est érectile) pouvant alors figurer l'autre extrémité du pic, plate et tranchante. La seconde réserve est inverse: nous avons lu que la huppe pupute (le verbe pupuler, de 1752, étant vraisemblablement une édulcoration de ce que peut représenter le son putt); et ce verbe nous paraissant, lui, être purement onomatopéique, il se pourrait que le nom dialectal puput donné à la huppe ne soit rien autre que son cri, et que ce puput n'ait rien à voir avec l'idée de puanteur pour laquelle on fait si artificiellement intervenir le latin putida et le mot pute. (Il va sans dire que la date de 1611 donnée pour ce verbe pupuler n'étant que la date du premier emploi du mot écrit, elle n'empêche pas que verbe et substantif soient nés en même temps, le verbe ayant même dû entraîner la formation du déverbal plutôt que le contraire.) Cela dit, et après avoir très discrètement procédé comme le fait Bridoye pour les procès (T.L. XXXIX), nous commençons:

_____

5. Etymologiquement, onomatopée veut dire création de mot, mais le terme a en fait le contenu de mot fait par imitation phonétique. Nous devons pourtant reconnaître que, l'esprit chaussé de leur Saussure, les linguistes ont réussi à rendre nettement plus absconse cette notion claire.

Le fatras qui nous est apparu nous paraît pouvoir s'ordonner en trois notions superposées que nous distinguerons ainsi, avec la conviction que nous avons affaire à des mots qui, au départ, furent rarement ou peut-être jamais écrits, et que tout s'est probablement élaboré sur l'oral.

Sans histoire, du moins sans histoire que l'on puisse retrouver, le latin UPUPA donne le nom de l'oiseau HUPPE, le h étant peut-être bien, comme le disaient les doctes, fruit de la tendance populaire au renforcement. Mais cet oiseau, la huppe, ne peut, par son aspect et surtout par l'érectilité des plumes de sa tête, qu'être l'objet d'une attention particulière (et il n'est pas besoin de chercher longtemps pour entrevoir la raison qui avait poussé les Grecs à choisir la huppe (epops est masculin en grec) pour fin de la métamorphose de Térée puni, comme on sait, pour avoir abusé de la sœur de sa femme[6]). Donc, curieuse et amusée, cette attention se fixe principalement, semble-t-il, sur trois points.

Premier de ces points: le cri, qui entraîne la formation dialectale spontanée du nom PUPUT et du verbe PUPUTER en même temps que la formation littéraire, toujours fondée sur le cri, du verbe HOPER, HUPER, dont le sens: crier comme la huppe a sans doute précédé celui de pousser de longs cris.

Deuxième point: les plumes érectiles de la tête. Et se crée alors le mot HOUPPE, plus probablement sur le moyen néerlandais Hoop, tas, puis touffe et cime d'arbre, que sur le mythique francique Huppo, touffe, ce mot houppe désignant tout assemblage en touffe comme la floche, le pompon, le bouquet de cime ou le toupet. Toutefois, il semble que par une compréhensible contamination, ce mot soit redevenu Huppe quand il s'est agi de désigner la houppe de l'oiseau huppe, puis la houppe des oiseaux en général. Mais de plus semblent s'être ici unies les notions de orné d'une huppe, et crier comme la huppe, pour former le concept qui a donné l'adjectif HUPPÉ: (signalé comme) de haut rang, haut placé, et, par extension, (signalé comme) le plus habile.

Troisième point enfin, celui qui repose sur ce que rapporte Bruno Latini, qui relie l'oiseau aux excréments, croyance bien établie puisque Buffon peut parler de la locution: Sale comme une huppe. Et cela

---

6. C'est de cette aventure, contée par Ovide (Métamorphoses, VI) que parle Rabelais au chapitre II du Quart Livre: Panurge achapta un grand tableau painct et transumpt de l'ouvrage jadis faict à l'aiguille par Philomela, exposante et representante à sa sœur Progné comment son beaufrere Tereus l'avoit depucellée et sa langue couppée affin que tel crime ne decelast. Nos mœurs sont heureusement plus douces: celles des filles qui sont dépucelées par le mari de leur sœur gardent aujourd'hui leur langue.

explique à l'évidence, comme on l'a vu, qu'ait pu naître dans le jargon des Coquillards le génitif D'HUPPE, d'où le mot DUPPE, ce génitif étant vraisemblablement déterminant du mot aveuglement (que ce mot ait été exprimé ou sous-entendu), attendu que cet aveuglement se fait chez la huppe dans le même temps qu'elle déplume. En outre, il se pourrait que cet oiseau tenu pour vivre dans les excréments et même les absorber, alors qu'il se fait hautement remarquer et par son cri et par sa houppe, ait pu inspirer le sentiment de dérision visant celui qui joue les glorieux quand il est tout embrené. D'où l'intention de rabaissement greffée sur l'adjectif Huppé, celui-ci prenant alors le sens de: qui se croit (erronément) le plus habile, le plus avisé, qui se tient, dans un domaine quelconque, abusivement pour supérieur.

Il reste à constater que ne sont retenues ni cette idée de puanteur qui apparaît comme déjà incluse dans l'idée d'excréments, ni surtout l'idée de niaiserie, de stupidité de l'oiseau, qui apparaît, elle, comme une raison avancée sans le moindre souci de vraisemblance et uniquement sous l'empire de la nécessité. Tout cela, n'ayons garde de l'oublier, sauf correction toujours. Sur ce nous reprenons le fil du récit.

Donc ce diseur d'heures qui est duppe, mot qui peut donc fort bien être chargé du sens de malpropre, crotté en même temps que de celui de berné, abusé, est aussi un bon buveur que Rabelais donne facétieusement pour quelqu'un de délicatesse raffinée:

...& tresbien antidote son alaine a force syrop vignolat,

Sauf Guilbaud qui avance de façon saugrenue: Ayant très bien garanti (du froid) son haleine, et Jourda qui dit qu'il s'est prémuni contre les poisons comme Ianotus l'avait fait en buvant de l'eau bénite de cave, tout le monde explique ici ce que résume Demerson en un français d'ailleurs surprenant: L'odeur de son haleine était immunisée par celle du jus de la treille (voulant probablement dire que l'odeur de l'haleine est masquée par celle du vin, immunisant ainsi ceux à qui il parle); la translation donne: ayant bien immunisé son haleine à force de sirop vignolat. Mais ce que les glossateurs n'expliquent pas, c'est que le mot antidoté veut dire donné contre, et qu'il a un caractère médical qui va de pair avec celui du mot syrop. C'est Screech qui donne dans l'Index: Vignolat: formation burlesque (cf. syrop violat); syrop (médecine) de vin, étant ainsi le seul à nous permettre de voir que le mot vignolat est, augmenté des lettres gn (vi-gn-olat), le mot violat, terme de pharmacopée qui signifie: où il entre des violettes, et qui date, pour le substantif, de 1200, et pour l'adjectif, de 1256. Ainsi, les mots antidoté et sirop laissent entendre que ladite haleine est considérée comme un mal, une affection que le diseur d'heures n'est parvenu à vaincre qu'en l'antidotant, c'est-à-dire en prenant, absorbant contre elle beaucoup du médicament qu'est le sirop. Et ce mot sirop appliqué à l'haleine ne peut, en 1534, que laisser attendre l'adjectif violat, le sirop à la violette devant être le remède spécifique du temps si l'on s'en rapporte d'abord à l'habitude qu'avaient gardée nos grands-mères de sucer une pastille à la violette avant de faire visite, ensuite à l'expression encore actuelle disant d'une haleine forte qu'elle ne sent pas la violette. Et la chute de la phrase, transformant ce violat en vi-gn-olat, détrompe en révélant le dessein fallacieux du ton médical et provoque le rire (rire inspiré, avec la satisfaction de ne s'être pas laissé prendre, par l'idée que les autres ne manqueront pas de tomber dans le panneau; car, comme chacun sait, le rire est orgueilleux, ce pourquoi les théologiens le disaient du Malin).

C'est donc, pour la translation, enterrer très profond l'intention que de ne pas rendre ce texte par quelque chose comme: et très bien traité son haleine par force sirop, non pas violat comme on peut s'y attendre, mais vignolat. L'ennuyeux est, évidemment, que ce n'est plus là du Rabelais: mais l'avantageux est que cela ferait ressortir à l'évidence l'inanité de toute translato-contrefaçon d'un texte dont, après cinq cents ans, seules des notes consciencieuses nous permettent d'entendre à peu près d'abord ce qui est exprimé, ensuite ce que ce sens apparent contenait d'évocation pour le lecteur du temps[7], travail de déchiffreur que nous poursuivons:

...Auecques icelluy marmonnoit toutes ces kyrielles: & tant curieusement les espluchoit, quil nen tomboit un seul grain en terre.

Guilbaud est seul à préciser: Kyrielles: litanies; et tant curieusement: avec tant de soin. Nous savons bien que curieusement est l'adverbe de curiosus: qui a souci de, sens dominant en français jusqu'au XVIe siècle (Dauzat). Mais personne ne nous dit que le verbe esplucher a ici le sens de écosser: dépouiller (des pois, des haricots) de la cosse; et personne non plus ne fait ressortir l'idée de ce livre d'heures ouvert dont les pages gauche et droite sont comme les parties de la cosse ouverte, les formules de prières étant chacun des grains que l'on récupère avec tant de soin qu'il n'en tombe aucun en terre, cette locution en terre étant d'ailleurs chargée, en plus du sens de sur le sol, de celui qui laisse

---

7. Soyons pourtant indulgents: Demerson et ses élèves ont ici une responsabilité atténuée, n'ayant jamais aperçu le moindre sous-entendu et ne s'étant même jamais doutés qu'il pût y en avoir. Leur innocence devant les textes est telle qu'ils récriraient aussi bien Villon en substituant leurs rimes aux siennes. Nul doute qu'ils finiront un jour par éditer à l'enseigne du Pavé de l'Ours.

entendre que lesdits grains ne germeront pas et que cet écossage est stérile.

Au partir de leglise, on luy amenoit sur une traine a beufz un faratz de patenostres de sainct Claude, aussi grosses chascune quest le moulle d'un bonnet & se pourmenant par les cloistres, galeries ou iardin en disoit plus que seze hermites.

Screech dit pour traîne: poutre, d'où sorte de véhicule composé d'une poutre et de deux roues; mais cela paraît être une compréhension bien étroite et nous allons comprendre qu'il faut plutôt voir dans cette traîne un plateau sur deux roues. Pour faratz, il dit: tas, mot vieux (déjà archaïque?). Rabelais seul, Huguet. Q.L. Quant à Saint-Claude, il donne ce qu'il déduit du texte: Ville du Jura renommée pour ses chapelets, laissant croire qu'il en est toujours de même alors que si les Sanclaudiens comptaient sur le négoce des chapelets pour manger, il y a belle heure qu'on ferait des neuvaines pour leurs âmes. Et il vaut mieux ici lire Michel qui dit pour patenostres: Chapelets souvent fort ornés. Celui de la haute dame courtisée par Panurge est de bois de citronnier incrusté d'or. Il lui sert de contenance à l'église (P. xxx). On fabrique toujours à Saint-Claude (Jura) des objets en bois tourné, notamment des pipes. Sur ce, nous examinons l'étonnant mot faratz.

L'emploi au Quart Livre est celui-ci: La messe parachevée, Homenaz tira d'un coffre près le grand aultel un gros faratz de clefz (L); et Marichal dit dans l'Index: Faratz: tas, vieux mot disparu fin XVI⁰, Gargantua, Rabelais seul; Huguet. Or, que ce soit pour l'emploi qui en est fait au Gargantua ou pour celui du Quart Livre, cette signification: tas, ne nous satisfait pas pleinement, nous apparaissant plutôt comme le sens le plus général, déduit des deux contextes, et choisi pour cadrer au moins mal avec les deux phrases. Nous connaissons bien ce respect supersitieux du mot imprimé chez nos commentateurs, qui se rencontre avec leur ignorance relative à l'opération de composition typographique qui a donné le texte qu'ils lisent. Aussi commençons-nous à nous douter qu'il peut y avoir là de leur part docile soumission devant un vocable qui peut n'être qu'une erreur, attendu que le mot est parfaitement inconnu, sauf de Huguet, qui le donne en fait pour inconnu. Nous enquêtons donc.

Observons que ce mot faratz finit par un z qui est, bien sûr, le s final des manuscrits. Mais ce s ne peut être la marque du pluriel puisque, aussi bien au Gargantua qu'au Quart Livre, le mot est précédé de l'adjectif numéral un. Il nous faut donc voir dans ce s une lettre étymologique et il est alors fort surprenant que ce s soit précédé d'un t, et pour tout dire même impossible. L'étrangeté d'un énoncé tel que un farats nous conduit même à penser que nous n'avons là qu'un terme déformé par le compagnon typographe. Et nous cherchons quel peut être le mot manuscrit qu'il a mal lu.

L'ancien français Farde pourrait nous laisser croire que ce mot est le mot Fardatz; mais si cela correspond au chargement qui est amené par la traine à beufz, cela n'a aucun rapport avec l'emploi qui en est fait au Quart Livre, où Homenaz tire d'un coffre, avec la main ou les mains, un nombre de clés qui ne représente pas une charge. En outre demeure pour ce mot l'anomalie finale ts pour le singulier. Nous abandonnons donc cette idée.

Et, à relire les deux textes, nous parvenons à la conviction que, plutôt que cette signification de tas, c'est celle d'enchevêtrement, d'emmêlement qui paraît sous-tendre chacun d'eux. Ce mot faratz serait donc tout simplement le fruit de l'erreur de composition qu'est le vagabondage d'une lettre, en l'occurrence le t placé après le groupe ra au lieu de l'être avant. Cela nous amène à lire non plus faraTz mais faTraz, mot qui a l'avantage d'exister depuis 1327 (Greimas) et de présenter un s final (z) parfaitement légitime. Voyons donc ce mot fatras.

Dauzat dit: Fatras: 1327, Watriquet (fastras), peut-être du latin populaire conjectural farsuraceus, dérivé du bas latin farsura, farce de volailles (même racine que farcir). Bloch et Wartburg ne disent rien qui vaille, dissimulant encore plus mal le manque de certitude. Nous ne retiendrons de la variation sur une ignorance étymologique que cette communauté de racine avec le mot farce qui autorise la définition que donne, par exemple, le Petit Robert: Amas confus, hétéroclite, de choses sans valeur, sans intérêt.

Ce contenu nous paraît s'adapter à la fois au texte du Quart Livre où nous entendons que Homenaz ramène du fond du coffre un enchevêtrement de clés; et à celui du Gargantua où nous apparaît qu'il y a un bon nombre de patenostres (nombre de dérision indiquant que sont dits l'un derrière l'autre des chapelets différents comme si chacun avait une consécration particulière); les patenostres mises en boules (chacune grosse comme une tête d'homme) sont placées côte à côte sur le plateau qui les amène et les cahots du chemins les ont emmêlées. En rétablissant ce mot fatras, il semble que nous arrivions à retrouver la représentation que suggère Rabelais.

Bien sûr, nous ne pouvons être certains d'avoir raison, et l'explication est, comme toujours, donnée sauf correction. Mais en attendant, cela offre l'avantage de nous séparer des goguelus qui s'émerveillent que les Jean Broche[8] enfilent indistinctement perles et boulettes de bousier.

---

8. (voir page suivante).

Toutes ces pratiques accomplies, il est, comme nous pouvons le déduire, environ onze heures; vient alors le moment consacré à l'étude; et Rabelais force alors le trait jusqu'à la charge:

Puis estudioit quelque meschante demye heure, les yeulx assis dessus son liure, mais (comme dict le Comicque) son ame estoit en la cuysine.

Pour ce Comicque, Plattard dit: Térence, l'Eunuque, IV, 8, et cite: ... animus est in patinis (ce que Gaffiot traduit par: j'ai l'esprit tout aux casseroles), ajoutant: cité par Érasme, Adages, etc. Screech en dit autant, citant, lui, le latin d'Érasme. Et nous en arrivons à juger pour le moins importun ce rapprochement avec ce qu'a écrit Érasme sur le sujet, systématique chez Screech, comme s'il s'agissait d'accréditer cette idée latente selon laquelle Rabelais prend tout chez lui sans peut-être même avoir à connaître l'œuvre qu'il cite. Mais nous savons bien que, pour quelques cuistres, l'œuvre d'Érasme est le révélateur de l'intellectualité érudite qu'ils veulent qu'on leur reconnaisse, comme aussi l'excuse de s'occuper d'un auteur aussi peu austère que Rabelais. Nous n'avons, de ces soucis, ni l'un ni l'autre: nous poursuivons donc sans vergogne:

Pissant doncq plein urinal (1534: official) se asseoyt a table. Et par ce quil estoit naturellement phlegmaticque, commencoit son repas, par quelques douzeines de iambons, de langues de beuf fumees, de boutargues, dandouilles, & telz aultres auant coureurs de vin.

---

8. Jean Broche est un sobriquet de la langue lyonnaise, qui fait calembour pour désigner celui qui était censé enfiler n'importe quoi sur sa broche. Il est sans doute proche parent du Jean la Lorgne dont nous avons fait la connaissance au chapitre xvij. Quant à gogueur, nous ne rencontrerons le mot qu'au chapitre xxv, et les commentateurs lui donneront les sens d'orgueilleux, gros malin, railleur, fat, farceur, faiseur de gogues, de mauvaises plaisanteries; Furetière, lui, donne: Qui a du bien, qui est à son aise, ce qui le rend glorieux ou insolent. Ce mot est populaire, ajoute-t-il, duquel on a fait d'abord goguelureau & depuis godelureau. Selon Bovillus, il signifie Avide de gloire. Selon Borel, il signifie un homme qui a double menton, et qui est fort gras. Comme nous voyons, ce mot n'est pas loin de signifier n'importe quoi, avec quelques nuances en plus.

Mais c'est oublier que le terme dialectal gogue désigne le boudin, l'andouille, c'est-à-dire le boyau qu'on bourre (le mot andouille viendrait d'ailleurs du latin populaire inductile, de inducere, introduire; Petit Robert). Et c'est cette idée de remplissage par bourrage, d'introduction évidemment passive, que contient le mot goguelu, qui moque celui dont la crédulité lui fait tout croire sans examen. Le vocable est une sorte de participe passé dialectal équivalent à andouillé, autrement dit qui s'est laissé bourrer l'esprit comme on bourre un boyau pour donner l'andouille. La langue n'a gardé qu'à l'actif cette idée de bourrage avec bourrage de crâne; mais a disparu la désignation de celui qui est victime de ce bourrage. Les mots gogo, gobeur, gobe-mouches, jobard, naïf, nigaud n'ont pas le même contenu, et la locution argotique se l'être fait introduire a une connotation sexuelle qui n'est pas toujours de mise. Le mot goguelu nous manque indiscutablement pour désigner surtout celui qui, avec la meilleure volonté du monde, donne pour fruit de son propre raisonnement une bourde qu'on a imposée à son esprit par le principe d'autorité.

Nous remarquerons que pour ce mot official changé en 42, Jourda renvoie au chapitre ix (& un pot a pisser cest un official) où il annotait: Le mot désignait à la fois un officier des tribunaux de l'Église et un vase de nuit. Il faut croire qu'on a dû représenter à Rabelais que la teneur de son chapitre était suffisamment provocante à l'endroit de la Sorbonne pour qu'il s'abstienne de donner à penser que son héros puisse pisser sur un officier d'Église.

Nous nous arrêterons encore sur ce mot phlegmaticque, pour lequel Demerson renvoie au chapitre vij (car il estoit merueilleusement phlegmaticque des fesses), et où il annotait: Le tempérament phlegmatique s'accompagnait d'un relâchement général de toutes les fonctions. Or si cela correspondait alors au fait que le petit Gargantua se conchioit a toutes heures, il n'en va pas de même ici où, adolescent, il mange et boit. Et nous nous apercevons que les commentateurs négligent de nous dire que si l'adjectif phlegmatique du chapitre vij est employé au sens de lymphatique, un des quatre tempéraments de l'ancienne médecine humorale, caractérisé par la lenteur ou l'apathie, et des formes alourdies et graisseuses (Petit Robert), sens qui donnera le mot fleugmatique puis flegmatique, l'adjectif qui nous occupe est employé au sens étymologique: du grec médical phlegmonê, proprement chaleur brûlante, de phlegein, brûler (Bloch et Wartburg).

Ce pendent quatre de ses gens luy gettoient en la bouche lun apres laultre continuement moustarde a pleines palerees puis beuuoit un horrificque traict de vin blanc, pour luy soulaiger les roignons. Apres mangeoit selon la saison viandes a son appetit, & lors cessoit de manger quand le ventre luy tiroit.

Ces quelques lignes descriptives ont produit, comme chacun sait, la fameuse illustration de Gustave Doré répandue par l'esprit de conformisme des éditeurs; elle est d'ailleurs partiellement inexacte puisqu'on y voit le héros tirer niaisement la langue en direction de ses gens qui, d'un balcon, lui tendent des cuillerées de moutarde alors qu'il tient embroché sur sa fourchette un mouton entier qui paraît n'être même pas préparé. Et cette gravure est malheureusement devenue le symbole du monde rabelaisien, le nom de Rabelais évoquant immédiatement, pour qui ne l'a jamais lu, la seule idée de béni-bouffe-tout et de sac-à-vin. Nous ne pouvons, ici, nous abstenir de nous reposer la question: à quoi a bien pu répondre le choix qu'a fait Rabelais du récit populaire pour véhiculer ses idées? attendu, comme nous l'avons depuis longtemps compris, que ledit populaire ne pouvait qu'être rebuté d'entrée par l'expression littéraire et le contenu intellectuel; attendu d'autre part que les lettrés n'avaient certes pas besoin de ce support populaire pour prendre connaissance des idées; attendu enfin et surtout que la Sorbonne ne pouvait ignorer la vanité de la fiction, ce qui ne l'a pas empêchée d'agir, assez mollement toutefois, comme si elle pouvait craindre que l'œuvre tombant sous les yeux de ce populaire ne fût objet de scandale. C'est là pour nous la grande énigme, toujours non résolue, car nous ne prenons pas pour élucidation les explications purement justificatives qu'ont pu donner divers Œdipes au petit pied. De toute façon, cela ne nous paralyse pas; plutôt qu'aux circonstances dans lesquelles il a pu écrire, nous continuons de préférer nous intéresser à ce qu'a écrit Rabelais. Ainsi nous bornerons-nous, pour la locution: le ventre luy tiroit, à en apprécier le pouvoir d'évocation tout en sachant qu'elle n'a pas été créée mais choisie par Rabelais puisque nous trouvons dans Morawsky le proverbe 983: Je ne puis joer ne rire se li ventres ne me tire. Toutefois il semble bien que c'est cette locution qui a servi de base à l'élaboration de celle que nous allons lire maintenant, relative à la boisson, dans le dernier paragraphe du chapitre, où elle sert de finale:

A boyre nauoit poinct (34: de) fin, ny (34: de) canon. Car il disoit que les metes & bournes de boyre estoient quand la personne beuuant, le liege de ses pantoufles enfloit en hault dun demy pied.

Et nous admirerons alors sans réserve l'habileté de l'expression, comprenant qu'elle contient double niveau de comique, l'enflure du liège (enflure verticale, comme il est précisé, afin qu'on n'aille pas croire qu'il ne s'agit que d'un modeste débordement latéral) étant donnée pour habituelle chez le buveur courant, celle qui atteint un demi-pied, soit environ seize centimètres, devenant la particularité gigantale.

Non moins remarquable, non plus dans le domaine de l'invention mais dans celui de l'écriture, cette correction de: nauoit poinct de fin, ny de canon, en: nauoit poinct fin, ny canon, où la recherche d'économie est évidente, encore que la phrase est exactement imprimée: nauoit poinct, fin, ny canon, et que la virgule superflue peut nous laisser penser à une hésitation chez le compagnon typographe et, conséquemment, à une volonté non comprise et donc non exécutée de la suppression du mot poinct pour donner: nauoit fin, ny canon. Mais cela ne saurait être que supposition, conjecture et présomption, seuls instruments dont nous allons disposer pour le chapitre suivant, celui des jeux de Gargantua, qui formait en 34 la fin du présent chapitre, fin que, dès 35, Rabelais enrichit d'une soixantaine de noms, à laquelle, en 42, il ajoute encore une quinzaine, tout en faisant alors, au mépris de l'arbitraire, accéder cette fin à la dignité de chapitre autonome. Allons y voir de plus près.

Les ieux de Gargantua. Chapitre.xxij.

Donc Rabelais coupe son chapitre xxj au seul moment possible, celui où Gargantua finit de déjeuner (ou plutôt dîner comme on disait alors), scindant ainsi la journée en deux demi-journées, le chapitre xxij devenant celui de l'après-midi: Puis tout lordement grignotant dun transon de graces, se lauoit les mains de vin frais, sescuroit les dens auec un pied de porc, & deuisoit ioyeusement auec ses gens:

Pour se lauoit les mains de vin frais, Boulenger explique: Buvait un verre plein à déborder et à lui mouiller les mains, ce qui implique, invraisemblablement, que Gargantua tient son verre des deux mains. Jourda est pourtant du même avis, qui dit: Buvait largement au point que le vin coulait sur ses mains. Michel dit aussi: Buvait en faisant déborder le vin sur ses mains. Mais nous nous demanderons pourquoi Gargantua attendrait la fin du repas pour boire si maladroitement; en fait, nous ne voyons pas la nécessité de cette compréhension alambiquée quand il tombe sous le sens que ce que veut faire ressortir Rabelais, c'est que, depuis le début du chapitre xxj, c'est-à-dire depuis le réveil, Gargantua n'a pas utilisé une goutte d'eau même pour se rincer les mains. Pour dun transon de graces, Michel dit: D'un tronçon de grâces. Gargantua se dépêche de dire les grâces, après avoir mangé; cf. L'Écolier limousin, (Pantagruel, chapitre vj) qui grignotte d'un transon de quelque missicque précation...

...puis le verd estendu lon desployoit force chartes, force dez, & renfort de tabliers. La iouoyt,

Et commence l'énumération des jeux. Le verd est évidemment le tapis vert qui reçoit les cartes, les dés, l'échiquier et le damier. Est donc posé avec précision dans cette phrase, qui est, inchangée, celle de 34, qu'il ne sera question que de jeux qu'on joue sur une table. Or les annotations concernant les jeux vont montrer que Rabelais ne s'en est pas tenu là. Mais il convient ici de prendre connaissance des avertissements qu'on nous donne dès le premier nom de ces jeux:

Boulenger écrit: Les jeux énumérés sont groupés par genres, du moins à peu près. D'abord les jeux de cartes, depuis les eschetz jusqu'à la babou; puis les jeux d'adresse, depuis primus secundus jusqu'au franc du carreau; puis les jeux de devinettes, d'attrape, etc., y compris certainement des jeux de plein air. Et il imprime sans explication toute la liste des jeux.

Guilbaud écrit: Dans ce chapitre, Rabelais a accumulé des noms de jeux de son temps et des siècles passés; selon sa manière habituelle, il y a mêlé, sans en prévenir le lecteur, des noms burlesques et des expressions proverbiales, faisant souvent des jeux de mots dont quelques-uns sont très libres. Mais si Guilbaud donne la nature de certains jeux, il s'abstient de signaler aucun de ces jeux de mots.

Plattard écrit: Dans cette énumération de 217 jeux (sic), il en est peu qui ne soient pris dans les usages du XVIᵉ siècle, ainsi que l'a montré Michel Psichari (Les jeux de Gargantua, Revue des Etudes Rabelaisiennes, tome IV), qui les a presque tous identifiés et définis. Moyennant quoi, Plattard ne donne aucune explication.

Jourda écrit à peu de chose près ce qu'écrit Plattard et ne donne pas plus d'explication que lui. Michel dit ce qu'écrivent les deux précédents mais donne, lui, quelques éclaircissements.

Screech annote: A part les philologues, rares sont les lecteurs modernes qui lisent ces litanies d'un bout à l'autre. Elles étaient autrefois très goûtées. D'ailleurs, c'est à l'aide de telles listes que les gens de loi aimaient alors appuyer leurs thèses (cf. la longue liste d'ornements de femme dans De legibus connubialibus, de Tiraqueau). Ici Rabelais montre qu'il y a trente-six façons de perdre son temps. Au XVIᵉ siècle les jeux d'enfants symbolisent souvent une oisiveté insupportable. Et, à quelque exceptions près, il fait mention dans son Index verborum de tous les jeux, expliquant quelques-uns d'entre eux.

Demerson répète: Les kyrielles de noms de jeux qui vont suivre peuvent bien paraître fastidieuses: elles ont précisément pour but premier de montrer Gargantua perdant son temps à des billevesées, et surtout consacrant les efforts de sa mémoire à l'apprentissage de dénominations oiseuses, et employant son intelligence et son activité à l'exercice de règles puériles. Les 35 premiers jeux (jusqu'aux honneurs) sont des jeux de cartes; puis les 14 suivants (des échecs à la babou) sont surtout des jeux de table; ensuite des jeux d'adresse, des devinettes, des jeux de plein air. Le lecteur intéressé par l'identification d'une partie de ces jeux se rapportera à l'article de M. Psichari, etc. Quant à lui, Demerson, il n'explique aucun jeu.

Enfin Demazière écrit: Nous n'avons pas la prétention d'expliquer tous les jeux que Rabelais s'est amusé à énumérer dans ce chapitre, d'abord parce qu'il en est un certain nombre que nous ne connaissons plus, au moins par le nom qu'il leur donne; ensuite parce que ce serait intercaler un traité spécial dans un commentaire. Nous nous sommes borné à indiquer, dans cette énumération de 214 jeux (sic), certaines catégories, et aussi certaines répétitions. Enfin nous y avons ajouté quelques explications succinctes là où elles nous ont paru possibles et nécessaires. Mais ce que Demazière ne dit pas, c'est que pour son édition dont le format est approximativement une fois et quart plus long que celui d'une édition courante, on s'est borné, pour composer sur deux colonnes comme font tous les éditeurs, à suivre une quelconque édition antérieure dont on a repris telles quelles les deux colonnes de la page modèle, plaçant au-dessous, encore telles quelles, les deux colonnes de la page suivante, puis, toujours tel quel, le début de la page qui suit, et ainsi de suite. Cela donne déjà, on le comprend aisément, un ordre qui n'a plus rien à voir avec celui qu'a voulu l'auteur. Mais pour cette édition bien particulière, cette explication ne suffit même pas à tout justifier, quelques jeux étant de plus disséminés au hasard, annulant la fidélité qui pouvait subsister dans les parties de colonnes transportées entières. Nous ne savons toujours pas qui est le commentateur Demazière mais il serait étonnant que son souci de vérification tourne jamais (ou, s'il est mort, ait jamais tourné) à la folie du doute.

De tous ces avertissements, un seul donc contient une idée originale, celui de Guilbaud qui, n'étant pas pédagogue, a eu le loisir de voir se dessiner une intention érotique (quand Screech et Demerson à sa suite ne distinguent que le fade dessein de montrer comment on perd son temps). Pour tout dire, cette énumération de jeux puérils, de caractère si peu rabelaisien si l'on s'en tient à l'apparence, ne nous a jamais paru être ce qu'elle paraît être. Ainsi, dans les seuls quinze premiers noms les jeux à la picardie et au malheureux, qui se lisent naturellement: à la pique hardie et au mâle heureux, nous sont toujours apparus comme des signaux. Et nous sommes bien aises de rencontrer une opinion similaire chez un commentateur qui, pour une fois, nous sert de répondant. Nous ne pouvons que prendre avec empressement la direction qu'il indique et nous proposer d'examiner dans ce sens pour, s'il se peut, ramener au jour la preuve de ce qu'il a pressenti. Reste à en trouver le moyen.

Et nous nous disons que le seul biais par lequel nous puissions saisir l'intention de l'auteur est le biais chronologique, comparant le texte de 34[1] et celui de 42, Screech nous donnant en outre par ses notes la

---

1. Le fac-similé de l'édition de 34 montre les noms imprimés à la suite, comme du texte courant, alors que Screech dispose ces noms de 34 comme le sont ceux de l'édition de 42, c'est-à-dire chacun placé à la ligne, sans renfoncement d'alinéa. Même si cela n'a qu'une importance secondaire, voire nulle, où Screech prend-il le droit d'intervenir? et cela dans une édition donnée pour établie sur l'Editio princeps. Il lui est ainsi plus facile de numéroter les jeux de façon à indiquer exactement l'endroit des additions; et nous allons nous servir de cette précision. Mais que ne signale-t-il cet accommodement?

possibilité de connaître les additions de 35. Car cette liste censée contenir de simples jeux naïfs, Rabelais l'a enrichie par deux fois, plaçant ses additions à des endroits précis, soin qui paraît bien superflu pour une nomenclature de jeux d'enfants, d'autant que, quoi que prétendent par tradition universitaire les commentateurs, aucun classement sûr n'y peut finalement être découvert. Il faut donc bien que ces ajouts minutieusement placés répondent à une autre raison, par exemple celle d'un sens caché, d'une compréhension seconde, seul vrai souci de l'auteur.

Mais déjà le fait que Rabelais, après avoir annoncé des jeux qui se jouent sur une table ait ajouté à sa liste, ainsi que le disent les avertissements, des jeux d'extérieur, nous laisse penser que si, au départ, il a pu se proposer de choisir dans les noms de jeux d'intérieur ceux qui peuvent faire équivoque, calembour ou à-peu-près, c'est finalement l'attrait du jeu de langage qui l'a emporté. Et nous avons dès maintenant idée que, le mot jeu étant à prendre à son sens étendu, il se pourrait bien que non seulement quelques-uns, comme le dit Guilbaud, mais tous les noms de 34, et à plus forte raison ceux des additions de 35 et de 42, fussent des noms qui se prêtent à compréhension seconde. A nous donc de découvrir ce que personne n'a jamais voulu voir; à nous aussi d'être moins réservés que n'a peut-être été tenu de l'être Guilbaud, en 1957, dans son édition de la très sérieuse Bibliothèque nationale.

Nous allons donc examiner chaque jeu pour voir si, fût-ce au prix d'une interprétation subtile (car il semble que c'est sur elle que Rabelais a compté chez son lecteur après en avoir usé délibérément lui-même pour sa sélection), le nom dudit jeu ne contient pas une compréhension salace, posant au départ l'assurance où nous sommes que Rabelais ne s'est pas astreint à dresser, à compléter, à corriger, à remanier cette liste de noms sans un motif autrement déterminant que le vertueux désir de détourner de perdre son temps en futilités. Pour nous, même si cette intention paraît exister, elle ne sert que de paravent, masquant l'évocation des diverses façons qu'il y a de passer d'agréables moments à des jeux de nature moins inconsistante, d'autant que Greimas donne: Gieu, geu: jeu; plaisanterie; acte amoureux.

Il nous faut pourtant nous demander à quoi peut répondre cette liste de jeux donnée pour jeux d'enfants, en réalité liste destinée à évoquer, très littérairement s'entend, des manières de faire l'amour. La réponse nous apparaît d'emblée: il est patent que, pour ce qui est de cette obscénité que les censeurs ont reprochée au Pantagruel, le Gargantua a, jusque-là, été nettement plus modéré, l'auteur paraissant s'être surveillé comme s'il s'était agi de l'engagement pris de se montrer moins débridé en ce domaine. Et il se peut fort bien que, presque parvenu au moment où il va aborder la partie épique, soit venu à Rabelais le désir de transgresser l'interdit, mais prudemment, de manière si habilement dissimulée que seuls les initiés pussent s'en apercevoir. Quelle meilleure ostentation d'innocence, alors, et quelle plus sûre couverture que ces jeux puérils? (encore que quelques-uns puissent n'être que de pures constructions verbales édifiées en vue du seul sens second). Donc, vraisemblablement avec la complicité du protecteur qui s'est engagé pour lui, Rabelais dresse cette liste à double entente, qu'il noie dans le texte en 34, pour laquelle de nouvelles compréhensions possibles lui apparaissent en 35, et qu'il complète en 42, la faisant accéder à l'indépendance et plaçant, en une sorte de provocation, chaque jeu à la ligne, de façon bien apparente, et cela parce qu'il a pu constater dès la première édition que personne, sauf ses lecteurs complices, ne s'est aperçu de l'artifice.

Notre conviction est donc entière. Toutefois par scrupule (et aussi pour ne pas entreprendre un long travail qui se solderait par une déception), nous allons d'abord faire un essai sur les quinze premiers noms, expérimentation réduite qui suffira à nous dire si nous sommes dans le vrai, s'il y a réaction, ou si nous sommes en train de déchiffrer un message dans la disposition des trous d'une poêle à marron. Nous citerons d'abord les commentateurs qui se prononcent, puis nous avancerons la compréhension seconde que nous voyons, que celle-ci soit appuyée de façon indubitable par les définitions des dictionnaires ou qu'elle demande une bonne part d'intuition[2]. Quoi que nous fassions, nous savons fort bien que chacun ne reconnaîtra jamais, de ces

---

2. Ce procédé nous expose pourtant à lire de nouveau l'accusation de ce professeur qui, pour notre étude du Pantagruel, entendant dénoncer celle que, selon lui, nous avons introduite, a écrit que la salacité monomaniaque est accablante de monotonie. Il apparaît par là qu'ayant bien vu celui, ostensible, d'Aristophane, il n'a jamais aperçu l'érotisme, fardé, de Rabelais et il en endêve. Il faut bien convenir qu'après toute une vie d'enseignement, de telles prises de conscience sont rudes.

Mais il est des professeurs moins moroses. Ainsi en est-il de P. Guiraud qui a donné en 1978 un Dictionnaire érotique (Payot), compilation de glossaires divers, de citations d'auteurs dits licencieux, le tout suivi généralement d'un commentaire censé faire le point. Bien que les définitions desdits glossaires soient quelquefois absurdes, que les citations soient quelquefois inexactes, et leur attribution hasardeuse, bien que l'explication finale puisse quelquefois prêter à discussion (car il ne s'agit que du recueil de fiches réunies pour un autre ouvrage: Sémiologie de la sexualité, Payot, 1978), ce dictionnaire constitue une somme aussi précieuse que courageuse. Il confirme en particulier que, selon le contexte et la disposition favorable du lecteur (ou de l'auditeur), le mot le plus innocent peut être à entendre au sens salace. Nous n'en sommes que plus à l'aise pour proposer nos vues, et nous nous référerons à ce dictionnaire chaque fois qu'il en sera besoin.

compréhensions, que celles qui correspondent à sa propre forme d'imagination érotique, à supposer même qu'il reconnaisse en avoir une. Mais l'important reste de vérifier qu'existe bien, si ténue qu'elle soit, l'intention que nous avons posée. Nous commençons:

1 - au fleux, (34); (42: flux): Guilbaud dit: Les premiers noms des jeux de Gargantua sont des noms de jeux de cartes, la plupart anciens. Michel dit: Jeu de cartes, très en vogue au XVIᵉ siècle. Screech dit: Série de quatre cartes de la même sorte; flux, un deux troys: jeu de cartes (Sainéan). Mais Greimas donne: Flux: écoulement.

02 - au cent, (34): Le jeu, en 35, est repoussé au septième rang.

2 - a la prime, (34): Screech dit: Jeu de cartes d'origine italienne (primiera); très populaire. Mais Greimas donne: Primor: premier commencement.

3 - a la vole, (34): Screech dit: Jeu. Inconnu. De vole, creux de la main? (Huguet). Greimas donne: Vole, voir Veule, où nous retenons Veulie: mollesse. Mais comme nous comprenons qu'il ne saurait être question d'évoquer des conduites fâcheuses, nous verrons plutôt là une allusion à la nonchalance.

4 - a la pille, (34): Screech dit: Jeu de cartes. Mais Greimas donne: Pille, voir Pile: mortier à piler. Pilage: action de piler.

5 - a la triumphe, (34): Guilbaud dit: Jeu analogue à l'écarté. Screech dit: Jeu de cartes, autre exemple, Huguet. Mais l'idée paraît évidente, le triomphe ayant trait, en latin, à l'entrée dans Rome.

6 - a la picardie, (34): Screech dit: Sorte de jeu. Autre exemple, Huguet. Aussi, sorte de danse. Mais nous est apparu, comme nous l'avons dit, le calembour: à la pique hardie.

7 - au cent, (35): Guilbaud et Michel disent: Jeu moderne du piquet. Screech dit: Jeu de cartes (le piquet? édition Lefranc). Mais le fait que le nom a été déplacé nous laisse supposer un sens second bien arrêté; et il semble que nous pouvons retrouver celui-ci avec le latin Cento: assemblage de morceaux d'étoffes cousus ensemble, dont nous retenons l'idée d'assemblage.

8 - a lespinay, (34): Screech dit: Jeu (de cartes?) inconnu. Mais Greimas donne: Pine: membre viril; épingle. Et nous n'avons d'autre part aucun mal à lire: à l'épinée.

9 - A la malheureuse (42): Screech va dire, pour le jeu au malheureux, que nous rencontrerons en quinzième position: Jeu de cartes; cf. RER (etc.) et édition Lefranc. Le même jeu que la malheureuse? Mais comme nous savons qu'il est question des façons de faire, nous retenons seulement pour l'instant que nous avons affaire à quelque chose ou à quelqu'un, du genre féminin, qui est en détresse.

10 - au fourby (42): Screech dit: Jeu de cartes. Demazière dit: Le fourby et le béliné (le trompé) pourraient bien être le même jeu. Mais il semble qu'il retient ici ce que dit le Petit Robert pour le substantif Fourbi: hapax XVIe siècle; 1835, jeu; du radical de forbeter, fourber: tromper, voler. Or nous voyons bien mieux le participe passé de fourbir: du francique furbjan, moyen haut allemand fürben, nettoyer (Dauzat), c'est-à-dire, pour nous, nettoyer en astiquant, le fait que le nom de ce jeu est une addition de 42 révélant, semble-t-il, l'intention appuyée.

11 - A passe dix (42): Screech dit: Le contexte suggère un jeu de cartes; au XVIIe siècle, jeu de dés (édition Lefranc). Les deux précédentes additions de 42 paraissant avoir poussé à l'extrême la subtilité, nous entendrons que le mot à retenir est ici le mot Passe, du verbe Passer: passer, traverser; traverser de part en part (Greimas). Et nous saisirons qu'il est question d'agir ainsi plus de dix fois, ce qui semble indiquer qu'il pourrait y avoir dans cette énumération comme une série de souhaits bienveillants.

12 - a trente & un, (34): (42: ung): Guilbaud dit: Jeu encore vivant (31 points). Screech dit: Jeu de cartes. Mais l'addition de A passe dix, à dessein placée au-dessus pour que ce trente & un ait figure d'enchérissement, nous incite à continuer d'entendre qu'il s'agit de nombre, celui-ci ayant le caractère soit du raffinement, soit de l'exagération selon ce que l'on considère.

13 - a pair & sequence, (35): Screech, citant un nom que nous lirons à la soixantième place, dit: Pair et séquence; Pair ou non; Par (sic) ou sou: jeux, le premier une sorte de jeu de cartes, les deux derniers sans doute un jeu où on doit deviner si le nombre d'objets cachés est pair ou impair. Sou, coquille? De cela, nous reparlerons le moment venu; mais pour sequence, nous nous arrêterons à l'adjectif que donne Greimas: Sequace: adhérent, et pour Pair, à la locution Pair a per: corps à corps (Greimas).

14 - a troys cens, (35): Screech dit: Jeu de cartes. Nous ne pouvons plus voir là un nombre; aussi distinguerons-nous un calembour sur le verbe Trosser (a trossant), qui est aussi le verbe Torser dont un des sens, celui de charger des bagages (Greimas), nous permet d'extraire l'idée de peser sur.

15 - au malheureux, (35): Screech dit ce que nous avons lu pour a la malheureuse. Mais nous avons vu ici depuis longtemps le calembour: au mâle heureux.

Parvenus à ce stade, avec ni plus ni moins d'arbitraire que le médecin qui tente de trouver la cause d'une allergie, nous allons élire une compréhension érotique pour chacun de ces jeux et voir si, au moins pour l'ensemble, il y a ou non réaction. Donc, tenant toujours qu'il s'agit d'évoquer des façons de faire, nous verrons:

1 - dans au flux une idée d'obligation physiologique, de besoin; et nous rendrons (jouer) au flux, par (le faire) à la nécessaire;

2 - dans a la prime, nous retiendrons l'idée de première fois; et nous rendrons par: à la dépucelante;

3 - a la vole contient l'idée de nonchalance; et nous rendrons par: à l'indolente;

4 - a la pille contient l'idée de pilonner; nous rendrons donc par: à la pilonnante;

5 - a la triumphe contient l'idée d'entrée, donc de pénétration; nous rendrons par: à l'insinuante;

6 - a la picardie est: à la pique hardie;

7 - au cent contient l'idée d'assemblage, d'appariement; nous rendrons par: à la jointive;

8 - a lespinay contient à la fois l'idée de membre viril et l'idée d'épingle; nous rendrons par: à l'aiguillonnante;

9 - a la malheureuse contient l'idée d'une situation déplorable. Conscients, par l'aiguille précédente, de ce que peut être le sujet sous-entendu, nous rendrons par: à la mal logée;

10 - au fourby ne peut, nous l'avons compris, que se rendre par: à l'astiquée;

11 - a passe dix, avec son idée de puissance génésique, est à rendre par: à dix passes;

12 - a trente & un contient la même idée, mais renforcée à un tel point que nous ne pouvons penser qu'aux mouvements de va-et-vient; nous rendrons donc par: à l'endurante;

13 - a pair & sequence, avec son idée d'adhérence et son idée de corps à corps, peut être rendue par: à la conjointe;

14 - a troys cens, compris comme à trossant, sera rendu par: à l'écrasante;

· 15 - au malheureux est: au mâle heureux.

La transposition donne donc ce début:

La iouoyent (Là le faisaient)
> A la nécessaire,
> A la dépucelante,
> A l'indolente,
> A la pilonnante,
> A l'insinuante,
> A la pique hardie,

A la jointive,
A l'aiguillonnante,
A la mal logée,
A l'astiquée,
A dix passes,
A l'endurante,
A la conjointe,
A l'écrasante,
Au mâle heureux.

Bien sûr, on peut n'être pas d'accord avec ces compréhensions et en préférer d'autres; mais il n'en demeure pas moins que la réaction que nous espérions s'est produite: sans torturer le texte, en le sollicitant seulement, nous avons pu extraire sans abus le sens érotique pressenti, sens qui n'a rien à voir avec la précision d'un traité de sexologie, qui serait d'ailleurs anachronique. Car tout cela est bien plus cérébral que physique; les noms des jeux réels (ou donnés pour tels) ne sont choisis que pour la possibilité d'élaboration qu'ils offrent au lecteur disposé à collaborer avec la meilleure des volontés. Comme toujours, mais ici plus qu'ailleurs peut-être, Rabelais s'adresse au lecteur complice qui, comme on dit, y met du sien; et tenant pour acquise cette sympathie, cette complémentarité, l'auteur peut se permettre s'il le faut d'être subtilissime. Cela nous suffit en tout cas pour décider de poursuivre notre quête, celle-ci fût-elle de quintessences, tout en gardant à l'esprit le proverbe: Qui en jeu entre jeu consente (Morawsky, n° 1914). Et nous suivent ceux qui acceptent la convention.

16 - a la condemnade, (34): Guilbaud dit: Jeu venu d'Italie au XVe siècle (un joueur nomme une carte, l'autre distribue les cartes; si le premier reçoit la carte qu'il a nommée, il a perdu). Screech dit: Italien condemnata; jeu de cartes d'origine italienne. Plusieurs exemples, Huguet. Dauzat donne: Condamner: condemner jusqu'au XVIe siècle, du latin condemnare; le a du français est dû à damner. Mais nous entendons qu'il n'y a là nulle notion de condamnation et qu'est à retenir le calembour évidemment formé du mot con et du verbe dem(e)ner, pour lequel Greimas donne le sens de remuer, agiter. A la condemnade est donc à comprendre comme: à la con-remuade, c'est-à-dire quelque chose comme: A la remue-con.

17 - a la charte virade, (34): Guilbaud et Michel disent: A la carte retournée. Screech dit: Languedoc, carto virado, carte retournée; jeu de cartes. Autres exemples, Huguet. Mais il est facile d'entendre qu'il est question, si ce n'est de sodomie, de la position par-derrière; et nous verrons dans a la charte virade quelque chose comme: A la retournette.

18 - au moucontent, (34); (42: maucontent): Screech dit: Moucontent, variante de maucontent; jeu de cartes inconnu. Bien que le préfixe mau- (Greimas) puisse laisser voir une sorte de calembour donnant: au mal content ou au mal qu'on tend, nous n'y voyons pas grand sens. Aussi, bien loin de suivre Screech, dont on se demande d'ailleurs d'où il peut tenir son assurance touchant la variante, nous penserons plutôt que maucontent est une coquille (peut-être une hypercorrection du typographe) et, revenant au mot de 34, nous distinguerons aisément le calembour: Au mou qu'on tend.

19 - Au lansquenet (42): Screech dit: Jeu de cartes. Mais nous pouvons penser que si Rabelais ajoute en 42 ce lansquenet, ce n'est certainement pas pour qu'on y voie ce qu'en dit Dauzat: 1480, de l'allemand Landskenecht: serviteur (Knecht) du pays (Land). Il nous faut donc encore interpréter en calembour, ici purement verbal: lance-connet (mot qui n'a rien à voir avec le mot quenet qui, nous l'avons vu au chapitre xxvj du Pantagruel et au chapitre v du présent Livre, tient des dents). Nous verrons dans lance l'instrument du tournoi (Greimas: Lanceer, combattre avec la lance), et nous rendrons, en tenant compte du diminutif caressant, par: A joute-connichon.

20 - au cocu, (34): Guilbaud dit: Coucou. Screech dit: Jeu de cartes, identifié avec le hère (édition Lefranc), ce qui ne nous renseigne guère attendu que ce jeu au hère ne figure pas dans ceux de Gargantua mais dans Littré (Espèce de jeu de cartes qui se joue entre plusieurs personnes et où il n'y a qu'un seul des joueurs qui gagne, dit aussi l'as qui court). Quoi qu'il en soit, pour ce mot cocu Dauzat donne la traditionnelle explication: Cocu, variante ancienne de coucou, qui a pris le sens figuré parce que la femelle du coucou pond dans le nid d'autres oiseaux; or cela est absurde puisque le cocu est au contraire celui dont la femelle pond dans le nid de son mari un œuf qui a été fécondé par un autre que lui. Bloch et Wartburg recourent, eux, à la pure calomnie; ils disent: L'emploi figuré est dû au fait que la femelle du coucou aime à changer de compagnon. Décidément, si l'on se souvient de la huppe du chapitre précédent, la classe des oiseaux est fort utile aux étymologistes pour masquer leurs ignorances. Il nous a pourtant toujours semblé que le mot vient de cucullus, cape, capuchon (mot se rencontrant d'ailleurs avec cuculus: imbécile), le cocu étant celui qui a comme un capuchon sur les yeux. Cela dit, il n'est rien moins que certain que cette idée d'infidélité soit ici la bonne: l'orthographe cocu, aussi bien en 42 qu'en 34, est fort étonnante si l'on sait que dans le Tiers Livre le mot sera orthographié coqu, à lire: coquu. Il nous faut donc voir si nous n'avons pas affaire à un mot de sens tout différent. Et c'est dans

Greimas que nous trouvons: Cocu, adjectif (1190, J. Bodel; voir Cocou, Cucu?): Oblong: De chele cocue grimuche (De cette longue figure grotesque). Le mot oblong signifie: qui est plus long que large (Petit Robert), et il semble que, pour ce qui nous intéresse, nous ayons la latitude de voir dans l'oblong un des multiples qualificatifs qui désignent, nous l'avons compris, la vulve. Et nous rendrons alors ce mot cocu par un des mots qui désignent aujourd'hui, selon P. Guiraud, l'organe en question. Nous choisirons, dans la longue liste qu'il donne, le mot balafre qui est formé de l'ancien français Leffre, grosse lèvre, et du préfixe bes-, bis (Petit Robert), et nous comprendrons au cocu comme: A la balafre.

21 - a qui a si parle, (34): Screech dit: Jeu de cartes. Cf. QL, LXV. Et nous trouvons là Panurge invitant ses compagnons à poursuivre en disant: Qui ha, si parle; et il semble qu'il emploie la formule du jeu. Mais nous entendons bien que, pour le sens second de ce jeu de Gargantua, le verbe avoir et le verbe parler équivalent au Qui potest capere capiat (Prenne qui peut) du chapitre xxvj du Pantagruel. Et nous lisons ici quelque chose comme: A qui en a, s'en serve.

22 - a pille:nade:iocque:fore, (34); (42: A pille, nade, iocque, fore): Guilbaud dit: Jeu déjà cité au chapitre XI du Pantagruel. Screech dit: piglia-nada, giuoca-fora, équivalent italien du latin Accipe Nihil, Pone Totum; jeu; les initiales des mots latins étaient inscrites sur chaque toton (Sainéan). Guilbaud, au Pantagruel, donnait la traduction: prends-rien, joue-dehors; l'expression était employée par Baisecul pour évoquer le va-et-vient coïtal et le contexte nous avait invités à comprendre la locution comme trou-madame. Mais nous pouvons ici être plus descriptifs et tenter de rendre ce que pouvaient entendre les lecteurs du temps, c'est-à-dire, admettant que nada continue de signifier rien, voir dans pille le verbe piler, comme dans un mortier; dans jocque le verbe que nous avons lu au chapitre xxij du Pantagruel, joqueter, que Saulnier définissait: jouer dans sa douille, en parlant du manche d'un outil (d'où, évidemment, le sens érotique); dans fore, le verbe forer: fourrer (Greimas), autrement dit: XVe, faire entrer comme dans un fourreau (Petit Robert). Et il semble alors que nous pouvons lire a pille, nade, iocque, fore comme: A pilonne, arrête, ballotte et engaine.

23 - a mariage, (34); (42: mariaige): Screech dit: Jeu de cartes. Le sens second est évident, et nous rendrons par le latin francisé, lisant: au mariage comme: Au conjungo.

24 - au gay, (34): Screech dit: Jeu de cartes (j'ay?); nom du brelan en Normandie (Sainéan; autre exemple, Huguet). Greimas dit: Gai: 1180, bas latin gaius, nom propre servant de sobriquet: Geai; Oiseau de bois

servant de cible pour le tir à l'arc. Godefroy ne donne que cette deuxième acception pour Gai, ou gay. Furetière dit: Geay, Oiseau d'un plumage bigarré, rouge, verd, bleu, blanc, noir & gris, & à qui on peut apprendre à parler. Il est de la grosseur d'un pigeon. Le geay n'est pas le graculus des Latins, mais on l'appelle pica glandaria, parce qu'il avale les glands tous entiers. On dit en proverbe Foireux comme un geay. Le graculus des Latins étant le choucas, ce geay est bien le geai de France, celui de la bataille de l'Ancien Prologue du Quart Livre. Et nous ne pouvons qu'enregistrer le détail sur sa propension à la foire, particularité que ne mentionnne pas Rabelais. De toute façon, le seul sens à retenir est, bien sûr, celui de oiseau-cible; et c'est chez P. Guiraud que nous irons chercher un nom d'oiseau donné au sexe de la femme, lisant ainsi au gay comme: Au bengali[3].

25 - a lopinion, (34): Screech dit: Jeu (de cartes?); inconnu. Il n'est pas besoin de chercher longtemps pour saisir que le sens second ne peut naître que du calembour formé de O, entendu comme sexe de la femme, et de pinion, tenu pour issu de ce mot pine que nous avons lu pour le huitième nom: a lespinay. Nous rendrons cet à-peu-près au moins mal, et nous lirons à lopinion comme: A l'O-piné.

26 - a qui faict lun faict lautre, (34); (42: lung; laultre): Screech dit: Jeu (de cartes?); inconnu. Mais s'il est inconnu aux cartes, ce jeu, où tout mouvement fait par l'un est aussi celui de l'autre, nous paraît clairement évoquer l'accouplement. Nous rendrons donc: a qui faict lun faict lautre au moyen d'une vénérable expression, et nous aurons: A que l'un que l'autre.

27 - a la sequence, (34): Screech dit: Jeu de cartes analogue au fleux. Nous pourrions voir ici comme un air de famille avec le jeu de la treizième place: a pair & sequence. Mais, étant donnée la qualité de l'auteur et surtout celle de ses lecteurs privilégiés, nous prendrons le mot séquence à son sens liturgique de Chant rythmé qui prolonge le verset de l'alléluia (à la messe) ou le trait, ce trait étant le psaume chanté après le graduel (Petit Robert). Nous garderons ainsi l'idée de prolongement et nous rendrons a la sequence par: A la prolongation.

28 - aux luettes, (34); (42: au): Guilbaud dit: Jeu encore vivant en Bretagne, Vendée et Saintonge (ce qui nous laisse toute latitude pour imaginer). Michel dit: Jeu de tarots répandu dans le Sud-Ouest par les marins espagnols. Screech dit: Jeu de cartes d'origine espagnole, aux marques nouvelles, propagé en France par les marins bordelais; Sai-

---

3. Le mot est donné par Guiraud sans explication. Mais nous pouvons peut-être proposer la suivante: Bengali: qui vient du Bengale (Dauzat); et ben-gale, c'est: bien-amuse, d'où bengali: qui amuse bien.

néan. Cf. Pantagruel V. Il est dit dans ce chapitre qu'à Bordeaux, Pantagruel ne trouua grand exercice, sinon des guabarriers iouans aux luettes sur la graue. Mais l'important est de savoir ce qu'est ce mot luettes. Le Petit Robert donne: Luette, vers 1300, pour l'uette, d'un diminutif latin populaire de uva, grappe de raisin: Saillie médiane charnue, allongée, du bord postérieur du voile du palais, qui contribue à la fermeture de la partie nasale du pharynx lors de la déglutition (synonyme: Uvule). De ce renseignement, nous pouvons d'abord conjecturer que les marques nouvelles dont parle Screech sont des grappes de raisin. Quant au sens second, étant donnée l'antique analogie entre la bouche et l'ensemble vulvo-vaginal, nous entendrons facilement que l'uvule nommée uette puis luette est assimilée au clitoris. Et nous rendrons alors aux luettes par: Aux languettes.

29 - au tarau, (34): Michel dit: Les tarots sont d'origine italienne. Screech dit: Italien tarocchi, tarots (espèce de cartes inventées en Italie au XVIe siècle, chaque jeu comprenant 78 cartes). Il semble qu'il ne soit pas besoin, pour le sens second, de chercher plus loin que l'homonymie avec le mot taraud, au sens de tarière, dont Dauzat dit: XIIIe siècle, tarere, puis tarière, par changement de suffixe, peut-être sous l'influence de l'ancien verbe tarier, forer. Il paraît donc possible de rendre au tarau par: A la tarière.

30 - a qui gaigne perd, (34); (35: a coquinbert qui gaigne perd): Guilbaud dit: A qui perd gagne. Screech dit: Sans doute le jeu de qui perd gagne (le gagnant devient la dupe; édition Lefranc); et il dit, au mot Coquinbert: Coquimbert, qui gagne perd, terme qui s'applique à plusieurs jeux; Huguet. Pour le nom du jeu réel, nous verrons dans Coquinbert la variante du mot Coquebert que donne Greimas avec le sens de nigaud. Mais l'addition que fait Rabelais en 35 de ce mot coquinbert nous paraît pouvoir être, comme nous l'avons souvent vu, un souci de précision après qu'il a pu constater qu'on ne résolvait pas aussi facilement qu'il l'avait cru le sens apparent de la locution de 34. C'est donc ce mot dont il nous faut déchiffrer le contenu, quoique nous nous doutions déjà que qui gaigne perd, pris au sens érotique, est l'équivalent du dicton: Elles en vivent et nous en mourons. Nous verrons donc dans Coquin-bert, d'abord le bers, ber, biers ou berceau (Greimas), et dans coquin le mot mendiant (Greimas), ce qui revient à faire désigner par coquinbert le réceptacle qui demande, pour lequel on se dépense. Il paraît donc légitime d'entendre le second sens de a coquinbert qui gaigne perd comme: A connibert, qui va y perd.

31 - au beline (34): Guilbaud dit: Au trompé. Michel dit aussi: Au trompé, mais ajoute: cf. Pantagruel, chapitre VII, Le beliné en Court.

Screech dit: Jeu de cartes inconnu; de beliner, tromper; belin, mouton (Cf. Sainéan; QL). Seul exemple, Huguet. Le Quart Livre parle en effet au Prologue de qui, par leurs astuces (des Genevoys, c'est, dit-on, les Génois), sera beliné, corbiné, trompé et affiné. Mais nous devons, pour le sens second, considérer plutôt l'emploi du mot au chapitre xxiij du Pantagruel où, pour les lieues de France, il est dit des compagnons: Mais quand ilz eurent long chemin parfaict & estoient ia las comme pauures diables et ny auoit plus dolif en ly caleil, ilz ne belinoyent si souuent et se contentoyent bien (ientends quand aux hommes) de quelque meschante & paillarde foys le iour. Le terme belinoyent a remplacé en 42, comme nous le savons, le terme chevauchoient; il n'y a donc aucun doute: nous pouvons rendre au beline par: A la chevauchée.

32 - au torment, (35): Screech dit: Jeu de cartes inconnu. Greimas donne: Torment, Xe siècle, latin tormentum, instrument de torture: Instrument de torture, torture; orage, tourmente; machine de guerre. Nous trouvons dans Godefroy la citation du Quart Livre, chapitre LXI: Il inventa art et moyen de bastre et desmolir forteresses et chasteaulx par machines et tormens belliques; et Marichal, le commentateur, dit: Machine de guerre. Dauzat donne: Tourment, Xe siècle (torment), du latin tormentum, proprement: instrument de torture; de torquere. Nous consultons alors Gaffiot pour ce verbe Torquere; il indique en premier: tordre, tourner (par un mouvement de torsion); mais il donne aussi les sens de lancer après avoir brandi, lancer des javelines à courroies (de nature à porter plus loin), lancer un javelot sur son ennemi. Et nous entendons alors que si la machine de guerre a toutes chances d'être un instrument de jet où le mouvement repose sur le principe de détente de cordes préalablement enroulées autour d'un cylindre (définition de Gaffiot au mot Tormentum), le second sens contient cette idée de machine à lancer évidemment appliquée au corps de l'homme. C'est en fait le contenu du verbe éjaculer (latin ejaculari: lancer avec force, projeter) Nous rendrons donc au torment par un mot issu de la baliste (du grec ballein, lancer; Petit Robert), et nous lirons: A la ballochiste.

33 - a la ronfle, (34): Screech dit: Sorte de jeu de cartes. Fréquent, Huguet. Furetière dit en effet: C'estoit autrefois une espece de jeu. Ce mot n'est demeuré en usage qu'en cette phrase proverbiale: Joüer à la ronfle, pour dire, Dormir profondément & en ronflant. Littré dit aussi: Ancien jeu de cartes, semblable à la triomphe. Figurément et par calembour: Jouer à la ronfle, dormir. Il paraît assuré que si le sens second n'a rien à voir avec cette idée de dormir, il a rapport au verbe ronfler: faire, en respirant pendant le sommeil, un bruit particulier du

nez (Petit Robert). Or, dans le vocabulaire lyonnais qui, nous avons eu maintes fois l'occasion de le constater, est familier à Rabelais, la ronfle c'est la toupie, c'est-à-dire, selon le Petit Robert, le jouet d'enfant, formé d'une masse conique, sphéroïdale, munie d'une pointe sur laquelle elle peut se maintenir en équilibre en tournant. La toupie est évidemment ainsi nommée ronfle, dit le Dictionnaire étymologique du patois lyonnais[4], du verbe ronfler à cause du bruit de la toupie analogue à un ronflement; alors que Littré dit: On dit qu'une toupie dort quand, tournant très-rapidement, elle reste immobile en un même place. Ainsi donc, faisant bien sûr la part de l'exagération admise en ce domaine, il semble que a la ronfle puisse se rendre par: A la toupillante.

34 - au glic, (34): Guilbaud dit: Jeu analogue à la condemnade, très en vogue au XVe siècle. Screech dit: Jeu de cartes populaire dès le XVe siècle; allemand Glück?, Huguet. Tout nous laisse penser que glic vient bien de l'allemand Glück: chance, bonheur, prospérité, fortune, attendu que nous trouvons dans Godefroy, le seul dictionnaire qui cite ce mot: Glic (ou Ghelicque): substantif masculin: Chance, hasard; Sorte de jeu de cartes dans le genre de la bouillotte; Provision. Et la citation de ce dernier sens est celle-ci:

> Ayans pain bis et gros fromage,
> Glic de jambon et de boteilles

ce qui nous laisse entrevoir que la dénomination glic pour le jeu a une connotation d'amas, d'accumulation, d'abondance. C'est donc cette idée que nous retenons pour le sens second, au glic prenant alors le sens de nombreux, en quantité. Nous rendrons par: A foison.

35 - aux honneurs, (34): Guilbaud dit: Ici se termine la liste des jeux de cartes. Suivent les jeux de table. Screech dit: Jeu (de cartes?). Et nous ne pouvons moins faire ici que de remarquer avec quelle prudence Screech s'est jusque-là gardé d'affirmer quoi que ce soit: il n'a jamais donné pour certain que ces jeux fussent de cartes; il n'a jamais donné un avis qui lui soit propre et l'on sent bien que s'il admet qu'il est question de jeux, c'est seulement parce qu'il est bruit qu'il en est ainsi. Index verborum se traduit, pour lui, par Je ne sais rien mais j'en dirai un mot.

Furetière dit: Les honneurs, au jeu de cartes, ce sont les peintures, le Roy, la Dame, le Valet. Mais, pour le sens second, nous comprendrons les honneurs dans cet autre sens qu'il indique: Certaines cérémonies qu'on observe en recevant des visites, en faisant des festes. Nous com-

---

4. Nizier du Puitspelu, réimpressions Slatkine, Genève, 1970.

prendrons qu'il est bien question de faire fête, et nous rendrons alors aux honneurs par: A la prévenante.

36 - a la mourre, (34): Guilbaud dit: Morra, jeu italien où l'on compte avec les doigts, en vogue au XVIᵉ siècle. Michel dit: Cf. Quart Livre, chapitre XIV: Les paiges jouoient à la mourre à belles chinquenauldes. C'est un jeu de devinettes. Screech dit: Italien, morra, jeu où l'on devine le nombre de doigts levés par son compagnon (édition Lefranc, Quart Livre, etc.). Et à l'Index du Quart Livre, Marichal, le commentateur, explique: Jeu où l'un des joueurs lève les mains en ouvrant un certain nombre de doigts et l'autre devine le nombre de doigts levés, pair ou impair. Nous en savons suffisamment, bien qu'on ne nous dise pas quel rôle jouent les chiquenaudes, pour reconnaître le jeu si bruyant, encore vivant, auquel fait déjà allusion Cicéron (Des Devoirs, III): pour louer la loyauté, la probité de quelqu'un, ils disent qu'on pourrait jouer avec lui à la mourre dans l'obscurité (traduction Ch. Appuhn; Garnier-Flammarion). Mais, pour le sens second, il apparaît qu'il ne faut que s'en remettre au calembour pour entendre a la mourre comme: A l'amour.

37 - aux eschetz, (34): Michel dit: Les Échecs. La série des jeux de table commence. Mais il est évident que, pour le sens second, le mot échecs nous conduisant à l'idée de fiasco, il nous faut chercher si n'existe pas une acception moins désolante, en fait celle qui était présente à l'esprit de Rabelais. Dans Greimas, nous ne trouvons, sous le terme Eschec, que le verbe Eschequier dont un des sens retient notre attention: Mettre à mal, pêcher (mais peut-être faut-il lire: pécher); Echequier a (quelqu'un), le faire mat, le renverser. Mais Godefroy donne: Eschet: Peloton, écheveau de fil; Gland en fil, sorte d'effilé: voir Eschec: Butin, prise, toute sorte de bonne aubaine. Par extension: Escarmouche, bataille, attaque furieuse, ravages de la bataille. Nous avons le choix, et aussi son embarras. Il semble pourtant que, pour rester dans le ton enjoué, et avec l'idée que ce mot Eschet, eschec retient quelque chose de l'idée d'échoir, nous rendrons aux eschetz par: A l'aubaine.

38 - au renard, (34): Guilbaud dit: Jeu analogue aux dames. Michel dit: Variété du jeu de dames; on l'appelle aussi aujourd'hui au loup et à l'agneau. Screech dit: Jeu de tables où une dame sur l'échiquier (le renard) doit attaquer et prendre douze poules (les pions); édition Lefranc. Le sens second est dès lors aisé à entendre, et nous rendrons au renard par: Aux poulettes.

39 - aux marrelles, (34); (42: Au marelles): Michel dit: Jeu de table. Il ne s'agit pas de la marelle. Screech dit: Jeu de table qu'on joue avec

des marelles, jetons, sur un carton divisé par deux croix; édition Lefranc. Greimas donne: Merel, marel, meriel: 1160, origine obscure, probablement d'un radical prélatin marr-, pierre: Petit caillou, galet; pion au jeu de la merele; suivent de nombreux sens et locutions dont l'idée générale paraît être celle d'occasion, de circonstances, de cas. Il donne encore: Merele: Sorte de jeu qui se jouait sur une table carrée semblable au jeu de dames. Mais avant de poursuivre, nous pouvons nous demander si l'origine de ce mot merele ne serait pas celle du verbe Merir dont Greimas dit: 1150, latin populaire merire, pour merere: Gagner, mériter, etc.; car nous lisons dans le Dictionnaire des racines des langues européennes, de R. Grandsaignes d'Hauterive (Larousse, 1949): Smer- (indo-européen), avoir part à (...) Grec: meros (pour smero), part; meiromai, obtenir en partage; mora, le sort. Latin: merere, -itum, recevoir comme part; gagner, mériter, etc. Ancien français: merir. Sur ce, nous reprenons.

Furetière dit: Merelle, Jeu qu'on jouë sur un tablier distingué par plusieurs lignes, avec des dames ou autres marques, dont il s'en doit trouver un certain nombre en ligne droite. Le jeu de la merelle n'a lieu que parmy les escoliers. Il est fort ancien, & vient, etc. En fait, nous pouvons penser que ce jeu date du premier moment où des élèves ont trouvé le temps long, cette merelle ressemblant fort au jeu du morpion.

Tout cela nous laisse la plus complète liberté pour tenter de comprendre le sens érotique que Rabelais, selon nous, a vu dans aux marrelles. Et il semble que la seule idée à retenir soit celle de la ligne sur laquelle doivent se retrouver les marques gagnantes, cette ligne étant à entendre comme la raie, au sens que lui donne la citation de P. Guiraud à ce mot:

    Mais mon billart est usé par le bout
    C'est de trop souvent frapper dans la raie
    (Farces et moralités, moyen âge).

Nous pensons donc pouvoir rendre aux marrelles par: A gain sur la raie.

40 - aux vasches, (34); (42: au): Guilbaud dit: Jeu de dames. Screech dit: Jeu de tables, analogue aux dames, connu dès le XVe siècle; édition Lefranc. On ne trouve mention de ce jeu nulle part sauf dans une citation de Littré, dont s'est manifestement inspiré Lefranc: XVe; Lesquelz se prindrent à jouer aux vaches, au plus de blanches ou de noires. Du Cange, vacca.

Ce jeu est fondé sur le plus grand nombre de pions noirs ou blancs, et ce n'est pas dans cette règle que nous pouvons distinguer quelque chose d'égrillard. D'autre part, la vache évoque l'idée de mollesse: il ne semble pas y avoir non plus d'issue de ce côté. Nous devons donc, là encore, voir si n'existent pas d'autres acceptions. Et nous consultons Godefroy qui donne d'abord Vache, vacque: Sorte de grue; mais cet instrument de levage ne nous inspire guère. Puis nous trouvons, au mot Vacque, donné pour adjectif dont le sens est inconnu, deux citations qui nous paraissent suffisantes:

> Premièrement que les dis dras velus, appelles vacques, soient
> ourdis, etc. (1407). Sera reservé les draps velus et ceulx que on
> appelle communaument draps de vacque (1408).

Il serait probablement téméraire de vouloir trouver une explication, et nous nous contenterons de prendre pour bons ces draps qui, au demeurant, ont bien l'air de pouvoir fournir des sensations telles qu'ils puissent être recherchés. Nous entendrons aux vasches comme: Aux draps pelus.

41 - a la blanche, (34): Screech dit: Variante de blanque: jeu en forme de loterie: on ouvre avec une épingle un livret dont la plupart des feuillets sont blancs. Origine italienne (édition Lefranc). Furetière, lui, parle d'une Espèce de loterie, ou jeu de hasard où l'on achète certain nombre de billets, dans lesquels s'il y en a quelqu'un noir, ou marqué de quelque meuble qui est à l'estalage, on en profite. S'il n'y en a point, on perd son argent; & alors on dit qu'on a trouvé blanque, d'où ce jeu a tiré ce nom. On dit figurément, qu'on a trouvé blanque en quelque lieu, quand on n'y trouve pas ce qu'on y cherchoit. (...) On dit proverbialement, Hasard à la blanque, pour dire, entreprendre quelque chose dont le succès est incertain. Littré dit: Figurément: Hasard. A la blanque, à tout hasard. Cette locution a vieilli. Dans les jeux où l'on tire au sort, coup où l'on n'amène rien. L'idée est donc clairement: Entreprendre quelque chose qui risque fort de mal tourner. Nous rendrons a la blanche par: A tout risque.

42 - a la chance, (34): Guilbaud dit: Jeu de dés. Screech dit: Jeu de dés très répandu. Pour les règles, consulter D.J. Ross, in BHR, etc. (Bibliothèque d'Humanisme et Renaissance). Furetière dit: Chance, Premier coup de dez qu'on jette pour en faire joüer un autre. Ainsi on dit, Livrer la chance à quelqu'un, pour luy donner lieu de joüer un coup ensuite. Chance, est aussi un jeu particulier du dez qui se joüe avec certaines règles, & qui ne tombe que sur certains points. Littré, après avoir parlé de Sorte de jeu de dés, dit: Donner la chance, livrer la chance, livrer chance, se dit quand le joueur, qui tient le cornet, nomme le point qu'il veut avoir en sa faveur.

Pour le sens second, il semble qu'il n'y ait pas lieu de retenir le jeu de dés proprement dit, quelles qu'en soient les règles, ce qui donnerait même compréhension que pour le jeu précédent. Mais nous entendrons de façon particulière cette locution Donner chance, où le joueur qui tient le cornet annonce le nombre de points qu'il pense amener; et nous comprendrons que, comme dans certains contes du fonds érotique, il peut s'agit de l'engagement pris auprès de la partenaire de réussir tant de venues, comme dit Brantôme. Nous rendrons donc a la chance par: A la gageure.

43 - a troys dez, (34); (42: trois): Screech dit: Jeu de hasard; cf. TL, XI. Furetière dit: Dé, Petit cube d'os ou d'yvoire marqué de points différents en ses six faces, dont plusieurs étant jettés, déterminent les choses qu'on laisse juger au hasard. Cette question est si problematique, que je la voudrois decider à trois dés. Littré dit: Figurément et familièrement: Je jetterais cela à trois dés, je jouerais cela à trois dés, c'est-à-dire le choix entre ceci ou cela m'est tout à fait indifférent, et je m'en remettrais volontiers au hasard pour choisir. Quant à la phrase du Tiers Livre, elle est celle-ci: Ce seroit (dist Panurge) plus toust faict et expedié à troys beaulx dez. Sans nous arrêter au jeu de mots incertain (baudets), nous entendrons que l'idée à retenir de tout ce que nous venons de lire est celle d'absence de raisons de choisir; et pour le sens second, nous entendrons qu'elle est celle de l'indifférence quant aux moyens pourvu que soit donnée la fin, ce qui revient, pour ce qui nous occupe, à se satisfaire de la première partenaire venue. Nous rendrons donc a troys dez par: A tout-venant.

44 - aux talles, (34); (42: Au tables): Guilbaud et Michel impriment tables, et ne disent rien. Screech, qui donne évidemment talles, dit: Tales; Talles: nom antique du jeu d'osselets, tales. Et il renvoie au chapitre xxiiij du présent Livre, où l'on lit: ou reuocquoient en usaige lanticque ieu de tales (texte de 34 car en 42 la même erreur, tables pour talles ou tales, montre que le compositeur a encore abusivement corrigé). Là, une note parle de l'emploi du mot au chapitre XI du Tiers Livre: Ce que des dez je vous ay dict je diz semblablement des tales. C'est sort de pareil abus. Et à l'Index du Tiers Livre, Screech dit cette fois: Tales: tali, jeu classique ressemblant aux osselets mais employé quelquefois comme mode de divination (Sainéan). Or il ne semble pas possible d'employer, fût-il marqué, un osselet dont la forme n'est pas équilibrée, pour s'en remettre au hasard. Et nous commençons à nous douter que les tales ne sont pas les carpes. En fait, nous devons revenir au latin pour lire dans le Gaffiot: Talus,-i: Primitivement osselet à jouer, puis dé rond de deux côtés avec les quatre autres marqués, tandis que les tesserae étaient marqués des six côtés. Goelzer dit, lui: Sorte de dé oblong ayant quatre côtés. Ainsi apparaît que les tales sont

de petits parallélépipèdes d'os ou de bois, aux deux extrémités hémisphériques, autrement dit en calottes. Nous comprenons alors fort bien que ces dés oblongs ainsi terminés servent de base à l'évocation du membre viril; et, le mot ayant eu le sens de baguette équarrie (Petit Robert), nous lirons aux tales comme: Aux tringles.

45 - a la nicnoque. (34): Bien que cela puisse n'être encore que l'erreur d'un typographe, nous noterons que ce jeu est, dans l'originale, suivi d'un point, le jeu suivant commençant par une majuscule. Cette particularité n'a pas subsisté en 42. Guilbaud dit: Trictrac. Screech dit, dubitativement: Sorte de trictrac? Littré donne le verbe Niquer: Gagner du premier jet de dés, en amenant le point qu'on a nommé. Ce terme s'emploie au jeu de krabs (jeu qu'il ne définit pas). Quant au mot noc, il nous faut remonter au quatre-vingt-seizième titre de la Librairie (P. vij): La nicque nocque des questeurs, etc., et nous rappeler que ce noc est, écrit à l'envers, le mot con. Nous avions conclu alors que la nicque nocque est en fait la nique-con, mot équivalant à ric à ric, au tique tac ou encore au ventre contre ventre. Il ne semble pas que nous ayons besoin de plus amples explications pour conclure ici que le sens second du jeu est de même inspiration; et nous rendrons a la nicnoque par: A con niqué.

46 - A lourche, (34); (42: Au): Guilbaud dit: Au bredouille, partie de trictrac. Screech dit: Sorte de trictrac (variante de l'ourche; cf. TL, XII). Nous nous reportons au Tiers Livre et nous lisons: Rien, rien, respondit Pantagruel. Je pensois au jeu de l'ourche et tricquetrac. Et Screech donne dans l'Index: Ourche: trictrac (Cotgrave: The game of tables called lurches), c'est-à-dire Le jeu de tables nommé lurch (lourch), ce qui est pour Screech s'associer naïvement à la balourdise de Cotgrave, attendu que le substantif est le mot Ourche et non le mot Lourche. De toute façon, nous voyons poindre le sens second du fait que Greimas donne deux mots Orce, le premier ayant les sens de Côté du navire, babord; le second, ceux de Cruche, vase, pot. Et considérant le vase en question comme le lieu de distillations, nous rendrons a lourche par: A la cucurbite.

47 - a le renette, (34): Guilbaud dit: Sorte de jeu de dames. Screech dit: Vieux français rognette, espèce de jeu de dames; plusieurs exemples, Huguet. Nous ne croyons pas trop à l'existence de ce terme rognette que nous ne trouvons ni dans Godefroy ni dans Greimas, d'autant que Dauzat dit du verbe Rogner: couper autour, du latin populaire rotundiare, couper en rond, ce qui paraît ne pas pouvoir être le fait d'un jeu de société. En tout cas, nous ne trouvons nulle part confirmation de ce jeu de renette sauf chez Godefroy; mais aucune des

citations qu'il donne ne permet de se faire la moindre idée de ses règles. Quoi qu'il en soit, il ne semble pas que cette ignorance doive nous gêner pour la découverte du sens second, celui-ci apparaissant clairement dans le traditionnel calembour; et nous lirons a la renette comme: A la raie nette.

48 - au barignin, (34): Guilbaud dit: Trictrac. Screech dit aussi: Sorte de jeu de trictrac, d'origine italienne. Cette fois encore, nous ne trouvons pas trace de ce mot barignin, à vrai dire fort insolite. Et nous arrivons à penser qu'il peut s'agir d'une déformation, qu'elle soit de langage ou de composition typographique; aussi cherchons-nous quelque mot approchant. Et nous rencontrons bien sûr le verbe barguigner pour lequel Furetière dit, après sa définition: On disoit autrefois bargagner pour marchander. Nous nous risquerons donc à lire ici le mot barguignin, peut-être façon particulière de jouer au trictrac et, conséquemment pour le sens second, de se livrer au déduit. Nous rendrons au bar(gu)ignin par: A la chicaneuse.

49 - au trictrac, (34): Aucun commentateur ne juge nécessaire de rien dire de ce jeu. Aussi est-ce chez Furetière que nous cherchons; il donne, lui: Trictrac ou tricquetrac, avançant: Le nom luy vient du bruit que font les dames en les maniant; et il ajoute: On disait autrefois tictac, comme on fait encore en Allemagne. Nous voyons bien entendu tout de suite la similitude avec ce que nous avons lu pour nicquenocque, mot qui équivaut lui-même à ric-à-ric, au tique tac et autres onomatopées éloquentes. Mais il semble qu'il suffit ici d'entendre la première syllabe tric- comme trique, mot dont Furetière dit: Gros baston, ou parement de fagot. C'est la même chose que tricot. Tricot: Baston qu'on tire d'un cotret, ou des parements d'un fagot. Quant au mot trac, Furetière dit: Terme factice qui exprime le bruit d'une chose qui se remuë avec violence, et qui a donné le nom au jeu du Triquetrac. A noter encore que, pour le verbe Triquer, il dit: Signifie aussi mêler. Ainsi, cette trique qui se remue avec violence pour mêler ne peut manquer d'évoquer le déduit, d'autant que pour le mot Tricon, que nous rencontrons par hasard, et qui est paraît-il un terme de Berlan, du Hoc, & autres jeux de cartes, Furetière annote: Les prudes outrées l'appellent fredon. Cette indication nous est fort précieuse puisqu'elle nous donne la preuve que lesdites prudes distinguaient dans le vocable Tricon le mot trique et le mot con, qu'elles avaient donc la compréhension orientée vers la malice, et que nos compréhensions ne sont pas plus outrées que les leurs, ce qui nous enlèverait notre dernier scrupule si nous en avions conservé un. Donc le mot trictrac entendu comme trique remuée avec violence, nous rendrons au trictrac par: Au trique-tracas.

50 - a toutes tables, (34): Screech dit: Jeu de trictrac, où les dames sont partagées en quatre tas placés dans les quatre parties du trictrac (édition Lefranc). Littré dit: Toute-table ou toutes-tables: (...) La marche du jeu consiste à faire faire aux dames le tour entier du trictrac. La deuxième compréhension ne peut manifestement s'établir que sur une acception particulière du mot table; or le jeu des tables est soit le jeu de trictrac, soit le jeu de dames (Greimas, Furetière, Littré). Il nous faut donc entendre ici a toutes tables comme à toutes dames; et jouer à toutes dames c'est, semble-t-il, parler de mettre indifféremment toutes pièces en œuvre, comme va dire frère Jean au chapitre xlv du présent Livre. Étant entendu que le mot n'avait encore aucun sens péjoratif, nous pouvons donc rendre a toutes tables par: A toutes garces.

51 - aux tables rabatues, (34); (42: Au): Screech dit: Tables: plusieurs jeux, et surtout le tric-trac: tables rabatues, jeu de dames, RER, etc. Littré parle de dames rabattues, sorte de jeu qu'on joue sur le tablier d'un trictrac avec les dés et les dames. Nous connaissons désormais le sens de tables, sens confirmé par ces dames rabattues. C'est donc sur le terme rabatues que doit s'établir la deuxième compréhension. Or Littré donne, parmi les multiples sens de Rabattre, ceux de: Mettre plus bas, faire descendre, et encore, au figuré, mettre dessous. Nous entendrons alors aisément que rabatues prend un sens érotique, ce qui n'est pas pour nous étonner. Et nous rendrons aux tables rabatues par: Aux dames couvertes.

52 - au reniguebleu, (34); (42: Au reniguebieu): Guilbaud dit: Nom de jeu formé sur le juron Je renie Dieu. Michel dit: Jeu dont le nom vient du juron Je renie Dieu. Screech dit: Euphémisme (je renie Dieu); jeu de dés mentionné dans Pantagruel, chapitre xvij, comme étant joué par des pages. C'est le chapitre des procès de Panurge, où nous lisons: les pages du palais peussent iouer dessus a beaulx detz, ou au reniguebieu a leur ayse, sans y guaster leurs chausses aulx genoulx.

Il nous faut remarquer d'abord que la phrase montre clairement que ce jeu de reniguebieu, s'il oblige les pages à s'agenouiller, est différent du jeu de dés proprement dit. Il nous faut ensuite examiner ce verbe renigue. Greimas donne Renoier, renier: fin XII° siècle (voir Noier, nier): Nier, dénier, refuser; abjurer, apostasier, déserter sa foi ou son parti; renoncer à. Pour Noier, Greimas donne les formes Nier, neier, noier, 980, latin negare: Renier; dénier; refuser; s'inscrire en faux. Il apparaît donc que le verbe reniguer est, soit dialectal, soit intentionnellement modifié; car il se rencontre avec le verbe que donne Greimas: Niquier, 1330, dont un des sens est: Asséner un coup à, sens qui a apparemment conduit au verbe que donne P. Guiraud: Niquer, niguer:

coïter, d'après le dialectal nique: secousse. Et nous voyons alors dans ce verbe reniguer l'élément niguer précédé de la marque habituelle de renforcement. Si donc reniguer (ou reniquer) est la forme intensive de niguer (ou niquer), il convient alors de voir dans le mot bieu (qui, en 34, est le mot bleu sans qu'on sache s'il s'agit d'une coquille ou d'une variante) tout autre chose que ce que dit Greimas: Bieu, beu, be, biu: déformation du nom de Dieu dans les jurons tels que: Par les denz bieu, par le cuer beu, par les elz beu, par le cul bieu, par la char bieu, etc. Et il semble possible de voir dans bieu la déformation dialectale d'un mot comme Bief, biet, biez: lit d'un fleuve; canal, fossé.

Il serait évidemment décisif, parvenus à ce point, que nous puissions établir que le jeu de reniguebieu est, par exemple, un jeu où l'on doit faire suivre à son dé employé comme une bille un trajet donné sans qu'il s'arrête dans le bief, le biet, le biez (ou le bieu), c'est-à-dire une sorte de pot où l'adversaire s'efforce de le faire tomber en projetant sur lui son propre dé comme on projette une bille. Mais il faudra bien nous passer de cette preuve, nous contentant de la conjecture. En tout cas, si pour le jeu des pages nous admettons que reniguebieu est bien Je renie Dieu, l'idée de renier pouvant provenir des déceptions que donne dans ses mouvements un cube lancé comme une sphère, nous tenons que la compréhension érotique entend reniguer comme niguer (intensivement) et bieu comme canal (féminin), fossé (féminin). Et nous rendrons au reniguebieu par: Au pousse-au-trou.

53 - au force, (34): Guilbaud dit: Sorte de jeu de dames. Screech dit: Le jeu de forçats (Cotgrave, au mot forçat): jeu de dames où l'on doit, dans certaines circonstances, prendre son adversaire, bon gré, mal gré. Mais nous ne pouvons nous contenter de vues anglaises, et nous consultons Furetière; il donne: On dit en quelques jeux, comme à la Beste, Joüer au forçat, quand on s'assujettit à certaines regles qui ne sont pas absolument du jeu, comme quand on est obligé de mettre une carte au dessus de son compagnon pour prendre, ou une triomphe, quand on n'en a pas de plus haute. Nous sommes donc à peu près persuadés que jouer au forcé est jouer au forçat; en tout cas nous entendons qu'il y a idée d'obligation plus ou moins difficile à remplir. Et c'est sans grand effort que nous amenons le second sens, entendant au forcé comme: A la surmonte.

54 - aux dames. (34): Personne ne dit quoi que ce soit de ce jeu si connu, Michel se bornant à noter: Les dames ont fait leur apparition au XVIe siècle. Et, de même, pour le sens second, il est à peine besoin d'expliquer que aux dames se comprend comme: Aux filles d'Ève.

55 - a la babou, (34): Screech dit: Jeu d'enfants ou, peut-être, jeu de

dés (Sainéan). Au QL, LVI, faire la babou, faire un geste de moquerie par lequel on fait avec un doigt claquer la lèvre inférieure contre la supérieure. Nous lisons en effet: Panurge luy feist la babou, en signe de derision. Et Marichal, le commentateur, explique: De baboue, vieille sorcière aux grosses lèvres, d'où moue et geste de moquerie (suit l'explication que Screech a reprise). Nulle part nous ne trouvons mention d'un jeu de dés de ce nom; quant au geste, le jeu impliquant des règles, nous n'avons aucune idée de ce que pourrait être un jeu fondé sur une grimace de moquerie. Nous pouvons penser qu'il s'agit plutôt d'un geste puéril fait dans l'intention d'assimiler l'autre à un nourrisson. Mais le geste a été repris par les adultes dans une intention moins candide. Car le sens second apparaît facilement du fait que sont en jeu les lèvres. Et recourant au terme par lequel, nous le savons, Brantôme désigne les nymphes, nous entendrons a la babou comme: Aux landilles.

56 - a primus secundus, (34): Guilbaud dit: Jeu d'écoliers consistant à faire sauter des baguettes l'une après l'autre, dont il a été question dans Pantagruel (chapitre xviij). Premier d'une série de jeux d'adresse. Michel dit: Jeu d'écolier. Panurge y joue avec les pages (Pantagruel, etc.). Screech dit: Jeu de baguettes, affectionné par les écoliers (cf. Pantagruel, etc.). La phrase de Pantagruel est celle-ci: Ainsi passa la nuict Panurge a chopiner auecques les paiges & iouer toutes les aigueillettes de ses chausses a primus & secundus, & a la vergette. Et Guilbaud disait alors: Jeux d'écoliers dans lesquels on faisait sauter des aiguillettes ou des baguettes? Et il ajoutait d'ailleurs: Ce que nous savons des mœurs de Panurge nous permet de comprendre la phrase tout autrement.

Nous ne trouvons pas de mention de ce jeu de primus et secundus. En revanche, pour vergette, Furetière donne: Utencile de mesnage qui sert à nettoyer les habits & les meubles. Il est fait de plusieurs brins de jonc, de soyes de porc, de sanglier, &c. Et nous retrouvons avec les brins de jonc l'assemblage de baguettes dont il est parlé, comme nous sommes conduits à penser que ces jeux de primus secundus et de la vergette sont des variantes du jeu nommé Jonchets dont Littré dit: Jonchet: Nom de fiches longues et menues, dont quelques-unes portent des figures; on fait tomber ce faisceau de fiches pêle-mêle sur une table, et, avec de petits crochets d'ivoire, il faut tirer adroitement le plus de fiches que l'on peut sans en faire remuer aucune autre. Mais il est certain que nous avons là affaire au raffinement, et que les jeux improvisés par Panurge et les pages ne comportent ni fiches portant des figures, ni crochets d'ivoire, et que même les brins de jonc pouvaient manquer, remplacés alors par les ferrets des aiguillettes, car il s'agit, pour ce mot aiguillettes, du tout pris pour la partie (nouer l'aiguillette prenant, au contraire, la partie pour le tout).

Il ne semble pas toutefois que le sens érotique puisse être fondé sur la nature de ce jeu mais bien sur son nom, en retenant des deux mots leur sens classique: primus, qui va en avant; secundus, qui suit; autrement dit, une des mille et une façons de décrire le sexe masculin en érection. Et nous entendrons alors a primus secundus comme: A un plus deux.

57 - au pied du cousteau, (34): Guilbaud dit: Jeter un palet le plus près possible d'un couteau piqué en terre. Screech dit: Très ancien jeu (on lance un jeton le plus près possible d'un couteau piqué en terre; édition Lefranc). Bien entendu, aucun dictionnaire ne parle de ce jeu où l'improvisation paraît jouer grand rôle. Mais pour ce qui est lancé, il semble qu'il ait suffi que l'objet soit plat de façon à pouvoir demeurer à son point d'arrivée; à moins encore qu'il ne s'agisse du fameux lancer de fers à cheval qu'il est presque impossible de jeter de façon qu'ils embrassent le pied du couteau. Quoi qu'il en soit, c'est encore dans le nom du jeu qu'il faut chercher le sens second. Car le Dictionnaire érotique de P. Guiraud nous rappelle que le pied est la part (de butin) et qu'en argot, prendre son pied, c'est prendre sa part (de plaisir). Quant au mot couteau, c'est encore l'antique représentation du membre viril qu'attestent de multiples citations. Nous entendrons donc que le pied du cousteau devait, pour le lecteur des années 1500, immédiatement évoquer ces idées de phallus et de jouissance; et nous rendrons au pied du cousteau par: Au délice du manche.

58 - aux clefz, (34); (42: Au): Screech dit: Jeu enfantin qui consiste à lancer une clef le plus près possible d'une table (édition Lefranc). Il n'y a là non plus aucune trace de ce jeu nulle part; mais il n'en est pas moins vrai que l'explication de Lefranc, reprise docilement par Screech, nous paraît entachée de niaiserie: pourquoi en effet lancer une clef plutôt qu'une cuiller à pot, et pourquoi viser le pied d'une table plutôt que celui d'une chaise? Nous comprenons, nous, que le jeu consiste à lancer une clé sur une table de façon qu'elle glisse jusqu'au but placé tout près du bord, chassant au besoin celle de l'adversaire. Mais il faut croire que ni Lefranc ni Screech n'ont jamais lancé une clé sur une table cirée, où elle ne s'arrête que si l'on a la chance avec soi. Cela dit, il nous faut de nouveau, pour le sens second, recourir au vocabulaire érotique traditionnel, où la clé est encore un des noms du membre viril. Et cette clé étant, non moins traditionnellement tenue pour s'adapter à toute serrure, nous rendrons aux clefz par: Aux passe-partout.

59 - au franc du carreau, (34): Guilbaud dit: Jeu analogue à la marelle. Screech dit: Jeu populaire qui consiste à lancer un jeton le plus près possible du centre d'un carreau (édition Lefranc). Cependant Furetière explique: On appelle le jeu du franc du carreau, un jeu où on jette une pièce de monnoye en guise de palet sur un quarré qu'on a tracé en terre, & divisé par ses diametres & diagonales: celuy qui met sur les lignes gagne quelque avantage. Le franc est la pièce qui, toujours selon Furetière, valoit vingt sols autrefois, ou le tiers d'un écu. Il est donc évident que, pour le sens second, il faut retenir et l'idée d'argent donné, et celle de ligne, donc de raie. Nous rendrons donc au franc du carreau par: A vingt sous la raie.

60 - a par ou sou, (34); (35: a pair ou sou); (42: A pair ou non): Screech dit, nous l'avons vu pour: pair & sequence (13): Sans doute un jeu où on doit deviner si le nombre d'objets cachés est pair ou impair. Et il se demandait: Sou, coquille? Il semble que le doute ne soit pas permis: en 34, par est mis pour pair, et sou pour non; en 35, la première coquille est rectifiée, mais le mot sou subsiste, ce qui ne peut que nous conforter dans la liberté que nous prenons quelquefois avec cette composition quand nous avons manifestement affaire à l'incompréhension du typographe. A noter que les coquilles de ce genre sont si nombreuses que nous pouvons nous demander si l'indifférence de l'auteur à leur endroit n'est pas calculée, les fautes patentes devant faire passer pour telles les audaces éventuellement décelées par le censeur.

En tout cas, nous avons ici la confirmation de Furetière; il dit: A pair, ou à non: C'est une espèce de jeu ou de gageure, en laquelle on devine si un nombre de choses cachées dans la main ou sous un chapeau est pair, ou s'il ne l'est pas. Et pour la compréhension seconde, il est alors facile d'entendre qu'il y a là l'extension érotique de la devinette posée à la partenaire selon laquelle elle doit dire si ce qu'elle va voir est à considérer comme pair ou comme impair, la question pendante ou non. Nous rendrons donc a pair ou non par: A paire ou manque.

61 - a croix ou pille, (34): Guilbaud dit: A pile ou face. Et il précise: Ce sont maintenant des jeux divers: attrapes, devinettes, jeux de plein air, etc. Screech dit: Le jeu de pile ou face. Il semble établi que c'est bien le jeu où l'on s'en remet à la pièce de monnaie pour qu'elle décide, premier exemple du langage binaire qui décharge si heureusement l'esprit de la considération des nuances. Et, pour le sens second, il ne paraît donc pas que nous ayons à hésiter, l'alternative portant apparemment sur la façon d'aborder le sujet. Nous rendrons a croix ou pille par: A recto ou verso.

62 - Au martres (42): Guilbaud dit: Aux osselets (nom normand). Michel dit: Aux osselets (nom normand). Les pingres sont aussi des osselets, en patois angevin. Screech dit: Jeu d'osselets (Normandie); édition Lefranc, Sainéan.

Godefroy donne le mot Martre, marte; Jeu d'osselets, citant, avec le texte qui nous occupe, un texte de Ronsard. Il dit aussi: Cf. Martel, mot pour lequel il donne les sens de: Marteau servant à marquer le bois et la marque faite avec ce marteau; cheville qui tient les chevaux attachés au limon de la charrette; membre viril; et, au figuré, tourment. D'autre part, le provençal désigne par le nom de Marteu le marteau et la dent molaire; le franco-provençal a le mot Martiau (à Lyon, Marteau) pour désigner ce que le Dictionnaire étymologique du patois lyonnais nomme la dent mâchelière, expliquant: De la ressemblance avec un marteau. De là, nous pouvons effectivement admettre que les martres, par similitude de forme, sont bien les osselets. Dès lors, le second sens apparaît clairement. d'autant que Greimas donne encore: Marteler: jouir d'une femme (sens confirmé par Godefroy). Nous rendrons aux martres par: Aux cognements.

63 - aux pigres, (34); (42: Au pingres): Guilbaud dit: Aux osselets (nom angevin). Michel a dit même chose au mot précédent. Screech dit: Nom normand et angevin des osselets; Sainéan.

Dauzat ainsi que Bloch et Wartburg donnent bien le mot Pingres au sens de jeu d'osselets, XVe et XVIe siècle (ce qui, au passage, confirme que le jeu des talles, au 44e rang, extérieur à ce groupement martres -pingres, ne peut être le jeu d'osselets). Mais personne n'est capable de donner la provenance de ce mot qui, depuis le milieu du XVIIIe siècle, a pris le sens de: Avare particulièrement mesquin (Petit Robert).

Godefroy donne: Pingres, substantif masculin pluriel: jeu des osselets; et il ajoute: Anjou, pingres: osselets. Il cite, de 1490: Une dame qui joue aux pingres de cueurs au dedans d'une chambre; de 1534, le texte qui nous occupe; de 1552, le texte du Quart Livre, chapitre XIV: Les damoiselles jouoient aux pingres. Les officiers jouoient a l'imperiale. Enfin, de Cotgrave (1611), il cite: Pingres, a (womanish) play with ivory balls, ce qui signifie, développé: Un jeu pour femmes, qui se joue avec des objets sphériques ou ovoïdes, en ivoire.

Il serait vain de chercher à savoir ce que sont exactement ces balls et si ces balls sont toujours en ivoire. Nous déduirons plutôt du fait que ce jeu paraît, dès 1490, réservé aux femmes, que les osselets peuvent être ici non pas des carpes mais des vertèbres, éventuellement plus petites, donc plus faciles à manier. En tout cas, c'est là-dessus que nous édifierons le sens second, lisant aux pingres comme: A l'endossure.

64 - a la bille, (34): Guilbaud et Michel disent: Au croquet. Screech dit: Jeu; sans doute billard de terre, croquet; édition Lefranc. Furetière dit en effet du Billard: On fait aussi des billards dans des places qu'on prepare exprés dans des jardins. Et pour Bille: est une boule d'yvoire, ou de bois, avec laquelle on jouë au billard. Mais il dit encore: Bille, est aussi un baston pointu qui sert aux Emballeurs pour serrer les cordes de leurs ballots, & serrer les charges des mulets. Il est évident que c'est ce sens de bâton que nous retenons pour le sens second. Et bien que le Dictionnaire érotique ne donne pas le mot, pourtant courant, dans sa liste des noms du pénis[5], nous rendrons a la bille par: A la trique.

C'est à cet endroit, après le soixante-quatrième nom de jeu, qu'en 1535 Rabelais insère une quarantaine de nouveaux noms. Si nous ne nous sommes pas abusés, cette addition doit pleinement confirmer l'intention érotique que nous avons jusque-là pu distinguer. Voyons ce qu'il en est.

65 - au sauatier, (35): Screech dit: Forme usuelle de savetier; jeu (un enfant, debout, cherche une savate que ses camarades, assis en cercle, passent sous leurs genoux) Sainéan, édition Lefranc. Littré décrit ainsi ce qu'il nomme jeu de la savate: une douzaine d'écoliers s'asseyent en rond, levant les genoux et se serrant étroitement les uns contre les autres; sous leurs genoux ainsi haussés et juxtaposés, ils font passer un soulier que l'un d'eux, debout au milieu du cercle, cherche à saisir au passage. Celui entre les mains de qui elle est saisie, prenant la place de celui qui l'a saisie, cherche la savate à son tour. C'est évidemment par inadvertance que Littré écrit: ils font passer un soulier, pour ils font passer une savate, la phrase suivante avec elle est saisie, qui l'a saisie, révélant le mot exact. Quoi qu'il en soit, le jeu consiste pour le chercheur de savate à se saisir de celle-ci sous les genoux relevés de quelqu'un. Et si l'on se rappelle que le troisième chapitre du Pantagruel nous a appris que la savate est synonyme de sexe de la femme, nous entendons aisément que jouer au sauatier peut équivaloir, au plan éro-

---

5. Il faut bien dire que P. Guiraud montre quelquefois des incompréhensions qui laissent pantois. Ainsi, donnant le mot Vérètre, pénis, et après avoir cité: Nous inculquons nos vérètres ès penitissimes recesses des pudendes de ces mérétricules amicabilissimes (P. vj), il écrit: Mot curieux qui n'a pas été identifié par les nombreux commentateurs de ce passage célèbre; il s'agit du baragouin de l'écolier limousin dont tous les mots sont directement calqués sur le latin. Mais le seul mot latin approchant est veretum, verdure.
Or nous avons vu dans l'étude sur le Pantagruel que, pour une fois, si les commentateurs se sont tus, c'est précisément parce qu'ils ont bien compris le sens de ce texte, attendu qu'il suffit d'ouvrir le Gaffiot pour lire: Veretrum, i, parties sexuelles: Phaed. 4, 14, 1, etc. En revanche, ne figure pas ce mot veretum, verdure, pour l'excellente raison que c'est le mot Viridia, ium, qui signifie verdure.

tique (en même temps qu'au plan onirique, d'ailleurs), à évoquer le chercheur d'un sexe féminin faisant son choix parmi les femmes assises en rond et levant les genoux. Mais, abandonnant le rêve, nous revenons au mot sauatier, c'est-à-dire celui qui met le tacon (ou pièce) à une chaussure. Et, forts de la citation que donne Godefroy: Je sçay au trou mettre un tacon (Poésie française des XVᵉ et XVIᵉ siècles), nous rendrons, usant du mot que donne Greimas, au savetier par: Au taconier.

66 - au hybou, (35): Pas un commentateur, ici, ne lève la langue de ce prétendu jeu. Aucun dictionnaire n'en dit mot. La seule piste qui s'offre à nous est celle que donnent Bloch et Wartburg: Hibou, 1535, huiboust, 1530. Paraît bien être un mot de formation onomatopéique, comme houhou du normand, hourhou du gascon et d'autres termes analogues. Dauzat dit, de façon fort expéditive: Hibou, Xᵉ siècle, Glose, onomatopée, comme houhou. Mais nous ne pouvons voir une simple onomatopée dans le forme huiboust, de 1530. Nous y distinguons les deux mots Hui et Boust, Hui étant le cri, la huée (Greimas) et Boust, une forme de Bot, boit, bote: crapaud (Greimas), le verbe coasser n'étant que de 1564, et formé par les clercs plutôt que par le populaire (du latin coaxere, grec coax, qui n'est lui-même qu'une onomatopée). Hiboust serait donc à rendre par cri-crapaud, autrement dit oiseau qui fait le cri du crapaud. Tout cela ne nous mènerait pas loin dans la voie qui nous intéresse si nous ne sentions que, pour les lettrés que sont les lecteurs de 35, non seulement hybou évoque huiboust, mais encore huiboust est entendu comme huis: porte, et boust comme bout (d'abord coup, puis extrémité, substantif verbal de bouter; Petit Robert).

Ainsi, le jeu du hybou n'ayant apparemment jamais existé, il semble que le nom n'ait été choisi que pour la possibilité d'interprétation qu'il offre, celle-ci n'étant d'ailleurs pas de première évidence, l'homophonie entre ce qui est écrit: hybou, et ce qui est à entendre: huiboust, n'étant qu'approximative. Il paraît donc légitime d'induire que, pour ce qui est ajouté, la difficulté a été plus grande, à la fois pour trouver de nouveaux jeux, et pour trouver des noms qui s'adaptent exactement à la compréhension seconde. En conséquence, nous devons nous attendre à rencontrer des noms de jeux qui ne seront que de prétendus jeux, et des compréhensions qui s'apparentent nettement à l'énigme ou au rébus, subtilité pourtant justifiable si l'on considère que le lecteur complice de 34 ne peut que s'attendre, à l'édition suivante, à des devinettes plus élaborées que dans la première, où il ne faisait que prendre connaissance du procédé. En attendant, nous revenons à notre huiboust compris comme porte-extrémité, et nous rendrons au hybou par: Au boute-trou.

67 - au dorelot du lieure, (35): Guilbaud dit: Au petit du lièvre. Screech dit: Jeu inconnu; dorelot, mignon (vieux); Sainéan. De ce jeu au nom étrange, nous ne trouvons, bien sûr, trace nulle part. En fait, Greimas donne: Dorelot, dorenlot: Boucle de cheveux portée sur le front, frisure; ruban; refrain de chanson; enfant gâté, mignon. Et le verbe Doreloter signifie frisotter, parer[6]. Quant au mot lièvre, les étymologistes nous apprennent que le mot fut d'abord levre, comme l'indiquent les termes levrau (d'abord levrot) et levrette (pour levrerette). Or il n'est pas exagérement tendancieux de voir alors ici la confusion du mot lèvre: lièvre, et du mot lèvre: lèvre, d'autant que Greimas donne encore Levrete, diminutif de lèvre. De plus, nous ne voyons pas du tout ce que pourrait être la frisure du lièvre ou la boucle sur le front du lièvre, alors qu'est très net le but où Rabelais veut amener son lecteur pour peu que celui-ci entende que le mot lieure désigne la lèvre, et précisément celle qui n'est pas du visage. Pour nous, donc, ce mot lieure désigne l'ensemble des deux lèvres sexuelles; et leur dorelot étant évidemment pubien, nous saisissons aisément que jouer au dorelot du lieure, c'est jouer dans la frisure de la babinière (mot du XVe siècle relevé dans le Sermonnaire du Cartier de mouton: toutes gracieuses dames/ Qui font fourbir leur babiniere; vers 147-8)[7]. Nous rendrons donc au dorelot du lieure par: Au frise-babinière.

Il faut admettre que, sans peut-être constituer une preuve indiscutable, ce dorelot du lieure cadre particulièrement bien avec ce que nous nous attendions à rencontrer: un jeu d'enfants qui n'en est pas un, et une interprétation qui demande une extrapolation, pour obtenir un sens qui est celui d'un texte fouillé mais non forcé. De plus, ce sens est exactement du ton des soixante-six précédents. Si donc d'aucuns soutenaient encore que nous n'extrayons du texte que ce que nous y mettons, ils devraient au moins convenir que ce texte se prête de façon singulièrement docile à notre recherche orientée. Sur ce, nous reprenons.

---

6. Ce verbe d'origine incertaine, nous est donné pour onomatopéique ou celtique. Passe pour les Celtes qui sont les fidèles alliés des étymologistes; mais nous nous demandons comment le fait de frisotter, de parer, aurait pu donner une onomatopée attendu que celle-ci est fondée sur l'imitation phonétique et que friser les cheveux ne fait pas grand bruit, non plus que parer.
7. Cité dans le Monologue, le Dialogue et la Sottie, de Jean-Claude Aubailly, Champion, 1976.

68 - a la tirelitantaine, (35): Guilbaud dit: A la queue leu leu. Screech dit: Normandie; jeu de la queue-leu-leu? (édition Lefranc). Le point d'interrogation qu'ajoute Screech indique assez qu'aucun dictionnaire ne mentionne ce jeu; et, vérification faite, nous pouvons être certains que personne ne s'est mêlé de préciser le sens de tirelitantaine qui, à première vue, peut passer pour assemblage de simples syllabes sonores. Reste alors à étayer ce que la simple intuition nous fait regarder comme une évocation égrillarde puisque déjà les commentateurs voient là, et l'on se demande bien pourquoi, une marche faite l'un derrière l'autre, dont on n'est pas sûr qu'elle ait jamais pu être un jeu.

Voyons d'abord la fin du mot; -tantaine se retrouve dans prétentaine, mot pour lequel Bloch et Wartburg voient quelque rapport avec le normand pertintaille: collier de cheval garni de grelots (aussi Sologne, etc.), français pretintaille: découpure dont on ornait les robes des femmes. Mais ce qui nous importe, c'est qu'ils ajoutent: Tandis que le suffixe -aille de pertintaille a une valeur collective (collier de grelots), -aine y a été substitué par évocation de nombreux refrains de chanson (tonton tontaine, triquedondaine laridondaine). Donc, si nous comprenons bien, ce suffixe -aine a valeur du collectif -aille. C'est un premier point. Pour la syllabe -tant-, qui précède, nous n'avons pas de peine à y voir l'adverbe tant, au sens de: si nombreux. Ainsi, -tant-aine exprimerait sous forme volontairement redondante que ce qui est placé avant cette finale s'applique à tout le monde, refrain analogue, donc, à: comme tous, comme la multitude. C'est le deuxième point. Reste à considérer ce qui, ici, est ainsi déterminé: le mot Tireli-.

Pour nous, ces trois syllabes évoquent immédiatement le mot Tirelire que Bloch et Wartburg définissent: XIIIe siècle, Jean de Meung. Probablement le même mot que tire-lire, sorte de refrain, usité au moyen âge, qui aura été dit par plaisanterie pour désigner une tirelire, peut-être à cause du bruit que font les pièces de monnaie, quand on la secoue. Nous ne croyons pas du tout que soit vraie cette explication, mais l'important est que le mot existe au moins depuis le Roman de la Rose et donc que rien ne s'oppose à ce qu'en dit le Dictionnaire érotique: Tirelire, sexe de la femme, ajoutant d'ailleurs: C'est aussi un refrain. Et il semble que nous possédons désormais les éléments pour conclure: Tireli- est bien l'évocation du sexe de la femme, -tantaine donnant l'idée d'universalité. Nous rendrons a la tirelitantaine par: A la commune fente.

69 - a cochonnet va deuant, (35): Guilbaud dit: Boule qu'on lance devant soi en marchant. Screech dit: Sorte de jeu de boules; Huguet. Nous lisons dans Furetière: On appelle, Jouër au cochonnet lors qu'on

joüe à la boule en se promenant, & qu'on change à chaque coup de but. On jette une balle, ou une pierre au hasard à chaque fois, qu'on appelle le cochonnet, & elle sert de but aux joüeurs pour ce coup-là seulement. Mais il dit aussi: Cochonnet, Petit corps fait d'os, ou d'yvoire, taillé à douze faces, qui font douze pentagones marqués de points depuis un jusqu'à 12. On le roule sur une table pour joüer comme si c'estoit un dé. Les enfants jouent au cochonnet. Pour ce mot cochonnet, Littré entérine les trois sens: petit cochon; sorte de dé à douze faces, marquées de un à douze; petite boule servant de but aux joueurs de boules. Mais personne ne nous explique pourquoi un dé et une petite boule ont même nom que le petit cochon. Aussi, à titre d'hypothèse, pouvons-nous nous demander si un os du porcelet n'a pas une forme analogue à ce dé, ou s'il ne se prête pas à sa confection; quant au but qui, selon Furetière, n'est pas forcément sphérique, n'a-t-il pu être ce même dé à douze faces qu'on se serait dispensé de marquer? Quoi qu'il en soit, il nous faut remonter, pour le sens second, au mot cochon. Et c'est là que nous nous apercevons que les étymologistes ignorent tout de la provenance du mot. Bloch et Wartburg disent: Probablement formé d'après les cris qui servent à appeler les porcs (korrh, korrh). On propose aussi d'y voir un dérivé de coche, entaille, les truies et les verrats châtrés étant souvent marqués d'une entaille à l'oreille. Mais nous sentons bien la futilité de tels arguments: châtrer est un fait accessoire et non essentiel (sauf pour l'intéressé, bien sûr); de plus, on nous dit que l'entaille était souvent pratiquée, non toujours; elle est donc accidentelle. Comment donc un élément accessoire ou un élément accidentel aurait-il pu donner un terme de compréhension générale? Quant au cri korrh au moyen duquel on appelle le cochon, il nous fait éprouver l'habituelle incrédulité que déclenchent ces vocatifs taillés au plus près. Et plutôt que ces pauvres justifications, nous préférons nous rappeler que, dans les Acharniens, Aristophane édifie une savoureuse scène sur les deux sens du mot choiros qui signifie à la fois petit cochon, et parties sexuelles de la femme; et le cochonnet n'étant rien autre que le petit cochon, nous entendons que le sens second de Rabelais est le sens second d'Aristophane. En conséquence, nous rendrons a cochonnet va devant par: A connichon marche en tête.

70 - au(x) pies, (35): Screech dit: Jeu inconnu. Aucun dictionnaire ne fait mention d'un jeu de ce nom; et ce n'est pas la légendaire propension de la pie pour le vol ou le caquetage qui nous permettront de retrouver trace d'un jeu qui peut n'être ici que prétexte à véhiculer le second sens. Mais celui-ci n'apparaît pas non plus d'emblée, aucun des

sens du mot pie, que donne Godefroy, ne nous permettant l'ouverture vers le sens érotique. Et c'est là que, contraints par une nécessité sur laquelle a dû compter l'auteur, nous en arrivons à penser que le mot pies est un mot à compléter. C'est ainsi que nous parvenons au mot réel, qui n'a pu être employé puisqu'il n'a pas de sens ludique non érotique, le mot Pices dont Greimas dit: Pices, piches, 1277, Roman de Renart, origine obscure: Testicules. Nous rendrons donc aux pies par: Aux pelotons.

71 - a la corne, (35): Screech dit: Jeu d'enfants inconnu. Nous noterons au passage la docilité que montre Screech à la suggestion de départ puisque, ne sachant ce qu'est le jeu, il ne le donne pas moins, de confiance, pour jeu d'enfants. Pourtant, la puérilité n'apparaît nullement par nos recherches. Greimas donne: Corne: corne d'animal; force, puissance; coin, bout. Or, pour ce sens de coin, nous ne pouvons même pas nous arrêter à l'idée de quelque jeu du genre des quatre coins puisque la corne d'animal ne permet pas de voir ce coin comme angle rentrant mais saillant. Il apparaît alors que ce jeu a la corne peut n'avoir jamais existé et n'être que prétexte au sens érotique. Tout de suite après les pelotons, ce sens érotique est évidemment facile à découvrir, le sens de Bout donnant l'idée de membre viril, cette assimilation pouvant même impliquer la force et la puissance de la deuxième acception. Nous lirons donc a la corne comme: A l'éperon.

72 - au beuf viole. (35): Guilbaud et Michel disent: Au bœuf gras. Screech dit: Beuf violé: littéralement beuf (sic) gras qu'on promène le jeudi gras au son du violon (édition Lefranc, Huguet, etc.). Ici, jeu d'enfants.

Le nombre des attestations n'empêche pas que nous ne croyons guère à la réalité de ce jeu où les enfants mimeraient cette promenade qui n'a lieu qu'une fois par an; là encore nous subodorons le jeu prétexte. Et même, aguerris que nous sommes désormais, nous nous enhardissons jusqu'à tenter de reconstituer le mécanisme intellectuel qui a produit cette liste:

Selon le postulat initial: donner à couvert une collection d'évocations égrillardes, Rabelais découvre ou se rappelle le jeu de mots érotique auquel se prête une locution: ici, au beuf violé, jeu de mots qui s'établit, bien sûr, sur les deux sens du mot violé: accompagné à la viole, et forcé sexuellement, équivoque facile qui ne peut se prolonger qu'à l'aide d'un à-peu-près sur le mot beuf, comme nous le verrons. Il donne alors cette locution pour jeu d'enfants, le seul critère étant que ce prétendu jeu soit plausible. En fait, nous devons comprendre que si, au début, la difficulté de la recherche a été de trouver de réels jeux d'enfants dont le nom offrît la possibilité d'une interprétation érotique, elle n'a pas dû tarder à devenir celle de sélectionner, ou même d'inventer des locutions dont le sens érotique puisse se dissimuler sous le nom vraisemblable d'un jeu d'enfants, le lecteur étant censé tenir pour personnelle sa méconnaissance d'un tel jeu. C'est encore ce que font nos commentateurs, qui restent tous au degré sérieux de l'écriture.

Nous, qui n'en sommes heureusement plus là, avons encore à tenter de comprendre, pour le mot beuf, quelle est la manipulation à exercer. Greimas donne: Buef, bues (cas sujet), 1155: bœuf. Or Rabelais écrit, aussi bien en 42 qu'en 35: beuf; le moins qu'on puisse dire, c'est que l'orthographe du mot est fluctuante; et elle l'est tant que, moyennant le coup de pouce qui est de mise dans ce genre de jonglerie lexicale orientée, nous pouvons lire derrière ce mot beuf, buef, le mot bief, qui nous a déjà servi, et pour lequel Greimas donne encore les formes biet, biez, ses sens étant: Lit d'un fleuve; canal; fossé. Dès lors, nous lisons aussi bien: au bief violé, jeu qui n'est certes pas d'enfants, et que nous rendrons par: Au sillon forcé.

72/73 - a la cheuesche, (35): Screech dit: Sorte de chouette, d'où jeu qui consiste à imiter le cri de l'oiseau (édition Lefranc). Ce n'est pourtant pas ici que nous traiterons de ce jeu, attendu que nous allons le retrouver vers la fin de la liste, où il se trouve depuis 1534. C'est donc tout bonnement l'inadvertance qui peut expliquer que ce jeu a la cheuesche figure deux fois dans l'édition de 35.

Mais bien moins aisément admissible est le fait que cette répétition subsiste en 42, dans l'édition où la liste paraît avoir été revue avec soin, tout au moins avant la composition, les dernières additions étant distribuées avec précision et l'orthographe de certains jeux rectifiée. Toutefois, un début de compréhension se dessine pour peu qu'on examine:

Immédiatement après ce jeu a la cheuesche, nous allons rencontrer le jeu au propous, de 35 aussi. Mais, contrairement au jeu de la cheuesche, il a légitimement été ajouté puisqu'il ne figurait pas en 34. Or en 42, c'est ce jeu du propous qui est supprimé alors qu'il est unique, quand demeure le jeu de la cheuesche qui forme doublon avec celui de la fin de la liste. Et comme nous savons pertinemment quels sont les pièges tendus autour d'un texte à imprimer, nous reconnaissons aisément la faute de relecture qui peut se produire, par déplacement de l'attention, chaque fois qu'on revient au texte après l'avoir abandonné pour prêter attention à autre chose. Ainsi, nous nous représentons fort bien Rabelais relisant la liste complète et rencontrant, à la fin, la seconde citation du jeu a la cheuesche. Il juge qu'elle se trouve mieux à cette place que plus haut et décide d'annuler la première. Il remonte pour ce faire en lisant à rebours, et finit par repérer le jeu a la cheuesche juste avant le jeu au propous. Et, soit qu'il ait attendu ce moment pour saisir sa plume, soit que celle qu'il tient soit vide et qu'il doive la tremper dans l'encrier, il quitte des yeux le jeu repéré en laissant dessus, comme il est de règle, un doigt de la main gauche; puis revenant au texte, et le doigt ayant légèrement bougé comme il est aussi de règle, sans vérifier, il raye d'un trait le jeu au propos, portant en marge le deleatur habituel avec, comme il est toujours de règle, la satisfaction que donne le sentiment d'avoir redressé une erreur.

Ce n'est évidemment là que reconstitution, mais fort plausible. Il en ressort au moins que la bonne place du jeu a la cheuesche est bien celle de la fin de la liste. Quant au jeu au propous, du fait qu'il a bel et bien figuré, en 35, dans la liste, et par la volonté de l'auteur, et parce que, pour nous, il n'a été supprimé que par erreur, nous allons non seulement nous y arrêter, mais le réincorporer.

73 - au propous, (35): Screech dit: Jeu de société mentionné dans l'Amant rendu cordelier (XVe siècle); on chuchote à l'oreille de son voisin des propos qui se déforment au cours du jeu (édition Lefranc, Sainéan). Ainsi que nous le montrent nombre de variations tout au long de cette liste de jeux, l'orthographe de l'article n'est pas à tenir pour intangible, et nous comprendrons, à la lueur de ce qu'explique Screech, que nous devons plutôt lire le pluriel: aux propous. Quant au sens second, il nous apparaît clairement si nous nous avisons de jeter un coup d'œil sur le jeu suivant: a ie te pinse sans rire, les deux jeux étant alors compris comme ceux d'une société d'hommes et de femmes pratiquant l'amour non par loix, statuz ou reigles mais selon leur vouloir & franc arbitre (G. lvij). Et nous entendons alors que les propos peuvent être de ces grivoiseries précédant les manipulations que suggère le jeu suivant, compréhension qui nous confirme que c'est par erreur qu'a été supprimé un jeu qui sert manifestement à amorcer une série. En tout cas, nous lirons au(x) propous comme: Aux propositions.

74 - a ie te pinse sans rire, (35): Screech dit: Jeu enfantin, qui consiste à faire perdre son sérieux à son partenaire (édition Lefranc). C'est dans Littré que nous trouvons mention de ce jeu: On fait asseoir sur un siège un homme de la compagnie; un autre se noircit les doigts d'encre ou de charbon, et pince l'autre en divers endroits du visage, en disant: je vous pince sans rire, et, si quelqu'un se met à rire, il est obligé de se mettre à la place du barbouillé. Pour le sens second qui, comme nous l'avons entrevu, fait suite aux propositions, nous entendons que ce jeu est adapté à la situation nouvelle où il n'est certes pas question d'employer encre ou charbon, mais où il n'est pas non plus de mise de se borner à

pincer le visage. Quant au rire dont on devrait se défendre, il ne peut, comme toujours, qu'être signe d'assentiment. Aussi pouvons-nous entendre a ie te pinse sans rire comme: Au gai pelotage.

75 - a picoter, (35): Guilbaud dit: A se chatouiller. Screech dit: Jeu fondé sur une formulette éliminatoire? (édition Lefranc). Nous trouvons dans Greimas: Picoter, 1460, Froissart: Donner des coups de pic. Picon: Arme pointue, lance, dard; pointe en général. Picot: Pointe, objet pointu, arme pointue. D'autre part, aucun dictionnaire ne fait mention d'un jeu de ce nom; et les sens du verbe Picoter que donne Littré sont seulement: becqueter les fruits (pour les oiseaux); faire légèrement sentir au cheval l'éperon à diverses reprises; causer des picotements; figurément, attaquer souvent par des traits malins. Si donc nous voyons bien comment Guilbaud a pu arriver au sens de chatouiller compris comme agacer, nous ne voyons absolument pas comment Lefranc a pu former l'idée de la formulette éliminatoire; plutôt a-t-il dû penser au picoti-picota de la maternelle. Pour nous, si formulette il y avait, elle ne pourrait qu'être la p'tite bête qui monte, qui monte, car nous retenons évidemment la notion de pointe et celle d'attaquer souvent par des traits malins. Ainsi, nous entendons a picoter comme: A tripoter.

76 - a deferrer lasne, (35): Screech dit: Jeu d'enfants inconnu. Littré dit, sans autre précision: Dans Rabelais: Deferrer l'asne: aller à pied. Mais, en admettant, contre toute vraisemblance, que ce qu'avance Littré soit exact, il semble qu'aller à pied n'a jamais pu constituer un jeu, qu'il soit réel ou prétendu. De toute façon, l'équivalence de Littré n'est pas fondée, et nous examinons.

Ce que nous savons de l'âne, c'est qu'il est, par antique tradition, l'un des animaux les plus méprisés et que son humble rusticité a toujours été opposée à la noblesse du cheval (ce qui a permis à celui-ci d'être admis à se faire généreusement étriper dans les batailles). C'est de cette opposition qu'est née, par exemple, la locution: Sérieux comme un âne qu'on étrille, ou celle qui naguère qualifiait le mauvais couteau: C'est de l'acier à ferrer les ânes (alors que les fers n'ont évidemment jamais été en acier et qu'on ne ferrait les ânes qu'exceptionnellement). Déferrer l'âne serait donc une de ces locutions où la proposition s'annule par son énoncé. Mais comme, parmi les nombreuses locutions où l'âne sert de fondement, il en est quelques-unes d'érotiques: Mener l'âne (tenir la chandelle; P. xxvj), Ane débâté (homme trop adonné aux femmes; Furetière, Littré)[8], nous en arrivons à comprendre que Déferrer l'âne, qui équivaut à se targuer d'ôter ce qui n'existe pas, peut aussi bien être interprété comme déflorer une fille qui

8. (voir page suivante).

n'a nul besoin de l'être. Nous lirons donc a deferrer lasne comme: A dépuceler la gueuse.

77 - a laiau tru, (35); (42: A la iautru): Guilbaud dit: Expression qui signifierait: en avant! Screech dit: Jeu enfantin inconnu; le nom est pris de laiautru, cri des bergers champenois (édition Lefranc, Huguet).

Que Screech soit béatement confiant pour reprendre ce qu'avancent, sans être convaincants, Lefranc et Huguet, ne nous étonne pas. Mais nous surprend davantage la position que prend ici Guilbaud, alors qu'il a été le seul à parler de jeux de mots dont quelques-uns sont très libres. Peut-être, pourtant, pouvons-nous voir une proposition d'interprétation dans le dubitatif conditionnel qu'il emploie. Quoi qu'il en soit, nous croyons aussi peu à l'existence d'un jeu d'enfants ainsi nommé qu'aux bergers champenois, ce cri laiautru ayant plutôt l'air d'être celui de coquecigrues en migration. De fait, Lefranc et Huguet semblent avoir plus à cœur de défendre ce qu'ils tiennent pour décence que de chercher honnêtement à retrouver la pensée de l'auteur. Car la forme la iautru, de 42, apparaissant comme un souci de masquer ce qui est trop clair, il faut être d'une pudibonderie qui confine à l'infantilisme pour se refuser à lire dans laiau tru l'exclamation l'ai au tr(o)u, qui n'a évidemment rien à voir avec l'invite En avant! dont parle Guilbaud, brûlant les étapes. Si bergers il y avait, ce serait donc la bergère qui s'exclamerait ainsi; et nous lirons a laiau tru comme: A l'ai au trou.

78 - au bourry bourry zou, (35): Guilbaud dit: Baudet, baudet, en avant! (en languedocien). Michel dit: Hue, baudet (en languedocien). Screech dit: Languedoc, Baudet, en avant! Jeu d'enfants inconnu.

Si nous continuons d'attacher peu de foi à l'existence d'un jeu d'enfants de cette sorte, nous devons tenir pour bonnes les explications qu'on nous donne: Lou Pichot Tresor indique bien: Bourri, bourrisco: Baudet, et Zou est bien l'interjection dont un des sens est En avant! Et nous avons eu raison de douter, pour le jeu précédent, qu'il signifiât déjà En avant! puisque ce n'est que maintenant que nous avons la suite

---

8. La similitude étant patente entre le bouc émissaire et l'âne, les deux animaux servant d'exutoire, il n'est peut-être pas exagéré de penser que ce qui a pu présider au choix de l'un et de l'autre est tout simplement leur commune puissance génésique, puissance que les hommes envient secrètement et qu'ils affectent de juger avilissante. Ainsi, ce n'est pas sans intention que, pour être en conformité avec Zacharie, IX, 9, les évangélistes (Mtt., XXI; Mc, XI; Lc, XIX; Jn, XII) ont soin de faire entrer Jésus dans Jérusalem à dos d'un ânon sur lequel, dit Luc, aucun homme ne s'est jamais assis. Il est visible que, depuis l'Ancien Testament, est exclu l'âne adulte, toujours capable de roidir le bout, voire fusse pour uriner, selon la parole du roussin du Cinquième Livre (VII). Et paraissent bien confirmer la raison de cette proscription, l'âne de Lucien (qui serait en fait, nous dit Thomas Magister, d'un certain Loukios de Patas), et celui d'Apulée qui, tous deux, satisfaisant pleinement le désir d'une femme, laissent aux hommes comme un doute.

logique du sens que nous lui avons vu, ce L'ai au trou, auquel s'adapte on ne peut mieux ce Baudet, baudet, en avant! puisque le baudet est l'âne entier qui baudouine l'ânesse et, à l'occasion, la jument. Aussi, moins soucieux que les commentateurs de rester dans le flou, et surtout moins obstinés que Screech qui croit toujours avoir affaire au jardin d'enfants, nous entendrons celle qui vient de dire qu'elle l'a au trou poursuivre impétueusement par une exhortation à aller de l'avant. Nous lirons au bourry bourry zou comme: A hardi bourriquet.

79 - a ie massis, (35): Screech dit, comme on pouvait s'y attendre: Jeu enfantin inconnu. Greimas donne le verbe Assire, voir Asseoir; Asseoir: Placer sur un siège, placer en général; assister, fournir; assiéger. Mais nous trouvons aussi, et nous le retenons à tout hasard, issu du mot Masse, l'adjectif Massi: massif, solide, ferme. Enfin, comme nous étions encore dans la langue d'oc avec le jeu précédent, nous relevons dans Lou Pichot Tresor le verbe Massu, massuco, massuca: heurter avec la tête. Mais bien que ce dernier sens puisse nous laisser entrevoir une savoureuse réponse à la prétendue bergère, le s final de massis nous paraît incompatible avec l'occitan. Il nous faut donc lire le français je m'assis, à l'indicatif présent, et entendre alors le bourry précédemment sollicité répliquer par quelque chose comme: je me place. Nous rendrons donc a ie massis par: A je m'assure.

80 - a la barbe doribus, (35): Guilbaud dit: Expression à rapprocher de poudre d'oribus: barbe de merde. Michel dit: Cf. La poudre d'oribus (de m...) dans le Prologue du Pantagruel. Screech dit: Barbe d'oribus: de oribus, poudre faite d'excréments humains; remède de charlatan; d'où jeu d'enfants, qui consiste à lancer de l'ordure à un niais (Sainéan); cf. Pantagruel, Prologue.

Nous l'avons déjà constaté, nos commentateurs sont toujours plus empressés de nous renseigner sur les excrétions que sur les fonctions génitales; mais il arrive alors qu'ils se laissent emporter par leur fougue. Ainsi ce jeu dont parle Screech derrière Sainéan n'est-il que le fruit d'une bien naïve déduction puisqu'il ne peut s'agir d'un jeu proprement dit, aux règles plus ou moins strictes, mais seulement d'une de ces vilenies qu'improvisent volontiers les enfants quand ils sont en groupe. Ce mot oribus a pourtant inspiré encore de bien curieuse façon un ancien commentateur: Littré, à ce mot, citant ce jeu, mentionne: Le Duchat pense que c'est une espèce de colin-maillard. Et l'on se demande alors pourquoi, à tout prendre, ledit Le Duchat n'a pas plutôt opté pour le Je te tiens, tu me tiens par la barbichette.

Ce que tous ces commentateurs tiennent pour établi, c'est que, pour cette phrase du Prologue: ne ont trouue remede plus expedient que de

589

mettre lesdictes chronicques entre deux beaulx linges bien chaulx, & les appliquer au lieu de la douleur, les sinapizand auecques un peu de pouldre doribus, cette poudre d'oribus est faite d'excréments humains. Saulnier, le commentateur du Pantagruel, dit encore: Poudre de perlimpinpin faite d'excréments humains. Et pour cette phrase (ajoutée en 42) du chapitre xxij: comme iadis prescha publicquement nostre maistre Doribus, il dit: Mathieu Ory, inquisiteur en 1536, adversaire des humanistes. Avec jeu sur la poudre d'oribus (d'excréments humains). A moins que ce ne soit qu'une allusion au maître Doribus des soties.

En fait, il n'est rien moins qu'assuré que la poudre d'oribus soit à entendre comme faite d'excréments. Cette compréhension apparaît même non seulement comme gratuitement scatologique, mais ôte à la phrase du Prologue une bonne partie de sa portée satirique. Car il ne nous semble pas indifférent que ce mot oribus ait, dans sa consonance latine, une étroite ressemblance avec oremus (que nous priions). Pour nous, poudre d'oribus est mis pour poudre d'oremus, celle-ci représentant la formule d'oraison qu'on prononce à l'adresse du saint guérisseur pour appeler son attention comme le sinapisme appelle le sang à l'endroit choisi. Et la cause ne peut qu'être entendue si l'on se rappelle qu'au chapitre xxx du même Pantagruel, alors que Panurge, sans prier le moins du monde, s'emploie à ressusciter Epistemon, c'est de poudre de diamerdis qu'il lui sinapise le col et la tête. Seule cette poudre de diamerdis, au nom transparent, est à entendre comme faite d'excréments, la poudre d'oribus étant à base d'ingrédients miraculeux. Il appert donc que, derrière Saulnier[9], les commentateurs, dociles apothicaires, continuent de faire un amalgame qui ne doit plus être délivré.

Ne nous reste plus, puisque nous sommes certains que la barbe doribus ne saurait être l'absurde barbe de merde dont se satisfait la glose, qu'à découvrir ce qu'elle est. Mais nous voyons très vite de quelle barbe il s'agit pour peu que nous entendions le mot doribus, si ce n'est comme miraculeux, au moins comme de toutes les vertus ou de tous les apaisements. Et nous comprenons alors tout naturellement que cette barbe ne peut qu'être le delta pileux féminin. Nous rendrons a la barbe doribus par: Au buisson salvateur.

---

9. D'avance, nous répondons à l'indignation des bons apôtres: Saulnier est mort il y a peu, et l'usage voudrait que, pendant quelques années, on n'eût plus pour lui que paroles louangeuses confites en piété. C'est proprement là infantiliser les morts. Or la pensée de Saulnier est vivante tant que sont lus ses écrits; rien ne s'oppose donc à ce qu'ils soient critiqués lorsque la bonne foi impose de le faire. Et il n'est pas certain que, pour celui qui a laissé son avis sur des questions auxquelles il portait intérêt, cette incongruité ne soit pas le suprême hommage.

81 - a la bousquine, (35): Guilbaud dit: Bâtarde (en languedocien). Et Screech, derrière Sainéan toujours, dit: Jeu inconnu. Il serait vain, nous nous en doutons, de chercher de quel jeu d'enfants il peut s'agir, car le mot Bouquin se lit en transparence derrière cette bousquine. Et même si Lou Pichot Tresor donne effectivement l'adjectif Bousquino: bâtard, nous comprenons aisément qu'il est plutôt question de ce Bouquin dont Furetière et Littré, comme le Petit Robert, donnent la définition: Vieux bouc, Furetière ajoutant: En terme de Poësie, on appelle les Satyres, les Dieux Chevrepieds, des Bouquins, à cause qu'on les peint avec des pieds de bouc. Dauzat, lui, donne l'adjectif Bouquin: 1459, de la nature du bouc. Tout cela nous suffit pour rendre a la bousquine par: A la satyre.

82 - a tire la broche, (35): Screech, sans s'appuyer sur personne, cette fois, avance: Jeu enfantin inconnu. Là aussi, nous ne pouvons que nous attendre à voir les enfants absents de ce jeu qui n'est qu'à la portée des adultes, attendu que nous nous doutons que cette broche peut avoir quelque ressemblance avec un fausset. Pourtant, Greimas donne: Broche, XIIᵉ siècle, latin populaire brocchum ou broccha, saillant, pointu: Objet pointu: clou, broche, etc.; arme pointue. Et il donne encore le verbe Brochier: piquer avec une pointe, éperonner; passer l'aiguille: brocher, broder; mettre en perce. Littré, pour broche, parle d'une longue verge de fer qu'on passe à travers les viandes pour les faire rôtir. Autrement dit, tirer la broche, c'est s'apprêter à embrocher. Et, reprenant le mot du chapitre iij du présent Livre, nous rendrons a tire la broche par: A débraguetter.

83 - a la boutte foyre, (35): Screech dit: Jeu d'écoliers, inconnu; sans doute analogue au jeu de barbe d'oribus (foyre: excrément). Or nous lisons dans Greimas: Foire: diarrhée; foiros: qui a la diarrhée. Nous ne pouvons donc suivre Screech, d'abord parce qu'il fait référence à d'oribus qui, nous le savons, n'a rien à voir avec l'excrément; ensuite parce que nous ne voyons pas comment on pourrait lancer sur quelqu'un de la diarrhée (du grec diarrhoia, écoulement); enfin parce que nous réagissons là comme pour doribus: Appelez vous cela jeu de jeunesse? Par Dieu, jeu n'est-ce (Q.L. XV). Là-dessus, nous laissons Screech à sa candeur et, possédant déjà le sens de foyre, nous cherchons celui de boutte.

Pour le verbe Boutter, nous savons depuis longtemps que Greimas donne deux verbes Boter, l'un qui a les sens de frapper, renverser, heurter, pousser; l'autre ceux de pousser, croître. Dauzat, lui, dit: Bouter: frapper, pousser, mettre. Et c'est là que nous souvenant des vendangeurs foireux dont parle Baisecul (P. xj), nous comprendrons que ce prétendu jeu d'enfants est tout simplement l'évocation qui naît de la compréhension: pousser diarrhée, autrement dit l'évocation de la relation sodomitique que rien ne nous empêche de considérer comme hétérosexuelle. Nous rendrons donc a la boutte foyre par: A la fout-au-cul.

84 - a compere prestez moy vostre sac, (35): Une fois de plus, Screech donne le précieux renseignement: Jeu d'enfants, inconnu. Et nous pouvons tout de même commencer à trouver inquiétant que, depuis qu'il rencontre des jeux dont il ne peut rien dire, alors que la plupart de leurs noms forment un énoncé pour le moins cocasse, Screech croie toujours baigner dans le monde de la fraîcheur puérile (d'ailleurs tout illusoire). Mais c'est même à première lecture, pour ce: a compere prestez moy vostre sac, qu'est perçu le sens érotique; et ce n'est qu'en second, par l'analyse, qu'on pourrait, si l'on y tenait, tenter de deviner de quelle espèce peut être le jeu d'enfants ainsi désigné. En fait, nous ne tenterons rien de ce côté, bien persuadés qu'il s'agit là, plus que jamais, d'un jeu inventé pour les besoins de la cause.

Car ce que nous voyons, nous, dans cette demande adressée au compère, c'est une invite censée émaner d'une femme, étant donné que, pas plus que pour le jeu a la boutte foyre, nous ne pensons qu'il s'agisse d'homosexualité masculine[10]. Et nous entendons que le sac est le coil, les cous, la couille (latin populaire colea, latin colleum: sac de cuir; Greimas), et cela d'autant plus légitimement que, comme nous le savons, les groupements par associations d'idées que fait l'auteur étant ordonnés pour mutuellement s'éclairer, le jeu suivant: a la couille de belier, vient confirmer le sens de ce mot sac. Il y a donc ici une commère peu bégueule qui, dédaignant les interdits de l'Église qui réprouvait les rapports entre compère et commère (parrain et marraine), fait une avance on ne peut plus claire. Nous rendrons a compere prestez moy vostre sac par: A compère, confiez-moi vos jumelles.

85 - a la couille de belier, (35): Michel dit: A la balle. Screech dit: Balle faite de la peau testiculaire du bélier; d'où jeu de balle inconnu (édition Lefranc). Le mouton étant le bélier châtré, nous croirons volontiers qu'on a fait des esteufs avec son scrotum. Mais nous n'ajouterons pas même créance pour le nom de ce jeu, car il nous paraît aussi étonnant de le voir désigné par la matière de l'instrument qu'il emploie que si l'on avait nommé boyaux de chat le jeu de paume parce que ses

---

10. Outre que Rabelais n'évoque jamais les rapports homosexuels masculins que pour les condamner, il est certain qu'il peut toujours craindre qu'un censeur ne déchiffre ces facétieux messages. Et il n'ignore pas que l'accusation d'obscénité est infiniment moins grave que celle d'évocation sympathique de bougrerie. Le sens hétérosexuel est donc bien le seul bon.

raquettes en étaient faites. Nous en conclurons que ce nom a la couille de bélier est encore un nom forgé pour le seul sens second, nom qui offre toutefois assez de vraisemblance pour abuser, ainsi qu'en témoignent Lefranc et sa suite.

Pour ce sens second, nous n'avons, en revanche, aucun doute pour entendre qu'il s'agit d'évoquer la puissance génésique du bélier, qui suffit à lui seul à tout un troupeau de brebis. Et nous lirons a la couille de belier comme: A l'intarissable burette.

86 - a boute hors, (35): Screech dit: Jeu d'enfants où l'un chasse l'autre. Jouer au boutehors est usité avec un sens figuré; Huguet. On trouve chez Furetière: Boute-hors, substantif masculin. Facilité d'exprimer ses pensées, de faire connoistre son merite & son sçavoir dans les compagnies. Il y a bien des Sçavants qu'on n'estime pas, parce qu'ils n'ont point de boute-hors. On dit proverbialement, que des gens jouënt à boute-hors, lors qu'ils sont concurrents en faveur, & qu'ils taschent à se destruire l'un l'autre. Littré donne: Boute-hors: Espèce de jeu qui n'est plus en usage et où l'on prenait la place l'un de l'autre. Figurément: Ils jouent au boute-hors, se dit de deux hommes qui cherchent à se supplanter. Et pour le jeu, Littré donne cette citation de Du Cange: Comme le suppliant et autres jouassent ensemble au jeu de la pelote, appelé boutehors.

Il apparaît donc, le jeu a la couille de belier (même si son nom est inventé) le confirmant par sa proximité, que a boute hors est une sorte de jeu de pelote dont le but est l'élimination des joueurs. Quant au sens salace, il semble que nous n'avons pas la possibilité de nous perdre entre diverses interprétations, attendu que nous ne pouvons ici encore que voir le verbe bouter: frapper, renverser; heurter, pousser (Greimas), puis le mot hors: dehors, en dehors de. Il s'agit, nous le comprenons, d'une de ces fantaisies du déduit où la partenaire désarçonne, et nous lirons a boute hors comme: Au saut de carpe.

87 - a figues de marseille, (35): Screech révèle: Jeu inconnu. Et il paraît toujours aussi vain de chercher à retrouver la nature d'un jeu enfantin réel quand nous avons déjà quelque idée de ce que peuvent représenter ces figues. Pourtant, nous avons bien besoin de ce que nous apprend Furetière pour entendre exactement ce que signifie la mention de la provenance. Il dit: La figue la plus hastive est la figue blanche, qu'on nomme Figue fleur, qui est de trois sortes, la grosse à courte queuë, celle à longue queuë, & la petite de Marseille. D'autre part, dans le Dictionnaire des plantes qui guérissent, du docteur G. Debuigne (Larousse, 1972), nous lisons: Il existe un grand nombre de variétés de figues, dont les trois sortes principales sont les jaunes, ou

Figues grasses, les blanches, ou marseillaises, et les violettes, ou médicinales (toutefois les grasses sont aussi à usage médical). Il est donc évident que les figues représentent ici les testicules, à la différence du mot figue employé au singulier comme nous le rencontrerons vers la fin de la liste. Et nous entendons bien qu'il est de première importance que ces testicules ne soient ni les gros à court pédoncule, qui peuvent être maladivement enflés, ni ceux non plus qui ont long pédoncule, qui sont visiblement ceux des vieillards, ni les jaunes, qui peuvent être débiles, ni les violets, qui sont, ceux-là, manifestement hors de fonction, mais bien plutôt ceux qui sont de Marseille, c'est-à-dire les petits qui sont blancs, ce que nous devons prendre pour indice de juvénile efficacité. Mais ce qui nous apparaît encore ici, en plus, c'est que ces figues de Marseille, autant qu'une sélection, ont bien l'air de représenter un souhait. Nous pouvons nous demander si, en fait, tous les jeux qui ont jusque là été énumérés ne l'auraient pas été au mode optatif, la liste étant comme une liste de vœux que Rabelais formulerait à l'intention de son lecteur. Nous chercherons confirmation de cette hypothèse dans les premiers jeux qui vont suivre. En attendant, changeant les figues pour des prunes (P. Guiraud), nous lirons a figues de marseille comme: A burnes juvéniles.

88 - a la mousque, (35): Guilbaud dit: Jeu du Languedoc: les joueurs courent les uns après les autres autour d'une meule de foin. Screech dit: Jeu (Languedoc); on court autour d'une meule de gerbes (édition Lefranc). Lou Pichot Tresor donne effectivement: Mousco: jeu d'enfants, mais le sens premier du mot est: Mouche, mouchard; suivent des dérivés qui nomment divers insectes tourmentant les bêtes, mais il n'y a rien là qui nous mette sur la voie d'un jeu qui consisterait à tourner autour d'une meule. Nous découvrons pourtant, dans la suite des mots du dictionnaire de provençal, le verbe Moussa, qui signifie à l'actif: abattre les épis des gerbes dressées sur l'aire, ce qui, à défaut de nous renseigner sur l'utilité d'une telle action, nous montre d'où peut provenir l'erreur de Lefranc, et celle de Guilbaud qui le suit. De fait, pour ce jeu de la mouche, nous ne disposons que de la mention qu'en fait Littré: Jeu d'écoliers, où l'un d'eux choisi au sort fait la mouche, sur qui tous les autres frappent comme s'ils voulaient la chasser. L'erreur de Lefranc est donc une simple confusion entre le verbe Moussa et le verbe Mousca, émoucher. C'est en tout cas ce sens d'émoucher que nous retiendrons pour le sens second, entendant qu'il est encore question d'évoquer une de ces façons de faire qui sont bien plus imaginaires que réelles, ce qui paraît correspondre à notre hypothèse selon laquelle ces jeux sont des souhaits bienveillants. Et, nous rappelant celui qui

esmouche de son mouchet, au chapitre xv du Pantagruel, nous entendrons a la mousquè comme: A l'émoucheur.

89 - a larcher tru, (35): Guilbaud dit: Jeu d'enfants analogue à laiau
tru. Screech dit: Jeu inconnu. Godefroy donne: Tru, trut, etc.: Interjection d'indignation ou de mépris. Mais nous avons toutes raisons de
suivre ici Guilbaud dans le rapprochement qu'il fait avec laiau tru,
étant donné que nous voyons au mot tru le même sens de trou. Car
nous voyons aussi dans larcher le sens que nous lisons dans Greimas:
Archier,-oier, arçoner: S'arquer, se courber en arc; se cabrer. En fait,
nous entendons qu'il n'y a là nul tireur à l'arc mais bien l'évocation
d'une de ces positions plus acrobatiques que voluptueuses où le corps
d'un des deux partenaires prend la forme du pont en prenant appui sur
la tête et la plante des pieds, la présence du mot tru paraissant indiquer
qu'il s'agit ici de la femme. Mais là encore, nous avons bien plutôt
affaire au domaine onirique, ce qui vient à l'appui de notre hypothèse
des souhaits, rien ne s'opposant à ce qu'on y atteigne les bornes ou
même qu'on les dépasse. Quoi qu'il en soit, nous comprendrons a larcher tru comme: A l'arc bouté.

90 - A escorcher le renard (42): De cette unique addition faite en 42
dans la série d'une quarantaine d'additions insérées en 35 au même
endroit, Michel est seul à dire: A vomir. Screech, qui ne traite pas de
l'édition de 42, ne dit rien de cet étrange jeu; mais pour cette locution
qui figurait deux fois dans le chapitre xj, il expliquait: Locution proverbiale, rendre la gorge à la suite d'un excès de boisson (Sainéan). Or
dans ce chapitre xj, nous avons attentivement examiné les deux emplois
de ladite locution, et nous avons conclu (sauf correction, cela s'entend
toujours) que escorchoyt le renard équivalait à: se découvrait tout à
trac, et que dire: tous les matins escorchoyt le renard, revenait à signifier: montrait ce qu'il avait dans le ventre, autrement dit: tous les
matins déféquait. Nous sommes ainsi bien loin de ce sens restreint que
considèrent les commentateurs et qui, ici, oblige à admettre qu'on
puisse jouer à vomir alors que vomir est pour le moins un déplaisir (et
le mutisme de tous les glossateurs, à part celui qui répond tout mécaniquement, laisse penser qu'on a tout de même fini par percevoir
l'absurdité).

Pour nous, une raison apparaît déterminante: si l'auteur glisse en 42
ce prétendu jeu d'enfants dans les additions de 35 qui, nous l'avons
constaté pour les vingt-cinq premières, sont d'intention clairement érotique, c'est assurément que ce jeu est jeu d'adultes et qu'il a le même
caractère salace que ceux parmi lesquels il est introduit. Nous n'avons
donc pas à chercher longtemps pour entendre, à partir de cette idée de

révélation de ce qui est masqué, qu'il est question de ce dépiautage dont parle Panurge au Tiers Livre (XVIII), évoquant les femmes du commencement du monde, ou peu après (qui) ensemblement conspirerent escorcher les hommes tous vifs (...) commencerent escorcher l'homme (...) par la partie qui plus leur hayte, c'est le membre nerveulx, caverneux, plus de six mille ans a, et toutesfoys jusques a praesent n'en ont escorché que la teste. Et il poursuit: Ma femme (...) me l'escorchera s'il ne l'est, je y consens de franc vouloir, mais non tout. Et la renardie étant aussi, selon Godefroy, l'alopécie, nous lisons a escorcher le renard comme: A décalotter le chauve.

91 - a la ramasse, (35): Guilbaud dit: Au traîneau. Screech dit: Ramasso. Languedoc, traîneau des Alpes (Sainéan); jeu d'enfants inconnu, mais qui consiste sans doute à traîner un camarade (édition Lefranc).

C'est au mot Masse que Dauzat donne: Ramasser, 1539, R. Estienne: resserrer. Bloch et Wartburg, sans donner de sens particulier, indiquent: Ramasser, fin XVe (Commynes, une première fois en 1213). Le seul sens de resserrer pour lequel nous entrevoyons quelque application érotique est celui que donne Furetière: Signifie encore, Retrancher de la liberté, mettre plus à l'étroit. Littré dit aussi: Rendre étroit, plus étroit. Le Petit Robert donne: Diminuer le volume, la surface de quelque chose, en rapprochant les éléments ou en enfermant dans des limites plus étroites; voir Contracter. Car nous pourrions comprendre que ce souhaitable étrécissement s'adresse au sexe de la partenaire. Mais là encore, nous remarquons que l'habituel groupement a placé ici A la ramasse entre A escorcher le renard, qui concerne le membre viril, et Au croc madame, qu'il ne nous est pas indispensable d'avoir déjà examiné pour nous douter qu'il désigne aussi ce membre. Il est en conséquence absurde de souhaiter à celui-ci un quelconque resserrement. Nous abandonnons donc l'idée de réduction pour revenir à la seule notion de ramasser.

Ce verbe ramasser n'offrant aucun sens qui puisse s'appliquer à ce membre masculin, il nous faut considérer le substantif Ramasse que les commentateurs nous donnent pour ce traîneau sur lequel, dit Furetière, les voyageurs se font ramasser, ajoutant au verbe ramasser: quand ils courent en hiver par les Alpes. Littré donne aussi: Espèce de traîneau dans lequel un homme dirige les voyageurs qui descendent des montagnes couvertes de neige. Mais il apparaît que cette compréhension fort restreinte puisqu'elle demande l'hiver, la neige et aussi les Alpes, n'offre pas la moindre possibilité d'interprétation seconde dans le sens que nous cherchons. Nous rejetons donc le traîneau comme nous avons rejeté l'étrécissement. Et nous sommes tout près de le donner à d'autres quand nous découvrons dans Littré un deuxième substantif Ramasse: Terme technique. Outil cylindrique garni de dents plus ou moins fines, qui sert à élargir un canal creusé dans une pièce de bois ou de métal. Et nous ne pouvons alors que nous exclamer comme le fera Rabelais au Prologue du Quart Livre: C'est soubhayté cela! L'avoir capable d'élargir un canal amorcé dans du bois ou dans du métal: nous entendons bien que cela ne peut qu'être dit au mode optatif facétieux. Et il semble que cela nous apporte la confirmation que cette liste de jeux est une liste de vœux que Rabelais formule à l'intention de son lecteur complice. Du coup s'éclairent toutes les amplifications, les exagérations et les impossibilités ou tout au moins les grandes difficultés de réalisation dont nous avons dû nous accommoder: nous sommes dans le domaine de la projection onirique où sont reculées les bornes du possible. Sur ce, nous revenons à notre ramasse, outil à râper, et nous lisons a la ramasse comme: A la lime sourde.

92 - au croc madame, (35): Screech dit: Jeu enfantin (croc-en-jambes? édition Lefranc). Et nous finissons par rester confondus devant la conception qu'a Lefranc de ce qu'est un jeu d'enfants; ainsi l'on se demande si, rencontrant un jeu nommé par exemple Boule-maillet, le vénéré maître n'aurait pas conclu que ce jeu consistait à tenter de se casser mutuellement la tête. Bien sûr, le mots croc a toutes chances d'amener à l'esprit cette idée de croc-en-jambes, mais sous la condition qu'on ignore le mot madame. Il est vrai que cela fait partie de ce que le bon ton passe sous silence, comme encore le jeu de trou-madame où l'on s'est toujours refusé à voir l'allusion érotique bien que l'on y doive faire passer de petites boules sous une arcade.

De toute façon, notre siège est fait: pour nous, le croc madame est, si l'on veut, le croc auquel s'embrochent les dames. Du moins, c'est ce que souhaite l'auteur puisque nous savons désormais que ces jeux, pour la plupart fictifs, sont une collection de dépassements dans le domaine des possibilités sexuelles. Nous lirons donc au croc madame comme: A l'ancre à dames.

93 - a vendre lauoine, (35): Screech dit: Jeu enfantin, peut-être le jeu de l'avainne mentionné par Froissart (Sainéan). Mais comme nous savons qu'il est inutile de chercher à retrouver la nature d'un jeu d'enfants qui peut n'avoir jamais existé, et comme ce jeu, cité par un Sainéan, n'est pas repris par Godefroy, nous passons outre pour nous intéresser à la compréhension seconde.

Ce qui nous apparaît d'entrée, c'est que le sens de cette locution ne peut qu'être fondée sur le fait qu'on vendait l'avoine d'une façon particulière. Et c'est dans le Petit Robert que nous relevons, dans les exemples qu'il donne pour le mot Avoine: Picotin d'avoine. Nous nous reportons à ce mot Picotin. Le Petit Robert donne: Nom masculin, XIIIe; origine inconnue; peut-être de picoter: butiner, becqueter: Mesure de capacité pour la ration d'avoine d'un cheval (quart du boisseau). Ration d'avoine. Musette contenant le picotin d'un âne. Portion (de nourriture) donnée à une bête de somme, à un cheval. Le Robert ajoute, lui: Le picotin (2,5 l) vaut le quart du boisseau. Par métonymie: La ration d'avoine elle-même. Musette contenant, etc. Par extension: Toute portion de nourriture quelconque (foin, paille...) donné à une bête de somme, à un cheval de course. Il semble donc que le picotin ait pu être la mesure de capacité dans laquelle on vendait l'avoine, et qu'en conséquence la locution vendre l'avoine devait immédiatement évoquer pour le lecteur de 1535 ce mot picotin qui, lui, est chargé d'un sens érotique attesté par la citation que donne Littré: Picotin: Mesure pour donner de l'avoine aux chevaux. L'avoine contient le picotin. XVe siècle: Beau sire, se la creature Prent tous les jours de son mary Le picotin a grand mesure, Coquillart, Droits nouveaux. Cette acception conjugale du mot nous rappelle immédiatement le commentaire de Panurge au Tiers Livre (XVIII) quand il décode à sa façon les vers prophétiques de la Sibylle de Panzoust: Le tiers dict: ma femme me sugsera le bon bout. Je m'y dispose. Vous entendez assez que c'est le baston à un bout qui me pend entre les jambes. (...) Elle ne me le sugsera poinct en vain. Eternellement y sera le petit picotin, ou mieulx.

Ce n'est certes pas chez Screech, commentateur de ce Tiers Livre, que nous trouverons le moindre renseignement sur le mot Picotin: il l'omet dans son Index, mais il serait pourtant téméraire de conclure que c'est parce qu'il s'est douté du sens. Car il apparaît clairement que Panurge oppose au petit picotin le grand picotin, le petit étant, dans la circonstance qu'il évoque, la distillation d'excitation quand le vrai, le réel picotin, celui qui est suggéré par: ou mieulx, est évidemment le sperme. Mais, pour le jeu qui nous occupe, il en va, semble-t-il, autrement: nous pourrions entendre que le mot sous-entendu: Picotin, a le sens métonymique dont parle le Robert: Toute portion de nourriture donnée à une bête de somme, la bête de somme étant la femme parce qu'on la charge. Toutefois le verbe vendre nous invite à opter pour un sens plus littéral; et nous verrons dans ce picotin suggéré la mesure pour donner l'avoine aux chevaux (Godefroy), cette mesure représentant le sexe de la femme qui, en l'occurrence, reçoit l'avoine. Nous rendrons donc a vendre lauoine par: A remplir la mesure.

94 - a souffler le charbon, (35): Guilbaud dit: Jeu angevin: souffler

sur un charbon ardent suspendu à un fil. Screech dit: Jeu mentionné par Eustache Deschamps (Sainéan). Peut-être buffer le charbon, jeu angevin (on souffle sur un morceau de charbon suspendu à un fil; édition Lefranc).

Buffer, c'est effectivement souffler en gonflant les joues. Et cela nous permet d'imaginer que ce jeu pouvait comporter un morceau de charbon de bois dont une extrémité est portée au rouge, l'autre recevant le fil par lequel il est suspendu au milieu d'un cercle de joueurs, chacun attisant le bout rougeoyant tout en envoyant ledit charbon au visage de l'autre. Si c'est bien d'un tel jeu qu'il s'agit, nous pouvons toujours penser qu'il serait assez loin de recevoir aujourd'hui l'agrément d'un éducateur. Mais l'important n'est pas là puisque ce que nous nous proposons de retrouver est la seule compréhension érotique.

Or celle-ci est déjà toute contenue, nous l'avons compris, dans l'idée du bout rougeoyant. Car il nous faudrait être farouchement réfractaire à tout esprit de gaudriole pour ne pas entendre qu'il s'agit là d'entretenir le bout ardent, autrement dit l'exciter, l'embraser, l'enflammer, c'est-à-dire encore agir comme Panurge, au jeu précédent, se dispose à faire avec sa femme future. Nous entendrons donc a souffler le charbon comme: A attiser le brandon.

95 - au(x) responsailles, (35): Guilbaud et Screech disent: A cache-cache, Screech indiquant, lui, que cette équivalence est de Sainéan. Or Godefroy donne, avec pour seule citation précisément ce jeu de Gargantua: Responsailles, substantif féminin pluriel: jeu dans lequel on simule un mariage. Toutefois, aucune explication ne vient appuyer cette définition.

Nous lisons dans Greimas: Respons: répons, réplique; manière de répondre à l'amour: Et je la (ma dame) proi sans biau respons avoir (Couci). Pour ce même mot, Godefroy cite, en plus, des Quinze joies de mariage: Bonnes coudées et bons respons, citation qu'il donne plus complète au mot Coudee: Dieu sçait s'il est bien empestré et s'il a de bonnes coudees et bons respons. Il semble donc établi que les responsailles, outre qu'elles peuvent fort bien désigner le jeu où l'on mime le mariage (ce qui est d'ailleurs un jeu dont on peut se demander jusqu'où il va), désignent aussi les manières de se comporter en amour. Mais Greimas donne encore le mot Responsail: répondant, garant; et nous comprenons d'autant mieux que ces responsailles, féminines et plurielles, peuvent être des répondantes, c'est-à-dire ici des partenaires qui ne craignent pas de donner réplique aux comportements masculins. Nous avons là, bien entendu, encore un jeu conçu au mode optatif, l'auteur souhaitant à son lecteur de rencontrer de ces femmes qui répondent. Aussi, parce que le mot est à lui seul un calembour, nous lirons aux responsailles comme: Aux congratulantes.

96 - au iuge vif, iuge mort, (35); (42: Au iuge vif, & iuge mort): Screech dit: Jeu d'enfants inconnu. Que ce jeu soit inconnu ne nous étonne guère, mais qu'il soit donné pour enfantin nous surprend d'autant plus qu'ici nous entrevoyons trop rapidement ce que peut être ce juge pour ne pas nous douter, en même temps, qu'il n'y a probablement jamais eu de jeu d'enfants de ce nom.

C'est Furetière qui nous confirme dans notre impression, disant du mot Juge: Ce mot vient du Latin judex, qui est dit comme jus dicens, celui qui rend des sentences, qui fait justice aux parties. Ce mot parties, bien que fort innocemment employé par Furetière, nous amène évidemment à entendre que jus dicens revient à dire: qui rend le droit, et nous savons depuis le Pantagruel (vij: Bragueta iuris) quel est le sens sexuel du mot Droit. Il nous apparaît donc que juge est mis pour membre viril.

Reste seulement à comprendre pourquoi Rabelais formule ce souhait à l'adresse de son lecteur d'avoir ce membre d'abord vif, c'est-à-dire érigé, puis mort, ce qui arrive assez sans qu'on ait à le souhaiter (sauf, bien sûr, pour les ermites de stricte obédience). Mais c'est là que l'addition faite en 42 de la conjonction & nous apparaît comme un souci de précision révélant que l'auteur s'est aperçu que sa pensée n'a pas été si clairement saisie qu'il l'escomptait. Et nous entendons alors que ce membre tantôt vif, tantôt mort est un tout qui fait partie du même souhait parce que, placé immédiatement derrière les responsailles qui sont, nous venons de le voir, des femmes qui ont du répondant, il est en fait lié à ces répondantes ou femmes qui s'accommodent du vif et du mort, leur expérience pouvant même opérer des résurrections. Et ce n'est peut-être pas aller trop loin que d'estimer qu'un tel souhait fut écrit à l'intention d'un protecteur qui n'avait rien caché de ses petites faiblesses à celui qu'il employait comme médecin ordinaire. Nous lirons donc au iuge vif, & iuge mort comme: A tête haute, et tête basse.

97 - a tirer les fers du four, (35): Là encore, Screech ne peut que dire: Jeu d'enfants inconnu; et là encore nous ne pouvons que douter fortement que ce jeu ait jamais été un jeu d'enfants.

Nous consultons Furetière pour le mot Fer; il dit: On appelle aussi fer absolument, plusieurs pièces de fer particulières qui servent à divers usages. Un fer à repasser le linge; un fer de lance (etc.). Et, des locutions, nous retenons: Mettre les fers au feu, se dit quand on commence serieusement à vouloir faire reüssir quelque affaire. Nous pouvons alors, semble-t-il, raisonner ainsi: Mettre les fers au feu, c'est comme les mettre au four. Et si les mettre au four (c'est-à-dire pour les faire chauffer), c'est commencer sérieusement à vouloir faire réussir quelque chose, les en tirer peut avoir deux significations: ou bien on les retire du four parce qu'on a cessé de désirer faire réussir la chose en question, ce qui paraît invraisemblable, une locution n'exprimant que très rarement un retour en arrière, une annulation; ou bien ces fers sont jugés assez chauds pour que commence l'exécution projetée, ce qui paraît nettement plus plausible. Ainsi, mettre les fers au feu (ou au four) serait l'action de préparation, et tirer les fers du four, celle du commencement d'exécution.

Reste à entendre ce que peuvent représenter ici les fers. Nous en avons déjà quelque idée attendu que le ferrement, qui est l'outil ou l'arme de fer, est employé comme synonyme de membre viril au Tiers Livre (XXVII): mais je veulx qu'on saiche que de mesmes qualibre j'ay le ferrement infatiguable; et au Prologue du Quart Livre: Car, avecques cestuy ferrement (cela disoit exhibent son coingnouoir dodrental) ilz leurs coignent si fierement et d'audace leurs emmanchouoirs. Mais ce ne sont pas là exactement les fers. Or nous trouvons une locution fondée sur ces fers dans une facétie que rapporte A. Tissier au sujet de la farce Le Chaudronnier, dans son livre: La Farce en France de 1450 à 1550 (CDU-SEDES, 1976): Le galland (...) se coucha doulcement auprès d'elle, et ayant mis la main à ses fers, qui estoient quasi tout rouillés, les mit à la forge, chose que Bedouyne endura patiemment sans sonner un seul mot, laissant le jeune homme (combien que son mari fust present) executer ses desirs. Si nous ne sommes pas certains de ce que signifie: qui estoient quasi tout rouillés, pensant que nous pouvons avoir affaire à l'extension de la métaphore fondée sur le fait qu'on devait effectivement repasser à la forge les fers attaqués par la rouille, il n'y a aucun doute pour les fers, qui symbolisent les organes génitaux masculins. Nous retrouvons ainsi l'idée de retirer du four, c'est-à-dire se mettre en devoir de commencer l'exécution, les fers qui sont les organes masculins: cela ne nous éclairerait pas d'une lumière aveuglante si nous ne comprenions soudain que ce jeu: à tirer les fers du four, fait suite au juge vif et juge mort où nous avons vu, juste après les précieuses dames des responsailles, évoquer le cas de la tête haute et de la tête basse. Et les souhaits de l'auteur ne pouvant, nous le savons, qu'être ici bienveillants, nous entendons qu'après avoir dû parler du triste cas de la tête basse, il corrige aussitôt là par un vœu plein d'optimisme, où cette tête basse redevenue fière, est apte à être mise à la forge. Nous lirons donc a tirer les fers du four comme: A se mettre à repasser.

98 - au fault villain, (35): Guilbaud dit: Au faux vilain, ou: à vilain tu te trompes (?). Screech dit: Jeu de plein air; antérieur à Rabelais, mais on en ignore les règles (édition Lefranc). Pour la forme, nous nous demanderons d'où Lefranc peut tenir que ce jeu est bien jeu d'enfants et, de plus, qu'il est jeu de plein air; mais nous conclurons qu'il s'agit d'une révélation et nous passerons à l'examen des mots. Greimas donne Faloir: latin populaire fallere, qui a donné aussi Faillir: manquer à, manquer; Faillir: latin fallere, etc.: manquer, manquer à; décevoir. Pour ce verbe Faillir, Dauzat dit qu'il a eu d'abord le sens de commettre une faute, puis, au XVIe siècle, être sur le point de. Bloch et Wartburg parlent des sens de faire défaut, manquer, commettre une faute, puis être sur le point de. Pour le terme Villain, Greimas donne: Vilain, XIIe siècle, latin villanum, habitant de la villa, domaine rural: paysan, manant, homme de basse condition; laid moralement; laid physiquement. Vilener, viloner: agir comme un vilain, faire une chose vile. Vilenie, action, conduite vile; bassesse. Nous ne nous arrêterons pas au sens de: être sur le point de; c'est le j'ai failli tomber, exprimé encore par j'ai manqué tomber, autrement dit il s'en est fallu de peu, il n'a manqué qu'un peu davantage pour que le mouvement commencé soit accompli. Et nous restons avec les sens de manquer, manquer à, décevoir, commettre une faute, alliés aux sens de manant, homme de basse condition, de conduite vile, faisant des bassesses. Mais nous savons bien que tout cela ne peut qu'être du domaine érotique, et nous nous avisons que cela peut être comparé, quoique mis ici au compte du manant, à ce que Panurge va évoquer au Tiers Livre (XI) tout en niant que ce soit son cas: Oncques ne feut faict soloecisme par le vaillant champion qui pour moy faict sentinelle au bas ventre. Me avez vous trouvé en la confrairie des faultiers? Pourtant, si nous avons compris que l'alliance de fault et de villain équivaut à homme de peu qui fait solécisme, nous voyons mal comment concilier ce contenu dépréciant avec les souhaits valorisants qu'a jusque-là formulés l'auteur.

C'est alors que nous consultons Littré et que nous lisons, dans les citations qu'il donne au mot Vilain: XIIe siècle: Mult fait l'amours que vilain, Qui comence por faillir (Couci), ce que nous pouvons entendre comme: De grand prix est l'attachement du vilain qui a commencé par décevoir, mais qui peut évidemment s'entendre: Forte est la puissance sexuelle du quidam qui a commencé par faillir. Et nous voyons soudain plus clair, ce vilain qui commence par faillir ressemblant fort au fault villain, au vilain qui fault. Nous comprenons alors que Rabelais, aussi bien pour le jeu a tirer les fers du four qu'ici pour au fault villain, s'est borné à former de prétendus jeux au moyen de quelques mots d'une locution proverbiale connue de tous, mots qui appellent donc à l'esprit la locution complète, lui donnant en même temps la clé de la compréhension. Nous pouvons ainsi conjecturer que tirer les fers du four devait remémorer la suite: pour repasser (repasser étant, bien entendu, pris au sens sexuel), et nous constatons que au fault villain renvoie à ce Mult fait l'amours que vilain qui comence por faillir. Puis, là encore, nous comprenons que le fault villain fait immédiatement suite aux fers (ou ferrement) redevenus efficaces; nous retrouvons ainsi le souhait bienveillant habituel puisque la locution entière remémorée équivaut alors à: Bien fait l'amour qui a d'abord déçu. Nous lirons donc au fault villain comme: Au pousse-mou déchaîné.

99 - au(x) cailleteaux, (35): Guilbaud dit seulement: Aux petites cailles. Screech dit: Jeu enfantin; sorte d'osselets?, cailles; seul exemple Huguet. Des étymologistes, Bloch et Wartburg sont seuls à donner Cailleteau, de 1372. Furetière dit: Cailleteau, diminutif: Jeune caille qu'on sert sur les tables comme un mets friand. Littré donne aussi Cailleteau, ainsi que le Robert et le Lexis. Nous pouvons donc nous intéresser au mot Caille.

Furetière dit que la caille est un oiseau de chaude complexion, d'où on a fait le proverbe Chaud comme une caille. Il précise: En Latin, coturnix, onix (et le Gaffiot indique que le mot est terme de caresse chez Plaute). Littré dit: Figurément et familièrement: Être chaud comme une caille, avoir beaucoup d'ardeur. Il ajoute, toujours figurément et non moins familièrement: Caille coiffée, femme galante. Le Robert cite: Chaud comme une caille: ardent. Le Petit Robert donne: Gras, rond comme une caille: grassouillet, rondelet. Le Lexis, enfin, dit: Chaud comme une caille: Se dit de quelqu'un bien au chaud dans ses vêtements ou ses couvertures. Et nous pouvons toujours, au passage, remarquer qu'à mesure que vieillit la locution, s'édulcore son contenu qui, parti de la chaude complexion, de la grande ardeur, de l'ardeur en arrive à l'aspect grassouillet, rondelet pour finir benoîtement par la chaleur procurée par les lainages (dans le Lexis il est vrai, de la très prude maison Larousse). Quant à la caille coiffée, femme galante, chacun sait que la locution ne désigne plus, dans le langage des épouses, que la femme appétissante qui a un moment retenu l'attention du mari, le terme dénonçant l'insignifiance plutôt que la galanterie. Pourtant, aucune de ces notations n'est utilisable pour le mot Cailleteau. Et nous serions proprement égarés si nous ne connaissions un chemin de traverse pour revenir, attendu que nous savons pertinemment, bien que les lexicologues veuillent l'ignorer, que le mot Cailles, au pluriel, a le sens de testicules, ainsi qu'en témoigne Guiraud, qui donne: Cailles (jouer aux): coïter, et qui cite: Jouer au jeu qu'aux cailles on appelle, Aux filles est chose plaisante et belle (Beroalde de Verville). Il ajoute: Jouer aux cailles, espèce de jeu de garçons (XVIᵉ), dit le FEW[11] sans autre précision (sans doute pratiqué avec des cailloux). Et nous pouvons penser là que Guiraud fait allusion au mot que donne Godefroy: Caillete, quaillette, diminutif de caillou, petite pierre. Il conclut en énonçant linguistiquement: Le mot est connoté par le sens érotique de caille. Or il faudrait être borné pour ne l'avoir pas déduit de la citation; et nous aurions certes bien préféré qu'on nous donnât les raisons de ce sens greffé. Mais comme personne ne veut sortir de l'abri, il faut bien que nous nous exposions.

Nous pourrions évidemment concevoir que le sens sexuel conféré au mot Caille vient de la ressemblance avec le mot Coille, ressemblance renforcée par les contenus: ardeur, aspect rondouillard, chaleur des vêtements. Mais tout n'est pas si simple, attendu que le mot qui, chez Guiraud, suit immédiatement le mot Cailles est le mot Caillettes, qu'il donne pour testicules (FEW, XVIᵉ siècle), et pour lequel il explique: Métaphore zoomorphique, le mot désigne le sachet qui contient les testicules d'un mouton (en fait, corrigeons-nous, d'un bélier). Ce sens est confirmé par Godefroy, qui dit: Caillette: scrotum; mais il dit aussi, et en premier: Quatrième estomac des animaux ruminants. Or nous lisons encore dans Furetière: Caillette, se dit figurément d'un homme sans cœur et sans vigueur, qui n'est capable d'aucun travail, d'aucune entreprise. En ce sens il est bas, ajoute-t-il. Et c'est cette accusation de bassesse qui nous fait comprendre que parler ici de caillette revient à désigner, figurément bien sûr, celui qui n'a plus la sienne, autrement dit son scrotum; c'est le châtré. Mais Furetière définit aussi la caillette des ruminants et dit: C'est dans la caillette des veaux ou agneaux que se forme la présure qui caille le laict: ce qui luy a fait donner le nom de caillette. C'est ce que confirme Littré, qui dit plus exactement: Quatrième estomac des animaux ruminants, ainsi nommé parce que le liquide acide qui en humecte la surface interne a la propriété de faire

---

11. FEW est l'abréviation de Französisches Etymologisches Wörterbuch (Dictionnaire étymologique de la langue française), de Walther von Wartburg, ouvrage fondamental, dit Guiraud, dont les quelques vingt volumes parus couvrent l'ensemble du français et de ses dialectes. Mais cette couverture n'est pas sans avoir quelques trous puisque nous constatons que le jeu d'enfants est dit simplement de garçons, et daté du XVIᵉ siècle, et que nous comprenons aisément que ces affirmations découlent d'une connaissance que nous possédons tous: à savoir que ce jeu est celui que Rabelais, qui est du XVIᵉ siècle, donne pour jeu à Gargantua, qui est un garçon. En fait, ce dictionnaire ne comporte pas moins de conclusions discutables que n'importe quel autre dictionnaire étymologique. D'aucuns, pourtant, en ont fait leur Bible, comme ce philologue de langue allemande qui peut ainsi traiter de l'étymologie du français sans entendre complètement cette langue. Il ne faut donc pas hésiter à l'envoyer baldinguer.

cailler le lait. Et nous ne pouvons que conclure que si ce mot caillette, quatrième estomac, est repris pour désigner le scrotum, c'est forcément parce qu'on a trouvé de l'un à l'autre une ressemblance; et comme cette ressemblance n'est en rien celle de la forme ni de la position, il faut bien admettre que c'est pour la propriété qu'a la caillette stomacale de cailler le lait, le scrotum étant donné pour avoir celle de faire cailler le sperme. Plutôt que de se prendre pour une science exacte, l'étymologie aurait certainement tout à gagner à reconnaître la préséance absolue de l'élément sexuel dans la formation des termes populaires et à réexaminer dans ce sens les constructions de substitution qu'à pu édifier la pudibonderie, ou les silences qu'a observés la stupidité.

Désormais, la compréhension est facile: si la caillette est le scrotum parce qu'il est censé faire cailler le lait spermatique, les cailleteaux sont les testicules, habitants de la caillette et affectés du même pouvoir. Retenant donc cette idée de cailler, ici primordiale, nous lirons aux cailleteaux comme: Aux caille-laitance.

100 - au bossu aulican, (35): Guilbaud dit: Terme inconnu. Screech dit, derrière Sainéan, mais dans une langue qui n'appartient qu'à lui: Jeu inconnu dont on ignore le sens du nom; aulican, aulique?

Aulican renverrait donc à aulique, dont Dauzat et Bloch et Wartburg disent: 1546, Rabelais, du latin aulicus, de aula, cour. C'est, nous le savons, le: plus me plaist le son de la rusticque cornemuse que les fredonnemens des lucz, rebecz et violons auliques (T.L. XLVI). Et il faudrait envisager que ce bossu puisse être bossu de cour, ce qui pourrait bien n'être qu'une ineptie.

Parvenus à ce centième jeu, les quatre-vingt-dix-neuf précédents ayant fait notre religion, nous savons qu'il y a là un sens érotique, ne serait-ce d'ailleurs que parce que le bossu est traditionnellement tenu pour posséder d'exceptionnels moyens sexuels. Il nous faut donc tenter de comprendre de quoi est fait ce mot aulican, tout en ne perdant pas de vue qu'il doit probablement participer de la réputation qu'a le bossu. Mais aucun dictionnaire ne cite ce mot, manifestement créé par Rabelais, et dont on n'a jamais compris le sens. Seul Godefroy donne les mots: Aule: lit d'un fleuve; Aulé: messager; Aul, voir Ol; et nous avons alors Oler, olir: exhaler une odeur. Il dit encore: Anloide, anlode, voir Esloide: éclair, clarté. Il donne encore le mot Aulitz, antiz, astiz, dont il ignore le sens et que l'unique citation ne permet pas de déterminer. De toute façon, il semble que nous nous éloignons de la signification que nous cherchons, et il nous faut procéder autrement. Nous allons donc voir Greimas.

605

Le seul mot qu'il donne commençant par Aul- est le mot Aule, pour lequel il dit: Voir Able. Et au mot Able, avle, aule, il donne les sens: propre à, convenable; habile, agile. L'exemple parle de cors able, c'est-à-dire de corps habile, agile et nous pouvons admettre qu'un bossu peut être agile, et surtout, avec l'idée des prouesses amoureuses concédées aux bossus, qu'il peut être habile. Mais pour la finale -can (car nous sommes bien obligés de confondre le i de auli- avec le e de aule), il n'y a que le mot Can, cane: bateau, ce qui ne nous mène à rien de cohérent. Nous avons encore le mot approchant, Cane, chane, dont le premier sens est: tuyau, canne, roseau; colonne vertébrale; dos; sorte de pieu. Et nous pouvons entrevoir, avec le sens de cane, colonne vertébrale, le bossu aulican comme un bossu à la colonne vertébrale agile ou encore habile. L'ennui est que ce sens ne s'obtient qu'avec une interprétation forcée jusqu'à être exténuée. Il nous faut donc chercher encore et revenir à ce latin Aulicus qui a donné aulique, remontant au mot Aula. Nous ouvrons donc le Gaffiot.

Outre le mot Aula, cour d'un prince, nous avons, bien sûr, le mot Aula, archaïsme pour Olla, marmite (Plaute). Mais ce qui nous arrête plus longtemps, c'est le mot Aula, du grec Aulos, dont on nous dit: Employé par jeu de mots au sens de flûte et joueuse de flûte (Quintilien). Nous passons donc au Bailly et nous lisons: Aulos: tout instrument à vent, particulièrement flûte, primitivement faite d'un roseau, etc.; par analogie, tout tuyau et conduit creux allongé. Il semble ainsi que nous retrouvons l'idée de Rabelais qui, s'il écrit au Tiers Livre: aulique au sens de: de cour, à partir du mot aula, aulicus, écrit ici à dessein aulican à partir du grec Aulos, au sens de conduit creux et allongé, et du latin Aula employé en jeu de mots pour désigner celle qui joue de la flûte. Car se dessine alors tout naturellement l'image, non plus d'un bossu, mais d'un bossué, autrement dit les deux testicules (dont traitait précisément le jeu précédent), bossué qui est censé jouer de la flûte, autrement dit du pénis érigé. Nous n'avons plus dès lors aucune peine à entendre au bossu aulican comme: Aux bosses à flutiau.

101 - a sainct trouue, (35): Screech dit, en imprimant d'ailleurs Sainct Troué: Jeu d'enfants, inconnu. Et nous sommes immédiatement saisis du désir de savoir si ce sainct Troué est à considérer comme une simple coquille ou comme un lapsus qui révélerait que Screech a refoulé une idée coquine, ce qui nous mettrait sur la voie. Dauzat dit du verbe Trouver: XIIe siècle, du latin populaire tropare, de tropus, figure de rhétorique, proprement: inventer, composer. Et nous commençons d'entrevoir la possibilité d'un sens salace, mais par scrupule nous

consultons les dictionnaires de latin. Nous lisons, à la place qu'occupe-rait ce verbe Tropare s'il était classique le mot Tropa: jeu dans lequel on lance à distance et dans un trou, des dés, des noix ou des glands (peut-être la bloquette; Goelzer). Le Gaffiot ne donne que: Du grec tropé, à la fossette (sorte de jeu d'adresse). Quant au grec Tropé, nous n'en retenons que l'idée générale: tour, conversion, évolution, révolu-tion, ce qui peut nous laisser entendre que, pour ce jeu, ce qui parvient dans le trou doit y arriver par ricochet et non directement. Nous trou-vons ce jeu de la fossette dans Furetière, qui dit: est un petit trou qu'on fait en terre pour y jetter & y faire tenir des balles, des noix ou des noyaux à quelque distance. Mais c'est seulement dans le Hatzfeld que nous lisons: Bloquette: Jeu d'enfant consistant à bloquer des billes dans un trou (synonyme: fossette). Ainsi, le saint Troué de Screech est simple lapsus puéril; il n'a donc pas lâché sa traille, et il serait parfai-tement injuste de l'accuser d'avoir fait un pas vers une plus large compréhension.

Mais saint Trouué n'est pas saint Tropa et n'a rien à voir avec ce jeu de la fossette ou de la bloquette rencontré fortuitement. Il est même bien probable que ce sainct trouue n'a d'autre sens que celui qui doit nous mener à une représentation érotique. Nous recourons donc à Greimas. Il donne: Trover: inventer, composer, faire des chansons; découvrir, trouver. Trovement: action de trouver, découverte; l'inven-tion, en rhétorique. Trovage: découverte, trouvaille. Troveure: poésie, composition littéraire; action de trouver, trouvaille. Troveor: celui qui trouve, imagine; trouvère; menteur. Et il semble que ces sens confir-ment l'idée salace du départ, la découverte, la trouvaille, la composi-tion, la figure de rhétorique étant transférées du plan des Lettres à celui qui est ici envisagé; cette recherche de composition, cette inven-tion de figures ainsi comprises nous permettent d'entendre que a sainct trouue est quelque chose comme: A saint Postures.

102 - a pinse morille, (35): Guilbaud dit: Jeu analogue à: pince sans rire. Screech, distrait, dit: Sorte de jeu très ancien: on pinse (sic) le bras en disant merille or (en anglais dans le texte) merine (Godefroy cité par Lefranc, Sainéan). S'il est un moment où nous devrions nous sentir informés, c'est bien celui-là, où toutes ces autorités sont réunies pour affirmer qu'il s'agit bien du bras que l'on pince (et pas la jambe, ni le cou, ni la fesse) tout en prononçant ces mots morille ou merine, qui doivent être ésotériques puisqu'on ne cherche même pas à leur décou-vrir un sens. Et nous ne manquerions pas, si nous étions étudiants de Screech, de répéter tout cela à l'examen, fidèlement, et en prenant s'il se peut l'air entendu. Mais comme nous ne somme que des lecteurs

curieux, nous réexaminons, et nous allons d'abord voir ce que dit exactement Godefroy.

Il donne: Pincemerille, pinsemorille, pinchemorille, pincemerine, substantif féminin, sorte de jeu dans lequel on pinçait le bras en disant: merille, morille ou merine. Suivent diverses citations dont aucune ne permet d'établir que c'est le bras qui est pincé, ni qu'on disait quoi que ce soit en pinçant. Ainsi l'explication apparaît comme pure élucubration de Godefroy, élucubration que tout le monde reprend religieusement parce que son dictionnaire est le monument qu'il a passé sa vie à élever à l'ancienne langue française, du IXe au XVe siècle, son complément coiffant même le XVIe. Or s'il est sûr que son œuvre est irremplaçable, il n'en est pas moins certain que sa parole ne saurait être considérée comme infaillible. Et il faudrait qu'on se convainquît une bonne fois que l'étude des textes littéraires n'a rien à faire de la foi qui est argument de nulle apparence, ainsi que le dit Rabelais, et précisément parlant de la Sorbonne, dans l'originale du présent Livre (vj).

Nous consultons donc Greimas qui, s'il a pris beaucoup chez Godefroy, n'en a pas fait sa seule source. Il dit pour le verbe Pincier: 1160, latin populaire pinctiare, croisement de plusieurs racines. Et il donne les sens de pincer et voler. Pinceure: pince. Princemerille,-ine (le second élément n'est pas clair): sorte de sauce; sorte de jeu de société lors duquel on pinçait le bras (Froissart). Mais Froissart est ici testis unus (unique témoin), donc témoin nul. Dauzat donne même étymologie mais signale le sens de Pince, 1398, E. Deschamps: endroit où se séparent les doigts. Pour les mots morille, merine, etc., la recherche nous conduit aux idées de maladie mortelle, épidémie, bête crevée, champignon et autres concepts qui sont difficilement associables à l'idée de pincer. Mais Screech écrivant à pinse m'orille dans sa liste des additions, nous voyons un moment la possibilité de lire pince m(on) oreille (essoriller), contraction qui ne tarde pas à ressembler à une échappatoire. Nous décidons donc de prendre résolument la voie non défrichée, nous résolvant à avancer à dire[12].

Donc, persuadés que le mot morille ne peut qu'être lié à l'idée de pincer, il nous apparaît que, tenant la différence pour dialectale, le seul mot qui convienne ici est le mot Moraille, dont le Petit Robert dit: 1617, provençal moralha, de mor, museau, latin populaire murru, visière: Tenaille utilisée par le maréchal-ferrant pour pincer les naseaux

12. Bien que Nizier du Puitspelu ne la retienne pas, c'est là une locution du langage lyonnais, qui ne se satisfait pas du seul sens d'avancer: énoncer, mettre en avant. Elle signifie s'aventurer par la parole et contient une nuance, sinon de désapprobation, du moins de réserve. Un qui (quelqu'un qui) avance à dire émet une assertion assez étonnante pour qu'il lui reste à la prouver.

d'un cheval rétif. (En fait, Lou Pichot Tresor donne: Mourraio: morailles; et Greimas dit: Mor, latin populaire murrum, museau.) Nous savons bien que cette date de 1617 est celle de l'apparition du mot écrit et qu'elle ne signifie pas que le mot n'a pas été employé longtemps avant, particulièrement en franco-provençal puisque le Dictionnaire étymologique du patois lyonnais le donne, y voyant le mot Morre, mourre: museau. Le Glossaire de la langue d'oc (P. Malvezin, 1908, réimpression Slatkine, 1975), lui, voit dans Morre, mourre, le nez et notamment, partie avancée, en pointe, celui des animaux. Dès lors, tout paraît clair: ce jeu de pinse morille est tout bonnement le geste qui, comme avec des morailles, pince le nez de quelqu'un entre l'index et le majeur repliés (l'endroit où se séparent les doigts, de Dauzat) tout en exerçant un mouvement de torsion; c'est le geste qui, aujourd'hui, est censé faire sortir le lait du nez du blanc-bec. Reste seulement à trouver comment, de ce geste qui est fait pour infliger une douleur, on peut arriver à une image érotique, donc de plaisir.

Mais c'est alors que nous comprenons que nous devons maintenant voir dans le mot morille un de ces sens que nous avons d'abord rejetés, et singulièrement celui du champignon, dont Dauzat dit: Morille: 1548, Rabelais, peut-être du latin mauricula, de mauris, brun foncé, à cause de la couleur sombre de ce champignon. (En réalité, nous en savons suffisamment maintenant pour entendre que c'est bien plus probablement la forme phallique de ce champignon qui a pu lui donner son nom, partant de l'idée que nous venons de voir: morre, partie avancée, en pointe, donc pointe qui avance; et ce n'est certes pas la couleur qui est déterminante puisqu'il existe, avec la morille conique, la morille blonde aussi bien que la morille noire.) C'est donc cette forme phallique qui est à retenir (bien que les traités de mycologie ne parlent pudiquement que du chapeau cérébriforme). En fait, ce chapeau, comme chacun sait, comprend de multiples alvéoles; mais l'assimilation les ignore, donnant le pas à la forme générale, bien plus apparente. D'autre part, il faut compter avec cette disposition d'esprit éminemment favorable qui est celle du lecteur cherchant à trouver la solution de la devinette qu'il sait faite à son intention[13]. Nous lirons donc a pinse morille comme: A pince-gland.

103 - au poirier, (35): Screech dit: Jeu d'enfant mentionné par Martial d'Auvergne, cité (par) Sainéan (perier). D'Aubigné, cité (par) Huguet, l'appelle Vien au poirier.

---

13. Ainsi, aujourd'hui encore, quel est l'esprit qui, s'il n'est pas mis en condition, peut lire sous la phrase: On n'est jamais assez fort pour ce calcul, la compréhension: On éjacule assez fort pour se calmer?

Il semble qu'il n'y ait pas là besoin de chercher longtemps. Godefroy dit: Faire le perier, locution, faire le poirier, faire l'arbre droit, la tête en bas, les jambes en l'air. Mais une des citations montre bien que la locution était employée pour rendre la seule idée des jambes en l'air sans que la tête soit en bas: Qui del ceval le faist trebucier, Gambes levees li a fait le perier (Anseis). D'autre part, si Furetière et Littré ne disent rien du jeu au mot Poirier, le Robert donne: Faire le poirier (l'arbre fourchu): se tenir en équilibre la tête au sol, ce qui nous permet de trouver dans Littré, au mot Fourchu: Faire l'arbre fourchu, se poser la tête en bas et les pieds en haut écartés l'un de l'autre. Il apparaît donc, la deuxième condition étant celle d'avoir les jambes écartées, qu'il nous faut entendre au poirier comme: A cuisses ouvertes.

104 - a pimpompet, (35): Guilbaud dit: Terme inconnu. Screech dit, déformant le nom du jeu en Pimponet: Jeu d'enfant (selon Cotgrave, trois enfants essayent de se donner des coups de pieds dans le derrière). Mais nous est avis que Cotgrave aurait pu avancer n'importe quelle autre explication; et nous nous demanderons toujours pourquoi il n'a pas plutôt opté, accrochés au derrière de ces enfants, pour des pompons que les adversaires doivent arracher avec les dents.

Il est cependant certain qu'un jeu de ce nom, ou de nom proche, a existé puisque Lou Pichot Tresor donne: Pimpounet, sorte de jeu de société. Mais personne n'en sait davantage. De toute façon, ce que nous cherchons à retrouver, c'est le contenu salace du mot pimpompet, mot qui peut d'ailleurs fort bien être la déformation intentionnelle du vrai nom du jeu. Nous commençons donc à chercher; et, guidés par la sonorité ainsi que par quelque idée préconçue, nous nous intéressons d'abord à -pompet.

Outre le mot Pompe, au sens de magnificence, Dauzat donne: Pompe, début du XVIe siècle, machine pour refouler ou élever un liquide; du néerlandais pompe, d'origine onomatopéique. Pomper, milieu du XVIe siècle, se servir de la pompe. Le Petit Robert donne: Pompe, 1140, marine, origine inconnue, peut-être radical latin pupp-, sucer, téter. Et comme nous ne sommes pas tombés de la dernière ondée, ce sens de téter, sucer nous permet de dire que l'idée tout à l'heure préconçue est maintenant conçue régulièrement; d'autant qu'il nous est loisible de voir dans la syllabe initiale pim(p)- ce verbe provençal qui, selon Lou Pichot Tresor, s'il a le sens de pomponner, parer, a aussi celui de humer. Tout cela n'a certes pas une stricte rigueur, mais nous avons le sentiment que l'auteur n'a jamais eu le moindre désir d'être rigoureux et qu'il a compté sur la plus petite ressemblance, sur l'à-peu-près le plus ténu pour que son lecteur, l'esprit affuté dans le sens de celui qui lui propose ces jeux verbaux, saisisse à demi-mot l'intention. Or, ici, en fait de demi-mot, nous avons assemblage du verbe pimpa, humer, et du verbe pomper, dans une sorte de téléscopage qui forme un substantif décrivant clairement la fellation. Nous entendrons donc a pimpompet comme: A pompe-dard.

105 - au triori, (35): Guilbaud dit: Danse bretonne. Screech dit: Jeu inconnu. Cf. QL, XXXVIII, où c'est le nom d'une danse de la Basse-Bretagne, trois pas et un saut.

Le texte du Quart Livre, après avoir relaté que Mellusine avoit corps foeminin jusques aux boursavitz, et que le reste en bas estoit andouille serpentine, ou bien serpent andouillicque, ajoute: Elle, toutesfoys, avoit alleures braves et guallantes, lesquelles encores aujourd'huy sont imitées par les Bretons balladins dansans leurs trioriz fredonnizez. Et Marichal, le commentateur, dit dans l'Index: danse de Basse-Bretagne accompagnée de chants qui se dansait à trois pas et un saut, cf. Eutrapel, etc. Et Tabourot, Orchésographie. Mais Boulenger dit ici: Trihori, danse bretonne, selon Eutrapel, plus gaillarde que nulle autre, et qu'on dansait en chantant. Ce peut donc être pour ses trois pas et un saut vus comme des mouvements lascifs, que Rabelais insère ce triori dans sa liste; mais il semble qu'entre aussi en ligne de compte la syllabe initiale tri-, le nombre trois représentant évidemment l'appareil génital masculin, intention d'autant plus plausible que la finale -ori peut s'entendre comme doré (Greimas: Or, oré, orin, orien, orie, oire: doré), le triori étant alors compris comme la triade dorée. Nous pouvons en tout cas, sans risque de nous fourvoyer, et reprenant, quelque peu détourné de son sens, un mot du Prologue du Tiers Livre, rendre au triori par: Au triballement.

106 - au cercle, (35): Screech dit: Jeu qui consiste à sauter dans un cercle comme dans le saut à la corde (édition Lefranc). Là encore, nous pouvons nous demander d'où Lefranc tient une si tranchante affirmation, attendu que ce cercle peut aussi bien représenter un anneau dans lequel il s'agit de passer ou de lancer quelque chose, ou encore un cerceau, mot dont Furetière dit: Lien dont on se sert pour relier les tonneaux, les cuves. Les cerceaux sont faits de branches de chasteigner fendües par le milieu. Ce mot vient du Latin circulus, du Grec kyklos. Et cette étymologie nous renvoie au chapitre xx du Pantagruel, où nous avons rendu l'idée de forme circulaire associée à celle du plaisir qu'on y prend par le terme désignant le sexe de la femme, terme que nous reprenons ici, comprenant au cercle comme: Au cirque.

107 - a la truye, (35): Guilbaud dit: Jeu de la crosse, consistant à chasser une boule dans un trou. Screech dit: Jeu de la crosse, avec

laquelle on case une boule dans un trou (édition Lefranc).

Guilbaud et Screech ont bien tort de se laisser subjuguer par le grand prêtre; car pour celui-ci (dont le nom de Lefranc n'est apparemment que le patronyme profane), ce ne peut qu'être la révélation de grand initié qui lui fait affirmer que le jeu consiste à pousser au moyen d'une crosse une boule dans un trou quand aucun des sens du mot truie n'admet l'idée de crosse, l'idée de pousser, l'idée de boule ou l'idée de trou. Mais nous dirons: Ces mystères nous dépassent: soyons-en les investigateurs.

Il faut convenir que le mot Truie est d'étrange naissance. Bloch et Wartburg disent: Latin populaire troia, VIIIe siècle (Gloses de Cassel), tiré de porcus troianus, porc farci (garni de menu gibier), ainsi chez Macrobe, Satires, II, 9; ainsi nommé par allusion plaisante au cheval de Troie. Le mot doit avoir été modifié en porcus de Troja et puis transformé en troja par omission de porcus. Voir dans le type troia un mot populaire de création expressive est moins convaincant. Italien troia, ancien provençal trujassa, grosse truie. Dauzat donne même explication, ainsi que Furetière, Hatzfeld et Robert. Greimas dit: Truie, 1150, Thèbes; bas latin troia, féminin tiré de porcus troianus, porc farci: Truie. Sorte de catapulte lançant de grosses pierres. Sorte de tonneau. A ces sens, Godefroy ajoute celui de: Couteau qui se plie dans le manche, vulgairement nommé truie.

Ainsi donc, l'esprit ne retenant que les éléments: garni d'une grande quantité dissimulée à l'intérieur, nous comprenons que le terme Truie ait fini par désigner la femelle du porc, qui porte un grand nombre de petits, Furetière rapportant: Pline dit qu'il y en a qui ont eu 20. petits en une portée. On en a veu en France qui en ont eu jusqu'à 37. Et nous voyons aussi fort bien pourquoi ce même mot truie a désigné le grand engin qui permettait à cent hommes d'armes de s'y abriter et d'approcher de la ville pour l'assaillir (Froissart, rapporté par Boulenger au chapitre XL du Quart Livre, où une grande truye mirificque abrite les preux cuisiniers dans la guerre contre les Andouilles). Nous comprenons aussi bien que ce mot truie ait désigné une sorte de tonneau qui, s'il ne reçoit pas de liquide, peut abriter et cacher un grand nombre d'objets. Nous comprenons encore que truie ait désigné la sorte de catapulte, à condition toutefois que la grosse pierre dont parle Greimas soit, ou bien un grand nombre de pierres plus petites mises dans la cuillère, ou bien un sac dissimulant ces nombreuses pierres, sac devant éclater à l'arrivée, formant bombe. Car nous ne pouvons admettre qu'un glissement de sens se soit produit de la multitude vers l'unité en même temps que se perdait l'idée force qui est celle de la dissimulation à l'intérieur de l'objet porteur, la catapulte ne cachant pas son projectile. Mais nous devons pourtant bien admettre le seul glissement de sens vers l'unité respectant l'idée de cacher, dans le cas du couteau dont la lame se dissimule dans le manche, c'est-à-dire le ventre du couteau. Et nous arrivons ainsi à l'idée du ventre qui contient, puis du ventre qui dissimule, conduisant à l'idée du ventre qui accepte, puis à celle du ventre qui accepte sans distinction, d'où le sens péjoratif du mot appliqué à une femme, Furetière disant: C'est une injure, un vilain reproche qu'on fait à une femme, de l'appeler truye, ce sens péjoratif étant visiblement étayé par ce qu'il dit encore: Les truyes portent deux fois l'an, & se font couvrir, quoi qu'elles soient pleines, contre l'ordinaire des autres bestes. Et c'est là que nous saisissons enfin qu'il est question, pour ce souhait que forme l'auteur, sinon des beaulx & ioyeux menuz droictz de superfetation dont il a entretenu son lecteur au chapitre iij du présent Livre, du moins de la facilité avec laquelle les femmes sont censées soy faire rataconniculer. Et nous lirons a la truye comme: à l'hospitalière.

108 - a ventre contre ventre, (35): Screech dit: Sorte de saut périlleux fait par deux enfants tête-bêche (édition Lefranc). Nous admettrons qu'un tel jeu d'enfants a existé, toutefois sans cette particularité tête-bêche, qui nous paraît surajoutée puisqu'elle est spécifiée quand elle existe, comme nous le verrons dans les jeux de pet en gueulle et de teste a teste becheuel. Mais ce qui nous intéresse, c'est le jeu d'adultes que décrit ce nom. Et il n'y a évidemment nulle hésitation à marquer tant est claire la représentation de la posture la plus courante. Donc, à partir d'une locution que donne le Dictionnaire érotique (où le mot est d'ailleurs erronément orthographié: coine), nous lirons a ventre contre ventre comme: A frotte couenne.

109 - aux combes, (35): C'est là le dernier jeu de la plus longue addition qu'a faite Rabelais en 1535. Screech dit: Jeu (peut-être jeu aux cubes?). Ce jeu dont parle Screech est, en français, le jeu de cubes, et sa question vient tout droit de Godefroy, qui dit: Combe, cube, et qui donne la citation: Se tu vels trover le combe d'un pilier reont, c'est-à-dire, selon nous, la mesure cubique d'un pilier rond, autrement dit d'un cylindre. Nous nous abstiendrons pourtant de toute considération sur les commentateurs de textes écrits en une langue qui ne leur est pas maternelle et qui doivent jouer aux cubes avec des cylindres.

Greimas donne: Combe, combre: Vallon, gorge. Furetière donne: Combe: Vieux mot François qui signifioit, Vallée enfermée entre deux montagnes. Menage, ajoute-t-il, tient qu'il signifioit grotte, & qu'il vient du Latin gumba. En fait, Dauzat dit que le mot vient du gaulois gumba, vallée, et Bloch et Wartburg ajoutent: cf. gallois cwm, vallée. Littré dit: Combe: Petite vallée, pli de terrain, lieu bas entouré de collines. Hatzfeld dit: Dialectal: Dépression en forme de vallée étroite et profonde, sur de hauts plateaux. Lou Pichot Tresor dit: Coumbo: vallée profonde et resserrée; dépression. Le Dictionnaire étymologique du patois lyonnais donne: Comba, patois jurassien comba, patois languedocien des Hautes-Alpes coumbo; provençal coumbau; espagnol comba: Vallon étroit. Origine celtique. Armoricain komb, kombant, koumbant; kymrique, dialecte du pays de Galles, cwm, cymau, d'où vieil anglais cumer, cumber, anglais comb, même sens. Et nous trouvons effectivement dans le Webster's, qui est américain: Combe, of Celt origin; Brit: a deep narrow valley (d'origine celtique; Anglais: une vallée étroite et profonde). Ainsi sommes-nous assurés que même en anglais les combes n'ont rien à voir avec les cubes.

Cela établi, il faudrait être bien naïf pour ne pas comprendre que l'étroite et profonde vallée entre deux collines ne peut que représenter le sillon fessier ou le sillon vulvaire. Mais l'alternative ne dure que le temps de la réflexion, l'un des termes se heurtant au fait qu'on ne joue pas, à proprement parler, avec le sillon fessier. Nous entendrons donc aux combes comme: Aux crevasses.

110 - a la vergette, (34): Nous revenons, avec ce jeu, à l'inspiration initiale dont le dernier nom était: a la bille (64), que nous avons compris comme: a la trique. Guilbaud dit: Jeu d'adresse qu'on croit analogue à celui de primus, secundus (56). Screech dit: Littéralement, petite branche; jeu enfantin qui se jouait avec de petites baguettes (édition Lefranc).

Ce jeu de la vergette est, nous le savons, mentionné au chapitre xviij du Pantagruel, où il est dit: Ainsi passa la nuyct Panurge a chopiner auecques les paiges, & iouer toutes les aigueillettes de ses chausses a primus & secundus, & a la vergette, texte pour lequel Guilbaud disait: Ce que nous savons des mœurs de Panurge nous permet de comprendre la phrase tout autrement. Et pour cette vergette qui, avant l'addition, faisait suite au jeu de la bille, nous retenons évidemment l'idée de verge, voyant dans vergette ce que les linguistes nomment un diminutif hypocoristique antiphrastique à valeur intensive, ce qui équivaut, décodé, à parler de bonne grande verge. Cela nous suffit amplement pour lire a la vergette comme: Au valeureux mandrin.

111 - au palet, (34): Screech dit: Jeu. Consulter H. Fromage, Les palets de Gargantua, in Bulletin de la Société de Mythologie française, juillet-septembre, 1962. Et nous ne manquerons pas de le faire dès que les jeux d'enfants feront partie de nos préoccupations. D'ici là, nous nous renseignons comme à l'accoutumée.

Furetière donne: Palet. Jeu qui se fait avec un carreau ou morceau de pierre, de bois, ou de fer qu'on jette à la portée du bras. Celuy qui approche le plus prés du but gagne le coup. Mais pour le jeu des adultes, il semble que nous devons retenir ce que dit Greimas: Palet, 1395: Escrime, exercice militaire; voir Pal. Et à ce mot, nous trouvons le verbe Paleter: Combattre aux palissades; escarmoucher, faire la petite guerre. Nous entendons alors que cette petite guerre est celle qui est suivie de la petite mort; en conséquence, nous lirons au palet comme: Au corps à corps.

112 - au ien suis, (34): Screech dit: Jeu de pelote, dont on ignore les règles (édition Lefranc). Nous ignorons tout de ce qui a pu conduire Lefranc à conclure ainsi; mais aucun dictionnaire ne nous permettant de vérifier, et le seul souvenir littéraire qu'évoque cette phrase étant l'aveu du trompé des farces qui constate: j'en suis (de la confrérie des cocus), ce qui n'est certes pas en situation ici, nous sommes bien obligés de prendre pour bonne cette pelote.

Greimas donne: Pelote, début du XIIe siècle; latin populaire pilotta, diminutif de pila, balle à jouer: Pelote. Sorte de torture. Et venant immédiatement après l'idée d'escarmouche, de petite guerre que nous avons vue dans le jeu du palet, ce sens de sorte de torture ne peut que retenir notre attention. Néanmoins il nous faut quelques confirmations.

Furetière, pour ce mot Pelote, ne parle pas de torture. Mais Littré dit, pour le verbe Peloter: Figurément et populairement, battre, maltraiter de coups et de paroles. Il a voulu faire le mutin, on l'a vigoureusement peloté. Et il donne encore: Se peloter, verbe réfléchi; figurément: se battre. Ils se sont bien pelotés. Nous retiendrons donc cette idée de battre, maltraiter de coups, image qui nous paraît évidemment à transposer au plan érotique. Reste pourtant à tenter de comprendre ce que cette exclamation J'en suis pouvait contenir d'érotique pour les esprits préparés auxquels s'adresse Rabelais. Or nous ne pouvons entendre qu'une telle reconnaissance soit celle de la partenaire, puisque ces jeux sont censés être jeux de mâles et que, de toute façon, la femme nous est jusque-là apparue comme l'objet de la recherche, le but, le complément muet. Aussi nous dirigerons-nous vers une compréhension qui, nous semble-t-il, offre plus de vraisemblance attendu que Rabelais, en homme d'Église écrivant cette kyrielle à l'intention de lecteurs de même genre d'esprit que lui, fait très probablement allusion à la règle de chasteté. En conséquence, et puisqu'il s'agit, par convention, de souhaits bienveillants que formule l'auteur à l'intention des siens, nous comprendrons que ce J'en suis est prononcé par quelqu'un proclamant qu'il fait partie de ceux qui pelotent, autrement dit de ceux qui se sont affranchis du vœu de chasteté que nous voyons. Donc, mais plus que jamais sauf correction, la voie que nous avons prise nous ayant été comme imposée, nous lirons au ien suis comme: Au j'en use.

113 - a foucquet, (34): Guilbaud dit: Jeu consistant à éteindre avec le nez un flambeau allumé. Screech dit: Cf. Quart Livre, Prologue: jeu qui consiste à éteindre avec son nez un flambeau. Nous lisons au Quart Livre: Et seront, en figure trigone equilaterale, on grand temple de Paris, ou on mylieu du pervis, posées ces trois pierres mortes, en office de extaindre avecques le nez, comme au jeu de Fouquet, les chandelles, torches, cierges, bougies et flambeaux allumez. Et Marichal, le commentateur, renseigne ainsi: Fouquet: écureuil, jeu qui consiste à éteindre avec son nez un flambeau allumé; Gargantua, XXII.

En fait, l'explication n'ajoute rien à qui est contenu dans le texte, Marichal restreignant même au seul flambeau l'énumération qu'il lit. D'autre part, ce renvoi au Gargantua, censé appuyer l'explication, revient à éclairer une définition peu assurée par un emploi antérieur qu'on n'a pas mieux compris. Mais la pratique ne doit pas nous surprendre, universitairement courante, qui rend bien trop de services pour qu'on s'en prive et surtout pour que personne s'élève contre son insignifiance. Or pour ce jeu, il aurait au moins fallu avoir la curiosité de se reporter à Godefroy, qui dit: Fouquet, foucquet: sorte de jeu dont Le Duchat donne la description suivante: Voici comment j'ai vû pratiquer le jeu de fouquet à des païsans. Ils prénent une poignée de filasse qu'ils tordent en long, et qu'ils se fourrent par un bout dans l'une des narines, mettant le feu au bout d'en bas de la filasse. Le feu monte. Eux cependant disent toujours fouquet, fouquet, et souflent en même tems par la narine qui est libre en sorte que ce double vent empêche que le feu, qui gagne le haut de la filasse, ne leur brule ni la bouche ni le nez. On peut donc penser que, même s'il tient quelque peu de l'idée que la poignée de filasse à la combustion ascendante représente la queue de l'animal montant dans l'arbre, le jeu se nomme Fouquet surtout parce que le mot comprend la fricative -f- qui produit le souffle. De toute façon, nous comprenons bien mieux ce jeu avec cette filasse qu'avec la chandelle à souffler que nous donnaient les commentaires du Pantagruel (xij), ou ce flambeau dont il est proprement absurde de croire qu'on puisse l'éteindre avec le nez (impossibilité qui nous donnera d'ailleurs le vrai sens du texte du Quart Livre).

De plus, cette filasse incandescente dans le nez semble bien confirmer notre compréhension de l'évocation que fait Humeuesne, au chapitre xij du Pantagruel, quand il parle des petitz oysons de mue qui sesbatent au ieu de foucquet, attendant battre le metal, & chauffer la cyre aux bauars de godale. En tout cas, c'est cette même compréhension que nous aurons ici, où ce mot Foucquet nous apparaît encore comme la fourchure, autrement dit l'entrejambes. Et, selon un verbe donné par P. Guiraud (d'après le grec glôtta, la langue), nous lirons a foucquet comme: A glottiner.

114 - aux quilles, (34): Michel dit: Le jeu de quilles existait déjà au XIVe siècle. Screech s'abstient de renseigner. Dauzat donne: Quille: XIIIe siècle; de l'ancien haut allemand kegil, terme de jeu; 1455, Villon, jambe. Furetière dit: Morceau de bois qu'on esleve à plomb, qui sert à joüer. On en arrange neuf en quarré pour les abattre de loin avec une boule. C'est un bon joüeur de quilles, il en abat neuf tout d'un coup.

Au chapitre xij du Pantagruel, encore, nous avons entendu Humeuesne employer la locution & quille luy bille au sens érotique, la quille nous étant apparue comme le membre viril et le verbe biller contenant l'idée de pousser, faire aller devant soi, lancer en avant. Mais nous connaissons aussi la locution Beau joueur de quilles, désignant un tombeur de femmes, l'idée retenue étant apparemment celle d'abattre, mais le sens de quille, membre viril érigé demeurant en filigrane. Le Dictionnaire érotique donne d'ailleurs: Quille: pénis; quiller: coïter; joueur de quilles, jouer aux quilles: idem (cet adverbe idem nous paraissant pourtant recouvrir une assimilation sommaire). Et il cite, de Jodelle: Si fussiez allé chaque jour/ Cependant qu'Alix était fille/ Planter en son jardin la quille; de Beroalde de Verville: Mais que l'aze la quille; de Brantôme: La tienne joue bien aux quilles; et du Recueil de poésies françaises: Que l'un sur l'autre ils tombèrent/ En jouant au beau jeu de quilles. On ne peut être plus clair, et nous entendrons aux quilles comme: Aux culbutages.

115 - au rampeau, (34); (42: rapeau): Guilbaud dit: Jeu de quilles. Screech dit: Sorte de jeu de quilles. Dauzat donne: Rampeau, vers 1560, Monluc, mot de jeu, altération probable de rappel. Bloch et Wartburg ignorent le mot, ainsi que Furetière. Pourtant Godefroy donne: Rampeau: partie de quilles qui se joue en un seul coup de boule. Et il cite, de 1518: Ne tiendront aucun jeu de cartes, detz, rampeau ne autre jeu de sort, ce qui établit que ce jeu de quilles est un jeu de hasard où, vraisemblablement, chaque joueur ne dispose que d'une chance pour être déclaré gagnant ou perdant. Il donne en deuxième définition: Second coup de la partie qui se joue en deux coups, citant: Figurément: Je luy manday que je ne voulois pas qu'il fust fait de luy un rampeau du capitaine Arne (qui vient d'être tué, explique Littré, qui donne la même citation au mot rampeau), et qu'il suffisoit d'avoir

perdu un brave et vaillant capitaine, et une compagnie de gens d'armes, sans en perdre deux.

L'idée est claire et nous pourrions penser que le contenu du mot rampeau est celui de répétition, de double. Mais Godefroy donne encore le verbe Rampeller, rempeller: jouer au rampeau, au sens libre. Et il cite, plus complet, le texte de Brantôme que nous venons de lire pour le jeu précédent: La tienne joue bien aux quilles.— La tienne rempelle aussi bien. Or l'idée de doubler n'étant, pour la femme, nullement remarquable, il faut donc qu'il s'agisse de quelque chose de plus rare, d'un vrai talent notable. Et c'est là que nous trouvons dans le Dictionnaire étymologique du patois lyonnais: Rampot: jeu d'enfants, qui se joue avec des gobilles (des billes) et à l'aide de trous en forme de petites coupes, au nombre de neuf, que l'on fait dans la terre. Et Nizier du Puitspelu se demande: La deuxième partie du mot est: pot, trou en terre, mais la première partie est-elle rang (rang (de) pots)? Comparez forézien rangifranchi, jeu qui se joue avec des rangées de cailloux. Ou bien ram- serait-il le préfixe ra- nasalisé?

Nous n'avons certes pas la possibilité de trancher, encore que le mot rang nous paraisse ici plus légitime que le préfixe ra-, même nasalisé, dont Grevisse, dans Le Bon Usage, dit qu'il peut marquer l'augmentation, la rétrogradation, l'opposition, le rétablissement dans un état, la réciprocité et parfois l'action instantanée par opposition à l'action durative. D'autre part, il nous paraît évident que, dans le texte de Brantôme, le verbe rempeller, qui contient le mot rampeau (ou rampot) est opposé au mot quille, celui-ci représentant la saillie, donc le sexe de l'homme et celui-là le creux, donc le sexe de la femme. En conséquence, il semble indiscutable que l'idée contenue dans bien rempeller est celle de se servir habilement de son creux, autrement dit du pot du rampot (ou des pots du rang de pots si l'on admet que cette habileté revient à faire croire à la multiplicité dans la diversité, car nous sommes, ne l'oublions pas, dans le domaine optatif où le rêve est permis). Ainsi pouvons-nous, au passage, du fait que ce rang de neuf pots reçoit des billes dans le jeu lyonnais, induire que le jeu de hasard pouvait peut-être consister à lancer une quille de façon qu'elle tombe droite dans un trou préparé à cet effet (ou dans un des neuf trous?), chaque joueur lançant une seule quille et le gagnant étant finalement, à défaut d'avoir exactement quillé, celui dont la quille était restée le plus près du trou visé. Quoi qu'il en soit, nous en savons suffisamment pour entendre que le rampeau désigne ici, au sens érotique, la cavité où l'on doit loger quelque chose. Nous lirons donc au rampeau comme: A la fossette.

116 - a la boulle plate, (34): Guilbaud dit: Jeu de quilles avec une boule qui a une face plus petite que l'autre. Screech dit: Sorte de jeu de quilles; la boule est construite de façon à ne pas rouler facilement en ligne droite (cf. le jeu de bowls, anglais). Voir H. Tremaud in Arts et Traditions Populaires, IX, 1961 (etc.), étude que je n'ai pas pu consulter.

Nous n'avons pas non plus lu cette étude, du fait qu'elle est reliée avec le traité bien connu: De la meilleure manière de ramer les fraisiers, et qu'un pomologue négligent a jusque-là omis de rendre le livre. Mais le mot anglais bowl n'étant jamais que le français jatte, nous avons idée que cette boule ressemble assez à ce que produirait l'assemblage de deux jattes par leur grand diamètre, étant toutefois entendu que si elles ont même ouverture, leur capacité est différente, d'où un roulement forcément hésitant. Et nous nous rappelons alors que certaines régions du nord de la France jouent encore avec ces pseudoboules, faites d'un bois soigneusement meulé inégalement, et la bande de roulement cerclée de fer; on les lance en direction d'un but, et cela dans une tranchée peu profonde creusée en forme de berceau, en se servant du renvoi qu'assurent les parois courbes. Voilà pour le jeu qui, au demeurant, nous importe assez peu, bien que nous puissions inférer que le jeu de la boulle plate ne comporte peut-être pas plus de quilles que ce jeu du Nord. Quant au sens érotique, il nous apparaît facilement que cette boule plate n'est rien autre que le testicule. Et, prenant encore le mot chez P. Guiraud, nous lirons a la boulle plate comme: A la ballotte.

116/117 - au pallet, (34): Ce jeu est supprimé en 42, pour la bonne raison qu'il figure six places plus haut sous la forme au palet (111). En même temps, Rabelais insère à cette place quatre nouveaux jeux:

117 - Au vireton (42): Guilbaud dit: Bouchon garni de plumes. Et Screech, qui est assez bon pour nous renseigner sur un jeu qui n'est pas de l'originale, dit, d'après Sainéan toutefois: De viret, sorte de flèche (qui vire, qui tourne). Ici, jeu de volant, joué avec un morceau de bois garni de plumes.

L'assimilation est hâtive: le vireton et le volant ne sont pas exactement superposables. Littré dit pour vireton: Anciennement, trait d'arbalète empenné en hélice avec des lamettes de bois, de corne ou de fer, qui le faisaient tourner en l'air sur lui-même. Et pour volant: Petit cône de bois, de liège, etc. percé de plusieurs trous où l'on fait entrer des plumes, et que l'on lance en l'air avec des raquettes. En outre, ce mot volant ne serait apparu dans ce sens qu'en 1611 (Cotgrave, cité par Dauzat). Il semble donc que ce jeu du vireton a pu être pratiqué tout simplement avec la partie postérieure de traits d'arbalète de rebut, et qu'il n'a qu'un lointain rapport avec le jeu du volant à l'usage des petites filles modèles. Mais la question qui nous intéresse n'est pas là: elle est dans la compréhension de ce mot étendue au domaine érotique. Et il n'est que de consulter Greimas pour lire: Virir, verbe, 1350, Ars d'amour; latin vir: Avoir, prendre de la force, de la virilité: Li cors virist (Ars d'amour).

Il apparaît là encore clairement que ce mot vireton, pour peu que l'on choisisse d'y voir le latin vir, homme, devient la désignation de l'instrument du masle masculant (G. iij), autrement dit de la mentule ou encore, dans ce cas précis, du petit homme. Nous lirons donc Au vireton comme: A l'homoncule.

118 - Au picquarome (42): Guilbaud dit: Piquet à Rome: jeu d'enfant dans lequel on envoie, à Rome, un petit bâton pointu en frappant dessus avec une baguette. Screech dit: Picqu'à Rome: jeu de bâtonnet, mentionné dès le XIVᵉ siècle (Sainéan).

Cette ville de Rome n'est apparemment que la rationalisation de la finale du mot picquarome, et c'est une rationalisation enfantine. Pourtant Godefroy donne aussi: Piquarome, picquarome: Sorte de jeu d'enfants qui consistait à ficher droit en terre un bâton pointu, et à envoyer à Rome celui dont le piquet était abattu par un autre joueur. Cependant il mentionne que, dans le Lyonnais, ce jeu se nommait piquarognon. Le Dictionnaire étymologique du patois lyonnais donne effectivement: Piqua-rognon, mais il donne à ce mot le sens de nez, expliquant: D'un jeu forézien appelé picaronio, piqua-rognon, et dans lequel un joueur, armé d'un petit piquet, en poursuit un autre, en le piquant dans le dos. De là le mot de piqua-rognon, employé familièrement pour nez, considéré comme propre à remplacer le piquet.

Dans tout cela, l'artifice est visible, confinant même à l'absurdité: les deux descriptions du jeu, totalement différentes, paraissent aussi controuvées l'une que l'autre; d'autre part, dans la représentation qu'a le populaire de l'emplacement des reins, piquer le dos est la transcrition euphémique de piquer, non pas même les lombes, mais le cul; enfin, il est non seulement patent que rome est ici mis pour rogne (rognon), mais donner piqua-rognon pour nez est une niaise édulcoration attendu, d'abord, que le nez est, en franco-provençal, le piqua-bisi (à Lyon, le pique-bise); ensuite, que la citation produite à l'appui de ce sens de nez montre à l'évidence, par la situation exposée, qu'il est en réalité question du membre viril:

Franchement que la Demody
S'aura viouté sur votre lit...

O faut crachi voure, ou sinon
T'arrache ton piqua-rognon,

ce qui signifie: Sans pudeur que la Demody (nom d'une fille de joie que Nizier du Puitspelu orthographie à tort Démoly) Se sera vautrée sur votre lit... Ou (il) faut payer sur le champ, ou sinon (Elle) T'arrache ton pique-rognon(s) (cette traduction remplaçant celle du Dictionnaire, fort embarrassée et partiellement inexacte).

En fait, le jeu de pique-rognon paraît bien être celui qui était encore nommé, en lyonnais, Quinet, ou Canichet, callichet, qui consiste à frapper fortement une des deux extrémités pointues d'un morceau de bois de façon que celui-ci soit projeté le plus loin possible et qu'il puisse éventuellement se planter en terre. Le nom de pique-rognon viendrait de l'obligation pour les joueurs de se retourner en se baissant pour protéger leur visage au moment du frappement. Et nous noterons au passage que, selon Godefroy, le mot Quinet a encore le sens de membre viril, et Quinette celui de verge d'enfant. Il semble ainsi bien établi que le pique-rognon, entendu comme ce qui est censé aller, par l'intérieur, piquer les rognons (les reins), a aussi ce sens de membre viril. Et il s'en ensuit que nous lirons ce qui est pour nous A piqua-rogne comme: A pique-ovaires.

119 - A rouchemerde (42): Guilbaud dit: Ronge-merde. Screech dit: Ronge-merde; Anjou (Sainéan); jeu analogue à la barbe d'oribus? Or si nous avons constaté que cette barbe d'oribus (80) ne tient nullement de cette merde que voient les commentateurs, il n'y a ici aucun doute: c'en est bien; et la difficulté réside dans le verbe roucher où nous n'apercevons, nous, rien qui permette de lui substituer le verbe ronger.

Godefroy dit pour Rouche: voir Roche. Mais les sens admis au verbe rocher n'ayant trait qu'aux pierres, nous dommes amenés à penser à un sens adventice issu d'un substantif. Et nous rencontrons alors le mot Rochet, rocet, roquet, rouquet: Tampon fixé au bout de la lance courtoise. Même définition est donnée par Greimas qui indique toutefois: fin XIIe siècle, francique rokka, quenouille. En outre, le Hatzfeld donne: Rochet, dérivé de l'ancien haut allemand rocco, allemand rocken, fuseau: Désigne une variété de lance, au moyen âge.

Dès lors, sachant bien que les enfants sont loin d'avoir les répugnances apprises qu'affichent les adultes en ce domaine des excréments, nous pouvons toujours conjecturer qu'a pu exister un jeu du nom de rouchemerde où l'on devait, en courant comme au galop du tournoi, pourfendre tout étron rencontré, d'un bâton surmonté peut-être d'une pomme de pin comme le thyrse antique. Mais ce qui nous importe davantage c'est, pour le sens second, la représentation qu'évoque ce rochet situé à l'extrémité de la lance courtoise, celle-ci étant évidemment vue comme le membre viril; le rouchet ne peut alors qu'être ce balane dont parlera Panurge au deuxième chapitre du Tiers Livre, autrement dit le gland. Si donc rouche évoque le gland de la verge, il nous faut bien entendre que, la partie étant donnée pour le tout, l'idée de membre viril est ici juxtaposée à l'idée de merde, ce qui nous conduit tout droit au concept de sodomie. Et il nous faut bien admettre, dussent s'en effaroucher ceux qui ont toujours pris cette liste de jeux pour kyrielle à l'usage des jardins d'enfants, qu'est ici abandonné, toujours au plan hétérosexuel pourtant, le côté face pour le côté pile. Nous lirons donc A rouchemerde comme: A foulebran.

120 - A angenart (42): Guilbaud dit: Terme inconnu, mais imprime Angenart, avec une initiale majuscule. Michel ne dit rien et met la même capitale. Screech fait de même et dit: Jeu inconnu. Nous pourrions, bien sûr, accepter de voir dans ce mot angenart un nom propre et admettre que toute recherche est vaine. Mais le texte du fac-similé est bien: A angenart, ce mot est bien un nom commun, et la majuscule de nos commentateurs, simple respect de la tradition, celle-ci étant d'ailleurs d'autant mieux assise qu'elle n'a pas de fondement. Nous avons donc les coudées franches pour partir à la découverte.

Le terme nous apparaît comme formé de ange- et de -nart. Dauzat dit pour Ange: du latin ecclésiastique angelus, emprunté au grec aggelos, messager, spécialisé en messager de Dieu. Le sens figuré se développe très tôt. Pour nart, où nous voyons une forme de nard, il dit: XIIIe siècle (narde), XVe siècle (nard), du latin nardus (grec nardos); origine orientale (hébreu nerd). Le nard est évidemment la plante mais aussi le parfum extrait de la plante. Et le sens étendu va du sens d'aromate au sens de parfum. Angenart pourrait donc signifier parfum d'ange, ce qui nous paraît tout à fait étranger au caractère des cent dix-neuf jeux précédents. Nous rejetons donc cette forme angenart, par trop désincarnée.

Et c'est là que nous nous disons qu'il se pourrait que le mot que nous lisons ne soit encore que le fruit d'une mauvaise lecture par le typographe du manuscrit de l'addition. Nous examinons donc le mot avec attention, et la coquille qui nous paraît avoir le plus de chance de s'être produite est celle dont la fréquence est la plus grande: la confusion entre la lettre n et la lettre u. Partant de là, nous reconstituons les différentes formes que pouvait avoir le mot manuscrit; et nous arrivons, outre la forme du texte: aNgeNart, aux trois possibilités: angeUart, aUgeUart et aUgenart.

La première, angeuart, contient la syllabe uart, qui n'a pas, si l'on

peut dire, figure humaine; la deuxième, augeuart, est encore plus monstrueuse; reste la troisième, augenart, que nous voyons formée de auge-
et de -nart, et qui seule paraît appartenir au langage articulé. Nous
examinons donc de ce côté, tout en gardant présent à l'esprit que ce
mot augenart vient immédiatement derrière ce rouchemerde qui nous a
sans ambages appris que nous abordions le domaine de la sodomie, et
qu'il y a toutes chances que nous ayons affaire à la même inspiration.
Le terme nart ne pouvant être autre chose que le mot déjà vu, nous
nous enquérons du mot auge.

Dauzat dit: Auge: XIIe siècle, parfois masculin jusqu'au XVIe siècle,
du latin alveus, masculin, cavité, de alvus, ventre. Bloch et Wartburg
disent: Auge, latin alveus, entre autres sens, auge (dérivé de alvus, bas-
ventre), devenu probablement en latin populaire alvea (le masculin est
exceptionnel en français). Mais comme nous avons appris à ne pas
accepter sans réserve ce que nous disent les étymologistes, nous consultons le dictionnaire latin de Goelzer, ici plus loquace que le Gaffiot. Et
nous lisons: Alveus, masculin: Cavité oblongue. Récipient allongé;
auge, cuve; baquet. Alvus, féminin: Cavité où sont logés les intestins;
ventre, entrailles. Métonymiquement: Flux de ventre; déjections. L'appareil digestif.

Nous remarquons d'abord que, contrairement à ce que disent Bloch
et Wartburg, alvus n'a jamais signifié bas-ventre, avec sa connotation
sexuelle, mais seulement ventre, avec sa connotation excrétrice. Et le
mot faisant suite à rouchemerde, où nous avons lu foule-bran, il semble évident que c'est précisément cette idée d'excréments qui doit être
ici retenue, le mot auge représentant quelque chose comme l'ampoule
rectale. Nous saisissons ainsi fort bien ce que veut faire entendre Rabelais finissant son addition des quatre jeux sur une haute note; et le mot
nart étant plus que jamais à entendre comme odeur, senteur, nous verrons (sauf correction, toujours) dans A augenart l'équivalent de: A
relent d'anus[14].

121 - a la courte boulle, (34): Sans que les commentateurs voient
d'intérêt à le mentionner (à supposer qu'ils s'en soient aperçus), nous
revenons, après ces quatre additions de 42 subtilement élaborées, à
l'inspiration initiale. Guilbaud dit: Jeu de boules en terrain clos.

---

14. Il est superflu de se demander si un jeu d'enfants du nom de augenart a pu exister:
pour nous, il est patent que le mot a été forgé pour les besoins de la cause érotique. Et
quand il sera question d'odeurs aussi fécales mais sans idée de sodomie, nous rencontrerons
le jeu à pet en gueulle (154).

Michel dit: Jeu de boules. Et Screech, qui ne saurait oublier qu'il est insulaire, dit: Sorte de jeu de boules, analogue aux bowls anglais, ce qui ne renseigne pas les Français de façon excessive.

Nous lisons dans Furetière: Joüer à la longue, ou à la courte boule. Et Littré cite, de Desportes: Ils s'esbattoient à la longue boule: l'un, en faisant son coup, faillit à bouler droit, etc. Il semble donc qu'ait existé depuis toujours les deux modes de jeu que nous connaissons encore: la longue, dans la région de Lyon, et ce qui est aujourd'hui nommé pétanque, c'est-à-dire la courte. Et cela n'a d'utilité pour notre recherche qu'en nous prouvant qu'existait bien l'opposition entre longue et courte boule. Cela entendu, c'est toutefois un tout autre genre de remarque qu'il nous faut faire: à savoir que l'expression courte ou longue constitue une métonymie pour courte ou longue course de la boule. Parler de courte boule revient donc à parler de court lancer de la boule. Et si nous nous en rapportons à ce qu'a jusque-là désigné la boule, par exemple pour le jeu de la boulle plate, nous entendons sans peine que jouer à la courte boule équivaut à jouer du testicule en fournissant un lancer court, ce qui apparaît comme une faiblesse[15]. Or nous savons que ces jeux sont des souhaits favorables que l'auteur formule à l'intention de ses lecteurs complices, et nous serions assez désemparés si, approfondissant quelque peu, nous ne comprenions que ce jet écourté est bien encore un vœu amical pour peu que nous saisissions que ce jet n'est ainsi rendu court que parce qu'il s'effectue près du col de l'utérus. Jouer à la courte boule, c'est faire faire au testicule un lancer d'autant plus court qu'il est plus près du périnée, et cela ressemble alors assez au jeu de boules en terrain clos dont parlait Guilbaud, probablement sans y mettre de malice. Nous lirons donc a la courte boule comme: A bout touchant.

122 - a la griesche, (34): Guilbaud dit: Au volant. Screech dit: En Anjou, jeu de volant (gruesche) Sainéan; aussi jeu de dés (édition Lefranc, Revue des Etudes Rabelaisiennes). Nous voilà bien perplexes. d'abord pour le jeu des enfants, mais plus encore pour le sens étendu que Rabelais a vu dans le mot griesche.

Le Petit Robert dit: Grièche, XIIIe siècle; ancien français griesche, grecque, sens péjoratif; voir Pie-grièche. Et il donne au mot pie-grièche: 1553, de pie, et féminin ancien français griois, grec. Greimas

---

15. Martial dit déjà: Ton membre, Mévius, ne se dresse plus qu'en rêve et ton jet ne dépasse plus tes pieds (Contre Mévius, XI, xlvj; traduction P. Richard, Garnier frères, 1931).

donne: Gré, grieu, griu, gri: Grec. Gresesche, griesche, adjectif féminin, 1160: Grecque. Sorte de jeu. Malheur au jeu, malheur en général. N'ignorant pas qu'une grande partie de ce que donne Greimas est issu de Godefroy, nous remontons à la source; et nous nous apercevons que, selon qu'il est substantif ou adjectif, le mot Griesche prend les sens de: dure (pénible, inhumain), grecque, prison. Quant au jeu, certaines citations permettent de penser qu'il s'agit du jeu de dés, une autre du jeu d'échecs, une autre d'un jeu analogue à la raffle. Mais comme nous savons que Rutebeuf, dans sa Griesche d'hyver et dans sa Griesche d'esté, parle sans conteste du jeu de dés, nous tiendrons pour simple erreur le jeu de volant angevin de Sainéan[16].

De toute façon, l'étymologie unique griesche: grecque nous paraît aberrante quand il s'agit des sens de prison, de dureté impitoyable ou de malheur. Et c'est encore chez Rutebeuf que nous trouvons l'indice d'une autre compréhension, dans le vers 1850 de la Vie de sainte Elysabel: Moult bien s'en gart, que qu'il li griece, cette forme griece étant donnée dans le glossaire pour subjonctif présent de grever, attrister (Oeuvres complètes de Rutebeuf, par E. Faral et J. Bastin, Editions A. et J. Picard). Il est en effet apparent que ce n'est que ce verbe grever: accabler, tourmenter, nuire à (Greimas) qui peut régir les contenus d'incarcération, d'infortune et le concept d'absence de pitié; quant à la pie-grièche, il est clair que c'est l'idée anthropomorphique de cruauté qu'il faut voir dans grièche pour cet oiseau qui dépèce ses proies après les avoir empalées, vivantes ou mortes, sur des épines ou les suspendant à une enfourchure de branches (Encyclopédie des oiseaux, Gründ, Paris, 1976). En outre, la filiation paraît toute naturelle avec le mot Grief, déverbal de grever (Greimas). Et tout cela rejoint ce que donne

---

16. Cette erreur, touchant un jeu cité il y a cinq cents ans, peut d'autant mieux s'expliquer qu'il est des jeux qui n'attendent pas ce temps pour être dénaturés. Ainsi Littré dit pour le verbe Poquer: Jeter sa boule en l'air de telle manière que, retombant à terre, elle reste en place sans rouler. Et derrière lui, tous les dictionnaires récents (Robert, Petit Róbert, Petit Larousse, Lexis) reproduisent cette définition inexacte tout en donnant la provenance: du néerlandais pokken, frapper. Car la façon de jouer que décrivent ces dictionnaires se nomme plomber, c'est-à-dire que la boule en touchant le sol doit rester aussi immobile que le serait un bloc de plomb, ce que reconnaît d'ailleurs le Robert, qui finit par la remarque: Au lieu de poquer, vieilli, on dit plutôt de nos jours plomber. Pourtant, il ne s'agit nullement de vieillissement mais de confusion. Le Littré de la Grand-Côte dit en effet: Poquer: heurter, choquer. Les deux moutons ont poqué leurs têtes. Poquer une boule: la débuter (la chasser de la place qu'elle occupe près du but) en tirant. Poque: coup donné par la gobille (bille) lancée contre une autre gobille. Poque avant pot, terme de jeu pour dire qu'il faut d'abord poquer la gobille adverse avant de faire son pot, c'est-à-dire de faire glisser sa gobille dans le pot. Et le Dictionnaire étymologique du patois lyonnais spécifie: Suisse romande: poka, poca: jeter lourdement un fardeau; heurter quelqu'un. Ainsi Nizier du Puitspelu peut-il ajouter: Une dame dira très bien: En tombant, je me suis poqué le gras du dos. Il n'y aura rien là que de convenable, si elle a soin d'ajouter: parlant par respect.

Furetière: Griesche: qui est rude, piquant, importun, ainsi que ce que dit Littré: adjectif (...) signifiant douloureux, méchant. Il semble donc, sauf correction cela va sans dire, qu'avec cette signification de grecque, qui coiffe indifféremment des contenus si divers, les étymologistes ont fait une assimilation non seulement abusive mais cocasse puisqu'elle oblige par exemple Bloch et Wartburg (fantasmagor-étymataiologistes à leurs heures) à expliquer que la pie-grièche est ainsi nommée parce qu'elle est aussi querelleuse que l'étaient au jeu les anciens Grecs, ce dont on s'est aperçu pendant les Croisades (N'est-ce pas unum bonum Achilles, cela?) (G. xix).

Notre compréhension du sens érotique n'admet donc pas d'hésitation: a la griesche évoque ce que le Dictionnaire érotique donne pour l'amour vache qu'il définit comme la brutalité dans les épanchements amoureux consentie le plus souvent par les deux partenaires. Et nous lirons a la griesche comme: A la violente.

123 - a la recoquillette. (34): Guilbaud dit: Terme inconnu. Screech dit: Jeu inconnu. Mais si nous comprenons fort bien que Screech ne connaisse pas le jeu d'enfants dont il est question, nous sommes étonnés que Guilbaud parle de terme inconnu, car le verbe recoquiller existe, et depuis le XIVᵉ siècle.

Le Petit Robert donne en effet: Recoquiller, verbe transitif; 1350, participe passé; de re-, et coquille, au figuré. Vieux. Retrousser, rebrousser en forme de coquille. Pronominal: Se recoquiller. Furetière et Littré n'en donnent pas plus; mais le Lexis dit: Recoquiller, verbe transitif, de coquille; vers 1350. Retrousser en forme de coquille: Recoquiller les pages d'un livre. Cuisine: Remettre dans sa coquille: recoquiller des escargots. Verbe pronominal: s'enrouler sur soi-même: les feuilles sèches se recoquillent.

Ce n'est certes pas là que nous découvrirons en quoi pouvait consister un jeu d'enfants où l'on devait recoquiller quelque chose ou contraindre quelqu'un à se recoquiller, à supposer que ce jeu ne soit pas simple prétexte à extrapolation dans le sens que nous connaissons. Car nous savons désormais pertinemment que c'est la compréhension érotique que Rabelais attend de son lecteur, compréhension qui, si elle était sans doute plus aisée à saisir en 1534, doit aussi nous apparaître si nous faisons quelque effort. C'est pourquoi nous éprouvons la curiosité d'aller voir chez Greimas quelles pouvaient être les acceptions du mot coquille, qui est la base du verbe recoquiller. Nous lisons: Coquille, nom féminin, 1260; conchylia, du grec. Coquillage. Sorte de coiffure féminine en forme de coquille. Parties naturelles de la femme. Et comme nous entendons fort bien que Rabelais n'est pas homme à s'appesantir sur les formes que peut adopter la coiffure de la femme mais qu'il considère plutôt l'essentiel que l'accessoire, l'éternel que le transitoire, nous retiendrons, bien sûr, le sens de parties naturelles de la femme. Et nous le retiendrons d'autant mieux que le sens de remettre dans sa coquille, que donne le Lexis, nous paraît transparent, le membre viril étant, cela s'entend, comparé à l'escargot à recoquiller. Si donc nous n'avons pas la moindre lumière sur le jeu d'enfants ainsi dénommé, nous voyons précisément ce que peut être ce même jeu pour des adultes, lisant derrière a la recoquillette quelque chose comme: A fourre-la-conque.

124 - au cassepot, (34): Guilbaud imprime: au passe pot, ce qui est probablement un lapsus découlant de l'explication: Pot qu'on se passe de main en main jusqu'à ce qu'il tombe et se casse. Screech dit: Jeu où les joueurs se jettent de l'un à l'autre un pot de terre; celui qui le laisse tomber donne un gage (édition Lefranc).

Nous n'avons rien à opposer à cette reconstruction des commentateurs, et de toute façon cela reste pour nous d'un mince intérêt. Aussi passons-nous au vrai sujet.

Ce cassepot qui paraît de compréhension évidente recèle en fait la possibilité de nous faire commettre deux erreurs. La première serait de voir dans Casse le mot que donne Greimas: Casse, 1341, provençal cassa, poêle: Casserole. Mais il tombe sous le sens que l'alliance casserole-pot ne conduit à rien. La seconde serait de voir dans le pot ce que l'argot actuel y a mis. Mais c'est le Dictionnaire érotique qui nous donne le moyen de bien entendre. Il dit: Pot: Sexe de la femme. Anus. Casser le pot: sodomiser (ce qui est une définition inexacte, casser le pot signifiant sodomiser pour la première fois). Puis il cite, de Noël du Fail: Et qui ferait bien ceci et cela, s'il trouvait le pot découvert, ce qui, même si nous ne connaissions pas le contexte, désigne visiblement le sexe plutôt que l'anus. Enfin il annote: Le sens d'anus est un argotisme récent. Il apparaît donc qu'il s'agit bien, en 1534, de parler du sexe de la femme, celui qui est en question étant encore vierge et Rabelais souhaitant à son lecteur d'être celui qui en fera l'inauguration. Nous entendrons donc au cassepot comme: A mettre en perce.

125 - au montalent, (34); (42: A): Prenant l'attitude du commentateur au repos, Guilbaud et Michel se taisent. Quant à Screech, il se borne à dire: Jeu inconnu. Leur position est ainsi inattaquable, mais l'on peut se demander si faire de temps à autre l'effort d'émettre une hypothèse ne donne pas quelque intérêt à la fonction de commentateur.

Car il n'est pas indispensable d'être inspiré pour découvrir dans Greimas: Talent: nom masculin, XIe siècle, latin talentum, du grec.

Désir, envie: li rois a talent qu'il le voie (Jean Bodel). Avoir en talent, désirer. Venir a talent a, être désiré par: A li aloit priveiement quant lui venoit en sun talent (Wace). Mettre quelqu'un en talent, lui inspirer un désir. Faire son talent d'une femme, en avoir la jouissance.

Pour le jeu des enfants, si tant est qu'il ait existé, nous pouvons légitimement penser à un jeu où l'un des participants est élu maître, duquel les désirs, les envies devront être comblés par les autres sans discussion (mais ce jeu auquel tout le monde a tenté de jouer, s'il ne dure jamais bien longtemps entre garçons, est encore notablement écourté quand des filles y sont mêlées: allez donc savoir pourquoi). En tout cas, pour le sens second, il n'y a place pour aucune hésitation, talent s'entendant assez comme appétence charnelle. Aussi entendrons-nous a montalent comme: A mon désir.

126 - a la pyrouete, (34): Screech est seul à parler et dit: Jeu enfantin; les enfants se renvoient une pirouette (morceau de bois) avec un bâton (édition Lefranc).

Nous lisons dans Furetière: Piroüette, substantif féminin. Pièce de bois de métail ou d'yvoire, qui est ronde & percée, à travers de laquelle on passe un pivot ou brin de bois, sur lequel on la fait tourner pour divertir les enfants. Littré dit: Petit morceau de bois plat et rond, traversé par un pivot sur lequel on la fait tourner. Le Petit Robert dit: Pirouette, 1510; pirouelle, 1364; radical pir-, cheville; cf. italien Pirolo, d'origine grecque p(e)irô, je transperce: Vieux. Toupie. Dauzat dit: Pirouette: milieu du XIVe siècle (pirouelle); 1450, pirouet; 1510, pirouette: sabot, toupie; XVIe siècle, cabriolet; d'un radical d'origine grecque (peirô, je perce). d'où l'italien pirolo, cheville, toupie, et le français régional piron, gond; peut-être avec une attraction de rouet, petite roue.

Nous acceptons donc docilement la description de Lefranc, comprenant pourtant qu'il est possible que chaque enfant tienne un pivot sur lequel il reçoit le disque qui tourne. Au demeurant, cela n'a pas plus d'importance que d'ordinaire puisque c'est le sens second qui compte pour nous.

Et ce second sens est ici lumineux avec ce verbe peirô, je perce, base du mot pirouette, ce je perce ayant même toutes chances d'avoir entraîné non seulement le choix, mais la place du jeu dans l'énumération. Car ici encore nous distinguons l'habituel souci qu'a Rabelais de donner, à un moment ou à un autre d'une élaboration qui masque le vrai sens, une clé qui confirme les compréhensions de celui qui est parvenu à décoder, et qui permette de le faire à celui qui n'y est pas complètement parvenu. Ainsi le lecteur de cette liste de jeux (qui, soulignons-le sans trêve, bien loin d'être le lecteur populaire de l'imagerie universitaire, ne peut qu'être le lettré du même monde spirituel que l'auteur) trouve là, avec je perce, la confirmation de l'idée d'empalement contenue dans la griesche, de l'idée d'intromission amenée par la recoquillette, et surtout l'idée de défloration exprimée par cassepot. Nous pouvons donc fort légitimement lire derrière a la pyrouete quelque chose comme: A térébrer[16].

127 - aux ionchees, (34): Screech dit: Variante de jonchets, jeu d'adresse joué à l'aide de petites broches d'ivoire (édition Lefranc).

La jonchée étant l'amas de branchages, de fleurs, dont on jonche le sol, dans les rues, les églises, etc. (Petit Robert), nous admettrons qu'il s'agit du jeu de jonchets, dont le nom vient, selon Furetière, de ce qu'on y joüoit autrefois avec de petits brins de jonc. Pourtant, cette orthographe jonchée ne se trouve, pour désigner ce jeu, dans aucun dictionnaire, ce qui nous fait concevoir l'opinion que la variante ne saurait qu'être intentionnelle, d'autant que nous ne voyons nulle possibilité d'interprétation vers le sens second, même avec cette acception particulière: Jonchée, 1379, de jonc; vieux: Petit panier de jonc à égoutter le lait caillé (le sens moderne étant: Petit fromage fait dans ce panier). Et c'est alors que nous pensons à la langue provençale dont Rabelais use à l'occasion, langue dont il a montré maintes fois qu'il la sait comprise de ses lecteurs. Nous consultons donc Lou Pichot Tresor et, comme nous nous y attendions, nous trouvons juste après les mots Jounc: jonc, jouncado: jonchée, le substantif féminin jounchado: jointée.

Bien sûr, la jointée n'est en français que la Mesure de grain qu'on peut prendre avec les deux mains, quand on les joint ensemble pour faire un creux (Furetière), mais l'idée sous-jacente est bien celle de la jonction: Action par laquelle on unit, on joint deux choses ensemble (Furetière). Il semble évident que le mot jointée n'a pu que véhiculer un sens érotique désignant, bien entendu, l'union, la jonction coïtale[17].

---

16. Ce verbe n'est donné par aucun dictionnaire de langue; tous l'ignorent, qui font pourtant figurer térébrant, térébrateur et térébration. Le latin terebrare, percer avec la tarière, existe bel et bien, et Marquet donne ce verbe térébrer dans son Dictionnaire analogique (Larousse, 1971). Rien donc ne s'oppose à ce que quelqu'un demande à une fille qu'il tient pour vierge si elle consentirait qu'il térébrât: au moins serait-il sûr, à défaut d'autre enseignement, de lui avoir appris un mot.

17. Il n'est peut-être pas impossible qu'à un couple demandant une chambre, l'aubergiste de jadis ait posé la question: Pour la nuit ou pour la jointée? comme l'hôtelier canadien, dans le même cas, pose, paraît-il, la question: Pour la nuit ou pour la secousse?

Nous retrouvons ainsi ce souhait bénéfique que Rabelais formule à l'intention de son lecteur, jouer aux jonchées étant comme jouer aux jounchados, c'est-à-dire aux jointées. Nous lirons donc aux ionchees comme: Aux conjonctions.

128 - au court baston, (34): Guilbaud dit: Deux enfants accroupis l'un en face de l'autre tirant chacun sur un bâton pour faire lever l'autre. Screech dit: Jeu d'enfants: deux enfants accroupis tirent sur un bâton; le plus faible cède (édition Lefranc); aussi, sens libre, encore usité.

Le mot bâton est en effet la comparaison la plus courante, et l'expression court bâton, plus recherchée, est si connue que même Screech accepte d'en parler. Reprenant la locution qu'emploiera Panurge au chapitre XVIII du Tiers Livre, nous lirons donc au court baston comme: Au bâton à un bout.

129 - au pyreuollet, (34): Comme pour la griesche, on a recours au volant angevin: Guilbaud dit: Au volant et Screech dit: Sorte de jeu de volant; Anjou (Sainéan).

Pourtant, quitte à établir une ressemblance, il nous paraît que c'est avec le mot pyrouete qu'elle est le plus frappante, comme si, même, les deux termes avaient d'abord été groupés à l'écriture puis séparés au remaniement pour éviter l'impression de réduplication. Et pyre ayant, pour nous, toujours valeur de peirô, je perce, il nous faut alors savoir ce que peut être le vollet.

C'est chez Furetière que nous lisons: Volet, s'est dit autrefois des flèches menües & légères qui portoient fort loin: mais ce mot, ajoute-t-il, n'est plus en usage, non plus que la chose. Et pour le jeu d'enfants, nous admettrons que le volant dont parlent les commentateurs peut être, sinon cette flèche, du moins un objet fait à l'imitation de cette flèche. Mais pour le sens érotique, il nous faut chercher plus avant. Et c'est encore Furetière qui nous renseigne, donnant: Volet: Petit colombier bourgeois & domestique où l'on nourrit les pigeons, qui n'a qu'une petite ouverture qu'on ferme avec un ais. Volet se dit aussi de l'ais ou planche qui sert à fermer cette ouverture. Il faut tous les jours abaisser le volet, fermer le volet, de peur que la fouine n'aille manger les pigeons. Quelques-uns dérivent le mot de valvula, comme qui diroit valvulet. Et il dit enfin: Volet, se dit par ressemblance des panneaux de menuiserie qui servent à fermer les croisées ou fenestres des chambres, etc. Valvula étant le diminutif de valva, nous nous reportons au Gaffiot, où nous trouvons: Valvae, féminin pluriel: Battants d'une porte, porte à double battant. Et nous entendons alors que les volets en question sont la petite porte à double battant ou les petits battants d'une

630

sorte de porte, à comprendre ici, bien sûr, comme les petites lèvres ou nymphes[18]. Toutefois le sens de je perce (peirô) demande ici quelque atténuation, et nous infléchirons la signification vers l'idée de passer entre, de franchir, lisant alors au pyreuollet comme: Au passe-landilles.

130 - a cline mussete, (34); (42: A cline muzete): Guilbaud dit: A cache-cache. Screech, qui ne signale pas la graphie de 42, dit: Cline-mussete: Anjou, cliner (cligner) + musser (se cacher); jeu de cache-cache. Nous lisons dans Littré: Cligne-musette: Jeu d'enfants où plusieurs se cachent, tandis qu'un seul cherche; et il donne la citation inexacte: Il jouoit à cline-mucette, Rabelais, etc. Il produit encore une citation, inexacte aussi, de la quatre-vingt-septième des Cent Nouvelles Nouvelles: M'avez-vous fait jouer à cligne-musette pour me faire ce desplaisir? (le bon texte étant: à la cligne-musse). Il ne fait donc pas doute que cline musse ou cligne musse et, par extension, cligne mussete ont été les noms d'un jeu réel.

Mais, en 42, le mot mussete, qui contient donc l'idée de se cacher, est devenu muzete. Et cette modification nous apparaît comme une de ces corrections auxquelles l'étude du Pantagruel nous a accoutumés, c'est-à-dire celles qui sont apportées par souci de précision après que Rabelais s'est aperçu que son intention restait incomprise ou mal comprise: il n'hésite pas alors à donner une orthographe inhabituelle destinée à éveiller l'attention. C'est ce que nous voyons dans la substitution du z au deux s, comme pour éviter qu'on ne voie que le verbe musser, se cacher. Le mot nouveau est donc muzete, c'est-à-dire musete, ou musette, et il nous faut savoir si ce mot ne recélerait pas un contenu érotique qui donnerait la raison du changement.

Le Petit Robert dit: Musette, XIIIe siècle; de l'ancien français muse, même sens, de muser: Anciennement, instrument de musique à vent, sorte de cornemuse alimentée par un soufflet. Greimas dit: Muse: sorte de cornemuse; chanson. Muser: jouer de la musette. Littré dit: Musette: synonyme poétique de cornemuse. La musette et la cornemuse parais-

---

18. Et nous nous amuserons, au passage, de voir dans le Robert ces nymphes vulvaires rangées sous l'étymologie générale: 1277, emprunté au latin nympha, du grec nymphê, jeune mariée, fiancée, alors que nympha signifie aussi fontaine. Furetière s'explique là-dessus, sinon avec exactitude, du moins avec une sensibilité toute poétique: Nymphes, en termes de Medecine, sont de petits ailerons ou parties molles & spongieuses qui sortent & avancent hors les lèvres de la matrice. Elles servent à guider l'urine, & à la conduire comme entre deux parois: ce qui leur a donné le nom de Nymphes, comme qui diroit Dames des Eaux ou du conduit d'où l'urine coule comme d'une Source. On les appelle aussi ailes.
En fait, comme chacun sait, leur utilité dans ce domaine est à peu près nulle, et comme la femme est le seul mammifère à en être pourvue (Dr Zwang, Le Sexe de la Femme), il semble qu'elles ne soient là que pour marquer le propre de l'humain, avec le rire et la faculté de faire l'amour en toute saison.

sent donc être des instruments très proches l'un de l'autre. Ainsi Furetière, qui renseigne longuement sur chacun d'eux, résume en disant de la musette qu'elle a les mêmes parties que la cornemuse, mais que son bourdon est fort différent. Autrement dit, cette nuance musicale mise à part, il apparaît que l'idée de la musette et l'idée de la cornemuse sont, dans le langage courant, exactement superposables. Or nous savons depuis le Pantagruel que la cornemuse est la traditionnelle représentation du sexe de la femme: il faut donc comprendre que ce sens est ici transféré à la musette dont l'orthographe muzete a, nous en sommes de mieux en mieux persuadés, valeur de signal. Cependant, cette compréhension ne mène pas loin si l'on doit ne voir dans le verbe cliner qu'une forme du verbe Clignier, cluignier, dont Greimas dit: 1155, origine incertaine, peut-être cliniare, baisser les paupières, de clinare, incliner, ou cludiniare, de cludere, fermer, ou les deux à la fois: Baisser les paupières. Clignoter. Faire des signes (avec les yeux). Mais Greimas renvoie finalement au verbe Cluignier qui, s'il veut dire ce que nous venons de lire, admet en plus, depuis qu'il est à sa place alphabétique, les verbes Cluneter, clineter, XIIIe siècle, qui signifient en premier clignoter, mais aussi: Remuer les fesses. Godefroy donne aussi ce verbe cluneter, au seul sens de remuer les fesses, indiquant la provenance clunagitare, où nous distinguons le mot clunis: fesse, croupe, croupion.

Dès lors, tout est clair puisque nous paraît maintenant avéré que mussete a été changé en muzete pour récupérer le sens érotique du mot cornemuse, tout en appelant l'attention sur le verbe cline de façon qu'il cesse de ne tenir que du verbe cligner mais qu'il se rattache à clineter, cluneter, le contenu de remuer les fesses une fois entendu confirmant le contenu de muzete: sexe de la femme. Au moyen d'un substantif et d'un verbe du Pantagruel, nous lirons donc a cline muzete comme: A fanfrelu-brimbaler.

131 - au picquet, (34): Screech dit: Jeu de bâtonnet (analogue au picqu'à Rome?), ce qui revient à rapprocher un jeu dont on ne connaît rien d'un jeu que l'on feint d'avoir reconnu (118). Cela n'a pas plus d'importance que d'ordinaire puique le sens second est ici trop apparent, tout au moins au niveau de la signification générale, pour que nous ayons à chercher un éclaircissement du côté de l'amusement enfantin.

Le Petit Robert dit: Piquet, XVIe siècle; pichet, 1380; de piquer: Petit pieu destiné à être fiché en terre. Et pour Ficher, il dit: Vieilli: faire pénétrer et fixer par la pointe; voir Planter. Greimas ne donne que Picon, XIIe siècle: Arme pointue, lance, dard; il n'y a chez lui aucun mot commençant par picq- ou piq-, la forme pique étant, selon Dauzat, la forme féminine de Pic: pic, outil (Greimas). Pour ce mot Pic, Godefroy dit: Coup de pointe; puis il ajoute: Dans un sens grivois, fournissant une citation où il est question de jouer de pic en panse. D'autre part, s'il ne donne pas le mot Piquet, il dit, pour le verbe Piqueter, et entre autres sens: Marquer avec des piquets. Enfin, nous lisons chez Furetière: Piquet, se dit aussi de ces petits bastons pointus qui ont une coche vers le haut, qui servent à arrester les cordages des tentes. Planter le piquet, c'est camper. Lever le piquet, c'est decamper. Et on dit figurément qu'un homme a planté le piquet en quelque lieu, quand il y est venu demeurer, & s'y establir.

Il faudrait donc être fermé à l'évocation érotique pour ne pas entendre que le piquet, s'il est appelé, comme le pic, à jouer dans la panse, comporte une nuance supplémentaire, le piquet étant manifestement destiné à rester en place un laps de temps plus long que le pic. Et nous retrouvons là l'habituel vœu bienveillant, l'auteur souhaitant à son lecteur d'être de ceux qui, plantant le piquet, s'établissent, ignorants de la contrainte qui leur ferait lever ledit piquet. Nous rendrons donc au picquet par: A la cheville.

132 - a la blancque, (35): Cette addition a les apparences d'une redite du jeu de la blanche (41) pour lequel Screech disait péremptoirement: Variante de blanque. Néanmoins, aucun commentateur ne fait ici le rapprochement. Guilbaud dit: Jeu d'enfants: on ouvre un livre dont les feuillets sont blancs, sauf quelques-uns qui portent des numéros de lots. Screech dit: Jeu en forme de loterie: on ouvre avec une épingle un livret dont la plupart des feuillets sont blancs. Origine italienne (édition Lefranc).

Tout cela ne nous resservira pas puisque nous ne croyons pas au doublon, voyant plutôt dans ce mot blancque la féminisation intentionnelle de blanc, formant une acception particulière: celle que nous trouvons dans l'extension dont parle le Petit Robert: Blanc (XVIe): la partie centrale d'une cible. Par extension (vieux): La cible elle-même. Cette blancque serait donc la cible, le lieu que l'on doit viser puisque le blanc est le centre de ladite cible quoique Furetière dise: Blanc, est aussi une marque blanche ou noire qu'on met à un but pour tirer de l'arc, du fusil. Mais Littré donne: Espace blanc dans une cible, but. Ceux qui tirent au blanc. Et nous avons encore la phrase du chapitre xj du Pantagruel: entendu que le sergeant me mist si hault le blanc a la butte. Finalement, quelle qu'en puisse être la variété de couleurs, nous entendons bien qu'il s'agit de la cible par excellence, et reprenant une expression de Beroalde de Verville citée par P. Guiraud, nous lirons a la blancque comme: Au mignon but de ficherie.

133 - au furon, (35): Guilbaud dit: Au furet. Screech dit: Variante de furet; le jeu du furet du bois joli.

Le Petit Robert dit: Jeu de société dans lequel des joueurs assis en rond se passent rapidement de main en main un objet (le furet), tandis qu'un autre joueur se tenant au milieu du cercle doit deviner dans quelle main se trouve ce furet. Il court, il court le furet. Furetière ne parle pas de ce jeu mais dit: En medecine, on appelle le Mercure le Furet, parce qu'il penetre dans les parties les plus secrettes & les plus solides du corps pour en chasser le venin, la corruption. Littré donne: Furet: Amusement qui consiste à se passer l'un à l'autre un objet quelconque, de telle façon qu'il échappe à la personne qui doit le saisir. Mais il cite aussi, d'Ambroise Paré: L'alexipharmaque du virus verolique, qui est le vif-argent, que l'on peut comparer à un furet faisant sortir le connin hors de son terrier. Enfin il donne: Furon: Le petit du furet. Dans quelques parties de la France, on appelle jeu du furon ce qu'ailleurs on nomme jeu du furet.

Ce jeu du furet, qui se pratique plutôt comme le décrit Littré (on doit saisir l'objet) que comme le dit le Petit Robert (on doit deviner), n'a jamais été tout à fait innocent attendu qu'il n'offre d'intérêt que lorsqu'on a décidé des filles à y participer. Et le second sens ne fait aucun doute, avec ce qu'évoque sans malice le bon Ambroise et ce que nous trouvons dans le Dictionnaire érotique: Furon: pénis, citant des Cent Nouvelles Nouvelles: Et mon furon qui n'avait jamais hanté le lévrier, ne pouvait trouver la duyère de son connil. Enfin, il faut savoir que le nom complet du jeu est bien celui que donne Screech: Furet au bois joli, nom qui reprend le refrain qui accompagne l'action, plus long toutefois que celui qu'indique le Petit Robert puisqu'il est exactement: il court, il court le furet, le furet du bois joli. Ce bois joli, que prononcent sans comprendre les tout jeunes enfants, et que comprennent beaucoup mieux les adolescents, indique assez que ce jeu du furet a pu être aussi un jeu de société d'adultes, et d'adultes décidés à donner à leur réunion un certain caractère. Toujours est-il que ce furet qui cherche à hanter le bois joli nous laisse facilement entendre que au furon équivaut ici à quelque chose comme: Au cherche-connin.

134 - a la seguette, (34): Guilbaud dit: Jeu de billes. Screech dit: De sequer (suivre; Poitou); jeu de billes où on poursuit la bille de l'adversaire (édition Lefranc).

Nous n'avons aucune raison de ne pas emboîter le pas à Lefranc dans son explication dialectale, d'autant que nous retrouvons dans le Dictionnaire du patois lyonnais: Segu, adjectif participial: Suivi. Ou l'a segu: il l'a suivi. Nous reconnaissons même dans le poitevin sequer et dans le probable lyonnais seguer, sinon le latin classique sequi, du moins le latin populaire sequere (Dauzat). Mais il en va autrement pour l'application que Lefranc fait de ce verbe au seul jeu de billes. Quoique cela n'ait, pour ce que nous cherchons, qu'une importance toute secondaire, nous pouvons nous demander ce qui l'autorise à être si précis. Et, d'une part parce que ce jeu fait suite à celui du furon où l'on doit suivre ou poursuivre un objet circulant sous des mains; d'autre part parce que le jeu qui nous occupe doit offrir la possibilité d'une transposition érotique, nous est précisément avis qu'il se peut qu'il ne s'agisse pas de billes mais, plus sûrement, de la poursuite de quelque chose d'humain.

Pour le jeu des enfants, nous n'avons aucune idée arrêtée: ce peut être n'importe quelle activité qui a pour but de rejoindre quelqu'un qui, par convention, se dérobe. Mais pour le sens second, nous verrons assez bien cette action de suivre comme à la piste être celle du furon désireux, comme le disait le texte des Nouvelles, d'entrer dans la duyere du connin. Nous entendrons à la seguette comme A la queue-quête.

135 - au chastelet, (34): Screech dit: Jeu enfantin; d'après Cotgrave, il s'agit d'abattre avec une noix un petit édifice formé de quatre autres noix.

Littré dit: Jeu auquel les enfants jouent en assemblant des noix ou des marrons en pyramide, et qui se nomme aussi le château. Nous ne nous arrêterons pas trop sur cette construction, assez réduite d'ailleurs puisque les quatre noix dont parle Cotgrave ne peuvent donner qu'un édifice formé de troix noix disposées en triangle sur lesquelles est posée la quatrième; et nous ne retiendrons que l'idée d'abattre qui, pour le sens second, semble pouvoir se rencontrer avec l'idée de renverser. Or le châtelet est en fait un petit château fortifié, autrement dit un petit ouvrage défendu qu'il s'agit de renverser; et nous voyons alors clairement quelle peut être la nature de ce fortin à faire tomber avant de l'envahir. Nous entendrons donc au chastelet comme: A la brèche.

136 - a la rengee, (34): Guilbaud, qui imprime à la rangée, dit: Jeu de billes. Screech dit: Jeu enfantin; la rangette?

Pour ce mot rangette, Furetière dit: De rang, l'un après l'autre. On ne le dit gueres que des escoliers, à qui on donne le fouët à la rangette, quand ils ont tous failli. Littré dit: Rangette, substantif féminin qui n'est usité que dans la locution adverbiale à la rangette, c'est-à-dire en rang, l'un après l'autre (vieilli). Pour le jeu d'enfants, rien donc ne permet d'affirmer qu'il s'agit de billes, quoique le jeu suivant, la foussete, invite à le croire. Nous l'admettrons donc. Mais, pour le sens second, nous avons besoin de remonter à la source.

Greimas dit: Renge, 1080, francique hring: cercle, anneau: Rang, file, rangée; voir Renc. Au mot Renc, il donne: 1080 (le reste, comme pour Renge): Assemblée réunie et installée en cercle, assemblée; rangées, tribunes pour une cérémonie, une joute. Renge: rang, file, rangée. Le Petit Robert dit: Rang (Renc, ligne de guerriers, 1080, francique hring, cercle, anneau; allemand Ring): XIVᵉ siècle: Suite (de personnes, de choses) disposée sur une même ligne, en largeur (en longueur, c'est une file). Mais il parle, pour la locution Être, se mettre sur les rangs, d'un ancien sens de Renc: piste réservée pour la joute.

Il apparaît donc que le mot rengee puisse contenir l'idée de cercle, l'idée de rang et l'idée de piste de joute. Nous avons, à vrai dire, peu de raisons d'opter pour l'une au détriment des autres; mais comme l'idée de cercle sexuel est, somme toute, élémentaire, comme l'idée de rangée d'anneaux sexuels est par trop présomptueuse, et parce que nous sommes dans le domaine des jeux, nous déciderons de voir dans la rengee la féminisation intentionnelle de renc au sens de piste de joute. Et, partant de l'idée de tournoi, nous lirons a la rengee comme: A courir la bague.

137 - a la foussete, (34): Guilbaud imprime: fossette et ne donne aucun commentaire. Michel imprime: foussette et ne se prononce pas non plus. Screech dit: Foussete, variante de fossette (Ouest); jeu enfantin. Furetière dit: Fosette, diminutif (de fosse), est un petit trou qu'on fait en terre pour y jetter & y faire tenir des balles, des noix ou des noyaux à quelque distance. Littré dit: Fossette: Petit fosse, petit creux que les enfants font pour jouer aux billes, etc.

S'il s'agit cette fois, sans conteste, d'un vrai jeu d'enfants, il n'en demeure pas moins que nous devons aller au-delà de cette signification. Et il nous semble révélateur que Greimas ne donne que la forme Fosse et le diminutif fossete; car même si le mot Foussete est la variante de l'Ouest que conjecture Screech, nous pouvons penser que la déformation de fos- en fous- n'est pas dépourvue d'intention quant au sens second, nous conduisant tout droit à entendre que cette foussete est la fossete qu'on fout, ce dont, à vrai dire, nous nous doutions depuis le début. Et comme nous disposons d'un synonyme de cuvette qui se trouve encore chez Littré et qui rejoint le sous-entendu qui se trouvait dans les noms Foutignan et Foutarabie du Pantagruel (xvj), nous lisons a la foussete comme: A la cunette.

138 - au ronflart, (34): Ce jeu est suivi de: a la trompe, puis de: au moyne, et Guilbaud dit pour ce dernier: Toupie, comme la trompe et

peut-être le ronflart. Screech dit: Jeu d'enfant? (toupie qui ronfle, selon édition Lefranc).

Dauzat dit: Ronfler, 1160, croisement de l'ancien français ronchier, du latin runcare, avec souffler; ou élargissement d'un radical onomatopéique ron-. Greimas donne: Ronchier, 1260, bas latin roncare, ronfler: Ronfler. Ainsi, ce n'est pas l'étymologie qui nous apprendra quoi que ce soit sur les raisons de la substitution de ronfler à ronchier. Mais nous avons licence de penser que, plutôt que de ce latin roncare qui a pu pourtant donner un verbe comme ronchonner, ronfler est fait de l'addition, à l'onomatopée ron-, du groupe -fl- tout droit venu du mot flaor, odeur (Greimas), du latin populaire flator, de flare, souffler (Dauzat). Ainsi ron-fl-er indiquait avec précision que le son était celui du souffle produit par le nez quand ron-chier pouvait prêter à équivoque.

Quoi qu'il en soit, nous acceptons de voir dans le ronflart quelque chose qui ressemble à une toupie puisque nous retrouvons en provençal le substantif masculin rounfloun: sabot, toupie ou crécelle. De plus, le Dictionnaire étymologique du patois lyonnais donne: Ronfla, toupie, à cause du bruit de la toupie analogue à un ronflement; et il cite: En soflant comm'una ronfla (en soufflant comme une toupie).

Il est sûr pourtant que, pour le sens second, il nous faut voir dans ronflart un mot qui décrit le nez, attendu que ce même dictionnaire donne aussi: Ronfla: se prend quelquefois péjorativement pour nez, gros nez. Or nous connaissons bien la traditionnelle analogie entre le nez et le membre viril (analogie aussi trompeuse, au dire des femmes d'expérience, que celle que voient les hommes entre la forme de la bouche d'une femme et ses dispositions pour les joies charnelles). Toujours est-il que nous entendrons, au chapitre xl du présent Livre, frère Jean énoncer, en prenant appui sur ad te levavi (vers toi je me suis levé, fragment du Psaume CXXII, 1), le dicton monacal: Ad forman nasi cognoscitur ad te leuaui (A la forme du nez, on connaît le je me suis levé vers toi). En outre, le Dictionnaire érotique donne: Nez: pénis, citant, de Collé (XVIIIᵉ) une phrase de plagiaire puisque le texte se trouve être celui auquel nous avons déjà eu l'occasion de nous reporter, celui de la LXVIᵉ des Cent Nouvelles Nouvelles: Or ça, mon filz, par ta foy, as tu bien regardé tous les cons de ces femmes qui estoient aux estuves? (...) Or ça, dy nous maintenant qui avoit le plus bel et le plus gros. Vrayement, ce dist l'enfant, ma mere avoit tout le plus bel et le plus gros, mais il avoit un si grand nez. Et comme l'auteur dit que si le père fist du bon compaignon, il se repentit assez depuis d'avoir fait la question, dont la solution le fist rougir, nous ne pouvons douter de la nature de ce nez, d'autant que nous savons que les étuves se prê-taient aux rencontres adultères[19]. Nous considérerons donc que ce mot ronflart fut, en langage érotique, à peu près l'équivalent de notre pau-lard (d'après paul, forme dialectale de pieu, dit P. Guiraud); et ne rete-nant que l'idée de proéminence, nous entendrons au ronflart comme: A l'appendice.

139 - a la trompe, (34): Guilbaud, nous l'avons vu, pense qu'il s'agit encore d'une toupie. Screech dit: Sorte de jeu de toupie (Anjou, Berry, etc.; Sainéan).

Greimas dit: Trompe, fin XIIe siècle, francique trumpa, de formation onomatopéique: Trompe; tube; toupie (comparaison à cause du bruit?). Bloch et Wartburg avancent: Le sens de toupie ne peut s'expli-quer que comme dû à une comparaison du bruit de la toupie avec celui que produisent les trompes de bois. Littré dit: Trompe: Nom, en Bre-tagne, du sabot, jouet d'enfant, définissant ainsi le Sabot: Sorte de toupie de forme conique en bas et cylindrique en haut que font pirouetter les enfants en la frappant avec un fouet ou une lanière. Il n'y a donc plus de doute pour la nature du jeu d'enfants. Mais, pour le sens second, nous sentons qu'il nous faut retenir soit le sens de canal (trompe d'Eustache, de Fallope), soit celui de tube, que Littré définit: Tuyau par où l'air, les fluides et les liquides, etc. peuvent avoir une issue. Mais le sens de ronflart s'étant révélé viril, et le moyne que nous allons rencontrer tout de suite après paraissant devoir posséder aussi ce genre, nous entendrons que le mot trompe est ici comme l'assimilation du membre viril à la trompe de l'éléphant, bien que le membre n'ait pas, loin de là, toutes les propriétés de ce que le Petit Robert décrit comme le prolongement musculeux de l'appendice nasal, constituant un organe à la fois tactile et préhensile, ainsi qu'un tube de pompage et de refoulement. Et comme ce Petit Robert donne aussi: Trompe: popu-lairement, Nez proéminent, nous apparaît clairement l'enchaînement de cette trompe au ronflart qui précède. Nous trouvons encore dans ce même Petit Robert le mot Ajutage ou Dispositif à un ou plusieurs trous s'adaptant à l'orifice d'une canalisation, permettant de modifier l'écoulement d'un fluide; d'autre part, le Dictionnaire analogique, de

---

19. P. Guiraud donne aussi clitoris pour second sens de ce mot nez, commentant: Le nez désigne la partie antérieure et avancée de nombreux objets (nez d'un canon, d'un bateau, d'un avion, etc.). Mais il ne cite aucun texte à l'appui de cette acception. De toute façon, pour le texte de la LXVIe Nouvelle, outre le fait que les clitoris géants ressortissent plus au mythe qu'à l'anatomie, nous ne verrions pas du tout, s'il fallait entendre si grand nez comme si grand clitoris, pourquoi le père rougirait d'avoir une femme ainsi conformée ni pourquoi il serait tenu de faire le bon compagnon, toutes conduites qui sont au contraire naturelles s'il vient d'apprendre, devant témoins, que sa femme se fait besogner aux étuves.

Maquet, donne le nom de l'instrument de cette action. Aussi pouvons-nous lire a la trompe comme: A l'ajutoir.

140 - au moyne, (34): Nous avons vu que Guilbaud dit: Toupie. Michel dit: A la toupie. On appelle moine la toupie en Anjou. Screech dit: Toupie (Anjou; Sainéan). Nous voulons bien croire que ce mot moine est encore un mot d'Anjou; mais pour nous assurer que Rabelais n'a pas écrit pour les seuls Angevins, nous nous renseignons quelque peu. Et nous trouvons dans le Dictionnaire étymologique du patois lyonnais: Moino; vieux forézien: Mouegny; provençal, dauphinois, limousin: Mouine: Sabot, toupie qu'on fait tourner à coups de fouet. Et nous sommes rassurés: Rabelais écrivait bien pour tous les lettrés du royaume attendu que le mot n'est pas seulement angevin mais franco-provençal.

Furetière dit seulement: Moine, est aussi un jeu d'Escoliers. Bransle moine, donner le moine est une malice de Page[20]. Littré ne dit rien qui puisse nous servir. Seul le Robert donne: Moine: jouet d'enfant, sorte de toupie. Nous admettrons donc que jouer au moine, c'est jouer, et pas seulement en Anjou, à la toupie ou à quelque chose qui y ressemble beaucoup. Mais, pour le sens second, nous sommes obligés de creuser plus profond.

Greimas donne: Moine, monie, 1180, latin populaire monicum, altération du latin chrétien monachus, du grec: Moine, religieux; moineau. Dauzat dit: Moine, 1080 (et nous pouvons juger qu'en étymologie un siècle peut passer comme par enchantement), munies, variante monies; XIIe siècle monie, puis moine par métathèse; du latin populaire monicus, altération du latin chrétien monachus, du grec monakhos, soli-

---

20. Furetière ajoute ici: On dit d'un meschant couteau, qu'il seroit bon à chastrer un Moyne. Et nous nous demandons si cela signifie: couteau qui ne coupe absolument pas, auquel cas ledit moine est tenu pour eunuque, où il n'y a rien à couper; ou si cela signifie: couteau qui coupe difficilement et s'il s'agit alors, dans l'idée d'émasculer le moine, d'augmenter volontairement sa souffrance.

Bien que ce ne soit pas tout à fait en situation, nous devons, au sujet de cette émasculation des moines et des prêtres qui, dans nos contes et nouvelles, est le grand châtiment que leur infligent les maris qu'ils bafouent, nous garder de penser que cette mutilation leur interdisait tout commerce avec les femmes, si l'on en croit Martial qui, dans l'épigramme A César Domitien (VI, 2) finit en disant: et spado moechus erat (et l'eunuque était adultère), le commentateur expliquant: Certaines Romaines recherchaient les embrassements des eunuques, parce que stériles. Et l'épigramme A Pannicus, sur Gellia, sa femme (VI, 67) est encore plus claire: Pourquoi ta Gellia n'a chez elle que des eunuques? Tu le demandes? Madame veut le plaisir et pas d'enfants (traduction P. Richard, Garnier frères, 1931). Mais en ce qui regarde notre fonds français, doit-on penser qu'on ignorait que l'ablation des testicules, faite après la puberté, n'empêchait pas que le mari trompé pût continuer de l'être? ignorance qui semble bien improbable; ou doit-on comprendre que la castration visait seulement à stériliser pour que la mari berné, et ceux qui allaient lui succéder n'eussent pas à élever l'enfant d'un autre? ce qui impliquerait que la vengeance n'était pas exactement sentimentale.

taire, de monos, seul. Et pour Moineau: fin XIIe siècle, moinel, de moine, d'après la couleur du plumage. Bloch et Wartburg disent de ce mot moineau: XIIe siècle, dénomination plaisante due à une comparaison du plumage de l'oiseau avec le vêtement des moines.

Si nous comprenons bien, outre le fait que le terme moineau a été d'intention satirique, les mots moine et moineau sont jumeaux. Or nous lisons dans le Dictionnaire érotique: Moineau: pénis; moineau de lesbie: idem. Et il donne deux citations (que nous recevons pourtant avec toute la réserve que nous inspire la certitude maintenant acquise qu'il cite souvent de seconde main et sans vérifier): Ouvre... ouvre tes cuisses, prends mon moineau, mets-le en cage (La Popelinière, XVIIIe); Je lui demandai, bergère/ Veux-tu loger mon moineau (Parnasse des Muses, XVIIIe). P. Guiraud annote: Sens contextuel. Voir Oiseau. Nous lisons à ce mot Oiseau: pénis; et nous trouvons encore deux citations: Pour récompense à leur oiseau/ Je prête mon auget pour boire (Recueil de poésies françaises, XVIe); Je ne suis viande pour ton oiseau (La Comédie des proverbes, XVIe). Et le commentaire est encore: L'emploi du mot est étroitement lié au contexte (ce qui n'est jamais qu'une évidence puisque le langage érotique se fonde sur l'analogie même vague, le parallèle même lointain, la disposition d'esprit du lecteur, dans ce domaine particulier, suppléant toujours la distance). Nous devons pourtant nous garder de suppléer excessivement: ainsi, il semble qu'il serait outré de voir dans ce moyne le moineau du moyne, mais nous pouvons légitimement comprendre au moyne comme: A nicher le piaf.

141 - au tenebry, (34): Guilbaud dit: Tonnerre. Screech dit: Jeu rustique, appelé aussi tonebri (tonnerre); inconnu (Sainéan). Cette transformation de tenebry en tonebri, pour pouvoir avancer le sens de tonnerre, est trop visiblement controuvée pour que nous y souscrivions; de plus, elle est abusive, Godefroy donnant, au mot Tonnebri, qu'il définit: Sorte de jeu, une unique citation qui, si elle ne permet aucune interprétation assurée, refuse manifestement ce sens de tonnerre: Et les grans plaisirs qu'ilz ont / Au tonnebri, à la paumette (1507). Nous nous renseignons donc.

Dauzat dit: Ténèbres, 1080, du latin tenebrae; ténébreux, du latin tenebrosus; ténébrion, vers 1540, Rabelais: lutin des ténèbres; du bas latin tenebrio; qui recherche les ténèbres. Et de Tonner, il dit: XIIe siècle, du latin tonare; tonnerre, 1080 (tuneire); du latin tonitrus. Il apparaît bien ainsi qu'il n'y a aucune rencontre possible entre Ténèbres et Tonnerre. D'ailleurs Greimas donne, d'une part: Tenebres: ténèbres; tenebror: ténèbres, obscurité; tenebrir: obscurcir, assombrir; s'obscurcir; tenebros,-é,-or: obscurci, sombre; tenebrifer, 1335: épithète fréquente du diable; et d'autre part: Tonoire,-eire, 1080: tonnerre.

Pour le jeu des enfants, nous pouvons seulement conjecturer que tenebry peut être l'apocope de ténébrion, le jeu pouvant consister, aveuglé, à jouer les mauvais lutins (car si l'on s'en rapporte au terme tenebrifer, de 1335, terme forgé à l'évidence pour s'opposer au terme lucifer (qui produit la lumière), il nous semble évident que le mot ténébrion, qui apparaît au chapitre XXIV du Tiers Livre, donc en 1546, n'est pas sorti tout armé de la tête de Rabelais).

Quant au sens second qui, nous le savons, est à l'adresse des lettrés, sans doute salaces mais latinistes plus encore qu'hellénistes, c'est en retenant l'un des sens du mot tenebrae que nous découvrons ce que ceux-ci apercevaient derrière le mot tenebry. Nous lisons en effet dans Goelzer, outre les sens courants, ceux de: Cécité (maladie); obscurcissement de la vue (dans les syncopes); ténèbres de la mort; trouble; étourdissement. Et le Gaffiot donnant aussi: Nuage sur les yeux (dans un évanouissement), nous lirons au tenebry comme: A la petite mort.

142 - a lesbahy, (34): Screech est seul à dire: Jeu d'enfants mentionné déjà par Froissart mais dont on ignore les détails. Cf. jouer l'esbahy, être étonné.

Le sens fort d'étonner étant: frapper d'une commotion (Dauzat), nous avons la faiblesse de voir là confirmation de ce que nous avons compris pour tenebry puisque, sans le moindre doute, nous savons que Rabelais groupe par similitude les significations. Reste que pour le jeu des enfants, toujours en concédant qu'il a bien existé, nous devons partir à la découverte.

Le Petit Robert donne: Ebahir: XIIᵉ, de é-, et ancien français baer, variante de bayer. Greimas donne: Baer, baier, beer, XIIᵉ siècle, latin populaire batare, origine obscure: Ouvrir, être ouvert; attendre, aspirer ardemment; regarder avidemment ce qu'on désire, convoiter. Baee, baiee, bee: Ouverture (dans un mur); action de regarder la bouche ouverte, regard avide; forte envie. Baerie: Profond étonnement; convoitise, ambition. D'autre part, il donne ce même verbe baer nanti du préfixe intensif es-: Esbaer: Ouvrir tout grand; entrebâiller. Dans Furetière, nous ne trouvons plus, au verbe Beer, que les sens nettement plus restreints: Ouvrir la bouche d'une façon niaise & admirative. Beer se dit aussi des écoliers & des gens de journée qui se détournent de leur travail & qui perdent leur temps. On le dit aussi de ceux qui cherchent quelque chose des yeux, & avec attention. Il bée de tous costez pour voir s'il ne trouvera point un homme à qui il a affaire. Quant au verbe Esbahir, il dit: Verbe actif qui ne se dit gueres qu'avec le pronom personnel. S'esbahir, être surpris par quelque chose d'extraordinaire qui cause de l'estonnement, de l'admiration.

Cela suffit à nous montrer que ce verbe baer, baier, beer, même augmenté de l'intensif es-, a très tôt perdu les sens qui pouvaient s'appliquer à d'autres orifices que celui du visage. De toute façon, si nous n'avons pas d'idée précise sur ce que pouvait être ce jeu de l'esbahy auquel sont censés se livrer les enfants, nous prenons conscience, pour le sens second, de ce que veut faire entendre Rabelais, juste après qu'il vient de parler, avec le tenebry, de petite mort; et cela parce que nous retenons évidemment les sens de ouvrir, être ouvert, ouvrir tout grand, aspirer ardemment, convoiter. Et nous entendons alors que ce que l'auteur souhaite à son lecteur, c'est d'avoir affaire à une femme qui, pour reprendre les termes qu'emploie une psychanalyste[21], éprouve une sensation d'érectilité clitoridienne et de turgescence orbiculaire vaginale. Nous lirons donc a lesbahy comme: A l'entrebâillé.

143 - a la soulle, (34): Guilbaud dit: Boule qu'on frappe à la volée avec une crosse. Screech dit: Jeu breton joué avec une soulle (ballon) remplie de son et une crosse (édition Lefranc; Huguet).

Greimas donne: Sole, 1250, Renart, origine obscure: Ballon de cuir rempli de son, servant au jeu (Bretagne et Normandie); boule de bois ou d'autre matière dure qu'on poussait avec une crosse (Nord). Soler: jouer à la sole; frapper. Soleur: celui qui joue à la sole: Au bon chouleur la pelote lui vient (ancien proverbe français). Nous lisons encore: Chole, chaule, début XIVe siècle, latin populaire ciulla, d'origine germanique: Boule; jeu de boules, attesté au Languedoc dès le XIIe siècle. Cholet, 1260: Petite boule (pour jouer à la chaule?): Ke devenus sui uns cholés (A. de la Halle). Enfin, nous lisons dans Littré: Chouler, terme normand qui signifie pousser, remuer, choquer. Pour la crosse, Dauzat dit; 1080, croisement entre le francique krukkja, béquille (sens conservé dans divers dialectes) et croc. Crosser: XIIe siècle: Chasser avec une crosse et jouer à la crosse; populairement battre.

Le jeu d'enfants ne fait pas doute; il est clair qu'il s'agit bien d'une balle poussée, frappée avec une crosse, première forme peut-être du jeu de hoquet. Quant au sens second, si soler c'est frapper, et au moyen d'une crosse (dont nous venons de voir que ce peut être un instrument droit); si au bon soleur (chouleur), la pelote lui vient; si souler (chou-

---

21. Il s'agit de Françoise Dolto, dans Sexualité féminine (1983, Scarabée & Co), ouvrage écrit presque entièrement en jargon branlo-méningé. On parvient toutefois à voir qu'il s'inspire en grande partie de l'irremplaçable monument: Des intentions secondes des chimères bourdonnant dans le vide, qui reste la base des sciences molles.

ler) c'est aussi pousser, remuer, choquer; si, accessoirement, crosser c'est battre, nous n'avons pas de peine à entendre que lorsque Rabelais souhaite à son lecteur de jouer à la soulle, il lui souhaite en fait de frapper, remuer, choquer de sa béquille. Et nous lisons a la soulle comme: A pousser sa canne.

144 - a la nauette, (34): Screech dit: Jeu d'enfants; inconnu. Le Petit Robert donne: Navette, XIIIe siècle, dérivé ancien de nef, employé par analogie de forme. Dans le métier à tisser, instrument formé d'une pièce de bois, d'os, de métal, pointue aux extrémités et renfermant la bobine de trame qui se déplace de la longueur de la duite en un mouvement alternatif (la duite étant la largeur de la pièce d'étoffe, d'une lisière à l'autre). Mais il est évident que la navette dont parle Rabelais ne peut qu'être la navette de bois que le tisserand envoie lui-même naviguer d'un bord à l'autre, la rapidité du va-et-vient étant donc sous sa maîtrise. Dauzat dit: Navette (de tisserand): XIIIe siècle, emploi figuré de navette, dérivé de nef, et désignant un vase d'église ayant la forme d'un petit navire. Bloch et Wartburg disent: Dérivé (de nef): Navette (de tisserand), XIIIe siècle; aujourd'hui usité dans tous les parlers gallo-romans; c'est probablement non pas un dérivé direct de nef, mais un emploi figuré de navette, qui désigne un petit vase d'église destiné à contenir de l'encens, qui a la forme d'un petit navire, ou d'autre vase de ménage. Furetière, lui, dit: Ce mot vient de navette, diminutif de nave, parce qu'elle (la navette) a la forme d'un petit navire. On l'a appelée aussi en Latin navicula. Et il donne au mot Navée: charge d'un bateau. Et il nous paraît alors aussi artificiel qu'incongru de rattacher cette navette à un instrument du culte comme le font Dauzat et Bloch et Wartburg, d'autant que le Dictionnaire étymologique du patois lyonnais donne: Navey, vieux lyonnais, substantif masculin; vieux français navoy: bateau. Navetan, vieux lyonnais, substantif masculin: marinier, patron de bateaux. Il donne aussi au mot Navée: vieux lyonnais, substantif féminin: un plein bateau. Et cela est tout bonnement confirmé par Greimas, qui donne: Nave, XIIIe, forme savante de nef, du latin navis: Navire; charge d'un bateau. Navel,-ele: bateau, navire. Navoi,-ile,-iere,-ie: navire, flotte. Navage,-ire: ensemble de vaisseaux, flotte. Navire: vaisseau, navigation. Naviron: aviron. Navier,-eier: naviguer; traverser sur un bateau; guider, conduire. Naviement: action de naviguer. Naviage: navigation; art du pilote; droit de faire l'office de passeur. Navee: ce que peut contenir un vaisseau; charge d'un bateau. Navier,-elier: batelier, matelot. Navior: bateleur, marin; pilote; passeur.

Il apparaît qu'il n'est nul besoin de recourir au mot nef, et encore moins de fouiller dans la sacristie[22], pour retrouver une formation toute naturelle, donc vraisemblablement plus proche de la vérité: il suffit de voir dans la navette l'objet ressemblant à un bateau, qui navigue d'un bord à l'autre de la pièce d'étoffe, et qui transporte la navée qu'est la bobine de fil de trame.

Mais ce qu'a retenu le langage, c'est l'incessant mouvement de va-et-vient de la navette. Littré cite l'expression: Faire courir la navette, ce qui, chez lui, ne décrit que l'activité du tisserand. Furetière annote: On dit proverbialement d'une femme qui caquette bien, que la langue lui va comme la navette d'un Tisserand; et Littré répète, toutefois sans acception de sexe: La langue lui va comme la navette d'un tisserand, se dit d'une personne qui parle beaucoup. Il ajoute: Figurément et familièrement: Faire la navette, faire faire la navette, aller et venir, faire aller et venir. Et c'est vraisemblablement ce mouvement qui doit caractériser le jeu d'enfants dont il est question, en admettant, comme toujours, qu'il a existé et qu'il n'est pas simple prétexte au sens second.

Pour celui-ci, faire aller la navette nous a paru transparent. Et comme nous devions nous y attendre, nous trouvons dans le Dictionnaire érotique: Navette: pénis. Jouer de la navette: coïter. Si l'exemple qu'il donne est seulement celui d'une chanson d'étudiants du XIXe siècle: D'un vieux je tenais la navette / La sonde en main et la cuvette, il est cependant bien certain que le sens salace a dû se dégager immédiatement, d'abord parce que le seul mot navet désignait déjà le pénis (P. Guiraud), mais surtout parce que le mouvement de la navette s'effectuant entre les deux nappes de fils ouvertes en ciseau ne pouvait que créer la représentation. La navette étant donc ici le membre viril en action, et comme il existe, dans le langage des tisserands, un verbe qui signifie croiser les fils d'une partie ourdie (Littré), verbe dont nous ne retenons, bien entendu, que le sens détourné, nous lirons à la navette comme: A enverger.

145 - a fessart, (34): Nous n'attendions pas grand-chose de Guilbaud ni de Michel et nous ne sommes pas déçus: ils ne disent rien. Screech, lui, ne dit que: Jeu enfantin inconnu. Nous sommes donc obligés de nous pencher quelque peu sur la fesse.

Greimas donne: Fesse, 1360; latin populaire fissa, fente, de findere, fendre: fesse. Fessart: fessu. Fessié: couvert de honte, honteux. Dauzat donne même provenance, ajoutant que le mot a remplacé nache, du

22. S'il devait en aller ainsi, on se demande bien pourquoi les étymologistes, ayant par exemple à traiter du mot Harmonica, ne diraient pas que le mot vient d'un verbe, conjectural bien sûr, du vocabulaire des apiculteurs: le verbe Harmoniquer, signifiant: souffler dans un rayon pour extraire le miel des alvéoles.

latin populaire natica, de nates, fesses. Et nous lisons effectivement dans Greimas: Nache, nage, fin XIIᵉ siècle; latin populaire natica, de natis, fesse: fesse. Ge vous eschaufferai les naches (Rose). Nacherel, 1250: diminutif de fesse. Bloch et Wartburg disent: Fesse, latin populaire fissa, pluriel neutre pris comme féminin de fissum, fente, dérivé de findere, fendre. Seulement français en ce sens. A éliminé l'ancien français nache (ou nage), usuel jusqu'au XVIᵉ siècle, encore dans les dictionnaires comme terme de boucherie et de corroierie, latin populaire natica, latin classique natis, d'où aussi italien natica, espagnol nalga, ancien provençal naggas (lire natjas) et quelques traces dans les parlers gallo-romans contemporains.

Goelzer donne: Nates: fesses, derrière, croupion; il donne aussi Fissum: fente. Et nous devons déjà nous poser la question: Comment un mot tel que fissa qui, aussi populairement que sagement, a féminisé le neutre fissum, le transformant en: la fente, donc en sexualisant celle-ci, a-t-il pu finir par signifier partie charnue? Furetière donne une explication, disant: Fesses, La partie charnuë qui est au derrière de l'homme ou de la femme, sur laquelle on s'assied. Ce mot vient du Latin fissile, ou fissa, parce que ces parties sont fendues. Et l'on ne peut s'empêcher de penser que, dans ces conditions, la lèvre aurait aussi bien pu se nommer fesse puisque la bouche, ou ensemble des deux lèvres, est fendue.

En fait, il apparaît que nous pouvons, une fois de plus, avoir affaire ce qui a été une décision de mitiger la verdeur du langage: la fissa, la fente, ne pouvant qu'être celle du sexe de la femme, on a feint de voir dans cette fente le sillon qui sépare les deux naches, et fissa, qui ne peut désigner qu'une séparation étroite, allongée, entre deux parties ou structures: fente palpébrale, fente vulvaire (Petit Robert) en arrive absurdement à désigner chacune des deux parties charnues (musculo-adipeuses) de la région du bassin (Petit Robert). C'est, à peu de chose près, comme si le mot Vallée avait eu à signifier Montagne sous prétexte que deux montagnes sont séparées par une vallée[23].

Il n'en demeure pas moins que, quoi qu'on ait fait, le mot fesse n'a jamais été entièrement désexualisé. Furetière dit par exemple: On appelle fils des quatre fesses, celuy à qui on veut dire une legere injure.

---

23. A l'appui de ce que nous tenons pour manipulation, nous lisons dans le Dictionnaire des racines indo-européennes (Larousse, 1949): Fatis (latin), fente. Fatiscor, fessus, se fendre (et nous notons que cela ne contient que l'idée de creux). Nat-, not- (latin, grec) dos. Grec nôtos. Latin nates, etc. (nous notons que cela ne contient que l'idée de relief). Nous admirons donc au passage le calme des étymologistes qui enregistrent sans le moindre trouble la substitution du relief au creux: l'étymologie doit être une affaire de sang-froid devant les bouleversements géologiques.

Et le Petit Robert cite: Histoire de fesses: d'amour physique. Il dit encore: Il y a de la fesse: de la femme. Et l'on se dit qu'ici le langage populaire ne fait que retrouver inconsciemment le sens primitif de fissa tel qu'il était avant que ne l'aient dénaturé les censeurs, ceux-ci ne pouvant qu'être ecclésiastiques, non seulement seuls à croire bon d'édulcorer, mais seuls aussi à pouvoir, pour ce faire, tripoter le latin.

Cela admis (sauf correction, cela va de soi), il nous paraît que le jeu d'enfants ne peut qu'user du mot au sens de nache. Nous avons vu que fessart est donné pour fessu par Greimas, mais nous pensons qu'il doit plutôt s'agir ici de celui qui fait une action, celle de fesser; et nous postulerons qu'il est question d'un jeu où le gage est la fessée. Au demeurant, ce n'est pas ce jeu d'enfants qui nous intéresse au premier chef, mais le jeu érotique du sens second. Et pour celui-là, il nous semble évident que Rabelais, qui, ne l'oublions pas, s'adresse à ses pairs, compte bien sur la connaissance par ses lecteurs du sens de fissa, fente, au fessart n'étant alors rien autre que: Au fendu.

146 - au ballay, (34): Screech dit: Balay: rubis balais, et: jeu enfantin inconnu. Et nous cherchons.

Greimas donne: Balain, balai, fin XIIᵉ siècle, breton balazn, balain, banatlo, genêt): verge, fouet; balai. Baloier: balayer. Puis il donne: Balais, 1277, du latin médiéval balascium, d'origine arabe: rubis. Balecel: rubis. Dauzat confirme, donnant: Balai, du breton (trégorrois) balazn, balain, genêt. Les Bretons vendaient au Moyen Age des balais confectionnés avec du genêt. Balais, rubis, de l'arabe balakhtch, par l'intermédiaire du latin médiéval balascius, de Balakhchân, région voisine de Samarcande d'où venaient ces rubis. Furetière, lui, donne Balais pour adjectif masculin. Qualité d'un rubis excellent. Ce nom vient de Balassia, qui est un Royaume en terre ferme entre Pegu & Bengala, où se trouvent ces rubis balais, à ce que dit Ramusio; dont parlent aussi Aiethon, & Paul Venitien. On le dit figurément des boutons rouges qui viennent sur le visage des yvrognes. Et Littré dit: Rubis balais; variété de rubis, couleur de vin paillet (en parlant du vin rouge, peu chargé de couleur; Littré). Figurément, rougeurs au nez d'un ivrogne.

Nous voyons alors clairement qu'amené par le jeu précédent: a fessart, le jeu au balay fait intervenir l'instrument de la fessée, c'est-à-dire le ballay au sens que donne Greimas: verge, fouet. Mais ce qui nous importe davantage, c'est de constater que ce mot ballay peut avoir, adjectif, outre le sens vague d'excellent, celui que donne Littré de rouge peu chargé, et surtout qu'il donne naissance à la comparaison avec les excroissances du nez de l'ivrogne, autrement dit les boutons couleur de chair plus rouge que la normale sans aller jusqu'au rouge intense. Car nous savons depuis le chapitre xij du Pantagruel, de la bouche de Humeuesne (faisant troys tours de balay par la cheminee, & insinuant sa nomination) que le rubis ballay, le ballay, est aussi le mot qui désigne l'extrémité antérieure de la verge. Et nous comprenons alors que par une rencontre heureuse, l'idée de fesseur qui a amené l'idée de fouet se trouve être en même temps, pour le sens second, l'idée de ce ballay génital amenée par l'idée de fendu. Nous entendrons donc au ballay comme: Au gland batteur.

147 - a sainct Cosme ie te viens adorer, (34): Guilbaud dit: Jeu du moyen âge: le joueur faisant le saint essayait de faire rire ceux qui venaient l'adorer. Michel dit: Le jeu est décrit dans le Jeu de Robin et de Marion (XIIIe siècle), d'Adam de la Halle. Screech dit: Saint Côme, patron des chirurgiens. Le jeu, Sainct Cosme je te viens adorer, est connu dès le XIIe siècle. Voir édition Lefranc.

Pour le jeu réel, tout est donc clair. Aussi irons-nous immédiatement au sens second, si apparent ici que l'on peut se demander comment tous les doctes qui se sont penchés sur cette liste de jeux ont pu ne jamais s'apercevoir de son sens double. Il nous suffit en effet d'ouvrir le Greimas pour lire: Come, nom féminin, 1210, latin coma: chevelure: Tant avoit blonde la cosme (Rose); crinière. Comé, 1175: qui a une belle crinière. Et il faudrait alors être dépourvu du moindre esprit de la plus innocente gaillardise (mais il faut bien croire que cela se rencontre, et particulièrement chez les commentateurs de Rabelais) pour ne pas entendre que ladite crinière est ici cette toison dont parle Humeuesne au chapitre xij du Pantagruel: l'on auoit en plain marche la toyson pour deux & ar ientens par mon serment de laine, c'est-à-dire la toison pubienne féminine. En tout cas nous n'en pouvons douter, nous, après que nous venons de voir évoqués et le fendu et le gland. Mais si, par scrupule, il nous faut retrouver le genre masculin de sainct Cosme, nous aurons encore recours à Greimas pour trouver le mot qui signifie: Garni de poils, velu: et nous entendrons a sainct Cosme ie te viens adorer comme: A saint Pelu je viens te rendre hommage.

148 - A escharbot le brun (42): De cette première de trois additions que Rabelais a insérées ici en 42, ni Guilbaud ni Michel ne lèvent la langue. Et Screech, qui ne la met qu'en note puisqu'il traite de l'édition originale, dit seulement: Jeu inconnu (de escharbot, escarbot). Nous partons donc en terrain vierge et nous nous renseignons d'abord sur ce qu'est l'escharbot.

Greimas donne: Escharbote, 1260; cf. latin scarabeus: escarbot, scarabée. Dauzat dit: Escarbot, 1460, Villon; réfection de l'ancien français escharbot (latin scarabeus), d'après le provençal escaravach, et sous l'influence de escargot; le scarabée étant un insecte méditerranéen, le mot a pris des sens divers dans les patois (bousier, hanneton, cétoine, etc.). Nous consultons donc Lou Pichot Tresor et nous lisons: Escarava, escaravai: escarbot, scarabée; lucane cerf-volant; gros crachat; jeu d'enfants. Escarava merdassié: scarabée stercoraire. Escarava pudènt: blaps. Furetière, qui donne un long article d'où il ressort que le mot escarbot recouvre une infinité d'insectes, commence pourtant ainsi: Espèce d'insecte qu'on nomme en general scarabeus, & particulièrement celuy qu'on appelle fouillemerde. Littré dit seulement: Insecte du genre des scarabées, et le Petit Robert: Vieux ou régional: nom de divers coléoptères (bousier, hanneton, etc.).

Tout cela ne nous donne qu'un sûr renseignement: le nom de l'escharbot est étroitement associé à l'idée de merde, ce dont nous aurions pu nous douter en lisant la spécification que fournit Rabelais avec: le brun. Pour le jeu d'enfants, nous ne douterons pas qu'il ait existé, d'autant qu'on le retrouve en provençal; quant à savoir en quoi il consistait, nous ne pouvons que conjecturer qu'avec le goût inné qu'ont les enfants pour les amusements fondés sur les excréments qui inspirent tant de répulsion à leurs parents, la rentrée à la maison ne devait pas toujours être de paisibles retrouvailles. Pour le sens second, qui fait manifestement allusion à une acception que nous avons perdue, ou qui en crée une que Rabelais laisse à son lecteur le soin de découvrir, nous n'avons jusque-là que l'idée d'un insecte nommé escharbot, qui peut être stercoraire, et, par la précision: le brun, l'assurance qu'il l'est. Mais nous ne voyons pas comment, même en forçant le sens de escharbot, et même en envisageant qu'il puisse désigner par exemple l'anus, nous pourrions trouver une filiation langagière. Et c'est alors que nous nous apercevons que, dans l'Index du présent Livre, Screech donne, immédiatement après Escharbot le brun, le verbe Escharbotter, qu'il définit: tisonner, éparpiller le feu (patois de l'Ouest, Sainéan), le texte étant: escript au foyer auec un baston brusle dun bout, dont on escharbotte le feu (xxviij). Escharbotter, c'est donc tisonner au moyen de l'escharbot, l'escharbot étant ce bâton brûlé d'un bout. En somme l'escharbot est le bâton remueur à tête sombre, et la représentation est maintenant claire: le terme escharbot prend ici l'acception de phallus, que celle-ci ait existé ou que le lecteur ait à la découvrir par déduction à partir de ce verbe escharbotter qui devait être certes plus répandu en 1542 qu'aujourd'hui. Mais tout n'est pas là. Car nous entendons encore que la précision: le brun réduit la compréhension phallus à celle de phallus-pour-l'anus. En fait, si l'insecte nommé escharbot est, nous l'avons vu, le fouillemerde (Furetière), l'escharbot, membre qui escharbotte, qui fouille, s'il est l'escharbot le brun, ne peut qu'être entendu comme le membre fouille-merde. Il semble que rien ne s'oppose plus à ce que nous comprenions A escharbot le brun comme: Au baratteur de bran[24].

149 - A ie vous prens sans verd (42): Pour cette deuxième addition, Guilbaud et Michel observent le même silence que pour la première. Screech dit: Jeu traditionnel selon lequel il fallait, au mois de mai, porter sur soi des feuilles vertes, sous peine de payer une amende (édition Lefranc, Cotgrave).

Ce jeu ne fait pas doute. Cependant Greimas donne le mot Verte, nom féminin, 1175: Jeu de la cotte verte qui consistait à jeter une fille sur l'herbe en folâtrant avec elle: Au jeu de la verte l'a prise (Chr. de Troyes). En outre, Godefroy donne: Prendre sur le vert: prendre à l'imprévu; le prendre vert: saisir une occasion favorable.

Pour le sens second, il se pourrait donc qu'il s'agît de l'extension de la compréhension être pris(e) au dépourvu, considérant que la fille ayant à payer l'amende avait à jouer à la verte (comme il se peut d'ailleurs que la coutume d'offrir du vert en mai, donc du muguet, à son amie, provienne du souci de l'amoureux de la prémunir contre tout gage à payer à autrui). Quoi qu'il en soit, il semble que le deuxième sens repose sur cette façon d'entendre la locution. Et le Petit Robert donnant: Prendre: posséder une femme, je vous prends sans vert s'entend comme je vous possède à l'improviste, ce qui peut être un jeu convenu chargé de donner pour un moment quelque piment à la routine. Nous lirons donc A ie vous prens sans verd comme: A je vous le fais à l'inopiné[25].

150 - A bien & beau sen va quaresme (42): Pour cette troisième addition, Guilbaud dit: Chaque jour de Carême, celui qui disait le premier ces mots à son compagnon gagnait le prix convenu. Screech dit: Jeu; chaque jour de Carême, celui qui est le premier à saluer son compagnon de cette formule, gagne le prix convenu (édition Lefranc); QL Prologue.

---

24. Il serait aussi ridicule de s'offusquer ici, quand il s'agit de jeux de langage, que de le faire en lisant dans ses mots croisés la définition: Aux bains, on encourt ce risque si on laisse tomber sa savonnette (SODOMIE). Mieux vaut encore se formaliser de voir Sainéan enfermer dans l'Ouest le verbe Escharbotter quand la langue d'oc a le verbe Escarbouta: frapper les tisons avec la pelle; fourgonner la braise (Lou Pichot Tresor).

25. Nous noterons que la locution Au débotté ne convient pas attendu que celles qui demandent qu'on les aide à retirer leurs bottes ont le plus souvent une intention préparée; c'est alors celui qui les leur retire qui est sollicité impromptu.

Le Prologue du Quart Livre commence ainsi: Gens de bien, Dieu vous saulve et guard! Où estez vous? Je ne vous peuz veoir. Attendez que je chausse mes lunettes! Ha, ha! Bien et beau s'en va Quaresme! Je vous voy. Et doncques? Vous avez eu bonne vinée, à ce que l'on m'a dict. Et Marichal, le commentateur, donne la même explication que donne Screech, indiquant pourtant qu'elle vient de Oudin, Curiosités françoises. Il ajoute toutefois: C'est donc une formule de salut, non sans renvoyer au chapitre xxij du Gargantua et non sans évoquer un article de la Revue des Etudes Rabelaisiennes. (Il dit aussi, avec une naïve suffisance: Le Quart Livre ayant été mis en vente dès le mois de février 1552, la majeure partie de l'édition devait donc s'écouler pendant le Carême (il dura cette année-là du 2 mars au 1er avril) aux foires de printemps de Lyon. Mais nous en discuterons en temps et lieu si les Parques ne font pas de stakhanovisme.)

Pourtant nous ne pouvons attendre pour dire que Bien et beau s'en va Carême nous apparaît dans ce Prologue comme une formule marquant la satisfaction d'être de jour en jour plus proche du temps où seront de nouveau permis les actes interdits au moment où l'on parle. Examinons:

Rabelais dit: Où estez vous? Je ne vous peuz veoir. Puis il chausse ses lunettes et constate alors, satisfait: Je vous voy. Et l'on pourrait alors entendre que, la vue trop basse pour distinguer les gens de bien, il aperçoit ceux-ci quand il a chaussé ses lunettes, ce qui serait fort plat. Mais il a fait précéder cette constatation: Je vous voy, de la locution: Bien et beau s'en va Carême, elle-même précédée de l'interjection Ha, ha! qui sonne comme de contentement à voir surmonté un empêchement. Il laisse donc entendre que c'est ce Carême qui, approchant de sa fin, donc devenant moins rigoureux, lui donne la possibilité de retrouver la vision des gens de bien auxquels il s'adresse; c'est donc insinuer que c'est ce Carême, quand il était encore dans sa force, qui lui interdisait cette vision. Il y a là, apparemment, plaisanterie traditionnelle rendant le Carême responsable de tous les manques qu'on a à déplorer (avec, en plus peut-être, la compréhension que, pendant ce Carême, est nettement plus aisée la vision des gens qui ne sont pas gens de bien). Cela ressemble assez au parti pris de nos grands-pères anticléricaux qui, lors de la séparation de l'Église et de l'État, ne pouvaient retrouver leur pipe égarée sans dire: Ha, ha! il leur a bien fallu la rendre! feignant de croire que ladite pipe faisait partie des biens que s'étaient appropriés les ratichons (mot de 1628 qui fit florès au début du XXe siècle, à l'époque du président Combes).

Nous sommes ainsi bien loin de ce que comprennent les commentateurs de ce Prologue, rapprochant ces gens de bien des sages-femmes du chapitre iij du Pantagruel: Mais voicy que vous ferez, dict il es saiges femmes (ou sont elles bonnes gens, ie ne vous peulx veoyr). Guilbaud dit: Trait emprunté à la littérature orale: le conteur fait mine de chercher des gens de bien dans son auditoire. Cf. Pantagruel, etc. Et il parle, pour la formule, de salut facétieux. Michel dit: Forme de salut venant d'un jeu pratiqué pendant le Carême: celui qui prononce le premier la formule gagne le prix. Boulenger dit, parlant des lunettes: Cette plaisanterie, Bonnes gens je ne vous peux voir, Rabelais la fait déjà ci-dessus, Pantagruel, etc. Et de la formule, il dit: Ce proverbe est le titre d'un des jeux de Gargantua, chapitre xxij. C'était quelque chose comme notre Bonjour, Philippine. Durant tout le Carême, celui qui disait le premier ces mots à un autre gagnait le prix convenu. Plattard dit: Formule qui désignait un jeu (voir Gargantua, chapitre xxij) où chaque jour de Caresme, celuy qui dit le premier ces mots à son compagnon gaigne le prix convenu. Oudin, Curiosités françoises (article Bien). Demerson dit des lunettes: Cette plaisanterie de batteur d'estrade est du type de celle que l'on trouve chapitre iij du Pantagruel. Puis il dit: Cette formule de salutation donnait lieu, pendant le Carême, à un petit jeu, que l'on trouve sur la liste des jeux de Gargantua, chapitre xxij (petit jeu sur lequel, à cet endroit, Demerson ne se prononce pas). En fait, on se borne à rapprocher ce texte du Prologue du Quart Livre du texte (lointain) du Pantagruel, du jeu (non éclairci) du Gargantua, de prendre pour bon le renseignement (non contrôlable) de Oudin, et l'on estime avoir assez fait. Le commentaire devient là simple mise en relations, mais l'on ne s'occupe guère que les partis s'accordent.

Revenant au Gargantua, ce que nous admettrons, nous, c'est que cette formule Bien et beau s'en va Carême a pu être formule de salut entre gens supportant mal les rigueurs du Carême et se réjouissant chaque jour de le voir tirer à sa fin. Mais pour le jeu, que l'on ne prend pour tel que parce que Rabelais l'inscrit dans la liste des jeux de Gargantua, nous tiendrons que l'explication de Oudin est purement controuvée, platement calquée sur l'explication de A je vous prends sans vert, placé juste avant. Pour nous, Oudin aussi abusé qu'ignorant, a inventé l'explication, abusant derrière lui tous les commentateurs d'autant plus crédules devant la chose imprimée que celle-ci vient de loin. Il semble pourtant évident que ce prétendu jeu A bien et beau s'en va Carême, qui aurait dû durer une quarantaine de jours sans offrir les perspectives égrillardes du jeu de la prise sans vert, n'aurait pu que devenir rapidement fastidieux et finir par être aussi importun que le

Carême lui-même. Bien plutôt croyons-nous, pour l'avoir constaté nombre de fois, que Rabelais part de la formule usitée Bien et beau s'en va Carême et la donne fallacieusement pour jeu à seul fin d'amener la compréhension seconde, celle-ci s'établissant alors ainsi:

La formule, nous l'avons vu, est de qui se réjouit de voir se rapprocher chaque jour le moment où seront levés les interdits du Carême, et parmi ceux-ci, bien sûr, les interdits sexuels, dont nous retrouvons le souci dans les expressions que rapporte Furetière: On dit proverbialement, qu'il faut faire son Caresme-prenant avec sa femme, & Pasques avec son Curé, locution qui s'éclaire par la suivante: On dit aussi populairement, Tout est de Caresme-prenant, pour dire, que plusieurs petits libertinages sont permis ce jour-là. Même Littré reprend: Il faut faire carême-prenant avec sa femme, etc., et ajoute la locution du chapitre xxj du Pantagruel: Amoureux de carême, amoureux timide, qui n'ose toucher à sa maîtresse.

Ainsi donc, pour ce deuxième sens, ce Bien et beau s'en va Carême équivaut à se réjouir qu'est chaque jour plus proche le moment où pourront reprendre les relations sexuelles. Mais il nous apparaît que si est donnée pour jeu cette formule, c'est que, dans l'esprit de l'auteur, elle pourrait effectivement se prêter à un jeu qui, nous le conjecturons facilement, consiste à se réjouir auprès d'une femme jusque-là inconnue, comme lui disant qu'on se félicite de pouvoir bientôt reprendre avec elle les relations interrompues par le Carême. Nous voyons ainsi fort bien un Panurge avisant une belle femme à la messe, avancer hardiment: Bien et beau s'en va Carême: bientôt nous nous retrouverons sous les courtines. Et il n'est pas sûr, pour peu qu'il soit tombé sur une femme rieuse, et que les circonstances veuillent qu'elle soit bien disposée, qu'il ait dû chaque fois être éconduit comme il l'a été par la haulte dame de Paris (P. xxj). Comme tout jeu, celui-ci pouvait comporter des risques certains, mais aussi la possibilité de gains puisque, plus on propose, plus on a de chances de rencontrer la réponse attendue[26]. Il semble donc que nous pouvons entendre A bien & beau sen va Quaresme comme: A bientôt nous recommencerons.

151 - au chesne forchu, (34): Nous revenons là, avec l'édition originale, à des sens moins subtilement élaborés. Screech est seul à parler et dit: Jeu qui consiste à se tenir sur la tête en écartant les jambes (édition Lefranc). Cf. QL, XIX: arbre forchu. Et nous nous y reportons pour

---

26. C'est à peu près ce qu'ont démontré, à ceux qui en avaient une connaissance empirique, les mathématiciens des probabilités avec leurs petites boules noires et blanches. Mais s'il est sûr que les boules sont peu vexantes quand elles disent non, il est non moins certain qu'elles ne donnent pas grand plaisir quand elles disent oui.

lire: A ceste heure foys bien a poinct l'arbre forchu, les pieds à mont, la teste en bas. Marichal, le commentateur, donne dans l'Index: Arbre forchu: Jeu qui consiste à se tenir sur la tête, les mains et les pieds dressés, ce qui doit vouloir dire que les mains sont au sol quand les pieds sont en l'air. Mais, de plus, pensant que l'adjectif forchu est assez évocateur, le commentateur omet de parler de la position écartée qu'ont les jambes.

Or s'il ne s'agit là, pour le jeu des enfants et peut-être pour le texte du Quart Livre, que d'une précision gymnique, nous entendons bien que c'est, pour le second sens, cette seule indication qui est à retenir dans sa compréhension érotique étant entendu que le fait que le chêne fourchu puisse être abattu ne lui retire pas sa qualité de fourchu. Car il ne saurait être question d'acrobatie, et nous verrons dans ce chêne fourchu couché le corps de la femme, allongée, les bras et les jambes écartées, et montrant de plus aux enfourchures les touffes axillaires et pubienne. Nous entendrons donc au chesne forchu comme: A l'écartèlement.

152 - au cheuau fondu, (34): Guilbaud dit: A saute-mouton. Screech dit: Chevau, cheval, singulier analogique; jeu: l'enfant saute à califourchon sur le dos d'un camarade. Autre exemple, Huguet.

Furetière dit: Cheval fondu, est un jeu d'enfants, dont les uns sautent sur la croupe des autres qui sont courbez. Littré dit: Jeux d'enfants dans lequel l'un saute par-dessus l'autre qui a le corps plus ou moins fléchi. Le Petit Robert ne parle pas de cheval fondu (pas plus que le Robert), attendu peut-être que le cheval est d'un autre âge, qu'on ne comprend plus ce que signifie fondu, et que de toute façon, c'est bien connu, il n'y a plus d'enfants.

Pour ce terme fondu, il importe pourtant de savoir qu'il s'agit du verbe fondre: faire écrouler, renverser, détruire; tomber, s'effondrer. Fondu: détruit, renversé, délabré (Greimas). Il apparaît alors que Guilbaud et Littré se trompent, prenant ce jeu pour le jeu de saute-mouton. Ce que ne précisent ni Furetière ni Screech, c'est que le jeu du cheval fondu est le jeu du cheval tombé, effondré: c'est le dessein de celui qui bondit à califourchon sur le dos du joueur qui fait le cheval, cela impliquant que si le poids du premier n'a pas suffi, un deuxième joueur doit venir se jucher derrière le premier, quelquefois un troisième, le tout finissant alors, ne serait-ce que pour des raisons d'équilibre, par l'écroulement du groupe. C'est un de ces jeux qui ont coûté jadis le plus de teinture d'iode aux économes des lycées.

Cela précisé, étant donné que nous savons depuis le jeu précédent qu'il s'agit, pour le sens second, de saisir une partie de ce que contient le jeu réel et, transposant, d'édifier l'image érotique; saisissant de plus que ce cheval fondu est amené par la représentation des jambes écartées du jeu du chesne forchu, nous entendrons qu'il y a toutes chances que le cheval effondré soit ici l'homme sur lequel la femme se jette les jambes ouvertes quand il est encore debout. Et au chevau fondu semble bien pouvoir être lu comme: A l'homme enfourché.

153 - a la queue au loup, (34): Guilbaud et Michel se taisent. Screech dit: Queue au loup: queue leu leu; fréquent. Le Petit Robert dit: A la queue leu leu (1890, altération de A la queue le leu, à la queue le (du) loup). Locution adverbiale. L'un derrière l'autre (comme étaient censés marcher les loups). Et c'est Furetière qui nous parle du jeu: Les enfants ont un jeu qu'ils appellent à la queuë leu leu, quand ils se tiennent l'un l'autre par la robbe en marchant. A vrai dire, le jeu, tel qu'il nous est décrit, n'a dû procurer quelque joie qu'aux tout jeunes enfants, ce qui ne saurait être le cas de la seconde compréhension.

Pour celle-ci, il est évident que le mot queue prend le sens qu'indique le Petit Robert: Vulgairement (XVIe): membre viril. Cette vulgarité n'est pourtant que l'acception du mot au chapitre xj du présent Livre: coupez vous la chose aux enfans, il seroyt monsieur sans queue, compréhension malicieuse de la locution, que Screech explique ainsi, citant Oudin d'après Lefranc: ...on l'appelle Monsieur, sans l'addition que le vulgaire nomme queue, c'est-à-dire Monsieur tout court, maître de la maison. Quant au mot loup, s'il a le sens d'ulcère, de chancre, ainsi que nous le savons depuis le Pantagruel, nous ne l'avons pas vu désigner le phallus. En revanche, nous trouvons dans Godefroy le mot Loviere, qui désigne, en premier, la tanière du loup, et en second la nature de la femme. Et pour cette deuxième acception, il semble qu'il nous faut entendre, ou bien que la loviere est l'endroit où l'on contracte le loup, c'est-à-dire le chancre, ce qui, outre qu'elle serait désespérante, est une généralisation abusive; ou bien que c'est l'endroit où se loge le loup, et le mot loup représente alors le membre masculin.

Là-dessus, nous lisons dans Littré: Avoir vu le loup, en parlant d'une fille, exprime qu'elle a eu des galanteries; et nous pourrions voir là confirmation de ce sens de loup: membre viril. Mais Littré donne, avant celle-ci, la signification suivante: Il a vu le loup, se dit aussi d'un homme aguerri, qui a vu le monde, qui a été aux occasions. Et il donne encore, en premier: Il a vu le loup, se dit d'un homme enrhumé, à cause d'une vieille erreur populaire qui faisait croire à une action malfaisante du regard du loup. Il ressort donc de tout cela que le mot loup peut représenter un danger que l'on ne craint pas d'affronter (homme aguerri) et une rencontre dont les suites peuvent être fâcheuses (homme enrhumé); il semble non moins clair que le sens de fille ayant eu des galanteries participe des deux contenus.

Cela entendu, il semble impossible de conférer au mot loup, soit le sens de membre viril, soit celui de nature de la femme puisque c'est tantôt l'homme qui est censé avoir vu le loup, tantôt la femme qui n'a pas craint de le dévisager; mais il apparaît qu'au sens érotique le loup est tout simplement le sexe complémentaire. Cela dit, nous revenons au jeu donné pour a la queue au loup et, partant de ce que viennent de nous apprendre nos recherches, nous entendrons que le mot queue est à comprendre comme membre viril, que le mot loup représente le sexe qui lui est complémentaire, et qu'il nous faut faire participer l'idée de l'un derrière l'autre, l'ensemble de ces notions nous amenant à la conception de la conjonction par-derrière, ce que les sexologues nomment la position a retro. Nous lirons donc a la queue au loup comme: A rétrocauder.

154 - a pet en gueulle, (34): Screech dit: Jeu enfantin: deux enfants se laissent rouler, tête-bêche, le long d'une pente (édition Lefranc).

Ni Furetière ni Littré ne mentionnent ce jeu, mais nous admettrons sans peine qu'il a existé, notant toutefois, puisque ce pet est dit aller en gueulle, que le tête-bêche n'est pas intégral et que les jambes de chacun des joueurs sont libres; autrement dit, seuls les troncs sont intéressés par cette position tête-bêche. Cela, tout le monde l'aura compris, nous conduit naturellement à entendre que, pour le sens second, il s'agit de la posture que P. Guiraud rapporte, dans son Dictionnaire érotique, d'après Les Paradis charnels, de A.S. Lagail, sous les noms de minon-minette, soixante-neuf, double gamahuche[27] ou tête-bêche auxquels s'ajoute le minon-minette renversé, variante du précédent, où la femme et non l'homme est étendue sur le dos. Nous lirons donc a pet en gueule comme: A tête-en-fourche.

---

27. Guiraud explique: Gamahucher: pratiquer le coït buccal, sur une femme ou sur un homme; Gamahuche, gamahuchage, gamahucheur. Et après avoir cité une provenance qu'il donne, avec raison, pour controuvée, il avance: Vraisemblablement, le mot remonte à gamaut qui désigne le son le plus bas de la gamme, d'où on pourrait inférer un verbe gamahuter au sens de descendre (passer de l'aigu au grave). Or c'est bien l'idée de descendre, ajoute-t-il, qui est à la base des synonymes: Descendre, descendre au barbu, à la cave, à la crémerie, au lac. L'anglais dit de même To go down on somebody (ce qu'on peut rendre par descendre au bas de quelqu'un). Quant à la forme gamahucher, dit-il encore, elle pourrait être le résultat d'un croisement avec hucher: crier, appeler à haute voix. Dans l'usage moderne, conclut-il, gamahucher s'emploie le plus souvent pour le cunnilinctus.

Risque pour risque, il ne nous paraît pas plus hasardé de dire que si cette notion de gamme a été retenue, c'est plus probablement pour ce qu'explique Furetière au mot Gamme: On l'appelle Gamme parce que Guy Arétin qui inventa ces nottes adjouta un g ou le gamma des Grecs aux premières lettres de l'Alphabet qui luy avoit servi à cotter les tons

(suite page suivante)

155 - a guillemin baille my ma lance, (34); (42: Guillemin): Guilbaud et Michel se gardent, plus que jamais, de se prononcer. Mais ils impriment tous deux: ballie my, Guilbaud expliquant: baille-moi. Or cette forme ballie n'est employée ni en 34, ni en 42; et nous constatons une fois encore que l'un et l'autre ont pris pour bon texte une impression antérieure erronée, le piquant étant que Guilbaud se croie tenu d'expliquer ce qu'il tient probablement pour archaïsme proprement rabelaisien. Screech, lui, renonce aussi à donner son avis sur ce prétendu jeu d'enfants, mais dit toutefois dans son Index des noms: Guillemin: petit Guillaume, nom typique de paysan.

Il serait pourtant téméraire (et l'on a assez vu combien nous nous gardons du risque non calculé) de penser que la digression de Guilbaud et le mutisme de Michel sont provoqués par le sens érotique qui leur serait apparu. Screech, par contre[28], modifiant radicalement sa conduite, s'abstenant même de dire: Jeu d'enfants; inconnu, et se bor-

---

27. (suite) ou intervalles, pour tesmoigner que les Grecs estoient les premiers Auteurs de la Musique. Nous pouvons donc entendre que ce qui est en cause, c'est ce gamma (minuscule) car il est l'exacte figuration d'un corps humain, la tête en bas et les jambes écartées. Il était adjoint, nous dit-on, aux premières lettres de l'alphabet musical, la première de celles-ci étant le ut. Faire gamma-ut, c'est donc mettre la tête de la gamme, c'est-à-dire le ut, en contact avec le corps renversé aux jambes écartées que figure le gamma. Quant à rendre compte de la transformation du conjectural mais vraisemblable gamahuter en cet absurde gamahucher, nous ne pouvons qu'invoquer la corruption puisque l'on n'a, pendant cet exercice, ni le désir ni la possibilité de hucher: appeler à haute voix, faire venir (Greimas). Une fois de plus, nous ne pouvons que déplorer que n'aient jamais pu employer par écrit ce vocable ceux qui sont très certainement à la base de sa formation: les moines à qui cette notation musicale était familière comme leur était naturelle l'imagination licencieuse.

28. Pour ce par contre, nous avons jusque-là scrupuleusement respecté l'interdit qu'après Voltaire prononce Littré: Il convient (...) de ne pas transporter cette locution hors du langage commercial. Et il argüe du fait qu'elle ne se justifie guère logiquement, par contre signifiant bien plutôt contrairement que en compensation. Mais que reste-t-il de cette interdiction quand, précisément, on ne veut pas dire en compensation (ce qui est d'ailleurs du pur langage de financier) parce qu'il n'est pas question d'équilibrer un effet par un autre (Petit Robert)? De même quand on ne veut pas envisager de revanche, c'est-à-dire le fait de reprendre l'avantage sur quelqu'un (et non sur quelque chose) après avoir eu le dessous (Petit Robert)? Grevisse, dans Le Bon Usage, remarque judicieusement: Il ne faudrait pas croire que en compensation ou en revanche pussent, dans tous les cas, suffire pour exprimer l'idée qu'on rendrait au moyen de par contre: en compensation et en revanche ajoutent à l'idée d'opposition une idée particulière d'équilibre heureusement rétabli; par contre exprime, d'une façon toute générale, la simple opposition et a le sens nu de mais d'autre part, mais d'un autre côté.

Nous voilà donc délivrés d'un assujetissement non justifié. Par contre (c'est-à-dire de l'autre côté), quand il va s'agir d'exprimer le cas de l'équilibre heureusement rétabli, infiniment plus rare, nous voilà contraints de ne plus employer ces cuistreries que sont la mesquine compensation comptable ou l'emphatique revanche prise sur qui n'a jamais soumis personne. Mais n'importe: si l'erreur est humaine de recevoir aveuglément le principe d'autorité, du diable si nous persévérons!

nant à parler du nom Guillemin, semble bien avoir perçu qu'il y a là jeu d'enfants déjà très avertis. Mais comme le catalogue des antiquailles universitaires n'a jamais fait mention de cette compréhension, il n'a pu voir là que pensée coupable, se l'est durement reprochée, et s'en est mortifié en s'interdisant de dire quoi que ce soit, à part la pauvre banalité: nom typique de paysan. Nous ne saurons jamais si ce jeu fut jeu d'enfants, mais nous avons idée qu'il faut une dose de candeur presque pathologique pour ne pas se douter que, vraisemblablement, ce Guillemin baille my ma lance n'est là que pour le sens second.

Et ce qui nous le fait penser, d'abord, est que ce nom de Guillemin, tout en étant diminutif de Guillaume, ne nous apparaît en rien comme le nom typique du paysan, ainsi que dit Screech, mais bel et bien comme le diminutif hypocoristique (ô combien) du porte-guille (la guille étant, nous le savons, le nom donné dans le Midi à la cannelle en bois qu'on met aux barriques et par laquelle on tire le vin (Littré), comme nous savons, depuis le Pantagruel, que la guille est un nom du membre viril). Guillemin est ici comme le porte-lance, le doryphore, et incarne la gent masculine comme la femme est ici la femme en général. Aussi entendons-nous que c'est la femme amoureuse qui, s'adressant non pas à un Guillaume spécifique qu'elle nommerait ici petit Guillaume par l'intention caressante qui est de mise en ces moments, mais au porteur de guille générique, qu'elle nomme Guillemin, le diminutif marquant l'intention de se l'approprier plus aisément; car elle lui réclame le don de cette lance qu'elle dit être sienne par une marque d'appartenance exclusive qui est aussi la règle dans ces instants. A elle seule, cette phrase prouverait avec éclat, s'il en était encore besoin, que cette liste de jeux d'enfants a bien été dressée pour être lue comme nous avons entrepris de le faire. Donc sans la moindre hésitation, et le verbe remettre étant entendu comme donner quelque chose à qui doit le recevoir (Petit Robert), nous lirons a Guillemin baille my ma lance comme: A gentil porte-guille, remets-moi la mienne.

156 - a la brandelle, (34): Guilbaud dit: A la balançoire. Screech dit: De branloire; jeu de balançoire (Sainéan). Nous trouvons dans le Littré le mot Brandilloire: balançoire formée avec une corde ou des branches. Peu usité. Nous admettrons donc que la brandelle a pu être ce jeu de balançoire rudimentaire, d'autant que nous retrouvons dans le patois lyonnais le verbe Brando: secouer, et le substantif Brandivi: escarpolette, le provençal ayant le verbe Branda: branler, secouer, s'agiter; danser; tanguer. Mais nous nous doutons bien qu'il nous reste à découvrir la compréhension seconde pour laquelle a été choisie cette brandelle. Et pour ce faire nous remontons à la source.

Nous nous reportons à Greimas pour ce verbe Brandeler, que nous trouvons au mot Brant, bran, 1080, germanique brand, tison: Fer de l'épée; grosse épée maniée des deux mains; proue. Brandir,-er: brandir, agiter; chanceler, branler, trembler. Brande: agitation; incertitude. Brandeler,-oier: agiter, secouer. Brandele: position branlante, critique. Mais tout cela ne nous apporte que la confirmation de l'idée générale de balancer, toute cette famille de mots paraissant issue de l'idée d'épée maniée de façon que son fer jette des feux comme un brand, c'est-à-dire comme un tison. Nous remontons alors au sens initial et nous lisons: Brande, 1112, germanique brand, tison: Flamme, embrasement. Brander: embraser. Brandon: torche. Brandoner: être en érection. Avec ce dernier sens, nous pourrions croire avoir le fin mot de la compréhension érotique, la brandelle pouvant être, pour le lecteur préparé auquel s'adresse Rabelais, le jeu de brandelle où l'on brandone; toutefois, la différence notable entre brand-elle et brand-one nous laisse insatisfaits. Mais c'est précisément cette disjonction qui nous amène à lire brandelle comme brand (d')elle, et nous nous apercevons que, plus subtilement, ce jeu de brandelle n'est rien autre que le prolongement du sens que nous avons vu au jeu précédent où la femme réclame sa lance, la guille qui lui revient, les deux noms de jeux devant s'éclairer l'un par l'autre. Il semble donc que nous pouvons entendre a la brandelle comme: A tison-dame.

157 - au trezeau, (34); (42: treseau): Guilbaud dit: Jeu des petits paquets encore vivant dans le Berry (treseau égale treizième). Screech dit: Au propre, un tas de treize gerbes. Jeu (de cache-cache? édition Lefranc).

Ce nombre de treize, qui vient de Lefranc, nous paraît d'emblée si enflé pour la désignation d'un jeu d'enfants que nous inférons que cette interprétation s'appuie sur la forme trez-, qui est celle de 34, alors que la forme tres-, de 42, apparaît comme une modification faite en vue d'éviter une compréhension erronée. Nous trouvons d'ailleurs dans Furetière: Treseau, substantif masculin. Assemblage de trois gerbes ensemble, qu'on laisse sur le champ après qu'elles sont liées (...). Et il est ainsi évident que Lefranc, qui a entraîné Guilbaud et Screech, eût ici mieux fait, malgré sa règle de se rendre sur les lieux, de consulter les dictionnaires plutôt que de battre la campagne.

De toute façon, ce que nous cherchons à découvrir, c'est le sens second pour lequel Rabelais a choisi de citer ce treseau, sens où il peut n'être pas du tout question du nombre trois. Il ne nous faut qu'une courte recherche pour entendre qu'il y a toutes chances que ce treseau soit à tenir pour substantif formé à partir du verbe tressaillir, dont

Dauzat dit: Début XIIe siècle, de saillir, au sens ancien de sauter, et tres-, au-delà, du latin trans; voir Saillir. Et pour Saillir: XIIe siècle, (Salir, puis saillir, par analogie avec saillant, saillais, où le l mouillé est régulier): sauter, s'élancer; du latin salire, couvrir une femelle. Greimas donne: Saillir, salir; 1080, latin salire, couvrir une femelle: jaillir, surgir, jaillir en parlant d'un liquide; sautiller, pétiller, en parlant du vin; sauter, faire sortir; danser; couvrir une femelle; danser. Mais il donne aussi, sans qu'aucun dérivé soit mentionné, le verbe Tresaler: aller au-delà, passer tout à fait, s'enfuir; disparaître, et encore tressaillir, puis: se pâmer. Il semble donc que ce mot treseau mêle à l'idée de sauter au-delà entendu comme saillir, celle, possible, de se pâmer. Ainsi, la préposition sobre équivalant à au-dessus (Greimas), et le mot entier désignant le mouvement convulsif et violent (d'un corps ou d'une partie du corps; Petit Robert), nous comprendrons au treseau comme: Au soubresaut.

158 - au bouleau, (35): Guilbaud et Michel restent muets, et Screech, partant cette fois du fait qu'il s'agit d'une addition, s'abstient même de dire qu'il ne sait pas. Dauzat donne: Bouleau, 1516, de l'ancien français boul, du latin populaire betullus (latin betulla), origine gauloise. Et nous trouvons chez Greimas: Bol, bole, 1215, latin betullum, pour betulla: bouleau. Boloie: boulaie, lieu planté de bouleaux. Nous pouvons donc toujours penser qu'a pu exister un jeu du nom de bouleau dont, pourtant, nous ignorerons probablement toujours en quoi il pouvait consister. Mais la simple consultation de Greimas nous donne la clé du sens second, étant donné que si le verbe Boler a le sens de tromper, le mot bole, bolerie, bolengerie a pour premier sens: tromperie, faute, astuce, mais pour second: Débauche, lieu de débauche: Nulz ne doit tenir boule ne escole ne paillole (1244). Il n'est évidemment pas besoin de chercher plus longtemps pour lire au bouleau comme: A la paillarde.

159 - a la mousche, (34): Screech dit: Jeu où on bat un camarade choisi comme mouche; cf. TL, XL. Mais tout ce que nous apprend ici la parole de Bridoye, c'est que le jeu de la mouche est honeste, salubre, antique et legal. Il semble toutefois qu'il s'agit bien du jeu que décrit Screech; autrement dit, jouer à la mouche revient à jouer à émoucher, verbe que Littré définit: Chasser les mouches. Par extension, battre, comme si les coups étaient donnés pour chasser les mouches. Nous pourrions donc croire que c'est sur ce sens de battre en écrasant qu'est fondée la compréhension érotique. Mais nous nous souvenons à temps que l'histoire du lion et de la vieille, au chapitre xv du Pantagruel, nous a appris que le verbe esmochier s'entend aussi comme s'escrimer, et

particulièrement s'escrimer du bâton: Au baston se set esmoucher (Renart; Greimas). Nous n'avons ainsi pas grand effort à fournir pour saisir que ce bâton, s'il n'est pas celui que Panurge donne, dans sa fanfaronnade du même chapitre, pour le brodequin à peine moins court que l'estoc, est bien celui dont il parle au chapitre XVIII du Tiers Livre: le bâton à un bout, la mouche en question étant l'extrémité de ce bâton. En conséquence, nous lirons a la mouche comme: A va-du-gland.

160 - a la migne migne beuf, (34): Guilbaud dit: Jeu qu'on croit analogue à la main chaude. Screech dit: Formulette qui accompagne un jeu analogue au pied du bœuf ou à la main chaude (Sainéan).

Pour la main chaude, Littré explique: Jeu où l'un des joueurs tient une main renversée sur son dos, et doit deviner celui qui frappe dedans. Ce jeu se nomme ainsi, parce que la main, souvent frappée, s'échauffe. Mais il n'y a là nulle mention de bœuf, et c'est à ce mot que nous devons nous attacher. Furetière dit: Il y a aussi un jeu de petits enfants, qu'on appelle le pied de bœuf. Mais c'est Littré qui le décrit: Jeu d'enfants où, les mains étant mises les unes au-dessus des autres, celui qui a la sienne dessous, en la plaçant, compte un, celui d'après compte deux, et ainsi de suite jusqu'à neuf; et celui qui compte neuf dit, en saisissant la main de quelqu'un des autres: Je retiens, ou je tiens mon pied de bœuf. A vrai dire, cela nous apparaît plutôt comme un de ces préliminaires au jeu proprement dit, c'est-à-dire une de ces façons de désigner celui qui devra jouer le rôle du chercheur ou du poursuivant, ou encore, pour celui qui a le dessus, de choisir celui qui fera équipe avec lui. Mais en admettant que la formule Je tiens mon pied de bœuf ait aussi bien pu être Migne, migne beuf, nous ne savons toujours rien de ce mot migne.

Or ce mot migne nous paraît avoir une forte ressemblance avec le mot Mignon dont Greimas dit: XIIe siècle; origine incertaine; probablement à rattacher à la racine min-, chat, et ses dérivés métaphoriques. Il donne pour sens: Mendiant, puis: Terme d'injure, probablement au sens de quelqu'un qui se prête aux plaisirs d'un autre. Au mot Chat, Littré cite: On reconnaît assez que chat veut dire minon (ce qui s'inverse légitimement en: On reconnaît assez que minon veut dire chat). Et au mot minon, il cite: Il entend bien chat sans qu'on dise minon (ce qui se conclut, cette fois, en Il entend d'autant mieux chat que l'on dit minon). Et il semble que nous avons désormais tous les éléments pour comprendre.

La formulette, comme dit Screech, est celle du jeu des enfants reprise à l'usage des adultes qui, eux aussi, ont l'intention de former les couples, celui ou celle qui compte neuf choisissant la ou le partenaire qui se prêtera aux plaisirs de qui l'a élu (l'idée d'injure, dont parle Greimas, étant exclue puisqu'il tombe sous le sens que chacun a d'avance accepté les conditions de l'appariement). Nous entendrons donc a la migne migne beuf comme A chat minon, je te prends[27].

161 - au propous, (34): Screech dit: Jeu de société mentionné dans l'Amant rendu cordelier (XVe siècle); on chuchote à l'oreille de son voisin des propos qui se déforment au cours du jeu (édition Lefranc; Sainéan).

Nous trouvons dans Littré: Propos interrompus, amusement dans lequel, tous les joueurs étant rangés en cercle, chacun fait une réponse à son voisin de droite et adresse une question à celui de gauche: puis répète la question faite, et la réponse qu'il a reçue, comme si elles se correspondaient; ce qui produit une incohérence qui fait rire. On dit aussi propos rompus.

Si nous n'avons pas de certitude sur la façon dont il se déroulait, il semble qu'il n'y ait aucun doute possible sur l'existence de ce jeu, qui n'est d'ailleurs pas proprement un jeu d'enfants. Mais pour le sens second, il apparaît que, puisque ce jeu est placé immédiatement après celui de migne migne beuf, nous devons entendre que le sens du mot propos s'infléchit jusqu'à prendre celui de proposition, c'est-à-dire, selon une des définitions que donne Littré du mot: la chose proposée en vue d'arriver à une conclusion, à un arrangement, à une entente. Car nous entendons qu'il s'agit de cette ouverture que celui qui a compté neuf a acquis le droit de faire auprès de la personne qu'il a choisie. Nous pouvons alors comprendre au propous comme: Aux avances.

162 - a neuf mains, (34): Guilbaud dit: Jeu qu'on croit analogue à la main chaude. Screech dit: Le jeu du pied de bœuf? (édition Lefranc).

Ce que nous avons appris pour le jeu de migne migne beuf nous permet d'être certains qu'il ne s'agit pas là de cette main chaude qu'on place sur son dos incliné et dans la paume de laquelle frappent les autres. Quant au jeu dont parle Screech, derrière Lefranc, le rapprochement paraît bien précaire, établi qu'il est sur le seul nombre neuf. Ici, ni Furetière ni Littré ne nous permettent d'avoir la moindre lueur sur ce jeu dont on peut pourtant penser qu'il réunissait au moins cinq joueurs dont l'un ne devait user que d'une main. Tout ce que nous

---

27. Les jeux d'enfants n'ont pas tout à fait cessé de donner aux adultes la possibilité d'extrapoler malicieusement. Ainsi Léautaud rapporte que, dans un jeu de société où il fut contraint de Donner sa langue au chat, il dit, examinant attentivement les femmes présentes: Je veux bien, mais laissez-moi choisir auquel.

pouvons faire, c'est supputer que, puisque Rabelais cite ce jeu (pour autant qu'il ait existé), c'est, comme de coutume, pour la possibilité de compréhension érotique qu'il offre. Mais nous somme alors placés là devant une infinité d'interprétations possibles parmi lesquelles nous ne voyons poindre aucune piste même en considérant le jeu précédent: au propous, et le jeu suivant: au chapifou, dont le sens de tête folle que donne Screech ne constitue pas une révélation.

Aussi nous référerons-nous à ce jeu auquel jouaient il y a quelques décennies (mais il est sûr qu'il a dû exister de tout temps) les membres de certaines compagnies qui, pour un moment au moins, convenaient de s'affranchir des bienséances, l'enjeu étant de dénuder le perdant ou la perdante, celui-ci ou celle-ci pouvant se défendre des deux mains quand les autres joueurs n'en pouvaient utiliser qu'une. Ce jeu, à vrai dire peu pratiqué dans les patronages, était celui des salles de garde de nuit dans les hôpitaux, quand les infirmières n'étaient pas de ces harpies qui ne donnent la fièvre qu'aux malades qu'elles houspillent. Donc, postulant que nous sommes dans le vrai (sauf correction, bien sûr), nous comprendrons à neuf mains comme: A faire mains basses.

163 - au chapifou, (34): Guilbaud dit: A colin-maillard. Screech dit: Vieux français, capifol, tête folle; sorte de jeu de colin-maillard (Sainéan).

Greimas donne effectivement au mot Chape: manteau, capote, le substantif Chapefol: sorte de jeu comparable au colin-maillard (XIe siècle, Alexis). Il apparaît ainsi que le mot chapifou, chapefol, est de la famille de chape-chute, que Dauzat donne pour Manteau que quelqu'un a laissé tomber, d'où bonne aubaine (1190, Bodel, Kape keue); et la compréhension de Sainéan, puis celle de Screech, prenant capi- pour issu de caput (tête), est une extension de sens. Nous comprendrons donc que la chape folle, autrement dit le manteau fou, peut être le nom d'un jeu où, comme à colin-maillard, on doit reconnaître quelqu'un sans le voir, la tête du chercheur étant enfouie dans ladite chape, celle-ci ne pouvant alors que montrer des mouvements de déplacement extravagants, d'où le nom. Mais il en va tout autrement pour le sens second, attendu que nous trouvons aussi dans Greimas: Cape, voir chape, manteau. Kape keue, aubaine. Le mot chape et le mot cape sont donc synonymes, ce qui ne nous ouvre pas grand horizon jusqu'à ce que nous nous soyons avisés que ce même mot Cape est donné par Greimas pour Nom féminin, 1292, nom d'un bref de prise de corps; Caper: avant 1300, latin capere: prendre, saisir. La cape est donc la saisie, la prise de possession. Or nous avons vu que ce mot cape, au sens de manteau, est aussi la chape; et nous entendons que, jouant sur cette double forme pour l'appliquer abusivement au mot cape, prise, Rabelais a bien l'air de s'attendre que le lecteur entende chapi- comme prise, car nous saisissons, nous, que, tout de suite après que nous venons de comprendre ce que l'auteur donne à entendre par les neuf mains, nous devons voir ici la conséquence de l'effeuillage, celui-ci se poursuivant par la prise de corps folle, c'est-à-dire sur le champ, au hasard du lieu. Nous lirons alors au chapifou comme: A la fortuite.

164 - aux ponts cheuz, (34): Screech dit: Ponts écroulés; deux garçons (à genoux ou debout) joignent leurs bras de façon à former un pont; un autre garçon, puis deux, etc., essayent de faire crouler le pont en se jetant dessus (communication du chanoine Sage).

Ce chanoine a raison; toutefois sa communication ne dissipe pas des ténèbres bien profondes attendu que tout le monde sait que ce jeu existait bel et bien il y a quelques lustres, et qu'il avait pour but, comme le cheval fondu, de faire s'écraser dans la poussière le plus grand nombre possible d'élèves jusque là assez propres et exempts de meurtrissures majeures. Comme l'autre, il fut souvent interdit dans les cours de récréation.

Quant au sens second, tenant toujours le même fil que celui que paraît ne pas lâcher Rabelais, il ne nous faut qu'un peu d'imagination, salace il est vrai, pour entendre que ce pont fait avec les bras de deux joueurs à genoux peut fort bien être un élément de la couche de fortune où doit se produire la prise fortuite que nous venons de voir, la circonstance demandant seulement que plusieurs assemblages de ce genre soient placés côte à côte pour donner la longueur nécessaire. La conception est certes hardie, mais nous n'oublierons pas que tout cela reste au plan de l'onirique. Et quand bien même la conduite serait réelle, devrions-nous en être étonnés alors qu'on sait que puisqu'on a franchi les limites de l'impudence, il n'y a plus de bride? Donc, à confesser hardiment la vérité, nous entendrons aux ponts cheuz comme: Aux ponts-à-culées.

165 - a colin bride, (34): Guilbaud dit, pour la deuxième fois: A colin-maillard. Screech, qui imprime: à Colin bridé, dit (dans son Index nominum, cette fois): Jeu enfantin; cf. suivant, ce suivant étant Collin Maillard (alors que l'édition de 34 donne collin maillard) pour lequel il dit: Collin, nom typique de la dupe: personnage d'un jeu d'enfants. Tout cela a quelque apparence de la pétition de principe et il nous faut faire notre propre enquête.

Le Dictionnaire des noms et prénoms de France (Larousse) donne: Collin, variante de Colin: voir Nicolas. Or, à ce prénom, on lit un long article d'où il ressort que Nicolas est la forme savante de Nicolaus (nom grec, laos, peuple, synonyme de dêmos, et nikê, victoire). Et nous pouvons déjà considérer comme fort étonnant que Screech puisse parler, pour Collin, du nom typique de la dupe puisque si nous prenons ce nom pour diminutif de Nicolas, il contient encore l'idée de petite victoire d'un petit peuple. Nous continuons donc de chercher, contraints maintenant de nous intéresser, avant de le rencontrer dans le texte, au jeu de colin-maillard.

Dauzat dit: Colin-maillard, 1532 (ce qui est faux, le mot n'apparaissant pas dans le Pantagruel), Rabelais (variante colin-bridé), avec deux noms de personnes. Bloch et Wartburg disent Colin-Maillard, 1532 (même erreur), Rabelais. Composé de deux noms propres Colin (fréquent à cette époque dans diverses acceptions familières, cf. des noms de jeux indéterminés Colin bridé, 1534, Rabelais, ostes moi de Colinet, XVᵉ) et Maillard, pour une raison non élucidée. Ainsi l'on n'hésite pas à avancer d'abord que colin-bridé est une simple variante de colin-maillard (bien que Rabelais cite le premier au cent soixante-cinquième rang et le second au cent soixante-huitième rang); puis, de parti pris, on affirme que colin et maillard sont des noms de personnes, le premier n'étant pourtant nullement établi dans cette catégorie et le second n'ayant qu'une raison d'être non encore révélée (mais dont nous pouvons penser qu'elle ne saurait manquer de l'être avant qu'il soit longtemps). Ce n'est plus là de l'étymologie mais de l'illusionnisme; et le tour est loin d'être au point.

Il apparaît pourtant, Rabelais citant à trois rangs d'écart, colin bride et collin maillard, que si les mots bridé et maillard peuvent, à volonté, être accolés au mot colin ou collin, c'est qu'ils peuvent être des adjectifs. Quant au mot colin, rien, dans ces conditions, ne nous empêche d'entendre qu'il est, lui aussi, un adjectif décrivant un état, d'autant que nous trouvons dans Greimas: Cole, nom féminin, 1190, latin ecclésiastique cuculla: capuchon de moine, cagoule. Et il tombe alors sous le sens, tout au moins sous le nôtre, que colin est vraisemblablement l'adjectif qui décrit le fait d'être aveuglé d'une cole puisque le jeu de colin-maillard consiste, pour un joueur, les yeux bandés, à chercher les autres à tâtons, en saisir un et le reconnaître (Petit Robert). Reste à entendre maillard. Mais nous n'avons pas de peine à voir ici le mot issu du verbe que donne Greimas: Maillier: frapper avec un marteau ou une massue, attendu que nous reconnaissons alors dans le colin-maillard cette cagoule de cuir nantie d'une broche prête à être enfoncée, cagoule qu'on plaçait sur le frontal et les yeux du cheval à abattre, le tueur faisant d'un coup de masse pénétrer la broche qui foudroyait l'animal[28]. Nous tiendrons donc que le mot colin, ou collin, décrit le fait de porter ce masque, maillard donnant, en plus, l'idée de la destination de ce masque: recevoir le coup de maillet, de massue. Et, revenant au jeu qui pour l'heure nous intéresse seul: colin bridé, nous entendrons qu'au port de ce masque aveuglant s'ajoute le fait, non pas d'avoir, ainsi que nous l'avons vu pour Iobelin Bridé (G. xiv) comme une plume passée en travers des narines à l'instar des oisons, mais d'être entravé, la tête maintenue en arrière, colin bridé décrivant vraisemblablement le fait de porter un masque qui, lui, s'appliquait aux gros animaux devant être égorgés (viande kascher).

Jouer à colin bridé devait donc être ce jeu où le joueur qui cherchait était aveuglé, mais de plus avait la tête maintenue en arrière, par exemple par un long bandeau noué sur les yeux et dont chaque extrémité était attachée à une épaule, corsant ainsi la difficulté puisqu'il lui était impossible de reconnaître même une odeur. Et il semble que, pour le sens second, rien ne soit à changer de ces conditions, seule la fin de la recherche étant modifiée, le jeu de colin bridé érotique pouvant consister à se livrer, la tête ainsi entravée, aux conjonctions que nous avons entrevues, cela du moins toujours au plan de la représentation onirique. Nous lirons donc a colin bride comme: A l'amour acéphale.

166 - a la grolle, (34): Guilbaud dit: Au corbeau (jeu de la grande marelle). Screech dit: Corbeau (cf. grollier); d'où jeu enfantin (la grande marelle? édition Lefranc). Et au mot Grollier, il dit: Qui produit des noix grollières, grosses noix à coquilles si dures que le bec des grolles (corbeaux) ne peut les entamer (Marty-Laveaux; édition Lefranc). Et, bien qu'il ne soit, comme nous allons le voir, question ni de noix ni de corbeaux, nous pouvons, en passant, trouver fort étrange qu'on ait pu dénommer corbelière une noix, précisément parce que les corbeaux sont forcés de la dédaigner. Il y a là une formation de mot parfaitement aberrante puisqu'elle prend en compte l'action qui ne se fait pas. En fait, c'est Marichal qui, au Quart Livre, derrière Marty-Laveaux et Lefranc, dit, dans les termes que lui a repris Screech: Noix groslière: grosse noix si dure que le bec des grolles ne peut les entamer. Mais Boulenger dit, plus justement: Noyer groslier: noyer qui attire les corbeaux freux ou grolles; et Jourda dit: Qui produit des noix grollières si dures que seuls les corbeaux (ou grolles) peuvent les casser. Il

---

28. C'est l'illustration qui figurait encore, au mot abattage, dans le Larousse en deux volumes du début de ce siècle; elle pétrifiait les enfants sensibles qui feuilletaient ce dictionnaire. Il faut dire, aussi, que cet ouvrage pouvait être mis entre toutes les mains: on avait, d'autre part, soigneusement supprimé tout caractère sexuel dans les illustrations du corps humain.

apparaît ainsi que ledit noyer serait dit groslier parce que les grolles le fréquentent, ce qui est cette fois conforme à la formation de l'épithète dialectale, qui se fait, sauf exception, à partir du fait positif et marquant. Toutefois nous paraît toujours aussi étonnant qu'on ait pu choisir de soigner un noyer à seule fin qu'il produise des noix dont se repaissent les corbeaux.

Cela entendu, il nous faut bien admettre que la grolle n'est ici rien autre que la savate, le vieux soulier, la pantoufle (Godefroy) puisque c'est à cette seule acception que nous trouvons mention d'un jeu dans le Dictionnaire étymologique du patois lyonnais, au mot Grolla: terme péjoratif: savate, vieux soulier éculé, abîmé. Traîner la grolle, au figuré, être misérable, réduit à la mendicité. Passô la grolla, ancien jeu qui consistait à faire passer un soulier sous les genoux des joueurs en cercle, pendant qu'un joueur placé au milieu cherche à le saisir, Nizier du Puitspelu ajoutant qu'un érudit lyonnais rapporte qu'à Saint-Etienne, les gens qui passaient la nuit auprès d'un mort se divertissaient de cette façon (et nous pouvons penser que ce pouvait être là une manière de s'attribuer les proverbiaux souliers du mort).

Greimas ne mentionne pas ce mot, mais Dauzat donne: Grole, XIIIᵉ siècle, Godefroy, dialectal (Lyon et Est): vieux soulier; repris par l'argot au XIXᵉ siècle; origine obscure. Bloch et Wartburg disent: Grole, en argot parisien, fin XIXᵉ siècle. Très répandu dans le patois de l'Ouest, de la région rhodanienne, et du Midi, au sens de savate, chaussure usée. Nous n'aurons donc aucun doute pour ce jeu de la grolle, bien loin de la grande marelle due à Lefranc.

Nous noterons encore que, tout de suite derrière ce mot Grolle, le Dictionnaire étymologique du patois lyonnais donne le mot Grolli: corbeau (à Lyon: graille); et nous lisons dans Dauzat: Graille, milieu du XVe siècle, corneille; du latin gracula; grailler, XIIIᵉ siècle: crier, en parlant de la poule; croasser; graillement, 1360, Froissart: croassement. Enfin ce même Dictionnaire étymologique du patois lyonnais donne le verbe Grollo: secouer, ébranler; secouer un arbre pour en faire tomber les fruits (Suisse romande: grollhi). Et nous avons alors quelque soupçon que la noix grollière pourrait n'être que la noix qu'on n'a pas à gauler et n'avoir aucun rapport avec la grolli (corbeau, corneille).

Mais, revenant à notre jeu de la grolle où, nous l'avons vu, le chercheur tente de se saisir du soulier ou de la savate ou de la pantoufle que des joueurs assis en cercle se font passer sous les genoux, il s'ensuit qu'au sens second, les joueurs étant des deux sexes et de préférence assis par terre, le jeu peut donner lieu à des attouchements bien précis, d'autant que nous connaissons le sens érotique dont sont chargés les mots savate et pantoufle. Nous lirons donc a la grolle comme: A la touchette.

167 - au cocquantin, (34): Guilbaud dit: Au volant. Screech dit: Sorte de jeu de volant (Haute-Marne; Sainéan). Tout cela vient de Godefroy qui donne: Coquentin, cocquantin, volant, et qui cite d'abord le texte qui nous occupe, puis, avec la signification: un rien (au figuré), ces deux vers:

Mais ne feroit por lui un coquentin,
Plus het l'un l'autre que triacle venin. (Agolant, 1162, Becker.)

Or il faut bien admettre qu'il n'y a là rien de précis; aussi avons-nous latitude de risquer notre explication. Et nous fondant sur le radical cocqu-, de cocquantin, où nous voyons le mot coquille, ainsi que sur l'acception un rien, nous discernerons dans cette sorte de volant le jeu qu'ont pratiqué tous les enfants des villes passant leurs vacances dans une ferme, jeu qui consistait, après avoir gobé un œuf, à se servir de la coquille vide comme d'un volant, se la renvoyant, avec la main mise en creux, en un coup amorti pour qu'elle reste intacte le plus longtemps possible. Le cocquantin pourrait donc bien être ce jeu de la coquille vide. Aussi bien, nous allons voir que, pour le sens second, l'idée tourne autour de cette coquille fragile qui protège quelque chose jusqu'à ce qu'on la brise.

Greimas donne en effet: Cocart: coquet; prétentieux, fanfaron. Coquelier: mener joyeuse vie, courir après les filles, Coquelerie: dissipation, libertinage, tous ces sens étant reliés au mot Coc: coq, et s'inspirant du comportement dudit coq auprès des poules. D'ailleurs le dialecte lyonnais emploie le verbe Coquer: embrasser, baiser, et le substantif Coque, femelle du coq, désignant, au figuré, la femme (Littré de la Grand'Côte).

Mais Greimas, au mot Coquille, donne les sens de: coquillage; sorte de coiffure féminine en forme de coquille; parties naturelles de la femme. Il donne aussi Coquillier: fabricant de coiffes nommées coquilles, ce qui laisse bien entendre qu'il s'agit, pour la coquille, non pas d'une façon de coiffer les cheveux, mais d'un accessoire posé sur ces cheveux, accessoire qui devait, selon toute vraisemblance, être fin et léger comme une coquille d'œuf. Mais ce qui nous intéresse davantage est l'acception: parties naturelles de la femme, sens qui vient tout droit de Godefroy, qui dit: Nature d'une femme, et qui produit deux citations d'où il ressort apertement que, manquant de pénétration, il reste à l'extérieur de la chose. La première de ces citations est: La coquille d'une pucelle (Rec. génér. des rencont. de Tabarin, I, xxxvj, Bibl. gaul.). Et nous pourrions hésiter à choisir entre l'idée de coquille:

vulve, et l'idée de coquille: hymen si la seconde citation ne nous renseignait lumineusement (bien que Godefroy donne ici le sens ridicule de:
membre viril):

> Ha! s'il me prenoit en mercy
> Et qu'il prinst toute ma robille!
> Mais, hélas! perdre la coquille,
> Mon Dieu! c'est pour fienter partout.
>
> (Farc. de fr. Guilleb., Anc. Th, fr., I, 317).

C'est un frère qui parle: la robille est l'ensemble que forment sa robe
et le reste de sa vêture de moine, qu'il accepterait qu'on lui dérobât: il
n'y aurait là que moindre mal; mais ce ne serait le cas que si celui qui
dispose de lui le prenait en merci, en pitié. Or il est question du pire:
qu'on lui fasse perdre sa coquille, ce qui aurait pour conséquence de le
faire déféquer partout. Nous comprenons que cette crainte est celle de
qui va subir pour la première fois la sodomisation, celui qui va, comme
dit l'argot, se faire casser le pot, autrement dit distendre les muscles qui
ferment l'anus, retenant les matières. Ce sont ces muscles, les sphincters, qui, jusque-là intacts, sont nommés la coquille, ce qui revient à
parler de la virginité anale que le pauvre frère craint de perdre. La
coquille est donc quelque chose comme l'intégrité, et il n'est donc pas
besoin d'être grand clerc pour entendre que, dans la première citation,
cette coquille est l'hymen (la comparaison s'établissant vraisemblablement entre la coquille d'œuf qui protège l'œuf proprement dit et l'hymen barrant l'accès, non pas à l'ovaire inconnu du populaire, mais au
vague conduit-qui-pond-l'enfant). Et il semble que cette idée de pucelage étant associée à l'idée de naïveté (nous n'envisageons évidemment
pas le pucelage anal), un début de compréhension se découvre pour les
termes Coquardie: sottise, bêtise; Coquebert: nigaud, sot; impudent
(Godefroy), comme il apparaît que le mot Coquecigrue peut contenir,
avec Coque-, l'idée d'inutilité, d'insignifiance, de stérilité que concrétise
la coquille vide de l'œuf gobé.

Nous partirons donc de cette compréhension coquille, hymen pour
voir dans cocquantin quelque chose comme: qui ente les coquilles
(enter: greffer, placer; faire entrer; Greimas). Et nous lirons au cocquantin comme: Au déflorateur.

168 - a collin maillard, (34); (42: A Colin maillard): Nous n'avons
plus rien à découvrir pour ce jeu de colin maillard que nous avons dû
traiter au jeu de colin bridé (165). Il nous faut seulement remarquer
que c'est la majuscule du mot Colin, en 42, qui a permis aux commentateurs de prendre ce mot pour nom propre. Or si nous lisons, en 34,
colin (avec un l) bridé, et collin (avec deux l) maillard, ce double l de

collin apparaît bien comme une faute puisque, en 42, si colin bridé est repris tel quel, collin maillard est repris avec un seul l, dans le dessein apparent d'uniformiser les graphies, cette correction étant vraisemblablement due au typographe. Mais il faut n'avoir jamais fait composer pour ignorer qu'une initiative heureuse du compositeur, quand elle porte sur une lettre d'un mot, s'accompagne le plus souvent, soit d'une moindre attention pour les autres lettres de ce mot, soit d'une autre initiative qui, elle, est malheureuse. Et pour cette ultime composition des jeux, donc celle de 42, qui paraît n'avoir été attentivement relue ni par un correcteur ni par l'auteur, l'initiale majuscule de Colin pourrait bien n'être rien autre que cette initiative malheureuse. Pour nous, cette capitale n'est qu'accidentelle, d'autant que, dans le cas contraire, on ne voit pas pourquoi le mot maillard n'aurait pas, lui aussi, été doté d'une majuscule.

Pour le jeu réel, nous ne pouvons que conjecturer que faisait alors partie de ses règles la possibilité pour chaque joueur de gêner le chercheur aux yeux bandés, soit en le repoussant de coups sur le front, soit, plus sûrement, en le maintenant, par une main sur le front, éloigné de la distance du bras. Quant au sens second, il nous faut entendre qu'il ne diffère pas essentiellement de ce que nous avons conçu pour le jeu de colin bridé, si ce n'est par cette même distance à garder dans les rapprochements. Autrement dit, le jeu de colin bridé admettait tous les contacts pourvu que la tête fût maintenue en arrière, le jeu de colin maillard, pourvu que la tête fût toujours distante de la longueur du bras, tout cela, bien sûr, restant au plan des phantasmes[29] verbaux de joyeux compères. Cela aboutissant à l'éloignement des torses, nous lirons (sauf correction, cela s'entend toujours) a colin maillard comme: A l'amour en V.

169 - a myrelimoufle, (34); (42: myrelimofle): Seul Screech se prononce et dit: Jeu enfantin inconnu (Sainéan). Mais, d'entrée, nous ne pouvons que nous dire que si ce jeu a pu être d'enfants, il ne pouvait

---

29. Il est fâcheux que soit donnée la possibilité d'écrire à volonté fantasme ou phantasme sous le prétexte que s'écrivent par f, comme disaient nos grands-pères, d'autres mots issus du même grec phantasma tels que fantôme: apparition surnaturelle d'une personne morte, fantasmagorie: art de faire venir les fantômes. Le phantasme est, tout le monde le sait, la production de l'imagination par laquelle le moi cherche à échapper à l'emprise de la réalité (Petit Robert). Et tout le monde sait aussi que ces phantasmes, tant qu'ils restent contrôlés, sont un élément d'équilibre. Ainsi, s'imaginer, le temps d'une cohabitation dans l'ascenseur, que la dame désirable qui affiche une si farouche réserve est en train de se demander quel genre de pensées lubriques elle vous inspire, occupe agréablement ce moment de silence contraint et n'empêche pas qu'on salue respectueusement la dame à l'arrivée. De tels phantasmes n'ont rien à voir avec la mort et le surnaturel: il semble qu'il importe de leur conserver le phi initial qui les différencie.

s'agir que d'enfants déjà grands et curieux, comme on dit, des choses de la vie. Car nous ne sommes pas aussi candides que Sainéan, ni si naïfs que Screech qui le suit sans rien apercevoir. Nous avons, nous, quelque peu lu de ces poèmes érotiques antérieurs au XVIe siècle, et nous savons ce qu'est le mirely.

P. Guiraud, dans son Dictionnaire érotique, dit que le mirely est le sexe de la femme. Et il cite, du Recueil de poésies françaises (XVIe siècle):

> Un homme ayant pris une veufve
> Pensant avoir trouvé la febve
> Voulut donner au mirely

Et il explique: Un mirely est, en ancien français, un refrain. Voir Mirliton, Tirelire. Toutefois, donner au mirely, suggère une forme (non attestée) de mire: but, cible. Au mot Mirliton, il dit: Sexe de la femme; pénis. Jouer du mirliton: coïter. Souffler dans le mirliton. Et il cite, de Grécourt (XVIIIe siècle):

> Vos mirlitons, mesdames, à présent,
> Sont grands trois fois plus qu'ils ne devraient être,

expliquant: Le sens pénis est une métaphore banale. Quant au sens postulé par l'exemple de Grécourt, il pourrait remonter à mirliton, sorte de coiffure de femme (XVIIIe siècle). Mais sans doute, ajoute-t-il, mirliton et mirely sont des refrains qui peuvent être substitués à des mots obscènes que l'on ne veut pas employer. Et il termine en disant: Voir Mirely, Tirliberly, Tirlirette, Tirelire, etc. Et au mot Tirliberly, il redit: C'est un refrain, vide de sens, et donc qui sert à désigner une chose que l'on ne veut pas nommer.

Dauzat dit au mot Mirliton: 1752, Trévoux, paraît être un ancien refrain (cf. l'ancien mirely, XVe siècle, mélodie). Bloch et Wartburg disent: Mirliton, 1752. Paraît être un ancien refrain. Mirely se rencontre au XVe siècle au sens de mélodie. Nous retiendrons donc que mirely est le mot au moyen duquel, par un affectation de réserve qui paraît bien être plutôt une insistance hypocoristique, on désigne les organes sexuels, soit de l'homme, soit de la femme, le contexte seul donnant la précision. Mais nous reste à comprendre moufle, la deuxième partie du nom de ce prétendu jeu.

La moufle, dit le Petit Robert, est la pièce de l'habillement qui couvre entièrement la main sans séparation pour les doigts, sauf pour le pouce, alors que le gant, toujours selon le Petit Robert, est la pièce de l'habillement qui s'adapte exactement à la main et la recouvre au moins jusqu'au poignet (spécialement en épousant la forme de chaque doigt séparément). Autrement dit, la moufle est une gaine plutôt qu'un gant, et une gaine à un doigt. Et nous n'avons aucune peine à entendre que le mot moufle est ici comme la gaine du grand doigt, c'est-à-dire le con, ce sens devenant apparent dans le texte du chapitre xv du présent Livre: Car leur scauoir nestoit que besterie, & leur sapience nestoit que moufles, Screech expliquant: Moufles: fréquent au sens de choses sans valeur, niaiseries (Huguet), car il nous semble maintenant évident que dire: leur sapience nestoit que moufles, c'est dire leur science n'était que conneries.

Si donc le mot moufle de myrelimoufle représente l'élément sexuel féminin, le mot myreli- (ou mirely) ne peut ici qu'évoquer l'élément sexuel masculin; et jouer à myrelimoufle est à comprendre comme gainer l'un par l'autre. Et là encore, nous nous apercevons que, sauf aveuglement, aucun sens puéril ne pouvant être décelé dans le terme, le jeu de myrelimoufle n'est qu'abusivement donné pour jeu d'enfants, ce qui vient étayer la compréhension générale que nous avons pris le parti d'adopter pour toute la liste. Quoi qu'il en soit de ce supplément de justification, nous pouvons désormais lire a myrelimoufle comme: A engaine-le-vit.

170 - a mouschart, (34): Screech dit: Espion. Jeu inconnu. Et si nous n'avions appris à nous garder de l'automatisme, nous pourrions prendre pour bon ce sens d'espion que donne Screech, apparemment sans la moindre vérification. Mais Dauzat dit que ce mot mouchard, au sens d'espion, date de 1580; Bloch et Wartburg, de 1567. Nous ferons donc comme si Screech avait flûté.

Ce que nous entrevoyons, c'est que, là encore, le groupement peut nous donner la clé. Avec ce que vient de nous révéler le mot myrelimoufle, nous comprenons que ce mouschart a bien des chances de se rapporter au verbe moucher au sens de moucher la chandelle. Car nous savons, pour l'avoir rencontré au Pantagruel, que ce verbe moucher véhicule le sens érotique formé à partir de l'idée d'ôter le bout du lumignon qui empêche la chandelle de bien éclairer (Littré) pour arriver à signifier, par extension, éteindre une chandelle. Nous saisissons alors que c'est cette idée de moucher pour éteindre qui se concrétise ici dans le mot mouschart ou instrument à étouffer la chandelle (le mot éteignoir qui désigne l'ustensile creux en forme de cône qu'on pose sur une chandelle, une bougie, un cierge, pour l'éteindre, ne datant que de 1552; (Petit Robert). La représentation, venant juste après myrelimoufle, nous paraît parfaitement claire, ce mouschart étant quelque chose comme le mirely féminin coiffant le cierge masculin.

Il apparaît du même coup que ce jeu n'a vraisemblablement jamais pu être un jeu d'enfants et qu'il n'est avancé que pour le seul sens second. Il se peut que nous ayons ici affaire à l'un de ces mots créés de toutes pièces par Rabelais, et qui aurait pu enrichir la langue, fût-elle érotique, si sa signification n'en avait pas été donnée à deviner, par jeu, aux lecteurs choisis, mais de nombre restreint, auxquels s'adresse l'auteur; or ceux-ci, bien qu'ayant fort bien entendu, n'ont eu ni l'intention ni les moyens de publier la trouvaille. Et à supposer que Rabelais ait jamais pensé à la pérennité de ses plaisantes mocquettes (P. xxxiv), il ne pouvait concevoir que se perdraient dans les cinquante années suivantes la possibilité d'entendre ses jeux sur les mots, pas plus qu'il ne pouvait se douter que séviraient sur son texte les commentateurs universitaires si obstinément fermés à la gaudriole.

En tout cas, nous qui, prenant le risque de nous tromper, n'hésitons pas à braver cet esprit universitaire quand il est réducteur, nous lirons au mouschart comme: A coiffe-cierge.

171 - au crapault, (34): Là encore, seul Screech prend hardiment parti et dit: Jeu enfantin inconnu. Mais nous avons idée qu'il ne peut s'agir, de nouveau, que d'un jeu imaginaire donné pour la possibilité d'élévation au sens second. Reste à entendre de quoi il peut être fait.

Dauzat dit: Crapaud, XII\ siècle (crapot), de crape, ordure, déverbal de escraper, nettoyer en raclant, issu du francique krappan. Et ce sens de nettoyer en raclant nous donne d'emblée une ouverture. Mais nous finissons d'abord de consulter.

Bloch et Wartburg font ici de l'étymologie paralogique; ils disent: Crapaud, XII\ siècle (crapout, souvent crapot et crapaut jusqu'au XVI\ siècle). Seulement gallo-roman; ancien provençal grapaut, grapal. On a proposé d'y voir un dérivé de l'ancien français crape, crasse, squamosité, en raison de l'aspect répugnant de la peau; mais ce mot n'est attesté que trois siècles après crapaud. Celui-ci est plutôt un dérivé de l'ancien français crape, attesté au XII\ siècle au sens de grappe, et qui doit avoir eu primitivement le sens de crampon, crochet, et qui représente le germanique krappa. Et ils concluent, sans sourciller: L'animal doit cette dénomination à ses pattes crochues.

Il est pourtant aberrant de penser que le caractère discret, et de toute façon secondaire, de pattes crochues, ait pu supplanter le caractère essentiel, et qui saute aux yeux, de la peau verruqueuse, inspirant crainte et répulsion par assimilation à une dermatose. D'autre part, il faut avoir une vue assez paradoxale pour s'imaginer, par exemple, que Pathelin feint de voir des gens qui ont les mains crochues quand il s'écrie, aux vers 849 et 50: Et que veult ceste crapaudaille? Alez en arriere, merdaille! Walther von Wartburg, qui a revu, dit-il, tout le travail de Bloch, a eu tort, semble-t-il, d'abuser de la tisane aux herbes des montagnes suisses.

Greimas donne: Crapot: XIIᵉ siècle, d'origine germanique; voir Escrafe: saleté, ordure: Crapaud. Au mot Escrefer, nous lisons: Escrefer, escraper, 1220, verbe francique krappan: racler, ratisser; nettoyer en raclant. Escrefe, escrafe: écaille de poisson; croûte sur la peau; saleté, ordure. Or il semble évident que si le verbe escrefer se double du verbe escraper, le mot escrafe, croûte sur la peau, a eu toutes chances de se doubler du mot escrape. Et si l'escrape est cette croûte sur la peau, il se pourrait bien que l'escrapaut ou l'escrapaud fût ce batracien à la peau verruqueuse, la transformation de escrapaud en crapaud étant due à l'habituelle aphérèse de l'économie du langage populaire. Cela dit, nous abandonnons l'animal pour ne retenir que le verbe escraper, nettoyer en raclant, qui a éveillé le souvenir de ce que Panurge, au chapitre xxj du Pantagruel, dit à la haulte dame de Paris, de son maistre Iean Ieudy: Il est galland & vous scait tant bien trouuer les alibitz forains & petitz poullains grenez en la ratouere, que apres luy ny a que espousseter. Il s'agit bien ici de nettoyage par raclement, et nous entendons que ce mot crapault contenant le sens d'ustensile à récurer, peut être une autre création rabelaisienne qui n'a pas survécu. Toujours est-il que nous lirons au crapault comme: A l'écouvillon.

172 - a la crosse, (34): Screech reste ici muet; mais il serait hasardé de penser que c'est parce qu'il a entrevu que ce jeu, comme bien d'autres, n'a pas le moindre rapport avec l'enfance. Guilbaud, lui, dit: Jeu qui est l'ancêtre du golf. Pourtant il nous semble que cette crosse a déjà endossé la paternité du jeu de billard, du jeu de croquet et du jeu de hoquet (que d'aucuns, d'ailleurs, orthographient hockey, probablement, pouvons-nous toujours conjecturer, pour le distinguer de la contraction spasmodique). Aussi nous renseignons-nous.

Greimas donne: Croce, 1080, croisement entre le francique krukkja et croc: Béquille; crochet, extrémité recourbée; crosse; puissance, gloire. Dauzat dit: Crosse, 1080, croisement entre le francique krukkja, béquille (sens conservé dans divers dialectes) et croc. Crosser, XIIᵉ siècle: chasser avec une crosse; jouer à la crosse. Populairement: battre. Bloch et Wartburg disent: Crosse: vers 1080. Du germanique occidental krukja, béquille; cf. allemand Krücke, idem, anglais crutch, et croisé avec croc; cf. aussi italien gruccia; l'espagnol croza et l'ancien provençal crossa sont peut-être empruntés au français. Fréquent dans les parlers gallo-romans au sens de béquille.

Lou Pichot Tresor donne effectivement: Crosso: crosse, béquille. Et le dialecte lyonnais a le mot Crosse: béquille, anille. Il semble donc qu'il ne soit pas besoin de chercher plus loin: la crosse est ici la béquille; or nous lisons dans le Dictionnaire érotique: Béquille: pénis; béquille du père Barnaba: pénis (mais nous ne savons rien de ce père Barnaba, si ce n'est qu'il est barbu). Il apparaît pourtant que la béquille n'est pas ici à prendre au sens de aide à la marche mais à celui de soutien, de support, pour maintenir debout, dans une position particulière (Petit Robert), autrement dit la cale, l'étançon, l'étai, le tin. Donc, après que nous venons de voir le membre viril assimilé à l'ustensile qui est censé nettoyer en raclant, nous entendons qu'il est ici comparé à la pièce adventice momentanément placée à la quille d'un bâtiment. Nous lirons alors a la crosse comme: A l'étançon.

173 - au piston, (34): Screech dit: Pilon, jeu enfantin inconnu. Et nous avons ici la réponse à la question restée pendante au jeu précédent: Non, Screech n'a jamais entrevu que c'est par convention que certains jeux sont donnés fallacieusement pour jeux d'enfants; et le fait qu'il n'a pas dit, pour a la crosse: Jeu d'enfants; inconnu, ne peut qu'être dû à l'omission du typographe. Mais si nous avons maintenant cette rassurante certitude, il nous reste, non pas à découvrir ce qu'est ce piston (car il faut être commentateur professionnel pour ne s'en pas douter), mais par quel cheminement sémantique Rabelais le fait entendre à son lecteur des années 1500.

Dauzat dit: Piston, 1534, Rabelais, pilon, de l'italien pistone, du latin pistare, fouler, écraser. Bloch et Wartburg disent seulement: Piston: 1534, au sens de pilon. Emprunté de l'italien pistone, dérivé de pistare, autre forme de pestare (ce qui, en français de France, veut dire que pistare est latin, pestare italien, et que l'autre forme est une hallucination). Greimas ne donne, bien sûr, que Pile, XIIIᵉ siècle, latin pila, mortier: Mortier à piler. Pilete, pileron: pilon. Piler: réduire en petits morceaux, écraser. Le Dictionnaire érotique donne: Piston: pénis; jouer du piston: coïter. Et nous y lisons la remarque: Le mot désigne d'abord en moyen français un pilon à mortier.

Il apparaît ainsi que ce qui sépare le piston du pileron, c'est que celui-ci transforme définitivement en écrasant ou réduisant en petits morceaux quand celui-là ne fait que fouler, c'est-à-dire presser (quelque chose) en appuyant à plusieurs reprises, avec les mains, les pieds, un outil (Petit Robert). Or nous savons bien qu'il n'est ici question que de faire cette action avec un outil, et nous savons non moins bien de quel outil il s'agit. Nous lirons donc au piston comme: Au fouloir.

174 - au bille boucquet, (34): Guilbaud dit: Au bilboquet. Screech dit: Jeu d'adresse, le bilboquet moderne (Cf. Sainéan). Il s'agit donc de ce que le Petit Robert décrit comme Jouet formé d'un petit bâton

pointu à une extrémité, dans lequel (nous attendions plutôt sur lequel) on doit enfiler une boule percée qui lui est reliée par une cordelette. Mais si, pour une fois, nous savons exactement de quel jeu il est question, c'est ce nom de bille boucquet qui demande des éclaircissements.

Dauzat dit: Bilboquet, 1534, Rabelais (bille bocquet) (sic); de bouquer, verbe de l'Ouest signifiant frapper, encorner; de bouc. Bloch et Wartburg donnent: Bilboquet: 1534, Rabelais: bille boucquet. Peut-être composé de bille, impératif du verbe biller, anciennement jouer à la bille (au sens de bâtonnet), et de bouquet, petit bouc, s'adressant par plaisanterie à la boule. Le Robert donne: Bilboquet: (bille bouquet, in Rabelais 1534; de bille et de bouquer (bouc) encorner). Le Petit Robert dit: Bille bouquet, 1534; de bille, et dialectal bouquer, encorner; de bouc.

Personne donc ne se pose de question au sujet du mot bille, sauf Bloch et Wartburg. Que Biller soit, comme ils le suggèrent, le verbe à entendre comme enfoncer, faire pénétrer le bâtonnet, nous paraît plausible puisque nous nous rappelons avoir entendu Humeuesne prononcer, au chapitre xij du Pantagruel: & quille luy bille, ce que nous avons compris comme: et enfonce-lui la quille. Mais ici, si ce verbe décrivait métaphoriquement l'action d'encorner, pourquoi donc est-ce la boule subissant cette action qui serait vue comme le bouquet ou petit bouc? Et pourquoi, même par plaisanterie, parlerait-on à cette boule, alors qu'elle n'en peut mais, en lui disant Enfonce le bâtonnet (bille) dans le petit bouc? Il y a là une bouillie de raisonnement.

Quant à Dauzat, et aussi Hatzfeld, Robert, Larousse, Lexis qui, sans hésitation, voient dans le mot bille la désignation de la boule percée, il nous faut attendre de connaître le contenu du mot boucquet avant de les suivre.

Nous trouvons dans Furetière le verbe Bouquer: baiser par force ce qu'on présente. Littré donne même définition. Le Robert dit: Bouquer, XVIe siècle, du provençal boucar, embrasser; vieux: baiser, embrasser quelque chose de force. En fait, Lou Pichot Tresor donne le verbe Bouca: tourner ou appuyer la bouche contre, ce qui est exactement le mouvement qu'on doit faire faire à la boule, lui imposant de retomber en présentant sa cavité en face du bâtonnet, généralement en forme de cône, sur lequel elle doit se planter. Et nous pouvons déjà nous demander si ce verbe bouquer, que Dauzat dit être de l'Ouest, n'est pas de souche occitane. Mais le mot qui nous occupe est le mot boucquet, qui est manifestement du genre masculin; et nous serions quelque peu embarrassés si nous ne trouvions dans Littré le mot Equilboquet, substantif masculin, nom d'un petit instrument de charpenterie et de menuiserie, qui sert à vérifier le calibre des mortaises, ce qui nous prouve l'existence du mot masculin boquet, avec le contenu de creusement. Il nous paraît donc indiscutable que le mot Boucquet (mot qui peut fort bien être de la création de Rabelais) est tout droit issu du sens qu'a le verbe provençal bouca, et qu'il désigne l'ouverture (bouco), c'est-à-dire la cavité en forme de cône pratiquée dans la boule. Boucquet, ici, contient donc le sens de creux qui se tourne contre, autrement dit qui s'abouche, au sens originel d'aboucher: faire tomber sur la bouche.

Nous pouvons maintenant revenir au mot bille. Si nous le tenons pour verbe, nous avons donc le sens de jouer au bâtonnet qu'indiquent Bloch et Wartburg, sens auquel s'ajoutent ceux que donne Godefroy: Biller: garotter, attacher sur un billot de bois; Billier: jeter la boule, jouer aux billes, au billard, aux quilles, jouer en général, avec, en plus, le sens particulier de: être lancé dru. Si nous le considérons comme un substantif, nous avons les sens de tronc d'arbre (Greimas), morceau de bois, bâton (Godefroy), petite boule (Greimas). Et il ne nous faut plus, mais ce n'est pas le moins risqué, que bien juger de ce qui s'accorde le mieux, d'une part avec l'idée de trou abouché que nous avons extraite du mot boucquet; d'autre part avec le sens second où nous entendons que le jeu de bille boucquet évoque évidemment la conjonction sexuelle. Mais il semble qu'il ne soit pas besoin d'hésiter trop longtemps pour revenir à l'idée de jouer du bâtonnet (idée présente à la fois sous forme de verbe et sous forme de substantif) étant donné qu'il ne peut s'agir que de pénétrer dans le creux abouché. Nous tiendrons dont le mot bille pour le verbe biller, toutefois non plus à l'impératif mais au présent, le nom du jeu au bille boucquet équivalant alors à quelque chose comme à fiche au trou. Et, pour le sens second, nous entendrons qu'est surtout retenue, avec ce trou conique qui s'abouche, l'idée de constante disponibilité, ce qui fait que nous lirons, sauf correction s'entend, au bille boucquet comme: A baise-qui-s'offre.

175 - au roynes, (34): Screech, qui ne craint pas de se répéter, dit: Jeu enfantin inconnu. Mais Guilbaud dit: Reines (jeu de petites filles). Et nous devons penser que Guilbaud, bien que réticent, a de bonnes raisons pour affirmer que le jeu des reines fut un jeu de petites filles; nous admettrons donc que ce qu'il dit est vrai. Aussi bien notre propos n'est pas de nous faire une idée exacte de ces jeux d'enfants puisque nous savons maintenant de reste qu'ils ne sont souvent que prétexte à compréhension érotique; nous nous occupons donc du sens second.

Pour celui-ci, les recherches vainement faites pour retrouver le jeu enfantin nous ont laissé entrevoir qu'il se pourrait que nous eussions affaire à un calembour. Greimas donne: Reine, raine, roine; 1080; latin regina, influencé partiellement par roi: Reine. Et cette notation touchant l'influence nous paraît impliquer que ce n'est pas la forme roine qui était la plus courante, et que l'on rencontrait les formes reine et raine.

Or pour raine, Greimas donne d'abord: Raine, 1250, latin rana, grenouille: Grenouille. Il donne ensuite le mot Reinoille, voir Raine. Dauzat dit: Grenouille, fin XIIe siècle (renoille, reinouille); XIIIe siècle (gre-); du latin populaire ranucula, diminutif de rana, grenouille; l'addition du g peut être due à une influence onomatopéique, d'après le cri. Bloch et Wartburg disent: Grenouille: 1215. Altération d'un plus ancien re(i)no(u)ille, latin populaire ranucula, d'où aussi italien ranocchia, avec un g dû probablement à l'influence de quelques mots imitant le cri de certains animaux, comme gracula: choucas (d'où le français graille); cette forme doit son succès à sa valeur plus expressive; cf. de même ancien provençal granolha, antérieur d'environ cinquante ans à grenouille, et des formes analogues dans les dialectes italiens. Renouille ne survit aujourd'hui que dans des parlers de l'Est. Le simple rana, d'où italien, espagnol, ancien provençal rana, ancien français raine, sorti de la langue depuis le XVIe siècle, est aujourd'hui confiné dans quelques parlers du wallon, du picard, du sud des Vosges, de la Suisse romande et de la région rhodanienne; cf. rainette. Il est de fait que le Dictionnaire étymologique du patois lyonnais donne: Rana: salamandre; grenouille, jouet d'enfant. Mais il donne aussi: Granolli, grenolli, renolli: demeurer longtemps au cabaret; de granolli, grenouille. C'est une antiphrase; séjourner dans le vin comme une grenouille dans l'eau. Lou Pichot Tresor ne donne plus que le verbe Rena, dont un des sens est coasser, et Renet: coassement. La grenouille est la granouio. Tout cela nous fournit donc les points forts: raine, renoille, reinoille, grenoille, grenouille. Et il semble que nous avons ainsi réuni suffisamment de raisons d'entendre jouer au(x) roynes comme jouer aux raines. Car nous comprenons bien pourquoi Rabelais qui, dans cette liste de jeux, formule à l'intention de son lecteur des souhaits de délices amoureuses parfois inaccessibles, émet ici le vœu que celui-ci éprouve celles que dispensent lesdites grenouilles, attendu que nous lisons dans Furetière ce qui est la connaissance du temps: Bartolin a observé que la grenouille demeuroit 40. jours dans le coït[30]. Aussi lirons-nous au(x) roynes comme: Aux éternisantes.

---

30. Peut-être aussi Rabelais croyait-il ou affectait-il de croire à ce que dit encore Furetière: Il faut éviter de manger des grenouilles au mois de May, parce que les crapauds frayent avec elles.

176 - aux mestiers, (34): ̄Screech dit: Jeu, sorte de charade mimée (édition Lefranc). Et nous ne voyons pas pourquoi Michel et Guilbaud s'abstiennent de renseigner puisque le jeu d'enfants existe bel et bien, Furetière en disant: On appelle mestier deviné, un jeu d'enfants où il faut qu'on devine l'intention de celuy qui fait plusieurs gestes pour contrefaire un Artisan de quelque mestier.

Le sens second est non moins clair. Bien que Greimas, Furetière, Littré ou Robert ne le citent pas, nous connaissons pertinemment le sens qu'a eu la locution métier d'amour. Nous lisons d'ailleurs dans le Dictionnaire érotique: Métier, métier d'amour: Coït (XIV-XVIIe siècles); prostitution. Bas métier, idem; faire le métier: se prostituer; femme de (du) métier: prostituée (XIV-XIXe siècles). Nous retenons trois des citations produites, nous arrêtant au XVIe siècle:

> Et tu voudras que je te face
> Ce joli métier amoureux (Anciens fabliaux).
> Quand une femme est au métier
> Et sa voisine l'accompagne
> Elle a sa part au bénitier
> Par la coutume de champagne (Beroalde de Verville)
> Cousin, c'est pardieu la plus belle
> Et qui entend mieux le métier
> Que femme qui soit au quartier (J. Grevin)

Et P. Guiraud conclut: C'est le plus vieux métier du monde, et l'activité de la femme par excellence. Il n'est pas toujours facile à travers les exemples, poursuit-il, de décider si le mot désigne ou non l'amour vénal; les emplois anciens prennent le plus souvent le mot dans son acception générale.

Nous pourrions aussi bien croire que cette acception du mot métier participe du sens de fonction et du sens de mystère puisqu'on nous renseigne ainsi: Greimas dit: Mestier, Xe siècle; latin populaire misterium pour ministerium: Besoin, nécessité. Etre mestier, avoir mestier: être nécessaire, avoir besoin. Profit, utilité. Service, office. Avoir mestier a (quelqu'un): lui rendre service, lui être utile. Métier. Dauzat donne: Métier, Xe siècle (mistier); XIe siècle (mestier); du latin populaire misterium (classique: ministerium): besoin, puis service, fonction; croisement possible avec mysterium. Voir Mystère. Et il dit au mot Mystère: XIIe siècle (mistere), du latin mysterium, du grec mustêrion, de mustês: initié; dès le latin, idée de secret; XV-XVIe siècles, représentation théâtrale à sujet religieux, par confusion avec le latin ministerium: office, cérémonie. Mais le Robert parle seulement de contraction du latin ministerium, citant d'ailleurs: Xe siècle: menestier, mistier: service, office. En fait, il nous paraît bien plus vraisemblable que le français menestier s'est spontanément contracté en mestier, la syllabe -ne-étant sentie comme redoublement non expressif. Faire remonter cette contraction au latin ministerium altéré en misterium, par contagion de mysterium, apparaît comme une élaboration tout intellectuelle conférant au populaire des X-XIIe siècles des inquiétudes d'étymologiste. Et c'est certainement bien plus tard que des lettrés ont dû faire le rapprochement, ayant pu, par exemple, constater qu'Aristophane emploie déjà l'expression accomplir les mystères pour dire copuler. Quoi qu'il en soit, nous comprendrons aisément que le terme mestiers évoque ici les diverses manières de s'accoupler; et nous entendrons aux mestiers comme: A la maîtrise.

177 - a teste a teste becheuel, (34): Guilbaud dit: A tête-bêche. Screech dit: Bechevet, tête-bêche; jeu d'enfant (on devine si deux objets cachés sont placés tête-bêche ou non; édition Lefranc).

Dauzat dit: Tête-bêche, 1820; altération de à tête béchevet, renforcement de béchevet, XVIe siècle, de chevet et du préfixe bes-, deux fois; du latin bis. Il donne, au mot Béchevet: XVIe siècle, Godefroy, du préfixe be(s), du latin bis, deux fois, et de chevet, c'est-à-dire tête de l'un aux pieds de l'autre. Enfin, pour Chevet, il dit: 1256 (chevez); XIVe siècle (-et), par confusion de suffixe, du latin capitium, ouverture supérieure de la tunique, capuchon, de caput,-itis, tête; en français partie du lit où l'on pose la tête. Bloch et Wartburg disent: Tête-bêche, 1838; altération de béchevet, XVIe, la tête de l'un aux pieds de l'autre (encore usité dans beaucoup de parlers sous des formes diverses), composé de chevet et du préfixe bes, deux fois, latin bis; cf. bescuit, ancienne forme de biscuit; l'altération de béchevet est due à ce que le mot, n'étant plus compris, a été renforcé au moyen de tête; cf. à teste à teste bechevel, Rabelais, parmi les jeux de Gargantua.

Ici encore, il semble que l'étymologie se satisfait bien facilement; car ce qui nous apparaît, c'est que ce n'est probablement pas le mot béchevet qui n'a plus été compris mais, si l'on en juge par ce que l'on nous donne en pâture, le préfixe be-, auquel on donne le sens de deux. Or dire qu'il y a deux chevets n'implique nullement que ces chevets soient en sens opposé. En fait, si Greimas ne donne pas ce mot bechevel ou bechevet, il donne Chevet: fin XIIe siècle, latin capitalem: Chef, chevet. Et surtout, il donne: Bes-, ber-, bre-, be-, latin bis: d'abord: double; ensuite: faux, contrefait. Puis il explique: 1° Préfixe à valeur duplicative, de productivité réduite en ancien français: besaive, bisaïeul. 2° A partir du dédoublement du procès, prend la valeur intensive: bescuire, cuire deux fois, cuire tout à fait; bestort, tordu; bestencier, chercher querelle à. 3° Dès le très ancien français, bes- se généralise au sens de faux, mal fait, contrefait: bertondre, tondre inégalement; bestems, mauvais temps; besloi, injustice; besjugier, juger de travers, etc. Et nous entendons alors que le terme béchevet décrit la façon contraire à la normale de placer des chevets. Mais il ne s'agit toujours que de chevets, c'est-à-dire de têtes de lit. Et il se pourrait bien que l'addition teste a teste que fait Rabelais au mot bechevel soit la précision chargée de donner à entendre, d'une part qu'une tête se trouve sur chacun des chevets, d'autre part que chacune de ces têtes s'intéresse à l'autre, n'est pas indifférente à l'autre, est tournée du côté de l'autre. Et il est pour le moins curieux que Bloch et Wartburg ne mentionnent pas cette locution tête-à-tête, comme il est déplorable que Dauzat dise: tête à tête, 1560, Amyot (combattre tête à tête), et que le Petit Robert dise: tête-à-tête, 1560, teste à teste; 1549, alors que c'est en 1534 que Rabelais selon toute vraisemblance, crée l'expression.

Bien que le jeu des enfants nous importe assez peu, nous dirons pourtant au passage que nous ajoutons peu de foi à l'explication que donne Lefranc, car il semble que, tel qu'il le voit, ce n'est pas un tel divertissement qui devait les faire mourir de rire. Quant au sens second, il est évident que nous avons affaire à l'activité érotique que nous avons rencontrée au cent-vingt-sixième titre de la Librairie (P. vij): Soixante & neuf breuiaires de haulte gresse, la posture figurée par les chiffres du nombre 69 étant aussi bien, nous l'avons vu, la transcription du signe zodiacal du Cancer, ce dernier ayant l'avantage de représenter les participants en position couchée. Mais comme il était et qu'il reste impossible de faire Cancer (ce qui jetterait sur cette variante un discrédit immérité), nous entendrons a teste a teste becheuel comme: A tête en cuisses.

178 - Au pinot (42): Screech révèle: Jeu enfantin inconnu. Ce pinot est la première de trois additions groupées, les dernières que fait Rabelais en 42. Il y a donc toutes chances qu'elles soient de même inspiration, s'éclairant mutuellement.

Nous trouvons dans Greimas: Pin, 1080: pin. Pine, 1277: pomme de pin; membre viril; épingle. Pinel: petit pin; bois de pins. Pineie: lieu planté de pins. Dauzat donne: Pinéal, 1503, anatomie, du latin pinea, pomme de pin (d'après la forme de la glande pinéale). Et le Petit Robert dit: Pinot, 1398; de pin, par analogie de forme entre la grappe et la pomme de pin: Cépage français réputé, etc.

Tout semble tourner autour de cette pomme de pin. Le Dictionnaire érotique donne: Pine: pénis (XIIIe-XXe siècles). Piner: coïter. Pinage: coït. Pinette, pinoche: pénis de faible taille. Pinocher: coïter faiblement. Suivent huit citations dont nous retenons les deux plus anciennes: L'autre la nommait ma pine (Rabelais); En notre troupe il y avait un prêtre breton qui avait la pine si offensée (Beroalde de Verville). Puis Guiraud commente: Le mot est un des plus anciens et des plus usuels désignatifs du pénis. L'étymologie qui le rattache à pine, pigne (de pin) est peu fondée aussi bien par les exemples que par la structure étymologique du système. Il est beaucoup plus vraisemblable qu'il représente le franc-comtois pine: sifflet, flûte d'écorce.

Cette acception du mot pine se retrouve dans le langage lyonnais. Nizier du Puitspelu donne, dans le Littré de la Grand'Côte: Pine: petite trompette pour les enfants. On les faisait en bois; aujourd'hui on les fait en fer-blanc. Onomatopée assez réussie de la musique horripilante de l'instrument. Et il donne, dans le Dictionnaire étymologique du patois lyonnais: Piner: à Lyon: jouer de la pine; pousser des cris aigus. De même en Morvan. Vieux français piner, grincer. Dans le deuxième sens, les cris sont comparés au son de l'instrument.

Nous croirons tout juste le contraire, à savoir que c'est plus probablement dans le premier sens que le son de la pine est comparé aux cris aigus, en admettant qu'ait existé ce verbe piner, grincer dont nous ne trouvons nulle part la trace. Mais, au vrai, nous ne croyons pas trop que ce mot pine soit une simple onomatopée, car nous savons bien que ce n'est pas d'hier mais aussi d'avant-hier que l'on résout ainsi ses embarras étymologiques. Nous verrons donc bien mieux ce mot pine désigner le petit instrument en question parce que celui-ci a la forme de la pomme de pin, celle-ci évoquant depuis l'antiquité (le thyrse des bacchantes) l'extrémité de la verge, le mot gland, plus proprement médical, ne datant que du XVIe siècle (latin balanus, gland, qui donne ce balane dont parle Panurge au chapitre II du Tiers Livre). Pine désignant le membre viril pourrait bien n'être alors qu'une synecdoque, la partie remarquable prise pour le tout.

De toute façon, l'embouchure de la flûte à bec ayant toujours eu la forme de ce gland, donc celle de la pomme de pin, image qui a précédé, nous admettrons que, pour les enfants, jouer du (ou au) pinot, entendu comme diminutif, c'est jouer du petit instrument sommaire réduit à cette embouchure percée d'une fente en biseau pour donner un son unique, que nous voulons bien croire horripilant. Quant au sens second, nous verrons dans le pinot quelque chose qui participe de l'idée de flûte au sens que donne le Dictionnaire érotique: Flûte, flûte à

681

un trou: pénis. Jouer de la flûte: coïter, avec, à l'appui, une citation de Beroalde de Verville: Il lui fut avis que son cas sifflait. Oh! mon mignon, lui dit-elle, vous sifflez! Vous aurez bientôt une flûte. Et Guiraud commente: Métaphore traditionnelle; voir Flageolet, Pine, Pipo.

Ainsi, nous appuyant sur ce que la marraine de son grand-père disait à Panurge quand il était petit (T.L. VI): Un fifre allans en fenaisons /Est plus fort que deux qui en viennent, nous pourrions nous borner à entendre jouer au pinot comme jouer du fifre, au sens de se servir de son membre viril. Mais Guiraud donne encore l'expression: Jouer de la flûte à l'ognon: coïter; sucer un homme, expliquant: La flûte à l'oignon était un mirliton fermé aux deux bouts par une pelure d'oignon (FEW). Or il est patent que nous avons là une incompréhension de Guiraud, car le sens de sucer un homme (repris d'un dictionnaire de A. Delveau) ne peut·pas être greffé sur une locution telle que flûte à l'oignon; et cela pour la première raison que l'embouchure de cet instrument ne pouvait que se trouver au milieu des deux extrémités bouchées; et pour la seconde raison que le mot oignon faisant calembour sur les sens de bulbe de la plante et anus, jouer de la flûte à l'oignon c'est sodomiser ou se faire sodomiser. Néanmoins, nous retiendrons de cette erreur que l'expression simple: jouer de la flûte, outre les sens qu'on nous a donnés, a en premier et légitimement, celui de sucer un homme.

Cela admis, nous avons par précaution remis de conclure jusqu'au moment où les deux jeux suivants auraient été examinés. Ceux-ci ayant révélé leur face cachée, nous avons été amenés à reconnaître que les trois additions traitent des moyens employés pour donner ou redonner vie au membre réduit à l'état de pissotière (T.L. XXVII). Nous avons alors entendu que ce terme pinot contient non seulement l'idée d'embouchure mais celle d'embouchure mise en bouche. Autrement dit, nous avons vu confirmée l'idée de fellation; et nous lirons donc au pinot comme: A tête-gland.

179 - A male mort (42): Guilbaud dit: A la main morte. Screech dit: Peut-être variante de main morte (on secoue le poignet du bébé en lui disant: Main morte, main morte, Frappe à la morte; édition Lefranc).

Bien qu'assez déconcertante à première vue, cette explication a toutes chances d'être la bonne, d'une part parce que nous ne voyons pas comment, de male mort prise au sens littéral de mort cruelle et funeste (Greimas), nous pourrions arriver au sens second; d'autre part parce que nous avons maintenant conscience qu'il ne peut s'agir que d'une sorte de médication apportée à un état de déficience. Or nous connaissons parfaitement ce secouement du poignet qu'on fait instinctivement au tout petit enfant pour mobiliser sa main inerte, ce qui le fait généralement rire aux éclats. Et nous entendons que ce sont cette main et ce secouement qui sont à transposer, le membre inerte étant précisément le membre viril momentanément indigne, et le secouement le geste qui fait partie des manœuvres de ce que le Dictionnaire érotique nomme une main experte. Nous retrouvons là le souhait que forme Rabelais pour son lecteur, celui d'avoir affaire, quand il en est besoin, à une partenaire qui sache jouer à male mort avec le pénis. Nous lirons donc a male mort comme: A la secouette.

180 - Aux croquinolles (42): Guilbaud dit: Aux pichenettes. Screech dit: Variante de croquignole, chiquenaude; jeu aux coups appliqués sur le tendon du nez (édition Lefranc; Sainéan).

Mis à part que le prétendu tendon doit désigner soit l'os propre du nez, soit le cartilage de la cloison nasale, nous voyons là confirmation des thérapies que nous avons décelées dans les deux jeux précédents, les pichenettes ou chiquenaudes apparaissant comme la suite des manœuvres de réanimation, et le groupement nous apparaissant bien, lui, comme fait à dessein pour donner la lumière au lecteur. Et peut-être, remarquant au passage que l'inspiration de ces trois dernières additions peut impliquer, en 42, le constat de quelques déboires, pouvons-nous nous demander s'il s'agit de celles de l'auteur ou de celles d'un protecteur qui a choisi d'en rire. Mais nous n'attendrons pas la réponse pour entendre aux croquinolles comme: A battre le flapi.

181 - a lauer la coiffe ma dame, (34): Après ces trois additions un tantinet désabusées, nous revenons à la cuvée initiale. Screech dit: Jeu inconnu. Nous allons donc explorer cet inconnu.

Greimas donne: Coife, 1080; bas latin cofea, d'origine germanique: Coiffe. Furetière dit: Coeffe, substantif féminin. On écrit aussi: Coiffe. Couverture legere de la teste, tant pour les hommes que pour les femmes. (...) Ce mot, selon Menage, vient de cufa, ou de gufa, qui signifie un vestement velu. Ce vêtement velu nous amène tout naturellement à consulter le Dictionnaire érotique, où nous lisons sans étonnement: Coiffe: sexe de la femme. Et l'on renvoie aux mots Bonnet, Chapeau, mots de même sens. La métaphore est d'autant plus claire que cette coiffe est la coiffe ma dame; et nous entendons immédiatement comment et avec quoi celle-ci est lavée. Par contre, et pour autant qu'il ait existé, il nous est impossible de nous imaginer ce qu'a pu être le jeu d'enfants ainsi dénommé. Mais comme c'est le seul sens second qui nous occupe, nous nous bornerons à lire a lauer la coiffe ma dame comme: A lessiver le bonnet à poil.

182 - au belusteau, (34): Guilbaud dit: Crible. Screech dit: Jeu enfantin; de bluteau, crible. Deux enfants, les mains entrelacées, se poussent et repoussent, comme s'ils passaient la farine (édition Lefranc).

Ici, le sens second est fourni par Rabelais lui-même: le Tiers Livre parle, au chapitre XIX, des femmes qui, Quelques gestes, signes et maintiens que l'on face en leur veue et praesence, elles les interpretent et referent à l'acte mouvent de belutaige. Et le dizain jolliet du Quart Livre (XLIV) parle de Jenin et Quelot qui Se vont coucher, belutent, prenent somme. Reste que si ce belusteau est le crible, le sas, le blutoir ou le tamis, il n'éveille pas immédiatement, sans contexte, l'idée du mouvement en va-et-vient du bassin. Aussi devrons-nous lire au belusteau comme: Au branle-tamis.

183 - a semer lauoyne, (34): Nous avons lu au quatre-vingt-treizième rang, ajouté en 35: a vendre lavoine. Mais il semble qu'ici, dans l'originale, ce peut être l'idée de blé contenue dans l'action de passer la farine au belusteau (latin farina, de far, blé; Dauzat) qui a amené cette avoine semée. Michel dit: Jeu enfantin où l'on mime les semailles, la moisson, etc. en chantant; cf. aujourd'hui: Savez-vous planter les choux... Screech dit: Jeu enfantin où on fait semblant de semer (édition Lefranc).

Pour avoine, Dauzat dit: XIIe siècle: aveine jusqu'au XVIe siècle; du latin avena; oi pour ei devant n (cf. veine) est dû à une fausse régression. Greimas dit: Aveine, XIIe siècle, latin avena: avoine; redevance payée d'abord en avoine. Quant au verbe semer, Dauzat donne: 1155; du latin seminare, issu de semen, -inis, semence, et qui a éliminé le latin classique serere, de même racine. Mais tout cela ne nous fait rien entrevoir du sens second, que nous pressentons pourtant assez proche du sens second de beluter, belutage. C'est alors que nous consultons le Dictionnaire érotique, où nous lisons: Avoine: sperme, avec les citations:

Et donne à Morel de l'aveine
De la meillor, de la plus saine
(Anciens fabliaux, Moyen Age)
Elle commence à sentir l'avoine d'une lieue loin
(Tabarin, XVIIe siècle)

Et P. Guiraud commente: Double image du sperme considéré comme une nourriture et de la femme considérée comme un cheval qui reçoit son avoine à la fin de la course. Morel est le nom d'un cheval moreau. Voir Picotin, Mesure.

Pour avoir usé de ces mots picotin et mesure pour le jeu a vendre lauoine (93), nous savons fort bien ce que peut être le picotin, Mais cela ne nous explique pas pourquoi cette idée d'éjaculer est rendue par semer de l'avoine, et non pas du blé, de l'orge ou toute autre céréale qui se jette à la volée. Nous remontons donc au latin; et si le Gaffiot ne nous révèle rien pour le verbe, qui dit: Seminare: semer; produire, procréer, engendrer; disséminer, propager, répandre, nous avons notre explication avec le mot Avena: avoine (considérée comme mauvaise herbe); chaume, tuyau de paille d'avoine; chalumeau, flûte pastorale. Le Gœlzer donne: Avena: avoine, folle avoine; chaume, tige creuse; pipeau, flûte champêtre; chalumeau.

Il devient donc apparent que semer l'avoine était, pour les latinistes, semer (par) l'avoine, cette avoine étant l'avena ou tige creuse, ou chalumeau. Il semble alors évident que n'est rien autre que justification de substitution la sommaire explication qui donne: avoine égale sperme, parce que l'avoine constitue le picotin, que le picotin est plus particulièrement destinée aux chevaux, que le cheval est une monture et que ladite monture est la femme. Selon Guiraud, donner son picotin équivaudrait à coïter; et il explique: Métaphore équestre: la femme est un cheval dont le picotin est la provende. Mais tout cela est échafaudage dressé sur de l'argile: l'image de la femme monture n'a jamais été qu'une image élémentaire, approximative; en outre, l'idée de cheval est bien plus souvent, dans le domaine du langage érotique, réservée à l'homme, la femme étant la cavalière; enfin nous entendons aisément que donner son picotin a, plutôt que le simple sens de nourrir, celui de combler, rassasier par l'éjaculation (ce qui est évidemment une suffisance qui dissimule l'incantation).

Cela admis, qui doit nous engager à ne pas accepter n'importe quelle démonstration sous le fallacieux prétexte que le langage érotique se satisfait d'évocations approximatives, le contexte étant censé corriger, redresser ou préciser (ce qui n'est vrai que dans une mesure raisonnable), nous comprenons maintenant que l'acte mouvent de belutaige ne pouvait qu'amener à l'esprit de l'auteur sa suite logique: semer par l'aveine. Et nous lirons a semer lavoyne comme: A l'épanchement.

184 - a briffault. (34): Guilbaud dit: Au glouton. Screech dit: Frère lai entretenu par des religieuses, à condition de quêter pour elles. Mais cette définition est celle du mot employé au chapitre liv du présent Livre, dans l'inscription mise sus la grande porte de Theleme: Cy nentrez pas vous usuriers chichars, /Briffaulx, leschars, qui tousiours amassez, définition qu'il complète par: D'où glouton, etc. Pour le jeu, il dit: Jeu d'enfants inconnu.

Nous pourrions, avec ce sens de glouton, nous borner à entendre qu'il s'agit de celui qui mange avidement, excessivement, engloutissant les morceaux; du bas latin glutto, de gluttire: avaler, de glutus, gosier (Petit Robert). Heureusement, dans sa grande sagesse. Screech a pris soin de placer après le mot glouton un etc. qui nous engage à approfondir.

Nous consultons donc Greimas, et nous lisons: Gloton, cas régulier, glot, cas sujet; 1080, Chanson de Roland, latin gluto, -onem: glouton; insolent; brigand, canaille, terme d'injure. Or si nous comprenons que l'on soit arrivé, de l'idée de manger avidement, à celle d'insolence puisque celui qui engloutit fait trop bon marché de la peine qu'a coûtée la nourriture, nous ne voyons pas comment ce mot glouton a pu finir par être une forte injure telle que canaille ou brigand. Nous remontons donc au latin, et nous trouvons dans Gaffiot: Gluto (tto), -onis: glouton. Mais nous lisons aussi: Glutus (ttus), a, um: agglutiné, adhérent. Et nous commençons alors à concevoir que le terme briffault, s'il équivaut à glouton au sens du gluto latin, peut, quand il désigne ces frères lais attachés aux sœurs pour lesquelles ils quêtent, participer plutôt de cet adjectif glutus, adhérent, agglutiné, au sens de qui profite des femmes, qui vit d'elles en parasite. C'est à peu près le sens que nous trouvons déjà dans Villon[31], quand la vieille heaulmière dit, évoquant l'amour d'ung garson rusé auquel (elle fit) grande largesse:

> Si ne me sceut tant detrayner,
> Fouler aux piez, que ne l'aymasse,
> Et m'eust il fait les rains trayner,
> S'il m'eust dit que je le baisasse,
> Que tous mes maulx je n'oubliasse.
> Le glouton, de mal entechié,
> M'embrassoit... J'en suis bien plus grasse!

Nous consultons maintenant Greimas pour ce mot Briffault. Il donne Brifer, XIIIe siècle; origine obscure: manger voracement. Brifalt, XIIIe siècle, fabliau: glouton. Brifalder: XIIIe siècle, fabliau: manger goulûment; au sens technique: brifauder du drap. Brifaudure: 1340: premier peignage de la laine. Dauzat dit: Brifer, 1530; origine obscure, comme Brifaud, -auder (XIIIe siècle, fabliau); formation expressive, ou de l'ancien français Brif: force, d'origine gauloise, influencé par bâfrer.

Nous ne croyons pas trop à la formation expressive, explication qui n'est trop souvent qu'un cache-misère. Nous ne savons rien de ce vieux

---

31. Ce mot gloton, glot a même eu, au féminin, des sens nettement plus forts. Ainsi Rutebeuf dit, dans La Voie de Thunes: Ainz va par meir requerre cele chiennalle gloute (vers 31), mot auquel le commentateur donne pour sens: immonde. Et encore dans la Sacristain (vers 228): Or ai je dit que fole gloute, mot qui est donné pour luxurieuse, dévergondée (Oeuvres complètes de Rutebeuf, E. Faral et J. Bastin, Editions A. et J. Picard).

français Brif que Greimas ne donne pas, ni Godefroy (bien que nous trouvions à l'appui, dans Bailly, le préfixe grec Bri- marquant une idée de force). Et nous pouvons toujours, à titre d'hypothèse, nous demander si le mot ne pourrait pas tout simplement venir de l'adjectif Brief, au sens de court (XIIe siècle, latin brevem; Greimas), sens étendu à l'idée d'écourter, puis de raser, puis de tondre. Mais plutôt que de nous obstiner à retrouver une source par trop souterraine, nous remarquerons que ce sens de donner un premier peignage à la laine implique qu'on enlève à celle-ci sa bourre, la laissant ainsi lisse, mais dépouillée. Et il semble bien que cette idée de peigner en prélevant a pu finir par donner celle de peigner en vue de s'approprier, idée qui est celle que nous voyons contenue dans le mot Briffaulx de l'inscription de Theleme, ceux-ci amassant toujours. Nous retrouvons ce même sens, fortement péjoratif, au chapitre XXII du Quart Livre, où Rabelais associe ces Briffaulx aux Caphars, Chattemittes, Canibales, et aultres monstres difformes et contrefaicts en despit de Nature.

En fait, nous comprenons que ces brifaulx sont ceux qui brifaudent non plus la laine, mais les femmes, vivant de ce qu'ils leur soustraient, l'idée de peigner s'étendant à celle de laisser leurs victimes lisses de tout bien. Et le mot glouton paraissant avoir déversé tout son contenu dans ce mot briffault, sorte de doublet plus expressif en raison de l'image du peignage, ces briffaulx ou frères lais ou convers sont donc bien les avides, les insolents, et même les brigands ou canailles qui vivent aux dépens des sœurs pour lesquelles ils quêtent (d'où le nom de Briffaut donné au chien de chasse (Littré) au sens, sans idée péjorative, de qui va quêter pour un autre). Mais les briffauls, eux, n'abandonnent aux sœurs le produit des quêtes que parce qu'ils obtiennent d'elles bien plus que la seule subsistance, et particulièrement, nous nous doutons bien que l'époque n'a pas dû se priver de le prétendre, ce que nous nommerons, selon le vénérable calembour, le don des sœurs qu'on verse[32]. Les briffaulx sont donc non seulement les parasites, les écornifleurs, mais encore quelque chose comme les protecteurs, les souteneurs, tout au moins dans l'opinion poussée à l'extrême qui devait être celle du populaire.

Cela éclairci, nous revenons au jeu. Et nous postulerons que celui des enfants, toujours pour autant qu'il ait existé, devait s'inspirer soit

---

32. A moins qu'elles n'aient redouté d'être nommées, selon un autre vénérable calembour, les sœurs qui quêtent, on peut légitimement se demander ce qui empêchait ces sœurs de quêter elles-mêmes. Il faut donc que, même en ayant à entretenir ces frères lais, elles aient trouvé avantage à faire d'eux leurs commettants, surtout s'ils ressemblaient aux frères Fredons du Cinquième Livre (XXVII) aussi valeureux que compendieux.

du fait que le brifault va chercher et rapporte, soit que le briffaud(eur) a pour mission de peigner. Quant au sens second, nous garderons le dernier contenu déduit pour entendre qu'il ne peut qu'être question de lisser la toison pubienne avec la puissance et l'efficacité des briffaults quêteurs. Nous lirons donc a briffault comme: A peigne-cul.

185 - au molinet, (34): Screech dit: Jeu d'enfants (deux enfants font la roue sur les pieds et les mains; édition Lefranc). Or nous pouvons déjà nous dire que c'est là se payer de mots, car il est strictement impossible pour deux partenaires d'assembler leurs mains deux à deux et leurs quatre pieds de même (mais faut-il encore lier ensemble ces derniers) et de faire la roue en cet équipage. En réalité, c'est dans la position des mains entourant chacune une cheville du partenaire que l'on roule sur le dos en une sorte d'anneau articulé, ce qui n'est rien d'autre qu'un mouvement de la gymnastique de nos grands-pères, à l'époque où les athlètes portaient la moustache en crocs. Cela pourrait nous ouvrir quelque voie pour la compréhension seconde. Mais nous consultons toutefois Greimas.

Il donne: Molin, XIIe siècle, bas latin molinum, de mola, meule: moulin. Molinel: petit moulin. Molineure: mouvement de rotation d'un moulin ou d'un pressoir. Et, pris littéralement, ce mouvement de rotation nous conduirait, nous aussi, à une élaboration toute désincarnée difficilement réalisable et peut-être même douloureuse. Aussi, sentant bien que ce n'est pas par hasard que Rabelais a abordé avec a briffault, la compréhension érotique au sens technique, c'est à ce même niveau technique, donné par Littré, que nous prendrons ce verbe mouliner: Frotter l'épaisseur ou le parement d'une tranche de marbre sur une plaque de fonte, ou sur un autre morceau de marbre avec du grès ou de l'eau. L'idée est, bien sûr, celle de frotter en un mouvement circulaire afin d'user. Nous lirons donc au molinet comme: A polir la motte.

186 - a defendo, (34): Screech dit: Jeu enfantin, peut-être un jeu d'élimination. Cf. Cotgrave. Et il cite dudit Cotgrave, et en anglais, un texte qui, traduit littéralement, donne: Un jeu avec des morceaux de pain (placés l'un derrière l'autre) dans lequel le joueur compte avec certains mots, et le mot sur lequel il finit désigne le morceau, que celui-ci soit petit ou grand. Rabelais.

Bien que Cotgrave soit fortement abusif en restreignant à des morceaux de pain ce tirage au sort, et surtout en paraissant l'attribuer à Rabelais, nous devons admettre qu'il s'agit d'une élimination. Dauzat donne en effet: Défendre, fin XIe siècle, du latin défendere: protéger, écarter, par extension interdire, dès l'ancien français. Et le Gaffiot dit: Defendere: (d'un verbe fendo): écarter, éloigner, repousser, tenir loin (ce verbe fendere étant donné, lui, pour primitif inusité de defendo, offendo, etc. avec le sens de pousser). Jouer a defendo équivaut donc bien à jouer à je pousse hors, j'écarte de, j'élimine.

Et, pour le sens second, nous n'avons pas grand mal à entendre qu'il s'agit de cette variante de raffinement qui consiste, pour la femme, à jouer les prudes, les farouches, donc à écarter de, à pousser hors, toutes attitudes que le langage érotique dénomme, selon P. Guiraud, faire la lucrèce, ce qui nous paraît mal adapté au cas puisque la Lucrèce romaine prit au sérieux son viol et se poignarda, ce que Schopenhauer tient pour une farce tragique (Aphorismes sur la sagesse dans la vie, chapitre IV). Mais Guiraud donne encore: Faire sa Sophie: faire des manières, ce qui, cette fois, est en situation attendu que le grec sophia, s'il veut dire sagesse, signifie aussi habileté, ruse. Nous lirons donc a defendo comme: Aux giries.

187 - a la vireuouste, (34): Guilbaud dit: Cabriole. Screech dit: Languedoc virovouto, virevolte, sorte de cabriole, pirouette. Usité. Ici jeu d'enfant (édition Lefranc).

Nous pouvons nous demander en quoi peut être utile ici le languedocien. Lou Pichot Tresor ne donne que: Virouleto: pirouette; girouette. Virouta, viro“teja: faire des virevoltes; valser, rouler; et cela n'apporte rien que ne contienne la langue d'oïl. Dauzat donne: Virevolte, 1549, sous l'influence de l'italien giravolta: tour en rond, de l'ancien virevouste, 1510, de virer et vouter: tourner, de volvitare. Bloch et Wartburg disent: Virevolte: 1549. Terme de manège, altéré de virevoute (composé de virer et ancien français vouter: tourner, de volvitare), sous l'influence de l'italien giravolta: tour en rond (de girare et voltare). Il y a eu aussi un verbe virevoulter, -volter, 1552, et des formes altérées virevouste, vers 1510.

Le Robert donne: Virevolte, 1549: manège: antérieurement virevoust, altération de vire vaute (de virer, et vauter, tourner), bas latin volvitare, sous l'influence de l'italien giravolta: tour en rond. Terme de manège (vieux): Demi-tour rapide, en décrivant un cercle, que fait le cheval (on dit plutôt demi-volte). Par extension: mouvement de ce qui fait un demi-tour. Le Petit Robert corrige, donnant, pour le sens de Manège: Vieux: demi-tour rapide: 1549, antérieurement virevoust, altération de vire vou(s)te (de virer, et vouter, tourner, latin populaire volvitare, sous l'influence de l'italien giravolta: tour en rond). Couramment: Mouvement de ce qui fait un demi-tour.

Tout cela est de l'étymologie rangée, digne et compassée, par laquelle ne risque pas d'arriver le scandale. Et, pour le jeu d'enfants, nous admettrons que la virevouste est un terme générique assez imprécis pouvant effectivement désigner la pirouette, la culbute, la cabriole, etc. Mais pour le sens second, où il importe de ne pas se laisser enrober par la dulcification, nous remontons aux sources. Nous lisons dans Greimas: Virer, 1125, latin populaire virare, pour vibrare, faire tournoyer: tourner sur soi-même; faire tournoyer. Vire: 1277: action de tourner. Nous lisons encore: Vosti, adjectif, XIIe siècle, participe passé de voldre; altération de volti, influencé par volsé, volsu): Bombé: L'escu vostiz. Et quoi qu'on en puisse avoir, virer vouste semble bien signifier tourner le bombé, faire faire au bombé un demi-tour. Enfin nous lisons: Voltrer, 1160, latin populaire volutulare, de volvere, tourner: se rouler, se vautrer; au sens grivois: Se ne vous irés plus monstrer Por vous faire as ribaus voustrer (Roman de la Rose), ce qui nous permet de nous dire que si voltrer a pu arriver à donner voustrer, il se pourrait bien que la finale -vouste, de virevouste, procédât du paillard voltrer. Pourtant sans retenir ce qui n'est, probablement à jamais, qu'hypothèse invérifiable, nous revenons à ce qui est solidement fondé: le bombé. Et notre première idée est évidemment de voir dans ce bombé le fessier, la virevouste évoquant le demi-tour de celui-ci pour arriver, dans cette énumération des façons de faire, à la position a retro, par-derrière. Mais un coup d'œil au jeu suivant: a la baculle, nous montre que c'est ce jeu-là qui a charge de parler des fesses. Aussi entendrons-nous que, s'il s'agit bien de cette position, ce bombé n'est rien d'autre que l'écu vostiz, l'écu bombé de l'exemple que donne Greimas, autrement dit le mont de Vénus ou pénil. En conséquence, nous lirons a la virevouste comme: A vire-motte.

188 - a la baculle, (34); (42: bacule): Guilbaud dit: A se frapper le derrière. Screech dit: Jeu d'enfants (de baculer, frapper le cul?). Greimas ne cite pas ce verbe Baculer, que nous trouvons dans Godefroy: Baculer, bacculer, bacculler: battre, frapper sur le cul, et frapper en général; aussi dans un sens obscène. Baculier: mot à mot, qui bat, qui joue du cul, pour désigner un homme vaillant à l'exercice de Vénus. Le bacul était une peine qui consistait à frapper d'une pelle de bois sur le derrière ou à frapper rudement le derrière contre terre. Dauzat dit, au mot Bascule: 1549 (bassecule), réfection sur bas, de l'ancien français bacule (1466, Godefroy), de battre et cul. Bloch et Wartburg disent: Bascule: 1549 (cf. basse cule, en 1600), altération, d'après l'adjectif féminin basse (parce que la bascule s'abaisse), de bacule, 1466, encore au XVIIIe siècle, substantif verbal de baculer, proprement frapper le derrière de quelqu'un contre terre, pour le punir, désignation plaisante de la bascule qui heurte en s'abaissant; ce verbe est né d'une composition de l'adverbe bas et de cul (il n'a rien à faire avec le substantif

bacul: croupière, 1466, encore en normand, composé de l'impératif de battre et de cul). Furetière parle, pour Bascule, de contrepoids de pont-levis, de machine à élever les eaux, de bascule de moulin, de bascule ou trappe d'un piège, d'une ratière. Et il dit: Nicod derive ce mot de basculus ou bien à battuendo culo, alors qu'il ajoute: On appelle aussi bascule, une pièce de bois, soit planche ou solive, qu'on met sur une autre en travers, qui est un peu élevée, sur laquelle les enfants se jouënt & se brandillent.

Nous avons désormais assez de renseignements pour reconnaître à peu près sûrement le jeu des enfants où, quand la planche arrive en bas, on se fait effectivement fortement battre le cul si l'on n'a pas su amortir le choc au moyen des jambes. Mais surtout, nous en savons assez pour entendre qu'au sens second, il est toujours question de la position par-derrière mais en considérant cette fois le fessier. Et, contrairement à ce que disent avec tant d'assurance Bloch et Wartburg, nous comprenons qu'il s'agit bel et bien de battre et de cul, que ce bacul est la croupière, tout au moins celle dont parlait Rabelais au chapitre v du Pantagruel avec le serrecropyere des femmes d'Avignon, où le verbe serrer est à entendre comme presser contre. Toutefois ici, le moment considéré n'est pas l'ultime moment où l'on serre cette croupe, mais celui où on la bat; et nous lirons a la baculle comme: A l'ébranle-joufflu.

189 - au laboureur, (34): Screech dit: Jeu enfantin inconnu. Nous non plus ne savons rien de ce jeu, mais il nous est pourtant loisible de penser qu'il s'agit du jeu dénommé aujourd'hui la brouette, où l'un des participants, le corps à l'horizontale appuyé sur les bras tendus, marche sur les mains, les chevilles tenues chacune dans une main du partenaire qui, à l'instar du laboureur tenant les mancherons de la charrue, lui impose la direction à suivre. Mais la vue de ce jeu d'enfants n'est si claire que parce que nous avons immédiatement entrevu que, pour le sens second, nous avons tout lieu de comprendre qu'il s'agit de la position que le Dictionnaire érotique nomme la brouette de Vénus. Parmi d'autres fantaisies érotiques qui sont, dit l'auteur, des tours de force et d'acrobaties dont on voit mal comment ils seraient réalisables (...) dans la mesure où cela postule des équilibres et des tensions musculaires incompatibles avec le plaisir amoureux, celle-ci, parfaitement praticable, est ainsi décrite: La femme appuyée les mains au sol, l'homme la tient par les jambes comme une brouette.

Il nous faut toutefois corriger cette description par trop sommaire: il est ainsi exclu que la femme soit tenue par les chevilles; c'est en plaçant les mains au-dessus de ses genoux qu'elle doit être soutenue, comme on

tient quelquefois une brouette à mi-longueur des brancards. Et la fina-
lité pour laquelle est généralement entrepris ce mouvement s'accomplit
en un deuxième temps, la femme maintenue au pli des aines (ou fossette génito-crurale). Sur ce, nous revenons au point de vue littéraire.

Nous concevons qu'il nous faudrait trouver une transposition qui
tînt compte et de l'idée de charrue et de l'idée de brouette. Mais le
point commun des deux instruments est ici, pour l'un les mancherons,
pour l'autre les brancards, le tout se résolvant dans l'attitude du
conducteur, ce qui ne nous mène à rien. C'est alors que, nous souvenant du laboureur de nature du premier chapitre du Pantagruel,
sachant encore que labourer: coïter est, comme dit P. Guiraud, métaphore fondamentale, nous comprenons que la moderne comparaison
avec la brouette est, au niveau de l'érotisme, nettement moins bonne
que celle qui est établie sur l'idée du laboureur, la charrue comportant
un soc qui pénètre. Nous devons donc en rester à la seule représentation aratoire. Et comme, parmi les sortes de charrues citées dans le
Dictionnaire analogique de P. Maquet, il en est une qui sert au rigolage
ou action de mettre le jeune plan en rigoles ou petites tranchées (Littré), nous lirons au laboureur comme: A la rigoleuse.

190 - a la cheueche, (34): Guilbaud dit: Chouette (jeu déjà cité page
tant). Il fait évidemment allusion au même jeu qui, ajouté par erreur en
35, a subsisté, par erreur aussi selon nous, entre au beuf violé (72) et
au(x) propous (73). Screech qui se borne à repérer les deux mentions de
ce jeu, dit: Cheveche, sorte de chouette, d'où jeu qui consiste à imiter le
cri de l'oiseau (édition Lefranc).

Le jeu des enfants ne nous intéresse pas au premier chef; néanmoins
nous nous disons que l'explication avancée a des airs de gauche justification tant il nous semble que c'est prendre les enfants pour des
demeurés que de les voir hululant à qui mieux mieux et y trouvant
grand plaisir. Outre ce que disent les commentateurs, nous lisons dans
Littré: Chevêche: terme de fauconnerie; oiseau nocturne de proie que
l'on dresse à la chasse. Et bien plutôt pouvons-nous alors nous imaginer, fondé sur le fait que cette chouette chasse de nuit pour autrui, un
jeu consistant à rapporter quelque chose qu'on doit trouver tout en
ayant les yeux bandés, ou quelque autre gageure de ce genre. Mais,
encore une fois, ce que nous cherchons, c'est le sens second; et comme
nous ne voyons vraiment rien d'érotique qui puisse être inspiré par
cette chouette particulière, nous nous doutons que son nom a pu être
choisi pour son pouvoir d'évocation.

Ce qui nous le fait croire, c'est le mot tout proche: chevece, que nous
lisons dans Greimas: 1160; latin populaire capitia, pluriel neutre pour

féminin: tête; capuchon, partie du casque couvrant la tête; licol, harnais de tête du cheval. En fait, c'est un dérivé qui retient notre attention: Chevecier: oreiller, traversin; tenture ornant le chevet d'un lit. Et nous entendons que, dans cette série qui parle de façons de faire, il est question d'employer ce traversin ou cet oreiller, accessoires qui, placés sous les fesses de la dame, sont tous deux, comme chacun sait, un précieux adjuvant. Il semble donc que nous pouvons lire a la cheueche comme: A hausse-cul.

191 - aux escoublettes enraigees, (34): Guilbaud, laissant entendre que ce mot escoublettes est simple assemblage de sons dépourvu de sens, dit: Mot forgé par Rabelais. Screech se borne à rapporter: Jeu où les enfants se heurtent la tête l'un contre l'autre (Sainéan), ce qui ressemble assez fort à une absurdité. Mais le renseignement nous instruit pourtant de la crédulité de Screech, apparemment persuadé que Sainéan sait de quoi il parle puisque celui-ci, négligeant de dire ce que sont ces escoublettes, feint, selon l'antique procédé qui a tant servi, d'avoir affaire à un mot si connu qu'il est superflu de le définir. En fait, la description du jeu est strictement celle que donne Godefroy, qui ne dit rien non plus du mot escoublettes, et qui produit comme seule citation à l'appui ce texte même des jeux de Gargantua que nous cherchons à comprendre. Mais qui donc déjà a dit: Je crois parce que c'est absurde? Heureusement, nous sommes nés sceptiques, et nous allons tenter de nous faire notre propre religion.

Ce n'est pourtant pas aux dictionnaires courants qu'il nous faut recourir puisque nous pouvons penser que s'ils recelaient sur le sujet la moindre lueur, les commentateurs n'auraient pas manqué d'en faire profiter leur lanterne. Aussi est-ce au vénérable Glossaire de la langue d'oïl, de Bos (1891, réimpression Slatkine, 1974) que nous nous adressons. Nous y lisons: Escoble, voyez Escove. Escove, escoble: substantif féminin. Escouvoir, substantif masculin: balai; brosse; écouvillon. Provençal: escuba. Italien: scopa. Etymologie: scopa, scopula. Escover, escouver, voyez Escoper. Escoper, escopir, mieux: escover, escouver: balayer, nettoyer; battre de verges; fouetter. Provençal: escobar. Italien et étymologie: scopare. Et maintenant, par pure curiosité, quoique nous soyons bien sûrs qu'aucun des commentateurs n'a pu manquer de le faire, nous ouvrons tout de même Greimas, et nous lisons ce qui a dû échapper à tous ces regards attentifs: Escove, escobe: nom féminin, XIIIe siècle; latin scopa, balai: balai. Escover, XIIIe siècle: balayer, nettoyer. Escovoir: balai. Escoveillon: écouvillon. Fort étonnés, nous ouvrons de nouveau Godefroy, et nous lisons: Escouve: balai; Escouver: balayer; Escouver: balayage; Escouvers: criblures balayées par l'escouvete; Escouvete: balai, brosse; Escouvillon: poignée de paille tordue (...) à faire des brandons; Escouvoir, escovoir: balai. Cette fois nous sommes surpris; mais comme nous ne sommes tout de même pas stupéfiés, nous consultons encore Lou Pichot Tresor; et nous lisons: Escouba: balayer; Escoubas: gros, vilain balai; écouvillon; Escouveta: épousseter, brosser. Enfin, à tout hasard, nous ouvrons le Dictionnaire étymologique du patois lyonnais, et nous lisons: Escuvillies, voir Eque-villes: balayures, ordures; du vieux provençal escobilha. Et il faut bien que nous constations qu'à aucun des deux commentateurs le mot escoublettes n'est apparu comme pouvant être le diminutif de escouble, et qu'aucun d'eux n'a daigné ouvrir le moindre dictionnaire. L'un se réfugie alors derrière le mot forgé par l'auteur, quand l'autre se retranche derrière la bévue que Sainéan a reprise docilement d'un Godefroy qui, pour ces escoublettes, fait du boniment de bateleur, tout cela au nom du principe d'autorité. Là-dessus, nous revenons à nos moutons.

Loin donc d'être inventé de toutes pièces, ce mot escoublettes est manifestement repris du provençal; et celles-ci peuvent être soit de petits balais, soit de petits faisceaux de verges ou, plus vraisemblablement, de petites brosses comme nous pouvons l'entendre par l'anecdote souvent citée, de Beroalde de Verville (Le Moyen de Parvenir, LXVIII; Respect) où une naïve mariée à un impuissant qui s'est borné pendant dix ans à passer et repasser une paire d'espoussettes de soye par son velu d'entre les deux gros orteils, se remarie et, la première fois qu'elle a affaire à son nouvel époux, comme elle (sent) l'embouchement entre les hipocondres chose qui luy (est) toute nouvelle: Hélas! crie-t-elle, mon amy, (pensant aux espoussettes) je crois que vous avez mis le manche dedans.

Mais plutôt que sur cette mention de manche, qui n'est ici qu'enchérissement de confirmation il paraît assuré que le sens érotique courant est fondé sur l'idée d'ôter la poussière, de nettoyer, de décrasser, ainsi que le montre le sens de coïter qu'ont les verbes brosser, étriller (P. Guiraud). Ici donc, admettant que ces escoublettes sont des brosses ou des balayettes (ce dernier mot, au singulier, ayant, selon Guiraud toujours, exactement le sens de pénis), nous devons encore tenir compte qu'elles sont dites enraigées, au sens évident de qui fait rage, qui s'agite (Enragé: On le dit aussi des autres actions qu'on fait avec vigueur & aspreté; Furetière). Nous retiendrons donc l'idée de nettoyage et nous lirons aux escoublettes enraigees comme: Aux verges cureteuses.

694

192 - a la beste morte, (34): Screech dit: Jeu enfantin, qui consiste à porter un enfant sur le dos, tête en bas (édition Lefranc). Mais nous ne retiendrons pas l'explication car nous connaissons la locution voisine: à la cabre morte, qu'emploie Panurge au chapitre XXIII du Tiers Livre, pour parler de la façon qu'a le passeur Adam Couscoil, cordelier observantin, de charger Ian Dodin, recepveur du Coudray, à son dours, comme un beau petit sainct Christofle. Et il est là évident qu'il ne le porte pas la tête en bas mais, selon toute vraisemblance, les bras du porté autour du cou du porteur, les jambes du porté de part et d'autre de la taille du porteur, ce dernier soutenant le poids de ses bras passés sous les genoux du porté ou de ses mains nouées sous son siège. A la beste morte serait donc une variante où n'est retenue que l'idée de porter un animal mort, les deux pattes antérieures nouées à leur extrémité puis passées autour du cou du porteur. En fait, cabre morte ou beste morte, il semble que l'expression décrive le fait de charger un quadrupède sur son dos.

Transposée au plan de l'érotisme, et parce que nous ne sommes pas tombés de la dernière averse, cette façon de procéder n'offre aucune difficulté de compréhension si nous considérons que, les corps du porteur et de la portée étant dénudés, les mains du porteur sous le siège de la portée ne restent pas inactives, comme sont d'autre part actifs les pieds de la portée sur le sexe du porteur. Tout le monde aura compris; et nous lirons a la beste morte comme: A la femme-à-dos.

193 - a montemonte leschelette, (34): Guilbaud dit: Jeu d'enfants de l'Anjou. Screech dit: Amusette où on fait une échelle de son poing fermé autour du pouce de son voisin (édition Lefranc); antérieur à Rabelais; Sainéan. Comme pour le jeu précédent, nous retrouvons là les deux servants de la messe Lefranc-Sainéan. Et pourtant, rien ne dit que ce jeu soit la niaiserie qui est décrite. Nous avons même toutes raisons de penser autrement:

Ce jeu fait suite à la beste morte et précède au pourceau mory; il est donc vraisemblable que l'eschelette est aussi un animal. Or nous trouvons précisément dans le Petit Robert: Echelette: 1555: Grimpereau. Et au mot Grimpereau, nous lisons: 1555: Oiseau passeriforme (Passereaux), plus petit que le moineau. Voir Sittelle. Et au mot Sittelle ou sittèle, nous lisons: 1778, du latin savant sitta, grec sittê: pic, pivert: Oiseau qui se nourrit d'insectes et de graines et qui grimpe avec agilité sur les troncs. Synonyme: grimpereau. Le Robert dit de cette Sittelle ou sittèle: Oiseau (Passereaux, Sittidés) appelé aussi grimpereau, pic maçon, pic bleu, torchepot, qui se nourrit d'insectes et de graines et qui

695

grimpe avec agilité sur les troncs. Littré donne: Echelette: grimpereau de muraille, oiseau. Grimpereau: genre de petits oiseaux qui grimpent le long des arbres. Grand grimpereau, le pic varié. On dit aussi Grimpart, Grimpeau, Grimpenhaut. Nulle part il ne renvoie à sitelle, mais nous lisons à ce mot: Genre d'oiseaux grimpeurs, où l'on distingue la sittelle d'Europe, dite vulgairement perce-pot. Il apparaît donc que, là aussi, Guilbaud et Screech, s'ils n'avaient été pétrifiés devant la parole reçue, auraient facilement pu éviter de répéter une ineptie. Mais, pour finir de confirmer la compréhension que nous voyons déjà poindre, nous consultons encore l'Encyclopédie des oiseaux que nous avons déjà utilisée (Gründ, 1976), et nous lisons: Grimpereau des jardins (Certhia brachydactyla, ce qui signifie, si nous comprenons bien ce que veulent exprimer les naturalistes, que ce grimpereau a les doigts courts): L'une des cinq espèces de chanteurs exclusivement grimpeurs. Petits oiseaux de teinte brune, apparentés aux Mésanges. Ils grimpent toujours du pied de l'arbre vers le haut, en prenant appui sur les plumes de leur queue. Nous pouvons donc entendre, en écho, que l'échelette assure de la queue la prise que ses doigts courts rendent précaire; elle progresse en fait des doigts et de la queue. Et désormais, nous avons compris.

Le jeu est bien une amusette, celle qui consiste à faire cheminer sa main mise en compas, le pouce opposé aux autres doigts, le long du corps d'un tout petit enfant, accompagnant cette ascension des mots: Monte, monte à l'échelle, cela du moins depuis que personne ne sait plus ce qu'est l'oiseau échelette dont la main mime la façon de monter aux arbres. Et tout laisse penser que cet amusement de nourrice n'est pas spécifiquement angevin mais français si ce n'est européen.

Quant au sens second, nous pourrions évidemment nous borner à entendre que cette main peut monter de même façon, à la recherche du nid, le long des jambes d'une femme. Mais ce serait négliger le fait remarquable que l'échelette progresse et des doigts et de la queue. De plus, les noms de perce-pot (Littré), de torche-pot (Robert) dont on affuble l'oiseau font image. Et c'est cette image qui nous conduit à concevoir la représentation qui a dû être celle de Rabelais et de ses pairs décidés à rire licencieusement: celle d'une progression simultanée de la main et du membre viril, la première aidant le second, ce qui nous conduit tout droit à l'idée de défloration, idée que nous allons voir confirmée par le jeu qui suit immédiatement. Donc, partant du vieux verbe Aforer: mettre en perce (Greimas), nous lirons désormais a montemonte leschelette comme: A guide, guide l'aforeuse.

194 - au pourceau mory, (34): Guilbaud dit: Mory: mort. Screech, attendu que personne qu'il connaisse n'a rien dit avant lui, attendu qu'il ignore la signification de mory, attendu que Cotgrave ne s'est pas prononcé, se borne à émettre: Jeu inconnu.

La difficulté ne réside certes pas dans le mot pourceau. Dauzat en dit: Pourceau: fin XIIe siècle (porcel), du latin porcellus, diminutif de porcus. Bloch et Wartburg disent: Latin porcellus: petit porc, cochon de lait. Et là encore nous aurions à rappeler la scène, si souvent citée, des Acharniens, d'Aristophane, où le mot choiros, qui signifie petit cochon, fait jeu avec son sens second de parties de la femme (Bailly), si le latin porcus n'était donné dans le Gaffiot pour: parties sexuelles d'une fille nubile. Or si le porcus est l'animal adulte, le porcellus est ce même animal à l'âge de l'enfance ou de la prime adolescence: nous devons tirer les conclusions qui s'imposent et bien voir que le pourceau ne saurait ici qu'être le connichon au poil encore follet. Ce point éminent admis, nous passons au mot mory.

Nous lisons dans Greimas: Morir: tuer, faire mourir; mourir. Aucun adjectif ni participe passé n'est donné pour ce verbe, tous se trouvant rattachés au substantif Mort, et tous comprenant évidemment un t. Or le mot est mory et non morty. De plus, le petit choiros, le porcellus ou petit porcus au duvet naissant, n'offre pas grand intérêt s'il est mort: nous abandonnons donc cette voie funeste. Et nous nous arrêtons, toujours dans Greimas, au mot More, muere, meure: nom féminin, 1180; origine obscure: pointe de l'épée; lame, tranchant. Nous commençons d'avoir quelque lueur, mais nous gêne encore le caractère exclusivement métallique de la chose. Nous consultons donc le Glossaire de la langue d'oïl, qui nous a servi il y a peu, et nous trouvons: More, muere, moere, meure, substantif féminin: pointe, extrémité; lame de l'épée, fer de la lance. Etymologie inconnue. Et il semble qu'il ne soit pas besoin d'aller plus avant; nous ne risquons pas de découvrir le mot qui nous donnerait sans conteste le sens du mot mory puisque, s'il existait, nos commentateurs s'y seraient référés, et nous n'en serions pas à chercher. Il nous faut donc, là encore, nous contenter de ce que nous avons et user d'intuition. Ce que nous retenons est, bien sûr, l'idée de pointe, d'extrémité, que nous rapprochons, bien sûr encore, de l'idée de connichon tout juste pubère ou peut-être même seulement sur le point de l'être. Et si le jeu des enfants a alors quelque rapport avec le cochonnet embroché, c'est là que nous saisissons que le jeu érotique est la suite logique du jeu précédent, celui-ci décrivant l'action en train de se faire, celui-là l'action venant d'être réalisée. Le petit porcus, ici, a été inauguré[33], et nous devons désormais lire, le verbe employé ayant le sens de usiner (un trou) à la broche (Petit Robert), au pourceau mory comme: Au connichon broché.

195 - a cul salle, (34): Guilbaud imprime à cul salé, mais ne donne aucune explication. Michel imprime aussi à cul sallé, mais n'en dit pas davantage. Screech dit: Cul sallé: Jeu inconnu. Autre exemple, Huguet. Et il semble en effet qu'il faille bien lire salé et non sale, la malpropreté n'ayant vraisemblablement rien à faire dans le jeu des enfants, et sûrement rien dans le jeu érotique.

Pourtant, nous ignorons tout, nous aussi, de ce que peut être le jeu des enfants et, pensant à une variante, nous nous bornerons à faire le rapprochement avec ce que dit Furetière: On dit au jeu, Joüer à cul levé, dans les jeux où on ne peut joüer que deux, lors que celuy qui perd quitte la place à un troisième pour joüer à son tour.

Mais pour le sens érotique, ce cul sallé venant juste après le pourceau mory, il paraît fort probable que se prolonge ici l'idée de cochon, tout au moins sous la forme de salaison. Or nous lisons dans Furetière encore: Salé: Viande qui a trempé quelque temps dans la saumure; & se dit particulièrement du porc ou du bœuf. Le petit salé se dit des pièces de devant d'un jeune pourceau, qu'on met au dessus du saloir pour les manger les premières, & avant qu'elles ayent pris trop de sel. Elles sont entrelardées de chair & de graisse. Et après que nous venons de voir évoqués la défloration, puis le connichon broché, l'image nous paraît évidente de ces pièces entrelardées à manger les premières: il s'agit, en quelque sorte, du petit salé de la fille, c'est-à-dire les pièces de son devant à consommer avant qu'elles n'aient pris trop de sel, autrement dit avant leur maturité. Nous lirons donc a cul sallé comme: A la croque demi-sel.

196 - au pigeonnet, (34): (42: pigonnet): Guilbaud dit: A pigeon vole! Michel dit: A Pigeon vole! Screech dit: Jeu de pigeon vole (édition Lefranc).

Greimas donne: Pigeon, 1247, bas latin pipionem, pigeonneau: petit d'un oiseau quelconque; pigeonneau. Dauzat dit: Pigeon, XIIIe siècle, pigeonneau, puis pigeon; du bas latin pipio,-onis: pigeonneau, de pipire, piauler, d'un radical onomatopéique pi- (piailler, piauler); à

---

33. Aux esprits chagrins prompts à se dire scandalisés, nous rappellerons que l'idée de dépuceler une toute jeune fille a toujours fait partie des phantasmes roboratifs des hommes normalement constitués (comme d'ailleurs l'idée d'initier un tout jeune homme, de ceux des femmes de même nature). La preuve en est que dès que l'un d'eux parvient à une position qui le place au-dessus des lois, il s'empresse de passer à la réalisation. Quant au commun des mortels, il enferme ces désirs dans la boîte aux refoulements, et la société n'en va ni mieux ni plus mal, cela, du moins, tant qu'il s'agit d'êtres civilisés.

éliminé au sens de pigeon l'ancien coulon, du latin columbus; fin XVᵉ siècle, figurément: dupe. Pigeonneau, 1558, Bonaventure Des Periers. Bloch et Wartburg ne font que confirmer ce que nous venons de lire, et aucun dictionnaire ne nous permet de voir dans ce pigeonnet quoi que ce soit de plus.

Nous ne pouvons que remarquer que le diminutif pigeonnet est pour le moins étonnant puisque le mot pigeonneau, pour être employé en 1558 dans des Nouvelles qui usent du langage le plus courant, devait vraisemblablement être connu vingt-cinq ans plus tôt. Et pourtant, nous disons-nous, ce diminutif pigeonnet est clairement confirmé par l'édition de 42, bien que comportant la coquille que constitue l'absence du e après le g, ce qui transforme le son français jo en un son dur inhabituel: go. Et nous sommes dans le noir le plus complet jusqu'au moment où, dans ces ténèbres, brasille une idée, ce qui prouve que les choses ne sont pas si mal faites qu'on le dit puisque nous aurions pu ne pas voir la lueur si l'obscurité n'avait pas été si complète. Et nous comprenons alors que c'est ce mot pigonnet, de 42, qui est le bon, soigneusement corrigé, et que c'est le mot de 34, pigeonnet, qui est fautif, probablement rectifié intempestivement par le typographe, qui ne pouvait se douter que ce mot pigonnet est un signal pour les hellénistes. Car ce qui vient de nous apparaître, c'est que pigonnet n'est rien autre qu'un diminutif formé sur le grec pugê, la fesse, inspiré même peut-être par le diminutif pug(u)idion qu'emploie Aristophane dans les Acharniens et dans les Cavaliers, sans oublier qu'a pu être présent à l'esprit de Rabelais le verbe pug(u)izein: faire des obscénités, tout cela confirmé par le Bailly.

Nous revenons de loin. Et comme nous avons failli être aussi naïfs qu'eux et que la peur rétrospective nous incite à être vexants, nous ne pouvons nous empêcher de penser qu'ont bien bonne mine avec leur jeu de pigeon vole les Guilbaud, Michel et Screech, qui suivent docilement Lefranc, lequel décidément, entend beaucoup moins en ces petites ioyeusetez que ne faict Raclet en Linstitute (P. Prologue). Mais comme une langue de feu ne s'éteint pas instantanément, nous comprenons encore que Rabelais continue d'évoquer les rapports avec de toutes jeunes partenaires; et pigonnet étant comme petit cul, nous lirons désormais au pigonnet comme: Au juvéno-tafanard.

197 - au tiers, (34): Screech dit: jeu connu au XIVᵉ siècle déjà, analogue au jeu de trezeau (édition Lefranc). Et il définissait le trezeau (157): Au propre, un tas de treize gerbes. Jeu (de cache-cache? édition Lefranc).

Bien entendu, nous ne tiendrons aucun compte de ce renseignement

Lefranco-Screechique attendu, d'une part que nous avons vu dans ce trezeau le tres(s)eau ou soubresaut; d'autre part que ce Tiers vient après plusieurs jeux où il a été question de rapports de jouvence, et avant deux jeux dont le sens est transparent: à la bourrée et au saut du buisson. Nous cherchons donc, tout en nous disant (les deux jeux qui suivent nous y invitent) que ce Tiers marque peut-être la fin de l'évocation des filles tout juste pubères pour aborder celle de pratiques plus élaborées avec des femmes d'expérience.

Dauzat donne: Tiers, 1080, adjectif: troisième, sens conservé jusqu'au XVIIIe siècle et encore aujourd'hui seulement dans les locutions telles que tiers état, une tierce personne; XIIe siècle, substantif masculin; du latin tertius: troisième. Bloch et Wartburg donnent mêmes éclaircissements et ajoutent: voir Troisième, sous Trois. Et nous lisons: Trois, latin tres. On trouve parfois en ancien français un cas sujet d'origine analogique: trei, et une forme treie, troie, qui continue le latin tria, pluriel neutre, et qui s'est employée au sens de nombre trois au jeu de dés.

Greimas n'apporte rien qui sorte de cette idée de nombre, non plus que Godefroy. Et c'est là que nous voyons confirmée la transition que nous avons pressentie puisque, avec cette idée de trois, nous n'avons d'autre possibilité que celle de l'appliquer à la partenaire, étant alors entendu que le verbe grec pug(u)izein, faire des obscénités, que nous avons pensé avoir pu influencer le sens de pigonnet, paraît plus certainement avoir conduit au sens érotique de Tiers. Nous nous expliquons:

Tout le monde sait, qui a un peu lu, que la femme est tenue pour offrir les trois possibilités que P. Guiraud, d'après toutefois un répertoire de l'argot du milieu, explique ainsi: Fusil à trois coups: femme qui utilise indifféremment son vagin, son anus et sa bouche[34]. Nous remarquerons d'ailleurs au passage qu'il s'agit là de l'argot très artificiel fabriqué par de pseudo-littérateurs puisque l'image est absurde, le fusil émettant et ne recevant pas. Quoi qu'il en soit, nous sommes donc amenés à entendre que, parmi tous les vœux qu'il forme à l'intention de son lecteur, et peut-être avant tout à celle de ce protecteur détaché de la morale du commun, Rabelais formule le souhait que ledit lecteur soit en mesure d'utiliser à la file les trois possibilités. Nous lirons donc au tiers comme: Au coup de trois.

---

34. Bien que le contenu n'en soit plus que rarement perçu, une exclamation méridionale s'appuie sur cette triade; c'est le Pute borgne! qui évoque, avec l'orbite vide, une quatrième possibilité. L'idée d'exception, de rareté, rejoint en fait le: C'est unique, ma chère! des réunions mondaines.

198 - a la bourree, (34): Screech dit: Jeu rustique; on saute par-dessus un fagot de menues branches enflammées (édition Lefranc).

La bourrée est bien, selon le Petit Robert, un fagot de menues branches; 1326, régional. Mais la danse autour du feu de fagots est, d'après lui, de 1565. Quant à la danse auvergnate, Bloch et Wartburg la datent de 1642. Il se peut, bien entendu, que la danse dont on relève la citation en 1565 ait existé bien avant; mais il se peut aussi que le saut soit tout simplement inspiré de celui de la Saint-Jean d'été.

Pour le sens qui nous intéresse, Dauzat donne: Bourrer: XIVᵉ siècle, figurément: maltraiter; à l'origine: remplir de bourre. Et c'est évidemment ce sens de garnir, étouper qui apparaît comme étant le bon si nous nous rappelons avoir entendu Panurge, au chapitre xv du Pantagruel, dire, parlant des preudes femmes, chastes & pucelles: Ie ne me vante den auoir embourré quatre cens dix & sept despuis que suis en ceste ville, & ny a que neuf iours. En outre, nous retrouvons le sens salace de bourrer par deux fois dans le Dictionnaire érotique: une première fois avec Bourrer: coïter. Terme fréquent qui combine l'idée de remplir et celle de malmener, bourrer de coups; une seconde fois avec Danser une bourrée: Nom de danse équivoquant sur le sens érotique de bourrer; suit la citation:

> Mais de danser une bourrée
> Sur une dame bien parée
> Cela ne se peut nullement
> (Cabinet Satyrique, XVIᵉ siècle).

Tout cela est donc fort clair, et nous entendrons a la bourree comme (selon le traditionnel calembour): A rembourrer le bât.

199 - au sault du buysson, (34): (42: buisson): Screech dit: Jeu. Cf. Saute-buisson, fantassin; Huguet. Et il nous faut bien reconnaître que Screech laisse tout latitude à la compréhension de chacun. Aussi bien est-ce le jeu des adultes qui nous intéresse.

Pour celui-ci, et bien que nous ayons notre religion déjà faite, nous consultons Greimas par acquit de conscience. Il donne: Buisson, boisson: 1080; gaulois boso, bois: Buisson. Et il rapporte l'expression: traire le serpent del boison: tirer les marrons du feu, équivalence qui nous paraît être une transposition fort éloignée teintée d'un souci d'édulcoration bien maladroit. Pour le mot sault, c'est à Dauzat que nous avons recours; il dit: Sauter, 1175, du latin saltare, fréquentatif de salire, éliminé en latin populaire, salire ayant, nous l'avons vu, le sens de couvrir une femelle. De toute façon, le contexte aidant, nous nous doutions qu'il ne pouvait s'agir que du buisson pubien. Quant au saut, nous retiendrons deux des définitions qu'en donne le Petit Robert:

action d'aller très rapidement et sans rester; mouvement interrompu. Et il apparaît que nous ne pouvons, avec tout ce que nous avons déjà rencontré dans cette liste de jeux, qu'entendre que Rabelais évoque ici le coïtus interruptus (pour ceux qui veulent du latin paravent, d'ailleurs transparent), acte que d'aucuns, qui préfèrent la métaphore, désignent par l'expression: sauter en marche, le buisson pileux servant invariablement de tampon de butoir. Nous lirons donc au sault du buysson comme: A arroser le cresson.

200 - a croyser, (34): Guilbaud dit: Au chat coupé. Screech dit: Jeu (rustique?); inconnu.

Littré donne: Chat: Jeu d'enfants dans lequel l'un des enfants court après les autres; et celui qui est pris le remplace. Chat coupé, le même jeu, avec cette condition que, si un troisième camarade passe entre le poursuivant et le poursuivi, c'est lui qui doit être poursuivi à son tour. Ainsi Guilbaud a raison de penser que coupé équivaut ici à dont on a coupé la voie, mais il a grand tort d'être si catégorique pour la nature d'un jeu dont on ne sait rien, même pas s'il a existé ou s'il n'est là que pour donner le change. Quant à Screech, il paraît chercher une consolation, sous-entendant que s'il s'était agi d'un jeu urbain, il ne saurait l'ignorer. De toute façon, c'est le divertissement des adultes que nous cherchons à retrouver. Comme toujours, le contexte nous permet d'avoir déjà une opinion, mais nous consultons scrupuleusement.

Greimas donne: Croiser: 1080: croiser deux objets; se croiser, s'engager pour la croisade. Dauzat dit: Croiser: 1080, puis Croisée: 1379: objet en croix, croisement, croisade; puis fenêtre à croisée, à (croix) de pierre; par extension fenêtre. Croisade: XV\ siècle; réfection de l'ancien français croisée, variante croisement, sous l'influence des langues du Midi, pour le distinguer des autres sens. Mais un sens adventice apparaît avec Furetière qui dit: Croiser: mettre une chose en travers sur une autre, en sorte qu'elle représente une figure en croix en la coupant ou traversant.

Cela introduit l'idée que pour être dite croix, les deux choses superposées n'ont pas à être placées rigoureusement à angle droit. Et, une fois de plus, le contexte général va nous aider puisque nous voyons alors se dessiner la posture que P. Guiraud nomme (d'après les Paradis charnels de A.S. Lagail) la gamine assise, et qu'il décrit ainsi: La femme enfourche l'homme assis sur une chaise ou sur un banc. Nous comprendrons que, pour peu que l'homme et la femme étendent leurs jambes et éloignent l'un de l'autre leurs torses (ce qui est le réflexe obligé), ils arrivent ainsi à former une croix de Saint-André. Nous lirons donc a croyser comme: A faire l'ixe.

201 - a la cutte cache, (34): Guilbaud et Michel disent: A cache-cache. Screech dit: Vieux français cutter, cacher; jeu de cache-cache (édition Lefranc).

Greimas donne effectivement: Cuter, 1160, origine obscure: cacher, dissimuler. Et il n'y a cette fois aucun doute sur la nature du jeu ni sur son existence puisque Godefroy donne: Cute, cache, cachette, s'emploie encore en Bretagne, Côtes-du-Nord; on y dit aussi: jouer à cute, jouer à cache-cache; faire sa cute, serrer des fruits dans une cache, se faire une petite provision de fruits pour plus tard. Au Mans, on dit de même: jouer à cute. Dans le Bas-Vendômois on dit: jouer la cutecache.

Pour le sens second, il nous faut bien voir d'abord que si Godefroy indique, pour le substantif cute, les sens de cache, cachette, il donne encore celui de lieu secret; ensuite, que Greimas donne, pour le verbe cachier, deux sens: Cachier, 1220, latin populaire coacticare, serrer, de coactare: fouler; cacher. Dauzat dit: Cacher, XIIIᵉ siècle, fouler, et sens actuel, du latin populaire coacticare, serrer, fréquentatif de coactare, contraindre; il a remplacé escondre (latin populaire excondere), ce verbe se retrouvant chez Greimas: Escodre, escorre: secouer, agiter, battre.

Il semble donc que pour un Rabelais et pour ses pairs ayant présente à l'esprit la vieille langue, le deuxième contenu de cutte cache est alors formé de l'idée de lieu secret et de l'idée de fouler, ce qui est transparent. Nous pouvons alors entendre a la cutte cache comme: A foule crypte.

202 - a la maille bourse en cul, (34): Screech est seul à parler, mais, tout le monde avant lui s'étant tu, il ne peut que dire: Jeu inconnu. Peut-être ici cette réticence générale est-elle due au fait que le nom de ce jeu ou de ce prétendu jeu est si expressif qu'il a suscité une image lascive même chez les commentateurs.

Il est sûr que nous ne pouvons voir dans le mot bourse le petit sac à contenir la monnaie, et par conséquent, nous ne pouvons considérer que le mot maille désigne ici la petite monnaie de cuivre, d'un demi-denier (Greimas). Ce mot bourse (fin XIIᵉ siècle, bas latin bursa, du grec: petit sac de cuir; Greimas) est assurément à prendre au sens érotique, le petit sac de cuir étant en fait le coleus, c'est-à-dire la couille. Toutefois, P. Guiraud rapporte dans son Dictionnaire érotique, d'après un glossaire de 1861, que le mot bourse a aussi le sens de sexe de la femme, ce qui se conçoit fort bien depuis le sac-andros (sac à homme) d'Aristophane. Mais il rapporte aussi que ce même mot bourse a le sens de pénis, ce qui nous paraît être un contresens d'après la citation de Brantôme qui est produite: Certainement il est bien raison puisque l'homme donne du sien dans la bourse de devant de la femme, que la femme de même donne du sien dans celle de l'homme. Or il apparaît que cette bourse de l'homme ne peut que désigner le scrotum, ne serait-ce que par ce qu'indique la préposition dans, malaisément applicable au pénis qui ne peut ni recevoir ni conserver quoi que ce soit (à part, bien sûr, les coups de pied de Vénus).

Si donc ce mot bourse est pris soit dans son sens étendu de testicule (bourse qui contient le), soit dans son sens de vagin, il nous faut entendre que le mot maille ne peut qu'être un mot de même catégorie, affirmation rendue facile par ce que nous lisons encore dans le Dictionnaire érotique, qui donne: Maillaux: testicules, avec la citation: Et des maillaux, ne dis-je pas Que li sont au cul attachiés (Anciens fabliaux, moyen âge). Nous consultons donc Greimas, et nous trouvons: Mail, 1080; latin malleum, marteau: masse d'armes. Maillier, 1162: frapper avec un marteau ou une massue; maillier un coup, donner un coup de maillet; battre, frapper; combattre. En outre, nous savons, toujours par P. Guiraud, que le verbe marteler prend le sens de coïter, bien que l'exemple qu'il donne contienne cette acception appuyée par un mot de complément: Je vous mettrai en tel état que jamais vous n'aurez volonté de marteler sur l'enclume féminine (Les Cent Nouvelles Nouvelles). Mais Greimas donne bien: Marteler, 1175: frapper du marteau; jouir d'une femme.

Il semble donc, d'une part que nous devons entendre le mot maille comme l'impératif ou le présent du verbe maillier au sens de donner des coups de son maillet (ledit maillet étant, nous le comprenons aisément, la représentation évidente de l'appareil sexuel masculin avec son manche et ses deux maillaux); d'autre part voir dans la bourse, d'autant qu'elle est en cul et non extérieure à lui, la boursavitz dont parlera Rabelais au Quart Livre, chapitre XXXVIII, autrement dit le vagin. Nous pouvons donc, reprenant le mot de Rabelais, lire à la maille bourse en cul comme: A la cogne bourse à vits.

203 - au nic de la bondree, (34); (42: nid): Guilbaud dit: Buse. Screech dit: Nic, nid (cf. nicher): jeu inconnu.

Pas plus que pour le précédent, nous ne chercherons à savoir en quoi a pu consister ce jeu prétendument puéril; nous avons bien mieux à faire ici en examinant le mot bondree, le mot nic au sens de nid étant attesté par Godefroy.

Il n'en est pas ainsi de cette bondrée que ne connaissent ni Greimas ni Godefroy, pour l'excellente raison que nous trouvons son nom dans tous les dictionnaires courants, y compris Littré qui donne cette bondrée pour Espèce d'oiseau de proie (falco apivorus). Le Petit Robert donne: Bondrée, 1555; de bonde. Oiseau rapace diurne, buse à longue queue. Le Robert, lui, dit: Bondrée, XVIᵉ siècle; origine incertaine. Dauzat le rattache à bonde. Oiseau rapace diurne (Aquilidés), scientifiquement appelé Pernis et communément buse bondrée. La bondrée est insectivore. Dauzat dit en effet: Bondrée, voir Bonde. Bonde: 1269, borne; 1373, trou d'écoulement; du gaulois bunda, reconstitué d'après l'irlandais bonn, plante du pied, base. Bondrée, 1555: Espèce de buse grasse, de bonderée, dérivé de bonde. Or nous lisons dans le Lexis: Bondée, breton bondrask, 1555: Buse à longue queue, qui se nourrit principalement d'insectes. Plutôt donc que la provenance de bonde, qui nous paraît saugrenue, nous accepterons, provisoirement s'il le faut, le breton, d'autant que la question n'est pas là. Car ce que nous voulons savoir, c'est ce que cette bondrée peut avoir de particulier. Et c'est Furetière qui nous renseigne. Il dit: Bondrée, substantif féminin. Oiseau de rapine qui a le bec court (etc.). Aldrovandus donne trois testicules à cet oiseau. C'est pour cette raison que les Latins l'appellent buteo triorchis. Car triorchis est un mot Grec qui signifie, qui a trois testicules.

Nous vérifions. Le Gaffiot donne bien, d'une part Buteo (-tio): busard, buse (?); oiseau de proie. Et il indique en référence: Pline, 10, 21; d'autre part Triorchis (grec Triorkhis): Oiseau de proie, sorte de faucon; et il cite encore Pline, 10, 21, donc le texte même où figure Buteo. Quant au Bailly, il donne Triorkhes: à trois testicules, d'où lascif; sorte de faucon. Et il donne pour le sens ornithologique: Aristophane, Les Oiseaux, 1181 et Les Guêpes, 1534. Il donne aussi Triorkhos: comme le précédent, et cite Aristophane, Les Oiseaux, 1206 (vers où se trouve l'équivoque entre triorkhos, à trois couilles, et triorkhes, le busard).

Furetière a donc raison, et nous pouvons être assurés que ce qu'il connaît encore dans les années 1650-80 faisait à coup sûr partie des connaissances élémentaires de 1534. C'est, sans conteste, à dessein que Rabelais parle du nid de la bondrée et non pas de celui de la buse, du busard ou du balbuzard. Nous pouvons même nous demander si l'oiseau nommé bondrée ne pouvait pas, populairement, être appelé tricouillard, ce qui éclairerait singulièrement la genèse du nom de Couillatris, l'abateur et fendeur de boys du Prologue du Quart Livre (nom pour lequel Marichal, le commentateur, semble avoir aperçu le sens mais pas le nombre puisqu'il dit seulement: Proprement couillard; épithète forgée par Rabelais).

Si donc le mot bondrée évoquait immédiatement l'idée de trois testicules, il tombe sous le sens que le mot nid est ici à comprendre comme sexe de la femme. Et il apparaît alors que le souhait formulé est celui que ce sexe de femme ait à connaître de la bienheureuse anomalie, autrement dit que le lecteur possède en triple ce que le commun des mortels possède en double. En conséquence, nous lirons au nid de la bondrée comme: A donner trois œufs à couver.

204 - au passauant, (34): Guilbaud dit: Coup. Screech dit: Coup (Sainéan); jeu inconnu. Et l'on ne peut que se dire que les deux commentateurs ont manifestement oublié qu'ils parlent de ce qui est censé être un jeu d'enfants: il serait assez inattendu, en effet, qu'on jouât à se donner des coups, au pluriel; mais il est aberrant de croire qu'on puisse se proposer de s'y donner un coup, le singulier laissant pressentir un choc assez fort pour être éliminatoire. L'équivalence passavant: coup, n'est manifestement qu'une ineptie, et nous n'en tiendrons aucun compte.

Et cela d'autant moins que ce passavant nous rappelle le jeu que les étudiants, au chapitre v du Pantagruel, font connaître au héros: celui du poussavant, qui se joue précisément es isles nommées de la Motte. Nous avons par là le sens du mot -avant: le devant. Quant au verbe Pousser, Greimas donne: XIe siècle; latin populaire passare, de passus, pas: passer, traverser; traverser de part en part; faire passer, avaler (...). Cela nous suffit amplement à entendre que si, au Pantagruel, le devant, qui était poussé, représentait le devant masculin, le devant qui est ici passé, c'est-à-dire pénétré, est évidemment le devant féminin. Nous lirons donc au passavant comme: A l'enfilage.

205 - a la figue, (34): Screech dit: Jeu inconnu (on fait la figue aux passants? c'est-à-dire qu'on les nargue en leur montrant le bout du pouce entre l'index et le médius; QL).

A moins qu'il ignore le sens du geste qu'il décrit, il apparaît que Screech a une compréhension élargie de ce qu'est un jeu d'enfants. Faire la figue n'est certes par un divertissement puéril mais une provocation faite de loin par des galapiats relevant du coup de pied au cul pour peu qu'on parvienne à les rejoindre[35]. De toute façon, ce geste, de souche italienne (Far la fica) n'a rien à voir avec ce que Rabelais entend ici par jouer à la figue.

Il semble en effet que nous n'avons aucune hésitation à avoir: la figue représente le sexe de la femme depuis le grec sycon, figue, au sens de Parties de la femme (Aristophane, La Paix, 1349; Bailly), et 1352, ainsi qu'en italien. Pourtant, il nous faut remarquer que figue est en

---

35. On peut en rapprocher cet autre mauvais tour, assuré de l'impunité, italien lui aussi, qui consistait à profiter des premiers tours de roues d'un train pour gifler à la volée tous ceux qui se penchaient aux fenêtres pour, selon la formule, se dire adieu jusqu'au revoir.

italien le substantif masculin fico. Et c'est le mot fica (ou ficache), substantif féminin, qui a le sens précis de vulve et le sens plus général de con. De plus, il semble y avoir la trace d'une attraction du verbe ficare, dont le sens est enfoncer, planter; pousser dedans (spingere dentro), introduire avec force (introdurre con forza), selon le Robert & Signorelli. Quoi qu'il en soit, et ne serait-ce que pour passer du fruit de terre au fruit de mer, nous lirons a la figue comme: A la moule.

206 - aux petarrades, (34): Screech dit: Petarrade, bruit fait avec la bouche, par mépris de quelqu'un (Sainéan); ici jeu (où l'on fait ce bruit pour agacer les passants?).

Dauzat donne: Pétarade, XVe siècle, d'après le provençal petarrada, d'abord: série de pets de certains animaux ruant. Pétard, 1495 (pétart). Le mot souche est évidemment Pet, 1260, du latin peditum; le verbe est Péter, fin XIVe siècle (peter); a éliminé l'ancien Peire, poire (encore au XVe siècle, Villon); du latin pedere. Comme pour le nom précédent, nous admettrons qu'il s'agit du mauvais tour de garnements s'amusant à faire enrager les adultes, le geste exprimant le mépris le plus profond puisque c'est signifier à la personne visée qu'on tient sa tête pour un cul, les paroles qu'elle prononce étant assimilées à une série de pets. C'est pourtant d'un degré moins insultant que le: Tu parles comme mon âne pète, où s'ajoute l'idée que le cul est celui d'un âne.

Mais il est manifestement impossible que le sens second ait pour fondement ces flatuosités, de même que nous ne pouvons ajouter foi à ce que rapporte le Dictionnaire érotique pour le mot Pétard. Y ajoutant les mots Péteux et Pétoulet, il donne: Postérieur, d'après péter, ce qui nous paraît bon pour Péteux, mais certes pas pour Pétard ni pour l'hypocoristique Pétoulet, dont le sens est plus sûrement érotique puisqu'il a donné cette acception égrillarde de petarrade, acception dont nous allons tenter de retrouver le contenu.

Greimas donne: Pester, XIIe siècle, latin populaire pistare pour pinsere: broyer, pétrir; piétiner, fouler; battre. Pestel, fin XIIe siècle: pilon; massue; dard à grosse tête. D'autre part, si nous trouvons dans Godefroy: Petarasse, patarasse, substantif féminin: pétard, coup retentissant, l'une des trois citations qu'il produit pour ce terme est issue du Petit Thresor de Mots François, de 1632, qui parle, en latin, de ferire et de illidere, c'est-à-dire, pour le premier, frapper, donner un coup, heurter; pour le second, frapper sur, pousser contre, choquer, briser contre, faire entrer (à force de frapper), broyer, écraser.

Nous voyons se dessiner un sens qui laisse entendre que la pétarade, au sens second, peut être le fait de heurter, frapper sur, pousser contre, faire entrer, broyer, écraser, le pétard étant le lieu où se passe cette pétarade. Mais ce qui est devenu une fort utile précaution, le coup d'œil au jeu qui suit immédiatement, jeu que nous savons placé là précisément pour expliquer ou confirmer, nous montre que a pillemoustarde rejoint tout naturellement ce que nous venons d'entendre pour la pétarade, y ajoutant toutefois l'idée possible de rapport anal. Mais dans le doute où nous laisse la seule lecture de aux petarrades, nous nous bornerons à entendre ici: Aux concassages.

207 - a pillemoustard, (34); (42: pillemoustarde): Guilbaud dit: A pile moutarde. Screech se tait, et peut-être, après tout, est-ce parce qu'il a subodoré quelque chose d'épicé.

La moutarde est, depuis son invention au début du XIIIᵉ siècle, assimilée à ce qui apparaît même dans Littré: Par une plaisanterie grossière, le baril de moutarde, le derrière. Et il cite: En le lançant, il dit: prends garde! Je vise au baril de moutarde (La Suite du Virgile Travesti). Le Dictionnaire érotique dit: Moutardier: fesses, expliquant seulement: D'après moutarde: merde. Mais Guiraud omet d'expliquer ce que nous précisons pour éviter tout étonnement: à savoir qu'il s'agit de cette moutarde qu'on nomme aujourd'hui à l'ancienne, c'est-à-dire celle qui est faite de grains de sénevé non broyés, donc encore apparents, et touillée au vinaigre alors qu'on la touillait aussi au moût, d'où son nom. Quant à la comparaison, qui pourrait paraître assez lointaine, disons que la couleur, la consistance, l'aspect général s'apparentent plutôt à ce qui reste sur le membre du sodomite après l'action. Ces propos de coprologie entendus, nous passons au verbe.

Greimas donne: Pile, XIIIᵉ siècle; latin pila, mortier: Mortier à piler. Piler, fin XIIᵉ siècle: réduire en petits morceaux, écraser. Il donne à part: Pillier, XIIIᵉ siècle, origine incertaine, latin populaire, piliare pour pilare, voler?: houspiller, malmener; piller (fin XIIIᵉ siècle). Dauzat dit: Pile, XIIIᵉ siècle, mortier à piles, etc., du latin pila, mortier. Piler, fin XIIᵉ siècle, réduire en petits morceaux, écraser; du bas latin pilare, de pila, mortier. Piller, XIIIᵉ siècle, houspiller, malmener; fin XIIIᵉ siècle, sens moderne répandu pendant la guerre de Cent Ans; du latin pilleum, chiffon (cf. l'ancien français peille) ou du bas latin pilare, voler, devenu piliare.

Le sens de Pillier, piller: houspiller, malmener ne nous laisse aucun doute: notre siège est fait (si l'on peut dire), il est indiscutable que nous avons ici affaire à l'évocation du rapport anal sans qu'il soit besoin, semble-t-il, de sortir de l'hétérosexualité. Nous lirons donc a pillemoustarde comme: A pile-reversis.

208 - a cambos, (35): Nous arrivons là à la première des huit dernières additions, qui sont toutes de 1535. Guilbaud dit: Mot inconnu.

Screech dit: Jeu inconnu (du languedoc cambo, jambe? édition Lefranc). Et il n'est peut-être pas trop tard pour marquer notre étonnement de voir Screech écrire invariablement: du languedoc quand, d'une part, il est question de la langue d'oc, et quand, d'autre part, il ne peut ignorer que le Languedoc est une province française qui demande la majuscule.

Cela dit, il semble que nous devions admettre l'occitan Cambo puisque le seul mot ressemblant que nous trouvions dans Greimas est Cambe, canbe: brasserie, lieu où l'on fabrique de la bière, ce qui n'a rien à voir avec notre jeu. Nous trouvons en effet dans Lou Pichot Tresor: Cambo, substantif féminin: jambe. Le mot a encore bien d'autres acceptions qui paraissent ne pas devoir nous intéresser ici, telles que hampe, tige de botte, jambon, cuisse de noix, jambage, pile de cabas, de pâte d'olives; paquet de raisins suspendus, dont les trois dernières seraient surprenantes si nous ne savions que l'occitan n'a pas eu la possibilité de refouler les sens bâtards qui se sont greffés au cours des siècles sur le mot souche. Mais, à la suite, nous lisons des locutions qui nous conviennent bien mieux puisque, mis en condition par tout ce que nous a déjà révélé la liste, nous avons quelque idée de ce qui peut être exprimé par: cambo vira: culbuter, cambo virolo: la culbute, cambo virado: qui a les jambes contrefaites, ce dernier sens étant un euphémisme, les gens du cru employant cambo virado pour: les jambes en l'air.

Pour connaître ce que possède sur le sujet le franco-provençal, nous consultons maintenant le Dictionnaire étymologique du patois lyonnais; il donne: Camborle,-etta, adjectif: qui a les jambes courtes et cagneuses. Mais il existe aussi, bien que ni ce dictionnaire ni le Littré de la Grand'Côte ne le mentionnent, le verbe Camborler qui signifie: heurter en faisant quitter le sol aux jambes, renverser les quatre fers en l'air, verbe qui a pris, comme on peut s'en douter (et c'est probablement ce qui explique que le pudique lexicographe du XIXᵉ siècle ne l'ait par retenu), une acception particulière qui s'entend clairement par une expression comme: Sa fille s'est fait(e) camborler (car outre que cela arrivait toujours à la fille de l'autre, on disait toujours s'est faite), verbe impliquant bien que les jambes ont quitté le sol sous l'effet de la rencontre.

Et c'est alors que nous établissons un rapprochement avec ce cambos et le campos du chapitre v du Pantagruel: dont print un iour campos pour le visiter, mot dont Dauzat dit: Campos (donner, avoir), fin XVᵉ siècle, écrit souvent campo, d'après l'ancienne prononciation du latin; des locutions du latin scolaire ire ad campos, aller aux champs, habere campos, avoir les champs. Et nous vient à l'esprit, campos étant proprement de l'argot scolaire, qu'il se pourrait bien que cambos fût une formation calquée sur campos puisque, nous le savons, Rabelais dresse cette liste à l'intention de lecteurs dont l'esprit est tout proche de celui des écoles. Ainsi, campos étant mis pour habere campos, cambos pourrait être mis pour facere cambos, faire la culbute, la finale -os, éminemment remarquable, signalant qu'il s'agit de la culbute particulière où est buté le cul. Tout cela ne peut qu'être donné au conditionnel; mais comme nous n'avons pour l'heure rien qui nous permette de la mettre au présent, nous lirons à cambos comme: A jambes en l'air.

209 - a la recheute, (35): Screech dit: Jeu inconnu. Il paraît en effet difficile de voir là un jeu d'enfants; et ici encore, nous pouvons à peu près sûrement penser que nous avons affaire à un jeu prétexte.

Greimas donne: Recheoir, 1160: retomber, tomber de nouveau; tomber à son tour; retomber (dans un danger, dans une erreur, etc.). Recheable: qui se répète, qui se renouvelle. Et nous apparaît immédiatement que nous ne nous sommes pas trompés pour le jeu a cambos puisque, si nous avons maintenant le renouvellement de la chute, le jeu qui précède ne peut qu'être la chute initiale, Rabelais ne manquant pas de mettre en succession, d'abord le terme qui impose que l'on devine, puis celui qui donne la clé ou qui confirme. Et comme tout nous laisse penser que cette rechute est du même genre que la première, reprenant la locution incorrecte mais consacrée, nous lirons à la recheute comme: A refais-le-me-le.

210 - au picandeau, (35): Guilbaud dit: Flèche de papier avec une épingle au bout. Screech dit: Jeu d'écoliers (lyonnais; Sainéan); on lance une petit flèche garnie à un bout d'une épingle.

Puisqu'on nous dit que le jeu est lyonnais, nous consultons le Littré de la Grand'Côte, et nous lisons: Picandeau, substantif masculin; petite flèche garnie de papier à un bout et à l'autre d'une pointe de fer ou d'une épingle. A l'aide des deux index formant arc, on la lance contre un plancher, une boiserie, etc., où elle se fiche. On en fait qui sont tout simplement de papier enroulé en pointe. Rabelais mentionne ce jeu, que le Duchat, bien à tort, transforme en jeu de volant. Nous reconnaissons là le jeu qu'ont connu tous ceux qui ont étudié du temps du porte-plume, jeu constitué d'une plume à écrire dont on supprimait un des becs et dont, d'un habile coup du pupitre abattant, on fendait la hampe pour y glisser un empennage de papier. Mais c'est dans le Dictionnaire étymologique du patois lyonnais que nous pouvons retrouver le jeu du XVIe siècle: Picandeau: nom d'un jeu mentionné par Rabelais. Le Duchat dit que c'est le volant dans le Lyonnais, et que peut-être il est fait de plumes noires et blanches (pie). Et si nous nous amusons de ces deux couleurs qui doivent rendre compte de la syllabe pi(e) de picandeau, nous retenons que le jeu dont parle Rabelais devait être fait d'une plume d'oiseau enfoncée dans un grateron.

Mais ce jeu ne nous conduit vers la compréhension seconde que si nous saisissons que son nom n'est pas autre chose que la transcription de pique-en-dos, ce mot dos nous donnant clairement à entendre, pour le sens érotique, qu'il est question d'une approche postérieure. Cependant, désireux de ne pas nous fourvoyer, nous consultons Greimas pour le verbe Piquer. Il donne: 1138, latin populaire piccare, d'origine onomatopéique (Dauzat disant: d'une racine onomatopéique exprimant un mouvement rapide suivi d'un bruit sec, cela nous apparaissant comme une vue de l'esprit): miner, démolir à coups de pic; remuer la terre avec une houe; percer d'une pointe. Piquois, nom masculin: dard, aiguillon, outil pointu. Si donc nous pouvons penser que piquer peut s'entendre comme percer d'un piquois, ou dard, nous ne pouvons toujours pas savoir si la voie postérieure implique ou non l'idée sodomitique. Mais ce dont nous sommes désormais assurés, c'est que Rabelais n'a pu qu'avoir le souci, dans ses additions, de se faire bien entendre; aussi, une fois encore, jetons-nous un coup d'œil au jeu suivant: a crocqueteste: le sens en est clair et ne constitue certes par une confirmation de l'idée sodomitique. Nous conclurons donc dans le sens de la pénétration vaginale par-derrière. Et jouer au piquet étant, selon P. Guiraud, coïter, nous lirons au picandeau comme: A rétro-piquet.

211 - a crocqueteste, (35): Guilbaud dit: A saute-mouton. Screech dit: Sorte de saute-mouton. Et cela lui paraît si étonnant qu'il dit: Cf. édition Lefranc. A nous, cela paraît simplement absurde, comme vont l'établir les recherches sur le verbe crocquer.

Dauzat dit: Croquer, XVe siècle, craquer, et faire un bruit sec. Bloch et Wartburg disent: XIIIe siècle, a eu aussi le sens de craquer. Un verbe croquer, XVe et XVIe siècles, voler, vient de croc (et ce mot Croc est donné partout pour interjection, onomatopée comme crac et cric, Bloch et Wartburg ainsi que Dauzat datant cette interjection du XVIIe siècle). Greimas et Godefroy s'abstiennent de donner ce verbe. Furetière dit: Croquer, Manger quelque chose de sec & de dur, qui fait du bruit estant froissé par les dents. Mais il dit aussi: Croquer, figurément signifie, Dérober avec adresse & promptitude. Et nous trouvons dans Littré deux citations qui illustrent chacun des deux sens: Or vous retournerez si povres et si nuds que les pous vous estrangleront, et vous les croquerez entre vos ongles (Froissart); et nous entendons que ces poux feront un bruit sec en éclatant, écrasés entre les ongles des

711

pouces. Il aperçut sur le bord de la cuve un très beau diamant qu'elle avoit osté de son doigt, doutant de l'eau le gaster: si le croqua si souplement qu'il ne fut d'ame aperçu (Louis XI, Nouvelle III, en fait les Cent Nouvelles Nouvelles); et le croqua signifie clairement le subtilisa.

Ces deux sens se retrouvent encore dans l'Ancien Prologue du Quart Livre traitant du combat entre les gays et les pies. Dans la phrase relative au geai, Rabelais dit: Goitrou les invitoit à boire comme de coutume, adjoutant à la fin d'un chascun invitatoire: Crocquez pie: le jeu de mots est établi sur croquez, absorbez, faites disparaître, buvez, pie étant le piot, le vin; et crocquez, éliminez, faites mourir, la pie étant l'ennemie du geai. Une phrase plus bas, le sens d'éliminer, faire disparaître est confirmé aussi bien pour l'oiseau (qui a dû succomber) que pour le vin, absorbé, caché comme dit le langage populaire: La pie de Behuart ne retournoit poinct, elle avoit été crocquée; de ce fut dict en proverbe commun boire d'autant et à grands traitz estre pour vray crocquer la pie.

Nous ne nous attarderons pas à chercher comment, des sens de broyer sous la dent, faire éclater (Froissart), faire disparaître, avaler, éliminer, faire mourir, on aurait pu arriver à ce jeu qui ressemble au saute-mouton; pas plus qu'à nous demander si les étymologistes ne se leurrent pas en rattachant à une unique onomatopée des significations qui se séparent visiblement en deux idées force: celle de faire entendre un son (croc), et celle d'ôter. Nous en viendrons donc à la compréhension seconde et nous retiendrons cependant pour celle-ci et le sens de faire disparaître, et celui de croquer, qui implique de mettre en bouche, les deux idées nous amenant à la représentation de la fellation, pour laquelle P. Guiraud donne d'ailleurs, bien que les dents n'y soient certes pas requises, l'expression se faire croquer. En conséquence, et sucer ne venant jamais que de sugere dont la racine est succus, suc, nous lirons a crocqueteste comme: A suce-balane.

211/212 - a la grolle, (35): Guilbaud dit: Au corbeau (jeu de la grande marelle, déjà indiqué page tant). Michel s'abstient comme à la première rencontre, de dire quoi que ce soit. Screech ne signale pas non plus la redite.

Nous avons vu dans la grolle (165) la touchette. Ce jeu, de 34, se trouve entre a colin bridé et a cocquantin. Et il importe de savoir si la répétition est due à une inadvertance ou si Rabelais, en 1535, a eu une bonne raison pour transférer ici ce jeu, entre a crocqueteste et a la grue, le maintien à l'ancienne place pouvant n'être qu'accidentel. Mais nous ne pourrons en décider qu'après avoir compris ce qu'évoque le jeu a la grue.

212 - a la grue, (35): Personne ne se mêle de se prononcer sur ce jeu ni de donner le moindre renseignement sur le mot grue.

Les informations que nous avons réunies au chapitre xj pour la locution Prenoit les grues au premier sault, nous ont appris que les grues ne sautent pas, qu'elles volent en formation triangulaire, qu'elles placent une sentinelle quand elles sont au sol et que cette sentinelle se tient généralement, comme ses compagnes, sur un pied. Mais il ne semble pas que c'est dans ces connaissances de naturaliste que nous ayons chance de découvrir la signification cachée que recèle ce prétendu jeu.

Bloch et Wartburg disent: Grue, latin populaire grua, latin classique grus. Au sens de machine à soulever les fardeaux, 1467 (probablement calqué sur le moyen néerlandais crane); fille publique, dès 1415. Dauzat dit: XVᵉ siècle, femme de mœurs légères; XIIIᵉ siècle, machine de bois; puis appareil de levage (1467). Greimas ne donne pas ce mot grue, mais Godefroy, dans son Complément, parle de: gros oiseau voyageur de l'ordre des échassiers; cou de grue, par injure, celui qui redresse et tend le cou comme font les grues; faire la jambe de grue, attendre sur ses pieds; voler par dessus les grues, voler très haut; prendre au ciel la grue. faire une chose extrêmement difficile; grue, au figuré, niais, qui se laisse facilement tromper; appareil pour soulever des fardeaux; sorte de carcan, instrument de punition pour les soldats.

Il semble évident que ce n'est pas le sens de fille publique, trop apparent, qui est à retenir, d'autant que, même s'il ne s'agit que d'un leurre, le prétendu jeu d'enfants doit présenter quelque vraisemblance; or seul le sens de machine à soulever permet de se représenter un jeu fondé sur l'imitation du mouvement de l'appareil. Et c'est ce sens que nous retiendrons en transférant cette idée de levage au plan érotique selon l'idée traditionnellement admise qu'est à la fois l'indice d'une forte jouissance et le témoignage d'une grande aptitude à la volupté ce dépassement musculaire qu'accomplit la femme soulevant l'homme qui pèse sur elle. Nous lirons donc à la grue comme: A la leveuse.

Et nous sommes maintenant en mesure de décider entre le premier groupe: a l'amour acéphale, a la touchette, au déflorateur, et le deuxième: a gobe dard, a la touchette, a la leveuse. Il apparaît immédiatement que cette touchette s'inscrit nettement mieux dans le premier groupe que dans le second où le caractère, de simplement évocateur, est devenu descriptif. Jusqu'à preuve du contraire, nous considérerons que l'addition de 35 est un doublon et, tout en conservant la seconde mention de ce jeu, puisqu'il est demeuré dans le texte, nous nous bornons à indiquer l'emplacement où il figure sans lui attribuer d'ordinal.

213 - a taillecoup, (35): Screech dit: Jeu inconnu. Nous nous accom-

713

modons fort bien de cette ignorance, et nous passons tout de suite au sens second.

Greimas dit: Colp, cop: coup, fois. Pour taillier, il donne: 1080, latin populaire taliare, probablement de talea, bouture. Et parmi tous les sens offerts, nous retenons: tailler, couper, frapper; taillier a quelqu'un: être capable de lui tenir tête; réfléchi: se mettre à, être sur le point de: Dont aucun a crier se taille. Et nous nous demanderons au passage si nous ne retrouvons pas, avec ce dernier sens, la locution tailler la route, autrement dit se mettre à la route, comme aussi l'impératif populaire taille-toi! équivalant alors à mets-toi, sous-entendu: à la route, ce qui s'entend comme fous le camp!

Nous avons donc cette idée de coup compris comme fois, mot qui prend le sens érotique qu'on peut extraire de la définition du Petit Robert: Moment du temps où un événement (ici le coït) conçu comme identique à d'autres événements (les coïts) se produit. Quant au mot taille, il paraît conséquent de ne retenir que l'idée de frapper, le mot taillecoup, autrement dit frappe-coup, nous paraissant avoir même contenu que le moderne tirer un coup, lequel a pu se substituer à l'autre à mesure que se répandait l'usage des armes à feu. Nous lirons donc tout simplement a taillecoup comme: A tire-un-coup.

214 - au(x) nazardes, (35): Screech, pour ne pas perdre la main, dit: Jeu inconnu. Or nous nous souvenons que la nazarde est ce que reçoivent comme salaire les cheualiers de la table ronde (P. xxx): pour chascune passade ilz ne ont que une nazarde, & sus le soir quelque morceau de pain chaumeny, cette nazarde étant donnée pour chiquenaude par Saulnier. Le sens général de nazarde est chez Furetière: Chiquenaude que l'on donne sur le bout du nez. On dit d'un homme ridicule & timide, qu'il a un nez à camouflets & à nazardes. Quant au jeu d'enfants, il se trouve au verbe Nazarder: donner des nazardes. Les Pages, les Escoliers se nazardent les uns les autres.

Nous admettrons que cette activité ait pu constituer un jeu puisque tout nous invite à le supposer; mais pour le sens second, pour lequel, à vrai dire, nous entrevoyons déjà quelque image, nous chercherons s'il n'est pas possible de retrouver trace antérieure.

Greimas donne: Nasel, 1080; Nasal, 1155; Nazeul, fin XIIe siècle; (voir Nes: nez): Partie du casque protégeant le nez. Et au mot Nes, nous lisons: 1080, latin nasum: nez; trompe; narine. Toutefois le mot trompe ne doit pas nous abuser; Godefroy, chez qui Greimas a pris le renseignement, le donne, issu du Roman de la Rose, pour olifant. Mais nous n'avons même pas à chercher du côté d'une représentation de ce genre quand nous sentons depuis le début qu'il s'agit de la transposition euphémique habituelle: nez, pénis. La nazarde est en fait le coup donné avec le médius que l'on a plié contre le pouce et que l'on détend brusquement, définition de la chiquenaude, ce coup répété appliqué par une main experte étant réputé redonner vigueur à un membre devenu languissant après les premières ardeurs. Il semble donc que nous pouvons lire aux nazardes comme: Aux revigorettes.

215 - aux allouettes, (34): Nous rejoignons ici l'édition originale, les nazardes que nous venons de voir ayant manifestement charge de faire la jonction. Guilbaud dit dubitativement: Aux pinçons? Screech dit: Cf. Pantagruel, XXX, où allouette a le sens de nasarde (inconnu en dehors de Rabelais); jeu inconnu, qui consiste sans doute à donner des nasardes à ses compagnons.

La référence au Pantagruel est celle des douze pers de France (qui) gaignent leur vie a endurer force plameuses/ chinquenaudes/ alouettes/ & grans coups de poing sus les dentz, texte qui ne figure que dans l'édition de 1532. Saulnier donne plameuse pour soufflet, ce qui est confirmé par Godefroy, et alouette pour coup, ce qui ne peut qu'être inexact puisque c'est faire dire à Rabelais: chiquenaudes, coups, et grands coups de poing, etc.

Mais en reprenant dans cette phrase la série des gestes vexatoires infligés aux pairs de France, nous nous apercevons que si la plameuse est le soufflet, la claque ou la gifle, si la chinquenaude est la chiquenaude, la pichenette ou même la nasarde, si les coups sont de grands coups de poing sur les dents, la seule souffrance de même ordre qui puisse encore être appliquée avec la main est bien le pincement dont parle Guilbaud, bien qu'il emploie le mot pinçon, qui ne désigne que la marque qui reste sur la peau quand elle a été pincée. Comme précédemment, nous admettrons parce qu'on nous y invite que se pincer mutuellement a pu constituer un jeu d'enfants quoique tout nous laisse penser que, s'il a existé, il ne devait durer que le temps d'un courte patience avant l'échange de horions. Et, comme précédemment aussi, nous comprendrons, pour le sens second, qu'il est question de ces manœuvres à intention revivifiante pratiquées sur le membre momentanément abattu. Nous lirons aux allouettes comme: A pinces ravivantes.

216 - aux chinquenaudes, (34): Screech dit: Provençal chicanaudo, coup que l'on donne du doigt du milieu après l'avoir raidi contre le pouce; cité au Quart Livre. Le renvoi se rapporte au texte du chapitre XIV: Les paiges jouoient à la mourre à belles chinquenauldes; et Marichal, le commentateur, donne, tout en renvoyant au texte du Gargantua dont nous nous occupons, la définition qui est celle que Screech

lui a reprise. Cela devrait se nommer le commentaire à tour mort: il n'assure rien par lui-même.

Si les alouettes sont des pincements, les nasardes qui précèdent sont déjà des chiquenaudes, à cela près, nous l'avons vu, qu'elles sont données sur le nez. Ces nazardes sont donc quelque chose comme des chiquenaudes élaborées, et nous ne pouvons qu'être surpris de voir que l'ultime jeu de cette longue liste est constitué par un retour à la chiquenaude toute simple quand nous savons pertinemment que Rabelais finit ses énumérations sur une haute note. De plus, il nous faut bien admettre que cette dernière place a été sciemment dévolue à ces chiquenaudes qui forment régression puisqu'elle est déjà celle de la première édition, aucun des remaniements successifs n'y ayant rien modifié.

Nous pourrions nous borner à nous dire que cette note finale étouffée de façon si insolite, et pour faire place à ce qui n'est pas loin d'être une redondance, ressortit au cas du bon Homère qui, quelquefois, sommeille (Horace, Art poétique, 359). Mais nous avons trop souvent décelé l'intention sous l'écriture pour conclure si vite à la somnolence. Pour tout dire, la gaucherie est si apparente et si insistante que nous ne pouvons que la croire volontaire, comme toujours chargée de servir de signal à un sens caché, celui-ci devant vraisemblablement former la haute note finale attendue.

Nous relisons donc ce que dit Screech, ce qui, nous nous y attendions, n'apporte vraiment rien. Puis nous relisons la phrase du Quart Livre: Les paiges jouoient à la mourre à belles chinquenauldes; et nous comprenons subitement, chacun comprenant en même temps, d'une part que sont liées lesdites chiquenaudes et le jeu de la mourre, d'autre part que, phonétiquement, la mourre est la même chose que l'amour. Autrement dit, au sens second, les chiquenaudes égalent l'amour; jouer aux chiquenaudes, c'est jouer à l'amour. Sur ce, nous vérifions, ce qui revient à revoir quelques-unes des notions recueillies pour le jeu a la mourre (36):

Pour ce jeu de la mourre, le Robert dit: 1552, Rabelais; emprunté de l'italien dialectal morra, italien littéraire mora, du latin mora, retard. Jeu de hasard dans lequel deux personnes se montrent rapidement et simultanément un certain nombre de doigts dressés en criant un chiffre pouvant exprimer ce nombre (celui qui donne le chiffre le plus juste gagne). Le Lexis dit: Italien dialectal morra, troupeau (les doigts levés évoquant un petit troupeau); 1475. Jeu dans lequel un joueur montre rapidement les doigts d'une main, les uns étendus, les autres fermés, à son adversaire, qui doit dire un nombre égal à la somme des doigts levés.

Le moins qu'on puisse dire est que l'étymologie du mot mourre est loin d'être fixée; aussi consultons-nous les spécialistes. Dauzat dit: Mourre, milieu du XVe siècle (jouer à la mourre), de l'italien dialectal morra, le troupeau, par métaphore, du latin populaire murrum, museau, d'où tas. Bloch et Wartburg donnent: Mourre, dans la locution jouer à la mourre, 1475. Emprunté de l'italien dialectal morra, issu très probablement de l'italien dialectal morra, troupeau, les doigts levés de la main dont il s'agit de deviner le nombre formant comme un petit troupeau qu'on dénombre rapidement. L'italien morra est de la même famille que moraine, le sens de troupeau étant sorti de celui de tas. Il semble que nous atteignions les confins du nébuleux, les bornes du monde fantasmagor-étymataiologique. Car, d'abord, l'italien mora, même dialectal, n'a jamais voulu dire troupeau; ensuite moraine vient du savoyard morêna, proprement bourrelet de terre à la limite inférieure d'un champ en pente (ce mot moraine étant, disent Bloch et Wartburg, dérivé du type mor(re), museau); enfin même si en toscan mora signifie tas (de pierre, comme disent eux-mêmes Bloch et Wartburg), on se demande comment des doigts pourraient être mis en tas, comment ils en deviendraient pétrifiés, et comment cela pourrait évoquer des têtes de bétail. Il est temps de balayer ces visions cornues.

Des trois mots souche qu'on nous donne: retard, museau et troupeau, le premier est manifestement un contresens et le troisième, le résultat d'un raisonnement quelque peu chaotique. Reste le mot museau qui, joint à ce que nous laisse entrevoir la liaison des deux mots mourre et chiquenaude, liaison qu'établit la phrase du Quart Livre, mérite qu'on approfondisse la question, d'autant que le mot mourre est employé encore au Tiers Livre (chapitre XX): Faictz luy en signe une gresle de coups de poing sus le mourre, Screech disant alors: Languedocien, museau, et par extension visage (Sainéan).

Lou Pichot Tresor donne: Mourre: mufle, museau; groin; hure; trogne, visage; moue; gargouille. Mourreja: montrer le museau, le nez, épier. Mourret: minois. Le Dictionnaire du patois lyonnais dit: A Craponne, dans l'expression Fere lo mourre, faire la moue, bouder; littéralement faire le museau. Il donne aussi le verbe Morro: tomber sur le nez, et le substantif Morro: visage, figure (vieilli; ne s'emploie plus que dans les dérivés). Du vieux provençal mor, tête, museau. Greimas, lui, donne: Mor, XIIe siècle, latin populaire murrum, d'origine obscure: museau. Enfin Godefroy donne: Mourre, meurre: le museau des animaux; par extension, le visage, en parlant de l'homme. Poitou, Bourgogne, Yonne, Franche-Comté, mourre, mufle des animaux, museau, visage; faire la mourre, faire mauvaise mine, bouder. Suisse romande, mo, mor, mour, mourre: gueule, museau.

Dès lors, il paraît avéré que le jeu de la mourre n'est pas autre chose que le jeu du museau, museau sur lequel se donnent les chiquenaudes. Car il est maintenant évident que la description du jeu, sans mention de gageure, n'est pas exactement le jeu du XVIᵉ siècle, les pages du Quart Livre montrant clairement quelle est la peine infligée au perdant. Il s'ensuit donc que, pour le lecteur de 1534, parler de jouer aux chinquenaudes est comme parler de jouer à la mourre, et jouer à la mourre est, au sens second, jouer à l'amour, ce qui résume la liste des deux cent quinze jeux qui précèdent tout en constituant la haute note finale que nous attendions.

Nous pourrions aussi voir dans ce dernier jeu l'ultime preuve du bien-fondé de notre compréhension. Mais outre que nous n'en avons nul besoin puisque c'est tout au long de l'analyse des jeux que s'est affirmé ce bien-fondé, il semble que la confirmation soit toute contenue dans le texte même de la fin du chapitre, que nous lisons maintenant. Ainsi, à la suite de ce que les balourds, qui se disent si fort ennuyés par elle, appellent une litanie, Rabelais, en 34, écrit: Apres auoir bien ioué & belute temps, il conuenoit boire quelque peu, cestoient (etc.). Et Screech dit en note dans le texte, pour beluté: Bluter, par analogie avec passer; et dans l'Index verborum: Littéralement: séparer en tamisant, avec jeu de mot (passer).

En 42, le texte devient, formant un paragraphe: Apres auoir bien ioué sessé passé & beluté temps, conuenoit boire quelque peu, cestoient (etc.). Greimas donnant Saas et saacier, il est assuré que sessé est une coquille, d'ailleurs relevée en marge du fac-similé avec demande de rétablissement en sassé (bien que Screech donne sesser pour variante de sasser). Les autres commentateurs renseignent selon la tradition. Boulenger dit: Tamisé, passé et beluté le temps: c'est un calembour développé sur passer le temps (à travers un tamis). Guilbaud dit: Sassé: passé au sas, tamisé; beluté temps: bluté le temps (comme la farine). Jourda, qui imprime sessé, dit: Tamisé; beluté: bluté. Michel qui, lui aussi, imprime sessé, dit ce que dit Jourda. Demerson imprime sessé et dit: Passé (au sens de tamisé, passé au sas); beluté: synonyme de sessé: Gargantua passe le temps comme on passe la farine.

Tout le monde, donc, fait ressortir l'idée d'user le temps exprimée au moyen de la métaphore passer au tamis, autrement dit, passer le temps au tamis. Mais nous n'avions certes pas besoin de la glose pour entendre que Rabelais se complaît ici à prendre la locution au sens concret,

Dauzat disant d'ailleurs que l'expression passe-temps, au sens de joie, est de 1413, employée par Charles d'Orléans. Et c'est là qu'il nous faut reconnaître qu'après avoir dû abandonner quelques-uns des commentateurs au cours de l'analyse des jeux, nous éprouvons une réelle satisfaction à les retrouver tous, égaux à eux-mêmes, tant les pilotis qu'ils enfoncent autour du texte nous sont utiles pour jeter sur celui-ci, et à la hauteur qui convient, notre plate-forme d'observation.

C'est ainsi que, de cette position, vérifiant les explications qu'on vient de nous donner, si nous ne trouvons pas le verbe beluter dans Greimas, nous lisons dans Godefroy: Belutoire: blutoir, tamis destiné à séparer la farine du son. Beluter: bluter, tamiser, signification conservée. Mais nous lisons encore: Dans un sens grivois: jouir de; avec, à l'appui, du chapitre XI du Tiers Livre: guare Diables qui vouldra, en cas que autant de fois je ne belute ma femme future la première nuict de mes nopces. Et encore: Absolument, faire l'amour, citant, du chapitre XLIV du Quart Livre: Puys, sans melancholie, / Se vont coucher, belutent, prenent somme. Boulenger, pour cet emploi du mot au Tiers Livre, dit: Passer au crible. Par allusion au mouvement de va-et-vient du tamis, le verbe a pris un sens obscène[37]. Guilbaud, au même endroit, dit la même chose. Et si Plattard et Jourda se taisent, Michel dit: Sens libre, comme labourer; et Screech dit: Sens libre.

Il apparaît donc que si les commentateurs ne voient pas au verbe beluter du texte qui nous occupe ce même sens érotique doubler le sens de tamiser, de même qu'aux verbes sasser et passer, alors que tous trois sont introduits par le verbe jouer dont est connue l'acception: faire l'acte amoureux, cela vient, à n'en pas douter, d'une sorte de cécité sélective due à la suggestion initiale assurant que ces jeux sont d'enfants. Or nous savons désormais que cette suggestion est fallacieuse; il faut donc admettre que nos commentateurs se laissent abuser de la même façon que Rabelais a voulu que fussent abusés les censeurs. Le tout est alors de savoir si l'on peut se dire commentateur quand pour lanterne on prend une vessie vieille de cinq cents ans.

La phrase se termine ainsi, inchangée depuis l'originale si ce n'est qu'en 34 elle finissait par un point, ce qui paraît mieux fondé que la virgule qu'on lit dans l'édition de 42: boire quelque peu, cestoient unze peguadz pour homme. Et il nous faut nous arrêter un moment sur ces peguadz pour homme, car les commentateurs ont beau faire ici les entendus, nous ne les entendons pas.

Boulenger dit: Mesure méridionale équivalent à 8 setiers; et nous admirons sans réserve Boulenger d'avoir une vue si claire de ce qu'est un setier; mais nous sommes obligés, nous, de consulter le Petit Robert

37. Voir en fin de chapitre note ajoutée à la relecture.

pour vérifier que le setier est l'ancienne mesure pour les liquides valant huit pintes, la pinte étant l'ancienne mesure de capacité pour les liquides (0,93 l). Autrement dit, le setier valait 7,44 litres et, selon Boulenger, la peguad 59,52 litres, ce qui donne pour les unze peguadz: 654,72 litres. Guilbaud dit: La péga, mesure méridionale de plus de soixante litres. Plattard se tient coi; Jourda dit: Mesure. Michel dit: Mesure méridionale équivalant à 8 setiers. Screech dit: Peguad: gascon pega, mesure de vin. Seul exemple, Huguet. Demazière dit: Pot de vin, plus grand d'un quart que le pot de Paris. Demerson dit: Onze mesures du Midi, équivalant chacune environ à 4 litres.

En fait, bien que dépourvue de la moindre connaissance précise de ce qu'est cette peguad, toute la glose s'empresse de renseigner sur la capacité, alors que la question n'est manifestement pas là, mais bien dans la cocasse précision: pour homme, cette précision nous faisant d'emblée entendre, à nous qui sommes désireux d'entrer dans le texte, et non de donner l'impression que nous le comprenons du premier coup, que la pèguad doit être un récipient qui, précisément, n'est pas à destination de l'homme.

Mais, pour tenter de saisir l'intention, il nous faut savoir ce qu'est ce mot peguad que Screech dit issu du gascon pega. Vérifions donc. Nous trouvons dans Lou Pichot Tresor: Pegau, substantif masculin: broc, cruche. Pegalado, substantif féminin: cruchée. Pegue, pego, adjectif: pris de vin. Prendre uno pego: s'enivrer, ce mot pego se rencontrant avec le mot Pego, substantif féminin: poix. Pour ce mot poix, Godefroy donne: Pege, substantif féminin, pegue, peghe, peize, pezze; Lyonnais, pege; Suisse romande, pezze: poix. Mais il donne aussi les sens de: Arbre dont on extrait la poix; mesure pour la poix, citant, pour ce dernier sens: Le pigour devra l'an deux peghes de peghe de laide (1374); Le pegeur devra l'an deux peges de pega de leyde, le saulnier d'un setier de sel (etc.) (1462). Pegeor, pegeur, pigour: fabricant de poix. Pegié, pegé, adjectif: enduit de poix. Et nous nous rappelons aussitôt la souris empegée du chapitre XXXVII du Tiers Livre, adjectif pour lequel Screech dit: empêtré dans la poix; Huguet.

Nous lisons encore, dans le Dictionnaire étymologique du patois lyonnais: Pègi; vieux lyonnais pège; à Lyon pège, substantif féminin; Suisse romande pedje, pedze: poix. Pegez, vieux lyonnais, substantif masculin: Mesure d'un certaine quantité de poix, avec, à l'appui, cette citation de 1381: 12 peges à 2 loys et demi le pegez. Cette poix, ajoute-t-il, servait à enduire les chanées de bois (les chanées étant les chéneaux de toiture). Enfin, il dit: On trouve dans le Morvan et le bourguignon pige, mesure; prendre la pige d'un champ.

De tous ces renseignements, il ressort que la pège est la mesure pour la poix. Or, en occitan, la poix c'est la pègo. D'autre part, prendre uno pègo, c'est s'enivrer; et être pèghe ou être pègo, c'est être pris de vin. Il est évident qu'il y a donc ici superposition malicieuse, celui qui est ivre étant tenu pour avoir absorbé de la pègo, de la poix, qui lui a empesé la langue. De là, il paraît légitime d'inférer que le mot pèguad, qui est vraisemblablement la forme de l'ancien occitan, désignait la mesure pour la poix, mesure qui devait être assez volumineuse pour amener l'image de dérision du vin servi dans cette pèguad, la quantité donnant l'explication de l'état d'ivresse, les restes de la poix celle de la difficulté d'élocution. Transposé, mais sans l'idée d'engourdissement de la langue, c'est le même procès facétieux qui, naguère, faisait répondre à un homme saoul qui prétendait n'avoir bu qu'un ou deux verres: Ce devait être le verre du cheval (autrement dit, le seau).

Et maintenant que, selon toute vraisemblance, nous avons saisi la première partie de la plaisanterie, la signification de la précision: pour homme, dont nous nous doutons qu'elle est captieuse, doit nous apparaître facilement. Il semble même que c'est la comparaison avec le verre du cheval qui va nous permettre de l'entendre, la pèguad ne pouvant, de par sa contenance, être un récipient où peut boire un être humain, et Rabelais feignant de spécifier qu'il s'agit, alors qu'elle est imaginaire, d'une mesure à poix quelque peu réduite, c'est-à-dire adaptée à l'homme. C'est, reprenant l'image du cheval comme si l'idée était ainsi exprimée: boire quelque peu, c'étaient onze verres du cheval, mais pour homme.

Quoi qu'on fasse, la comparaison ne peut rendre tout le contenu de ce que, le mot pèguad étant occitan, l'on peut appeler la galéjade, puisque la poix ne fait plus partie des produits familiers et qu'a disparu la mesure à poix. Et nous sommes là obligés de reconnaître que s'il est un moment où une translation peut avoir quelque utilité, c'est par la transpostion qui doit faire entendre tout ce que contient cette idée de mesure à poix donnée pour gobelet à vin avec ses conséquences d'ivresse et d'empesage de la langue. Nous allons donc voir quel expédient ont pu trouver les petits Demersoniens, et ce qu'ils ont fait du texte que nous nous remettons en mémoire: Apres auoir bien ioué sassé passé & beluté temps, conuenoit boire quelque peu, cestoient unze peguadz pour homme. Et nous lisons: Après avoir bien joué, tamisé, passé et bluté le temps, il convenait de boire un peu, c'est-à-dire quatre-vingt-dix setiers par personne. Et, devant tant d'imbécillité (au sens étymologique, évidemment), nous demeurerions interdits si nous ne devions faire le point.

Non seulement ces béjaunes n'ont pas vu la galéjade, le gab, mais, contre la logique même de leur pauvre entreprise, ils ont cru fort subtil d'user du mot setier (en en comptant quatre-vingt-dix, on se demande pourquoi) alors que la capacité que cela représente n'apparaît plus spontanément à personne; de plus, ils ont compris la locution: pour homme, au sens où l'emploient les restaurateurs: par personne; ils ont encore jugé indispensable de rendre: boire quelque peu, par la platitude: boire un peu; ils ont dénaturé: et cestoient, en: c'est-à-dire; ils ont substitué tamisé à sassé, transformé beluté temps, en: bluté le temps; ils ont rétabli: il convenait, alors qu'en 42 Rabelais a supprimé le pronom. En fait, comme les chiots de Dandin, ils ont pissé partout. C'est pourquoi nous nous bornerons à leur souhaiter d'avoir un jour un maître qui prenne le temps de les éduquer en n'encourageant pas leur vandalisme. Là-dessus, nous poursuivons.

L'originale poursuivait, elle, par ce qu'on peut considérer comme une phrase indépendante quand l'édition de 42 fait commencer celle-ci après une virgule: & soubdain apres bancqueter cestoit sus un beau banc, ou en plein beau lict sestendre & dormir deux ou troys heures sans mal penser, ny mal dire. Les Demersoniens rendent la phrase, qu'ils font commencer après un point-virgule, par: et aussitôt après avoir banqueté, on s'étendait sur un beau banc ou en plein mitan d'un beau lit pour y dormir deux ou trois heures, croyant bon de consommer la ruine en transformant la trouvaille: sans mal penser, ny mal dire, en: sans penser à mal ni médire (alors qu'à tout prendre, leur rage de translater aurait pu s'employer à trouver un bon équivalent de l'adverbe soubdain, qui garde manifestement quelque chose du sens latin de subitaneus: un peu subit).

Mais plus remarquable que ces émissions juvéniles est le fait que cette sieste ou méridienne, tant honnie des théologiens, est dite succéder immédiatement au repas bien que se soit écoulé entre ce repas et cette sieste tout le temps consacré aux jeux, temps d'autant plus long qu'on a pris soin de le sasser, le passer, le beluter. Assurément, il nous faut donc plutôt voir dans ce dormir le sommeil réparateur succédant aux ébats qui nous ont été suggérés par les sens seconds des jeux, l'auteur, tout au long de ce chapitre, s'affranchissant quand besoin est du gigantisme de son héros, et, comme ici, jonglant désinvoltement avec l'écoulement du temps. En fait, les jeux nous ont montré que nous sommes là dans le domaine de la fantaisie intemporelle, et l'après-midi de Gargantua a bien l'air de tenir surtout de celle qui fait partie de la vraye vie de ces pères qui vont être maintenant évoqués, et, selon nous, évoqués à dessein.

Car Gargantua, qui s'est donc refait une santé, avec toutefois l'appoint des unze peguadz, probablement pour le sang neuf, sort de son repos: Luy esueillé secouoit un peu les aureilles. Ce n'est pourtant point suffisant pour reprendre pied; aussi lui vient-on en aide: ce pendent estoit apporte vin frais, la beuuoyt mieulx que iamais. Mais le précepteur, qui a jusque-là laissé tout faire, y trouve à redire: Ponocrates luy remonstroit, que cestoit mauuaise diete, ainsi boyre apres dormir. Et c'est devant cette réprobation, qui ne sert visiblement qu'à susciter la réponse, que l'auteur prend, apparemment, son héros pour porte-parole: Cest (respondit Gargantua) la vraye vie des peres, cette assimilation attestant en fait que si lesdits pères boivent après dormir, c'est aussi qu'ils dorment après bancqueter et qu'ils boivent donc aussi avant dormir; mais surtout, pour qui a entendu le signal, c'est signifier qu'entre manger et dormir, ils se sont dépensés au déduit. Et la suite de la réponse: Car de ma nature ie dors sallé: & le dormir ma vallu autant de iambon, qui lie ces pères au seul péché de gourmandise que sont les salaisons et le vin, apparaît comme une atténuation devant masquer la portée de ce qui vient d'être donné à entendre.

La suite ne peut que confirmer le parallèle avec cette vraye vie des peres: Puis commencoit estudier quelque peu, & patenostres en auant; et cela jusqu'à cette habitude de déambuler pour dire ces patenôtres, à cela près que, pour lesquelles mieulx en forme expedier, la marche est remplacée par la monte sur une vieille mulle, laquelle auoit serui neuf Roys. Et nous devons, cette fois, nous apitoyer sur les éclaircissements que donne de ces lignes le professeur Demerson. Il dit, pour vraye vie des peres: Une vie sans soucis, pour qui n'a que des soucis matériels. Il faut pourtant savoir aussi que Screech a dit avant lui: Cf. Cotgrave, au mot Père: Ils sont à table, assis comme Pères (whose Bellies being filled, their greatest care is taken), consentant cette fois à ajouter pour les francophones: c'est-à-dire, qu'ils n'ont plus de soucis, quand leur panse est remplie. Mais Demerson continue: pour ie dors sallé, il dit: Comme l'expression manger salé; pour autant de iambon, il dit: Autant que si chaque somme eût été jambon salé; pour patenostres en auant, il dit: Se mettre à l'étude, c'est déclencher la récitation de prières; pour expedier, il dit: Il expédie ces prières comme on expédie du courrier. Et s'impose alors à nous cette notion architecturale: à savoir qu'est assurément très bas de plafond le lieu où se rencontrent Demerson et ses translateurs.

Quant à la vieille mulle, laquelle auoit servi neuf Roys, personne ne se risque à parler d'elle, sans doute craignant d'être aussi ridicules que le furent les commentateurs de la fin du XVIIIᵉ siècle avec leur interprétation historico-Révolutionnaire. Or le fait que cette évocation de la vieille mulle est demeurée inchangée de l'édition originale à l'édition définitive indique assez, semble-t-il, qu'il n'y a pas là la moindre allusion. Et tenant compte que l'amplification narrative la cantonne dans l'irréel, nous ne verrons dans la précision: laquelle auoit serui neuf Roys, qu'une amusante façon d'indiquer le très grand âge.

La phrase se poursuivait, en 34, par: ainsi marmonant; en 42, Rabelais a corrigé en: ainsi marmotant, ce qui montre à l'évidence que ces verbes avaient alors les sens distincts que nous retrouvons dans Furetière: Marmonner: murmurer & gronder tout bas & entre ses dents; Marmotter: parler entre ses dents, remuer les lèvres sans se faire entendre. Ainsi l'auteur s'est aperçu de l'incongruité de l'idée de grondement et a voulu que le machinal diseur de patenôtres soit somnolent mais sans colère, ce minutieux souci d'exactitude nous permettant encore de chanter pouilles à ceux qui continuent de parler de mots assemblés, chez Rabelais, pour la seule sonorité, les deux mots échangés sonnant exactement de même façon.

Mais tout ne se termine pas là; la fin de la phrase achève d'abord de croquer la silhouette: & dodelinant de la teste. Puis la suite semble faite tout spécialement pour donner à penser: alloit veoir prendre quelque connil aux filletz. Car il faut ici, ou bien admettre que l'on tendait les filets pour des lapins, ce qui est mettre en œuvre un bien grand appareil pour une petite prise, celle-ci étant même incertaine si l'on se fonde sur l'indéfini quelque; ou bien il faut voir, dans ce chapitre où la trame du récit n'est que prétexte à sous-entendus, que ce connil est celui qu'a dans la tête un Carpalim, au chapitre XXXIIII du Tiers Livre, quand il dit: je n'avois (...) argument plus persuasif envers les dames, pour les mettre aux toiles et attirer au jeu d'amours, Screech expliquant: Mettre aux toiles, terme de vénerie, amener le gibier dans les toiles (filets); d'où séduire. Nous suppléerons cependant, comprenant que ce sens de séduire, que Screech tient de Sainéan, s'établit sur les deux sens de toiles, filets, et toiles, draps. Il est alors évident que le sens littéral de alloit veoir prendre quelque connil aux filletz, se double du sens érotique de: allait voir mettre quelque connin dans les draps, ce qui n'est nullement surprenant dans ce chapitre où tout est gratuit hormis les allusions au déduit, d'autant que la journée va finir sur la visite faite aux garses dentour.

Nous arrivons ainsi à deux paragraphes attendus dont le texte, inchangé depuis 34, renoue avec l'appétit gigantal, Gargantua, à son retour, se transportant en la cuisine auant de soupper tres bien, et cela par la conscience de l'auteur. Et si Rabelais intervient ici en qualité de conteur, on ne peut s'interdire de penser que c'est pour s'associer aux convives dont il parle: & voluntiers conuioit quelques beuueurs de ses voisins, et particulièrement peut-être, aux quatre seigneurs qui vont être nommément cités, donnant l'impression qu'il évoque une de ces réunions où s'est élaborée la liste des jeux à double entente, Rabelais faisant l'essai de compréhension sur un auditoire choisi. Toutefois, si tel est bien le cas, rien n'en transpire, l'auteur poursuivant simplement par: auec lesquelz beuuant dautant, comptoient des vieulx iusques es nouueaulx.

L'avant-dernier paragraphe est celui de la citation des quatre grands noms: Entre aultres auoit pour domesticques (c'est-à-dire familiers) les seigneurs du Fou, de Gouruille, de Grignault (celui-là ajouté en 42) & de Marigny. Mais, bien que les commentateurs disent qu'il y eut des personnages de ce nom, il n'est pas exclu que la citation de ces patronymes soit encore une facétie et qu'il ne s'agisse que de surnoms dont s'affublaient les piliers de ces joyeuses rencontres. Car s'impose de plus en plus l'idée que nous avons là affaire à une évocation de complicité faite à la seule intention de quelques intimes, le lecteur extérieur à la coterie ne devant pas trouver grand intérêt, que ce soit en 1534 ou en 1542, à apprendre que ces seigneurs buvaient d'autant en contant des vieux jusques aux nouvèaux.

La fin, inchangée elle aussi depuis 34, est de pure convention, l'auteur ne craignant pas de faire apparaître de nouveau, mais au seul sens littéral cette fois, les tabliers et les cartes de l'après-dîner, tout en risquant l'expression: beaulx euangiles de boys, formation qu'il doit pourtant juger quelque peu forcée, et dont, surtout, il semble craindre ou qu'elle ne soit pas comprise, ou qu'elle lui soit imputée à mal, puisqu'il la définit aussitôt: cest a dire force tabliers. Toutefois ces jeux ne reparaissent que si Gargantua n'a pas préféré aller veoir les garses dentour, auxquelles, comme on sait, sa taille le contraint à ne faire que la conversation, en même temps, pourtant, qu'il mange encore: & petitz bancquetz parmy, l'originale plaçant ici un deux points non reproduit dans l'édition de 42, ce deux points montrant pourtant que le mot parmy est employé adverbialement, laissant donc entendre que c'est au milieu desdites garses que sont pris ces petitz bancquetz, et donnant comme composition de ces banquets la suite de la phrase: collations & arrierecollations. Or la translation donne ici: et faisait de petits banquets parmi collations et pousse-collations; et il ressort de cette gaucherie qu'on prend le mot bancquet au sens moderne de repas d'apparat où sont conviées de nombreuses personnes (Petit Robert). Ce contresens entraîne alors une représentation invraisemblable: ce repas d'apparat est en plusieurs exemplaires, puisque bancquetz est au pluriel, chacun d'eux étant pourtant petit; tous ont lieu entre le moment de l'après-souper et le coucher, et ils sont encore précédés et suivis de collations, elles aussi au pluriel: on arrive à l'ineptie[36]. Mais c'est précisément le fait que ces bancquets sont petitz et nombreux qui nous indique à coup sûr que le sens du mot banquet est celui de mets (Godefroy: La table est de banquets couverte): il s'agit de ce que nous nommons en-cas ou repas léger pris à toute heure, et la phrase est à entendre comme: et petits en-cas en leur compagnie: collations et arrière-collations, ce dernier mot ayant d'ailleurs bien l'air de conserver quelque chose du latin collatio: action d'apporter en commun, ce qui sous-entend que c'est Gargantua qui, en seigneur qu'il est, a apporté chez les filles la plus grande partie de ce qui constitue ces en-cas.

De 34 aussi, la dernière phrase est: Puis dormoit sans desbrider iusques au lendemain huict heures. Comme il se doit, c'est sur le sommeil que se clot ce chapitre apparemment réservé à l'après-midi, en réalité, comme on a pu le voir, chapitre essentiellement consacré aux jeux de langage à base érotique. Et l'on peut se dire ici que Rabelais, devant encore écrire deux chapitres éminemment sérieux avant de passer à la partie épique où le développement permettra peu de digressions, a voulu auparavant se donner le plaisir de l'écriture sans contrainte, le présent chapitre étant le dernier, avec sa trame assez lâche, à pouvoir accueillir ce qui n'est, somme toute, qu'un hors-d'œuvre. Et ce hors-d'œuvre nous permet encore au passage de nous amuser d'assertions telles que celles-ci:

Dans sa préface au Gargantua de Screech, Saulnier écrit par exemple que le Gargantua, comparé au Pantagruel, a une construction beaucoup plus robuste, beaucoup mieux charpentée; et Demerson, dans l'introduction au Gargantua de son édition, déclare que la structure narrative en est plus ferme, jugements qui n'ont d'autre fondement que la vieille antienne universitaire qu'on entonne le regard fixé (fort ana-

---

36. Nous nous en prenons particulièrement à cette démagogique translation parce que son propos est déraisonnable et son outrecuidance évidente. Mais l'incompréhension de cette phrase n'est pas nouvelle. Et si mettent au moins une virgule après le mot parmy les Jourda, Plattard, Michel, Demazière, ainsi d'ailleurs que l'édition Garnier de 1870, Demerson imprime: petitz banquetz parmy collations et arrière-collations (le trait d'union étant de son cru). Quant à Screech, il imprime: et petit bancquetz par my, collations et arrière-collations, alors il a sous les yeux, du moins nous voulons le croire, le texte de 1534, qui est exactement (la ponctuation et les blancs sont fidèlement reproduits):

                          & petitz
       bacquetz par my: collations & arrierecol
       lations.

Autrement dit, la chorale des édito-commentateurs interprète le célèbre cantique: Je comprends. — Moi non plus!

chroniquement) sur la ligne bleue du classicisme. Et, entre tant d'autres preuves, le chapitre même que nous venons d'analyser montre à quel point cette idée est gratuite; nous nous contentons donc de dire, comme à l'accoutumée: Chantez, beaux merles!

Mais il nous faut maintenant aller voir comment, après s'être tant diverti, Rabelais traite ces deux chapitres qu'il semble s'être imposé d'écrire pour complaire aux austères humanistes. Ce sont les chapitres des études passablement utopiques, assez ennuyeuses, que néanmoins la plupart des pédagogues ont d'emblée sélectionnés afin d'y puiser des sujets de dissertations bien fastidieux, comme pour dissuader les élèves de croire pouvoir prendre plaisir à lire Rabelais. Peut-être parviendrons-nous à y trouver quelques points attachants si nous avons soin de les prendre en dehors de ceux que l'École aborde sempiternellement.

---

37. On nous dit, page 719, 19ᵉ ligne, que le verbe Beluter a pris un sens obscène par allusion au mouvement de va-et-vient du tamis. Or ce n'est certes pas le mouvement du tamis qui peut être évocateur mais, comme on s'en doute, le mouvement de bassin de celui ou de celle qui imprime son mouvement au tamis. Encore ne devons-nous pas nous représenter cette action de tamiser comme la peint un Courbet dans son tableau: Les cribleuses de blé (1854), où l'on voit une de ces cribleuses, à genoux, le corps en total déséquilibre, enserrer très artificiellement, les bras en semi-extension, un tamis auquel elle ne peut, à moins de tomber d'épuisement, qu'imprimer un mouvement de rotation dans un sens puis dans l'autre. Et l'on se doute bien que cette mythique cribleuse (qui a pourtant été, il y a peu, le motif retenu pour une affichette d'exposition) est un modèle qui n'a jamais dû cribler que de dettes ceux pour lesquels elle a posé. En fait, les paysans ayant toujours été gens avisés répugnant à se fatiguer pour rien, le crible, le tamis était suspendu, à hauteur de poitrine, à deux cordelettes à crochets pendant d'une poutre. Le mouvement de va-et-vient rapide, venant du bassin, se transmettait alors en toute liberté au tamis sans que le corps ait à supporter le poids de l'instrument plein.

Comment Gargantua feut institué par Ponocrates en telle discipline, quil ne perdoit heure du iour. Chap.xxiij.

De ce chapitre dont on nous a tant rebattu les oreilles et qui fait encore, avec le suivant, autorité chez les critiques à parti pris[1], nous nous bornerons à relever onze points auxquels on n'a pas coutume de s'arrêter. En outre, nous ne considérerons que les gloses des deux commentateurs les plus récents, Screech et Demerson, consultant les vétérans à l'occasion seulement. Et cela pour faire court parce que ne devait pas dépasser 700 pages ce premier tome qui finit sur ces deux chapitres. Mais il faut bien dire que cette contrainte nous arrange assez, tant ces deux chapitres sont, dans leur ensemble, assommants, le lecteur étant saisi de l'ennui qui, manifestement, a été celui de l'auteur les composant. Nous commençons donc, sans condenser mais en choisissant.

Premier point: nature ne endure mutations soubdaines, sans grande violence. Demerson dit: C'est une tautologie: pour la médecine hippo-cratique comme pour la physique scolastique, la violence est définie par l'intervention d'une cause extrinsèque qui rompt le cours de la nature. Or cette note est du vent. Tautologie veut dire: même discours, et c'est alors prétendre que Rabelais, parlant de grande violence, redit ce que contient mutations soubdaines. Or c'est s'avancer beaucoup attendu que l'auteur, qui n'a certes besoin de personne pour se garder des tautologies involontaires, paraît avoir ici tout fait pour qu'une deuxième compréhension se greffe sur le sens littéral. Et cette compré-hension s'édifie, selon nous, sur l'acception sexuelle du mot violences,

----

1. Nous tenons en effet pour avéré que si la personnalité d'un auteur a chance d'apparaî-tre avec une certaine exactitude par la minutieuse analyse chronologique, les rationalisations que demande la synthèse de l'étude thématique ont toutes chances, elles, d'aboutir à l'artifice.

le mot nature prenant alors le sens de nature de la femme, qui n'endure mutation(s) soubdaine(s), c'est-à-dire le dépucelage, sans grand viol. Ce serait là, si l'on veut, un écho affaibli des sens doubles du chapitre précédent en même temps qu'un de ces traits par lesquels Rabelais croit encore, en commençant, pouvoir égayer cet exposé où l'on sent que l'inspiration n'est rien moins que spontanée.

Deuxième point: un scauant medicin de celluy temps, nomme maistre Theodore. Demerson dit: Encore un nom symbolique (Donné par Dieu); dans la première édition, ce médecin providentiel est désigné par l'anagramme de Phrançoys Rabelais qui servira à signer la Grande Pronostication pour 1544. Et il renvoie à cette Pronostication, à la fin de son volume. En fait, cette Pronostication est, comme on sait, signée Seraphino Calbarsy, ce qui donne Phrançoys Rabelais; les lecteurs de Demerson ignoreront donc que l'anagramme de ce chapitre est différente puisqu'elle est: Seraphin Calobarsy, les deux donnant d'ailleurs aussi bien Phrançois Rabelays que Phrançoys Rabelais[2].

Mais ce qui est plus étonnant, c'est que cette signature apposée avec quelque vanité naïve de 34 à 42, soit subitement reniée en 42 alors que le reste du texte n'a pas changé. Et il faut bien en déduire, ou qu'on a pu reprocher à Rabelais de se parer dès 34 d'un titre qu'il n'obtiendra qu'en 37 (mais alors pourquoi changer en 42 quand l'imposture n'existe plus?); ou que son évolution spirituelle l'a amené à cette date à quelque désaccord avec le programme d'éducation qui est décrit. Et peut-être devons-nous encore distinguer un signal dans ce maître Théodore, signal signifiant que Séraphin Calobarsy refuse désormais d'être le médecin qui fait table rase pour un emploi du temps encore si religieux qu'il transfère la responsabilité de ce geste sur quelqu'un dont ce n'est alors pas un hasard s'il se nomme Donné par Dieu. Il est sûr, en tout cas, que si Lefranc l'avait aperçu, il n'aurait pas manqué de relever l'argument en faveur de sa thèse de Rabelais libre penseur. Mais nous pouvons toujours y voir, nous, un moment de son évolution vers

---

2. Demerson annote au sujet de l'anagramme de la Pronostication nouvelle pour l'an 1544: Selon Sainéan, Calobarsy serait la transcription d'un mot grec employé par Lucien: beau sac-à-vin, ou: belles bourses. Et Demerson ajoute: ce nom de famille bacchique ou priapique s'accommode fort bien d'un prénom séraphique. Mais comme il n'est pas certain que ce commentaire soit ironique, il nous faut bien dire que, pour nous, séraphique étant synonyme d'angélique et d'éthéré, cela est bien loin de s'accorder avec l'idée de beau sac-à-vin ou celle de belles bourses. Bien plutôt croirons-nous que c'est précisément pour l'antinomie que Rabelais a choisi le prénom de Séraphin, antinomie qui contient le sentiment de dérision conduisant à la compréhension comique.

ce que Screech nomme constamment son syncrétisme (qui est le terme péjoratif) au lieu de parler d'éclectisme[3].

Troisième point: Lequel le purgea canonicquement auec Elebore de Anticyre, & par ce medicament luy nettoya toute lalteration & peruerse habitude du cerueau. Demerson dit: La purgation canonique (expiation légale) était un chapitre du recueil de droit, le Digeste. Il dit aussi: Remède proverbial de la folie. Mais il omet de préciser que ce recueil est celui du droit ecclésiastique et que cette purgation est celle qu'on imposait aux hérétiques repentis. Et l'expiation étant la souffrance imposée ou acceptée à la suite d'une faute et considérée comme un remède ou une purification, la faute étant assimilée à une maladie ou à une souillure de l'âme (Petit Robert), on employait cet ellébore (noir, blanc, ou plutôt comme il apparaît ici d'Orient) qui, constituant une purgation drastique fort pénible à supporter et présentant de bons risques d'empoisonnement, était particulièrement bien adapté au cas. L'on peut même penser que si quelques-uns de ces purgés mouraient de la purification, on concluait dévotement qu'il s'agissait de repentis insincères que, dans sa grande sagesse, la divine clairvoyance éliminait. Et peut-être la connaissance acquise du danger de cette purgation par l'ellébore et surtout la connaissance de l'usage qu'en faisait l'Église ont-elles contribué à la décision de remplacer le médecin Séraphin Calobarsy par le médecin Donné par Dieu (donné prenant alors le sens de administré), à moins même que ce ne soient les seules raisons.

Quatrième point. Il n'est que celui d'une impression ressentie à la lecture de: lintroduisoit es compaignies des gens scauants, que la estoient. Nous ignorerons toujours quels peuvent être ces gens; par contre, il ne nous faut pas grande contention cérébrale pour distinguer que, derrière le personnage de Gargantua, c'est l'auteur qui se félicite encore d'avoir quitté la bure et de s'être ainsi trouvé parmi ceux a lemulation desquelz luy (a crû) lesperit & le desir de estudier aultrement & se faire valoir.

---

3. Le Petit Robert dit: Syncrétisme: combinaison peu cohérente (à la différence de l'éclectisme); mélange de doctrines, de systèmes. Éclectisme: école et méthode philosophique de Potamon d'Alexandrie, recommandant d'emprunter aux divers systèmes les thèses les meilleures quand elles sont conciliables, plutôt que d'édifier un système nouveau. Or, dans Le Gargantua de Rabelais (Nizet, 1969), Jourda avance que le pantagruélisme, qui est une certaine gaieté d'esprit confite en mépris des choses fortuites, tiendra de l'épicurisme et du stoïcisme à la fois. Et il ajoute en note: Un stoïcisme gai, ainsi Faguel (il faut vraisemblablement lire Faguet) définissait-il la pensée rabelaisienne. Et il est de fait que nous pouvons reconnaître quelque intérêt pour le stoïcisme dans l'addition d'Épictète que fait Rabelais en 42 dans les Enfers du Pantagruel (xxx), réservant à celui-ci une survie dorée tout en lui donnant l'occasion de faire montre de sa générosité.

Cinquième point: Puis alloit es lieux secretz faire excretion des digestions naturelles. La son precepteur repetoit ce que auoit este leu. Demerson dit que cette rumination, en un tel lieu, des matières les plus difficiles à ingurgiter (nous croyons saisir là un clin d'œil) n'est sans doute pas présentée sans ironie. Or, tout ce qui a été lu jusque là, c'est quelque pagine de la diuine escripture, et l'avis de Demerson tient beaucoup de celui de Lefranc, qui voyait dans cette juxtaposition une preuve de l'irrespect de Rabelais à l'égard des Écritures. Pourtant, sans même nous préoccuper de savoir quel pouvait être le sentiment de Rabelais, il suffit de nous dire que si le fait d'écouter aux latrines quelque pagine de la diuine escripture avait présenté le moindre caractère de dénigrement, celui-ci si clairement exprimé qu'il peut être entendu du premier venu, la Sorbonne n'aurait pas manqué de jeter feu et flammes et Rabelais aurait eu, certes, des difficultés autrement graves que les condamnations pour obscénité qu'il a connues. Et quand nous constatons que la phrase est restée inchangée de la première édition à celle de 42, où elle est reconduite, nous ne pouvons que partager l'avis de Plattard qui dit: Ce n'est pas par irrévérence pour l'Écriture que Rabelais en fait exposer le commentaire aux latrines: le trait est dans les mœurs de l'époque[4]. Autrement dit, la gêne qu'entraîne l'idée même d'excrétion est purement anachronique, et l'on en a la preuve par le détachement qui sera celui d'Epistemon, au chapitre LI du Quart Livre, disant tout bellement à Panurge, en plein cours du dipner qu'a procuré la monnoye papimanicque: Faulte de selle persée me contrainct d'icy partir. Cette farce me a desbondé le boyau cullier: je ne arresteray gueres.

Au passage nous relevons (simple apostille qui n'est pas comptée) que Ce pendent monsieur lappetit venoit, a appelé cette note de la part de Michel: Monsieur a son sens plein (Monseigneur) d'où l'effet comique. C'est aussi l'avis de Guilbaud, de Plattard et de Jourda. Mais les Demersoniens n'ont rien vu; et, hormis les majuscules qu'ils distribuent avec largesse, ils rendent ici fidèlement: Cependant, Monsieur l'Appétit venait. Et nous devons tout de même reconnaître que nous sommes tout près d'être émus de la constance et de l'application que mettent ces petits translateurs à piler, comme dit Puitspelu, de l'eau dans un mortier.

---

4. Cela paraît signifier que le fin de l'éducation d'aujourd'hui s'opposerait à ce qu'on lût au retrait. Mais outre que ceux qui n'y lisent pas ne sont guère de grands liseurs ailleurs, la lecture en ces lieux présente l'avantage d'éviter que le cul ne l'emporte sur la tête.

Sixième point: Au commencement du repas estoit leue quelque histoire plaisante des anciennes prouesses. Screech dit: Il s'agit des romans de chevalerie dont les mises en prose étaient très lues au XVIᵉ siècle. Demerson dit: Les romans de chevalerie, que Rabelais parodie par ailleurs. Mais personne ne s'étonne de voir glissées ici, dans des études sérieuses jusqu'à l'austérité, des lectures si futiles. Guilbaud pourtant semble en avoir eu conscience, qui dit: Romans de chevalerie ou histoire romaine. Mais le texte parle bien d'histoire plaisante, ce qui ne saurait qualifier l'histoire romaine; et il contient le mot prouesses qui ne s'applique bien qu'aux histoires merveilleuses. Il faut donc convenir de l'incongruité de ces lectures. Aussi nous demandons-nous s'il ne faut pas voir là une notation discrète ayant charge de faire entendre à quelques-uns qu'il ne faut pas se laisser prendre à l'apparence d'accord avec cette façon d'enseigner qu'on lui a demandé de décrire, vraisemblablement en lui en indiquant la teneur.

Septième point: en comparaison de luy il ny entendoit que le hault Aleman. Plattard dit: Locution proverbiale. Mais qu'est-ce que le haut allemand? L'allemand ancien, gothique? ou l'allemand du haut pays, par opposition au bas allemand de Hollande? Jourda dit: Expression obscure qui peut désigner aussi bien l'allemand ancien (celui du moyen âge) que celui de la Haute-Allemagne (la Bavière) par rapport aux dialectes de Suisse et de Hollande. Michel dit: Allemand du Moyen Age ou celui de la Haute-Allemagne (la Bavière). Le sens est clair: c'est une langue difficile.

Ces questions auraient quelque intérêt si elles avaient conduit les commentateurs à émettre au moins une hypothèse; mais, laissées pendantes, elles s'apparentent aux débats sur le sexe des anges. De plus, est tout simplement puérile la langue difficile dont parle Michel attendu que Furetière donne la signification exacte de la locution: Je n'entends non plus cela que le haut Allemand, c'est à dire, que c'est une chose qui n'est point intelligible.

Mais cela n'est jamais que le sens raisonné, fixé après coup. Or le Petit Robert dit que le haut allemand est devenu l'allemand classique depuis Luther. C'est donc que Luther a écrit en haut allemand. Et il semble que cette locution est, reprise par Rabelais, une locution usitée dans le milieu des théologiens, locution comportant un sous-entendu évident à l'époque, n'y entendre que le haut-allemand équivalant à n'y entendre pas plus qu'on n'entend Luther.

Huitième point: La rompoit non la lance. Car cest la plus grande resuerye du monde, dire, Iay rompu dix lances en tournoy, ou en bataille: un charpentier le feroit bien. Mais louable gloire est dune

732

lance auoir rompu dix de ses ennemys. Personne, sauf Plattard, ne s'arrête à ce texte, qui a d'ailleurs les apparences du remplissage, les chevaliers et leurs lances devant laisser Rabelais superbement indifférent; mais le sujet lui offre la possibilité d'une facile variation tout en lui permettant de jouer les familiers de cour. Autant donc, puisque le texte existe, le bien comprendre: or Plattard dit: Dans les tournois, en effet, le jeu ne consistait pas à renverser son adversaire, mais à rompre sa lance sur lui; aussi pour faciliter le jeu, se servait-on de lances fragiles, en sapin au lieu de frêne. Et ce commentaire est controuvé, édifié qu'il est sur une complète inintelligence du texte. Car Plattard n'a pas compris que Rabelais affecte de ne pas voir la métonymie: rompre une lance pour rompre le porteur d'une lance, le verbe rompre ayant le sens du latin rumpere: venir à bout de; et prenant ce verbe au seul sens de briser, il lui est alors loisible de dire qu'un charpentier le feroit bien. C'est l'habituel rabaissement au sens concret pour en tirer une conséquence cocasse; mais Plattard, lui, prend au pied de la lettre ce rabaissement et en tire un raisonnement de charpentier. Car le Livre des Armes et Armures (Hier et Demain, 1977) dit en effet que, précisément, les lances de joute étaient plus grosses que les lances de combat, jusqu'à avoir atteint, un temps, pour la partie qui va de la main à la pointe, le diamètre de la jambe d'un homme. Il dit encore qu'elles étaient peintes aux armes de leur propriétaire, en plus des dorures et argentures, ce qui indique assez qu'on s'en servait bien pour désarçonner l'adversaire et non pas pour casser du bois. Enfin, le tournoi n'était pas autre chose que l'entraînement au combat, et il tombe sous le sens qu'il s'agissait dans ce combat d'abattre l'ennemi pour qu'il fût, à terre, égorgé par les porteurs de couteau. En fait, nous pouvons être assurés que le bris de la lance, d'ailleurs exceptionnel, ne fut jamais qu'accidentel; et le donner pour but du tournoi ferait hausser les épaules même à des jouteurs nautiques.

Neuvième point: C'est celui de ces lieux qui sont en pays de Loire en 34, et qui, dès 35, sont rétablis en lieux de Paris où se trouve effectivement le héros: riviere de Loyre a Montsoreau, est changé en: toute la riuiere de Seyne; depuis la porte de Besse iusques a la fontaine de Narsay, est changé en: depuis la porte sainct Victor jusques a Mont matre (Montmartre); creuzoyt les rochiers & goufres de la fosse de Sauigny (qui n'est qu'une grand mare remplie d'eau presque toute l'année, dit Screech d'après Lefranc, ce qui établit l'intention burlesque initiale) devient: creuzoyt les rochiers, plongeoit es abysmes & goufres.

Demerson ne signale pas que la Seyne fut un moment la Loyre. Pour sainct Victor, il explique: Dans le quartier de l'Université, près de l'abbaye Saint-Victor. Dans la première édition, la voix de Gargantua portait jusqu'aux environs de Chinon. Mais comme il n'a pas dit qu'à ce moment le point de départ n'était pas sainct Victor mais la porte de Besse, ses lecteurs doivent conclure que la voix portait de Saint-Victor à Chinon et que Rabelais a corrigé pour modérer. Michel, lui, ne signale rien non plus pour le changement de Loyre en Seyne et ne dit que: Variante de la première édition: jusques à la fontaine de Narsay; c'est une source près de l'Ile Bouchard, commune de Cravant, aux environs de Chinon. Et si nous étions soupçonneux, nous pourrions nous imaginer que, pour sa note, Demerson s'est directement inspiré de Michel plutôt que des textes mêmes. Mais il y a plus important:

Nous nous demandons en effet pourquoi personne n'a jamais jugé troublante cette persistance à parler, en 34, de ces pays de Loire comme si Gargantua n'était pas à Paris, ou même comme si l'on n'avait pas encore envisagé qu'il pût y aller[5]. Et l'on est alors enclin à conjecturer que, dans une version antérieure à celle que nous donne la première édition, tout ce qui a trait à l'éducation a pu se trouver groupé en Touraine, l'épisode parisien ne traitant que des cloches. Et comme personne, en revanche, n'a jamais manqué de noter l'absence de transition entre le chapitre de l'air pluvieux et le début de l'épopée (tout en chantant, comme on l'a vu, la construction plus robuste, mieux charpentée, etc.), nous pouvons toujours nous dire que l'abrupt vient du remaniement, constatant que les premiers mots de la partie épique: En cestuy temps, qui feust la saison de vendanges on commencement de automne, forment un bien meilleur enchaînement avec les dernières lignes du procès de Ianotus, qui sont des considérations sur la durée du procès, qu'avec les derniers mots du chapitre de l'air pluvieux: bastissoient plusieurs petitz engins automates: cest a dyre: soy mouens eulx mesmes. Tout cela, évidemment sauf correction, sous réserve, et toutes choses égales d'autre part, ainsi qu'autres restrictions d'usage, sans omettre celle qui s'impose particulièrement ici: mutatis mutandis (en changeant ce qui doit être changé).

Le dixième point touche un conseil de diététique: en 42, Rabelais écrit: Ce que est la vraye diete prescripte par lart de bonne & seure

---

5. Cela n'est pas exact: à la relecture de la composition, nous découvrons que Demazière écrit, au sujet de: depuis la porte sainct Victor iusques a Mont matre: Depuis la porte de la (sic) Besse jusques à la fontaine de Narsay (éd. ant. à 1535). A notre avis, il ne faut pas voir là de simples inadvertances de l'auteur, mais des traces d'une plus ancienne édition. Le théâtre des gestes de Gargantua a bien pu être à l'origine le Poitou et la Touraine, et les imprimeurs, peut-être Rabelais lui-même, auront, par distraction, laissé subsister ces vestiges de son ancien plan.

medicine, quoy qun tas de badaulx medicins herselez en lofficine des Sophistes conseillent le contraire. Mais, de 34 à 42, il était question de lofficine des Arabes.

Screech dit en note, au bas du texte: Rabelais changera Arabes en Sophistes. A partir du Tiers Livre en tout cas, Rabelais est loin d'être hostile à l'école d'Avicenne; et dans l'Index: La médecine des Arabes dominait à Montpellier. Rabelais, fier de sa connaissance du grec, la rejette ici, mais au Tiers Livre, il se montre bien plus favorable, d'où sans doute, la variante. Mais, outre que la construction de cette dernière phrase laisse entendre que le Tiers Livre, qui est de 1546, a déterminé la correction de 1542, nous ne pouvons que juger l'explication puérile et ridicule; car Rabelais n'est pas Screech qui, pour montrer sa connaissance du latin, en bourre ses notes en français, si bien que la farce passe parfois la dinde. Demerson dit: Avant 1542, Rabelais avait écrit: en l'officine des Arabes; la tradition d'Avicenne apparaissait comme très routinière aux médecins humanistes, mais Rabelais a évolué sur cette question. Et il renvoie au livre II, chapitre 8, ce qui correspond dans son édition au Pantagruel et à la lettre de Gargantua disant: Puis songneusement reuisite les liures des medicins Grecz, Arabes, & Latins. Mais là, étant entendu qu'il n'est nullement prouvé que les médecins humanistes méprisaient la médecine arabe (et cette phrase du Pantagruel prouve même le contraire), on se demande bien en quoi l'estime affichée pour elle en 1532, car ce texte n'a jamais été modifié, peut expliquer qu'elle est bafouée dans le Gargantua de 34.

En fait, plutôt que ces fumeuses raisons, il semble qu'il faille voir dans le trait contre les médecins arabes le désir de se conformer à l'opinion d'un autre médecin: Symphorien Champier, dont le professeur J. Guiart dit que son admiration pour Hippocrate n'était surpassée que par le mépris qu'il professait pour les médecins arabes et pour les arabistes (Histoire de la Médecine, Nagel, 1946). En 34, donc, Rabelais épouse ce mépris, d'autant que Champier a pu lui reprocher la phrase de la lettre de Gargantua à Pantagruel, où les médecins arabes sont sur le même plan que les médecins grecs et les médecins latins. Et en 42, en même temps qu'il ajoute, dans le Pantagruel, à la liste des livres de la librairie (vij) le titre Campi clysteriorum per S.C. (135), addition où nous avons vu la preuve de l'inimitié qui s'est installée entre les deux hommes, Rabelais remplace, dans le Gargantua, l'officine des Arabes par l'officine des Sophistes, cette modification, si elle confirme l'inimitié, s'expliquant aussi par le fait qu'entre temps Rabelais a eu confirmation à Montpellier de la valeur de cette médecine arabe.

Quant au nom de Sophistes, nous entendrions qu'il s'agit de théologiens s'il n'était pas invraisemblable que des théologiens eussent le souci de la diététique. Aussi verrons-nous dans Sophistes la dénomination passe-partout qu'a adoptée Rabelais en 42 pour désigner tous ceux qui incarnent l'erreur.

Et nous finissons, onzième point, sur ce verbe herseler (medicins herselez en lofficine), que tout le monde feint de bien connaître. Screech dit: Herseler: harceler au sens de rompre à la dispute (Huguet). Demerson dit: Harcelé (par les méthodes de la dispute). Les commentateurs antérieurs donnent même explication car ce n'est pas d'aujourd'hui qu'on se sert ici de la cheville qu'on a taillée juste à la mesure du trou à boucher; l'ennui, c'est qu'ici elle fait tourner le texte.

Les translateurs, pourtant, rendent ce herselez par le terme: abrutis; et même s'ils manquent du sens des nuances, allant immédiatement à l'expression extrême, ils montrent au moins (car nous voulons croire que ce n'est pas seulement un heureux hasard) que ne leur semble pas plausible le sens de harceler.

Ce verbe herseler va être employé encore au chapitre xxxx dans la phrase: Mais si entendez pourquoy un cinge en une famille est tousiours mocque & hersele: vous entendrez pourquoy les moynes sont de tous refuys, & des vieux & des ieunes. Et tout le monde comprend que ledit singe est moqué c'est-à-dire pris pour objet de dérision, de plaisanterie (Petit Robert), et harcelé c'est-à-dire soumis sans répit à de petites attaques réitérées (Petit Robert). Mais ce sens de harceler est nettement incongru quand il s'agit de médecins et quand l'action est censée se passer dans une officine, qui est l'endroit où l'on élabore des préparations. Il est même évident que, pour des médecins d'officine, le sens que l'esprit attend doit procéder de l'idée de: placé dans des conditions particulières pour apprendre, ou: maintenu dans d'étroites limites pour être instruit. Et c'est là que nous commençons à distinguer quelque lueur. Mais il nous faut repartir du début, et nous cherchons au mot Herse, dans Furetière.

Il donne deux définitions. Herse: Instrument servant à renverser les terres sur les grains quand on les a semez, afin de les couvrir, & de les faire germer, & empêcher que les oiseaux ne les mangent. Elle est faite en treillis de pièces de bois qui se croisent, & où il y a des pointes ou grosses chevilles en chacune de ses intersections. Herse: En terme de Fortification, est une porte faite en treillis qui est suspenduë en haut avec une corde, & qu'on fait tomber, par une coulisse dans les surprises, lors que la porte est rompuë, ou que le petard a joué. On l'appelle autrement Sarrasine ou cataracte. (Le pétard est le canon sur roues que l'assaillant amène contre la porte et dont le coup enfonce celle-ci).

Et il semble que nous avons là réunis tous les renseignements dont nous devons tirer notre compréhension: La herse aratoire et la herse de fortification ont même nom parce que leur construction est semblable: un treillis de pièces qui se croisent, l'une étant employée horizontalement quand l'autre l'est verticalement. Or le verbe qui décrit l'action de l'instrument aratoire est le verbe herser; il est donc vraisemblable que l'action de faire tomber la herse de fortification est décrite par le verbe herseler dont le sens étendu est: interposer un treillis pour arrêter le mouvement, pour s'opposer à ce que quelqu'un aille où il a désir d'aller.

Pour les medicins herselez, il s'agirait donc de médecins dont le mouvement est contenu comme par un treillis. Et nous entendons alors que le sens ne peut qu'être le sens étendu jusqu'à l'assimilation, l'idée de treillis évoquant l'image de la cage d'osier à claire-voie, sans fond, appelée mue, sous laquelle on place les volailles destinées à l'engraissement. La phrase du texte se comprend dès lors ainsi: quoy qun tas de badaulx medicins mis en mue en lofficine, l'idée de mise en mue (sous la mue) impliquant celle d'ingurgitation (engraissement) de connaissances spécialement préparées (officine), autrement dit: l'endoctrinement.

Et nous nous apercevons que, pour la phrase du chapitre xxxx, il devient évident que le sens de harceler est d'une incongruité aussi patente dans le parallèle que développe Gargantua, alors que le sens de mettre en mue, en cage, s'y inscrit de façon satisfaisante pour l'esprit: Mais si entendez pourquoy un cinge en une famille est tousiours mocqué & herselé (encagé): vous entendrez pourquoy les moynes sont de tous refuys (tenus à l'écart), & des vieux & des ieunes, le sens de tenus à l'écart (dans le monastère) répondant exactement au sens de mis en cage.

Devient alors bouffonne la provenance que donne Dauzat pour le verbe Harceler: prononciation populaire de herceler,-seler; le sens figuré: tourmenter, se rencontre en ancien français. Mais cela n'est encore que modeste habileté en regard de la dextérité avec laquelle Bloch et Wartburg escamotent: Harceler, dérivé de herser qui, en ancien français, a fréquemment le sens de tourmenter. Pour la voyelle, cf. le berrichon harser: herser. Et l'on se retient d'ajouter: Passez muscade!

Pourtant, il ne faut qu'ouvrir le Godefroy pour trouver le mot Harcele, -elle, -ielle, hars-, harch-, herch-, substantif féminin: lien d'osier,

737

et voir que, parmi les citations, il en est une, de 1415, qui indique que ce lien d'osier pouvait servir à frapper quelqu'un: Laquelle femme s'aproucha pres et frapa le suppliant par le visaige d'une waulette ou herchelle. Il devient alors clair que l'idée de petites attaques réitérées dont parle la définition du verbe harceler est à faire précéder de: Au sens littéral: cingler avec une harcele, lien d'osier, tout en mentionnant que l'idée de réitération paraît être surajoutée.

Mais tout n'est pas là; car nous rencontrons encore le mot Harcel, -sel, substantif masculin: porte faite de branches entrelacées les unes dans les autres, en forme de claie. Or la claie étant un treillis d'osier à claire-voie (Petit Robert), nous reconnaissons maintenant dans ces mots herse, herseler, harcele, et, en dernier, harcel (ou harsel), le concept de: assemblé en treillis (le mot harcele désignant, nous le comprenons ici, non pas seulement le lien d'osier mais le lien-d'osier-pour-le-treillis), concept que véhicule la syllabe initiale hers-, hars-, herc-, harc-, herch-, harch-, syllabe où nous avons la faiblesse de retrouver la première du verbe latin haerere dont les sens premiers sont: être arrêté, être attaché, accroché à, tenir à; figurément: être à demeure (dans un lieu), ne pas bouger de. Et encore: se graver (dans l'esprit). Cela doit donner à penser aux étymologistes.

Là-dessus, satisfaits d'avoir par ces onze remarques réussi à tromper l'ennui qui nimbe ce long chapitre, nous passons au suivant, dernier de ce tome, en souhaitant d'y trouver même provende.

738

Comment Gargantua employoit le temps quand lair estoit pluuieux. Chap. xxiiij.

Eh bien non, nous ne trouverons certes pas dans ce chapitre autant que dans le précédent de points où nous arrêter, et non pas tellement parce qu'il est plus court, mais bien parce qu'il est creux, essoufflé et, pour tout dire, comme écrit à contrecœur. Il s'en faut même d'un rien que nous ne voyions dans la fin abrupte du chapitre une pure et simple interruption due au fait que Rabelais, vaincu par l'ennui, s'est endormi, interruption qui devient abandon quand, réveillé et relisant ce qu'il a écrit, il prend la décision de laisser les choses en l'état. Car pour tout lecteur affranchi des dévotions traditionnelles, il est apparent que le sujet que traite ici l'auteur lui est importun au plus haut point.

Ainsi, d'entrée, nous sommes étonnés que, parmi tous les verbes de la narration qui, se rapportant à l'ensemble que forment Gargantua et son précepteur, sont à la troisième personne du pluriel, la toute première phrase soit exprimée en un singulier qui s'explique malaisément: excepte quil faisoit allumer un beau & clair feu. Bien sûr, nous entendons que ce pronom singulier représente le héros; nous admettons même que ce singulier fait suite à celui du titre: Comment Gargantua employoit le temps. Pourtant, sans compter qu'il est étrange que ce soit Gargantua en personne qui prenne ici soin de ce feu, nous comprenons mal que la phrase qui suit immédiatement ait, sans transition, son verbe au pluriel, ce pluriel étant celui de tout le reste de la narration, sauf, nous allons le voir, deux paragraphes mis dans un singulier tout aussi hétéroclite. Car si cette même alternance du singulier relatif à Gargantua seul, et du pluriel se rapportant à Gargantua et à Ponocrates existe il est vrai au chapitre précédent, le changement de nombre est chaque fois amené par la situation décrite. Il n'en est pas de même ici, et cela apparaît comme une négligence acceptée.

Il ne peut s'agir en effet d'inadvertance puisque ce chapitre a été relu et corrigé dès 1535 pour de légères modifications peu significatives. Puis il a encore été revu en 1542, pour quelques autres corrections, mais surtout pour des additions dont la plus importante touche précisément la phrase qui fait suite à la première: en 34, la phrase est: (...)

ilz demouroient en la maison & estudioient en lart de painctrie, & sculpture. En 42, Rabelais allonge un peu (car nous allons voir se dessiner principalement ce souci), et il écrit: ilz demouroient en la maison & par maniere de Apotherapie sesbatoient a boteler du foin, a fendre & scier du boys & a batre les gerbes en la grange. Puys estudioient en lart de paincture: & sculpture. Et comme il semble qu'étudier en l'art doive s'entendre: s'exercer dans ces arts et non pas seulement en étudier l'histoire, nous pouvons penser que les travaux ajoutés auraient été mieux placés après qu'avant cet apprentissage artistique, la dépense musculaire demandée par les besognes de la ferme créant une fébrilité peu propice au maniement du pinceau et du ciseau. Mais l'on sent que Rabelais a saisi l'occasion de glisser quelques lignes de plus et qu'il l'a fait aux moindres frais; et ces travaux de grange que ne sont ni nécessaires ni judicieusement placés en disent long sur le désintérêt qui est alors celui de Rabelais quand on se rappelle le soin qu'il a mis, au chapitre xxij, à changer marmonant pour marmotant.

Apparaît aussi comme simple opportunisme l'usage de lanticque ieu des tales, c'est-à-dire des osselets, qu'on sent évoqué surtout parce que cela permet de citer ce bon amy Lascaris, qui fut bibliothécaire de François Ier (Michel) et dont Screech dit qu'il enseigna le grec à Érasme et à Budé tout en se demandant (probablement pour dire quelque chose) s'il l'enseigna aussi à Rabelais. Mais il faut bien avouer qu'est fortement artificiel qu'on recole, c'est-à-dire ici qu'on se remémore, pendant qu'on y joue, les passages des auteurs anciens esquelz est faicte mention ou prinse quelque metaphore sus iceluy ieu (ce que les translateurs rendent d'ailleurs avec l'élégance élaborée qui les caractérisent par: révisaient les passages des auteurs anciens qui font des comparaisons à partir de ce jeu ou le mentionnent).

Remplissage encore, à n'en pas douter, que l'énumération de ces métiers dont on va voir les ouvriers à l'ouvrage, en donnant partout le vin, ce qui est un bon encouragement. De même le contenu du paragraphe qui suit, où nous remarquerons pourtant que les concions des prescheurs euangeliques sont non seulement citées en dernier mais encore mises au même rang que les leçons publiques et les effets oratoires des gentilz aduocatz. Et il faut être entraîné à saliver au son de la clochette pour répondre immédiatement comme le veut l'Université; ainsi Screech dit ici (après bien d'autres, il en faut convenir): Il ne faut pas voir ici une allusion aux évangéliques schismatiques. Gérard Roussel, par exemple, attirait des foules de quatre ou cinq mille personnes (cf. Herminjard, etc.). Il est toutefois vrai que Rabelais semble être tenté par la doctrine, condamnée par la Sorbonne, qu'il vaut mieux ouïr un bon sermon que cent messes (D'Argentré, etc.). Et Demerson réagit, lui, à la réaction de Screech; il dit: Ces prêches peuvent être évangéliques sans être schismatiques; mais l'accent mis sur la diffusion de la Parole au détriment de la liturgie pouvait déplaire à la Sorbonne. Tout au contraire, nous voyons, nous, comme la proclamation d'un détachement dans le fait que les concions sont citées en dernier tout en étant assimilées à l'éloquence prosaïque. Et dans ce texte que Rabelais écrit pour les humanistes, si ce n'est même à leur instigation (texte qui l'excède, ce qui explique la bravade), c'est signifier à ceux-ci, ainsi qu'aux censeurs en passant, que lui est devenue indifférente cette question des prêcheurs évangéliques, thèse qu'il a pu défendre, comprenons-nous, moins par conviction que pour complaire auxdits humanistes.

Là-dessus arrive sans que l'on voie bien la nécessité de cette place plutôt qu'une autre, un paragraphe manifestement inséré par raccroc puisque c'est le premier des deux qui sont mis inexplicablement tout entiers au singulier: Passoit par les salles & lieux ordonnez pour lescrime (...) essayoit (...) monstroit (...) scauoit (...). Tout de suite après, exprimé dans le pluriel habituel, vient le morceau parlant des herbes où, en 35, Rabelais a ajouté le mot gommes entre le mot fueilles et le mot semences, tout cela finissant par: ensemble aussi comment on les adulteroit. Or pour ce verbe adultérer, si Screech et Demerson se taisent, Guilbaud, Michel et Demazière disent: falsifier, et les translateurs: transformer, alors que Littré renseigne exactement: Terme de pharmacie. Falsifier, mettre en place de substances actives et chères des substances inertes et moins chères.

Nous rencontrons maintenant le second des paragraphes mis au singulier, toujours sans que l'on puisse comprendre si cela est intentionnel ou non: Alloit veoir les basteleurs (...) consideroit (...). Il est en tout cas difficile de conclure à l'inattention puisque, en 42, la dernière phrase: car ilz sont de nature grands iaseurs & beaux bailleurs de balliuernes, a été complétée par: en matiere de cinges verds, addition pour laquelle Screech dit: Cinges verds: chimères, cf. QL, XXXII, ce renvoi ayant trait à: S'il subloit c'estoient hottées de cinges verds, Marichal, le commentateur, disant: Cinge verd: chimère, les callitriches, ou singes de cette couleur, étaient inconnus. Mais nous devons admirer l'habileté de Demerson qui, pour ne pas se prononcer plus que Screech sur l'existence de ces singes verts ni sur l'époque où on les découvrit, fait une note toute en écume: Animaux extraordinaires bien faits pour être montrés en foire.

Puis l'auteur revient à la narration à la troisième personne du pluriel, le début du paragraphe indiquant cependant avec certitude que

Gargantua n'est pas allé seul voir les bateleurs puisqu'il commence par: Eulx retournez pour soupper. Ce nouveau paragraphe, cela nous apparaît clairement, n'est que verbalisme sur les viandes plus ou moins dessicatives, et Rabelais ne fait rien pour en rendre moins plate l'expression. C'est, comprenons-nous, que sa patience est arrivée à épuisement, ainsi d'ailleurs que l'inspiration puisqu'il amorce alors le paragraphe final: Ainsy fut gouuerne Gargantua & continuoyt ce proces (...) mieulx ressembloyt un passetemps de roy, que lestude dun escholier, fin où l'on lit l'exaspération puisque, en neuf lignes (dans l'originale) Rabelais écrit: continuoyt, continué, continuation, ce qu'il n'a nullement corrigé en 42 quand il a ajouté les mots parfaitement superfétatoires: scelon son aage. En 34, en tout cas, il est sûr qu'il pense en avoir ainsi terminé.

Pourtant Rabelais va devoir convenir que le chapitre est par trop étriqué; il se remet donc à l'établi et trouve l'expédient qui lui permet de ne pas tout remanier: le jour de repos, sujet manifestement surajouté et apertement pressuré jusqu'à la rafle. Les occupations de ce jour, unique dans le mois, vont d'abord être celles du commun des mortels: faire la plus grande chère et boire d'autant, puis devenir celles du plus borné de ces mortels. Cela permet de faire le paragraphe suivant, de compensation, où l'on se remémore le latin rustique de Virgile mais aussi cette même rusticité dans la traduction en latin d'Hésiode et dans la version en latin de l'italien Politian non sans composer encore, toujours en latin, quelques épigrammes. C'est cependant latiniser à outrance, ce qu'a dû se dire l'auteur, qui ajoute: puys les mettoit par rondeaux & balades en langue Francoyse. Et c'est là que Screech émet le diagnostic de qui revient d'ausculter un panier: L'art poétique de Rabelais reste bien traditionaliste. La poésie joue d'ailleurs un rôle très réduit dans son système.

Enfin Rabelais va s'arrêter, car nous tenons toujours que la plume lui est échappée quand il s'est assoupi encore que nous rectifierions volontiers, nous disant maintenant qu'il a dû la lâcher dans le mouvement conjugué des deux avant-bras qu'il a fait à l'adresse de ceux qui l'ont contraint à produire ce texte[1]. Toujours est-il que, dans un ultime effort, Rabelais évoque l'expérience légendaire du lierre censé séparer l'eau et le vin mélangés, puis celle qui, dit Demerson, révèle les propriétés du siphon, et, comme pour finir en dérision, parle de la

---

1. Il ne subsiste que peu de documents sur ces moments; encore, de ce peu, une moitié est-elle d'authenticité douteuse et l'autre montre d'insolubles contradictions. D'où le scrupule que nous avons à trancher.

construction de plusieurs petitz engins automates, cest a dire soy mouuens eulx mesmes. Et c'est sur ces mots d'une atonie rare que se clôt ce qui constitue, de l'œuvre entière de Rabelais, le dernier morceau ayant trait à l'éducation. Or cela donne à penser. Pensons donc.

Il est sûr que le chapitre précédent n'est pas non plus exempt de négligences, en particulier ce même emploi alterné du singulier et du pluriel dans la narration; mais le ton, pourtant moins alerte que d'ordinaire, fait encore illusion. Dans le présent chapitre, languissant et sans vraie construction, nous ne voyons, pour le principal, qu'un assemblage de notes probablement rejetées dans un premier temps et reprises lorsqu'il s'est agi de donner une suite au programme. Et surtout, l'impression ressentie est celle, insolite et désolante, d'une complète indifférence de l'auteur pour l'écriture, impression qui ne peut qu'être confirmée par cette fin qui n'en est pas une.

C'est alors que, repartant de la réserve que nous avons exprimée en note à la dernière page du chapitre xv, nous sommes maintenant poussés à nous demander si Rabelais se préoccupait autant qu'on l'a dit d'éducation, si en réalité il ne s'en souciait pas comme d'une guigne, et si tout ce qu'il a dû écrire là-dessus au mode sérieux, sous forme didactique ne serait pas, en observant plus finement, un tantinet antiphrastique.

Mais le sujet nous a suffisamment ennuyés pour que nous laissions, pour l'heure, le soin de vérifier à ceux qu'une telle hypothèse inquiéterait; d'autant qu'une confirmation reviendrait à dire que les professeurs qui ont considéré avec solennité cette pédagogie ne sont peut-être bien qu'un tas de badaulx herselez en lofficine des Sorbonnards[2]. Et nous ne voulons pas finir ce tome premier sur une insolence.

---

2. Il tombe sous le sens que ne sont pas compris dans le tas ceux qui, prisonniers de la caverne, on traité le sujet à l'instigation de leur directeur de thèse, surtout quand, délivrés et éclairés, il sont retournés instruire les captifs.

La composition de cet ouvrage
a été réalisée
par EDIT 20
le tirage et le brochage
par La Bayeusaine graphique
6-12, rue Royale, 14401 Bayeux
Dépôt légal n° 6221 - Octobre 1985

IMPRIMÉ EN FRANCE